2023

BEIJING EDUCATION YEARBOOK

北京教育年鉴

北京市教育委员会　编

北京出版集团
北 京 出 版 社

图书在版编目（CIP）数据

北京教育年鉴 . 2023 / 北京市教育委员会编 . — 北京：北京出版社，2024. 3
ISBN 978－7－200－18603－1

Ⅰ. ①北… Ⅱ. ①北… Ⅲ. ①教育事业 — 北京 — 2023 — 年鉴 Ⅳ. ① G527.1－54

中国国家版本馆 CIP 数据核字（2024）第 043683 号

责任编辑：陈大铭
责任印制：承伯平

北京教育年鉴 2023
BEIJING JIAOYU NIANJIAN 2023
北京市教育委员会 编
*
北京出版集团
北京出版社 出版
（北京北三环中路 6 号）
邮政编码：100120
网址：www.bph.com.cn
北京出版集团总发行
北京天恒嘉业印刷有限公司印刷
*
889 毫米 ×1194 毫米 16 开本 47 印张 1804 千字
2024 年 3 月第 1 版 2024 年 3 月第 1 次印刷
ISBN 978－7－200－18603－1
定价：200.00 元
如有印装质量问题，由本社负责调换
质量监督电话：010-58572293 58572393

工作人员 STAFF MEMBER

北京教育年鉴编纂委员会（2023）

主　　任　李军锋　李　奕

副 主 任　沈千帆　易帅东　王达品　柳长安　丁大伟　王　攀　王　方　王定东（常务）　葛巨众

常务委员（按姓氏笔画排序）

于　海　马千里　马驰知　王艳霞　刘　霄　刘忠心　吴　洁　宋晓晖　张树刚　陈德时　周　凯　庞成立　赵长顺　聂　荣　郭春彦　寇红江　魏旭斌

委　　员（按姓氏笔画排序）

王　栋　王力志　王建辉　史晓河　代　兵　全　志　刘　斯　杜建峰　李善廷　杨志强　吴雅星　邹美凤　冷传才　张宪国　范忠伟　赵学智　胡　靖　姚庆峰　徐建姝　程诗敏　谭振康　潘芳芳

《北京教育年鉴（2023）》工作人员

主　　编　赵长顺

执行主编　华　蕾

副 主 编　张晓兰

责任编辑（按姓氏笔画排序）

仪修宪　孙晓楠　华　蕾　张　楠　张晓兰　胡　雨　曾　婷

《北京教育年鉴（2023）》特约编辑

（按姓氏笔画排序）

1997

1997 年起，逐年编纂

2023

编辑说明

EDITOR'S NOTE

一、《北京教育年鉴》是一部大型专业性资料工具书。在中共北京市委教育工委、北京市教委领导下，由北京市教育档案馆（北京教育博物馆）主持编纂。本年鉴始终坚持以马克思列宁主义、毛泽东思想、邓小平理论、“三个代表”重要思想、科学发展观、习近平新时代中国特色社会主义思想为指导，遵循实事求是的原则，科学、客观地反映北京教育事业发展的实际情况。

二、本年鉴以文章和条目为基本体例，条目为主，使用规范的语体文、记述体，直陈其事，文字力求言简意赅。书前配有彩色插页，书中配有彩色随文图片，书后附有索引。索引由条目主题词、随文图片、表格、单位名、人名索引 5 个部分组成。

三、本年鉴从 1997 年开始逐年编纂。当年出版的年鉴，记述上一年内北京教育事业改革发展轨迹，为领导决策提供依据，为教育规划发展提供资料，为国内外各界人士了解、研究北京教育事业提供最新的信息。自 2017 年起，本年鉴以正式出版的纸质《北京教育年鉴》《北京教育年鉴简本》和《北京教育年鉴》网络版（njzypt.jyzh.cn）3 个版本呈现，各有侧重。

四、本年鉴除记述北京市属教育部门情况外，对北京行政区划内中央部委所属高等学校的情况也作全面记述，力求反映北京教育事业发展全貌。

五、2023 卷年鉴按教育管理、教育教学、教育服务支撑三大系统布局结构，采用分类编辑法，设总述、年度关注、大事记、首都教育系统圆梦冬奥、学前教育、基础教育、普通高等教育、职业与继续教育、民办教育、德育体育美育劳育、党的工作、综合管理、教育督导、科学研究、师资建设、学生管理、招生与考试、交流与合作、京津冀教育协同发展、各区教育、市委教育工委市教委直属单位、社会组织、人物、专文、重要文件和公报公告、调研报告、统计表、附录28个类目。其中，“首都教育系统圆梦冬奥”类目为年度专题栏目，以丰富的形式，图文并茂地记述北京教育系统全力服务保障北京冬奥会、冬残奥会的内容。

六、本年鉴附录部分通过图表记述北京行政区划内教育事业发展基本情况，便于读者查询相关信息。

七、本年鉴收录的单位在收录时限内更名的，以原名称为正名，新名称用“〈 〉”标注并附在原名后。收录的幼儿园、小学、中学、民族教育学校、特殊教育学校、国家重点中等职业学校、民办高等教育机构、民办中小学幼儿园只收录概况类内容。由于版面限制，年鉴中出现的国务院和北京市部分机构原则上使用规范简称，彩色插页和随文图片的说明使用各单位的规范简称，具体见附录“部分单位全称简称对照表”。

八、本年鉴收录的部分领导的职务在大事记中首次出现时予以注明，再出现时直书其名。本年鉴收录的北京市各级教育行政部门主要负责人名录，所列均以2022年内任职为限，其中任免情况分别予以注明。

九、本年鉴收录的以“2022年”为记述时间的条目为综合性条目，置于相关分目前列，反映综合情况，其他条目按时间顺序排列在综合性条目之后。

十、本年鉴收录的普通高等学校、高等职业学校、成人高等学校、民办高等学校、中等职业学校的基本指标数据，来源于《2022—2023学年度北京市教育事业统计资料》，统一列表置于对应类目“综述”分目的最后。

十一、本年鉴收录的文章、条目和图片均由各级教育行政部门和各级各类教育单位专人提供，并经部门和单位主要负责人审核。北京市教育事业统计资料由北京市教委发展规划处提供。

十二、本年鉴记述货币单位中，人民币直书“元”，其他货币采用通用单位。

十三、本年鉴涉及各项年度数据以2022年12月31日为标准时点，其他非年度数据以统计部门或业务主管部门的统计口径为准。

十四、本年鉴反映2022年1月1日至12月31日期间情况（部分内容依据实际情况时限向前略有延伸）。

Editor's Note

1. Beijing Education Yearbook is a large-scale specialized reference book. It is compiled by Beijing Municipal Education Archives (Beijing Education Museum) under the guidance of the Education Commission of CPC Beijing Municipal Committee and Beijing Municipal Education Commission. Its compilation is always guided by Marxism-Leninism, Mao Zedong Thought, Deng Xiaoping Theory, the important thought of Three Represents, the Scientific Outlook on Development and Xi Jinping Thought on Socialism with Chinese Characteristics for a New Era, also follows the principle of seeking truth from facts to reflect the actual situations scientifically and objectively.

2. With articles and entries as the primary literature type, this yearbook mainly consists of entries. It uses narratives to present straightly and makes efforts to be concise and comprehensive. There are colorful inserts both before and in articles. The indexes of keywords, pictures, tables, units, and names of people are at the end of the yearbook.

3. This yearbook has been published annually since 1997. Each yearbook records the previous year's history of reform and development of the Beijing education system, which offers references for decision-making and information for educational planning and development. In addition, it also helps people from both home and abroad to understand and do research on Beijing education. Since 2017, this Yearbook has been presented in three versions: the officially published yearbook version, the *Brief Edition of the Beijing Education Yearbook*, and the online edition of the Beijing Education Yearbook (njzypt.jyzh.cn), the contents of them are emphasized differently.

4. This yearbook embodies the panorama of Beijing education, which includes educational departments directly under Beijing Municipal and higher education institutions under the ministries and commissions in Beijing.

5. The 2023 yearbook was compiled by categories, which has three major sections: education management, teaching, and education service. It contains 28 categorically codified categories, including Comprehensive Introduction, Annual Concern, Major Events Records, The Capital Education System Fulfilling Dream in the Beijing Winter Olympic, Preschool Education, Elementary Education, Regular Higher Education, Vocational and Further Education, Non-Government Education, Moral Physical Aesthetic and Labor Education, Party Work, Integrated Management, Education Supervision, Scientific Research, Teaching Workforce Construction, Students Management, Enrolling and Testing, Communication and Cooperation, Beijing-Tianjin-Hebei Education Coordinated Development, Education in Districts, Directly Affiliated Institutions to the Education Commission of CPC Beijing Municipal Committee and Beijing Municipal Education Commission, Social Organizations, Personage,

Special Articles, Important Documents and Bulletins, Research Reports, Statistics, and Appendix. In the yearbook, "The Capital Education System Fufilling Dream in the Beijing Winter Olympic" is an annual special column which illustrates the utmost efforts of the capital education system to ensure the Beijing 2022 Winter Olympics and Paralympics.

6. For readers' convenience, the appendix section uses charts to indicate the overall situation of education development in different districts of Beijing.

7. In this yearbook, those working units which have changed their names during the editing period would still be referred to as their primitive names with the new names in the following angle brackets. The contents about kindergartens, primary schools, secondary schools, ethnic education schools, special education schools, national key secondary vocational schools, private higher education institutions, and private primary and secondary schools and kindergartens only include "overview" columns. Due to layout limitations, abbreviations are used in referring to the State Council and some Beijing municipal Party and government organizations in the yearbook. Abbreviations are used in referring to the names of the organizations in captions of the color images. Details can be found in the full name & abbreviation tables of some organizations in Appendix.

8. Some leaders' titles are indicated only when they appear for the first time in the Chronicle in this yearbook, and will not repeat in other situations.

9. This yearbook contains a list of chief leaders of Beijing Educational Administrative sections at various levels, all of whom held positions in 2022, and the appointment and dismissal are noted separately.

10. The basic indicator data of regular higher education institutions, higher vocational schools, adult higher education institutions, non-government colleges and universities, and secondary vocational schools included in the yearbook, according to the Statistics on Beijing Education in 2022-2023 School Year, are listed at the end of the corresponding column "Summary".

11. All the articles, entries, and pictures in this yearbook are provided by specialized staff from all types of educational administrative sections and examined carefully by their chief managers. The Statistical Material of Beijing Education is provided by the Development Planning Department of Beijing Municipal Education Committee.

12. In terms of the currency in this yearbook, RMB is referred to as Yuan, and the common names are used in referring to other currencies.

13. Annual statistics involved in this yearbook take the statistical criteria of December 31, 2022; other non-annual statistics are taken from statistical or operating departments.

14. This yearbook describes educational events between January 1, 2022, and December 31, 2022. Some of its contents may date back a bit according to practical circumstances.

喜迎二十大｜学习二十大

CELEBRATING AND STUDYING THE 20th NATIONAL CONGRESS OF CPC

01 2022年，首都高校学生通过多种形式喜迎党的二十大。图为10月，北航举办“逐梦空天，领航未来”主题党日活动 （北航 供）

02 2022年，首都中小学校学生喜迎党的二十大。图为10月13日，在“喜迎二十大 争做好队员”——“红领巾爱首都”少先队社会化实践教育成果展示活动中，学生们表演《我们是新时代的接班人》 （朝阳区教委 供）

01 10 月 1 日，习近平新时代中国特色社会主义思想在京华大地的生动实践主题创作展在中央美院开展　（中央美院　供）

02 4 月至 5 月，北理工附中开展“共读红色经典 勇担青春使命”读书月系列活动　（北理工附中　供）

03 10 月 26 日，北印举办“踔厉奋发新时代 青春献礼二十大”第十九届百米长卷主题绘画大赛　（北印　供）

04 10 月 10 日，首师大附属云岗小学召开“喜迎二十大 童心永向党”第八次少代会　（首师大附属云岗小学　供）

01 10 月 7 日，北京警院举办支援党的二十大安保誓师大会（北京警院　供）

02 10 月 16 日，史家胡同小学全体师生一同观看党的二十大开幕会（史家胡同小学　供）

03 10 月 16 日，北工大师生观看党的二十大开幕会（北工大　供）

04 11 月 9 日，北京高校学习宣传党的二十大精神师生宣讲团宣讲会举办（融媒体中心　供）

党 | 建 | 引 | 领

ADVANCES UNDER
PARTY BUILDING

01 6 月 10 日，中共北京市委教育工委市教委机关第五次党员代表大会召开，选举产生中共北京市委教育工委市教委机关第五届委员会委员和纪律检查委员会委员

（融媒体中心　供）

02 10 月 1 日，市委教育工委、市教委组织首都高校 1300 名大学生在天安门广场观看升旗仪式。该活动是首都高校“喜迎二十大 奋进新时代”主题系列活动之一。图为两委主要领导一起参与活动

（融媒体中心　供）

改｜革｜创｜新

REFORM AND INNOVATION

01 2022年，市委办公厅、市政府办公厅印发《关于全面加强和改进新时代学校美育工作的行动方案》。图为11月15日，在大兴区首届“兴戏杯”中小学生戏曲大赛上大兴二小学生表演曲目《扈家庄》（大兴区教委 供）

02 2022年，市委教育工委、市教委推动接诉即办进校园，建立覆盖92所在京高校的接诉即办工作体系。图为10月18日，消防救援学院开展接诉即办专题辅导（消防救援学院 供）

03 2022年，市委办公厅、市政府办公厅印发《关于推动职业教育高质量发展的实施方案》。图为7月5日，北京市职业教育工作会议举行（融媒体中心 供）

04 2022年，市政府公布《北京市教育督导规定》。图为10月24日，朝阳区督学进校督导（朝阳区教委 供）

05 2022年，市政府办公厅印发《北京市支持高校毕业生就业创业若干措施》。图为9月16日，首届“京彩大创”北京大学生创新创业大赛总决赛现场（就业创业指导中心 供）

06 2022年，北京市推进中小学校党组织领导的校长负责制改革。图为3月10日，北京市中小学校领导体制改革工作专班第一次全体（扩大）会议现场（融媒体中心 供）

人｜才｜培｜养

TALENT CULTIVATION

思想政治教育

01 8月，北体大“使命在肩 奋斗有我”高校思想政治理论课实践教学基地入选首批“大思政课”实践教学基地。图为北体大刻石广场印有北体冠军脚印的“冠军之路” （北体大 供）

02 12月6日，海淀区委教育工委召开海淀区大中小学思政课一体化建设工作交流会。图为北京实验学校少先队活动走进思政课 （海淀区教委 供）

03 7月4日，全国关心下一代党史国史教育基地、北京市大中小学思政课一体化教育基地、北京市学校“大思政课”实践教学基地在北大红楼揭牌。图为学生在揭牌仪式上共同朗诵《红楼誓言》 （市教委相关处室 供）

04 4月24日，八一学校举办航天思政公开课 （八一学校 供）

05 9月，清华聚焦“中国式现代化”主题开展“形势与政策”课程改革。图为由校党委书记领衔、多名院士专家参与的授课团队 （清华 供）

学前教育

01 2月21日，昌平区机关幼儿园举办开学第一天主题活动 （昌平区机关幼儿园 供）

02 8月29日，北京三幼、东华门幼儿园全体大班师生走进天安门国旗护卫队驻地举行开学典礼 （东城区教委 供）

03 9月23日，平谷二幼举办科学幻想绘画大赛 （平谷二幼 供）

04 7月11日，朝阳清友实验幼儿园举办“我是劳动小能手”主题教育系列活动 （朝阳区教委 供）

05 11月16日，怀柔二幼举办趣味运动会（怀柔二幼 供）

基础教育

01 4月15日，中国载人航天工程副总设计师杨利伟走进八十中参加“中国空间站等你来出差”主题教育活动 （朝阳区教委 供）

02 8月31日，史家胡同小学一年级新生到学校接受入学适应教育 （史家胡同小学 供）

03 7月6日，清华附小举办毕业报告会。图为毕业学生与校长告别 （清华附小 供）

04 3月1日，广渠门中学举办国际形势论坛与学科讲堂 （广渠门中学 供）

05 7月至8月，大峪中学分校举办篮球比赛 （大峪中学分校 供）

01

02

03

04

05

01 6月16日，消防救援学院毕业生开展综合演练（消防救援学院　供）

02 4月30日，地大学生登顶珠峰（地大　供）

03 10月3日，人民大学举办“走出一条建设中国特色、世界一流大学的新路”学术论坛（人民大学　供）

04 9月23日，北京联大师生在门头沟区下清水村劳动教育实践基地上社会实践课（北京联大　供）

05 9月1日，北航3871名2022级本科新生报到（北航　供）

职业与继续教育

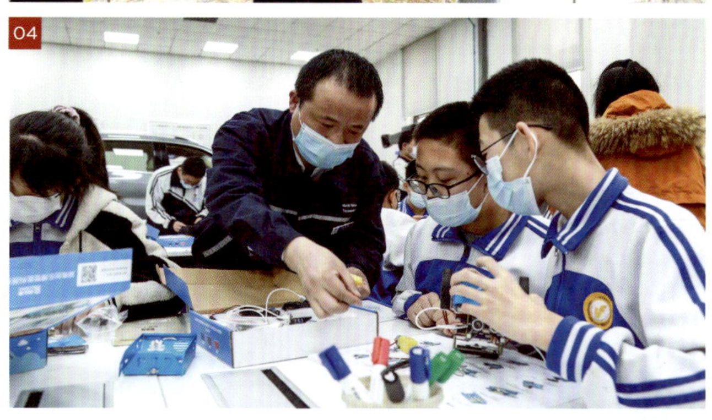

01 10月28日，北京丰职师生创作京绣系列作品《江山千里绣》（北京丰职 供）

02 6月23日，商业学校国际酒店专业学生参加第二届"丝路工匠"国际技能大赛咖啡技艺项目比赛（商业学校 供）

03 9月5日，北京农职院首届耕读文化节开幕（北京农职院 供）

04 3月24日，昌平职校开展区域中小学职业体验活动（昌平职校 供）

05 9月2日，2022年"北京市家庭教育与家风建设项目"家庭教育志愿者培训工作启动（市教委相关处室 供）

民办教育

01 9月30日，平谷五幼举行“欢度国庆、喜迎二十大”国庆活动（平谷五幼 供）

02 4月24日，王府外国语学校举办小学田径运动会（王府外国语学校 供）

03 7月8日，现代音乐研修学院原创音乐剧《鹤之爱》在国家大剧院台湖剧场首演（现代音乐研修学院 供）

04 10月，城市学院组织圣马力诺孔子学院暑期留学生参观同仁堂药店并体验抓药（城市学院 供）

人 | 才 | 强 | 教

STRENGTHENING EDUCATION THROUGH TALENTS

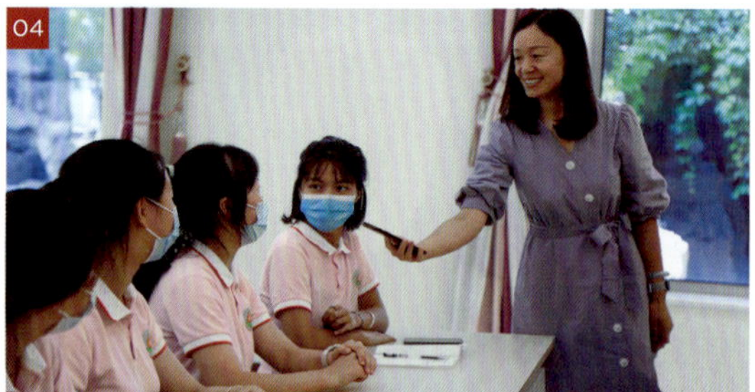

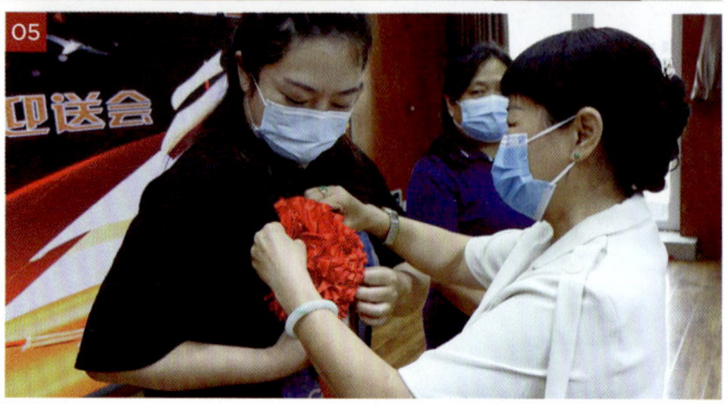

01 9月8日，在北师大校庆大会上，怀进鹏宣读习近平总书记给北师大“优师计划”师范生的回信（北师大 供）

02 9月16日，朝阳区“双名工程”教学特色展示活动举办（朝阳实验小学 供）

03 4月21日，景山学校举办“攀峰课堂促‘双减’ 提升素养向未来”小学艺术、科技学科教学展示研讨会。图为学校科学学科展示课（东城区教委 供）

04 8月26日，丰台面向幼儿园干部教师举办“推进课程游戏化，促进教师专业能力提升”专场培训会（丰台区教委 供）

05 8月29日，实验二小永定分校举办“轮岗”教师迎送会（实验二小永定分校 供）

科|学|研|究

SCIENTIFIC RESEARCH

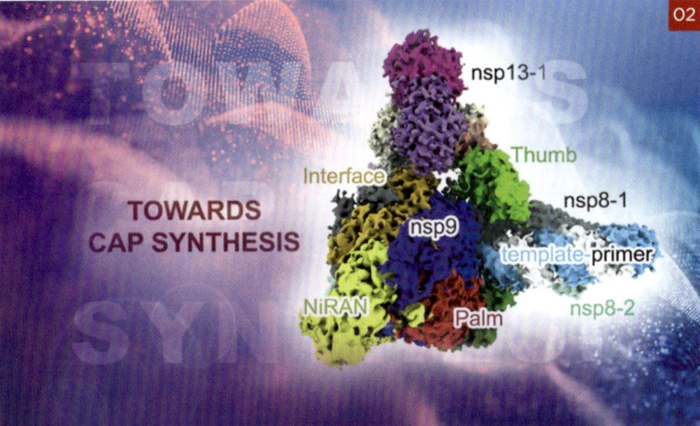

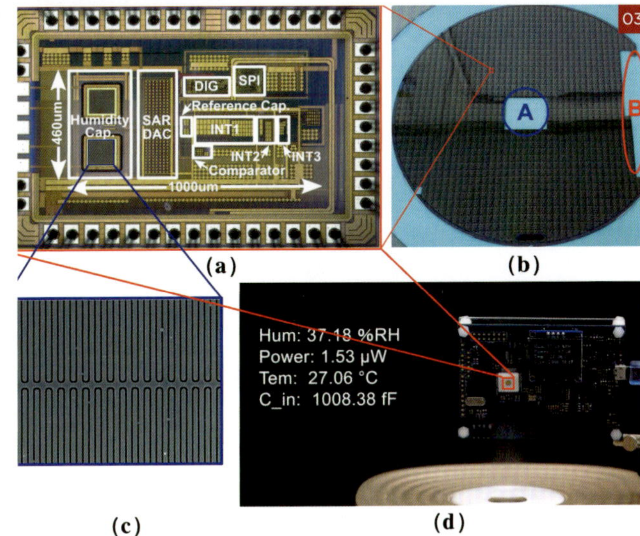

01 4 月 28 日，中央民大林伟立教授团队深度参与并顺利完成第二次青藏科考“巅峰使命 2022”科考任务（中央民大 供）

02 2 月 28 日，清华医学院团队成果“揭示 SARS-CoV-2 逃逸抗病毒药物机制”入选 2021 年度中国科学十大进展（清华 供）

03 1 月，北大 3 项研究成果入选 2021 年度中国半导体十大研究进展。图为入选成果“硅基片上一体化集成的高能效电容型感知芯片”示意图（北大 供）

04 5 月 19 日，北航在跨介质吸附仿生机器人领域取得新进展。图为水空搭便车机器人及其任务概况（北航 供）

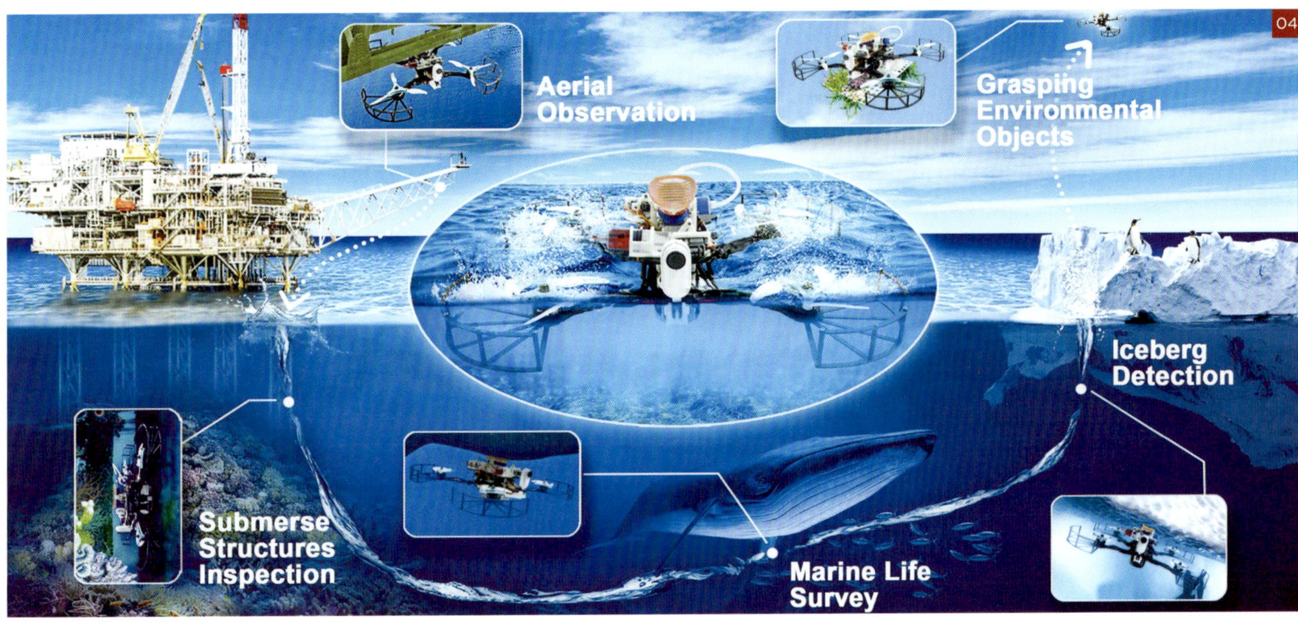

学|校|建|设

SCHOOL CONSTRUCTION

01 9月，首师大附中实验学校建成投用 （市教委相关处室 供）

02 10月，电科职院匠心湖建成并投入使用 （电科职院 供）

03 2022年，北京交大启动雄安校区总体规划设计 （北京交大 供）

04 7月，怀柔五幼建成并招生。图为幼儿园主体建筑 （怀柔五幼 供）

05 2022年，信息科大启动主体搬迁工作。图为信息科大昌平校区校门实景 （市教委相关处室 供）

交｜流｜合｜作
COMMUNICATION AND COOPERATION

01 3月15日，八一学校召集北京、河北、甘肃、新疆四地10所学校学生共上主题思政课（八一学校 供）

02 8月1日，2022年边疆民族地区各族青少年北京夏令营开营（中央民大 供）

03 9月1日，市委教育工委、市教委领导参观国际服贸会教育服务专题展商业学校酒店专业手工巧克力展台（商业学校 供）

04 9月28日，北大香港特别行政区政府高级公务员公共管理硕士2022年开学典礼举行（北大 供）

05 11月11日，"一带一路"建筑类大学国际联盟成立五周年纪念大会暨建筑类高等教育论坛线上召开（北建大 供）

抗|疫|在|行|动

FIGHT AGAINST COVID-19

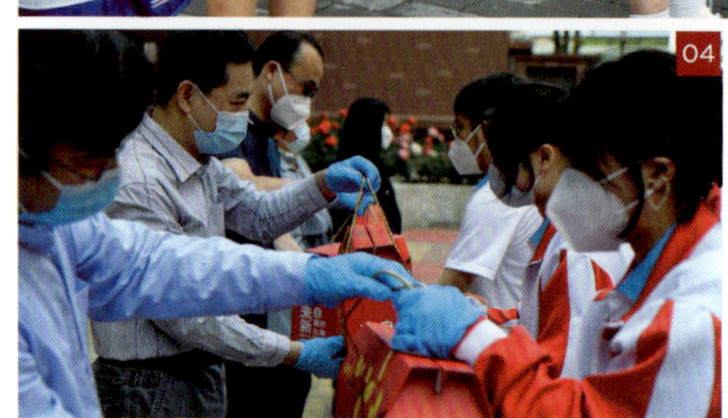

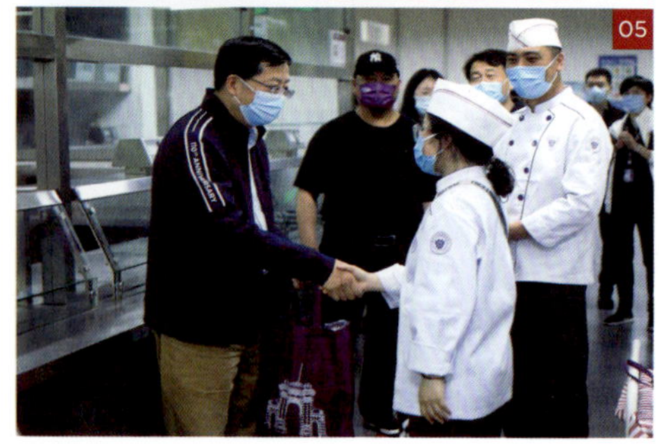

01 6月7日，2022年北京高考举行。图为六十五中考点教师和考生击掌加油（东城区教委　供）

02 6月13日，北京市非涉疫初三年级学生返校。图为广渠门中学初三年级学生入校合照（东城区教委　供）

03 6月27日，八一学校师生返校复课（八一学校　供）

04 5月19日，北信学院教师为疫情期间留校学生送上“关爱礼包”（北信学院　供）

05 5月17日，清华领导看望疫情防控期间服务保障学校日常运转的职工（清华　供）

目　录
CONTENTS

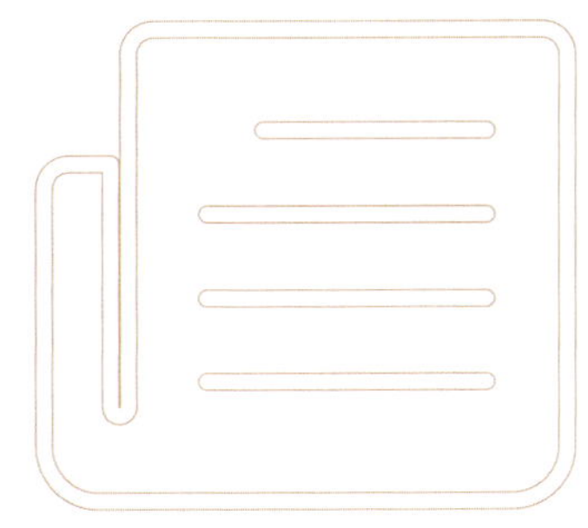

学前教育

基础教育

普通高等教育

职业与继续教育

民办教育

德育体育美育劳育

党的工作

教育督导

科学研究

招生与考试

交流与合作

京津冀教育协同发展

各区教育

市委教育工委市教委直属单位

社会组织

人物

专文

重要文件和公报公告

调研报告

统计表

附录

CONTENTS

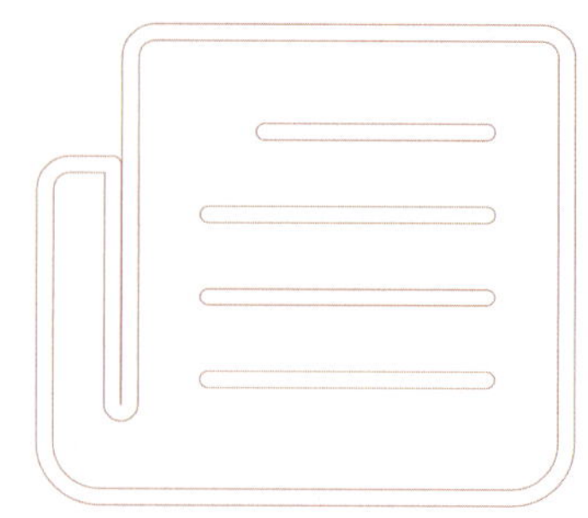

MAJOR EVENT RECORDS

THE CAPITAL EDUCATION SYSTEM FULFILLING DREAM IN BEIJING WINTER OLYMPICS

PRESCHOOL EDUCATION

ELEMENTARY EDUCATION

REGULAR HIGHER EDUCATION

NON-GOVERNMENT EDUCATION

SCIENTIFIC RESEARCH

TEACHING WORKFORCE CONSTRUCTION

STUDENTS MANAGEMENT

ENROLLING AND TESTING

COMMUNICATION AND COOPERATION

BEIJING-TIANJIN-HEBEI EDUCATION COORDINATED DEVELOPMENT

EDUCATION IN DISTRICTS

DIRECTLY AFFILIATED INSTITUTIONS TO THE EDUCATION COMMISSION OF CPC BEIJING MUNICIPAL COMMITTEE AND BEIJING MUNICIPAL EDUCATION COMMISSION

SOCIAL ORGANIZATIONS

PERSONAGE

SPECIAL ARTICLES

IMPORTANT DOCUMENTS AND BULLETINS

RESEARCH REPORTS

STATISTICS

APPENDIX

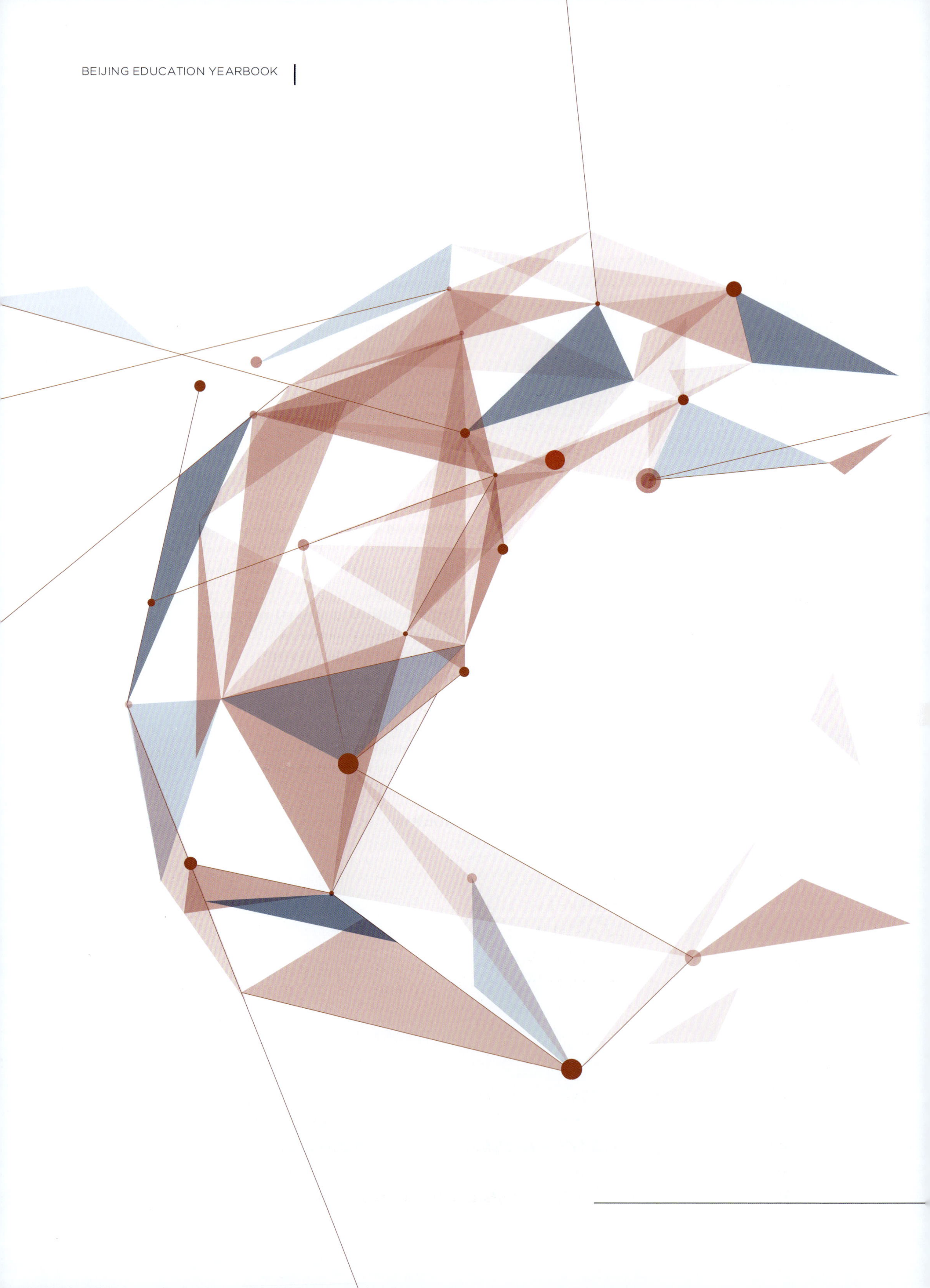

总 述

COMPREHENSIVE INTRODUCTION

总述

COMPREHENSIVE INTRODUCTION

北京市情概览

自然地理

北京市是中华人民共和国首都，是中国四大直辖市之一，是全国政治中心、文化中心、国际交往中心、科技创新中心，是世界著名古都和现代国际城市。

北京位于华北平原北部，四周与河北省和天津市接壤，地理坐标东经 115°24′～117°30′，北纬 39°28′～41°05′。三面环山，东南部面向华北平原。全市辖区总面积 16410.54 平方千米，其中山地占 2/3、平原占 1/3。山地海拔大部分在 300～1500 米，平原海拔大部分在 20～60 米。河流多是西北东南走向，主要有永定河、潮白河、温榆河及大清河水系的大石河、拒马河。

北京属于典型的暖温带半湿润大陆性季风气候，四季分明。春季增温快，夏季炎热多雨，秋季天高气爽，冬季寒冷干燥。2022 年，北京地区平均气温 11.8℃，与常年（11.8℃）持平，比上年（12.1℃）偏低 0.3℃。平均降水量 492.9 毫米，比常年（551.3 毫米）偏少 1 成，比上年（929.3 毫米）偏少近 5 成。平均日照时数 2537.6 小时，接近常年（2413.7 小时）。北京观象台大风日 5 天，比常年（8.2 天）偏少。沙尘日 3 天，比常年（6.4 天）偏少。雾日 7 天，比常年（14.6 天）偏少。

北京复杂多变的地形地貌与多样化的气候，形成良好的自然生态系统。北京地区有陆生、野生脊椎动物 89 科 461 种，其中兽类 18 科 53 种、鸟类 58 科 375 种、爬行类 8 科 23 种、两栖类 5 科 10 种。北京市矿产资源丰富，有固体矿产、地下水、地热、矿泉水、石油等多种类型。已发现矿产 127 种，查明资源储量的 67 种 352 处矿产地。其中能源矿产 1 种，金属矿产铁、铜、金等 19 种，非金属矿产水泥灰岩、冶金白云岩等 47 种。

（市地方志办公室）

历史沿革

北京有 3000 余年建城史、800 余年建都史。春秋时期，北京初称蓟，后为燕所灭，遂为燕都。后在中原朝代更替或民族冲突之中，蓟城一直是北方重镇，各方必争的战略要地。契丹会同元年（938 年），辽太宗升幽州为南京，立为陪都；金人入主北京后，于贞元元年（1153 年），改称中都；元定都北京后，忽必烈废大兴府，改称元大都；明初，燕王朱棣以“靖难之役”即位后，于永乐元年（1403 年）改北平为北京，重立为都，此为北京得名之始；清沿明制，继续定都北京；民国后，继续作为首府至 1927 年蒋介石定都南京，1928 年 6 月，北京降为北平特别市。1949 年，北平和平解放，中华人民共和国成立，北平改为北京，正式成为中国首都。

北京文物古迹众多，拥有故宫、长城、周口店北京猿人遗址、天坛、颐和园、明十三陵、大运河 7 处世界文化遗产在内的各类不可移动文物 3500 余处，是全球拥有世界文化遗产最多的城市，具有深厚的文化底蕴。北京是中国第一个齐聚 56 个民族的城市。

（市地方志办公室）

行政区划

中华人民共和国成立后，北京的行政区划范围经历多次调整，直至 1986 年底燕山区和房山县合并为房山区，形成 10 区 8 县的格局。1997 年至 1999 年，经国务院批准，通县、顺义县和昌平县陆续撤县设区。2001 年，根据国务院批复，撤销大兴县、怀柔县和平谷县，设立大兴区、怀柔区和平谷区，形成 16 区 2 县（即密云县和延庆县）的格局。2010 年，根据国务院同意北京市调整首都功能核心区行政区划的批复，撤销原东城区、原崇文区、原西城区、原宣武区，设立新的东城区和新的西城区，北京划分为东城区、西城区、朝阳区、海淀区、丰台区、石景山区、门头沟区、通州区、顺义区、昌平区、房山区、大兴区、平谷区、怀柔区14个区和密云县、延庆县2个县。2015年11月13日，经国务院批准，延庆县、密云县正式撤县设区。至此，北京市划分为东城区、西城区、朝阳区、海淀区、丰台区、石景山区、门头沟区、通州区、顺义区、昌平区、房山区、大兴区、平谷区、怀柔区、密云区、延庆区16个区。

中华人民共和国成立以来，市委、市政府长期驻东城区台基厂大街3号和正义路2号。2019年1月11日，市委、市政府正式东迁至北京城市副中心运河东大街56号和57号。

（市地方志办公室）

经济社会发展

2022年，面对风高浪急的国际环境、国内经济发展"三重压力"以及疫情散发频发等超预期因素影响，北京市坚持稳中求进工作总基调，以新时代首都发展为统领，持续高效统筹疫情防控和经济社会发展，坚持"五子"联动服务和融入新发展格局，着力稳住宏观经济大盘，切实推动社会民生改善，首都高质量发展取得新成效。

经济增长 初步核算，全年实现地区生产总值41610.9亿元,按不变价格计算,比上年增长0.7%。其中，第一产业增加值111.5亿元，下降1.6%；第二产业增加值6605.1亿元，下降11.4%；第三产业增加值34894.3亿元，增长3.4%。三次产业构成为0.3∶15.9∶83.8。按常住人口计算，全市人均地区生产总值19.0万元。按行业分，教育1927.4亿元，比上年减少2.9%，占地区生产总值的4.6%。

人口与就业 年末全市常住人口2184.3万，比上年末减少4.3万。其中，城镇人口1912.8万、常住外来人口825.1万。常住人口出生率5.67‰，死亡率5.72‰，自然增长率-0.05‰。全年城镇新增就业26万人。全年城镇调查失业率均值4.7%，运行在年度调控目标内。

财政收支 全年完成一般公共预算收入5714.4亿元，扣除留抵退税因素后同口径增长2.6%。其中，增值税1315.0亿元，扣除留抵退税因素后同口径下降2.7%；企业所得税1449.3亿元，增长3.9%；个人所得税784.6亿元，增长5.6%。全市一般公共预算支出7469.2亿元，增长3.7%。全面落实国家减税降费政策，全年累计新增减税降费及退税缓税缓费超2000亿元。

固定资产投资 全年固定资产投资（不含农户）比上年增长3.6%。其中，基础设施投资增长5.2%，民间投资下降6.1%。分产业看，第一产业投资增长11.6%；第二产业投资增长20.5%；第三产业投资增长1.7%，其中科学研究和技术服务业增长60.7%、教育板块增长13.0%。

对外经济 全年北京地区进出口总值36445.5亿元，比上年增长19.7%。全年实际利用外商直接投资174.1亿美元，其中科学研究和技术服务业69.8亿美元，占40.1%，增长18.0%。

人民生活 全年全市居民人均可支配收入77415元，比上年增长3.2%，扣除价格因素，实际增长1.4%。其中，城镇居民人均可支配收入84023元，增长3.1%；农村居民人均可支配收入34754元，增长4.4%。从4项收入构成看，全市居民人均工资性收入47758元，增长4.6%；人均经营净收入903元，下降3.9%；人均财产净收入12418元，下降0.3%；人均转移净收入16336元，增长2.6%。全年全市居民人均消费支出42683元，比上年下降2.2%。其中，城镇居民人均消费支出45617元，下降2.5%；农村居民人均消费支出23745元，增长0.7%。全市居民恩格尔系数为21.6%，其中城镇居民为21.1%、农村居民为27.4%。

科技 全年专利授权量20.3万件，比上年增长2.0%。其中，发明专利授权量8.8万件，增长11.3%。年末拥有有效发明专利47.8万件，增长18.0%。PCT国际专利（Patent Cooperation Treaty）申请量11463件，增长10.7%。每万人口高价值发明专利拥有量112.0件，比上年增加17.8件。全年认定登记技术合同95061项，增长1.6%；技术合同成交额7947.5亿元，增长13.4%。

文化 年末有公共图书馆21个，总流通769.5万人次；国家档案馆18家，馆藏纸质档案1049.5万卷件；备案博物馆210家，其中免费开放100家；群众艺术馆、文化馆18个。北京地区登记在册的报刊总量3514种，出版社240家，出版物发行单位10419家。全年引进出版物版权7446件，版权（著作权）登记105.4万件。

卫生 年末有医疗卫生机构12211个，比上年末增加484个。其中，医院741个。医疗机构有床位13.4万张，增加0.4万张。其中，医院床位12.6万张。医疗机构总诊疗人次23102.4万。

体育 全年北京市运动员获得国际性比赛奖牌53枚，其中金牌36枚、银牌10枚；获得全国性比赛奖牌197枚，其中金牌62枚、银牌66枚。在第24届冬季奥林匹克运动会上，全市34名运动员、3名教练员入选中国体育代表团，参加5个大项，7个分项17个小项比赛，获得2枚金牌、1枚银牌。全年北京市残疾人运动员获得国际性比赛奖牌9枚。在第13届冬季残疾人奥林匹克运动会上，全市12名运动员、3名教练员入选中国体育代表团，参加除残奥冰球外的5个大项比赛，获得5枚金牌、2枚银牌、2枚铜牌。

民生保障 全年一般公共预算支出中，教育、社会保障和就业、卫生健康支出分别为1171.1亿元、1067.8亿元和775.8亿元，合计占一般公共预算支出的40.4%，比上年提高1.0个百分点。

（教育档案馆）

（资料来源为《北京市2022年国民经济和社会发展统计公报》）

北京教育简史

古代北京教育

北京是人类重要的发祥地之一和举世闻名的历史文化名城。北京作为都城的历史，从公元 938 年辽太宗以幽州为陪都算起，已逾千年。建都起，即采天子学制，立文庙、兴太学、开科举、设宗学、建府学，逐渐成为全国文化教育中心。

北京地区人类活动可追溯到数十万年前。在漫长的史前时代，尚无专门的教育机构，教育活动在生产和社会活动中进行。夏商周以来，学校作为专门从事教育的场所开始出现。从汉到唐，北京始终是北方重镇，北京地区的官学、私学及学术传播活动都有显著的发展。由于北京处于中原政权与塞外民族交锋的前沿，军事活动占重要地位，官方兴办教育不如文化发达地区，而民间教育则较为活跃，特别是一些世家大族的家学，都是世代相传。

辽代以后，北京长期作为首都，既有中央政权举办的全国性教育设施，也有发达的本地教育设施。辽代，北京是“五都”之一，称为南京，辽代中央官学太学即建于此，科举考试也主要是在这里举行。辽南京可谓文教中心，对全国产生辐射作用。金代，北京称为中都，是名副其实的首都。金中都设有完整的教育体系，包括中央教育行政机构国子监及其所属的国子学、太学，以及燕京的大兴府学和各府州县学，还有为女真人接受汉族文化专门设立的女真国子学、太学和地方女真学。元代，北京称为大都，不仅是元朝的首都，还是横跨欧亚大陆的蒙古各汗国的中枢，成为多元文化的汇集地。元朝统治者对各种文化采取兼容并包的态度，在文化教育方面出现传授中原学术的国子学，以及传授本民族文化的蒙古国子学和传授西域文化的回回国子学。今位于北京安定门的国子监和孔庙即为元代兴建，在燕京还兴办起北方第一所书院——太极书院。元代科举历经废兴，但以程朱理学为选士标准，为后世明清所继承。

明朝最初建都于南京，明成祖夺位后以北京为首都。作为天下“首善之区”，明代的北京无论是中央政府主办的教育还是地方教育都高度发展，对全国教育起到示范和推进作用。从学校设置看，北京的学校大致有 4 种：一是中央官学，包括普通性质的国子监，贵族性质的宗学，专门性质的武学、翻译学、医学、阴阳学等；二是地方官学，既包括府学、州县学、卫学，也包括医学、阴阳学等专门学校；三是私学，主要是指由私人主持、创办的学校，以私塾为主体；四是半私立、半官立性质的书院和社学。北京国子监亦沿袭古代“太学”的称谓，职能主要有 3 个方面：首先是教育职能，对学生进行封建人伦道德教育；其次是选官职能，为统治者培养“忠君”的官吏；再次是管理职能，当时的北京国子监不仅是全国最高学府，也是全国教育的管理机构。明洪武十七年（1384 年），统治者颁定科举成式，科举制度得到空前的发展。北京贡院即顺天乡试和会试的场所，规模宏大。

清军入关后定都北京。清代基本上继承明代的政治架构和文教政策，包括学校和科举制度，同时注重维护本民族的统治优势。清代国子监、顺天府学和各州县学设置相当健全，京城建有金台书院，各州县也多有书院，此外还办有一些义学。清代科举制度高度完备，京师准考及录取名额均比外地有优势。

清统治者重视八旗子弟教育，在京城设有不同类型的八旗学校，这是清代北京教育的显著特点。八旗学校有面向全体八旗子弟的八旗官学和义学，为皇族办的宗学、觉罗学，为内务府三旗子弟办的景山官学、咸安宫官学，以及为护军营官兵子弟办的圆明园官学、外火器营官学、健锐营官学等。八旗学校既传授汉族传统的经史之学，也传授满语、骑射以保持本民族传统。八旗学校教学条件和师生待遇优渥。八旗生员除参加普通科举（并专有取中名额）之外，还有宗室、翻译科举及其他入仕途径。

京城的金台书院原为康熙四十一年（1702 年）兴办的义学，乾隆十五年（1750 年）改为金台书院。科举停废后，原址改办顺直中小学堂。州县书院有良乡的卓秀书院、房山的云峰书院、通州的潞河书院、平谷的近光书院（渔阳书院）、怀柔的温阳书院、密云的白檀书院、昌平的燕平书院、延庆的冠山书院等。清代义学和学塾是普通市民主要求学渠道。清末开始私塾改良。至宣统元年（1909 年）统计，共改良私塾 136 处，分别改为初等小学或简易小学。

（林业）

近现代北京教育

北京作为“首善之区”，教育事业始终处于全国引领地位。清政府从 19 世纪下半叶开始推行新政、改良教育，北京遂成为新教育的首倡、示范之地。1862 年 6 月 11 日，中国第一所官立近代学校——京师同文馆成立，北京教育由此翻开近代篇章。此后，外国传教士相继在京设立育英、贝满、崇实、潞河等一批新式学堂。1898 年，具有标志意义的新式大学——京师大学堂正式设立。1904 年 1 月，清政府颁布《奏定学堂章程》（癸卯学制）并在全国推行。至此，以科举为主要标志的旧学退出历史舞台，以分科分级为基本特征的近代教育正式登场。

清末兴学，京师首开风气。八旗学校改制，兴办公立学校，私塾改良，短短几年，北京新式教育从幼稚教育到高等教育，从普通教育到师范教育、特殊教育、职业教育、业余教育、社会教育、家庭教育，均建立并逐渐完善起来。1910 年，清学部统计全国教育发展情况，京师报学堂数 252 所，学生数 15774 人。

京师大学堂以及师范、实业等学堂属于学制规定动作，而未被纳入学校系统的专业学堂，是近代学制系统的重要补充，也是清末北京教育的亮点。北京的各专业学堂都由中央各部负责举办，并多设于各部机关内部。这类学堂包括法政学堂、巡警学堂、警务学堂、法律学堂、测绘学堂、贵胄学堂等，以及也可作为专业学校看待的计学馆、储材馆、礼学馆、治学馆等。此外还有英美教会办的北京协和医学堂、华北协和女子大学，利用美国返还庚子赔款办的清华学堂。这些专业学校大多发展成为后来的高水平大学。

1912 年中华民国成立后，民国教育部接收清学部事务，批判清政府尊孔、读经的教育宗旨，提出符合共和精神的教育方针。同年 5 月，教育部撤销京师督学局和八旗学务处，改设京师学务局。学堂改称学校，废止各贵胄学堂。

中华民国在南京建立，但随后政权落入以袁世凯为首的北洋军阀之手，仍然定都北京。袁世凯复辟帝制的企图破灭后，北京成为新文化运动的中心和五四爱国运动的策源地，蔡元培在北京大学的改革在全国产生重大影响。北洋政府时期北京教育继续发展，开始普及四年的国民小学教育，并大办简易学校为失学青少年补习文化。中学也进入实际发展阶段，但增办的主要是私立中学、教会中学以及高校附中。中学毕业生逐年递增促进高等教育的大发展，清华学堂正式成为综合大学，师范、农业、交通、法政、医学、工业等国立专科学校均升格为大学，教会办的燕京大学、辅仁大学以及私立中国大学、中法大学等也很有实力，此间还先后兴办过 30 余所存在时间不长的大专院校。北京高等教育规模在全国名列前茅。

南京国民政府执政时期，北京改为北平特别市，但故都的教育优势仍然存在。1936 年，北平 6～12 岁儿童毛入学率达到 47.8%，同时通过大办短期小学使失学青少年都能接受基本教育。中学教育继续发展，到 1936 年，有市立中学 7 所，在校生 2451 人；私立中学 60 所，在校生 20937 人。高等学校经过整合，实力大为增强，到 1937 年，北平有国立大学和学院 5 所，公立专科学校 6 所，私立大学和学院 10 所，私立专科学校 2 所。学科建设也达到较高水平。

抗日战争全面爆发后，北平被日寇占领，教育事业经历浩劫，学校设施受损严重。抗战胜利后国民政府光复北平，教育事业得到恢复，特别是公立中小学得到较快发展，1948 年，全市有小学 356 所（公立 235 所、私立 121 所），中学 64 所（公立 15 所、私立 49 所），职业学校 15 所（公立 5 所、私立 10 所），国立大学 3 所（北京大学、清华大学、北京师范大学），私立大学 4 所（燕京大学、辅仁大学、中法大学、中国大学），国立独立学院 1 所（北平铁道管理学院），私立独立学院 3 所（朝阳学院、华北文法学院、协和医学院），国立专科学校 1 所（北平艺术专科学校），市立专科学校 1 所（北平体育专科学校）。全市大学在校生 15161 人，中学在校生 4.46 万人，小学在校生 11.63 万人，聋哑学生 270 人，幼稚园学生 2400 人。

（林业）

新中国北京教育

1949 年 1 月 31 日，北平和平解放，北京教育进入崭新的发展阶段，办人民的教育，关注大多数人全面、最优的发展，成为北京教育发展的主旋律。

中华人民共和国成立初期 17 年奋斗奠定北京教育的现代化基础。1964 年，北京市中小学在校生 157 万人，是 1949 年的 4.3 倍，小学教育基本普及。工人中文盲基本扫除，青壮年工人的文化水平普遍提高到小学程度。高等教育注重创办文、理、法、医、农、工、商各个门类的高等学校，高校数量多、门类全、规模大，成为中国最大的高等教育基地。1954 年，全国首次确定 6 所重点院校，北京入选 5 所。1960 年，全国重点院校增至 64 所，北京入选 26 所，占比全国重点院校的 40%。

改革开放 30 年发展促进北京基本实现教育现代化。全市学前教育入园率由 20 世纪 70 年代末的 44.7% 提高至 1990 年的 71.2%，九年义务教育初步普及，基础教育入学率、在校生巩固率、毕业生合格率均超过国家规定的普及标准。北京地区普通高校 20 世纪 80 年代毕业生 26.76 万人，相当于新中国前 30 年毕业生总数的 75%。1990 年，全市大专以上文化程度 101 万人，比 1982 年增长 1.2 倍。

1991 年至 2010 年，北京教育历经两次重大跨越式发展。第一次跨越式发展为上世纪 90 年代，基本完成义务教育普及任务。这一阶段，北京市把满足首都社会主义现代化建设和人民群众日益增长的教育需求作为教育发展的主要任务，不断加大教育投入力度，积极鼓励社会力量举办教育，基本建成门类齐全、结构完整的国民教育体系。1993 年，在全国率先普及九年义务教育和扫除青壮年文盲，“九五”期间又在全国率先普及高中阶段教育；高等教育率先在全国进入大众化阶段，1999 年，全市 18～22 岁人口高等教育毛入学率超过 40%。第二次跨越式发展是 2010 年在全国率先基本实现教育现代化。进入 21 世纪以来，北京市提出以率先基本实现教育现代化为目标的首都教育发展战略，全面推进首都教育发展从数量扩张为主向质量提升为主转变，从以学校学历教育为本向以人为本和以人的素质能力发展为本转变，从一次性学校教育体系向更加灵活开放多样的全民终身学习体系转变。经过 20 年的快速发展，北京教育普及程度全国领先，教育体系更加完备，各级各类教育入学率均达到或接近世界发达国家的平均水平。2010 年，北京学前三年教育毛入学率 81.5%（全国 56.6%），小学毛入学率 135.5%（全国 104.6%），初中毛入学率 103.3%（全国 100.1%），高中阶段教育毛入学率 95.0%（全国 82.5%），高等教育毛入学率 61.0%（全国 26.5%）。

（林业）

新时代北京教育

党的十八大以来，中国特色社会主义进入新的发展阶段。习近平总书记十分关心北京教育事业，先后多次视察北京教育系统并给北京市大中小学师生回信，为做好北京教育工作提供根本遵循。

2012 年至 2022 年，北京教育取得重大跨越式发展——在全国率先实现教育现代化。“十三五”时期，北京主要教育指标均排在全国前列，若干指标位居首位，提前达到《中国教育现代化 2035》确定的主要事业发展指标。教育发展水平继续处于全国领先地位。通过国际比较，北京教育达到世界发达国家水平，普及程度、教育质量、公共财政教育支出等指标均处于世界前列。

教育公平达到新高度。2015 年，北京 16 个区县一次性全部通过国家义务教育发展基本均衡县评估，教育公平取得新突破，北京义务教育发展进入新阶段。小学和初中就近入学比例分别由 2015 年的 94.1% 和 90.6%，双双达到 2020 年的 99% 以上，有效破解择校难题。“十三五”时期，北京投入市级财政资金引导民办幼儿园转成普惠园，多措并举，学前教育累计增加学位 23 万个，学前教育普及、普惠程度大幅提升，有效缓解入园难、入园贵问题。中考中招选择机会更为丰富，高考高招录取率持续保持在 90% 以上。“校额到校”“市级统筹”“1+3”培养等方式对促进教育公平发挥良好作用。群众满意度不断提高，教育公平得到进一步提升。

教育综合改革取得新突破。考试招生制度改革取得重大进展，2017 年，北京开展高考改革，成为第二批高考综合改革试点省市之一；2020 年，高考综合改革首次实施。2021 年，北京新中考改革方案全面落地，基于初中学业水平考试成绩、结合综合素质评价的高中阶段学校考试招生录取模式初步形成。市属高校分类发展格局基本形成。高校、科研院所、艺术院团共同参与中小学办学，有效扩大优质教育资源覆盖面。高端技术技能人才贯通培养项目、中高职衔接项目进一步拓宽职业人才培养通道。2021 年，北京率先在全国开展“双减”行动。2022 年，压减学科类培训机构至 347 址，校外培训治理进入常态化阶段。校内提质增效稳步实施，实现课后服务全面升级。教育评价改革、京津冀教育协同发展也取得新突破、开创新局面。

教育质量实现新提升。“十三五”时期，国家义务教育质量监测结果显示，北京学生的学习成绩、学习习惯、学习自信心以及教师的教育教学效果持续保持前列，学生参加国际学生评估项目测试（PISA）取得优异成绩。持续推进义务教育优质均衡发展，2022 年全市集团化办学覆盖率 52%，学区覆盖率 90%，联合办学、组团发展成为新常态。持续支持高校“双一流”建设，实施高水平人才交叉培养计划。推进职业教育“高质量、有特色、国际化”发展，制定职业教育“新京十条”，推进职普融通、产教融合。

教育保障能力持续提升。教育投入持续增加，结构不断优化，教育财政经费投入由 2015 年的 847.43 亿元增至 2022 年的 1161.00 亿元，公共预算教育经费占公共预算支出的比例由 2015 年的 14.77% 增至 2022 年的 15.54%。各级政府高度重视教育事业，确保教育优先发展。

服务首都发展作出新贡献。高校积极参与国际科技创新中心建设，在关键核心技术研发、大科学装置建设与运营、技术转移和技术服务等方面发挥重要作用。高校产出一批具有重大带动作用和影响力的科技创新成果，培养打造一批具有国际影响力的科学家、科技领军人才、高水平创新团队。全力服务保障重大活动，优质高效完成中国共产党成立 100 周年庆祝活动以及北京冬奥会和冬残奥会等重大活动服务保障和演出等任务。

动态优化新冠肺炎疫情防控措施。构建市、区、校三级防控体系，统筹推进疫情防控与教育教学管理，及时做好全市各级各类学校线下线上教学转换，做好疫情防控形势下各类考试招生组织工作，以首善标准抗击新冠肺炎疫情。

北京教育正在发生深刻转型，教育面貌正在发生格局性变化，为北京的教育现代化建设新征程奠定坚实基础。

（华蕾　张晓兰）

北京教育资源状况

1989 所幼儿园
684 所普通中学
719 所小学
20 所特殊教育学校
6 所专门学校
102 所中等职业学校
92 所普通高等学校
18 所成人高校
15 所民办普通高校

学前教育

基本情况　2022 年，北京市有独立法人幼儿园 1989 所，其中独立设置少数民族幼儿园 8 所。幼儿在园 57.42 万人，入园 17.86 万人，离园 16.27 万人。其中，本市户籍幼儿在园 42.70 万人，入园 12.91 万人，离园 11.87 万人。开设班额 20662 个，其中托班 84 个、小班 6880 个、中班 6409 个、大班 6820 个、混合班 469 个。

师资队伍状况　幼儿园教职工 10 万人，其中专任教师 4.88 万人、保育员 1.75 万人。

分区基本情况　北京 16 个区幼儿园分布情况，东城区 71 所、西城区 84 所、朝阳区 310 所、丰台区 147 所、石景山区 50 所、海淀区 225 所、门头沟区 24 所、房山区 137 所（含燕山地区 7 所）、通州区 245 所、顺义区 115 所、昌平区 165 所、大兴区 125 所（含经开区 20 所）、怀柔区 84 所、平谷区 97 所、密云区 80 所、延庆区 30 所。

基础教育

基本情况　2022 年，北京市有普通中学 684 所，其中完全中学 175 所、高级中学 39 所、十二年一贯制学校 137 所、初级中学 176 所、九年一贯制学校 157 所。独立设置少数民族学校 8 所。小学 719 所，其中独立设置少数民族学校 14 所。特殊教育学校 20 所，其中盲人学校 1 所、聋人学校 1 所、培智学校 11 所、其他学校 7 所。专门学校 6 所。

普通中学开设班额1.68万个，其中初中1.10万个、高中0.58万个。小学开设班额3.09万个。

基础教育在校生163.86万人，招生38.59万人，毕业28.66万人。其中，本市户籍在校生134.02万人，招生32.50万人，毕业24.05万人。普通高中在校生19.89万人，招生7.47万人，毕业4.98万人。其中，本市户籍在校生18.87万人，招生7.08万人，毕业4.59万人。初中在校生35.58万人，招生12.13万人，毕业10.35万人。其中，本市户籍在校生31.05万人，招生10.36万人，毕业9.26万人。小学在校生108.38万人，招生18.99万人，毕业13.33万人。其中，本市户籍在校生84.11万人，招生15.06万人，毕业10.20万人。

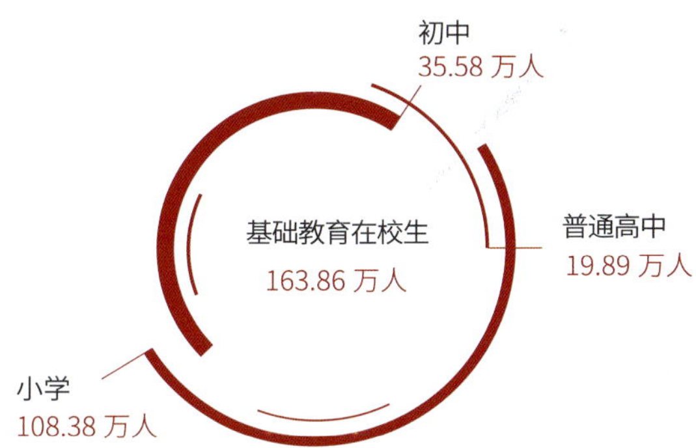

特殊教育学校、普通中小学附设特教班、随班就读、送教上门等各类形式特殊教育在校生7722人，招生1110人，毕业1666人。专门学校在校生447人，入校178人，离校227人。

师资队伍状况 普通中学教职工9.98万人，其中专任教师7.98万人，生师比为8.8∶1。北京市小学教职工6.67万人，其中专任教师6.05万人，生师比为14.1∶1。

特殊教育学校教职工1355人，其中专任教师1121人。专门学校教职工253人，其中专任教师204人。

教育设施情况 普通中学校舍建筑面积1857.63万平方米，普通教室面积307.39万平方米，专用教室面积222.57万平方米，图书阅览室面积49.44万平方米。占地面积2834.33万平方米（含运动场地面积907.53万平方米）。固定资产总值5792834.15万元（含教学仪器设备资产值1392052.42万元）。数字终端39.06万台，图书3290.29万册，网络多媒体教室4.21万间。小学校舍建筑面积818.72万平方米，普通教室面积229.35万平方米，专用教室面积96.99万平方米，图书阅览室面积19.69万平方米。占地面积1432.21万平方米（含运动场地面积570.59万平方米）。固定资产总值2662518.12万元（含教学仪器设备资产值848712.05万元）。数字终端25.80万台，图书2809.71万册，网络多媒体教室3.22万间。

分区基本情况 北京16个区普通中学分布情况，东城区38所、西城区42所、朝阳区98所、丰台区49所、石景山区22所、海淀区87所、门头沟区17所、房山区52所（含燕山地区5所）、通州区48所、顺义区40所、昌平区58所、大兴区49所（含经开区8所）、怀柔区21所、平谷区20所、密云区24所、延庆区19所。

小学分布情况，东城区45所、西城区58所、朝阳区70所、丰台区70所、石景山区24所、海淀区90所、门头沟区21所、房山区51所（含燕山地区5所）、通州区44所、顺义区51所、昌平区53所、大兴区47所（含经开区3所）、怀柔区19所、平谷区29所、密云区26所、延庆区21所。

中等职业教育

基本情况 2022年，北京市有中等职业学校102所，其中普通中专28所、成人中专10所、职业高中39所、技工学校25所。

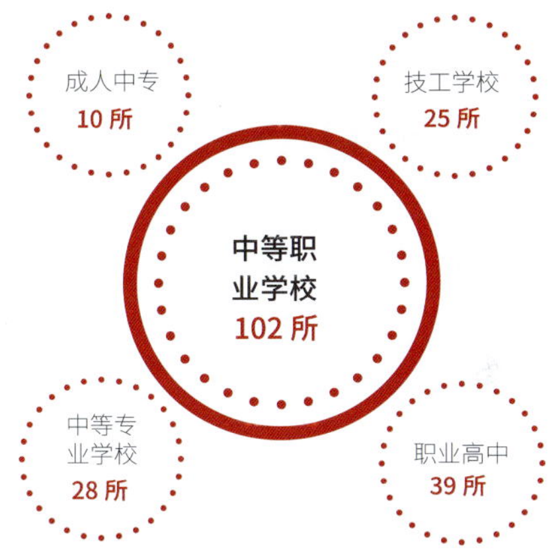

中等职业学校在校生8.28万人，招生3.07万人，毕业2.07万人。其中，普通中专在校生3.45万人，招生1.18万人，毕业0.82万人。成人中专在校生0.42万人，招生0.14万人，毕业0.15万人。职业高中在校生1.60万人，招生0.63万人，毕业0.29万人。技工学校在校生2.82万人，招生1.11万人，毕业0.81万人。

另有，国家开放大学附设中职班北京校区非全日制成人中专在校生11.38万人，招生6.98万人。

师资队伍状况 中等职业学校教职工11501人，其中专任教师7080人。普通中专教职工3193人，其中专任教师1630人。成人中专教职工357人，其中专任教师193人。职业高中教职工4840人，其中专任教师3568人。技工学校教职工3111人，其中专任教师1689人。校外教师388人，行业导师202人。

教育设施情况 中等职业学校（不含技工学校）产权校舍建筑面积214.55万平方米，教学及辅助用房107.05万平方米。占地面积344.07万平方米（含运动场地面积76.25万平方米）。固定资产总值93.41万元（含教学、实习仪器设备资产值34.76万元）。图书340.43万册，电子图书216.20万册，数字终端5.44万台，教室0.36万间（含网络多媒体教室0.25万间）。

按区划分情况 北京16个区职业高中分布情况，东城区3所、西城区4所、朝阳区4所、丰台区5所、石景山区3所、海淀区1所、门头沟区1所、房山区4所（含燕山地区1所）、通州区2所、顺义区1所、昌平区3所、大兴区3所、怀柔区2所、平谷区1所、密云区1所、延庆区1所。

高等教育

基本情况 2022年，北京市有普通高校92所，其中中央部委属39所、市属53所（含民办高校15所）。59所普通高校和87个科研机构培养研究生。独立设置成人高校18所。

普通本专科在校生60.25万人，其中本科生53.51万人、专科生6.74万人。招生16.59万人，其中本科生13.97万人、专科生2.62万人。毕（结）业15.44万人，其中本科生12.74万人、专科生2.70万人。

+0.74 万人

普通本科在校生53.51万人，比上年增加0.74万人

+0.55 万人

普通高校本专科招生16.59万人，比上年增加0.55万人

市属高校在校生26.38万人，招生7.85万人，毕（结）业7.63万人。

研究生在校43.50万人，招生14.59万人，毕（结）业11.44万人。在校博士生12.50万人、硕士生31万人。招收博士生3.10万人、硕士生11.49万人。毕（结）业博士生2.05万人、硕士生9.39万人。其中，普通高校在校研究生41.20万人，招生13.82万人，毕（结）业10.87万人。

成人本专科在校生7.82万人，招生2.96万人，毕业3.94万人。其中，普通高校在校生7.46万人，招生2.80万人，毕业3.60万人。

网络本专科生在校63.26万人，招生24.86万人，毕业26.10万人。

培训机构1102所，注册学生150.34万人。

师资队伍状况 普通高校教职工15.81万人，其中专任教师7.54万人。市属高校教职工3.98万人，其中专任教师2.37万人。成人高等学校教职工3168人，其中专任教师1349人。

教育设施情况 普通高校产权占地面积5340万平方米。产权校舍建筑面积4308万平方米，其中产权教室面积370万平方米、图书馆面积162万平方米、学生宿舍面积944万平方米。非学校产权独立使用校舍建筑面积272万平方米，占地面积630万平方米。固定资产总值23636031万元，教学科研仪器设备总值7626931万元。图书12029万册，学生终端49.97万台，教室2.04万间，网络多媒体教室1.45万间。

市属高校（含民办高校）产权占地面积1625万平方米。产权校舍建筑面积1235万平方米，其中产权教室面积176万平方米、图书馆面积62万平方米、学生宿舍面积311万平方米。非学校产权独立使用校舍建筑面积121万平方米，占地面积271万平方米。固定资产总值6424390万元，教学科研仪器设备总值2344330万元。图书4413万册，学生终端15.69万台，教室1.05万间，网络多媒体教室0.70万间。

成人高校产权占地面积72万平方米。产权校舍建筑面积63万平方米，其中产权教室面积12万平方米、图书馆面积3万平方米、学生宿舍面积13万平方米。非学校产权独立使用校舍建筑面积5万平方米，占地面积37万平方米。固定资产总值378259万元，教学科研仪器设备总值28831万元。图书200万册，学生终端4952台，教室828间，网络多媒体教室514间。

民办教育

基本情况 2022年，北京市有民办幼儿园1037所、小学41所、普通高中82所、初中25所，民办中等职业学校17所，民办高校15所。

民办幼儿园幼儿在园24.49万人，入园7.43万人，离园6.83万人。民办小学在校生3.77万人，招生0.54万人，毕业0.51万人。民办初中在校生1.64万人，招生0.60万人，毕业0.58万人。民办高中在校生0.87万人，招生0.38万人，毕业0.12万人。民办中等职业学校在校生0.11万人，招生0.04万人，毕业0.02万人。

民办普通高校在校生5.39万人，其中专科生1.20万人、本科生4.12万人、研究生0.07万人。招生1.55万人，其中专科生0.47万人、本科生1.05万人、研究生0.03万人。毕业1.48万人，其中专科生0.44万人、本科生1.02万人、研究生0.02万人。

另有民办职业技术培训机构535个，在培学生88.16万人。

师资队伍状况 民办高等教育教职工5477人，其中专任教师2968人。民办中等教育教职工14597人，其中专任教师8189人。民办小学教职工1275人，其中专任教师877人。民办幼儿园教职工47037人，其中专任教师19345人。民办职业技术培训机构教职工7395人，其中专任教师3184人。

中外合作办教育

基本情况 2022年，北京市有中外合作办科研机构1所、普通高中4所、幼儿园1所。

科研机构在校生411人，招生150人，毕业116人。普通高中在校生267人，招生85人，毕业35人。幼儿园幼儿在园306人，入园94人，离园200人。

师资队伍状况 普通高中教职工334人，其中专任教师139人。幼儿园教职工52人，其中专任教师26人。

（赵琦　赵胤慧　华蕾）

2022年北京教育事业发展综述

特色亮点工作

2022年，北京教育系统以新时代首都发展为统领，以推动高质量发展为主题，以改革创新为根本动力，特色亮点工作突出。

服务保障重大活动作出新贡献。把迎接党的二十大、学习宣传贯彻党的二十大精神作为贯穿全年工作的主线，以实际行动迎接党的二十大胜利召开。2.3万名师生深度参与，1.4万名赛会志愿者全心服务，68所高校攻关200余项关键技术，优质高效完成2022年北京冬奥会和冬残奥会开闭幕式演出、观众组织等工作，诠释新时代中国“可信、可爱、可敬”的形象。

推进“双减”北京行动取得新进展。压减学科类培训机构至347址，建立“行业归口+综合监管”的非学科类监管模式，校外培训治理进入常态化阶段。校内提质增效稳步实施，实现课后服务全面升级，深入落实全市基础教育改革发展工作方案。2.4万余人参与校长教师交流轮岗，占符合条件总数的43%，取得明显成效。

办好人民满意教育谱写新篇章。大力推进幼有所育，幼儿园公办率53%、普惠率91%，幼儿入园率93%。积极推进幼儿园举办2～3岁托班，增加学位3000个。推进义务教育优质均衡发展，全市集团化办学覆盖率达到52%，学区覆盖率达到90%，联合办学、组团发展成为新常态。推进普通高中多样化发展，努力满足不同潜质学生个性化成长需求。

服务经济社会发展开创新局面。大力支持高校“双一流”建设，良乡、沙河高教园区规划建设取得重要进展。坚持“四个面向”（面向世界科技前沿、面向经济主战场、面向国家重大需求、面向人民生命健康），启动新一期北京高校高精尖创新中心建设，统筹推进北京实验室立项建设，获批建设国家首批卓越工程师创新研究院。加快培养高层次工程科技人才，联合培养博士生400余人。制定职业教育“新京十条”（《关于推动职业教育高质量发展的实施方案》），推进职普融通、产教融合。

推进教育评价改革取得新突破。持续规范义务教育入学秩序，实现所有公办学校本区内招生的历史性突破，义务教育就近入学比例连续4年达到99%以上。试点高中登记入学，探索开展中职学校自主招生试点，取得初步成效。新冠肺炎疫情期间，完成全市范围重大考试24项，涉及考生133万人次，中高考与研究生考试实现如期考试、平安考试、应考尽考。

教育数字化转型实现新跨越。构建“一基、六景、三空间”（数字教育新基座和6个数字教育新场景、3个数字教育新空间）智慧教育发展总体框架，统筹“互联网+基础教育”、人工智能与基础教育融合发展、国家智慧教育平台试点体系，打造面向未来的智慧教育新生态。常态化保障线上教学基本需求，学习人次2000余万。持续实施中学教师开放型在线辅导计划，组织1.5万名骨干教师为全市35万名初中学生开展在线答疑辅导。

（王艳霞　王建辉）

年度完成工作

2022年，北京教育系统坚持以习近平新时代中国特色社会主义思想为指导，学习宣传贯彻党的二十大精神，贯彻落实习近平总书记关于教育的重要论述和对北京重要讲话精神，统筹抓好疫情防控、安全稳定和教育事业改革发展，攻坚克难，努力办好人民满意的首都教育。

坚持党的全面领导，深入贯彻落实中央和市委的决策部署。加强党对教育工作的全面领导。推动习近平新时代中国特色社会主义思想进教材、进课堂、进头脑。深入学习习近平总书记关于教育的重要论述，完成中小学干部教师全员培训。重大教育决策严格按程序提交市委教育工委委员会议、市委教育体制改革专项小组、市委教育工作领导小组等审议，积极推进党的路线方针政策和党中央决策部署在教育系统不折不扣贯彻执行。加强教育系统党的建设，推进中小学校党组织领导的校长负责制改革。

纵深推进全面从严治党。组织召开北京教育系统全面从严治党工作会议。市委教育工委开展党风廉政建设实地检查，推动主体责任向高校和各区延伸传导。开展市属高校全面从严治党（党建）工作考核，层层压实整改责任。举办第一期北京高校巡察工作坊，加强校内巡察工作交流，提升校内巡察工作水平。推动干部队伍结构不断优化。持之以恒正风肃纪反腐，落实中央八项规定精神及市委贯彻落实办法。大兴调查研究之风，制定《关于深入教育教学一线开展学年调研工作方案》，推进机关干部“在基层、转作风、解难题”。坚持全面从严治党永远在路上，坚决查处违纪违法问题，深化“以案为鉴、以案促改”警示教育机制，营造风清气正育人环境。

进一步加强德育工作。组织思政课教师和教研员深入学习习近平总书记视察中国人民大学重要讲话，用心上好思政课。修订完善《北京市中小学学科德育指导纲要》，推动各门课程与思政课相互配合、同向同行。制定《北京市中小学德育工作基本要求》，加强学校德育管理。开展“奋进新征程 喜迎二十大”“我们的新时代”“学习新思想 做好接班人”等主题活动。探索“全程超前伴随式”家长培训体系，开发完成幼儿园阶段家长培训课程。开展“七个一”活动专题培训，强化课程研发。深入推进民族团结进步教育。编制《北京市语言文字事业“十四五”发展规划》，扎实推进语言文字工作。

提升体育美育劳动教育水平。组建北京市学校体育、美育教学指导委员会，启动各类专家库建设，构建科学、开放的大健康、大美育协同格局。发布《北京市深入推进体教融合实施方案》，完成第一阶段试点。研究制定体育与健康考核评价现场考试系列管理办法和考试标准，加强体育教师培训，完成八年级国家学生体质健康测试统测，实质性启动日常体测进中考。做好后奥运时代奥林匹克教育和冰雪运动普及，中小学生上冰上雪210万余人次。印发《关于全面加强和改进新时代学校美育工作的行动方案》。贯彻落实教育部新颁布的国家劳动课程标准，建立完善劳动课程教研培训机制。

统筹推进疫情防控与教育教学管理。制定《疫情场景下中小学幼儿园应急处置方案》，严格落实“四方责任”，优化完善校园常态长效疫情防控机制。根据疫情防控形势变化，及时做好全市中小学线下线上教学转换。印发《北京市中小学线上教学管理基本要求》，规范学校线上教学行为。强化校地协同，组建北京高校疫情防控8小时应急处置工作专班，建立“日调度、双调度”等“十项机制”，制定实施《关于动态调整高校疫情防控措施的通知》等文件。组织100余名联络员驻高校、驻区工作。建好用好市级师生在线心理咨询服务平台，及时解答师生提出的心理困惑。

坚持高质量发展，办好人民满意的教育。推进学前教育普及普惠发展。强化规划引领，制定《北京市“十四五”学前教育发展提升行动计划》。做好县域“双普”国家级验收相关准备工作，进一步推动学前教育普及普惠发展。持续聚焦质量，开展基础薄弱园帮扶工作，推动社区办园点转型提升。跟进无证园治理工作，稳妥取缔有重大安全隐患的无证园。

推进义务教育优质均衡发展。印发《北京市推进义务教育优质均衡发展实施方案》，明确全市接受义务教育优质均衡发展区国家评估认定的时间表、路线图。深入推进东城区、朝阳区、密云区义务教育优质均衡先行创建工作，加大资源统筹力度，提高资源使用和共享效率，整体提升区域优质均衡发展水平。统筹城乡义务教育学校建立“手拉手”结对关系，覆盖全市所有乡镇义务教育学校，全力提升乡村学校教育质量。探索人工智能应用，研制《关于人工智能与基础教育融合发展试点工作方案》。

推进普通高中多样化发展。印发实施《北京市普通高中多样化特色发展创建工作方案》，坚持“无课程不特色、无特色不自主”，激发学校办学活力。强化“扶弱扶需扶新扶特”导向，按照先行先试阶段工作目标，根据各区高中校数等比例确定特色创建名额，将所有区校摆在同一起跑线，引导学校尽快转型、平稳过渡，推动全市普通高中从分层发展全面转向多样化特色发展。

推进高等教育内涵特色差异化发展。贯彻落实《北京高等教育本科人才培养质量提升行动计划》，持续推动市属公办本科高校分类发展，支持239项“本科教学改革创新项目”建设，突出对综合性改革和“四新”（新工科、新文科、新医科、新农科）建设项目的支持。启动北京市“优质本科课程”和“优质教材课件”评选工作，294门课程和232种教材课件获得支持。积极推进沙河、良乡大学城内涵发展和联盟建设，开放优质课程，共享教学资源，探索交叉复合型人才培养，大力推动大学城与怀柔未来科学城等园区强强联合。强化“双一流”建设，在第三批“双万计划”建设中，北京高校360个专业入选国家级“一流专业”，382个专业入选省市级“一流专业”。充分发挥北京学院、卓越联盟、专业群以及高校数学、英语等通识教育基础研究联盟的作用，积极促进高校图书馆、博物馆联盟等优质资源共享，提高高校社会服务能力。

建设高质量有特色国际化的职业教育。深入推进“双高”“特高”建设，对7所“双高计划”建设单位开展中期绩效评价，对第二批51个特高专业、50个特高“两师基地”（工程师学院及技术技能大师工作室）开展阶段性评估。首批认定18个市级示范性虚拟仿真实训基地。开展在线精品课程遴选建设工作，推进122门市级在线精品课程建设。开展北京市职业教育专业教学资源库遴选建设工作，推进53个市级专业教学资源库建设。持续推进“岗课赛证”综合育人，北京职业院校首次斩获中国国际“互联网+”大学生创新创业大赛国赛金奖。推进终身学习，打造开放式学习平台“市民云学堂”，推动北京学分银行建设，实施“智慧助老”行动。深化国际交流，举办第二届“丝路工匠”国际技能大赛，扩大首都职业教育世界影响力。

统筹做好新冠肺炎疫情期间考试组织工作。系统制定防疫、安全和应急处置等方案，细化提出工作措施。中高考将考点延伸布局到部分集中医学观察场所和医疗救治场所，创新性设立封管控考点，考点数量、考务人员数量均比往年增加一倍以上。研究生考试创新探索校地协同组考新模式，在同一考点“一类一策”分类设置考场，完成近8000名外省考生借考、1万余份自命题试卷流转，被考生和公众称为“有温度、有智慧的组考”。首次组织开展专升本和成人学位英语线上考试，切实保障2.8万名考生的切身利益。

做好大学生就业创业工作。印发《北京市支持高校毕业生就业创业若干措施》，举办线上线下双选会300场，提供岗位226万余个。举办首届“京彩大创”北京大学生创新创业大赛，101家单位4574支大学生创业团队报名参赛。启用市级沙河园，“一街四园多点”孵化体系进一步完善。组织退役大学生士兵线上招聘会。开展精准帮扶，2022届困难群体毕业生毕业去向落实率高于整体水平。

坚持深化改革，不断激发学校办学活力。深化教师队伍建设改革。巩固拓展师德师风专题教育成效，研制《北京市教师信用信息管理办法（试行）》，推动师德师风建设常态化、长效化。深化实施新时代基础教育强师计划。评选表彰“北京市优秀教师”“北京市优秀教育工作者”。制发《关于深化推进义务教育学校教师交流轮岗工作的若干措施》，进一步完善相关保障政策。印发《北京市新时代中小学名师名校长发展工程实施意见》，启动新时代名师名校长发展工程。持续实施乡村教师特岗计划，为乡村学校招聘紧缺学科教师。试行中小学教师开放型在线研修，组织近4000名骨干教师，面向试点区义务教育阶段1.7万余名中小学教师开展在线研修。

持续推进民办教育供给侧改革。落实党对民办学校的全面领导，63所民办高校完成章程修订备案工作，民办义务教育学校全部实现“双向进入、交叉任职”。建立机构退出常态化机制，稳步压缩民办非学历高等教育机构规模。统筹《北京市规范民办义务教育发展工作方案》确定的33项重点任务落实，重点监测指标和工作任务目标均达到中央政策文件和教育部工作要求。按照“一区一议、一校一案”的原则,积极推进“公参民”学校治理。进一步规范招生行为，加大对无证办学学校查处力度，深入推进无学籍治理。

持续扩大对外教育合作开放。成功举办中国国际服务贸易交易会教育展和论坛，200余家单位参展，达成交易额1300余万美元。圆满完成2022国际产学研用会议（北京）承办任务，近20个国家的1000余名院士、校领导、企业家、专家学者在线参会。加快新布局的国际学校建设。推进《北京市幼儿园、中小学招收和培养国际学生管理办法》《北京市来华留学生高等教育质量发展指标体系（试行）》等文件落实，进一步完善来华留学质量标准和管理服务。印发《关于服务国际交往中心功能建设 推动新时代教育对外开放的若干措施》，整体设计、统筹推进首都教育系统对外开放。

坚持创新引领，服务经济社会发展。提升高校自主创新能力。落实《北京高校科研创新发展行动计划（2022—2024年）》，聚焦新一代信息技术、生物医药、智能制造、碳中和等产业领域，坚持“一中心一方案”，推动北京航空航天大学和北京微芯研究院牵头的未来区块链技术与隐私计算高精尖创新中心、清华大学和北京大学牵头的集成电路高精尖创新中心两个北京高校高精尖创新中心建设。强化实验室日常建设管理，引导发挥北京实验室联盟作用，提升服务首都经济社会发展的影响力和贡献力。组织完成225项科技一般项目的评审立项工作。加强北京高校“双一流”和高精尖学科建设，研究提出新一轮“双一流”和高精尖学科增补方案、市属高校新兴交叉学科建设支持方案。

优化教育资源结构布局。超额完成年度“新增2万个中小学学位”市政府实事任务，新建、改扩建学校24所，新增学位3.6万个。推进落实《北京市教育设施专项规划（2018年—2035年）》，研制《北京市中小学学位建设专项行动计划（2023年—2025年）》，创新审批机制，加强项目储备。发布《关于厉行勤俭节约进一步明确中小学校功能建设标准的意见》，进一步规范新建中小学建设标准，推动中小学建设规范化、标准化、科学化。有序推进北京信息科技大学、北京工商大学、首都医科大学、首都体育学院新校区建设。

推进教育支援合作。完善京津冀教育协同分工机制，全力支持雄安新区教育发展，推动优质教育资源向廊坊北三县延伸布局，北京市第八十中学雄安校区、北京实验学校三河校区、北京潞河中学三河校区办学成效持续显现。深入推进京津冀高校联盟和职教集团（联盟）内优质教育资源共建共享共用，研制《京津冀高校联盟合作发展建设框架》，开展“四新”建设、中职学校跨省市“3+2”联合培养试点。扎实做好教育对口支援，通过“首都教育远程互助工程”项目提升新疆和田地区、新疆生产建设兵团第十四师、西藏拉萨市基础教育质量，选派援疆援藏援青教育人才149人。南水北调教育对口协作以及京沈、京银、京赣等教育合作有序推进。

坚持依法治教，推进教育治理体系和治理能力现代化。全面推进依法治教。深入学习宣传贯彻习近平法治思想，指导高校开设上好“习近平法治思想概论”课程。经市政府令发布《北京市教育督导规定》。完成《北京市实施〈中华人民共和国民办教育促进法〉办法》修订立项论证报告。落实行政执法三项制度，依法办理师生申诉、复议、诉讼等各类教育案件，切实维护师生合法权益。完成32所高校新一轮章程修订工作。组织开展中小学依法治校基本标准达标验收，推动中小学依法治校示范校创建。加强普法工作，持续组织开展“学宪法 讲宪法”活动，开展新任中小学幼儿园法治副校（园）长任前培训，组织全市教育系统领导干部依法行政专题培训。在全国率先设立并启用北京市学生伤害事故调解中心。完成营商环境建设5.0版重点任务和试点改革任务。

深入开展教育督导。印发《北京市教育督导问责实施细则》，深入落实《北京市教育督导规定》。完成2021年省级政府履职自查自评。围绕春季开学、疫情防控、“双减”等重点工作，组织近1700名挂牌责任督学，对全市中小学幼儿园实施10轮全覆盖专项督导。开展幼儿园办园质量督导评估，完成2020—2021学年北京市学前教育发展状况监测。推进中小学校发展素质教育督导评估。创新实施体育、劳动教育督导评估和校（园）长任期结束综合督导试评。印发《北京市属普通高等学校本科教育教学审核评估实施方案（2021—2025年）》，建立市属高校分类评价体系。印发《北京地区本科毕业论文（设计）抽检实施细则（试行）》，抽检470个专业，覆盖全部学位授予类型。开展2022年“双减”落实情况和教育工作满意度调查。

不断深化接诉即办。建立教育系统分中心接诉即办工作制度流程、舆情预警机制。开通群众咨询电话，解答群众诉求。将中小学教学管理列入接诉即办“每月一题”，制定推动中小学问题解决“一方案三清单”“一单一表一图一问答”，建立月反馈和半月报工作机制，为中小学教学管理问题解决提供制度保障。

切实维护教育系统安全稳定。加强平安校园建设，深入推进《北京市中小学校幼儿园安全管理规定》落实，开展防治中小学生欺凌工作，推动义务教育阶段校园安全薄弱环节改善与提升。印发《2022年北京市中小学校周边交通综合治理工作方案》，深入开展学校及周边交通综合治理。扎实推进教育系统安全生产专项整治三年行动，加强隐患排查统计、挂账销账和督促整改。常态化开展扫黑除恶，积极防范黑恶势力向中小学校幼儿园渗透。

（王艳霞　王建辉）

（本栏责任编校　华蕾　张晓兰）

接诉即办进校园

《北京市教育督导规定》施行

学前教育发展提升行动计划

义务教育课程实施办法施行

高校高精尖创新中心建设

加强和改进新时代学校美育

推进职业教育高质量发展

年度关注

ANNUAL CONCERN

- 年度聚焦
- 政策解读
- 社会关注

年度关注
ANNUAL CONCERN

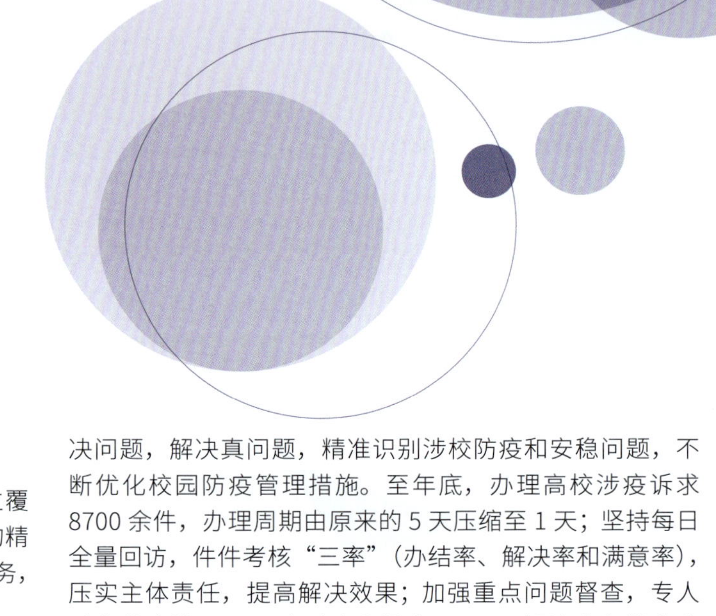

年度聚焦

接诉即办进校园

市委教育工委、市教委推动接诉即办进校园，建立覆盖92所在京高校的接诉即办工作体系，提升服务师生的精准度，解决好学生学习生活中的困难，改善校园生活服务，提升高校治理效能。

一、主要做法

坚持党建引领，持续完善工作体系。统筹做好教育系统接诉即办工作，建立覆盖所属高校的校园接诉即办工作体系，将接诉即办工作纳入党建、业务、绩效等重点工作量化考核，不断向基层一线延伸；持续完善周调度、月点评、考核排名、约谈整改的工作闭环；建立重点难点问题协调解决机制和区级统筹、校地协同办理的工作机制；经常性开展总结复盘，及时开展阶段性评估，推广典型经验。各高校建立主要领导牵头抓总，分管领导具体负责，办公室统筹协调，各相关职能部门分工协作的校内接诉即办工作机制，畅通师生诉求反映渠道，统筹校内外诉求办理，快速响应师生诉求，聚焦问题解决，响应速度和办理实效得到双提升。

市委主要领导高度重视在京高校师生诉求的办理工作，要求解决好学生学习生活中的困难，改善校园生活服务。市委教育工委、市教委以推进接诉即办进校园为契机，全面覆盖92所在京高校，完善市级统筹、校级牵头、直达院系班级的工作体系，快速精准回应师生关切，及时化解矛盾问题，提升校园服务质量，提高学校治理效能。在2022年秋季高校开学返校和新冠肺炎疫情防控工作中，市委教育工委、市教委狠抓在京高校的涉疫诉求办理，建立“日清日结”机制，件件有回音，充分发挥接诉即办的“听诊器”“探伤器”“警报器”作用，从诉求中发现问题，真解决问题，解决真问题，精准识别涉校防疫和安稳问题，不断优化校园防疫管理措施。至年底，办理高校涉疫诉求8700余件，办理周期由原来的5天压缩至1天；坚持每日全量回访，件件考核“三率”（办结率、解决率和满意率），压实主体责任，提高解决效果；加强重点问题督查，专人验收整改效果，24小时内办结率100%，解决率和满意率均居于较高水平。

聚焦问题解决，提升精准服务能力。统筹教育事业发展和疫情防控工作，树立为基层一线师生解决问题的鲜明导向，将接诉即办作为送上门来的群众工作，持续推进接诉即办进校园。2017年至2022年，受理所属高校诉求2万余件，解决疫情防控、教育管理、后勤保障、教育收费、教职人员管理、校所建设等师生关切的问题诉求，推动学校不断完善疫情防控、教学管理机制，服务师生实现从“端菜”到“点菜”，从“大水漫灌”到“精准滴灌”，点对点解决师生每个诉求，切实增强师生的获得感、幸福感和安全感。

指导92所在京高校设立服务热线电话、建立网络诉求平台，形成一系列师生服务品牌，有效吸附学生在校内表达诉求，建立快速解决机制，提升服务师生的精准度，有效挤压负面情绪的滋长空间。例如，清华大学“海淀区一网统管‘接诉即办’系统清华园街道分中心”、北京林业大学“北林即时办”网络服务平台、中国传媒大学“中传有我”建言献策平台、北方工业大学“工小办”接诉即办网络系统平台、北京服装学院“服小帮”校内接诉即办网络系统平台等，7×24小时受理诉求，解决师生困难，改善校园生活服务。

推进主动治理，强化校园治理成效。市委教育工委、市教委领导将接诉即办作为主要工作抓手，经常性听取工作汇报，坚持详细批示每份工作分析材料，将师生反映的较集中问题作为优先研究议题，专项调度重点难点问题，以师生满意度为风向标，将师生反映问题纳入业务工作统筹。市委教育工委、市教委加强数据挖掘与评估分析，提前研判师生关注的焦点热点难点问题，各处室主要负责人亲自抓落实，统筹日常业务办理与高频共性问题解决。市委教育工委、市教委每周召开工作调度会，以问题为导向，联合业务处室开展协同治理，推动复杂和突出问题解决，及时修订工作政策，调整工作方向。例如，聚焦高校学生反映集中的线上教学、外出就医、后勤服务等问题，及时制定《高校封闭管理期间师生思想政治工作指引》《关于动态调整高校疫情防控措施的通知》《高校学生外出就医及后续处置指引》等 60 余项制度措施；针对校内超市涨价问题，开展多轮督查检查，确保校内物价稳定，强化主动治理、源头治理。

各高校深挖诉求背后的动因，精准疏通校园运行中的痛点堵点，推动接诉即办向“未诉先办”转变。中国传媒大学书记、校长将阅办师生诉求作为每日办公第一件事，随时转办苗头性信息，高效解决师生急难愁盼的问题，及时回应诉求、化解风险，平稳有序做好疫情防控、安全稳定与教育教学各项工作。北京第二外国语学院“通过一个诉求推动一类问题化解”的原则，2022 年上半年，起底式清查 1991 年以来全部毕业生数据 3 万余人次，锁定 300 余条重点存疑数据，逐项核查，解决因信息有误而影响学历认证的问题 100 余个。学校坚持举一反三，规范新生入学资格审查和学籍学历管理工作。

将解决实际问题和思想困惑相结合，持续推动思想引领。各高校坚持解决思想问题和实际问题相结合，上好一堂人民至上的“思政大课”，推动接诉即办进课堂。以接诉即办为牵引，推动高校领导干部、辅导员、班主任下沉一线，以快制快、实事求是解决诉求和困难，第一时间掌握学生思想动态，用接地气、有温度的方式开展政策解读和情绪安抚，解开学生思想上的疙瘩。北京化工大学、中国传媒大学出现突发疫情后，对全量诉件开展单独处理、单独建档，指派专人对接，开辟专线渠道，立清立结。北京大学、中国人民大学等高校将“防疫宣讲”开到宿舍一线，组织领导干部全员深入宿舍与学生交流，讲好疫情防控“大思政课”，将学校关心关爱传递到每名学生。推动接诉即办进课堂。市政务服务局与市委教育工委共同召开接诉即办课程进高校讨论会，北大、清华、人民大学、北工大、首经贸、物资学院 6 所首批试点高校的专家教授参加研讨。专家教授通过深度参与接诉即办改革理论研究，对推动改革案例进入高校课堂有积极性和主动性，人民大学将案例列入本科生和公共管理硕士（MPA）教学，与市民热线服务中心共建教学实践基地。

二、经验启示

坚持师生至上，实现从管理到治理的根本转变。在推进校园接诉即办的过程中，各级领导高度重视；市委教育工委、市教委将接诉即办进校园作为关键一招，健全机构设置，加强制度建设，组织高校精准回应师生关切，及时化解矛盾问题。各高校领导积极响应，切实履行党政同责要求，有效提升学校治理效能，及时回应师生关切，努力满足师生合理诉求。

坚持源头治理，推动校园治理现代化。将诉求下派到基层，促进问题在基层解决，真正实现“小事不出基层，大事不出高校，难事共同解决”的工作格局。到一线倾听师生诉求、解决师生难题，更多地在跟踪问效、改进工作上下功夫，做到“事心双解”。各基层单位要以群众急难愁盼问题为牵引，强化责任担当，坚持以诉促治，深挖诉求背后反映出的治理问题，抓短板，强弱项，提升服务的精准度，提高服务的舒适度，强化服务的保障能力，推动校园治理现代化。

坚持思想引导，主动融入服务城市治理。将接诉即办作为高校“大思政课”综合改革的重要内容，组织师生“跑工单、走流程、蹲点位”，深入接诉即办工作一线，沉浸式体验接诉即办全流程，了解掌握相关制度机制，真正上好人民至上的“大思政课”。组织推动接诉即办理论研究，提炼改革成果，推动接诉即办改革进党校、进高校等工作，持续完善群众诉求驱动超大城市治理模式，进一步丰富发展“枫桥经验”内涵。

（市教委办公室）

“十四五”期间每名教师至少培训 36 学分

“十三五”以来，北京市区两级教育部门全面落实深化新时代教师队伍建设改革的政策要求，紧紧围绕北京基础教育综合改革的中心任务，结合干部教师专业发展的实际需要，进一步加强基础教育干部教师培训工作，北京市干部教师培训体制机制不断完善，培训体系与培训制度更加健全，培训供给更加多元，干部教师的思想政治素质、师德素养与教书育人的能力素质得到有效提升，取得很好效果，为首都基础教育优质均衡发展作出重要贡献。

“十四五”时期是首都教育全面开启建设高质量教育体系和高水平教育现代化的新阶段，对教师队伍提出更高要求，对干部教师培训的改革创新也提出更高要求。为全面落实中共中央、国务院《关于全面深化新时代教师队伍建设改革的意见》，市委、市政府《关于全面深化新时代教师队伍建设改革的实施意见》，促进首都教育高质量发展和实现高水平现代化，2021 年 12 月 6 日，市委教育工委、市教委印发《“十四五”时期北京市中小学干部教师培训工作方案》，明确要求健全培训学分认定制度，建立干部教师培训激励机制。2022 年 3 月 31 日，市教委印发《“十四五”时期北京市中小学幼儿园教师培训学分管理办法》，要求每名中小学幼儿园教师需完成至少 36 学分的培训，新入职教师必须完成不少于 120 学时的上岗培训。建立干部教师培训的激励机制，将培训学分与教师资格定期注册、干部教师绩效考核、职务晋升相结合。所有具有教师资格的各级各类中小学幼儿园在职教师都要修学分。2025 年 12 月底完成规定学分的教师，由市教委统一核发教师培训结业证书。

教师培训课程包括必修课、选修课和校本研修课。其中，必修课包括公共必修课和专业必修课两部分，总计不少于 18 学分。为提升参训教师思想政治素养和师德素养，公共必修课程增加关于习近平新时代中国特色社会主义思想、“四史”教育、新时代教师职业行为十项准则以及近年来党中央、国务院、教育部印发的关于教师队伍建设、教育教学改革政策文件等内容。选修课包括专题选修和自主选修，总计不少于 6 学分。所在学校组织的校本研修活动每年不少于 2.4 学分，总计不少于 12 学分。

办法明确 2021 年及以后首次任教的教师必须完成不少于 120 学时的上岗培训，所在区或学校不得以其他类型的教师培训代替新入职教师上岗培训。新入职教师完成上岗培训后按办法规定参加相应的各种培训。

（市教委人事处）

学前教育发展提升行动计划

北京市通过实施三期学前教育行动计划，在解决“入园难”“入园贵”问题上取得重要突破。为贯彻党的十九届五中全会“完善普惠性学前教育保障机制”“建设高质量教育体系”的部署要求，推动学前教育内涵发展，根据教育部等九部门《“十四五”学前教育发展提升行动计划》，结合《北京市“十四五”时期教育改革和发展规划（2021—2025 年）》，市教委等 11 个部门于 2022 年 9 月 5 日，联合发布《北京市“十四五”学前教育发展提升行动计划》。计划提出至 2025 年，北京市学前三年入园率保持在 90% 以上，普惠性幼儿园覆盖率达到 90%，公办园在园幼儿占比达到 50% 以上。覆盖城乡、布局合理、公益普惠的学前教育公共服务体系进一步健全，普惠性学前教育保障机制进一步完善，学前教育普及普惠水平进一步提升，幼儿园保教质量全面提高，幼儿园与小学科学衔接机制基本形成。

行动计划坚持公益普惠、内涵发展、规范提升的基本原则，提出 4 项主要举措。一是优化学前教育资源布局，巩固普及普惠成果。从科学预判需求，精准供给普惠资源；稳定学位供给，提高资源利用效率；优化资源结构，满足多元化需求；巩固治理成效，严格小区配套园建设使用；加大资源统筹，积极支持幼儿园举办 2～3 岁托班 5 个方面提出具体措施。二是提升学前教育治理能力，健全管理体制机制。从健全经费投入与成本分担机制、深化治理不规范办园行为、优化学前教育规范管理机制、强化幼儿园安全保障工作 4 个方面提出具体要求。三是推动学前教育内涵建设，促进园所全面优质发展。从深化幼儿园教育改革，引领保教实践提质增效；完善全覆盖学前教育教研体系，服务教师专业发展、教育实践与管理决策；持续改善办园硬件和软件条件，提升幼儿园服务能力；加大对薄弱幼儿园扶持力度，坚持各类幼儿园协同发展 4 个方面提出具体举措。四是创新学前教育队伍建设，提升干部教师能力素养。从改革幼儿园教职员工配备方式、提高幼儿园师资培养培训质量、提高幼儿园教师工资待遇 3 个方面提出队伍建设的目标和方法。

为保障计划有效实施，行动计划明确 3 项组织实施机制和要求。一是加强组织领导，提出强化市级统筹，落实区级主体责任，要求各区于 12 月前发布本区学前教育发展提升行动计划，并列入党委政府工作重要议事日程。二是完善激励机制，对完成国家级“双普”督导评估验收、提升保教质量、推动区域资源共享等方面工作成效突出的区按有关规定予以激励。三是强化督导考核，并将计划落实情况纳入区政府工作的绩效考核范围。

（市教委学前教育处）

10 月 1 日，门头沟三幼举办“童心爱祖国 喜迎二十大”活动
（王宁　摄）

义务教育课程实施办法施行

教育部修订义务教育课程方案和课程标准（2022 年版），结合义务教育性质及课程定位，从有理想、有本领、有担当三个方面，明确义务教育阶段时代新人培养的具体要求，优化课程内容结构，研制学业质量标准，细化实施要求，增强指导性。北京市全面落实国家课程方案和课程标准，统筹规划、科学规范全市义务教育学校教育教学工作，市教委于 2022 年 9 月 7 日印发《北京市义务教育课程实施办法》，自 2022－2023 学年度开始施行。实施办法坚持问题导向，增强课程育人功能，遵循学生发展规律，强调一体化设置，促进学段衔接，优化课程设置，提高课程系统性和可操作性；坚持创新导向，激发教育改革活力。办法规定一至九年级每周 1 学时劳动课；科学、综合实践活动从一年级开始开设；构建美育一体化课程体系，增加体育课程学时。

实施办法主要突出三个变化。一是强化育人导向。落实立德树人根本任务，巩固“双减”成果，回归课堂、回归教材，以核心素养为统领，促进教学内容与教学方式的改革。二是优化课程设置。以国家课程为主体，德智体美劳五育并举，开足开齐开好规定课程。劳动、信息科技独立设置，科学、综合实践活动从一年级开始开设，增加体育课程学时，确保学生校内每天锻炼一小时。加强地方课程整体规划，突出区级管理主责。三是增强课程实施指导。进一步规范课程实施，持续深化教学改革，积极探索“互联网＋基础教育”，系统推进教育评价改革，加强优质教育资源均衡供给，确保课程实施到位。

实施办法保障落实三项措施。一是强化责任落实。各区科学制订本区义务教育课程实施办法并报市教委备案，学校立足实际制订课程实施方案并报区级教育行政部门备案，注重课程整体规划，做好各门课程跨学科主题学习与综合实践活动安排。二是加强专业支持。完善三级教研，搭建教研大平台，全面提高教研质量。市区两级教科研部门要围绕核心素养、课程标准、课堂教学内容方法等开展教学研究指导。三是开展课程实施监测和督导。采取多种方式开展监测，促进学生健康成长。督导义务教育课程保障、学校课程开设和教材使用情况，将义务教育质量监测结果作为评价课程实施质量的指标，强化反馈指导。

课程设置突出三个变化。一是劳动和信息科技正式进课表，成为独立课程。劳动在一至九年级开设，每周 1 学时；信息科技在三至八年级开设。二是艺术和体育课程学时占比均居第三。体育与健康每天 1 学时。三是科学和综合实践活动从一年级开设。

市教委要求学校要合理安排作息时间，小学上午上课时间不早于 8:20、中学不早于 8:00。一至二年级每周 26 学时，三至六年级每周 30 学时，七至九年级每周 34 学时。小学每学时按 40 分钟计算，初中每学时按 45 分钟计算。学校可以各年级周学时总时长为依据，根据学科特点、课程内容需要开设长短课；坚持零起点教学，加强幼小衔接，依据学生在认知、情感、社会性等方面发展需要，合理设计课程。

（市教委基础教育二处）

中小学地方课程教材开发指南

为深入贯彻落实党中央、国务院关于加强和改进新形势下大中小学教材建设有关要求，贯彻落实《全国大中小学教材建设规划（2019－2022 年）》《中小学教材管理办法》《北京市大中小学教材建设规划（2021－2023 年）》等文件精神，进一步规范北京市地方课程教材开发工作，市教委于 2022 年 11 月 9 日发布《北京市中小学地方课程教材开发指南》。

指南以立德树人为根本任务，将习近平新时代中国特色社会主义思想融入地方课程教材编写、审核、出版、发行、使用、管理全过程。以首都城市战略定位对人才智力需求为根本导向，培养学生发展核心素养，推出更多立德树人、首善标准、底蕴深厚、创新开放的精品地方课程教材，构建体现办学方向、首都特色、创新理念、教育规律的地方课程教材体系。

地方课程教材的内容选取、结构安排、活动设置要符合学生身心发展特点和本地实际，凸显北京特色；以课程整体育人为出发点，彰显跨学科特点，形成对国家课程教材的有益补充。地方课程教材包括国家课程由地方开发审核的教材、北京特色地域文化教材、学科思想方法相关教材、学习科学指导相关教材、信息素养相关教材、科技创新相关教材、国际理解相关教材 7 个开发方向。

新编地方课程教材须按北京市中小学教材管理办法有关要求组织

9 月 15 日，首师大附属朝阳实验小学开展劳动实践课程——体验旱地龙舟课程（张海文 摄）

编写，报市教委审核，通过后列入中小学教学用书目录。地方课程教材实行周期修订制度，一般按学制周期修订；已通过审核的地方课程教材须按指南要求修订和送审，审核通过后列入中小学教学用书目录。市教委负责地方课程教材规划、开发、审核和管理，组织开展教学指导、骨干培训、监测反馈等工作。

指南明确在地方课程教材审核、选用过程中，任何单位和个人不得违反规定干预教材审核和选用。地方课程教材管理工作接受相关部门、教师、学生、家长及社会监督。市级教育行政部门检查和督导全市中小学地方课程教材管理工作，区级教育行政部门检查和监督本区中小学地方教材使用情况。

（市教委基础教育二处）

规范开展中小学生健康体检

中小学生正处于身体发育的关键时期，规范开展面向中小学生的健康体检，对于全面掌握青少年儿童生长发育状况、促进青少年儿童健康发展具有重要意义。为进一步加强北京市中小学生健康体检管理，根据国家卫生健康委、教育部《中小学生健康体检管理办法（2021年版）》，结合北京市实际情况，市教委、市卫生健康委、市财政局修订2008年印发的《北京市中小学生健康体检管理办法》，于2022年6月20日印发《北京市中小学生健康体检管理办法（2022年版）》。

管理办法分健康体检的组织管理、体检内容、标准及要求、结果反馈与健康档案管理、质量控制与感染管理、信息管理与安全6个部分。

管理办法与修订前相比，一是明确市区教育、卫健行政部门、中小学校和开展健康体检服务的医疗卫生机构的具体职责。二是结合现阶段中国中小学生常见健康问题，适当调整体检项目，增加一年两次远视力和屈光度检查、血压、腰臀围等项目，将体检项目划分为基本项目和可选项目两部分。三是细化结果反馈与健康档案管理的具体要求，明确提出对出现健康问题的学生建立档案并随访。四是细化完善健康体检机构的机构条件、人员要求、场所设置、仪器设备。五是增加质量控制与感染管理、信息管理与安全等方面的内容。

管理办法要求每年为中小学生安排一次健康体检，由各中小学校负责本校学生健康体检的组织实施。中小学生健康体检费用由政府在公用经费中列支，个人无须承担任何费用。健康体检机构在学生及其监护人知情同意的前提下，在体检结束2周内，以个体报告单形式向学校反馈学生个体健康体检结果，并由学校向学生及其监护人反馈。市区两级教育行政部门会同卫生健康行政部门负责学生健康体检数据管理、使用和发布，体检机构不得擅自对外发布相关数据。体检机构还应建立信息保密管理制度，保障学生及其家庭、学校信息不外泄。

（市教委体育卫生与艺术教育处）

义务教育体育与健康过程性考核管理

为保障北京市义务教育体育与健康过程性考核评价平稳顺利实施，推动学校体育全过程科学规范管理，根据市委办公厅、市政府办公厅《关于全面加强和改进新时代学校体育工作的行动方案》、市教委《北京市义务教育体育与健康考核评价方案》，市教委于2022年6月23日印发《北京市义务教育体育与健康过程性考核管理办法》。办法主要适用于北京市义务教育体育与健康过程性考核的组织实施、结果应用以及相关环节的过程性管理。

过程性考核包括四、六、八年级国家学生体质健康测试的统测和八年级的体育与健康知识的机考，主要评价学生体育习惯、锻炼效果、健康素养，将体育课教学、课外体育活动、体育比赛、体育家庭作业和国家学生体质健康测试普测、抽测、现场考试，以及学生日运动负荷监测等环节，作为过程性考核的基础和延伸纳入管理重点。办法以四、六、八年级过程性考核管理为牵引，针对过程性管理中的问题，明确各相关基础性工作管理权限和规范要求，突出管理的全员、全过程、全方位要求，真正落实“让学生动起来、体质好起来”的改革目标，落实“无体育不教

4月24日至26日，怀柔三小开展春季健康体检

（怀柔三小 供）

6月15日，昌平百善学校初二学生参加体育中考测试

（张宇 摄）

育”“快乐体育”的改革要求。

过程性考核管理的总体要求是按照“全市统一要求，各区分别组织实施”的原则管理。其中，各区教委对四、六、八年级学生开展的国家学生体质健康测试的统测，在四、六、八年级第一学期举行，与北京市初中学业水平考试体育与健康科目现场考试的总体要求保持一致，要坚持统一考核流程、统一考核时限、统一考核仪器设备标准、统一同一年级考核场地标准。各区对八年级学生开展的体育与健康知识测试在八年级第二学期举行，采用机考形式，由各区按照全市统一要求组织考核。

国家学生体质健康测试统测成绩记录在北京市学籍管理平台，由各区保存，与学生九年级体育现场考试成绩一并报送北京教育考试院。体育与健康知识机考的成绩记录在北京教育考试院考试信息平台，由北京教育考试院保存。成绩一经录入禁止改动。过程性考核结果与九年级体育现场考试合并后，计入学生初中升学考试总成绩。

（市教委体育卫生与艺术教育处）

全面加强中小学生健康教育

2022 年 8 月 31 日，市教委印发《关于开展 2022 年北京市中小学生健康教育系列活动的通知》，开展近视防控宣传月及学生健康教育系列活动，强化中小学生手机、作业、睡眠、读物、体质五项管理，引导学生自觉控糖。各区教委制定健康教育活动工作方案，确保各项活动参与学校覆盖率达到 100%。

活动时间为 9 月至 12 月，市教委举办系列防近视控肥胖活动，其中 9 月是近视防控宣传教育月，各校利用科普宣传素材，上好开学第一堂视力健康课、召开一次主题班会、组织一次家长宣讲、开展一次校园宣传等，向师生及家长普及近视防控知识。市教委要求，各校科学合理分配使用电子产品开展教学时长，引导学生在信息化环境下养成良好的学习和用眼卫生习惯；健全作业管理机制，严控书面作业总量，发挥好作业育人功能；鼓励学生每节课间走出教室活动、远眺，保障学生每天校内、校外各 1 小时体育活动时间，支持学生参加各种形式的体育活动；鼓励班级设立学生视力健康委员等班级近视防控专门岗位。

9 月 15 日，怀柔三小引进爱眼教室开展视力矫正辅助活动

（怀柔三小　供）

预防近视系列活动中，市教委组织线上近视防控工作交流活动，面向班主任、校医，开展班级日常视力健康管理工作和学生用眼行为规范培训；采用线上线下相结合的方式为各区安排 3 次市级专家示范课。

预防肥胖系列活动中，市教委组织专家面向各区各校开展健康饮水讲座，宣传含糖饮料的危害及健康饮水知识，开展“饮料的勾兑”动手实践环节，让学生了解饮料的制作原理，自觉远离含糖饮料。各区组织学校开展“我和家长一起锻炼”活动，倡导增加户外锻炼次数及时间。

应急救护知识培训活动中，市区两级分别组织学校开展应急救护知识培训，包括防灾减灾、紧急避险、急救包扎、心肺复苏、互救常识等。各区针对影响学生健康的重点难点和普遍性问题，组织专家进校送课。

（市教委体育卫生与艺术教育处）

高校高精尖创新中心建设

为全面贯彻国家创新驱动发展战略、人才强国战略，深入实施科技北京战略，市教委于 2015 年启动第一期北京高校高精尖创新中心建设，先后建设 22 个高精尖中心。第一期高精尖中心充分整合发挥北京高校科技智力和国内外创新资源，打造“科技特区”和“人才特区”，开展基础前沿研究和关键技术创新，推动高校深化科研体制机制改革、聚集高端创新人才、产出重大创新成果、增强创新驱动力，为加快国家“双一流”建设步伐和服务首都社会经济发展作出积极贡献。为进一步发挥高校科研人才聚集地和重大科技突破生力军作用，持续推进北京高校以科技创新支撑服务国家高质量发展，市教委于 2020 年启动新一期高精尖中心建设，以服务国家重大战略需求为目标，聚焦科技创新主战场，抓住科学范式和创新范式调整变革的重要契机，加强从基础理论研究到关键核心技术突破的一体化创新，推动实现创新链上下游贯通发展，加速产出解决重大科学难题、突破核心关键技术的实质性科技成果，

2 月 19 日，清华集成电路高精尖创新中心成立

（清华　供）

培养复合型高层次创新人才。

为加强新一期高精尖创新中心建设，规范资金管理和使用，根据中共中央办公厅、国务院办公厅《〈关于进一步完善中央财政科研项目资金管理等政策的若干意见〉的通知》，国务院《关于优化科研管理提升科研绩效若干措施的通知》等文件精神，以及国家和北京市有关财经法规与财务管理制度，结合高精尖中心建设管理特点，市教委和市财政局于 2022 年 9 月 16 日印发《北京高等学校高精尖创新中心建设项目管理办法》的通知。

管理办法主要有八部分内容：第一部分是总则，明确制定管理办法的背景、适用范围，阐释高精尖创新中心的目标和定位以及建设遵循的原则。第二部分是组织管理，明确市教委、市财政局、依托单位、参与单位在高精尖中心建设中的职责，确立高精尖中心主体的权限和责任。第三部分是申报与组建，明确高精尖中心的申建条件、建设周期、申建程序、考核依据等内容。第四部分是运行管理，明确高精尖中心建设运行的基本组织架构、中心理事会的职责和权限、中心主任职责和权限、中心人员聘用和管理机制、人才培养机制。第五部分是经费管理，明确高精尖中心资金来源、账户管理、国有资产形成与管理、知识产权保护、资金转拨等方面的宏观原则，为制定《北京高校高精尖创新中心建设经费管理办法》提供依据。第六部分是考核与评估，明确高精尖中心的考核机制、考核要点、动态管理与退出机制。第七部分是项目经理人制度，明确高精尖中心建设管理设置项目经理人，负责全面跟踪、监督和保障中心建设和运行。第八部分是附则，明确高精尖中心的中英文名称，解释权限和实施起始时间。

（市教委科学技术与研究生工作处）

政策解读

《北京市教育督导规定》施行

北京市为保证教育法律、法规、规章和国家教育方针、政策的贯彻执行，落实立德树人根本任务，推动教育事业科学发展，根据《教育督导条例》以及相关法律、法规，结合实际，修订 1999 年 1 月 14 日市政府第 21 号令《北京市教育督导规定》，于 2022 年 1 月 24 日以市政府第 303 号令发布。督导规定包含总则、督学、督导的实施、督导结果的运用、附则 5 章 25 条。

督导规定明确市、区政府教育督导委员会负责统筹指导行政区域内的教育督导工作，研究制定教育督导重大政策，审议教育督导发展规划和重大事项。市、区政府教育督导室负责组织实施行政区域内教育督导工作，并承担本级政府教育督导委员会办公室日常工作。市、区政府安排教育督导经费并纳入财政预算。按照国家规定设立总督学、副总督学。

督学。专职督学由市、区政府任命，兼职督学由市、区政府教育督导委聘任。督学对政府及其有关部门履行法律、法规、规章规定的教育职责和国家教育方针、政策贯彻执行情况实施督导；对各级各类学校教育教学工作情况实施督导；对师生或者群众反映的教育热点、难点等重大问题实施督导；对严重影响或者损害师生安全、合法权益以及教育教学秩序等突发事件，及时督促处理并报告本级政府教育督导室。督学需按规定完成培训，并接受履职情况考核。

督导的实施。市、区政府对本级政府有关部门和下级政府履行教育职责实施教育督导；对学校教育教学工作实施教育督导，包括课程建设、教学、科研等工作情况，师德师风建设等教师队伍建设情况，教育经费、教育资源、校园安全等学校管理情况，推进学校完善内部督导，提升学校治理能力。督导规定明确实施督导的程序和方式。区政府教育督导室实施经常性督导。

督导结果的运用。被督导单位应当按照督导意见书的限期整改要求和建议进行整改，将整改情况书面报告市、区政府教育督导室，并向社会公布。市、区政府教育督导室核查被督导单位的整改情况，发现未在规定时限内整改的，将督导结果、工作表现和整改情况通报其所在地政府以及上级相关部门。市、区政府教育督导委或者教育督导室在督导过程中发现被督导单位存在违法行为的，及时将违法线索、相关证据移送有关部门处理。

（市教委督政处）

11 月，海淀区试点开展校（园）长任期结束综合督导
（市教委督政处　供）

加强和改进新时代学校美育

为贯彻落实中共中央办公厅、国务院办公厅《关于全面加强和改进新时代学校美育工作的意见》精神，进一步强化学校美育育人功能，市委办公厅、市政府办公厅结合北京实际，于2022年4月24日发布《关于全面加强和改进新时代学校美育工作的行动方案》。

方案强调以立德树人为根本，以社会主义核心价值观为引领，以提高学生审美和人文素养为目标，弘扬中华美育精神，突出北京特点，以美育人、以美化人、以美培元，把美育融入各级各类学校人才培养全过程，贯穿学校教育各学段，培养德智体美劳全面发展的社会主义建设者和接班人。

方案提出到2025年，美育课程全面开足开好，教学改革成效显著，师资队伍配齐配强，资源配置更加优化，评价体系逐步健全，场馆设施基本满足，管理机制日益完善，育人效果显著增强，学生审美和人文素养得到明显提升，基本形成大中小幼相互衔接、与其他教育相互融通、课堂教学和课外实践相互结合、与家庭和社会美育相互促进的学校美育体系。到2035年，全面形成体现北京特点的全覆盖、多样化、高质量的现代化学校美育体系。

方案明确12项重点任务。每项任务均明确责任单位，主要涉及市委宣传部、市委教育工委、市委编办、市发展改革委、市教委、市财政局、市人力资源社会保障局、市规划自然资源委、市文化和旅游局、市退役军人局、市文物局、市残联、团市委。12项任务分别是，积极探索“五育”并举的学校美育模式、构建具有北京特点的学校美育课程体系、强化学校美育教材体系建设、丰富美育实践活动、深化美育教学研究和科学研究、加快艺术学科创新发展、加强美育教师队伍建设、改善场地器材设施配备、推进美育评价改革、充分发挥北京美育资源优势、重视农村学校美育。

方案提出通过加强组织领导、强化美育制度保障、规范美育活动管理、营造良好社会氛围等方式，切实加强组织保障，共同加强和改进新时代学校美育工作。

（市教委体育卫生与艺术教育处）

3月4日，第七届中小学生艺术展演活动录制工作

（市少年宫　供）

推动职业教育高质量发展

为进一步优化职业教育类型定位，深入推进育人方式、办学模式、管理体制、保障机制改革，为职业教育高质量发展营造良好氛围，为更好地服务“四个中心”功能建设提供人才支撑，2022年6月6日，市委办公厅、市政府办公厅联合印发《关于推动职业教育高质量发展的实施方案》，明确推动中等职业学校教育综合改革，提升高等职业学校教育发展水平，推进应用型本科高校分类发展。

优化技术技能人才供给结构。围绕首都高精尖产业发展、超大城市运行管理、高品质民生需求对应用型人才的需要，持续优化职业学校的专业布局，提升职业教育人才培养与经济社会发展需求的匹配度。优先发展智能制造、新一代信息技术、生物医药、人工智能等产业需要的新兴专业，加快建设养老服务、学前教育、护理和托育等人才紧缺专业，撤并淘汰供给过剩、就业率低、不符合首都产业发展方向的相关专业。人才紧缺专业可面向京外地区，特别是津冀地区适当扩大招生计划，切实增强技术技能人才供给能力。

推动中等职业学校教育综合改革。夯实中等职业学校教育的基础地位，稳定中考招生职普比，推动中等职业学校教育综合改革，提升中等职业学校教育的吸引力。结合北京市经济社会发展对高层次技术技能人才的需求，支持在有条件的中等职业学校实施长学制培养高端技术技能人才。打通技工教育与学历教育的人才培养渠道，鼓励符合条件的技师学院纳入高等职业学校序列，支持技工院校与高等职业学校开展“3+2”中高职衔接培养。深化职普融通，支持普通高中与中等职业学校课程互选，依法依规推动普通高中与中等职业学校的学籍双向互转。

提升高等职业学校教育发展水平。发挥国家“双高”学校的示范引领作用，支持高等职业学校教育特色化办学、高质量发展。优化高等职业学校教育类型定位，保持办学方向不变、培养模式不变、特色发展不变，稳步推动本科层次职业教育发展，支持符合条件的专科层次高等职业学校整建制升格为本科层次高等职业学校，支持在若干专科层次高等职业学校、技师学院高水平骨干专业群开展职业教育本科专业试点。加大高等职业学校面向中等职业学校、技工院校的招生比例，本科层次高等职业学校的招生规模不低于高等职业学校招生规模的10%。

推进应用型本科高校分类发展。按照市属公办本科高校分类发展工作部署，完善分类考核和分类支持机制，推动具备条件的普通本科高校向应用型转变，鼓励有条件的普通高校开办应用技术型专业或课程。支持高水平应用型大学、高等职业学校开展先就业再进修、边工作边进修的学历贯通方式，更加注重学生工作经验积累和实践能力培养，重点培养知行合一、学以致用、具有创新精神的应用型人才。研究高水平应用型大学面向中等职业学校、专科层次高等职业学校毕

1月，电科职院制冰人才订单班学生在冰立方场馆配合国外专家开展工作　（林梦圆　摄）

业生的招生政策，完善“文化素质＋职业技能”考试招生办法，为学生学习提供多样化选择，搭建多路径成才渠道。

优化产教融合校企合作政策环境。对纳入产教融合型企业建设培育范围的试点企业，研究制定鼓励支持政策，对符合规定的职业教育投资，可按投资额的30%抵免当年应缴教育费附加和地方教育附加。探索中国特色学徒制，开展“入学即入职、工学结合”培养模式试点，试点项目学生在入学并签订工学结合学徒培养相关协议后，可拥有企业见习职工身份，探索建立见习职工缴纳社保由财政经费进行合理负担的工作机制。积极探索职业学校实习生参加工伤保险办法。推动职业学校在企业设立实习实训基地，企业在职业学校设立培养培训基地，探索校企共建企业学院、产业学院，扩展职业学校办学空间。

打通高技能人才职称评价通道。支持在一线岗位从事技术技能工作、取得相应级别职业资格或职业技能等级的高技能人才，参评相关专业领域职称评价，不将学历、论文、外语、计算机等要求作为高技能人才参加职称评价的限制性条件，中等职业学校、技工院校毕业生可申报职称评价。在世界技能大赛、全国技能大赛上获得奖牌的北京市职业学校学生，毕业后在京工作，可破格申报高级职称，并享受相关待遇。完善对首席技师、技能竞赛获奖选手等优秀技能人才的奖励机制，探索建立“金蓝领”技术技能人才荣誉体系。

完善对职业学校教师的激励制度。加大对职业学校技术创新与服务的激励力度，对职务科技成果转化作出重要贡献的人员，职业学校可按照国家及北京市相关规定，给予现金奖励。鼓励职业学校开展补贴性培训和市场化社会培训，职业学校通过校企合作、技术服务、社会培训、自办企业等方式所得收入扣除必要成本外的净收入，可按最高70%比例提取作为绩效工资来源，对相关考核合格的职业学校可每年调整绩效工资总量，调整部分不计入绩效工资总量基数，重点用于激励参与上述工作的人员。保障职业学校兼职教师待遇，允许职业学校依法依规自主聘请兼职教师，确定兼职报酬。

拓宽职业学校毕业生就业渠道。推动职业学校毕业生在就业、落户方面与普通学校毕业生享有平等机会。将北京市高等职业学校毕业生纳入公务员招考范围，在公务员招考和企事业单位招聘中，坚持因岗设职，鼓励公平竞争，促进人岗相适，支持事业单位面向高水平技能人才开展定向招聘。在公开招聘中，技工院校预备技师（技师）班、高级工班、中级工班毕业生分别按照本科、大专、中专学历对待，并享受相关就业创业政策。北京市职业学校中，被北京市重点发展领域用人单位聘用的优秀应届毕业生，可按照一定比例择优申请办理非北京生源毕业生引进；获得世界技能大赛、全国技能大赛或国家级一类技能大赛奖牌的应届毕业生及获得全国职业院校技能大赛一等奖的应届毕业生，可申请办理非北京生源毕业生引进。

助力打造职业教育示范项目。立足“四个中心”功能建设，聚焦“两区”建设、京津冀协同发展和国际消费中心城市建设，推动北京市职业教育做优做精，实现“高质量、有特色、国际化”发展。结合职业教育规划布局和发展需求，支持京津冀三地职业学校在学生培养、师资培训、资源共享、社会服务、交流研讨等方面开展合作，推动京津冀职业教育协同发展。加强与国际高水平职业教育机构和组织合作，支持“丝路工匠”“丝路学堂”等职业教育国际合作交流平台建设，打造一批具有北京特色的教育交流、技能交流和人文交流的职业教育品牌。支持职业学校在“一带一路”沿线国家或地区开展境外办学、设立职业教育培训中心，在国际交流合作中发挥示范作用。

（市教委职业与成人教育处）

支持高校毕业生就业创业

2022年6月21日，市政府办公厅印发《北京市支持高校毕业生就业创业若干措施》，由市教委、市人力资源社会保障局牵头，从促进就业、支持创业、提升能力、重点帮扶、优化服务、组织保障6个方面，提出促进高校毕业生就业创业工作的16条具体措施，并明确责任单位。

拓宽就业渠道。2022年和2023年北京市所属机关事业单位、国有企业继续稳定高校毕业生招（录）聘规模，鼓励头部科技型民营企业扩大招聘规模。用人单位招用毕业年度内北京市高校毕业生，符合条件的给予社会保险补贴。引导毕业生在基层就业，服务乡村振兴战略和基层治理。支持毕业生到数字经济、平台经济等领域灵活就业。

促进创新创业。引导社会资本参与大学生创新创业项目的投资与投智。符合条件的高校毕业生可申请个人创业担保贷款和一次性创业补贴。加强大学生创业园孵化体系建设等，为大学生创业提供场地支持。推动高校健全弹性学制管理及创业成果认定办法，允许大学生休学创业。

提升能力素质。完善高校就业指导课程体系，遴选优秀教师，组织人力资源服务机构、企业人力资源经理等开展就业培训指导。引导职业院校和应用型本科高校与企业、职业培训机构合作，开展订单式培训、定向培训、定岗培训。建设一批高校毕业生职场体验基地，实现实习见习资源共享。

实施重点帮扶。将北京市有劳动能力和就业意愿的最低生活保障及低收入家庭、零就业家庭、享受定期抚恤补助优抚对象家庭高校毕业生，以及残疾高校毕业生作为重点就业帮扶对象，建立校地联动帮扶机制。对创业失败的高校毕业生提供就业帮扶。

提高服务效能。简化就业手续，从 2023 年起，不再发放《全国普通高等学校本专科毕业生就业报到证》和《全国毕业生研究生就业报到证》。推动线上签约，落实入职体检结果互认。集成实名服务、求职招聘、就业见习等事项“打包办”，推行创业市场主体“一网通办”。推动教育、人力资源社会保障、国资等公共就业招聘平台和高校校园网招聘信息共享。打造“政府＋高校＋园区＋市场”全链条创业服务模式。支持经营性人力资源服务机构、社会组织等专业化力量，参与高校毕业生就业服务。

强化组织保障。狠抓队伍建设，全方位提高指导教师等就业创业工作队伍专业化水平。加大毕业生就业创业工作表彰力度，发挥先进典型引领作用。加强对用人单位和人力资源服务机构的综合执法和监管，依法保护高校毕业生就业权益。

市教委于 2022 年 12 月 14 日发布《关于做好 2023 届普通高校毕业生就业创业工作的通知》，加强市级常设就业市场建设，开展校园网络招聘月、就业服务季、校企对接会等活动；用好与全国各级组织、人力资源社会保障部门、国资部门和用人单位建立的就业资源工作网络，开展定制专场招聘，拓展北京高校毕业生全国就业渠道。

（市教委高校学生处）

社会关注

加强中小学生学科类校外培训材料管理

2021 年 7 月，中共中央办公厅、国务院办公厅《关于进一步减轻义务教育阶段学生作业负担和校外培训负担的意见》，将强化培训材料管理作为重要任务之一。随后教育部研究制定《中小学生校外培训材料管理办法（试行）》。管理办法第十八条明确提出，省级教育行政部门要结合本地实际，制定实施细则。北京市“双减”启动实施以来，校外培训乱象得到有效遏制，机构数量大幅压减，无证机构动态清零。校外培训治理进入常态监管新阶段，需要总结经验、固化成果，健全制度体系，构建常态监管机制。为更好落实中央和教育部要求，市教委结合实际于 2022 年 3 月 16 日印发《北京市中小学生学科类校外培训材料管理实施细则》。

实施细则主要从三个方面予以考虑，一是全面落实中央“双减”精神。落实教育部相关要求，做实市区两级教育部门的监管责任，压实校外培训机构的自律责任。二是突出首善意识和首善标准。体现北京市工作在全国示范的引领作用，充分保障培训材料的思想性、科学性和适应性。三是坚持育人为本。培训材料管理全面贯彻党的教育方针，体现正确的政治方向和价值导向，遵循学生身心发展规律。四是加强全程把控。加强培训材料编写、审核、选用、备案等全流程管理，明确人员资质要求、培训材料质量标准、培训材料管理规范。

实施细则分 6 章 19 条，分为总体要求、编写审核和选用备案、检查监督。“总体要求”明确由教育部门监管的学科类培训材料范围，规定育人为本、全程把控、社会监督、首善意识四项工作原则，对市区教育行政部门的监管责任，以及培训机构的自律责任进行细化。“编写审核”规定编写研发人员、培训材料应符合的条件；对培训材料 12 种情形作出禁止性规定；细化培训材料内部审核和外部审核机制，明确规定凡编必审、凡用必审。“选用备案”要求选用培训材料必须经审核通过。“检查监督”明确市区教育行政部门的监督检查责任，以及对违规培训材料的查处措施。

（市教委校外培训工作处）

推进民办幼儿园“证照联办”

近年来，北京市教育领域营商环境亦持续优化，但各区在民办幼儿园开设审批方面仍存在准入标准不一致、准入流程长、手续繁冗等问题。为进一步优化教育营商环境，市教委于 2022 年 3 月 17 日发布《关于进一步推进民办幼儿园“证照联办”工作的通知》，要求各区在 6 月底前实现民办幼儿园“证照联办”，即营业执照和行政许可一次申请、并联审批。各区教委加强工作统筹协同，与市场监管、民政部门和政务服务办事大厅沟通协调，通过材料联审、信息共享等方式优化办事流程，实现并联审批落地见效。市教委要求，各区在推进工作中要始终坚持统一标准，明确工作责任，加强管理监督，提供精准服务。同时，及时加强面向民办幼儿园办学主体的培训宣传工作，主动推送解读政策服务信息，建立健全与“证照联办”工作相适应的事中事后监管服务机制。至年底，朝阳区和经开区通过“证照联办”方式审批民办幼儿园开设事项，实现并联审批。

（市教委民办教育处）

（本栏责任编校　华蕾）

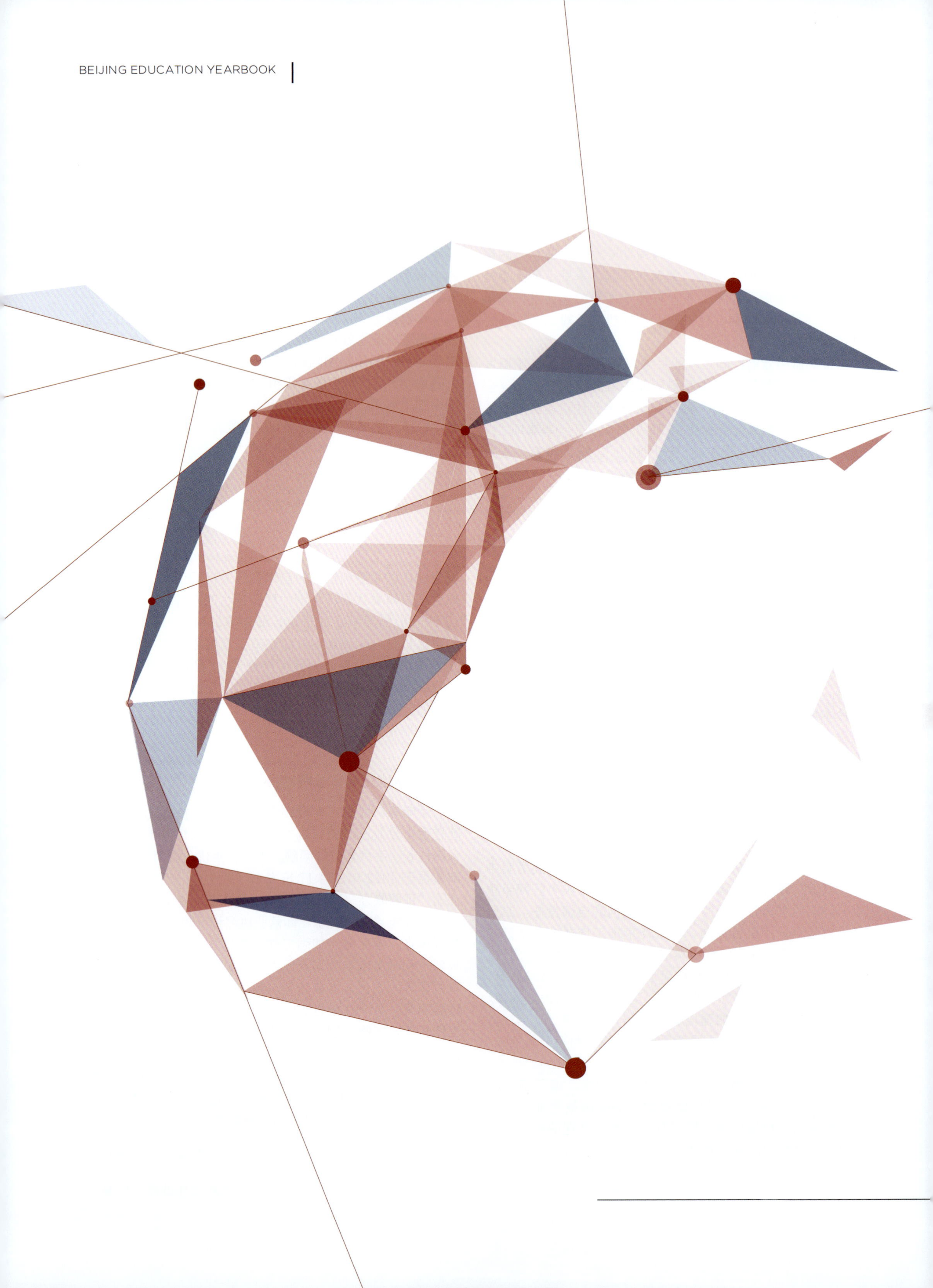

大事记

MAJOR EVENT RECORDS

2022年北京教育大事记

1月

5日 市教委印发《关于公布2021年北京市冰雪运动特色学校及奥林匹克教育示范学校评估认定结果的通知》，全市200所已命名的冰雪运动特色校及199所奥林匹克教育示范校通过评估验收。

7日 市委编办印发《关于调整部分局级事业单位的通知》，北京联合大学继续教育学院不再按厅局级管理；设立北京青年政治学院，归市教委管理，北京市团校不再保留“北京青年政治学院”牌子。

24日 市政府令第303号发布《北京市教育督导规定》。该规定经2021年12月28日市政府第141次常务会议修订通过，自3月1日起施行。

26日 市委教育工委与新浪微博签署战略合作协议，双方依托“微博＋新浪新闻双驱动”模式，推进校园新媒体传播矩阵发展。

27日 教育部公布第二批全国高校黄大年式教师团队名单，北京高校30个团队入选。

△ 市“双减”工作专班印发《治理违规学科培训工作指引》，巩固“双减”校外治理成果，防范违规学科培训转入“地下”或向隐形变异发展。

28日 北京民办教育协会联合北京市通过“备改审”并取得办学许可的10家线上学科类校外培训机构发布倡议书，呼吁校外培训机构从业人员和教育工作者坚决落实教育部和北京市寒假期间校外培训工作相关规定，共同营造良好教育生态。

是月 市教委批准新增未来区块链与隐私计算高精尖创新中心和集成电路高精尖创新中心2个北京高校高精尖创新中心。

2月

4日至20日 市教委组织北京25所高校和6个区21所中小学及北京市少年宫的2899名师生完成北京冬奥会开闭幕式演出任务；组织北京教育系统179个单位近5000名师生观看34场冬奥赛事；联系北京联合大学选派255名学生完成餐饮服务生和客房服务生保障任务、联系北京物资学院等高校选派800名学生完成模拟运动员任务。

2月4日，海淀学生参加北京冬奥会开幕式表演后合影
（海淀区教委 供）

9日　教育部、财政部、国家发展改革委公布第二轮“双一流”建设高校及建设学科名单和给予公开警示（含撤销）的首轮建设学科名单，北京34所高校、91个学科分别入选（不含清华大学、北京大学）第二轮建设名单，给予1个学科公开警示。北大、清华自主确定建设学科并自行公布。

22日　2021年北京高校党委书记抓基层党建述职评议会暨2022年北京高校领导干部会召开，梳理剖析2021年基层党建工作，通报6个方面131个具体问题。

28日　市教委印发《北京教育信息化“十四五”规划》。

3月

3日　市教委公布《2021年度市属普通本科高等学校本科专业备案和审批结果》，16所市属高校37个本科专业获批备案和审批，包括二学位11个。市教委另公布5所市属高校13个本科专业被撤销。

10日　教育部办公厅公布第三批全国党建工作示范高校、标杆院系、样板支部培育创建单位名单，北京高校87个党组织入选。

11日　市政府教育督导委员会办公室印发《北京市教育评估监测管理暂行办法》，明确市、区教育评估监测机构、职责与权限。

16日　市教委印发《北京市中小学生学科类校外培训材料管理实施细则》，严格管理中小学生学科类校外培训材料，有效减轻中小学生校外培训负担。

17日　市教委印发《关于进一步推进民办幼儿园“证照联办”工作的通知》，要求各区在6月底前实现民办幼儿园“证照联办”，即营业执照和行政许可一次申请、并联审批。

18日　市委教育工委、市教委、市委政法委、市公安局、市消防救援总队联合印发《关于推进“十四五”时期北京市中小学校幼儿园更高水平平安校园建设工作的意见》。

24日　市委教育工委举办的“金课开讲啦”——北京高校思想政治理论课网络示范教学活动启动。全年共举办9期，37名青年思政课教师示范教学。

28日　中共中央政治局委员、市委书记蔡奇，市委副书记、市长陈吉宁到北京市第一五九中学调研并召开市委教育工作领导小组会议。

30日　中共中央总书记、国家主席、中央军委主席习近平参加首都义务植树活动。他叮嘱少先队员要德智体美劳全面发展，不能忽视“劳”的作用，要从小培养劳动意识、环保意识、节约意识，勿以善小而不为，从一点一滴做起，努力成长为党和人民需要的有用之才。

△　教育部党组书记、部长怀进鹏分别到北京市陈经纶中学帝景分校和北京工业大学调研北京教育系统新冠肺炎疫情防控工作。

31日　市教委印发《“十四五”时期北京市中小学幼儿园教师培训学分管理办法》，明确“十四五”时期北京市各级各类中小学幼儿园在职教师5年内必须完成累计不少于36学分或特定要求学分的培训。7月5日，市教委另印发《北京市中小学新教师规范化培训指导意见》和《北京市幼儿园新入职教师规范化培训指导意见》。

4月

1日和2日　怀进鹏先后到清华大学、北京大学调研基础学科拔尖人才培养工作。

2日　沙河高教园区建设发展理事会第三次会议召开，陈吉宁主持会议并讲话。会议听取沙河高教园区建设发展、各入驻高校工作进展情况以及有关科研机构、企业意见建议，研究部署下一阶段重点工作。

△　2022年北京教育系统全面从严治党工作会议召开，总结近年来全面从严治党工作取得的阶段性成效，分析当前存在的主要问题，并对2022年工作作出部署。

6日　市教委印发《北京市普通高中多样化特色发展

4月21日，“攀峰课堂促‘双减’提升素养向未来”——北京景山学校小学艺术、科技学科教学展示研讨会举行。图为学校音乐学科采用“双师课堂”，通过视频连线南北校区同上一节课　　（东城区教委　供）

创建工作方案》，明确普通高中多样化特色发展创建要依托体制机制创新、一体化培养、协同培养等“6+n”类创建途径。

13日 首届“京彩大创”北京大学生创新创业大赛启动。

△ 市委教育工作领导小组印发《北京市规范民办义务教育发展工作方案》，提出要进一步规范民办义务教育学校办学行为，提高教育教学质量。

16日 北京体育大学与人民日报社体育部、人民网联合主办的全国大学生“同上一堂冰雪思政大课”在“人民网+”、咪咕视频等平台开播。

16日至25日 北京市首次开展普通高中登记入学和中等职业教育自主招生试点工作，其中普通高中登记入学试点学校5所，录取420人；中等职业教育自主招生试点学校69所，录取13513人。

19日 清华大学公共卫生与健康学院和哈佛大学陈曾熙公共卫生学院联合发起成立全球公共卫生学院院长联盟，创始成员为来自五大洲10所世界知名高校的公共卫生学院院长。

21日 习近平给北京科技大学的老教授回信，对培养更多高素质人才，促进钢铁产业创新发展、绿色低碳发展提出殷切期望。

23日 蔡奇、陈吉宁到朝阳区涉疫学校现场检查新冠肺炎疫情防控工作。

24日 市委办公厅、市政府办公厅印发《关于全面加强和改进新时代学校美育工作的行动方案》，强化学校美育育人功能，以提高学生审美和人文素养为目标，弘扬中华美育精神，突出北京特点。7月12日，市教委、市政府教育督导室印发《北京市普通中小学校美育工作督导评估方案（试行）》。

25日 习近平到中国人民大学考察调研并与师生座谈。他向全国各族青年致以节日的祝贺，向人民大学全体师生员工、全国广大教育工作者和青年工作者致以诚挚的问候。座谈后，习近平发表重要讲话。

△ 市教委公布北京市首批职业教育示范性虚拟仿真实训基地培育项目名单，18个已进入国家职业教育示范性虚拟仿真实训基地培育库的实训基地入选。

27日 市“双减”工作专班印发《关于进一步加强违规校外培训治理的通知》，提出要提升学科类校外培训执法工作能力和水平、加快建立完善非学科类校外培训执法工作机制、切实强化校外培训执法工作效能。

29日 市语委办印发《北京市语言文字事业“十四五”发展规划》。

是月 市委教育工委、市教委通过多种方式应对新一轮新冠肺炎疫情。召开北京教育系统安全稳定和疫情防控工作会、北京教育系统疫情防控工作领导小组专题会等，分析疫情防控形势，研究部署“五一”假期校园疫情防控拉网式督导检查工作及教育系统应急隔离点相关工作，主要领导到首都师范大学、中央音乐学院等单位检查学校疫情防控和安全生产工作。

5月

3日 在北京市新型冠状病毒肺炎疫情防控工作第323场新闻发布会上，市教委新闻发言人介绍中小学、幼儿园、中等职业学校推迟五一假期后返校时间，做好线上教学工作相关情况。6月1日和13日，非涉疫高三、初三年级学生分别返校；至6月27日，高一高二、初一初二和小学一至六年级全面返校复课。

4日 市委教育工委、市教委推出的“圆梦冬奥会，一起向未来”首都教育系统弘扬北京冬奥精神“大思政课”在人民网播出。

10日 市委办公厅、市政府办公厅印发《关于推动职业教育高质量发展的实施方案》，深化职业教育体制机制改革，提升职业教育服务经济社会发展和产业转型升级的能力。

15日 北京市家庭学校挂牌成立。该机构是市妇联联合市教委、市关工委等相关部门，依托北京市妇女儿童服务中心和北京市朝阳区职工大学（朝阳社区学院）建立的家庭综合服务阵地。

18日 市政府教育督导委员会办公室印发《北京市推进义务教育优质均衡发展实施方案》，提出4个方面14项工作任务。

21日 蔡奇到北京理工大学检查校园防疫措施落实情况。

△ 陈吉宁到北京中医药大学检查校园防疫措施落实情况。

27日 市委宣传部、市委教育工委公布第三批北京市重点建设马克思主义学院名单，10所高校的马克思主义学院入选。至此，3批累计评选北京市重点建设马克思主义学院26所。

△ 市委教育工委举办北京高校思政课教师“同备一堂课”活动，围绕讲好校园疫情防控“大思政课”开展集体备课。

30日 中共中央政治局委员、国务院副总理孙春兰到北京市第三十五中学考点检查高考准备工作。

至11月 市委教育工委召开5次区委教育工委书记月度调度会，建立区委教育工委书记月度调度会机制。

是月 62所北京高校以无记名投票方式选举产生市第十三次党代会代表89人。

6月

2日 市教委印发《进一步加强中小学校本研修工作指导意见》，对“十四五”时期中小学校本研修提出要求。

7日 陈吉宁到北京市国家教育考试考务指挥中心、北京工业大学附属中学富力城校区考点检查高考工作。

△ 教育部办公厅公布2021年度国家级和省级一流本科专业建设点名单，北京59所高校1232个专业入选国家级一流本科专业建设点、60所高校533个专业入选北京市

级一流本科专业建设点。

9日　市委全面深化改革委员会教育体制改革专项小组召开2022年第一次全体会议，审议《关于落实市委深改委2022年教育改革重点任务清单》《教育体制改革专项小组2022年督察计划》和《北京市关于建立中小学校党组织领导的校长负责制的实施方案（试行）》。

△　市委教育工委公布2018—2020年北京高校党的建设和思想政治工作优秀成果、创新成果名单，其中优秀成果43项、创新成果奖8项。

10日　中共北京市委教育工委市教委机关第五次党员代表大会召开，选举产生中共北京市委教育工委市教委机关第五届委员会委员和纪律检查委员会委员，明确未来五年机关党建工作的主要任务。

20日　市教委、市卫生健康委、市财政局联合印发《北京市中小学生健康体检管理办法（2022年版）》，明确健康体检的组织管理、体检内容、标准及要求等6个方面内容。

21日　市政府办公厅印发《北京市支持高校毕业生就业创业若干措施》，从拓宽就业渠道、促进创新创业、提升能力素质等6个方面提出促进高校毕业生就业创业工作的16条具体措施。

23日　北京市职业教育工作联席会议制度经市政府批准建立，由市教委牵头，共15个部门和单位组成。

△　市政府教育督导委员会印发《北京市教育督导问责实施细则》。

△　市委教育工作领导小组成立北京市2022届高校毕业生就业工作专班，成员单位包括市委教育工委、市委组织部、市发展改革委、市教委、市财政局、市人力资源社会保障局、市卫生健康委、市农业农村局、市民政局、市征兵办、市国资委、团市委等。

△　市教委印发《北京市义务教育体育与健康过程性考核管理办法》，推动学校体育全过程科学规范管理。

26日　市委组织部、市委教育工委、市委编办、市教委、市财政局、市人力资源社会保障局联合印发《北京市关于建立中小学校党组织领导的校长负责制的实施方案（试行）》及配套文件。

30日　市教委印发《北京市教育系统“十四五”时期节能减排规划》和《北京市属高校“十四五”时期节能目标分解方案（2021年—2025年）（试行）》。

△　北京市学校德育研究会与大兴区教委共同举办北京市党团队工作一体化育人实践研究示范区签约仪式并为首个一体化育人实践研究示范区揭牌。

至12月　市教委开展第35届“紫禁杯”优秀班主任和第10届“学生喜爱的班主任”评选表彰活动，评出第35届北京市“紫禁杯”优秀班主任210人、第10届北京市“学生喜爱的班主任”200人。

是月　《北京房山区良乡大学城主园区、拓展东区街区控制性详细规划（街区层面）（2020年—2035年）》获市规划自然资源委批复。

7月

1日　北京教育系统关工委公布北京市“传承红色基因”教育基地名单，32家单位入选。

3日　清华大学举办第十届世界和平论坛。

4日　中国关工委、教育部关工委、市关工委、市委宣传部、市委教育工委、市教委举办中国共产党早期北京革命活动纪念馆（北大红楼）全国关心下一代党史国史教育基地、北京市大中小学思政课一体化教育基地、北京市学校“大思政课”实践教学基地揭牌仪式。

5日　2022年北京市职业教育工作会议暨职业教育宣传月启动仪式举行，会议解读“新京十条”，启动北京职业教育宣传月活动。

7日　香港北京高校校友联盟成立，首届会员包括北京

6月25日，清华举行2022年本科生毕业典礼。图为毕业生在学位授予仪式上合影　（清华　供）

大学、清华大学、中国人民大学等高校校友200人。

8日　市委教育工委、市教委召开北京教育系统学习宣传落实市第十三次党代会精神会议。

△　市委教育工作领导小组办公室印发《北京市大中小学教材、教辅和中小学校园课外读物排查整改工作方案》，排查教材领域风险隐患，建立健全教材监管长效机制。

11日　市教委印发《支持通州区基础教育质量提升行动计划(2021—2025年)》，标志支持通州区基础教育质量提升第二期行动计划启动。

13日　市委组织部、市委教育工委、市教委召开北京中小学校党组织领导的校长负责制改革工作部署会，会议标志北京市于2020年9月推出的中小学校党组织领导的校长负责制改革进入全市推进阶段。

14日　市教委印发《北京市数字教育资源内容审核实施办法（试行）》，保证北京教育系统各单位为国家、市、区、校智慧教育平台提供的数字教育资源内容安全。

△　市教委印发《北京市教育系统网络安全事件应急预案（2022年修订）》，增强预案科学性、针对性和可操作性，指导北京教育系统正确高效开展网络安全应急处置工作。

17日　北京市援疆和田指挥部认定北京10所新疆内地民族班办班学校及首都师范大学京疆学院为北京援疆民族团结进步实践中心。

20日　市教委召开北京市绿色学校创建达标验收工作启动会暨专家聘任及培训会议，布置北京市绿色学校创建达标验收工作。

22日　市教委召开党的二十大网络安全保障工作部署会。

25日至31日　市教委、市委网信办联合开展北京市教育行业首次网络安全攻防演习，累计发起725万余次攻击。

31日　蔡奇参加中共北京大学第14次党员代表大会开幕式。

至12月　市委教育工委、市教委举办北京市深入学习贯彻习近平总书记关于教育的重要论述、全面推进落实“双减”政策要求、促进首都教育高质量发展全员培训。

7月5日，2022年北京市职业教育工作会议暨职业教育宣传月启动仪式举办。图为会议前领导参观文化传承创新展示区（融媒体中心 供）

8月

17日　市委全面深化改革委员会教育体制改革专项小组召开2022年第二次全体会议，审议《关于加强新时代北京高校学生社会实践工作的指导意见》落实情况的督察报告，听取关于北京高校毕业生就业工作情况和全市教育评价改革推进情况的汇报。

21日至22日　市委教育工委、市教委召开2022年北京高校暑期工作会，引导北京高校在推进新时代首都发展的进程中，更好融入和服务首都新发展格局。

25日　市教委印发《北京市义务教育课程实施办法》，强化育人导向、优化课程设置、增强课程实施指导。

26日　教育部与北京市在HICOOL2022全球创业者峰会开幕式上签署《留学人才回国服务示范区合作框架协议》并为留学人才回国服务示范区揭牌。

29日　市委教育工委、市教委召开北京市基础教育工作会，要求全面落实立德树人根本任务、做好“双减”后半篇文章、加强党对教育工作的全面领导、落实好中小学校党组织领导的校长负责制。

31日　市委教育工委、市教委会同市台办指导北京理工大学举办“2022两岸高等教育（北京）高峰论坛”。

是月　市教委首次组织开展本科毕业论文（设计）抽检工作，抽检论文3499篇，涉及470个专业，抽检合格率91.97%。

△　《北京昌平区沙河高教园区CP01-0301~0303街区控制性详细规划（街区层面）(2020年—2035年)》获市规划自然资源委批复。

9月

1日　北京第一实验学校、北京第五实验学校分别借址开学。

1日至5日　市教委承办2022年中国国际服务贸易交易会教育服务专题活动，包括教育服务专题展和教育高峰论坛两部分，发布成果33项，实现交易额1325.58万美元。

6日　中国农业大学教授康绍忠当选2022年全国教书育人楷模。全国教书育人楷模由中宣部、教育部评选，全国12人当选。

7日　习近平给北京师范大学“优师计划”师范生回信，勉励他们到祖国和人民最需要的地方去，努力成为党和人民满意的“四有”好老师，并在北师大建校120周年和第38个教师节来临之际，向该校师生员工、广大校友表示祝贺和问候，向全国广大教师致以节日的祝福。

△　市教委公布首批2022年北京市职业教育在线精品课程名单，122门课程入选，同时推荐35门课程申报职业教育国家在线精品课程，25门课程入选。

8日　蔡奇到首都经济贸易大学和北京市朝阳区垂杨柳中心小学看望慰问教师并检查新冠肺炎疫情防控工作，向全市广大教师及教育工作者致以节日问候。

△　陈吉宁到清华大学附属小学商务中心区实验小学看望慰问教师并检查新冠肺炎疫情防控工作。

9日　市委教育工委、市教委、市人力资源社会保障局、市财政局、市教育工会授予629人“北京市优秀教师”称号、70人“北京市优秀教育工作者”称号。

13日　北京高校思政课导论课“你好，思政课！”在北京卫视开播。

15日　首家“首都工匠学院”在北京市总工会职工大学揭牌成立。另有两家分别于9月27日和10月21日在首钢工学院（首钢技师学院）和北京城市学院揭牌成立。

16日　市教委公布2022年北京高等教育本科教学改革创新项目名单，239个项目入选。其中，重大项目13个、重点项目34个、一般项目192个。

△　市教委公布2022年度北京市高等学校教学名师奖获奖名单，149名教师获奖，其中81人获第18届北京市高等学校教学名师奖、68人获第6届北京市高等学校青年教学名师奖。

△　市教委公布2022年北京高校优秀本科育人团队名单，48个团队入选。

△　市教委、市财政局印发《北京高等学校高精尖创新中心建设项目管理办法》，规范高精尖创新中心的申报、组建、运行、评价等管理工作。

19日　2021年北京市教育教学成果奖获奖名单公布，982项成果入选。其中，高等教育597项、职业教育225项、基础教育160项。该奖项经市政府批准，每4年评选1次。

20日　市教委印发《北京市“十四五”学前教育发展提升行动计划》，旨在进一步健全覆盖城乡、布局合理、公益普惠的学前教育公共服务体系。

28日　市委教育工委举办首都高校师生服务“乡村振兴”行动计划总结表彰活动。表彰“乡村振兴”行动计划项目98个。“乡村振兴”行动计划启动后，100支实践团队师生赴22个省、市、自治区的119个乡村开展实践。

29日　市委教育工委在北京航空航天大学举办“强国复兴有我”——北京冬奥精神宣讲团北京高校专场宣讲活动。该活动是2022年北京高校“新生引航工程”系列活动之一。

是月　市委教育工委举办首期北京高校巡察工作坊活动。

△　市教委联合北京师范大学完成全市中小学幼儿园新任法治副校长（副园长）网上培训并为参训人员颁发《任前培训合格证》，实现市级派出机构新任中小学法治副校长全部持证上岗。

△　市教委印发《关于进一步做好学生思想道德教育和学生社团管理的通知》，要求各区、各中小学建立新学年学生社团台账，加强社团管理。10月，中小学社团台账显示，全市有中小学学生社团2.96万个。

△　北方工业大学4名国际学生通过勤工助学方式在2022年中国国际服务贸易交易会教育服务专题展中提供语言和会场服务，这是国际服贸会首次引入国际学生参与服务保障工作，也是北京市国际学生勤工助学首个落地实践案例。

△　市教委、相关培养院校与2022年北京市新招收的2820名师范生签订《北京市师范生公费教育协议书》。

△　北京市第一0一中学怀柔分校（二期改扩建项目）、清华大学附属中学昌平学校2所市级统筹建设优质学校投入使用。

△　北京市开展视障考生计算机考试机考试点工作，利用读屏软件辅助考生获取题目信息，首次为5名视障考生参加计算机考试提供合理便利。

10月

1日　“行走京华大地 感悟思想伟力”习近平新时代中国特色社会主义思想在京华大地的生动实践主题创作展在中央美术学院开展。

10月1日，“行走京华大地 感悟思想伟力”习近平新时代中国特色社会主义思想在京华大地的生动实践主题创作展开展（中央美院　供）

△ 《小学能源消耗定额》（DB11/T 1984-2022）、《幼儿园能源消耗定额》（DB11/T 1985-2022）、《中学能源消耗定额》（DB11/T 1986-2022）3 份北京市中小学幼儿园能源消耗地方标准实施。

12 日 全市义务教育学校教师交流轮岗工作推进会举办，就进一步深化教师交流轮岗工作再部署。

20 日 市教委印发《关于开展学生校园伤害事故纠纷专业调解工作的通知》，标志全国首个省级学生校园伤害事故纠纷第三方调解组织北京市学生校园伤害事故纠纷调解与研究中心开始运行。

24 日 市政府教育督导委员会聘任北京市第 12 届督学 241 人。相较上届，55 周岁及以下、副高级及以上市督学占比均有提升。

25 日 市委教育工委、市教委召开传达学习党的二十大精神和市领导干部会精神专题会。

26 日至 30 日 市教委、市体育局联合主办首都高等学校第 60 届学生田径运动会，72 所高校（含北京队）的 1506 名运动员参赛。

27 日 市委教育工委、市教委召开学年调研工作启动会，聚焦“在基层、转作风、解难题”，部署学年调研主题主线和重要任务。

28 日 市教委公布 2022 年北京市职业教育专业教学资源库遴选结果，60 个资源库入选首批职业教育专业教学资源库。

11 月

1 日 市教委公布北京职业院校劳动教育优秀课程资源视频、典型案例和劳动基地评选结果。其中，15 门课程入选优秀课程资源视频、15 个案例入选典型案例、5 所学校入选首批中小学生职业体验中心（劳动教育基地）。

3 日 市教委印发《北京市校园安全管理服务平台管理办法（试行）》，规范平台使用，推进更高水平平安校园建设。

△ 市教委、市财政局印发《“十四五”时期北京市属高校教师队伍建设支持计划项目管理办法》。

4 日 市委教育工委印发《北京教育系统认真学习宣传贯彻党的二十大精神的实施方案》。

4 日至 5 日 市教委、河北雄安新区管委会联合指导的 2022 首届“京雄”职业院校教师教学能力大赛在北京市丰台区职业教育中心学校举办。

6 日 首都高等学校第一届体育运动大会暨首都高等学校第 12 届拓展运动会在北京大学举行。来自 34 所北京高校的 380 余名选手参加比赛。

9 日 北京高校学习宣传党的二十大精神师生宣讲团宣讲会举行。

△ 市教委印发《北京市中小学地方课程教材开发指南》，引导地方课程教材重点从国家课程由地方开发审核的教材、北京特色地域文化教材、学科思想方法相关教材等 7 个方向进行开发。

10 日 北京中医药大学牵头成立上海合作组织医学大学联盟。

12 日 市教委公布第二批北京高校毕业生职场体验基地遴选结果，145 家用人单位入选。

16 日 市教委公布 2022 年度北京市职业院校教师素质提高计划高水平教师队伍培育和支持计划入选名单。其中，特聘专家支持项目 15 个、职教名师培育项目 25 个、专业带头人培育项目 26 个、优秀青年骨干教师培育项目 100 个、教学创新团队培育项目 50 个。

17 日 市委副书记、代市长殷勇到对外经济贸易大学检查高校新冠肺炎疫情防控工作。

18 日 北京大学、市教委、韩国崔钟贤学术院联合主办的第 19 届北京论坛——“北京论坛（2022）”开幕。

21 日 因新冠肺炎疫情，多区精准调整教学方式，分年级转为线上教学。

△ 市教委、市财政局联合印发《北京市援助雄安新区廊坊北三县办学项目管理办法》，明确项目内容、经费管理、职责分工等。

22 日 市委教育工委、市教委等十部门印发《北京市新时代基础教育强师计划实施方案》，明确总体要求、落实措施、实施保障。

23 日 市政府公布 2021 年度北京市科学技术奖获奖名单，北京高校 50 项成果及 4 名个人获奖。

25 日 中央政治局委员、市委书记尹力到清华大学调研检查校园新冠肺炎疫情防控工作。

26 日至 28 日 市委教育工委、市教委专题调度部分涉疫高校应急处置工作。

11 月 18 日，第 19 届北京论坛——“北京论坛（2022）”开幕

（市委教育工委相关处室 供）

至11月　市教委完成2022年32所市属高校新修订章程的核准工作。至此，38所市属公办高校新修订章程核准工作全部完成。

至12月　市教委、市政府教育督导室对北京市工业技师学院、北京市商业学校开展督导评估试评。

12月

5日　市教委、市发展改革委、市财政局联合印发《关于公办高校自费来华留学生收费管理有关工作的通知》。

10日、24日和26日　北京人文社会科学研究中心分别与清华大学人工智能治理研究中心、中国社会科学院大学、首都师范大学中外文明传承与交流研究中心联合举办北京人文论坛“人工智能与未来教育”“马克思主义中国化时代化与中国式现代化”“中外文明起源研究的理论与实际”3场系列活动。

15日　教育部办公厅公布新时代中小学名师名校长培养计划（2022—2025）培养基地及培养对象名单，北京13名个人和8家单位入选。

20日　京津冀三地教育部门联合举办“汲取党的二十大精神伟力 启航教育事业新征程—— 京津冀‘三全育人’工作论坛”。

26日　市教委、市民政局认定首批京韵特色社区教育示范项目，31个项目入选。

29日　北京高校“习近平新时代中国特色社会主义思想概论”教学研究会成立仪式暨集体备课会在中国人民大学举行，标志着全国首家“习近平新时代中国特色社会主义思想概论”教学研究会在京成立。

30日　市委教育工委、市教委与市经济和信息化局、市市场监督管理局、市人力资源社会保障局联合印发《北京市教师信用信息管理办法（试行）》及《北京市教师信用信息记录清单》《北京市教师信用信息记录表》，确保教师诚信档案建设有章可循、记录有度、实在管用。

31日　中国人民大学联合北京大学、清华大学、北京师范大学和北京外国语大学共同发起成立北京市高校外语课程思政联盟，53所北京高校加入。

是年

北京电影学院、中国矿业大学（北京）、北京工业职业技术学院、北京大学、北京石油化工学院、首都体育学院、清华大学、北京服装学院、中国人民大学9所高校完成党委纪委换届。

市委教育工委、市教委组织北京高校日调度、双调度会200余次，制定实施90余个政策文件，安排100余名联络员驻高校、驻区工作，聚焦“九查”（即查组织领导、查基础底数、查核酸检测频次、查分区扫码、查校门管理、查健康驿站管理、查宿舍管理、查物资储备与发放、查应急准备）开展督导检查。

推进接诉即办进校园，建立覆盖92所在京高校的接诉即办工作体系，涉疫诉求“日清日结”工作有力支撑首都高校疫情防控和安全稳定大局。

北京市学校安全生产专项整治三年行动收官，2022年度17项工作任务清单全部完成复核销账。专项整治行动2020年启动，市教委成立工作专班，要求各学校重点围绕消防、危化品、交通安全等开展工作。

北京空中课堂网络教育资源向西藏拉萨市、内蒙古乌兰察布市开放，向两地相关区县免费援助北京空中课堂账号11.1万个。

市教委有序推进市属高校新校区建设。其中，北京信息科技大学9月完成学校主体搬迁昌平新校区工作；北京工商大学良乡校区（二期）教学科研楼完成结构封顶；北京城市学院顺义校区（三期）学生宿舍完成主体结构施工；首都医科大学大兴新校区校本部完成校园规划设计和项目建议书编制。

12月29日，北京高校“习近平新时代中国特色社会主义思想概论”教学研究会成立仪式暨集体备课会举行　（融媒体中心　供）

北京市深化招生专业“灰名单”制，确定2022年“灰名单”招生专业46个，比上年增加23个。市属高校调整招生计划4105人，占招生总计划11.8%，部分“灰名单”专业实现停招，20所市属高校建立招生计划动态调整长效机制。

北京市新增职业教育专业79个，其中23所高职院校新增专业44个、19所中职学校新增专业35个。另有3所高职院校撤销专业4个，5所中职学校撤销专业20个。

（本栏责任编校　张晓兰）

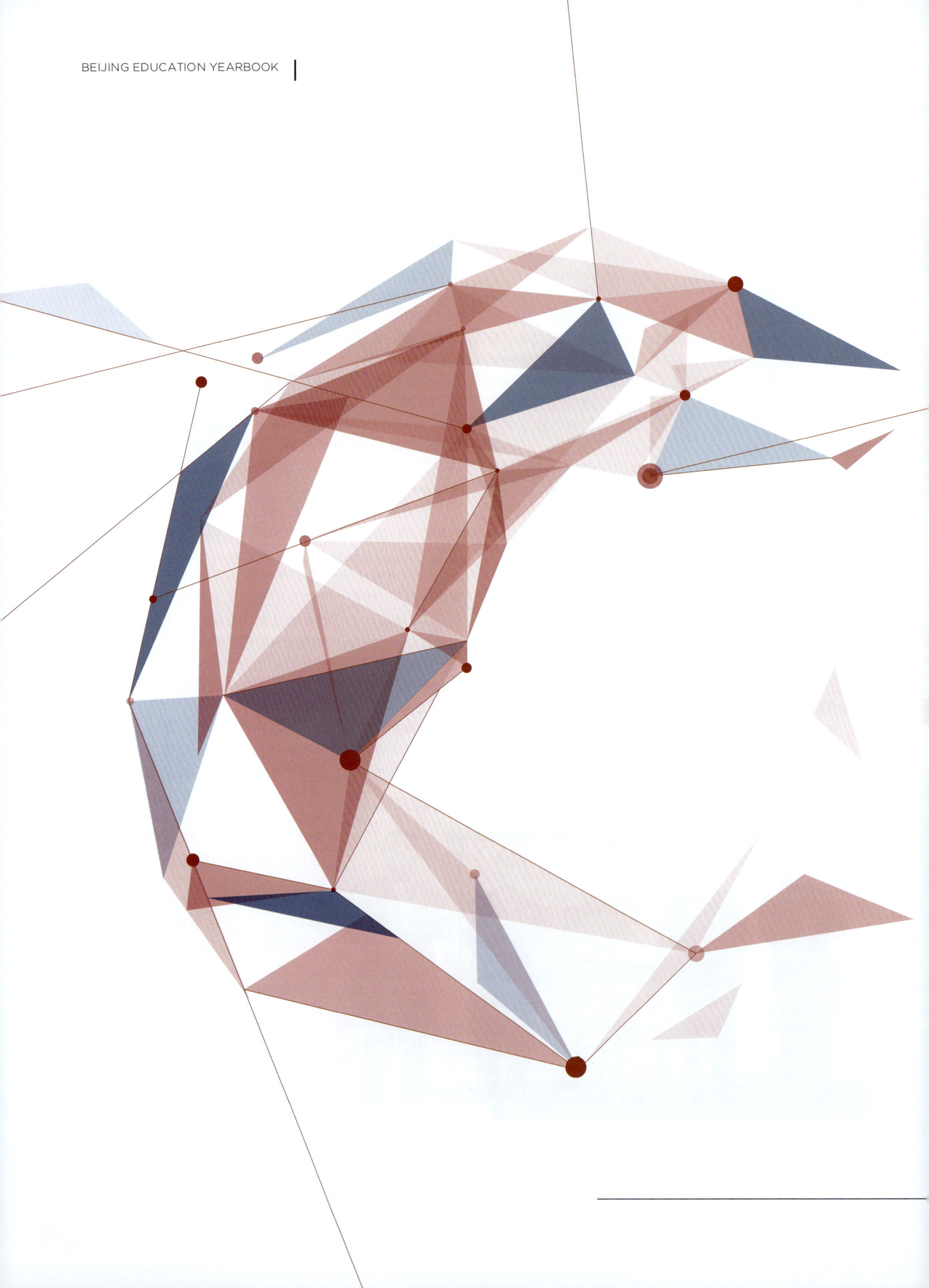

首都教育系统圆梦冬奥

THE CAPITAL EDUCATION SYSTEM FULFILLING DREAM IN BEIJING WINTER OLYMPICS

首都教育系统圆梦冬奥

THE CAPITAL EDUCATION SYSTEM FULFILLING DREAM IN BEIJING WINTER OLYMPICS

服务保障冬奥

全力服务保障北京冬奥会、冬残奥会

2022 年，北京教育系统贯彻落实习近平总书记在考察第 24 届冬季奥林匹克运动会、第 13 届冬季残疾人奥林匹克运动会筹办工作时的重要指示精神，挖掘学科、专业、智力和人才优势，以高度的政治自觉和使命担当全方位参与冬奥服务保障工作，为冬奥成功举办提供有力支撑。

全方位助力冬奥盛会。精心组织 2.33 万人参加北京冬奥的服务保障工作，其中开幕式有 3000 余名师生参与节目编排、艺术设计、技术支持、现场表演、志愿服务等工作，超过全体参演人数的 90%，成为中坚力量。北京 25 所高校和 6 个区 21 所中小学及市少年宫的 2899 名师生参加开闭幕式演出。参演师生牢记“请党放心、冬奥有我”的担当信念，经过 120 余天的艰苦训练，以一场精彩绝伦的演出，点燃鸟巢上空，绘制冬奥盛会最灿烂的图景。各高校发挥专业优势，推动数字科技与美学创新融合，精心助力科技冬奥。北京大学将 8K、VR 和自由视角技术应用到冰雪运动赛事转播中，实现身临其境观赛。清华大学牵头设计冬奥火炬台，将东方审美融入主火炬。北京理工大学将“元宇宙”全仿真技术应用到活动彩排，精准定位每名演员的位置、动作、步伐速度。北京交通大学经过反复试验，推动火炬台调整为“悬挂+支架”方式。北京电影学院应用实时捕捉、交互呈现等多项技术，使 700 名演员脚下出现“如影随形”的浪漫效果。北京印刷学院设计出冰立方运动主题水墨人物动画。北京服装学院设计主题为“中国风采”的中国体育代表团礼仪服饰，传递中国气派。

精细化做好服务保障。1.4 万名高校学生参与冬奥会志愿服务。教育系统 179 个单位（含 19 所高校）近 5000 名师生观看 34 场冬奥赛事，上座率 93.1%，超额完成观赛组织任务；联系北京联合大学选派 255 名学生完成餐饮服务生和客房服务生保障任务，联系北京物资学院等高校选派 800 名学生完成模拟运动员任务。

建立“1+14+59”工作体系。全力做好北京赛区 14 个闭环管理志愿者驻地 5600 名志愿者住宿服务工作，坚持“市、区、校”联动，精心精细做好住宿保障、疫情防控、宣传教育等。为每个闭环内志愿者至少配备 1 名指导教师，开展“一对一”贴心关怀。开通多部心理咨询专线，围绕人际关系、情绪调节、压力缓解、失眠治疗等方面录制近 20 节心理赋能小课堂，制作 12 节室内锻炼小视频，为志愿者解压减负。为 177 名学生协调教师资格证考试事宜，协调有关部门赠送流量包，优化网络设施，支持学生上好网课。开展“同心云相聚，驻地‘家’年华”主题活动，举办集体生日会、趣味运动会、写春联、小联欢等丰富的文体生活，将“第一次离家过年”与“独一无二冬奥年”相结合，让“思乡情”转化为“成长味”。坚持每日工作调度，编写信息、日报、简报、专报等 100 余期，收集处置 100 余条苗头性、倾向性问题，确保零破环、零疫情、零重大舆情。

（王宇航　李铮）

高质量上好“大思政课”

2022 年，北京教育系统组织师生高质量上好“大思政课”。组织世界冠军王春露、奥运冠军丁宁等讲述举办冬奥会的重大意义，增强师生服务保障冬奥的荣誉感和使命感。围绕“绿色”“科技”“人文”等不同主题，邀请高校专家开展“冰雪上的思政课”，讲解中国办奥智慧，坚定师生信心。各高校围绕学生关切，积极邀请驻外大使、理

论名家等为师生授课，激发师生使命意识。组织 68 所高校书记或校长为学生讲好“第一课”,用最深刻的行前教育，激发学生服务奉献热情。推出“首都万名大学生志愿者奔赴冬奥”“首都高校精心保障冬奥志愿者温暖过大年”“北京高校助力冬奥开幕式精彩绽放”等多篇综合报道，获中央电视台、光明日报等 30 余家媒体 200 余次报道，展示首都师生服务保障冬奥的生动实践。通过“志愿者自述”“优秀典型选树”“优秀代表讲述”“媒体群像宣传”4 个维度，全方位记录志愿者“小我融入大我、青春献给祖国”的时代风采，高校冬奥志愿主题曲多次登上微博热搜。冬奥会结束后，与教育部思政司联合组建首都师生服务保障冬奥宣讲团，赴京内基层单位和京外大中小学开展线上线下宣讲，发挥 1 到 N 的作用，辐射带动更多人。

（王宇航）

助力冬奥

首体院奥运书屋揭牌

1 月 5 日，首都体育学院奥运书屋揭牌。书屋与首都图书馆共建，为首都图书馆体育分馆，是北京首家面向公众开放的奥运主题图书馆，馆藏体育主题中文图书 2000 余册和近千种外文奥运主题书籍，容纳 300 万册电子书，50 万余集有声书，上万种数字期刊以及优质数字资源。书屋位于学校南门西侧，面积 300 平方米。

（申珊）

北京冬奥会国际学术研讨会

1 月 9 日，北京体育大学举办“北京冬奥会：体育与中国、世界的未来”国际学术研讨会。会议以线上和线下相结合方式举行，围绕北京冬奥会与人类命运共同体构建、北京冬奥会与中华民族伟大复兴、北京冬奥会与国际奥林匹克运动发展、北京冬奥会与中国体育强国建设 4 个议题展开讨论。400 余名国内外相关高校和研究机构专家学者以及媒体代表参加会议。

（马嘉悦）

首体院承接冬奥体育展示娱乐表演全要素演练

1 月 25 日，北京冬奥会和冬残奥会体育展示娱乐汇报演出在首都体育学院（北京国际奥林匹克学院）举行，标志北京冬奥会和冬残奥会体育展示娱乐节目正式交付。首体院全面承接冬奥会、冬残奥会体育展示娱乐表演所有节目全要素演练工作。

（张皇）

中央音乐学院以乐会友助力冬奥

1 月至 2 月，中央音乐学院在北京冬奥村（冬残奥村）举办“乐迎天下 一起向未来——央音中行迎冬奥新年世界音乐会”。音乐会通过 6 个主题篇章，将中国和部分主要参赛国经典音乐以充满世界性和融合性的表演形式展现出来，表达各国音乐文化“各美其美、美美与共”的和谐理念。音乐会被制作成视频纪录片，于赛会期间在冬奥村播放。学校师生在冬奥村拍摄合唱版（学校教师编配）冬奥口号歌《一起向未来》快闪 MV 在新华社播出。学校师生创作北京冬奥会开幕式主题曲《雪花》等音乐作品，以及为配合各国运动员入场而编配数十首世界名曲。

（王小夕）

中央美院助力冬奥

2 月 4 日，中央美术学院负责设计的冬奥会开幕式主席台正式投入使用。主席台设计围绕“燕山”“长城”元素，用生动简洁的设计语言和艺术表达展现一幅燕山长城雪景。学校还受邀参加冬奥会和冬残奥会中国国家短道速滑队头盔图案设计，“矫若游龙”“飞天梦境”“火神祝融”“青花”4 款头盔设计投入定制。学校参与设计冬奥会和冬残奥会引导标识系统，主要负责引导标识系统图标设计、标识牌体造型设计、牌体信息设计、中英文规范手册设计等工作，完成 424 个通用图标设计，32 种引导标识牌体类型。学校教师林存真还完成冬奥会和冬残奥会会徽设计。

（王哲文）

首体院牵头科技冬奥重点项目

2 月，首都体育学院牵头主持科技部重点研发计划“科技冬奥”重点专项“冬奥会奥林匹克数字博物馆呈现与传播技术研究及应用示范”项目。自主研发装配式集约化数字沉浸时空仓完成第二次迭代升级。项目完成“冬奥精神”主题沉浸式影片内容制作与调试，在北京冬奥村“北京小屋”开展应用示范。

（张皇）

冬残奥会“光明之火”在盲人学校采集

3 月 2 日，北京 2022 年冬残奥会火炬接力城市火种采集仪式在北京市盲人学校举行。火种采集仪式同时在北京、延庆、张家口 3 个赛区举行，设计 9 路火种，采集地涵盖学校、社区、图书馆等助残地标，具有代表性的历史文化地标和现代科技园区，以及 2008 年夏残奥会的火种采集地等，其中在盲人学校采集的火种为“光明之火”。活动中，该校师生合唱团合唱歌曲《爱的人间》，当歌声达到一定分贝，音频声压器触发点火装置引燃火种。合唱团由21名学生和9名教师组成，其中最小年龄7岁。当日下午，9路火种在天坛公园汇聚，生成北京2022年冬残奥会官方火种。

（宋亚甫）

北印助力冬奥

至3月，北京印刷学院完成多项助力冬奥会项目。完成冬奥会和冬残奥会开幕式手册、闭幕式手册。制作完成冬奥会开幕式冰立方运动主题水墨人物动画，以中国水墨风格视觉化呈现，助托冬奥会开幕式冰雪五环破冰而出。完成的景观设计包括北京、张家口颁奖广场，北京、张家口冬奥村和冬残奥村，奥林匹克大家庭酒店五大场馆。

（杨蘖　李萌萌）

7个集体和6名个人获国家表彰

4月8日，北京冬奥会、冬残奥会总结表彰大会在人民大会堂举行，北京教育系统7个注明单位名称的单位获北京冬奥会、冬残奥会突出贡献集体奖，6名注明单位名称的个人获突出贡献个人奖（未注明单位名称的集体和个人不在统计之中）。习近平出席大会并发表重要讲话。习近平等国家领导人为获奖代表颁奖。会议表彰在北京冬奥会、冬残奥会筹备举办过程中，表现突出的148个集体和147名个人。

（汪玥）

北京冬奥会、冬残奥会突出贡献集体名单
（北京教育系统）

名单
中共北京市委教育工作委员会宣教处
北京大学第三医院崇礼院区
北京大学冬奥志愿服务团队
清华大学冬奥志愿服务团队
北京体育大学冬奥志愿服务团队
北京大学第三医院
清华大学美术学院

（汪玥）

北京冬奥会、冬残奥会突出贡献个人名单
（北京教育系统）

姓名	单位及职务
李海涛	北京航空航天大学学生，国家高山滑雪中心志愿者
杨　松	首都医科大学附属北京地坛医院肝病三科副主任、主任医师
陈海妮（女）	首都师范大学学生，北京冬奥组委总部志愿者
赵焕刚	北京体育大学二七国家冰雪运动训练科研基地负责人（北京体育大学冰雪运动运营管理有限公司总经理）
高文彬	北京工业大学学生，北京冬奥村（冬残奥村）志愿者
薛　东	北京市石景山区电厂路小学校长，高级教师

（汪玥）

全国大学生“同上一堂‘冰雪’思政大课”

4月16日，北京体育大学与人民日报社体育部、人民网联合主办的全国大学生“同上一堂‘冰雪’思政大课”在“人民网+”客户端、咪咕视频等平台开播。北体大党委书记、中国农业大学马克思主义学院院长、清华大学美术学院党委书记等授课，同时邀请徐梦桃、苏翊鸣、武大靖等13名冰雪名将以及标兵志愿者、制冰师、民间爱好者等冬奥参与者，共同讲述冬奥故事，回望中国冬奥历程。

（马嘉悦）

弘扬北京冬奥精神“大思政课”

5月4日，市委教育工委举办“圆梦冬奥会，一起向未来”首都教育系统弘扬北京冬奥精神“大思政课”。课程由中央财经大学马克思主义学院院长担任主讲，与运动员、建设者、科研工作者、志愿者等群体代表围绕广大干部群众，尤其是首都教育系统师生服务奉献冬奥的生动实践展开讲述。活动在“人民网+”客户端、人民网官方微信同步播出，全国高校师生100余万人次在线观看。

（丁贞栋）

《冬残奥会竞赛组织知识手册》发布

6月30日，北京体育大学编写的《冬残奥会竞赛组织知识手册》由北京冬奥组委发布。手册是对北京冬残奥会筹办工作经验和做法的总结，是第一本冬残奥会竞赛组织工作用书。学校4个学院10名冰雪运动方面专家学者领衔研究，内容涉及残奥高山滑雪、残奥越野滑雪、残奥单板滑雪等8个方面。编研工作于2021年11月启动。

（马嘉悦）

冬奥精神宣讲团北京高校专场宣讲

9月29日，市委教育工委在北京航空航天大学举办“强国复兴有我”——北京冬奥精神宣讲团北京高校专场宣讲活动。10名北京冬奥精神宣讲团成员讲述参与北京冬奥会和冬残奥会申办、筹办、举办过程中的亲历亲闻。活动设北航主会场和各高校线上分会场，各高校2022级新生5万人观看。该活动是2022年北京高校“新生引航工程”系列活动之一。

（丁贞栋　林艺茹）

图片专辑

圆梦冬奥｜一起向未来

HOSTING BEIJING WINTER OLCYMPICS TOGETHER FOR A SHARED FUTURE

助｜力｜冬｜奥

ASSISTING THE WINTER OLYMPICS

北京颁奖广场景观

冬奥会和冬残奥会开闭幕式手册

北印设计的北京颁奖广场景观和开闭幕式手册
（北印　供）

雪飞天

海陀塔

雪如意

清华牵头设计的“雪如意”“雪飞天”“海陀塔”
（清华　供）

冬奥标识

冬奥会奖牌

中央美院设计的冬奥标识和奖牌
（中央美院　供）

冬 | 奥 | 风 | 采

WINTER OLYMPICS MOMENTS

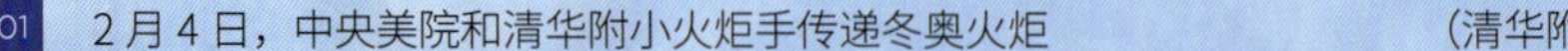

01 2月4日，中央美院和清华附小火炬手传递冬奥火炬 （清华附小 供）

02 3月，北体大残奥冠军班2020级学生闫卓（左）获冬残奥会轮椅冰壶金牌 （北体大 供）

03 3月2日，北京冬残奥会火炬“光明之火”在盲人学校采集 （海淀区教委 供）

04 2月4日，北京学生在冬奥会开幕式上演唱主题曲《雪花》 （海淀区教委 供）

冬|奥|风|采
WINTER OLYMPICS MOMENTS

05 2月20日，公安大学执旗手参加冬奥会闭幕式 （公安大学 供）

06 2月4日，城市学院学生穿着自主设计的舞服参加冬奥会开幕式演出（城市学院 供）

07 2月4日，八十中学生参加冬奥会开幕式演出 （阮祥兵 摄）

08 2月4日，北师大附中金帆舞蹈团师生参加冬奥会开幕式演出 （北师大附中 供）

服务冬奥
SERVING THE WINTER OLYMPICS

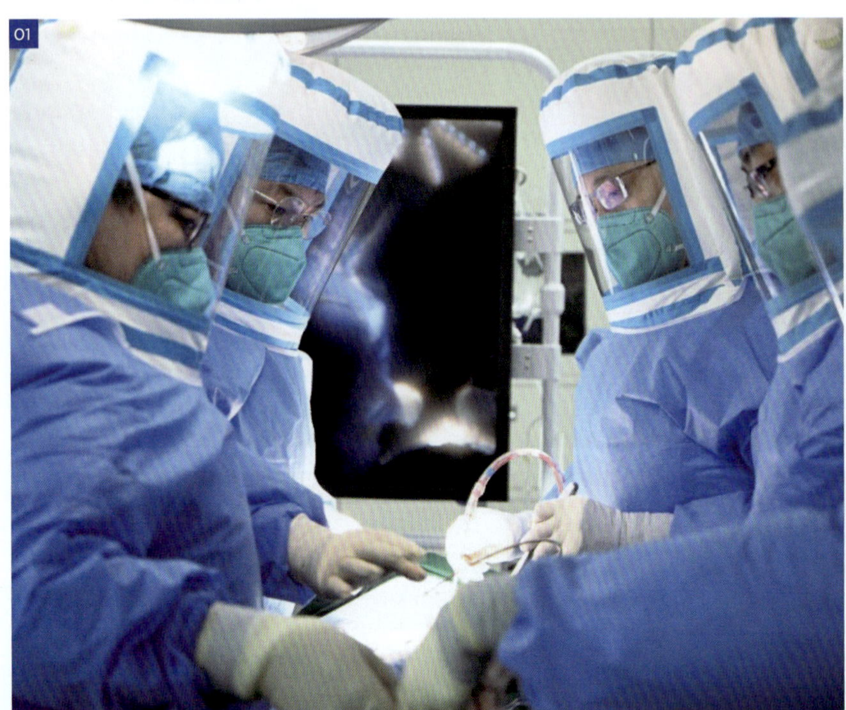

01 2月，北大第三医院崇礼院区完成冬奥会首例脊柱骨折手术 （北大 供）

02 2月，中国音乐学院学生参加志愿服务 （中国音乐学院 供）

03 2月，北京联大学生参加志愿服务 （北京联大 供）

04 2月，北京交院学生参加志愿服务 （北京交院 供）

05 3月，首经贸学生参加礼仪志愿服务 （首经贸 供）

冬｜奥｜有｜我

PARTICIPATING IN THE WINTER OLYMPICS

01

02

03

04

05

06

01 1月5日，中央音乐学院在北京冬奥村（冬残奥村）广场区举办“乐迎天下 一起向未来——央音中行迎冬奥新年世界音乐会” （中央音乐学院 供）

02 1月14日，昌平区幼儿园举办迎冬奥活动 （张雪 摄）

03 1月19日，平谷区教委举办平谷区第三届中小学生冬季运动会 （平谷区教委 供）

04 3月1日，五幼举行“童心向冬奥 运动促成长”开学典礼 （五幼 供）

05 7月14日，朝师附小和平街校区学生景伊明进行“请党放心 强国有我”北京市教育系统弘扬北京冬奥精神宣讲 （朝阳区教委 供）

06 2022年，延庆区教委开展“万人上冰上雪”活动 （延庆区教委 供）

1989 所

幼儿园

574235 人

在园幼儿

99987 人

教职工

学前教育

PRESCHOOL EDUCATION

- 推进幼儿园举办 2～3 岁托班
- 社区办园点转型提升
- 学前教育宣传月系列公益讲座
- 县域学前教育普及普惠督导评估

学前教育 PRESCHOOL EDUCATION

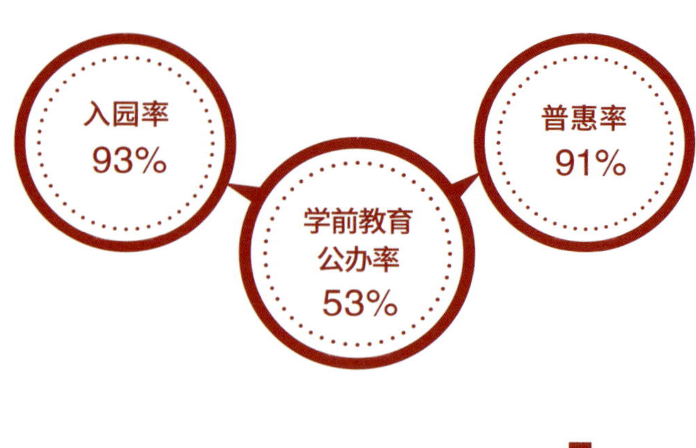

全市普惠率比上年增长3%

综述

概况

2022年，北京市构建以公办幼儿园和普惠性民办幼儿园为主体、公办民办并举的多种形式的学前教育体系。北京市有独立法人幼儿园1989所，包括教育部门办园494所、其他部门办园50所、地方企业办园42所、事业单位办园48所、部队办园76所、集体办园241所、民办园1037所（包括普惠性民办幼儿园697所）、中外合作办园1所。在园幼儿574235人。全市幼儿园教职工99987人，其中专任教师48774人。全市学前教育公办率53%，入园率93%，普惠率91%。9月，市教委等11个部门联合印发《“十四五”学前教育发展提升行动计划》。至年底，各区发布学前教育发展提升行动计划，并列入党委政府工作重要议事日程。

（李斐琳）

10月28日，首经贸附属幼儿园正式开园

（首经贸　供）

推进幼儿园举办2～3岁托班

2022年，市教委推进幼儿园举办2～3岁托班。结合三孩生育政策实施和区域实际，鼓励有条件的幼儿园在充分满足3～6岁幼儿入园的基础上，利用空余学位开设托班招收2～3岁幼儿。至年底，增加托班学位3000个。市教委充分考虑出生人口变化和城镇化发展趋势，完善并适时调整各区普惠性幼儿园布局规划，鼓励有条件的区根据学位资源布局、入园需求和招生能力，探索实施学前教育服务区制度。

（吕萍）

社区办园点转型提升

2022年，市教委持续推动全市社区办园点转型提升。指导各区梳理本区社区办园点基本情况，结合区域实际制订社区办园点转型提升方案，确定具体步骤及完成时间，按照方案引导符合条件的社区办园点转型为托育机构或民办非普惠性幼儿园。经统计，109个社区办园点拟转为托育机构，132个社区办园点拟提升为民办非普惠性幼儿园，138个社区办园点拟于2025年前停办。

（李斐琳）

学前教育宣传月系列公益讲座

6月，北京教育学院开展“连接·未来”学前教育宣传月系列公益讲座，面向全社会普及科学育儿知识。该系列公益讲座以“幼小衔接，我们在行动”为主题，汇聚优质师资力量，聚焦学前教育领域热点问题，面向一线幼儿园园长、教师和幼儿家长提供有关幼小衔接、家庭教育和教师专业发展等方面专业支持与引领。首场讲座以线上直播方式开展，以《如何做好幼儿园与小学的有效衔接》为题，从幼儿园、小学的教育和学习差异，幼小衔接过程中可能出现的问题以及家长要做的准备等方面进行讲解，5000 人观看直播，留言区点赞 10000 余次。活动期间开展公益讲座 4 场，并在暑假期间持续开展学前教育主题公益讲座。

（庄莎莎）

县域学前教育普及普惠督导评估

至年底，市教委持续推进县域学前教育普及普惠督导评估工作。组织视导组先后赴东城、丰台、石景山、房山、通州、怀柔、密云 7 个区开展实地视导，了解各区“双普”督评推进情况。推动各区贯彻落实北京市“十四五”学前教育发展提升行动规划，确保新接收小区配套园举办成公办园，统筹使用学前教育资源，消灭大班额现象，严格落实幼儿园教师工资待遇保障政策，积极推进“同工同酬”。

（孙艳云　王雨萌）

保育教育

延庆一幼实践体验系列活动

2 月至 12 月，北京市延庆区第一幼儿园开展幼儿实践体验系列活动。结合冬奥会开展“蜗牛宝贝享冬奥，师幼携手向未来”活动，幼儿唱响园歌《奔跑吧，蜗牛》，家长讲述幼儿滑雪故事，幼儿表达观看冬奥会感受。结合世界读书日开展“乐享阅读　传承红色精神”读书活动，师幼共同阅读绘本故事 20 余本。开展“线上庆六一”活动，通过师幼舞蹈、亲子小游戏以及传唱红色爱国歌曲等活动感受节日快乐。开展“初遇小学　梦想起航”云端参观小学活动，幼儿用绘画方式表现自己想法与感受。开展“月满中秋，‘师’情画意”中秋节庆祝活动、“萌娃爱祖国，喜迎二十大”爱国系列活动等。教师和幼儿 600 人次参加活动。

（杨卯卯）

2 月至 12 月，延庆一幼开展幼儿实践体验系列活动
（延庆一幼　供）

平谷二幼“绿满春天　播种希望”主题教育

3 月 11 日，北京市平谷区第二幼儿园开展“绿满春天，播种希望”主题教育活动。教师根据不同年龄幼儿特点，带领幼儿开展“我的大树朋友”活动，创作带二维码的树名牌，废物利用制作温馨的鸟窝，以绘画、撕纸等方法表达对春天和大树的喜爱。带领幼儿开展植树活动，提高动手能力，建立爱护花草树木、保护环境意识，激发幼儿亲近自然、热爱自然的纯真情感。30 名教师幼儿参加活动。

（郭永新）

丰台红星幼儿园“开渔节”

3 月 14 日，中央军委机关事务管理总局红星幼儿园（丰台园）举办“开渔节”活动。活动以“惊蛰开渔，拥抱自然”为主题，同时启动“十四五”中国学前教育研究会立项课题——“自然生态教育在幼儿园的实践研究”。活动设计惊蛰打鼓万物生、龙抬头舞龙盼春归、古筝“惊蛰”品自然声、池边放鱼学垂纶 4 个篇章，将节气现象、自然生机、艺术活动巧妙结合，将师幼带入大自然，激发幼儿走进自然、拥抱自然的热情。全园 102 名教职工及 530 名幼儿参与。

（赵萍）

石景山区幼儿园排球特色活动

3 月 28 日，北京市石景山区幼儿园启动排球特色活动。活动以“我运动 我健康 我快乐”为主题，邀请全国幼儿排球讲师团成员担任授课及技术指导，针对幼儿排球基本技术、排球比赛和排球日常教学几个环节对教师开展培训。幼儿园作为全国幼儿排球课程实验园，在日常排球特色活动中增强幼儿体质，挖掘排球运动育人价值。

（伉艳艳）

芳庄三幼探索马赛克教学方法

3 月至 12 月，北京市丰台区芳庄第三幼儿园探索马赛克教学方法。该教学方法将传统研究工具和参与性研究工具相结合，探究和倾听幼儿想法，使幼儿有机会以多种多样的方式主动表达自己的观点。教师在科学游戏活动中进行过程性记录，以观察、儿童访谈、儿童拍照、图书制作、幼儿园之旅、地图制作、角色扮演等形式，获取相关线索，了解幼儿经验、水平和兴趣点，与幼儿一起回顾、梳理、探讨和改进，支持幼儿自主探究，促进幼儿深度学习。中大班幼儿 180 人和教师 45 人参与研究。

（刘毓）

昌平工业幼儿园探索蚂蚁实践活动

4月1日至30日，北京市昌平区工业幼儿园开展探索蚂蚁实践活动。围绕“邂逅小蚂蚁”“小蚂蚁大秘密”“蚂蚁喜欢的食物”主题，通过发现、寻找、查阅资料，了解关于蚂蚁的小知识，追随幼儿兴趣，动手开展蚂蚁喜欢的食物小实验和蚂蚁合作游戏，学习科学探究的基本方法，使幼儿学会在观察中发现问题，在实践中解决问题，提高观察能力、探究能力和操作能力。师幼60人参加活动。

（赵亚娟）

大兴新航城幼儿园“开耕节”

4月11日至15日，北京市大兴区新航城幼儿园举办“开耕节”系列活动。活动以“‘幼’逢春耕开播时”为主题，通过谈播种增知识、彩龙飞闹春耕、勤劳动盼成长、我的感悟等环节，让幼儿感受大自然的美，体验劳动的乐趣，萌发爱环境、爱家乡、爱祖国情感；通过看一看、摸一摸、谈一谈方式，让幼儿了解播种知识，认识机械化和传统种植工具。大班举办武术表演，教师表演舞龙，举办“授锹仪式”，幼儿通过拔草、浇水、记录种子成长等方式，参与种子生根发芽全过程，体验播种快乐，感受生命成长。师幼300余人参加活动。

（陈志军）

通州如意幼儿园春日故事会

4月12日，北京市通州区如意中心幼儿园举办“悦读阅成长”主题活动之春日故事会。全园幼儿在春日阳光下，在户外同伙伴开展共享阅读、讲故事等活动。该活动有助于培养幼儿对图书的兴趣，帮助养成阅读习惯。

（于天博　何梦华）

4月12日，通州如意幼儿园开展“悦读阅成长”主题活动之春日故事会　（通州如意幼儿园　供）

怀柔三幼森林狂欢运动节

4月14日至28日，北京市怀柔区第三幼儿园举行“森林狂欢运动节”。开幕式上，小班主题为“以快乐之名，为爱加冕”，以情景剧方式引导幼儿感受运动快乐。中班主题为“以信仰为名，为自己呐喊”，以会旗传递方式引导幼儿以实际行动弘扬运动精神。大班主题为“以成长为名，为梦想续航”，以“运动之光”传递支持幼儿展现运动的力量，引导幼儿加强跳绳、体能训练等项目。活动举办期间，全园开展户外体操展示、趣味性游戏两类活动。小班幼儿以角色游戏为载体，设计“捞小鱼”“小熊采蘑菇”等游戏，发展幼儿的走跑跳等大肌肉运动力。中班幼儿以情景游戏为主要途径，以“穿越冒险岛”“小松鼠躲避炸弹”等游戏，培养幼儿的平衡力与协调能力。大班幼儿以竞赛游戏为主要运动方式，通过“手脚并用爬”“插旗往返跑”等游戏，支持幼儿展现团队协作能力。全园师幼1000余人参加。

（李煜）

密云一幼线上云游艺术馆

5月8日，北京市密云区第一幼儿园线上开展“德润童心 玩‘美’童年”系列艺术馆活动。活动采用美篇公众号、腾讯会议、班级微信群等形式，设“感受欣赏馆、戏剧展现馆、红色传承馆”3个板块。“感受欣赏馆”包括我秀中国画、一起秀经典、我和名画同框、我型我秀等活动照片及视频；“戏剧展现馆”以革命先辈、英雄模范、最美逆行者为原型，将红色故事片段制成视频相互分享；“红色传承馆”分享幼儿唱爱国主义歌曲、儿歌和表演红色故事的视频、音频，表达对祖国的热爱。全园师幼及家长700余人参加线上活动。

（王微）

顺义幸福幼儿园“防震减灾”安全主题教育

5月12日至19日，北京市顺义区幸福幼儿园开展“防震减灾”安全主题教育系列活动。教师通过公众号、微信群、智慧树等途径向师生及家长推送6期系列防震减灾宣教片，讲解地震形成原因，学习避震逃生及自救方法。开展亲子小制作，幼儿和家长一起在家尝试制作应急装备，提升自救能力。举办模拟演练，家长和幼儿在家模拟突发地震时，快速寻找安全地点躲避，主震结束后，迅速有序撤离至户外空旷安全场地。经过安全主题教育系列活动，纠正对安全避险场所的原有错误认识，掌握正确的防震逃生及自护方法，提高全体师幼和家长对突发事件的防范能力，1100余人参加活动。

（焦杰）

东华门幼儿园开学典礼走进天安门国旗护卫队

8月29日，北京市东城区东华门幼儿园走进天安门国旗护卫队举行新学期开学典礼。通过观看仪仗队升旗仪式、学练军姿、参观国旗护卫队荣誉室、内务室等活动，弘扬“护卫国旗，重于生命”的爱国情怀，学习中国军人的精神品质，提高幼儿的爱国热情。师幼及家长458人参与活动。

（郭家宁）

六一幼儿院举办开学第一课

9月1日，北京市六一幼儿院举办开学第一课活动。活动围绕“娃娃童心系祖国 师幼共筑强国梦”讲述各自的假期故事，加深幼儿对航天人物、航天事迹、航天模型的了解，增强对国家大事的了解和关注。大班幼儿开展航天主题活动，了解中国航天事业发展，设计未来空间站，构筑航天梦、中国梦。活动分享三军展和英雄事迹，让幼儿进一步感受解放军的风采和精神，用身边的英雄榜样故事激励幼儿成长。幼儿园新生800余人参加活动。

（宋颖）

怀柔二幼开设芭蕾舞课程

9月27日，北京市怀柔区第二幼儿园启动开设芭蕾舞课程。聘请专业舞蹈教师进校园，对师幼进行系统芭蕾舞培训。制定每周课表，每周三幼儿学习时间，每周五教师培训时间，每天两课时。芭蕾舞课程的开设旨在进一步推动幼儿园文化建设，营造良好艺术氛围，提升师幼艺术内涵、综合素养以及表现美、感受美的能力。全体师幼480人参加活动。

（杨艳）

昌平教工幼儿园“迎国庆”系列活动

9月27日至30日，北京市昌平区教工幼儿园举办“迎国庆”系列活动。童心向上国旗飘扬祝福祖国：举行周一升旗仪式，五星红旗冉冉升起，教师和幼儿行注目礼，表达对祖国、国旗的尊重和热爱。童心爱国小手增彩祝福祖国：幼儿通过看升旗、讲国旗、唱国旗、粘贴国旗等方式了解五星红旗来历，认识国旗及其特征。童言稚语祝福祖国：中班歌表演《小小蜡笔》、手势舞《名字叫中国》，表达对祖国的热爱之情，体验作为中国人的自豪。诗歌朗诵祝福祖国：幼儿绘画10米长卷，献礼祖国生日。手工搭建拼插祝福祖国：利用各种各样的环保材料，搭建拼插神舟飞船、坦克、飞机、装甲车、长城，展示祖国的强大。组织听英雄事迹、讲英雄故事、户外整理玩具等劳动活动，传承红色精神、发扬不怕累的艰苦奋斗精神。全园幼儿369人参加。

（褚小芹）

崇文三幼“娃哈哈”幼儿自制花车巡演

10月26日，北京市东城区崇文第三幼儿园举办“喜庆党的二十大 幼儿自制花车巡演”活动，欢庆党的二十大胜利召开。幼儿自己动手，运用不同的材料，以“56个民族是一家”“万里长城”“坦克兵团”“遨游太空”等为主题，创意制作各式小花车模型。幼儿手持国旗，穿上丰富多彩的服装，装扮成小种子、海洋动物、水果宝宝，化身为小士兵、小宇航员、小运动员、小京剧演员，穿梭在各个主题小花车中巡演展示，祝福祖国繁荣昌盛。

（李晶）

门头沟二幼“山楂红了”美育课程

10月，北京市门头沟区第二幼儿园开展“山楂红了”系列育美课程建设活动。邀请专家进园进行课程培训，梳理“育美”主题活动课程框架，挖掘可利用资源。“山楂红了”

9月29日，怀柔二幼开设师幼芭蕾舞培训（怀柔二幼 供）

主题活动中，引导幼儿发现身边山楂变红，提出采摘果实和制作山楂美食的想法，自发查找制作方法与工具，举行山楂美食拍卖会与山楂捐赠会。活动以幼儿探索问题和关注兴趣点出发，逐步支持幼儿深入探究，在不断尝试中帮助幼儿梳理经验，获得新经验。

（王丽丹）

宣武回民幼儿园反思心智工作坊分享会

11 月 2 日，北京市宣武回民幼儿园举办反思心智工作坊分享会。分享会以小组形式展示成果，分别以情景模拟、方法工具演绎、诗朗诵等形式展示个人或小组的学习历程和成果。研究内容涉及家园沟通、干部教师沟通指导、个性化幼儿等多个方面，帮助教师转变思维模式。反思心智工作坊是为教师专业成长搭建的为期 1 年的培训，学科带头人、骨干教师、青年教师等一线管理者和教师 25 人参加。

（李晓卫）

大兴三幼探秘记活动

11 月 14 日，北京市大兴区第三幼儿园开展“展科技翅膀无界 探科学梦想无限”探秘记活动。教师和家长设计科学探秘游戏，教师利用“法老之蛇”“扎不破的手套”等科学实验作为活动开场，幼儿通过科学小实验，用绘画的形式描绘出未来人类生产生活因科技的发展而呈现出的巨大变化。师幼和家长 400 余人参加探秘记活动。

（周欣）

三教寺幼儿园绘本教研

11 月，北京市西城区三教寺幼儿园开展语言领域绘本教学展评及“一课三研”教研活动。不同年级分别选择绘本《小老鼠又上灯台》《谁偷吃了我的柿子》《鱼子非》开展教研活动，第一阶段为绘本分析阶段，通过教师共研，分析挖掘教育元素以及绘本核心思想、精神文化价值，明确教学活动核心内容；第二阶段为原始行为阶段，关注教师个人教学行为、教学环节设计的合理性，提升教师开展绘本教学突破重难点的策略方法；第三阶段为新设计阶段，在《指南》《儿童语言核心经验》和幼儿绘本教学理念的指引下开展教学活动设计；第四阶段为新行为阶段，关注教师结合班级幼儿已有经验开展行为调整的过程。通过学、做、研、思、再学、再做、再研、再思的循环方式，发展教师整体的绘本教学实践与研究能力。

（魏天骄）

房山区推进家园共育

至年底，房山区教委持续推进家园共育。以房山区家长大讲堂专家讲座为平台，依据“全程超前伴随式”家长培训工作计划和要求，邀请专家开展培训 27 次；各幼儿园根据园所实际与家长需求，开展相关培训 100 余场，内容涉及家庭教养模式、家教家风、幼儿能力培养等多领域知识。

（石金生）

朝阳区多措并举提升保教质量

至年底，朝阳区多措并举提升保育教育质量。成立“幼儿卫生与健康教育研究”项目组，建立包含 10 所核心园在内的研究团队，确定以家园合作形式开展卫生与健康教育，探索高质量学前卫生健康教育体系建设。依托“以幼儿发展为本的游戏化、生活化、自然化”课程理念，通过专题培训、入园和线上指导等方式，面向全区推送 4 个

10 月 26 日，崇文三幼举办“喜庆党的二十大”自制花车巡演活动 （崇文三幼 供）

模块51个指导资源，以9个教研组673名骨干教师为核心，开展9个专题60余次伴随式研训，加强游戏化幼儿园课程研究，推动区域幼儿园课程建设持续深入。宣传“以儿童发展为本”朝阳区园本教研理念和“聚焦儿童 实践导向 研以致用”12字主旨，召开15场保教工作交流会，指导制订园本教研计划，促进幼儿园保教质量、教育教学水平、园本教研水平提升。

（邢凯　何爱英）

幼儿园选介

北京市东城区东华门幼儿园

教育部门办园，日托制。分两址办学，分别为园本部和分部（大鹁鸽胡同校区）。总占地面积3009平方米，校舍建筑面积3948平方米。全年教育经费投入2904万元，固定资产总值1461.25万元。拥有图书1.3万册、计算机62台。拥有专用教室3个、普通教室13个。教职工73人，专任教师60人，包含中级以上职称31人，本科以上学历56人。保健医5人。开设教学班13个，其中小班5个、中班5个、大班3个。幼儿离园119人，入园151人，在园384人。

2022年，幼儿园构建“党建引领下的园所高质量发展大格局”，全面推动高质量发展。大力推动制度改革。注重完善和细化合作学习制度、专题研讨制度、课堂观摩制度、档案管理制度等日常管理制度，重构园所制度体系。大力加强队伍建设。以“一个项目、两次复盘、三步法则、多元培训”方式着力提升干部能力，以“3S模式”助推教师专业发展，打造“德高业精、有情有趣、自主发展”教师团队。大力加强文化建设。通过文化研讨会、高质量大讨论、读书分享会、每周微电影分享、礼仪修炼讲堂等多种渠道让教师深入了解幼儿园文化内涵，凝聚发展共识。大力加强课程建设。致力于园本课程研究建设，通过建立教师学习共同体，自下而上地生成幼儿园课程体系；涵养幼儿园课程多元样态，逐步形成幼儿园“生动活泼、自主多样、回归本真”的课程样态。大力深挖语言教育特色内核。在语言特色的基础上构建更加立体、多元的“课程群”，建立5个领域学科小组、教研小组、专项课题研究小组，以“语言核心经验”推动综合课程和主题课程的深化。开展“故宫探秘”“老物件展览会”“毕业诗歌会”“我是小小值日生”劳动教育等活动。与北京市第三幼儿园结为联盟园，集中教育资源优势，形成教育合力。两园打开“资源围栏”“思想围栏”“人才围栏”，通过整合资源、跨园培养、活动共育等多种方式，举办天安门国旗班中的开学典礼、中轴线非遗文化会、科技进校园等活动，承办“高质量发展论坛”“优秀中青年园长青蓝班论坛”等活动，实现两园优势互补及管理效能的最大发挥。

（郭家宁）

8月31日，东华门幼儿园走进天安门国旗护卫队举办开学典礼
（东华门幼儿园　供）

北京市第五幼儿园

教育部门办园，日托制。分五址办学，园本部位于东城区夕照寺街，分园分别为五幼分园、五幼城市副中心园、街道托管园——东城区红湖幼儿园、崇文幼儿园。总占地面积1.57万平方米、校舍建筑面积1.23万平方米（不含五幼城市副中心园）。全年教育经费投入4377万元，固定资产总值3081万元。拥有专用教室6个、普通教室19个。教职工181人，专任教师122人，包含中级以上职称77人，本科以上学历110人。保健医10人，保育员19人。开设教学班19个，其中小班6个、中班6个、大班7个。幼儿离园230人，入园156人，在园586人。

2022年，幼儿园通过规范管理流程、建立管理台账、传递管理方法等方式，形成五园共建共治、集约精专、协同高效大系统，实现跨性质、跨区域互联互通治理形态。秉持“文化同生、理念共融”思想重点打造五园文化建设，通过干部教师轮岗、五园联合教研、幼小衔接联合教研等活动，树立五园共治理念，提升各园管理能力和水平，促进五幼整体名优品质提升与持续发展。五园教师轮岗交流80余人次，择优选派 4 名教师赴其他园所轮岗任教。加强党建工作。五幼党总支完成新一届总支委员会选举，下设支部，选举支部书记和支委会成员。学习党的二十大精神和习近平总书记系列重要讲话精神；创新制定每日一播报、每日一红歌、每日一金句微信推送制度；开展“喜迎二十大 奋进新征程”“聚微光汇星海 坚初心逐光行”等系列教育活动；召开“彰显教育担当 践行责任使命”线上教师沙龙和“喜迎党的二十大 培根铸魂育新人”师德宣教活动；开展“讲你我故事，话初心如故”庆祝中国共产主义青年团成立 100 周年道德讲堂活动；邀请专家作“回眸非凡十年 锚定新时代首都发展”等主题讲座；梳理完成“十年笃行——北京市第五幼儿园发展历程”素材报告。疫情防控关键阶段，五幼党员干部积极投身志愿服务，34 天 861 人次参与社区服务值守，7 名党团员加入青年突击队，作为东城区教育系统下沉社区典型案例在全区宣传。持续落实“健康 2025 工程”，根据幼儿年龄特点、结合“冬奥会”主题开展“我运动我快乐”等体育活动，无边界课题与儿童友好环境创设、教育研究、技术支持研究相互支持，拓展一米线环境创设、户外爱心小推车等园所设施。通过设置儿童议事厅深入探索无边界下的物质和精神环境营造。发挥家、校、社协同育人作用，建设线上咨询室、云端大讲堂，组织亲子阅读共享、家长读书会等活动，推送教师录制游戏视频 150 余条、故事 98 个，合力陪伴幼儿成长。

（邹平　吕晓菲）

4 月 23 日，崇文三幼开展“阅读伴我快乐成长”主题教育活动
（崇文三幼　供）

北京市东城区崇文第三幼儿园

教育部门办园，日托制。总占地面积 4063 平方米，校舍建筑面积 3190 平方米。全年教育经费投入 2619 万元，固定资产总值 1113 万元。拥有图书 1.3 万册、计算机 72 台。拥有专用教室 2 个、普通教室 14 个。教职工 72 人，专任教师 53 人，包含中级以上职称 35 人，本科以上学历 54 人。保健医 4 人。开设教学班 14 个，其中小班 4 个、中班 5 个、大班 5 个。幼儿离园 120 人，入园 93 人，在园 353 人。

2022 年，幼儿园发挥党支部堡垒作用和党员先锋模范作用，以党史学习教育为契机，以党建塑形象，加强教职工素质提高，努力提高办园质量。成立“党史教育宣传队”，重新布局“红色加油站”，添置党史书籍。构建最美书香幼儿园，营造“爱读书、乐读书、读好书”的读书氛围。依托区域内爱国主义教育基地资源，组织教职工开展“镜头下的大东城——崇文三幼教职工摄影展评”活动。组织全体幼儿开展“娃哈哈”娃娃喜庆二十大自制花车巡游活动，欢庆二十大胜利召开。持续推进家、校、社协同育人 2035 工程，以家园共育为重点，围绕“家长类型分析及沟通技巧”和“线上家园沟通的方法与技巧”，以班组长骨干为引领开展园本培训，丰富教师做家长工作的方法策略。以园本培训为抓手，针对教师信息技术素养，有计划开展 2.0 信息技术专题培训活动，为有效运用信息技术手段开展教育教学实践与研究提供支持。实践、探索、积累丰富完善的课程资源素材，形成“信息技术与领域教学活动融合优秀资源库”和“家园共育居家指导游戏库”两个资源库。幼儿园 2.0 整体推进案例及教师个人创新案例均被评为东城区优秀案例。

（李晶）

北京市西城区曙光幼儿园

教育部门办园，日托制。分四址办学，分别为总园（后广平校区）、庆丰校区、展览路校区和永祥校区。总占地面积 9790 平方米、校舍建筑面积 13264 平方米。全年教育经费投入 4150 万元，固定资产总值 1605 万元。拥有图书 0.87 万册、计算机 119 台。教职工 106 人，专任教师 77 人，包含中级以上职称 31 人，本科以上学历 82 人。开设教学班 26 个，其中小班 10 个、中班 13 个、大班 13 个。幼儿离园 150 人，入园 248 人，在园 706 人。

2022 年，幼儿园秉承“生活中学习，游戏中成长”的教育理念，倡导尚研笃学，德才兼备，致力于培养幼儿“敢想、敢说、敢做；乐群、乐知、乐思”精神，促进幼儿主动、快乐、富有个性的发展。强化园支部政治功能，将党史学习教育贯穿全年，贯彻落实“红墙先锋工程”实施方案。秉持“科研兴园”，先后参与国家级、市区级重点课题研究，逐步形成“科研引路，教研推进，促进师生共同发展”办园特色。落实“以人为本”的管理理念，举办教师“朝霞杯”教学展示活动，鼓励教师展现独特教学风格和专业特长。居家期间，结合线上作业撰写、录像观摩、对幼儿的持续性观察等线上教研活动，提升一线教师专业能力发展。幼儿居家期间，做好家园共育工作，在线推送关于情绪情感、育儿文章、故事等教育内容，让幼儿居家也能感受到教师的关爱和陪伴。在教学中坚持儿童视角，提供丰富有挑战的环境，让幼儿在自由自主的游戏探索中收获成长。

（李炎）

北京市西城区马连道幼儿园

教育部门办园，日托制。总占地面积 3067 平方米、校舍建筑面积 2953 平方米。全年教育经费投入 2670.97 万元，固定资产总值 548.86 万元。拥有图书 2268 册、计算机 85 台。教职工 62 人，专任教师 51 人，包含中级以上职称 21 人，本科以上学历 45 人。开设 12 个教学班，其中小班 5 个、中班 4 个、大班 3 个。幼儿离园 109 人，入园 124 人，在园 366 人。

2022 年，幼儿园重点强化常态化疫情防控工作，强化教师干部队伍建设，通过园本课程研究提升保育教育水平。开展园本课程研究。围绕“如何在保教工作中落实‘教育惟真、生活育人’”主题，开展为期一学年的“微主题”研究。通过“捕捉生活教育契机，探索基于儿童视角下的微主题活动”园本专题教研，探索让教育回归本真的实践研究，提升教师对园本课程的理解与认识。尝试借助课程审议方式，有针对性地通过课程前、中、后三步审议，研究教师在开展微主题过程中遇到真问题与真困惑，提升教师思考及实践能力，梳理总结微主题案例集、课程故事集、开展微主题课程三部曲等经验和成果。强化两支队伍建设。依据教师发展水平、培训需求、经验差异等因素，将教师分为成熟期、发展期、适应期分层培训，构建起以幼儿为中心，以受训者与培训者为双主体，“学、做、思”与“引、导、结”相统一的环形培训路径。教师从理论学习到实战演练再到反思总结的循环学习过程，做到理论联系实践，理论对接实践，理论指导实践，有效促进各发展阶段的教师专业成长。加强干部队伍建设，定期开展行政教研和管理案例交流，通过搭台子、给任务、压担子的方式锻炼干部管理能力与引领能力。依托西城区“两级三库”后备干部培养模式，结合幼儿园现状，推荐优秀青年教师担任见习主任，学习管理方法，培养后备干部。

（王友菊）

北京市西城区棉花胡同幼儿园

教育部门办园，日托制。分三址办学，分别为育德分园、松树街分园和七条分址。总占地面积 8296 平方米，校舍建筑面积 7173 平方米。全年教育经费投入 5927.53 万元，固定资产总值 2050.41 万元。拥有图书 20955 册、计算机 142 台。拥有专用教室 25 个。教职工 153 人，专任教师 130 人，包含中级以上职称 60 人，本科以上学历 120 人。开设教学班 26 个，其中小班 10 个、中班 9 个、大班 9 个。幼儿离园 268 人，入园 244 人，在园 811 人。

2022 年，幼儿园重点开展五方面工作。党建工作，开展理论中心组学习研讨、二十大精神知识答题、主题党日活动、书记讲党课等，深入学习贯彻党的二十大精神。科研月活动，以“社会主义核心价值观融入幼儿园课程研究”为主题，通过视频短片、专题报告、主题沙龙等形式，分享幼儿园德育课程建构与实践成果，呈现“以师德促品德、以活动促发展、以管理促养成”全方位、立体化德育课程。平安校园建设，开展防恐防暴应急演练，通过“知、练、查、改”杜绝火灾隐患。幼小衔接工作，与相关小学携手共同打造幼小双向衔接课程体系；

4 月 15 日，西城棉幼组织防恐防暴安全演练活动
（西城棉幼 供）

聚焦幼小“社会准备”方面衔接开展研究，面向教师、家长、幼儿、小学生开展“同伴交往”调研，围绕“交往与社会适应”开展主题活动交流、同课异构、互换课堂活动，探索科学有效的科学幼小衔接方法与途径。家园共育工作，针对教师、家长分别进行全面调研，了解新时代家园共育工作需求，梳理家长学校活动主题，探索周电子家园栏、参与式家长会、亲子辩论会等多种创新性家园共育策略，建立家园协同育人体系。

（罗环）

北京市朝阳区新源里幼儿园

教育部门办园，日托制。分两址办学，分别为朝阳区新源里 12 号和朝阳区新源西里中街 17 号。总占地面积 5228 平方米，校舍建筑面积 4239 平方米。全年教育经费投入 2411 万元，固定资产总值 854 万元。拥有图书 4000 册、计算机 82 台。拥有专用教室 2 个、普通教室 12 个。教职工 58 人，专任教师 51 人，包含中级以上职称 36 人，本科以上学历 52 人。保健医 4 人。开设教学班 12 个，其中小班 4 个、中班 4 个、大班 4 个。幼儿离园 118 人，入园 109 人，在园 353 人。

2022 年，新源里幼儿园实施封闭式管理，重点进行师生每日健康管理、日常通风消杀、垃圾分类、师生配合疫苗接种、核酸检测等。组织教职工开展多种形式疫情防控培训学习、演练活动及防疫宣传、家园沟通等。幼儿居家看护期间，开展居家看护期间疫情防控教育、五大领域、关心关爱等家园共育线上活动。开展“冬奥有我添精彩”“娃娃唱红歌，喜迎二十大”“践行二十大，喜庆迎新年”活动，弘扬爱国、爱党精神。组织学习《幼儿园保育教育质量评估指南》，开展保教质量评估，针对幼儿发展分析与评价欠缺细致性、教学活动中个性化回应、区域游戏中教师观察和分析幼儿游戏行为持续性不够等问题开展深入研究并制订改进方案。有 6 个科研课题立项，其中中国学前教育研究会课题 2 项、市教育学会“十四五”课题 3 项、区“十四五”规划课题 1 项。

（王蕊）

10 月 17 日，新源里幼儿园举行“喜庆二十大 奋进新征程”升旗仪式（新源里幼儿园 供）

北京市朝阳区松榆里幼儿园

教育部门办园，日托制。总占地面积 3893 平方米、校舍建筑面积 3437 平方米。全年教育经费投入 1748 万元，固定资产总值 1844 万元。拥有图书 6000 册、计算机 60 台。拥有专用教室 3 个、普通教室 10 个。教职工 47 人，专任教师 40 人，包含中级以上职称 13 人，本科以上学历 40 人。保健医 3 人。开设教学班 10 个，其中小班 3 个、中班 3 个、大班 4 个。幼儿离园 75 人，入园 81 人，在园 293 人。

2022 年，松榆里幼儿园重视幼小衔接工作，建立深度调研互访、课程一体化、联动教研、资源保障等制度，优化家校幼小双向衔接机制。承办朝阳区“儿童为本 遵循规律 科学做好幼小双向衔接”专题培训会，案例《以儿童发展为本的家园校协同幼小衔接机制》《儿童为本，家园社同频共振奏响幼小衔接五部曲》入选北京市幼小衔接典型经验及幼小衔接优秀案例集。作为北京市大中小幼一体化德育体系建设研究基地，组建德育研究团队，建立德育目标体系，促进社区资源与主题活动融合，与松榆里社区建立良好教育生态，营造学校以德立身、以德立学、以德施教、以德育德良好教育氛围。系统构建家园共育，通过问卷调研、日常沟通、线上论坛、家委会互动专栏等方式，对家长心理特点和教育需求开展分析研究，实现家园同频共振。注重课题引领，借助课题研究提教育教学质量，分别开展“家园社协同开展新童谣传颂的实践研究”“支持幼儿自主学习的低结构活动”“创新区域游戏模式 促进幼儿自主性发展的实践研究”“以主题活动为载体促进幼儿品德启蒙的实践研究”等课题研究。重视队伍建设，培养 18 位教师担任朝阳区兼职教研员，组织教师线上培训 87 次；开展师德师风、党课、法律知识、职业规划、教学技能专业培训 19 次。

（魏子添）

北京市朝阳区群星幼儿园

教育部门办园，日托制。总占地面积 2123 平方米、校舍建筑面积 4239 平方米。全年教育经费投入 1106 万元，固定资产总值 364 万元。拥有图书 1540 万册、计算机 40 台。拥有专用教室 1 个、普通教室 6 个。教职工 29 人，包括专任教师 19 人，本科学历 26 人，中级以上专业技术职务 15 人；保健医 2 人，中级以上专业技术职务 1 人。开设教学班 6 个，其中小班 2 个、中班 2 个、大班 2 个。幼儿离园 52 人，入园 62 人，在园 171 人。

2022 年，幼儿园始终关注幼儿成长，重视教师发展，重视日常环节，分层科研积累，扎实做好教育教学。加强教师政治学习，制定方案并严格落实，基本学习与重点学习相结合，带领党员集中学、自主研、听讲座、看短片；加强党建课题研究，以“在党史学习教育中激发教职工职业理想的实践研究”为抓手，强化党员理想信念教育，严格落实意识形态工作责任制，维护教育领域意识形态安全。加强保教管理，每周以部门联会、班长例会、日常指导为管理依托，每月以保教重点工作为业务突破点，每学期教研主题逐次递进，从过程组织策略到师幼评价提升，做到脉络清晰。在生活教育课程构建中生发成果，“德育教育”与“幼小衔接”有机并联，构建“德育目标体系”，完善园本德育课程，拓展德育实施途径，凸显幼儿主体。完善幼小衔接家园校协同育人机制，班级中开展幼小衔接活动。通过幼小拉手，点对点开展系列活动激发幼儿入学愿望；在“五点一线”家园共育机制基础上，完善“五点四线”家园共育机制。发挥片区辐射引领作用，作为组长园，统筹片区所涉及督评、教研、培训、评选比赛等各级各类活动。落实整体规划，着眼个性需求，持续推进队伍建设。提升干部队伍管理能力，每月开展 1 次政治学习，召开 1 次班子会，以老带新，互相学习、共同进步。加强后勤队伍建设，每月开展培训及岗位技术练兵活动。加大日常监督检查力度，每月定期召开后勤例会，对照职责总结反思、归纳方法。重视教师队伍建设，基于园所工作规划、教职工需求及区工作重点，制订培训计划。持续开展新教师组、成熟期教师组分层学习，骨干教师组各自协商、制定主题，激发学习自主性、实效性。依托机制建设，细化部门工作，实现多点兼顾。高质量完成“疫苗接种”等任务。

（宋美琪）

中央军委机关事务管理总局红星幼儿园（丰台园）

中央军委机关事务管理总局举办，日托制。总占地面积 2.31 万平方米、校舍建筑面积 0.89 万平方米。全年教育经费投入 830.75 万元，固定资产总值 415.12 万元。拥有图书 1.77 万册、计算机 111 台。拥有专用教室 4 个、普通教室 18 个。教职工 113 人，专任教师 43 人，包含中级以上职称 7 人，本科以上学历 27 人。保健医 6 人，保育员 20 人。开设教学班 18 个，其中小班 6 个、中班 6 个、大班 6 个。幼儿离园 202 人，入园 179 人，在园 535 人。

2022 年，幼儿园以“十四五”自然生态课题、民间游戏课题实践研究为重点，借助区级培训、区级课题研究及“十四五”继续教育培训课程，利用园所自然资源，全面提升教师日常教育实践及观察评价能力，以微主题课程推进引领幼儿深度探究式学习，促进幼儿科学、健康核心素养及多领域融合教育，促进幼儿全面发展。建立以 9 名

10 月 27 日，群星幼儿园举办民俗扎染活动
（群星幼儿园　供）

园级骨干、4名学科骨干、9名青年骨干、2名老教师为主体的骨干教师队伍，围绕课题研究，开展观摩交流，每学期搭建分享展示平台，促进教师专业化成长。围绕总局练兵计划，开展幼教基础知识、备课书写规范、操节展示、环境创设等日常岗位练兵。举办“如何说好一节体育课”培训，全体教师线上比武，设计50节体育课，涉及12个基本动作，将日常观摩指导融入歌唱教学、体育课组织，全面提升教师专业综合素养。开设自然生态课程，开展“自然之子”活动，举办“开渔节”活动，带领幼儿放鱼赏花欣赏春景，设计游园计划，开展“种植小课堂”，进行“亲子节气”活动，探秘动植物生长及天气变化，将生态教育渗透到一日生活。创设民间游戏课程，体现“走进自然，享受阳光”课程理念，将民间体育游戏融入早操、远足、自主游戏、区域游戏中。开展武术、体能运动游戏课程，提高幼儿身体素质。开展红色教育，每周升旗活动安排师幼同讲英雄故事、“国庆游园”“学做小红军”等活动，激发幼儿爱国爱军情怀。

（赵萍）

北京市丰台区芳庄第三幼儿园

教育部门办园，日托制。分两址办学，分别为丰台区方庄芳城园一区8号楼和7号楼。总占地面积6999平方米、校舍建筑面积5093平方米。全年教育经费投入2593万元，固定资产总值1719万元。拥有图书2.1万册、计算机116台。拥有专用教室6个、普通教室18个。教职工67人，专任教师64人，包含中级以上职称34人，本科以上学历55人。保健医6人，保育员1人。开设教学班18个，其中小班6个、中班5个、大班7个。幼儿离园126人，入园133人，在园478人。

2022年，幼儿园坚持落实优化教育理念，以保教结合为原则，以贯彻纲要安全工作为主线，以师资队伍建设与内涵建设为重点，以促进幼儿发展为目的，有效开展幼儿园工作。党支部开展“学习二十大，奋进新征程”主题教育活动，组织开展“在疫情中坚守初心 在防控中担当使命”“党课开讲啦”等主题党日活动，完成党支部换届选举，切实加强党组织建设。坚持党建课题研究，完成《新时代爱国主义教育的实践研究》课题，开启“十四五”党建课题研究。加强教师队伍建设，在园本研修中提高教师业务水平，利用说课、研讨、观摩“一课三研”模式提高教师提问策略基本功，从选材——目标制定——环节设计——提问设置——师幼互动等方面进行实践研究，提升组织教育活动的能力。开展与信息技术2.0相融合研究。使用新媒体技术手段，注重现代教育技术手段在课堂教学中的运用研究，将18个微能力点与主题活动区域化课程相结合，切实将信息技术融入学科教学。通过理论学习与案例分享相结合，鼓励教师以图文并茂、视频分析、活动反思等形式，多点挖掘，扩大探究面深入研究，探索马赛克教学方法。注重疫情防控工作，严格落实常态化疫情防控措施，注重加强消毒，保证全体师生健康，无传染病事故。

（刘毓）

北京市石景山区实验幼儿园

教育部门办园，日托制。总占地面积1.12万平方米、校舍建筑面积8915平方米。全年教育经费投入2844.39万元，固定资产总值11093.44万元。拥有专用教室8个、普通教室18个。教职工118人，专任教师48人，包含中级以上职称34人。保健员4人。开设教学班18个，其中

4月12日，石景山实验幼儿园举办第二届开耕节
（石景山实验幼儿园 供）

小班6个、中班6个、大班6个。幼儿离园167人，入园149人，在园502人。

2022年，幼儿园不断推进“阳光”文化理念扎根入心，围绕“规范管理、自然育人、均衡发展”工作思路，注重教师队伍建设与内涵发展。做好常态化疫情防控工作，全面提升园所各项工作质量，建设绿色、平安、文明、美丽的和谐幼儿园。坚持立德树人，开展多种形式的师德、师风建设。通过“阳光大讲堂”系列活动，提升教职工文化素养，提出“不断精进六项法则”，撰写“做新时代大先生”学习感悟。通过党、工会、团组织建设活动增强团队凝聚力。结合疫情防控工作，多次开展应急演练活动，通过模拟场景入园、生活游戏及午餐环节应急状态，使全体教职工明确发生应急情况时的职责与站位，有效检验防控疫情应急措施。结合“践行双减，科学衔接”主题活动，搭建各层级教师专业成长和展示平台，鼓励教师积极参与园“闪光杯”、区“萌芽杯”学前教育研究系列活动，为教师提供专业发展与培训机会，促进青年教师快速成长。

（张艳君　王晓頔）

北京市石景山区幼儿园

教育部门办园，日托制。总占地面积7229平方米、校舍建筑面积5234平方米。全年教育经费投入2674万元，固定资产值3205万元。拥有专用教室1个、普通教室8个。教职工46人，专任教师29人，包含中级以上职称20人。保健员3人。开设教学班8个，其中小班3个、中班3个、大班2个。幼儿离园74人，入园75人，在园216人。

2022年，幼儿园以师德建设为核心，以提升保教质量为重点，实现稳步发展。落实好疫情常态化防控要求，从优化一日生活安排、幼儿良好生活习惯养成和新生幼儿入园适应工作入手，合理安排幼儿一日生活常规，确保幼儿一日生活健康有序。通过“每月一人物”师德评选、“我身边的师德故事”分享、“四有”好老师评选等系列活动，加强师德建设，树立标杆榜样，选派党员教师参加援疆支教活动。挖掘日常教学研究点，以“十四五”科研课题为抓手，促进保教质量提升。开展线上居家生活指导，开展家园连线，关心关爱学生居家生活，结合幼儿年龄特点和发展目标，利用班级群推送有关健康、语言、社会等领域亲子游戏，打通师幼、幼幼同伴互动交往的线上平台，一对一进行个性化指导，解答居家育儿困惑，陪伴幼儿居家生活。提高师生对突发事件的应急能力，开展各项应急演练活动6次，其中防火演练2次、防恐演练2次、应急处置演练2次。

（伉艳艳）

北京明天幼稚集团

教育部门办园，日托制。总占地面积6.47万平方米、校舍建筑面积5.63万平方米。全年教育经费投入30176.85万元，固定资产总值18719.13万元。拥有专用教室38个、普通教室146个。教职工622人，专任教师456人，包含中级以上职称264人，本科以上学历415人。保育员32人，保健医23人。开设教学班146个，其中小班48个、中班52个、大班46个。幼儿离园1484人，入园1488人，在园4438人。

2022年，幼儿园努力实践“求真 立美 至善”的明天精神，创新全面文化管理之路，创新幸福型组织，创新幸福生态共同体建设，推进保育教育、教育管理、队伍建设、科研创新、课程建设、卫生保健等工作开展。推动幸福文化建设。丰富幸福文化内部元素，提高文化建设覆盖面与参与度，在幸福文化、行动学习、幸福教育等关键领域形成5册“幸福明天”系列丛书。加强师德师风建设。注重青年教师培养，将“以德为先，以能为重”作为培养提拔干部的标准，多措并举做好“强班子、带队伍”工作，从深入开展管理提升培训到大力推行精细实全面管理。坚持内涵发展道路。坚持目标导向与问题导向，梳理和检视办园质量督评中发现的问题，落实《幼儿一日生活常规标准及保教人员工作规范》，指导各园调整和优化保教常规；以项目为引领提升领域教学质量，做好居家看护期间幼儿成长科学指导，整合家园共育资源，促进幼儿健康成长。重视教研科研工作。承担市级校本研究专项课题1个、区级规划课题24个、专项课题9个、群体课题4个。重视总务服务体系建设。优化财务管理体系，形成现代化后勤服务机制，关注教学一线需求和幼儿成长需要。优化卫生保健工作体系建设，指导各园持续做好卫生消毒、防疫防

6月1日，明天幼稚集团开展线上庆“六一”系列活动
（明天幼稚集团　供）

病、食品卫生、营养膳食、健康教育等各方面重点工作，完善集团卫生防病工作体系。

（杨吉　王琮）

北京市六一幼儿院

教育部门办园，日托制。分五址办学，分别为玉泉山院区、西山庭院院区、西三旗院区、科学城园、党校园。总占地面积 8.60 万平方米、校舍建筑面积 3.14 万平方米。全年教育经费投入 6924 万元，固定资产总值 10636 万元。拥有图书 2.85 万册、计算机 200 台。教职工 122 人，专任教师 101 人，包含中级以上职称 50 人，本科以上学历 109 人。开设教学班 45 个，其中小班 17 个、中班 16 个、大班 12 个。幼儿离园 338 人，入园 390 人，在园 1151 人。

2022 年，幼儿院坚持“永远和孩子在一起”办院理念，通过实践环境育人，践行“成为最美幼儿园”的办院愿景，坚持“保教合一、保教并重”教育方针，以幼儿身心健康发展为导向，聚焦保育教育过程质量，以一日生活环节为重点，提升保育员教育意识与行为，促进幼儿全面发展。校园挂牌“北京市历史建筑”。

保育员队伍建设继续加强。以《幼儿园一日生活组织与实施指引指引》《保教人员工作细则与标准》为依据，规范一日生活环节中保育员的操作流程与标准，通过班级教研、每月培训、日常进班指导等多种形式，促进高质量保育工作，提升保育员保教能力。通过“摇篮杯”保育员素养考核，每个月根据保育员工作计划和指导重点开展保育员理论与实操考核，帮助保育员将理论基础与日常实际工作相结合，提升保育队伍的综合素养。结合保育员月考核情况进行推优，举办保育员综合素养论坛，梳理总结阶段性成果，形成阶段性培训素材。邀请专家、特级教师开展“摇篮课程建构指导”，开展“教师专业成长的自我修炼”“幼儿教师的职业幸福与道德”师德培训；开展“基于《幼儿园保育教育质量评估指南》谈对玩具游戏材料的基本要求和安全规范”“家园协同帮助孩子克服分离焦虑”“融合教育之路”“如何写好开题报告”培训，更新教育理念，提升全院保教工作质量。举办 2022 年度中国高等教育学会教师教育分会学术年会“学习科学素养提升项目——师幼互动策略研究”论坛，围绕“幼儿园教学活动中师幼互动的实证研究”主题展开交流。

新建分园党校园开学，形成一院 5 址办学模式。党校园位于海淀区大有庄 100 号小北院，占地面积 5638 平方米、建筑面积 3483 平方米，运动场地面积 993 平方米，拥有教学楼、办公楼各 1 座。开设 8 个教学班，提供 240 个学位。首批招收幼儿 66 人，开设 3 个教学班，教职工 22 人。

（迟芳）

北京市海淀区民族幼儿园

教育部门办园，日托制。总占地面积 1111 平方米、校舍建筑面积 1615 平方米。全年教育经费投入 1253.77 万元，固定资产总值 5332.96 万元。拥有图书 2183 册，计算机 54 台。教职工 34 人，专任教师 22 人，包含中级以上职称 7 人，全部为本科以上学历。开设教学班 6 个。幼儿离园 82 人，入园 88 人，在园 93 人。

2022 年，幼儿园秉承“让孩子拥有健康快乐的童年”办园宗旨，践行“和睦”园所文化理念，以全面落实第二个“三年规划”和整改督导问题为导向，以教科研为先导，以幼儿发展为主旨，以培养队伍为重点，科学规范管理，促进各项工作高质量稳步提升。开展民族教育活动。以“和睦文化在园本课程中的体现”为中心，借

6 月 30 日，民族幼儿园举行线上毕业典礼

（民族幼儿园　供）

助民族运动会、民族艺术月、民族体育游戏活动、民族音乐教育等专题活动，为幼儿创设自主游戏、自主学习空间，培树“和睦”文化理念，丰富园本课程内容。编写民族音乐活动案例和民族节日活动案例，编印《玩的艺术与启迪——民族节日案例集》《玩的艺术与启迪——民族音乐案例集》。挖掘民族美术活动并录制成小视频，引导幼儿创造性理解和表现民族特点。发挥骨干教师引领作用。延迟开学期间，以区级骨干教师为引领，继续开展师德交流，引领教师反思工作，牢记“幼儿为本”观念。在“师带徒”过程中，师徒双方针对需求制定个性化培养方案，教师的环境创设、指导家长科学育儿、组织半日活动及撰写论文的能力均有提高。加强家园共育。邀请家长参与区教科院、幼儿园家长学校活动，提升家长课堂活动效益。了解家长需求，分析整合家长困惑，以“班级群”“家长小组”“个别约谈”等方式给予针对性指导策略，帮助家长做好科学育儿工作。

（吴蕊）

北京市门头沟区第二幼儿园

教育部门办园，日托制。总占地面积 4989 平方米、校舍建筑面积 3089 平方米。全年教育经费投入 1734 万元，固定资产总值 1430.46 万元。拥有图书 1.88 万册、计算机 76 台。拥有专用教室 6 个、普通教室 9 个。教职工 43 人，专任教师 28 人，包含中级以上职称 17 人，本科以上学历 20 人。开设教学班 9 个，其中小班 4 个、中班 2 个、大班 3 个。幼儿离园 99 人，入园 101 人，在园 268 人。

2022 年，幼儿园全方位多角度抓紧抓实党的二十大精神学习贯彻。以党支部为“点”制定学习清单，运用干部领学、党群结对连“线”、多“线”辐射年级组、班组连“面”，通过微党课、宣讲、座谈等形式辐射全园教职工。推进领导小组助班行动、党员红色故事宣讲、家长志愿护学等“三个一”工作法。开展骨干党员献课、青年教师师德演讲、诵读经典、唱响红歌等活动。统筹抓好常态化疫情防控和教育教学各项工作，开展线上“同舟共济六十载 二幼筑梦育芳华”园级庆典、“五美”儿童评选展示等特色活动。开展课程专题培训，梳理园所“育美”主题活动课程框架，挖掘可利用资源，开展《“玉”见你真好》《山楂红了》等主题活动。以教科研引领园所发展，对数学领域开展持续研究，形成优质数学活动资源等教研成果。

（王丽丹）

北京市房山区良乡第二幼儿园

教育部门办园，日托制。总占地面积 5602 平方米、建筑面积 3820 平方米。全年教育经费投入 1861 万元，固定资产总值 513 万元。拥有图书 6369 册，计算机 101 台。拥有专用教室 12 个、普通教室 12 个。教职工 69 人，专任教师 35 人，包含中级以上职称 12 人，本科以上学历 53 人。保健医 3 人，保育员 11 人。开设教学班 11 个，其中小班 4 个、中班 3 个、大班 4 个。幼儿离园 98 人，入园 104 人，在园 333 人。

2022 年，幼儿园以“规范+科学”为发展思路，深入推进党组织领导的园长负责制，加快党团一体化建设，积极培育“乐润”党支部工作法党建品牌，提升两支队伍能力，增强团队凝聚力、战斗力，不断提高党建科学化水平，为可持续发展提供坚实的组织和思想保证。加

9 月 30 日，门头沟二幼举办“喜迎二十大”主题诗歌演唱会

（门头沟二幼 供）

强政治理论学习。开展中心组理论学习34次，党员积极分子、教职工政治理论学习各16次，增强干部教师立德树人责任感、使命感，提升教职工政治站位和思想意识。坚持以“乐润”党支部工作法党建品牌培育为路径，以集中学习、精神宣讲、警示教育、研讨交流、师德演讲、“最美”评选、签订师德承诺书等方式，开展师德师风学习、宣传、教育。师德考核与业务考核相结合，发挥师德师风建设长效机制作用，提高教职工师德素养和道德水平，塑造良好教师形象。

全面贯彻教育方针，落实立德树人根本任务，提升办园质量。加强“乐活”课程建设，深入推进课程开发与实施，以幼儿为本，丰富“乐活”课程主题资源单，从“爱生活，会生活，乐生活”3个维度，融合5个领域发展目标，培养乐真乐善、乐学乐探、乐健乐动、乐美乐创、乐智乐劳“五乐”快乐中国娃。一是健康领域方面，培养幼儿养成良好生活习惯，重点关注户外活动组织与开展及户外间操评价，以幼儿体质测试为抓手，激发幼儿参与户外活动的兴趣，使幼儿在走、跑、跳、攀爬等活动中培养肢体灵活性和协调性。通过监测管理，1名生长迟缓幼儿转正常，7名超重幼儿转正常、8名肥胖幼儿转超重，其他幼儿肥胖度有不同程度的降低。二是语言领域方面。制定符合年龄阶段的“读书月”活动方案，开展线上线下好书分享、故事讲述、自制图书、爸爸妈妈讲故事等系列活动，培养幼儿良好阅读习惯。三是社会领域方面。通过“年龄段共研——过程中答疑——过程后分享交流”方式，设计开展系列主题活动，提升幼儿社会交往能力。四是科学领域方面。针对科学区、自然角和益智区加强研究指导，使幼儿喜欢并逐步学会运用科学的态度方法，探索和发现周围生活中的自然或科学现象，感知数学在生活中的运用。五是艺术领域方面。坚持民间工艺区与美工区、表演区相结合的原则，使幼儿在自主操作、感知、绘画、表演中感知艺术美，大胆表现与创造，提升想象力和创造力。完善协同育人机制，做好幼小双向衔接。

（苑立君）

北京市通州区新城东里幼儿园

教育部门办园，日托制。分两址办学，分别为东里幼儿园中大班部、玉桥东小区小班部。总占地面积4712平方米、校舍建筑面积3213平方米。全年教育经费投入2253.88万元，固定资产总值1046.6万元。拥有图书1000册、计算机80台。拥有专用教室1个、普通教室12个。教职工61人，专任教师53人，包含中级以上职称21人。保健医5人。开设教学班12个，其中小班4个、中班4个、大班4个。幼儿离园117人，入园76人，在园314人。

2022年，幼儿园坚持立德树人教育总目标，从园所管理、文化建设、保教管理、卫生保健等方面持续提高办园质量。以建设学习型党组织为契机，丰富制度建设、队伍规划、安全管理、传染病防控等各方面管理，逐步完善“润心”管理模式，让党建工作引领园所教育教学工作科学发展。不断提升教育教学质量，完善“润心育人”教育文化特色。采用润心入境、润心入情、润心入行、润心入课程的方式开展教育，科学完善“润心四季”课程及园本经典国学诵读活动，培养强体魄、乐探究、会交往、喜欣赏的全健康儿童，成就重事业、富爱心、讲方法、展自我的新时代教师。建设学习型、研究型教师队伍，加强教科研管理，注重教师专业能力提升。深入落实“双减”政策，提高幼小衔接工作水平。开展主题为“原点架桥梁，幼小助发展”的幼小衔接工作，通过家园共育、将小学低年级学段骨干教师请进幼儿园等方式，优化园

9月，新城东里幼儿园参加通州区第三届“新星杯”教学活动评优 （新城东里幼儿园 供）

级幼小衔接方案，提高幼小衔接工作水平。严格管理退园幼儿去向，配合区级监督部门做好学前班整顿工作，从园内、园外两方面减少大班幼儿流失情况发生。严格落实常态化疫情防控，始终将幼儿生命健康放在工作首位，89.14% 幼儿完成新冠疫苗接种。定期开展传染病防控演练，提高教职工应急处置能力。

（陈迪）

北京市顺义区建南幼儿园

教育部门办园，日托制。分三址办学，分别是永欣园区、鲁能园区、建南园区。总占地面积 1.37 万平方米、校舍建筑面积 9697 平方米。全年教育经费投入 3714.2 万元，固定资产总值 2658 万元。拥有专用教室 4 个、普通教室 32 个。教职工 145 人，专任教师 84 人。保健员 6 人。开设教学班 28 个，其中小班 10 个、中班 10 个、大班 8 个。幼儿离园 260 人，入园 330 人，在园 968 人。

2022 年，幼儿园采用“研训一体化”教师培训模式，提升教育教学质量，促进教师专业成长，探索管理模式创新，加强执行力。制定基础建设年目标任务，以问题导向，落实“三个一”常规管理，提升干部进班指导质量；通过“三备两讲”提高教师备课能力，凸显业务干部引领作用；通过“‘三心’服务型党组织提升教师师德素养的策略研究”的党建课题，梳理园所文化融入基层党建、带动师德师风建设的“三个策略”；通过园长领讲文化育人、干部领学指南解读、科研引领梳理方法、区域培训解决困惑，跟进五个领域活动的融合，使五育并举和家园教育融合的理念落实到教学管理工作中。

加强研修，凝练内功稳根基。组织《指南》解读系列培训，通过教师自学、干部领学、测试检学、实践互学的方式，加强对五个领域目标及核心经验的深入理解；以新入职教师“胜任型”，园骨干教师“带徒型”，区骨干教师“专家型”为层级发展目标，促进教师成长。以研带训，以主题活动开展课程研究，提质增效促发展。结合“文化育人项目”“专业提升——支架项目”系列培训，挖掘节气、古诗词等优秀传统文化，融入习俗、诗词歌赋、绘画等元素，设计“文化育人”课程 24 门，创设“春耕夏耘，秋收冬藏”四季文化墙，让幼儿体验端午包粽子、穿汉服、点朱砂的民间风俗。找准教育教学中的“真问题”。举办系列专题教研活动，针对核心问题，梳理具体、可行性方法，确保教研活动出实效。立足科研，真正做到研训一体的“课题课程化”。在“文化育人”“德育一体化主题活动”“幼儿快乐体育游戏”“小脚丫走天下”“乐言”等课程中，以情境创设为基点，以德育教育生活化为背景，以丰富教学手段为途径，树立幼儿养成良好行为习惯的意识和习惯。依托“铃兰”学研共同体，基于主题“幼儿德智体美劳全面发展与课程改革”，探索落实“以游戏为中心”的幼儿园课程建设改革途径，探索评价体系建设，优化园所育人方式。辐射引领，区域间共享智慧。借助集团新园区培训，探索拉手结对帮扶机制，开展需求调研、带量食谱培训、档案管理、党建工作、幼儿发展评价、指南领域解读、区域指导等活动，使园所先进的办园理念、科学的管理模式、深厚的文化内涵得到传承，发挥辐射引领作用。

（杨文丽　耿波）

北京市昌平区机关幼儿园

教育部门办园，日托制。分三址办学，分别为园本部、新辰分园和南新村分园。总占地面积 2.10 万平方米、校

9 月 30 日，建南幼儿园举办庆祝国庆节活动

（建南幼儿园　供）

11月14日，昌平机关幼儿园开展趣味拓印活动
（昌平机关幼儿园 供）

舍建筑面积1.30万平方米。全年教育经费投入6685.85万元，固定资产总值3315.40万元。拥有图书5000册、计算机187台。拥有专用教室6个、普通教室56个。教职工208人，专任教师148人，包含中级以上职称66人。保健医9人，保育员37人。开设教学班37个，其中小班15个、中班13个、大班9个。幼儿离园275人，入园406人，在园1076人。

2022年，幼儿园落实“作风建设年”主题活动，以推动高质量发展为主题，深化园所文化内涵，注重科学管理，推动园所各项工作有序开展。深入推进党建品牌“日新生机 枝叶关情”建设，激发党组织生机活力。坚持“防疫促学”两手抓，开展线上专题学习8次、专家讲座4次及年级教研18次；以入职6年内青年教师评优课为契机，开展骨干帮扶指导、青年教师微课展示及听评课系列活动，引领教师从幼儿年龄特点、教学活动设计、教学方法应用及教师支持策略等方向开展教学研究，提高教育教学水平。后勤工作树立“安全第一”意识，持续加强各岗位人员安全工作规范性，细化一岗双责。开展食品卫生、疾病预防、心理健康、网络安全等知识普及教育，加强各项工作宣传落实。严格执行晨午晚检制度，加强保育员培训与指导，细化检查标准，强化检查反馈和问题改进，传染病发病率0.13%，同期增长0.13%；幼儿出勤率83.53%，同期下降1.66%。

（吕军 李晓杰）

北京市昌平区工业幼儿园

教育部门办园，日托制。分三址办学，分别为园本部、冠华园南园和冠华园北园。总占地面积1.86万平方米、校舍建筑面积1.58万平方米。全年教育经费投入5266.87万元，固定资产总值5935.21万元。拥有图书1.71万册、计算机197台。拥有专用教室9个、普通教室49个。教职工232人，专任教师157人，包含中级以上职称42人。保健医13人，保育员7人。开设教学班49个，其中小班17个、中班16个、大班16个。幼儿离园398人，入园442人，在园1385人。

2022年，幼儿园巩固拓展党史学习教育成果，开展“作风建设年”主题活动。保育教育方面坚持保教并重，有目的地开展浸润式教育；开展“幼小对话”系列活动，科学做好幼小衔接；疫情居家期间，各班每周开展一次“班级见面会”，对幼儿开展安全、预防疾病等教育；以园所市区级骨干、学科带头人为发起人创建12个骨干教师学习小组；邀请学前教育心理学博士，开展“教师幸福力提升”项目；利用微信公众号向家长宣传科学育儿知识、班级活动、居家游戏等内容。冠华园南园和北园，开展生活化实践探索课程，对幼儿开展生活自理能力、阅读能力、游戏能力引导，关注幼儿生活习惯、学习习惯、学习品质培养；依据园务计划定期开展教研活动，围绕课题“幼小衔接背景下幼儿球类游戏的实践研究”，开展适宜的球类体育活动；探索疫情防控常态化下的家长工作方式，通过文章推送、视频见面会、互动交流等多种方式做好家长工作，促进家园深层合作。卫生保健方面贯彻以预防为主原则，组织教职员工开展疫情防控知识及应急演练等培训；利用微信公众号、微信群、掌通家园及宣传专栏开展健康宣传教育。

（袁媛）

北京市大兴区第十二幼儿园

教育部门办园，日托制。总占地面积7823平方米、建筑面积5968平方米。全年教育经费投入2421.97万元，固定资产总值801.57万元。拥有图书9500册，计算机66台。拥有专用教室4个、普通教室18个。教职工108人,保健医4名。开设教学班18个,其中小班6个、中班6个,大班6个。幼儿离园182人,入园185人,在园567人。

2022年,幼儿园秉承“本心教育”办园主题,依据“源于根本,释放初心”理念,遵循幼儿身心发展规律和学习特点,以园本课程构建为动力,以幼儿发展为核心,以提升队伍素质为重点,为教师成长搭建平台。以党建为引领,以主题开展的形式推进园本课程研究,秉持“小问题、大研究”宗旨,发挥骨干教师榜样引领作用,全面提升保教工作质量。运用“走出去、请进来”的形式拓宽教师工作思路,提高教师业务水平;开展汇操比赛、讲故事、表演、绘画等考核,鼓励教师提升专业技能;开展一课多研、教师展示课、环境观摩等活动,在分层展示的过程中促进教师专业化成长。研发园本课程,充分彰显教育源于生活、回归生活的理念。为幼儿创设真实自然的体验探究环境,使幼儿在与环境互动过程中释放本真的情绪情感。在“四园两场一台”的环境中与幼儿一起探索植物生长的变化,感受种植、采摘、丰收、冬藏的乐趣,激发幼儿观察周围环境的意识,培养幼儿热爱生活的情感。结合“二十四节气”引领幼儿探索传统文化,通过古诗、谚语等帮助幼儿感知节气知识,带领幼儿观察植物变化,深入了解节气与生活的紧密联系。至年底,幼儿园获“北京市五四红旗团支部”等多项荣誉。

(耿蕊)

北京市大兴区第三幼儿园

教育部门办园,日托制。总占地面积9631平方米、校舍建筑面积7866平方米。全年教育经费投入2369.21万元,固定资产总值946.99万元。拥有专用教室7个、普通教室27个。教职工131人,专任教师44人,包含中级以上职称21人。保健员8人。开设教学班23个,其中小班8个、中班7个、大班8个。幼儿离园159人,入园203人,在园628人。

2022年,幼儿园秉承“植爱于心,践爱于行”办园理念,围绕一个中心、两个重点、三个保障开展工作。“一个中心”即以党建为中心,组织教师政治学习8次;党员发挥先锋模范带头作用,进社区参与环境整治、疫情值守及垃圾分类桶前值守等活动。“两个重点”即德育和教学。德育方面以“生活化园本课程”为切入点,通过“1+2+N”课程模式开展活动,即围绕1个兴悦区本课程、2个园本课程、N个特色班本课程开展生活中的运动、生活中的旅行、生活中的科学、生活中的节日节气等主题活动。组织两节两会季度活动,“私人定制”月份特色活动,有效整合家庭、幼儿园和社会资源,培养幼儿爱祖国、爱家庭、爱集体、爱自己、爱他人的情感和积极主动、认真专注、勇于探究等学习品质。创新开展幼儿晨间活动、加餐式体能训练和阳光运动两小时活动,在一日生活中培养幼儿良好习惯,为幼儿学习和终身发展奠定良好素质基础。教学方面秉持“以研促教,教科研相融合”理念,10余人申报课题,其中市级课题2项、区级课题1项。在教研方面形成“五个一”研究路径,即共话一内容、齐研一主题、设计一表格、同上一类课、合展一成果,形成《集体教学中有效提问语录》。“三个保障”即安全、卫生保健和工会。安全方面在平安校园建设基础上,建立安全责任制度,完善各项安全管理制度和安全预案,有落实且记录翔实。加强对制度执行效果进行评估,精简流程,让制度执行更加流畅,同时注重过程性材料留存。定期对园内重点部位进行安全隐患

11月14日,大兴三幼开展探秘记活动

(大兴三幼 供)

排查，每周 1 次安全主题教育活动，每月 1 次安全培训，每学期 2 次安全演练，提高教师安全意识和应急处置能力。严格封闭式管理，加强园所周边环境治理，保证早晚高峰时段通畅，确保家长和幼儿交通安全。卫生保健方面加强对食堂、保育员、教师和家长进行卫生保健知识培训学习，做好卫生保健一日常规、传染病预防和健康教育工作，开展疫情防控演练 4 次，录制相关小视频进行辅导。工会方面建立健全各项师德师风制度和机制；利用专家讲座、名师引领、同伴互学等加强师德培训和学习，提高教师师德素养；开展师德师风活动，宣传师德师风榜样 19 次，建设“践爱于行”团队，重视师德评价，通过自评、他评等形式规范教师师德师风。

（周欣）

北京市怀柔区第三幼儿园

教育部门办园，日托制。总占地面积 1.68 万平方米、校舍建筑面积 9472 平方米。全年教育经费投入 4692.69 万元，固定资产总值 5213.32 万元。拥有图书 1.88 万册，计算机 341 台。拥有专用教室 2 个、普通教室 27 个。教职工 148 人，专任教师 94 人，包含中级以上职称 81 人，本科以上学历 140 人。保健医 10 人。开设教学班 27 个，其中小班 9 个、中班 9 个、大班 9 个。幼儿离园 246 人，入园 270 人，在园 906 人。

2022 年，幼儿园以“生活即教育”理念为引领，以“和·乐”文化为依托，梳理课程“生活、自然、传统文化”三个脉络，建构独具特色的“和·乐”生活课程，融合五个领域开展劳动教育和德育教育，坚持五育并举，促进幼儿和谐全面发展。

探索“和·乐”生活教育，推进保教质量发展。促进园本课程生活化，小班录制“会说话的小动物布偶引导员”视频，中班开展自己动手设计户外游戏、大班开展争当小小志愿者等活动，培养幼儿在自我服务和服务他人的过程中逐渐养成良好的生活习惯和学习品质。顺应幼儿天性，开展回归自然的教育。设计翻土、播种、浇水等实践活动，使幼儿学会尊重自然规律；以“爱人一爱事一爱物”为主线，根植传统文化教育，开展重阳节孝老敬亲、节气时节种植等主题活动。创造劳动教育，开展“劳动最光荣”“为我们服务的人”“忙碌的身影”等教育活动 13 例，“小小值日生”“清理小池塘”“叮当小能手”等主题实践活动 27 例，帮助幼儿树立良好劳动观念；结合花果园资源，开展“春耕夏播、秋收冬藏”活动，组织扎染、编织等活动；开展“和·乐”生活课程建设研究活动 15 次，生活探究主题活动 90 个，持续探索开展幼儿学习能力与品质系列活动。开展节能环保和社会实践活动，开展垃圾分类教育，根据幼儿年龄特点创设墙饰，帮助幼儿从小树立环保意识。同时开展节约用水、绿色出行、珍惜粮食等环保教育活动，增强幼儿社会责任感；组织“文明创城 你我同行”“爱的指引”等社会实践活动，培养幼儿关爱他人的道德品质。

提升教师专业水平。开展骨干教师培养、青蓝计划、海怀名师工程、特级教师工作室等项目，为不同层次教师提供多种培训机会；开展以赛促教，举办“课程故事分享”“班级工作经验交流”“主题活动评比”等活动，实现资源共享和优势互补。开展多个领域园本培训 50 余次，300 余人次参加活动，撰写培训体会 100 余篇，参与论文征集 200 余人次、教学设计 40 人次、教育叙事随笔 40 人次。

（李煜）

4 月 22 日，怀柔三幼开展户外体操评比活动

（怀柔三幼　供）

北京市平谷区第一幼儿园

教育部门办园，日托制。总占地面积 5155 平方米、校舍建筑面积 5335 平方米。全年教育经费投入 2420.42 万元，固定资产总值 1025.91 万元。拥有图书 2.5 万册、计算机 133 台。拥有专用教室 6 个、普通教室 15 个。教职工 72 人，专任教师 52 人，包含中级以上职称 48 人，本科以上学历 69 人。保健医 3 人，保育员 15 人。开设教学班 15 个，其中小班 5 个、中班 4 个、大班 6 个。幼儿离园 154 人，入园 146 人，在园 455 人。

2022 年，幼儿园加强领导干部管理，落实“双减”工作，科学促进幼小衔接，创新家园共育途径。完善中层以上干部深班、深岗指导制度。加强班级计划管理和教师备课管理，完善批阅制度。关注幼儿体能发展。通过开展“2111”工程，即早晨幼儿 20 分钟晨练、每天上下午各 1 小时户外体育活动、每班每周组织 1 节体育集体教学活动、每 2 个月进行 1 次全园幼儿体质测试活动，强健幼儿体魄。全面展示和宣传幼小衔接工作，做好升学准备。制作太阳花园报——幼小衔接专刊，开办“小学教师对您说”栏目，大班教师开展幼小衔接专项教研活动，明晰幼小衔接计划、内容及活动形式，制作推出 5 期幼小衔接公众号文章，助力幼儿及家长顺利度过幼小衔接的关键时期。完善园本教研机制。通过领导先学、教师自学、引领解读、实践应用，深化《评估指南》解读与践行。依托总教研专题“提升教师文案撰写能力研究”，采取预设性教研和生成性教研相结合的策略，尝试创新“分级双研”“微教研”“研训一体化”等多元模式，促进不同层次教师文案撰写能力提升。围绕爱党爱国、文明出行、光盘行动、防疫抗疫等内容，开展“绿谷红娃唱响文明新风尚”系列活动。探索创新家园共育新途径。针对新生入园焦虑问题，在线举办《“新”心相印 共同成长》讲座，开展小班新生入园体验。举办“温馨对对碰”家长与教师预约交流活动，满足家长全面了解幼儿在园情况需求。推送《云端学习长本领》5 个领域线上活动，各班组每天精心筛选、制作、推送体育运动、数学、语言故事、健康饮食、音乐律动等视频资源，为幼儿提供适宜居家的游戏学习内容指导。

（于海清）

北京市密云区第四幼儿园

教育部门办园，日托制。总占地面积 7544 平方米、校舍建筑面积 4678 平方米。全年教育经费投入 2383.61 万元，固定资产总值 2031.28 万元。拥有图书 2.60 万册、计算机 34 台。拥有专用教室 3 个、普通教室 16 个。教职工 90 人，专任教师 59 人，包含中级以上职称 25 人，本科以上学历 59 人。保健医 5 人，保育员 16 人。开设教学班 16 个，其中小班 5 个、中班 5 个、大班 6 个。幼儿离园 153 人，入园 124 人，在园 426 人。

2022 年，幼儿园在“凝心”党建品牌引领下，践行“让生态健康伴随师幼每一天”办园理念。依托幼儿园“生态健康教育”课程建设和市级立项课题“新时代爱国主义教育融入幼儿园课程体系的研究”，推动教师队伍专业化发展，实现培养具有环境主人翁意识和良好生活能力的智慧儿童的育人目标。强化队伍建设，提升教育质量。以“体育节”“艺术节”“阅读节”为抓手，组织班长半日评优、新教师基本功过关等教师分层、分段展评 20 余次，促进教师共同提高；以幼小衔接、教科研活动、“绿树体育”项目、“大美育”课程等重点工作为主线，采取“理论授课＋线上观摩＋交流研讨”方式，开展专题培训 50

9 月，平谷一幼开展晨练活动

（平谷一幼 供）

4月28日，密云四幼举办第10届幼儿体育节。图为闭幕式上腰鼓表演 （密云四幼 供）

余次，提升教师专业素养；以“最美教师”月评选为载体，宣传表彰先进典型40余人。坚持内涵发展，促进幼儿成长。将爱国主义精神贯穿于幼儿园教育全过程，开展文明礼仪小标兵、学雷锋日、“小手拉大手”共创文明城区等主题实践活动。绘制校园文化墙，优化育人环境，提升校园文化品质。做好疫情防控，守护师幼安全。扎实做好家庭教育指导，以“阅读节”为契机，录制家庭教育指导视频30余个，高质量完成与幼儿及家庭的“每日沟通”和“每周家访”等线上交流互动70余次。

（张海青）

北京市延庆区第三幼儿园

教育部门办园，日托制。总占地面积6204平方米、校舍建筑面积9102平方米。全年教育经费投入4120.14万元，固定资产总值3039.33万元。拥有图书5.6万册、计算机218台。拥有专用教室30个、普通教室24个。教职工108人，专任教师89人，包含中级以上职称32人。保健人员7人。开设教学班24个，其中小班6个、中班10个、大班8个。幼儿离园278人，入园155人，在园724人。

2022年，幼儿园秉承“润泽心灵 承载幸福”办园理念，以培养幸福儿童，成就幸福教师，建设师幼和谐成长的幸福家园为愿景，努力办成“蒲公英”文化品牌鲜明、“真实践”育人成效显著，幼享优育、师享幸福的现代化幼儿园。新机制提升管理效能。运用四种机制，激发并提升保教管理人员管理效能。实施轮执机制，利用“轮执园长”达到人人管理、人人负责效果；实施联动机制，保教干部与保健人员联动加大对班级管理力度；实施锁链机制，班长——值周保健人员——值周园长进行倒查追责；实施分享机制，将分享融入培训、总结现场中。课程改革提高教学质量。开展“真实践——生成式探究性”主题课程改革。以幼儿“做中学”为主张，倡导幼儿基于问题开展探究性学习，主要从改变教学方式、改变备课方式、改变主题环创、改变作息时间4个方面改革，同时对课程下的主题延伸区、深度学习开展研究。规范一日常规夯实习惯养成。保教管理和保健管理一体化，采用闭环式管理，沉入班级对重点环节、内容、人员开展全方位无死角督查，有要求、有指导、有观摩、有分享。科学化、精细化规范一日常规要求。开拓思路破解幼小衔接难题。沿着全面渗透、难点分解、以点带面、追踪成效的思路开展幼小科学衔接工作，以把握重点——学习品质；破解难点——语言领域；降低坡点——学科教学；关注节点——发掘重要节点活动的价值四点内容为重点，把幼小衔接内容化整为零，渗透幼儿一日生活中。丰富形式，提升德育效果。依托开学第一课、“蒲公英小喇叭”红色教育广播、升旗“小小接班人”展示、红色教育季展播、“童心向党喜庆二十大”幼儿绘画等活动，开展爱国情感教育。开展“课程中真实践 生活中真体验”垃圾分类工作。围绕“爱粮节粮 从我做起”主题开展粮食日宣传周活动。

（陈曼）

北京市房山区燕山东风幼儿园

教育部门办园，日托制。总占地面积4050平方米、校舍建筑面积3313平方米。全年教育经费投入588.5万元，固定资产总值729万元。拥有图书3600册、计算机87台。拥有专用教室2个、普通教室5个。教职工25人，专任教师10人，包含中级以上职称6人，本科以上学历8人。保健医2人，保育员5人。开设教学班5个，其中小班2个、中班2个、大班1个。幼儿离园

33人，入园39人，在园117人。

2022年，幼儿园深入学习宣传贯彻党的二十大精神，提升党员干部党性修养。深入推进党组织领导的园长负责制，创建“同心童乐”党建品牌，打造党群、师幼、家园的“同心圆”。开展“知敬畏、讲规矩、做表率”“我为群众办实事”等专题活动。党员干部深入一线了解教师、家长需求，解决日常工作、幼儿教育中的实际问题。以“十四五”市区园三级教育课题研究为抓手，落实立德树人根本任务。组织“坚守教育初心 担当育人使命”专题师德培训活动，将一体化德育课题研究渗透于幼儿园五个领域教育活动中，融入在幼儿一日生活的时时刻刻。做好家园共育，深化“双减”工作举措，开展幼小衔接实践研究，助推幼儿全面发展。梳理总结《东风幼儿园幼小衔接工作机制》，联合东风小学开展幼小衔接家、校、园共育活动。向家长宣传展示幼小双向衔接科学理念，实施有针对性的入学准备教育，为幼儿进入小学做好准备。以疫情防控常态化背景下幼儿健康为重点，聚焦校园安全，科学做好地区文明城市创建及幼儿园各项安全工作。在线推送居家指导，通过微信沟通、致家长的一封信、线上家长会等方式，解决家长教育困惑，帮助家长科学育儿。完善细化《东风幼儿园新冠疫情防控工作方案》《东风幼儿园疫情场景下应急处置方案》等，组织开展预案桌面推演、实战演练，保障师幼安全。

（纪樱梅）

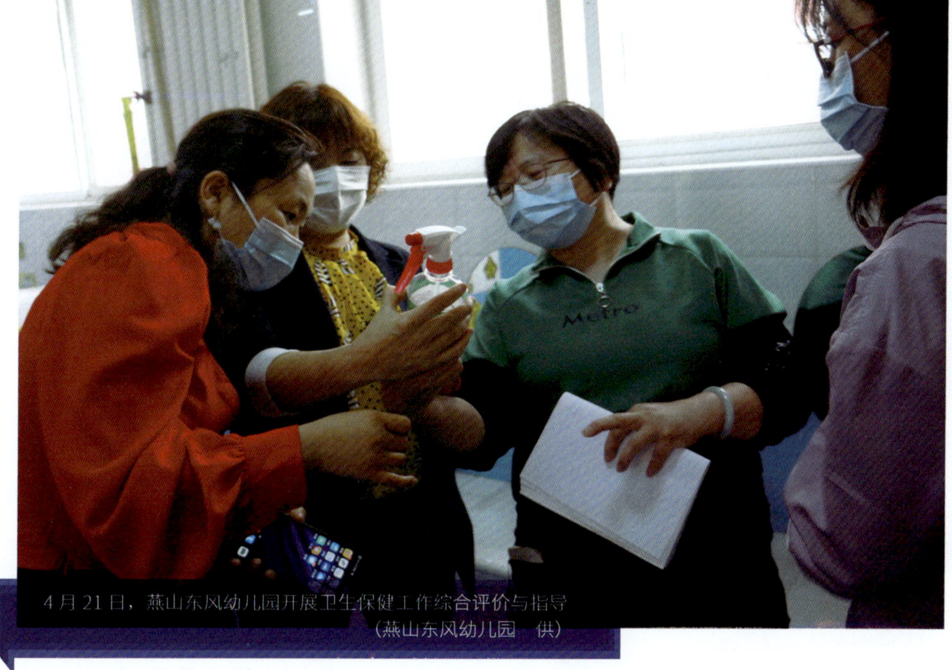
4月21日，燕山东风幼儿园开展卫生保健工作综合评价与指导
（燕山东风幼儿园　供）

北京市大兴区瀛海镇第二中心幼儿园

教育部门办园，日托制。总占地面积7910平方米、校舍建筑面积6700平方米。全年教育经费投入2250.8万元，固定资产总值737万元。拥有图书9424册。拥有专用教室3个、普通教室21个。教职工88人，专任教师19人，包含中级以上职称8人，本科以上学历14人。保健医7人，保育员7人。开设教学班18个，其中小班7个、中班6个、大班5个。幼儿离园111人，入园195人，在园518人。

2022年，幼儿园加强党建引领，党支部组织活动10次，党支部成员牵头开展线上读书分享13次。举办“从新开始从心出发”开学典礼和“童心筑梦 扬帆起航”毕业典礼等特色活动43次。组织教师参加线上教育教学培训活动20次，线上教研活动25次，基本功展示活动6次，发布线上资源分享65篇。完善幼儿园基础设施，改善幼儿活动区域。增设幼儿活动区域沙池、水池、迷宫攀爬网区域，建设幼儿户外洗手池、公用厕所区域，增设幼儿户外摔泥区等各项游戏区域。联合社区利用线上公众资源，举办早教活动5次，线上宣传早教游戏20余篇。发布卫生保健宣传32篇，涵盖防疫宣传、爱眼护眼、保护牙齿等内容；发布安全宣传27篇，涵盖防火防震、交通安全等内容。

（郑佳）

（本栏责任编校　曾婷）

小学教育

中学教育

特殊教育

民族教育

基础教育

ELEMENTARY EDUCATION

- 推动中小学教学管理问题解决
- 普通高中多样化特色发展
- 基础教育改革发展工作方案印发
- 推进义务教育优质均衡发展实施方案印发
- 支持通州区基础教育质量提升第二期行动计划启动
- 小学生暑期托管服务完成
- 中小学教辅材料核查备案

基础教育
ELEMENTARY EDUCATION

综述

概况

2022 年，北京市有小学 719 所（比上年减少 118 所）。毕业 133331 人、招生 189935 人、在校生 1083813 人。教职工 66748 人，其中专任教师 60484 人。学校占地面积 1432.21 万平方米，校舍建筑面积 818.72 万平方米。固定资产总值 266.25 亿元，其中教学仪器设备资产值 84.87 亿元。

北京市有普通中学 684 所（比上年增加 17 所）。其中，完全中学 175 所、高级中学 39 所、十二年一贯制学校 137 所、初级中学 176 所、九年一贯制学校 157 所。初中毕业 103514 人、招生 121270 人、在校生 355820 人；高中毕业 49775 人、招生 74681 人、在校生 198928 人。教职工 99779 人（比上年增加 3196 人），其中专任教师 79839 人（比上年增加 3036 人）。学校占地面积 2834.33 万平方米，校舍建筑面积 1857.63 万平方米。固定资产总值 579.28 亿元，其中教学仪器设备资产值 139.21 亿元。

北京市有民族学校 22 所。其中，小学 14 所、中学 8 所。在校生 21014 人，其中少数民族学生 6620 人。教职工 2037 人，其中少数民族教职工 325 人，专任教师 1754 人。民族中学分布在西城、朝阳、海淀、门头沟、通州、昌平、大兴 7 个区；民族小学分布在东城、西城、房山、通州、昌平、大兴、怀柔、密云 8 个区。内地新疆高中班办班学校 10 所，在校生 2794 人；内地西藏班（校）5 所，在校生 1196 人；内地青海班办班学校 4 所，在校生 717 人。

全市有备案残疾儿童少年 8901 人，新招入学生中有备案残疾儿童少年 1134 人。义务教育入学率 99% 以上。全市有特殊教育学校专任教师 1057 人，特殊教育中心专业教师 76 人，巡回指导教师（含兼职）100 人，特殊教育资源教师（含兼职）462 人，专职特教班教师 26 人，承担送教上门工作教师（含社会招聘）256 人。北京市教育部门所属市级特殊教育中心 1 个、区级特殊教育中心 16 个、特殊教育学校 20 所；另有自闭症儿童教育康复训练基地 14 个、学区融合教育资源中心 76 个、建立资源教室的普通中小学 321 所（建有资源教室 499 间）。

（刘碧原　马辉　陆小红）

9 月，北京小学红山分校开设菜单式兴趣小组课程——3D 打印笔
（北京小学红山分校　供）

推动中小学教学管理问题解决

2022年，市教委做好接诉即办"每月一题"工作，主责牵头推动中小学教学管理问题解决。制定并落实"一方案三清单"（问题解决方案和任务清单、政策清单、责任清单），形成"一单一表一图一问答"（工作职责建议清单、政策方法改革举措表、问题解决工作流程图、政策问答口径）。至年底，中小学教学管理问题解决任务清单26项任务全部完成，并超额完成基础教育综合改革等7项政策清单制定任务，制定并完善问题解决工作流程图，形成管理闭环，完善并向社会公布中小学教学管理政策问答口径，坚持"月反馈""月通报"工作机制，督促学校改进工作。

（向姣姣）

普通高中多样化特色发展

4月6日，市教委印发《北京市普通高中多样化特色发展创建工作方案》。方案明确，普通高中多样化特色发展创建坚持守正创新、突出导向，一校一案、突出自主，聚焦课程、突出特色，动态开放、突出公平，面向未来、突出前瞻5项工作原则，依托体制机制创新、一体化培养、协同培养、特色培育、新型综合高中、国际化教育"6＋n"类创建途径，提供学科/课程基地建设、自主招生、协同育人、特色培育、经费总额包干、人事自主6项政策工具，供学校根据发展需要，按照必选、可选、限选要求自主选择。创建工作按照规划引领、准入评估、验收认定、周期复核4个步骤实施。

（张延书）

基础教育改革发展工作方案印发

5月18日，市教委办公室印发《2022年深入推进全市基础教育改革发展工作方案》，整体规划全年基础教育改革任务。方案明确加强党对教育工作的全面领导、五育并举发展素质教育、提升中小学教学管理水平、推动课后服务全面升级、推动义务教育优质均衡发展、深入推进普通高中多样化特色发展、推动学前教育质量提升、推动国际学校高质量发展、稳步推进中考中招改革、持续推进数字教育在基础教育领域的应用、提高资源配置使用效能和完善家庭学校社会协同机制12个方面39项具体措施，分解形成68项工作清单，两委17个处室协同发力，系统推进校内提质增效。至年底，各项任务均按计划落实。

（向姣姣）

推进义务教育优质均衡发展实施方案印发

5月18日，市政府教育督导委员会办公室印发《北京市推进义务教育优质均衡发展实施方案》。方案明确全市推进义务教育优质均衡发展的工作目标和"到2025年，义务教育优质均衡发展区占比达到80%；到2030年，我市各区全面实现义务教育优质均衡发展"。方案提出"坚持统筹规划，以区为主；坚持问题导向，重点攻坚；坚持分类指导，分步实施；坚持整体推进，全面提升"4条基本原则，明确"整体规划，统筹谋划，多渠道扩增义务教育资源供给""创新机制，优化配置，提升义务教育保障能力和水平""科学减负，提质增效，全面提高教育质量和育人水平""加大宣传，协同育人，不断提高人民群众获得感和满意度"4个方面14项工作任务。

（向姣姣）

支持通州区基础教育质量提升第二期行动计划启动

7月11日，市教委印发《支持通州区基础教育质量提升行动计划（2021—2025年）》，标志着支持通州区基础教育质量提升第二期行动计划启动。行动计划立足于市级支持、区域主责的工作定位，面向包括北京城市副中心在内的通州全区，从整体提升通州区办学质量和水平、支持通州区基础教育优质均衡发展、全面增强职业教育对区域发展的支撑作用、推动学前教育高质量发展、大力提升教师队伍整体素质、统筹资源支持通州区基础教育改革发展6个方面明确17项具体支持措施。

（向姣姣）

小学生暑期托管服务完成

7月至8月，市教委完成2022年小学生暑期托管服务工作。全市统筹360所小学分2期为12809名学生提供托管服务，其中一年级4234人、二年级3136人、三年级2458人、四年级1807人、五年级1174人。15592名干部

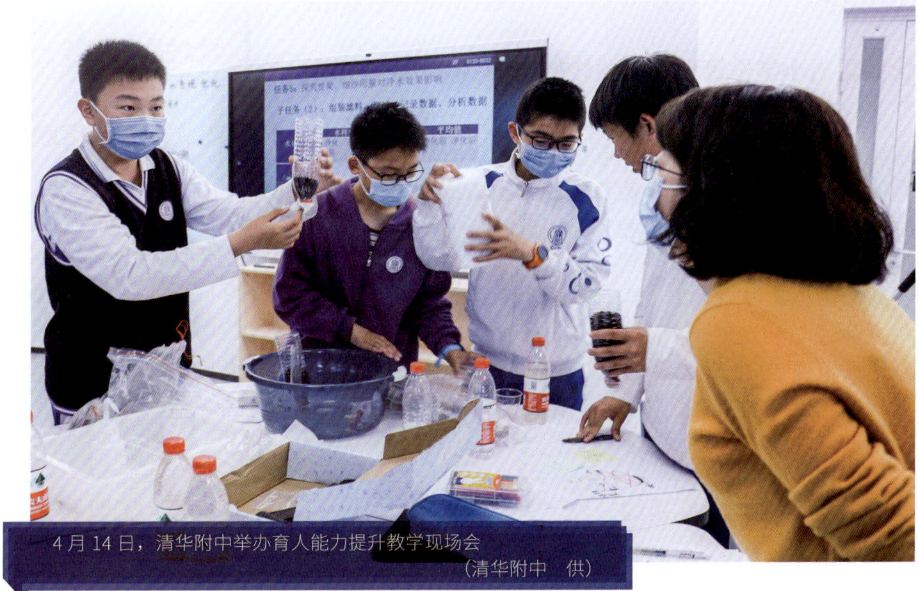

4月14日，清华附中举办育人能力提升教学现场会

（清华附中　供）

教师轮流参与服务，其中管理干部 3273 人、班主任及教师 11541 人、校医 778 人。

（王昱人）

中小学教辅材料核查备案

8 月 12 日至 9 月 28 日，市教委面向全市中小学开展 2022—2023 学年度教辅材料核查备案工作。核查的教辅材料是指与教科书配套，供中小学生使用的学习辅导、考试辅导等由有出版资质出版单位正式出版的出版物。各区按照每学期“一科一本”要求报送小学三年级至高中三年级教辅材料 1457 册。市教委组织 60 名具有高级职称的相关专家按照小、初、高 3 个学段，不同学科，分成 30 组完成核查工作。核查标准参照教育部《中小学国家课程教材审核工作细则（试行）》和《大中小学教材插图排查要点》，重点关注教辅材料价值导向、核心素养培养、内容科学、学生适用以及插图、排版美观性。最终，283 册通过核查、683 册修改后使用、491 册未通过核查。

（陆小红）

小学教育

平谷小学课后服务专题研讨暨现场观摩

3 月 11 日，平谷区教委在北京市平谷区第六小学璟悦府校区举办“平谷区小学课后服务专题研讨暨现场观摩活动”。活动组织 6 所区内小学分别围绕 1 个主题，就平谷区当前课后服务急需破解的难题，汇报各校的鲜活做法、典型经验及对下一步工作的思考和探索；组织参会人员参观平谷六小学生书法、衍纸画等课外活动，观摩素质拓展、作业辅导、学科拓展等课后服务课程。平谷区教委领导，平谷区教育研修中心及部分学校相关干部等 100 余人参加活动。

（孔德阳）

大兴促进小学体育课堂提质增效培训

3 月 15 日至 11 月 25 日，大兴区教师进修学校与北京教育学院合作开展促进小学体育课堂提质增效的大单元教学培训活动。培训聘请教育学院专家授课，内容设置着眼于“双减”背景下学科教师微观高质量体系、课堂教学提质增效，采取线上线下混合式培训方式，开设体操大单元教学设计实践、体操大单元教学实践与教学反思等课程，举办体操与感觉统合关系探讨等专题讲座 16 场，学员作线上展示课 20 余节。大兴区 29 名小学体育教师参加培训，均完成 120 学时培训任务，顺利结业。

（王静）

顺义与海淀合作办学签约

4 月 9 日，顺义区教委与北京市海淀区中关村第一小学、北京市海淀区中关村第三小学签约合作办学。根据协议，中关村一小、中关村三小分别与北京市顺义区教育研究和教师研修中心附属实验小学、北京市顺义区牛栏山第二小学建立合作办学关系，在教育研究、教师培训、学生培养等方面开展合作。双方本着平等自愿、优势互补、资源共享原则，以现有教育资源为基础，以输出优质教育资源共建顺义学校为契机，共同探索学校合作新模式。4 月 25 日，经区委编办批复，顺义教研中心附属实验小学加挂中关村第一小学顺义学校牌子，牛栏山二小加挂中关村第三小学顺义学校牌子。

（秦学如　屈文霞）

怀柔区小学教育创新人才工作室启动

9 月 13 日，怀柔区小学教育创新人才工作室启动。工作室聘请北京市十一学校一分校校长为导师，40 名成员为区内部分小学的书记、校长、副校长、主任。工作室通过建立合作研修与自主发展的工作机制，搭建优秀人才集中研修平台，发挥示范辐射作用带动和指导各学校工作，旨在全面服务怀柔区以科学城为统领的“1+3”融合发展战略，以推进教育各项基础工作管理为落脚点和出发点，探索教育理论与教学实践融合的培养路径，培养胸怀教育理想，理念先进、具有教育家素养的优秀人才队伍。

（线金秋　卢倩）

顺义区—昌平区小学体育学科联合教研

10 月 12 日，顺义区—昌平区小学体育学科联合教研活动举行。来自两区 5 所学校的 6 名教师分别完成五年级武术“少年拳”一课说课展示；两区体育教研员针对说课展示内容给出评价和建议。活动为两区体育教师在新课标、大单元备课的背景下，开展教学活动拓宽思路与改进教学方法提供助力。两区体育教师 50 人参加活动。

（李宇航）

中学教育

昌平、顺义跨区联合教研

3 月 10 日，昌平、顺义中学物理、化学学科跨区联合教学研究活动在昌平区教师进修学校举行。活动分为现场课展示及课后访谈、说课展示、专家点评 3 个阶段。两区 300 余名教师参加活动。5 月 24 日，昌平区教师进修学校邀请顺义区教师研修学院语文组组长作《〈论语〉误读举隅》线上讲座，从《论语》的传播、版本的选择、疑义的辨析等方面，解析误读现象。昌平区语文教师 90 人参加讲座。

（徐国萍　王环峰　于吉李）

首个“人工智能+学科教研共同体”揭牌

8 月 26 日，北京市海淀区教师进修学校附属实验学校与北京市大兴区礼贤民族中学“人工智能+学科教研共同体”揭牌。该共同体为北京教育系统首个“人工智能+学科教研共同体”，是海淀区和大兴区学校跨区教育合作模式的新探索，双方通过线上线下跨区同步开展教研交流，探究教学质量提升的工作策略与创新举措，共享优质资源，整体提升教育教学质量。借助“双师课堂”助力课堂增效，两区教师共同备课，共同分析落实教学目标和单元设计，学生跨区在线同上一节课。建立教研组共同体互动和交流的常态机制，两校教师建立师徒结对关系，从日常备课、达标检测、考试分析、精准备考等方面，定期开展针对性指导交流活动。协议有效期3年。至年底，两校累计开展联合研讨活动80余次，80余名教师参加。

（陈佳佳　万蒙蒙）

海淀、怀柔、密云生物同单元异构展示

9月26日，北京教育学院举办“海淀区、怀柔区、密云区三区同单元异构”教学展示活动。活动以教育学院生物卓越教师工作室——北京市怀柔区第一中学特级教师高久海工作室为核心，组织观摩该工作室2名教师以“胰岛素合成和分泌途径”情境为单元教学主线设计的展示课。怀柔区全体生物教师、对口帮扶的四子王旗实验中学和河北省张家口怀安县柴沟堡第一中学生物教师36人参加教研活动。活动面向全国进行线上直播，在线点击量3000余次，100余名教师参加线上研讨。

（高洋）

平谷推出中学“双减”背景下创新人才培养课程

10月，平谷区教育研修中心推出平谷区中学“双减”背景下创新人才培养课程。课程旨在促进平谷区教育高质量发展，满足学校内涵发展需求，向高中输送更多优质生源，采取新授课与专题复习相结合的方式，以新课标为方向，结合教材内容作专题化处理，涉及初二地理、生物和初三语文、数学、英语、物理、化学、历史、道德与法治9个学科，其中语文、数学、英语授课24次，其余学科13次，所有课程采用线上直播+在线辅导形式，单科单次时长1小时。课程聘请西城、海淀、朝阳等区兼职教研员、高级教师、特级教师、市级骨干教师承担新课程授课工作，遴选区级骨干教师、教研员承担辅导课授课工作。

（吴玉仙）

民族教育

内地民族班疫情防控工作部署会

3月28日和5月10日，市教委两次召开内地民族班疫情防控工作部署会。两次会议均以视频形式召开，市教委设主会场，各区教委设分会场。第一次会议从明确四方责任、严格落实学校疫情防控各项措施、内地民族班疫情防控特殊要求3个方面提出总体要求。市教委4个相关处室7人在主会场，14个办班区教委、燕山教委主管主任及22所内地民族班办班学校书记、校长43人在分会场参加会议。第二次会议从明确管理职责，严格教材使用管理，做好在京高考组织工作，严格学籍管理，深入推进混班教学、混合住宿、共同就餐，严格落实常态化疫情防控措施，高度关注学生心理健康7个方面布置内地民族班疫情防控及管理工作。市教委1个相关处室3人在主会场，10个办班区教委、燕山教委相关负责人及10所西藏班、新疆班办班学校书记、校长、主管校长58人在分会场参加会议。

（陆小红）

内地民族班工作专题会

9月5日和10月31日，市教委两次召开内地民族班工作专题会。会议均以视频形式召开，市教委设主会场，各区教委设分会场，听取各学校线上教学情况汇报，部署内地民族班秋季开学返京返校工作，分别针对阶段性工作提出要求。市教委相关处室负责人员在主会场，13个内地民族班办班区教委和燕山教委主任、主管主任及内地民族班办班学校书记、校长、主管校长在分会场参加会议。

（陆小红）

内地民族班学生返京返校

11月23日，市教委印发《内地民族班返京返校工作方案》，启动首批内地新疆班1162名学生返京返校工作。24日，市教委召开内地新疆班返京工作专题会，布置丰台、石景山、房山、通州、怀柔5个区内地新疆班返京工作，从关注重点人员、加强沟通联系、稳妥做好接站、严格落实落地核酸检测、圆满完成健康观察5个方面提出工作要求。在新疆生产建设兵团教育局协助下，首批学生于12月9日全部结束隔离及治疗，平安返回学校。11月30日，市教委召开内地民族班返京返校工作沟通视频会，在总结反思首批内地新疆班学生返京工作基础上，与新疆、西藏、青海3地教育主管部门沟通交流前期工作情况和下一步工作考虑，并就相关问题达成共识。

（陆小红）

特殊教育

融合教育视障生咨询服务周

1月17日至20日，北京市视障教育资源中心联合北京市视觉科学研究院、北京市残疾人康复协会视觉康复专业委员会共同举办“冬日暖阳2022融合教育视觉障碍学生咨询服务周”活动。活动邀请清华大学第一附属医院、北京协和医院、首都医科大学附属北京儿童医院等单位6名眼科专家，现场开展视功能及眼科检查、专家义诊咨询、视障教育资源中心教育评估及咨询指导。15个区40余名

1月17日至20日，北京市视障教育资源中心举办"冬日暖阳 2022 融合教育视觉障碍学生咨询服务周"活动 （盲人学校 供）

视障随班就读学生参与活动。视障教育资源中心设在北京市盲人学校。

（赵瑜）

视觉健康与学生发展培训

3月17日，北京市视障教育资源中心举办"视觉健康和学生发展"专题线上培训活动。活动受北京市朝阳区特殊教育中心邀请，面向朝阳区特殊教育兼职教研员和融合教育教师，针对朝阳区"运动疗愈"康复项目开展专题培训。朝阳区相关教师92人参加培训。

（赵瑜）

海淀孤独症学生书画作品巡展

4月2日，海淀区教委启动孤独症学生书画作品巡展。活动围绕"星星向融·童心筑梦"主题，展出区内36所普通学校60余名孤独症学生的书画作品，并组织开展"以书画为媒，行教育之美"慈善义卖活动。活动还举办孤独症学生生涯规划圆桌论坛，邀请融合教育专家及2名大龄孤独症学生家长，围绕"生涯规划早打算"和"家校社聚力助发展"2个话题展开讨论，分享培养孤独症学生的成功经验，共同探讨家校社一体化的终身教育体系建设。至月底，巡展在多个学校和社区会场举办。

（宋亚甫）

首期"护航计划"沙龙

5月20日，北京市视障教育资源中心与EYE加倍平台联合举办首期"护航计划"沙龙。活动面向全国视障幼儿举办"幼小衔接"专题线上讲座。2名专业教师从"心理建设""行动建设""社会适应"等方面讲解视障幼儿"幼小衔接"相关准备。全国15个省市的家长、幼儿以及特殊教育教师等60余人在线观看讲座。

（赵瑜）

视障儿童融合教育入学适应项目实施

6月28日至8月1日，北京市盲人学校、北京市视障教育资源中心开展"视障儿童融合教育入学适应性支持项目"。项目通过对视障儿童开展综合评估，结合评估结果和家长需求，为儿童提供定向行走、盲文、视觉康复、运动康复、信息技术、汉字使用6个领域的一对一个性化支持和服务，并为家长提供系列讲座。6名学生自愿报名并通过综合评估参加学习。

（赵瑜）

"海景门昌"特教联盟活动

7月至12月，"海景门昌"特教联盟开展多项活动。召开线上教育教学工作研讨会，采取线上线下相结合形式，回顾联盟工作，观摩4名骨干教师、6名青年教师"基于学生学习动机"研究课、说课展示，以及4名班主任"带班育人方略"分享展示。4所特教学校干部教师200余人参加会议。举办线上庆祝教师节活动，设置联盟工作回顾、四校领导祝福、教师育人宣讲、四校教师才艺表演、教师从教寄语、领导总结6个部分内容。举办特教联盟研讨培训活动，组织观摩3名教师学习交流展示和4名教师作业设计展示，听取6名教师交流育人故事。4校200名干部教师参加研讨活动。

（张瑶　孙云峰　王然）

6月28日，盲人学校、北京市视障教育资源中心启动"视障儿童融合教育入学适应性支持项目" （盲人学校 供）

全市特教学校疫情防控工作部署会

11月7日，市教委召开全市特教学校疫情防控工作部署会。会议通报北京市朝阳区安华学校疫情情况，针对特殊教育学校疫情防控提出3项要求。具体内容包括：加强特教学校日常疫情防控管理，师生员工和陪读人员及共同居住的家庭成员要简单生活“两点一线”，非特殊必要，不陪读；增加陪读人员台账和康复训练等第三方人员台账，做好严格自查，摸清各方面情况底数；开展基于残疾学生和特教学校特点的疫情防控应急演练，要区别于普通学校进行特殊设计、特别考虑。

（张琳）

小学选介

北京市东城区府学胡同小学

分五址办学，分别为府学校区、香饵校区、美术馆后街校区、什锦校区和十四条校区。5个校区总占地面积26412平方米，校舍建筑面积22456平方米，运动场地面积7910平方米。固定资产总值10399万元，全年教育经费投入14768万元。学校有数字终端1008台，其中学生终端506台、教师终端339台。教职工303人，其中高级职称50人、中级职称145人。专任教师287人，包括特级教师4人，北京市骨干教师8人，北京市学科教学带头人2人，北京市骨干班主任4人。本科以上学历280人。开设教学班84个。毕业531人，招生557人，在校生3649人（包括随班就读生4人）。

2022年，学校坚持高质量党建引领高质量发展宗旨，在“活”的教育博物馆中文化育人，促进学生全面发展。

建设“文化府学”。通过魁星阁、奥运博物馆、大成殿等古建区升级改造及各校区校园文化环境建设打造优秀传统文化传播基地。召开“学而不已”传统文化通识培训会、“敦厚似府，尔雅是学——浅谈我的教育观”“府学人讲府学故事 府学人树府学精神”教师培训会，梳理学校发展脉络。举办庭院沉浸式中秋诗会、孔子诞辰日纪念活动、府学讲坛开坛仪式等活动，打造府学文化教育品牌。

打造“1+N”品牌教师队伍。其中，“1”是指把本职工作做好，“N”指可以根据自身特长开设校本课程、社团活动等。开展“心系府学谋发展 彰显品牌铸英才”培训周活动等，承办东城区第18届小学课改培训月“学科联研向美而行”专题研讨会、“校本研修促优质深耕，强师助‘双减’落实落地——融传统文化风采，展五育并举课堂”北京市中小学综合实践活动成果展示交流专题研讨会等，助力教师综合实践素养提升，促进学生健康快乐成长。线上教学期间，开设府学心语微课堂，组织云广播操展示、亲子运动展示、线上宪法讲堂等各类线上活动，引导学生全面发展。

（胡松林　许银萍）

北京市东城区史家胡同小学

分三址办校，分别为高年级部、二年级部和一年级部。3个校区总占地面积2.49万平方米，校舍建筑面积3.92万平方米，运动场地面积0.59万平方米。固定资产总值2.53亿元，全年教育经费投入2.09亿元。学校有数字终端1454台，其中学生终端942台、教师终端332台。教职工421人，其中高级职称87人、中级职称180人。专任教师395人，包括特级教师5人，北京市骨干教师14人，北京市学科教学带头人3人，北京市骨干班主任4人。本科以上学历416人。开设教学班108个。毕业696人，招生721人，在校生4635人（包括随班就读生5人）。

9月28日，府学胡同小学举行孔子诞辰日纪念活动暨“府学讲坛”开坛仪式　（府学胡同小学　供）

2022年，学校推动“双减”工作走深走实，构建党团队一体、家校社协同、全学科融合、大中小接力办学新格局，形成厚植家国情怀、凸显史家基因、贯通线上线下育人新经验。选派85名干部教师参加交流轮岗，发挥引领辐射作用。学校智慧校园融合应用示范基地入选第二批“双百”示范行动优秀项目，《“服务型成长”协同育人的创新实践》获北京市基础教育课程建设优秀成果一等奖。

落实“双减”政策。召开“培根铸魂育时代新人 强基固本促综合发展”主题教师大会，梳理总结推进“双减”工作的

4 月 27 日，史家教育集团举办“以减促升 打造高效课堂新样态”教学研讨周——音乐学科课程展示 （史家胡同小学 供）

实践与思考，研究讨论落实新课程标准在教育教学中的新要求。推出新版《打开学习空间——健康成长手账》，内容涉及悦读空间、劳动空间、律动空间 3 个部分，指导学生通过文字、图画和照片等记录每日情况，居家学习期间每周推送不同劳动主题，引导学生做“眼中有活，手中有技能，心中有责”的史家学子。

做好重要活动服务保障。6 名学生参与北京冬奥会开幕式主题歌演唱；金帆合唱团 36 名学生、金帆舞蹈团 16 名学生参加北京冬奥会闭幕式演出，承担 5 个环节演出任务。金帆合唱团 32 名团员作为少先队员代表参加烈士纪念日向人民英雄敬献花篮仪式，献唱 2 首歌曲，瞻仰人民英雄纪念碑并向人民英雄鲜花。

（闫旭 陈斯睿）

北京光明小学

分四址办学，分别为本校区、本校区低年级部、和义校区和广渠校区。4 个校区总占地面积 2.37 万平方米，校舍建筑面积 2.39 万平方米，运动场地面积 1.06 万平方米。固定资产总值 6152 万元，全年教育经费投入 10419 万元。学校有数字终端 945 台，其中学生终端 686 台、教师终端 188 台。教职工 227 人，其中高级职称 29 人、中级职称 92 人。专任教师 215 人，包括特级教师 2 人，北京市学科教学带头人 1 人，北京市骨干班主任 1 人。本科以上学历 195 人。开设教学班 74 个。毕业 344 人，招生 511 人，在校生 3002 人（包括随班就读生 1 人）。

2022 年，学校推进德育贯穿全学科、各领域研究性实践，落实落细立德树人根本任务。

聚焦学生核心素养培育。开设跨学科主题综合课程，基于各学科特点，集体备课、巡回授课，从不同角度引导学生认识、理解“北京中轴线”。推进劳动教育，号召学生自主设计“争做劳动小能手”争章任务卡，秉承“关心他人、关照社会、接力奉献、服务社会”志愿服务理念，人人做“雷锋精神”的小小宣讲员。通过分享展示，引导学生从家庭物品收纳、班级卫生保洁、社区环境保护等生活小事做起，践行学习雷锋真行动。

提升教育教学质量。开展线下、线上相结合的“光明教案·光明课堂实践探索”学科教学交流活动，推进“互联网＋教育”的探索与实践，开展基于网络的多校区教育教学交流分享，立足教育教学现场，增进各校区教师对单元整体备课、单元整体教学的理解，提升教师专业素养。

推进家校共育。围绕“学习有目标”“作业有质量”“做事有效率”“劳动有本领”“阅读有收获”“天天有运动”“课外有兴趣”，鼓励和引导家长参与教育指导与督促评价。积极宣传“双减”工作对学生成长发展的重要意义，每周推荐家庭教育方法与资源，丰富家庭教育内容，围绕“小学阶段常见心理健康问题”分层、分年段举办系列专题家长沙龙。提升学校家长热线服务水平，建立专项档案，划分干预级别，通过电话、面谈、家访等形式，开展家庭教育咨询 200 余人次。针对有特殊心理或行为需求学生，建立“一对一”专项团队，跟进学生居家期间学习与生活，借助校外专业资源为特需家庭提供训练计划，借助家庭团体辅导、“一对一”辅导训练关注特需学生成长。

（郭颖 卢凤霞）

北京市西城区香厂路小学

分两址办学，分别为低年级部校区和高年级部校区。2 个校区总占地面积 3367 平方米，校舍建筑面积 3587 平方米，运动场地面积 1288 平方米。固定资产总值 2259 万元，全年教育经费投入 2588 万元。学校有数字终端 152 台，其中学生终端 67 台、教师终端 85 台。教职工 78 人，其中高级职称 16 人、中级职称 30 人。专任教师 78 人。本科以上学历 78 人。开设教学班 24 个。毕业 130 人，招生 141 人，在校生 804 人（包括随班就读生 2 人）。

2022 年，学校落实立德树人根本任务、西城教育新发展理念，发展素质教育，围绕“建学校发展新体系，办义务教育优质校”办学目标，开展各项工作。

校本教研。建立“青锐教师 青蓝教师 秋实教师”组织，完善日常校本教研制度，校长、副校长深入教研组与教师共同备课。各教研组每周定期开展 1 次活动、每 2 周开展 1 次教研活动。举办课堂教学观摩活动 2 场，提升教师课堂教学效果。

特色课程。构建五育并举新课程体系，一、二年级每天开设 1 节五育课程，分别为语文、音乐 / 美术、英语、科学、体育学科课程。开展“小而美”体育课程改革，三年级至五年级在原有体育课基础上，增设特色体育课程，分别为三年级武术套路、四年级踢毽子、五年级花样跳绳、六年级跆拳道课程。

校园文化建设。作为西城区教委着力建设的“小而美”特色学校之一，制订“小而美”项目三年实施方案。项目建设以“秀美校园 多彩师生”为主题，以“校园环境静幽明秀，师生发展多彩绽放”为目标，建造“外有颜值，内有品质”的义务教育优质学校。启动本校、分校校区改造设计方案制订工作，完成方案制订。开展以“国旗广场 壮丽祖国 阳光体育”为主题的校园文化建设工作，加强环境文化建设。

教育教学。落实“双减”工作具体要求，特别是新课标背景下大单元整体教学设计，加强校本研修促进教学效率提升。组织区级学科带头人、区级骨干教师和35岁以下教师开展课堂教学展示活动，采取“共同备课 伙伴说课”形式，助推组内教研见实效。

（王鑫　张艳）

北京市西城区三义里小学

分两址办学，分别为三义里4号校区和三义里5号校区。2个校区总占地面积3493平方米，校舍建筑面积10997平方米，运动场地面积7204平方米。固定资产总值1752万元，全年教育经费投入1129万元。学校有数字终端415台，其中学生终端124台、教师终端120台。教职工151人，其中高级职称14人、中级职称49人。专任教师141人，包括北京市骨干教师1人。本科以上学历148人。开设教学班60个。毕业237人，招生511人，在校生2343人（包括随班就读生5人）。

2022年，学校全面深化教育改革，稳步提升教育质量。

队伍建设。从教师专业、心理健康、师德师风等方面入手，按照“双培养”要求，培养青年干部、年级组长和校级学科质量负责人。以“青蓝工程”为载体，加强骨干教师、青年教师培养培训工作，开展师徒挂钩、月汇报课等系列活动。举办教师相关学习培训，聘请专家来校开办讲座、沙龙、团体辅导课程。1名教师赴内蒙古喀喇沁旗锦山第二小学，开展为期7个月的支教工作。

德育工作。推进德育体系建构，以学生良好品德和行为习惯养成为重点，以班级文化研讨为载体，推进班会、心理健康及道德与法治等德育课程研究融合，提升全体教师育人意识；聚焦“小焦虑”，加强专业支持和疏导，提升师生心理健康水平。开展体育节、科技节、读书节等校园六节活动，提升学生参与度、喜爱度和育人效果。

教育教学。聚焦“双减”背景下教学管理的热点、难点问题，依托教研组校本教研活动，开展“课堂+作业+评价”的三加联动研究。在日常精研学情、精选内容、精简过程的同时，开展“丰富作业内涵，促进学生发展”作业专项研究。依托北京教育科学研究院课题整体育人的课程建设项目，研究高质量课堂教学和作业实效性，语文、数学、英语3个学科团队获北京市义务教育阶段优秀作业案例一、二等奖。注重综合实践活动及学科实践活动深度开发与实施，深化国粹启蒙校本课程，整合推进校本教研和校本培训。

家校共育。组建家校社共育领导机构和管理团队，成立由书记、校长负责的家校协作共育委员会，负责家校共育的筹建与运行、协调社会家庭教育资源与家校沟通等工作。举办“我为爸爸妈妈点个赞”暨好家长评选活动，引导学生用欣赏的眼光看待父母，用讲故事的方式表达钦佩之情。

（张杰　彭晓艳）

北京第二实验小学广外分校

占地面积2.04万平方米，校舍建筑面积1.34万平方米，运动场地面积0.88万平方米。固定资产总值2295万元，全年教育经费投入8435万元。学校有数字终端367台，其中学生终端126台、教师终端203台。教职工187人，其中高级职称17人、中级职称47人。专任教师179人。本科以上学历184人。开设教学班74个。毕业285人，招生421人，在校生2928人（包括随班就读生6人）。

2022年，学校落实党组织领导的校长负责制，开展管理改革。初步组建教学研究与教师发展、教育与学生活动、行政与服务保障管理团队，形成学校管理文化，全面

9月30日，实验二小广外分校“健康第一，强国有我”阳光体育系列活动——秋季运动会　（实验二小广外分校　供）

推进“学校管理共同体”建设。

队伍建设。搭建干部教师成长平台，开展第四届“新秀杯”青年教师教学展示活动、“新育杯”教育教学竞赛、教师基本功展示等教育教学评优活动。推荐8名班主任在西城区教育科研月活动中展示研究成果。开展“3+联动”教学模式研究，即从学生需求出发，关注3个“前延后伸”（备课的前延后伸、课堂教学的前延后伸和课业辅导的前延后伸），构建“链接式”课内课后一体化课程，实现教、学、评一体化。以科研促教研，做到研究为课堂服务，以学科知识图谱与作业图谱研究为切入点，推进作业评价改革，突出关键作业，体现知识与能力相结合、基础与综合相结合、巩固与拓展相结合。

德育工作。探索一班一品教育活动。升级班级志愿服务岗位，将阶梯式志愿服务作为实施劳动教育的有效载体，通过岗位服务满足不同学生在集体中展现自我能力、为集体作贡献的需求。依托北京市教育学会“十四五”教育科研课题“戏剧教育与家校社有机融合的实践研究”，通过戏剧增强学生道德体验。举办“健康第一，强国有我”阳光体育系列活动——秋季运动会，促进学生身心健康发展。创新线上育人模式，举办德育微讲堂每周一讲、“我爱我家”家庭短剧征集、“居家小先锋”评选等活动，加强学生心理疏导，助力学生健康成长。

（李颢　杨佳）

北京市朝阳区白家庄小学

分七址办学，分别为本部南校区、本部北校区、朝外校区、望京新城校区、望京科技园校区、汇景苑校区和珑玺校区。7个校区总占地面积61422平方米，校舍建筑面积48655平方米，运动场地面积32882平方米。固定资产总值26174万元，全年教育经费投入16132万元。学校有数字终端2993台，其中学生终端1530台、教师终端1332台。教职工406人，其中高级职称69人、中级职称143人。专任教师398人，包括北京市骨干教师5人，北京市骨干班主任2人。本科以上学历402人。开设教学班168个。毕业519人，招生1153人，在校生6282人（包括随班就读生14人）。

9月14日，白家庄小学教师录制2022年第一届全国跨学科主题学习研讨会展示课（白家庄小学　供）

2022年，学校梳理“尊重”文化目标体系，对照“我要成为这样的人”具体要素，立足大中小学德育一体化基地校建设，开展“一体化德育视域下教师课堂教风研究”等活动。2名教师被评为北京市“紫禁杯”优秀班主任，2个班集体被评为北京市优秀班集体，王静班主任工作室被评为北京市“紫禁杯”班主任工作室，陈铁苹班主任工作室完成北京市首届骨干班主任“卓越计划”培训班专场展示活动。

教育教学。组织全体教师学习新课标。开设“游走北京中轴线”等校本课程135门，全部通过区级审核。语文、数学、英语教师团队参加中国教育电视台《同上一堂课》专题录制，完成一年级语文、六年级数学和六年级英语直播课90节、录播课5节。1名教师执教课程“悦动竹竿”入选2022年第一届全国跨学科主题学习研讨会展示课，并完成现场录制。

科研强教。推进“幼小衔接”“马芯兰翼课程”“DOK思维等级”等项目课题研究。深化儿童学术启蒙特色课程，确立各校区主题课程建设与实施特色，形成基于尊重理念的课程实施特色与成果。立项市、区课题（市学会和市、区规划办）30个。

评价与展示。以评价为导向，促进学生自主发展，师生100%参与。加强学生社团建设，通过重点扶持、星级评价、竞赛展示等梯队发展策略，满足学生多样化发展需求。学校完成北京市艺术教育特色校认定评估、朝阳区科技创新示范校认定和3个“朝英”科技团线上答辩。

（李瑞霞）

北京市朝阳区实验小学

接收原北京市第九十四中学朝阳新城分校小学部，并入后分四址办学，分别为幸福校区、体育场路校区、柳芳校区和东坝校区。4个校区总占地面积26411平方米，校舍建筑面积28082平方米，运动场地面积9836平方米。固定资产总值13307万元，全年教育经费投入1635万元。学校有数字终端834台，其中学生终端362台、教师终端449台。教职工233人，其中高级职称36人、中级职称105人。专任教师222人，包括特级教师2人，北京市骨干教师14人，北京市学科教学带头人2人，北京市骨干班主任4人。本科以上学历198人。开设教学班89个。毕业333人，招生528人，在校生2909人（包括寄宿生369人，随班就读生1人）。

2022年，学校继续秉承“为幸福人生奠基”办学理念，坚持“双减”要求，构建系统学科课程体系，体现“两个自主”，即自主学习、自我发展要求，促进学生全面可持续发展。

落实“双减”政策。实施“30+10”课堂教学模式，即30分钟课堂讲授和10分钟课上练习。数学学科研磨节点课58节，打通低、中、高年级教学脉络，优化数学游戏课设计，重点课录制完成量80余节。语文学科创建小学阶段阅读写作体系，开设阅读课程20余节。英语学科注重英语实践性学习探索，开发英语拓展课程。科任学科立足学生需求，优化课程设计，一年级至六年级开设选修课超过300门，100%学生参与选课走班。开设20余门艺术、体育、科技课后服务课程，托管学生100%参与课后活动。

信息化建设迈上新台阶。继续研究国家级教学成果奖项目“小学数字化教学的实践探索”。利用数字化校园系统，丰富课程和学习资源供给，组织学生持续使用个性化学习平台“运动健康助手”完成体育锻炼任务，依托“5G条件下的教学应用探索实践项目”完成在线教学活动课程20余节，依托北京市“双师课堂”项目完成在线教学活动课程30余节。学校“5G条件下的教学应用探索实践项目”通过教育部验收。第二学期推出在线直播课程1092节，每日服务学生3600余人，各校区全覆盖。语文、数学学科17名教师完成中国教育电视台《同上一堂课》专题录制，录制语文课56节、数学课46节。举办5期线上心理健康讲座，家长13890人次在线参与。结合减负提质新要求，开设40期“奇奥数学——朝实微课堂”系列网络微课，在朝实教育集团内播出，总播放量131150次。

师生培养。推进“青蓝工程”师带徒工作，借力“集团互巡”“质量月督导”“特级教师进校园”“名师工作室”等，监管集团教研质量。学校“梦之声”合唱团获中国国际合唱节比赛童声组三级团称号。学校获2022年度中国国际合唱节特别组织奖，入选2022年度“首都文明校园”、市教委第二批“双百”优秀项目校。举办“喜庆二十大，植物探索主题展”，体现多学科知识融合，增强学生操作能力。组织学生参加北京市植物栽培大赛，11人获一等奖，学校获优秀组织奖。

（孙滨）

北京市朝阳区呼家楼中心小学

分三址办学，分别为本校区、东校区和西校区。3个校区总占地面积26109平方米，校舍建筑面积16062平方米，运动场地面积13865平方米。固定资产总值9027万元，全年教育经费投入1093万元。学校有数字终端707台，其中学生终端346台、教师终端282台。教职工151人，其中高级职称26人、中级职称68人。专任教师148人，包括北京市骨干教师4人，北京市学科教学带头人1人，北京市骨干班主任3人。本科以上学历143人。开设教学班64个。毕业313人，招生405人，在校生2394人（包括随班就读生2人）。

2022年，学校加强教师队伍建设，提升专业素养；活动育人，让学生在活动中达到自我教育，自我成长；家校共育，成就学生。创造以人为本的教育环境，激活教师主动成长内驱力。建立教师学习机制，激发教师自主学习动力，建立“点（个人发展规划）、线（行政组管理）、面（校区整体推进）、体（学校整体）”基于实践、跨学科教师终身学习机制，提升教师专业能力、职业素养。

教学工作。推进教与学方式变革，采取学生体验、合作、探究和信息技术学习方式，构建对话课堂、反思课堂。开展“基于学习者视角借助学习任务 建构让语文学习真实发生”教学改革研讨会，展示语文学科以“基于学习者视角的语文学习策略研究”为主线的研究过程。针对“双减”“作业改革”“跨学科实践活动”等开展研究。3项北京市教育学会课题、1项北京市教育规划办课题立项。教学成果《走向真实世界的项目群育人体系的构建与实施》获北京市基础教育教学成果特等奖，建构“项目—驱动—生成”项目群实施模型，形成有理论依据、有育人目标、有操作流程、有培训团队的研究成果，辐射至全国。

（鹿淼　马军）

北京明远教育书院实验小学

分五址办学，分别为中园校区、知语城校区、望花路校区、东园校区和青年城校区。5个校区总占地面积50863平方米，校舍建筑面积31443平方米，运动场地面积22120平方米。固定资产总值12857万元，全年教育经费投入14428万元。学校有数字终端2038台，其中学生终端1301台、教师终端695台。教职工317人，其中高级职称58人、中级职称145人。专任教师310人、包括北京市骨干教师7人，北京市学科教学带头人2人。本科以上学历304人。开设教学班128个。毕业637人，招生654人，在校生4543人（包括随班就读生13人）。

2022年，学校以《中小学德育工作指南》和顾明远教育思想为指导，整体规划新时代思政课内容和形式。开展“红通社”思政讲堂、“明心远行共同途 创新强国梦启航”科技嘉年华。立德树人，开展“践行志愿服务 弘扬劳动精神”学雷锋志愿服务月、“庆丰收 迎盛会 节约每一粒粮食”学生养成教育观摩等活动。开展“明心远行 劳动实践”校内研学活动和花园寻宝科学劳动实践活动，引导学生学习劳动技能、培养良好劳动品质。依托“基于活动

4月15日，明远教育书院实验小学举办“一起踢球 一起长大”校园足球文化节　（明远教育书院实验小学　供）

育人背景下班级管理研究”德育课题研究、“明远班主任大学”课程体系，促进班主任科研能力和德育水平提升。开展“明心远行为中国队加油”专题实践活动，引导师生参与北京冬奥“全民冰雪运动”，组织师生现场观看北京冬奥会冰壶和冰球比赛。

完善“明远”课程体系。以“上好每一节课，教好每一名学生”为目标，组织教师开展学科课程标准学习，更新教育理念，提升学科教学素养。平稳进行线上、线下教学方式转换，优化线上教学方式，提升教学质量。开展“思政一体化下发展小学生核心素养的教学实践研究”“小学生个性化阅读学习减负增效策略的研究”“‘双减’背景下小学道德与法治中学段课后实践作业设计与实施研究”等10余项研究，教学与教研相结合，推动教师素养提升，助力落实育人目标。立足“双减”具体任务、现状和学生实际开展减负增效策略研究，组织全校20名语文、英语教师，4543名学生参与研究实践。语文组利用线上、线下阅读方式，创设学生个性化自主学习氛围，通过研究课突出阅读方法指导，提升阅读教学效率和质量；英语学科大组开展“‘双减’之下，小学英语作业赋能增效的研究”，以小学英语教学作业设计为研究内容，分析当前学校教师作业设计中存在的主要问题，并提出解决对策。

（张岐　刘润梅　董晓平）

北京舞蹈学院附中丰台实验小学〈北京市丰台区艺术实验小学〉

占地面积9510平方米，校舍建筑面积5772平方米，运动场地面积3670平方米。固定资产总值1653万元，全年教育经费投入2616万元。学校有数字终端99台，其中学生终端44台、教师终端55台。教职工51人，其中高级职称3人、中级职称27人。专任教师45人。本科以上学历46人。开设教学班18个。毕业88人，招生90人，在校生539人（包括寄宿生52人）。

2022年9月27日，北京舞蹈学院附中丰台实验小学更名为北京市丰台区艺术实验小学。学校落实“双减”工作要求，调整作息时间，早8:20之前不开展集体教育教学活动。落实国家课程方案，保证学生每天1小时体育活动时间，以“精选择、量适中、分层次、全批改、快反馈”为原则制订作业管理细则。促进班级管理日常有序开展，举办名师大讲堂培训，加大班主任培训力度，正、副班主任共同参与分批入队、班级文化节、校园电影节等主题教育活动。

活动育人。利用精彩周一国旗下讲话、创编优质队课、主题戏剧节活动、读书分享活动等形式开展爱国、爱党教育。开展班级文化节活动，围绕学校重点工作展示班级特色文化。开展“胸怀祖国心向党，争做先锋树理想”主题队日活动。居家学习期间，开展线上“与家长同读红色经典，共忆建党百年”主题活动。推进“国家卫生城区、国家文明城区、国家健康促进区、国家森林区”四区联创工作，开展活动和各项评比，提升学生文明素养。举办中秋节、国庆节、重阳节等节日主题实践活动，弘扬中华传统文化。举办“梨花风起正清明，我以队歌祭英雄”主题实践活动，缅怀抗战英雄。举办2022学年度读书节活动及线上分享会，指导各班利用晨午检时间共读一本书。学校金帆舞蹈团44名学生完成北京冬奥会开幕式演出任务。

（张宝月　胡春凝）

北京市丰台区东高地第三小学

分两址办学，分别为东校区和西校区。2个校区总占地面积1.91万平方米，校舍建筑面积0.80万平方米，运动场地面积0.86万平方米。固定资产总值2335万元，全年教育经费投入4607万元。学校有数字终端600台，其中学生终端428台、教师终端172台。教职工104人，其中高级职称20人、中级职称46人。专任教师101人，包括北京市骨干教师1人。本科以上学历92人。开设教学班36个。毕业169人，招生210人，在校生1209人（包括随班就读生1人）。

2022年，学校贯彻“时空探索教育”办学理念，培养学生时空探索品质，引导学生通过时空探索创造生命价值。发展空天特色教育，举办“不一样的科技 一样的神奇”主题航天特色活动、“追梦空天凌云志 强国有我航宝行”系列航空教育主题活动；开展“航宝喜迎二十大，争做时代好少年”主题活动，不断深化教育成果。

促进教育教学质量提升。开展跨学科主题学习研究与设计，探索课程综合化、实践化研究途径。以课题引领，

9月27日，东高地三小红领巾志愿服务队启动仪式在梅源社区举行　（东高地三小　供）

开展在教学活动中提升学生高阶思维能力的实践研究，举办“聚焦思维落实‘双减’”主题论坛。举办3场有关提升思维水平的培训活动。开展“1+X”课后服务，提升学生学习生活质量。开展线上教学、辅导与评价，提升线上教学效果。承办以“发展核心素养 培养创新人才”为主题的第二届北京基础教育发展论坛暨2022年学术年会分论坛活动。围绕“精心设计作业，提升学生思维能力”主题，举办5场教学论坛，聚焦作业设计，让课堂教学更高效。

（陈翠敏 乔力 李立华）

北京市丰台区师范学校附属小学

分两址办学，分别为本校区和城南校区。2个校区总占地面积1.62万平方米，建筑面积0.97万平方米，运动场面积0.77万平方米。固定资产原值4128万元，全年教育经费投入7030万元。学校有数字终端1488台，其中学生终端1145台、教师终端343台。教职工155人，其中高级职称19人、中级职称66人。专任教师148人。本科以上学历150人。开设教学班60个。毕业292人，招生364人，在校生2303人（包括随班就读生9人）。

2022年，学校以品质提升项目为抓手，推进“双减”工作，优化教育供给，提升育人质量和办学水平。规范课堂教学基本规程，落实学生课堂常规，发挥教师教育智慧，践行学生课堂教学细化培养目标，将学生课堂常规落实与学生过程性评价相结合，坚持开展课前2分钟精彩活动设计，将练习与精彩展示结合。所有年级实施语文、数学分科，灵活设计教研活动。举办青年班教师单元整体教学研究培训，组织1名区级语文学科骨干教师上研究课，运用畅言设备辅助教学。

活动育人。创新德育、少先队活动思路，以“党、团带队”为组织形式，依托重大节日、纪念日等，开展教育活动。组织全体学生亲手为教师制作花束、拍摄班级师生全家福。“红领巾心向党，学精神见行动”主题队课带领少先队员领会北京市第十三次党代会的内涵和精神实质。开展“熟记价值观，共创文明城”活动，加深学生对社会主义核心价值观丰富内涵的理解。开展“天宫对话，播撒太空梦”主题活动，激发学生对航天科技的兴趣和热情。开展“红领巾心向党，争做新时代好队员”建队日主题实践活动，增强学生的光荣感和组织归属感。在第五个“中国农民丰收节”，组织学生“体会劳作、践行节约、探访劳模、感悟丰收”。在第九个国家“烈士纪念日”，举办“缅怀革命先烈 弘扬民族精神”主题少先队活动课，引导教育少先队员铭记历史、展望未来。

（薛燕）

4月4日，丰台五小京铁校区举办“蛙大侠”比赛

（丰台五小 供）

北京市丰台区丰台第五小学

教育集团分六址办学，分别为本校区、银地校区、京铁校区、鸿业校区、科丰校区和万柳分校（独立法人）。除万柳分校外，其他5个校区总占地面积5.32万平方米，校舍建筑面积3.06万平方米，运动场地面积2.36万平方米。固定资产总值6726万元，全年教育经费投入791万元。学校有数字终端839台，其中学生终端487台、教师终端352台。教职工312人，其中高级职称45人、中级职称133人。专任教师307人，包括北京市骨干教师5人，北京市骨干班主任3人。本科以上学历300人。开设教学班121个。毕业608人，招生818人，在校生4553人（包括随班就读生14人）。

2022年，学校继续推进“双减”工作深入开展，以课堂教学改革为抓手，让新课标落地，推动学校教育教学工作向高质量发展。

教师梯队建设。推进教师轮岗工作，15名教师参与轮岗，实现优质教师资源辐射。借助劳模工作室、大队辅导员工作室、市区校骨干教师工作坊等资源力量，提升教师专业能力。邀请专家开展新课标解读、新课改培训，借助“师慧杯”平台，开展新课标全员大练兵，在集团层面开展对接新课标说课交流展示活动，推动课堂教学改革。

多元实践体验活动。启动“一校区一品”培育工程，各校区围绕“行走的思政课”专题，结合校区特色，开展各具特色的主题式、项目式研究。本校区开展“关注党的二十大 点赞丰台新变化”红领巾爱家乡课程，银地校区开展“走进丰台园林博物馆，构建园林吉祥文化”跨学科主题课程，京铁校区开展“小凉山红色行走之旅”项目学习，鸿业校区开展“跟着蘑菇去旅行”食育行走课程，科丰校区开展“探访红色地标 寻找红色记忆”红领巾项目研究。重视劳动课程开发，集团整体规划，以项目学习方式培养学生劳动技能，提升劳动意识。

（张彦）

北京市石景山区古城第二小学

分两址办学，分别为古城南路校区和古城地铁家园校区。2 个校区总占地面积 10565 平方米，校舍建筑面积 19283 平方米，运动场地面积 9752 平方米。固定资产总值 7663 万元，全年教育经费投入 4739 万元。学校有数字终端 380 台，其中学生终端 238 台、教师终端 142 台。教职工 118 人，其中高级职称 18 人、中级职称 58 人。专任教师 105 人。本科以上学历 114 人。开设教学班 42 个。毕业 171 人，招生 242 人，在校生 1383 人（包括随班就读生 1 人）。

2022 年，学校基于“悦”文化基础，提出“和悦教育”办学思想，使原有抽象的“微笑理念”更加具象与清晰。

课程建设。强化劳动教育，延展“书旅”课程创意部分，利用“古二种植园”劳动实践基地，推进学科联动，打造“田园·书旅”实践课程。通过“自然博物”“微观世界”“农耕体育”“悦艺泛舟”“大地艺术”五大主题课程，实现由课内学习到课外劳动实践的自由切换。依托“悦艺泛舟”实践性课程，让学生主动参与“古韵悠长”“徜徉童年”“创意无限”三大板块校园文化建设，开辟学校艺术长廊。推出居家学习微课 50 余节。

活动育人。学校悦尚舞蹈团参加北京市第 24 届中小学生艺术节舞蹈展演，表演原创舞蹈《夺冠》获小学组金奖。悦音合唱团参加石景山区第 25 届中小学生艺术节合唱展演获金奖，并晋级市级展演。开展全国中小学生安全教育日系列活动、“致敬劳动者 筑牢劳动观”主题教育系列活动、“关注一点一滴，节水重在行动”系列活动，将思想引领与实践相结合。

（关玉环）

北京市石景山区金顶街第二小学

占地面积 3.06 万平方米，校舍建筑面积 2.51 万平方米，运动场地面积 1.19 万平方米。固定资产总值 7955 万元，全年教育经费投入 6121 万元。学校有数字终端 290 台，其中学生终端 160 台、教师终端 130 台。教职工 131 人，其中高级职称 20 人、中级职称 59 人。专任教师 118 人。本科以上学历 124 人。开设教学班 50 个。毕业 252 人，招生 313 人，在校生 1950 人。

2022 年，学校遵循学生成长规律，整合三级课程，形成“三型四类”“阳光课程”体系，分别为横向基础课程、拓展课程（必修与选修）、实践课程 3 种类型课程和纵向人文社会类、自然科学类、身心健康类、艺术审美类 4 类主题课程，共计 80 余门。通过“五育融通、课程引领、课题牵动、实践体验”4 个路径开展实践探究，采取必修与选修、长课与短课、分散节点式与集中探究式相结合的方式，梳理出《金顶街第二小学生活实践能力与作业》系列能力目标，编写配套系列作业与活动手册。

落实“双减”政策。合理设计课后时段，以丰富体育课程、增加活动时间等方式保证学生每天在校 1 小时体育锻炼时间。重构“阳光课程”体系，增加分层辅导、选修课程、体育锻炼等课后服务内容，以教学创新促进提质增效。组织全体教师参加“双减”背景下的课堂教学实施培训，明确“双减”目的。完善作业优化管理。各教研组将关于作业的设计与实践作为教研活动新主题，改进作业设计形式、布置方式。

活动育人。开展系列“关爱花草树木，争做护绿使者”主题教育实践活动，面向学生征集“花草树木关爱提示语”绘画作品，制作地插提示牌。高年级成立班级生态植物园，中年级学生走进校园周边社区开展义务植树活动。举办 2022 年金二小第九届校园足球文化节，开展五人制比赛 101 场、八人制比赛 65 场。举办“树牢总体国家安全观，感悟新时代国家安全成就，为迎接党的二十大胜利召开营造良好氛围”主题教育活动，帮助学生树立安全意识，掌握安全知识，提高自我保护能力。组织学生参与多学科整合“粽叶飘香端午情 悠悠文明我传承”端午节主题实践活动。举办拒绝校园霸凌主题教育班会，教育学生如何正确面对校园欺凌，如何采取有效救助措施。

（舒建英）

3 月 12 日，金顶街二小开展植树节实践活动

（金顶街二小 供）

北京市海淀区中关村第二小学

分七址办学，分别为中关村校区、华清校区、百旺校区、万泉河分校、昌平学校、科学城北区分校和科学城北区幼儿园。中关村校区、华清校区和百旺校区3个校区总占地面积5.11万平方米，建筑面积5.21万平方米，体育场（馆）面积1.83万平方米。学校有数字终端500台。教职工324人，其中高级职称46人、中级职称152人。专任教师284人，包括特级教师1人，北京市骨干教师4人，北京市学科教学带头人2人，北京市骨干班主任2人。本科以上学历281人。开设教学班137个。毕业736人，招生1075人，在校生5875人（包括随班就读生2人）。

2022年，学校落实“双减”政策，提升教师育人质量。秉承“以人为本”育人理念，搭建“年级组一体化”管理体系、打造“教学评改一体化”教学模式、整合“家校社一体化”资源供给，构建“一体化”育人格局。开展为期10周的“‘双减’进行时”“讲好二小‘双减’故事”系列学习和分享活动。“双减”育人成果被中央电视台《焦点访谈》栏目专题报道。面向区域内17所小学开展暑期托管服务，惠及学生114人。

培养全面发展的学生。组织自然博物社团22名学生参加由中国科学院科学传播局和教育部基础教育司联合主办的“天地共播一粒种”活动。开展致敬最美劳动者活动，通过走近劳动者、献礼劳动者、致敬劳动者3个环节，引领学生发现身边的劳动者。开展线上学习指导，培养学生自律意识，克服上课不够专注、学习效率低、作息不规律等“线上学习综合征”。举办“争做快乐劳动二小娃”、好习惯大家谈、阅读书屋等活动，丰富学生课余生活。学校儒梦花滑队获首届全国花样滑冰队列滑大奖赛校队组小学组冠军。

完成重要活动演出任务。金帆舞蹈团、冰雪社团40名学生参加北京冬奥会开幕式表演，在《闪亮的雪花》和《火炬点火》2个节目中承担演出任务。金帆舞蹈团9名学生参加2022年中共中央国务院春节团拜会文艺演出，参演《迎春》《我们北京见》2个节目。

（张苗）

1月30日，中关村二小学生参加2022年中共中央国务院春节团拜会文艺演出　（中关村二小　供）

北京市海淀区中关村第一小学

教育集团分八址办学，分别为中关村校区、天秀校区、中央党校校区、大有庄校区、怀柔分校、科学城分校、顺义学校和西二旗分校。中关村校区、天秀校区、中央党校校区和大有庄校区4个校区总占地面积4.64万平方米，校舍建筑面积6.02万平方米，运动场地面积3.20万平方米。固定资产总值22177万元，全年教育经费投入13267万元。学校有数字终端4194台，其中学生终端3194台、教师终端1000台。教职工456人，其中高级职称93人、中级职称171人。专任教师341人，包括特级教师4人，北京市骨干教师3人，北京市学科教学带头人2人，北京市骨干班主任8人。本科以上学历334人。开设教学班152个。毕业882人，招生981人，在校生5891人（包括随班就读生16人）。

2022年，学校坚持“一个标准、一套制度、一种文化”集团化办学原则，坚守示范引领的责任担当，通过启动导师引领工程发挥优质资源辐射作用，借助现代信息技术创造性解决多校区管理与联动问题，实现跨校区教研、跨学科融合等多项同步，推动集团一体化办学迈上新台阶。以“遵循为师之规范、恪守为师之纪律、履行为师之责任”为原则，结合案例强调新时代教师的弘德与底线，在关注“红线”的同时倡导全力共建高素质、专业化、创新型的具有共同价值追求的教师队伍。

立德树人，活动育人。落实劳动教育，丰富劳动教育实践活动。培育全面发展的学生，举办“创绿色环保享生活美好”第六届飞行节，开展放风筝、飞行器设计、纸飞机涂鸦等主题活动。第19届科技节邀请中国工程院院士、神舟号飞船首任总设计师、中国空间技术研究院技术顾问戚发轫来校，结合自身经历，回顾中国航天事业发展历程，分享航天科技人员的奋斗故事和奉献精神；邀请中国科学院院士于渌、王自强来校举办《万有引力的魔法》和《插上科学的翅膀——新时代的青少年怎样健康成长》2场讲座；还设置花车巡游、集体项目挑战和挑战小屋等活动，培养学生科学精神。

落实“双减”政策，聚焦新课标。结合“双减”工作要求及2022年出台的新课程标准，以“一名好教师就是一门好课程”“在教学质量面前没有任何理由”“一节好课的标准就是学生动起来、学进去、感兴趣”为教学工作行动理念，开展“扎根课堂提质量，落实‘双减’显成效”专题活动，强化学校教育主阵地作用。深刻领会2022年版课程标准新变化、新要求，精准把握新理念、新目标，切实把课程标准教育理念和基本要求落实到课堂教学中。

（董静　梁小红　邓翼涛）

北京大学附属小学

占地面积28579平方米，校舍建筑面积33899平方米，运动场地面积11647平方米。固定资产总值5836万元，全年教育经费投入9658万元。学校有数字终端425台，其中学生终端226台、教师终端199台。教职工199人，其中高级职称30人、中级职称138人。专任教师170人，包括特级教师4人，北京市骨干教师5人，北京市学科教学带头人3人。本科以上学历199人。开设教学班66个。毕业405人，招生406人，在校生2435人（包括随班就读生2人）。

2022年，学校贯彻“双减”工作、课程方案、师德师风等工作精神，以问题为导向，以立德树人为核心，以深化改革为动力，全面提升教育教学质量和办学水平，发扬“轻负高质”办学特色，培养德智体美劳全面发展的社会主义建设者和接班人。

立德树人。推进特色述评，激励学生养成好品质、好习惯，形成独特的德育评价体系。推进心理健康教育，落实特殊儿童成长档案。班主任、学科教师、心理教师共同为有特殊学习需要的学生提供个性化服务。4个中队获北京市“红领巾奖章”三星章、1个中队获北京市“红领巾奖章”四星章，学校少先队大队获北京市“红领巾奖章”集体四星章，1名教师获北京市立德树人研究成果一等奖。

落实“双减”工作。抓好课堂主阵地，提高各学科教育教学水平。落实课堂教学教研工作，抓住学校常态课教学这一关键环节，通过大数据平台，深入分析课堂教学，提升教学质量。研发学生综合评价方法，分析记录学生成长过程，关注有效、有趣的课堂教学环境和乐学会学的实践空间营造。在部级课例展示中，3人获评精品课例；1人受邀承担教育部中小学骨干教师远程培训项目授课任务，2人受邀在2022年北京“小院士”科技教育活动中授课；3人获北京市“京教杯”比赛一等奖，4人获北京市基础教育优秀作业案例评比一等奖。学校机器人团队获2022世界机器人大赛锦标赛VEX项目二等奖和ENJOY AI项目二等奖。

坚持课程育人。将“培根铸魂、启智增慧”融入全课程体系，设立跨学科主题实践活动，探索跨学科整体育人模式，推进学校教育综合改革，整合必修课程，提炼、梳理、提升学校选修课程。开设“百家讲堂”系列活动，邀请大学教师、著名学者、各领域专家走进学校。课程文化既重视中国传统又具国际视野，既重视共性又关注个性。“北大附小生命发展课程”既重视社会化又独具特色，达到真正意义上的全面育人。

（庄严　贾宁）

清华大学附属小学

分两址办学，分别为清华园校区和双清苑校区。清华园校区占地面积3.30万平方米，建筑面积1.20万平方米，运动场地面积1.93万平方米；新启用双清苑校区占地面积2.64万平方米，建筑面积3.63万平方米，户外操场面积0.45万平方米、室内篮球馆面积720平方米。固定资产总值2744万元，全年教育经费投入10092万元。学校有数字终端684台，其中学生终端319台、教师终端286台。教职工197人，其中高级职称25人、中级职称80人。专任教师167人，包括特级教师3人，北京市骨干教师8人，北京市学科教学带头人1人。本科以上学历190人。开设教学班60个。毕业329人，招生468人，在校生2432人（包括随班就读生13人）。学校有社团30个。

2022年，学校启用双清苑校区，开启两址办学新格局，拓展办学空间，为学生提供多元混合课程、办学空间常态化融合发展和共同体建设治理供给。成立合作办学管理委员会，修订《合作办学管理办法》，明晰合作附校功能定位，确定其与校本部的管理关系，确定合作附校间轮岗和青年干部培养方案等。启用“腾讯智慧校园平台2.0”，形成资金支付审批机制，有效防范资金支出风险。

11月9日，清华附小本部和双清校区举办应急消防安全疏散演练活动　（清华附小　供）

迭代“全天候1+X课程”。增设数学、信息科技等跨学科合作学习与主题综合实践活动，将劳动意识与习惯培养融入学校生活之中。提供课后服务“X课程”，31个学生社团开设108门课程，每周354个班次7400余人次参加，学生参与率93.1%。全体教师全员授课、跨校区服务，开足开齐社团和托管、小初衔接等课程，学生满意度98%。

关注“立德树人 落实落细 落小落稳”机制研究。聚焦课内课后统筹、人工智能研究、大中小衔接等。12项市、区级课题立项开题，6项市级课题提交中期报告，教育部委托课题“学校落实立德树人机制研究”于11月结题。“儿童一日学校生活育人体系研究”成果获教育部肯定，面向国家级基础教育成果推广区推广。

师资经验全国推广。班主任赵丽娜带班经验案例被教育部认定为2021年全国中小学班主任基本功展示交流活动典型经验，并被推广至全国。校长窦桂梅作为基础教育界代表，被选为北京冬奥会火炬手参与圣火传递。

学生全面发展。少先队大队、4个中队及近百名学生获得北京市“红领巾奖章”。科技社团获中国计算机学会举办的全国信息学竞赛（CSP-S/J）一等奖，为北京市小学在该项赛事中的最好成绩。金帆民乐团受邀参加2022年中央电视台《开学第一课》录制，金帆话剧团获北京市第24届学生艺术节戏剧比赛金帆组金奖第一名，金帆民乐团获北京市第24届学生艺术节金帆组别展演金奖。

发挥优质教育资源辐射作用。继续承担教育部及市、区教委公益辐射录课任务，为全国各地停课不停学提供课程支持。承担北京市现代体验式培训项目，接待32名北京市小学校长、教师来校跟岗学习。依托“北京市名校长工作室——窦桂梅校长工作室”，培养北京市优秀校长。引领辐射国家级基础教育成果推广区6个，全国手拉手学校15所，举办典型活动6次，常规活动20余次。

（代养兵 黄雯雯）

北京师范大学实验小学

占地面积1.38万平方米，建筑面积1.24万平方米，体育场馆面积0.81万平方米。固定资产总值4069万元，全年教育经费投入4832万元。学校有数字终端682台，其中学生终端245台、教师终端437台。教职工111人，其中高级职称25人、中级职称73人。专任教师96人，包括特级教师2人，北京市骨干教师5人，北京市骨干班主任1人。本科以上学历110人。开设教学班36个。毕业227人，招生235人，在校生1443人。

2022年，学校落实“双减”政策，进一步减轻义务教育阶段学生作业负担和校外培训负担。面向全体学生每周5天，每天2小时开展课后服务。推进课程改革，把研究课题和课外活动纳入教学研究一盘棋范畴，从小学开始挖掘学生潜能，助力学生长远发展。

学生素养全面提升。打造书香校园，推广阅读工程，通过每日一诗晨读活动、阅读节，提高学生人文素养。完善学校阅读工程体系，继续面向二年级学生开展手工书制作系列活动。通过举办演讲论坛，实现学生阅读与演讲能力双提升，让学生在阅读和阅读延伸活动中乐学、会学。打造健康校园，通过足球赛、啦啦操展演、全员运动会等活动，提高学生身体素质。举办“线上音乐会第二季”学生艺术展示活动，通过学校微信公众号展示46场138个视频。开展数学文化节、“Super Baby”用英语讲故事、“线上音乐会”等活动，推动学生全方位成长。作为学科整合实践活动，面向三年级学生举办制作年历活动。

交流合作与对口帮扶。继续加强与新加坡道南学校、日本新潟大学教育学部附属新潟小学、美国明尼苏达州明尼塘卡学区2所学校等学校的联系，创新开启线上线下相结合的交流方式。作为承办校，完成教育部“乡村教育振兴北京师范大学帮扶（启智工程）”项目（小学组项目）第一期研训工作，并启动第二期研训，组织骨干教师团队为甘肃三县教师提供培训指导。

（曾珮 胡斌斌 叶晓宏）

北京市门头沟区龙泉小学

占地面积13465平方米，校舍建筑面积12004平方米，运动场地面积8500平方米。固定资产总值8833万元，全年教育经费投入2816万元。学校有数字终端552台，其中学生终端368台、教师终端154台。教职工65人，其中高级职称13人、中级职称33人。专任教师51人，包括特级教师1人，北京市骨干教师1人。本科以上学历56人。开设教学班19个。毕业94人，招生104人，在校生640人（包括随班就读生4人）。

2022年，学校践行“为党育人，为国育才”使命，促进学生全面发展。完善学校文化建设，重新梳理形成清泉、

8月29日，龙泉小学举行迎新礼

（龙泉小学 供）

温泉、甘泉“三泉”育人理念；明确学校育人目标、龙泉精神、教师团队文化和课堂文化。

落实社会主义核心价值观。开展“绿水青山新居民”主题教育，树立学生身边榜样。克服没有操场的困难，为一年级新生设计入学仪式。开展志愿服务、变废炫宝、光盘行动等文明实践活动，用实际行动改变环境，影响他人。规范班级文化布置，落实班级部委制。开展节日、纪念日主题教育，培养学生良好品德修养。开展“人人出彩，做绿水青山新居民”主题戏剧节系列展示活动，其中六年级情景剧《岁月里的童年》在全区展演。

3月24日，峪分附小承办中小学“双师课堂”展示活动
（峪分附小　供）

教学工作。依托“构建灵动课堂”课改项目、“外教进校园助力英语教学”项目、“STEAM 项目”的有效实施，调动校内外资源，共同构建有利于学生全面发展的学习环境。引领教师参加市、区、校本研修活动，提升全体教师依法执教能力，构建全面育人、全过程育人、全方位育人环境。推进教师交流轮岗工作，选派 4 名教师与北京市门头沟区城子小学 4 名教师开展校际交流，做到人员到位、待遇到位、管理到位。选派 1 名教师赴内蒙古呼和浩特市武川县支教。推进“双减”政策落实，以区域生态山水和历史人文资源为素材，面向四年级开展跨学科实践探究开卷考试。

（刘振春　刘成奇　刘欣）

北京市大峪中学分校附属小学

占地面积 1.27 万平方米，建筑面积 1.29 万平方米，运动场地面积 0.25 万平方米。固定资产总值 14054 万元，全年教育经费投入 2254 万元。学校有数字终端 144 台，其中学生终端 80 台、教师终端 64 台。教职工 57 人，其中高级职称 3 人、中级职称 18 人。专任教师 46 人，包括北京市骨干教师 1 人。本科以上学历 57 人。开设教学班 20 个。招生 155 人，在校生 704 人（包括随班就读生 2 人）。

2022 年，学校抓稳队伍建设，提升教师专业素养。邀请特级教师、十余名区级研修员来校作新课标专题培训、教师专业指导等。组织青年教师参加门头沟区“双师课堂”研讨会、北京市作业优化成果展示交流研讨会，促进教师专业素养提升。以“双减”工作、学习新课标理念为核心，以各项竞赛为引领，加速新教师专业素养提升。在北京市中小学新任教师第六届“启航杯”教学风采展示活动中，2 人获一等奖、1 人获三等奖。启动第四届“峪分杯”教师基本功竞赛，开展“我读新课标”读书分享活动、“我读新课标”沙龙活动、优秀教研活动展评。依托学校组长示范课、师傅引路课、党员先锋课、徒弟汇报课、课题研究课、文化展示课“六课”体系，辐射全体教师、根据不同课型开展听评课，提升课堂教学实效性。提升班主任管理水平，成立以市级骨干班主任为中心的“青蓝驿站”，创新班主任培养新模式。

培育时代新人。开展“巧手庆中秋，浓情谢师恩”“扬科学风帆，筑绿水青山”“喜迎二十大，红歌献给党”等主题实践活动，全面落实立德树人根本任务，促进学生全面发展。依托“小水滴”电视台直播，围绕新闻大视角、红领巾爱学习、校园七彩树等内容，搭建学生展示平台，发挥宣传育人功能。心理教师录制微讲座，依托微信公众号、班级微信群举办线上系列心理健康讲座，守护学生身心健康。举办“‘云’动有我，精彩无限”线上趣味运动会、“云端连你我，科学伴成长”科学小实验活动，根据学生生活实际设计面点制作、整理与收纳、学做家务等居家劳动实践内容，举办“线上相约‘艺’样精彩”主题线上艺术节活动，为学生搭建“云舞台”，提升学生综合素养。

（李莉　段介然）

北京市房山区良乡第三小学

占地面积 10559 平方米，校舍建筑面积 9159 平方米，运动场地面积 5615 平方米。固定资产总值 4359 万元，全年教育经费投入 3376 万元。学校有数字终端 430 台，其中学生终端 111 台、教师终端 199 台。教职工 90 人，其中高级职称 14 人、中级职称 48 人。专任教师 82 人，包括北京市骨干教师 2 人。本科以上学历 86 人。开设教学班 34 个。毕业 175 人，招生 213 人，在校生 1270 人。

2022 年，学校落实立德树人根本任务，以“减负提质深化”为主旋律，追求“规范、提质”，促进学校办学质量提升。深化党建品牌建设，通过党员、团员、队员同唱《领航》歌曲，师生同上一堂大思政课等活动，传承红色基因。

立德树人。建立起党组织主导、校长负责、家长参与、社区联动德育工作机制。确立厚植爱国情怀、做细养成教育、夯实德育课程、构建勤敏少年培养模式的德育目标。成立良乡三小学生成长家校社协同促进会，助力校内教育教学提质增效。

提升教研水平。推进课程领导力项目示范性达标，完善“区—学校—教研组—青年教师”四级教研机制，明确研修任务，提高研究能力。以吴正宪成果推广为抓手，开展优秀课例“观、磨、展、改”四段式课例研修。以常态课堂为主渠道，提高育人质量。作为课程领导力优质样本校参加房山区三年课程领导力首轮答辩。承办中国教育学会“学生自我教育理论研究与实践探索”线上主题年会第三分论坛。

（许霞）

北京市房山区良乡第四小学

分两址办学，分别为瑞雪校区和滨河校区。固定资产总值 1879 万元，全年教育经费投入 4116 万元。8 月 23 日，滨河校区变更为独立为法人单位，为九年一贯制学校，更名为北京市海淀区教师进修学校附属房山实验学校。至此，原瑞雪校区为学校唯一校址，占地面积 11000 平方米，校舍建筑面积 5555 平方米，运动场地面积 3010 平方米。固定资产总值 1137 万元。学校有数字终端 274 台，其中学生终端 162 台、教师终端 112 台。教职工 62 人，其中高级职称 12 人、中级职称 24 人。专任教师 59 人，包括北京市骨干教师 4 人，北京市骨干班主任 1 人。本科以上学历 61 人。开设教学班 25 个。毕业 122 人，招生 135 人，在校生 947 人（包括随班就读生 2 人）。

2022 年，学校坚持学生中心、课比天大、友好相生的价值追求，坚持以五育并举下的课程建设为主要途径，确保教育质量。以“教育即呈现”办学思想的理论体系与实践体系构建为主线，优化管理，提高教育与管理科学性。

深化教育教学改革。加强学习研究，走好专业发展之路，提升专业精神、专业能力、专业水平。推进幼、小、中融通发展，以儿童完整成长为核心，打通关键环节，实现学生优质发展。发挥大拇指党建品牌、双金（金帆合唱团、金帆书画院）、全国体育示范学校等品牌影响力，优化校内育人环境。房山区义务教育阶段“双减”政策落实情况座谈会在学校召开，听取校领导“双减”落实情况汇报，2 名教师代表分别从班主任、体育教师视角作交流发言。深化劳动教育，举办小麦节等活动。发布“艺术之家”“健身之家”“书香之家”“和谐之家”系列大拇指家庭评选公告，通过评选促进家校协同。

（齐利敏）

北京市通州区中山街小学

占地面积 7048 平方米，校舍建筑面积 5789 平方米，运动场地面积 3804 平方米。固定资产总值 2616 万元，全年教育经费投入 3443 万元。学校有数字终端 547 台，其中学生终端 446 台、教师终端 101 台。教职工 92 人，其中高级职称 13 人、中级职称 38 人。专任教师 87 人，包括北京市骨干教师 4 人，北京市骨干班主任 1 人。本科以上学历 91 人。开设教学班 28 个。毕业 175 人，招生 214 人，在校生 1224 人。

2022 年，学校联合北京市通州区永顺小学成立中山街小学教育集团。9 月，原北京市通州区永顺小学更名为北京市通州区中山街小学永顺校区。

深化机制改革，推进品牌建设。集团深化党组织领导的校长负责制改革，举办“新时代师德建设形式与任务”师德师风教育活动；采取整体规划、专家引领、团队互助方式，构建专业教师队伍；完成“国培计划”党组织书记班“云端参访”接待工作。

落实“双减”政策，减负提质增效。开展“变教为学”项目研究，组织课堂教学联研、“槐园杯”课堂评优、集团校课堂教学展示，举办专家讲座、队伍培训 28 次。实施单元整体作业、探究性实践作业、跨学科项目式作业设计，将形成性评价与终结性评价相结合，建立主体多元、方式多样、素养导向的课程、课堂、课业体系。统整基础课程、拓展课程、卓越课程，设置“爱美”课程体系。推出菜单式课后服务课程 58 门、精品研修课程 27 门，在校生 987 人参加课后托管。

立足养成教育，坚持活动育人。做好月“标兵班”“文明班”评选，夯实良好习惯养成；上好开学第一课、法治安全课、健康教育课；开展学雷锋纪念日、劳动节、端午节等系列主题教育活动；借助升旗仪式、校园微视角公众号宣传党的二十大精神；举办“诵诗词经典 品唐风古韵”第三届诗词大会，办好校园线上艺术节、科技节、体育节。

智慧修心助力，家校协同育人。开设“青春期孩子的教育之道”“居家背景下的亲子关系建设”“读懂孩子，做好情绪管理”家长课程，引导家长关注学生身心健康，践行科学育儿理念；线上推送“智慧修心”家长课堂，分享“家校半月谈”。

（吴琦　李彩艳）

北京教育科学研究院通州区第一实验小学

占地面积 17195 平方米，校舍建筑面积 3680 平方米，运动场地面积 4311 平方米。固定资产总值 5105 万元，全年教育经费投入 7488 万元。学校有数字终端 254 台，其中学生终端 96 台、教师终端 158 台。教职工 180 人，其中高级职称 24 人、中级职称 71 人。专任教师 178 人，包括北京市骨干教师 6 人，北京市学科教学带头人 1 人。本科以上学历 179 人。开设教学班 58 个。毕业 274 人，招生 445 人，在校生 2713 人。

2022 年，学校落实“双减”政策，创新构建“发现·治理”机制，走向“自主、多元、平等、尊重、协商、协作”新型治理模式。学校获得全国生态文明教育特色学校。

7月5日，北京教科院通州实验一小开展"乐在发现 考中成长"活动 （北京教科院通州实验一小 供）

包括北京市骨干教师3人。本科以上学历185人。开设教学班64个。毕业427人，招生498人，在校生2958人（包括随班就读生3人）。

2022年，学校通过数据调研、家长会等形式宣传"双减"政策，构建学校服务育人功能新样态。

打造"品质"课堂。推进"5+15+15+5"（5分钟思维启动阶段，创设情境或激趣导入；15分钟思维兴奋阶段，设计学习活动促进高校参与和深度思考；15分钟思维回归阶段，进行基础性、提高性、拓展性练习；5分钟思维疲劳阶段，梳理重点），为教师开设行政进课堂、骨干开放课、新教师亮相课等9种常态课，提升教育质量，实现减负提质。

规范学科作业。针对作业布置对全校2900余名学生开展"我最喜欢的作业"调研，设计符合学生成长需求、个性化的作业。每班配置作业公示栏，由班主任整体协调作业量，学生担任班级调研员，向班主任汇报作业完成时间，提升学生自我管理能力。

提升教育教学水平。打造个性化答疑辅导空间，教师利用零散时间为学生答疑；骨干教师"答疑角"面向不同年级学生，解决学生探究类问题；全学科教师集中答疑，解决学生当天问题；学生互助答疑。研发学科类拓展课程、家长课程、同伴课程等。开展家长课程进校园活动，家长走进课堂参与教学活动。开设艺术、体育、信息化3类40余门社团课程，丰富学生课余生活。

（姜继龙）

创新教育培训，培养"四有"好老师。逐步构建系统化、科学化、精细化、多元化"四维化"教师培训模式。云端研修赋能，引领学习促发展，依托工作室、学科基地，实现协同发展。举办互联共研·提质强校——基于核心素养的课堂教学能力提升项目暨2022年春季学期启动会。北京教育科学研究院联合通州区教委、通州区教师研修中心以"聚焦单元教学 提升学科素养"为主题，对学校开展道德与法治、劳动技术2个学科的视导活动，引领教师明确"双减"工作的关键点与着力点。

聚焦"双减"工作，提升教育教学质量。深化教学常规管理，严把"备课+上课、作业+批改、分层+辅导"三关。聚焦"落实新课标理念 打造思维课堂"主题，开展微教研活动，提升教育教学质量。借助"大数据支持精准化教学""ASK项目"等10个项目，深化学校"项目+"教研策略，构建新课标引领下的高效思维课堂。线上教学期间开展课堂观察4个维度的专业活动，打造有特色、有系统的教学评一体化的思维课堂。依托"金鹏""金帆"等精品社团，探索"课后服务+阳光体育""课后服务+劳动教育""课后服务+科技教育""课后服务+艺术教育"创新模式，满足学生多元化需求。举办"落实'双减'政策 提升课堂教学质量"专家讲座，打造思维课堂，促进学生进阶式发展。开展以"世界节俭日"为主题的系列教育实践活动，提高学生的动手能力和创造力。

（陈军华）

北京市史家小学通州分校

占地面积4万平方米，校舍建筑面积3.06万平方米，运动场地面积1.76万平方米。固定资产总值17256万元，全年教育经费投入8043万元。学校有数字终端541台，其中学生终端298台、教师终端197台。教职工186人，其中高级职称33人、中级职称90人。专任教师174人，

北京市通州区张家湾镇中心小学

分五址办学，分别为张家湾镇中心小学校区和张家湾镇民族小学、张家湾村民族小学、枣林庄民族小学、上店小学4所下辖完全小学。5所学校总占地面积5.89万平方米，校舍建筑面积2.24万平方米，运动场地面积3.09万平方米。固定资产总值3820万元，全年教育经费投入9984万元。学校有数字终端98台，其中学生终端24台、教师终端74台。教职工213人，其中高级职称36人、中级职称94人。专任教师177人，包括北京市骨干教师1人。本科以上学历198人。开设教学班83个。毕业338人，招生470人，在校生2482人（包括随班就读生8人）。

2022年，学校培育全面发展的学生。注重教学质量过程监控和评价，每学期开展4次教学质量监控。举办"和美中国年"寒假作品展示活动、"常规教育月"主题活动、"红色精神永流传，做向上向善的新时代先锋队员"学雷锋

3月，张家湾镇中心小学开展常规教育月活动
（张家湾镇中心小学　供）

新时代文明实践志愿服务活动等德育活动。推进“一校一品”体育教学改革，组建足球、篮球、冰壶等体育运动队，举办校际足球联赛、冰壶联赛等活动。

加强教师队伍建设。开展班主任工作线上系列培训活动、《除数是整数的小数除法》案例分享交流会、“落实新课标，助力主体型课堂”新课标学习活动、“践行课标理念，融通算法一致性”主题研讨等教研活动。

（张海涛）

北京市顺义区石园小学

分两址办学，分别为本部校区和高部校区（借址）。2个校区总占地面积3.09万平方米，校舍建筑面积1.74万平方米，运动场地面积2.06万平方米。固定资产总值6102万元，全年教育经费投入10111万元。学校有数字终端894台，其中学生终端590台、教师终端304台。教职工184人，其中高级职称39人、中级职称84人。专任教师148人，包括北京市骨干教师3人，北京市学科教学带头人1人。本科以上学历174人。开设教学班74个。毕业330人，招生584人，在校生3005人。

9月，石园小学举办青年教师听评课活动
（石园小学　供）

2022年，学校立足学生核心素养发展教育观，以“爱和榜样”为行为标准，以“行为示范”为准则，坚持精神文化引导、制度文化规范、环境文化熏陶、活动文化培养，创设底蕴丰厚、朝气蓬勃、健康向上、特色鲜明的学校文化。

干部教师队伍建设。加强师德师风建设，组织教师学习《中小学教师职业道德规范》并将师德考核纳入量化考核，建立师德一票否决制。量化推门课、评优课、日常作业，涵盖全学科、全年段、全教师，借助市、区两级教研资源丰富教师研究渠道，开展全校大教研、学科小教研、青年教师集体教研、骨干教师引领示范等教学活动。

挖掘校本资源，完善课程体系。从“体育与健康”“修身与养正”“人文与社会”“科学与技术”“艺术与审美”5个维度出发，设置“基础类”“拓展类”“实践类”3个类别课程，达成“基础课程—校本特色—学科融合”3个维度进阶，借助课后服务、体育节、创意文化节等实践平台，提高学生综合实践能力。

（李静淼）

北京市顺义区东风小学

占地面积22539平方米，校舍建筑面积9131平方米，运动场地面积13911平方米。固定资产总值8152万元，全年教育经费投入8082万元。学校有数字终端338台，其中学生终端259台、教师终端79台。教职工86人，其中高级职称23人、中级职称52人。专任教师73人，包括北京市骨干教师2人。本科以上学历77人。开设教学班32个。毕业520人，招生734人，在校生1368人（包括随班就读生3人）。

2022年，学校秉承“基础教育育基础、体验教育蕴特色”办学理念，以党建带团建、队建、群众建设，各学科以“我如何在学科课程中融入二十大精神”为主题组织专题教研，落实课程思政，培育和践行社会主义核心价值观。

创新德育模式。构建“3456”红色育人体系，即上好开学第一课、在校每一课、离校最后一课“3节课”，发展党团队先锋队伍、班主任育人队伍、学校志愿服务队、家校社联合队伍“4支队伍”，用好党团队活动基地、校园文化基地、班级文化基地、红领巾广播基地、专题活动育人基地“5块基地”，构建理想信念课程、传统文化课程、道德教育课程、志愿服务课程、劳动教育课程、礼仪教育课程“6类课程”。

依托集团学研训。开展多学科“一起学新课标”系列活动。加快教师成长步伐，组织教师参与顺义区小学第三届“临空杯”成熟教师教学基本功展示活动，“以赛促教、以赛促研、以赛促学、以赛促改”深化教育改革，为教师搭建成长平台。开展义务教育课程标准学习培训活动。教师聆听专家讲座，通过自学和教研组共学等方式进行学习、领会新课标理念，探索新的教学思路，培养学生核心素养。集团举办首届“体验杯”教师知行论坛，组织全体干部教师交流新课标学习和实践、课后服务、线上线下教学中的思考和经验成果。

（孔玉会　穆丽平）

北京市顺义区西辛小学

教育集团分三址办学，分别为仁和校区、西辛校区和电大校区。仁和校区和西辛校区2个校区总占地面积3.68万平方米，建筑面积1.64万平方米，体育场（馆）面积1.45万平方米。固定资产总值8585万元，全年教育经费投入12469万元。学校有数字终端586台，其中学生终端260台、教师终端326台。教职工268人，其中高级职称60人、中级职称94人。专任教师221人，包括特级教师2人，北京市骨干教师3人，北京市学科教学带头人1人。本科以上学历238人。开设教学班90个。毕业408人，招生652人，在校生3500人。

2022年，西辛小学教育集团坚持“微光皓梦 幸福与共”队伍发展理念，实施“绽放自己，点亮生命”幸福田园教育，坚持“教师主体、质量为本、强化治理、服务育人”4项基本原则，激活教师主体潜能，照亮学生成长之旅。

教师队伍建设。启动读书行动，教师自主选书，学校统一订购图书1000余册，供教师自由选择，组织小组交流、全校展示。构建“计划一行动一观察一反思一修正后的计划一行动一观察一反思”成长循环。为教师搭建成长舞台，建立“关注日常传帮带”“变教为学有突破”“关注团队共发展”研修项目体系，定期组织幸福大讲堂、读书分享会、问题解决交流会、课堂变革研讨会等活动。

提高教育教学质量。制定《西辛小学教育集团内审工作制度》，完善《教师岗位职责制度》等系列工作制度。教学与科研联动，课题负责人、项目导师、学科教研员、学科领导共同组成学术团队，建立教研、科研、课程、培训四融合机制。教研组、年级组通过“巡课指导——教学分享——三轮听课”等课堂监控流程，开展系列听评课活动。

（马红莲）

北京市昌平区昌盛园小学

占地面积1.37万平方米，建筑面积1.16万平方米，体育场（馆）面积0.37万平方米。固定资产总值5321万元，全年教育经费投入5005万元。学校有数字终端661台，其中学生终端426台、教师终端235台。教职工143人，其中高级职称24人、中级职称67人。专任教师128人，包括特级教师2人，北京市骨干教师8人，北京市学科教学带头人1人，北京市骨干班主任1人。本科以上学历135人。开设教学班46个。毕业253人，招生312人，在校生1943人。学校有社团38个。

2022年，学校深化“一体两翼”一体化新发展管理格局，科学规划细化落实“双减”工作，整体提升党建工作、课程建设、养成教育、教学质量和后勤保障质量，塑造具有可持续发展素养的“健康、乐学、博雅、创新”学生。党总支立足学校实际，开展作风建设年系列主题活动，改进工作作风，提升服务学校发展能力。

加强队伍建设。时势变化锤炼优秀团队，具有大局意识、服务意识和协调意识。1名书法教师参加昌平区美术“双师课堂”教学示范课活动，与区内2所小学对接授课。组织数学团队9名教师与北京师范大学专家、昌平区进修学校教研员开展课题组活动，通过专业指导，提升教师课题研究能力。

学生培养工作。深化教育教学改革，提升教师专业能力，培育学生核心素养，继续开展“尊重”课堂教学研究。学校“向阳雏鹰啦啦队”17名队员参加全国啦啦操联赛总决赛，获公开儿童乙组——集体技巧（0级）自选动作第一名。举办“推广普通话，喜迎二十大”推普周、爱牙日健康教育、体育节等活动，通过活动培养学生的好习惯，丰富学习生活。

深耕德育工作。调整疫情常态下的学校德育思路、德育策略和应急管理机制。加强师德师风培训，规范全体教

10月11日，昌盛园小学举办田径运动会

（昌盛园小学　供）

职员工教育行为，将工作室作为班主任建设主阵地，提升班主任队伍能力与水平。开展特色德育活动，利用直播形式开展《预防青少年网络沉迷网络安全讲座》，让学生对过度使用手机的行为说“不”。举行线上家长讲堂活动，促进家庭与学校之间的教育合作。

（王京辉）

北京市昌平区城北中心小学

分四址办学，分别为中心校城北中心六街小学和城北中心三街小学、城北中心东关小学、城北中心西关小学 3 所完全小学。4 所学校总占地面积 2.91 万平方米，校舍建筑面积 1.93 万平方米，运动场地面积 1.03 万平方米。固定资产总值 7251 万元，全年教育经费投入 17083 万元。学校有数字终端 1095 台，其中学生终端 637 台、教师终端 458 台。教职工 314 人，其中高级职称 59 人、中级职称 152 人。专任教师 302 人，包括北京市骨干教师 4 人，北京市骨干班主任 1 人。本科以上学历 289 人。开设教学班 96 个。毕业 552 人，招生 682 人，在校生 4018 人（包括随班就读生 5 人）。

2022 年 8 月，学校与北京市昌平区城南中心小学共同组建成立北京市昌平区城北小学教育集团。学校以此为契机，继续发展“养正”品牌优势，深入探索实践“双减”政策下的教育教学工作。

加强干部教师队伍建设。发挥教师“教一评一训”一体化管理作用，全面落实新课程标准。先后开展“智慧引航向 携手向未来”系列校本培训，“良好习惯助‘双减’落地，进阶课堂促素养提升”教育教学专项督导、教育教学诊断与展示等活动，通过线上达标课验收、组长讲课标、青年教师系列培训等，规范教师教学行为，助推教师教学能力提升。开展“迎接党的二十大 培根铸魂育新人”师德教育月活动，各校分别举办教师节庆祝、师德师风教育警示大会、优秀教师表彰等活动，通过入校欢迎仪式、主题升旗仪式增强教师职业幸福感、责任感。

推进养成教育。依托“养正”文化体系开展劳动、中华优秀传统文化、心理健康等教育活动，深化教育教学综合改革。强化德育课程开发与管理，推动和完善“四有主题”教育；以习惯养成为工作重点，开展“扣好人生第一粒扣子”系列主题教育、“四有”好少年系列教育等活动；以体验教育为主要途径，组织开展“居家劳动小能手”系列劳动实践活动。加强心理健康教育，开展一个深深的拥抱、一个真诚的问候、一个有趣的故事、一个有价值的问题、一个美丽的瞬间“五个一”幸福锦囊主题教育活动，聚焦感恩、幽默、信仰等积极心理品质塑造。以学生体质健康评价标准为依托，开展线上线下竞赛活动。以服务促保障，提升学校安全卫生、招生毕业、行政办公和总务后勤服务保障水平。发挥示范引领作用，承办昌平区与顺义区小学数学联合教研活动，与内蒙古地区 2 所小学开展联合教研活动。

（王英）

北京市昌平区南口镇小学

占地面积 1.33 万平方米，校舍建筑面积 4346 平方米，运动场地面积 6011 平方米。固定资产总值 1002 万元，全年教育经费投入 2391 万元。学校有数字终端 286 台，其中学生终端 130 台、教师终端 156 台。教职工 67 人，其中高级职称 10 人、中级职称 30 人。专任教师 67 人，包括北京市骨干班主任 2 人。本科以上学历 60 人。开设教学班 21 个。毕业 100 人，招生 114 人，在校生 604 人（包括随班就读生 3 人）。

2022 年，学校加强依法治校和法治教育，确保学校安全稳定。开展“一对一帮扶”活动和微班会录课活动；依托“育人故事”“微信学习”平台，开设师德讲堂，讲身边的人，讲自己的事；通过微信公众号进行交通、禁毒、安全等教育。加强爱国主义教育和养成教育，开展“永远跟党走”教育实践活动。开展专家心理坐诊接待活动，班主任利用视频电话、一米线等方式完成谈心谈话 603 人次，家访普访率 100%。

推进课程教学改革。加强部编教材的使用研究，建设武术精品特色校本课程 STEAM。打造以学生为中心的生态课堂，促进教与学方式转变。整体提升教学质量和学生学科素养；加强学科德育、中华优秀传统文化教育和实践育人。以养成教育和劳动教育为引领，使学生心有所悟，德有所立。成立寒假作业部署工作小组，设计开发寒假学生活动手册，

9 月，城北中心小学德育教育月“烈士纪念日”主题教育

（城北中心小学 供）

围绕“新春+冬奥一起向未来”主题，设置“活动篇、运动篇、实践篇、评价篇”4项内容。开展“线上教研周”巡课活动，邀请区级教研员在线指导学科课程、主题班会、教研活动10余节。

创建安全、和谐、儒雅育人环境。家校共育管理走向制度化，制定《昌平区南口镇小学一体化德育体系建设实施方案》《昌平区南口镇小学“儒雅在线”十自学习公约》《昌平区南口镇小学“儒雅居家”十项午休公约》《昌平区南口镇小学“儒雅在家”十条疫情防控公约》。打造“六家机制”家校线上绿色通道，通过线上家访、家长坐诊、家教课程、家长会、家教讲坛、家教课题，提出“一人一策”沟通措施，发挥“1+一”家校共育线上心理坐诊团队作用，改善亲子关系。线上直播儒雅“心语室”推送6次心理辅导微课，邀请市级专家、区级特级教师和“五老助双减”教师举办专题家校培训。通过公众号，推送9期“线上升旗”、9期“儒雅之声”红领巾广播。召开“理解 陪伴 携手 创新”营造儒雅教育共同体、“‘疫’不容辞 安全守护”等主题家长会，表彰“儒雅家长”128人次、“儒雅家庭”63个。

（唐铭煜　姚丽媛　王岩）

10月，北航附小昌平学校开设“男生女生大不同”生理健康课程

（北航附小昌平学校　供）

北京航空航天大学附属小学昌平学校

分两址办学，分别为路松街校区和高教新城校区。2个校区总占地面积2.79万平方米，校舍建筑面积2.98万平方米，运动场地面积7200平方米。固定资产总值2524万元，全年教育经费投入1968万元。学校有数字终端228台，其中学生终端103台、教师终端125台。教职工82人，其中高级职称4人、中级职称6人。专任教师77人。本科以上学历77人。开设教学班28个。招生303人，在校生1072人（包括随班就读生1人），休学1人。

2022年，学校党建工作重点开展作风建设年主题教育、“党员微党课”“喜迎二十大”主题教育、“海、陆、空”三位一体国防教育展示等活动，强化党员思想建设、政治建设、纪律建设。教学工作结合“5+1”空间站（德、智、体、美、劳、情）特色育人体系，开展智慧空间站数学节、云端读书会等活动。以“智慧领航”教师成长课堂为抓手，搭建师资培养平台，培根固本新教师成长。落实“双减”政策和课后服务工作，优化学校管理，切实减轻学生学业负担。关注幼小衔接，开展“零起点”教学，制定符合学生年龄特点和心理需求的学习方案，促进学生健康、快乐成长。

德育工作。在“双德育课程”体系基础上，抓教师师德，育学生品德。以养成教育、劳动教育为主线，促进学生德智体美劳全面发展，把心理健康教育并为同等重要位置。开展“学雷锋劳动实践”“蔬菜种植”等劳动教育，“母亲节”“国际家庭教育周”等主题感恩活动，以及“清明节”“端午节”“喜迎党的二十大”等爱国主义和传统文化主题教育活动。定期举办班主任沙龙、班主任例会及培训，将德育工作与其他工作结合，密切社会、家庭、学校联系。

关注学生身心健康。开展“家校携手共护学生视力健康”近视防控宣传教育活动，开展学生视力筛查并登记建档。开展“拥抱春天，目浴阳光”家庭体育锻炼活动，倡导家长带领学生共同锻炼。开展大课间体育活动及多彩户外体育活动，保证学生每天一小时体育活动。举办营养健康宣传教育活动，开设“运动与营养”线上体育课程，举办“全面、均衡、适量——培养健康的饮食习惯”知识竞赛等。举办全体教师心理健康线上培训，提升教师业务水平；开设心理咨询室和心理辅导室，根据学生实际情况采取面谈、放松活动、沙盘游戏等形式开展针对性咨询辅导。开设“男生女生大不同”生理健康课程，让学生认识身体的重要部位，学会自我保护。

（常雨薇）

北京师范大学大兴附属小学

占地面积1.57万平方米，建筑面积0.97万平方米，运动场地面积0.71万平方米。固定资产总值1931万元，全年教育经费投入3765万元。学校有数字终端422台，其中学生终端249台、教师终端116台。教职工76人，其中高级职称19人、中级职称33人。专任教师70人，包括北京市骨干教师3人。本科以上学历75人。开设教学班26个。毕业131人，招生177人，在校生977人（包括随班就读生3人）。

2022年，学校推进文化建设、课程建设、制度建设，围绕“文化立校、文化名校、文化强校”内涵式发展办学思路，

4月24日，北师大大兴附小开展“怪兽生态种植园”开园暨5月劳动月启动仪式　　（北师大大兴附小　供）

构建全员育人德育工作体系。通过德育课程培养学生行为习惯，多样社团组建发展学生潜能，搭建学生成长和展示平台。从架构、建设、师资等多方面优化改善劳动教育课程，举办“劳动伴我成长　劳动创造未来”劳动月，“怪兽生态种植园”开园。

落实“双减”工作。加强作业设计与实施、“学习共同体”等项目研究，提升教学品质。探索“两操一课＋N社团＋全员体育”工作思路，开展绘本、戏剧、舞蹈、合唱等项目实践与探索，激发学生想象力、创造力、表现力。将天文课程作为科技教育品牌特色项目，引领学校各项工作发展。疫情期间，学校副校长1人研发线上科技课程150节，面向全区授课，惠及学生8万人。举办校长办学实践研讨会，围绕“当前小学生整体幸福感”主题组织研讨、论证，为办学提供建设性思考。

（方亮　赵闪闪）

北京市大兴区第八小学

占地面积9670平方米，建筑面积5050平方米，操场面积5500平方米。固定资产总值1944万元，全年教育经费投入4800万元。学校有数字终端460台，其中学生终端158台，教师终端174台。教职工96人，其中高级职称14人、中级职称47人。专任教师90人，包括北京市骨干教师1人。本科以上学历84人。开设教学班35个。毕业178人，招生239人，在校生1358人（包括随班就读生5人）。

2022年，学校以“双减”工作为重点，抓单元备课、备课常规检查，专家引领单元备课、大单元整体教学线上培训、集体备课促课标研读。有效监控课堂教学，以“推门课”“团队研究展示课”和“参与大兴区各项赛事”为抓手推动教学改革。坚持开展“潜源”工程，通过内部挖潜，外部开源方式，带领教师走出去向名校学习，请专家、教研员进学校举办讲座，开展听课指导。发挥团队优势、自主研修等系列举措促教师专业成长。对作业实行三级统筹管理，通过“每天作业公示表”监控和管理各班作业总量；加强作业检查及作业评价，强化学习过程、实践过程、过程性评价。“‘双减’背景下，小学英语单元整体作业设计与实施的研究”课题开题，围绕英语单元教学目标，在单元整体教学背景下设计整体单元作业，坚持课题研究时效性、系统性、创新性研究原则，提升学生英语核心素养。规范课后服务管理，统筹安排师资力量，做好服务答疑辅导，提高学校教育教学质量。召开体育改革新政策会议，解读《北京市义务教育体育与健康考核评价方案》，给出家庭锻炼方法和建议。以“创新改革思路”四个强化（强化“兴星文化”、强化“潜源工程”、强化“创新中心”、强化年级组“扁平化”）理念为指引，围绕“兴星”文化学校品牌建设，推进“1651工程”三年规划，分别以“景星课程”“骨干班主任成长营”促教师队伍建设，以“景星麟凤”学生活动为抓手，实现学校再起航、再发展、新突破年度目标。

（吴君涛）

北京市大兴区第五小学

分两址办学，分别为南校区和北校区。2个校区总占地面积12615平方米，校舍建筑面积9997平方米，运动场地面积6040平方米。固定资产总值3295万元，全年教育经费投入5508万元。学校有数字终端308台，其中学生终端168台、教师终端140台。教职工132人，其中高级职称28人、中级职称60人。专任教师122人，包括北京市学科教学带头人1人。本科以上学历129人。开设教学班43个。毕业240人，招生285人，在校生1625人（包括随班就读生2人）。

2022年，学校坚持立德树人根本任务，在“自然教育”办学理念浸润下，多措并举落实“双减”政策。提出以研促教、以赛促教、以评促教，课题引领、项目引领的“三促进两引领”教研准则，坚守“减负不减质”，在校本教研上下功夫，提升教师专业能力，实现提质增效，促进学校高质量发展。坚持五育并举，建构课程体系，突出德育特色，利用开学第一课、升旗仪式上好爱国主义教育课程；利用学雷锋、清明祭英烈等各项活动上好理想信念教育课程；开展全员体育，突出踢毽、跳绳特色，全面提升学生身体素质；劳动教育纳入学生培养全过程，完善劳动教育课程建设，做到劳动教育常态化。加强教学研究，召开深度学习教学改进项目研讨会，开展“转

变课堂教学方式 提升课堂教学效率”中芬高阶思维进阶项目实地调研等。

构建和谐家校关系，助力学生健康成长。完善三级家委会，引导家长支持学校规划建设、协调征集家长教育需求、配合参与学生活动管理。依托课后服务，创新家校社协同育人活动形式，邀请家长、社区志愿者、警务工作者走进学校开展安全、法律、心理健康等教育活动。举办周末大扫除等活动，坚持将五育并举落到实处。线上教学期间，通过每周“六个一”活动和主题班队会，在保证学习质量的同时帮助家长和学生缓解焦虑情绪。

（阎蕾　张苗　郭新玲）

北京市大兴区第二小学

分两址办学，分别为东校区和西校区。2 个校区总占地面积 2.06 万平方米，校舍建筑面积 1.15 万平方米，运动场地面积 1.01 万平方米。固定资产总值 4698 万元，全年教育经费投入 7396 万元。学校有数字终端 450 台，其中学生终端 161 台、教师终端 289 台。教职工 150 人，其中高级职称 20 人、中级职称 87 人。专任教师 142 人，包括特级教师 1 人，北京市骨干教师 3 人。本科以上学历 137 人。开设教学班 58 个。毕业 286 人，招生 397 人，在校生 2333 人（包括随班就读生 7 人）。

2022 年，学校推进“双减”工作，强化教研组研修，提高教学质量，控制学生作业量，分层实施学生课后答疑辅导，全员参与课后服务。开展校本教研，抓好常态教研，吴正宪数学团队、张立军语文团队、张艳清名师工作室定期开展研修活动。

立德树人。开展文明示范班评比、“三爱三节”主题教育活动，组织学校红领巾志愿服务队、蒲公英志愿服务队、家长志愿团队开展实践活动，举办“听习爷爷的话做生态文明建设的实践者”主题活动。开展班主任工作坊系列活动。关注学生身心健康，聘请心理咨询师来校为有需要的学生提供一对一心理咨询。举办“班主任领导力建设与情绪管理”主题培训活动。

五育并举。召开校级家委会和线上班级家长会，组织家庭教育讲座。举办艺术节、科技节活动，原创京剧《寒号鸟》《孰重孰轻》在中央广播电视总台“央视频”播出，《孰重孰轻》获北京市第 24 届学生艺术节金奖。举办庆祝建队 72 周年主题队日暨新队员入队仪式，开展红领巾奖章争章活动。举办校长办学实践研讨会，组织参会人员阐述对“情润教育”办学思想的理解和感受。

（王慧莲　许甜甜　尚明慧）

北京市怀柔区第一小学

占地面积 1.52 万平方米，校舍建筑面积 1.02 万平方米，运动场地面积 0.80 万平方米。固定资产总值 5081 万元，全年教育经费投入 6222 万元。学校有数字终端 325 台，其中学生终端 80 台、教师终端 245 台。教职工 155 人，其中高级职称 28 人、中级职称 70 人。专任教师 138 人，包括北京市骨干教师 2 人，北京市骨干班主任 1 人。本科以上学历 150 人。开设教学班 47 个。毕业 230 人，招生 327 人，在校生 1970 人（包括随班就读生 6 人）。

2022 年，学校明确“12345”的工作思路：“1”即明确“做有影响力的百年老校（是一所有故事的学校、是一所出人物的学校、是一所有质量的学校、是一所有精神的学校、是一所有特色的学校）”的目标；“2”即建设干部队伍和教师队伍 2 支队伍；“3”即用好课堂阵地、校园阵地、社会阵地 3 块阵地；“4”即实现精细化管理、民主化管理、规范化管理、科学化管理 4 项管理；“5”即落实发展的深度、发展的厚度、发展的知名度、发展的宽度、发展的力度 5 个维度。

加强两支队伍建设。打造高素质的管理团队，完善骨干教师发展规划，发挥骨干教师示范、引领、辐射作用。借助名师团队和 2 个校内名师工作室力量，促进教师发展。加强青年教师队伍建设，成立青年教师阳光学院，构建“五赋能”青年教师成长路径，即研修能量、团队能量、公益能量、体质能量、展示能量，促使青年教师将学习与实践由“外驱”向“内驱”转变。举办“聚力共成长 研究促提升”主题教研组展示活动，组织 14 个教研组展示基于教材（如大单元整体教学的研究）、基于教法（如何让学生有效获得、如何让学生有效参与课堂）等的研究。

立德树人。规范德育管理，构建德育课程体系；注重养成教育，开展多种形式的德育教育活动；推进劳动实践育人、强化家校社协同，将德育内容融入教育教学全过程。

4月19日，怀柔一小开设“少年密码学”课程

（怀柔一小　供）

加强学生心理危机干预，开展心理健康教育，建立“一生一策”心理档案。

打造科技、艺术特色。发挥科技、艺术副校长引领作用，打造人工智能学校特色课程和学校刻纸、合唱特色课程；传承航天精神，开展系列主题教育活动，少先队组织各中队观看红领巾学堂“中国飞天梦”，以“逐梦浩瀚天空 航天科技强国”为主题举办线上科技节。加强学校体育工作，举办篮球文化节、班级年级篮球赛、自编篮球操等特色活动，形成篮球教育特色。开展荷塘雅苑“秋颂”晨读活动，带领四年级学生寻找校园里的秋景。

（张晓清）

北京市怀柔区第三小学

分两址办学，分别为南校区和北校区。2个校区总占地面积2.21万平方米，校舍建筑面积1.31万平方米，运动场地面积1.25万平方米。固定资产总值2203万元，全年教育经费投入3641万元。学校有数字终端329台，其中新媒体技术设备60台、学生终端80台、教师终端189台。教职工191人，其中高级职称30人、中级职称70人。专任教师173人，包括北京市骨干教师2人，北京市骨干班主任1人。本科以上学历189人。开设教学班55个。毕业270人，招生495人，在校生1772人（包括外省市借读生27人）。学校有社团95个。

2022年，学校在“以爱育爱 美美与共”办学理念指导下，结合“尊重规律，变中求定，繁中求简，守正创新”工作思路，发挥教育教学主阵地作用和“互联网+”优势，推进“生态课堂”课程建设。学校创新成果获得区域认可，先后承办怀柔区课程改革现场会、怀柔区幼小衔接工作现场会、怀柔区“双师课堂”现场会等。学校被评为全国文明校园、教育部2021年度网络学习空间应用普及活动优秀学校。

构建高效“三槐e课堂”。线上教学期间确定“构建高效‘三槐e课堂’，向线上教学要质量”目标，打造健康率、在线率、在场率、达标率四高课堂。发布第三版教师线上教学规范，重点从统一模式、备课有效、熟练技术、规范流程、作业“双减”、课后关爱6个方面提出具体要求。开展全员全程全学科巡检，围绕技术应用及时发现典型案例、收集重点问题、对重点教师开展一对一指导，同时召开每日调度会，汇总问题、部署工作。开展系列主题研究活动，包括“三小老师放大招”“晒晒我的线上课活动”和“提升三率”专题论文征集3项活动。

培养慧信少年。举办“喜迎二十大 争做好队员”庆祝中国少年先锋队建队73周年、“榴光溢彩 劳动光荣”石榴节活动、长城文化节等活动，传承中华民族传统文化，培养学生做一个有责任、敢担当的新一代少先队员。开设“慧信学子看‘柿’界，劳动分享乐校园”第23届柿子节课程，通过一周实践活动，指导学生以校园内的柿子及柿子树为研究对象完成研究性学习。开展“战‘疫’有我 云端感恩”“国家公祭日”“全民消防安全日”等主题教育活动。

加大家校协作力度。指导各年级、班级召开各层级家委会会议，完善家委会工作网络。召开线上学习专题家长会，利用线上教学时间完成一轮线上家访。家长学校向家长推送《家有学童始劳碌》《居家学习如何养成好习惯》等专题家教知识讲座4期。开发家长资源，举办“家长课程”4场，丰富课后服务供给。

（赵艳芳 陈欣悦）

北京市怀柔区实验小学

占地面积3.30万平方米，校舍建筑面积1.86万平方米，运动场地面积1万平方米。固定资产总值12190万元，全年教育经费投入4073万元。学校有数字终端300台，其中学生终端100台、教师终端200台。教职工124人，其中高级职称21人、中级职称65人。专任教师107人，包括北京市骨干教师1人。本科以上学历106人。开设教学班37个。毕业228人，招生215人，在校生1386人（包括随班就读生3人）。

2022年，学校践行“童年愉悦”办学理念，以学生的可持续发展为本，打造愉悦教育品牌。借助北京第二实验小学名校资源，引进先进教育理念，创新学校管理模式，扩大校际交流，搭建更大平台。借助科学城等优质资源，开发科技教育项目，促进特色发展。构建家、校、社协同育人共

11月17日，怀柔三小迎接科技示范校创建验收

（怀柔三小 供）

同体，提升学校开放度、凝聚度、知名度。

向作业设计要质量、向特色要质量。通过参与实验二小总校爱慧师苑教研，建设生本对话求真累加课堂文化，在单元整体作业设计上下功夫，提升教师素养。制定《北京怀柔区实验小学作业管理细则》，把留作业作为一项重点工作研究实践落实。围绕“双减”下的单元整体作业设计开展学科教研大讨论，各学科根据学科特点制定形式多样的作业。其中，综合实践、劳动技术等学科布置动手操作、走访调查和实践性作业，让学生走进社区、走进食堂等，建立起作业与社会生活的联系。

9月29日，平谷四小开展“正确饮水，远离含糖饮料”健康教育课
（平谷四小 供）

打造体育特色品牌。提升体育课、体育大课间质量，利用统一的时间、规定统一的内容，尝试“零点体育”“课课练”等课程改革，通过展示、竞赛、评比等手段调动全校学生参与锻炼的积极性。做好家校沟通，班主任、体育教师加强学生家庭体育作业监督指导，配合积分成长手册及班级评价方式，开展亲子大赛、线上运动挑战赛等活动。发挥北京市乒乓球体育传统项目学校优势，加强课程建设、梯队建设，开设乒乓球校本课程，建立低、中、高精英社团。提出“小足球，大教育”校园足球理念，开发《怀柔区实验小学足球校本教材》，开设足球校本课程，各年级各班每周一节；加强足球社团梯队建设，聘请高水平足球教练，提升学生竞技水平。重视民族传统体育项目——毽子发展，安排毽子教学、成立踢毽社团。将跳绳运动与班级特色发展相结合，形成低、中、高年级梯队建设。班主任负责班级特色发展，体育教师给予技术指导，提高学生的运动兴趣和体质健康水平。

（吕永梅）

北京实验学校附属小学〈北京市平谷区第四小学〉

占地面积13340平方米，校舍建筑面积5325平方米，运动场地面积8500平方米。固定资产总值4310万元，全年教育经费投入4201万元。学校有数字终端313台，其中学生终端120台、教师终端193台。教职工107人，其中高级职称9人、中级职称52人。专任教师107人，包括北京市骨干教师2人。本科以上学历104人。开设教学班37个。毕业196人，招生223人，在校生1479人（包括随班就读生1人）。

2022年6月21日，北京实验学校附属小学复名为北京市平谷区第四小学。学校强化领导队伍建设。领导干部全部兼课，其中3人任教于考试学科、2人为北京市骨干教师。推行包年级、包学科制度，采取重点听、跟踪听、对比听等方式，每周安排三四节课，干部教师自由选择听课。

加强师德教育，强化教学管理。每学期修订完善后组织教师签订《师德承诺书》。组织学习教育部公开曝光的8起违反教师职业行为十项准则典型案例等。以魅力人物评选、教学先进个人、优秀班主任等为载体，树立身边榜样。包年级干部负责所包年级，组织教师开展常态听课、研读活动。明确备课、作业、监测、评价等具体规定，将学习贯彻与检查落实相结合。

开展家校共育，突出育人实效。举办《家庭教育促进法》主题宣传月，将任务分解责任到人，领导干部带头学、家委会先行学、学生深入学。在全国首届家庭教育案例征集活动中，1名家长获一等奖、5名家长获二等奖。开展“一起守护睛彩视界”健康月、亲子阅读线上经验交流等活动。在平谷区组织的“桃宝读书卡评比活动”中，选送的32张读书卡全部获奖，其中一等奖4个、二等奖5个。

坚持立德树人，实现活动育人。开展防范电信网络诈骗主题宣讲活动，提升师生、家长自我保护意识。举办“品红色经典 创书香校园”读书展示活动，传承红色经典。开发“正确饮水，远离含糖饮料”主题实践健康教育课，让学生养成健康饮水习惯。组织高年级10个班级，师生400余人开展“童心向党——‘绿谷红娃’唱支红歌给党听”主题教育活动，增强师生责任感和使命感。

（王彩霞 王静）

北京市平谷区门楼中心小学

占地面积10700平方米，校舍建筑面积3727平方米。固定资产总值1536万元，全年教育经费投入2444万元。学校有数字终端140台，其中学生终端30台、教师终端110台。教职工51人，其中高级职称7人、中级职称15人。专任教师36人，包括北京市骨干教师7人。本科以上学历53人。开设教学班13个。毕业50人，招生61人，在校生 319 人。

2022 年，学校推进“双减”工作落实，全面提高教学质量。开展作业改革、课后服务、教学改进活动，探索“以学生为中心”的“教学评改”一体化学习教学闭环模式。将教学设计、学习过程、作业反馈和教学改进整合成“教学评改”闭环体系，并将作业作为检验学习目标达成度的核心内容，迭代学校作业管理办法。引导教师在单元整体视角下，结合单元和课时教学内容、学情、学习目标，设计单元整组作业，为学生提供多维度作业选择。课后服务提供基础型学业辅导课程和个性化发展课程，提供 20 余门课程供学生选择。引进艺术、体育等专业机构，重在提升美育、体育实效。开辟“仔仔农场”，为学生提供学农实践场所。结合节庆日开展社会实践活动，在活动中培养学生的社会责任与担当。依托“创城”活动，创建美丽校园、美丽班级、美丽家庭，把“我为创城做贡献”和学习冬奥知识相结合，开展冬奥主题班队会，举办冬奥知识科普讲解活动。低年级期末质量测评实行“情景式综合评价”模式，以“萌娃迎冬奥，冰雪庆新年”情景式活动替代纸笔考试，创设“庆新年讲故事”“过新年爱生活”“新春年货我来选”等 8 个乐考项目。

丰富文化内涵。开展线上“同心战疫情　携手共成长”庆“六一”主题活动。利用钉钉直播，以“线上学习”颁奖、才艺展示、少先队知识竞答等方式线上庆“六一”。开展“仲夏赋雅趣，粽香端午情”活动，学生通过在家查阅书籍了解端午节和风俗习惯、绘制端午节小报、与家人一起包粽子等活动，增进对中国传统文化的了解。开设特色课程，将剪纸社团发展为校本课程，并将其打造为特色文化重点建设项目，挖掘剪纸文化的育人功能，将德育活动渗透到剪纸活动中，让学生在活动中熟悉剪纸、喜爱剪纸。开展“童心喜迎二十大　非遗文化共传承”活动，将红色元素融入学科中。

（樊泽峰　张国英）

北京市密云区季庄小学

占地面积 11827 平方米，校舍建筑面积 5728 平方米，运动场地面积 7320 平方米。固定资产总值 2611 万元，全年教育经费投入 3194 万元。学校有数字终端 660 台，其中学生终端 450 台、教师终端 210 台。教职工 76 人，其中高级职称 12 人、中级职称 32 人。专任教师 67 人，包括北京市骨干教师 1 人。本科以上学历 75 人。开设教学班 25 个。毕业 159 人，招生 135 人，在校生 1021 人（包括随班就读生 1 人）。

2022 年，学校全面贯彻落实“双减”政策，以发展和提升师生素养为核心，回归教学本真。

提升教育教学质量。抓牢教研组建设，建立校长、学科主任、教研组长、专任教师四位一体教研模式，深入开展教研活动，促进教师专业发展，每次教研活动按照学、行、展、悟、思 5 个步骤开展，通过线下、线上相结合，固定时间与碎片化教研相结合，围绕习惯培养、提高课堂效率、夯实教学基本功等主题开展课堂研究 20 余次。以课例研究为主要形式，通过“文本研读一微格研修一课堂观察一反思重构一实践改进一总结提升”6 步开展课堂研究活动。在课例研究中，统一使用“课堂教学评价表”，在课后研讨中，结合课堂观察分享发现和反思，找准切入点，整合观察成果，开展集体展示交流。

创新劳动教育。开发校内劳动基地，划分清洁区。利用好学校绿化区，把除草、除虫、施肥、浇水、修剪作为学生劳动锻炼的重要任务。建立“红领巾”志愿服务队，以“服务、管理、指导”为活动宗旨，发扬志愿者精神。把劳动教育课程融合到重阳节、中秋节、春节等重要节庆日主题教育活动中。开发校外劳动基地，组织学生参加清扫街道等公益性劳动，将学校南门左、右各 100 米和学校西门左、右各 100 米 2 个路段作为“红领巾一条街”，由各年级学生轮流参与路面清扫、公共设施清洁与共享单车摆放劳动。鼓励学生参加垃圾分类、桶前值守，

4 月 19 日，门楼中心小学举行“仔仔农场”揭牌、开耕仪式

（门楼中心小学　供）

每学期评选表彰垃圾分类小达人、劳动小明星、最美志愿者等。

（姚青山）

北京市密云区太师屯镇中心小学

除中心校外，下辖东庄禾小学、桑园小学2所完全小学和太师屯镇中心幼儿园、上庄子幼儿园2所幼儿园。5个校（园）区总占地面积4.93万平方米，建筑面积2.44万平方米，运动场地面积2.35万平方米。固定资产总值7837万元，全年教育经费投入5554万元。学校有数字终端500台，其中学生终端320台、教师终端180台。教职工174人，其中高级职称16人、中级职称82人。专任教师171人，包括北京市骨干教师1人，北京市学科教学带头人3人，北京市骨干班主任1人。本科以上学历161人。开设教学班36个。毕业137人，招生101人，在校生663人。

2022年，学校教育教学工作以“提质”为重点，从加强教学管理，发挥骨干作用等方面入手，切实解决教育教学中存在的问题，提高教育教学质量。

构建“至美”德育体系。围绕“至美德育”核心，依托“至美”德育管理队伍、“至美”班级建设、“至美”少年评价体系、“至美”家校协同教育课程4个聚力点，培养学生自信、自觉、自爱、自立、自强5个发展目标，构建方向正确、内容完善、学段衔接、载体丰富、常态开展、守正创新的“至美”德育课程体系。

夯实线上教学质量。各级骨干教师引领，保障线上教学质量。开展语文市级学科教学带头人课例示范，数学区级骨干教师和数学教师线上交流，校级骨干班主任班级建设提升教学质量经验分享等活动。全体班子成员进行线上听课、日常巡课、一对一反馈，建立规范的课堂秩序，有效的师生互动机制，提高教师的线上教学水平。举办线上跳绳比赛、唱好一首歌、晒晒自己的拿手菜等活动，把体育、美术、科学等课程上出学科特色。

开展“双师课堂”实践研究。依托试验区基地校，组织13名市、区级骨干教师成立11个小组，由骨干教师领衔，组织3所小学共同参与三方备课，开展11次“双师课堂”实践研究课，提升全体教师课堂教学能力，解决“双师课堂”推进过程中遇到的实际问题。

（王安）

北京市延庆区第一小学

占地面积2.67万平方米，校舍建筑面积2.05万平方米，运动场地面积1.74万平方米。固定资产总值5999万元，全年教育经费投入497万元。学校有数字终端827台，其中学生终端563台、教师终端200台。教职工183人，其中高级职称23人、中级职称64人。专任教师157人，包括特级教师2人，北京市骨干教师2人。本科以上学历183人。开设教学班60个。毕业299人，招生430人，在校生2456人。

2022年，学校秉承“让每一个孩子，都成为国家有用之才”办学理念，以“办全国闻名百年老校，育文武全才现代少年”办学目标，打造“1+1+N”文武课程，作为北京市党组织领导的校长负责制领导体制改革试点校，落实“双减”工作，推进新课程方案、新课程标准落地。

教育教学。组织不同层面教学研究，帮助教师全面了解义务教育课程修订总体情况，推进新课程实施落地。通过专家讲座、名师工作室引领、特级校长工作室培训等活动，深耕课堂，培育素养，践行新课程理念，推广优秀成功的经验，启发、引领教师共同发展。发挥骨干教师引领作用，搭设平台、提供展示交流机会，辐射带领全校教师提升教研、教学水平。开展小组合作学习示范引领、行政听课、课例研磨等，提升课堂教学质量，举办班主任基本功展示活动。

活动育人。以“诚敬敏毅16好常规评价”为抓手，开展爱国主义、民族精神教育，培育和践行社会主义核心价值观。抓实德育主题活动，挖掘德育教育深度；优化校园德育环境，完成创城工作；拓宽育人渠道，构建全方位育人网络，形成特色德育工作格局。面向一、二年级学生开展期末综合能力评价活动。开展“共筑冬奥梦·一起向未来”系列活动，让每名学生都成为北京冬奥会的参与者和受益者。

（王满）

10月25日，太师屯镇中心小学学生学做泡菜
（太师屯镇中心小学 供）

北京市延庆区第四小学

占地面积4.08万平方米，校舍建筑面积1.63万平方米，运动场地面积1.79万平方米。固定资产总值5338万元，全年教育经费投入434万元。学校有数字终端486台，其中学生终端208台、教师终端150台。教职工134人，其中高级职称18人、中级职称50人。专任教师115人，包括北京市骨干教师2人，北京市学科教学带头人1人。本科以上学历125人。开设教学班46个。毕业257人，招生311人，在校生1807人。

2022年，学校坚持“让每一个学生健康快乐成长，让每一位教师全面主动提高”办学理念，坚定“彰显生态教育特色，创建全国知名小学”办学目标，推进“八度评价小组合作学习型”生态课堂文化建设，关注师生共同发展，提高教育教学质量。

师资队伍建设。加强教育教学研究，开展年级组微教研、学段小教研、校级大教研，举办数学和语文学科小组合作学习高效课堂研究活动、青年教师基本功微格教学培训与展示活动等系列学科教研活动，11个学科分次展示研究课52节，并分学科开展组内研讨。通过青年教师说课比赛、课堂教学评优活动等促进教育能力提升。邀请7个学科11名研训员分14次来校，听评课指导课堂教学27节。举办第四小学教育集团计划研讨会，组织科学学科“观摩课例促进教学”说课活动和劳动学科“基于课堂教学实践的板块梳理”活动。

学生全面培养。立德树人，开展红歌比赛、垃圾分类、欢庆冬奥等系列教育活动，开展弘扬雷锋精神志愿服务活动，举办“诚信伴我成长”手抄报比赛。分年级开展社会大课堂活动，组织学生走进野鸭湖国家湿地公园、金粟种植合作社等地开展实践体验活动。建立特殊学生三级管理日常预警防控体系，开展家校协同干预机制保障学生身心健康。成立足球小组7个，成立速滑、花滑、旱地冰球、旱地冰壶、冰雪社团。开展校园安全教育系列活动，组织教师参加海姆立克防噎食培训，开展消防演练，组织各班召开“安全在我心中”主题班会，邀请属地派出所民警来校开展法治安全教育。

（崔小燕）

北京市燕山向阳小学

占地面积14469平方米，校舍建筑面积8452平方米，体育场（馆）面积5083平方米。固定资产总值2314万元，全年教育经费投入3861万元。学校有数字终端270台，其中学生终端139台、教师终端131台。教职工88人，其中高级职称6人、中级职称43人。专任教师86人，包括北京市骨干教师2人，北京市学科教学带头人1人。本科以上学历85人。开设教学班29个。毕业180人，招生191人，在校生1037人（包括随班就读生2人）。

2022年，学校梳理提升文化框架体系，共建“阳光培育真善美 坚毅担当向未来”核心价值观，办学方向更加明确。

3月，向阳小学举办班级足球联赛

（向阳小学　供）

加强师资队伍建设。完成新一轮校级骨干教师选拔，通过考核评选树榜样；成立以课题为引领的“课题研修共同体”，以骨干教师为榜样的“师徒研修共同体”，以新课程标准为准则的“跨学科研修共同体”，以“区学科基地”为载体的“数学学科研修共同体”，各研修团队以微课题、微讲座等形式开展主题教研活动。开展“师徒结对育桃李，培根铸魂育新人”师徒结对活动，36名学科教师结成师徒。

教育教学改革。利用校内外课程资源做到“一周一计划，一课一教案”。创新课程形式，对作业设计二维码、跨学科融合教学、大单元整体教学等开展探索和研究，并作展示交流；写字工程、阳光悦读、传统文化等主题教学实践活动秉承传统，提升学生综合素养。设计“寒假劳动清单”，学生通过照片、劳动日记、研究报告等方式记录劳动过程，评选出“劳动小达人”115人和“劳动实践活动先进班”10个，通过微视频和展板展示部分学生的劳动作品，树立典型。

（董永仿　郝明月　郭红娟）

北京市大兴区亦庄镇第一中心小学

占地面积22171平方米，校舍建筑面积15476平方米，运动场地面积7003平方米。固定资产总值5669万元，全年教育经费投入5643万元。教职工103人，其中高级职称15人、中级职称37人。专任教师100人，包括特级教师1人。本科以上学历101人。开设教学班40个。毕业122人，招生275人，在校生1296人（包括随班就读生3人）。

2022年，学校推进文化建设、课程建设、双向聘任、绩效分配、行政服务等各项工作，让教育变得生动。学校获评全国首批青少年可持续发展教育学校联盟校、全国奥林匹克教育示范学校，被认定为北京市首批中小学思想政治课示范基地、北京市党组织领导的校长负责制试点学校。

推进教育教学改革。结合新课程方案和新课标要求，围绕“一堂好课”，寻找好课，做到“每一天都是教研日，每一天都有公开课”。打造“有思考力”的课堂，让课堂体现学生真实获得和个性成长。教学围绕“课堂五问”，从学生出发再走向学生，从理解开始并呈现理解。开设“四季之美”主题课程，将四季融入综合性的项目课程，组织全校学生展开课程研究，带领学生走进身边的博物馆、展览馆、公园等，锻炼实践能力。

培育全面发展的学生。组织一年级全体师生开展童年百日行主题活动，通过百日盛装、百日回忆、百日感恩等活动，记录并展示学生入学百日成长。50 名学生登上央视音乐频道 2022 庆祝春节特别节目《合唱春晚》晚会，与歌唱家共同演绎《过年的歌》。举办“帐篷里阅读春天”第四季活动，推进全员阅读。举办“山楂红了，童年亮了”主题活动，通过观察发现、搜集资料、合作探究等形式，让学生在劳动中成长。

（张璐）

中学选介

北京市第二中学

占地面积 2.94 万平方米，校舍建筑面积 4.52 万平方米，运动场地面积 0.74 万平方米。全年教育经费投入 15533 万元。学校有数字终端 568 台，其中学生终端 320 台、教师终端 248 台。教职工 248 人，其中高级职称 115 人、中级职称 64 人。专任教师 219 人，包括特级教师 4 人，北京市骨干教师 7 人，北京市学科教学带头人 2 人。本科以上学历 219 人。开设高中教学班 46 个。毕业 390 人，招生 432 人，在校生 1187 人。高中录取分数线 650 分（东城区），应届高考本科上线率 100%。

2022 年，学校持续加强课程思政引领作用，突出育人实效。强化全体教职工“一岗双责”，开展“助教计划”“师徒结对”“导师带教”“青蓝杯——优秀青年教工评选”等工程，推动青年教师综合素质、专业化水平提升，通过“名师工程”“名学科基地创建”“领航计划”等提升教师专业能力。依托东城区“名学科”基地建设、东城区“青年成长营”工程升级推进，通过教育集团“教师发展联盟”共同体建设，逐步形成二中教育集团骨干教师、特级教师、正高级教师发展梯队，打造教育家型教师集群。深化“双减”背景下集团内外干部教师交流轮岗工作，教育集团内 3 所学校选派 16 名优秀教师交流轮岗。

立德树人，培育和践行社会主义核心价值观。挖掘学科课程育人价值，推出“对话二中”学校文化传承系列教育、“讲述二中教育故事”和“讲述二中优秀学子成长故事”活动，引导学生对话历史、认知当下、展望未来。做好协同育人，完善家校社共育机制，围绕文化传承、科技创新、法治教育等主题开展学生综合实践活动。规划完善学校艺术、科技、体育等各类社团发展。金帆舞蹈团 2 名指导教师及 39 名成员参加北京冬奥会开幕式前表演环节演出。

全面推进课程建设。建设和完善学校初高中一体化课程体系，围绕课程标准和学科核心素养，把研究过程与教学实践相结合，开展高质量学科教学研究活动，创新课堂教学实施，围绕课堂教学提质增效开展高效课堂研究，建立学校课程教学资源库。深化高中与大学人才协同培养机制，推动高中多样化特色发展。以学科基地创建为抓手，通过“领航计划”实施，推动“教研组教学研究力”和“教师课程育人实施力”的“双力”提升。

（薛丽霞）

12 月 24 日，二中传统科技节推出科技互动演示新模式
（二中 供）

北京市第一六六中学

分两址办学，分别为灯市口校区和东四六条校区。2 个校区总占地面积 2.12 万平方米，校舍建筑面积 2.46 万平方米，运动场地面积 0.64 万平方米。固定资产总值 8485 万元，全年教育经费投入 12756 万元。学校有数字终端 866 台，其中学生终端 366 台、教师终端 462 台。教职工 265 人，其中高级职称 98 人、中级职称 79 人。专任教师 232 人，包括特级教师 2 人，北京市骨干教师 4 人，北京市骨干班主任 1 人。本科以上学历 258 人。开设教学班 57 个（初中 33 个、高中 24 个）。毕业 609 人（初中 372 人、高中 237 人）；招生 771 人（初中 453 人、高中 318 人）；在校生 2090 人（初中 1233 人、高中 857 人），包

括寄宿生8人，随班就读生2人。高中录取分数线631分（东城区），应届高考本科上线率100%。

2022年，学校围绕质量立校，开启教育发展新征程。作为东城区生物名学科基地，承办“基于深度学习的单元教学设计与评价”北京市生物学科大会，3名教师呈现3节研究课，展示学校生物学科教学研究发展最新成果，发挥引领辐射作用，促进生物学科教育教学水平提升。举办首届“博雅杯”青年教师教学技能大赛，参赛青年教师献课近百节，15人入围决赛，6人获奖并形成成果。凸显“以学生为中心”管理模式。不定期更换上由学生书写的校牌，为有艺术特长的学子搭建展示平台。

（毋瑕）

北京市广渠门中学

分三址办学，分别为校本部、高三学部和初三学部。初三学部借用龙潭中学校舍上课，借用建筑面积0.18万平方米；校本部和高三学部2个校区总占地面积2.54万平方米，校舍建筑面积3.53万平方米，运动场地面积1.06万平方米。固定资产总值1.51亿元，全年教育经费投入1.49亿元。学校有数字终端1202台，其中学生终端371台、教师终端712台。教职工302人，其中高级职称105人、中级职称80人。专任教师286人，包括北京市骨干教师10人，北京市学科教学带头人1人，北京市骨干班主任2人。本科以上学历298人。开设教学班77个（初中48个、高中29个）。毕业733人（初中453人、高中280人）；招生745人（初中491人、高中254人）；在校生2246人（初中1469人、高中777人），包括寄宿生191人，随班就读生10人。高中录取分数线642分（东城区），应届高考本科上线率100%。

2022年，学校落实“双减”政策，推进教育改革。以项目式管理为抓手，辐射带动教师科研能力提升。推进校内项目申报60余项，内容涵盖课程建设、资源建设、备课组建设等。依据新课标开展跨学科主题活动设计与实施，完成小、初、高一体化课程设计，探索贯通培养新路径。尊重人的发展需求，主动调整德育管理模式，从被动应对的应急模式转换到主动筹划的系统模式，通过线上教师联席会、学情调查等形式完善年级、班级线上建设，展开学生分层、分类教育。与附属花市小学开展新中考下体育学科贯通课程建构联合研讨，解读北京市体育新中考方案，探索集团体育贯通课程有效实施路径。学校教学成果《宏志育人：办人人出彩的高质量教育》获北京市基础教育教学成果奖特等奖。

落实立德树人根本任务，深化课程改革。举行义务教育新课程标准学习与实践教学沙龙，围绕义务教育阶段课程方案主要变化，研讨教育培养目标、课程设置、实施细则等几方面内容，组织40余名教师分享单元教学的具体实施路径等。举办“喜迎二十大，科普向未来”系列科学实践活动，组织学生开展电子焊接、激光雕刻、3D打印等实践体验，综合运用科学、工程、技术等跨学科知识完成设计制造。观鸟社、3D打印社、电子社等科技社团招募新社员130人。

（贾玢　吴臻）

北京市第五十中学

占地面积2.79万平方米，校舍建筑面积2.42万平方米，运动场地面积1.01万平方米。固定资产总值8320万元，全年教育经费投入11059万元。学校有数字终端814台，其中学生终端297台、教师终端517台。教职工238人，其中高级职称103人、中级职称63人。专任教师181人，包括北京市骨干教师1人，北京市骨干班主任1人。本科以上学历234人。开设教学班48个（初中24个、高中24个）。毕业581人（初中330人、高中251人）；招生642人（初中327人、高中315人）；在校生1802人（初中956人、高中846人），包括寄宿生166人，随班就读生1人。高中录取分数线628分（东城区），应届高考本科上线率94.33%。

2022年，学校加强关于线上教学的校本教研，深入研究如何将线上教学优势发挥到最大化、教学内容与方法策略的适切性、精讲与精练的辩证关系等内容，通过“聚焦六个深入研究”，发挥教师主导作用，提高教学实效，提升教育质量。

加强学生心理健康疏导、生涯规划指导和思想引领。家校合作，校内外资源相结合，开展心理健康教育讲座、家庭教育讲座、居家学习生活、生涯规划和思齐教育相关主题班会，全体师生和家长共上开学第一课，组织开展初高三百日誓师和毕业典礼等主题教育活动。组织高一年级住宿生开展“‘寓’见精

10月31日，广渠门中学举办“博士姐姐讲诺奖”主题讲座活动

（广渠门中学　供）

彩，相伴成长”团建活动，将宿舍建成学习共同体、生活互助体。开展“云端”文艺展演活动，分设“赓续红色血脉”“传承优秀文化”“奋进新征程”3个环节，为3000名师生和家长搭建展示平台。

（张剑平）

北京汇文中学

分两址办学，分别为校本部和南校区。2个校区总占地面积6.18万平方米，校舍建筑面积7.42万平方米，运动场地面积2.11万平方米。固定资产总值9501万元，全年教育经费投入16598万元。学校有数字终端1111台，其中学生终端633台、教师终端421台。教职工315人，其中高级职称103人、中级职称85人。专任教师254人，包括特级教师2人，北京市骨干教师8人，北京市学科教学带头人2人。本科以上学历313人。开设教学班83个（初中51个、高中32个）。毕业652人（初中350人、高中302人）；招生773人（初中365人、高中408人）；在校生2825人（初中1746人、高中1079人），包括寄宿生46人，随班就读生2人。高中录取分数线644分（东城区），应届高考本科上线率100%。

2022年，学校推进教师队伍建设。推进“学校诊断”工作，直接了解学校发展真实状态和师生对学校工作的意见和建议，为教师个人成长、教研组与年级组建设提供第一手资料，开展教师培训21次，培训教师2000人次。多措并举提升办学水平，完善以课程为核心的拔尖人才培养体系建设，制定初高中一体化实施方案。坚持五育并举，将艺术、体育、技术教学模块化，拓宽学生选择空间，保障开足开齐艺术和体育类课程。重启“2022年北京汇文中学田径运动会暨中国田径协会大众田径健身达标校园系列赛”，设置11个竞赛项目和2个团体项目。推进教育优质均衡发展，组织干部6人、骨干10人、教师近100人开展跨校交流。

（王苗）

北京市第四中学

分四址办学，分别为高中校区、北海校区、广外校区和国际校区。4个校区总占地面积9.21万平方米，校舍建筑面积11.59万平方米，运动场地面积2.83万平方米。固定资产总值3.08亿元，全年教育经费投入2.60亿元。学校有数字终端1342台，其中学生终端605台、教师终端737台。教职工473人，其中高级职称172人、中级职称139人。专任教师359人，包括特级教师10人，北京市骨干教师6人，北京市学科教学带头人4人。本科以上学历461人。开设教学班113个（初中60个、高中53个）。毕业1139人（初中591人、高中548人）；招生1481人（初中808人、高中673人）；在校生4290人（初中2380人、高中1910人），包括高中寄宿生360人，随班就读生8人。高中录取分数线650分（西城区），应届高考本科上线率100%。

2022年，学校建校115周年，坚持党的教育方针政策，发扬优良传统，勇于创新，“苦干”加“巧干”，服务广大学生，“为党育人，为国育才”。围绕“提升学生自我学习能力、提供有针对性的帮助、提供学习小组平台”目标，继续加强集体备课，做到国家课程精细化处理，校本课程个性化设置设计。设计实施好学校必修课程。推进教学研究，提交西城区普通高中新课程新教材实施教育教学成果146项。“指向高阶思维培养的高中化学创造性探究教学实践与研究”获北京市基础教育教学成果奖一等奖、“体认中华人文精神　厚积家国情怀底蕴：北京四中人文游学课程的开发与实践”获北京市基础教育教学成果奖二等奖。

学生培养。形成学生处、年级组、班级组三级统一管理，整合日常管理、心理健康、学生团体、活动组织等方面工作，切实做到“全员育人，五育并举”。发挥学生发展中心作用，提升学校德育工作科研水平，重点解决学生心理、行为表现问题。做好生命教育、防治艾滋病教育、禁毒教育等工作，建起学生健康成长保护网。树立健康第一、终身体育的意识。

9月27日，汇文中学举办“2022年北京汇文中学田径运动会暨中国田径协会大众田径健身达标校园系列赛”（汇文中学　供）

9月29日，四中"希望与理想 回望与追寻"——课堂教学研讨会暨庆祝建校115周年活动线上线下同步举行 （四中 供）

用留体育家庭作业的方式，引导学生养成良好的锻炼习惯，有1～2项体育特长爱好。兼顾技能与修养、审美、欣赏能力双重提升，做好金帆合唱团、舞蹈团和国乐团建设工作。培养学生生活与学习的独立能力，提出针对学生在校劳动的具体要求、在家参与劳动的具体项目要求。1名学生获全国中学生天文知识竞赛一等奖，并入选2022年国际天文奥林匹克竞赛国家集训队。1名学生获"海亮杯"2021—2022学年全国中学生地球科学奥林匹克竞赛决赛金奖。高一年级举办"音·悦"主题线上音乐节，设置"芒种日暮""万物皆可奏"个人项目、"传声筒挑战"班级项目、"歌曲接力"年级项目。高中游泳队16名学生参加2022年北京市青少年游泳锦标赛获9金5银4铜，其中1名学生达到国家健将标准、16人次达到国家一级运动员标准、全部参赛项目均达到国家二级运动员标准；8名学生参加2021—2022京津冀游泳公开赛暨第八届全民游泳比赛，获冠军6个、亚军4个、季军3个；5名高二学生参加2022年IYSC青少年游泳挑战赛暨SWIMS成绩认证赛，获5金1银。

（王海明）

北京市第一五六中学

占地面积13868平方米，校舍建筑面积16974平方米，运动场地面积3027平方米。固定资产总值3284万元，全年教育经费投入7575万元。学校有数字终端565台，其中学生终端282台、教师终端283台。教职工155人，其中高级职称55人、中级职称43人。专任教师123人，包括北京市骨干教师1人。本科以上学历122人。开设教学班34个（初中18个、高中16个）。毕业345人（初中201人、高中144人）；招生458人（初中198人、高中260人）；在校生1222人（初中633人、高中589人）。高中录取分数线624分（西城区），应届高考本科上线率100%。

2022年，学校发扬培根铸魂精神，针对党员、干部群众开展不同形式教育，提高全体教职工政治判断力、领悟力和执行力。继续倡导"求真务实，不尚虚浮，竭智尽力，倾心治校"的干部工作作风，加强干部主人翁意识。将劳动教育作为课后服务重点课程建设，各年级开展家庭生活劳动、校园体验劳动、社区服务劳动等教育实践活动。以建校90周年为契机，梳理学校校园文化，总结办学经验。出版校庆纪念册、校友书画册，举办校庆学生书法作品展览。初中阶段数学、英语、物理学科实现分层走班教学，其他学科结合实际情况实现课内分层教学。

教师培养。更新教师教育观念，强化师德建设。通过全体会专家讲座、课题研究引领、教育教学年会总结梳理等方式，重新梳理教师教学策略，探索新的教育教学方法，达到减负增效目的。承办"为国育才，共筑未来——全员育人导师制的实践探索"西城区教育科研月分会场活动。导师制聚焦学生成长的思想困惑、心理不适、学业困境等问题，让学生在被关怀、被理解、被尊重中成长，在12个年级实施，指导学生1950余人。出版专著《全面育人 共筑未来——全员育人中学导师制的理论与实践》并推广。

推进改革。闭环落实五项管理，课后服务学生参与率日均92%以上。近半数学生可在校完成70%以上作业，20%学生可在校完成90%以上作业，学生作业日均总时长较"双减"前减少20%以上。学生睡眠时间增加近20%。优化教学管理，完善课程建设，持续推进北京市课程建设特色校建设工作。开展"双新"课题研究，落实新课标精神。推进"精实"教育特色实践，构建"精实"教育特色体系，成立领导小组和工作小组，邀请西城区教科院课程中心主任指导"精实"教育特色校创建方案制订。

（陈海东）

北京师范大学第二附属中学西城实验学校

占地面积9987平方米，校舍建筑面积11261平方米，运动场地面积5500平方米。固定资产总值3304万元，全年教育经费投入 5720 万元。学校有数字终端 297 台，其中学生终端 121 台、教师终端 176 台。教职工 120 人，其中高级职称 30 人、中级职称 32 人。专任教师 99 人，包括北京市学科教学带头人 1 人。本科以上学历 99 人。开设初中教学班 24 个。毕业 350 人，招生 326 人，在校生 992 人（包括随班就读生 3 人）。

2022 年，学校打造“培养良好习惯、发展核心素养”育人特色，努力培养“德智体美劳”全面发展的学生；建设“正己、敬业、爱生”的教风，培养师德高尚、业务精湛、充满教育情怀的专业化教师队伍。

4 月 4 日，六十六中 15 名少先队员站区级少年先锋第一岗
（六十六中　供）

德育工作。组织学习《中小学德育工作指南》《中国学生发展核心素养》《养成教育三年行动计划》等指导性文件，逐步形成校本德育课程方案。着眼学生发展核心素养，坚持以习惯养成教育为教育工作核心，推进《“四个良好习惯”培养方案》实施，结合学段学生特点开展年级特色的系列习惯培养教育活动。规划家长学校课程，推进家校合作，形成育人合力。

教育教学。建设学部，探索学部管理模式下教学部门的工作内容和流程制度化。落实有效教学理念，建立学生档案，为制订教学方案提供数据依据。组织专家听课团、教学质量评估小组开展课堂教学指导，利用“公开课”“展示课”活动发挥骨干教师带头作用。利用教育集团优势，参与“同课异构”历史学科教学研讨活动。邀请学科专家入校解读新课标。成立课程建设领导小组，优化整合课后服务与学校课程方案，搭建以国家基础课程、能力与发展课程、个性与审美课程为主要构成的课程结构，完善“6＋1＋活动课”课程体系。“初中一体化德育体系构建与校本实践研究”获批北京市教育学会“十四五”教育科研课题。

活动育人。举办校园艺术节、游园会等线上活动，缓解学生焦虑情绪。举办“喜庆二十大，承奥运精神，展青春风采”秋季运动会、“喜庆二十大　书画展情怀”书法绘画作品展览、名人进校园等线下活动，丰富学生学习生活。1 名学生获第 41 届北京市青少年科技创新大赛青少年科技创新成果竞赛一等奖。

（刘芳）

北京市第六十六中学

分两址办学，分别为枣林前街校区和白广路校区。2 个校区总占地面积 26702 平方米，校舍建筑面积 25123 平方米，运动场地面积 9951 平方米。固定资产总值 11790 万元，全年教育经费投入 12552 万元。学校有数字终端 952 台，其中学生终端 402 台、教师终端 550 台。教职工 275 人，其中高级职称 100 人、中级职称 76 人。专任教师 214 人。本科以上学历 272 人。开设教学班 54 个（初中 28 个、高中 26 个）。毕业 523 人（初中 346 人、高中 177 人）；招生 683 人（初中 326 人、高中 357 人）；在校生 1935 人（初中 1019 人、高中 916 人），包括随班就读生 11 人。高中录取分数线 590 分（西城区），应届高考本科上线率 83%。

2022 年，学校秉承“以人为本　为学而教”理念，“以学生成长”为中心，在学科纵深和真实情境中加强学科教学研究，建构课堂教学新模式，培养学生提高学习效率、解决实际问题的能力。

师资队伍建设。开展新教师工作模拟演练、新入职教师师徒结对、青年教师专业成长沙龙、教育改革与发展系列讲坛等活动。依托骨干教师展示课活动，邀请华南师范大学教授为青年教师作指导讲座，举办青年教师课堂观察报告竞赛。以“新课程新教材学科核心素养提升项目”为抓手，邀请专家指导专题讲座、跨学科教研等活动，更新教师专业知识，提升专业能力。组织教师学习新教材、新课程，落实学科核心素养。成立学术研究专业委员会，组建学科课程建设团队、课堂教学团队、教师发展团队 3 支校外专家团队，提高各学科教学实效，提升教师团队专业素养。“‘六立’模式党建品牌创建的实践研究”课题被评为西城区重点课题、北京市一般课题。

坚持五育并举。完善班主任例会制度、一日常规工作制度、德育处值班制度、班级五项综合评比制度、新任职青年教师德育岗前培训制度等，形成以制度管人、以制度培育人、以制度发展人的管理模式。利用例会时间组织主题班会观摩、班级建设经验交流、讲座培训等活动，加强班主任理论学习，强化专业技能培训。开展重大纪念日、传统节日主题活动、光盘行动、建队入团等年级主题德育活动。举办“遇见自己　预见未来”心理健康教育活动，开展安全素养专题讲座、宪法日宣传、火灾自救逃生演习等法治、安全宣传教育活动。举办秋季运动会、篮球比赛等体育竞技活动。开展志愿服务、班级卫生大扫除、家务劳动等劳动教育活动。

（陶小燕　董英姿）

北京市徐悲鸿中学

分两址办学，分别为高中校区和初中校区。自2021年9月起，初中校区在北京实验职业学校借址办学，与该校共用运动场地。2个校区总占地面积5891平方米，校舍建筑面积7554平方米，运动场地面积3446平方米。固定资产总值5045万元，全年教育经费投入487万元。学校有数字终端402台，其中学生终端82台、教师终端71台。教职工102人，其中高级职称32人、中级职称30人。专任教师88人。本科以上学历102人。开设教学班18个（初中6个、高中12个）。毕业178人（初中107人、高中71人）；招生232人（初中90人、高中142人）；在校生533人（初中143人、高中390人），包括寄宿生84人。高中录取分数线690分（西城区，含专业加试成绩），应届高考本科上线率74.6%。

2022年，学校构建“德育为先，五育融合”育人体系，培养学生坚定理想信念，厚植爱国主义情怀，践行社会主义核心价值观。坚持以美育人，以文化人，为学生终身发展打好思想道德、文化素养、美术专业技能基础。

教育教学。搭建教研平台，致力于教研组建设，提高教科研水平。推进和完成初一、高一和“1+3”试验项目班共3个年级视导工作，掌握起始年级学生学习状况和教师教学情况。完成西城区学科带头人和骨干教师公开课展示活动等教学重点工作，2个校区开课19节，涉及语文、数学、英语等8个学科，展示课题涵盖学科专题教学、应试题型指导、跨文化认知学科核心素养实践探索等方面，结合文化意识培养、态度价值观培养、实际社会生活等，突出授课教师对于学科核心素养的深层次思考以及在培育学生学科核心素养方面的教学尝试。推进“双新”项目课题建设，开展区级“双新”课题研究工作，完善科研工作机制。

美术特色建设。加强教与学研究与探讨，完善美术专业课程体系。提供优质课程服务，培养兴趣特长。鼓励教师开展范画教学，利用《美术学习手册》，加强学生美术学习过程监控。继续办好“我心中的大师”品牌课程讲座，提升师生审美素养。参加西城区第25届学生艺术节学生绘画类比赛展览展示活动，获一等奖7个、二等奖5个。3幅教师作品和7幅学生作品入选2022年北京市学生金帆书画院美术书法展示活动。举办“喜迎二十大 奋进新征程”书画作品展览，展示祖国和家乡日新月异的变化、党对人民群众的关怀以及人民群众对党的深情热爱与坚定拥护。举办“建党百年风华路 青力冬奥谱新篇”——冬奥特色主题创意作品展，并在学校微信公众号同步举办线上展览。

（刘玉娇　张群　廖紫云）

北京市中央商务区实验学校

分两址办学，分别为中学部和小学部。2个校区总占地面积10910平方米，校舍建筑面积8862平方米，运动场地面积4804平方米。固定资产总值3502万元，全年教育经费投入3251万元。学校有数字终端524台，其中学生终端337台、教师终端168台。教职工73人，其中高级职称20人、中级职称29人。专任教师67人。开设教学班13个（小学9个、初中4个）。毕业88人（小学28人、初中60人）；招生34人（小学16人、初中18人）；在校生202人（小学131人、初中71人），包括随班就读生1人。

2022年，学校以提高教育质量，促进学生全面而有个性发展，培养德智体美劳全面发展社会主义建设者和接班人为育人目标。

加强队伍建设。落实各级干部责任制，搭建教师发展平台。合理编制教师匹配课程内容，形成一支老、中、青相结合优秀教师队伍。评选“师德标兵”和“优秀共产党员”，制定设计教师发展规划。召开“三全育人，携手同行，‘双减’背景下家校合作”家长会，从“五节建设”“四维课堂”“二十四节气”等方面介绍“双减”育人举措。开展“学科核心素养背景下常态教学重点强化和教学难点突破实践”育人杯教育教学基本功校级展示活动等。

推进五育并举。加强德育培训，树立“人人是教育者，课课有德育渗透点”观念。加强社会公德和文明行为习惯养成教育，强化课堂德育和实践育人。以学

1月，徐悲鸿中学举办冬奥特色主题创意作品展

（徐悲鸿中学　供）

1月12日，中央商务区实验学校开展“萌娃迎奥运 一起向未来”活动 （中央商务区实验学校 供）

生发展为核心，构建班主任工作、日常工作、特色活动、体科艺卫工一体德育工作体系。家校协同，开展“与家长沟通的艺术”“新型家长会”“网络家长论坛”专题研究，形成新教育生态。

完善课程体系。构建学科核心知识和培养关键能力课程体系，从“健康身心、科学思维、人文情怀、艺术品位、智慧人生”等不同层次和维度系统设计课程框架。构建面向未来教育发展课程资源体系，探索线上线下相结合常态化供给模式。提升课后服务质量，整合教师资源，开展社团活动，分层答疑。

彰显文化内涵。积极开展文化、娱乐、体育活动。建设各学科教学资源库，完善图书馆、阅览室、电子阅读。开展心理关爱周活动，举办《居家抗疫，用“心”助学》《幸福陪伴，携手成长》《从容上阵，轻松备考》主题讲座；组织小学师生、家长163人参加“抗疫‘心’生活，一起向未来”5·25心理健康日线上心理关爱主题活动；表彰“抗疫先锋”57人、“居家达人”79人；三年级、五年级45名学生参加朝阳区《最强大脑秘籍——用视觉思维提升记忆力》积极心理线上直播课活动。

（王璟 李亚静）

北京市和平街第一中学

分六址办学，分别为高中校区、初中校区、莲葩园校区、朝来校区、奥运村校区和清友园校区。6个校区总占地面积102273平方米，校舍建筑面积77060平方米，运动场地面积49114平方米。固定资产总值23672万元，全年教育经费投入28684万元。学校有数字终端3093台，其中学生终端1894台、教师终端1154台。教职工619人，其中高级职称166人、中级职称174人。专任教师561人，包括特级教师9人，北京市骨干教师7人，北京市学科教学带头人2人，北京市骨干班主任1人。本科以上学历556人。开设教学班170个（小学70个、初中64个、高中36个）。毕业1155人（小学291人、初中448人、高中416人）；招生1446人（小学376人、初中594人、高中476人）；在校生5709人（小学2511人、初中1920人、高中1278人），包括寄宿生407人，随班就读生16人。高中录取分数线和平街高中校区611分（朝阳区）、莲葩园校区607分（朝阳区），应届高考本科上线率和平街高中校区100%、莲葩园校区93.02%。

2022年，学校落实立德树人根本任务，打造学生全面发展平台，促进学生健康快乐成长。细化与完善安全制度20项，加强师德师风建设和党风廉政建设，制定“大思政”育人工作体系实施方案。

德育工作。坚持开展“和德”课程教育、养成教育和校内外教育课程，提升学生道德认知，因地制宜开展校园文化建设。组织不同学段学生开展急救培训、航空系列活动、校内外劳动教育、各项志愿服务活动。举办思政教育实践活动——“和奥杯”时事辩论赛等活动。探索家校合作模式，各校区成立家长委员会，定期组织线上家长经验交流会，创编家教小报《和奥家书》，形成家校合力。

教育教学。构建以教法、学法、教师、学生协同和合为标志的“和合”课堂。完成“骨干教师”示范课92节次。举办第二届“和合”课堂大赛，全校初中学段14个学科298名教师参赛，完成大赛课422节次，教师跨学科听课2856节次。线上、线下开展跨校区教研活动，通过导师带教、教学沙龙、中青年教师协会等方式加强青年教师培养。全年开设校本课程322门。落实“双减”政策，创新作业设计和管理。

管理和服务。梳理完善规范行政管理制度和机制，确保管理规范、高效。完善校园各项设施微改造，完成各项常规维修、维护工作。开展安全系列教育，保证师生校园生活的平安。

（张晓红）

北京市陈经纶中学

分六址办学，分别为本部高中校区、本部初中校区、帝景分校校区、保利分校校区、保利小学北校区和保利小学南校区。6个校区总占地面积122444平方米，校舍建筑面积107422平方米，运动场地面积52764平方米。固定资产总值44103万元，全年教育经费投入30676万元。学校有数字终端3174台，其中学生终端1533台、教师终端1557台。教职工718人，其中高级职称185人、中级职称177人。专任教师677人，包括特级教师18人，北京市骨干教师18人，北京市学科教学带头人6人，北京市骨干班主任10人。本科以上学历709人。开设教学班

256 个（小学 151 个、初中 64 个、高中 41 个）。毕业 1390 人（小学 495 人、初中 573 人、高中 322 人）；招生 2195 人（小学 864 人、初中 788 人、高中 543 人）；在校生 8775 人（小学 5208 人、初中 2174 人、高中 1393 人），包括寄宿生 321 人，随班就读生 23 人。高中录取分数线本部高中校区 642 分(朝阳区)、保利分校校区 640 分（朝阳区)，应届高考本科上线率 100%。

9 月，北工大附中学科周活动组织学生制作模型 150 个
（北工大附中　供）

2022 年，学校致力于办人民满意的教育，构建以整分为核心理念、以矩阵为表现形式的立体化管理系统。

推进五育并举。落实“实施做人德育，创建青春校园”德育目标，开展多层级德育队伍培训，发挥德育育人功能，构建以“学生全面发展”为目标的自主管理模式。落实“全员参与、全面普及、深度推进、创建特色、打造精品”体科艺工作目标，实行一天一节体育课、艺术教育课程、科技特色课程。

提升教育质量。加强学科建设，以大教研组和备课组为抓手，推动学科小初高一体化建设。开展第二届教学成果奖评审，评选成果奖、提名奖各 4 个。召开落实“双减”工作大会，引领各校区系统思考、聚焦改革，形成各有特色“双减”工作“绝招”。召开“建设特色高中，实现高品质发展”研讨会，解读《陈经纶中学特色高中校建设规划》。

加强队伍建设。按照朝阳区教育系统第五轮“双名工程”实施意见要求，制订《名师工程实施意见》，将培养经纶“朝阳名师”、骨干名师团队建设、完善骨干名师支持和服务工作机制作为重点工作，通过多种方式，培养高质量骨干名师队伍。暑期系列校本培训期间，全集团 1800 余名干部教师参加全体教师培训、小学初中高中学段学科专题培训和德育与师德专题培训；213 名干部参加干部培训，400 余名干部教师参加科体艺学科专题培训，400 余名干部教师参加教师专业发展专题培训。

（罗军）

北京工业大学附属中学

分四址办学，分别为富力城校区、垂杨柳校区、首城校区和东校区。4 个校区总占地面积 135505 平方米，校舍建筑面积 82930 平方米，运动场地面积 50441 平方米。固定资产总值 34251 万元，全年教育经费投入 12214 万元。学校有数字终端 1176 台，其中学生终端 528 台、教师终端 618 台。教职工 371 人，其中高级职称 125 人、中级职称 124 人。专任教师 354 人，包括特级教师 9 人，北京市骨干教师 9 人，北京市学科教学带头人 1 人。本科以上学历 366 人。开设教学班 114 个（小学 34 个、初中 50 个、高中 30 个)。毕业 736 人（小学 110 人、初中 367 人、高中 259 人）；招生 1119 人（小学 184 人、初中 511 人、高中 424 人)；在校生 3826 人（小学 1083 人、初中 1634 人、高中 1109 人)，包括寄宿生 429 人，随班就读生 15 人。高中录取分数线 635 分（朝阳区)，应届高考本科上线率 100%。

2022 年，学校围绕“追求卓越工大附中、构建生态校园，着力内涵发展、营造和谐氛围，依法施教”，做好“新课改、新课程”落地。

队伍建设。教师队伍建设形成“领航人、师徒帮、新人长”基本模式，把好教师招聘关、做好教师校本培训、敦促经验型教师，通过师徒结对、项目引领、共同体成长等形式培育新人。3 月，东校区 3 名教师参加学区交流轮岗，1 名市级骨干教师参加需求导向骨干教师轮岗项目；9 月，义务教育（小学）交流轮岗到集团校 5 人（全职 3 人、兼职 2 人)，东校区 5 名教师参加学区轮岗，垂杨柳校区 4 名教师参加集团校轮岗。

五育并举。德育课程建设以“人文奠基、科技领航”为指导，逐步实现德育工作“系列化、专业化、阵地化”。细化“十二年”一贯德育教育体系，小学从习惯培养到兴趣培养、初中从行动培养到志趣培养、高中从意志培养到生涯规划。召开体育工作大会，明确学校体育教育重要地位和工作目标，并从课程和活动 2 个方面进行论证。

教学工作。抓好常规管理、做好质量监控、加强项目推进、促进融合发展。小学教学重点围绕“乐学乐考”在探寻中激发学习兴趣；初中教学重点围绕“高效课堂”在探索中提升学习能力；高中教学围绕“教学质量年”活动，在综合多样中探究形成成长力量。

（彭志辉）

北京市朝阳外国语学校

分十一址办学，分别为小学部 414 校区、小学部卧龙校区、小学部 232 校区、小学部风林校区、小学部来广

5月至12月，朝阳外国语学校学生手工制作红船
（朝阳外国语学校 供）

营校区、小学部润泽校区、初中部203校区、初中部亚运村校区、初中部来广营校区、高中部校区和住宿部217校区。11个校区总占地面积123623平方米，校舍建筑面积88298平方米，运动场地面积53409平方米。固定资产总值45938万元，全年教育经费投入33360万元。学校有数字终端2683台，其中学生终端988台、教师终端1561台。教职工767人，其中高级职称86人、中级职称212人。专任教师722人，包括特级教师1人，北京市骨干教师6人。本科以上学历764人。开设教学班306个（小学211个、初中71个、高中24个）。毕业1801人（小学879人、初中697人、高中225人）；招生2497人（小学1344人、初中927人、高中226人）；在校生11320人（小学8198人、初中2472人、高中650人），包括寄宿生103人，随班就读生16人。高中录取分数线642分（朝阳区），应届高考本科上线率100%。

2022年，学校以学习贯彻党组织领导的校长负责制和筹备升建党委为契机，加强多样化特色化建设和拔尖创新人才培养工作，落实立德树人根本任务。将理想信念教育、社会主义核心价值观教育、中华优秀传统文化教育、生态文明教育和心理健康教育融入课堂、校园文化和实践活动，发挥少先队、共青团、业余党校组织教育功能，提升德育工作实效。

教学工作。落实“双减”政策，提高线上线下教学质量，组织常态化教学常规检查，探索小初高一体化拔尖创新人才培养体系，学科课程单元教学设计和课后作业形成学校特色。全年组织42名教师参与集团交流轮岗，其中市级骨干教师3人（占比7%）、区级骨干教师17人（占比40.5%）、校级骨干教师7人（占比16.7%）。开展集团学习研讨教学交流展示活动，各校部及北苑分校以教研组为单位组织研修，围绕主题单元作教学研讨课16节、学科组教研活动8场次和阶段性教学工作总结8场次，促进教师互动交流。

科研工作。持续加强五育并举研修，邀请专家指导跨学段教师研修35场次，指导小学段43场次、初中段9场次、高中段50场次，涉及学科教学、课题研究、课后服务等领域。学校“基于核心素养的高中数学教学策略与方法的行动研究”项目中，7名数学骨干教师参加全国数学教学专题培训、承担国家级研究课。

队伍建设。选拔提聘中层干部13人。发挥骨干教师引领示范作用，初步形成“骨干先行，全员联动”局面，767名教师完成校本培训7次。开展教研活动和研究课，以研带学，以研促学，提升教育教学科研能力。评选校级“青年五四奖章”获得者52人。

五育并举。初二年级开展“夏日激燃，燃跑一夏”暑期线上马拉松活动，借助手机记步软件计数，完成42公里跑步任务。高中部代表队获第八届北京市中小学生辩论赛高中组冠军。高中2支队伍获2022年第八届国际数学建模挑战赛（IMMC）国际赛一等奖、2支队伍获中华赛一等奖、3支队伍获中华赛二等奖。

（王学美）

对外经济贸易大学附属中学（北京市第九十四中学）

分两址办学，分别为高中部和初中部。2个校区总占地面积56530平方米，校舍建筑面积43129平方米，运动场地面积18746平方米。固定资产总值19578万元，全年教育经费投入9682万元。学校有数字终端1507台，其中学生终端416台、教师终端291台。教职工203人，其中高级职称69人、中级职称60人。专任教师192人，包括特级教师6人，北京市骨干教师5人。本科以上学历191人。开设教学班51个（初中20个、高中31个）。毕业442人（初中168人、高中274人）；招生634人（初中212人、高中422人）；在校生1717人（初中654人、高中1063人），包括寄宿生140人。高中录取分数线621分（朝阳区），应届高考本科上线率97%。

2022年，学校细化拔尖创新人才培养工作方案，推行“学科+生涯”双导师制度，制定“学业+特长”双驱动人才培养模式，高中部获“朝阳区教育教学质量特别奖”，初中部获评“朝阳区教育教学质量优秀校”。民主管理见实效，发挥《教职工代表大会制度》《学生校长助理制度》《“九五”家校社育人共同体机制》等工作机制优势，35名教职工参与校务会议事，高中学生通过“心语信箱”建言献策300余件，学校回信17次，召开家校邀请对话会28次。

课程体系建设。以“体育与健康”为基础，以“科学

12月7日，贸大附中学生在家制作花馍
（贸大附中　供）

与技术”“人文与社会”“艺术”为主体，以“综合实践”为路径，实现“全面发展、学有所长的幸福公民”培养目标。初中部立足“双减”开发课业辅导类、综合素养类、实践体验类、主题教育类4类26门课程，师生参与率100%。高中部完善人本课程，形成体育教育、生物科学实践、劳动教育等校本特色课程体系。构建“中心—教研组—备课组—教师”课堂教学质量4级监控体系，完成线上线下教研沙龙90场次，各级研究课、示范课182节，区级以上研究课32节。

发挥引领辐射作用。选派2名教师分赴青海、内蒙古完成支教任务。通过线上讲座、资源共享深化与甘旗卡第二高级中学、陕西西乡县的教育结对帮扶。发挥学区理事长校职能，牵头组建“望京学区课后服务工作群”，召开学区基础教育工作研讨会，完成“十佳文化节”“立德树人”成果学区推选，与望京街道联合举办“魅力冬奥知识传播”“美绘冬奥手拉手”活动，协调56名教师参与学区、集团交流轮岗。

（尹帅）

中央美术学院附属实验学校

分三址办学，分别为高中校区、初中校区和小学校区。3个校区总占地面积39855平方米，校舍建筑面积31835平方米，运动场地面积16894平方米。固定资产总值17770万元，全年教育经费投入784万元。学校有数字终端853台，其中学生终端320台、教师终端327台。教职工251人，其中高级职称54人、中级职称82人。专任教师231人，包括北京市骨干班主任2人。本科以上学历250人。开设教学班59个（小学24个、初中19个、高中16个）。毕业267人（小学117人、初中101人、高中49人）；招生348人（小学83人、初中117人、高中148人）；在校生1398人（小学622人、初中391人、高中385人），包括寄宿生167人，随班就读生11人。高中录取分数线519分（朝阳区），应届高考本科上线率90%。

2022年，学校以立德树人为根本任务，围绕线上线下教学、课后服务、减负提质等工作，继续提升办学内涵和特色品质。在整体教学观视域下，系统设计单元教学，倡导基于学科素养提升实践性学习。开展“双新”理念教与学改革，构建“五育并举，以美育人”十二年一贯制“尚美”课程体系。小学线上教学探索“直播课+自主实践”模式，开展评优课、教学质量月活动和单元教学及作业设计研究，课后服务开设综合素养提升课。初中以构建课堂教学新模式为立德育人根本途径，组织赛课、创新研究课，作业管控、课后服务推动“双减”提质增效。高中执行线上教学规范和巡课制度。3个校区分别组织非毕业年级学生997人观看“天宫课堂”第二课直播，扩充学生航天知识储备，提升科技学习兴趣。

提升特色发展水平。分层开展校本研训，落实信息应用提升等专题网络培训。高中美术“尚美”课程分造型、设计、书画3个方向，涉及素描、速写、色彩、造型基础、设计思维、传统水墨、创意水墨、书法8个领域。开展艺术教育图书分享活动，29名美术教师分享29册艺术书籍，为美术教学技术革新提供新思路。举办美术部多肉实物及绘画专题展览，展出围绕55盆多肉盆栽创作的42幅绘画作品。组织初一、初二年级师生为高家园社区居民楼绘制彩色楼道，36人完成7个墙面绘制。开展校园井盖换新颜绘画活动，小学、初中、高中部美术组教师带领非毕业年级

10月18日，中央美院附属实验学校为高家园社区居民楼做楼道墙面彩绘
（中央美院附属实验学校　供）

学生设计 191 个图案，绘制 174 个井盖，382 人参与活动。“一场秋日邂逅”秋季校园风景写生活动组织“1+3”班初始年级和高一、高二年级 12 个班 300 名学生创作 300 余幅秋意色彩作品，2 次被刊登在《现代教育报》上。

（黄春丽）

北京市丰台第八中学

分两址办学，分别为北大地校区和中海校区。2 个校区总占地面积 1.84 万平方米，校舍建筑面积 1.44 万平方米，运动场地面积 0.70 万平方米。固定资产总值 2346 万元，全年教育经费投入 6407 万元。学校有数字终端 559 台，其中学生终端 277 台、教师终端 282 台。教职工 141 人，其中高级职称 30 人、中级职称 45 人。专任教师 120 人，包括北京市骨干教师 1 人。本科以上学历 137 人。开设初中教学班 37 个。毕业 390 人，招生 389 人，在校生 1234 人（包括随班就读生 29 人）。

2022 年，学校从发展学生核心素养出发，融合“德智体美劳”全面育人总体要求，构建以“健身心，尚品德，善学习，懂合作，求创新，会审美”6 项能力目标为核心，以“涵养、致知、力行、超越”为培养路径的至真课程体系，分为基础课程、拓展课程和个性课程。基础课程包含国家课程和地方课程，拓展课程为校本课程，个性课程重在特色课程的纵深研究和实践。

教育教学改革。围绕“培养知行合一的新时代至真少年”育人目标，优化课程供给，推进“双减”政策落地。承办北京市中小学课程整体育人交流研讨会，展示学校“双减”背景下课内+课后服务课程整体育人的创新实践。围绕课堂深度观察、新课标、项目式教学等主题举行学习共同体研究活动。学校获评 2021—2022 学年度北京市基础教育课程建设先进单位。推进教师队伍建设，成立骨干教师工作室，借助“骨干教师同步课例在线”录课项目，开放骨干教师课堂。在 2022 年“师慧杯”比赛中，4 名教师获一等奖。

德育一体化建设。举办“学习二十大 奋进新征程”系列活动、“花好月圆迎中秋，春华秋实颂师恩”感恩教师活动、传统文化节日体验等活动。开展系列心理讲座、预防及应对校园欺凌讲座、国家安全日宣传教育等活动。学校戏剧社团、篮球社团、生态饲养观察摄影社团被评定为丰台区特色社团。

（李亚娟）

北京市第十二中学

联合学校总校分十二址办学，分别为本部校区、科丰校区、钱学森中学、南站学校、附属实验小学、附属实验幼儿园、朗悦学校、北京第五实验学校、太平桥学校、槐房小学、丽泽国际学校和铭品校区良乡小学。本部校区、科丰校区、钱学森中学、南站学校、附属实验小学和附属实验幼儿园 6 个校区总占地面积 17.63 万平方米，校舍建筑面积 15.17 万平方米，运动场地面积 4.65 万平方米。固定资产总值 84454 万元，全年教育经费投入 28454 万元。学校有数字终端 4515 台，其中学生终端 3288 台、教师终端 1227 台。教职工 638 人，其中高级职称 159 人、中级职称 179 人。专任教师 533 人，包括特级教师 22 人，北京市骨干教师 11 人，北京市学科教学带头人 2 人。本科以上学历 512 人。开设教学班 140 个（小学 34 个、初中 60 个、高中 46 个）。毕业 1225 人（小学 149 人、初中 550 人、高中 526 人）；招生 1555 人（小学 222 人、初中 693 人、高中 640 人）；在校生 5028 人（小学 1195 人、初中 2127 人、高中 1706 人），包括寄宿生 902 人，随班就读生 6 人。高中统招 02 专业钱学森航天实验班录取分数线 655 分（丰台区）、01 专业普通班录取分数线 650 分（丰台区）、03 专业钱学森学校录取分数线 634 分（丰台区），应届高考本

10 月 14 日，丽泽国际学校举办首届体育文化节

（十二中　供）

科上线率 99.40%。

2022 年，十二中联合总校构建发展新格局，发挥管理职能，实现优质资源共享。北京市第十二中学钱学森学校更名为北京钱学森中学，北京丽泽国际学校启用，北京第五实验学校开始招生，十二中园博园校区开始筹建，太平桥学校、槐房小学加入总校。学校选派 8 名骨干教师承担北京第五实验学校教育教学工作，选派优秀干部担任太平桥学校校长，教师跨校区、跨学段执教成为新常态。北京十二中青年教师“论学班”开班，培养高素质青年教师。

扩大优质教育辐射范围。携手河北省保定市莲池区和美学校开展常态化联合教研，承担内蒙古自治区组团式帮扶工作。先后选派干部赴拉萨北京实验中学和内蒙古兴安盟扎赉特旗音德尔第三中学承担援藏、援蒙任务。开展远程教学和课堂研讨，实现资源共享、优势互补。

学生培养。坚持立德树人，开展“展示支部风采 传播榜样力量”系列活动，朗悦学校组织 12 名少先名队员在天安门广场站首都少年先锋岗，科丰校区校团委在“五四”青年节开展团日活动，本部校区高一年级各班开展“青春向党，勇敢筑梦”“七一”建党节德育早课，钱学森中学高一年级举办“告白党的二十大 青春礼赞诵华章”原创诗歌朗诵大赛。2 名学生获北京市中小学师生信息素养提升实践活动科技之星奖。学校健美操队获全国啦啦操联赛（北京站）3 项第一名。

（刘志强　周洋）

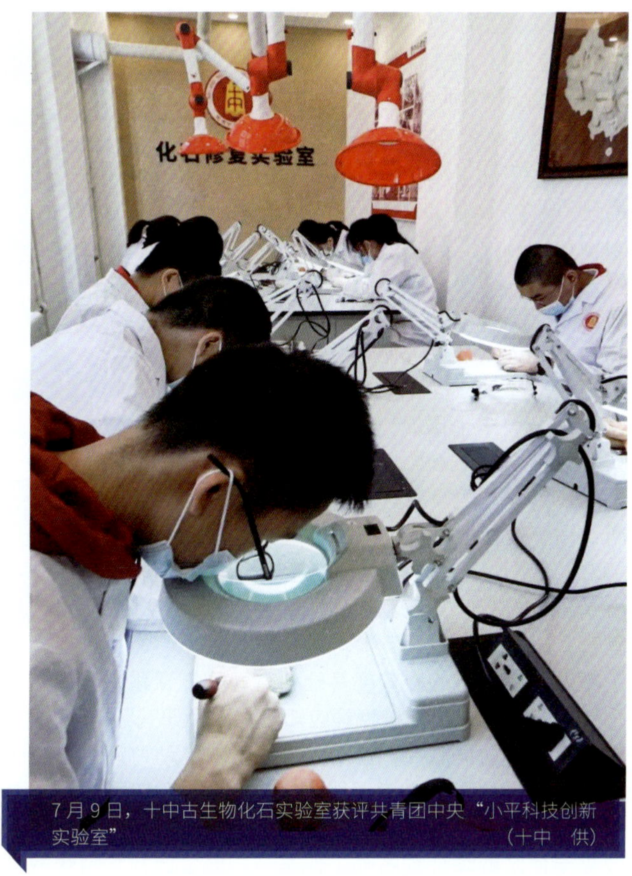

7 月 9 日，十中古生物化石实验室获评共青团中央“小平科技创新实验室”（十中　供）

北京市第十中学

分三址办学，分别为高中部校区、初中部校区和新疆班校区。3 个校区总占地面积 5.77 万平方米，校舍建筑面积 1.24 万平方米，运动场地面积 1.66 万平方米。固定资产总值 7553 万元，全年教育经费投入 13100 万元。学校有数字终端 864 台，其中学生终端 487 台、教师终端 377 台。教职工 240 人，其中高级职称 94 人、中级职称 80 人。专任教师 229 人，包括特级教师 5 人，北京市骨干教师 5 人，北京市骨干班主任 1 人。本科以上学历 237 人。开设教学班 46 个（初中 18 个、高中 28 个）。毕业 452 人（初中 188 人、高中 264 人）；招生 504 人（初中 210 人、高中 294 人）；在校生 1450 人（初中 614 人、高中 836 人），包括寄宿生 393 人，随班就读生 3 人。高中录取分数线 617 分（丰台区），应届高考本科上线率 86%。

2022 年，学校推进集团化办学进程，制定集团化办学发展策略。承办北京市第十中学晓月苑建设工程项目、国望府配套中学。北京市丰台区长辛店第一中学、北京市丰台区卢沟桥第一小学、北京市丰台区卢沟桥第二小学、北京市丰台区长辛店中心小学纳入北京市第十中学教育集团；京城置地配套小学由卢沟桥一小承办，纳入北京市第十中学教育集团。学校形成一校十址格局，实现区域教育内涵发展，打造河西教育新高地。

教育教学。依托教研组开展团队学习，研读新课程标准，以任务驱动为主线，以案例分享为载体，形成“教一学一研一展”一体校本研修模式。在教研评价上，从静态的结果性、选拔性评价转变为动态的发展性、增值性评价。推进教育信息化建设，强化人工智能对于教育的支撑作用，推进课后服务“加减”系统工程。以“钟鸣计划”为依托，以“创新人才班”为切入点，探索育人方式新形态、新生态。

活动育人。多样化社团活动满足学生特色发展需要。古生物科学探索实验室入选共青团中央“小平科技创新实验室”建设项目。举办“喜迎二十大，科普向未来——北京市第十中学教育集团科普月”活动，汇报学校科技工作成果。与北京丰台文化旅游集团有限公司签约合作，共同发挥地域优势，挖掘教育资源，为学生搭建实践平台。

（武晓云　霍静华）

北京市第十八中学

教育集团分十一址办学，分别为方庄校区、西马金润校区、左安门分校、附属实验小学、第二附属实验小学、北京市丰台区铎应小学、北京市丰台区外国语学校、北京市丰台区时光小学、北京市丰台区东铁匠营第二中学、北京市丰台区璞瑅学校和北京教育科学研究院丰台实验小学。方庄校区和西马金润校区 2 个校区总占地面积 5.15 万平方米，校舍建筑面积 3.84 万平方米，运动场地面积 1.15 万平方米。固定资产总值 22335 万元，全年教育经费投入 14020 万元。学校有数字终端 117 台，其中学生终端 114 台、教师终端 3 台。教职工 258 人，其中高级职称 102 人、中级职称 77 人。专任教师 225 人，包括特级教师 8 人，北京市骨干教师 4 人，北京市骨干班主任 1 人。本科以上学历 257 人。开设教学班 71 个(初中 41 个、高中 30 个)。毕业 572 人（初中 319 人、高中 253 人）；招生 770 人（初中 420 人、高中 350 人）；在校生 2133 人（初中 1180 人、高中 953 人），包括寄宿生 202 人，随班就读生 6 人。高中录取分数线 623 分（丰台区），应届高考本科上线率 100%。

1 月 10 日，同文中学举办“冬奥在我身边”主题教育活动
（同文中学 供）

2022 年，学校落实义务教育新课程标准，推进育人模式改革和“双减”工作，举办精品项目学习展示、“推进新课标落实，提高课堂育人成效”市级项目学习线上展示等活动。承担的教育部基础教育司委托课题“教育治理现代化背景下中小学校管理应知应会政策研究”开题。《建构集团六部协同机制·激发融合创新内生动力》入选全国中小学教师信息技术应用能力提升工程 2.0 典型案例，并由教育部组织分享至全国。学校获 2022 年首都劳动奖状。成立丰台区春晖计划名师工作室——庞金典数学特级教师工作室，组织 10 名成员面向全区开展教学研究。

活动育人。学生在全国青少年航天创新大赛北京选拔赛中获一等奖 3 个、二等奖 2 个、三等奖 2 个，学校获优秀组织奖。学生在 2022 年全国中学生生物学竞赛联赛中获一等奖 1 个、二等奖 2 个、三等奖 1 个。学校阿童木机器人社团 4 名学生参加世界机器人大赛锦标赛超级轨迹虚拟机器人赛项获一等奖、三等奖。1 名学生作为中华环保联合会青年代表在《联合国气候变化框架公约》第 27 次缔约方大会主题边会上，向全世界青少年发出“积极行动起来应对气候变化”的倡议。组织全体学生开展校园义卖活动，并将筹得善款全部捐赠给青海省玉树藏族自治州囊谦县第三完全小学的贫困学生。

（管杰　陆文喜）

北京市同文中学

占地面积 17030 平方米，校舍建筑面积 8799 平方米，运动场地面积 6474 平方米。固定资产总值 4942 万元，全年教育经费投入 3513 万元。学校有数字终端 335 台，其中学生终端 111 台、教师终端 196 台。教职工 71 人，其中高级职称 18 人、中级职称 24 人。专任教师 50 人。本科以上学历 42 人。开设初中教学班 15 个。毕业 95 人，招生 166 人，在校生 450 人（包括随班就读生 3 人）。

2022 年，学校落实“双减”政策，科学分配国家课程课时和校本课程课时，发动教师积极参与，课后服务规范有序，作业布置科学适量，全批全改。推行“积分卡”活动，通过行政区划卡和水浒人物卡 2 套“积分卡”，鼓励学生关注学科均衡发展，主动参加各项活动。

重点推进素质教育，科学组织主题活动。通过升旗仪式、主题班会和体育活动组织学生迎接冬奥。举办“一起向未来”自然教育嘉年华系列活动，邀请中国科学院高级工程师来校举办《地外生命探索》主题科普讲座。组织学生集体观看神舟十四号载人飞船发射全过程。开展“一起向自然”教育嘉年华系列活动，组织学生和家长参与北京市野生动物救护中心和宣武青少年科技馆举办的北京市野生鸳鸯调查项目。举办体育运动会，结合课后服务保证每天一节课体育运动时间。利用好种植中草药园开展劳动教育，组织学生参与社区服务，在劳动实践中引导学生关爱他人、反哺社会。

干部教师队伍建设。启动后备干部管理学习班，成立青年教师工作坊，加大后备干部和青年教师培养力度，着力培养年轻人的正气、才气、灵气和锐气，为同文可持续发展奠基。组织教职工参加八宝山街道 3 个采样点的核酸检测志愿服务工作。举办“青蓝相接，薪火相传”青年教师拜师活动，为青年教师聘请指导教师。组织“线上教学提质增效”主题教研等集体教研活动，实现资源和心得共享，提高备课和教学效率。

（夏伟平）

北京景山学校远洋分校

分两址办学，分别为东校区和西校区。2 个校区总占地面积 4.77 万平方米，校舍建筑面积 3.26 万平方米，运动场地面积 1.95 万平方米。固定资产总值 16006 万元，全年教育经费投入 13237 万元。学校有数字终端 445 台，其中学生终端 154 台、教师终端 291 台。教职工 291 人，其中高级职称 69 人、中级职称 118 人。专任教师 255 人，包括特级教师 1 人，北京市骨干教师 3 人，北京市骨干班主任 1 人。

本科以上学历 291 人。开设教学班 83 个（小学 38 个、初中 31 个、高中 14 个）。毕业 560 人（小学 287 人、初中 196 人、高中 77 人）；招生 692 人（小学 229 人、初中 283 人、高中 180 人）；在校生 2839 人（小学 1370 人、初中 1031 人、高中 438 人），包括随班就读生 12 人。高中录取分数线 621 分（石景山区），应届高考本科上线率 100%。

2022 年，学校用新时代中国特色社会主义思想凝心铸魂，彰显党组织在保持创造力、凝聚力和战斗力的进程中，在创新理论学习、作风建设实践、基层组织建设中体现的党员力量。

家校共育，关注学生培养。推进家校成长课堂项目，景山远洋教育集团家校成长课堂发布同步直播课 50 余节、精品公开课（大咖课、热点课等）16 节、系列课（视频课 + 音频课）6 套 120 余节。召开“一体化德育·未来教育”主题德育论，结合学校“做最美景远人”德育工作主线开展交流、分享、互动。小学部以“江山如此多娇”“劳动创造美”“做有文化底蕴的好少年”“光阴里的亲情”“少年强则国强”为主题开展全学科主题阅读活动。

师资队伍建设。举办新课标讲座，从新课标的修改背景、修订原则、修订内容等方面展开论述。学校各教研组分别开展新课标学习活动。落实景山远洋教育集团“一体化德育”实践研究，以“升学择业与人生规划”心育主题一体化实践研究方案为指导，心理教师负责研发，协同班主任和任课教师在各学段初始年级和毕业年级围绕“学会学习与适应社会生活”目标体系开展系列活动。

（白丹）

北京理工大学附属中学

教育集团分四址办学，分别为本部、小学部、东校区和南校区。4 个校区总占地面积 76967 平方米，校舍建筑面积 69294 平方米，运动场地面积 29457 平方米。固定资产总值 28972 万元，全年教育经费投入 27868 万元。学校有数字终端 1300 台，其中学生终端 618 台、教师终端 682 台。教职工 537 人，其中高级职称 170 人、中级职称 178 人。专任教师 456 人，包括特级教师 10 人，北京市骨干教师 8 人，北京市学科教学带头人 2 人。本科以上学历 495 人。开设教学班 130 个（小学 30 个、初中 64 个、高中 36 个）。毕业 1249 人（小学 169 人、初中 689 人、高中 391 人）；招生 1528 人（小学 207 人、初中 840 人、高中 481 人）；在校生 5070 人（小学 1258 人、初中 2440 人、高中 1372 人），包括寄宿生 59 人，随班就读生 15 人（小学 8 人、初中 7 人）。高中录取分数线 634 分（海淀区），应届高考本科上线率 97.43%。

2022 年，学校落实立德树人根本任务，积极推进“双减”政策落地。“槐轩·理工附中学习共同体”被评为北京市 2022 年“终身学习品牌项目”，学校被评为“首批全国青少年模拟政协活动示范基地”。

革新培养模式，构建拔尖创新人才培养体系。深化与北京理工大学合作，推进加强版“理工实验班”建设，并以创设“拔尖创新人才实验班”、中外合作办学项目为重要载体和抓手，构建“12 +”培养通道，纵向进行大中衔接，横向与国外优质高中接轨，形成合力，共同探索创新人才培养模式变革，提高人才自主培养质量，分阶段、分步骤实现创新拔尖人才培养。

打造多样平台，深化高质量特色发展。高一年级 46 名学生申报翱翔计划、后备人才早期培养计划、科技俱乐部和“英才计划”等高中创新人才培养项目。其中，9 名学生入选第 23 届“英才计划”；在北京市第 21 期青少年科技后备人才早期培养计划活动中，2 名学生分获“工程学”和“计算机科学”突出学生奖。统筹管理小学部和初中部课后服务工作，整合资源，顶层设计，在课后服务 2.0 升级版基础上，加强课后服务与学校教育教学活动整体规划，发挥课后服务育人功能。加强沟通交流，举办“低碳生活 绿建未来”线上交流活动，组织东校区师生与越南友好校师生开展探讨和小组交流。与香港优才书院举行线上交流活动，分享两校特色课程。

聚合优势资源，完善教师队伍内驱式发展。搭建良好发展平台，面向全国引进特级教师、省级学科带头人、骨干教师、优秀竞赛教练等，并依托青蓝工程、骨干工程、文化工程“三大工程”为教师发展赋能。

（张凯琪　臧倩一　冯琳）

11 月 14 日，北理工附中举办校园科技周活动

（北理工附中　供）

清华大学附属中学

分三址办学，分别为校本部、奥林匹克森林公园校区和将台路校区。校本部位于清华大学院内，占地面积 7.88 万平方米，校舍建筑面积 9 万平方米，室外运动场地面积 1.80 万平方米。学校有数字终端 1090 台，其中学生终端 590 台、教师终端 500 台。教职工 462 人，其中高级职称 125 人、中级职称 98 人。专任教师 321 人，包括特级教师 16 人，北京市骨干教师 14 人，北京市学科教学带头人 5 人。本科以上学历 417 人。开设教学班 106 个（初中 54 个、高中 52 个）。毕业 1220 人（初中 606 人、高中 614 人）；招生 1404 人（初中 727 人、高中 677 人）；在校生 4095 人（初中 2106 人、高中 1989 人），包括寄宿生 374 人。

2022 年，学校坚持五育并举，围绕“做人、健体、为学”德育工作理念，创新德育在“三全育人”体系中的实施路径，开展“大中小一体化”德育创新平台的立体式探索与多元化构建。全面提升德育教师队伍能力，举办德育教师专业能力提升高阶研修课程、“三全育人”经验分享会、教练型教师培训营等。鼓励教师构建线上线下相结合的教学模式，探索跨学科项目式教学、实验教学的新思路等。提高课后作业质量和针对性，完善课后服务相关机制体制等，促进“双减”政策落实以及课堂教学提质增效。邀请清华大学教授来校举办“水木讲堂，对话大家”系列讲座。与清华大学继续教育学院联合举办“清华附中干部管理能力提升培训班”，采取集中面授、在线学习和实践研讨相结合的融合式教学模式，开设培训 10 讲。

办学育人成果丰硕。学校被认定为“全国大中小学思政课一体化建设实践研究共同体”发展单位；被中国航天科技国际交流中心评为“百所航天特色学校开发百节航天主题课程活动基地学校”；被国家体育总局评为“全国群众体育先进单位”；被市教委评为“科技示范校”“北京市学生金鹏科技团”；在 USAP 美国学术五项全能比赛中，被评为“通识教育示范校”。构建全面培养体系，获评普通高中多样化特色校。高研实验室被共青团中央评为“小平科技创新实验室”。在 2022 年全国中学生田径锦标赛中获 7 金 10 银 5 铜，团体总分第一名；女子篮球队获 2021—2022 耐克中国高中篮球联赛全国总冠军；在第一届中国青少年足球联赛中，U17 队获全国第三、U13 队获全国第二。金帆民乐团举办《盛世欢歌——清华附中建团 20 周年专场音乐会》。国际部完成西部学校与学院教育联盟（WASC）6 年 1 次的国际认证。

发挥优质教育资源辐射作用。承接教育部县中帮扶和“组团式”帮扶工作，帮扶学校 9 所，涉及课程共享、教师干部培训等。开展对南涧县的重点帮扶，组织学生开展线下学习活动。通过成志英才活动，对贫困地区 90 名学生开设综合实践、线上课程等。清华大学附属中学昌平学校、房山区长阳学校 2 所合作学校开学。开设德育教师专业能力提升高阶研修课程，采取线上直播方式，组织 22 名学校教师及 3 名外聘专家授课，面向清华附中及 21 所清华附中合作学校、河津教育局、扶绥教育局和河北宣化等地中学 8000 余名德育教师授课 5 次。开展党员暑期线上支教活动，9 个学科 24 名党员教师面向延安学校、文安驿学校、文昌学校、晋江学校 4 所合作学校，依次完成教学基本功、教材教法分析、中高考备考等专题报告。

（方妍　聂文婷　张悦）

4 月 14 日，清华附中举办育人能力提升教学现场会
（清华附中　供）

北京市十一学校

占地面积 15.60 万平方米，建筑面积 16 万平方米，体育场（馆）面积 6.42 万平方米。固定资产总值 8.15 亿元，全年教育经费投入 4.40 亿元。学校有数字终端 2026 台，其中学生终端 608 台、教师终端 1418 台。教职工 689 人，其中高级职称 193 人、中级职称 154 人。专任教师 567 人，包括特级教师 20 人，北京市骨干教师 8 人，北京市学科教学带头人 2 人。本科以上学历 658 人。开设教学班 2064 个。毕业 1839 人（初中 835 人、高中 1004 人）；招生 1735 人（初中 988 人、高中 747 人）；在校生 5063 人（初中 2656 人、高中 2407 人）。高中录取分数线 654 分（海淀区），应届高考本科上线率 99.8%。

2022 年，学校面向 2035 更高水平育人模式探索初见成效。《北京市十一学校：努力为 2035 中国教育现代化探索更高水平育人模式》入选教育部“教育这十年”系列发布会典型案例；中国教育报头版头条刊发专题报道《让每一个学生都能被看见——北京十一学校推动教育高质量发展观察》;《新校长》杂志专刊发行，记录学校迈向2035更高水平育人模式的实践与思考。

提升教育教学质量。完善课程体系，设立生产、生活、服务性劳动课程，将生活劳动任务化、生产劳动课程化、服务性劳动岗位化。设立“校园丰收节”，让学生有更多机会体验劳动的幸福感。成立学生学术研究指导委员会，建立健全学生学术研究项目管理制度，借助校内外资源，为学生科研项目提供经费、师资、资源性支持。开设“生活中的传播学”媒介素养课程和“播音主持”课程。加强教育教学研究，举办“从教到学——领导学生学习”教育年会，通过13场学科发布会、4场中心发布会、15场教研组长工作坊、41场圆桌论坛、57场青年分享会和127张海报展示，组织全体教师众筹思想、共创智慧。举办“学术之夜”活动，为教师提供探究问题、分享观点平台。

培育全面发展的学生。7名学生在第六届机器人全球挑战赛中获技能挑战赛冠军，17名学生获iGem国际基因工程机器大赛金奖，8名学生在2022国际数学建模挑战赛中获特等奖。5支学生团队入围丘成桐中学科学奖总决赛，获1银2铜2优胜。学校冰球队获北京市初中冰球校际联赛冠军、北京市高中冰球校际联赛冠军，街舞队获北京市首届中小学街舞大赛第一名。

（刘佳琪　聂璐）

中国人民大学附属中学

占地面积119407平方米，校舍建筑面积115233平方米，运动场地面积47532平方米。固定资产总值56630万元，全年教育经费投入49378万元。学校有数字终端1472台，其中学生终端726台、教师终端506台。教职工（含聘用）578人，其中高级职称263人、中级职称194人。专任教师466人，包括特级教师17人，北京市骨干教师及北京市骨干班主任15人，北京市学科教学带头人8人。本科以上学历547人。开设教学班157个（初中58个、高中99个）。毕业1718人（初中705人、高中1013人）；招生1810人（初中751人、高中1059人）；在校生5484人（初中2281人、高中3203人）。高中录取分数线654分（海淀区），应届高考本科上线率99.36%。

2022年，学校以大思政和全员思政理念，构建思政教育课程体系，重视青少年思想政治教育工作，坚持爱国主义教育、社会主义核心价值观教育，逐步构建由德育课、思政课、专题讲座、劳动教育体育美育教育以及道德教育体验活动组成的道德教育课程体系。创新思政课，以“请党放心，强国有我”誓言为主题，每日清晨安排10分钟线上思政课。5月至6月，全校初高中6个年级上报精品思政课1094节。学校被评为全国群众体育先进单位、中国人民大学优秀基层党支部、中国人民大学扶贫先进集体、北京市中小学思想政治理论课示范基地建设工作首批示范基地、北京市第一批“双百”示范行动优秀基地。

推进“双新”示范校建设。注重梳理阶段性经验成果，提炼思想、理论、模式。在教育部专家调研会上作《立足新时代育人目标，创办高质量特色教育》阶段性工作汇报；在2022年新课程新教材实施经验交流活动中，交流推广示范校建设经验成果。承办“深度学习指导下的单元教学实践——北京市高中生物教学现场课研讨活动”“大中小同上一节思政课”“科学思想方法进课堂——高三物理课堂教学研讨会”等市、区级教学研讨活动。完成高中多样化特色发展创建方案制订。

落实“双减”政策，推动教育提质增效。结构化设计教学内容，开展大单元教学；创新教学方式，探索项目式教学、跨学科主题教学；遵循“全面覆盖、家长自愿、校内实施、有效监管”原则，为学生提供丰富而全面、综合而有意义的学习内容；推进“五项管理”实施，把作业作为落实育人目标、实现减负增效的重要切入点，各备课组将作业设计纳入备课内容。

家、校、社协作，实现全员育人。发挥教职工专长特长，实现全员育人，鼓励全体教职工投入课后服务。重视家校合作，落实家长课堂，关注学生和家长实际需求，为家长提供针对性多元化指导服务。加强校内外资源统筹，建立家庭、社会参与课后服务机制。畅通参与渠道，聘请高校、科研院所、青少年活动中心等单位专家、教师参与课后服务工作。举办“携手迎冬奥　一起向未来”校园冰雪嘉年华活动，设置雪地保龄球、越野滑雪、旱地冰壶等冬季运动

4月18日，人大附中举办校园中医药文化节暨劳动文化节
（人大附中　供）

项目。

完善校本研修制度，加强课程体系建设。通过新入职教师培训、青年教师基本功大赛、教育信息化 2.0 提升工程落实等方式，分类分层开展培训研修，促进教师专业发展。推进中华传统文化课程建设，研发出故宫系列课程等，以项目式学习方式，带领学生深入了解和挖掘中华优秀传统文化。

（杨春燕　张卫汾　彭伟）

北京市第二十中学

分三址办学，分别为小营校区、新都校区和永泰校区。3 个校区总占地面积 72239 平方米，建筑面积 47103 平方米，体育场（馆）面积 37809 平方米。固定资产总值 23390 万元，全年教育经费投入 16792 万元。学校有数字终端 50 台（全部为教师终端）。教职工 310 人，其中高级职称 112 人、中级职称 73 人。专任教师 300 人，包括特级教师 3 人，北京市骨干教师 10 人。本科以上学历 306 人。开设教学班 96 个（初中 60 个、高中 36 个）。毕业 1015 人（初中 680 人、高中 335 人）；招生 1238 人（初中 799 人、高中 439 人）；在校生 3547 人（初中 2367 人、高中 1180 人），包括寄宿生 267 人。高中录取分数线 630 分（海淀区），应届高考本科上线率 100%。

2022 年，学校坚持“目标引领、问题驱动”教学指导思想，落实立德树人根本任务。落实新中考、新高考理念指导下的课堂教学方式变革实践，推动教学工作高质量运行。完善教师校本培训体系，打造教师校本培训品牌项目“五大工程”（“育苗工程”“启航工程”“筑梦工程”“青蓝工程”“名师工程”），全年开展讲座、沙龙、研究课等各类研究、培训 70 余次，一线教师覆盖率 95%。获批教育部第二批人工智能助推教师队伍建设试点教育集团，全年组织初、高中部开展联合教研提质活动 16 次，并将优秀教研活动辐射到清河学区和内蒙古敖汉旗地区。

突出德育实效性，引领学生全面发展。面向新初一年级开展系列新生入学课程，重点关注学生纪律落实与习惯养成。依据新修订的《学生课间集体活动评价》办法，开展评选活动，初一年级获奖班级占比 79%。让学生参与到年级管理和互评之中，每月评选优秀体育委员 5 人，并以海报方式公示。开展大型消防应急疏散演练，组织住宿师生开展夜间应急疏散演练。完成新一届“李大钊班”等特色班交接工作。开展特色教育活动、校园素质拓展活动、特色“学农”活动等。校园东侧的“五彩农场”揭幕，为学生农耕劳动提供场地支持。做好青年班主任培训工作，举办班主任骨干评选、“月度班主任之星”等评选活动。承办“面向未来·初中教育校园行（第 3 站）”活动，分享学科德育、项目化学习、劳动课程、心理课程的实践与探索。

重视学生特长培养。校运动队在北京市第 16 届运动会中获 9 金 11 银 8 铜，1 人获 2022 年全国中学生田径锦标赛男子铁饼冠军。新都校区排舞队获 2022 舞动中国排舞联赛总决赛暨全国排舞冠军赛中学生乙组特等奖，校艺术团在北京市学生艺术节中获 3 个市级金奖、1 个区级金奖，打击乐团获第 16 届全国青少年打击乐比赛高中组综合打击乐类金奖。科技社团获 VEX 机器人城市联赛 VEX IQ 初中组一等奖。

（马志群）

首都师范大学附属中学

占地面积 10.65 万平方米，校舍建筑面积 16.54 万平方米，运动场地面积 3.48 万平方米。固定资产总值 39460 万元，全年教育经费投入 65090 万元。学校有数字终端 3461 台，其中学生终端 2425 台、教师终端 1036 台。教职工 451 人，其中高级职称 147 人、中级职称 104 人。专任教师 377 人，包括特级教师 8 人，北京市骨干教师 6 人，北京市学科教学带头人 3 人。本科以上学历 377 人。开设教学班 99 个（初中 48 个、高中 51 个）。毕业 1404 人（初中 617 人、高中 787 人）；招生 1268 人（初中 702 人、高中 566 人）；在校生 4088 人（初中 2087 人、高中 2001 人），包括随班就读生 2 人。高中录取分数线 653 分（海淀区），应届高考本科上线率 100%。

2022 年，学校以“成德达才”理念为引领，构建培养“仁爱之心、睿智之脑、健康之体、发现之眼、创造之手”成达五维育人体系，深化“四修课程”建设，打造成达思维发展型课堂。学校获评教育部 2021 年度网络学习空间

10 月 17 日，首师大附中第 12 届读书节开幕
（首师大附中　供）

应用普及活动优秀学校、“促进学生自主发展‘成德达才’育人体系的创新实践”和“指向高质量教育生态的‘一体多元’发展模式——首都师大附中教育集团创新实践”获北京市基础教育教学成果奖二等奖。

发挥优秀教师引领辐射作用。国家乡村振兴重点帮扶县教育人才“组团式”帮扶工作专家顾问委员会委员沈杰团队，对口联系贵州省5所学校进行教育教学指导。学校结对帮扶青海省玉树州第二高级中学，选派干部赴青海玉树开展教育援青工作，担任受援学校校长。表彰“感动校园”2021年度人物，10名教职工当选。

10月20日，中关村中学举办第40届田径运动会
（中关村中学　供）

培育全面发展的学生。召开“双减”背景下家校共育工作及家访策略研讨会，听取《家校聚力，共促“双减”》主题报告，组织集团各成员校代表围绕主题介绍各校特色做法。举办“闪耀·青春”第11届艺术季，面向全体学生征集艺术作品500余件，评选出100余幅优秀作品在达才楼大厅集中展示20天。举办“以书为光，温暖前行”第12届读书节。

（范广宁　邓晨）

北京市中关村中学

分三址办学，分别为科学院南路校区、双榆树校区和清华园校区。3个校区总占地面积54171平方米，校舍建筑面积45601平方米，运动场地面积21795平方米。固定资产总值13710万元，全年教育经费投入14537万元。学校有教学终端1867台。教职工375人，其中高级职称140人、中级职称112人。专任教师298人，包括特级教师4人，北京市骨干教师8人。本科以上学历298人。开设教学班80个（初中48个、高中32个）。毕业935人（初中539人、高中396人）；招生1060人（初中634人、高中426人）；在校生3103人（初中1824人、高中1279人），包括随班就读生5人。高中录取分数线606分（海淀区），统招生应届高考本科上线率98.95%。

2022年，学校落实“双减”政策，初中注重提升课堂教学质量和课后服务水平，实现减负、提质、增效。推进“双新”建设，高中基于核心素养、关键能力和必备品格，聚焦学科课程育人价值，提升育人品质。举办党员先锋论坛，围绕“双减”、疫情防控等重点难点工作任务，举办15场主题活动。举办教师发展论坛、纪念品设计评选、全校大合影等建校40周年系列庆祝活动。

优化五育并举课程体系。依托北京市高中多样化特色发展创建项目，重构所有学科内容体系，依据“分层、分类、综合、特需”原则，突破传统学制壁垒和体制机制限制，整体设计面向初高中贯通培养的学科一体化和科学素养一体化特色课程群。聚焦以“学”为中心的课堂，开展指向深度学习、思维能力发展的课堂教学、单元作业设计研究，促进学生学科核心素养及全人格发展。汪德昭书院坚持“人文奠基　科技见长”，兼顾学术研究与人才培养，开设经典解读、中华茶文化、中医药文化与当代等传统文化课程，通过开讲、采访等形式，走近中国科学院院士，聘请清华大学专家开设“城市规划”课程、欧美同学会学长开设“法国语言与文化”课程。创客社2支队伍12人参加第六届全国中小学生创·造大赛总决赛双获金奖。

发挥优质资源引领辐射作用。与内蒙古地区受援学校，及中国地质大学附属中学、人大附中西山分校、北京市中关村中学知春分校3所区内合作校开展教师交流轮岗工作，其中派出17人、接收11人。

完成软硬件建设改造。落实价值塑造、质量优良、特色鲜明“三位一体”工作理念，完成双榆树和清华园校区教室内文化建设6600余平方米。更新校内外橱窗，制作宣传片21部。更换初高中全部讲台桌。完成本校区高中楼教室粉刷、软板更新，清华园校区报告厅改造，双榆树校区地下室改造。

（张振环）

北京大学附属中学

分三址办学，分别为黄庄本部校区、惠新校区和畅春园校区。3个校区总占地面积9.34万平方米，建筑面积17.12万平方米，运动场地面积2.16万平方米。固定资产总值11982万元，全年教育经费投入30339万元。学校有数字终端1823台，其中学生终端1156台、教师终端667台。教职工624人，其中高级职称137人、中级职称

160 人。专任教师 472 人，包括特级教师 3 人，北京市骨干教师 3 人。本科以上学历 599 人。开设教学班 189 个（初中 65 个、高中 124 个）。毕业 1276 人（初中 534 人、高中 742 人）；招生 1389 人（初中 497 人、高中 892 人）；在校生 4525 人（初中 1898 人、高中 2627 人），包括寄宿生 649 人。高中录取分数线 650 分（海淀区），应届高考本科上线率 100%。

2022 年，学校实行多元自主发展模式，完善因材施教课程体系。初中部突出附中特色，实现学生“全面发展、特色发展、个性发展”。高中部行知学院、元培学院、博雅学院、未名学院、道尔顿学院、树人学院六大学院根据学生不同发展方向提供多元课程。书院归属学院一体化管理，推进导师制建设，促进教育教学一体化。加强家校合作，形成教育合力，促进学生健康成长。

课程建设。初中部探索适合学情的育人策略，逐步形成以年级组为核心的学生管理模式，开设科技、艺术、体育、学科拓展 4 类 99 门选修课程，76 名教师承担选修课程工作。高中部形成“一体两翼”学科课程体系，“一体”是行知学院课程体系，涵盖课标 9 门学科课程；“两翼”是元培学院和博雅学院课程，分别指向理科和文科深度学习及优秀生培养。落实学期制课程，加强学科教学，各学科在学期制课程规划下重构课程设计，在新课表课时要求下制订新教学规划、课程目标、课程内容、课程评价。在信息化方面，统一教学管理模块，配备教学终端平板。元培学院在初高贯通关键环节——高零年级，建设包含必修和选修的衔接课程体系。必修课程包括人文必修、理科必修、体育以及实践课程。选修课程包括人文选修、理科选修、学科竞赛以及艺术课程。针对衔接班学生开发与学科体系相结合的研究性学习课程。面向初高学段整体规划，向初三、高一、高二年级开设 13 门研究性课程，课题涉及数学、物理、化学、生物、计算机、工程学等学科。博雅学院重新定位，开设文史专属课程“创意写作”和大学先修课程“中国古代史”，同时和北京大学中文系和北大招生办公室建立联系，以学科讲座和课程方式，支持博雅人文基地发展。

学生培养。元培学院开展“拔尖创新”与“综合发展”培养模式，语文、英语学科引入元培学院人文贯通课程体系，理科研究性学习课程横向联系荣誉课程，加强与高校协同培养科技人才。数学、物理、化学组“北大附中创新人才培养项目”获 2021—2022 学年“海淀区普通高中特色课程”称号。元培学院衔接班开设综合实践课程“元培大讲坛”，与国旗教育、导师组活动、学生自治会活动、学生管理工作等相结合，整合形成系统育人模式。

（张蓉）

北京市八一学校

分五址办学，分别为本部校区、北校区、东校区、附属玉泉中学校区和延庆分校（八一实验学校）校区。本部校区、北校区和东校区 3 个校区总占地面积 148030 平方米，校舍建筑面积 107360 平方米，运动场地面积 26818 平方米。固定资产总值 50044 万元，全年教育经费投入 24817 万元。学校有数字终端 2480 台，其中学生终端 1405 台、教师终端 926 台。教职工 435 人，其中高级职称 169 人、中级职称 166 人。专任教师 373 人，包括特级教师 6 人，北京市骨干教师 11 人，北京市学科教学带头人 1 人。本科以上学历 426 人。开设教学班 150 个（小学 58 个、初中 47 个、高中 45 个）。毕业 1331 人（小学 314 人、初中 538 人、高中 479 人）；招生 1619 人（小学 415 人、初中 671 人、高中 533 人）；在校生 5892 人（小学 2413 人、初中 1961 人、高中 1518 人），包括随班就读生 13 人。

2022 年，学校落实落细“双减”工作要求，推进落实普通高中“双新”示范区建设工作，深化教育教学改革，提升课堂教学质量。以项目为抓手，在全校范围内推进深度学习教学改进项目；以作业质量提升为抓手，规范学校作业相关流程，完成全校作业手册编制。结合科技高中发展愿景和课程要求，打造学校特色课程体系，完善校本课程实施管理制度，搭建校本课程选课平台，规范校本课程的管理、开发及实施。

创新德育模式，坚持全员育人。根据德育目标设定理想信念教育、社会主义核心价值观教育、中华优秀传统文化教育、生态文明教育、心理健康教育 5 个方面的工作方向，全面开展全校德育工作。完善校长代班的值周制度，明确学生惩戒措施，利用学生综合素质平台做好对学生的评价工作。创新德育模式，通过开展以“寻根育人，树立正确价值观”为核心的红色教育，开展“军魂铸人”特色教育；通过志愿服务活动，引导学生在服务实践中主动成长。

8 月 22 日至 28 日，八一学校高一新生开展军训活动
（八一学校　供）

小初高思政一体化项目研究。聘请首都师范大学思政课教师，直接指导一体化工作小组项目研究。项目组制定小初高思政课教学实施方案，开展专题教学研究，挖掘育人元素，创新思政课教学，发挥教研组整体优势和组织功能，推进思政课一体化铸魂育人的课程建设和实践探索。发挥学校红色传统示范引领作用，牵头 10 所红色联盟思政共同体学校开展主题思政课大教研活动。

提升学校办学核心竞争力。开启学校未来 5 年教师培训，明确培训思路，完善培训体系，发布八一教师专业成长课程体系。启动人才培养工程，成立八一学校学术委员会，并召开学术委员会全体会议，推动学校学术评价制度化、科学化、规范化。以学术共同体为基础，启动名师工作室、拔萃工程、致远工程、启航工程 4 项人才培养工程。

（左秋洁）

北京市第一〇一中学

分三址办学，分别为圆明园校区、双榆树校区和温泉校区。3 个校区总占地面积 24.42 万平方米，校舍建筑面积 10.55 万平方米，运动场地面积 3.06 万平方米。固定资产总值 58325 万元，全年教育经费投入 27945 万元。学校有数字终端 1094 台，其中学生终端 619 台、教师终端 475 台。教职工 475 人，其中高级职称 181 人、中级职称 167 人。专任教师 361 人，包括特级教师 14 人，北京市骨干教师 20 人，北京市学科教学带头人 4 人。本科以上学历 467 人。开设教学班 140 个（初中 84 个、高中 56 个）。毕业 1400 人（初中 811 人、高中 589 人）；招生 1862 人（初中 1163 人、高中 699 人）；在校生 5084 人（初中 3149 人、高中 1935 人），包括寄宿生 943 人，随班就读生 5 人。高中录取分数线 566 分（海淀区），应届高考本科上线率 100%。

2022 年，学校推进“生态智慧教育”探索实践和“双新”国家级示范校建设。

对接优质资源，共建人才培养基地。与中国科学院计算技术研究所签约共建“芯片与计算思维创新人才培养基地”，携手探索集成电路人才培养领域基础教育与高等教育衔接教育创新模式；与北京理工大学签约共建“北理工强基实验班”，通过“大中联动”共同培养拔尖创新人才，推动高中育人模式变革；与小米集团签约共建“创新智能实验基地”；与圆明园共建“美育实践基地”，成立“跨学科美育”实践基地，将美育课堂延伸至圆明园。

7月1日，一〇一中与北理工签约共建“北理工强基实验班”
（一〇一中　供）

推进教育教学融合，建设生态智慧校园。获评教育部“网络学习空间应用普及活动优秀学校”，“101 未来学校”平台采用 OMO 双向融合的新型教学方式，探索“1＋1＋N”智慧校园模式建设；“以人为本，打造未来学校智慧新生态”案例入选教育部“基础教育信息技术与教育教学深度融合示范案例”。建设“双新”国家级示范校，承办北京市“设计，让学习更主动”教学整合研讨会。2 名教师执教的课程入选教育部 2021 年“基础教育精品课”。

备战高阶竞赛，培育全面发展学生。在第六届全国青少年无人机大赛中，14 名队员获全国赛一等奖 2 个、二等奖 1 个、三等奖 6 个。其中，在旋翼赛个人飞行赛、旋翼赛团体接力飞行赛、旋翼赛蜂群舞蹈赛、旋翼赛编程挑战赛 4 个项目中，获全国总决赛团体亚军。在全国中学生田径锦标赛中，13 名运动员获 3 个冠军、1 个亚军、1 个季军。生命科学金鹏社团获北京市青少年科技创新大赛一等奖 1 个、二等奖 3 个。2022 丘成桐中学科学奖总决赛获 1 金 2 铜。

（康文中）

北京市大峪中学分校

占地面积 17014 平方米，校舍建筑面积 15722 平方米，运动场地面积 7307 平方米。固定资产总值 10739 万元，全年教育经费投入 4446 万元。学校有数字终端 513 台，其中学生终端 282 台、教师终端 231 台。教职工 104 人，其中高级职称 41 人、中级职称 34 人。专任教师 80 人，包括北京市骨干教师 1 人。本科以上学历 101 人。开设教学班 24 个。毕业 263 人，招生 292 人，在校生 863 人（包括随班就读生 6 人）。

2022 年，学校强化政治建设，突出思想建设，抓好中心组学习和党员、教师政治理论学习，做好教职工思想政治工作。

推进教育教学质量提升。以问题为导向，调整教学方法、提升学生成绩。指导师生科学、有序开展线上教学、线上教研等工作。统筹规划、科学规范学校课程教学工作。组织全体教师开展主题研修活动，营造围绕新课程理念的大学习、大理解、大讨论、大落实氛围。依托诗歌项目及中国传统节日主题诗会，打造诗歌特色教育。

师生培养。带动全体师生提高卫生安全意识和健康知识水平，促进学校卫生安全工作趋向科学化、规范化、电子化。围绕“双新”“双减”政策，强化教师队伍建设，以“依托班级成长小组，提高习题课实效性的研究”课题为中心，深化“三实”课堂改革，细化教学评价体系，构建有效常态课堂。完善学校课程设置，深化教学研究工作，加

3月30日，大峪中学分校与区内2所中学共同开展“双师课堂”教学活动（大峪中学分校　供）

强新课标、新课程、新教材研究和中考改革研究。推进篮球特色校建设，获中国体育彩票杯北京市体育传统项目学校篮球比赛第四名。

（赵斌）

北京市大峪中学

分两址办学，分别为本部校区和西校区。2个校区总占地面积80360平方米，校舍建筑面积58375平方米，运动场地面积31504平方米。固定资产总值33822万元，全年教育经费投入14371万元。学校有数字终端846台，其中学生终端200台、教师终端646台。教职工268人，其中高级职称110人、中级职称92人。专任教师221人，包括特级教师8人，北京市骨干教师5人。本科以上学历220人。开设教学班52个（初中22个、高中30个）。毕业798人（初中390人、高中408人）；招生560人（初中197人、高中363人）；在校生1779人（初中721人、高中1058人），包括寄宿生253人，随班就读生2人。高中录取分数线620分（门头沟区），应届高考本科上线率95.12%。

2022年，学校推进教育教学新提升。发扬红色传统、传承红色基因，山谷党建全面引领学校整体工作，为学校可持续发展奠定基础。队伍建设融合化，学习教育常态化，强化价值引领，厚植家国情怀。推进素质教育，提升教学质量，推进“强师”行动，助力教师队伍梯级建设。推广“深度学习”，培养高阶思维，展示专业精彩，打造经典课堂。举办“基于深度学习的探究式教学”主题“琢磨节”活动，提升课堂实效，推动教师发展。建设雏鹰工程，采取校内资源与校外导师相结合培养方式，促进新教师快速成长。建设金种子工程、领航工程，借力全国、北京市高校、科研院所、专业部门平台，培养拔尖人才、名优教师，发挥教育教学、队伍建设领航作用。

五育并举。以德育人，培养道德情操；以体化人，提高体能，强健体魄；以美润人，坚持美育，培养感受美、鉴赏美、创造美的能力；以卫护人，加强健康宣讲，提高自我防护，培养卫生健康意识。举办第七届“山谷杯”足球赛。举办“学做半个专业工作者”系列讲座之“生命共同体”理论支撑下的国土空间规划与生态修复技术、方法与实证影视沙龙。

（于君雅　张长军）

北京市房山区良乡第二中学

占地面积3.25万平方米，校舍建筑面积1.70万平方米，运动场地面积1.60万平方米。固定资产总值5613万元，全年教育经费投入6549万元。学校有数字终端788台，其中学生终端409台、教师终端319台。教职工155人，其中高级职称44人、中级职称50人。专任教师134人，包括北京市骨干教师4人，北京市骨干班主任1人。本科以上学历153人。开设教学班36个。毕业478人，招生471人，在校生1401人（包括随班就读生5人）。

2022年，学校落实立德树人根本任务，践行“用心做教育，做心中有人的教育”理念，办好人民满意的京郊学校。深化党建示范点建设，落实党组织领导的校长负责制，修订完善学校章程，在落实标准与强化规范性上下功夫，发挥改革试点校先进引领作用。

打造品位教师，聚焦课堂，落实教师校本研修行动方案。深化教研组的主题教研活动开展，提高教师研究力。以“研”促教推进课堂改进，加强巡课检查，让规范的课堂成为质量的保证。推进基于智能平台、智能工具应用下的教学研评管一体化项目研究和基于“双师课堂”建设下的教学研评管一体化项目研究。

助力学生全面发展，争创文明校园，建设文明城区。组织师生积极参加文明城区创建活动。以“党建带团建、带队建”方式加强对团队建设的指导。关注学生健康，成立健康办专门负责体育、卫生工作。

（崔雪艳）

北京市通州区台湖中学

占地面积6.03万平方米，校舍建筑面积3.58万平方米，运动场地面积2.59万平方米。固定资产总值11042万元，全年教育经费投入1736万元。学校有数字终端420台，其中学生终端226台、教师终端194台。教职工177人，其中高级职称21人、中级职称69人。专任教师161人，包括北京市骨干教师5人。本科以上学历173人。开设教学班57个（小学42个、初中15个）。毕业336人（小学216人、初中120人）；招生480人（小学312人、初中168人）；在校生2192人（小学1706人、初中486人）。

2022年，学校打造学习型党组织，秉承“以人为本　注重体验　多元发展　文化立校”办学理念，以美育人、以文化人，全面提高学生审美和人文素养。以坚持特色发展、持续发展为奋斗目标，逐步完善学校足球教学、训练和竞赛体系，落实体育教学改革方案。利用课后服

3月1日，台湖中学打造校园足球特色学校

（台湖中学 供）

务时间，聘请专业教练开展训练和比赛活动，让足球运动在学校专业化、常态化开展。学校入选全国青少年校园足球特色学校名单。被教育部确定为第三批乡村温馨校园典型案例学校。

（沈树旗　胡平）

北京市通州区运河中学

占地面积6.01万平方米，校舍建筑面积0.79万平方米，运动场地面积1.88万平方米。全年教育经费投入1.08亿元。学校有数字终端855台，其中学生终端600台、教师终端255台。教职工221人，其中高级职称68人、中级职称63人。专任教师192人，包括特级教师4人，北京市骨干教师3人。本科以上学历186人。开设教学班52个（初中22个、高中30个）。毕业560人（初中163人、高中397人）；招生787人（初中317人、高中470人）；在校生2270人（初中867人、高中1403人），包括寄宿生645人，随班就读生1人。高中录取分数线627分（通州区），应届高考本科上线率92.8%。

2022年，学校坚持用红色教育塑造校园文化，树立“思政+”育人理念。以党的政治建设为统领，深化“运河教育先锋”党建示范品牌建设。完善和谐德育工作体系，坚持“和谐发展教育”办学理念，完善班主任工作坊培训考核制度，增强班主任理论修养。加强理论研究导向和实践成果提炼，形成以“做”为特色、以“活动”为载体的德育工作模式。以金帆书画院和金奥运动队等高水平社团为载体，开发篆刻、体育等特色课程，满足学生特色发展需求。建设“和谐课程”体系，组织日常和公开专题教研活动，提高学科教研活动的质量和效率；关注高效课堂建设，加强过程管理，定期组织教师反思提升。举办“礼赞科学先驱，传承科学精神”专家讲座，承办中国教育学会地理教学专业委员会综合学术年会等。开展“弦歌不辍，音你精彩”线上才艺展示活动，培养学生音乐素养。

推进“双减”工作。突出“三个提升”工作重点，即提升课堂教学质量、提升作业设计质量、提升课后服务质量；强化“三为、四线、五环、七化”教学模式（“三为”即学生为主体、教师为主导、素养为主旨，“四线”即知识线、任务线、素养线、学生线，“五环”即引入、教学、训练、小结、作业，“七化”即知识问题化、问题小组化、教学情境化、作业层次化、辅导个性化、考查数据化、反馈及时化），明确学生核心素养发展要求，熟悉学科“大观念、大问题、大项目、大任务”；研究与推进单元整体教学，尝试跨学科主题教学。

（周杰南）

北京市通州区潞河中学

占地面积17.06万平方米，建筑面积10.02万平方米，运动场地面积2万平方米。固定资产总值52767万元，全年教育经费投入20393万元。学校有数字终端1563台，其中学生终端1279台、教师终端284台。教职工358人，其中高级职称153人、中级职称141人。专任教师302人，包括特级教师12人，北京市骨干教师18人，北京市学科教学带头人5人，北京市骨干班主任2人。本科以上学历364人。开设教学班76个（初中30个、高中46个）。毕业1196人（初中449人、高中747人）；招生1105人（初中401人、高中704人）；在校生3173人（初中1236人、高中1937人），包括寄宿生856人。高中录取分数线641分（通州区），应届高考本科上线率99.2%。

2022年，学校以立德树人为根本任务，坚持健全人格培养目标，构建涵盖主题活动课程、班会课程、团队活动课程、家校共育课程的德育一体化课程体系。举办北京市普通高中“双新”实施潞河中学专题研讨会，推出现场观摩课21节，主题发言5个。构建“双减”背景下潞河中学高质量教育体系，提高课堂教学质量，满足学生多样化教育需求。北京市通州区潞河中学教育集团成立后，作为集团总校，推进各成员校有机融合。作为“1+3”项目区级试验学校，按照项目招生录取工作新要求，研究制订“1+3”摇号招生录取方案、委托公司开发摇号程序，完成录取工作。

（徐甲　张娜）

北京市通州区永乐店中学

占地面积13.10万平方米，校舍建筑面积8.76万平方米，运动场地面积2.95万平方米。固定资产总值13600万元，全年教育经费投入14831万元。学校有数字终端1090台，其中学生终端720台、教师终端370台。教职工284人，其中高级职称110人、中级职称76人。专任教师278人，包括特级教师2人，北京市骨干教师7人，北京市学科教学带头人1人。本科以上学历281人。开设教学班60个（初中12个、高中48个）。毕业346人（初中146人、高中200人）；招生953人（初中119人、高中834人）；在校生2157人（初中370人、高中1787人），包括寄宿生1650人，随班就读生5人。高中录取分数线584分（通州区），应届高考本科上线率88.8%。

2022年，学校推进特色办学，丰富课程建设，提升学生科学素养，培养全面发展的新时代人才。落实党组织领导的校长负责制，重新调整干部队伍组织结构，完善干部考核、管理制度。加强德育队伍建设，组织有经验的班主任不定期分享工作经验，每月举办1次网上专家讲座。成立德育领导小组，加强对班主任工作的考核评估。

保障学生身心健康。做好学生心理咨询和疏导工作，制订疫情期间心理健康工作方案，推出“网课期间心理调适小妙招”“如何进行精力管理”“中高考冲刺复习小策略”等讲座。将学生“健康第一”指导思想贯穿到体育课的设计、教学实施环节中。构建安全教育框架，举办“法治护航　健康成长”专题法治教育讲座。利用班会课、国旗下的讲话、学科渗透等形式，开展安全预防教育。开展防火、防震、防暴等逃生演练，邀请永乐店消防大队队长、法治副校长等专业人员来校上专题消防、法纪、安全知识教育课。

特色课程建设。成立全国首个“李四光班”，在现有篮球、足球、冰雪等课程基础上，开展观鸟特色课程、中草药特色课程建设工作，带领学生学习观鸟基本方法，了解中草药文化。加强课外一小时课程建设，开设滑冰、健美操、京剧等课程，其中冰雪特色课程被评为北京市特色课程。建立学生劳动教育基地，开展劳动教育。

9月30日，永乐店中学开展班主任核心素养提升活动
（永乐店中学　供）

校园文化建设。入选北京市绿色校园，完成食堂天然气改造工程、校园数字监控设备全覆盖工程前期准备工作。开展70周年校庆系列活动，举办“献礼70周年·墨韵永中”书画大赛、“岁月如歌行吟处　续写芳华永中驻——献礼70致敬永中”征文大赛。

（呼斯乐　姜海达）

北京中加学校

占地面积7.23万平方米，建筑面积2.35万平方米，运动场地面积1.84万平方米。固定资产总值698万元，全年教育经费投入2905万元。学校有数字终端290台，其中学生终端180台、教师终端110台。教职工89人，其中高级职称10人、中级职称16人。专任教师31人，外籍教师11人。本科以上学历66人。开设高中教学班9个。毕业66人，招生48人，在校生144人（全部为寄宿生）。高中录取分数线500分（通州区）；申请国内外大学学生66人，录取率100%。

2022年，学校完善线上教学评价方案，做好线下线上教学工作切换，加强教学质量和过程监控，做好疫情期间师生心理疏导工作。

落实立德树人根本任务。北京中加学校北京通州华仁学校联合党支部举办系列主题活动，召开全体党员大会，表彰优秀党员13人。确立“以人为本、中外融合；尊重差异、因材施教；全面发展、知行合一”三级办学理念。举办高考班职业生涯规划讲座、“让未成年人沐浴在宪法的阳光下茁壮成长”线上宪法日主题教育、学习雷锋精神座谈会等活动。关注学生身心健康，普及健康知识，引导学生做好青春期生理及心理保健，举办高中部《青春期修炼手册》讲座、爱眼日宣传教育等活动。开展十佳班长评选，举办预防校园欺凌系列主题教育活动，开展爱国主义教育系列活动。

关注师生技能培养。加强教师教育技能和教学基本功训练，提高教师信息技术和现代教育装备应用能力。组织全体教职工参加线上培训，普及加拿大安大略省高中毕业文凭（OSSD）创新课程相关内容；举办第五届青年教师基本功大赛和第11届、第12届教师管理与教学论文评选活动。做好AP课程（针对“美国大学预修课程考试”开设的授课辅导）与国际竞赛课程的各项组织工作，9名学生获得爱丁堡公爵国际奖，组织学生参加美国主办的“减少恐惧，拥抱变革的复杂性”和巴基斯坦主办的“社交媒体的影响”2次圆方委员会线上国际会议。

（王莉）

北京市顺义牛栏山第一中学

占地面积18.17万平方米，校舍建筑面积12.28万平方米，运动场地面积5.65万平方米。固定资产总值72289

万元，全年教育经费投入24225万元。学校有数字终端1310台，其中学生终端980台、教师终端330台。教职工375人，其中高级职称105人、中级职称91人。专任教师296人，包括特级教师12人，北京市骨干教师14人，北京市学科教学带头人3人。本科以上学历368人。开设教学班56个（初中2个、高中54个）。毕业961人（初中91人、高中870人）；招生900人(初中90人、高中810人)；在校生2529人(初中90人、高中2439人)，包括寄宿生2487人,随班就读生3人。高中录取分数线640分(顺义区)，应届高考本科上线率97%。

10月至11月，杨镇一中组建“鹿鸣”辩论社
（杨镇一中　供）

2022年，学校线上线下多种形式落实“自觉+”教育理念,培育全面发展的学生。举办线上学习方法交流指导会，找出学生普遍存在的学习方法问题及解决方法。举办首届“赓续与守望”线上诗歌节，80名学生表演22个选自中国古代诗歌史中的经典名篇。举办“致敬百年峥嵘，奏响青春旋律”建团百年系列主题教育活动，组织2000名学生接受系列团史教育、正能量价值观教育。开展“庆冬奥”系列活动，举办“元圣风筝节”等活动。学生代表队在第19届国际中学生地理奥林匹克竞赛大陆地区选拔赛中获2金1银1铜。

打造优秀教师队伍。开展新入职教师“站稳讲台我能行”展示课、“青年教师成长共同体”跨学科听课、青年教师解题能力展示和微课题研究等活动，27名教师献课，214人次听评课。创办研究型教研组，鼓励、支持各学科教研组成立研讨班，发挥年级学科教研组学研、指导作用。加强班主任队伍建设，出版《牛栏山一中班主任工作参考(内部)》，收录18名教师撰写的22篇文章，为青年班主任提供经验借鉴。借助名师大讲堂平台开展线上培训分享活动，举办班主任沙龙。组织教师参与顺义区“一干两师”专题培训研修班，助力优秀班主任参评北京市“紫禁杯”班主任和学生最喜爱的班主任。

6月6日，北京市牛栏山一中实验学校民办转公办工作完成，转公后实行九年一贯制，为区教委所属相当正科级公益一类事业单位。该校始建于1998年，为牛栏山一中利用非国家财政性教育经费举办的民办公助学校；2008年，转制为民办学校。

（许坤　商玉娟）

北京市顺义区杨镇第一中学

占地面积26.68万平方米，校舍建筑面积12万平方米，运动场地面积4.79万平方米。固定资产总值54477万元，全年教育经费投入25870万元。学校有数字终端622台，其中学生终端317台、教师终端305台。教职工365人，其中高级职称168人、中级职称135人。专任教师258人，包括特级教师1人，北京市骨干教师2人，北京市学科教学带头人7人。本科以上学历258人。开设高中教学班54个。毕业655人，招生650人，在校生1871人（包括寄宿生1600人）。高中录取分数线608分（顺义区），应届高考本科上线率93.3%。

2022年，学校推动教育综合改革，促进教育教学高质量发展。强化教育教学动力输出，提出新时期发展“五大工程”,即学校思想政治和师德师风建设工程——铸魂工程、学校名优干部教师队伍建设工程——动力工程、学校课程体系建设与实施工程——核心工程、学校管理架构改革工程——依托工程、学校环境与办学条件改善提升工程——保障工程。完成市政水接入工作。

师生培养。聚焦干部教师队伍综合素养与时代发展内在逻辑关联，多维度多举措推进人才队伍建设。以学校思想政治和师德师风建设筑牢干部教师队伍思想之基；以学校名优干部教师队伍建设推动人才资源内涵发展提质增效；以课堂“三主”地位促进教学学术共识和课程体系建设转型升级。组织团员开展“弘扬雷锋精神，共建文明校园”志愿服务活动。高一年级举办《红楼梦》综合实践活动，指导学生创作团扇、环保袋、书签等作品,并在校园内展示。联合顺义区作家协会举办“梦湖蓝”文学创作节，推出文艺好作品、培养学生好苗子、展示教师好文笔，推动文学校园文学创作活动开展。成立“鹿鸣”辩论社团。

（李洪峰　郝景强）

北京市顺义区第一中学

占地面积6.60万平方米，建筑面积5.47万平方米，体育场（馆）面积2.17万平方米。固定资产总值22128万元，全年教育经费投入14196万元。学校有数字终端640

台，其中学生终端360台、教师终端280台。教职工266人，其中高级职称117人、中级职称100人。专任教师209人，包括特级教师5人，北京市骨干教师2人。本科以上学历256人。开设教学班45个（“1+3”班2个、高中43个）。毕业654人（“1+3”班45人、高中609人）；招生545人（“1+3”班45人、高中500人）；在校生1669人（“1+3”班45人、高中1624人），包括寄宿生890人。高中录取分数线616分（顺义区），应届高考本科上线率93.0%。

2022年，学校推进“党委领导的校长负责制”试点工作，市级课题“顺义一中党委领导的校长负责制实践研究”开题并顺利推进。

学生培养。强化课程改革与课堂教学改革，组织干部教师学习有效教学、高效课堂教学理念，创新管理策略，提升教育教学质量。夯实德育常规管理，加强理想信念教育，召开主题班（团）会50余节，组织国旗下讲话24次，加强学生自我教育和自我管理，落实《教育惩戒规则》和“顺义一中学生文明行为10条”，评选“星少年”近200人。加强劳动教育，开展劳动技能实践活动，建立校企合作劳动基地，组织学生参与劳动体验活动。举办“迎冬奥”艺术作品展、首届科技节等活动，提升学生综合素养。

教育帮扶。开展“好书伴成长”向新疆和田地区捐赠图书活动，全校43个班级捐赠图书1489册。接待内蒙古赤峰市巴林左旗三峡中学干部教师来校跟岗交流，组织两校干部教师沟通新思路，交流新方法，促进双方教育教学水平提升。

（李耀华　乔柏双　李莉）

北京市昌平区百善学校

占地面积5.19万平方米，校舍建筑面积2.20万平方米，运动场地面积2.10万平方米。固定资产总值2256万元，全年教育经费投入5248万元。学校有数字终端427台，其中学生终端277台、教师终端150台。教职工122人，其中高级职称22人、中级职称66人。专任教师115人，包括北京市骨干教师1人，北京市骨干班主任1人。本科以上学历107人。开设教学班33个（小学24个、初中9个）。毕业190人（小学114人、初中76人）；招生266人（小学174人、初中92人）；在校生1212人（小学922人、初中290人），包括随班就读生3人。

2022年，学校围绕“建人文和谐校园，办人民满意学校”办学宗旨，围绕作风建设年“强质量、优服务”，打造“质优学校”品牌。

加强队伍建设。开展政治理论学习、干部暑期培训、教师上岗培训和师德教育月、思想政治和师德师风网络研修等活动，提高干部教师政治业务素养。开展书法、板书、定向越野等比赛，丰富教职工文化生活。召开“卓越教师成长计划”班主任专业化发展线上培训总结表彰暨学期末工作经验分享座谈会，总结“卓越教师成长计划”班主任专业化发展线上培训实践情况并表彰优秀学员。邀请北京市特级教师来校举办《“减负”——我们的责任》专题讲座，重点阐释“减负”要从挖掘作业内在潜质开始。

培育全面发展的学生。开展“扣好人生第一粒扣子”系列活动、学雷锋系列活动、“传承红色基因 继承光荣传统”主题教育等活动，培养学生良好的思想品质、道德情操和行为习惯；举办情绪与压力管理和学生时间管理与自控力线上培训，提升学生心理素质与自我管理能力。举办足球、篮球、旱地冰球等项目比赛，以及“冬奥故事我来讲”演讲比赛、“做冰雪少年 扬冬奥精神”滑雪体验活动等。学生参加全国啦啦操联赛获公开儿童混合组爵士规定动作冠军。

着力提升教育教学质量。以学生为本落实“双减”工作，与北京市昌平区百善镇中心幼儿园共同开展幼小衔接研究，开展课堂教学诊断与改进项目骨干教师领航课、引领课，党员教师示范课和青年教师过关课、研思课系列活动，组织“新课标解读”专题培训、“减负”专题讲座、“基于新课标的跨学科主题活动的开发与实施”和“跨学科主题活动设计与典型案例分析”线上培训，抓好线上教学，提升教学质量。

11月1日，百善学校与太仆寺旗二小开展云端语文教研

（百善学校　供）

做好对口帮扶工作。学校共青团、少先队向新疆和田、西藏拉萨、青海玉树等地学生捐书1000册。与受援地区学校合作开展云端语文教研等活动。接待太仆寺旗2所学校2名骨干教师来校开展为期1个月的跟岗交流，以一对一结对子形式，通过集中学习、进班听课、参与教研等形式促进两地教师相互学习。

（张立亭）

北京市昌平区第一中学

分两址办学，分别为校本部和天通苑校区。2个校区总占地面积6.74万平方米，校舍建筑面积5.10万平方米，运动场地面积3.56万平方米。固定资产总值1.51亿元，全年教育经费投入1.48亿元。学校有数字终端1615台，其中学生终端804台、教师终端811台。教职工376人，其中高级职称140人、中级职称97人。专任教师309人，包括特级教师10人，北京市骨干教师7人，北京市学科教学带头人2人，北京市骨干班主任1人。本科以上学历362人。开设教学班89个（小学10个、初中44个、高中35个）。毕业851人（初中393人、高中458人）；招生1070人（小学80人、初中549人、高中441人）；在校生3280人（小学356人、初中1621人、高中1303人），包括寄宿生543人，随班就读生5人。

2022年，学校致力于推进集团高质量快速发展，重点打造南北两翼协同进阶。

活动育人。提升活动育人实效性，通过主题月和星级班级评选制度，规范学生行为，强化养成教育。开展班主任系统培训，提升班主任专业带班能力，实现卓越班级和卓越班主任共同成长，借力致忠班主任工作室和体育贯通培养课程，加大校区德育工作融合，实现资源共享，发展共进。学校人工智能社团2支小队参加2022世界机器人大赛锦标赛（北京）——青少年机器人设计大赛全国总决赛，分获初中组超级轨迹赛项亚军和二等奖。举办2022年“守正之星”英文歌合唱比赛、“知校爱校”主题教育活动等；在第11届“活力社团、魅力校园”社团文化节活动中，光影部落、纵横辩论社、旱地冰球社等24个社团分别展示活动及训练成果。天通苑校区天心舞团参加北京电视台文艺频道节目录制，表演原创舞蹈作品《一条大河》。

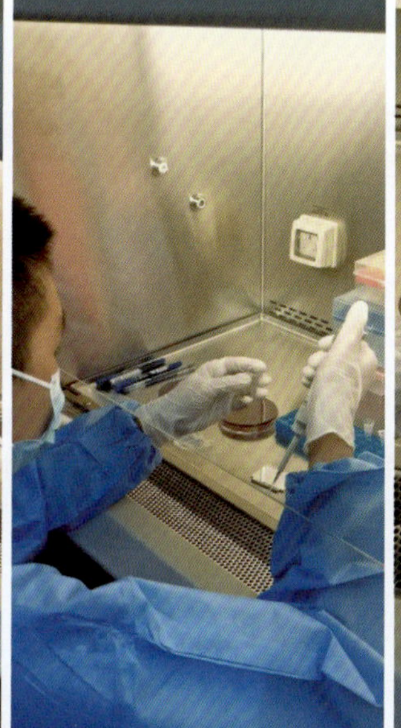
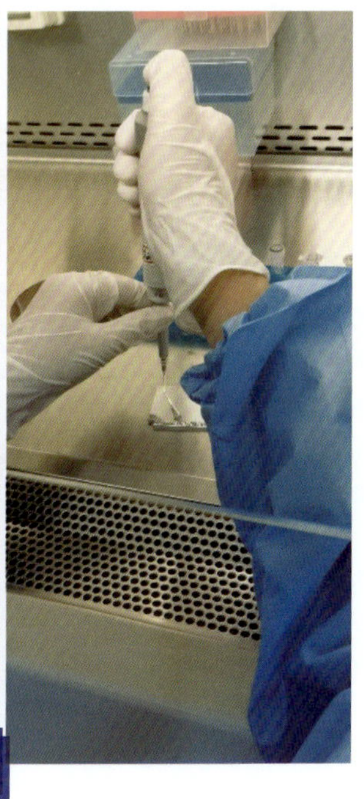

7月20日，昌平一中创新人才早期培养项目走进中国疾控中心
（昌平一中 供）

着力提升教育教学质量。发展“一体化”“贯通”特色课程，包括开设集团“双师”一体化共享课程，完善校本课程，推进“1+3”贯通课程，探索开设高一学生生涯发展课程、高中学段选修课程。探索“三思”课堂教学的实践研究，初步形成“三思”课堂评价细则。开展“强师计划”强化青年教师培养，开设“浸一中本色，强杏坛新人”新教师培养课程，提升新教师师德修养水平和教育教学能力，提高对学校教育理念和教育文化的认同度，缩短新教师的角色转换期。

改善办学条件。完成体育场、篮球馆改造工程，“致忠球场”启用，教室照明设施、黑板、触摸屏全部更新，完成天通苑校区图书馆改造，全面升级校园安防监控、数字校园系统。

（刘靖）

北京市昌平区第二中学

分两址办学，分别为政府街校区和回龙观校区。2个校区总占地面积8.20万平方米，校舍建筑面积6.84万平方米，运动场地面积3.69万平方米。固定资产总值7192万元，全年教育经费投入1.60亿元。学校有数字终端1550台，其中学生终端1143台、教师终端407台。教职工445人，其中高级职称159人、中级职称146人。专任教师380人，包括特级教师7人，北京市骨干教师7人。本科以上学历434人。开设教学班106个（初中66个、高中40个）。毕业1452人（初中718人、高中734人）；招生1392人（初中894人、高中498人）；在校生4211人（初中2721人、高中1490人），包括寄宿生701人，随班就读生2人。高中录取分数线644分（昌平区），应届高考本科上线率97.95%。

2022年，学校以立德树人为根本任务，构建课程育人、文化育人、活动育人、管理育人多途径德育一体化体系。

搭建全面发展平台，推进特色育人。与昌平区多米诺运动协会合作开展“激情迎冬奥，一起向未来”多米诺骨牌展示活动，组织校内各民族学生用3.85万枚骨牌完成北京冬奥会会徽、天坛、雪孩子等造型。举办地理寒假作业展评、整本书阅读之经典剧场、线上运动会等活动。在第41届北京市青少年科技创新竞赛中获奖23项，获奖数量及获奖比率为全市最高。获得第八届全国青年科普创新实验暨作品大赛（北京赛区）“未来太空车”项目第一名，并作为北京赛区唯一代表队晋级全国赛。田径队在北京市青少年田径锦标赛和北京市第16

届运动会田径比赛中获 2 金 8 银 4 铜，1 人成绩达到国家一级运动员标准。曲棍球队在北京市第 16 届运动会曲棍球比赛中获 3 金 1 银。民乐团被认定为“北京市学生金帆艺术团民族管弦乐团”。合唱团获北京市第 24 届学生艺术节展演金奖。

加强教育研究，提升教学质量。与北京市昌平区第一中学、北京市昌平区前锋学校干部教师及区级教研员围绕“双师”教学模式下教师的分工与定位、线上教学课时设计等问题开展交流。举办“延伸生物课堂，探秘微观细胞——生物细胞模型建构活动”，指导学生利用橡皮泥等材料制作细胞的三维结构和绘制细胞结构的手抄报建构细胞模型，并从“科学性”和“艺术性”2 个方面给出作品评价。

（王洁睿）

首都师范大学附属回龙观育新学校

占地面积 5.17 万平方米，校舍建筑面积 4.35 万平方米，运动场地面积 1.61 万平方米。固定资产总值 5805 万元，全年教育经费投入 1.17 亿元。学校有数字终端 1577 台，其中学生终端 858 台、教师终端 719 台。教职工 369 人，其中高级职称 87 人、中级职称 97 人。专任教师 339 人，包括北京市骨干教师 5 人。本科以上学历 361 人。开设教学班 108 个（小学 60 个、初中 24 个、高中 24 个）。毕业 918 人（小学 422 人、初中 269 人、高中 227 人）；招生 971 人（小学 447 人、初中 305 人、高中 219 人）；在校生 4067 人（小学 2515 人、初中 953 人、高中 599 人），包括寄宿生 277 人，随班就读生 17 人。高中录取分数线 622 分（昌平区），应届高考本科上线率 83.02%。

2022 年，学校抓住建校 10 周年、北京市课程改革深入推进、北京市第二轮“回天计划”深入开展等机遇，推进作风建设年主题教育实践活动。以学生发展为本，构建三级学生自主管理体系，规范学生组织管理，通过五星评价管理制度、九礼六仪课程、九星好少年评选等科学做好学生评价工作。发挥引领辐射作用，举办首师大附属回龙观育新学校和首师大附属回龙观育新教育集团沙河中学手拉手项目合作推进会，深化项目合作。

加强教学管理和教师队伍建设。推进卓越教师培训计划，开展分层分类培训，组织影子培训、思维型教学培训等。举办“育人能力提升”班主任培训，邀请北京师范大学专家主讲《个人积极心理品质训练——压力管理》，并与教师进行互动。举办“‘青蓝计划’高位启航，深耕教育塑时代新人”新入职教职工校本研修活动，打造成长型教师。

完善体育、艺术、科技三大特色教育中心发展平台。为学生多元成长提供丰富课程供给，开设田径、民乐、航模等 40 余个社团，为学生成长提供空间和展示机会。举办龙梦学习节，开设“龙娃民间故事”直播间，每个人都可以做网红主播，宣传文创作品，讲出背后的民间故事。

（翟雅玲）

北京师范大学昌平附属学校

分两址办学，分别为小学部和中学部。2 个校区总占地面积 4.90 万平方米，校舍建筑面积 3.90 万平方米，运动场地面积 2 万平方米。固定资产总值 4380 万元，全年教育经费投入 7500 万元。学校有数字终端 900 台，其中学生终端 349 台、教师终端 551 台。教职工 210 人，其中高级职称 19 人、中级职称 43 人。专任教师 201 人，包括特级教师 1 人。本科以上学历 210 人。开设教学班 71 个（小学 42 个、初中 26 个、高中 3 个）。毕业 186 人（全部为初中生）；招生 675 人（小学 256 人、初中 339 人、高中 80 人）；在校生 2615 人（小学 1662 人、初中 871 人、高中 82 人），包括寄宿生 7 人，随班就读生 6 人。高中录取分数线 600 分（昌平区）。

2022 年，学校开展“提质量”“强内涵”“铸品牌”活动。学校获评“北京市五四红旗团委”“北京市中小学思想政治理论课示范基地”。完善“四位一体”教师培养体系，实施“领航工程”“青蓝工程”和“微课题研究”，助力骨干教师、青年教师成长。改革评价激励机制，完善绩效工资、人事管理、劳务发放等多项涉及教职工切身利益的工作方案，为教师安心在校工作提供保障。制定“带薪假”实施规定，缓解教职工压力。举办“三帆杯”课堂教学大赛，聚焦“新课标背景下促进学生思维提升的有效教学设计”，立足新课标精神，指向学科核心素养发展，探究促进学生思维能力提升的有效教学，评选出一等奖 11 人、二等奖 9 人。

培育全面发展的学生。完成图书馆改建工程，为学生提供更加便利的学习研究环境。开展“千帆竞发，新心向团，喜庆二十大”主题团课活动，与中国政法大学民商经济法学院志愿者服务中心联合开展“法治课堂模拟法庭普法活动”，助力学生形成正确的价值观与人生观。组建首支冰球队，获批北京市体育传统项目学校（田径）。

（石妍）

北京市大兴区庞各庄中学〈北京师范大学附属实验中学大兴分校〉

占地面积 7.80 万平方米，校舍建筑面积 3.20 万平方米，运动场地面积 1.68 万平方米。固定资产总值 13765 万元，全年教育经费投入 3736 万元。学校有数字终端 340 台，其中学生终端 190 台、教师终端 150 台。教职工 73 人，其中高级职称 19 人、中级职称 27 人。专任教师 64 人，包括北京市骨干教师 1 人。本科以上学历 64 人。开设教学班 13 个。毕业 147 人，招生 164 人，在校生 477 人（包括随班就读生 8 人）。

2022 年 7 月 11 日，北京市大兴区庞各庄中学更名为北京师范大学附属实验中学大兴分校。学校通过行政干部例会、教师会、教研活动等深入学习“教学管理”“课堂教学”“学生学习养成”规范要求，重新梳理和完善原有教学常规管理制度，从不同角度、不同时段开展检查评价。结合入学教育，开展秋季国防教育实践活动。开

9月至11月，北师大实验中学大兴分校举办首届体育文化节
（北师大实验中学大兴分校 供）

展常态化法治安全教育活动，每月有不同主题，坚持应急演练。将劳动教育与德育活动相融合，持续开展山楂采摘等活动。

落实“双减”工作。统筹安排课后服务时间，强化作业管理。提倡并实施“师生问题双向互动式学案导学”教学模式，在日常教学工作中要求教师不断改进。组织教师参加北京教育科学研究院“聚智云讲坛，助力教师发展”系列讲座，完成“十四五”继教双减专项研修培训，推进开放在线辅导工作。组织部分优秀学生参加系列学法指导交流活动。减轻教师压力，实行弹性作息。

活动育人。开展“为梦想宣言 携手向未来”励志教育、“端午粽飘香 弘扬爱国情”主题教育、体育文化节等活动。利用学校种植园，开展“不忘感恩，寄托希望”主题毕业树栽种活动。举办“延续千年文化，共谱诗韵华章”2022年度文化节之诗词大赛，围绕古诗词的历史、文化、典故等方面内容，考查学生知识储备和反应能力、应变能力、团队协作能力。

（高振沧）

北京市大兴区第一中学

分两址办学，分别为东校区和新校区。2个校区总占地面积25.23万平方米，校舍建筑面积22.81万平方米，运动场地面积4万平方米。学校有数字终端1370台，其中学生终端710台、教师终端660台。教职工399人，其中高级职称143人、中级职称149人。专任教师391人，包括特级教师7人，北京市骨干教师5人。本科以上学历401人。开设教学班84个（初中34个、高中50个）。毕业1049人（初中328人、高中721人）；招生1279人（初中522人、高中757人）；在校生3683人（初中1405人、高中2278人），包括寄宿生1135人。高中录取分数线619分（大兴区），应届高考本科上线率98%。

2022年，学校形成“一校、两址、四部”集团化办学样态。

党建引领，立德树人。成为大兴区党团队一体化育人实践项目实验校。致力于积淀“和合先锋”党建文化，打造“和合先锋”党建品牌，制定《职称评审思想政治表现评分办法》、开展廉洁教育活动、组织参观名人故居和红色教育基地。开展形式多样的家访活动和义务劳动、捐款等社会公益性活动，定期开展“师德建设先进个人、四有好教师、优秀班主任”等评选活动，“特级教师工作室”“紫禁杯优秀班主任工作室”等名师活动，以及“日出之旸”德育研讨会、优秀班主任工作坊等校内特色研究活动。开学第一课、国旗下讲话、校园文化建设等均以北京冬奥会为教育资源，开展“上好冬奥大思政课”主题教育。

培育全面发展的学生。初中、高中学生合唱团在大兴区首届中小学“金凤杯”合唱比赛中均获一等奖。学校在全国中学生田径锦标赛中，摘得4金4银1铜。举办“喜庆二十大，妙笔献华彩”师生书画展。通过家访或家长来访实现问题生快速转化，大型活动以“图片直播”或“视频直播”方式拉近家校距离。成立钱学森班，建设钱学森广场，提出“和合发展、大器大成”的钱学森班育人理念，构建航天特色创新人才培养课程，培养科学家精神和创新人才。以北京市普通高中多样化特色发展创建工作为抓手，挖掘课程育人功能。以建设学科基地为突破点，突出课程内容与新高考和创新思维培养要求之间的关联，打造学科竞赛、跨学科融合课程、学段融合等一批适合一中学生实际的高端特色课程，明确课程内容之间的逻辑关联，强化课程实施和课程评价，确保课程育人效果。举办“同筑家国梦，科技向未来”第八届校园科技节，邀请3名专家举办9场科技系列讲座，推出128节专题科普课。

落实“双减”政策，提升教学质量。在初中阶段积极探索“作业+”课后服务模式，形成“作业+艺体”“作业+科技”“作业+劳动”“作业+大讲堂”“作业+主题德育活动”等服务模式。各年级结合学生学情考情，有针对性地调整课后服务实施方案，做到“一年级一策”“一类学生一策”。引入大数据驱动精准教学系统，采集学生全过程学习数据，构建不同学生的个性化知识图谱，为教师教学改进提供有效数据支撑，实现个性化教与学。组建全校教师参加的培优团队，为优秀生制定个性化课程安排，提供专题答疑辅导，满足学生个性化辅导需求。组织参加海淀培优课，学校教师与海淀教师合作完成“双师课堂”，确保培优课内

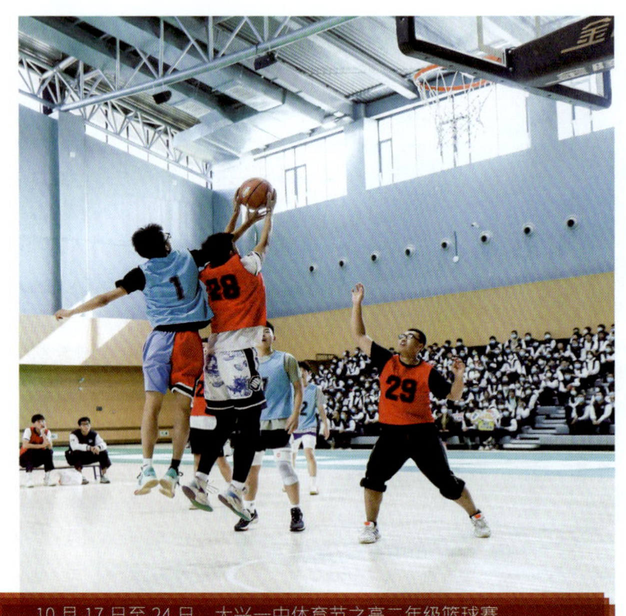

10 月 17 日至 24 日，大兴一中体育节之高二年级篮球赛
（大兴一中　供）

容落地，提升优秀生学业质量。与首都师范大学签订《毕业生优质就业基地共建合作备忘录》。

（孙鹏　王一　张腊梅）

北京市第八中学大兴分校

占地面积 29958 平方米，校舍建筑面积 20184 平方米，运动场地面积 16306 平方米。固定资产总值 8975 万元，全年教育经费投入 8629 万元。学校有数字终端 396 台，其中学生终端 299 台、教师终端 97 台。教职工 188 人，其中高级职称 77 人、中级职称 69 人。专任教师 180 人。本科以上学历 187 人。开设教学班 24 个（初中 12 个、高中 12 个）。毕业 261 人（初中 162 人、高中 99 人）；招生 284 人（初中 144 人、高中 140 人）；在校生 830 人（初中 409 人、高中 421 人），包括寄宿生 187 人。高中录取分数线 565 分（大兴区），应届高考本科上线率 95.83%。

2022 年，学校坚持“着眼于未来，着力于素质”教育理念，立足“促进学生全面而有特长发展，促进学校优质而有特色提升”教育教学目标，落实各项工作。党总支在“致美·先锋”党建品牌引领下，继续落实党支部建在年级上的工作机制。完善“六个一”党员任务清单，开展“学习二十大，讲好育人故事”系列活动。做好“双培养”引领，制定 35 岁以下非党员教师“双培养”计划。落实常态化学习，组织开展每月一次党日活动。

立德树人。结合学校的实际工作和重要节日节点，组织开展国旗下演讲主题教育活动 35 次；组织运动会和“致美杯”篮球赛，丰富学生的校园生活。开展常规主题班会听评课活动，举行 18 节主题班会课听评课活动，听课人数 150 余人次。形成每月 1 次班主任例会制度，开展工作培训，组织年级主任、班主任工作经验分享。完成年级家委会组建，促进家校协作。成立新一届校学生会。加强住宿生管理，召开 2 次住宿生大会。利用每周五学校大扫除开展劳动教育、爱校教育、绿色校园教育。利用入队仪式、入团仪式等开展仪式教育。邀请天堂河强制隔离戒毒所警官为高一年级学生举办“珍爱生命，远离毒品”专题教育讲座，组织学生创作“禁毒”主题手抄报、海报、书法作品等。

教育教学工作。从完善课程设置入手，重点推进选修课建设，审核通过 21 个学科，涵盖艺术类、科技类、心理类、学科类 4 类课程。挖掘学校潜能，推进高中多样化发展准备工作，高中化学组特色课程方案、学校科技特色课程方案获批市级特色发展项目。加强与本部联合教研，邀请本部专家教师举办命题讲座。推进“双减”工作，以教研组为单位，开展同主题研究、集中交流展示，完成 91 节“双生课堂”，900 余人次听评课。

（刘辉　张开望　刘维维）

北京市大兴区兴华中学

分两址办学，分别为高中部校区和仰山校区。2 个校区总占地面积 70241 平方米，校舍建筑面积 48000 平方米，运动场地面积 25497 平方米。固定资产总值 18785 万元，全年教育经费投入 16727 万元。学校有数字终端 593 台，其中学生终端 251 台、教师终端 342 台。教职工 348 人，其中高级职称 120 人、中级职称 101 人。专任教师 343 人，包括特级教师 1 人，北京市骨干教师 1 人，北京市学科教学带头人 3 人。本科以上学历 344 人。开设教学班 79 个（小学 33 个、初中 12 个、高中 34 个）。毕业 686 人（小学 134 人、初中 148 人、高中 404 人）；招生 960 人（小学 276 人、初中 172 人、高中 512 人）；在校生 3161 人（小学 1253 人、初中 506 人、高中 1402 人），包括寄宿生 458 人，随班就读生 1 人。高中录取分数线 595 分（大兴区），应届高考本科上线率 93%。

2022 年，学校秉承“以德育德　以爱育人”理念，落实“双减”政策，构建绿色生态教育体系，实施高质量创新发展。成立兴华中学教育集团，推进集团办学区域合作体系建设，成员校与仰山校区开展校际教师轮岗与深度教研交流。

党建引领。作为中小学校党组织领导的校长负责制首批试点校，各学段均设置党团队辅导员岗位，打造一流干部队伍，将立德树人融入党团队活动中，推进十二年德育一体化体系建设。学校获评首都文明校园、北京市首批中小学心理健康教育实践研究特色学校。

创新育人方式。统筹家校社资源，推进“一体三方六维”体系建设。其中，“一体”指学生主体，“三方”指家校社共同体，“六维”指智慧、创意、自主、感动、阳光、使命 6 种教育元素。“喜庆二十大，争做好队员”以党建带团建带队建。向家长推送“心晴菜单”建立“1＋1＋N”心育模式，举办“兴华之星”评选活动和体育嘉年华推进新时代青年学子养成教育。开展青年教师暑期成长营系列活动，采取专题讲座与工作坊模式开展4个主题6个板块培训。举办第六届“校园之星”评选，评选出“超越之星”“礼仪之星”“公益之星”“劳卫之星”“文体之星”“善学之星”各34人。

新型课程建设。构建多元化网络化“5+2+N”课程供给体系，即每周5天每天2小时课后服务N项自主选择类70门选修课，涉及科技、艺术、体育等领域，指导学生通过“自主申报 网上选课”方式参与课后服务。完善优质高中多样化课程体系，形成学科拓展类、体育健康类、艺术科技类课程30余门。开设“绿色生态课堂”课程——“四重视”“四强调”“四培养”（重视大教研强调微教研、重视大单元强调化教为学、重视作业批改强调个性指导、重视课堂教学强调自主学习，培养阅读习惯、预习习惯、思考质疑习惯、课堂笔记习惯）。推进课程开发体系建设，形成“以研促教、以教促改、以改促研”学术教研氛围，整合学科教育资源，采用线上与线下“多维度、双结合”方式开发主题课程群。

（马卫庆）

北京市怀柔区第五中学

占地面积2.70万平方米，校舍建筑面积2.30万平方米，运动场地面积1.74万平方米。固定资产总值8140万元，全年教育经费投入7831万元。学校有数字终端614台，其中学生终端140台、教师终端474台。教职工187人，其中高级职称61人、中级职称74人。专任教师150人，包括特级教师1人，北京市骨干教师1人，北京市骨干班主任1人。本科以上学历187人。开设教学班38个。毕业375人，招生329人，在校生1102人（包括随班就读生4人）。

2022年，学校在“追求卓越”核心理念引领下，把减负提质、守正创新作为工作重点，全面践行社会主义核心价值观、全面落实减负举措、全面提升教育教学质量。确立以“五”为核心的学校文化：通过五行与五色配属关系，构建“非常五+一”多彩课程体系；通过五行与五德搭配，形成“五维”科研体系。

打造卓越团队。全面塑造教师“文质彬彬，然后君子”的外在气质和“止于至善”的内在精神。推进校本培训工作，聘请10余名专家来校，为各学科教师开展专题培训。

完善课程体系。在发挥学校优质资源基础上，遵循课程方案整合优化原则，整合三级课程，使国家课程和地方课程校本化。“非常五+一”多彩课程体系以学生激发的好奇、兴趣、志趣、志向、抱负为切入点；以提振学生学习力、教师成长力、学校竞争力为目标；以培育成功开化的学子为归宿，构建起以绿色、红色、黄色、白色、黑色为基准色调，以霓虹色为升华色调。研发人文素养类、科学素养类、健康教育类、个性特长类4类70余门校本课程，形成国家、地方、校本三者相互促进、有机融合的课程体系。

特色建设。被市教委确定为信息技术与学科教学融合项目试点校，与科大讯飞、作业帮开展深度合作，在备足精品资源、抓牢课堂教学主阵地、探索个性化作业生成策略、实现多层次赋能等方面重点发力，形成一套可复制、可推广的“怀柔五中模式”。以天文望远镜——“天眼”工程全面推进为契机，加快学生科技社团建设。

（赵录志）

12月1日，怀柔五中开展宪法日线上庭审观摩活动

（怀柔五中　供）

北京市第一0一中学怀柔分校（中国科学院大学附属实验学校）

占地面积12.15万平方米，校舍建筑面积10.95万平方米，运动场地面积2.89万平方米。固定资产总值11503万元，全年教育经费投入15132万元。学校有数字终端1053台，其中学生终端462台、教师终端591台。教职工224人，其中高级职称47人、中级职称59人。专任教师195人，包括北京市骨干教师3人。本科以上学历223人。开设教学班48个（初中34个、高中14个）。毕业477人（初中311人、高中166人）；招生733人（初中473人、高中260人）；在校生1935人（初中1345人、高中590人），包括寄宿生1935人，随班就读生2人。高中录取分数线635分（怀柔区），应届高考本科上线率99.4%。

2022年，学校围绕“立足怀柔，紧跟海淀，融入总校，项目引领”工作思路，坚持落实初、高中教育教学统筹发展，多点发力，助推教师专业成长。完成党委换届，选举产生新一届中共北京市第一0一中学怀柔分校委员会。二期工程教学区建设完成并投入使用。加挂“中国科学院大学附属中学”校牌，与国科大建立稳定协同机制，服务科学城建设。发挥引领辐射作用，接待内蒙古四子王旗7名干部教师跟岗挂职。

优化教师培养机制。搭建平台，引导教师提升专业理念、专业知识和专业能力。以促进教师教育教学综合素养全面提升为目的，激励教师参加教学竞赛，积极开展教学活动，优化教学资源建设。召开首届教育教学年会，聚焦“面向未来的生态智慧教育”，探索教育规律，研究教育现象。推进与北京师范大学合作项目，新启动语文、英语2个学科合作，合作学科总数增至4个，涉及教师82人。

优化多元化育人体系。贯彻全方位“三全育人”工作理念，尊重生命和人的成长规律。开展贯彻党的二十大精神为主题的主题课堂、主题团课。开展劳动教育主题班会、主题教育实践活动，助力学生形成正确人生观。以学科渗透、社团、选修课和主题教育活动为途径，搭建科艺体特色发展平台。举办“共筑航天梦 勇攀科技峰”主题课程教育活动，展示与航天相关的13节原创课程。

（张琴　苑苗琼　赵嫚莉）

北京市平谷区峪口中学〈北京市平谷区农业中关村学校〉

占地面积6.30万平方米，建筑面积3.89万平方米，运动场地面积1.10万平方米。固定资产总值15202万元，全年教育经费投入4818万元。学校有数字终端645台，其中学生终端495台、教师终端150台。教职工83人，其中高级职称26人、中级职称27人。专任教师48人，包括北京市骨干教师3人。本科以上学历81人。开设初中教学班12个。毕业135人，招生129人，在校生443人（包括外省市随迁子女29人）。

2022年3月10日，北京市平谷区峪口中学注册更名为北京市平谷区农业中关村学校。学校坚持“培养兴趣，发展天赋”的学生，凸显“文明守纪，孝亲敬老”办学特色，弘扬“厚德仁爱，和合而谐”校园文化精神，打造有内涵、有特色、有活力的农村中学。

抓实践创新，推进个性教育。开展学生的个人成长“自画像”活动，增进学生自我认知。初一年级将传统习惯养成教育转变为全方位入学教育，培养学生爱校、爱班、团结意识。开展“探秘校园之旅”活动，让学生在探索求知中受教育。

注重校园信息化建设，提升管理水平。在行政办公体系下推广“钉钉”系统，在教学体系下推广“希悦校园”平台。通过“希悦校园”对学生进行成长目标管理和班级日常管理，同时加强全面过程性教学评价管理。

强化德育、心理健康教育。开展学雷锋精神系列活动，弘扬雷锋精神。围绕“全国学生营养日”开展宣传教育活动，引导学生培养健康的饮食习惯。开展“创城争先、文明有我”交通安全主题宣传教育活动，提高学生遵守道路交通法律法规意识和自我保护能力。开展剪纸活动，开设线上心理教育课，缓解学生居家学习焦虑心理，关注学生心理健康。

（杨红军）

北京实验学校

占地面积35330平方米，校舍建筑面积23353平方米，运动场地面积13611平方米。固定资产总值9191万元，全年教育经费投入8002万元。学校有数字终端673台，其中学生终端80台、教师终端207台。教职工202人，其中高级职称78人、中级职称80人。专任教师133人，包括特级教师2人，北京市骨干教师1人，北京市学科教学带头人1人。本科以上学历202人。开设教学班32个（初中6个、高中26个）。毕业350人（初中84人、高中266人，其中玉树内高班84人）；招生392人（初中45人、高中347人，其中玉树内高班80人）；在校生1195人（初中159人、高中1036人，其中玉树内高班229人），包括寄宿生686人（初中141人、高中545人，其中玉树内高班229人）。高中录取分数线430分（平谷区），应届高考本科上线率81.82%。

2022年，学校致力于打造“高中有影响、初中叫得响，特色鲜明的魅力教育品牌学校”。学校成为平谷区首个“模拟政协”实践基地落户学校。

加强教师队伍建设。完善“双积分”方案，将“双积分”作为评优评先、绩效考核重要参考依据。成立中青年教师培养领导小组和指导小组，实行青年教师培养分管校长、教研组长、指导教师分级负责制。建立青年教师进修学习

2022年，北京实验学校开展各项志愿活动助力文明城市创建

（北京实验学校　供）

时间和培训经费保障机制，启用青年教师担任班主任等。每月开展1次主题教研，邀请集团名师来校开展学科指导，组织学校师生定期到海淀区学习交流。强化备课组线上教研，通过“磨研讲评”校本教研，引导教师上好常态课。

加强民族团结教育。将玉树班归入各年级统一管理，每个年级设玉树主管1人，年级统一安排教育教学及各项活动。联合组队开展辩论、歌咏、体育等比赛及“学跳藏族舞蹈，同过民族节日”等活动，组织本地学生走进玉树参加“感知三江源·奋进新时代”主题教育，以融合活动为载体，增进民族相互了解。为玉树学生系统构建节日课程，每学期组织2次市内研学，每学年开展1次跨省研学旅行，与本地学生共同参加“绿谷之星”评选等活动。加强玉树对口班管理，成立玉树班管理办公室。

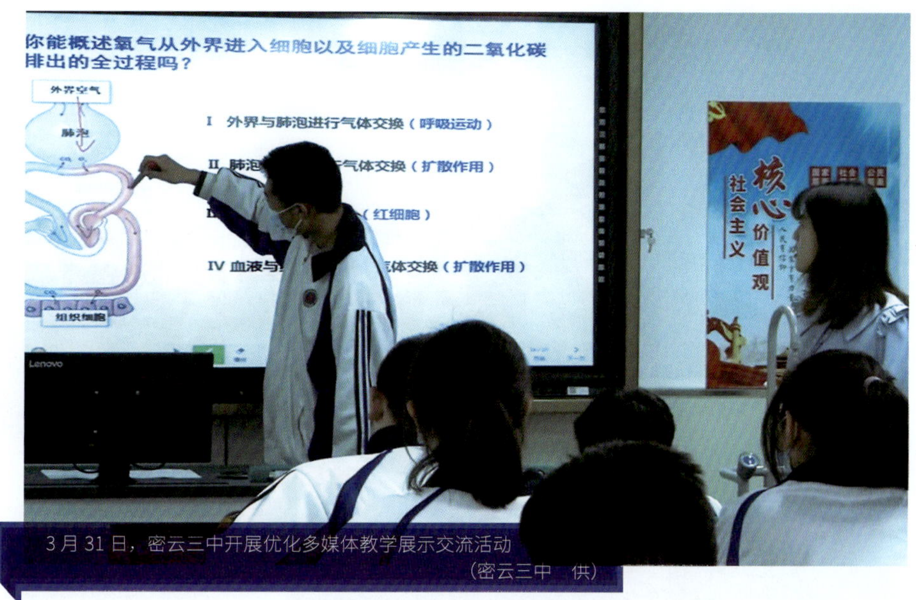

3月31日，密云三中开展优化多媒体教学展示交流活动

（密云三中 供）

推进精神文明建设。成立创城工作领导小组，制订创建全国文明城市工作实施方案，开展系列主题创城活动。开展创建全国文明城区誓师承诺、“创建文明校园，争创文明学生”主题活动等，与建南社区携手开展“人人学雷锋，共建文明城”志愿服务、“街心花美社区 靓家园共植绿”共助共建活动。学习宣传落实《家庭教育促进法》，开展宣传月活动，通过家长会、校园公众号、家长微信群等向家长、群众普及家庭教育促进法。

关注学生身心健康。录制心理微课，采用问答方式介绍简单易学的心理放松方法；组织心理健康教育教师和骨干班主任设计“‘疫’路同行，做好心理防护”心理健康教育主题社会生活指导课。班主任带领学生阅读通俗易懂的智慧小故事，启发学生调控自身情绪；利用体育课及大课间时间，开展体育锻炼活动。突出艺术体育特色，高一遴选特长生、高二选拔、高三专项训练，组建美术和发展体育特色班，组织专科教练指导训练，并邀请专业教练和教师定期开展专业指导。

（郭峰亭）

北京市密云区第三中学

占地面积1.87万平方米，校舍建筑面积1.03万平方米，运动场地面积1.26万平方米。固定资产总值3261万元，全年教育经费投入6506万元。学校有数字终端950台，其中学生终端762台、教师终端188台。教职工149人，其中高级职称46人、中级职称90人。专任教师127人，包括特级教师1人，北京市骨干教师1人。本科以上学历127人。开设教学班36个。毕业467人，招生482人，在校生1491人。

2022年，学校遵循“让每个人都成就最精彩的自己”办学理念，从“精致课堂、精微德育、精细管理；多彩生活、喝彩行动、出彩人生”等层面完善精彩教育体系。

教师队伍建设。分层次开展有针对性的教师培养计划，青年教师开展卡内基培训、基本功大赛（读书笔记、粉笔字、说课、单元作业设计），依托“青蓝工程”提升青年教师驾驭课堂能力；开展非骨干教师评优课，提升教师教育教学能力；帮助骨干教师做好职业规划，提供展示平台，发挥骨干教师示范引领作用，鼓励教师向名师发展。

教育教学改革。借助基于教学改革融合信息技术试验区建设项目，引入VR技术，开展“双师课堂”教学研讨活动，推动思政课资源建设与开发，探索利用信息技术服务教育教学改革的方法。推进“双减”工作，加强对学生学习兴趣、学习习惯、学习方法的指导，探索以学生为中心的多元课堂教学评价体系；重视作业设计与布置，成立“精准有效作业”课题组，在学习和研究布鲁姆目标分类学、学科核心素养、情境维度划分等基础上，统筹设计校本化课时作业、单元作业和假期作业，督促各学科形成单元作业设计典型案例。

课程架构调整。以“密海合作项目”为契机，借助专家力量，分析学校课程建设现状，完善学校整体课程架构。开发跨学科课程，梳理提炼篮球特色课程和大思政特色课程，深化“春华秋实”劳动课程开发研究。

（刘磊）

北京市密云区西田各庄中学

占地面积55336平方米，校舍建筑面积6990平方米，运动场地面积12945平方米。固定资产总值2544万元，全年教育经费投入864万元。学校有数字终端269台，其中学生终端151台、教师终端118台。教职工84人，其中高级职称20人、中级职称35人。专任教师66人。本科以上学历81人。开设教学班18个。毕业165人，招生

10月9日，西田各庄中学开展校园实践园活动
（西田各庄中学 供）

128 人，在校生 444 人。

2022 年，学校以贯彻“双减”工作精神、减负提质为重点，推动乡村教育优质且有特色发展。课程课堂提质量，制定《学校教学管理规范》，巩固深化“双减”工作，将教学管理贯穿于课程、课堂、课业、课后服务工作始终。开展“5—25—10”课堂结构的实施与研究，发挥师友互助课堂模式优势。深化劳动教育改革，开发“阳光农场”“烹饪空间”等劳动课程基地。在课后服务学业指导方面，通过教师“三诊”，服务学生个性化需求。

德育品牌增实效。围绕密云区创建“全国文明城市”，落实未成年人思想道德建设，创建首都文明校园、绿色校园。构建“一体化德育课程体系”，打造“十大德育品牌特色课程”。将学校培养目标分解为 3 个年级的育人目标，结合年级学生特点，整体规划年级活动，在活动中育人。建立良好的班级文化，通过公约制自主管理，把学校学生培养目标落实在班级内。开展校园实践周活动，通过“四个一”（即一周执勤经历、一次帮厨体验、一道拿手好菜、一个家庭展示），培养阳光向上、志存高远、自尊自信、敢于担当的生命个体、家庭支柱和社会栋梁。

（李铮）

北京市密云区滨河学校

占地面积 4000 平方米，校舍建筑面积 2355 平方米，运动场地面积 3000 平方米。固定资产总值 290 万元，全年教育经费投入 356 万元。学校有数字终端 100 台，其中学生终端 48 台、教师终端 52 台。教职工 49 人，其中高级职称 4 人、中级职称 16 人。专任教师 47 人，包括特级教师 1 人。本科以上学历 49 人。开设教学班 17 个。招生 169 人，在校生 687 人。

2022 年，学校坚持“生命至上，人文奠基，科艺见长，国际视野”办学理念，以办人民满意的教育为立足点，以推进“双减”工作为重点，在“幸福教育”引领下构建安全稳定的教育教学环境和秩序。

抓教研教改，提高教学质量。多次召开教学质量分析会，组织教学干部分析学生数据成绩，找准症结、锚定目标。抓课堂常规，提升课堂教学质量，领导干部深入课堂教学，通过视频巡课、推门常态课、骨干教师引路课等，重点做好听、诊、评、导及后续跟进指导。线上教学直播期间，教研团队加强视频巡课，开展线上教学评优活动。制定《滨河学校线上教学一日流程》，统一设计课堂背景图，同时针对教学重难点，结合学生课堂表现和练习作业反馈，组织各学科教师及时开展有针对性的个性化辅导。

巩固“双减”成果，推进教育实践活动开展。坚持强宣传提升“知晓率”，强监督保障有序进行，强服务引导全面发展，强统筹明确职责责任，强跟踪督促落地落实的“五步”工作法，加强家校沟通，提高课后服务水平。举办第 53 个“世界地球日”主题教育实践活动，利用班队会课，让学生了解“世界地球日”的起源和目的，感受地球生态环境日益恶化的影响，激发学生热爱地球、保护环境的意识。开展中秋节教育实践活动，让学生参与劳动，了解中秋节。

（聂拥军）

北京市延庆区第八中学

占地面积 3.89 万平方米，校舍建筑面积 1.73 万平方米，运动场地面积 1.40 万平方米。固定资产总值 1888 万元，全年教育经费投入 4587 万元。学校有数字终端 396 台，其中学生终端 160 台、教师终端 140 台。教职工 105 人，其中高级职称 26 人、中级职称 40 人。专任教师 60 人。本科以上学历 103 人。开设初中教学班 18 个。毕业 125 人，招生 192 人，在校生 573 人（包括寄宿生 548 人，随班就读生 5 人）。

2022 年，学校秉承“以人为本，多元自主发展，建设和谐学校，办人民满意的优质教育”办学理念，落实立德树人根本任务，以强化队伍建设为抓手，全面深化教育改革，提升师生综合素质、学校内涵品质。

教育教学改革。推进课程改革，加强劳动课程研究，提高学生动手实践能力，培养生活技能。丰富课后服务供给，挖掘校内资源，引进社会力量，满足学生多样化需求。丰富校本教研内容，分别为不满 3 年教龄、35 岁以下青年教师、骨干教师设置不同内容、级别的培训课程，参与集团内教学交流活动，利用网上培训资源，分层推进教师成长。以徒弟汇报课、骨干教师示范课、党员展示课为载体，加强课堂教学研究。与北京晋元中学、河北省张家口市顾家镇中学合作学校联合开展交流活动。

综合素养培育。以推进“双减”工作为切入点，开展班主任培训、法治进校园、心育活动、学生生态文明志愿服务活动。开展最美教室、最美课桌、书香班级等评比活动。加强校园生态文明宣传，举办中秋诗词大会等教育活动。组织“中学生亲子青春期教育系列课”家长培训、线上家长会、线下微型家长座谈会，发挥学校、社会、家庭协作育人功能。开设足球社团，组建班级、年级、学校三级足球队，每周外聘专业足球教练提供技术指导和训练。组织学生创作冬奥烙画作品迎接冬奥。

（梁秀平　李雪茹）

北京市延庆区第一中学

占地面积 7.59 万平方米，校舍建筑面积 1.94 万平方米，运动场地面积 2.05 万平方米。固定资产总值 26335 万元，全年教育经费投入 12488 万元。学校有数字终端 990 台，其中学生终端 800 台、教师终端 190 台。教职工 261 人，其中高级职称 90 人、中级职称 69 人。专任教师 192 人，包括特级教师 5 人，北京市骨干教师 3 人。本科以上学历 240 人。开设教学班 52 个（初中 2 个、高中 50 个）。毕业 664 人（初中 70 人、高中 594 人）；招生 670 人（初中 70 人、高中 600 人）；在校生 2096 人（初中 70 人、高中 2026 人），包括寄宿生 467 人。高中录取分数线 591 分（延庆区），应届高考本科上线率 95.62%。

2022 年，学校提升治理能力，发挥生态课程、生态课堂、生态德育核心作用，创新人才培养模式，推动学校生态教育特色发展。

立德树人，提升教学水平。开展师德专项提升行动，通过加强理论学习、规范管理监督、发挥榜样引领等途径，引领全校教职工立德树人铸师魂，不忘初心正师风。举办教职工生态教育论坛、岗位大练兵等活动，为教职工专业成长与发展提供展示舞台。抓实教学常规提升教育教学质量，加强线上督导保障网络教学效益，严控作业质量推进“双减”目标达成，依托高端备课项目提升学科教学能力，通过推进“1+3”课程建设寻求特色办学创新。

五育并举。完善生态德育课程，加强生态德育管理，发挥重大纪念日活动育人功能，强化德育管理评价体系建设。搭建家校共育平台，成立家长委员会。

冬奥志愿服务保障工作。3 名教师作为志愿者为北京延庆冬奥赛区服务，其中 1 人担任钢架雪车项目起点长。

（李云　吕少明　李敬宁）

北京市燕山向阳中学

占地面积 12669 平方米，校舍建筑面积 8539 平方米，运动场地面积 4480 平方米。固定资产总值 3219 万元，全年教育经费投入 2169 万元。学校有数字终端 276 台，其中学生终端 158 台、教师终端 118 台。教职工 58 人，其中高级职称 19 人、中级职称 15 人。专任教师 55 人。本科以上学历 55 人。开设初中教学班 15 个。毕业 100 人，招生 138 人，在校生 476 人（包括随班就读生 3 人）。

2022 年，学校教育教学工作聚焦课堂，抓常规落实，加强立德树人。推进团队管理和队伍建设，立足“生命、科技、审美”三大课程体系建设，加强五育融合，发展科技特色。

培育全面发展的学生。以学生会为核心，开展争章争星活动。组织团员深入社区参加疫情防控志愿服务活动，评选“向阳好少年”，制定向阳中学红领巾争章活动实施办法，加强团工作建设。提高学生干部和值周生服务监督管理水平，探索学生自主管理。加强年级组文化建设，分年级设定德育活动主题，推动年级特色文化宣传，丰富校园文化建设。定期开展普法教育、中华传统文化教育等系列

11 月 3 日，向阳中学开展首届校园十佳歌手唱响校园魅力展示活动　（向阳中学　供）

教育讲座和活动。加强家校合作，开通心理疏导热线，发挥“心理辅导”干预与疏导作用。

推进教育科学研究。重视教研组建设，主题突出、科研引领促教学。学校教研组理综组和文综组分获房山区“青年文明号”和“青年突击队”称号。加强师资队伍建设，开展班主任基本功撰写育人方略培训，举办党建与教育教学、班主任和年级组管理等主题讲座，加大年轻班主任培养力度。

科技特色课程建设。坚持以科技特色课程为主阵地，以参加相关赛事为途径，打造学校科普小组特色活动。组织学生参加第13届“蓝桥杯”全国软件和信息技术专业人才大赛，获少年STEMA中级C++创意编程赛二等奖。

（庞燕）

北京师范大学燕化附属中学

分两址办学，分别为本部校区和向阳校区。2个校区总占地面积6.02万平方米，校舍建筑面积3.13万平方米，运动场地面积2.63万平方米。固定资产总值9554万元，全年教育经费投入7836万元。学校有数字终端272台，其中学生终端54台、教师终端218台。教职工154人，其中高级职称55人、中级职称31人。专任教师138人，包括特级教师1人，北京市骨干教师2人。本科以上学历138人。开设高中教学班34个。毕业334人；招生365人；在校生1121人（其中西藏内地民族班406人），包括寄宿生454人。高中录取分数线579分（燕山地区），应届高考本科上线率95.4%。

2022年，学校培育学生发展核心素养，深化教育领域综合改革，持续推动学校内涵发展。推进学校发展“十四五”整体规划和“折子工程”重点项目落实，开展校内评价和考核，确保学校发展规划落到实处。

课程教学改革。推进课程体系建设、友善用脑、“希望之星”培养等项目，改进课程建设、课堂改革、学生培养等，提升教学质量；做好新高考背景下的教学研究工作，各学科教师立足学科基础，注重培养学生真思维、真品质，评价真素养；推进多样化特色高中建设，开展“1+3”贯通培养和特色创建探索及思考，制定《北师大燕化附中“1+3”人才培养项目工作方案》和《北师大燕化附中多样化特色发展建设方案》。

4月22日，北师大燕化附中举办青年教师“成长在燕附”系列沙龙培训 （北师大燕化附中 供）

教师队伍建设。按照“修师德、强师能、正师风、铸师魂”思维主线，构建教师全面成长进阶培养体系；组织教师学习《新时代教师职业行为十项准则》，建立通报警示教育制度，严肃查处师德失范行为；加强以教研组、备课组为单位的日常教学研究工作；完善《北师大燕化附中校级骨干教师评选管理办法（试行）》，评价侧重班级管理、课堂教学及各类实践活动、社团活动、科研活动。

打造特色教育品牌。以科技课程建设为突破口，以拓展实验、校本课程和科技实践为主要形式，以石化科技班、科技社团为主战场，以科技竞技比赛、科技节展示交流等为推手，擦亮科技教育品牌；民族团结教育以“希望党建”为引领，以铸牢学生中华民族共同体意识为主线，丰富民族团结教育课程内容。

加强校园保障。优化学校管理机制，梳理各部门、部门内各岗位分工、职责、工作规范与流程，开展处室文化建设，加强内控、内审工作，全面内审学校预算项目、财务及资产管理；定期召开安全例会、排查安全隐患，建立整改台账，完善安全管理档案，建设平安校园。

（张军胜）

人大附中北京经济技术开发区学校

分两址办学，分别为本部和北校区。2个校区总占地面积11.74万平方米，建筑面积11.79万平方米，体育场面积2.47万平方米。固定资产总值1.45亿元，全年教育经费投入3.86亿元。学校有数字终端2306台，其中学生终端707台、教师终端1599台。教职工708人，其中具有高级职称127人、中级职称172人。专任教师561人，包括特级教师21人，北京市骨干教师3人，北京市学科教学带头人1人。本科以上学历648人。开设教学班174个（小学101个、初中44个、高中27个、国际高中2个）。毕业1144人（小学544人、初中425人、高中175人）；招生1538人（小学653人、初中501人、高中376人、国际高中8人）；在校生6529人（小学4045人、初中1666人、高中806人、国际高中12人），包括寄宿生401人，外省市借读生1478人，随班就读生8人。高中录取分数线566分（经开区），应届高考本科上线率95.5%。学校有社团117个。

2022年，学校依托中国人民大学附属中学联合学校总校资源，建设魔力课程，构建引力课堂，塑造魅力教师，践行“具身五育”。发布“党建引领计划、整体提升计划、拔尖创新计划、特色领航计划、国际领先计划”未来五大行动计划。全面贯彻党的教育方针，以落实党组织领导的校长负责制为关键点，打造党建品牌“心之幂”，将党建工作中的亮点工作、典型做法和成功经验通过品牌运作的模式加以提炼、宣传和推广，全面提升学校党的建设科学化水平。完成原有6个党支部换届选举，以及增设4个党支部成立选举工作。

提升教育教学质量。形成“五乘三”课程体系，基于启智、健体、润心、尚美、习劳构建五大主课程群：学科基础课程群、无限体育课程群、育心养德课程群、艺术拓展课程群、劳动技术课程群，每个主题课程群下可以衍生系列子课程群，通过自主学习、合作分享、寻师问道，让“自主、合作、探究”的学习方式迭代升级。提出“菜单式自学”“多元化作业”“协同式评价”3项工作，进一步推动课程顶层设计的更新迭代，启动“做强数学”课程建设项目。召开科研年会，分设我与“双减”共成长、我与“课程”共成长、我与“经开”共成长3个板块，邀请北京师范大学教授举办“双减”主题讲座，组织4名教师分享自己对于“双减”下教育教学的思索和实践，邀请北京亦庄智能城市研究院集团有限公司董事长、中芯国际集成电路（北京）有限公司党委副书记分享相关行业前沿知识。

关注学生综合素养提升。开展庆祝建团100周年系列活动，开展“永远跟党走 奋进新征程——纪念建团百年重温入团誓词”主题团日活动等。学校连续4届受邀参展世界机器人大会。学生获2022世界合唱比赛A3九岁童声组“金奖”。学校通过北京市中小学依法治校达标验收，获批中国物理学会首批蒲公英计划基地学校、第一批北斗科普基地、北京市2022年学生综合素质评价工作先进单位等。承办经开区基础教育创新人才培养推进研讨会、经开区首届“小创客”创意集市活动、经开区首届学生“模拟提案”汇报交流等活动。

（侯萱　李雪）

民族教育学校选介

北京市东城区回民小学

占地面积4426平方米，校舍建筑面积7592平方米，运动场地面积1786平方米。固定资产总值2724万元，全年教育经费投入3731万元。学校有数字终端300台，其中学生终端119台、教师终端181台。教职工83人，其中高级职称5人、中级职称51人。专任教师78人。本科以上学历73人。少数民族教师15人。开设教学班27个。毕业89人，招生180人，在校生947人（包括少数民族学生265人）。

2022年，学校坚持党建引领，深耕课堂，落实“一岗双责”党风廉政建设要求，落实“双减”政策，推动教育教学高水平发展。开展“提升师德素养 传递榜样力量”师德师风建设暨庆祝“三八”国际劳动妇女节活动，聆听教育故事，抒发教育情怀。召开“党史学习”总结大会，通过直播形式组织全体师生学习党史。做好学生课后服务工作，将泥塑、面花、花棍等非遗项目引入校园。成立纸塑工作坊，教师在纸塑传承人带领下，共同参与创作教学楼纸塑作品。坚持以家校共育、德育实践为依托，开展“战疫情三个一”线上德育活动，即“好书不厌，温故知新——每天阅读一小时；生命不息，运动不止——每天一个锻炼项目；宅家不怠，体贴家人——每天一项家务劳动”。

宣传民族知识，树立民族共同体意识。学校被评为首批“东城区青少年民族民间文化艺术教育优秀基地校”。开展“同心战疫——共筑爱与责任的少年担当”主题民族文化节，设置线上校园民族博物馆、民族文化节回顾等活动。召开“石榴花开向未来，同心共筑中国梦”第16届民族团结教育周主题活动，通过“民族团结一家亲，巧手绘出民族情”绘画活动培养青少年民族团结意识。

推进智慧校园建设。教育教学、电教、人事等工作信息化，学校管理和家校沟通应用便捷化。完成“双师课堂”建设和线上教学软件调整工作并取得良好效果。积极组织国家网络安全日和校园网络安全日活动，增强学生网络安全意识。完成教学楼楼道展示更新工作，完成扩班改造、教室灯光改造以及各类常规维修工作，保障学校正常教学和师生安全。

（张翔云）

北京市陈经纶中学民族分校

占地面积20000平方米，校舍建筑面积13700平方米，运动场地面积7640平方米。固定资产总值3364万元，全年教育经费投入4089万元。学校有数字终端315台，其中学生终端120台、教师终端144台。教职工90人，其中高级职称12人、中级职称45人。专任教师85人，包括北京市骨干班主任2人。本科以上学历88人。少数民族教师22人。开设教学班39个（小学27个、初中12个）。毕业171人（小学119人、初中52人）；招生289人（小学185人、初中104人）；在校生1206人（小学964人、初中242人），包括少数民族学生553人。

2022年，学校探索实践“金石榴”教育文化，以金石榴教育文化塑造全校师生价值观，以“金榴教师”“金榴学子”“金榴校园”“金榴教育”作为师生发展、环境建设、教育教学目标追求，以“金榴之声”为宣传推广平台，推动学校全方位发展。开展教职工“登高鸣钟”文化建设活动、“金石榴”教育文化研讨交流活动等。美术组获“朝阳教育

4月7日，陈经纶中学民族分校校长在艺术长廊介绍学校办学文化　　（陈经纶中学民族分校　供）

先锋号”称号。

跨学科课程开发。结合多民族学生共同成长校情，以民族共聚、民族共庆为特征，开发“民族节月”主题跨学科特色课程：每月1个民族节，全校聚焦1个民族，从德育专题教育、学科主题课程、跨学科实践学习、特色体育（艺术）课程等多方面，开展各类学习活动。4月，线下开设“苗族爬坡节”文化主题跨学科学习课程；5月至12月，以线上展览馆方式呈现达斡尔族、土家族、回族、乌孜别克族、满族、蒙古族、壮族、朝鲜族文化主题跨学科学习课程。

实施课堂教学改革。建立优化课堂结构和教学流程“学·练·创”快反馈教学机制。通过开展专题校本教研、“骨干教师风采示范课”、课堂反馈与学业评价“小妙招”等分享活动，引领和推动全体教师优化课堂教学设计，强化最小任务单元。

培育全面发展的学生。构建“七彩榴花”学生多元评价体系，月评“七彩榴花之星”，年评“青榴学子”，小学和初中评“赤榴学子”“金榴学子”，并与学生综合评价及市、区优秀学生荣誉评价对接。全年召开月评价表彰大会8次，表彰学生3705人次。组织全体学生开展自主探索、实践创造活动，多种途径研习回族、乌孜别克族民族历史和民俗，绘制、剪贴民族特色作品。号召学生践行“暑期劳动实践行动计划”，主动承担力所能及家庭劳动，尝试用废弃物品制作实用物品。组织学生参与社区公益、科技创新、博物馆研学等社会实践活动，体验不同社会角色责任与义务。

（楚洪娟　刘芳）

北京西藏中学

占地面积3.59万平方米，建筑面积2.81万平方米，体育场（馆）面积1.06万平方米。固定资产总值5018万元，全年教育经费投入5306万元。学校有数字终端519台，其中学生终端288台、教师终端190台。教职工122人，其中高级职称40人、中级职称30人。专任教师66人，包括特级教师1人。本科以上学历99人。少数民族教师15人。开设教学班18个。毕业190人，招生190人，在校生562人（全部为少数民族学生）。

2022年，学校加强党建工作，落实党对学校工作的全面领导。加强对工会和共青团的领导，指导工会委员会完成换届选举，指导团委办好业余党校，上好青年党校课程，铸牢中华民族共同体意识。深化民族团结进步教育，开展“人入虎年鼓虎劲，校添春色发春晖”主题庆祝活动，师生共同迎接藏历水虎年。

提高德育实效。制定德育工作方案，组织高三毕业生撰写高中生活总结，择优汇编成专辑，为高一、高二年级学生提供借鉴。在线上教学期间，严格落实德育常规要求，积极开展专题活动，加强家校合作，组织评优表彰等。获批北京市大中小幼德育一体化研究基地校。将宪法教育主题活动作为学校普法宣传工作的重要抓手，组织各班召开宪法宣传主题班会。

提升教育教学质量。完善教职工培训体系，邀请中央民族大学、北京教育学院、朝阳区教育科学研究院等单位专家来校开展教职工培训，提高教职工思想认识和业务能力。重视毕业年级工作，成立毕业年级工作领导小组，建立健全工作例会、学生导师、分层辅导等制度。制定线上教学规程及学生考勤、作业、个性化辅导等管理办法，坚持“四自”（自觉、自律、自强、自立）要求和“静下来、稳得住、跟得上、保质量”教育策略，形成家校共识和教育合力。落实“双减”政策要求，积极开展课后服务，开设学业辅导、陶艺、生涯规划等课程。

（张一帆　曾丽）

北京市海淀区民族小学

分两址办学，分别为马甸后黑寺1号和花园北路26号。2个校区总占地面积28684平方米，建筑面积14908平方米，运动场地面积19602平方米。固定资产总值11596万元，全年教育经费投入6450万元。学校有数字终端608台，其中学生终端349台、教师终端192台。教职工164人，其中高级职称22人、中级职称56人。专任教师153人。本科以上学历153人。开设教学班62个。毕业352人，招生453人，在校生2512人（包括少数民族学生356人，外省市借读生303人，随班就读生3人）。

2022年，学校继续以“高质量、现代化、民族特色、

10月，海淀民族小学举办首届金秋石榴节
（海淀民族小学 供）

人民满意”为办学目标，遵循自然的规律、社会发展的规律、孩子成长的规律、教育的规律，为学生健康快乐成长提供具体路径。学校被评为第十批全国民族团结进步示范单位，学校民族团结教育事迹被国家民族事务委员会主管的《中国民族》杂志刊载。关注教师成长，举办庆祝第38个教师节暨“明星教师”颁奖活动，为10名第19届“明星教师”获奖教师颁发荣誉证书。举办“线上耕耘待花开 云端育人共分享”线上班主任工作培训，重点关注居家学习期间线上班级管理及家校沟通问题。与海淀教师进修学校联合举办“‘森林校园中的幸福园丁’海淀区成长中的骨干教师”李艳红教育实践研讨会，通过科技社团展示、主题情景剧、主题访谈等环节分享学校科学学科高级教师李艳红教学实践。开展“聚焦新课标，线上新课堂”线上课堂教学研讨活动，组织探讨线上教学新思路、新方法、新模式，通过线上展示课、线上教学经验分享、线上教学反思等方式，积累线上教学经验，总结线上教学规律，整合多元资源提升学生素养。承办“国培计划（2022）”湖北省农村小学数学优秀教师省外访学研修班线上访学活动，以“体验式”数学教学为核心组织线上交流研讨活动，举办“音乐沙龙”活动、线下小型音乐会，同时通过学校微信公众号、宣传大屏等媒介开办线上音乐会。

（丁凤良 李敏）

中央民族大学附属中学

海淀校区占地面积2.27万平方米，校舍建筑面积2.28万平方米，运动场地面积0.43万平方米。固定资产总值14670万元，全年教育经费投入20975万元。学校有数字终端541台，其中学生终端321台、教师终端210台。教职工263人，其中高级职称62人、中级职称65人。专任教师226人，包括特级教师3人。专任教师中本科以上学历226人。少数民族教职工37人。开设教学班60个。毕业647人，招生913人，在校生2610人（全部为寄宿生，来自全国24个省、区、地区46个民族）。

2022年5月31日，中央民族大学附中实验学校转入，成为学校初中部，面向海淀区及北京市招收小学六年级毕业生。至此，学校成为一所包含初中部和高中部的公办完全中学。呼和浩特分校揭牌，建设规模78个班，新增学位3900个。

坚持五育并举，落实立德树人根本任务。以党的二十大、北京冬残奥会等重大事件为契机，组织开展“筑梦新时代 一起向未来”“弘扬传统文化 厚植家国情怀”等主题教育活动35次。学生合唱团获第25届北京市艺术节暨海淀区合唱展演第一名，学生获北京市第17届民族健身操舞大赛银奖、铜奖。学生获第11届全国中学生结构设计大赛二等奖。机器人团队在第六届全国青少年无人机大赛——RoboMaster 2022机甲大师青少年对抗赛北京分站赛中，蝉联冠军并获全国赛参赛资格。学校在2022中华经典诵读工程系列活动海淀区级评选中获得第一名。学生在第十届全国中学生地理奥林匹克竞赛中获1金1银1铜。

紧抓疫情防控，构筑师生健康安全阵地。全年开展维护校园安全稳定和疫情防控工作专班专题会议22次。9月6日，学校突发校园疫情，全体师生员工共同努力4天实现清“零”。民大附中校友会组织全国校友为民大附中和民附集团分校贵阳分校捐赠医用口罩74000个、N95口罩62920个、大礼包1000份。

（孙立清）

北京市门头沟区妙峰山民族学校

占地面积15028平方米，校舍建筑面积7256平方米，运动场地面积2500平方米。固定资产总值4079万元，全年教育经费投入4838万元。学校有数字终端164台，其中学生终端62台、教师终端102台。教职工99人，其中高级职称22人、中级职称53人。专任教师74人。本科以上学历91人。少数民族教师4人。开设教学班18个（小学12个、初中6个）。毕业61人（小学30人、初中31人）；招生61人（小学34人、初中27人）；在校生303人（小学215人、初中88人），包括寄宿生9人，少数民族学生38人，外省市借读生47人。另设附属幼儿园，占地面积2272平方米，园舍建筑面积886平方米。固定资产总值241万元，全年教育经费投入36万元。教职工24人。开设教学班6个（小班2个、中班2个、大班2个）。幼儿入园52人、离园54人、在园169人。

6月28日，妙峰山民族学校举办返校复学活动
（陈经纶中学民族分校 供）

2022年，学校加强教育教学工作有效管理，推进内涵与可持续发展。开展“学习新思想，追梦新时代”主题教育实践活动，通过国旗下演讲、电子屏宣传、宣传展板等形式，组织学生学习新思想新理念。举办“诵读展书香，经典永流传”经典诵读展演活动，为学生们开启学经典、品经典、诵经典的启智大门。附属园深挖本土资源，开展“妙峰印象”“我家乡的特产”“我是中国人”“民族一家亲”“我的家乡妙峰山”系列主题活动，培养幼儿爱祖国爱家乡情感，结合田园课程开展“保卫大白菜”“校园里的树”“好吃的京白梨”“多彩的秋天”“有趣的植物标本”“十万个为什么”主题活动，推进劳动教育。

家校共育共促幼儿成长。开展多种形式家长活动，利用调查问卷开展师德师风、月工作满意度、大型活动满意度等调研活动，邀请家长针对园所具体工作提出意见和建议。开展线上开放日活动调动家长参与教育活动积极性。通过一对一约谈了解幼儿在家情况、与家长沟通幼儿的在园表现、了解家长育儿需求。举办9次家长学校活动，邀请医生、教育专家举办专题讲座。开展“空中宅家攻略”线上推送活动，组织教师从专业角度，通过制作科学实验、绘本阅读、体育运动等内容的美篇，为家长提供亲子育儿知识和居家活动提示，给予家长专业理论与实践支持。

推进民族教育。举办“民族团结一家亲，同心筑梦跟党走”主题实践教育活动、“民族团结一家亲，同心共筑中国梦”系列活动之民族歌曲赏析活动，铸牢中华民族共同体意识，营造中华民族一家亲良好氛围。

（马焕　杜海宇）

北京市昌平区西贯市回民小学

占地面积1.33万平方米，校舍建筑面积0.27万平方米，运动场地面积0.54万平方米。固定资产总值1587万元，全年教育经费投入829万元。学校有数字终端72台，其中学生终端32台、教师终端40台。教职工21人，其中高级职称1人、中级职称12人。专任教师21人。本科以上学历17人。少数民族教师16人。开设教学班5个。毕业8人，在校生72人（包括少数民族学生62人）。

2022年，学校全面推进素质教育，深化课程改革，以民族团结教育课程为主要内容，将民族团结教育课常规性开展，发挥课堂教学主渠道作用，上好“民族团结教育课”，并在各学科教学活动中有机渗透，把民族团结教育纳入学校工作各个环节中，做到有计划、有领导、有布置、有检查。

完善可持续发展新思路。组织教师开展“新课程实施”学习，利用集体教研时间为每名教师配发新课标，采用集体研讨形式组织开展新课程标准学习活动。以生为本，针对“双减”各项要求开展学校教育教学活动，培养学生综合能力，探讨交流作业批改、质量监控与评价等工作。定时开展教学常规检查和学生作业检查，检查教师教学进度、教案、作业布置与批阅等工作，并形成书面反馈。

关注学生身心健康成长。组织班主任每周四参加线上“名师大讲堂”班主任培训；班会课月月有主题，结合重大节日、纪念日、宣传日开展爱国主义、革命传统、中华传统美德等主题教育；组织各班级学习民族团结教育宣传手册，结合红色爱国主义教育，开展皮影戏进校园、中医药进校园、光盘实践等活动。建设平安校园，投入资金11000元，在校园内装设5组带杆太阳能路灯，解决校园内缺乏照明设施问题。

（李乃欣　李海军　刘宝凤）

北京市大兴区礼贤民族中学

占地面积42712平方米，校舍建筑面积17261平方米，运动场地面积25739平方米。固定资产总值6610万元，

8月23日，礼贤民族中学开展教职工团建活动
（礼贤民族中学 供）

全年教育经费投入2965万元。学校有数字终端510台，其中学生终端105台、教师终端405台。教职工82人，其中高级职称24人、中级职称39人。专任教师60人。本科以上学历76人。少数民族教师9人。开设初中教学班14个。毕业112人，招生153人，在校生417人（包括少数民族学生47人）。

2022年，学校践行以“幸福”为核心教育理念，落实“双减”政策和“五项管理”规定。坚持立德树人根本任务，贯彻落实《中小学德育工作指南》，构建全程育人新体系，形成全员育人新合力。践行社会主义核心价值观，推进“党、团、队”育人一体化建设，落实大思政课教育，开展系列红色教育、传承中华优秀传统文化主题教育活动，利用国旗下演讲、班会课、主题讲座等宣传教育阵地，加强家校协同育人。构建“幸福”课程，以国家课程为蓝本，开发校本课程，建设特色课程，构建特需课程、特色课程、特长课程的课后服务“三特”课程体系。

加强教师队伍建设，将“四有”好教师标准作为教师工作基本原则，借助学校公众号平台开展师德师风宣传。组织全体教师学习“三规”“三基”要求，重新梳理完善教学常规管理制度。开展“幸福杯”一堂好课活动，助力教师互学共研、内化提升。与海淀区教师进修学校附属实验学校跨区域合作，成立北京市首个“人工智能+学科教研共同体”，开展深度交流，建立互动和交流常态机制，组织两校教师建立师徒结对关系。举办“一堂好课大讨论”活动，坚持以课堂上的真问题为导向，组织各学科教研组长研讨各学科组问题，确定“好课”研究主题，制订课堂评价量表。

（李鹏燕　陈佳佳）

北京市怀柔区喇叭沟门满族乡中心小学

占地面积22177平方米，校舍建筑面积6300平方米，运动场地面积4100平方米。固定资产总值2546万元，全年教育经费投入1655万元。学校有数字终端72台，其中学生终端40台、教师终端32台。教职工28人，其中高级职称3人、中级职称16人。专任教师22人，包括北京市学科教学带头人1人。本科以上学历27人。少数民族教师6人。开设教学班6个。毕业21人，招生14人，在校生78人（全部为寄宿生78人，包括少数民族学生38人）。

2022年，学校秉持“为山区教师成长发展服务，为满乡学生幸福人生奠基”办学理念，完善“团结花”课程体系，办让人民满意的学校。

坚持党建引领，促进学校健康特色发展。开展“以案释德、以案释纪、以案释法”典型案例学习交流研讨活动，探索党员“1+1”发展模式。党员带动、培养青年教师，创建“三员兴三园”党建特色品牌，组织多名党员教师参与全区、全教育系统整体疫情防控志愿服务工作。创新教研活动方式，开展骨干教师“1+1”活动，聚焦课堂，增质提效，改革作业形式，减轻学生作业负担。

深化“五个渗透”活动。重视德育工作，利用升旗仪式、班队会、课堂教学等形式对学生开展全方位德育渗透。建设班主任工作坊，为班主任提供交流平台，并利用公众号宣传班主任育人故事和带班方略。重视家校合作，采取线上线下相结合的形式举办家庭教育讲座、家长会，开展家访活动。打造书画、剪纸特色，重视传统文化传承，邀请中国国家画院书画艺术家团队来校开展交流辅导活动，举办“停课不停学，美育不停歇”系列居家美育活动。重视学生智育发展，开展多种形式的阅读活动，提升学生学科核心素养。基于“团结花”课程、综合实践活动课程和劳动课程体系，架构国家课程之外的课后服务课

11月7日，喇叭沟门满族乡中心小学成立“我是小小面点师——烘焙社团”
（喇叭沟门满族乡中心小学 供）

程新模型，将课后服务划分为社团活动、体育锻炼、答疑辅导、劳动教育和宿舍生活5个方向，利用课后服务时间段，落实每天一个小时体育锻炼，开设剪纸、课本剧、编程等社团活动，打乱固有班级集体活动，让学生自主选择。

（赫燕燕　赵梓伊　王宝霞）

特殊教育学校选介

北京市东城区特殊教育学校

改扩建工程建设中，暂时在安定门外大街安德路西营房胡同2号院内办学，占地面积5074平方米，校舍建筑面积10051平方米（其中租借面积6278平方米），运动场地面积2858平方米。固定资产总值2361万元，全年教育经费投入4120万元。学校有数字终端367台，其中学生终端107台、教师终端219台。教职工86人，其中高级职称15人、中级职称33人。专任教师76人，包括北京市骨干教师1人。本科以上学历76人。开设教学班23个（小学阶段6个、初中阶段6个、高中阶段11个）。毕业28人（小学阶段8人、初中阶段12人、高中阶段8人）；招生35人（小学阶段6人、初中阶段9人、高中阶段20人）；在校生166人（小学阶段63人、初中阶段40人、高中阶段63人），其中听力残疾25人、智力残疾141人，包括寄宿生21人。

2022年，学校依托“最美教师大讲堂”学习品牌及多种形式学习宣传贯彻党的二十大精神。在党总支、党支部带领下，进一步完善师德学习教育考评与监督制度。以学习党的二十大、庆“七一”、学校德育研讨会等为契机，以书记讲师德党课、优秀骨干教师典型发言引路，开展《特殊教育办学质量评价指南》《民法典》等专题培训。1名教师取得国际助理行为分析师资质。

坚持立德树人。开展“学习二十大　永远跟党走　奋进新征程”“见字如面　对话冬奥”“汲取百年青春力　奋斗特教新征程”等主题活动，增强学生责任感与使命感。开展团员微宣讲18次，团队课和学生党课27节，国旗下主题讲话25次。以10件文物故事为内容，开展《一物一故事》党史学习。开展“五个一”教育活动，带领学生感受苗族文化，铸牢中华民族共同体意识。以课题为引领，培养学生学科核心素养和关键能力，2名听障生考入大学。出版“智通生活”实施手册，为满足学生学习需求提供有力支持。1名思政教师参加北京冬残奥会圣火传递。

（彭彤）

北京市东城区培智中心学校

占地面积3659平方米，校舍建筑面积2550平方米，运动场地面积1009平方米。固定资产总值1257万元，全年教育经费投入1310万元。学校有数字终端60台，其中学生终端10台、教师终端50台。教职工37人，其中高级职称4人、中级职称15人。专任教师24人。本科以上学历36人。开设教学班9个（小学阶段5个、初中阶段3个、送教班1个）。毕业13人（全部为初中阶段）；招生5人（全部为小学阶段）；在校生79人（小学阶段46个、初中阶段33人），其中言语残疾1人、听力残疾1人、肢体残疾4人、智力残疾35人、精神残疾28人、多重残疾10人。

2022年，学校在党组织领导的校长负责制实施中梳理完善党组织发挥领导作用的制度机制，形成物化成果。开展校园文化建设，重新布置教学楼内教室、楼道等场所，布设党建园地、党建LOGO、学校文化产品等内容。

保证线下线上教学转换。落实“有效备课、有效上课、有效评价、有效获得”的“四有效”内容，聚焦课堂“互动式”学习，辅助教师制作交互式课件，形成优秀课堂教学案例。开发8项企业微信数据统计和个性化应用，搭建家校共学共育平台。线上教研保质量，研讨学生问题行为改善和教学活动的有效组织。建立线上教学管理要求和巡课制度，巡课1070余节。线上教学围绕个训课、班会课、生活语文课开展研究课展示，聚焦学生生活实际，注重学生实际获得。线上关注辅导学生525人次，指导家庭育儿方法及策略94人次，疏导家长心理87次，印发家长信29

12月，东城培智中心校成立国旗班

（东城培智中心校　供）

封，召开家长会8次。

注重家校社三方联动，落实“三好”学生育人目标。开展多项德育活动，与体育馆路街道共建“青春守望岗”。与东城区崇文青少年科技馆、北京市东城区体育馆路小学共建“融合实践基地”和“科技融合伙伴校”合作关系，举办线上科技节。组织学生同家长云端合唱红歌。邀请专家讲科幻故事、举办法治教育讲座、邀请冬奥火炬手分享感受；开展中医药文化活动，引导学生观察、品尝中草药，创编戏剧《中草药课堂》获东城区艺术节银奖，学校被评为东城区传统文化优秀基地校。成立培智国旗班，培养学生爱护、守护国旗意识。开展“童心献礼二十大 健康体魄赢未来”体育节活动，推广“一校一品”篮球体育特色。

（肖晓萌）

北京市西城区培智中心学校

占地面积11114平方米，校舍建筑面积11118平方米，运动场地面积4159平方米。固定资产总值4717万元，全年教育经费投入6303万元。学校有数字终端308台，其中学生终端84台，教师终端224台。教职工127人，其中高级职称36人、中级职称31人。专任教师119人，包括特级教师1人，北京市骨干教师1人。本科以上学历116人。开设教学班35个（小学阶段16个、初中阶段11个、高中阶段8个）。毕业52人（小学阶段20人、初中阶段25人、高中阶段7人）；招生48人（小学阶段12人、初中阶段20人、高中阶段16人）；在校生197人（小学阶段90人、初中阶段67人、高中阶段40人），其中言语残疾3人、肢体残疾12人、智力残疾106人、精神残疾37人、多重残疾39人。

2022年，学校全面深化教育改革，提升教育质量和办学品质，办好人民满意的特殊教育。党支部启动“特教红帆”党建品牌创建活动，精准定位党建品牌。开辟《党建品牌创建活动》专刊，引领全体教师理解品牌创建理念、内涵和目标任务。

立德树人。开展“请党放心 强国有我”“学习冬奥精神 争做自强少年”等主题教育实践活动。举办“和合校园 多彩生活”综合实践活动。依托市级德育课题“基于落实学生德育素养的大单元教学设计与行动策略研究”，加强德育队伍建设。启动“红色微课”活动。以《红色记忆》《拥抱冬奥》《红色故事会》3册红色德育读本为载体，录制“红色微课”18节，探究不同学段、不同残疾类型学生使用读本开展教学的形式及策略，引领残疾学生了解红色文化，感受榜样力量。

教学研究。推进市教育科学规划课题“部编教材在培智学校创造性使用的实践研究”，梳理部编教材单元主题内容体系，开发教学活动资源。研究基于学生核心素养的教学策略，低学段以游戏教学、辅助支持策略为主，中高学段以情境教学、问题解决策略为主，音体美学科以形象思维、情感体验等策略为主，提升课堂教学有效性。完善校本课程体系，探索以职业教育为主的高中课程，丰富运动类、艺术类、益智类等展能课程，开发康复课程，促进学校特色课程发展。整合联盟校做好市特殊教育学校教师专业发展体验式培训，推进培智学校课程改革。

校园建设。完成菜市口校区腾退、西直门校区一二层整体改造、西直门分校区施工工程，安装重点部位防盗技防设备，更换消防管道，升级监控系统。

（张旖旎）

北京启喑实验学校

占地面积8703平方米，校舍建筑面积22814平方米，运动场地面积3750平方米。固定资产总值3680万元，全年教育经费投入5977万元。学校有数字终端506台，其中学生终端186台、教师终端240台。教职工120人，其中高级职称29人、中级职称38人。专任教师108人，包括北京市骨干教师2人。本科以上学历117人。开设教学班18个（小学阶段6个、初中阶段4个、高中阶段8个）。毕业35人（小学阶段6人、初中阶段13人、高中阶段16人）；招生25人（小学阶段4人、初中阶段7人、高中阶段14人）；在校生126人（小学阶段38人、初中阶段38人、高中阶段50人），其中听力残疾121人、多重残疾5人，包括寄宿生66人。附属幼儿园开设小班3个、中班3个、大班2个，

9月1日，西城培智中心学校开展“和合校园 多彩生活”综合实践活动 （西城培智中心校 供）

招收健听幼儿 169 人。

2022 年，学校保持教育教学高水平，附属幼儿园完成扩班任务。加强师德师风建设，坚持“师德一票否决”。利用“教师节”表彰优秀教师，宣讲教育故事。依托德育创新课题开展，总结梳理学校德育特色，将立德树人根本任务促进学生全面发展落到实处。加强幼儿园安全规范管理，推进“今日 13 点”幼儿园管理案例学习研究。平安校园建设 100% 达标，加强安全教育、安全演练，强化技防、物防常规检查和管理。

3 月 26 日，安华学校组织学生开展户外传统游戏体验活动
（安华学校　供）

教育教学。重视学生思想教育和思想品德建设，培育社会主义核心价值观，开展主题教育系列活动，将核心价值观教育、养成教育、传统文化教育等融入其中。利用家长学校加强家校沟通，共同做好学生教育工作。关注学生心理健康，提升学生体质锻炼、防灾减灾意识。推进课内提质增效，加强集体备课、教学研究。做好校内外特需学生支持服务工作，开展全职与兼职支持教师下校服务及送教上门工作。

活动育人。附属幼儿园录制“童心诗韵　与美相约”云端金秋诗会，全体幼儿通过歌舞展示 8 首古诗作品。附属幼儿园录制第三届“硕果累累”云端趣味运动会，展示操舞 8 个。召开“我是小小普法员——大力弘扬法治精神　争做新时代好少年”主题校会，提高学生守法意识。

（吕超　王秋阳　李雪莲）

北京市朝阳区安华学校

占地面积 5628 平方米，校舍建筑面积 3984 平方米，运动场地面积 1734 平方米。固定资产总值 2502 万元，全年教育经费投入 3792 万元。学校有数字终端 186 台，其中学生终端 20 台、教师终端 158 台。教职工 82 人，其中高级职称 9 人、中级职称 24 人。专任教师 73 人。本科以上学历 73 人。开设教学班 27 个（小学 12 个、初中 6 个、职高 9 个）。毕业 75 人（小学 25 人、初中 19 人、职高 31 人）；招生 67 人（小学 22 人、初中 25 人、职高 20 人）；在校生 366 人（小学 167 人、初中 143 人、职高 56 人），其中听力残疾 2 人、言语残疾 3 人、肢体残疾 37 人、智力残疾 128 人、精神残疾 84 人、多重残疾 112 人。

2022 年，学校围绕立德树人根本任务，结合生命成长育人体系，开展行为习惯养成月、爱国主义教育月、安全教育月等活动，培养培智学生自理能力。课程实施“三段式”管理，小学继续以北京师范大学课题为引领，聚焦课标、教材落地，关注三科教材横向联系，委托课题专家开展 4 次校本培训；初中以综合主题教学模式整合教学资源开展个别化教学；职高实行“6＋X”支持性就业校本课程标准，以项目式教学模式开展支持性就业课程实施，实行同年级分层走班教学＋行政班包班管理模式。召开 17 场线上教学调研反馈与一班一案研讨会，做到一生一案，一班一特色。冰壶队获北京市第 11 届残疾人运动会桌上冰壶团体比赛第一名。职业高中教育阶段 31 名毕业生中，2 人入职社会企业、29 人被安置在职业康复劳动站。六年级生活适应课“身份证件的用处”获北京市特教教师基本技能竞赛特等奖，并代表北京市参加教育部评选，入选全国特殊教育教师教学基本功展示案例；3 项课题获批立项北京市教育科学规划课题。组织 160 名学生参加“玩转民间游戏　弘扬传统文化”主题实践活动，体验剪窗花、提线木偶、万花筒等 20 余类室内游戏，投壶、竹竿舞、打陀螺等 20 类户外游戏。结合课程体系中主题内容，举办“喜庆二十大，探趣大自然”主题实践活动，通过寻找校园中动物与植物、制作生态瓶、绘画等形式，让学生体验人与自然和谐共生之美。

（高磊　李星　孙凡）

北京市丰台区培智中心学校

占地面积 9003 平方米，校舍建筑面积 7748 平方米，运动场地面积 1820 平方米。固定资产总值 1823 万元，全年教育经费投入 2168 万元。学校有数字终端 161 台，其中学生终端 20 台、教师终端 141 台。教职工 43 人，其中高级职称 5 人、中级职称 18 人。专任教师 41 人。本科以上学历 38 人。开设教学班 14 个（小学阶段 9 个、初中阶段 5 个）。毕业 33 人（小学阶段 26 人、初中阶段 7 人）；招生 40 人（小学阶段 15 人、初中阶段 25 人）；在校生 204 人（小学阶段 116 人、初中阶段 88 人），其中言语残疾 6 人、肢体残疾 8 人、智力残疾 117 人、精

9 月 30 日，丰台培智中心校开展校园趣味运动会
（丰台培智中心校 供）

神残疾 32 人、多重残疾 41 人。

2022 年，学校围绕“共容、共熔、共融、共荣”办学理念，开展跨区校际交流活动。接待北京市平谷区特教中心来校开展课程观摩、办学研讨活动。以发展学生能力、促进教师队伍专业成长为宗旨，举办在“双减”背景下的教师评优课、常态组内教研等活动。作为丰台区自闭症基地，为区域内普校自闭症学生开展抽离式服务，提供评估和康复训练服务。举办孤独症及情绪行为问题学生家长家庭教育支持服务系列讲座活动 14 次，为家长提供训练指导建议。继续开展区内送教上门工作，送教上门 70 余次。中国智力残疾人及亲友协会“牵着蜗牛去散步”公益品牌项目走进学校，针对小学年龄段学生，开展 8 个趣味项目和“成长故事心愿卡片”活动，组织传球接力、定点射门特奥足球运动体验活动，师生 150 余人参加活动。

（李司琪）

北京市盲人学校

占地面积 2.97 万平方米，建筑面积 3.14 万平方米，运动场地面积 0.83 万平方米。固定资产总值 14225 万元，全年教育经费投入 5830 万元。学校有数字终端 408 台。教职工 129 人，其中高级职称 34 人、中级职称 34 人。专任教师 91 人，包括北京市骨干教师 2 人；其他专业技术人员 14 人；管理人员 19 人。本科以上学历 119 人。开设教学班 20 个（学前 1 个、小学 7 个、初中 3 个、职高 9 个）。毕业 28 人（小学 7 人、初中 14 人、职高 7 人）；招生 54 人（学前 7 人、小学 13 人、初中 7 人、职高 27 人）；在校生 166 人（学前 7 人、小学 64 人、初中 33 人、职高 62 人），包括视障生 142 人，寄宿生 84 人。

2022 年，学校贯彻落实全面从严治党要求，完成党支部换届选举工作，落实科室主任、支部书记一肩挑。落实立德树人根本任务，初步形成大思政工作格局，将社会主义核心价值观和党的二十大精神教育融入日常。开展“七个一”系列活动庆祝建党 101 周年，即举行一次“光荣在党 50 年”纪念章颁授仪式、举办一场“诵颂红色经典”主题党日活动、开展一次集体谈话和联系群众一对一谈话、主讲一次“功成不必在我，功成必有我”主题党课、进行一次“共产党员献爱心”捐款活动、开展一次慰问困难党员群众活动、组织一次专题培训。

关注视障儿童。开展“视障儿童融合教育入学适应性支持项目”，作为与北京市视障教育资源中心、陶勇工作室联合开展的“光盲计划”重点项目，通过“医教融合”“普特融合”，为视障儿童提供更多支持。与中国盲文图书馆联合开展“让阅读助力视觉障碍学生的追光梦——听书郎借阅暨分支图书馆筹备”活动。

服务保障冬残奥会出新出彩。参与北京冬残奥会“光明之火”火种采集仪式和火炬传递活动，“乐之光”合唱团 30 名师生以歌曲“光明”点燃冬残奥会“光明之火”。合唱团 17 名师生受邀参加北京冬残奥会开闭幕式，表演《让我们荡起双桨》《乘着歌声的翅膀》和《You raise me up》3 首合唱曲目。在北京冬奥会、冬残奥会总结表彰大会上，习近平总书记对于合唱团的表现给予“这些意蕴隽永的场面在人们心中留下了美轮美奂、直击人心的深刻印象”的评价。学校获评“北京 2022 年冬奥会、冬残奥会北京市先进集体”。

（单纬华　茹甜子）

北京市健翔学校

分两址办学，分别为人大校区和牡丹园校区。2 个校区总占地面积 17938 平方米，校舍建筑面积 18651 平方米，运动场地面积 4529 平方米。固定资产总值 9454 万元，全年教育经费投入 10293 万元。学校有数字终端 560 台，其中学生终端 176 台、教师终端 319 台。人大校区有教职工 73 人，其中高级职称 12 人、中级职称 38 人。专任教师 72 人，包括北京市骨干教师 1 人，北京市骨干班主任 1 人。本科以上学历 72 人。开设教学班 43 个（附设幼儿班 1 个、小学阶段 29 个、初中阶段 13 个）。毕业 81 人（幼儿 2 人、初中阶段 36 人、小学阶段 43 人）；招生 70 人（幼儿 2 人、小学阶段 22 人、初中阶段 46 人）；在校生 364 人（幼儿 6 人、小学阶段 233 人、初中阶段 125 人），其中智力残疾 125 人、精神残疾 129 人、多重残疾 110 人。牡丹园校区由十三年一贯制听障部、三年制培智高中部和培智小学组成，有教职工 75 人，其中高级职称 20 人、中级职称 32 人。专任教师 63 人。开设教学班 28 个（小学 3 个、初中 2 个、职业教育 23 个）。毕业 69 人（初中 9 人、职业教育 60 人）；招生 92 人（小学 32 人、职业教育 60 人）；在校生 203 人（小学 32 人、初中 5 人、职业教育 166 人），其中听力障碍 45 人、智力残疾 84 人、精神残疾 23 人、多重残疾 6 人、孤独症 45 人，包括寄宿生 45 人。

2022 年，学校人大校区通过开展基于动机的有效教学、骨干教师研究课、青年教师教学活动设计及说课展评、个别化教育计划制定与展评等活动，优化课程组织、落实国家课标、提高教学质量。依托市级优质资源辐射项目，开展联盟活动及体验式培训活动，推进特殊教育均衡化发展。牡丹园校区首次招收培智小学一年级学生，满足区域内有特殊需要小学生的就学需求。

推进班主任队伍专业化发展。每月召开班主任例会，每周开展首席班主任工作室分享交流指导活动；利用重大节日、纪念日，开展“感受国风魅力 传承中华文化”“喜迎二十大，争做好少年”“红歌颂党恩 献礼二十大”等活动。促进班主任专业化发展，开展“学习二十大 争做好少年”班会评比等活动。家长学校依据家长需求开展“如何激发孩子的主动语言”“居家战‘疫’有妙招 运动游戏嗨起来”“特殊儿童生活适应训练”等线上家长培训活动。

积极参与重大活动。牡丹园校区手语中心 4 名教师承担市政府新闻办新冠疫情防控发布会等重大活动手语新闻翻译工作，5 名教师为央视体育频道、北京电视台、中央电视台等提供手语翻译服务。北京冬残奥会期间，手语中心 5 名教师全程承担中央广播电视总台体育频道开、闭幕式及所有相关体育赛事直播手语翻译工作。手语中心获“教育系统 2022—2023 年度海淀区青年文明号”荣誉称号。

关注学生身心健康。以“家校协作促进学生心理健康”课题研究为引领，发挥家校协同作用。开展“喜迎二十大”主题板报评比、“喜迎二十大 永远跟党走”校级班会展示、主题团日宣教等活动，开展爱党爱国教育和理想信念教育。

（刘志利　张瑶　白芸）

6 月，健翔学校手语中心获评“教育系统 2022—2023 年度海淀区青年文明号”（健翔学校　供）

北京市门头沟区特殊教育学校

占地面积 3915 平方米，校舍建筑面积 3775 平方米，运动场地面积 2861 平方米。固定资产总值 1983 万元，全年教育经费投入 1188 万元。学校有数字终端 105 台，其中学生终端 25 台、教师终端 80 台。教职工 29 人，其中高级职称 5 人、中级职称 15 人。专任教师 23 人。本科以上学历 26 人。开设教学班 9 个（小学阶段 6 个、初中阶段 3 个）。毕业 16 人（小学阶段 10 人、初中阶段 6 人）；招生 16 人（小学阶段 6 人、初中阶段 10 人）；在校生 82 人（小学阶段 48 人、初中阶段 34 人），其中肢体残疾 1 人、智力残疾 33 人、精神残疾 15 人、多重残疾 33 人。

2022 年，学校注重培养学生良好习惯，不断提高学生生活自理能力、社会适应能力。重视家校合作，发挥家长委员会作用。加强“海景门昌四校联盟”横向沟通，促进评价多元化、科学化，发挥多渠道、全方位、多空间综合育人功能。提高科研水平，组织教师开展学科教学研究，整理、反思学科教学情况，做好过程性资料积累、提炼及阶段性成果推广，开展特色教学研究活动。

加强教师队伍建设。开展师德责任书签订和师德宣誓活动，激发教师们争做“四有好教师、崇尚师德、严谨治学”大爱教师团队。重视骨干教师培养，为骨干教师成才搭建舞台。组织教师以校本培训为主要方式，深入学习各科课程标准，领悟新课改精神和新课程理念。定期召开班主任例会，及时了解学生情况。组织教师参加门头沟区班主任基本功大赛及主题班会展示活动，助力班主任专业发展。组建青年教师团队，鼓励青年教师参加各类学习和专业培训。

提升融合教育质量。邀请知名专家举办案例写作讲座，讲解案例结构、标题、叙事手法等内容，110 余名教师参与学习。开展“门头沟区 2022 年特殊教育（融合教育）优秀案例评选活动”，征集到特殊教育学校报送的案例 6 篇、20 所普通学校报送的案例 126 篇，征集案例总量较上年增长 52%。推荐 3 个案例参加北京市融合教

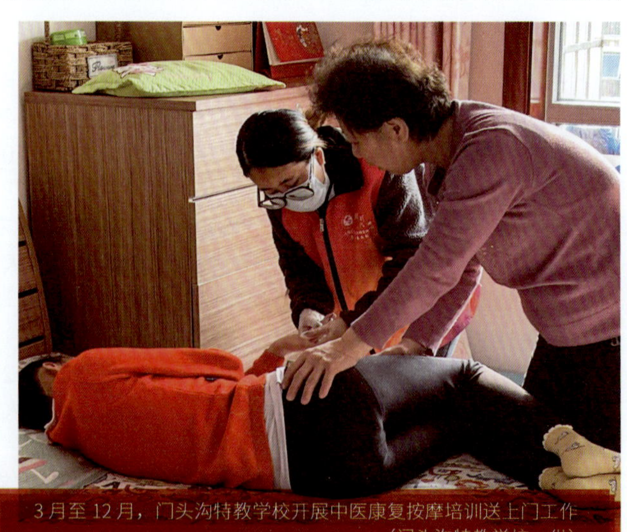

3 月至 12 月，门头沟特教学校开展中医康复按摩培训送上门工作（门头沟特教学校　供）

育优秀教育教学案例遴选活动，获一等奖 1 个、二等奖 2 个。

（魏宏亮）

北京市顺义区特殊教育学校

占地面积 30665 平方米，校舍建筑面积 9327 平方米，运动场地面积 5800 平方米。固定资产总值 1718 万元，全年教育经费投入 4615 万元。学校有数字终端 98 台，其中学生终端 20 台、教师终端 78 台。教职工 75 人，其中高级职称 26 人、中级职称 29 人。专任教师 50 人，包括北京市骨干教师 1 人。本科以上学历 75 人。开设教学班 27 个（小学阶段 19 个、初中阶段 8 个）。毕业 38 人（小学阶段 22 人、初中阶段 16 人）；招生 44 人（小学阶段 24 人、初中阶段 20 人）；在校生 258 人（小学阶段 161 人、初中阶段 97 人），其中视力残疾 1 人、言语残疾 9 人、肢体残疾 7 人、智力残疾 169 人、精神残疾 17 人、多重残疾 55 人，包括寄宿生 145 人。

2022 年，学校围绕立德树人根本任务，夯实常态管理，优化课标落实，构建学段特色课程，深化学校"爱慧"教育内涵及品牌建设。

培育"爱慧"少年。开发德育课程，打造"爱慧"德育品牌。实施"红领巾奖章""七彩少年"激励制度。发挥仪式教育育人功效，开展多主题教育活动。6 个系列 13 项经典育人活动美篇点击量超过 7 万人次。

提升教育质量。开展学年达标课、学期成熟课、优质课评选，从课堂入手提升教学实效。开展"自闭症学生课堂教学策略"研究。举办"IEP 评估"专项论坛。加强日常教学常规检查指导，做到月查月纠月改。塑造"爱慧"教师，通过"爱慧"教师大讲堂共享身边榜样的成功经验。举办第九届"红梅杯——听'爱慧'教师讲教学故事"比赛，组织 9 名教师讲述取材于课堂教学的真实故事。组织 5 名骨干教师参加北京市"京教杯"特教教师作业设计基本功展评，1 人获特等奖、1 人获一等奖、2 人获二等奖。

优化育人环境。完成党的光辉历程、永远跟党走、塑"爱慧"教师、育"爱慧"学生、立德树人、多彩课程六大主题墙及社会主义核心价值观景观雕塑建设。家校携手育人，发挥家委会纽带作用，参与学生 IEP 会议，举办"家长教育大讲堂"。丰富课后服务项目，创新线上推送活动，提供个性化一对一菜单教学服务。

（王颖　张卫华）

北京市昌平区特殊儿童教育学校

分两址办学，分别为南口校区和流村校区。2 个校区总占地面积 1.48 万平方米，校舍建筑面积 4644 平方米，运动场地面积 6037 平方米。固定资产总值 883 万元，全年教育经费投入 2287 万元。学校有数字终端 94 台，其中学生终端 20 台、教师终端 74 台。教职工 55 人，其中高级职称 7 人、中级职称 18 人。专任教师 41 人，包括北京市骨干教师 1 人。本科以上学历 48 人。开设教学班 14 个（学前阶段 1 个、小学阶段 7 个、初中阶段 4 个、高中阶段 2 个）。毕业 29 人（小学阶段 17 人、初中阶段 12 人）；招生 46 人（小学阶段 21 人、初中阶段 17 人、高中阶段 8 人）；在校生 177 人（学前阶段 9 人、小学阶段 92 人、初中阶段 55 人、高中阶段 15 人、补录 6 人），其中听力残疾 2 人、言语残疾 5 人、肢体残疾 6 人、智力残疾 103 人、精神残疾 9 人、多重残疾 52 人，包括寄宿生 10 人。

2022 年，学校推进以康复教育为主线的"探究式主题化教学"，开展线上线下集体教研、听评课、四校联盟等活动，深化"快乐教育"办学特色。

发挥引领辐射作用。每周五为 10 所资源学校送教学生提供就近集中送教服务。调整人员结构，完善昌平区特殊支持教育中心管理机制，申请"2022 年区融合教育培训"专项资金作为特教中心活动经费，开展资源学校及融合学校学科教师及班主任专业培训，推进全区融合教育发展。

"快乐教育"特色发展。举办在校争做小雷锋、"秋风送爽　放飞梦想"风筝节、皮影节等活动，鼓励学生为学校贡献力量，锻炼动手能力，体验传统文化魅力。丰富线上教学、教研、交流形式，开展不"疫"样主题活动，以视觉、听觉、本体觉以及前庭觉统合为目标，设计符

9 月 22 日，昌平特教学校举办皮影节活动

（昌平特教学校　供）

合学生需求的游戏项目，实现学生各项能力干预锻炼；召开“相聚云端 不负时光”线上教学小结研讨会，从线上直播课、推送课、每日答疑及线上巡课等多方面总结线上教学工作，组织教师通过小组研讨总结成果、分享经验；开展线上家访，连线每名学生及家长，介绍学生居家期间的教育康复整体安排，了解困难、困惑，并及时给出解答和指导建议。

（吴振奇 张涛 张丽明）

北京市怀柔区培智学校

占地面积 4098 平方米，校舍建筑面积 1777 平方米，运动场地面积面积 1296 平方米。固定资产总值 2362 万元，全年教育经费投入 1734 万元。学校有数字终端 80 台。教职工 35 人，其中高级职称 4 人、中级职称 17 人。专任教师 34 人。本科以上学历 35 人。开设教学班 11 个。毕业 2 人；招生 8 人；在校生 59 人，其中肢体残疾 2 人、智力残疾 46 人、精神残疾 2 人、多重残疾 9 人，包括送教上门学生 17 人。

2022 年，学校以提升教育教学质量、提高教育康复质量为核心，办人民满意的特殊教育学校。

强化德育工作，形成特色。发挥学校德育工作领导小组、辅导员和班主任的主力军作用，全体教职工的主动作用，发挥少先队的德育功能，组织新学期开学典礼、庆祝中秋节、“四爱一孝”等主题活动，利用班队会、黑板报、手抄报等将德育渗透到学生学习和生活的各个角落，培养学生生活自理能力、社会适应能力。

关注课堂教学，提升教学质量。领导干部深入课堂随班听常态课，提升教师专业化水平；关注学生情绪行为、学习品质、行为习惯，落实个别化教育；围绕“落实新课标、用好新教材、展课堂教学特色”探索教学模式，开展“学科骨干展风采，示范引领促发展”骨干教师示范课展示活动。加大课堂教学研究力度，全面提升课堂教学质量。

加强融合教育巡回指导，发挥特教中心辐射作用。做好怀柔区巡回指导教师工作室系列培训，聘请融合教育专家刘红为工作室导师，举办 10 次业务培训和 4 次特殊学生个案支持研讨，推动全区融合教育健康发展。

（任海明）

北京市平谷区特教中心

占地面积 24326 平方米，校舍建筑面积 3847 平方米，运动场地面积 10631 平方米。固定资产总值 780 万元，全年教育经费投入 2822 万元。学校有数字终端 141 台，其中学生终端 26 台、教师终端 107 台。教职工 63 人，其中高级职称 11 人、中级职称 35 人。专任教师 45 人。本科以上学历 59 人。开设教学班 17 个（小学阶段 13 个、初中阶段 4 个）。毕业 9 人（全部为初中阶段）；招生 15 人；在校生 133 人（小学阶段 97 人、初中阶段 36 人），其中听力障碍 2 人、智力障碍 49 人、脑瘫 13 人、孤独症 11 人、多重残疾 58 人，包括寄宿生 20 人。

2022 年，学校深化“双积分”管理，完善积分办法，强化过程评价，助力教师专业化成长；树立师德典型，表彰师德先进，抓好骨干教师队伍建设，提升教师师德素养；落实课程标准、“双减”工作，推进培智课程改革。

坚持全员德育、全方位德育、全过程育人。开展全民国家安全教育日宣传活动、“珍爱生命，远离毒品”宣传教育活动、全民国防教育日系列活动、“月圆京城，情系中华”主题教育活动，提升学生综合素质。开展趣味运动会、秋季田径运动会，提高学生身体素质。设立学校开放日，构建学校、家庭、社会相结合教育网络。实现国家一般课

4 月 26 日，平谷特教中心举办趣味运动会

（平谷特教中心 供）

程和选择课程校本化，制订学生个性化成长档案。开展分科教学和小综合教学，开发软笔书法、语言训练、趣味手工等校本课程，增设体育康复学科。开展文明创城系列活动，组织文明种植活动，签订文明承诺书，征集优秀儿童作品等。

关注教师成长。组织教师参加东城特教联盟系列线上线下教研、长江和珠三角八城“新特教”教研伙伴联盟第三期线上教研等，关注教师专业化发展。举办专家线上培训、教职工安全管理培训，加强教师常态化疫情防控教育。举办全体女教师庆“三八”巾帼旱地冰壶友谊赛，组织学校男教师担任裁判员和服务人员。

（王红梅）

北京市延庆区特殊教育中心

占地面积 1.98 万平方米，校舍建筑面积 0.40 万平方米，运动场地面积 1.04 万平方米。固定资产总值 2315 万元，全年教育经费投入 171 万元。学校有数字终端 59 台，其中学生终端 15 台、教师终端 33 台。教职工 40 人，其中高级职称 7 人、中级职称 18 人。专任教师 33 人。本科以上学历 38 人。开设教学班 8 个（小学阶段 6 个、初中阶段 2 个）。毕业 6 人（全部为初中阶段）；招生 8 人（全部为小学阶段）；在校生 85 人（小学阶段 51 人、初中阶段 34 人），其中听力残疾 2 人、肢体残疾 2 人、智力残疾 63 人、多重残疾 18 人，包括寄宿生 13 人。

2022 年，学校坚持“为孩子的自食其力奠基，为孩子的一生幸福铺路”办学宗旨，以“实施个性化教育，让每个生命都精彩”为办学目标，为每个学生提供适合的教育，促进学生健康发展。加强教师队伍建设，开展综合实践活动、校本课程纲要撰写、微景观制作等主题特教核心专业培训。在“双减”背景下，围绕“综合实践活动”开展教学实践，组织推门课、展示课、人人献课、研究课 100 节，通过听评课、备课检查等指导教师的教育教学行为。围绕学生特点开展代币制在教学中的应用、包班制教学的实践、综合实践活动的探究等主题教研活动，推进“包班制下综合课程实施的实践研究”“农村培智学校综合实践活动课程的设计与实施”“培智学校课堂教学中学生沟通策略的实践研究”等项目研究。

10 月 28 日，延庆特教中心开展师德专项活动
（延庆特教中心　供）

培育全面发展的学生。积极开展社会实践活动，组建种植小组、环保小组、志愿服务队，参加学校种植活动、废品回收变卖活动、卫生清洁活动；组织学生到北京世园公园、南山健源有机农场、延庆野鸭湖湿地自然保护区等社会大课堂资源单位开展活动。10 名学生受邀参加延庆区图书馆“家书情长，添彩冬奥”展演活动，表演非洲鼓《站在草原望北京》。组织 10 名教师和 15 名学生在北京世园公园 1 号门点火处观看冬残奥会火炬接力活动。在北京市第 11 届残疾人运动会上，8 名学生代表延庆区参加智力障碍组旱地冰壶、桌上迷你冰壶比赛分获团体第四名和第六名。

（周英杰）

（本栏责任编校　孙晓楠）

49.90 万人

本专科在校生

31 万人

在学硕士研究生

12.50 万人

在学博士研究生

6.83 万人

普通高等学校专任教师

普通高等教育

REGULAR HIGHER EDUCATION

- 市属高校分类发展
- 高校教育教学改革推进
- 99 个高精尖学科年度考核评估完成
- 37 个市属高校本科专业获备案和审批
- 优质本科课程及本科教材课件遴选

普通高等教育
REGULAR HIGHER EDUCATION

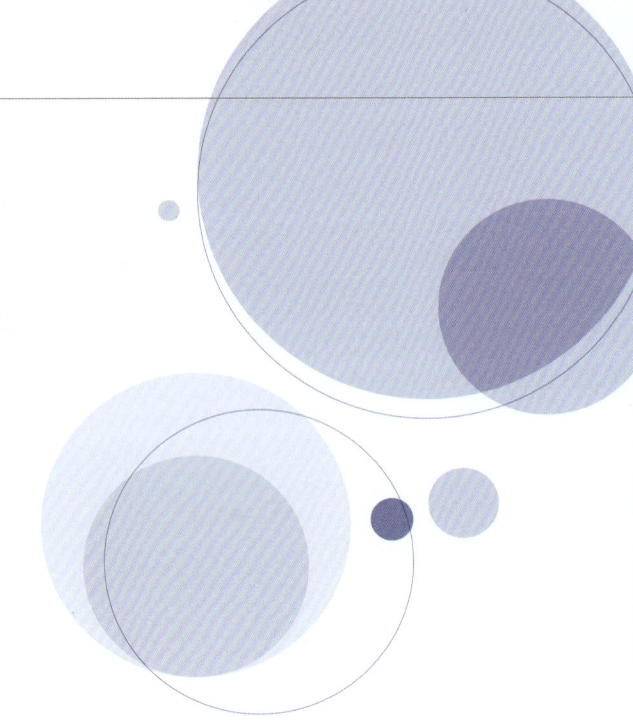

综述

概况

2022 年，北京 60 所普通本科高校（不含民办、高职）中，中央部委属高校 39 所，包括教育部属 25 所、其他部委属 14 所；市属公办高校 21 所。高校产权占地面积 4561.13 万平方米，产权校舍建筑面积 3845.94 万平方米；图书 10354.40 万册；固定资产总值 21745282.80 万元，其中教学、科研仪器设备资产 7128999.25 万元。教职工 144957 人，其中专任教师 68261 人，包括正高级职称 21469 人、副高级职称 25496 人。本专科毕业生 119442 人，招生 131033 人，在校生 498976 人。

2022 年，北京 59 所普通高校和 87 个科研机构培养研究生，在学研究生 43.50 万人。其中，博士生 12.50 万人，硕士生 31 万人。招收研究生 14.59 万人。在 59 所普通高校中，中央部委属高校 38 所，研究生在校生 35.25 万人，招生 11.60 万人；21 所市属高校研究生在校生 5.95 万人，招生 2.22 万人。

（仪修宪）

市属高校分类发展

2022 年，市教委深入推动市属高校分类发展。探索建立“1+5+3”研究实践新模式，即深化一个整体研究、完善五项促进机制、加强三重政策保障。开展 2022 年市属高校分类发展项目申报评审，召开北京市属高校分类发展项目申报遴选说明会，进一步明确分类发展政策导向，推动市属高校强化办学类型定位。印发《关于开展北京市属公办本科高校分类发展 B 类高校评估工作的通知》，指导相关高校启动 B 类高校评估材料准备工作。

（张富宇）

高校教育教学改革推进

2022 年，市教委推动北京高校深化本科教育教学改革，全面提升本科人才培养质量。以落实《北京高校本科人才培养质量提升行动计划（2022—2024 年）》为抓手，科学统筹、系统推进。利用教育教学改革系列工作推进会推动落实各项教育教学改革任务。系列会议包括课程思政建设、在线课程建设、专业建设、体育美育劳动教育、教材建设 5 场专题工作推进会。每场推进会邀请 4 所高校作典型发言，介绍各校教学改革经验，高校领导、中层干部、一线教师等代表发言。专题工作推进会是深化教育综合改革，提高学校教育教学质量和人才培养水平重要抓手，助力学校在重点领域和难点问题上取得突破，营造有利于教育教学改革落地落实良好环境。为发掘各高校本科人才培养特色和亮点，市教委刊发 9 期《北京教育信息（专报）——在京高校深入落实“三年行动计划”》，其中 4 期为“综合信息”、5 期为“专题信息”。

（王佳琦）

24 项大学生学科竞赛举办

2022 年，市教委举办 24 项大学生学科竞赛。竞赛分别为北京高校大学生文创设计竞赛、北京市大学生 ERP 管理会计应用决策大赛、北京市大学生电子设计竞赛、北京市大学生动漫设计竞赛、北京市大学生工程能力与实践创新大赛、北京市大学生化学实验竞赛、北京市大学生交通科技竞赛、北京市大学生模拟法庭竞赛、北京市大学生生物学竞赛、北京市大学生数学建模与计算机应用竞赛、北京市大学生物理实验竞赛、北京市大学生英语演讲比赛、北京市及华北五省大学生人文知识竞赛、北京市及华北五省大学生计算机应用大赛、北京市及华北五省大学生机器人大赛、北京市大学生机械创新设计大赛、北京市大学生建筑结构设计竞赛、北京市大学生书法大赛、北京市大学生工业设计大赛、北京市大学生广告设计大赛、北京市大学生集成电路设计大赛、北京市大学生数字媒体设计大赛、北京市大学生化工原理竞赛、北京市节能节水低碳环保社会实践与科技竞赛。比赛结合北京市和学校疫情防控要求，采取线上线下相结合方式开展。通过竞赛激发大学生学习兴趣与潜能，培养大学生创新精神、实践能力和团队协作意识，推进高等教育人才培养模式和实践教学改革，不断提高人才培养质量。

（荣燕宁）

高校联盟工作机制完善

2022年，市教委进一步完善高校联盟工作机制。明确职责分工，形成协同发展合力，加强激励保障。大规模开放共享课程，提升课程质量，扩大学生受益面。开展高教园区“精品共享课程”和“精品共享讲座”专项建设。加大实验室、实习平台开放力度，建设大学生产学研深度融合共享实践平台。举办5G应用创新大赛、区块链应用设计大赛等一系列学科竞赛，打造“文化交流月”等品牌活动。建立一批虚拟教研室，加强高校间基层协作教研组织建设。支持高校开展人才联合培养模式创新，加速高水平交叉学科人才培养步伐。发挥北京高校大学生创业园（沙河园）作用，为大学生创新创业提供免费场地和全方位孵化服务支持，解决好学生面临的就业难问题。加强高教园区与未来科学城等地区交流合作，实现校地协同发展。

（冯彦钧）

北邮分别与法大和电影学院签约合作

1月6日和3月31日，北京邮电大学分别与中国政法大学和北京电影学院签署战略合作协议。与法大协议规定，双方结合各自特色，对接国家重大战略需求，共同探索科学研究、人才培养、社会服务、依法治校新模式，在服务网络强国、依法治国战略作出两校应有贡献。与电影学院协议规定，双方联合进入“文化＋科技”产业链，在人才联合培养、课程建设和管理、科学研究等方面开展合作，共同为文化强国建设、数字文化艺术领域发展作出贡献。

（刘家杰）

3月31日，北邮与电影学院签署战略合作协议

（北邮 供）

市属高校首个院士专家工作站成立

1月11日，北京建筑大学成立市属高校首个院士专家工作站。工作站依托北京未来城市设计高精尖创新中心建立，以学校学科发展和科技创新需求为导向，以产学研合作项目为纽带，解决学校技术创新和战略发展相关问题；并逐步建立长效服务机制，吸引院士及其创新团队向学校集聚，服务学校学科建设、科技创新、人才培养，服务国家、行业和北京市重大战略需求，服务北京“四个中心”建设。在发展方向上，工作站聚焦未来城市设计关键技术，推动交叉学科建设，培养未来“规划师”“设计师”“建筑师”，致力于在城市更新与遗产保护、智慧城市、绿色城市等领域形成一批有影响力科创成果。首名入站院士为中国工程院院士、北京未来城市设计高精尖创新中心主任。

（何其锋）

34所高校91个学科入选新一轮“双一流”

2月9日，教育部、财政部、国家发展改革委公布第二轮“双一流”建设高校及建设学科名单和给予公开警示（含撤销）首轮建设学科名单，北京34所高校、91个学科分别入选（不含清华大学、北京大学）第二轮建设名单，1个学科给予公开警示。北大、清华自主确定建设学科并自行公布。按照“总体稳定，优化调整”原则，经过“双一流”建设专家委员会研究，以需求为导向、以学科为基础、以比选为手段，确定第二轮“双一流”建设高校及学科范围，全国147所高校433个学科入选建设名单，其中数学、物理、化学、生物学等基础学科59个、工程类学科180个、哲学社会科学学科92个。15所高校14个建设学科予以公开警示，2个学科予以撤销。给予公开警示首轮建设学科，应加强整改，2023年接受评价。此轮建设主要特点：坚持以学科为基础淡化身份色彩，不再区分一流大学建设高校和一流学科建设高校；赋予北大、清华两校学科建设自主权，两校学科建设数量在现有基础上自主确定优化；以国家重大需求引导开展布局调整；强化建设成效评价与动态调整；对部分学科公开警示。

（侯东云）

第二轮“双一流”建设高校及建设学科名单
（北京高校）

北京大学：自主确定建设学科并自行公布

中国人民大学：哲学、理论经济学、应用经济学、法学、政治学、社会学、马克思主义理论、新闻传播学、中国史、统计学、工商管理、农林经济管理、公共管理、图书情报与档案管理

清华大学：自主确定建设学科并自行公布

北京交通大学：系统科学

北京工业大学：土木工程

北京航空航天大学：力学、仪器科学与技术、材料科学与工程、控制科学与工程、计算机科学与技术、交通运输工程、航空宇航科学与技术、软件工程
北京理工大学：物理学、材料科学与工程、控制科学与工程、兵器科学与技术
北京科技大学：科学技术史、材料科学与工程、冶金工程、矿业工程
北京化工大学：化学工程与技术
北京邮电大学：信息与通信工程、计算机科学与技术
中国农业大学：生物学、农业工程、食品科学与工程、作物学、农业资源与环境、植物保护、畜牧学、兽医学、草学
北京林业大学：风景园林学、林学
北京协和医学院：生物学、生物医学工程、临床医学、公共卫生与预防医学、药学
北京中医药大学：中医学、中西医结合、中药学
北京师范大学：哲学、教育学、心理学、中国语言文学、外国语言文学、中国史、数学、地理学、系统科学、生态学、环境科学与工程、戏剧与影视学
首都师范大学：数学
北京外国语大学：外国语言文学
中国传媒大学：新闻传播学、戏剧与影视学
中央财经大学：应用经济学
对外经济贸易大学：应用经济学
外交学院：政治学
中国人民公安大学：公安学
北京体育大学：体育学
中央音乐学院：音乐与舞蹈学
中国音乐学院：音乐与舞蹈学
中央美术学院：美术学、设计学
中央戏剧学院：戏剧与影视学
中央民族大学：民族学
中国政法大学：法学
华北电力大学：电气工程
中国矿业大学（北京）：矿业工程、安全科学与工程
中国石油大学（北京）：地质资源与地质工程、石油与天然气工程
中国地质大学（北京）：地质学、地质资源与地质工程
中国科学院大学：化学、材料科学与工程

（侯东云）

给予公开警示（含撤销）的首轮建设学科名单（北京高校）

北京中医药大学：中药学

（侯东云）

北京 41 所高校 153 个教研室入选教育部两批虚拟教研室建设试点名单

2 月 15 日和 5 月 19 日，教育部办公厅分别公布首批和第二批虚拟教研室建设试点名单，北京 41 所高校 153 个教研室入选。首批名单中，北京 35 所高校的 107 个教研室入选，其中清华大学 11 个、北京大学 10 个、北大清华共建 1 个、北京航空航天大学 9 个、中国人民大学 8 个。107 个教研室中，56 个教研室为课程（群）教学类、34 个为专业建设类、17 个为教学研究改革专题类。第二批名单中，北京 32 所高校 46 个教研室入选，其中，北大 5 个、清华 5 个、北京理工大学 3 个。经各地各高校和教育部高等学校教学指导委员会推荐、专家综合评议，首批全国 439 个教研室入选，其中课程（群）教学类 237 个、专业建设类 137 个、教学研究改革专题类 65 个；第二批全国 218 个教研室入选，包括 13 个“101 计划”（计算机领域本科教育教学改革试点工作计划）虚拟教研室。

（仪修宪）

北外与人民大学联合培养马克思主义国际传播人才

3 月 5 日，北京外国语大学与中国人民大学联合举办的 21 世纪马克思主义国际传播人才培养项目班开班。该班为跨校辅修项目，依托两校学科优势，创新人才培养模式，旨在通过构建跨校跨学科“新文科”交叉融合人才培养模式，提升复合型、应用型、创新性、国际型高端人才培养水平。该班采取“马克思主义理论＋英语”“中国共产党历史＋英语”跨校辅修专业人才培养模式，为期 3～4 年，通过完成跨校辅修专业教学计划规定学分和规定课程方式结业，取得辅修专业证书。项目班由 15 名北外学生和 9 名人民大学学生组成，2022 春季学期正式进入联合培养过程。

（潘雨亭）

公安大学与法大签署战略合作协议

3 月 8 日，中国人民公安大学与中国政法大学签署战略合作协议。根据协议，双方开展深层次、高质量、内涵式合作共建，发挥各自优势，联合开展学科专业建设、人才培养队伍建设和科研创新，共同服务新时代政法公安工作和队伍建设。协议有效期 5 年。

（金子溦　孙文玥）

文化和旅游部与北京市共建二外

3 月 28 日，文化和旅游部复函北京市政府，正式确认与北京市政府共建北京第二外国语学院。文化和旅游部在科研创新、载体建设、人才培育等方面全面支持学校建设高水平特色大学。1983 年 3 月至 2000 年 2 月，二外曾划归国家旅游局（文化和旅游部前身）领导，这是时隔 22 年二外再回全国文化和旅游直属系统。

（王薇）

全球公共卫生学院院长联盟成立

4月19日，清华大学发起成立全球公共卫生学院院长联盟，通过线上方式召开联盟成立会议。联盟由学校公共卫生与健康学院和哈佛大学陈曾熙公共卫生学院联合发起，旨在通过多样化合作，塑造国际高等教育和公共卫生政策领域未来。创始成员为来自五大洲10所世界知名高校公共卫生学院院长，学校公共卫生与健康学院院长陈冯富珍与哈佛大学陈曾熙公共卫生学院院长米歇尔·威廉姆斯（Michelle A. Williams）担任联席主席。公共卫生与健康学院于2020年4月2日成立；2021年11月20日，举办首届世界卫生健康论坛。2021年12月2日，与哈佛大学陈曾熙公共卫生学院签署合作备忘录，服务"一带一路"倡议，实施国际公共卫生硕士（IMPH）项目，自2014年启动，累计培养8届来自亚洲、非洲以及拉丁美洲37个国家学生145人。

（徐思羽）

99个高精尖学科年度考核评估完成

5月至9月，市教委完成91个高精尖学科年度评估和8个中期评估结果为限期整改学科的年度整改督导检查。评估委托第三方评估机构北京理工大学研究生教育研究中心组织实施。评估前，根据北京疫情形势研判，组织开发高精尖学科网上系统平台，将线下评估调整为线上评估，保证评估工作顺利完成。对8个限期整改高精尖学科建设督促检查，重点针对其中期评估存在突出问题，对标建设目标任务，考察整改措施有效性和建设目标任务落实情况。经过评估检查，8个学科年度整改成效均达到预期，91个学科年度评估合格。

（侯东云）

北京高校高精尖学科年度评估合格名单

北京大学：分子光谱学、智慧医疗工程与技术、人工智能

中国人民大学：新时代中国经济学、科技金融

清华大学：环境学科、先进材料及其加工技术、安全科学与工程

北京交通大学：新一代信息技术及应用

北京工业大学：光学工程、材料科学与工程、控制科学与工程、机械工程

北京航空航天大学：网络空间安全、先进无人飞行器、人工智能

北京理工大学：空天智能信息网络科学与技术、光机电微纳制造科学与技术、数字表演与创意学

北京科技大学：安全科学与工程、人工智能科学与工程

北方工业大学：控制科学与工程

北京化工大学：生物安全

北京工商大学：应用经济学、食品科学与工程、工商管理

北京服装学院：设计学

北京邮电大学：网络空间治理、信息材料科学与工程

北京印刷学院：设计学、新闻传播学

北京建筑大学：土木工程、测绘科学与技术

北京石油化工学院：机械工程

中国农业大学：作物智能育种生物学、农业绿色发展

北京农学院：园艺学

北京林业大学：生态修复工程学、城乡人居生态环境学

首都医科大学：临床医学、口腔医学、基础医学

北京中医药大学：中医生命科学、系统中药学

北京师范大学：认知神经学、陆地表层学、文化遗产与文化传播

首都师范大学：教育学、历史学、马克思主义理论、艺术类学科群、中国语言文学

首都体育学院：体育学

北京外国语大学：外语教育学

北京第二外国语学院：旅游管理、外国语言文学

北京语言大学：国别区域学、中国语言文学

中国传媒大学：互联网信息、文化产业

中央财经大学：金融安全工程、战略经济与军民融合

对外经济贸易大学：数字贸易

北京物资学院：管理科学与工程

首都经济贸易大学：统计学、应用经济学、工商管理

中国人民公安大学：国家安全学

国际关系学院：国家安全学

北京体育大学：运动康复医学

中央音乐学院：音乐人工智能与音乐信息科技

中国音乐学院：音乐与舞蹈学

中央美术学院：视觉艺术管理

中国戏曲学院：戏剧与影视学

北京电影学院：电影学

北京舞蹈学院：音乐与舞蹈学

中央民族大学：城市民族学、民族艺术学

中国政法大学：证据科学

华北电力大学：清洁能源学

北京信息科技大学：仪器科学与技术、机械工程

中国矿业大学（北京）：城市工程地球物理、城市地下空间工程

中国石油大学（北京）：城市能源供给安全与保障

中国地质大学（北京）：城市地质环境与工程

北京联合大学：北京学、工商管理	
中国科学院大学：地质与地球物理学、智能科学与技术、工程科学	

（侯东云）

北京高校高精尖学科中期评估限期整改名单

北京化工大学：新能源材料与器件
北京建筑大学：建筑学
北京电子科技学院：网络空间安全
北京协和医学院：群医学
外交学院：中国特色国际关系与外交学
北京电影学院：艺术学理论
中央民族大学：质谱成像与代谢组学
中国石油大学（北京）：清洁低碳能源工程

（侯东云）

“双万计划”一流本科专业建设点遴选完成

6月7日，教育部办公厅公布2021年度国家级和省级一流本科专业建设点名单，59所北京高校1232个专业入选国家级一流本科专业建设点、60所高校533个专业入选北京市级一流本科专业建设点。入选的国家级一流本科专业建设点中，37所中央部委属高校入选956个、22所市属高校入选276个；入选的北京市级一流本科专业建设点中，34所中央部委属高校入选297个、26所市属高校入选236个。经高校网上申报、高校主管部门审核和教育部高等学校教学指导委员会评议、投票推荐，全国认定3730个国家级一流本科专业建设点，其中中央赛道1466个、地方赛道2264个。经各省教育行政部门审核、推荐，确定5069个省级一流本科专业建设点。至此，“双万计划”一流本科专业建设点遴选完成。

（陈雷）

北外与清华、北大开放跨校本科通识选修课程

8月18日，北京外国语大学分别与清华大学、北京大学相互限额开放部分本科通识选修课程，供三校学生跨校选课。2022—2023年度第一学期，北外向清华和北大开放33门课程，129个名额；16个学院125名学生报名选修清华、北大通识课程。清华、北大101名学生选修学校第三外语课程。学校马其顿语、卢森堡语、茨瓦纳语、克里奥尔语、库克群岛毛利语、纽埃语、皮金语7门“三外”课程为国内高校首开语种。北外与清华、北大跨校通识课程互选是加强“十四五”期间“101工程”非通用语种建设重要创新举措，旨在进一步丰富通识课程资源，共同推进通识课程建设，加强与国内一流高校优势学科合作。

（潘雨亭）

新时代中国美育学学科建设高端论坛

8月30日，中央美术学院举办新时代中国美育学学科建设高端论坛。北京电影学院、中国社会科学院大学、中国高等教育学会美育专业委员会等相关单位负责人分别作《美育学学科建设三题》《中国美育学科是中国现代化强国的必由之路与智慧方案》《美育学学科的知识建构》等主旨报告。论坛期间，学校同时联合杭州师范大学举办第二届全国青年学者美育学论坛。清华大学、北京师范大学、复旦大学等52所高校69名青年学者分别从综合院校、师范院校、艺术院校等角度讨论美育学科建设问题；从中国美育传统、美育与艺术教育、近现代美育思想等维度发表理论研究成果；从美育与乡村振兴、美育与非遗、美育与数字艺术等视域探讨美育创新实践问题。论坛举办时值习近平给学校8名老教授回信4周年。

（韩丹丹）

首届卓越工程师培养高峰论坛

9月27日，北京航空航天大学、清华大学举办首届卓越工程师培养高峰论坛。高峰论坛由1场主论坛、6场分论坛组成，通过线上、线下相结合形式举行，旨在贯彻习近平在中央人才工作会议上重要讲话精神，汇聚教育、产业、政策领域专家资源，研讨卓越工程师教育培养的重大战略、重大问题，发挥制度优势，动员多方参与，促成高校、企业和科研院所深度合作，实现人才、项目、技术、平台、信息资源在卓越工程师培养中开放共享，再造培养模式，交流推广卓越工程师学院建设经验，推动卓越工程师教育与国际标准接轨同频，提升中国在工程师职衔及评审标准等领域的国际影响力和话语权。来自国家部委、地方政府、高等学校、行业企业、国家实验室和协会组织等100余家单位代表参加论坛。

（朴悦嘉）

中国共产党创办新型正规高等教育的历史经验高端论坛

9月28日，中国人民大学举办“赓续红色血脉 培养时代新人：中国共产党创办新型正规高等教育的历史经验高端

9月28日，人民大学举办中国共产党创办新型正规高等教育的历史经验高端论坛 （人民大学 供）

论坛”。论坛听取中国高等教育学会会长题为《走好红色育人路 建设中国特色世界一流大学》专题报告，分15个分论坛开展研讨。各相关学科领域专家学者、媒体代表、多所“延河联盟”成员高校负责人400余人参会。延河联盟是由人民大学、北京理工大学、中国农业大学、北京外国语大学、中央音乐学院、中央戏剧学院、中央美术学院、中央民族大学、延安大学9所诞生于延安的高校自愿组成的联合组织。人民大学接替北理工成为延河联盟轮值主席高校。

（王颖）

首届全国高校数学学科新时代党建论坛

11月5日，中国人民大学举办首届全国高校数学学科新时代党建论坛。论坛由国内19所高校数学院系共同发起，共同探讨数学学科新时代党建工作。19所论坛发起高校参会代表及60余所高校代表以线上线下方式参加论坛，论坛同期举行论坛组织委员会成立大会，并发布《数学学科新时代党建发展宣言》。

（王颖）

首届外语外贸类高校国际化工作研讨会

12月12日，北京第二外国语学院召开首届外语外贸类高校国际化工作研讨会。会议线上举行，以“后疫情时代的教育国际化：路径与展望”为主题，听取来自10地16所外语外贸类高校国际交流部门负责人作交流发言，围绕境外办学、来华留学、国际化路径等领域，分享经验举措、剖析问题和挑战。会议围绕主题组织交流研讨，并确立每年轮流举办工作机制。

（王薇）

北京市高校外语课程思政联盟成立

12月31日，北京市高校外语课程思政联盟成立。联盟由中国人民大学联合北京大学、清华大学、北京师范大学和北京外国语大学共同发出倡议，53所北京市高校加入联盟。5所倡议校为联盟理事长，秘书处设在人民大学。联盟在市教委高等教育处指导下，汇聚北京高校外语课程思政育人资源，通过联合举办外语课程思政年度论坛、师资培训，开展示范课程、名师团队，以及教材建设，课程资源共建共享，组织学生竞赛，共同培养新时代能够传播好中国声音、中国思想、中国理论和中国优秀传统文化的全球战略性人才。同期举行首届北京市高校外语课程思政教学研讨会和人民大学外语课程思政育人中心揭牌仪式。100余名专家学者在线参加活动。

（王颖）

普通高等学校基本情况表

单位：人

学校名称	普通本专科学生			在学研究生			教职工数	专任教师			产权占地面积（平方米）	学校产权校舍建筑面积（平方米）	图书（万册）	固定资产总值（万元）	
	毕业生数	招生数	在校生数	合计	硕士生	博士生		计	正高级	副高级				计	其中：教学、科研仪器设备
北京大学	3831	4024	16544	30426	16651	13775	12698	3784	1668	1683	2751118	3012325	837.53	2141256.84	920956.73
中国人民大学	2774	2856	11345	6489	11511	4978	3561	2000	791	773	2002552	1221491	454.24	529183.97	81487.09
清华大学	3249	3518	15374	33591	17139	16452	16666	3992	1520	1751	4601939	3859642	488.14	2860262.74	1241669.15
北京交通大学	4170	4600	17435	13398	10312	3086	4439	2082	622	848	805568	1158076	272.29	533710.11	140751.76
北京工业大学	3455	3197	3162	11037	8909	2128	3382	2027	451	774	915880	1046567	208.38	717534.88	342110.15
北京航空航天大学	3516	3957	16063	20992	13936	7056	5681	3037	901	1212	1726593	2320100	304.46	1390206.82	456993.31
北京理工大学	3595	3832	5042	9483	3610	5873	5013	2652	732	1062	2545509	1876758	283.02	1054559.92	383739.32
北京科技大学	3412	3435	13710	14103	9994	4109	3309	2171	666	778	803855	950060	240.83	478127.01	208316.33
北方工业大学	3205	3403	11766	3417	3350	67	1555	965	173	378	301549	399333	180.80	220631.81	84899.41
北京化工大学	3673	3987	15537	8765	7248	1517	2728	1400	388	529	1611996	990814	190.10	505112.27	149074.74
北京工商大学	3127	3235	12332	4136	3941	195	1801	1144	222	521	776310	519056	194.33	327550.68	136916.76
北京服装学院	1565	1455	6161	383	1330	53	909	675	111	223	130043	255194	86.07	98728.42	40247.54
北京邮电大学	3678	3874	15171	12555	10416	2139	2692	1718	386	659	870835	958207	223.77	506842.42	118886.83
北京印刷学院	1607	1729	6352	1851	1851	0	888	551	84	192	219011	282944	128.85	178808.85	55330.38
北京建筑大学	2145	2343	8251	3415	3250	165	1200	778	159	308	612564	489921	120.70	132943.76	95307.50
北京石油化工学院	796	2043	7093	901	901	0	822	572	86	221	263120	296141	102.60	163504.53	67692.89
北京电子科技学院	434	434	1723	310	310	0	335	152	21	63	76004	69494	36.33	63354.68	19132.30
中国农业大学	3278	4023	14601	2678	8239	4439	3001	1952	749	978	2816476	1328415	220.84	583999.95	224471.00
北京农学院	1832	1888	7104	817	1817	0	807	580	118	246	756701	294072	98.23	148974.30	52271.31
北京林业大学	3374	3498	3730	8102	6605	1497	2011	1412	416	608	463739	731851	197.58	338256.19	78978.35

续表

学校名称	普通本专科学生			在学研究生			教职工数	专任教师			产权占地面积（平方米）	学校产权校舍建筑面积（平方米）	图书（万册）	固定资产总值（万元）	
	毕业生数	招生数	在校生数	合计	硕士生	博士生		计	正高级	副高级				计	其中：教学、科研仪器设备
北京协和医学院	229	235	974	6531	2923	3608	15649	1696	1043	536	1138709	863069	300.51	58243.71	8405.96
首都医科大学	1652	1757	7832	6699	4392	2307	1587	866	170	352	280823	386607	106.53	434855.65	231283.62
北京中医药大学	2014	2029	8937	6069	4445	1624	1264	808	224	247	1169266	622262	139.78	342365.17	79245.55
北京师范大学	2541	2396	9728	8104	12870	5234	6217	2205	994	732	810775	1133616	513.38	796581.32	246178.36
首都师范大学	3082	3273	12314	8687	7328	1359	2765	1665	404	613	927298	694228	309.82	478549.53	170752.55
首都体育学院	781	926	3582	955	878	77	561	386	61	128	187490	165381	54.00	90897.48	21802.19
北京外国语大学	1405	1432	5782	3966	3284	682	1375	921	194	278	323895	505650	155.73	277640.09	12251.77
北京第二外国语学院	909	2079	7800	717	717	0	970	636	115	195	213224	292423	127.91	109424.70	21112.10
北京语言大学	1155	1284	754	2812	2351	461	2191	834	126	224	330289	427442	92.99	166338.22	31169.12
中国传媒大学	2448	3175	1545	6449	5489	960	1735	1036	317	443	463706	640692	214.23	369586.15	86589.12
中央财经大学	2500	2593	0188	6642	5734	908	1787	1195	366	480	735211	504735	219.45	335005.27	22675.01
对外经济贸易大学	2091	2229	8812	6093	5268	825	1779	1036	313	413	343911	503762	124.47	246772.65	19157.23
北京物资学院	1523	1624	6148	1541	541	0	817	544	79	198	307684	200165	133.53	96446.66	29249.16
首都经济贸易大学	2996	3190	11168	5081	4450	631	1997	1106	185	377	259511	453549	217.92	181800.00	95903.00
中国消防救援学院	42	1442	5522	0	0	0	548	306	11	58	649015	167888	20.10	69571.83	10515.51
外交学院	363	429	1571	963	851	112	466	235	45	81	64905	163050	63.44	97281.22	4849.95
中国人民公安大学	2368	2811	10479	3265	2971	294	1160	715	113	230	767937	634093	159.23	316560.41	29106.35
国际关系学院	480	438	1831	682	682	0	345	176	31	78	136803	119299	54.00	56298.38	6985.00
北京体育大学	2339	2327	9735	3688	3122	566	1179	828	146	227	755188	462686	136.92	253201.93	44581.29
中央音乐学院	356	320	1525	916	727	189	870	419	96	129	64821	180655	30.21	138038.01	28922.17
中国音乐学院	357	377	1582	600	478	122	471	296	53	98	44181	18253	34.63	131820.89	46459.05
中央美术学院	798	1036	4118	1659	1338	321	742	432	161	123	296450	287148	69.74	171845.58	23752.30
中央戏剧学院	598	504	2356	587	450	137	553	278	74	104	257573	186686	59.60	128894.18	20409.45
中国戏曲学院	525	455	1997	436	436	0	429	279	59	111	54297	98293	33.91	84643.08	27793.13
北京电影学院	529	754	2613	942	778	164	625	399	74	152	359202	314913	53.69	264868.19	89161.14
北京舞蹈学院	356	366	1423	236	236	0	562	358	59	100	56823	118370	27.88	103967.69	29499.83
中央民族大学	2856	4608	13729	7845	6494	1351	1921	1118	316	363	1079805	591748	243.23	191667.91	50675.88
中国政法大学	2285	2635	0045	8005	6402	1603	1968	1223	352	406	406514	557121	265.34	198016.10	26815.05
华北电力大学	2845	2918	11593	0858	9332	1526	1746	1238	311	495	392190	619751	122.00	310841.09	81014.60
中华女子学院	1352	1096	4317	195	195	0	485	337	29	87	105961	109106	72.75	66338.71	6107.77
北京信息科技大学	3020	3202	1017	2908	2888	20	1616	1036	160	439	788894	735873	136.22	159700.60	93644.19
中国矿业大学（北京）	1956	2339	8464	9365	7594	1771	1073	793	234	313	346719	561156	108.17	277565.06	68336.38
中国石油大学（北京）	1854	2373	9148	9407	7232	2175	1497	1043	291	403	469765	581492	130.57	338965.11	132723.28
中国地质大学（北京）	1985	2165	8466	8783	6606	2177	2271	1141	326	404	668742	580339	15.33	288012.58	85422.49
北京联合大学	5298	5772	8286	085	085	0	2597	1550	222	593	406348	501400	314.45	286688.39	108560.18
中国青年政治学院	0	0	0	392	392	0	271	182	10	72	25913	51782	55.73	45517.78	15114.41
中国劳动关系学院	1516	1696	5600	280	280	0	591	386	43	108	419814	322088	98.38	65179.62	12612.49
北京警察学院	551	617	2239	0	0	0	281	122	16	32	605587	168574	67.25	121302.54	6402.90
中国科学院大学	378	407	1659	32327	5865	6462	4272	3055	2408	585	3328572	635803	328.78	506740.17	105301.24
中国社会科学院大学	393	393	1601	5743	3522	2221	2218	1808	967	718	430843	126862	57.15	86475.90	8278.57

（数据来源：《2022—2023 学年度北京市教育事业统计资料》）

（仪修宪）

本科教育

北建大召开本科人才培养工作会

1月4日，北京建筑大学召开本科人才培养工作会暨本科教育教学审核评估动员会。会议系统总结“十三五”时期以来本科教育教学工作，研讨“十四五”时期本科人才培养工作思路、工作目标和创新举措，全面部署新一轮本科教育教学审核评估工作，进一步深化教育教学改革，全面提升本科人才培养质量，表彰“十三五”时期在教育教学方面取得成效团队、个人。全体校领导，校教学督导组专家代表，各职能部门、各学院（部）负责人等现场参加会议，全体教师通过网络直播收看会议。

（何其锋）

37个市属高校本科专业获备案和审批

3月3日，市教委公布2021年度市属普通本科高等学校本科专业备案和审批名单。北京工业大学、北京工商大学、北京建筑大学等16所市属高校37个本科专业获批备案和审批，包括11个二学位。同时还公布撤销本科专业名单，5所市属高校13个本科专业被撤销。

（仪修宪）

北工商评选首届本科智慧教学示范课程

3月26日，北京工商大学举办首届本科智慧教学示范课程评选活动。评选依托智慧教室、教学一体化平台或其他信息技术手段，重点考察教师对教学全程信息化、数据化、精准化过程教育能力，以及利用信息技术手段推动教育内容、教学方法更新，优化教学管理和课程改革水平。23名教师参加评选，每人通过15分钟智慧教学演示，运用智慧教学设施与手段，展现扎实教学功底和先进教学理念。学校督导组成评委专家组就参评教师课件及板书设计、教学内容展示等方面提出建议。最终，评选出智慧教学示范课程优秀教师一等奖6人、二等奖10人、优秀奖7人。

（杨蓉　张凯伟）

3月26日，北工商举办首届本科智慧教学示范课程评选活动

（北工商　供）

北京普通高等学校本科教学质量报告编制完成

3月，市教委、北京教育督导评估院研制完成《北京普通高等学校本科教学质量报告（2020—2021学年）》。报告4.5万字，包括概况、本科教学质量状态与分析、举措与成效、问题与展望四部分，从师资与教学条件、教学建设与改革、专业培养能力、质量保障体系、学生学习效果五方面对65所北京地区普通本科高校开展教学质量分析，为服务政府宏观管理与决策提供依据。

（杨旸　韩亚菲）

首届全国本科生当代英语文学前沿研究学术论坛

5月28日，中国人民大学举办首届全国本科生当代英语文学前沿研究学术论坛。论坛聚焦当代英语文学前沿问题，以多元化理论视角，全方位、多维度深入探讨文学世界与现实世界中问题。论坛主会场听取高校具有重大学术影响的5名专家作主旨发言。分论坛按照9个议题分为24个分论坛开展讨论。论坛旨在提高本科生问题意识、学术热情、理论素养与科研能力，促进各高校外语学科学术交流。论坛由清华大学、北京外国语大学、北京师范大学承办，来自全国116所高校与研究院所517名学者与大学生线上参加论坛。

（王颖）

传媒大学成立本科生院

7月20日，中国传媒大学本科生院揭牌。本科生院基本构架采用“1+6+2”模式，即1个综合办公室，课程思政建设中心、教学运行中心、教学发展中心、通识教育中心、实践教育中心、国际教育中心6个中心，教材建设、创新创业教育2个中心挂靠本科生院。本科生院主要职责是以学生为中心，整合本科教学资源，负责课程思政、教学运行、专业建设、课程建设、教材建设、实践教育、通识教育、国际教育，拓展多元化人才培养机制，构建五育并举人才培养体系。本科生院是学校在加快建设一流本科教育，构建一流育人体系背景下，贯彻“系统治理，创新图强”发展理念一项重要举措，旨在整合本科教育资源，创新本科管理机制，提升本科育人效能。揭牌仪式上，发布学校《2022版本科专业培养方案课程体系》。3月2日，学校召开课程建设工作会，启动致力于全面提升本科教育教学质量课程体系“大会战”。学校以课程地图为核心，全面推进课程体系建设，逐一梳理 94 个本科专业（方向）的课程地图，优化后形成 89 个本科专业（方向）培养方案。新方案于 9 月启用。

（刘书峰）

239 个项目入选北京高校本科教学改革创新项目

9 月 16 日，市教委公布 2022 年北京高等教育本科教学改革创新项目入选名单，北京高校 239 个项目入选。经学校申报、专家评审等程序，239 个项目获立项支持。其中，重大项目 13 个、重点项目 34 个、一般项目 192 个。项目建设周期 2～3 年。

（张富宇）

优质本科课程及本科教材课件遴选

9 月 16 日，市教委公布 2022 年优质本科课程和优质本科教材课件遴选结果。遴选出优质本科课程项目 294 个，其中重点项目 43 个、一般项目 251 个；遴选出优质本科教材课件项目 232 个，其中重点项目 45 个、一般项目 187 个。市教委对入选优质本科课程的主讲教师及入选优质本科教材课件主编颁发证书。该评选于 4 月 21 日启动，旨在激发教师对本科教学积极性，推进课程创新与课程建设，提高教材课件规范性和前沿性，有力支撑高校专业发展建设和实践创新教育改革。与往年相比，2022 年重点支持在线课程建设，要求每校申报不少于 1 门在线课程，并鼓励申报线上线下相结合课程，推动教学与信息技术深度融合。

（陈雷）

本科生毕业设计（论文）评优

11 月 3 日，市教委公布 2022 年度优秀本科生毕业设计（论文）名单。项目分为优秀毕业设计（论文）个人类、优秀毕业设计（论文）团队类和优秀毕业设计（论文）指导教师类。经学校推荐、材料校核、结果审核、公示等程序，65 所本科高校评选出优秀本科毕业设计（论文）1046 项，其中优秀毕业设计（论文）个人类 1041 项、优秀毕业设计（论文）团队类 5 项，涉及 1081 名本科生和 1144 名指导教师。

（金红莲）

3 种本科教育教学改革案例集出版

至年底，市教委出版《北京地区普通高等学校本科教育教学改革案例》课程思政、优势专业、体育美育劳动教育 3 种案例集。全面总结北京高校在课程思政、专业建设、体美劳教育方面取得的成功经验，展示各校在教育教学改革中取得的成绩，发挥优秀案例示范作用。案例集为市教委本科教学改革创新部分成果，后续优秀案例集陆续出版。近年来，市教委开展本科教学改革创新项目立项工作，开展优质本科教材课件、课程思政示范项目、优质课程、优秀育人团队、优秀实验教学指导教师、优秀教学管理人员、教学名师、重点建设一流专业评选与建设工作，全方位推进教育教学改革。此套案例集从构建铸魂育人体系、人才培养模式改革、专业课程教材体系建设、实践创新教育改革、教师教学水平提升、教学条件保障、教学质量监控体系建设等方面全景式回顾北京高等教育教学改革发展历程，系统总结过往成果和经验，充分传播北京高等教育声音，为全面提高北京高等教育本科人才培养质量提供有益借鉴。

（王佳琦）

北京教育信息刊发 9 期本科人才培养专报

至年底，市教委刊发 9 期《北京教育信息（专报）——在京高校深入落实“三年行动计划”》。4 期为“综合信息”、5 期为“专题信息”。信息专报旨在发掘各高校本科人才培养的特色和亮点，促进高校之间互相学习借鉴。市教委要求每所高校在季度末报送 1 篇本季度教学改革建设工作推进的经验与成效，筛选优秀内容形成每期“综合信息”；围绕“课程思政建设”“在线课程建设”“专业建设”“体育美育劳动教育”“教材建设”5 次专题会，各高校报送相关内容的做法与成果，筛选优秀内容形成每期“专题信息”。9 期内容中，65 所本科高校中 62 所高校教学改革信息被刊登，计 198 次。从高校刊登次数上看：38 所部属高校刊登 115 次，其中北京交通大学、北京科技大学、北京航空航天大学刊登次数最多（并列 6 次）；27 所市属高校刊登 83 次，其中北京服装学院、北京农学院刊登次数最多（并列 7 次）。从内容刊登次数上看：在“综合信息”中，教学条件保障最多（15 次），教育教学基础次之（12 次）；在“专题信息”中，体育美育劳动教育最多（30 次），在线课程次之（28 次）。至年底，各高校报送理念经验、案例素材近 500 篇 200 余万字。

（冯彦钧）

学位与研究生教育

人民大学启动全球首个管理学三学士国际项目

2 月 18 日，中国人民大学启动全球首个管理学三学士国际项目。学校与意大利路易斯大学、美国乔治·华盛顿大学签署管理学三学士《全球联合学士合作协议》，形成全球首个管理学三学士国际项目，旨在培养具有中国文化意识未来全球商务领袖。项目学制 4 年，招收学生 45 人，中、意、美分别招收 15 名学生。中国学生在通过高考录取至工商管理类专业学生中进行入校后二次选拔，第一学年和第三学年在人民大学完成，第二学年在意大利路易斯大学完成，第四学年在美国乔治·华盛顿大学完成。学生取得培养方案所要求全部学分后，将同时获得人民大学管理学学士学位、路易斯大学工商管理学士学位，以及乔治·华盛顿大学商业（或国际商务）学士学位。

（王颖）

42 个双学士复合型人才培养项目及 8 个联合学士学位项目获批

5 月 12 日，北京市学位委员会公布 2022 年度双学士学位复合型人才培养项目及联合学士学位项目名单。批准北京 10 所高校设置 42 个双学士学位复合型人才培养项目，5 所高校设置 8 个联合学士学位项目。经高校申请、专家论证、市学位委员会审议等相关程序，同意北京大学等 10 所高校设置 42 个双学士学位复合型人才培养项目，同意北京理工大学等 5 所高校设置 8 个联合学士学位项目。

（杨晖）

2022 年度北京市双学士学位复合型人才培养项目名单

学校	项目
北京大学	“化学＋材料科学与工程”双学士学位复合型人才培养项目
中国人民大学	“经济学—数学”双学士学位复合型人才培养项目
中国人民大学	“金融学—数学”双学士学位复合型人才培养项目
中国人民大学	“财政学—数学”双学士学位复合型人才培养项目
中国人民大学	“大数据技术—农林经济管理”双学士学位复合型人才培养项目
中国人民大学	“政治学—历史学”双学士学位复合型人才培养项目
中国人民大学	“新媒体运营—数据管理”双学士学位复合型人才培养项目
中国人民大学	“传播学—公共管理”双学士学位复合型人才培养项目
北京交通大学	“轨道交通信号与控制＋工商管理”双学士学位复合型人才培养项目
北京交通大学	“信息与计算科学＋交通运输”双学士学位复合型人才培养项目
北京交通大学	“金融学＋土木工程”双学士学位复合型人才培养项目
北京交通大学	“统计学＋工业工程”双学士学位复合型人才培养项目
北京交通大学	“经济学＋电气工程及其自动化”双学士学位复合型人才培养项目
北京工业大学	“环境保护—低碳能源利用”双学士学位复合型人才培养项目
北京航空航天大学	“信息与计算科学—工程力学”双学士学位复合型人才培养项目
北京航空航天大学	“数学与应用数学—计算机科学与技术”双学士学位复合型人才培养项目
北京航空航天大学	“物理学—微电子科学与工程”双学士学位复合型人才培养项目
北京航空航天大学	“化学—能源与动力工程”双学士学位复合型人才培养项目
北京理工大学	“能源与动力工程—工商管理”双学士学位复合型人才培养项目
北京理工大学	“信息与计算科学—电子信息工程”双学士学位复合型人才培养项目
北京理工大学	“应用物理学—电子科学与技术”双学士学位复合型人才培养项目
北京理工大学	“统计学—密码科学与技术”双学士学位复合型人才培养项目
北京理工大学	“应用物理学—网络空间安全”双学士学位复合型人才培养项目
北京理工大学	“新能源材料与器件—工商管理”双学士学位复合型人才培养项目
北京理工大学	“化学工程与工艺—工商管理”双学士学位复合型人才培养项目
北京理工大学	“应用化学—机械工程”双学士学位复合型人才培养项目
北京理工大学	“生物技术—人工智能”双学士学位复合型人才培养项目
北京理工大学	“人工智能—工商管理”双学士学位复合型人才培养项目
北京化工大学	“化学工程与工艺—大数据管理及应用”双学士学位复合型人才培养项目
北京化工大学	“化学—生物工程”双学士学位复合型人才培养项目
北京化工大学	“生物工程—大数据管理及应用”双学士学位复合型人才培养项目
首都师范大学	“地理信息科学—小学教育（科学）”双学士学位复合型人才培养项目
首都师范大学	“历史学—地理科学”双学士学位复合型人才培养项目
首都师范大学	“世界史—德语”双学士学位复合型人才培养项目
对外经济贸易大学	“法学—英语类”双学士学位复合型人才培养项目
对外经济贸易大学	“金融学—英语类”双学士学位复合型人才培养项目

学校	项目
对外经济贸易大学	“金融学—政治学与行政学”双学士学位复合型人才培养项目
对外经济贸易大学	“国际政治—英语”双学士学位复合型人才培养项目
对外经济贸易大学	“法学—数据科学与大数据技术”双学士学位复合型人才培养项目
对外经济贸易大学	“保险学—数据科学与大数据技术”双学士学位复合型人才培养项目
对外经济贸易大学	“国际经济与贸易—法学”双学士学位复合型人才培养项目（国际组织人才基地班）
中央民族大学	“教育学—汉语言文学”双学士学位复合型人才培养项目

（杨晖）

中央财大与北外联合开展第二学士学位教育

5月，中央财经大学与北京外国语大学“金融学＋英语”联合学士学位培养项目获北京市学位委员会批准。该项目面向英语语种考生以金融学大类方式招生，充分发挥两校专业优势，旨在培养能够在以英语为工作语言的环境下进行跨文化沟通和合作、具有全球胜任力、符合国家战略需要的复合型金融管理人才。该项目学制4年，学生入校后通过选拔分流进入项目学习，采用“1＋1＋1＋1”培养模式，即第一学年在学籍所在学校学习，第二学年集中在北外学习，第三学年集中在中央财大学习，第四学年回学籍所在学校学习，对达到毕业要求且符合学校学位授予标准的授予经济学学士学位，联合学士学位和联合培养单位在学士学位证书上予以注明。首批15名学生在金融学院参加学习。这是中央财大首次开展跨校联合学士学位人才培养项目。

（王卉乔）

北京6所高校增列9个硕士学位授权点

7月12日，国务院学位委员会审议批准北京市2021年动态增列和调整撤销硕士学位授权点名单，北京6所高校增列硕士学位授权点9个，4所高校4个硕士专业学位授权点动态撤销。

（杨晖）

2021年北京市经动态调整增列的学位授权点名单

单位名称	增列学位点名称	增列学位点类型
北京科技大学	体育	硕士专业学位授权类别
北京化工大学	翻译	硕士专业学位授权类别
北京化工大学	电子科学与技术	硕士学位授权一级学科
北京服装学院	机械	硕士专业学位授权类别
对外经济贸易大学	数学	硕士学位授权一级学科
北京物资学院	统计学	硕士学位授权一级学科
北京物资学院	公共管理	硕士专业学位授权类别
中国社会科学院大学	翻译	硕士专业学位授权类别
中国社会科学院大学	新闻与传播	硕士专业学位授权类别

（杨晖）

2021年北京市经动态调整撤销的学位授权点名单

单位名称	撤销学位点名称	撤销学位点类型
北京交通大学	化学工程与技术	硕士学位授权一级学科
北京化工大学	科学技术哲学	硕士学位授权二级学科
北京林业大学	旅游管理	硕士专业学位授权类别
首都师范大学	政治学	硕士学位授权一级学科

（杨晖）

117个科技小院获国家支持建设

7月29日，教育部、农业农村部、中国科协公布《关于支持建设一批科技小院的通知》，北京地区117个科技小院获批建设。其中，中国农业大学58个、中国农业科学院研究生院48个、北京农学院11个。经研究生培养单位自愿申请，省级教育、农业农村行政部门和科协联合推荐，专家咨询，68个单位780个科技小院获得支持建设。教育部、农业农村部、中国科协适时组织专家就科技小院建设情况跟踪指导，对科技小院人才培养成效突出的研究生培养单位，在学科建设和研究生教育教学改革方面给予相应支持。科技小院人才培养质量将作为农业专业学位授权点及涉农学位授权点学科建设质量评价重要指标。

（叶天琦）

第六届中国青年旅游论坛暨首届全国旅游研究生学术年会

9月24日至25日，北京第二外国语学院举办第六届中国青年旅游论坛暨首届全国旅游研究生学术年会。论坛线上举办，以“新时代中国特色旅游学的理论创新与实践关切”为主题，通过主旨演讲、平行论坛、论文工作坊等形式开展研讨。2万人次参与直播。平行论坛分为8个分论坛，包括乡村旅游、冰雪旅游、旅游大数据研究等社会热点话题。来自海内外近200名专家学者汇报研究最新进展。会议评出优秀论文10篇。论坛首次推出全国旅游研究生学术年会，围绕全国旅游研究生学术成长与经验分享，通过“青年旅游学者经验分享与交流”“研究方法训练营”和“论文工作坊”3个板块开展学术交流。

（王薇）

中国社科大举办“政治与传播”研究生论坛

10月29日，中国社会科学院大学举办第九届“政治传播与社会发展”论坛暨第六届“政治与传播”研究生论坛。论坛线上召开，围绕“数字中国建设与政治传播研究”主题，听取中国社科大教授题为《治理现实与传播理想》主题演讲。论坛设立6个研究生分论坛，围绕数字技术与政治传播、政治传播与数字治理、数字时代的国际政治传播等议题开展研讨。来自北京大学、中国人民大学、复旦大学等30余家学界和业界相关单位50余名专家学者及研究生参加论坛。

（李安）

北京市优秀博士学位论文和优秀研究生导师及团队评选

12月6日，市教委公布2022年北京市优秀博士学位论文和优秀研究生导师及团队评选结果。评选出169篇优秀博士学位论文（包括46篇提名论文），58名优秀研究生导师和42个优秀研究生导师团队。此次评选标准注重工作中突出服务国家和首都经济社会发展需求的内容，评审名额向“卡脖子”关键核心领域倾斜，强调创新过程中科教产教融合。此次评选坚持学术评价质量判断和价值导向双重功能，在坚持学术质量、创新水平和社会贡献前提下遴选学术精品，树立学术榜样。

（李勇）

第十届“五马”论坛

12月10日，中国青年政治学院召开第十届首都高校马克思主义学院研究生“五马”论坛暨学生理论社团学术研讨会。会议围绕“建团百年与党的青年工作”主题，以线上方式举行，来自北京大学、中央财经大学、中央党校等单位8名专家学者作专题讲座；17名优秀论文作者代表分别从百年青运史不同时期重大事件、共青团的作用及其和党的关系、青年运动历史人物、青年工作著作文本、新时代青年工作的意义和青年的精神力量等维度分享交流。会议收到论文155篇，其中博士研究生投稿36篇、硕士研究生投稿113篇。经过匿名评审，评出一等奖10篇、二等奖18篇、三等奖32篇。来自清华大学、中国人民大学、西南大学等77所高校和单位马克思主义学院师生、团干部、专家学者参加会议。

（王钰璋）

普通高等学校

北京大学

概况

2022年，北京大学设有55个院系，开设133个本科专业，12个学科门类，覆盖除军事学外所有学科门类，目录内博士学位授权一级学科52个，目录外博士学位授权交叉学科4个，博士学位授权二级学科259个，目录内博士专业学位授权类别8个，硕士学位授权二级学科278个，目录外参照二级学科管理硕士交叉学科1个，目录内硕士学位专业学位授权类别29个，目录外硕士专业学位授权类别2个。博士后科研流动站49个，其中博士后研究人员出站721人、进站974人、在站2842人。博士硕士生导师3300人、硕士生导师1147人；中国科学院院士98人、中国工程院院士30人。“双一流”建设学科49个，国家级一流本科专业建设点87个、北京市级一流本科专业建设点24个，北京高校重点建设一流专业7个，北京高校高精尖学科3个。学校由教育部举办，为综合大学。拥有教室375间，其中网络多媒体教室358间。数字终端78230台，其中学生终端53752台、教师终端24475台。数字资源量中电子图书305.16万册、电子期刊8.11万册、学位论文420.91万册、音视频36.75万小时。国家重点实验室14个、国家研究中心1个、国家工程技术研究中心4个、国家工程实验室1个，国家临床医学研究中心5个、国家野外科学观测研究站2个。北京实验室1个、北京高精尖创新中心3个、北京重点实验室45个。高考北京地区提档线不限选考专业Ⅰ组687分、不限选考专业Ⅱ组695分、物理必考专业组688分、物理/化学专业组688分。网址：www.pku.edu.cn。

2022年，学校扎实推进新一轮“双一流”建设，服务国家战略和首都发展，统筹推进人才培养、科学研究、学科建设等各项工作。

推进思想政治学习与建设。召开党史学习教育总结会议，召开各类党的二十大报告学习研讨会200余场；全年思政实践课覆盖学生3687人；院系党委书记、院长50余人次，378名思政课教师、专业课教师到实践一线授课；出版“新时代中国特色社会主义理论与实践”丛书，上线专题网站，累计发布相关新闻225篇；召开第14次党代会，选举产生新一届学校党委、纪委；出版《红楼：北京大学与中国共产党的创建》等学术著作。开展首届“同心奖”评选表彰，上线二级单位教职工代表大会提案系统。制定《全面推进“大思政课”建设实施方案》。制定《“劳动月”实施方案》，建设劳动实践管理平台。56个院系成立教师工作小组，专门负责教师思想政治和师德师风建设工作。

人才培养质量提高。制定《面向2030人才培养行动计划》。物理学科卓越人才培养计划首次招生，聘请两院院士30余人担任科学指导委员会委员；新增6个拔尖计划2.0基地，至此获批19个，覆盖所有基础学科，数量居全国第一；设立本科生科研训练项目620个，评选“未名学士”50人。获北京市高等教育教学成果奖38项，7人获北京市高等学校教学名师奖和青年教学名师奖。完成2022年度“关键领域急需人才支持计划”“工程硕博士培养改革专项支持计划”招生工作；扩大科研博士支持计划和人文社科重大项目支持计划；开展国家实验室和科研机构联合培养博士生招生工作；实施国家急需高层次人才培养专项。获评北京市优秀博士学位论文16篇；北京市优秀研究生指导教师8人，优秀研究生指导教师团队4个。

学科建设取得新进展。编制完成新一轮《“双一流”建设高校整体建设方案》以及学校和各学科放权改革工作方案，深入推进5项改革重点任务。设立和调整一批新专业、新学科方向，加强平台建设。本科教育方面，新增行星科学专业，新设化学（环境化学方向）、政治学与行政学（数字治理方向）2个专业方向，恢复逻辑学专业；研究生教育方面，增设国家发展学一级交叉学科，自主设置相关二级学科和专业学位项目。

师资水平提升。推进人才强校战略若干措施实施，引进200余名学术带头人和优秀青年人才，设立人才启动项目近400个。加强专职科研队伍建设，遴选出184名博雅博士后，审议通过聘任30名专职研究岗位人员。1人获中国化学会生命化学成就奖。

科学研究实力增强。坚持以基础研究为本，推进学科交叉。获批国家自然科学基金项目799个，经费9.50亿元，其中获批杰出青年科学基金项目29个、基础科学中心项目4个，均居全国第一且再创历史新高。全年发表《科学引文索引》(SCI) 论文1.60万篇，其中67项科研成果在《科学》(Science)、《自然》(Nature)、《细胞》(Cell) 3个期刊发表。国家社科基金重大项目立项9个。获批3个全国重点实验室。

交流合作拓展。召开新中国北大来华留学教育70周年纪念大会，开展系列活动；与香港特区政府合作北京大学香港高级公务员公共管理硕士项目正式实施。获批重点研发计划国际合作重点专项13个，创“十三五”以来新高。牵头建设公共卫生科技合作中心纳入中国—东盟国家级合作框架。推进校地合作，促进北大创新链与地方产业链深度融合，与中关村国家实验室、怀柔国家实验室、昌平国家实验室等签署战略合作协议。深化与国家机关事务管理局、国家文物局、故宫博物院等单位合作。

推进校园建设。多模态跨尺度生物医学成像设施工程竣工。深化校园环境综合整治，完成东侧门周边空间改造利用，恬园草坪成为学校新标志性景观。燕南园环境整修和老房改造完成。医学图书馆完成改造扩建，重新启用。

服务北京冬奥会。8家在京附属医院派出902名医疗服务保障人员参与冬奥会志愿服务工作，6家附属医院成为冬奥会保障定点医院。630名志愿者、57名冬奥会赛时实习生、15名开幕式演出人员服务北京冬奥会和冬残奥会。冬奥志愿服务团队、第三医院崇礼院区、第三医院获评北京冬奥会、冬残奥会突出贡献集体。

党委书记　邱水平（6月16日免）
　　　　　郝平（6月16日任）
校　　长　郝平（6月16日免）
　　　　　龚旗煌（6月16日任）

（曹冠英　侯乐　徐聪颖）

考古百年、新中国考古专业教育70年纪念大会

5月3日，北大召开考古百年、新中国考古专业教育70年纪念大会。会议采取线下与线上相结合方式举行，回顾北大考古百年来光辉历程，在现代考古学百年征程中、在新中国考古专业教育探索实践中，北大发挥重要引领作用，在学科建设、科学研究、人才培养等方面独树一帜，硕果累累。国家文物局领导、学校主要领导等参加会议并讲话。学校考古专业作为国家重点学科，享有“中国考古学家的摇篮”称号，在第四轮教育部学科评估中，考古学科获评A+，为全国第一。1922年，北大在国学门（后改名文科研究所）成立考古学研究室，是北大考古专业前身；1923年，考古学研究室成立古迹古物调查会；1924年，古迹古物调查会更名为考古学会。自此开始一系列考古工作。1952年，历史系考古专业正式设立；1983年，考古系正式成立；1988年，考古系更名考古学系；2002年5月4日，考古文博院正式更名成立北大考古文博学院。学院有教师44人，其中教授18人、副教授（含新体制副教授）17人、助理教授9人。

（徐聪颖）

10月26日，北大淑范医学图书馆重启

（北大　供）

首届“参政议政服务发展同心奖”颁发

7月14日，北大举行首届“参政议政服务发展同心奖”表彰仪式。10名党外人士获突出贡献奖，60名党外人士获评先进个人，10项成果获优秀成果（集体）奖，29项成果获优秀成果（个人）奖。中央和学校相关领导和嘉宾、北大统战工作领导小组成员单位负责人近百人参加仪式。该奖旨在表彰参政议政先进人物，引导和激励广大统一战线成员弘扬北大光荣传统，投身民族复兴事业。评选工作自2021年7月启动，经推荐和申报、材料初审、酝酿提名、会议评审、党委常委会审议、公示等环节，于2021年12月由学校党委发布有关表彰决定。

（曹冠英）

第14次党代会

7月31日，中共北京大学第14次党员代表大会召开。会议审议并通过第13届党委题为《扎根中国大地，奋进时代征程，加快中国特色世界一流大学建设步伐》工作报告和第13届纪委书面报告，书面审议通过党费收缴、管理和使用情况报告，选举产生新一届学校党委、纪委领导集体。教育部、市委教育工委领导参会并讲话，中央和国家机关、市委、市政府相关部门负责人，23所兄弟院校党政负责人，在校师生代表，65个选举单位300名党员代表参加会议。

（侯乐）

物理学科卓越人才培养计划开班

9月6日，北大物理学科卓越人才培养计划2022级开班。该计划2021年12月启动，面向国内外选拔物理学科拔尖、综合素质优异，有志于冲击世界科技前沿、服务国家发展战略中学生，采用多模块荣誉课程、科研与实践、国际课堂相结合培养体系，因材施教，致力于培养家国情怀与国际视野、创新精神与实践能力兼具的领军人才。通过报名、初审、考查测试、物理卓越营遴选，首批录取61人。同期组建物理卓越计划科学指导委员会，30名中国科学院、中国工程院院士担任主任和委员。

（徐聪颖）

多模态跨尺度生物医学成像设施工程竣工

11月3日，北大多模态跨尺度生物医学成像设施工程竣工。该设施可对生命体结构与功能的跨尺度可视化进行描绘与精确测量，破解生命与疾病的奥秘，实现高端生物医学影像仪器装备“中国创造”。学校为项目法人建设单位，中国科学院生物物理研究所为共建单位。项目总投资17.17亿元，其中国家投资13.67亿元、北京市投资3.5亿元。建设地点为怀柔科学城核心区，建设用地6.67万平方米，新增建筑面积7.20万平方米。工程2018年立项，为“十三五”时期国家重大科技基础设施，是生物医学成像领域由中国科学家首倡大科学工程。

（徐聪颖）

中国人民大学

概况

2022年，中国人民大学拥有中关村校区（含北园）、通州校区、老校区、苏州校区和深圳研究院，下设39个学院，开设86个本科专业，覆盖9个学科门类；具有博士学位授权一级学科点23个、学术型博士点141个、专业学位博士点1个；硕士学位授权一级学科点35个、学术型硕士点169个、专业学位硕士点26个；博士后科研流动站21个。博士生导师1102人、硕士生导师1680人。“双一流”建设学科14个，国家级一流本科专业建设点59个、北京市级一流本科专业建设点22个，北京高校重点建设一流专业3个，北京高校高精尖学科2个。拥有教室328间，均为网络多媒体教室。图书馆馆藏文献总量419.60万册，数字资源量中电子图书487.81万册、电子期刊20.68万册、学位论文16.38万册、音视频1.16万小时。高考北京地区提档线不限选考专业组670分、物理专业组674分、物理/历史专业组673分。网址：www.ruc.edu.cn。

7月14日，北大举行首届“北京大学参政议政服务发展同心奖”表彰仪式（北大 供）

2022年，是学校发展历史上具有里程碑意义一年。习近平总书记到校考察调研并发表重要讲话，对学校办学成绩给予充分肯定，对学校未来发展提出殷切希望，要求走出一条建设中国特色、世界一流大学新路。召开第15次党代会，选举产生新一届学校党委领导集体。实施“走新路十大工程”，在学科建设、人才培养、科学研究等方面取得成绩。

庆祝建校 85 周年。举行系列庆祝活动，召开“走出一条建设中国特色、世界一流大学的新路”学术论坛，举办中国共产党创办新型正规高等教育的历史经验高端论坛，发布《建构中国自主的知识体系倡议书》。

思政教育。成立党委学生党建和思想政治工作委员会。开设习近平五大重要思想概论课，推出北京高校思想政治理论课高精尖创新中心思政品牌，开设“中国式现代化大讲堂”示范课程，制定《大中小学思政课一体化建设实施方案》，揭牌成立大中小学思政课一体化建设教育基地。与延安中学通过线上线下方式共同举办学习党的二十大精神主题活动。打造天安门升旗仪式观礼等精品活动，推出“治国理政”实岗锻炼计划、“理解中国”学术实训计划和“未来学者”讲师团计划，加强“千人百村”“街巷中国”等实践项目建设。

学科建设。完善“引领的马克思主义理论学科，卓越的基础学科、顶尖的社科学科、创新的交叉学科”学科布局。14 个学科入选教育部第二轮“双一流”建设名单，18 个本科专业入选国家级一流本科专业建设点、10 个专业入选北京市级一流本科专业建设点，获批增列 3 个博士硕士学位授权点。在全国率先成立中共党史党建学院、纪检监察学院、祖国完全统一研究中心，成立中国式现代化与文明新形态研究院、交叉科学研究院、欧亚研究院等跨学院跨学科创新平台。

人才培养。开设习近平新时代中国特色社会主义思想研究本科专业方向班。启动首届本科学术实践月，加强本科生学术与实践融合能力。制定《面向 2037 建校百年本科人才培养创新行动计划》，深入落实“新时代全面提升研究生教育质量十项行动”。制定 39 个本科拔尖创新人才培养项目，获 2021 年度北京市高等教育教学成果奖 35 项，其中特等奖和一等奖 20 项，居北京高校之首。举办首届全国本科生当代英语文学前沿研究学术论坛。

科学研究。加快推进基础理论重大创新研究。推出全景深度记录研究全国脱贫攻坚科学探索“832 工程”，访谈全国 832 个国家级贫困县主要领导和脱贫攻坚亲历者。习近平关于“三农”工作重要论述研究中心揭牌。实施“文明史研究工程”，组建《世界文明史》《中国文明史》编纂团队。获批国家社科基金重大项目立项 19 个，位列全国高校首位；获批北京市社会科学基金项目 19 个，居北京市首位；获批国家自然科学基金项目 107 个，创历史新高；获批教育部高校思想政治理论课教师研究专项重大课题攻关项目 4 个，居全国高校首位。环境学院宁波生物多样性保护教学科研实践基地揭牌。6 项成果入选 2022 年度《国家哲学社会科学成果文库》。

师资建设。召开首次人才工作会议，进一步优化人才工作领导小组及其办公室组织架构，起底式修订完善职评岗聘、人才引进、人员选聘等一系列重要文件；新增国家重大人才工程入选者 39 人次，入选数量稳居全国高校前列；进一步加强师德师风建设，组织教师参加“红色之路”教师社会调研、“海归教师挂职锻炼计划”等特色品牌活动，营造良好育人生态。

校园建设。通州新校区建设加快推进，社会与人口学院楼等 2 个组团完成竣工质量验收，获“北京市结构长城杯”金奖和“北京市绿色安全样板工地”称号。

交流合作。与青海省、南阳市政府等签署战略合作框架协议，教育部—华为“智能基座”数据库课程虚拟教研室揭牌成立。签约成立胡乃武教授教育基金，接受胡乃武教授弟子捐款 500 万元。与北京外国语大学主办 21 世纪马克思主义国际传播人才培养项目班，与中国作家协会开设首届网络文学研究班。与最高人民检察院共建案件管理研究基地。线上举办京港大学联盟 2022 年理事会，与香港理工大学联合主办 APEC 能源智库论坛 2022，举办世界汉学大会理事会 2022 年行政会议，与意大利路易斯大学、美国乔治·华盛顿大学签署管理学三学位合作协议，开设全球首个管理学三学士国际项目。召开首届南部非洲国家孔子学院院长联席会议，中国—中东欧国家高校联合会经济学学科建设共同体成立。

社会服务。509 名师生服务北京冬奥会。召开“冬季奥运会：北京精神与全球意涵——北京冬奥会线上国际研讨会”。

党委书记 张东刚
校　　长 刘伟（8 月 22 日免）
林尚立（8 月 22 日任）

（楚艳红　毕玥　王颖）

4 个研究机构成立

1 月 25 日、2 月 27 日、8 月 20 日和 12 月，人民大学分别成立欧亚研究院、交叉科学研究院、习近平关于“三农”工作重要论述研究中心和祖国完全统一研究中心。欧亚研究院为构建跨学科学术研究和交流平台，旨在共同研究新时代欧亚重大问题，深化“一带一路”沿线国家交流合作。交叉科学研究院以人文理工深度交叉融合为核心特色，以“揭榜挂帅”和教师双聘制为建设方式，致力于打造研究水平高、发展潜力大、战略聚焦性强的高水平跨学科团队和培养复合型高层次创新人才，围绕数字经济、区块链、人工智能、国家治理等关键领域培育新兴交叉学科，推进学科交叉政产学研协同。研究院还成立国内高校首个元宇宙研究中心，旨在通过对元宇宙领域探索，整合统筹校内外各方面资源和力量，推进学科交叉、交叉科学学术交流和人才培养，并发布国内首个元宇宙学术报告。习近平关于“三农”工作重要论述研究中心由习近平新时代中国特色社会主义思想研究院、中国乡村振兴研究院、农业与农村发展学院共同组建，是全国第一家习近平关于“三农”工作重要论述研究中心，旨在加强对习近平关于“三农”工作重要论述理论体系、丰富内涵、实践要求、科学方法全面系统研究，促进完整、准确、全面贯彻落实习近平关于“三农”工作重要论述，推动以科学理论为指引奋力开创全面推进乡村振兴新局面。祖国完全统一研究中心是对新时代党解决台湾问题的总体方略的积极响应，旨在建构完整“祖国完全统一”概念范畴体系、制度规范体系和实践对策体系，切实研究透、回答好在实现祖国完全统一事业进程中重大理论问题、现实问题，以问题推动研究，以研究涵养思想，用思想破解问题，在充分整合学科资源和研究力量基础上，成为具有学术解释力、决策影响力、话语传播力国家级智库高地。

（王颖）

第 15 次党代会

10 月 7 日至 8 日，中共中国人民大学第 15 次党员代表大会召开。会议审议并通过第 14 届委员会题为《牢记嘱托 勇毅前行 坚定不移走好建设中国特色、世界一流大学新路》工作报告和第 14 届纪律检查委员会书面工作报告，并审议通过党费收缴、管理和使用情况报告，产生第 15 届委员会委员 27 人和第 15 届纪律检查委员会委员 11 人。18 个代表团 269 名党代会代表参加会议。

（王颖）

党委学生党建和思想政治工作委员会成立

12 月 26 日，人民大学成立党委学生党建和思想政治工作委员会。委员会为在学校党委领导下负责对学生党建和思想政治工作开展顶层设计、总体布局、统筹协调、整体推进、督促落实的工作机构，由党委学生工作部、研究生工作部、校团委以及各学院学生工作队伍组成，主要负责领导学生思想政治教育和共青团工作，领导党委学生工作部（处）、党委研究生工作部、校团委工作，推进学生基层党组织和党员队伍建设工作以及统筹学生党建和思想政治工作方面议事协调和条件保障工作。

（王颖）

2 个学院成立

12 月，人民大学成立中共党史党建学院、纪检监察学院。中共党史党建学院为全国首家中共党史党建学院，为学校二级学院，主要负责中共党史党建学学科相关本硕博人才培养、学科规划与建设、师资队伍建设等，下设 5 个教研室。纪检监察学院为学校二级学院，主要承担纪检监察学学科相关本硕博人才培养、学科规划与建设、师资队伍建设等工作任务，以纪检监察理论为牵引，以中国化时代化的马克思主义为根基，加快建构纪检监察学领域自主知识体系。

（王颖）

清华大学

概况

2022 年，清华大学设置 21 个学院，59 个系，开设 88 个本科专业，覆盖 10 个学科门类；具有一级学科 60 个；一级学科博士点 58 个；一级学科硕士点 60 个；专业学位授权类别 26 个，其中 8 个授予博士学位，25 个授予硕士学位；博士后科研流动站 50 个，其中博士后研究人员出站 1005 人、进站 1097 人、在站 277 人。博士生导师 2934 人，硕士生导师 701 人，博士、硕士导师 2934 人；中国科学院院士 47 人、中国工程院院士 34 人。“双一流”建设学科 35 个，国家级一流本科专业建设点 64 个、北京市级一流本科专业建设点 3 个，北京高校重点建设一流专业 2 个，北京高校高精尖学科 3 个。拥有教室 311 间，均为网络多媒体教室。数字终端 201828 台，其中学生终端 140256 台、教师终端 61572 台。数字资源量中电子图书 735.29 万册、电子期刊 510.12 万册、学位论文 1349.80 万册、音视频 163.30 万小时。国家重点实验室 11 个、国家研究中心 1 个、国家工程研究中心 10 个、国家工程技术研究中心 3 个、国家工程实验室 5 个。北京实验室 3 个、北京高校高精尖创新中心 2 个、北京重点实验室 19 个。网址：www.tsinghua.edu.cn。

2022 年，学校召开第 15 次党代会，开展第 15 届党委第一轮巡视（教育教学专项巡视），召开教育部学习贯彻习近平考察学校时重要讲话精神一周年座谈会。学校统筹安全稳定和改革发展，奋力开拓学校发展新局面。

开展党史学习。制定《推动党史学习教育常态化长效化实施方案》及年度重点任务清单，全年开展“我为群众办实事”409 项、设立党支部“为群众办实事”特色项目 138 个。各院系单位等召开党史学习教育专题民主生活会 98 场，开展“实现伟大复兴，

4 月 18 日至 22 日，清华举办美育周活动

（清华 供）

从我做起，从现在做起”毕业生师生联合集中主题党日。

推进思政学习与实践。举办“唯真讲坛”等各类论坛讲座，博士生讲师团等累计宣讲800余场、覆盖4万余人次，举办“喜迎党的二十大”系列专题展览巡展75场次。落实教育部等十部门《全面推进“大思政课”建设的工作方案》，推进“形势与政策”课程改革，组建由多名院士名师担任主讲教师的“一课多师”团队，选聘10名优秀青年教师担任助教、分头开设54次研讨小课，校党委书记为2300余名学生讲授新版“形势与政策”第一课。

实施2030高层次人才培养方案。召开第26次教育工作讨论会，举办美育周系列活动。成立为先书院；马克思主义理论学院和“卓越医师—科学家班”本科开始招生；建设国家卓越工程师学院，推进专业学位研究生教育改革。制定《体育教育实施方案》《美育实施方案》《劳动教育实施方案》。举办“国防科技周”“西部人才周”系列活动。男篮实现首个三连冠，并首次包揽第24届中国大学生篮球联赛（CUBA）男女篮冠军。

实施2030创新行动计划。制定《全国重点实验室改革方案》。高端装备界面科学与技术、新型电力系统运行与控制两个实验室入选首批全国重点实验室，精密测试技术及仪器全国重点实验室等3个单位完成重组，互联网体系结构全国重点实验室获批新建。新设学科重大基础理论研究、中国实践理论阐释、前沿交叉学科培育等专项。设立古文字学、中共党史党建学、纪检监察学一级学科。成立科技伦理委员会，完善学校科技伦理治理体系。

实施2030全球战略。举办2022世界慕课与在线教育大会，学校“学堂在线”平台全球学习者超过1亿人。发起成立全球公共卫生学院院长联盟。持续与美国、英国、欧盟等国家和地区开展双边交流与合作。东南亚中心正式开园。

提升学科建设。完成《“双一流”建设整体建设方案》编制工作。成立互联网司法研究院、集成电路高精尖创新中心、纪检监察研究院等多个研究机构。自主审核增列大气科学、药学两个一级学科博士学位授权点，国际事务、医疗管理两个硕士专业学位类别授权点获批。推出临床医学八年制“卓越医师—科学家”项目。1个团队获科技部首届全国颠覆性技术创新大赛最高奖优胜奖。

实施人才强校战略。制定《关于新时代进一步实施人才强校核心战略的若干意见》，举办“水木学者”全球招聘线上宣讲，推动实施文科高等研究、水木·智元学者专项。为新聘任长聘教授颁发聘书，并为文科资深教授颁发证书。举办106场教师培训和交流，覆盖8701人次。分层分类开展职工培训，覆盖3489人次。师生中2人获评2021“北京榜样”，2人获评“感动中国”2021年度人物，1人获评2021年度全国三八红旗手，1个团队获评第二批全国高校黄大年式教师团队。

深化交流与合作。推动京津冀协同发展和践行“一带一路”倡议，与中国能源建设集团、航天科工集团、贵州省等企业和政府签署多项战略合作框架协议。

服务北京冬奥会、冬残奥会。1210名师生志愿者参与北京冬奥会、冬残奥会志愿服务工作，另有150名“志愿者的二次方”（为志愿者服务的志愿者）为全体志愿者提供服务保障。作为承担“科技冬奥”项目最多的单位，牵头7个项目、18个课题，并设计“雪如意”“雪飞天”和三大赛区火炬台。冬奥志愿服务团队和美术学院获北京冬奥会、冬残奥会“突出贡献集体”称号。1人获北京冬奥会、冬残奥会“突出贡献个人”称号。

党委书记　陈旭（2月免）
　　　　　邱勇（2月任）
校　　长　邱勇（2月免）
　　　　　王希勤（2月任）

（徐思羽）

第26次教育工作讨论会

4月14日至11月9日，清华举办第26次教育工作讨论会暨第38次教书育人研讨会。会议以“完善教育评价体系，优化培养组织模式，提升高层次人才培养能力”为主题，期间组织21场专题报告会和72场校级研讨会，各方面专家教师4620余人次参与。53个院系组织350余个综合性或专题研讨，超过1.6万人次参与。各单位开展“教学7个1”特色活动及各类研讨交流，总结传承学校立德树人传统经验，着力解决教育教学深层次问题，推出培养高层次人才创新举措。

（徐思羽）

首个工科创新人才培养书院成立

6月6日，清华举行为先书院成立仪式。书院名取自校歌“器识为先，文艺其从”，是学校首个工科创新人才培

4月14日，清华举办第26次教育工作讨论会
（清华　供）

养书院。学院强化学生在科学基础、工程基础、人文基础等方面通识教育，以培养工科领域顶尖科学家为目标，通过为学生一对一匹配学术导师、设置持续两个学期以上“开放创新挑战研究”（ORIC）培养模块、让学生尽早进入顶级科研实验室等举措，培养和提升学生探索科技前沿学术志趣、开展学术研究基本能力以及创新型思维和实践能力。除通识课程外，设置测控技术与仪器、材料科学与工程、生物医学工程等多个专业课程模块，学生可在导师指导下，自主选择专业模块课程学习。书院成立是学校实施2030高层次人才培养方案举措之一。

（徐思羽）

第15次党代会

9月29日至30日，中共清华大学第15次党员代表大会召开。会议审议并通过第14届委员会题为《牢记嘱托、乘势而上，努力开拓中国特色世界一流大学高质量发展新局面》工作报告和《强化政治担当　坚持守正创新　为学校高质量发展提供坚强保障》书面报告，选举产生新一届党委和纪委。教育部、北京市委领导参加会议并讲话。党代会代表295人，列席人员、邀请人员约200人参会。

（徐思羽）

规范科技伦理治理学术机构成立

12月28日，清华成立科技伦理委员会。委员会是为落实国家《关于加强科技伦理治理的意见》要求，进一步完善学校科技伦理治理体系、提升科技伦理治理能力而设立，统筹规范学校科技伦理治理学术机构，履行科技伦理管理主体责任，负责推进科技伦理治理体制机制建设、科技伦理审查和监管、科技伦理教育和宣传等工作，由医学、实验动物、人工智能、人文社会与工程四个分委员会构成，在科研院设立科技伦理委员会办公室（人类遗传资源管理办公室）作为日常办事机构，分委员会在科技伦理委员会办公室统筹下开展所在领域日常科技伦理审核工作。委员会是学校实施2030创新行动计划内容之一，是学校发展史上一个重要里程碑。

（徐思羽）

“卓越医师—科学家”项目实施

至年底，清华实施临床医学八年制“卓越医师—科学家”项目。该项目深化创新医学教育模式，旨在培养具有国际化视野和创新潜能的多学科交叉的复合型医学人才，首批招收67人。项目培养方案和课程系统更加优化、科研与临床结合更加紧密、国际化视野更加开阔、培养途径和出口更加多元。学生完成八年学制学业后，获得临床医学博士学位。成绩优异者，有机会申请进入学校一贯制博士培养项目。学校自2009年起招收临床医学八年制（医学实验班）学生。

（徐思羽）

北京交通大学

概况

2022年，北京交通大学设有海淀校区和威海校区，设置18个院（系、部），开设67个本科专业，覆盖7个学科门类；具有一级学科32个；一级学科博士点21个、专业学位博士点4个；一级学科硕士点32个、二级学科硕士点2个、硕士专业学位授权类别19个；博士后科研流动站17个，其中博士后研究人员出站57人、进站45人、在站185人。硕士生导师910人，博士、硕士导师744人；中国科学院院士3人、中国工程院院士10人。“双一流”建设学科1个，国家级一流本科专业建设点47个、北京市级一流本科专业建设点5个、北京高校重点建设一流专业3个，北京高校高精尖学科1个。学校由教育部举办，为理工院校。拥有教室347间，其中网络多媒体教室305间。数字终端15702台，其中学生终端9812台、教师终端5890台。数字资源量中电子图书165.04万册、电子期刊132.86万册、学位论文989.72万册、音视频2292.90小时。国家重点实验室1个、前沿科学中心1个、国家工程研究中心2个、国家协同创新中心2个、国家工程实验室5个。教育部重点实验室/工程研究中心8个、交通运输行业重点实验室2个、铁路行业重点实验室3个、国家能源局研发中心1个。北京实验室2个、北京市重点实验室/工程技术研究中心17个、北京市高等学校工程研究中心1个。高考北京地区提档线不限选考专业组628分、物理必考专业组635分。网址：www.bjtu.edu.cn。

2022年，学校全面推进“十四五”规划落实和“双一流”建设，实现各项事业稳步向好发展，特色鲜明世界一流大学建设迈上新台阶。

校区建设。启动雄安校区总体规划设计。雄安校区选址河北雄安新区启动区和起步区第五组团北部，占地面积173.33万平方米，建设用地113.33万平方米，规划地上建筑约141万平方米。海淀校区综合体育馆竣工并正式启用。

人才培养。制定拔尖学生培养、卓越人才产教联合培养项目实施方案，詹天佑学院首次通过高考招生。获批国家工程硕博士培养改革专项试点单位，新增材料与化工工程博士专业学位授权点。强化内涵建设，新增一流本科专业建设点国家级13个、北京市级2个，实现除2019年后新增专业以外招生专业全覆盖。首批入选国家级创新创业教育实践基地，新增北京市优质课程5门、北京市优质教材4部、国家级虚拟教研室建设试点6个，获评北京市高等学校教学名师3人、青年教学名师1人。

科学研究。强化有组织科研，新增主持国家自然科学基金基础科学中心项目1个，创新研究群体项目1个。获批教育部、交通运输部以及国家铁路局等认定省部级及以上科研平台6个。加强智慧高铁系统前沿科学中心建设，完成“十三五”智慧交通关键技术研究支持平台项目建设、竣工验收及转固，组织开展轨道交通安全协同创新中心新一轮建设，与国能集团共建智能重载铁路协同创新中心。11 项主持成果获教育部高等学校科学研究优秀成果奖，其中一等奖 5 项；4 项主持成果获北京市科学技术奖。2 项专利获中国专利奖优秀奖，入选首批国家级专利导航工程支撑服务机构。可持续交通创新中心纳入国家高端智库建设培育单位，是学校直接服务中央决策第一个国家高端智库，是唯一交通类智库。人文社会科学类科研经费首次破亿元，获批研究阐释党的十九届六中全会精神国家社科基金重大项目 1 个。

8 月 18 日，北京交大综合体育馆竣工并正式启用

（北京交大 供）

学科建设。实施新一轮“双一流”建设方案，推动“五位一体”一流学科建设体制改革。加强一流学科群建设，持续开展“面向 2035 的学科创新发展行动计划”研究。

队伍建设。完善人才工作体制机制。加强人才引育，设置高水平师资补充“绿色通道”。举办首届管理岗位青年教职工职业能力竞赛。新增国家级青年人才项目入选者 8 人，1 个团队入选第二批全国高校黄大年式教师团队，1 个团队入选交通运输部重点领域创新团队，1 人入选中青年科技创新领军人才，2 人入选交通运输青年科技英才，新增“卓百人才”13 人、“青年英才”43 人。首次获批“外国专家重点支撑计划”外国学者研究基金项目，启动优势特色学科长期高端外教聘请计划。

合作与交流。与马来西亚彭亨大学、柬埔寨洪森公共工程与运输学院等单位联合开展合作办学。实施完成商务部援外短期培训项目 10 个，培训 270 人次。牵头筹建可持续交通全球大学联盟，发起首批联盟项目。与 21 个国家 34 所高校和机构签署 35 份合作协议，举办 12 次国际铁路联盟和高速铁路高校联盟大会。与中国物流集团等 19 家企业签署战略合作协议。

冬奥会服务。600 余名冬奥会志愿者全力服务冬奥会、冬残奥会各项工作，完成赛事保障、闭环服务、场馆运营等各项任务。获评北京冬奥会和冬残奥会志愿者工作先进集体。

党委书记　黄泰岩（9 月 8 日免）

校　　长　王稼琼

（高杰　郑一铭）

对接国家发展需求成立新学院

3 月，北京交大成立数学与统计学院、物理科学与工程学院、环境学院，旨在大力支持基础学科与应用基础学科发展，加强基层学术组织建设，推动传统优势学科升级改造、新兴交叉学科融合发展，对接国家发展需求。

（郑一铭）

获批国家高端智库建设培育单位

7 月，北京交大可持续交通创新中心获批国家高端智库建设培育单位。中心与交通运输部科学研究院共建，是唯一交通类智库，聚焦交通强国战略与政策研究、全球交通可持续发展研究、交通发展与国家安全研究等重点研究领域。

（郑一铭）

综合体育馆启用

8 月 18 日，北京交大综合体育馆竣工并正式启用。综合体育馆是海淀校区新地标性建筑，建筑面积 2.70 万平方米，有 10 余个场馆，包括篮球、羽毛球、网球等场馆。其中，南馆有 2200 个固定座椅、可承接中国大学生篮球联赛（CUBA）等赛事。体育馆在建筑质量、节能环保、科技创新等方面起到示范作用。

（郑一铭）

北京工业大学

概况

2022 年，北京工业大学设有平乐园校区（校本部）、中蓝校区、管庄校区、花园村校区、琉璃井校区、惠新东街校区、通州校区，设置 18 个院（系、部），开设 72 个本科专业，覆盖 8 个学科门类；具有一级学科 33 个；一级学科博士点 20 个、专业学位博士点 4 个；一级学科硕士点 33 个、硕士专业学位授权类别 18 个；博士后科研流动站 18 个，其中博士后研究人员出站 79 人、进站 122 人、在站 344 人。博士生导师 723 人、硕士生导师 991 人；中国科学院院士 1 人、中国工程院院士 9 人，中国社会科学院学部委员 1 人。“双一流”建设学科 1 个，国家级一流本科专业建设点 32 个、北京市级一流本科专业建设点 14

个，北京高校重点建设一流专业 4 个，北京高校高精尖学科 4 个。学校由北京市举办，为理工院校。拥有教室 456 间，其中网络多媒体教室 427 间。数字终端 28327 台，其中学生终端 14606 台、教师终端 11951 台。数字资源量中电子图书 169.34 万册、电子期刊 189.23 万册、学位论文 1315.25 万册、音视频 1.05 万小时。国家工程实验室 2 个、北京实验室 1 个、北京高精尖创新中心 1 个、北京重点实验室 18 个。高考北京地区提档线不限选考专业组 587 分、物理必考专业组 585 分、物理必考专业组 580 分、不限选考（合作办学）专业组 581 分、物理必考（合作办学）专业组 578 分。网址：www.bjut.edu.cn。

2022 年，学校实施“三保一争”（保安全、保质量、保落实、争满意）专项行动计划，在人才培养、学科建设、“双一流”建设等方面持续发展。

党建和思政。党委常委会实施“首要议题”制度。开展首批“双示范”党支部结题工作，立项第二批“示范党支部”22 个、“双带头人”教师党支部书记示范工作室 10 个，评选第二批党建引领“小微提升”计划精品项目 10 个、“优秀党支部工作法”10 项，累计入选样板支部 13 个。继续实施青年骨干教师“双专长引领”计划，运用挂职、实践锻炼、重大任务考验等方式培养干部。开展理论宣讲 95 场次，覆盖 1 万余人。思政课推进线上线下相结合专题式、研讨式等教学模式探索。推进以“大国首都”为重点思政精品课程和课程思政建设工作。成立“三馆五中心”（党建馆、文化馆、科技馆，基层党建发展中心、文化发展促进中心、国际化发展促进中心、数字化发展促进中心和科技发展促进中心），推进党的领导全领域、全场景、全周期管理机制创新。

人才培养。获 2021 年北京市高等教育教学成果奖特等奖 1 项、一等奖 11 项。继 2008 年后，再次获北京市高等教育教学成果特等奖。5 篇论文获评北京市优秀博士学位论文，2 名导师与 1 个团队获评 2022 年北京市优秀研究生指导教师及指导教师团队。首次专业型博士招生，制定 4 个专博培养方案和专博导师遴选办法，完成 3 批次专博导师资格认定。在第 17 届“挑战杯”全国大学生课外学术科技作品竞赛中，首次以最高参赛数额入围全国竞赛并全部获奖，6 项作品分获一等奖 2 项、二等奖 1 项、三等奖 3 项。学校获优秀组织奖，并蝉联“挑战杯”全国大学生课外学术科技作品竞赛联合发起高校。

“双一流”建设。通过第二轮“双一流”建设高校及建设学科名单首轮建设评估，学科建设取得新突破。测控技术与仪器等 12 个专业获批国家级一流本科专业建设点、通信工程等 9 个专业获批北京市级一流本科专业建设点。瞄准碳达峰碳中和、城市更新两个重点领域，打造两个学科特色集群，组建碳中和未来技术学院。创新学科组织模式，发布《学科交叉与基础学科建设行动计划》《人文社科建设行动计划》。

人才队伍。引进中国科学院院士 1 人、国家级教学名师 1 人。入选国家杰出青年科学基金等同级别领军人才 5 人、国家优秀青年科学基金等同级别卓越人才 2 人、青年北京学者 3 人。获各类博士后人才项目 12 个，其中 4 人入选 2022 年博士后创新人才支持计划。首次入选全国高校黄大年式教师团队。

科学研究。首次以第一完成单位在《科学》（Science）上发表学术论文。获北京市科技进步奖一等奖 2 项、技术发明奖一等奖 1 项、国际合作中关村奖 1 项。获国家自然科学基金资助项目 194 个，获国家重点研发计划项目（课题）34 个，获资助经费近 3 亿元。获国家社科基金项目 8 个，教育部人文社科一般项目 11 个。总到校科研经费 6.53 亿元。获批牵头重点研发计划项目 8 个，承担课题项目 25 个，获批国家自然科学基金重大重点类项目 10 个。连续 13 年主持编写并出版《社会建设蓝皮书：北京社会建设分析报告》。智能建造团队承担世界杯卢塞尔体育场建造标准与智能建造关键技术研究课题。

服务首都发展。与朝阳区政府签订全面战略合作协议，合力建设附属中学。与怀柔区政府建立战略合作关系，服务怀柔综合性国家科学中心建设。

服务冬奥会。作为北京冬奥村（冬残奥村）通用志愿者唯一来源高校和专业志愿者来源高校，436 名志愿者在 25 个业务领域、39 个工作岗位，累计服务时长超过 15 万小时。教师担任北京冬奥会开幕式执行导演、设计休战壁画墙等，师生参与志愿服务、场馆建设、科技攻关等工作。1 名学生担任北京冬奥会火炬手，4 名学生担任冬奥会开幕式引导员。1 人获北京 2022 年冬奥会、冬残奥会突出贡献个人，志愿服务团队获评先进集体。

党委书记 谢辉（3 月 16 日免）
姜泽廷（3 月 16 日任）
校　　长 聂祚仁

（凌晨）

1 月 10 日，北工大召开 2022 年北京冬奥会誓师大会
（北工大　供）

首次以第一完成单位在《科学》上发表学术论文

3月18日，北工大材料与制造学部教授与美国佐治亚理工学院教授为共同第一作者在《科学》（Science）发表《原子尺度追踪晶界滑动》论文。研究工作利用学校原创原子分辨原位力学实验研究装置，首次从原子层次上实现对普通晶界滑移过程动态观察，并通过大量研究揭示出原子扩散相关规律，解决长期困扰该领域科学难题，并为原子分辨的实验和理论模型之间信息互补提供新机遇。这是学校首次在晶界滑动塑性原子机制方面以第一完成单位在《科学》（Science）上发表论文。

（凌晨）

“三馆五中心”成立

11月15日，北工大成立“三馆五中心”。分别为党建馆、文化馆、科技馆，基层党建发展中心、文化发展促进中心、国际化发展促进中心、数字化发展促进中心和科技发展促进中心。“三馆五中心”均作为学校所属新型机构，旨在开拓高效衔接前、后台治理路径，推进党的领导全领域、全场景、全周期管理机制创新。

（凌晨）

碳中和未来技术学院成立

11月15日，北工大组建碳中和未来技术学院。学院是学校继2021年成立碳中和城市科技创新研究院之后，服务国家重大发展战略、落实北京市碳达峰实施方案，助力北京碳达峰、碳中和发展的又一项重要举措。学院为独立二级教学科研机构建制，独立开展学院招生、教学、科研工作。设置零碳能源供给、低碳城市运维、零碳流程核算、碳捕集与利用及碳金融与交易五个“双碳”领域研究方向，制定“双碳”特色本科人才培养方案，增设碳系列实践项目与前沿课程，注重学科交叉融合与人才复合创新能力的培养。

（凌晨）

北京航空航天大学

概况

2022年，北京航空航天大学设有学院路校区和沙河校区，设置39个院（系、部），开设82个本科专业，覆盖11个学科门类；具有一级学科40个；一级学科博士点30个、专业学位博士点5个；一级学科硕士点40个、二级学科硕士点1个、硕士专业学位授权类别15个；博士后科研流动站23个，其中博士后研究人员出站160人、进站139人、在站398人。博士生导师1388人、硕士生导师1312人；中国科学院院士5人、中国工程院院士13人。“双一流”建设学科8个，国家级一流本科专业建设点49个、北京市级一流本科专业建设点11个，北京高校重点建设一流专业2个，北京高校高精尖学科3个。学校由工业和信息化部举办，为理工院校。拥有教室353间，均为网络多媒体教室。数字终端41705台，其中学生终端2075台、教师终端25012台。数字资源量中电子图书818.78万册、电子期刊220.59万册、学位论文1110.16万册、音视频16.08万小时。国家重点实验室2个、国家工程技术研究中心1个、国家工程实验室3个、国家科技资源共享服务平台1个。北京实验室6个、北京高校高精尖创新中心4个、北京重点实验室15个。高考北京地区提档线不限选考专业组652分、物理必考专业组663分。网址：www.buaa.edu.cn。

2022年，学校建校70周年，加强党的全面领导，服务高水平科技自立自强，深入实施人才强校战略，深化综合改革，各项工作取得新进展。

人才培养。召开人才培养大会和新文科发展大会，发布《新时代人才培养领航行动计划白皮书》。获批国家级一流本科专业建设点13个、教育部虚拟教研室10个。新增工业和信息化部校企协同育人示范基地3个。入选首批国家级创新创业学院。获批首批国家卓越工程师学院。获国家高层次人才特殊支持计划“万人计划”教学名师2人，宝钢优秀教师奖等奖励3人，1个团队获评第二批全国高校黄大年式教师团队。获北京市教学名师、优秀教师、优秀研究生导师17人、优秀研究生导师团队3个。获北京高校优质本科课程6门、北京高校优质本科教材课件5个。首次获全国高校教师教学创新大赛二等奖，获全国高校混合式教学设计创新大赛特等奖。北京市教学成果奖特等奖2项、一等奖11项。学生全年获省部级以上竞赛奖励2738项，以团体总分第一、金奖数量第一、入围复赛项目数量第一成绩获竞赛最高荣誉“挑战杯”，并获竞赛“最佳组织奖”，继第11届、第16届竞赛后第三次获“挑战杯”，可永久保留“挑战杯”复制品1座。在第八届中国国际“互联网+”大赛中获金奖3项。近4成毕业生投身国防科技工业领域。举办劳动教育月暨“航味巧技”实践课。

学科建设。坚持“顶尖工科、一流理科、精品文科、优势医工”学科建设方针，8个学科进入新一轮“双一流”建设名单，交通运输工程学科为“双一流”建设新增学科。新增空天动力科学与技术1个交叉学科博士学位授权点，安全科学与工程、地球物理学2个一级学科博士学位授权点，完成基础医学一级学科博士点论证。空天智能电推进技术、法语、智能医学工程、电子与计算机工程4个专业获批，其中空天智能电推进技术和智能医学工程专业开始招生。

科学研究。科研“敢为”行动计划启动，召开首场专题讲座。1人获2022年国际模式识别学会Maria Petrou奖，是该奖自设立以来首名华人获奖者。1人获第15届航空航天月桂奖终身奉献奖。科技投入经费总额超53亿元。牵头承担国家重点研发计划项目16个，牵头承担科技创新2030重大项目5个，国家重大科研仪器研制项目5个，国防科技成果鉴定项目13个。国家自然科学基金获批数量连续4年突破300个。获批国家社科基金项目18个、教育部社科基金项目11个、北京市社科基金项目14个。获省部级科技奖励27项。发表4篇《科学》(Science)论文。4人获中国青年科技奖。1人获2022年前沿交叉领域“科学探索奖”。完成某飞行器试验，引领国内技术发展，率先开展应用试验，取得效益。蜂群无人机完成自组网协同试验任务。太阳能飞机首飞成功。牵头建设3个全国重点实验室，共建4个全国重点实验室。获批建设国家医学攻关产教融合创新平台。新增7个省部级重点实验室平台。成立分析测试中心和技术转移中心。获批空天科技未来产业科技园、高校国家知识产权信息服务中心。

4月29日，北航举行2022年劳动教育月启动仪式暨“航味巧技”实践课 （北航 供）

师资建设。启动蓝天新时代人才行动计划。设立国际研究中心10个。建立全球人才信息库，首批入选1348人。全职引进院士1人，获批国家级海外顶尖人才1人，新增国家重大人才工程领军人才19人、青年人才50人。构建“蓝天学者”岗位体系，实施“卓越博士后计划”，优化聘用编教职工岗位体系和发展通道。首次入选教育部2022年度“高校网络教育名师培育支持计划”。

交流合作。与13个国家和地区20所大学和机构签订合作协议。推进“全球校园”建设，拓展“云远航”海外学习平台，首批录取44名博士生赴海外联合培养，获批立项国家留学基金委创新型人才国际合作培养项目4个。与中国兵器工业集团有限公司和中国兵器装备集团有限公司签署战略合作协议。

管理与服务。完成党政机关和服务支撑机构改革，设立学生中心、教师发展中心，优化后勤服务中心等。完成学院路校区主楼群历史建筑延寿改造，建成现代教育教学中心、校友之家等。沙河校区留学生公寓、学术会议中心、10公寓、八号楼投入使用。完成学院路校区操场、体育馆综合修缮工程。校史馆揭牌。

服务冬奥会。作为延庆场馆群运行团队牵头高校、国家高山滑雪中心主责高校，选拔428名师生承担赛时各项服务保障工作，全力“奋战”在各业务领域的34个岗位，闭环管理70余天，累计服务工作近9万小时。发挥科研优势，多项科研成果直接应用各关键领域。1人获聘“中国冰雪科学家”，学校获“中国冰雪科技联合攻关单位”称号。冬奥航空救援预案推演与验证系统为冬奥航空救援提供保障力量。1名学生获评北京冬奥会、冬残奥会“突出贡献个人”。

党委书记　赵长禄（4月22日任）
校　　长　徐惠彬（9月8日免）
　　　　　王云鹏（9月8日任）

（朴悦嘉）

新文科发展大会

1月7日，北航召开新文科发展大会。会议是学校首次专门召开以人文社会科学建设与发展为主题会议，以“聚共识、促融合、铸精品、谋新篇”为主题，由致辞、主题报告、分组讨论以及总结讲话环节组成。会议为“低碳治理与政策智能”教育部哲学社会科学实验室、“研究生教育改革与发展”北京市哲学社会科学研究基地揭牌。全体校领导、各学院院长、相关机关部处负责人等400余人通过线上线下方式参会。经过60余年发展，学校文科学科群在教学、科研、社会服务等方面获得全面提升，文科学科群覆盖7个学科门类、13个一级学科，拥有7个博士点，3个国家级一流本科专业。

（朴悦嘉）

科研“敢为”行动计划

6月1日，北航实施科研“敢为”行动计划。计划是科学技术研究院和人事处联合打造的专项行动计划，主题为“空天报国、敢为人先 服务国家重大战略需求”，分为“争先”“零壹”“致真”3个板块有序实施。“争先”主要面向重大需求;“零壹”主要面向基础前沿，鼓励与各合作单位科研人员，围绕前沿科学技术方向和国家战略需求，开展“从0到1”基础研究，促进学科交叉，形成创新团队，联合攻关“卡脖子”技术;“致真”主要面向人文社科，立足实际、系统谋划、精心设计，继续强化有组织人文社科科研，开展人文社科科研能力提升研修班，包括10场专题报告、2次学术沙龙、2次工作坊，推动“精品文科”建设，产出有影响力高质量成果。行动计划启动会同时召开首场院士专家专题讲座。学校领导、相关部门负责人、近年新入职青年教师等600余人通过线上线下结合方式参会。

（朴悦嘉）

国家卓越工程师学院设立

7月，北航设立国家卓越工程师学院。学校校内与高等理工学院和未来空天技术学院合署办公，统称沈元学院。学院下设工程师技术中心和教育教学中心，是全国首批18个国家卓越工程师学院之一，旨在培养爱党报国、敬业奉献、具有突出技术创新能力、善于解决复杂工程问题的新时代卓越工程师。首批招收2022级学生222人。9月27日，教育部联合国务院国资委在学校召开卓越工程师培养工作推进会，首批18个国家卓越工程师学院建设单位联合发布《卓越工程师培养北京宣言》。

（朴悦嘉）

校史馆揭牌

10月24日，北航校史馆揭牌。校史馆展厅总面积4500平方米，天井为“空天报国”主题雕塑，一层为科技成果展，2至4层为校史展，5层为艺术馆。校史展以空天报国精神为主线，按照历史发展分为5个阶段，分别为追溯爱国奉献的红色基因、回顾团结拼搏的创业历程、呈现担当实干的改革精神、突出敢为人先的发展理念、彰显空天报国的使命担当，通过近1500张图片、300余件套实物，全方位展现学校七十载空天报国、新时代逐梦一流办学历程。科技成果展以“四个面向”为主线，展示学校深度参与创新驱动发展战略实施，服务教育强国、科技强国、制造强国和网络强国建设，服务国家高水平科技自立自强丰硕成果。

（朴悦嘉）

建校70周年大会及系列活动

10月25日，北航举行庆祝建校70周年大会及系列活动。会议通过10余个平台同步向全球直播。工业和信息化部、教育部、市委教育工委领导和兄弟院校代表致辞，师生、校友代表发言。校庆期间，学校举办未来空天科教创新发展论坛、校庆嘉年华、“与国同航”建校70周年庆祝晚会、制作发布校庆MV《时空再相逢》等系列活动。1951年，国家决定将北洋大学、厦门大学、西北工学院航空系并入清华大学航空工程学系，成立清华航空工程学院；将云南大学航空工程系并入四川大学航空系；将西南工业专科学校航空专修科并入华北大学工学院航空工程系。1952年5月，根据周恩来总理要办专门的航空大学的指示及中央军委作出的《关于航空工业建设的决议案》中筹建航空学院的决定，中央教育部制定全国高等学校院系调整计划，对航空院系进一步调整。1952年10月24日，根据全国高等学校院系调整要求，教育部签发关于成立北京航空工业学院的批文，成立后正式名称为北京航空学院，简称北航，由北京工业学院航空系（1951年11月18日，华北大学工学院更名为北京工业学院）、清华航空工程学院、四川大学航空系合并。1988年，学校更名为北京航空航天大学。

（朴悦嘉）

10月25日，北航建校70周年。图为70周年校庆校园景观
（北航 供）

北京理工大学

概况

2022年，北京理工大学设有中关村校区和良乡校区，设置21个院（系、部），开设77个本科专业，覆盖9个学科门类；具有一级学科33个；一级学科博士点33个、二级学科博士点13个、专业学位博士点4个；一级学科硕士点33个、二级学科硕士点13个、硕士专业学位授权类别15个；博士后科研流动站22个，其中博士后研究人员出站207人、进站256人、在站705人。博士生导师1316人、硕士生导师2566人；中国科学院院士3人、中国工程院院士8人。“双一流”建设学科4个，国家级一流本科专业建设点48个、北京市级一流本科专业建设点10个，北京高校重点建设一流专业3个，北京高校高精尖学科3个。学校由工业和信息化部举办，为理工院校。拥有教室324间，均为网络多媒体教室。数字终端27471台，其中学生终端17099台、教师终端10372台。数字资源量中电子图书172.18万册、电子期刊136.96万册、学位论文951.42万册、音视频16.74万小时。国家重点实验室5个、国家研究中心2个、国家工程研究中心4个。北京实验室1个、北京高精尖创新中心1个、北京市工程中心7个、北京重点实验室19个。高考北京地区提档线不限选考专业组657分、物理必考专业组659分。网址：www.bit.edu.cn。

2022年是学校实施“十四五”规划、推进新一轮“双一流”建设、深化综合改革关键之年。学校党委推进“双一流”建设，校园生态得到进一步巩固，各项事业发展实现跨越式跃升。

推进党建与思政建设，实现新

进步。完成第五轮校内巡视。组织制定《关于新时代加强和改进宣传思想工作的实施办法》；建设红色基因育人文化资源库，人民军工成就展馆开建。“坚定走好中国特色高等教育‘红色育人路’创新涵育新时代一流人才”“打造‘五位一体’思政课虚拟仿真育人新模式”获评工业和信息化部部属高校党建和思想政治工作品牌项目。获评“全国党建工作标杆院系”1 个、“全国党建工作样板支部”2 个。

坚持“一流标准”，迸发创新活力。获批以未来精工技术学院建设为重点北京市教学创新重大项目和首批国家级创新创业学院和首批国家卓越工程师学院试点牵头建设单位；新增北京市本科课程思政示范课 5 门，获批教育部虚拟教研室建设试点 7 个。获评北京市优质本科课程、教材课件 11 个，上线国家研究生智慧教育平台课程 46 门。获国家级教学名师奖 2 人、北京市高等学校教学名师 4 人，北京市高等教育教学成果奖特等奖 2 项。学生在第八届中国国际“互联网＋”大学生创新创业大赛中获 4 金 5 银。获北京市优秀博士学位论文 10 篇，发表高水平学术论文 7006 篇。

牢记“国家最大”，科学研究诠释报国担当。获批国家自然科学基金 400 余个，包括重点项目 10 个；获批国家自然科学基金委创新研究群体、重大科研仪器项目各 1 个；发表《科学》（Science）、《自然》（Nature）主刊论文 5 篇、子刊论文 13 篇；获批国家社科基金 27 个，包括重大项目 2 个、重点项目 8 个；获批中央网信办网络空间国际治理研究基地、自主智能无人系统全国重点实验室、天基智能信息处理全国重点实验室。获教育部一等奖各类 6 项、专用技术一等奖 6 项。

促进“分类卓越”，师资队伍汇聚力量。召开人才工作会议，推进实施《人才强校战略行动方案》。引进海外青年人才 52 人，新增中国青年科技奖 4 人，鲲鹏计划学者 2 人。青年领军人才 10 人，39 名预聘制人员成长为青年人才。新增高层次人才 124 人，高层次人才占专任教师比例由 15% 升至近 20%。1 个团队获评第二批全国高校黄大年式教师团队。1 个创新团队获评全国三八红旗集体。

秉承“卓精优拓”，学科建设迈入更高台阶。瞄准国家战略，制定第二轮“双一流”建设方案，实施“五大建设任务、五大改革任务、五大学科计划”。新增人工智能、碳中和技术与管理、理论经济学 3 个一级学科博士点。物理学科进入“双一流”建设学科名单。

深化“多元共赢”，交流合作开创新格局。与四川、浙江等省政府以及中国兵器工业集团、北京大学等单位深化全面战略合作。重庆研究院新院区正式投用，建成“中国复眼”（一期）；长三角研究院（嘉兴）一期主体结构验收；唐山研究院整体两期提升改造工程完成；与四川省天府新区共建创新装备研究院。国际化办学稳步推进，与 24 所世界一流大学签订合作协议；建设教育部高层次国际化人才培养创新实践基地，举办数字经济全球治理规则论坛。获批科技部外国专家项目 57 个，外籍教师再获中国政府友谊奖。

围绕“润心聚力”，文化氛围展现卓越生机。实施“口述史”三期工程，编写校史简明读本，出版“红色育人路”系列丛书 3 部。提升家属区周边环境，更新改造校园基础设施设备等 20 余个工程，良乡校区景观二期和甘棠园操场建设工程完成。

践行“师生至上”，大学治理焕发多彩风貌。完成文博中心结构封顶。怀来科研试验基地取得 66.73 万平方米用地批复并开启全面建设。启用校园“12345 接诉即办”平台，搭建“班车预约”“后勤报修”等智慧后勤管理系统。管理部门搬迁至良乡校区，优化两校区“双核”运行机制。完成章程修订和《办学经费管理办法》。完成中关村校区、西山实验区部分楼宇物业社会化改革。

服务冬奥会，勇担国家重任。多个科研团队为北京冬奥会开闭幕式、赛前训练、赛事保障等环节提供科技助力。548 名师生参与到赛事服务、技术支持、颁奖礼仪等任务中。冬奥志愿服务团队获评北京 2022 年冬奥会、冬残奥会北京市先进集体，3 名师生获先进个人。

党委书记 赵长禄（4 月 14 日免）
张军（4 月 14 日任）
校　　长 张军（4 月 14 日免）
龙腾（5 月 19 日任）

（岳鹏）

人才工作会议

3 月 29 日，北理工召开人才工作会议。会议以“新征程、新使命、新作为”为主题，全面部署中长期人才工作高质量发展工作，审议通过《人才强校战略行动方案》，启动实施五大人才计划、五大提升专项，深化五大改革任务，打造“54321”创新人才金字塔。会议为 17 个学院教师发展

3 月 29 日，北理工召开人才工作会议
（北理工　供）

中心授牌。学校领导、院士、各单位主要负责人、教师代表、博士后代表、离退休教师代表和学生代表参加会议。年内，学校以需求为导向建构人才工作模式，全校协同努力，新增高层次人才 124 人，高层次人才占专任教师比例由 15% 升至 19%，人才队伍“头雁效应”“集聚效应”“倍增效应”凸显。学校成立学院教师发展中心，旨在通过校院两级协同发力，营造全校上下识才爱才育才用才的良好氛围，服务好教师成长。

（岳鹏）

北京科技大学

概况

2022 年，北京科技大学设有学院路校区和管庄校区，设置 34 个院（系、部），开设 56 个本科专业，覆盖 8 个学科门类；具有一级学科 30 个；一级学科博士点 20 个、二级学科博士点 86 个、专业学位博士点 4 个；一级学科硕士点 30 个、二级学科硕士点 144 个、硕士专业学位授权类别 16 个；博士后科研流动站 17 个，其中博士后研究人员出站 51 人、进站 154 人、在站 457 人。硕士生导师 882 人，博士、硕士导师 736 人。“双一流”建设学科 4 个，国家级一流本科专业建设点 33 个、北京市级一流本科专业建设点 10 个，北京高校重点建设一流专业 2 个，北京高校高精尖学科 2 个。学校由教育部举办，为理工院校。拥有教室 228 间，均为网络多媒体教室。数字终端 15938 台，其中学生终端 6502 台、教师终端 9436 台。数字资源量中电子图书 406.56 万册、电子期刊 71.09 万册、学位论文 915.13 万册、音视频 36.73 万小时。国家重点实验室 2 个、国家工程研究中心 2 个、国家工程技术研究中心 1 个、国家技术创新中心 1 个、国家科技资源共享服务平台 1 个、国家科技基础条件平台 2 个。北京实验室 1 个、北京高精尖创新中心 1 个、北京重点实验室 15 个。高考北京地区提档线不限选考专业组 619 分、物理必考专业组 627 分、物理 / 化学专业组 625 分。网址：www.ustb.edu.cn。

2022 年，在建校 70 周年之际，习近平总书记给学校老教授回信。研制 5 个学科支持计划和 3 个专项计划，突出重点、分层分类推进学科建设，提升学科整体水平。

深化本科和研究生教育教学改革。成立智能科学与技术学院、卓越工程师学院，试行“一生双师百企千人”卓越工程人才培养模式，与太原钢铁（集团）有限公司、太原重型机械集团有限公司合作实施首期“钢铁脊梁”培养项目。新增国家级一流本科专业建设点 10 个、北京市级一流本科专业建设点 10 个。成立教材建设工作领导小组，获评北京高校优质本科教材 4 部。新增材料与化工、电子信息 2 个工程博士点，获批新材料领域急需紧缺高层次人才培养专项。开设海境外专家在线课程。制定导师招生资格年度审核办法，完善校院两级导师培训机制。获北京市高等教育教学成果奖 18 项，其中特等奖 1 项。8 门课程获评北京市课程思政示范课程。获“挑战杯”全国大学生课外学术科技作品竞赛特等奖 1 项、一等奖 3 项，时隔 21 年再次捧起全国优胜杯。4 个学科进入新一轮一流建设学科名单，2 个学科入选“一流学科培优行动”。

推进人才评价制度改革。优化“评晋聘”三位一体职称职级岗聘体系。推进高水平拔尖人才引进计划和“北科学者”人才支持计划，新增国家级人才 30 人。8 人入选“博新计划”，入选人数跻身全国前十，自主招收博士后规模倍增。2 名教师获全国五一劳动奖章。1 人当选发展中国家科学院院士。

优化科研管理机制。重大工程材料服役安全研究评价设施国家重大科技基础设施项目通过国家验收，绿色低碳钢铁冶金全国重点实验室完成重组并进入新序列运行，获批共建矿山深井建设技术国家工程研究中心，深度参与 3 个国家实验室建设，同中国联合重型燃气轮机技术有限公司等 3 家企业共建全国重点实验室。获批国家社科基金重大项目 2 个、国防重大项目 1 个、国家重点研发计划项目 18 个。新增横向合同额首次突破 9 亿元，与企业建设联合科研机构 47 个。选拔培训首批 120 名知识产权工程师和技术经理人，推动 2 项成果作价投资，实现零的突破。获何梁何利基金奖 1 项，省部级科技奖励 146 项。牵头组建国防国家实验室分中心、首次获批教育部新方向国防重点实验室，新增国防重点项目 25 个，创历年新高，入选国防科工局、教育部“十四五”共建高校。科研项目合同额 19.55 亿元，到账经费 14.05 亿元。新增中国科技期刊卓越行动计划高起点新刊 2 部。

推进开放办学。同英国伦敦大学学院、利兹大学，俄罗斯托木斯克国立大学等高校开展学生交流和培养项目合作，加入中俄文化艺术大学联盟、“一带一路”建筑类大学国际联盟。获批国家级引智项目 39 个，举办中巴青年科技人文交流论坛等国际会议 11 个，新聘 14 名海外科学家担任学校客座教授或名誉教授。制订来华留学课程、发展项目建设管理办法。

坚持以文育人。新增 5 个文化景观，校史馆 B 馆数字化改造完成。出版、再版《北京科技大学纪事》《师韵，北科大走出的院士》等书籍画册，推出校史剧、舞蹈、乐曲等系列原创文化艺术作品。自然科学基础实验中心入选“十四五”期间第一批全国科普教育基地。

提升管理服务效能。成立合作发展办公室，修订《合同管理办法》。完成昌平创新园西区工程建设全部内容，工程实践基地（二期）主体结构封顶，印发《教学科研单位科研用房有偿使用指导意见》。幼儿园学院路分园开园。上线信息化应用系统，如网上办事大厅等，实现科研财务一体化管理。昌平创新园区纳入沙河高教园区统一管理。基金会年内到款金额超 4000 万元、协议金额超 1 亿元。超额完成甘肃省秦安县定点帮扶各项指标。承办第 60 届首都高校学生田径运动会。

完成冬奥会服务保障。401 名师生参与赛事服务、通信、技术等 14 个岗位服务保障，累计服务时长 3 万余小时，服务运动员、工作人员及观赛观众超过 20000 人次。

党委书记　武贵龙

校　　长　杨仁树

（于点）

建校 70 周年庆祝大会

4 月 22 日，北科大召开建校 70 周年庆祝大会。会议以线上、线下相结合方式举行，回顾建校 70 年来的发展历程和取得的成就。宋德民宣读习近平总书记给北科大老教授们的回信。夏林茂参加活动并讲话。相关部门负责人、两院院士、有关区市负责人等参加会议。1952 年，学校由天津大学（原北洋大学）、清华大学等 6 所国内著名大学矿冶系科组建而成，名为北京钢铁工业学院，是新中国建立的第一所钢铁工业高等学府。1960 年，更名为北京钢铁学院，并被批准为全国重点高等学校。1984 年，成为全国首批正式成立研究生院高等学校之一。1988 年，更名为北京科技大学。1997 年 5 月，学校进入国家首批“211 工程”建设高校行列。2006 年，学校成为首批“985 工程”优势学科创新平台建设高校。2014 年，学校牵头以北科大、东北大学为核心高校的钢铁共性技术协同创新中心入选国家“2011 计划”。2017 年，学校入选国家“双一流”建设高校。2018 年，学校获批国防科工局、教育部共建高校。至此，学校成为一所以工为主，工、理、管、文、经、法多学科协调发展教育部直属高校。

（于点）

与首钢集团、北汽集团签约共建实验室

4 月 28 日，北科大与首钢集团、北汽集团签约共建低碳高性能汽车用钢开发与应用联合实验室。根据协议，联合实验室协调三方研发资源，以高性能汽车用钢低碳、数字化制备与创新应用关键技术开发为重点，围绕钢铁流程低碳共性工艺技术研究、汽车用钢数字化研发与制造、低碳高性能汽车用钢的研发和创新应用展开合作研究。此外，三方还在人才培养方面展开合作，定向培养汽车用钢铁材料开发与应用领域人才，互派、互聘技术人员开展技术交流、联合研究，推进高层次领军人才培养。协议期 5 年。

（于点）

北方工业大学

概况

2022 年，北方工业大学设置 13 个院（系、部），开设 51 个本科专业，覆盖 7 个学科门类；具有一级学科 17 个；一级学科硕士点 17 个、硕士专业学位授权类别 10 个。博士生导师 44 人、硕士生导师 520 人，博士、硕士导师 44 人。国家级一流本科专业建设点 13 个、北京市级一流本科专业建设点 20 个，北京高校重点建设一流专业 2 个，北京高校高精尖学科 1 个。学校由北京市举办，为理工院校，拥有教室 244 间，其中网络多媒体教室 95 间。数字终端 10442 台，其中学生终端 8287 台、教师终端 2155 台。数字资源量中电子图书 158.52 万册、电子期刊 120.34 万册、学位论文 1072.58 万册、音视频 28.43 万小时。北京重点实验室 4 个。高考北京地区提档线不限选考专业组 522 分、物理必考专业组 520 分、化学必考专业组 514 分、物理 / 化学 / 生物专业组 521 分、物理 / 历史 / 地理专业组 526 分、生物 / 历史 / 地理专业组 521 分、中外合作办学 484 分。网址：www.ncut.edu.cn。

2022 年，学校完成北京冬奥会、冬残奥会服务保障工作，着力构建“三全育人”工作新格局，人才培养质量不断提高，学科建设稳步推进，科研工作再上新台阶，教师队伍效能持续增强，学生综合素质能力不断提升，国际化办学水平稳中有升，校园管理服务水平显著增强，为加快建设高水平应用型大学奠定坚实基础。

“三全育人”工作。举办“敦品讲堂”“励学茶座”系列活动，深化办“对学生最好的大学”内涵。全面提升学生管理与服务水平，完善公寓网格化运行机制，创设“学工楼长+公寓楼长”双楼长工作模式，建立“楼长—师生层长—宿舍长”三级工作队伍，深入学生公寓做好思想引领、学业辅导及文明宿舍创建等工作。

思政课程和课程思政改革。开发学生行为大数据分析平台，实施精准思政。获批北京高校重点建设马克思主义学院，1 名思政课教师获评北京市优秀教师，2 门课程获评北京市课程思政示范课程。3 名教师进入北京高校思想政治理论课青年教师教学基本功比赛决赛，其中获特等奖 1 项。

4 月 22 日，北科大召开建校 70 周年庆祝大会

（北科大　供）

3 名教师 3 项课程入选“大中小学思政课优秀教学课例征集展示活动”，其中一等奖 1 项。2 项课题获批 2022 年度北京高校思想政治工作研究课题。

人才培养。制定《研究生培养质量提升行动计划》，构建研究生分类发展分类培养模式。实施《研究生“交叉人才”培养专项计划》，依托重点项目开展交叉学科人才培养工作。获北京市高等教育教学成果奖 15 项，其中一等奖 7 项。5 门课程获评北京高校优质本科课程；4 部教材、课件获评北京高校优质本科教材课件。新增北京市高等学校教学名师奖、青年教学名师奖、本科实验教学指导教师等各 1 人。新增北京市优秀本科育人团队 1 个。获第八届中国国际“互联网+”大学生创新创业大赛北京赛区市奖 3 项。普通本科就业率 94.22%，用人单位对毕业生满意率 100%。

实践育人。本科生科技竞赛获全国奖 160 项、省部级奖 972 项，获奖学生 2071 人次，学校在全国高校大学生竞赛榜单居市属高校第二。获“青创北京”2022 年“挑战杯”首都大学生创业计划竞赛奖 20 项，其中金奖 1 项、银奖 3 项。723 名研究生获 355 项省部级 A 类及以上奖励。获首都高校田径运动会团体总分第一名。300 余支实践团队 2600 余人赴全国各地开展社会实践活动。获共青团建团 100 周年“北京市五四红旗团委”称号。获批创建 2022 年度首都大学、中职院校“先锋杯”优秀基层团支部 15 个、优秀基层学生会组织 1 个、优秀学生社团 1 个。获评 2022 年全国“三下乡”社会实践优秀单位。获 2022 年北京市“青年服务国家”、“三下乡”暑期社会实践先进工作者 7 人、优秀团队 7 个、先进个人 7 人。1 名学生获“首都最美志愿者”称号。

学科建设。成立学科建设办公室，进一步强化统筹规划学科布局。制定《硕士学位授权点动态调整实施细则》，增设 1 个目录内、4 个目录外二级学科，撤销 2 个目录外二级学科。新增 15 个北京市“双万计划”一流本科专业建设点。2 个专业通过工程教育认证，4 个专业通过美国商科认证委员会（Accreditation Council for Business Schools and Programs，ACBSP）认证。

科技创新。年度科研经费 9513.50 万元，大学科技园企业营收 1286.28 万元。获批国家级、省部级及其他纵向重点项目 35 个。获省部级科技奖励 35 项。获批北京市未来电化学储能系统集成技术创新中心、人工智能（面向数字政府）创新联合体。获准设立园区类博士后科研工作站。完成成果转化 42 项，累计金额 1819 万元。

师资队伍。实施优秀人才引育计划，制定《“北方学者”引进与支持计划（试行）》，设立人才引进“伯乐奖”。万人领军人才 1 人，“北方学者”青年学者和未来学者 5 人，“海聚工程”人才 2 人，其他高层次人才 6 人。实施《高水平应用型师资引进与支持计划（试行）》，新增高水平应用型教师 23 人。修订《师资队伍补充与支持计划》，引进师资补充人员 31 人。培育青年北京学者 1 人，北京市高层次留学人才回国资助试点计划 1 人，2 人获北京市科技新星学科交叉项目支持，10 人入选北京市优秀青年人才培育计划，2 个团队分别入选北京市高水平教学团队和科研团队。

国际化办学。组织线上对外交流活动 57 场，112 名学生参加境外交流学习项目。接收来自 54 个国家长期留学生 337 人，其中 151 人来自 13 个“一带一路”沿线国家。

9 月 9 日，北方工大召开第 38 个教师节表彰庆祝大会暨“为党育人 为国育才”育人故事宣讲会（北方工大 供）

校园文化。开展“玉兰新闻奖”评选表彰，评选出“玉兰”新闻人物奖等 94 个奖项。持续开展“北方匠人”等优秀育人典型宣传展示活动。承办北京市第 25 届全国推广普通话宣传周活动。

服务保障。选拔 600 余名志愿者参与北京冬奥会、冬残奥会服务保障工作。学校是唯一承担冬奥闭环志愿者驻地服务保障任务市属高校，获评北京 2022 年冬奥会、冬残奥会北京市先进集体。160 余名学生志愿者参与国际服贸会服务。

党委书记 缪劲翔

校　　长 张立峰（1 月 30 日任）

（刘侠）

《“北方学者”引进与支持计划（试行）》实施

2 月 21 日，北方工大《“北方学者”引进与支持计划（试行）》实施。计划是学校“人才强校”战略重要组成部分，以学科建设为引领，以高层次人才引育为抓手，加快推进学校高水平应用型大学建设进程。计划包括总则、引进条件、工作程序等 8 个部分，规定“北方学者”引进条件、支持计划、管理和考核等内容。“北方学者”分为五个层次，分别为北方战略学者、北方领军学者、北方拔尖学者、北方青年学者和北方未来学者。

（刘侠）

北京化工大学

概况

2022 年，北京化工大学设有朝阳校区、昌平校区、海淀校区和常州研究院，设置 17 个院（系、部），开设 54 个本科专业，覆盖 8 个学科门类；具有一级学科 8 个；一级学科博士点 8 个、博士专业学位授权类别 1 个；一级学科硕士点 22 个、二级学科硕士点 1 个、硕士专业学位授权类别 11 个；博士后科研流动站 8 个，其中博士后研究人员出站 53 人、进站 59 人、在站 149 人。博士生导师 386 人、硕士生导师 1058 人；中国科学院院士 4 人、中国工程院院士 10 人（含中国科学院外籍院士 1 人、中国工程院外籍院士 1 人，双聘中国科学院院士 1 人、中国工程院院士 5 人）。“双一流”建设学科 1 个，国家级一流本科专业建设点 22 个、北京市级一流本科专业建设点 19 个，北京高校重点建设一流专业 1 个，北京高校高精尖学科 2 个。学校由教育部举办，为理工院校。拥有教室 377 间，其中网络多媒体教室 315 间。数字终端 10541 台，其中学生终端 8632 台、教师终端 1909 台。数字资源量中电子图书 130.34 万册、电子期刊 61.68 万册、学位论文 1024.48 万册、音视频 22.91 万小时。国家重点实验室 2 个、国家工程技术研究中心 1 个、国家工程实验室 1 个。北京实验室 1 个、北京高精尖创新中心 1 个，北京重点实验室 8 个，省、部级工程技术研究中心（所）16 个。高考北京地区提档线不限选考专业组 605 分、物理必考专业组 607 分、物理化学必考专业组 601 分。网址：www.buct.edu.cn。

2022 年，学校深入实施党建和思政工作创优行动，教育教学改革成果丰硕，人才集聚能力显著增强，持续优化学科布局，科研攻关取得新突破，服务社会能力不断提升。

党的建设。如期实现校内巡察全覆盖。1 个党总支入选“全国党建工作标杆院系”培育创建单位，2 个党支部入选“全国党建工作样板支部”，马克思主义学院入选北京市重点建设马克思主义学院。1 个学院获“北京市工人先锋号”称号。

人才培养。召开青年人才学术论坛。新增国家级一流专业建设点 4 个、北京市级一流专业建设点 11 个；新增各类人才培养项目 36 个，其中双学士学位复合型人才培养项目 3 个；新增教育部虚拟教研室建设试点 3 个；获全国混合式创新教学设计大赛特等奖在内各类国家级、省部级奖励 24 项；获北京市高等教育教学成果奖 12 项，其中特等奖 1 项、一等奖 5 项；新增北京市级教学名师 4 人；本科生、研究生累计获国际级奖励 191 人次、国家级奖励 641 人次、省部级奖励 3866 人次，在 7 项赛事中获得最高等级奖励。外研社“教学之星”大赛全国总决赛获一等奖。

师资队伍。成立党委教师工作委员会。获评北京高校优秀本科育人团队 1 个、北京市“为党育人、为国育才”活动一等奖 1 项。完善“人才高峰计划”“教师长聘计划”“青年英才百人计划”等人才引育政策，引进各类高层次人才和青年优秀后备人才 42 人。新增“国家杰出青年科学基金项目支持”等高层次人才 2 人，在信息领域首次实现突破。1 人当选俄罗斯工程院外籍院士，1 人当选英国工程与技术学会会士。

学科发展。进入“十四五”国家国防科工局—教育部共建高校行列。成立 4 个校级交叉学科研究中心。3 个双学士学位复合型人才培养项目获批。3 个专业通过工程教育认证中期考核。

科研攻坚。年度科研经费到款 10.26 亿元，历史性获批国家重点研发计划项目 10 个、国家自然科学基金项目 131 个。获批全国首个化工领域国家自然科学基金基础科学中心项目 1 个、国家自然科学基金委员会创新研究群体项目 1 个。获批建设高端压缩机及系统技术国家重点实验室、集成电路高纯化学品制备技术教育部工程研究中心。获批国家社科基金项目 6 个，首次承担国家社科基金高校思想政治理论课研究专项重点项目。获国防科技进步一等奖、高等学校科学研究科技进步（专项奖）一等奖各 1 项。举办第 27 届亚洲青年生物工程师研讨会。1 个项目在日内瓦国际发明展获金奖。

服务社会。成立中奥生物能源联合研究中心暨北化“一带一路”全球合作研究院。新（续）签校（院）级国际合作协议 26 项，新增合作伙伴 16 个、“一带一路”核心合作伙伴 5 个，新签署海外学习项目 12 个。与塔里木大学签订《对口支援塔里木大学协议书（2021—2025）》，助力内蒙古科左中旗乡村振兴，获评首都高校师生服务“乡村振兴”行动计划三等奖和优秀奖，在青海省海西州德令哈市建成 2 万吨 / 年镁基超稳矿化土壤修复材料生产装置并试车成功。固安低碳技术及人工智能产学研基地启动。文物保护领域科技评价研究国家文物局重点科研基地揭牌，大庆市技术转移中心揭牌。科技园获评北京市小型微型企业创业创新示范基地。

交流合作。与北京亿华通签订新工科人才培养合作及培养基地建设协议，与安徽集友新材料股份有限公司签订产学研合作协议，与北京积水潭医院签订战略合作协议。与中海油、中石化、国家能源集团等行业龙头实现战略合作，与中石化共建绿色能源与新材料催化技术研发中心。举办艺工融合与低碳发展高峰学术论坛，与比利时根特大学以线上形式联合举办中欧气候治理法律国际研讨会。

党委书记 刘贵芹
校　　长 谭天伟

（肖勇）

12 月 26 日，北化昌平校区文理楼通过验收

（北化　供）

两基地一中心成立

1月15日、6月25日和12月12日，北化分别成立文物保护领域科技评价研究国家文物局重点科研基地、固安低碳技术及人工智能产学研基地和中奥生物能源联合研究中心。文物保护领域科技评价研究国家文物局重点科研基地是国家文物局认定的第五批科研基地，也是唯一以服务政府决策为主管理咨询类科研基地，以建设文物领域科技管理智库为发展定位，聚焦行业科技评估与管理需求，协同推进政策研究、情报服务和人才培养。固安低碳技术及人工智能产学研基地位于河北省固安县，使用面积2.45万平方米，由15栋独立中试车间组成，用于新材料、人工智能、节能环保等项目中试孵化和产业化。中奥生物能源联合研究中心是中国和奥地利致力于生物能源技术研究与应用机构自发自愿成立非法人实体合作平台，是学术交流与国际合作平台，由学校及中国农村能源行业协会、中国沼气学会、山西老万生态炉业股份有限公司等中方单位与奥地利颗粒协会、奥地利生物能源与可持续技术中心、奥地利格拉茨技术大学等单位发起共建，旨在促进中奥人文交流与合作，推进共建“一带一路”绿色发展，为中奥两国走持续绿色发展之路及全球人类环境共同体建设贡献力量。

（肖勇）

青年人才学术论坛

7月7日至8日，北化举办青年人才学术论坛。论坛主题为“聚力青年才俊、推动学科交叉、深化创新合作”，设数理化基础研究、化工环境科学、先进能源等8个学科分论坛。学校“青年英才百人计划”入选者、引进青年人才、师资博士后60余人参加论坛。

（肖勇）

中欧气候治理法律国际研讨会

10月21日，北化举办中欧气候治理法律国际研讨会。会议与比利时根特大学以线上形式联合举办，听取中国法学会副会长作题为《中国积极参与应对气候变化全球治理》主题报告，欧盟环境法官协会主席、比利时宪法法院院长作《欧盟气候变化立法新进展》报告。来自清华大学、北京大学、比利时根特大学等高校和组织30余名专家学者参加会议并围绕“中欧气候治理”涉及的法律议题展开讨论。

（肖勇）

北京工商大学

概况

2022年，北京工商大学设有阜成路校区和良乡校区，设置17个院（部），开设61个本科专业，覆盖7个学科门类；具有一级学科18个；一级学科博士点5个、二级学科博士点1个；一级学科硕士点18个、二级学科硕士点40个、硕士专业学位授权类别19个；博士后科研流动站2个，其中博士后研究人员出站4人、进站22人、在站44人（含联合培养14人）。博士生导师7人，硕士生导师647人，博士、硕士导师143人；中国工程院院士1人。国家级一流本科专业建设点23个、北京市级一流本科专业建设点23个，北京高校重点建设一流专业3个，北京高校高精尖学科3个。学校由北京市举办，为财经院校。拥有教室269间，其中网络多媒体教室141间。数字终端9973台，其中学生终端7222台、教师终端2751台。数字资源量中电子图书136.77万册、电子期刊209.15万册、学位论文1010.99万册、音视频74.77万小时。国家工程研究中心1个。北京实验室2个、北京高精尖创新中心1个、北京重点实验室4个。高考北京地区提档线不限选考专业组530分、物理必考专业组524分、化学必考专业组515分。网址：www.btbu.edu.cn。

2022年，学校团结依靠全校广大教职员工，深化改革不停歇，多个方面取得一定成绩。

强化政治引领，持续推进党建和思政工作。制定文件细化“一把手”和班子成员监督举措，量体裁衣、分类施策拟定各主体责任清单。全年党委理论学习中心组开展专题学习22次、专题研讨7次、调研学习1次。修订学院（部）党组织会议和党政联席会议制度，制定议事范围清单，形成“一二三四”（即一张清单集成议事要点、两类培训提升执行能力、三项机制强化长效督导、四项举措优化落实效果）个性化特色化工作体系。持续推进思政课“1234N”（即明确思政课教师第一职责是讲好思政课，注重激发师生双主体活力，深入推进“理论教学、实践教学、智慧课堂”三位一体教学体系，构建完善“领导、专家、同行、学生”共同参与四方评价模式，建立健全“青年教师导师制、集体备课制、集体观摩评课制、集体帮扶制、课堂激励制”等多项保障机制）综合改革。马克思主义学院入选北京市重点建设马克思主义学院。校领导带头示范讲好“思政第一课”。持续开展课程思政建设，有序实施新生引航、素质提升、学术引领、毕业助飞四大工程，阶梯式思政教育工作案例获评全国高校思想政治工作优秀案例二等奖。课程思政优秀案例课程“食品添加剂”在“新华思政”——全国高校课程思政教学资源服务平台上线，面向全社会开放共享。

谋求新突破，学科建设实现跨越式提升。获批新增数学与应用数学、数字经济2个本科专业，8个专业入选国家级一流本科专业建设点、11个专业入选北京市级一流本科专业建设点，食品科学与工程专业通过中国工程教育认证。召开新文科建设及商科数字化转型论坛。

立足主阵地，人才培养质量显著增强。以国际经管学院、数学与统计学院为人才培养改革试验基地，构建起“一个聚焦、两项建设、三大平台、四化服务”人才培养新体系。实施200个研究生拔尖创新人才质量提升项目。“青创北京”2022年“挑战杯”首都大学生创业计划竞赛获13项金奖、34项银奖、27项铜奖，以北京高校总分第六名成绩时隔 13 年再次获竞赛“优胜杯”。

筑牢支撑点，多举措打造人才队伍高地。精准引进高层次人才 7 人，其中国家“万人计划”领军人才 3 人、国家“万人计划”青年拔尖人才 1 人，国家级百千万人才工程人选 1 人、北京市海聚工程全职类项目 1 人、北京市海聚工程青年类项目 4 人。举办首期教师青年马克思主义者培养工程培训班和首届本科智慧教学示范课程评选。

9 月，北工商百间智慧教室建成

（北工商 供）

开启新局面，科学研究能力稳步提高。获批国家自然科学基金项目 51 个，年度获批项目数、课题数均为历史之最；获批国家社科基金项目 20 个，年度项目 14 个，在市属高校中排名第二。纵横向科研项目到位经费超 1.50 亿元。学校科研论文质量整体提升，A1 类论文占发表论文总数 62.62%。获评教育部高等学校科学研究优秀成果奖（科学技术）科技进步奖二等奖 1 项、青年科学奖 1 项。《北京工商大学学报（社会科学版）》影响因子突破 5.0。新增获批 4 个高级别科研平台，其中省部级科研平台 1 个、行业协会科研平台 3 个。

迈开新步伐，开创交流合作新局面。与民盟市委举办“民盟先贤肖像巡回展”走进学校活动。获评共青团 100 周年北京市五四红旗团委，团建“最后一公里”项目获北京市团建百强项目。与北京市农林科学院签署战略合作协议，与昌平区政府签署推进美丽健康产业高质量发展战略合作框架协议，与北京大学光华管理学院签署研究生联合培养合作框架协议。与美国得州大学奥斯汀分校、英国牛津大学摄政学院、香港浸会大学、香港岭南大学和澳门城市大学签署合作协议。与北京海外学人中心签署全面战略合作协议；举办“一带一路”中欧科技发展国际学术论坛暨第二届国际食品营养健康与风味创新论坛等。举办第七届“一带一路”中巴科技与经济合作论坛。

踏上新征程，校园基础建设取得重大进展。修订完善《综合改革方案》《分类办学专项规划》。学校建校以来单体最大建筑良乡主校区二期新建工程 AB 座教学科研楼项目主体结构封顶。相继完成经济学院楼宇改造，文二楼主楼、配楼改造项目，良乡二期新建工程景观提升工程竣工。4 个学院完成整建制搬迁，7 个学院在良乡主校区“一院一楼”布局实现。两校区师生综合服务大厅正式启用。良乡、阜成路两校区本科教学主教学楼教三楼、文二楼 74 间智慧教室改造完毕，建成智慧教室 112 间，全部本科公共教室实现智慧化，打造“直录直播、互联互通、资源共享”智能育人环境。良乡校区在校生 10808 人。

党委书记 黄先开
校　　长 孙宝国

（杨蓉　张凯伟）

与昌平区政府签约合作

4 月 12 日，北工商与昌平区政府签署战略合作框架协议。根据协议，双方整合优势资源，学校以特色学科与昌平区开展化妆品监管科学研究基地合作，以美丽健康产业发展为抓手，着力打通“产学研检用”全产业链条，建立长期、稳定、共赢的全面战略合作伙伴关系。双方为化妆品监管科学研究基地揭牌。协议期 5 年。

（杨蓉　张凯伟）

新文科建设及商科数字化转型论坛

8 月 28 日，北工商召开新文科建设及商科数字化转型论坛。论坛线上线下同步举行，围绕商科数字化转型主题，听取题为《创建数字未来中心，推动商科人才培养模式创新》主旨报告，题为《在教育数字化战略下深入推进新文科建设》《从人工智能本硕博一体化培养到交叉学科建设的探索和思考》《财经研究的语言学转向》《智能时代新商科人才培养的思考和实践》主题报告。教育部、市教委相关领导、部分高校代表和企业代表，学校相关职能部门负责人，相

8 月 28 日，北工商召开新文科建设及商科数字化转型论坛

（北工商 供）

关学院及专业负责人 65 人线下参会，全体中层干部、教师 2000 余人线上参会。

（杨蓉　张凯伟）

北京服装学院

概况

2022 年，北京服装学院设有樱花园校区、芍药居校区、牡丹园校区和北校区，设置 8 个二级学院，开设 31 个本科专业，覆盖 6 个学科门类；具有一级学科 7 个；一级学科硕士点 7 个、二级学科硕士专业学位授权类别 5 个。博士生导师 11 人、硕士生导师 226 人，博士、硕士导师 11 人。国家级一流本科专业建设点 14 个、北京市级一流本科专业建设点 11 个，北京高校重点建设一流专业 2 个。学校由北京市举办，为艺术院校。拥有教室 211 间，其中网络多媒体教室 202 间。数字终端 4047 台，其中学生终端 2754 台、教师终端 913 台。数字资源量中电子图书 158.61 万册、电子期刊 6.41 万册、学位论文 972.61 万册、音视频 2.13 万小时。北京重点实验室 3 个。高考北京地区提档线不限选考专业组 480 分、物理必考专业组 468 分、化学必考专业组 466 分、物理 / 化学专业组 468 分。网址：www.bift.edu.cn。

2022 年，全体师生员工齐心协力，攻坚克难，稳步推进学校各项事业发展。

党建引领事业发展。召开第九次党员代表大会，选举产生新一届党委领导班子和纪委领导班子，为学校发展做好组织保障。

学科专业建设优势凸显。设计学学科入选北京高校高精尖学科建设名单。获批机械（工业设计工程领域）硕士专业学位授权点，5 个专业获批国家级一流本科专业建设点、5 个专业获批北京市级一流本科专业建设点。

人才培养质量稳步提升。2 名教师获 2022 年度北京市高等学校教学名师奖，5 门本科课程获评北京高校优质本科课程，4 个本科教材课件与 4 门课程思政示范课程入选北京高校优质本科教材课件，4 个教学改革创新项目与 2 个数字教育研究课题入选北京高等教育本科教学改革创新项目。3 名毕业生入选北京市毕业生就业创业先进典型；多名教师获“互联网＋”优秀创新创业导师荣誉。多名师生获全国高校数字艺术设计大赛全国总决赛一等奖 5 项、二等奖 10 项、三等奖 5 项。

科研创新能力不断增强。获批 4 个国家级项目、13 个省部级项目。牵头负责“功能聚乳酸纤维制备关键技术”项目取得重要突破，研究成果达到国际先进水平。完成神舟十三号航天员地面保暖装置设计。设计学交叉学科研究学术团队获中国优秀工业设计奖铜奖。全校各类科研到款合计 5000 余万元；完成科研成果系统录入核心期刊 151 篇，录入著作 714.8 万字。获批国家艺术基金资助项目 2 个。设计类人才培养模式改革虚拟教研室入选首批虚拟教研室建设试点。

2022 年，北服设计成果助力 2022 年北京冬残奥会　（北服　供）

社会服务再创佳绩。服务北京“四个中心”功能建设，完成“国潮——2022 运河文化时尚大赏”“2022 北京朝阳亮马河国际风情水岸时尚秀典”“朝阳时尚峰会”等重要项目，担任北京培育建设国际消费中心城市领导小组成员单位，协助制定《关于加快引导时尚类零售企业在京发展的指导意见（2022—2025 年）》，发布《中国时尚产业蓝皮书》和《北京时尚产业蓝皮书》。与中央广播电视总台央视网、中国老年大学协会签署战略合作协议共建老龄频道，完成“奋进新时代——主题成就展”中央展区讲解员服装设计。服务纺织服装行业和文化创意产业，与江苏、浙江、广东等产业聚集地开展深度战略合作，助力世界级纺织产业集群建设。

发挥学校特色，服务冬奥会。承担北京 2022 年冬奥会和冬残奥会运动员高性能比赛服、系列制服（工作人员、技术官员及志愿者制服）、颁奖礼仪服装、开幕式中国体育代表团入场礼仪服饰、冬残奥会运动员训练服重大任务服装设计；承担国家高山滑雪中心、国家雪车雪橇中心等场馆景观，宣传海报、纪念邮票等多项形象视觉设计；17 名学生担任礼仪引导员引领各参赛国家和地区代表团队伍入场。

党委书记　周志军
校　　长　贾荣林

（刘修瑀）

第九次党代会

10 月 6 日，中共北京服装学院第九次党员代表大会召开。会议审议并通过《立足新时代　彰显中国美　为建设中国特色世界一流时尚高校而努力奋斗》报告和第八届纪律检查委员会书面工作报告，并书面审议通过党费收缴、使用和管理情况报告，选举产生第九届委员会、第九届纪律检查委员会。17 个选举单位 139 名党员代表参加大会。市委教育工委领导、学校离退休老领导、市人大和政协委员等 20 余人列席会议。

（刘修瑀）

2022 朝阳时尚峰会

10 月 28 日，北服举办 2022 朝阳时尚峰会。峰会与朝阳区联合举办，发布《北京时尚产业发展蓝皮书 2022》和“朝阳时尚”标签，举行“北京服装学院—北京侨福芳草地时尚人才实践基地”揭牌仪式。《蓝皮书》梳理 2020—2021 年北京市时尚产业发展情况与“十四五”时期发展展望，以“时尚产业数字化发展”为主题，研究谋划北京时尚产业数字化发展方向和路径，为北京市数字经济和时尚产业高质量发展提供实践经验和对策建议。

（刘修瑀）

北京邮电大学

概况

2022 年，北京邮电大学设有海淀校区和昌平校区，设置 17 个学院，开设 51 个本科专业，覆盖 7 个学科门类；具有一级学科 11 个；一级学科博士点 11 个、二级学科博士点 3 个、专业学位博士点 1 个；一级学科硕士点 24 个（包含一级学科博士点 11 个）、二级学科硕士点 2 个、硕士专业学位授权类别 12 个；博士后科研流动站 7 个，其中博士后研究人员出站 27 人、进站 41 人、在站 85 人。博士生导师 16 人、硕士生导师 688 人，博士、硕士导师 606 人；中国工程院院士 1 人。“双一流”建设学科 2 个，国家级一流本科专业建设点 21 个、北京市级一流本科专业建设点 16 个，北京高校重点建设一流专业 2 个，北京高校高精尖学科 2 个。学校由教育部举办，为理工院校。拥有教室 304 间，其中网络多媒体教室 298 间。数字终端 22276 台，其中学生终端 20193 台、教师终端 2083 台。数字资源量中电子图书 378.83 万册、电子期刊 123.03 万册、学位论文 903.76 万册、音视频 40.97 万小时。全国重点实验室 2 个、国家工程研究中心 2 个、教育部重点实验室 4 个、教育部工程研究中心 3 个、文化和旅游部重点实验室 1 个、北京实验室 1 个、北京市重点实验室 5 个、高等学校学科创新引智基地 7 个、其他各类省部级基地 7 个。高考北京地区提档线“元班”专业组（限选物理）659 分、普通理工科专业组（限选物理）645 分、文科专业组（不限选考科目）634 分、国际学院中外合作办学专业组（限选物理）624 分、玛丽女王海南学院中外合作办学专业组（限选物理）618 分。网址：www.bupt.edu.cn。

2022 年，学校以巡视整改为契机，贯彻落实学校第 15 次党代会精神，实施“十四五”规划，推进“双一流”建设，以高质量党建引领学校高质量发展，开创学校各项事业发展新局面。

巡视整改促进发展。召开党史学习教育总结大会，做好巡视整改工作，签订《党建责任书》，开展《北京普通高等学校党建和思想政治工作基本标准》自查。逐级签订《意识形态工作责任书》，开展工作自查和专项督查。发布学校全新形象片《定义》。坚持依法治校，学校《章程修正案》获教育部核准。编制完成 9 个专项规划并建立实施台账。入选全国首批科技人才评价改革试点高校。贯彻落实《关于加强新时代统一战线工作的实施意见》，制定并落实《关于加强民族宗教工作的实施意见》。召开第七届教职工代表大会第二次会议、北邮—华为学院管理委员会成立并举行第一次工作会议。1 人获全国优秀共青团员。校辩论队获 2022 华语辩论世界杯总冠军。获 2021 年度中央单位定点帮扶工作成效考评最高等次评价。

师资队伍加强建设。成立党委教师工作委员会，为从教 30 年教师颁发纪念章。制定《研究生导师岗位管理办法》。2 篇博士学位论文获北京市优秀博士论文，2 个团队获北京市优秀研究生指导教师团队。举办第六届信息科技国际青年学者论坛，完成“小米青年学者”“华为讲席教授”项目遴选工作。1 个教师团队入选第二批全国高校黄大年式教师团队，5 名教师获北京市优秀教师称号，4 名教师获北京市高等学校教学名师和青年教学名师奖，1 个团队获北京市高等学校优秀本科育人团队。25 名教师进入亚太电信组织专家库，30 余名教师在国际学术组织或国际期刊兼职。获批电子与信息大类（计算机类）国家级职业教育“双师型”教师培训基地。2 个专业通过教育部备案及审批。2 名教师获北京高校思想政治理论课教学基本功大赛一等奖，入选首批北京市学校思想政治理论课青年教学名师工作室。获批北京市课程思政示范项目 8 个、示范课程 6 门。

人才培养成效显现。成立未来学院“元班”、集成电路学院、北邮玛丽女王海南学院。制定《卓越拔尖人才培养实施方案（试行）》。入选国家工程硕博士培养试点高校。获北京市高等教育教学成果奖特等奖 1 项、一等

4 月 28 日，北邮召开服务保障北京 2022 年冬奥会和冬残奥会总结表彰大会 （北邮 供）

奖 5 项。入选首批国家级创新创业学院，承办第八届中国国际“互联网＋”大学生创新创业大赛北京赛区复赛，1230 人次获省部级以上竞赛奖励。入选北京高校就业指导名师工作室。

科学研究继续深化。启动实施科研创新团队支持计划、学科交叉团队培育计划。2 个部级科技创新基地评估获优秀，获批新建 1 个教育部工程研究中心。入选国防科工局、教育部共建高校，牵头获批国防领域重大项目。科研到账经费同比增长 15%。获各类科技奖励近 60 项。与中国政法大学、北京电影学院签订战略合作协议，与国家实验室、行业龙头企业、地方政府开展产学研协同攻关。举办 2022 海峡两岸无线科学与技术会议。建成全球首批获 3GPP 测试比对资格的 5G MIMO OTA 终端性能测试实验室，版权工作站挂牌成立。

校区建设加强融合。相关学院和职能部门迁入沙河校区，“一站式”学生社区揭牌成立，两校区综合服务大厅投入使用，涵盖 12 个入驻职能部门，115 项窗口业务，实现线上线下办事大厅优化融合。后勤综改通过绿色学校创建验收，建成后勤接诉即办服务中心。

发挥特长服务冬奥会。校科研团队 5 项科技成果为科技办奥提供有力支撑，628 名师生组成志愿服务团，完成在北京奥林匹克公园公共区 10 个业务领域、19 个岗位志愿服务工作，49 名研究生担任冬奥会、冬残奥会赛时实习生，获北京 2022 年冬奥会、冬残奥会北京市先进集体和先进个人。

党委书记 吴建伟
校　　长 徐坤

（刘家杰）

获全球首批 3GPP 测试比对资格的 5G MIMO OTA 终端性能测试实验室建成

4 月 20 日，北邮建成全球首批获 3GPP 测试比对资格的 5G MIMO OTA 终端性能测试实验室。学校与中国移动终端实验室、中国信息通信研究院移动通信测试验证国家工程研究中心共同建设研发 5G FR1 频段 MIMO OTA 终端性能测试系统首批提交完整实验室信道验证结果，其实验室在 2022 年 3GPP RAN4#101-bis-e 次会议上成为全球首批获得 3GPP 金机测试比对资格 5G FR1 的终端性能测试实验室。系统是为满足 5G FR1（410-7125MHz）频段终端性能测试需求。2012 年起，实验室在国家科技重大专项新一代宽带无线移动通信网“基于大数据的 5G 信道模拟与性能验证”课题和网络与交换技术国家重点实验室“基于先进空口协议的网络仿真实验环境（升级）”仪器设备研制类项目资助下，历经 10 年时间，于 2021 年底搭建完成 5G FR1 频段 MIMO OTA 终端性能测试系统。

（刘家杰）

元宇宙技术与发展论坛

12 月 5 日，北邮线上举办元宇宙技术与发展论坛。论坛围绕“元宇宙科学问题和核心技术及应用探讨”主题开展研讨，汇聚产、学、研、用多方共同助推元宇宙基础设施建设，内容关注元宇宙研究前沿领域最新成果和实践运用与创新。与会专家表示，经过不断探索，元宇宙应用场景得到实质性的拓展，但距离建立完善的中国式元宇宙的核心技术和标准体系还存在一定差距，要进一步加强学术交流，提升研究水平，明确主攻方向，促成成果转化，为加快推动元宇宙产业更好更快发展作出新的贡献。来自哈尔滨工业大学、中国人民大学、中国科学院、中国移动通信集团等国内高校、研究院所及知名企业的专家学者 60 余人参加研讨，9 名专家现场点评交流。

（刘家杰）

北京印刷学院

概况

2022 年，北京印刷学院设有清源校区、兴盛校区和康庄校区，设置 12 个院（系、部），开设 34 个本科专业，覆盖 6 个学科门类；具有一级学科 12 个；一级学科硕士点 12 个、硕士专业学位授权类别 7 个；博士后科研流动站 1 个，其中博士后研究人员出站 40 人、进站 45 人。硕士生导师 233 人。国家级一流本科专业建设点 8 个、北京市级一流本科专业建设点 14 个，北京高校重点建设一流专业 2 个，北京高校高精尖学科 2 个。学校由北京市举办，为理工院校。拥有教室 134 间，其中网络多媒体教室 96 间。数字终端 5864 台，其中学生终端 4303 台、教师终端 1561 台。数字资源量中电子图书 60.39 万册、电子期刊 88.73 万册、学位论文 520.47 万册、音视频 15.15 万小时。北京重点实验室 7 个。高考北京地区提档线不限选考专业组 501 分、物理必考专业组 493 分、化学必考专业组 498 分、物理 / 化学专业组 494 分。网址：www.bigc.edu.cn。

2022 年，全校师生员工推动高水平特色型大学建设取得成效，学校各项事业均迈上新台阶。

人才培养。召开本科教学工作会议。新增国家级一流本科专业建设点 1 个、北京市级一流本科专业建设点 8 个。完成印刷工程专业工程教育专业认证。制定全面加强和改进新时代体育工作、劳动教育、美育教育 3 个工作方案。5 门本科课程、2 门研究生课程获评北京高校课程思政示范课程。获北京市教育教学成果奖 5 项，包括一等奖 3 项，获北京市教学改革创新和数字教育研究课题 6 项、北京高校优秀本科育人团队 1 个、北京高校本科教材课件 4 个、优质本科课程 5 门，北京高校优秀本科实验教学指导教师 1 名。学生获省部级以上学科竞赛奖 441 项，其中国家级学科竞赛奖 12 项。获大学生创新创业大赛一等奖 2 项。7 个基地获评北京市第二批市级优秀毕业生职场体验基地。在“青创北京”2022 年首都“挑战杯”大学生创业计划系列赛事中获金奖 1 项、银奖 6 项、铜奖 9 项，其中主赛道获银奖 3 项、铜奖 4 项，专项赛道获金奖 1 项、银奖 3 项、铜奖 5 项。获首都高等学校 2021 年阳光体育联赛“阳光杯”“朝阳杯”，连续三届获双料奖杯。获第八届“互联网+”大学生创新创业大赛北京赛区复赛一等奖 2 项。

学科建设。以“学科建设年”为契机，制定“11+2”个一级学科“十四五”发展规划。组织出版学科建设成果展览。获第 16 届毕昇印刷技术奖评选“毕昇印刷科技进步奖”二等奖。出版学院挂牌成立。成为国际艺术、设计与媒体院校联盟会员单位。

科研创新。制定科研创新发展行动计划。入选国家新闻出版署首批出版智库高质量建设计划机构和全国首批共建出版学院。获批北京市属高校教师队伍高水平科研创新团队。发表学术论文 393 篇，出版专著 38 部。申请专利 93 项，授权专利 122 项。获批省部级及以上项目 21 个。科研经费 7389.61 万元。

师资队伍。招聘青年博士教师 24 人，专任教师队伍中博士学位占比 56.4%。引进 6 名高层次人才。开展聘期考核，制定新聘期系列文件。组织教师参与各类培训 17 项。

交流合作。与肃宁县政府签署协议，共建河北·肃宁国家出版印刷产业园，联合开展继续教育，为肃宁出版印刷产业提供人才支持，合力推进科技成果转化、服务驻区企业转型升级，在文创、出版等方面合作。与中国青年出版总社、北京新华印刷有限公司签署共建研究生联合培养基地协议，与中国出版协会签署共建出版学院合作协议。

综合治理。完成北校区 U 形楼和校本部 W1 楼卫生间整体改造、新生宿舍粉刷、校本部浴室维修改造、西校区运动场拓展建设和绿色大厦 13 层、14 层装修改造等工程。推进软件正版化工作，完成 106 间常态化录播教室及智慧教学环境建设，网络出口总带宽 7.80G。

冬奥会服务。作为冬奥会和冬残奥会开闭幕式创意基地，发挥“创意设计、艺工融合”办学优势，完成北京冬奥会和冬残奥会开闭幕式手册创意设计工艺制作、多媒体视效创意制作、数字水墨动画设计、视效图案制作、动画动势设计、五个场馆景观设计、城市志愿者视觉形象系统设计、冬奥主题曲《永远在一起》黑胶唱片包装、冬奥赛时实习生、冬奥住宿业务志愿者冬奥五大系列 10 项重要任务。组织“艺术+科技设计创未来”主题展览，召开北京“双奥”设计论坛。

党委书记 高锦宏

校　　长 田忠利（1 月 4 日任）

（杨蕻　张彤　李萌萌）

成为国际艺术、设计与媒体院校联盟会员单位

6 月 16 日，北印成为国际艺术、设计与媒体院校联盟会员单位。经资格审查、会员推荐、投票选举等 5 个申请阶段，经线上答辩，学校正式获批会员资格。国际艺术、设计与媒体院校联盟（The International Association of Universities and Colleges of Art，Design and Media）是全球领先的艺术和设计教育与研究协会，也是联合国教科文组织确认的全球唯一艺术、设计与媒体院校国际组织，宗旨是为高水平设计艺术和设计教育提供交流合作平台，会员单位包括英国皇家艺术学院、中央美术学院、清华大学美术学院等 63 个国家 350 所国际知名艺术与设计院校。此次新增会员单位 22 家。

（杨蕻　李萌萌）

出版学院成立

9 月 16 日，北印出版学院挂牌成立。学院与中国出版协会合作共建，着力打造“以马克思主义出版观为统领”思想育人模式、“本、硕、博一体化”贯通培养模式、“出版学科+”交叉融合模式、“出版国际化”外向拓展模式、“政产学研用”协同发展模式，培养若干领军人才以及复合型应用型创新型人才。学院有教师 60 人，聘任第一批专家委员会委员 12 人。7 月 24 日，首届全国出版学科共建工作会公布全国首批 5 家共建出版单位，其中学校与中国出版协会签署共建出版学院协议，根据协议，双方在人才培养、师资队伍、实践基地等方面开展共建，推动形成高等教育与出版业产教融合、协同创新、共同发展新局面。

（杨蕻　李萌萌）

9 月 16 日，北印出版学院挂牌成立

（北印　供）

北京建筑大学

概况

2022 年，北京建筑大学设有西城校区和大兴校区，设置 10 个学院和 1 个基础教学单位，开设 41 个本科专业，覆盖 5 个学科门类；具有一级学科 14 个；一级学科博士点 2 个、服务国家特殊需求博士人才培养项目 1 个；一级学科硕士点 14 个、交叉学科硕士学位授权点 1 个、专业学位类别硕士学位授权点 12 个；博士后科研流动站 2 个，其中博士后研究人员出站 37 人、进站 86 人、在站 45 人、退站 4 人。博士生导师 83 人、硕士生导师 451 人。国家级一流本科专业建设点 17 个，国家级特色专业 3 个，北京市级一流本科专业建设点 15 个，北京市特色专业 7 个。学校由北京市举办，为理工院校。拥有教室 147 间，其中网络多媒体教室 140 间。数字终端 941 台，其中学生终端 801 台、教师终端 140 台。拥有纸质图书 120.5 万册，数字资源量中电子图书 43.34 万册、电子期刊 605.22 万册、学位论文 176.45 万册、音视频 3.44 万小时。省部共建国家协同创新中心 1 个，教育部重点实验室 1 个、教育部工程研究中心 1 个、自然资源部重点实验室 1 个，北京高精尖创新中心 1 个，北京市重点实验室等省部级科研平台 29 个。高考北京地区提档线不限选考专业组 517 分、物理必考专业组 503 分、物理 / 化学专业组 517 分、物理 / 历史 / 地理专业组 543 分、地理必考专业组 527 分。网址：www.bucea.edu.cn。

2022 年，学校以建校 115 周年为契机，构建符合社会需求和发展的特色学科生态体系，不断增强服务首都发展办学实力，高水平特色型大学建设成效显著。

坚持政治统领，将党的领导贯穿办学治校全过程。严格落实党委领导下校长负责制，规范执行书记校长经常性沟通机制，召开党委常委会 31 次，严格落实“第一议题制度”，研究“三重一大”事项 149 件。获评首都劳动奖状，获评北京高校党的建设和思想政治工作优秀成果一等奖及创新成果奖 1 项，成为首个获评一等奖市属高校。获批 2022 年度北京市学校思想政治工作研究战略课题 1 项，北京高校党建研究会 2022 年度重点课题 1 项，实现重点课题连续 9 年不断线。

坚持立德树人，把思政工作贯穿教育教学全过程。制定“大思政课”建设工作方案，制定《贯彻落实北京市第十三次党代会精神任务分解方案》，明确 25 个主要方面和 88 项重点任务，走访调研北京燃气集团等 10 家企业，抓好各项任务落地见效。获批教育部高校思想政治理论课教师专项教学研究项目 1 个，获批北京市第三批重点建设马克思主义学院，7 门课程获评北京市高校课程思政示范课，1 个项目入选教育部高校思想政治工作精品项目，1 个团队获评全国“三下乡”社会实践优秀团队。入选“全国党建工作标杆院系”“全国党建工作样板党支部”各 1 个。

突出育人特色，探索人才培养新模式。召开本科人才培养工作会。成立未来建筑技术学院，实施本博贯通、双导师制、科教融合等人才培养模式。推进教学质量工程，1 个团队获评北京高校优秀本科育人团队，1 人获北京高校青年教学名师奖，获北京市高等教育教学成果一等奖 7 项。强化实践教学基地建设，获批国家级创新创业教育实践基地。获“挑战杯”主体赛事二等奖 1 项、专项赛奖 3 项。

推进人才核心战略，打造高素质师资队伍。成立市属高校首个院士专家工作站，全职引进优秀人才 49 人。强化人才培育支持，1 人获 2022（第 11 届）梁思成建筑奖；1 人入选青年北京学者计划；2 人入选国家高层次人才特殊支持计划青年拔尖人才；1 个团队获评全国高校黄大年式教师团队；2 人获评北京市优秀教师。

强化分类发展导向，推进学科专业内涵建设。强化学科交叉融合，统筹推进“龙头学科”建设工程，获批市属高校分类发展项目 2 个。与清华大学建筑学院签约建筑学学科共建协议。新增国家级、北京市级一流本科专业建设点 5 个和 7 个，省部级及以上一流专业建设点占招生专业总数 71.4%，其中国家级占比 48.6%。

强化大科研模式，增强科技硬实力。获批国家自然科学基金项目 38 个，保持重点项目连续 4 年不断线，资助经费连续 5 年破千万元；省部级及以上社科类基金项目获批 18 个，其中获批国家社会科学基金项目 5 个。学校牵头获教育部科技进步二等奖 1 项。成立重大平台建设管理处，获批河北省工程研究中心。高标准组建 4 个产学研贯通合作平台，设计中心揭牌成立。

坚持底线思维，提升办学治校水平。685 名教师完成 1205 门课程线上教学。健全校内接诉即办工作体系，推

9 月 9 日，北建大举行 2022 级新生“开学第一课”

（北建大 供）

动从接诉即办转向“未诉先办”，实现响应率100%、满意率99.08%。承办第11届北京市大学生建筑结构设计竞赛。召开“一带一路”建筑类大学国际联盟成立5周年纪念大会暨建筑类高等教育论坛。

全力服务，完成冬奥会志愿任务。142名学生担任冬奥志愿者，连续上岗28天，服务短道速滑和花样滑冰18场冬奥赛事，在场馆管理、人员管理、交通等9个业务领域，为240余名运动员、近200名技术官员、8000余名观众、50余家国内外媒体工作人员提供通行引导、信息咨询、数据统计等服务，累计服务2.52万余小时。65名学生和5名教师参加冬残奥会闭幕式表演。

党委书记 姜泽廷（3月29日免）
李军锋（3月29日任）
校　　长 张大玉

（何其锋）

设计中心成立

1月14日，北建大设计中心揭牌成立。中心以建筑学院建筑学、城乡规划学、风景园林学、设计学为龙头，覆盖学校多个相关学科，聚合全校专业教师与科研人员，宗旨为从事高水平、创新性实践，培育大师名作、理论思想，服务教学与科研，回馈社会，促进学科发展。通过中心建设，促进产学研一体化，建机制，打通“产学研”通道。中心有114人，含1名全国工程勘察设计大师、22名教授、9名一级注册建筑师、15名注册城乡规划师，聘请院士、全国工程勘察设计大师、知名专家等担任顾问。

（何其锋）

未来建筑技术学院成立

11月12日，北建大成立未来建筑技术学院。学院为单独设置二级学院，实施导师制、国际化、本博贯通等人才培养模式，致力于培养建筑领域拔尖领军人才。学院聘请具有国际影响专家学者指导教学活动，通过联合培养、海外实验室研修、暑期国际夏令营等方式，注重国际化交流与培养；依托建设领域重大重点项目，将前沿科研成果引入课堂，支持学生进入科研团队及重点科研平台开展创新实践活动与科学研究工作。

（何其锋）

11月12日，北建大成立未来建筑技术学院
（北建大　供）

北京石油化工学院

概况

2022年，北京石油化工学院设有清源校区、康庄校区和燕山校区，设置11个院（部）、1个研究院，开设38个本科专业，覆盖5个学科门类；具有一级学科10个；一级学科硕士点6个、硕士专业学位授权类别7个；博士后科研流动站1个，其中博士后研究人员出站3人、进站3人、在站9人。博士生导师20人，硕士生导师252人；“长江学者”奖励计划特聘教授1人；“国家杰出青年科学基金”获得者1人；“国家优秀青年科学基金”获得者2人，国家高层次人才特殊支持计划青年拔尖人才1人。国家级一流本科专业建设点8个、北京市级一流本科专业建设点13个，北京高校重点建设一流专业3个，北京高校高精尖学科1个。学校由北京市举办，为理工院校。拥有教室119间，均为网络多媒体教室。数字终端5534台，其中学生终端3474台、教师终端2060台。数字资源量中电子图书124.62万册、电子期刊61.22万册、学位论文523.83万册、音视频1.57万小时。国家级工程实践教育中心2个、国家虚拟仿真实验教学中心1个、国家级实验教学示范中心1个、北京重点实验室5个。高考北京地区不限选考专业组466分、物理必考专业组472分、化学必考专业组466分、物理/化学/生物专业组467分。网址：www.bipt.edu.cn。

2022年，学校召开第四次党代会，持续推进“党建引领、育人为本、双轮驱动、内外支撑”发展战略，以高质量党建引领学校高质量发展，实现多个突破。

思想政治工作。实施“红色引航工程”。制定《进一步深化思政课改革创新实施方案》，完善“四有”育人模式，领导班子带头讲好思政课。深化课程思政“一支部一课程一特色”，6门课程获评首届北京市高校课程思政示范课程。完善第二课堂成绩单，获评全国“三下乡”社会实践活动优秀单位。修订完善师德师风建设文件。以岗位聘任为契机精准把脉、一人一策开展教师思政工作。9个集体、30余名教师获市级表彰。入选教育部第三批全国党建“双创”样板党支部，实现零突破。

内部治理效能。修订学校章程，推进规章制度清理优化。推进机构改革，调整设立网络与信息化办公室，完成智慧教育专项规划。做好“接诉即办”，启用校内平台，响应率、解决率、满意率100%。获批2个分类发展专项。创新创业实训基地建设项目全力推进，打造智慧工训中心等全新工程教育教学场景，推进工程实践教育数字化、网络化、智能化。

人才培养。修订本硕人才培养方案，开展毕业生五育鉴定。环境工程专业获批国家级一流本科专业建设点、新增7个北京市级一流专业建设点。首次获批教育部虚拟教研室建设试点。首获北京高等教育本科教学改革创新重大项目，实现零突破。2个产业学院获最佳案例奖和典型案例奖。打造中法工程师班、ACCA实验班（国际注册会计师实验班）、致远新工科实验班等特色人才培养项目。

学科建设。重点发展材料与化工、智能制造、城市安全运行与管理等学科专业，培育电子信息、节能环保、生物医药类学科专业，深化“人工智能+”“+安全应急”交叉学科建设。适应北京产业发展主动调整本科专业结构。完成高精尖建设学科年度自评和绩效评价。

9月1日，石化学院举行附属小学揭牌仪式暨开学典礼

（石化学院 供）

科技创新。加强有组织科研，省部级科研成果获奖12项，其中以第一完成单位获国家级行业学（协）会一等奖4项，实现奖级、数量历史性突破。学校竞争性科研经费到款额首次突破8000万元，近三年年均增长18.5%。教师（含专业技术人员）科研活跃度不断提升，同比增长11%。省部级及以上科研项目同比增长20%。以第一单位发表高质量论文同比增长39%。新增1个国家级行业协会工程实验室。授权发明专利同比增长10%。

人才队伍。实施教师发展提升工程。构建《“十四五”期间岗位聘任和管理工作实施意见》“1+8+5+11”25项制度文件（1个主文件明确整体目标，8个附件系统推进，5个配套文件协同支撑，11个方案具体落实）。完成岗位聘任工作。获2022年度北京市属高校教师队伍建设支持计划立项资助10个，其中2个团队获批高水平科研创新团队、高水平教学创新团队，8名青年教师获批优秀青年人才。有针对性开展教师专业化培训，集中培训800余人次。

交流与合作。氢能研究中心获批联合国开发计划署项目和国家重点研发计划子课题，高标准服务“双碳”战略。生物医药健康产业学院深化与大兴、亦庄园区和企业合作共建，建设产业学院新模式多元化平台。深化与市科协合作，举办高校创新簇科技成果对接会。成立附属小学。2个团队入选首都高校师生服务“乡村振兴”行动计划。支持在校本科生赴法国、英国长期交流，线上开展短期交流学习。首次获批交叉学科国际化创新人才联合培养计划项目。加强与“一带一路”国家交流合作，做好来华留学生教育教学和管理服务。

校园育人环境。体育馆改造工程通过前期评审。邀请兄弟高校和科研院所专家做客清源书院人文素养大讲堂，增加校园文化底蕴。在图书馆设立研究生研讨室，加大区域网络学习流量奖励，助力宜学宜研打卡地。回应教职工期盼，提高体检标准，改进用餐方式。

服务冬奥会。154名师生志愿者服务2万余小时，投入到冬奥组委、赛会裁判、住宿等各项服务保障任务中。牵头承担北京市科技重大专项课题“面向冬奥冰雪运动损伤康复机器人研制”，完成张家口市第二医院冬奥会保障任务。2人获评北京2022年冬奥会、冬残奥会北京市先进个人。

党委书记　刘颖

校　　长　罗学科

（王元锴）

附属小学成立

9月1日，石化学院举行附属小学揭牌仪式暨开学典礼。附属小学为原大兴区枣园小学，建筑面积4209平方米，在校生827人，招收新生209人。开学典礼以“薪火相传永赓续　合众前行再启航”为主题。校领导和大兴区教委领导、附小全体师生500余人参加活动。附属小学成立是学校与大兴区政府加强战略合作、进一步拓展区域内优质教育资源有益尝试，也是多方合力，实现教育资源共享的创新探索。

（王元锴）

第四次党代会

9月18日，中共北京石油化工学院第四次党员代表大会召开。会议听取党委书记题为《坚守初心　勇担使命　全

9月18日，中共北京石油化工学院第四次党员代表大会召开

（石化学院 供）

面开启打造新时代首善之区工程师摇篮新征程》工作报告，审议通过《党委工作报告》和《纪委工作报告》，选举产生新一届党委和纪委委员。市委教育工委相关领导及学校全体领导班子、党员代表130人参加会议。

（王元锴）

北京电子科技学院

概况

2022年，北京电子科技学院设置6个系、部，开设8个本科专业，覆盖2个学科门类；具有一级学科3个；一级学科博士点1个；一级学科硕士点1个、硕士专业学位授权类别2个。博士、硕士导师12人，硕士生导师40人。国家级一流本科专业建设点5个、北京市级一流本科专业建设点1个，北京高校高精尖学科1个。学校由中央办公厅举办，为理工院校。拥有教室25间，均为网络多媒体教室。数字终端3341台，其中学生终端1070台、教师终端2271台。数字资源量中电子图书9.95万册、电子期刊77.30万册、学位论文295.60万册、音视频5.73万小时。高考北京地区提档线不限选考专业组610分、物理必考专业组618分。网址：www.besti.edu.cn。

2022年，学院完成章程修订，统筹推进党的建设、业务建设、队伍建设和改革发展稳定各项工作，办学治校水平和人才培养质量不断提升，学院特色内涵建设取得新成就、迈上新台阶。

党的建设。开设“习近平新时代中国特色社会主义思想概论课”，以思政课堂、团学活动、形势政策课为主阵地，推进党的创新理论进教材、进课堂、进头脑。开展党总支和党支部建设质量巩固提升年行动，开展党小组创新试点、党建研究课题等活动，着力提升党组织建设质量水平。开展“守纪律 讲规矩 作表率”党风廉政教育月系列活动、纪律规矩系列教育活动、酒驾醉驾专题警示教育，推进党风廉政教育常态化。校史主题原创舞台剧《无悔芳华》首演。

教育教学改革。持续抓好“三全育人”五育并举人才培养综合改革方案落实，新版本科和研究生培养方案制修订完成。推动课程教学改革，3个项目获批2022年北京高等教育本科教学改革创新项目，4门课程获评北京高校优质本科课程，3个教材课件获评北京高校优质本科教材课件，6门课程获评北京市课程思政示范项目。4个教师团队在北京高校教师教学创新大赛上获奖，1个团队获评北京高校优秀本科育人团队。

学科专业建设。通过国务院学位委员会组织新增博士学位授予单位建设进展核查。推进博士学位授予单位和网络空间安全博士学位授权点建设，完成博士生培养方案制定、日常管理制度体系建设、导师队伍建设等工作。加强一流专业建设，通信工程、计算机科学与技术2个本科专业获批新一轮国家级一流本科专业建设点，密码科学与技术专业获批省级一流本科专业建设点，初步形成国家级、省部级、校级一流专业有机衔接建设体系。

科研创新工作。加强科研制度体系建设，试点“揭榜挂帅”类科研项目，推进科研范式和组织模式创新，构建依托科研任务、科研平台人才培养机制。全年申报科研项目144个，获批立项115个，发表论文225篇，出版著作4部，发明专利7项，软件著作权6项，获省部级以上奖励5项。

学生管理服务。每月召开院领导与学生面对面座谈会，现场回应学生关切。全年学生参加课外学术科技竞赛获省部级三等奖以上奖励372人次，其中38人次获国家级奖励。继续保持生源好、就业稳良好局面，本科录取重点率100%。克服疫情影响，加强就业指导，毕业生就业落实率97.3%。举办首届“红星杯”大学生创新大赛。

人才队伍建设。修订教职工年度考核办法，以及专业技术人员、管理和工勤人员年度考核实施细则、教职工请假销假办法等干部人事制度。开展师德师风专题教育，实施教师教书育人能力提升计划。招录23名应届博士和硕士研究生，解决31名教师职称职级晋升问题。专任教师中45岁以下占比55.92%，高级职称占比55.26%，博士学位获得者占比57.89%，师资结构更加优化。

改善办学条件。推进校园改扩建二期工程建设，完成南大门重建和南广场改造项目，校园环境优化。推进校园网格化管理综合信息系统建设，着力提升内部管理信息化、数字化、精细化水平。提高图书档案以及餐饮、物业等后勤工作服务水平，改善师生员工工作学习生活条件。

服务冬奥会。50名学生志愿者在冬奥公园和首钢园参加冬奥火炬传递志愿服务保障工作。冬奥会期间，92名学生志愿者在丰台区和石景山区开展冬奥会城市志愿服务426班次，累计服务时长1278小时。冬残奥会期间，2名学生作为核心志愿者参与张家口冬残奥会相关场馆服务保障工作。

党委书记　鲍遂献
院　　长　毛明

（李洋）

校史主题原创舞台剧《无悔芳华》首演

4月26日，电科院校史主题原创舞台剧《无悔芳华》首演。该剧以建校75周年学院发展历程为主线，通过演绎校史中为党的事业矢志奋斗真实感人故事，诠释“忠诚、笃学、严谨、守纪”校训精神，展现一代代学子用青春浇灌无悔梦想、用生命捍卫红色信仰本色和品格，坚定全院师生矢志不渝跟党走、投身党和人民伟大事业的信心与决心。该剧筹备三年，所有角色均由学院师生出演。全体院领导和在校师生2000余人分批观看演出。

（李洋）

首届“红星杯”大学生创新大赛

4月29日，电科院举办首届“红星杯”大学生创新大赛决赛。评出一等奖1项、二等奖3项、三等奖5项、最佳单项奖3项。比赛旨在进一步深化本科教育教学改革和创新人才培养模式，设有网评初审、初赛路演和决赛环节，主题涵盖科技创新、未来产业、乡村振兴等。初赛 52 个项目经过网评、路演、大众投票等环节，综合选拔 12 个项目进入决赛。12 个项目组依次介绍项目背景、核心功能、创新价值等内容，由企业专家、技术专家和教育专家等 7 名校内外专家组成评审团，依照“互联网＋大学生创新创业大赛”省赛和国赛评审标准评审。校领导和 600 余名师生观看决赛。

（李洋）

本科和研究生培养方案制修订

7 月，电科院制订和修订新版本科和研究生培养方案。制修订工作强化思政教育、通识教育、实践教学和创新教育，坚持产出导向，强化特色内涵建设，优化培养模式，着力构建适应行业需求特色课程体系。除修订 8 个本科专业和 2 个研究生专业培养方案，还制订网络空间安全学科博士研究生培养方案和公共管理（MPA）硕士研究生培养方案。《本科专业人才培养方案》《研究生培养方案》分别于 6 月 30 日和 6 月 13 日印发实施。

（李洋）

中国农业大学

概况

2022 年，中国农业大学设有东校区和西校区，设置 18 个学院、1 个实体教学单位和 1 个直属系，开设 80 个本科专业，涉及 7 个学科门类；具有一级学科 34 个；一级学科博士点 24 个、专业学位博士点 3 个；一级学科硕士点 34 个、硕士专业学位授权类别 15 个；博士后科研流动站 19 个，其中博士后研究人员出站 86 人、进站 201 人、在站 452 人。博士生导师 1198 人、硕士生导师 528 人；聘期内兼职研究生第一导师 202 人，其中博士生导师 95 人、硕士生导师 107 人；中国科学院院士 3 人、中国工程院院士 10 人。“双一流”建设学科 9 个、国家级一流本科专业建设点 36 个、北京市级一流本科专业建设点 18 个，北京高校重点建设一流专业 2 个，北京高校高精尖学科 2 个。学校由教育部举办，为农业院校。拥有教室 254 间，其中网络多媒体教室 216 间。数字终端 14493 台，其中学生终端 6028 台、教师终端 5753 台。数字资源量中电子图书 25.75 万册、电子期刊 5.99 万册、学位论文 1140.12 万册、音视频 2294 小时。有 3 个国家重点实验室、1 个国家工程实验室、2 个国家工程技术研究中心、1 个国家级研发中心、1 个国家级国际联合研究中心、3 个国家野外科学观测研究站、121 个省部级科研平台、107 个省部级重点实验室 / 研究中心 / 基地、3 个国际科技合作基地、1 个科技示范展示基地、9 个部级野外科学观测实验站、1 个省部级综合试验基地。高考北京地区提档线不限选考专业组 630 分、物理必考专业组 628 分、化学必考专业组 631 分、物理 / 化学 / 生物专业组 636 分。网址：www.cau.edu.cn。

11 月 2 日，中国农大中非科技小院农业发展与减贫示范村在马拉维共和国北部地区拉维恩哈塔贝区毂哇莫村揭牌成立（中国农大　供）

2022 年，学校在人才培养、科学研究、社会服务、办学资源拓展等方面取得重要进展。

知农爱农人才自主培养。设立未来技术学院，实施生物育种工程硕博士专项。58 个科技小院获批。中国国际“互联网＋”大学生创新创业大赛中获 3 金 3 银 2 铜。2 名教师分别获评第三届全国林业和草原教学名师和全国气象教学名师。1 人获 2022 年“全国教书育人楷模”称号。1 名学生获 2021 年度“中国大学生自强之星标兵”奖学金。“‘智慧助农，筑梦田野’——服务乡村振兴志愿行动”项目获中国青年志愿服务项目大赛金奖，是学校在此项赛事中首金。13 个专业入选国家级一流本科专业建设点、7 个专业入选北京市级一流本科专业建设点。

科研成果获新突破。围绕生命科学、工程与材料、地球科学等基金项目领域开展原始创新基础研究。国家自然科学基金获批立项 283 个，直接经费 1.85 亿元。国家社科基金重大项目立项 7 个。牵头建设全国重点实验室新增 3 个；参与建设全国重点实验室新增 3 个，9 个全国重点实验室正式获批。获国际风景园林师联合会（International Federation of Landscape Architects，IFLA）颁发“规划与分析类”杰出奖，这是学校在该项国际权威景观规划设计专业奖项上突破。发现旱稻抗旱新基因 DROT1，研究成果发表在《自然—通讯》（Nature Communications）上。获评全国首家兽医专科培养机构，成立分子设计育种前沿科学中心和基因编辑重点实验室，发布全国首个《绒山羊营养需要量》标准。

社会服务取得新进展。完成科技成果转化项目突破100个，其中百万级及以上19个，合同总金额突破9000万元。到校经费突破3000万元，成果转化项目数量与质量均创历史新高。首个通过科技成果作价投资成立生物育种公司正式运行。曲周实验站、中国饲料博物馆、涿州农业科技园入选全国科普教育基地第一批认定名单。涿州教学实验场入选中国科协首批“科创中国”创新基地（产学研协作类），上庄实验站入选农业农村部、共青团中央和全国少工委首批农耕文化实践营地。

办学资源拓展取得新成效。成立巴西圣保罗大学联合学院，实现与拉美教育外交突破。编制完成国家农业科技创新港重大项目选址方案。三亚研究院拓展基地42.40万平方米。建设海南全健康（兽医公共卫生）研究中心，海南食品安全监测及检测技术创新研究中心正式揭牌。“中国农业大学—腾讯为村乡村CEO计划”首期开班。新一代校园卡应用平台整体升级换代，实现无卡也能通校园，全面实现校园移动认证和移动支付。

党委书记 姜沛民（11月10日免）
钟登华（11月10日任）
校　　长 孙其信

（孙桂凤）

首期“中国农业大学—腾讯为村乡村CEO计划”开班

1月4日，“中国农业大学—腾讯为村乡村CEO计划”首期开班。该计划旨在培养全国性乡村职业经理人，填补欠发达地区乡村经营性人才匮乏短板。授课教师为国内“三农”专家、腾讯等龙头企业行业专家、新农人企业家以及乡村振兴各领域专家团队和基层实践者。培训为20天集中学习、2个月村庄实训、6个月在岗锻炼及答辩结业。首期50余名“乡村CEO”学员来自全国10个省市，最终46人顺利结业。

（孙桂凤）

分子设计育种前沿科学中心和基因编辑创新利用重点实验室成立

1月21日，中国农大成立教育部分子设计育种前沿科学中心和农业农村部基因编辑创新利用重点实验室。中心是教育部推动高等学校加强基础研究、实现创新引领重要举措，为全国农学领域唯一前沿科学中心，是学校直属二级实体研究机构，纳入学校前沿交叉科学研究院管理，聚焦重要经济性状遗传基础、环境适应性分子基础和农业生物分子设计育种3个基础前沿研究，以玉米、小麦、生猪等为主要研究对象，致力于破解分子设计育种基础前沿问题，攻克种源“卡脖子”技术瓶颈，实现高产优质和环境友好型新品种精准培育。中心实行双聘和专聘相结合方式聘任科研人员，人员规模为150人。实验室为全国农学领域目前唯一基因编辑部级重点实验室，聚焦基因编辑关键核心技术，围绕具有自主知识产权新底盘核酸酶发掘、外延新技术研发和重大应用价值新种质和新品种培育开展研发工作，服务国家种业振兴。基因编辑核心技术攻关团队同时成立，包括作物、动物、园艺、草业和微生物5个方向300余人。

（孙桂凤）

首获中国青年志愿服务项目大赛金奖

11月13日，中国农大获第六届中国青年志愿服务项目大赛金奖。这是学校在此项赛事中首金，成为北京赛区唯一乡村振兴组金奖项目，也是北京高校2个金奖项目之一。获奖项目为“智慧助农，筑梦田野——服务乡村振兴志愿行动”，自2016年开始实施，旨在搭建支持大学生志愿服务团体助力乡村振兴战略一站式服务平台，整合校内外资源，依托“个十百千万”聚力乡村振兴行动、科技小院、“农博士在线”行动等平台，常态化组织师生到乡村开展针对性助农服务。比赛由共青团中央、中央文明办、民政部、水利部、文化和旅游部、国家卫生健康委、中国残疾人联合会联合山东省委、山东省政府共同主办，参赛项目主体包括各级青年志愿者协会或志愿服务联合会、学校志愿服务团队、机关企事业单位志愿服务团队等志愿服务团体。济南6个评审会场与北京评审会场同时开赛，为期2天。经过评审，评选出150个金奖项目、350个银奖项目。该赛事是国内志愿服务领域权威赛事之一，2014年首次举办。

（孙桂凤）

北京农学院

概况

2022年，北京农学院设置14个院（系、部），开设36个本科专业，覆盖7个学科门类；具有一级学科11个；硕士专业学位授权类别13个；博士后科研工作站1个，其中博士后研究人员出站7人、进站6人、在站6人。博士生导师18人，硕士生导师677人。北京市级一流本科专业建设点5个，北京高校重点建设一流专业2个，北京高校高精尖学科1个。学校由北京市举办，为农业院校。拥有教室267间，其中网络多媒体教室77间。数字终端5257台，其中学生终端3236台、教师终端2021台。数字资源量中电子图书120.46万册、电子期刊65.95万册、学位论文705万册、音视频4.41万小时。农业部重点实验室1个、北京实验室2个、北京高精尖创新中心1个、北京重点实验室5个、北京市工程中心6个、北京市哲学社会科学研究基地1个。高考北京地区提档线不限选考专业组465分、物理必考专业组465分、物理化学必考专业组465分、物理/化学/生物专业组470分。网址：www.bua.edu.cn。

2022年，学院加大改革创新力度、提升内涵建设深度、强化特色发展效度、拓展开放办学广度，团结带领全校师生锚定建设高水平应用型大学目标，推动学校事业发展取得系列新进展新成效。

作风建设下大力气加强。明确作风建设推动事业发展工作思路，以“转作风、担使命、抓落实、促发展”为主题，落实“作风建设年”各项任务，全校查摆出各类问题 136 项，提出整改措施 311 条，均落地见效。制定《关于进一步落实“接诉即办”工作的实施办法》，开通 1234 综合服务热线和 525 心理服务热线，解决师生诉求 946 件。

学科专业建设量质齐升。新增 1 个国家级一流专业建设点和 8 个北京市级一流专业建设点。生物工程和食品科学与工程专业认证工作进一步推进。凝练园艺学、兽医学、农林经济管理 3 个申博学科特色优势。新建智慧农业研究院、农产品加工、葡萄与葡萄酒等 7 个专硕专项班，研究生招生指标逐步向专项班倾斜，研究生分类培养改革持续深化。

教育教学改革成果显著。4 个项目获北京高等教育本科教学改革创新项目立项，其中 1 个项目获批重大教改项目。2 个项目获批北京数字教育研究课题。6 项教学成果获北京市教育教学成果奖，其中一等奖数量比上年翻一番。5 门课程获评北京高校优质本科课程，4 部教材获评北京高校优质教材课件。8 门课程入选北京高校课程思政示范项目。出版省部级规划教材 10 部。

师资队伍水平不断提高。1 人获评北京市高等学校教学名师、1 人获评北京市高等学校青年教学名师、1 人获评“乡村振兴创新典型”、1 人获评“优秀科技工作者”。

人才培养质量稳步提升。学生在国家级、省部级各类比赛竞赛中获奖百余项，其中在第八届中国国际“互联网＋”创新创业大赛北京赛区决赛中获奖 66 项，获奖总数和各等次奖项均取得历史性突破。7 个团队全部入选首都高校师生服务“乡村振兴”行动计划，获奖数量在首都高校中居首位。

科学研究成果不断增加。强化首都需求和应用导向，持续做好都市农林特色科研创新。获评中国青年科技奖 1 项、北京市科学技术进步奖二等奖 1 项、北京市农业技术推广奖 7 项，获批博士农场创建项目 9 个。1 项成果获第 12 届大北农科技奖一等奖。1 个中心获评国家林业草原工程技术研究中心，2 个案例入选第五届省属高校精准帮扶典型项目和全球最佳减贫案例，11 个科技小院入选教育部、农业农村部等联合支持建设名单。获评 2022 年全国大中专学生志愿者暑期文化科技卫生“三下乡”社会实践优秀单位。

社会服务水平不断增强。举办首都高校师生服务“乡村振兴”行动计划总结展示活动。承办第一届草莓分子生物学及产业论坛和 2022 年国际生物种业科学家创新论坛。

党委书记　赵锋
院　　长　周剑平（8 月 29 日免）

（王磊）

国家林业草原古树健康与古树文化工程技术研究中心获认定

4 月 7 日，北农国家林业草原古树健康与古树文化工程技术研究中心获国家林草局认定。中心与中国科学院植物研究所、中国林业科学研究院森林生态环境与自然保护研究所和林业研究所、北京市园林绿化科学研究院、广州市林业与园林科学研究院、北京金都园林绿化有限责任公司、北京市绿地养护管理事务中心、北京林业大学生态与自然保护学院和生物科学与技术学院等单位联合建立，旨在统筹协调古树健康与文化工程技术领域资源，打造国家级科技创新和技术推广平台，服务古树健康与古树文化科技创新、人才培养、文化传承和技术推广，为推动中国古树健康与古树文化事业发展作出贡献。

（王磊）

北京林业大学

概况

2022 年，北京林业大学设置 17 个院（系、部），开设 65 个本科专业（方向），覆盖 8 个学科门类；具有一级学科 25 个；一级学科博士点 8 个，博士学位授权点 8 个；一级学科硕士点 25 个、硕士专业学位授权类别 17 个；博士后科研流动站 7 个，其中博士后研究人员出站 24 人、进站 45 人、在站 161 人。“双一流”建设学科 2 个，国家级一流本科专业建设点 27 个、北京市级一流专业建设点 18 个，北京市重点建设一流专业 2 个。学校由教育部举办，为林业院校。拥有教室 164 间，其中网络多媒体教室 163 间。拥有图书 197.58 万册，数字资源量中电子图书 138.45 万册、电子期刊 49.96 万册、学位论文 701.96 万册、音视频 11.13 万小时。国家、省（部）级重点实验室、工程中心及野外台站等科技平台（基地）共 85 个，其中国家级平台 6 个、省部级平台（基地）79 个。全国重点实验室 2 个、国家工程技术中心 1 个、国家工程研究中心 1 个，国际科技合作基地 1 个、国家野外台站 1 个。省部级平台（基地）中，北京实验室 1 个、教育部重点实验室 3 个、工程中心 4 个。野外台站 2 个、水利部水土保持科技示范园区 2 个、国家林草局重点实验室 8 个、工程技术研究中心 8 个、野外台站 9 个、长期科研基地 3 个、质检中心 1 个、创新联盟 27 个，国家能源局能源研发中心 1 个、北京市重点实验室 8 个、北京市工程技术研究中心 2 个。高考北京地区提档线物理 / 生物 / 地理专业组 627 分、物理 / 历史 / 地理专业组 617 分、物理 / 化学 / 地理专业组 618 分、不限选考专业组 605 分、化学 / 生物专业组 613 分、化学必考专业组 601 分、物理 / 化学 / 生物专业组 606 分、物理必考专业组 595 分、化学 / 生物中加合作办学专业组 596 分、物理 / 化学 / 生物中加合作办学专业组 574 分。网址：www.bjfu.edu.cn。

2022 年，学校持续提升党建思政工作，在教育教学、人才培养、校园建设等方面取得突出成绩。

深化党建思政工作。召开党建思政工作会，推进基层党组织创优行动，配强 17 个学院领导班子。成立党委教师工作委员会，制定二级单位教师思想政治和师德师风建设任务清单，固化每周一次学习“生物钟”。探索以接诉即办为牵引学生思政工作新模式。全面强化学生心理健康工作，制定全员心理育人任务清单。将“把生态文明建设作为立校之本、发展之基”写入章程；推进全国青少年生态文明教育实践，编制《新时代青年生态文明教育教程》。获批全国林业高校中唯一职业教育国家培训基地，获评教育部唯一全国绿化先进集体。

举办 70 周年校庆活动。以“传承·奋进”为主题开展校庆活动，开展口述、图说、档案见证等“北林历史”系列活动，建成校史馆、档案馆，举办校友系列活动，发布建校 70 周年宣传片，编创校庆纪念版原创话剧《梁希》。

探索科研新局面。承建国家林草种质资源库，获批 2 个全国重点实验室，获批科技部重大项目 12 个、国家自然科学基金项目 104 个；获教育部高等学校科学研究优秀成果奖 8 项；省部级及以上科技平台数量 85 个，培育植物新品种 46 个，获发明专利 181 项，发表高水平论文 900 余篇；成立生态文明智库中心。主持教育部习近平生态文明思想重大研究专项，发布《黄河生态文明绿皮书》《国家公园绿皮书》。编纂出版北林学术思想文库。

推动人才培养战略。召开工作务虚会，深入实施“5·5 工程”（五纵阶梯式支持工程、五横并行式建设工程）构建人才引育工作体系。8 人获批国家级人才计划，其中 2 人获国家杰出青年科学基金项目支持；8 名教师和 8 个团队入选林草科技创新人才和团队，数量居全国首位。建立以“好＋高”业绩贡献为导向绩效分配体系；创建引进人才、急需紧缺、正常评审、破格评审、绿色通道、长期从教六大类人才分类评价职称评审体系，引导和鼓励教师产出高水平业绩成果和重大标志性成果。成立本科教学指导委员会，实施“树人行动”计划，建立劳动教育耕读教育实践基地；深入实施研究生“1358”质量工程（围绕 1 个人才培养目标、落实 3 项责任、构建 5 大体系、实施 8 项计划），试点推进本研贯通培养。本科生深造率 53.8%。1 名博士生获 2022 年中国青年五四奖章。

1 月 16 日，北林大发布《黄河生态文明绿皮书》

（北林大 供）

优化学科体系建设。水土保持与荒漠化防治成为一级学科，深化生态修复工程学、城乡人居生态环境学北京市高精尖学科、减碳固碳科学与工程交叉学科建设；获批国家公园建设与管理本科专业；设立全国唯一生态文明建设交叉学科博士点。获北京市高等教育教学成果奖 12 项，其中特等奖 1 项，实现历史突破。

持续做好社会服务。服务北京“生物多样性之都”和“种业之都”建设，承担西山乌鸦种群生态、门头沟区生物普查、副中心“森林城市”建设等科研项目，推进共建首都生物多样性保护研究院。

开展合作交流。与生态中心、林科院、北京辖区政府等 9 家国内单位签订战略合作协议；与国际竹藤组织、保加利亚林业大学等 8 个国际组织和境外高校签订合作协议；助力内蒙古科右前旗乡村振兴，帮扶工作连续三年获最高等次“好”评价。

推进雄安校区建设。组建雄安规划建设指挥部。率先派员进驻雄安，成立监督领导小组，确保校区建设成为“阳光工程”。完成新校区总体规划方案编制任务。与雄安新区签订首批科技专项落地雄安合作协议，围绕雄安产业发展、绿色智能城市建设、白洋淀生态保护等重点领域开展联合科技攻关。参与建立“雄安四校”协同创新联盟。

参与冬奥会保障工作。全方位科技服务“绿色冬奥”建设，16 支团队助力北京冬奥会重点区域生态修复与景观质量提升，374 名师生服务北京冬奥会，成立冬奥会志愿者宣讲团，传播冬奥精神。

党委书记 王洪元
校　　长 安黎哲

（任照祝）

建校 70 周年系列庆祝活动

2022 年，北林大举行建校 70 周年系列庆祝活动。开展口述、图说、档案见证等“北林历史”系列活动，建成校史馆、档案馆，举办校友系列活动，编纂出版北林学术思想文库，承办 COP14 全球迁飞区水鸟栖息地保护论坛，发布建校 70 周年宣传片，编创校庆纪念版原创话剧《梁希》，通过多种形式展现学校历史和重大成就。北林大办学历史可追溯至 1902 年京师大学堂农业科林学目。1952 年全国高校院系调整，北京农业大学森林系与河北农学院森林系合并，成立北京林学院。1956 年，北京农业大学造园系和清华大学建筑系部分并入学校。1960 年，被列为全国重点高等院校，1981 年，成为首批具有博士、硕士学位授予权的高校。1985 年，更名为北京林业大学。1996 年，被国家列为首批“211 工程”重点建设高校。2000 年，由原国家林业局划归教育部直属管理。同年，经教育部批准试办研究生院。2001 年，获教育部和国家林业局共建支持。2004 年，正式成立研究生院。2005 年，获得本科自主选拔录取资格。2008 年，成为国家“优势学科创新平台”建设项目试点高校。2011 年，与其他 10 所行业特色高校参与组建北京高科大学联盟。2012 年，牵头成立中国第一个林业协同创新中心——“林木资源高效培育与利用”协同创新中心。2021 年，获批雄安校区，成为首批入驻雄安高校。

（任照祝）

北京协和医学院

概况

2022 年，北京协和医学院与中国医学科学院实行院校合一管理体制，是集医教研产为一体的国家级综合性医学科学研究机构，拥有 19 个研究所、6 家附属医院、9 个学院、106 个院外研发机构。本科开设 2 个专业，专科开设 1 个专业；拥有国家“双一流”建设学科 5 个；具有一级国家重点学科 2 个、二级重点学科 8 个，国家重点（培育）学科 1 个，一级省、部级重点学科 4 个、二级省、部级重点学科 3 个；北京市高精尖学科 1 个；博士学位授权一级学科点 9 个，硕士学位授权一级学科点 3 个，硕士学位授权二级学科点 2 个；博士后科研流动站 6 个。研究生导师 2227 人，其中博士、硕士导师 964 人，硕士生导师 1263 人。中国科学院院士 7 人，中国工程院院士 20 人，国家杰出青年科学基金获得者 45 人、“万人计划”领军人才 27 人。拥有教室 232 间，其中多媒体教室 22 间。数字资源量中电子图书 379.58 万册、电子期刊 301.28 万册、学位论文 1899.71 万册。国家级科研基地平台 31 个，牵头或参与建设全国重点实验室 11 个，国家临床医学研究中心 5 个，国家转化医学重大科技基础设施 1 个，国家科技资源共享服务平台 4 个，国家病原微生物菌（毒）种保藏中心 1 个；省部级科研基地平台 62 个，其中国家卫生健康委重点实验室 7 个、教育部重点实验室 3 个、教育部工程研究中心 2 个、国家药监局重点实验室 1 个、北京市重点实验室 19 个、北京市工程技术研究中心 1 个；中国医学科学院内设研究中心和重点实验室 83 个；联合国内优势研究力量共建中国医学科学院院外研发机构 106 个。

2022 年，学校在学科建设、师资建设以及核心基地建设等方面取得成绩。

党的建设。设立开展“院校思想政治年建设”相关十大主题活动。评选“四强”党支部（政治功能强、支部班子强、党员队伍强、作用发挥强）35 个、2 人当选党的二十大代表。

学科建设。第二轮“双一流”建设学科由 4 门增至 5 门，群医学与公共卫生学科进入“双一流”学科并入列高水平公共卫生学院。北京市高校高精尖创新中心建设申报通过复审。召开中国医学发展大会、首届中国药学事业发展大会、首届中国医学基础学科发展大会、第二届中国医学发展大会及呼吸病学、皮肤病学、血液学等系列学科发展大会。推进教学改革，推进医学八年制与“4+4”试点班培养模式改革（临床医学专业培养模式改革试点班），试点班获教育部认可并批准扩大招生名额。设立药学博士专业学位和公共卫生博士专业学位。

人才工作。调整干部 66 人次，5 个所院长配备到位。打造“协和青年学者”“协和海外青年学者”优秀博士后拔尖青年人才。全球招募人才 31 人。继续优化准聘长聘教职聘任，新聘任 30 人。2 名教师获北京市高等学校教学名师奖。

智库建设。完成 2022 年中国医学科学院学术咨询委员会学部委员选聘，新聘 70 名学部委员，总人数 280 人，包括两院院士 234 人。发挥战略咨询作用，发布《中国 21 世纪重要医学成就》《中国 2021 年度重要医学进展》和《2021 年度中国医学院校 / 中国医院科技量值（STEM）暨五年总科技量值（ASTEM）》。

科研成果。编写医药领域全国重点实验室体系布局方案及重点方向申报指南，由科技部正式发布。年度发表论文 5898 篇，影响因子大于 10 论文 534 篇。11 项成果和 1 人获北京市科学技术奖，10 项成果获中华医学科技奖。

基地建设。天津医学健康研究院揭牌成立。推进苏州基地、海南医学健康研究院筹划建设。药生所和动研所大兴生物医药产业基地项目立项。系统谋划院校雄安重大项目布局。整形医院 9 万平方米基建陆续完成并启用。

文化工作。推进院校史研究编修和九号院修缮。修复百年剧院管风琴。评选院校文化纪念场所。多名协和科学家雕像揭幕，楼宇、会议厅等建筑物命名完成。

社会服务。保障临床救治能力。开展新冠病毒流行病学、药物疫苗、临床治疗等科技攻关。

院（校）长 王辰
党 委 书 记 姚建红

（孙莉娜）

首届中国药学事业发展大会

2 月 26 日至 27 日，协和医学院召开首届中国药学事业发展大会。会议以“同思共促中国药学事业大发展”为主题，聚焦“十四五”时期中国医药事业发展目标，将保障人民健康放在优先发展战略位置，多角度、全方位共话药学事业发展动力与未来，围绕新冠防控、新药创制与前沿技术、药品科学监管、药物成果转化与产业化、药物临床与应用 5 个主题展开讨论。47 名院士参会，其中 18 名院士担任学术顾问，线上观看量 7 万余人次。

（孙莉娜）

首届中国医学基础学科发展大会

11 月 9 日至 11 日，协和医学院召开首届中国医学基础学科发展大会。会议以“筑根基、促创新、济民生”为主题，聚焦医学基础研究与医学基础阶段教育 2 个方向，9 名院士作主旨报告，近 40 名国内学者围绕学科布局、架构和人才配置作 21 场专题报告。会议同时举办 2 场青年人才论坛，41 名青年学者就新时代下青年学者在医学科技创新与发展中责任、机遇与挑战交流讨论。会议就“医学基础学科人才招募及体系建设”开展专场圆桌会议讨论。来自医科院系统 6 家国家重点实验室及天津基地、苏州基地 9 名专家围绕如何强化人才引领驱动，加快建成国家医学创新体系核心基地探讨。会议还关注医学基础研究民间资助力量。线上线下专家学者，各有关合作单位嘉宾等参加会议，累计观看 100 万余人次。

（孙莉娜）

首都医科大学

概况

2022 年，首都医科大学设有右安门校区、顺义校区、和平里校区、东四十条校区和花乡校区，设置 11 个学院，1 个研究中心，有 22 所临床医学院（20 所为附属医院）、1 个预防医学教学基地（北京市疾病预防控制中心），有 39 个临床专科学院（学系），39 个临床诊疗与研究中心，开设 24 个本科专业、3 个长学制专业，覆盖 5 个学科门类；具有一级学科 14 个；一级学科博士点 8 个、二级学科博士点 46 个、专业学位博士点 3 个；一级学科硕士点 13 个、二级学科硕士点 64 个、硕士专业学位授权类别 10 个；博士后科研流动站 9 个，其中博士后研究人员出站 62 人、进站 116 人、在站 304 人。博士生导师 1151 人、硕士生导师 1511 人；中国科学院院士 3 人、中国工程院院士 2 人。国家级一流本科专业建设点 13 个、北京市级一流本科专业建设点 11 个，北京高校重点建设一流专业 4 个，北京高校高精尖学科 3 个。学校由北京市举办，为医药院校。拥有教室 163 间，均为网络多媒体教室。拥有数字终端 9160 台，学生终端 3310 台、教师终端 5850 台。数字资源量中电子图书 129.60 万册、电子期刊 153.11 万册、学位论文 458.79 万册、音视频 15.84 万小时。国家医学中心 5 个、国家临床医学研究中心 6 个；省部共建协同创新中心 2 个、北京高精尖创新中心 2 个、省部共建国家重点实验室培育基地 1 个、教育部重点实验室 5 个、工信部实验室 1 个、国家药监局实验室 1 个、北京实验室 3 个、北京市重点实验室 54 个；国家工程研究中心 1 个、国家工程技术研究中心 1 个、教育部工程研究中心 4 个。高考北京地区提档线不限选考专业组 544 分、物理必考专业组 549 分、物理化学必考专业组 593 分、物理 / 化学专业组 562 分、物理 / 化学 / 生物专业组 559 分。网址：www.ccmu.edu.cn。

2022 年，学校紧密围绕“十四五”发展规划目标任务和学校综合改革方案，统筹推进学校各项事业发展。

新校区规划建设。按照“统一规划、整体立项、分步推进”思路全力推进，新校区规划建设实现实质性进展。校本部建设方案和校园规划方案通过、规划综合实施方案完成编制。

学科和师资水平。北京积水潭医院正式成为学校附属医院。设立临床专科学院（系）培养基金，开放课题 10 个重点项目和 20 个一般项目。进一步修订完善临床诊疗与研究中心周期考核指标体系，整合相关临床诊疗资源，助推临床诊疗技术引领和临床研究创新。引进北京市高端人才 2 人、“双聘教授”1 人。充分发挥国际青年学者论坛学术交流和引智引才重要作用，举办第三届国际青年学者论坛。落实高水平人才队伍建设计划，获批教育部项目讲席教授 1 人、“海外优青”2 人、北京项目 5 人；获批青年北京学者 8 人；75 人入选市卫生健康委首次设立的高层次卫生人才项目。1 个教师团队入选第二批全国高校黄大年式教师团队，6 人获评北京市优秀教师和优秀教育工作者，3 人获评北京市高等学校教学名师。继续完善青年学者绿色通道计划，完善滚动支持和退出机制。6 人入选市卫生健康委主办的“首都十大健康卫士”，2 名个人和抗击新冠肺炎疫情国家流调专家队入选中央宣传部、国家卫生健康委 2022 年“最美医生”，33 名医生入选第五届“人民名医”榜单。

人才培养质量。推进医学人才培养模式改革与实践。优化阶平班课程内涵，进一步明确考核评价体系，强化过程性考核与形成性评价结合，突出国际视野，培养发展潜能，生源质量持续提升。推进公共卫生人才培养改革，立足国家和北京市对“平疫”结合公共卫生人才的需求，完善以岗位胜任力为导向实战型公共卫生人才培养体系，不断完善学院＋医院＋CDC＋社区协同育人新模式，培养具有应急能力和慢病防控技能公共卫生人才。推进以“器官系统为基础，以疾病为核心”临床教学模式改革，建成 24 个临床中心、4 个临床技能中心、4 个临床教学中心。儿科学、中医学、中药学和康复治疗学 4 个专业，法学、精神医学、医学影像技术、听力与言语康复学、信息管理与信息系统 5 个专业分别入选国家级、省级一流本科专业建设点，学校一流本科专业建设点覆盖 83% 以上招生专业。稳步推进课程建设，5 门课程获批北京高校优质本科课程；新开设研究生

2 月，首医大第一临床医学院教师团队入选教育部第二批全国高校黄大年式教师团队　（首医大　供）

课程21门，2门课程入选“奋进新时代”主题成就展；25门课程入选国家智慧教育、学习强国等线上平台。获批北京高校优质本科教材4部。获批2个教育部虚拟仿真教研室和1个国家虚拟仿真实验教学创新联盟首批实验教学虚拟教研室，5个学院73个项目进驻学校虚拟仿真实验教学共享平台。获北京市高等教育教学成果奖9项。本科生生源质量稳中有升，博士研究生招生名额稳步提升。研究生初次就业落实率达到95.04%，高于上年同期水平，本专科生与上年持平。

科学研究及成果转化能力。加强基础与临床研究深度融合，制定基础临床联合实验室管理办法，14家附属医院申请建立28个基础临床联合实验室。获批过敏性疾病诊疗技术与器械教育部工程中心。获批国家自然科学基金项目392个，创历史新高，首次获批国家自然科学基金重大项目立项，获批资助直接经费1500万元；获批科技部国家重点研发计划项目22个，科技创新2030计划项目2个；获批北京“杰出青年”科学基金项目2个。获批国家社会科学基金项目4个、教育部人文社科研究项目4个、北京市社会科学基金项目8个（其中重点2个）、市教委人文社科计划重点项目3个。分类梳理学校有效专利及科技成果416项，跟踪推进转化工作。建立学校创新能力提升建设专项，评选出28个项目予以支持。

国际国内交流合作。与国外高水平大学签署协议5份。28名师生获批国家公派留学项目、教育部“春晖计划”。57名学生参与牛津大学、耶鲁大学等国际一流大学提供的17个境外线上学习项目。推进与国内一流大学、高水平科研机构在学科建设、科学研究、人才培养等方面交流与合作。落实京青、京沈、京鄂等教育支援合作任务。开展消费帮扶，超额完成全年采购任务120%。发挥教育基金会以奖教助学作用。

北京冬奥会服务。86名冬奥会志愿者，包括医疗协调员、医疗专业志愿者、新冠联络官（CLO）综合协调办公室志愿者等，服务于京张两地3个赛区、延庆冬奥村、北京冬奥村等十余地，最长服务400余天，平均服务77天，累计服务时长3.15万小时。学校志愿服务保障团队、首医大北京宣武医院等10个集体获评北京2022年冬奥会、冬残奥会北京市先进集体，31人获评北京2022年冬奥会、冬残奥会北京市先进个人。

党委书记 呼文亮
校　　长 饶毅

（陈飞飞）

首次获国家自然科学基金重大项目立项

11月29日，首医大首次获国家自然科学基金重大项目立项。项目由学校附属北京儿童医院牵头，与上海交通大学、华中科技大学、清华大学联合申报，获批资助直接经费1500万元。项目为儿童神经母细胞瘤和肝母细胞瘤发病机制及干预策略研究，以临床样本和细胞动物模型为主要研究对象开展综合性研究，旨在阐明儿童肿瘤发生演进机制，完善早筛早诊、精准治疗、疗效监测策略，建立贯穿儿童肿瘤诊疗全流程管理体系，实现儿童肿瘤防治“关口前移”。项目实施将为儿童恶性实体肿瘤有效预防、诊断和治疗提供重要基础，提升中国儿童恶性实体肿瘤综合防治水平。

（陈飞飞）

北京中医药大学

概况

2022年，北京中医药大学设有良乡校区、和平街校区和望京校区，设置13个院（系、部），开设16个本科专业，覆盖6个学科门类；具有一级博士学位授权点3个，学术型二级博士学位授权点42个，专业型二级博士学位授权点9个；一级硕士学位授权点7个，学术型二级硕士学位授权点47个，专业型二级硕士学位授权点14个；博士后科研流动站3个，学校（含附属医院）博士后人员出站41人、退站3人、进站47人、在站148人。“双一流”建设学科3个。国家级一流本科专业建设点7个、北京市重点建设一流专业1个，北京市高校高精尖学科2个。学校由教育部举办，为医药院校。拥有教室196间，均为网络多媒体教室。图书馆拥有图书141.81万册，教学用计算机4549台。图书馆数字资源量中电子图书167.46万册、电子期刊21.15万册、学位论文952.63万册、音视频2万小时。教育部重点实验室3个、教育部工程研究中心4个、北京市教委重点实验室2个、北京市科委重点实验室4个、北京市教委工程研究中心1个、国家中医药管理局重点研究室10个、国家级实验教学示范中心1个、北京市实验教学示范中心4个。高考北京地区提档线不限选考专业组580分、物理/化学/生物专业组603分，护理专业提档线516分。网址：www.bucm.edu.cn。

2022年，学校接受教育部党组巡视，再次入选国家“双一流”建设高校，在党建思政、人才培养、师资建设、学科建设、科学研究、社会服务等方面，取得一系列标志性成果，学校综合实力显著提升，中医药特色世界一流大学建设迈向新高度。

党建思政。新增“全国党建工作样板支部”培育创建单位2个。获评北京市级课程思政示范课、教学名师及团队8个。在“挑战杯”大赛、“互联网+”创新创业大赛中，获国家级铜奖3项，北京市金奖9项、银奖10项，创历史新高。中医药博物馆获批首批全国科普教育基地。

教育教学。新增国家级一流本科专业建设点1个、北京市级一流本科专业建设点7个。新增教育部虚拟教研室建设试点1个，入选虚拟教研室总数居中医药院校之首。“十四五”规划教材主编数量居中医药院校之首。建设国家中医临床教学案例共享资源库。获批国家医学攻关产教融合创新平台。获教育部产学协同育人项目13个。首获全国高校教师教学创新大赛二等奖1项。获北京市本科教学改革创新项目4个。获北京市高等教育教学成果奖7项，首获特等奖。60个基地获评北京市“就业名师工作室”“丹心计划”基地。

学科科研。中医学、中西医结合2个学科持续保持全国领先地位。获批国家级重点项目6个，国家级社科项目5个，居中医药院校首位。获国家自然科学基金项目93个、科技部基础资源调查专项1个。获教育部科学技术一等奖，中华中医药学会科技奖励17个，居全国中医药院校首位。获批国家中医药传承创新中心建设单位、培育单位各1个，获批教育部工程研究中心1个。成果转化合同总额1.50亿元，创历史新高。

师资建设。新增国医大师2人，全国名中医3人，第五批全国中医临床优秀人才20人，全国老中医药专家学术经验继承工作指导教师47人、继承人94人。新增国家级人才5人、青年岐黄学者6人、北京市科技新星1人，博士后中标基金和项目37个。获全国高校黄大年式教师团队1个，北京高校优秀本科育人团队1个、北京市优秀教师3人、北京市青年教学名师1人。实施“壶天博士后”、管理人才成长计划、支撑人才成长计划等8个人才项目，人才生态体系基本建立。

交流与合作。牵头成立上海合作组织医学大学联盟，首批联盟院校20余所。与市中医药管理局共同主办国际服贸会北京中医药创新发展论坛。与中国生物技术发展中心主办中国APEC合作基金“传统药物科技创新的监管科学与国际共享”国际研讨会。与北京同仁堂集团公司签署战略合作协议，围绕中药学科建设、人才培养、科技研发等方面开展合作。获“中医药创新转化示范单位”“高校知识产权信息服务共建单位”等称号。

特色冬奥会服务。59名赛会志愿者，220名城市志愿者和4名医护志愿者服务于北京冬奥村（冬残奥村）、国家体育馆、国家速滑馆等竞赛场馆。冬奥会期间服务时长2.78万小时。志愿服务队获评北京2022年冬奥会和冬残奥会服务保障贡献集体。学校专家团队走进冬奥村开展中医义诊、健康讲座，提供新冠防疫冲剂15000剂。启动弘扬“北京冬奥精神”系列活动之全球中医药文化推广行动。“10秒”中医药体验馆接待外国运动员及随行官员2000余人。中医药体验馆14名师生志愿者在冬奥村连续工作30天，服务4200余小时。“10秒”中医药体验馆以“中医药+科技+国潮文化”呈现模式成为向国际展示中医药文化重要窗口，是北京“双奥之城”又一鲜明独特名片。

党委书记 谷晓红
校　　长 徐安龙

（齐佳兵）

“10秒”中医药体验馆亮相国际服贸会

8月31日至9月5日，北中医“10秒”中医药体验馆亮相2022年国际服贸会。体验馆位于中医药服务C位展区，将冬奥村、冬残奥村“望而知之屏”复刻在场馆中，通过盲盒模式交互体验，为参观者展示涵盖中医药重要知识点科普短视频，提供具有国风特色沉浸式、互动式体验。通过展示数字中医药文化品牌和创新成果，呈现中国中医药产业在临床医疗、健康养老、医药科技等服务管理领域探索和深耕，助力进一步推进“健康中国”建设、培育中医药健康文化、拓展中医药健康生态产业新环境。“10秒”中医药体验馆形成中医药文化国际传播新范式。体验馆接待千余人次。

（齐佳兵）

与同仁堂集团公司签署战略合作协议

10月25日，北中医与北京同仁堂集团公司签署战略合作协议。根据协议，双方整合优势资源，在中药学科建设、人才培养、科技研发等方面开展全方位合作。通过开辟中药学人才培养新模式，开展中医药行业原创性科技攻关，推动中医药科研成果转化，助力医疗卫生领域创新发展，推动中医药文化传播。

（齐佳兵）

2月，北中医10秒中医药体验馆亮相冬奥村

（北中医　供）

北京师范大学

概况

2022年，北京师范大学设有北京校区和珠海校区，设置3个学部、32个学院、2个系、10个研究院，开设74个本科专业，覆盖10个学科门类；具有一级学科39个；一级学科博士点35个、专业学位博士点2个；一级学科硕士点39个、硕士专业学位授权类别15个；博士后科研流动站28个，其中博士后研究人员出站132人、进站159人、在站497人。中国科学院院士1人、中国工程院院士1人。“双一流”建设学科12个，国家级一流本科专业建设点46个、北京市级一流本科专业建设点6个，北京高校重点建设一流专业2个，北京高校高精尖学科3个。学校由教育部举办，为师范院校。拥有教室529间，其中网络多媒体教室504间。数字终端35369台，其中学生终端16676台、教师终端15203台。数字资源量中电子图书820.35万册、电子期刊18.91万册、学位论文1997.31万册、音视频39.21万小时。国家重点实验室4个、国家工程研究中心1个、国家野外科学观测研究站1个、北京高精尖创新中心1个、北京重点实验室12个。高考北京地区提档线不限选考专业组659分、物理必考专业组662分、物理/化学专业组664分、思想政治必考专业组661分、历史/地理专业组668分。网址：www.bnu.edu.cn。

2022年，学校迎接建校120周年、学习习近平给学校“优师计划”师范生重要回信精神。

庆祝建校120周年。总结发展历程和办学经验，凝练“红色师范”精神内涵和独特品格。举办校庆大会和青春歌会，制作学校宣传片、校歌MV、校庆文创产品，推出“百廿京师教育兴邦”展览。

学科建设取得突破。12个学科入选“双一流”建设学科。加强马克思主义理论一级学科建设，实施基础学科振兴计划。

推进“强师工程”。“优师计划”招生规模增至603人，覆盖17个省。实施“四有”好老师启航计划，推出就业激励、职后支持、终身服务一揽子举措，774名毕业生入选。建成“强师在线”基础教育教师成长公益平台，面向全国教师免费开放。启动“百千万”（百县、千校、万师）计划，助力中西部教师素养提升。打造教育学、教育心理学、现代教育技术、中国教育改革与发展4门“教师素养类”通识必修课。

提高人才培养质量。建立资源投入与招生计划联动机制。完成一级学科和专业学位类别学位授予质量标准修订；成立课程思政教学研究中心，获评北京市课程思政示范课程8门；设立“十四五”期间高等教育领域教材建设项目。制定《书记校长访企拓岗就业促进专项行动实施方案》，发布《院（系）就业工作责任清单》，实行“1+2+5包干制度”（1次简历修改、2次面试指导、5个适配单位）。获北京市高等教育和基础教育教学成果奖45项。

深化“一体两翼”（北京校区和珠海校区为两翼，一体化办学）格局。一批一流建设学科和A类学科落户珠海，在珠海校区建设国家安全学、人工智能、遥感科学与技术3个交叉学科。完善珠海校区治理架构和制度体系，建设理工综合体未来教育大楼。西城校园保护性利用、昌平校园F区获北京市重点建设项目立项。

科研创新和社会服务能力增强。获批国家社科基金项目85个、北京市社会科学基金项目21个；获国家社科基金冷门绝学研究专项学术团队项目1个，国家自然科学项目231个，国家重点研发计划项目18个、课题29个，省部级及其他项目58个。获商务部商务发展研究成果奖2项、教育部科技成果奖4项。获批省部级科研平台6个。7个教研室入选教育部首批虚拟教研室建设试点名单，获批高校国家知识产权信息服务中心，成果转化项目20余个。天地空一体化生物多样性监测和管理系统获科技部邀请入选“奋进新时代”主题成就展。发布《全国“双减”成效调查报告》。

拓展境外交流与合作。与六大洲45个国家245所高等院校和相关机构签署双边合作协议，新增双学位项目8个，日本东北大学历史学拔尖创新人才交流项目立项。线上引进牛津大学导师辅导制模块及专业课程资源，开展国际组织人才培养课程建设，实施“全球发展战略合作伙伴计划”。主办中非教育学院院长论坛、全球美育大会，合作举办“联合国国际教育日——中国活动”、全球智慧教育大会等。推进中俄教育类高校联盟、中美青年创客交流中心、中芬联合学习创新研究院建设。

服务保障北京冬奥会。393名师生组成冬奥志愿者团服务国家速滑馆、国家体育馆、五棵松体育中心、国家雪车雪橇中心4个场馆25个业务领域。冬奥志愿服务团队获评北京2022年冬奥会、冬残奥会北京市先进集体。

党委书记 程建平
校　　长 董奇（5月30日免）
马骏（5月30日任）

（申政）

中非教育学院院长论坛

6月15日至16日，北师大线上召开2022中非教育学院院长论坛。论坛围绕“共同构想教师教育，迈向中非命运共同体”主题展开交流研讨，在教师教育发展路径、政策实践与学术研究等方面贡献经验。中国、尼日利亚、埃塞俄比亚等国教育学者、国际机构官员及中非多所高校师生1400余人在线参加。举行3场分论坛，分别围绕“新技术促进教师教育：成就与挑战”“高质量乡村教师的培养：政策、实践与研究”“迈向和平与人类命运共同体的教育”主题展开。

（申政）

9月8日，北师大举行庆祝第38个教师节暨建校120周年庆祝大会。图为“启航计划”毕业生授旗仪式　　（北师大　供）

“强师在线”上线

7月8日，北师大“强师在线”高师基础教育支持乡村振兴公益平台上线发布。该平台是服务于乡村教师专业发展公益平台，引入40所高等师范院校基础教育工作研究会理事单位资源课程，向乡村振兴县发送“强师在线”使用账号，面向832个脱贫县中小学教师开展在线培训、提供专业发展支持。首批课程资源服务10个脱贫县。

（申政）

建校120周年庆祝大会

9月8日，北师大举行庆祝第38个教师节暨建校120周年庆祝大会。怀进鹏现场宣读习近平给北师大“优师计划”师范生重要回信并致辞。教育部、市委教育工委、市教委相关负责人、校友代表等参会。会议举行第三届“四有”好老师终身成就奖颁奖仪式及“启航计划”毕业生授旗仪式，通过学习强国、人民日报、微博等平台全程直播。北师大前身为1902年创办的京师大学堂师范馆，1912年改称北京高等师范学校，1923年升格为国立北京师范大学校，1929年独立设置为国立北平师范大学，1931年国立北平大学女子师范学院并入北平师大，1949年恢复“北京师范大学”校名，1952年辅仁大学主体并入北师大，逐步形成现在规模。

（申政）

首都师范大学

概况

2022年，首都师范大学设有南校区、北一校区、北二校区、东一校区、东二校区、良乡校区、通州校区、来广营校区和北戴河校区，设置30个院（系、部），开设59个本科专业，覆盖10个学科门类；一级学科博士点18个、专业学位博士点1个；一级学科硕士点25个、二级学科硕士点2个、硕士专业学位授权类别16个；博士后科研流动站14个，其中博士后研究人员出站27人、进站39人、在站116人。硕士生导师1149人，博士、硕士导师409人；中国科学院院士1人。“双一流”建设学科1个，国家级一流本科专业建设点10个、北京市级一流本科专业建设点9个，北京高校高精尖学科5个。学校由北京市举办，为师范院校。拥有教室494间，其中网络多媒体教室268间。数字终端20503台，其中学生终端1101台、教师终端234台。数字资源量中电子图书178.86万册、电子期刊18.04万册、学位论文989.95万册、音视频22.43万小时。国家应用数学中心1个，国家野外科学观测研究站1个、省部共建国家重点实验室培育基地1个、国家国际科技合作基地1个、省部共建教育部重点实验室3个、教育部工程研究中心1个、教育部科技成果转化基地1个、国家语委科研基地1个、国家知识产权试点高校1个、北京实验室1个、北京高精尖创新中心1个、北京市重点实验室11个、北京市高等学校工程研究中心2个、北京市工程技术研究中心1个、北京市工程实验室1个、北京市科技成果转化平台1个，北京市知识产权示范单位1个、北京市社会科学与自然科学协同创新研究基地1个。高考北京地区提档线不限选考专业组571分、不限选考专业组（提前批）547分、物理必考专业组(师范)568分、物理必考专业组576分、物理/化学专业组563分、物理/化学/生物专业组571分、物理/化学/地理专业组585分、历史必考专业组592分、地理必考专业组586分、政治必考专业组（提前批）577分。网址：www.cnu.edu.cn。

2022年，学校精心组织实施“十四五”规划和“攀登计划”（以奋力实现进入全国师范类大学“第一方阵”为发展目标，全面推进学校综合改革，深化未来发展战略布局），继续坚持党对“双一流”建设全面领导，高质量建设“双一流”。

人才师资。自主培养“万人计划”教学名师2人，国家自然科学基金优秀青年项目获得者2人、青年北京学者2人、国家级青年人才优青（海外）1人，市级海外高层次青年人才项目10余人。1个团队入选第二批全国高校黄大年式教师团队。1个团队获教育部自然科学奖二等奖，1个团队获北京市自然科学奖二等奖。举办首届校长奖学金颁奖仪式暨优秀学生事迹报告会。

学科建设。成立艺术学部。1个学科入选第二轮“双一流”建设学科。庆祝京疆学院成立十周年。

科学研究。新增国家科技创新2030“脑科学与类脑研究”重大项目1个、国家自然科学基金项目47个、优秀青年科学基金项目2个、青年科学基金项目15个、重点项目1个、专项项目2个。新增专利合作条约（PCT）国际专利3件、国内专利87件、国内授权专利148件、软件著作权102件，完成科技成果转化项目9个。获北京市教育教学成果奖24项。获批国家社科基金项目25个，其中重大项目4个、重点项目7个；教育部哲学社会科学项目21个，其中重大课题攻关项目1个；中央其他部委项目3个；北京市社会科学基金项目19个，其中重大项目2个、重点项目8个。新增省部级哲学社会科学研究基地2个，中国诗歌研究中心通过教育部高校人文社会科学重点研究基地测评。

服务冬奥会。完成2022年北京冬奥会、冬残奥会志愿服务工作，派出志愿者900余人，15名骨干教师参与带队组织工作，赛会志愿者涉及5个领域、22支团队。

党委书记 孟繁华
校　　长 方复全

（程诗惠）

首届校长奖学金颁发

6月30日，首师大首届校长奖学金颁奖。经过学生本人申请、院系推荐、专家评审、学校审定等程序，2名博士生、2名硕士生、10名本科生获一等奖；6名博士生、7名硕士生、10名本科生获二等奖。校领导为获奖学生颁发奖杯和获奖证书。校长奖学金是学校营造浓郁学术氛围、优良学风重要举措，是发挥优秀学生引领作用示范平台，是培养“为学为师、求实求新”新时代首师大学子有效途径，旨在激励学生勤奋学习、创新进取，提升人才培养质量，助力学校“双一流”建设。

（程诗惠）

艺术学部成立

10月29日，首师大举行艺术学部揭牌仪式。艺术学部统筹美术、音乐学院、中国书法文化研究院等校内教学科研单位建设力量，通过开展重大项目攻关、重大成果培育，成为跨院系艺术学科建设平台，是优化整合全校艺术学科建设资源的重要改革实践。教育部、市教委相关部门负责人，清华大学、中国音乐学院等学校相关院系负责人参加活动。活动同时举办“面向新时代的中国艺术学科建设”高端论坛，围绕中国艺术学科实践与研究融合融通艺术学科建设之路等话题开展研讨。来自清华、北京师范大学、中国艺术研究院、北京舞蹈学院等单位60余名专家学者参加会议。

（程诗惠）

首都体育学院

概况

2022年，首都体育学院设有蓟门校区、知春路校区和凤凰岭校区，设置9个院（系、部）、2个直属研究机构，开设15个本科专业，覆盖1个学科门类；具有一级学科2个；一级学科硕士点2个、二级学科硕士点6个、硕士专业学位授权类别2个；博士后科研工作站1个，其中博士后研究人员进站2人、在站2人。硕士生导师145人，博士、硕士导师44人。国家级一流本科专业建设点9个、北京市级一流本科专业建设点3个，北京高校重点建设一流专业2个，北京高校高精尖学科1个，北京市重点建设学科3个。学校由北京市举办，为体育院校。拥有教室70间，其中网络多媒体教室61间。数字终端1445台，其中学生终端546台、教师终端611台。数字资源量中电子图书74.53万册、电子期刊14.48万册、学位论文480.97万册、音视频1.67万小时。北京重点实验室1个，国家体育总局重点实验室1个。高考北京地区提档线不限选考专业组487分。网址：www.cupes.edu.cn。

2022年，学校召开第三次党代会，以党建引领“体医工”融合创新发展，高水平特色型大学建设取得新成效，多项标志性办学指标实现跃升。新校区项目总体规划方案获市发展改革委和市规划自然资源委延庆分局批复，启动勘察

2022年，首师大900余名志愿者参与北京冬奥会志愿服务
（首师大　供）

设计招标等工作。

思想建设与学习扎实推进。组织中心组学习 16 次、实践学习 2 次、专题研讨 10 次。打造“入脑入行、提质增效”系列主题党日，带领支部书记、先进代表宣讲 240 场，举办首届“青马班”。

党的建设工作全面加强。实施“四个三”（指基层组织书记党务本领、功能建设、示范引领“三项提升”计划；支部引领科学研究、引领教研室建设、引领社会服务保障团队“三个引领”机制；组织生活创新理论、专业技能、课程思政“三纳入”新体系，校、院班子成员、支部书记宣讲交流“三经常”新模式）支部赋能工程，党建重点任务完成率连续 4 年 100%，连续 7 年获高校党建重点研究课题。获市级课程思政示范课程 8 项。1 个支部获“全国样板支部”培育创建单位。7 个项目获评市教委“双百行动计划”优秀项目和“乡村振兴”行动计划优秀奖。

奥林匹克教育深化拓展。牵头成立中俄体育院校联盟。深化拓展奥林匹克教育“北京模式”，成果在国际服贸会上向全球发布。继承冬奥成套电子档案及实物遗产近万件，全球唯一奥林匹克教育博物馆入选首批全国科普教育基地和国家体育科普基地。

学科和专业建设持续推进。自主设置目录外二级学科体育工程学。体育教育专业通过师范类专业二级认证。6 个专业获批国家和北京市一流本科专业，入选国家“双万计划”比例 80%。获北京市高等教育教学成果奖 6 项。市级教学改革创新项目 4 个、北京高校优质本科课程 5 门、优质本科教材课件 4 个、北京高校优秀本科育人团队 1 个。学生在北京市“挑战杯”竞赛中取得 2 银 7 铜历史最佳成绩。

高层次人才发展继续加强。选任干部 17 人，获批北京市外籍高层次人才资助项目，引进冬奥组委原高级顾问来校任教，成为学校首名外籍教师。博士后科研工作站首批 2 名博士后进站。引进高层次人才 4 人，公开招聘海内外知名院校人才 19 人。1 人获北京市优秀教师，2 人获北京市高等学校青年教学名师。1 人获首都劳动奖章。参与修订《中华人民共和国体育法》。

科技创新和成果转化取得突破。新布局 7800 平方米科学训练与主动健康平台。成立科协组织。获批国家重点研发计划项目 1 个，国家社科基金项目 2 个，省部级项目 12 个，科研经费 2672 万元。发表核心期刊论文 48 篇。新申报专利 45 项，新增专利授权 5 项，再创历史新高，多个项目获采纳，成果转移转化实现零突破。4 个项目获首批分类发展项目支持 1950 万元。

育人环境全面提升。奥运书屋揭牌，大学生创新创业教育中心全新亮相，5G+4K 超高清演播中心落成投入使用，近 40 座奥运主题雕塑落户校园，首批通过“绿色学校创建”达标验收。北校区足球场、冬奥会服务学校场馆场地条件建设全面修缮，学生服务中心修缮改造等 4 项工程获 1780 万元支持陆续开工。食堂实现社会化改革。危旧平房翻建置换方案基本完成。

交流合作与社会服务加强。举办首届体育风云科技奖。牵头筹建中国人工智能学会体育人工智能专业委员会，承办 2022 全球人工智能技术大会智能技术与人体运动专题论坛，首次在北美地区联合主办科研学术研讨会——国际体育运动与健康论坛，主办国际奥林匹克教育论坛等多项高水平学术会议。建成中小学体育教育研究服务平台，试点全市 30 余所学校 6000 名学生。《体育教学》杂志面向全国举办系列专题培训。

利用专业优势助力北京冬奥会。700 余名师生直接参与、450 余名师生进入闭环，任务点位遍及 3 个赛区全部 13 个场馆，完成竞赛执裁、OBS 转播、志愿服务等赛时工作。承担“科技冬奥”重点专项，自主研发“北斗+冬奥”雪上智慧服务保障系统在比赛现场示范应用。与合作单位完成北京 2022 年冬奥会和冬残奥会官方总结报告，国家社科基金重大项目北京冬奥遗产战略研究取得重要成果。2 个集体、4 名个人分别获评北京 2022 年冬奥会和冬残奥会北京市先进集体和先进个人。

党委书记 何明
院　　长 张霞

（申珊）

国际奥林匹克教育论坛

6 月 23 日，首体院在第 75 个国际奥林匹克日之际举办国际奥林匹克教育论坛。论坛以“以奥林匹克运动构筑中希友谊之桥”为主题，是北京国际奥林匹克学院成立以来首次学术研讨活动。2022 年恰逢中国与希腊建交 50 周年，中希两国奥林匹克学者专家，围绕奥林匹克教育进行

2022 年，首体院完成体育专业考试
（首体院　供）

讨论。论坛开幕式上，院长和国际奥林匹克学院（希腊）院长签署两校合作备忘录。

（申珊）

科学技术协会成立

7月7日，首体院召开科学技术协会成立大会暨第一次会员代表大会。会议表决通过《科学技术协会章程（草案）》《科学技术协会第一届委员会委员选举办法（草案）》并选举产生科学技术协会第一届委员会委员。北京市科协相关领导参加会议并讲话。成立科学技术协会，是学校向建设世界一流体育大学迈进重要里程碑，旨在为师生搭建学术交流平台、科技合作平台、创新人才培育平台和科普教育平台，推动科技创新工作，更好服务广大教师投身体育科技创新实践之中。100余名代表参加会议。

（申珊）

第三次党代会

9月23日至24日，中共首都体育学院第三次党员代表大会召开。校党委书记作题为《立德树人固根本 守正创新再出发 全面开启世界一流体育大学建设新征程》报告，表决通过《第二届委员会工作报告》决议和《第二届纪律检查委员会工作报告》决议，并以无记名投票方式、按照差额选举办法，选举产生第三届委员会、第三届纪律检查委员会。市委教育工委领导参加会议并发表重要讲话。校领导、各学院负责人、党员代表125人参加会议。

（申珊）

国际体育运动与健康论坛

12月10日，首体院召开国际体育运动与健康论坛。论坛与中华预防医学会体育运动与健康分会、国际体育与健康组织联合主办，围绕“大数据赋能体医融合”主题，美国、加拿大、中国等国家和地区体育、医学、大数据领域专家学者探讨数据赋能体医融合内容、方法、路径等，明晰数据促进体医融合的意义、路径和关键技术，推动体医工融合学科建设。论坛是学校首次在北美地区联合主办科研学术研讨会。

（申珊）

9月23日至24日，中共首都体育学院第三次党员代表大会召开
（首体院 供）

北京外国语大学

概况

2022年，北京外国语大学设有东校区和西校区，设置26个院（部），开设121个本科专业，覆盖8个学科门类；具有一级学科13个；一级学科博士点2个、二级学科博士点19个；一级学科硕士点11个、二级学科硕士点43个、专业硕士点8个；博士后科研流动站1个，其中博士后研究人员出站16人、进站20人、在站70人。博士生导师116人、硕士生导师358人。“双一流”建设学科1个，国家级一流本科专业建设点54个，北京市级一流本科专业建设点18个，北京高校重点建设一流专业2个，北京高校高精尖学科1个。学校由教育部举办，为语文院校。拥有教室391间，其中网络多媒体教室246间。数字终端7852台，其中学生终端1907台，教师终端5945台。数字资源量中电子图书216.12万册、电子期刊6.47万册、学位论文728.69万册、音视频2.98万小时。高考北京地区一批次提档线不限选考专业组635分，历史必考专业组641分。网址：www.bfsu.edu.cn。

2022年，学校持续践行习近平给学校老教授重要回信精神，传承红色基因，服务国家战略，深入推进新一轮“双一流”建设，在党建思政、人才培养、科学研究等方面取得工作成效。

扎实有效开展思政工作。制定《十大育人体系建设方案》《本科教育课程思政建设实施方案》。创新课堂教学，高质量开好“习近平新时代中国特色社会主义思想概论课”，开展多语讲形势政策课。入选教育部第三批“全国党建工作样板支部”培育创建单位。

不断深化教育教学改革。再次入选第二轮“双一流”建设高校及建设学科名单，建设学科为外国语言文学。有序推进与中国人民大学、中国政法大学等高校联培或辅修项目，与北京大学、清华大学启动部分优质通识课程校际互选。1项成果获2021年北京市高等教育教学成果奖特等奖，4项获一等奖。5个教研室入选教育部首批虚拟教研室建设试点名单。

系统推进教材建设。学校翻译《习近平总书记教育重要论述讲义》

8月，北外出版《理解当代中国》多语种系列教材

（北外　供）

英文版出版发行。作为“三进”工作试点高校，将《习近平谈治国理政》多语种版本融入外语专业核心课程。9个外语语种和国际中文39部教材正式出版，并在全国高校推广使用。牵头整合全国11所高校优势力量，出版《理解当代中国》系列教材；编制完成“101工程”非通用语种振兴计划，分批建设基础薄弱或自编教材空白语种专业，第一批次31个语种取得实质性进展。加大对非通用语专业核心、共性课程教材统筹力度，启动实施一流非通用语专业核心课程系列教材项目。开展首届教材建设奖评选工作，充分发挥全国教材建设奖示范引领作用。

加强师资队伍建设。1个团队入选全国高校黄大年式教师团队。加强非通师资队伍培养，选拔第四批非通用语种师资研究生，派往10个对象国或国外高水平大学学习10种非通用语。建立“传帮带”教师发展基地，落实教师集中理论学习制度。成立党委教师工作委员会，推进教师工作部实体化建设，配备专职工作人员。发挥师德建设与监督委员会作用，制发《师德师风学习手册》，加大师德失范行为处理和师德考核力度。在新疆大学和中国石油大学（北京）克拉玛依校区建立教师社会实践基地，推进高层次人才、新入职教师等各类人员国情研修。

完善研究生培养制度。修订《研究生培养工作规定》，制定《研究生教育教学改革与研究项目管理办法》。修订博士、硕士培养方案，开展研究生培养与管理奖评选，落实学术创新奖励，鼓励赴海外高层次院校开展交流学习、参加国内外学术会议。

加大学科建设力度。首次以“区域国别学”二级学科开展研究生招生。联合全国多所高校成立全球区域国别学共同体、中国区域国别学共同体等学术组织，推动区域国别学学科建设与发展。

产出重大标志性成果。获批国家社科基金重大项目1个，教育部哲学社会科学研究重大课题攻关项目1个，国家级科研项目27个、省部级科研项目47个。制定科研系列制度文件。“一带一路”国家文化教育大系出版24部专著，“多语种讲中国文化”项目出版21部教材，全球指数研究项目开发研制21个指数、完成专著6本，人工智能与人类语言重点实验室获批教育部哲学社会科学实验室（培育）。2人获第八届鲁迅文学奖文学翻译奖。

推进国内国外合作交流。与四川省政府签署全面深化战略合作协议；适应国际中文教育事业发展，完成孔子学院转隶工作，并实现实质存续。《国际儒学》英文版创刊发布。在国内首发国际传播能力系列指数方阵。

北京冬奥会保障服务。900余名师生参与冬奥志愿服务。冬奥志愿服务团队、北京2022年冬奥会和冬残奥会多语言呼叫中心分别获评2022年北京冬奥会、冬残奥会北京市先进集体。部分冬奥志愿者获评北京2022年冬奥会、冬残奥会北京市先进个人。

党委书记　王定华

校　　长　杨丹

（崔文馨　吴天宇　邱显峰）

两部作品获鲁迅文学奖文学翻译奖

8月25日，北外阿拉伯学院教授翻译《风的作品之目录》和英语学院副教授翻译《不完美的一生：T.S.艾略特传》获第八届鲁迅文学奖文学翻译奖。《风的作品之目录》是阿拉伯诗人阿多尼斯诗集，诗中蕴含着深邃思想性和哲理性，通过极富想象力意象，鞭笞丑恶的政治现实，抒发深沉的爱国情感，表达对人类未来忧患意识，是兼具艺术性和思想性传世佳作。《不完美的一生：T.S.艾略特传》是英国学者林德尔·戈登所著的诗人艾略特传记，最权威的艾略特传记之一，呈现艾略特心灵史。该书于2019年首次引入中国，由上海文艺出版社出版。鲁迅文学奖创立于1986年，由中国作家协会主办，每4年评选一次，是中国最具影响力文学奖之一，此次10部作品获文学翻译奖提名，最终5部作品获奖。

（吴天宇）

与四川省签署全面深化战略合作协议

11月25日，北外与四川省政府签署全面深化战略合作协议。根据协议，北外将集合学科力量，发挥研究专长，以共建共享“全球语言服务平台、全球指数平台、全球领导力平台”为牵引，推动构建新交流合作纽带，更好助力四川开展高端学术交流、汇集国际人才、共享全球智慧。双方于2016年开始战略合作。

（崔文馨）

北京第二外国语学院

概况

2022年，北京第二外国语学院设置18个学院，开设48个本科专业（包括29个语种专业），覆盖4个学科门类；

具有一级学科硕士点 5 个，二级学科硕士点 29 个、硕士专业学位授权类别 6 个；联合培养博士点 2 个，联合共建博士后工作站 2 个。国家级一流本科专业建设点 15 个、北京市级一流本科专业 14 个，北京高校重点建设一流专业 2 个，国家级特色专业 4 个，教育部专业综合改革试点专业 1 个，北京高校高精尖学科 2 个。学校由北京市举办，为语文院校。拥有教室 259 间，其中网络多媒体教室 213 间。数字终端 5037 台，其中学生终端 2338 台、教师终端 2699 台。数字资源量中电子图书 132.30 万册、电子期刊 177.98 万册、学位论文 985 万册、音视频 4.80 万小时。省部级研究基地及协同创新中心 10 个、教育部备案国别和区域研究中心 8 个、校级研究院 17 个、实验室 3 个；1 个期刊社并主办 2 个重要期刊。高考北京地区提档线不限选考专业组（1）532 分，不限选考专业组（2）524 分。网址：www.bisu.edu.cn。

2022 年，文化和旅游部复函北京市政府，正式确认共建二外。学校修订章程，在多个领域、多项重点工作中取得重要进展、重大突破。

条件保障。启动合同线上审批管理。完成校办企业体制改革工作，构建“1+3”（1 家一级企业和 3 家二级企业）校办企业架构。非学历教育项目全部实现自招、自办、自管。推动“5G 进校园”整体落地，强化校园数据集成与服务功能，加强软件正版化和网络安全教育。建成 24 小时无人值守图书阅览室。

人才培养。开展新青年全球胜任力人才培养计划。全英文在线课程“中国税法概论”入选教育部国家智慧教育公共服务平台，并入选“奋进新时代”主题成就展。制定《关于进一步加强学风建设的实施办法》《“梧桐奖章”评选办法》《“校长奖章”评选办法》。实施学生综合测评改革，建立“红色素养成绩单”。连续两年获批中国科协精品项目及学风涵养工作室资助。高校毕业生就业协会学术委员会秘书处落户学校。1 门课程入选北京高校就业创业金课。14 个团队在中国国际“互联网+”大学生创新创业大赛、首届“京彩大创”北京大学生创新创业大赛中获奖。制定或修订教育制度 11 项，完成《研究生教育行动计划》制度建设目标。2 门课程、2 个教学团队入选北京高等学校课程思政示范项目。试点《习近平谈治国理政》进 2022 年招生考核。1 个党支部入选“全国党建工作样板支部”培育创建单位。5 项教学成果获北京市高等教育教学成果奖。

学科建设。新增国家级一流专业建设点 4 个、北京市级一流专业建设点 9 个。上线运行学科数据管理与应用分析平台。推出《学科建设资讯》快报，定期报送学科建设和研究生培养最新情况。牵头组织编写《理解当代中国》阿拉伯语系列教材，并参与英语、日语、法语等语种编写工作，首批 39 本由外语教学与研究出版社出版。

科研工作。完成新一版学术委员会章程编制，形成新一届学术委员会组织机构。创建区域国别学院（研究院）；全国唯一对外文化交流（文化贸易）基地落户学校。承接并完成中央宣传部、文化和旅游部、市委宣传部等部门专项委托课题近 30 项。独立承担北京市第十三次党代会报告、政府工作报告等文件翻译；2 个语种、2 名专家入选并参与党的二十大报告翻译。举办第六届中国青年旅游论坛暨首届全国旅游研究生学术年会。1 个教研室入选教育部第二批虚拟教研室建设试点名单。

师资建设。启动首批 16 个新时代师德师风建设研究专项。承办首届北京市属高校青年教师教学能力提升培训班，开设青年教师金课打造训练营。持续推进领军学者计划、拔尖人才培育发展支持计划、青年英才培育发展支持计划，2 人获评北京市优秀教师，3 人获“资深翻译家”称号。优化 4 个二级学院内设机构设置，成立国际教育学院（国际培训学院）、1 个二级学院内设机构。推进工资改革，扩大二级单位薪酬分配自主权。获批北京高校市级就业指导名师工作室，成立青年职业技能创新工作室。3 个团队获北京高校教师教学创新大赛奖。

交流合作。新增 12 所合作院校，签署 34 份合作协议。与马来西亚管理与科学大学签署共建东盟经济、文化和旅游研究中心协议。加入拉美国际中文教育工作机制小组，承接国别中文教育项目。获批 3 个国家留学基金委“项目制”资助，爱沙尼亚语全班获批国家留学基金委“个人制”全额奖学金资助，实现非通用语种专业整班派出。获批与罗马尼亚皮特什蒂大学合建新孔子学院，数量达到 7 所。启动“白玉兰”共同家园建设行动，设立“白玉兰奖章”表彰外籍教师。发起并举办首届外语外贸类高校国际化工作研讨会。国际学生参与录制非遗传承节目，教授担任“丝绸之路”国际旅游和文化遗产大学副校长。参与共建的墨西哥奇瓦瓦自治大学孔子学院成立 15 周年。

冬奥会服务。冬奥志愿服务团队 362 人，包括带队教师 5 人，学生 357 人（其中少数民族学生 42 人，港澳台籍学生 3 人，国际学生 11 人），在北京、延庆两地赛区、8 类岗位、22 个场馆设施和酒店，累计服务 9.20 万小时。与清华大学、中国传媒大学、中国外文局等 10 家单位合作研发基于 5G 冬奥赛事和中国文化多语种全球传播服务平台（https://bj-2022.com），包含超千万条冬奥资讯，以

2022 年，二外修改校徽

（二外　供）

29 种语言向世界介绍北京冬奥会，覆盖全球 140 余个国家和地区。

党委书记　顾晓园（9 月 28 日免）

校　　长　计金标

（张胧賸　王薇）

3 名老教师获“资深翻译家”称号

4 月 1 日，二外 3 名老教师卢友络（日语）、纪焕祯（阿拉伯语）、鲍兆燕（阿拉伯语）获中国翻译协会“资深翻译家”称号。至此，学校有 26 名老教师获得此称号。中国翻译协会是中国翻译领域唯一全国性社会团体，该荣誉称号是对多年来为中国翻译事业作出卓越贡献翻译家充分肯定，是对长期奉献翻译事业专家学者突出业绩和敬业精神高度评价，是广大翻译工作者极高荣誉。

（王薇）

3 个新机构成立

4 月 25 日和 8 月 13 日，二外分别成立青年职业技能创新工作室、区域国别学院（研究院）和对外文化交流（文化贸易）研究基地。青年职业技能创新工作室隶属教师发展中心、校工会，拥有教师 10 余人，包括高级职称 7 人。工作室以青年教师教学基本功大赛及青年管理干部基本功大赛为契机，实现“以赛促教”“以赛促学”和“以赛促能”目标，提升青年教师及管理干部综合素质，旨在建立一支教学基本功扎实、学科素质高、管理水平强教师及管理干部队伍。至 10 月底，技能团队派出人员 24 人次，开展 17 场交流学习活动，对接指导一线青年教师 70 余人，实现教学技能研讨、授课经验交流和比赛经验分享全过程指导。区域国别学院（研究院）按照二级学院建制组建，独立开展人才培养、学术研究、社会服务和学生管理工作，主要承担学科发展、人才培养、科学研究、智库服务和人文交流五项职能。同步成立中国区域国别高等研究院，隶属于区域国别学院，为校级实体研究机构，承担学校区域国别科学研究、智库建设和社会服务等职能，下设全球治理理论研究、国际组织研究、国际区域政策研究、中国国际话语权研究 4 个中心。对外文化交流（文化贸易）研究基地由中央宣传部在学校设立，为全国唯一该领域研究基地，是为落实党中央关于提高国家文化软实力和中华文化影响力部署要求成立，通过研究基地建设工作，更好统筹国内外资源，汇集国内外文化贸易理论实践研究力量，发挥国家文化贸易领域高端智库作用，准确把握国际文化贸易规则，促进海内外文化市场有效拓展，推动中华文化有效推广和传播，提升中华文化国际影响力。基地设立标志中华文化“走出去”特色研究基地迈出实体基地建设机制化、制度化、规范化重要一步。

（王薇）

与马来西亚管理与科学大学签署共建协议

10 月 19 日，二外与马来西亚管理与科学大学签署共建东盟经济、文化和旅游研究中心协议。根据协议，双方在师生交流、科研合作方面互相促进。协议有效期 3 年。马来西亚管理与科学大学（Management and Science University）是一所综合性大学，拥有从预科到博士阶段 150 个专业，涵盖医学、商科、旅游管理、基础科学和社会科学 5 大学术领域，与世界 300 所高校建立合作关系。

（王薇）

北京语言大学

概况

2022 年，北京语言大学设置 2 个学部、15 个直属学院（系、教学部），开设 42 个本科专业，覆盖 9 个学科门类；具有一级学科博士点 2 个；一级学科硕士点 11 个、硕士专业学位授权类别 9 个；博士后科研流动站 2 个，其中博士后研究人员出站 4 人、进站 11 人、在站 28 人。博士生导师 62 人，硕士生导师 335 人，博士、硕士导师 74 人；国家级一流本科专业建设点 18 个、北京市级一流本科专业建设点 4 个，北京高校重点建设一流专业 1 个，北京高校高精尖学科 2 个。学校由教育部举办，为语文院校。拥有教室 287 间，其中网络多媒体教室 169 间。数字终端 1281 台，其中学生终端 998 台、教师终端 283 台。数字资源量中电子图书 310.80 万册、电子期刊 6.33 万册、学位论文 355.35 万册、音视频 15.66 万小时。北京高精尖创新中心 1 个。高考北京地区提档线不限选考专业组 591 分、物理必考专业组 587 分、物理 / 化学 / 生物专业组录取线 591 分。网

7 月 15 日，二外举行区域国别学院（研究院）成立仪式暨高峰论坛

（二外　供）

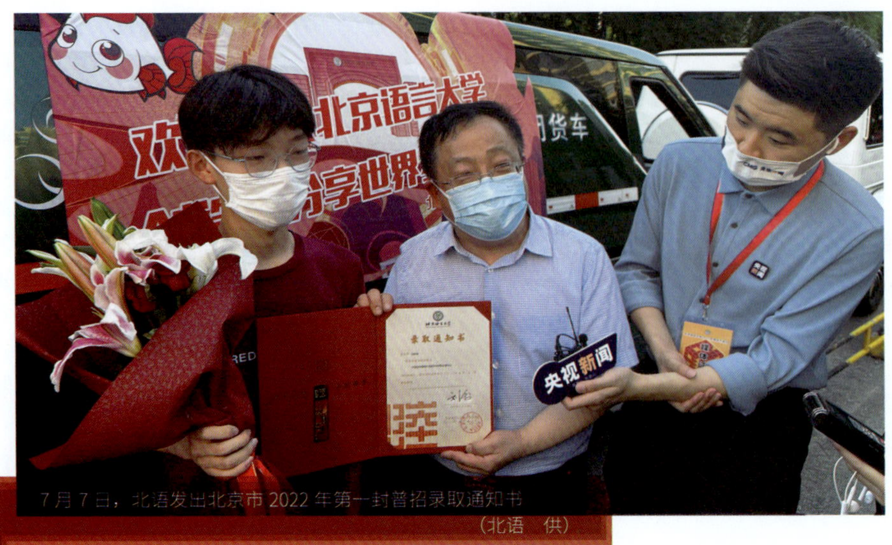

7月7日，北语发出北京市2022年第一封普招录取通知书

（北语 供）

址：www.blcu.edu.cn。

2022年，学校庆祝建校60周年，迎接党建和思想政治标准入校检查，全面推进高质量发展，实施“十大行动计划”，开展“人才培养质量年”建设，统筹做好日常教学科研工作，完成各项工作任务。

以高质量党建引领高质量发展。强化意识形态责任制落实。构建加强党的政治建设工作体系。服务乡村振兴战略和北京“四个中心”建设。着力加强基层党组织建设。

深入落实立德树人根本任务。将党的二十大精神有机融入思政课和专业课教学。完善由理论武装、学科教学、日常教育、管理服务、安全稳定、队伍建设、评估督导、国际学生教育8个体系以及运行和监督2个机制构成的“8+2”思政工作体系。制定全面推进“大思政课”建设工作方案。凝练“三全育人”经验做法，形成10种育人模式。着力加强教师思政和师德师风建设。

以建设“人才培养质量年”为抓手提高人才培养质量。修订转专业管理办法等制度。加强“中文国际传播”中国语言文学拔尖学生培养基地建设。丰富研究生教师荣誉体系和学生学术荣誉体系。面向国际学生创新开展复合型专业建设。基于国际中文智慧教育平台推进国际中文教育数字化转型。改进并加强教学督导和教学质量评估。国际中文领域首个教师教育学院和乔姆斯基研究所成立。成立特色服务出口基地（语言服务），成为全国仅有2所高校类语言服务出口基地之一。

以有组织科研服务国家战略。自主增设的“世界汉学与中国学”二级学科获教育部批准，开展中华文化研究与创新阐释。开展国家通用语言文字推广普及，推动成立国家应急语言服务团并加强建设，服务国家语言文字事业发展。加强国别和区域研究，推动各类智库建设，服务国家“一带一路”倡议和“人类命运共同体”建设。梁晓声青年文学中心揭牌成立。首个面向全球中文学习者的智慧教学平台——国际中文智慧教学平台1.0版正式发布。

持续提升教育对外开放水平。推动中外合作办学项目提质增效，与“一带一路”沿线国家建立多元教育交流合作，拓宽人文教育交流渠道。新增留学合作伙伴12个，新签合作协议40个。应对复杂形势稳妥推进孔子学院建设，持续推动新形势下国际中文教育事业高质量发展。成立世界汉学家理事会。与国家创新与发展战略研究会联合主办“百国青年共话人类命运共同体”中文演讲比赛，与教育部中外语言交流合作中心联合主办中海语言文化论坛。2名教师获2022年度“支持巴勒斯坦权利”学术外交国家奖。

完成校庆工作。坚持“节俭、热烈、精彩、安全”工作原则，设计“相联·相融·相爱·相约·相迎·相商”整体规划，以“讲述中国 亲睦世界”为主题组织开展系列校庆庆祝活动。推出首部校史题材话剧《梧桐》，建成校史馆。哈萨克斯坦共和国总统、校友卡塞姆·托卡耶夫发来贺信。

党委书记 倪海东

校　　长 刘利

（费凡）

3个研究部门成立

4月24日、9月17日和20日，北语分别成立梁晓声青年文学中心、特色服务出口基地（语言服务）和乔姆斯基研究所。梁晓声青年文学中心挂靠文学院，编制9人，开展梁晓声研究、知青文学研究等专题性研究，推动梁晓声文学作品在海外出版，推进中华文学海外传播，激发和培养青年学子文学创作研究热情。梁晓声是中国当代著名作家，中国作家协会会员，2002年起任北语中文系教授，2019年创作小说《人世间》获茅盾文学奖。特色服务出口基地（语言服务）是商务部、中央宣传部、教育部、中国外文局等部委联合批准设立全国特色服务出口基地，重

4月24日，北语举行首届梁晓声青年文学奖颁奖典礼

（北语 供）

9月16日，北语举行建校60周年文艺晚会。图为学校师生共唱校歌 （北语 供）

点聚焦4个领域做好教学科研和社会服务，开展语言智库研究与咨询，为政府部门和企业提供咨询和政策建议。乔姆斯基研究所为挂靠在语言学系下的学校虚体科研机构，专注于乔姆斯基及其理论研究，组织开展相关学术活动，借鉴“乔姆斯基革命”的语言科学研究思路，服务中国自身语言学人才的培养。

（费凡）

建校60周年大会

9月9日，北语召开建校60周年大会。会议线下线上同步举行，教育部和市教委相关领导分别发表讲话，哈萨克斯坦共和国总统、校友卡塞姆·托卡耶夫发来贺信，来自7个国家外交使节、知名校友及142名上级有关部门、企事业单位、国内兄弟高校嘉宾参加会议。校庆期间以“讲述中国 亲睦世界”为主题，举办系列庆祝活动。北语前身为1962年6月从北京外国语学院分出外国留学生办公室与出国留学人员培训部所成立的外国留学生高等预备学校。1964年6月，外国留学生高等预备学校更名为北京语言学院。1996年6月，北京语言学院更名为北京语言文化大学；2002年8月，更名北京语言大学。

（费凡）

中国传媒大学

概况

2022年，中国传媒大学设置20个教学科研单位（院、系、部），开设89个本科专业，覆盖7个学科门类；具有一级学科博士点8个、二级学科博士点1个；一级学科硕士点19个、硕士专业学位授权类别11个；博士后科研流动站7个，在站博士后65人、进站25人、出站23人。博士生导师23人，硕士生导师638人，博士、硕士导师263人。“双一流”建设学科2个，国家级一流本科专业建设点2个、北京市级一流本科专业建设点10个，北京高校高精尖学科2个。学校由教育部举办，为语文院校。拥有教室498间，其中网络多媒体教室216间。数字终端18364台，其中教师终端3322台。数字资源量中电子图书691.59万册、电子期刊138.16万册、学位论文939.90万册、音视频1000小时。国家重点实验室1个，北京重点实验室2个。高考北京地区提档线普通类不限选考专业组621分、物理必考专业组621分、提前批小语种不限选考专业组622分、中外合作办学不限选考专业组625分、中外合作办学（海南）不限选考专业组592分。网址：www.cuc.edu.cn。

2022年，学校配齐党委领导班子成员，完成中层领导班子任期考核和中层领导干部换届，进一步提升大学治理能力。成立本科生院，加快建设一流本科教育。获中央宣传部支持建设国际传播研究中心，形成面向未来“国重”“国舆”“国传”发展格局，拓展事业版图，完成海南国际学院首批学生招生入学工作，成为首个正式入驻海南陵水黎安国际教育创新试验区中外合作办学主体。新闻传播学、戏剧与影视学进入国家第二轮“双一流”建设高校及建设学科名单。对学科专业方向进行通盘规划和全新设计，申请设立1个艺术学一级学科，音乐、戏剧与影视、美术与书法、设计4个专业学位。专业硕士、专业博士培养体系改革创新工作形成3个校级专业硕士改革方案、2个校级专业博士建设方案、21个专硕专业实施方案、5个专业博士专业实施方案，为专业学位研究生培养质量实现全方位跃升打下基础，全力构建高质量教育体系。

加强思想教育与学习。组织200余名中层领导干部和专职组织员赴大别山干部学院聆听主题党课、红色故事、专题讲授，系统学习大别山精神深刻内涵与时代价值。加强学校新一届中层干部廉洁从政教育。

深化学科建设与调整。召开课程建设工作会，启动致力于全面提升本科教育教学质量课程体系“大会战”。召开本科课程体系建设现场评审会，94个本科专业（方向）负责人以课程地图为核心，对专业发展定位、人才培养目标、课程体系构架等问题逐一陈述，回答校内外评委提问，接受全校检阅。

推动合作与社会服务。与中国新闻网联合出品系列融视频《十年百变》短视频；联合中国广播电视网络集团有限公司推动“光明影院”公益点播专区在全国有线电视上线；师生设计国产电视剧片头统一标识获广电总局通过。

提升校园建设与升级。学校官方 App 上线，成为融合传播平台、智慧校园服务聚合平台，是学校面向智慧传播时代教育数字化平台。“双一流”建设重要工程——艺术与传播大楼工程开工建设。图书馆改造竣工，为学校实现高质量内涵发展、创新拔尖人才培养、建设书香校园提供重要关键基础设施。学术中心揭牌，成为视听、声光体验与智能联控一体化学术中心。

服务冬奥会、冬残奥会。750 名师生参与北京冬奥会、冬残奥会服务与保障工作，在媒体运行、场馆管理、竞赛服务等多个领域参与工作。冬奥会国家游泳中心场馆运行团队等 15 个集体获评北京冬奥会、冬残奥会突出贡献集体、30 名教师获突出贡献个人、89 名学生获冬奥服务保障骨干学生、507 名学生冬奥服务保障学生。冬奥会志愿服务团队获评北京 2022 年北京冬奥会、冬残奥会北京市先进集体，2 名学生获评北京 2022 年北京冬奥会、冬残奥会北京市先进个人。

党委书记 廖祥忠

校　　长 廖祥忠（9 月 13 日免）

张树庭（9 月 13 日任）

（刘书峰）

系列融视频《十年百变》上线

9 月 22 日，传媒大学编创系列融视频《十年百变》上线。系列视频由电视学院编创团队制作，与中国新闻网联合出品，中文版和英文版在中国新闻网中英文官网、客户端、微博、海外社交平台等同步上线。系列片首期推出大国重器专题——《中国“观天巨眼”FAST：进入成果爆发期》《中国高铁在西方封锁中“逆袭”》等作品，还推出生态文明、乡村振兴、科技兴国等系列主题。系列片充分反映党的十八大以来新时代中国社会风貌和发展成就。通过视听语言融合创新，充分考虑国际传播环境，将一个个小故事作为中国发展代表和缩影，讲好中国故事，传播好中国声音。

9 月 22 日，传媒大学和中国新闻网联合出品系列融视频《十年百变》短视频上线　（传媒大学　供）

（刘书峰）

“光明影院”公益点播专区上线全国有线电视

9 月 29 日，传媒大学“光明影院”公益点播专区上线全国有线电视。“光明影院”项目是以“制作、推广无障碍电影，为视障人群传播文化精品”为宗旨公益项目，2017 年发起，已制作 500 余部无障碍电影，建立起覆盖全国推广模式，将作品送达盲校、图书馆、电影院等，助力视障群体实现同步共享文化权益。该项目是《马拉喀什条约》在中国正式生效后，在丰富视障人士精神文化生活、保障视障人士平等权利方面显著成果。活动与中国广播电视网络集团有限公司联合主办。《马拉喀什条约》全称《关于为盲人、视力障碍者或其他印刷品阅读障碍者获得已出版作品提供便利的马拉喀什条约》，是国际著作权体系中历史性条约，2013 年 6 月 27 日在马拉喀什签署，2016 年 9 月 30 日生效。作为世界上第一部、也是迄今为止唯一版权领域人权条约，《马拉喀什条约》将进一步保障阅读障碍者平等获取文化和教育的权利。2022 年 5 月 5 日对中国生效。

（刘书峰）

中央财经大学

概况

2022 年，中央财经大学设有学院南路校区、沙河校区、清河校区和西山校区，设置 24 个二级学院，开设 53 个本科专业，覆盖 8 个学科门类；具有一级学科 16 个；一级学科博士点 5 个；一级学科硕士点 16 个，硕士专业学位授权类别 20 个；博士后科研流动站 5 个，其中博士后研究人员出站 22 人、进站 19 人、在站 76 人。博士生导师 7 人、硕士生导师 740 人，博士、硕士导师 235 人。“双一流”建设学科 1 个，国家级一流本科专业建设点 35 个、北京市级一流本科专业建设点 13 个，北京高校重点建设一流专业 3 个，北京高校高精尖学科 2 个。学校由教育部举办，为财经院校。拥有教室 218 间，其中网络多媒体教室 211 间。数字终端 9149 台，其中学生终端 2284 台、教师终端 3690 台。数字资源量中电子图书 17.27 万册、电子期刊 55.24 万册、学位论文 743.59 万册、音视频 306 小时。高考北京地区提档线不限选考专业组 642 分、物理必考专业组 649 分。网址：www.cufe.edu.cn。

2022 年，学校深入实施“十四五”教育事业发展规划，加快“双一流”建设步伐，各项事业取得新进展。

党建引领。培育和选树先进典型，3 个基层党支部通过第二批“全国党建工作样板支部”培育创建单位和首批“双带头人”教师党支部书记工作室创建验收，组织开展首批校级“双创”回头看。开展全校干部政治能力培训，做到中层领导班子换届经济责任审计全覆盖。

从严治党。做好巡视整改“后半篇文章”，制定“四位一体”整改方案、290 项整改措施，成立 10 个专题组着力解决重难点问题，整改完成率近 90%；开展廉政风险防控自查自纠和专项检查，开展 10 次联合监督，监督治理效能持续增强；深化“三转”（转职能、转方式、转作风），纪委退出 8 个议事协调机构。

思政工作。创新“党的创新理论网络宣讲 100 讲”等思政微课堂，将财经中国、国情校史等融入思政教学；教师主讲首都教育系统弘扬北京冬奥精神“大思政课”；1 人获北京高校思想政治理论课教学基本功比赛特等奖；3 人获北京高校教书育人“最美课堂”一等奖；校团委获评北京市五四红旗团委；深入开展研究生思政教育“红旗工程”；“互联网＋”学业支持志愿服务项目获第六届中国青年志愿服务项目大赛银奖。

学科专业。科学编制和修订第二轮“双一流”建设方案，确定 4 个主干领域和 4 个特色领域推进经济学学科群建设；获批 48 个国家级和北京市一流本科专业建设点，4 项关键指标位列财经类高校首位；获 9 项北京市高等教育教学成果奖，3 门课程教案获评北京高校优质本科教案；9 门课程入选教育部、北京市高等学校课程思政示范名单。获批金融学（与北京外国语大学英语专业联培）专业方向，首次开展跨校联合学士学位人才培养项目。

师资队伍。新增 1 个全国高校黄大年式教师团队；4 人入选国家级人才项目；1 人获全国高校教师教学创新大赛一等奖；3 人获评北京市优秀教师；3 人获评北京市高等学校教学名师和青年教学名师；3 人获“北京高校优秀辅导员”称号；1 人获评 2022 年北京青年榜样。

科研工作。获国家自然科学基金立项 45 个，国家社会科学基金资助立项 26 个，国家自然科学基金绩效评估“特优”成果 2 项；开展减轻青年科研人员负担专项行动；设立智库建设委员会，组建一批专业智库团队。成立创新发展学院、中国健康保障创新实验室。

地方合作。参与服务首都“四个功能”建设“双百行动计划”，7 个团队项目入选优秀项目；持续推动对口帮扶县乡村振兴，直接投入和引进帮扶资金 2699.54 万元；持续深化与山西、甘肃等省份及北京银行、中国人寿等企业战略合作，与北京市西城区签署战略协议。

合作交流。与美国加州大学伯克利分校等知名高校拓展合作关系，落实并推进与伦敦政治经济学院等世界一流高校合作交流项目。新增第 3 个“111 基地”（高等学校学科创新引智基地），首个“111 基地”通过验收，进入第二个 5 年建设期。联合举办第十届亚太经济与金融论坛。

校园建设。沙河校区新教学服务楼投入使用，B13–3/4/6 学生宿舍楼开建，C8–9 联合数据大楼完成五方验收；西山校区建设有序推进。中国农业科学院附属小学加挂中央财大附属小学，成为“我为群众办实事”实践活动走深走实一项关键举措。高性能计算平台上线运行，面向全校师生提供大规模科学计算和数据处理等公共服务。

冬奥服务。1 月 2 日至 4 月 7 日，主责 2022 年北京冬奥会、冬残奥会首都国际机场志愿服务工作，统筹协同 6 所高校 668 名志愿者，站好“国门第一岗”，守好“防疫第一线”，展现“国门第一笑”，负责防疫核验、抵离咨询、翻译沟通等岗位服务保障工作，累计工作时长超 2.50 万小时，服务保障航班 750 余架次、涉奥人员 3.50 万余人次、行李 9.5 万余件。冬奥志愿服务队获评北京 2022 年北京冬奥会、冬残奥会北京市先进集体；2 名教师、1 名学生获评北京 2022 年冬奥会、冬残奥会北京市先进个人。

党委书记 何秀超
校　　长 王瑶琪

（王卉乔）

创新发展学院成立

7 月 18 日，中央财大成立创新发展学院。学院是学校为整合资源，统筹“三院一中心”（中国经济与管理研究院、中国金融发展研究院、中国公共财政与政策研究院和人力资本与劳动经济研究中心）协同发展，发挥集聚效应，打造更大品牌而成立的创新平台，致力于培养具有扎实理论基础，能适应国家经济社会发展新常态需求，具有创新精神和国际视野的经济学金融学财政学创新型理论研究人才和管理人才。学院有专任教师 63 人，全部拥有博士学位，其中教授 18 人、副教授 28 人，特聘教授 3 名、特聘专家 1 人、“长江学者”奖励计划特聘教授 1 人；在校生 1013 人，其中博士研究生 57 人、硕博连读培养计划 1 人、硕士研究生 317 人、普通本科生 638 人。

（王卉乔）

7 月 18 日，中央财大成立创新发展学院

（中央财大　供）

高性能计算平台上线运行

10 月，中央财大高性能计算平台上线运行。该平台为国内最先采用新一代先进 Intel ICE Lake CPU 构建高性能计算平台，以高性能计算、AI 计算和大数据处理等软硬件为基础，面向全校师生提供大规模科学计算和数据处理等公共服务。平台建成和投入使用，让高性能计算（HPC）在学校实现从无到有突破。至年底，累计完成作业 1362 个。

（王卉乔）

第十届亚太经济与金融论坛

12 月 11 日，中央财大举办第十届亚太经济与金融论坛。论坛以“高水平对外金融开放与人民币国际化”为主题，采取闭门线上会议形式举办，听取题为《在世界零碳金融治理的推动下提升我国金融的高水平开放》主旨演讲，来自政府部门、研究机构、金融机构和高等院校 20 余名专家参加论坛并发表演讲，为中国下一步如何加快和实现高水平金融开放、实现人民币国际化有序推进提供政策思路和建议。论坛举行 3 场圆桌讨论，主题分别是“高水平对外金融开放的进程与监管”“全球大变局中的人民币国际化：机遇与挑战”和“有序推进人民币国际化的路径与策略”。近 200 名专家学者在线参加。

（王卉乔）

对外经济贸易大学

概况

2022 年，对外经济贸易大学设置 32 个院（系、部），开设 54 个本科专业，覆盖 6 个学科门类；具有一级学科 12 个；一级学科博士点 7 个；一级学科硕士点 12 个、硕士专业学位授权类别 12 个；博士后科研流动站 6 个，其中博士后研究人员出站 18 人、进站 12 人、在站 35 人（另有联合培养 34 人）。博士生导师 47 人，硕士生导师 644 人，博士、硕士导师 251 人。“双一流”建设学科 1 个，国家级一流本科专业建设点 28 个、北京市级一流本科专业 17 个，北京高校重点建设一流专业 2 个，北京高校高精尖学科 1 个。学校由教育部举办，为财经院校。拥有教室 306 间，其中网络多媒体教室 286 间。数字终端 10147 台，其中学生终端 1442 台、教师终端 8705 台。数字资源量中电子图书 46.94 万册、电子期刊 8.35 万册、学位论文 766.86 万册、音视频 17.63 万小时。高考北京地区提档线不限选考专业组 643 分、物理必考专业组 653 分。网址：www.uibe.edu.cn。

2022 年，学校坚持和完善党委领导下校长负责制，坚持稳中求进工作总基调，开展新时代高质量发展思想讨论，推进“十四五”规划实施和新一轮“双一流”建设，各项工作承压奋进，稳健发展。

红色档案校史资源建设不断推进。召开专家讨论会，推进学校红色档案校史资源建设。将红色档案挖掘纳入“双一流”建设项目，经过深入挖掘红色线索和实例，完成红色人物档案筛查 628 件、扫描红色档案 2161 页、录入红色档案人物资料 32 万字，初步建立红色人物数据库，发布《校史中的红色记忆》系列推文。获批加入全国高校博物馆育人联盟，是国内第一家以中国对外经贸历史为主题专业博物馆。

学科布局持续优化。应用经济学入选新一轮国家“双一流”建设学科，数学一级硕士点获批授权。8 个专业入选国家级一流本科专业建设点，总数 28 个；10 个专业获批北京市级一流本科专业，总数 21 个（含北京市级一流本科专业共 17 个、北京市重点建设一流专业 2 个、北京高校高精尖学科 1 个）。至此，54 个在招本科专业中，国家级一流专业建设点和省部级一流专业数量占比超过 83%。全球价值链实验室入选首批教育部哲学社会科学实验室培育名单。国际商学院通过国际精英商学院联合会（The Association to Advance Collegiate Schools of Business，AACSB）再认证评估，获五年延续资格。国际经济与贸易专业虚拟教研室入选教育部首批虚拟教研室建设试点。金融科技、人工智能和创业管理 3 个本科专业获批。

育人工作成效凸显。启动求索书院项目建设方案，开启特色“书院制”人才培养模式。改进新时代体育教育，“让体育成为新时代‘文明其精神’的健康沃土”被评为北京高校精神文明建设优秀案例。全年开展各类学生活动 200 余项，发放资助资金 385 万元，帮助 1400 多名学生解决实际困难。1 个团队入选全国高校黄大年式教师团队。1 个党支部入选“全国党建工作样板支部”培育创建单位。

科研成果再创新高。获批纵向课题 120 项，同比增长 12%。其中，国家社会科学基金项目 38 个、国家自然科学基金项目 39 个、教育部人文社会科学各类研究项目 15 个、北京市各类项目 28 个。学校产出各类科研成果 1843 项，发表各类论文 1589 篇；其中高水平论文 905 篇。获商务部商务发展研究成果奖 14 项，创历史新高。

交流合作全面加强。与云南省、中国医药集团、北京贸促会等地方政府、企事业单位签订战略合作协议 13 份，

1 月，对外经贸大学志愿者服务团队参加集训，迎接北京冬奥会开幕 （对外经贸大学 供）

成立国家对外开放研究院贵州分院、市场监管研究院。对口支援高校新增兰州财经大学。国际合作巩固扩大，与33个“一带一路”沿线国家和地区107所院校和研究机构开展合作。以色列校区正常招生并形成一定培养规模。召开首届中俄同类大学联盟论坛、第十届北京洪堡论坛等。

保障能力显著提升。以修订章程为契机，深入推进依法治校。建立“1234”电话热线和接诉即办平台，推动接诉即办向“未诉先办”转变。探索构建新的薪酬体系，追加惠园夕阳情关老基金300万元。加强校园环境改造，增加教职工体检检测项目，丰富周转房房源，开通观澜时代小区班车等。

服务社会能力增强。与河北易县中学和山西兴县友兰中学建立托管帮扶关系，为204名乡村中小学德育教师举办培训活动。向云南省勐腊一中捐赠1万册图书，为西双版纳职业技术学院开设16门微专业课程。选派2名干部、2名银龄教师赴石河子大学，1名干部赴中国石油大学（北京）克拉玛依校区挂职支教。与援建高校共建教师支部，为师生开展专题讲座，实现线上学术资源共享。

参与冬奥会服务。师生志愿者260人在北京、延庆、张家口三地开展13类项目服务工作，完成冬奥会各项工作任务和冬残奥会服务保障任务。冬奥会和冬残奥会青年突击队获“北京市青年突击队”称号。获2022北京冬奥会和冬残奥会朝阳区服务保障工作突出贡献奖，3名志愿者获评北京2022年冬奥会、冬残奥会北京市先进个人。

党委书记　蒋庆哲（2月11日免）
　　　　　黄宝印（2月11日任）
校　　长　夏文斌（12月27日免）
　　　　　赵忠秀（12月27日任）

（苏隆中）

市场监管研究院成立

6月23日，对外经贸大学成立市场监管研究院。研究院为中国首家，在国家市场监督管理总局支持下建成，聘请相关领域专家学者参与筹建并担任研究员，依托学校管理学、法学、外语等学科优势，围绕市场监管法治等领域重大理论和实践问题开展研究，推动市场监管高端智库建设，培养国家需要高素质人才。

（苏隆中）

国际商学院 AACSB 再认证评估通过

6月29日，对外经贸大学国际商学院通过AACSB再认证评估。AACSB为国际精英商学院联合会（The Association to Advance Collegiate Schools of Business），通过再认证评估后，商学院获五年延续资格。国际商学院通过参加国内外各项高水平认证，在学科发展、人才培养、国际化等领域实现突破，率先成为国内财经类大学中商科教育四大权威认证的获得者（另外三项权威认证分别为欧洲质量体系认证、工商管理硕士协会和中国高质量MBA教育认证）。

（苏隆中）

北京物资学院

概况

2022年，北京物资学院设有通州富河大街校区、通州果园校区、通州富河园校区、西城区右安门校区和朝阳区八里庄校区，设置12个教学院部，开设28个本科专业，覆盖6个学科门类；具有一级学科7个；一级学科硕士点7个，二级学科硕士点19个，硕士专业学位授权类别10个。硕士研究生导师274人。国家级一流本科专业建设点9个、北京市级一流本科专业建设点11个，北京高校重点建设一流专业1个，北京市特色专业建设点3个。学校由北京市举办，为财经院校。拥有教室156间，其中网络多媒体教室129间。数字终端6285台，其中学生终端3054台、教师终端2244台。数字资源量中电子图书201.13万册、电子期刊107.74万册、学位论文997.58万册、音视频3.82万小时。国家级特色专业建设点2个，本科教学工程地方高校本科专业综合改革试点1个，国家级人才培养模式创新实验区1个，国家级实验教学示范中心1个，国家级大学生校外实践教育基地1个，北京市高等学校实验教学示范中心2个，北京重点实验室2个。北京市高等学校校外人才培养基地12个，北京市高等学校示范性校内创新实践基地2个。高考北京地区提档线不限选考专业组（1）493分；不限选考专业组（2）495分；物理必考专业组494分；物理/化学/生物专业组502分。网址：www.bwu.edu.cn。

2022年，学校保障学校各项事业平稳发展，强化治理能力和治理体系建设，推动党建工作与事业发展深度融合，改善办学条件，统筹发展与安全，进一步推进有特色高水平应用型大学建设。翁铁慧到校调研国家级物流人才培养模式创新实验区。

制度建设。完成《章程（2022年修正案）》修订，建立以章程为核心学校治理体系。制定《学位评定委员会章程（试行）》，健全行政权力、学术权力约束机制。修订《国有资产管理办法（试行）》，制定《校办企业管理暂行办法》，加强国有资产管理。推进后勤综合改革，实现后勤用工社会化改革。

学科和专业建设。获批统计学硕士学位授权一级学科和公共管理专业学位授权类别。获批国家一流本科专业点4个、北京市级一流本科专业点6个。推进京东学院、期货学院两个产业学院建设，促进期货、金融、物流专业转型。

教学和人才培养。8门课程获北京市课程思政示范课，7项教学成果获北京市高等教育教学成果奖。

科研成果转化。建立全国冷链物流基地布局方案研究专班，建立双碳研究院，推进城市副中心发展和治理研究院功能深化，联合通州区人大、政协建立联合智库。

基础建设。完成3处校区改造和主校区学生体育运动场改造。完成期货教育陈列馆一期工程基建改造。

文化建设。制定《校园文化建设行动方案（2022—2024年）》，推动特色校园文化体系建设。立足高校资源和专业优势，继续推进大运河文化研究。参与通州区历史文化与大运河文化研究、协助通州区政协编审《通州区历史文化丛书——泰和永顺》。完成志愿服务保障冬奥会冬残奥会任务，获评北京2022年冬奥会、冬残奥会北京市先进集体。

党委书记 王文举

院　　长 刘军

（丁兆博）

与3家单位签署合作协议

7月15日、8月31日和9月22日，物院分别与通州区政协、通州区人民法院和中国物流集团签署合作协议。与通州区政协签署的协议规定，学校作为副中心唯一高校，将作为智库基地为区政协和副中心高质量发展提供支持。与通州区人民法院签署的法治共建战略合作协议规定，双方在建设法治智库、联合开展调研、专题项目研究、人才合作培养方面合作。与中国物流集团签署的战略合作协议规定，双方在人才培养、科学研究、师资及人才交流方面全面合作，并建立高层互访、合作沟通和落地机制。

（丁兆博）

首都经济贸易大学

概况

2022年，首都经济贸易大学设丰台花乡校本部和红庙校区，设置20个院（系、部），开设44个本科专业，覆盖10个学科门类；具有一级学科11个；一级学科博士点4个；一级学科硕士点7个、硕士专业学位授权类别18个；博士后科研流动站4个，其中博士后研究人员出站3人、进站7人、在站14人。硕士生导师494人，博士、硕士导师155人。国家级一流本科专业建设点25个、北京市级一流本科专业建设点14个，北京高校重点建设一流专业4个，北京高校高精尖学科3个。学校由北京市举办，为财经院校。拥有教室500间，其中网络多媒体教室395间。数字终端8526台，其中学生终端7276台、教师终端1250台。数字资源量中电子图书119.49万册、电子期刊138.67万册、学位论文1056.64万册、音视频7.29万小时。北京实验室1个，北京重点实验室1个。高考北京地区普通批提档线不限选考专业组（1）564分、不限选考专业组（2）544分、不限选考专业组（3）553分、不限选考专业组（4）556分、物理选考专业组555分。网址：www.cueb.edu.cn。

2022年，学校制定《关于进一步落实立德树人根本任务，健全“三全育人”体制机制的实施意见》《关于推进专业思政建设的实施意见（2023—2025）》，健全“三全育人”体制机制，持续增强服务首都发展能力，加快市属高水平研究型大学和“国内一流、国际知名”财经大学建设步伐。

深化课程思政与思政建设。蔡奇到校调研考察；与中国共产党早期北京革命活动纪念馆共建“大思政”实践教育基地；开设校级特色大思政课“新时代首都发展”，推动中国特色社会主义“北京实践”进校园、进课堂；建设红色文化研究教育中心，制定《“红色经贸”建设方案》，依托学校经济学、管理学等优势学科打造“红色经贸”品牌；成立大学生思想政治教育中心。根据专业组织课程思政，凝练财经高校办学特色，探索学科思政“红色经贸体系”；召开红色文化研究教育中心建设研讨会；与中国钱币博物馆共建红色金融教育基地；举办“党的百年劳动思想与首经贸的劳动学科建设”专题展览，举办红色财税百年印迹展等围绕新中国学科建设与发展“红色经贸”系列展览；出版《首都经济贸易大学课程思政优秀教学设计案例（经管文法类）》；与新华网共建课程思政资源库平台；系统打造课程思政资源库，将经济学、法学、会计学3个专业作为试点，逐步将专业思政建设经验推广到全校各个专业，形成“一院一特色”课程思政建设成果。入选第三批“全国党建工作样板支部”培育创建单位。

推进高水平研究型大学建设。落实学院（部）“十四五”规划，召开12场学院学科专业建设推进会，形成《学院（部）学科专业建设目标和指标汇总》，作为考核学院规划实施情况主要依据；开展B类高校分类发展评估，撰写《推进分类办学情况》总结分析近年来在推进分类发展、明确办学定位、提升办学实力等方面取得工作进展。

加快学科专业建设。建立以绩效为杠杆学科建设经费考评体系，加强应用经济学、工商管理、统计学3个北京市高精尖学科建设。完成4个北京高校重点建设一流专业中期验收工作，对学校38个在招本科专业建设水平数据进行监测；获批国家级一流本科专业建设点7个、北京市一流本科专业建设点5个，一流本科专业建设点学生覆盖率超90%。

提升人才培养和师资队伍建设。8个队伍入选学校黄大年式教师团队培育创建工作首批团队。获第17届“挑战杯”全国大学生课外学术科技作品竞赛一等奖，是学校首次获该荣誉。学生团队获“青创北京”2022年“挑战杯”首都大学生创业计划竞赛金奖；“大数据计量经济学”获批2022年国家杰出青年科学基金项目，是学校首次获批国家杰出青年科学基金项目。

开展社会服务和交流合作。与北京市贸促会签订合作框架协议，加强国际贸易产学研智库建设，开展项目研究；由CBD发展研究基地、国家税收法律研究基地等学校各级智库主动对接国家和首都重大需求开展研究，全年获北京市社会科学基金决策咨询项目立项8个，完成各类决策咨询报告32项；全国首个ESG团体标准《企业ESG披露指南》发布；成立名师基金项目——任扶善教育基金；附属幼儿园开园；与美国亚利桑那大学合作办学项目正式签约。

服务北京冬奥会及冬残奥会。603名志愿者为北京冬奥会、冬残奥会提供服务保障，其中321人同时服务冬奥会和冬残奥会，338人为赛会志愿者，265人为城市志愿者，178人为党员志愿者，服务职责涵盖交通、开闭幕式、奥组委等全部志愿服务岗位，总服务时长达6.70万小时。学校冬奥志愿服务团队获评北京2022年冬奥会、冬残奥会北京市先进集体，1 名辅导员获评北京 2022 年冬奥会、冬残奥会北京市先进个人。

党委书记　韩宪洲
校　　长　付志峰

（李俊　黄少卿）

大学生思想政治教育中心成立

4 月 21 日，首经贸成立大学生思想政治教育中心。中心设有思政主题墙、思政留声墙、思政照片墙，分别讲述中国共产党历史、红色故事、北京冬奥志愿服务故事以及学校重大活动、主题教育等内容。仪式上，学校党委书记以第一名录播员身份讲述红色故事并制作思政中心“留声墙”首张音频留声卡，向 4 名冬奥志愿者录播员颁发聘书，以“善用大思政课，健全立德树人落实机制，培养符合新时代首都发展的有用人才”为题，围绕深入学习领会党的十九届六中全会精神、进一步强化新时代政治站位、主动克服理论学习不足弱点 3 个方面为全体辅导员进行专题培训。学校相关部门负责人及各二级单位党组织副书记、分团委书记、全体辅导员 50 余人参加仪式。

（刘江霞　黄少卿）

4 月 21 日，首经贸成立大学生思想政治教育中心
（首经贸　供）

超 80% 签约毕业生在京津冀地区落实毕业去向

至 8 月 31 日，首经贸 81.89% 签约毕业生在京津冀地区就业。4523 名毕业生（含 3009 名本科生、1451 名硕士生、63 名博士生）毕业去向落实率 93.79%，在所有签约毕业生中，90.49% 本科生、75.74% 硕士生以及 54.72% 博士生选择在京津冀地区就业、升学，综合比 81.89%。在所有签约本科生中，44.11% 就职国有企业、27.14% 就职金融行业、17.51% 就职租赁服务业、12.54% 就职信息传输业；在所有签约硕士研究生中，45.08% 就职国有企业、20.82% 就职机关及事业单位、10.41% 就职三资企业，30.95% 就职金融业、12.80% 就职信息传输业、11.17% 就职公共管理、社会保障和社会组织；在所有签约博士研究生中，12.96% 就职国有企业、83.33% 就职机关及事业单位，70.37% 就职教育业、12.96% 就职金融业。同时，420 名硕士生、329 名本科生分别就职国有银行、互联网公司、四大会计师事务所、央企以及股份制银行等重点用人单位。

（刘江霞　黄少卿）

获准与美国亚利桑那大学合作办学

10 月 11 日，首经贸与美国亚利桑那大学共建中外合作办学项目获教育部批准。该项目为统计学（数据科学方向）本科项目，采用“4+0”培养模式，纳入国家本科生招生计划，由双方学校共同组成授课团队在国内完成 4 年本科生教学培养任务，旨在培养符合国家和北京市经济社会发展需要，契合“高精尖”产业结构，具有国际视野、懂统计理论和方法、掌握数据处理技术高层次跨学科复合型现代统计人才。主要课程包括 Python 数据分析、数据科学线性代数、统计方法导论等 10 余门课程。项目学生注册为亚利桑那大学正式学生，可以完全享受校内学术资源和基础设施。学生毕业时符合双方毕业要求前提下，可获颁首经贸本科毕业证书和统计学理学学位证书，同时获得亚利桑那大学统计与数据科学理学学士学位证书。

（刘江霞　黄少卿）

附属幼儿园开园

10 月 28 日，首经贸附属幼儿园正式开园。该园是丰台区第一所由大学承办的幼儿园，以“大学办园，行业指导，强强联合，打造高品质幼儿园”为理念，总占地面积 3900 平方米，建筑面积 3630 平方米，设教室、音体室、感统室、户外操场等教学设施，9 个班 270 个学位，在满足学校工会会员托幼需求基础上，也面向符合入园条件属地对口社区招生。在此基础上成立北京天坛医院托育站。

（刘江霞　黄少卿）

中国消防救援学院

概况

2022 年，中国消防救援学院设置 8 个院（系、部），开设 8 个本科专业，覆盖 4 个学科门类；具有一级学科 2 个，北京市级一流本科专业建设点 3 个。学校由应急管理部举办，为理工院校。拥有教室 88 间，其中网络多媒体教室 79 间。数字终端 2178 台，其中学生终端 688 台、教师终端 1490 台。数字资源量中电子图书 122.72 万册、电子期刊 21.34 万册、学位论文 363.59 万册、音视频 2.17 万小时。高考北京地区提档线物理必考专业组 552 分、物理化学必考专业组 559 分、思想政治必考专业组 518 分。网址：www.cfri.edu.cn。

2022 年，学院围绕国家应急管理战略部署，全面深化办学特色，持续推进改革发展，各项事业向上向好。

党的建设。坚持党委领导下校长负责制根本要求，加强党建引领，建设特色学科专业，推进人才强院战略。研究制定落实全面从严治党主体责任任务清单，制定加强党支部规范化建设实施方案和“四强”党支部（政治功能强、支部班子强、党员队伍强、作用发挥强）评定办法，开展“领航计划”党支部遴选培育、“追寻百年光辉足迹·献礼党的二十大”联学共建活动。

依法治校。召开依法治院领导小组工作部署会，建立《依法治院工作台账》，修订章程，构建规范统一、分类科学、层次清晰制度体系。推动“我为群众办实事”实践活动“回头看”，建立接诉即办工作机制，设立学院“123”师生服务平台，及时回应师生急难愁盼。

思政工作。建立常委会“第一议题”传达学习、院系两级理论学习中心组研讨深化、青年理论学习小组调研实践形式的政治理论学习体系。开展“牢记领袖训词、永做忠诚卫士”主题教育，开设“习近平新时代中国特色社会主义思想概论专题”课程，制定《加强和改进课程思政建设工作措施》，制定《落实网络意识形态工作责任制督查和通报办法》，联合应急总医院建设多维心理健康教育体系。

9 月 20 日，消防救援学院举行新生开训动员会（消防救援学院　供）

正风肃纪。对照中央巡视反馈意见，开展形式主义、官僚主义调研，建立整治机制和减负制度。开展党建专项督查整改、“学查改”专项工作和部党委内部巡视反馈意见专项督查整改工作。成立学院党委审计委员会，常态化开展“四个节点”和全过程跟踪审计。全年开展廉政提醒谈话 7 次，签订廉政承诺书近 70 人次。

教学科研。新增火灾勘查、航空航天工程 2 个本科专业，消防工程、飞行器控制与信息工程 2 个专业入选北京市级一流本科专业建设点，消防指挥（高起本、专升本）、消防工程（高起本、专升本）、抢险救援指挥与技术（高起本、专升本）3 个高等学历继续教育专业获批。9 部教材获省部级规划立项或被评为优质教材。27 个校级教育教学改革项目立项，2 个项目获评北京高等教育本科教学改革创新项目。创办《消防救援学术研究》内刊。举行科学技术协会成立大会暨第一次会员代表大会。承担国家重点课题 9 个，主持省部级以上课题 23 个，在研科研资金 1300 余万元。为国家综合性消防救援队伍开展专题辅导讲座 20 余场、联教联训 30 余次。

人才培养。召开第一次学生代表大会。选调 37 名国家综合性消防救援队伍一线干部、招聘 64 名高层次人才，专任教师中博士研究生占比 33.9%。7 名领导干部获提拔任用、18 名干部晋升职级、75 名专业技术干部晋升等级，40 名年轻教师赴国家综合性消防救援队伍一线挂职锻炼，6 名教师在职攻读博（硕）士学位。1 个教师团队获北京高校教师教学创新大赛中级及以下组一等奖。评选表彰 3 名师德标兵、28 名优秀教师、14 名优秀教育工作者。妥善解决 1013 名转改学员落户和 324 名学员退役军人优待证办理。

合作交流。与国家危险化学品应急救援实训演练濮阳、大庆基地签署合作协议。与俄罗斯民防学院、香港消防及救护学院开展线上相关学术交流。

服务保障。开发物业报修、会议预订等系统平台，投入 120 万元实施安防系统升级改造。完成 1.50 万平方米营房维修改造以及建筑消防设施实训中心等建设任务。

党委书记　徐宝东
院　　长　闫胜利

（齐玹）

第一次学生代表大会

6 月 11 日，消防救援学院召开第一次学生代表大会。会议表决通过《学生会章程（草案）》《第一次学生代表大会委员会选举办法（草案）》《第一次学生代表大会总监票人、监票人名单（草案）》，选举产生第一次学生代表大会委员会委员 31 人、第一届学生委员会主席团成员 5 人，审议并通过《学生会 2022 年工作计划》。123 名学员代表参加会议。

（齐玹）

与国家危险化学品应急救援实训演练两基地签约合作

8 月，消防救援学院分别与国家危险化学品应急救援实训演练濮阳、大庆基地签署合作协议。根据协议，学院与两个基地在消防救援实战化应用人才培训、联合应急救援演练以及应急救援领域科研项目联合攻关等方面，资源共享、优势互补、开展务实合作。协议签订标志学院“校企合作”迈出实质性步伐。

（齐玹）

外交学院

概况

2022 年，外交学院设有展览路校区和沙河校区，设置 10 个教学单位，36 个研究中心，开设 11 个本科专业，覆盖 3 个学科门类；具有一级学科 3 个；一级学科博士点 1 个、二级学科博士点 4 个；一级学科硕士点 5 个、二级学科硕士点 18 个、硕士专业学位授权类别 3 个；博士后科研流动站 1 个，其中博士后研究人员出站 1 人、进站 2 人、在站 7 人。博士生导师 21 人，硕士生导师 114 人。“双一流”建设学科 1 个，国家级一流本科专业建设点 3 个、北京市级一流本科专业建设点 2 个，北京高校重点建设一流专业 1 个，北京高校高精尖学科 1 个。学校由外交部举办，为语文院校。拥有教室 109 间，其中网络多媒体教室 98 间。数字终端 2137 台，其中学生终端 333 台、教师终端 387 台。数字资源量中电子图书 141.40 万册、电子期刊 122.37 万册、学位论文 899.24 万册、音视频 1.54 万小时。高考北京地区提档线不限选考专业组 627 分。网址：www.cfau.edu.cn。

2022 年，学院在学科建设、教学改革、科研发展上取得多项成绩。

学科建设。翻译、法语和国际经济与贸易专业获评国家级一流本科专业，增设英语专业国际传播方向，增设翻译和国际传播二级学科学位授权点，与中国外文局合作为翻译学科建设提供平台。增设国际私法和国际经济法二级硕士点，设立国际法、国际关系二级博士点。设立马克思主义学院，亚洲研究所加挂国家安全学院牌子。

人才培养。多名学生在美国大学生数学建模竞赛和交叉学科建模竞赛、全国大学生英语竞赛北京赛区决赛、全国大学生数学竞赛初赛（非数学类）等赛事上获最高奖；在杰赛普国际法模拟法庭竞赛、国际刑事法院中文模拟法庭竞赛斩获大奖；在共青团中央主办全国青少年模拟政协提案征集活动中获优秀组织单位、最佳模拟政协提案作品、优秀模拟政协提案作品等奖项；获翻译专业资格证书学生人数稳步增加。

学生工作。搭建青年工作新平台。与共青团中央国际联络部、中国国际青年交流中心联合设立全国青年外交研究中心。举办 2022 北京国际模拟联合国大会、2022 冬季国际组织青年人才训练营、2022 年澜湄未来外交官研修计划、2022 青年女性国际事务培训计划进阶课程。

教学改革。开展“线上教学质量提升月”活动，通过线上公开课、教学观摩形式，交流教学经验，改进教学方法。网络教学平台开设课程 1128 门，满足学生在线学习需求。引进 15 门优质慕课和近 30 门沙河高校联盟资源共享课，健全通识课程体系。推动在线开放课程建设，上线 21 门课程，其中 12 门课程被国家高等教育智慧教育平台收录。3 个项目获评北京高校本科教学改革创新项目。2 门课程选用教材（课件）获评北京高校优质本科教材课件。

科研工作。国家社科基金立项（含重点项目 1 个）7 个、教育部项目立项 1 个、北京市社会科学基金年度项目 4 个。北京对外交流与外事管理基地举办学术研讨会，出版《基地研究报告》，服务北京国际交往中心建设；获批由全国依法治国办公室主持涉外法治研究基地。《外交评论》《中国国际法论刊》继续保持较高国内国际影响力。“习近平外交思想研究与中国国际问题三大体系建设”专题研讨会线上召开。

合作交流。与 17 所院校新、续签合作协议，新拓展合作院校包括牛津大学、东安格利亚大学、香港理工大学、澳门大学等 7 所高校。新增与牛津大学、香港理工大学、澳门大学等学年交流项目 5 个，与埃塞克斯大学等双学士项目 2 个，与科克大学等双硕士项目 2 个，与东安格利亚大学等本硕连读项目 3 个，与牛津大学等线上项目 2 个。开展线上交流活动 101 次，与使领馆人员开展交流活动 5 次；组织留学生参加“讲好中国故事”系列讲座。东盟地区论坛（ARF）预防性外交与可持续和平研讨会以视频会议形式举行，外交部欧亚司主办、中国外交培训学院承办 2022 年塔吉克斯坦外交官线上培训班举办。

志愿服务。121 名志愿者及 7 名带队教师赴冬奥场馆参与志愿服务，累计服务 5 万小时，2 名冬奥志愿者获评北京 2022 年冬奥会、冬残奥会北京市先进个人。

党委书记 崔启明
院　　长 徐坚（8 月 26 日免）
王帆（8 月 26 日任）

（梅浩淼）

2 个学院成立

6 月 7 日和 10 日，外交学院分别成立马克思主义学院和国家安全学院。马克思主义学院为处级单位，在院党委统一领导下，统筹做好思政课教学科研和教师队伍管理、培养、培训，领导职数为 1 正 2 副。马克思主义学院成立后，基础教学部不再承担思政课教学科研和教师队伍管理、培养、培训职能。国家安全学院加挂在亚洲研究所，主要承担国家安全学学科建设、人才培养、科学研究和社会服务等工作。调整后机构名称为亚洲研究所（国家安全学院）。学院编制数、处级机构数和处领导职数均不变。

（袁媛）

澜湄未来外交官研修计划实施

11 月 24 日至 29 日，外交学院实施 2022 年澜湄未来外交官研修计划。研修计划线上线下结合举行，由澜湄合作专项基金支持，与中国（海南）改革发展研究院共同主办。150 余名来自柬埔寨、老挝、缅甸及中国青年学员分别组建澜湄六国以及东南亚国家联盟、联合国开发计划署、亚洲开

11 月 25 日，外交学院举行 2022 年澜湄未来外交官研修计划开班仪式（外交学院 供）

发银行等国际或区域组织代表团，参加系列工作组会议，召开模拟澜湄合作领导人会议。此次计划设置“澜湄国家互联互通与绿色金融合作”“澜湄地区气候变化与城市可持续发展”“澜湄合作对接中国—东盟蓝色经济伙伴关系”等合作议题下模拟工作组议程，发布议题概念文件，邀请多名国内外专家学者为6国青年学员授课讲习，为参与工作组会议各国学员划定交流与讨论主要方向。2022年是澜湄合作机制成立6周年，为促进澜沧江—湄公河流域各国经济社会发展，打造澜湄流域经济发展带，建设澜湄国家命运共同体，助力中国—东盟共同体建设和东亚地区一体化进程作出贡献。

（袁媛）

中国人民公安大学

概况

2022年，中国人民公安大学设有木樨地校区和团河校区，设置13个院（系、部），开设19个本科专业，覆盖3个学科门类；具有一级学科4个；一级学科博士点3个、二级学科博士点11个；一级学科硕士点4个、二级学科硕士点14个、硕士专业学位授权类别2个；博士后科研流动站3个，其中博士后研究人员出站3人、进站3人、在站14人。博士生导师81人、硕士生导师323人；入选国家“万人计划”领军人才1人、中央宣传部文化名家暨“四个一批”人才项目1人，享受政府特殊津贴专家2人，享受公安部部级津贴专家7人，入选教育部新世纪优秀人才支持计划5人，北京市教学名师9人，公安部教学名师2人，北京市优秀教师11人。“双一流”建设学科1个，国家级一流本科专业建设点11个，北京市级一流本科专业建设点5个。学校由公安部举办，为政法院校。拥有教室241间，其中网络多媒体教室220间。数字终端9566台，其中学生终端5750台、教师终端3816台。数字资源量中电子图书234.39万册、电子期刊19.62万册、学位论文944.01万册。国家工程实验室2个、北京重点实验室1个。高考北京地区提档线物理 / 化学专业组571分、思想政治必考专业组536分。网址：www.ppsuc.edu.cn。

2022年，学校党委全面深化公安实战大练兵，落实公安教育改革重要部署，深入推进“十四五”发展规划和新一轮“双一流”建设方案落地实施，优质办学资源进一步汇聚，现代治理效能进一步彰显，服务国家安全重大战略需求和公安事业高质量发展功能作用进一步显现。

坚持以党的创新理论指导办学实践。召开29次党委会、12次党委理论学习中心组会，开展干部教师政治轮训3期。面向全警开展宣讲200余场，受众30万人次，发表党的创新理论文章100余篇。成立党委巡察工作领导小组，健全巡察制度体系。发展党员1196人，轮训党务干部900余人次。学校团委获评北京市五四红旗团委。

系统谋划新一轮“双一流”建设和人才强校战略。首次论证编发《“多位一体”学科建设指南（2022版）》；实施《学科带头人管理办法》，遴选确定学科带头人和学科组团队；编制学院“一人一策”重点任务清单。首次组织实施学科建设质量提升行动计划（2022—2024年），立项13个二级学科（方向）建设项目，配置专项建设经费。新增省部级优秀教学名师等7人，省部级以上表彰奖励20项。56名新任教师报到。支持25名教职工在职攻读博士学位。提任中层领导干部10人，轮岗交流13人。聘用32名高学历非事业编制人员。举行新任职干部集体谈话会议暨宪法宣誓仪式。1人获首都劳动奖章。

深化教育教学和培训改革。开办食品药品与环境犯罪治理、国际刑警与警务联络、电子证据3个微专业；4个专业入选国家级一流本科专业建设点、3个专业入选北京市级一流专业建设点。成立课程思政教学研究中心，9门课程入选北京市课程思政示范课程。入选第三批北京市重点建设马克思主义学院。实体化运行本科新生院，开设网络安全与执法拔尖人才培养实验班。探索构建非学历教育“管办分离”机制，建设全国中小学法治副校长教育培训基地，完成52期培训班次任务，累计培训各类人员1.10万人次。设立学生荣誉“薪火奖章”，颁发首届“嘉观奖学金”。

加强有组织科研优化科研生态。制定实施《科研经费管理办法》《智库建设管理办法》等8项科研管理制度。获批国家级、省部级纵向项目56个，国家社科基金重大项目2个；承担横向科研项目75个。获公安部科学技术奖一等奖1项、三等奖3项。首都社会安全研究基地入围“中国智库索引（CTTI）2022高校智库百强榜”，获评A等级智库。

规范推进开放办学，拓宽合作发展平台。制定合作办学、社会捐赠管理等指导性文件。打造与市公安局“同城一体

2022年，公安大学学生担任冬残奥会闭幕式旗手标兵

（公安大学　供）

化”建设金牌项目。与公安部机关、相关业务局共同建设全国新型犯罪研究中心分中心等智库平台3个，申办反恐、移民管理专业2个，联合招收警务硕士110余名，开展教育教学、科研课题、教材编写等项目10余个。与新疆公安厅、中国政法大学、中科曙光等10余家局校企单位签订合作协议；获得社会捐赠资金（设备）3100余万元。与8所境内外院校签署校际合作协议或达成合作意向。引进13家社会企业捐赠资金7000余万元。支持黔西南州公安工作、普安县基础教育及农特产品销售，投入帮扶资金近500万元，继续选派研究生开展乡村支教，为当地公安机关举办专题培训班。首届校局合作警务硕士铁警班开班。

发挥学校特色特长，提升社会服务能力。3518名师生承担党的二十大安保增援任务，累计出勤8.3万余人次，出勤总时长50万余小时，检查车辆51.20万余辆，检查人员129.50万余人次，查获违禁品280余件，参与接处警1.2万余件，处理涉疫流调信息近60万条，取得“零事故”“零投诉”“零感染”战绩，获公安部集体一等功。7000余名师生完成重要任务服务，学校获评北京2022年冬奥会冬残奥会北京市先进集体，3个集体荣记一等功。

党委书记 陈定武

校　　长 曹诗权

（孙文玥　金子溦）

10人获首届“薪火奖章”

6月8日，公安大学公布首届“薪火奖章”获得者名单，10名学生获奖。每人获得1万元奖励，并授予“薪火”奖章，颁发荣誉证书。经过个人申请、学院推荐、学校评审委员会评审程序，由党委学生工作部、研究生院评选确认。“薪火奖章”面向学校全日制本科生、全日制非在职研究生，旨在通过高标准、严要求、优中选优评选机制，选拔出最优秀、最有代表性学生榜样。该奖项是学生个人最高荣誉，每年评选1次，每次表彰不超过10人。2021年12月，校党委书记发起设立“薪火奖章”奖学金项目，并捐赠第一笔启动资金。

（金子溦　孙文玥）

全国新型犯罪研究中心分中心成立

7月27日，公安大学成立全国新型犯罪研究中心分中心。分中心是根据国务院打击治理电信网络新型违法犯罪工作部际联席会议精神在学校设立研究新型犯罪高层次智库，与侦查学院一体化运行，邀请校内外专家共同组成跨学科、多领域研究团队共同开展相关研究工作，旨在推动学校以实战需求为导向科学研究、人才培养转型发展。

（孙文玥）

首届校局合作警务硕士铁警班开班

11月9日，公安大学首届校局合作警务硕士铁警班开班。全国铁路公安系统一线岗位98名在职民警参加学习，学制3年，学习期满、符合毕业及学位授予条件，颁发硕士研究生毕业证书和硕士学位证书。2021年4月，学校与公安部铁路公安局签署战略合作协议，开办警务硕士铁警班是重要内容之一，也是继学校与公安部业务局联合举办警务硕士经侦班、技侦班、禁毒班、网安班，与市公安局联合举办警务硕士北京班之后，在创新警务硕士培养模式方面取得最新成果。

（孙文玥）

国际关系学院

概况

2022年，国际关系学院设置5个学院，开设11个本科专业，覆盖5个学科门类；具有一级学科5个；一级学科博士点1个；一级学科硕士点5个、二级学科硕士点16个、硕士专业学位授权类别4个；国家级一流本科专业建设点6个、北京市级一流本科专业建设点4个，北京高校高精尖学科1个。学校由教育部举办，为政法院校。拥有教室63间，均为多媒体教室。数字终端450台，其中学生终端384台、教师终端66台。数字资源量中电子图书186.79万册、电子期刊15.86万册、学位论文396.02万册、音视频18.93万小时。高考北京地区提档线不限选考专业组591分、物理必考专业组591分。网址：www.uir.edu.cn。

2022年，学院在思政教育、学科建设、教学改革等各方面取得新成就。

多措并举开展思政教育。修订本科课程教学大纲，全面发掘梳理各类课程和教学环节蕴含思政元素，实现思政教育与知识教育有机统一。制定课程思政评价指标体系，组织教师、教研室、院系对标开展课程思政建设。录制“国家安全离你有多近？——总体国家安全观”系列公开课，全面上线各大媒体平台。

学科专业建设成果丰硕。全面落实《新增博士学位授予单位加强建设工作任务清单》，提前完成短板弱项建设，达到博士学位授予单位和政治学一级学科博士点各项要求，通过国务院学位委员会办公室核查。围绕博士生遴选和培养等内容，制定8项校级规范性文件，初步建立博士生培养制度框架体系。制定《一级学科博士学位授予标准》和《博士研究生培养方案》，优化设置政治学理论等二级学科方向和相应课程体系。加快推进国家安全学特色学科建设，做好国家安全人才培养单位试点和落实《国家安全学高精尖学科建设实施规划》工作任务，承办国务院学位委员会国家安全学学科评议组第五次全体会议。日语专业获批国家级一流本科专业建设点，传播学、行政管理、数据科学与大数据技术3个专业获批北京市级一流本科专业建设点，10个本科招生专业全部入选“双万计划”，其中国家级一流本科专业建设点占比60%，居全国同类高校前列。成立战略传播研究中心和国家安全法治研究基地。

教育教学改革持续推进。建立健全校内教育评价改革配套制度 21 项，初步建立起分类多元、科学有效教育评价体系，确保《深化新时代教育评价改革总体方案》落实落地落细。修订《2022 版本科人才培养方案》，优化专业课程体系。深入推进教学改革，依托教育部等教学改革经费支持，深入开展本科专业综合改革、人才培养模式创新、课程思政建设等项目教学改革，获批 2022 年北京高等教育本科教学改革创新项目 4 个。推动实施融合创新，大学生创新创业项目立项 68 个。首次将《创践——大学生创新创业事务》课程纳入必修学分，搭建“课程、实践、竞赛、活动”一体化双创教育平台。

国际交流合作稳步推进。巩固现有国际交流合作渠道，入选教育部中国教育国际交流协会新青年全球胜任力人才培养计划。作为首批入选 59 所高校之一，为 40 名优秀本科生申请全额奖学金。举办国际安全视角下的地球安全国际研讨会、《中非合作 2035 年愿景》视域下的非洲发展与新型中非关系构建学术研讨会。

参与冬奥会志愿服务。组织 152 名师生志愿服务北京冬（残）奥会，深入开展冬奥大思政课，引导学生践行使命担当。

党委书记 韦春江（10 月免）
幸明军（10 月任）
校　　长 陶坚

（任婉君）

国家安全法治研究基地成立

4 月 12 日，国关举行国家安全法治研究基地成立仪式。研究基地是中国第一个省部级国家安全法治研究机构，主要承担发挥国家安全法治研究领域智库作用、开展国家安全法治研究、推动国家安全法学学术交流等职能。有工作人员 7 人，包括高级专业技术职称 3 人。成立仪式同期召开学术研讨会，围绕“国家安全法治的理论前沿”“国家安全法治的实践探索”等主题开展交流。来自全国人大等单位 40 余名专家学者参加会议。

（任婉君）

总体国家安全观系列公开课上线

4 月 15 日，国关录制的“国家安全离你有多近？——总体国家安全观”系列公开课上线各大媒体平台。公开课有 5 讲，主题分别为“百年未有之大变局与国家安全”“国家安全的法治保障”“人工智能与国家安全”“能源与国家安全”“中华民族伟大复兴既是发展问题又是安全问题”，5 名国家安全领域专家学者，在总体国家安全观理论框架下，从 5 个不同角度分享对国家安全思考，旨在普及国家安全知识，增强国家安全意识。课程紧密围绕“树牢总体国家安全观、感悟新时代国家安全成就、为迎接党的二十大胜利召开营造良好氛围”等主题，是学校以短视频为载体，面向社会普及国家安全常识、传播总体国家安全观理念首度尝试。

（任婉君）

课程排期	课程名称
4月15日	百年未有之大变局与国家安全
4月16日	国家安全的法治保障
4月17日	人工智能与国家安全
4月18日	能源与国家安全

4 月 15 日，国关录制的“国家安全离你有多近？——总体国家安全观”系列公开课上线　（国关　供）

国际安全视角下的地球安全国际研讨会

7 月 6 日，国关举办国际安全视角下的地球安全国际研讨会。会议线上线下举行，分为地球气候系统的安全治理、地球生态系统的安全治理、地球生物多样性体系的安全治理、人类命运共同体与维护地球安全的中国方案 4 个主题。来自各国政府机构、科研单位和高等院校 80 余名国际关系学界和科技界学者参会研讨。

（任婉君）

新型中非关系构建学术研讨会

10 月 29 日，国关举办《中非合作 2035 年愿景》视域下的非洲发展与新型中非关系构建学术研讨会。会议围绕“非洲安全问题与中非新型关系构建”“非洲区域一体化与中非多边合作”“非洲工业化之路与中非文明互鉴”等主题开展交流研讨。来自全国各高校、科研机构、政府部门等单位 100 余名专家学者参会。

（任婉君）

10 月 29 日，国关举办《中非合作 2035 年愿景》视域下的非洲发展与新型中非关系构建学术研讨会　（国关　供）

北京体育大学

概况

2022年，北京体育大学设置25个院（系、部），开设41个本科专业，覆盖9个学科门类；具有一级学科7个，一级学科博士点1个，一级学科硕士点7个，硕士专业学位授权类别6个，博士后科研流动站1个，其中博士后研究人员出站9人、进站1人、在站10人。博士生导师19人，硕士生导师265人，博士、硕士导师115人。“双一流”建设学科1个，国家级一流本科专业建设点14个、北京市级一流本科专业建设点8个，北京高校高精尖学科1个。学校由国家体育总局举办，为体育院校。拥有教室111间，其中网络多媒体教室109间。数字终端4020台，其中学生终端1312台、教师终端1359台。数字资源量中电子图书186.20万册、电子期刊59.90万册、学位论文551.40万册、音视频6.96万小时。北京实验室3个、教育部运动与体质健康重点实验室、国家体育总局实验室6个。高考北京地区提档线不限选考专业组369分、物理必考专业组575分、物理/化学专业组577分、思想政治必考专业组573分、物理/化学/生物专业组571分、历史必考专业组570分。网址：www.bsu.edu.cn。

2022年，学校全面回应国家战略，为冬奥会举办贡献力量、做好服务保障；实施人才强校战略，为高质量发展提供坚实人才支撑；全面加强科研工作，有效提升体育科技创新服务水平；完善学校现代治理体系，有效提升治理能力，学校各项事业实现高质量发展。

落实《体育强国建设纲要》重点任务。二七国家冰雪运动训练科研基地实现奥运保障项目“冬夏转换”，主动对接巴黎奥运会备战工作。制定《国家队服务保障中心改革发展实施方案》，推进智能化科学训练基地建设。推进中国教练员学院、中国雪上运动学院、“三大球”为龙头新型青训人才培养体系和“三大球”专业文献中心建设。

体育特色“大思政课”育人格局形成。建成体育大思政中心，利用冬奥资源优势，通过线上“冬奥大讲堂”直播课、冬奥宣讲团、“冠军说”系列活动等平台，开创思想政治理论课教书育人新局面。3个基层党组织入选第三批“全国党建工作标杆院系”培育创建单位和“全国党建工作样板支部”培育创建单位。5门课程获评北京高校本科课程思政示范课程。全国体育领域第一本课程思政案例著作《运动生理学课程思政案例》出版。“使命在肩、奋斗有我”高校思想政治理论课实践教学基地入选全国首批“大思政课”实践教学基地名单。1个课程群入选课程（群）教学类全国性虚拟教研室建设试点，是全国体育类院校唯一教育部课程（群）教学类建设试点项目，1个教研室入选第二批教育部虚拟教研室建设试点，是学校获批首个专业建设类虚拟教研室建设试点项目。6部作品入选首批全国优秀体育科普作品。

1月22日，北体大举行2022北京冬奥会、冬残奥会志愿者出征仪式。图为志愿者登车出征　　（北体大　供）

提高人才自主培养能力。入选新一轮“双一流”高校建设名单，修改完善学校新一轮《“双一流”建设高校整体建设方案》《一流学科建设方案》。新增10个国家级、省级一流本科专业建设点。入选国家高等教育智慧教育平台在线开放课程46门，新增2门课程上线国际版在线开放课程平台，获批2022年北京高校优质本科课程4项。获评2022年北京高校优质本科教材课件3个。获批北京高等教育本科教学改革创新项目重点项目1个、一般项目2个，获评北京市教学成果奖一等奖3项，首次获评基础教育教学成果奖。深化研究生教育综合改革，以研究生冠军班为代表“六化一中心”人才培养模式获北京市高等教育教学成果奖一等奖。7门研究生课程上线国家智慧教育平台。学位论文双盲评审全覆盖，完善闭环质量保障体系。研究生冠军班获评2021年全国体育事业突出贡献集体，3人获评突出贡献个人。4名学生参加2022年女篮世界杯获亚军。

全面加强科学研究。全年获批项目（课题）164个，其中国家级项目18个、省部级项目15个。发表高质量期刊论文450余篇，出版学术著作40余部，在主流媒体发表文章80余篇。牵头承担国家重大出版文化工程暨国家社科基金特别委托项目《中国大百科全书》第三版武术百科专题编纂工作。《建设体育强国》正式出版。《中华武术通史》（英文版）入选2022年度“经典中国国际出版工程”。《太极拳基本动作技术规范》获国际标准化组织（ISO）认定，成为世界性太极拳行业新标准。获批国家体育总局射箭重点实验室；中国体育发展研究院入选体育高端智库；与射运中心、武术中心签署战略合作协议。获批国内首个体育类中外合作办学机构。举办首届传统运动康养国际论坛、“北京冬奥会：体育与中国、世界的未来”国际学术研讨会和首届中国—中东欧国家体育文化交流与智库合作发展论坛。

全方位参与北京冬奥会。72名师生、校友参赛，包括运动员39人、教练员2人、领队管理翻译人员14人、科医人员4人、团部13人，获金牌5枚、银牌2枚、铜牌1枚。组建20余支跨学科“科训赛医”一体化团队参与科技保障服务。1000余名师生参与志愿服务。编制北京2022年冬奥会和冬残奥会遗产报告集、案例报告集、《冬残奥会竞赛组织知识手册》等。冬奥志愿服务团队、北京兴奋剂检测实验室获评北京冬奥会、冬残奥会突出贡献集体，11名师生获评北京冬奥会、冬残奥会突出贡献个人，多名师生随国家队受到表彰。

党委书记　曹卫东
校　　长　张剑

（马嘉悦）

首届传统运动康养国际论坛

6月25日，北体大举办首届传统运动康养国际论坛。论坛围绕传统运动康养科研、教学等主题，美国哈佛大学医学院、斯坦福大学，日本北海道大学和北体大分别介绍所取得科研成果。来自10余个国家和地区专家学者214人以线上方式参加论坛。

（马嘉悦）

全国体育领域首本课程思政案例出版

8月，北体大运动生理教学团队编写的全国体育领域第一本课程思政案例《运动生理学课程思政案例》由北京体育大学出版社出版。该书16开本，平装胶订，20万字，是体育基础理论与课程思政深度融合的首次尝试，为课程思政真正落实于体育学各学科各专业打下坚实基础、提供借鉴思路。该案例依据运动生理学教学大纲，以专业教材内容为主线，密切结合专业知识点，紧扣运动生理学实践，全面梳理各章节教学目标、课程思政元素、课程实例，选编最具时代特色的百余个典型案例，将习近平总书记给北体大2016级研究生冠军班回信提出的“使命在肩、奋斗有我”的时代精神，“文明其精神，野蛮其体魄”的校训精神融入专业学习，潜移默化地教育学生为实现教育强国、体育强国、健康中国等国家战略贡献智慧和力量。

8月，北体大《运动生理学课程思政案例》出版
（北体大　供）

（马嘉悦）

《建设体育强国》出版

9月，北体大编写《建设体育强国》由中国青年出版社出版。该书属于“问道·强国之路”系列丛书，分为9个章节，分别着眼历史现状、战略意义、国内外比较等角度，就全民健身、中国特色——竞技体育、体育外交等作深入论述，回答建设体育强国“为什么”“是什么”“靠什么”等问题，分析新时代建设体育强国现实基础、重要任务、重大意义以及未来目标，勾勒出体育强国建设宏伟蓝图和实施路线。

（马嘉悦）

中央音乐学院

概况

2022年，中央音乐学院设置12个院（系、部），开设3个本科专业，覆盖1个学科门类；具有一级学科1个；一级学科博士点1个、二级学科博士点5个；一级学科硕士点1个、二级学科硕士点6个、硕士专业学位授权类别1个；博士后科研流动站1个，其中博士后研究人员出站4人、进站3人、在站20人。博士生导师1人，硕士生导师101人，博士、硕士导师126人。“双一流”建设学科1个，国家级一流本科专业建设点3个、北京高校重点建设一流专业1个，北京高校高精尖学科1个。学校由教育部举办，为艺术院校。拥有教室203间，其中网络多媒体教室39间。数字终端534台，其中学生终端17台、教师终端517台。数字资源量中电子图书107.03万册、电子期刊4.06万册、学位论文173.61万册、音视频10.24万小时。教育部人文社会科学重点研究基地1个、教育部哲学社会科学实验室1个、省部级实验教学示范中心1个、国家级教学团队1个、省部级教学团队2个、教育部创新团队1个、省级课程思政教学团队3个。高考北京地区提档线不限选考专业组音乐学专业414.7分；北京地区提档线不限选考专业组，音乐表演、作曲与作曲技术理论各招考方向为319分。网址：www.ccom.edu.cn。

2022年，学校完善“三全育人”体系，依靠专业优势，多方位服务国家文化强国建设。

加强基层党组织建设，全面从严治党。严格落实“三会一课”制度。每月下沉到各支部抽查工作情况，形成“现场抽查—问题梳理—当面反馈—一对一讲解”工作机制。创建首批校内双带头人教师党支部书记工作坊，提供专项经费支持基层党支部建设。设置党委巡察办公室，扎实开展校内巡察。巡察28个二级党组织、机关处室，构建考核评价机制，对13个二级党组织开展巡察“回头看”。

持续推进“双一流”学科建设。修订学科目录，艺术学门类学科专业设置调整建议方案通过。启动本科教学课程改革，加强线上课程指导和教学质量监督。1个教学系在北京市本科教育教学比赛中获评优秀本科育人团队，本科教学改革创新项目获批立项2个，4门课程、3个教材课件获评北京高校优质本科课程和优质本科教材课件。

5月，中央音乐学院派宣讲团到贵州黔西南地区开展新时代文明实践文艺宣讲（中央音乐学院 供）

完善“三全育人”体系建设。进一步落实学工部—辅导员—班主任—主科教师四级联动机制。开展“课程门门有思政”“教师人人重育人”研讨活动，构建全面覆盖课程思政育人体系。4门课程获评北京市高校课程思政示范课，1个教学系和2名教职工获评北京高校德育工作先进集体、优秀德育工作者和优秀辅导员。加强师德师风建设，全面实施“人文央音”建设工程，创建“口述央音”项目，发掘老一辈专家治教为人典型事例。师资建设引育并重，新增青年“长江学者”1人，国家万人计划青年拔尖人才2人，北京市高等学校教学名师2人。1名学生获教育部全国十佳“最美大学生”称号。

科研工作再上新台阶。国家社会科学基金项目立项6个，位列全国音乐院校之首。其中1项成果入选全国哲学社会科学成果文库，为年度音乐学科唯一入选学术专著。音乐专业（音乐人工智能方向）虚拟教研室入选教育部首批虚拟教研室建设试点。“音乐与脑科学”研究入选2022年度国家自然科学基金专项科研课题，获支持经费1500万元。

服务国家文化强国建设。完成大型电视专题片《领航》主题曲及全部配乐创作和录音任务。承接国家礼乐创作任务，创作70余首礼乐作品，项目被列为教育部哲学社会科学研究重大委托项目。组建文艺宣讲师团队，先后派出22名文艺宣讲师前往西藏日喀则、宁夏闽宁镇、贵州黔西南地区等10个省（区）开展文化宣讲、师资培训、乡村音乐教室等美育志愿服务活动。与新华网联合推出7集“到祖国需要的地方去”文艺宣讲师专题新闻，在新华社客户端全平台推广，累计点击量近4000万。

对外交流平稳开展。与德国汉堡音乐与戏剧学院等教育机构通过线上线下方式，联合主办2022中德国际云端音乐节，包括3场音乐会、3场国际大师班、14场学术活动，成为中德建交50周年系列庆典活动亮点。推进“一带一路”音乐教育联盟工作，召开2022联盟年度国际交流活动，连线20所中外高等音乐院校艺术家交流分享创作经验。服务国家公共外交战略，举办英国曼彻斯特切特姆音乐孔子课堂远程挂牌仪式、中国音乐文化国际夏令营等文化活动。

专业优势服务冬奥会。发布师生在冬奥村拍摄合唱版冬奥口号歌《一起向未来》快闪MV；北京冬奥会开幕倒计时30天主办迎冬奥新年世界音乐会。音乐会被制作成视频纪录片冬奥会（冬残奥会）举办期间在冬奥村播放。师生完成开闭幕式主题曲《雪花》等音乐作品的创作和为配合各国运动员入场数十首世界名曲的编配。41名师生服务于奥林匹克公园公共区域，涵盖志愿者团队、赛事服务、公共卫生等岗位。

党委书记 赵旻
院　　长 俞峰

（王小夕）

新时代文明实践中心的“央音模式”

至年底，中央音乐学院新时代文明实践中心的“央音模式”走深走实。新时代文明实践中心是学校落实推动习近平新时代中国特色社会主义思想落地生根，推动乡村全面振兴、满足农民精神文化生活新期待的重要行动举措，已在大理、兰考、延安等地设立新时代文明实践基地。学校通过整合资源优势、先行先试，选派不同专业硕士毕业生留校并担任“文艺宣讲师”到西藏、青海、宁夏等偏远地区，以及开展师资培训、建立乡村音乐教室、开设云端音乐课的创新性“央音模式”，扎实推进文艺宣讲工作。学校共派出20余名“文艺宣讲师”，挂牌近300间乡村音乐教室，在100余个脱贫县开展艺术下乡美育实践志愿服务。全年实现近1000余次志愿服务，志愿时长累计近1500小时。

（王小夕）

中国音乐学院

概况

2022年，中国音乐学院设置11个院（系、部），开设4个本科专业，覆盖1个学科门类；具有一级学科1个；一级学科博士点1个；一级学科硕士点1个、硕士专业学位授权类别2个；博士后科研流动站1个，其中博士后研究人员出站3人、退站1人、在站10人。硕士生导师149人、博士、硕士导师96人。“双一流”建设学科1个，国家级一流本科专业建设点4个、北京高校重点建设一流专业2个，北京高校高精尖学科1个。学校由北京市举办，为艺术院校。拥有教室55间，均为多媒体教室。数字终端198台，其中学生终端143台、教师终端55台。数字资源量中电子图书128.65万册、电子期刊6.14万册、学位论文712.10万册、音视频144.59万小时。北京高精尖创新中心1个。高考北京地区提档线不限选考音乐学专业（音乐学理论招考方向）、音乐教育专业363分，音乐学专业（音乐管理招考方向）425分，作曲与作曲技术理论专业337分，音乐表演专业319分。网址：www.ccmusic.edu.cn。

2022年，学校确立以学生成长成才为中心工作思路，以“中国乐派”建设为引领，狠抓制度建设、学科与人才队伍建设，学术创新活力、社会服务能力以及对外影响力得到新提升，全面建设再上新台阶。

学科建设取得新突破。进入第二轮“双一流”建设高校行列。音乐教育、艺术管理本科专业获批备案。深入推进“双一流”建设，完善《2021—2025年“双一流”建设方案》。开展音乐学科评价体系构建项目相关工作。建立学科建设政策研究系列内参机制，举办学科发展战略研讨系列讲座。完成“中央支持地方建设——‘双一流’建设”等三类学科建设项目（16个子项目）推进工作，完成“科技创新服务能力建设——高精尖学科建设”等三类学科建设项目绩效自评。

人才培养呈现新气象。调整2022级本科人才培养方案，推进中国乐派“8+1、思政+X”课程体系主课课程标准修订与教材建设工作。探索音乐表演人才培养机制，推行拔尖人才培养计划，完成首批贯通附中、大学与研究生一体化拔尖人才选拔工作。探索复合型人才培养路径，开设辅修专业及微专业。发挥劳动教育综合育人功能，构建以实践为主，理论和实践相结合立体化劳动教育育人体系。推进“中国乐派”研究生教育体系建设，紧密结合本科中国乐派“8+1、思政+X”课程体系，推出“1+5+X”研究生综合教育体系。通过课程模块化设置，建立以主课“1”为中心，课程模块“5”为基础研究生课程体系。打造“国音博士大讲堂”特色课程学术品牌，开启研究生学术提升计划。推进教育硕士（学科教学—音乐）复招工作。举办第三期优秀年轻干部培训班。

教学科研成果丰硕。“中国乐派‘8+1、思政+X’课程体系探索与实践”获北京市高等教育教学成果奖特等奖。1人获评北京市高等学校教学名师奖，1人获评北京高校优秀教学管理人员，1个教学团队获评北京高校优秀本科育人团队，3门课程获评北京高校优质本科课程，2个教材课件获评北京市优质本科教材课件。获批国家级重大、重点、一般项目9个，省部级项目3个。其中，“中国皮影艺术传承创新研究”获批2022年度国家社科基金艺术学重大项目。分层分类孵化培育民族音乐学学科史研究等8个科研团队及项目。作品《待云雾散去》入选文化和旅游部艺术司2022—2023年度“时代交响”创作扶持计划中小型交响乐作品。1个教研室获批教育部首批虚拟教研室建设试点，也是教育部设立唯一音乐表演方向虚拟教研室。

交流合作迈上新台阶。全球音乐教育联盟吸纳覆盖亚洲、欧洲、北美洲、大洋洲85所世界顶尖音乐院校。召开线上全球音乐教育联盟2021年年会和2022全球音乐教育联盟理事会。参与国际服贸会教育服务专题论坛并发布相关建设成果。参加金砖国家人文交流论坛。参加2022年波兰作曲家之秋活动。“全球音乐教育联盟——青少年艺术教育交流季项目”获批中央宣传部“Z世代”工作项目。举办全球音乐教育联盟第一届青少年艺术展演。1名学生获第23届威尼斯弗留利国际钢琴比赛二等奖及最佳肖邦作品演奏奖。中国乐派交响乐团参演中央广播电视总台《音乐传递温暖 坚持就是胜利》“五一”云上音乐会。承办2022年北京大学生音乐节，参与中央广播电视总台五四青年节特别节目录制。

社会服务能力得到提升。《中国音乐大典文论编》获人民音乐出版社2022年度出版物奖，“中华民族音乐传承出版工程理论研究项目”丛书入选2022年度中华民族音乐传承出版工程精品出版项目，“中国声乐研究文献导读”丛书入选“十四五”时期国家重点图书出版专项规划。不断完善线上视频考级管理系统，全年考级300余万人次。

专业优势助力冬奥会。66名志愿师生在北京冬奥会、冬残奥会住宿、权益保护、志愿者和赛事服务等领域开展志愿者服务，其中9人参与北京冬奥会闭幕式演出，1人获评北京2022年冬奥会、冬残奥会北京市先进个人。成立冬奥宣讲团，开展系列宣讲9场。

党委书记 王旭东

院　　长 王黎光（11月16日免）

李心草（11月16日任）

（江瑾尧）

1月6日，中国音乐学院举办“天使告诉我”——中国音乐学院作曲系教师抗疫主题音乐会 （中国音乐学院 供）

第六届双代会

11月5日，中国音乐学院召开第六届教职工代表大会和工会会员代表大会。听取校长作题为《发扬历史主动精神 建设中国音乐教育体系 奋力开创世界一流大学建设新局面》工作报告，审议并通过《学校工作报告》《学校财务工作报告》《第五届教代会、工会工作报告》《第五届教代会提案工作报告》《学校信息公开情况工作报告》《第五届工会财务工作报告》《第五届工会经费审查工作报告》以及《第六届教职工代表大会执行委员会、工会委员会及各专门委员会委员候选人产生办法》，选举产生第六届教代会执行委员会、教代会提案委员会、教代会福利委员会、工会委员会、工会经费审查委员会委员。第六届教代会执行委员会、工会委员会及各专门委员会召开第一次全体会议，选举产生第六届教代会执行委员会、工会委员会及各专门委员会负责人。市教委工会负责人、教代会代表101人和工代会代表60人参加大会，部分中层干部、民主党派代表和离退休人员代表列席会议。

（江瑾尧）

中国古筝的传承与发展学术研讨会

12月1日，中国音乐学院举办中国古筝的传承与发展学术研讨会。研讨会线上举办，以“中国古筝传承与发展”为主题，由中央宣传部文化名家暨“四个一批”人才工程项目资助的中国古筝的传承与发展项目组主办，聚焦国内筝乐流派生存现状、当代筝乐艺术发展现状。与会者从不同视角出发共同探寻中国筝乐艺术的传承路径与发展方向。活跃于当代民间筝乐流派代表，专业院校和职业团体筝家代表，以及从事筝乐音乐理论学者代表200余人参加会议。

（江瑾尧）

中央美术学院

概况

2022年，中央美术学院设有花家地校区、燕郊校区、上海校区和小营校区，设置17个院（系、部），开设28个本科专业，覆盖4个学科门类；具有一级学科6个；一级学科博士点3个；一级学科硕士点3个、硕士专业学位授权类别3个；博士后科研流动站3个，其中博士后研究人员出站2人、进站12人、在站33人。博士生导师14人，硕士生导师155人，博士、硕士导师109人。“双一流”建设学科2个，国家级一流本科专业建设点16个、北京市级一流本科专业建设点6个，北京高校重点建设一流专业1个，北京高校高精尖学科1个。学校由教育部举办，为艺术院校。拥有教室519间，其中网络多媒体教室21间。数字终端5317台，其中学生终端4038台、教师终端1279台。数字资源量中电子图书338万册、电子期刊42.10万册、学位论文213.82万册。北京高精尖创新中心1个。高考北京地区提档线不限选考专业组409分，物理/化学/生物专业组613分，政治/历史/地理专业组543分，生物/政治/地理566分。网址：www.cafa.edu.cn。

2022年，学校围绕党建工作、教育发展、队伍建设、人才培养、社会服务、国际交流合作开展各项工作并取得成效。

学科建设。召开学科建设年度检查汇报会和第二轮“双一流”建设推进会，相关单位对照“十四五”暨“双一流”建设任务台账，逐项梳理项目进度、建设成果、特色案例与问题瓶颈。自主研发5门在线开放课程全部登陆国家智慧教育平台一期项目。

师资建设。建立完善教职工理论学习与培训机制，完善师德考核评价机制、优化师德监督体系、完善师德激励机制，召开师德师风专题工作会、博士生导师师德专题工作会，评选德艺双馨优秀教师并予以表彰。推进人才队伍建设，全年公开招聘教师21人，博士后12人，派遣岗位、科研助理48人，2人获北京市优秀教师、优秀教育工作者。修订《关于聘请特聘教授、客座教授、荣誉教授、讲习教授的规定》，完善高层次人才政审、合同签订程序，续签10余人。美术博物馆虚拟策展与美育课程虚拟教研室入选教育部首批虚拟教研室建设试点教研室。入选2021—2025年首批全国科普教育基地，是唯一高等美术院校。1名教师获世界技能大赛时装技术项目金牌。

人才培养。制定《教材建设管理办法》，完成“中央美术学院教材大系”立项教材10本校级、院系级两级审核，完成30余本教材签订出版合同。印发《振兴本科教育实施方案》，全面提高人才培养质量。《中国美术史稿》出版。

学生工作。引导督促基层支部深入学习，制定《“青年马克思主义者培养工程”实施管理办法》，开设首期“青马班”，形成“主题鲜明、多维覆盖、形式多样”的教育工作模式。举办习近平新时代中国特色社会主义思想在京华大地的生动实践主题创作展和“青春之向：首都青年庆祝建团百年艺术创作特展”。打造“三五二”学生工作新模式，构建“三全育人”新格局。三阶段全过程育人工程包括入学伊始启动“一年级工程”、在校期间推动“综合素质培养工程”、毕业年级推进“就业质量提升工程”；五方面全方位育人包括打造“青竹计划”“网络育人计划”“艺鸣榜样选树计划”“和心在美心理育人计划”“创新创业训练计划”五项计划品牌活动。实施“辅导员提升行动”和“聚力行动”强化队伍建设，实现全员育人。获批教育部思政司公布2022年第一批“一站式”学生社区综合管理模式建设高校。

科研管理。获批纵向科研项目立项17个。其中，国家级项目12个，包括国家社科基金艺术学重大项目1个；国家社科基金艺术学重点项目1个、一般项目1个、青年项目1个；国家哲学社会科学成果文库入选1个；国家艺术基金项目8个。教育部人文社科研究一般项目2个、教育部人文社科研究专项1个、文旅部文化艺术研究项目1个、北京社科基金规划项目1个。完成横向科研立项61个。

服务社会。受中国邮政集团有限公司委托创作《中国共产党第二十次全国代表大会》纪念邮票正式发行。组织

5月，中央美院“印章”助力五一国际劳动节特别节目
（中央美院 供）

完成人民教育出版社小学数学教材插图上册绘制工作。发布 CAFA Global 网站，使用 9 种语言发布学校全球网站上线消息。组织举办第 14 届达喀尔非洲当代艺术双年展、2022 澜湄合作国际设计大赛、“山水相‘链’：中国—东盟首饰艺术展”等国际活动。举办“人生如画——戴泽先生百岁艺术展”“莫忘初业第一程——早期北平艺专的国画课堂”“力之丛——托比恩卡瓦斯博的陶瓷艺术”等展览。与中国青少年发展基金会签署战略合作协议。设计完成中央团校校园主题雕塑《理想》。举办乡村儿童艺术展、新时代中国美育学学科建设高端论坛。

服务冬奥。承接北京冬奥会、冬残奥会艺术设计项目，包括奖牌设计、会徽设计、动态体育图标设计等 10 余个项目。设计北京冬奥会和冬残奥会中国国家短道速滑队头盔图案，“矫若游龙”“飞天梦境”“火神祝融”“青花”四款头盔投入定制。完成 424 个通用图标和 32 种引导标识牌体类型设计。130 名青年师生参与，赛事服务 25 天，包括 4 场开闭幕仪式，累计 1 万余小时志愿时长，志愿服务团队和志愿者获评北京 2022 年冬奥会、冬残奥会北京市先进集体和先进个人。

党委书记 高洪
院　　长 范迪安

（韩丹丹　王哲文）

与中国青少年发展基金会签订战略合作协议

9 月 29 日，中央美院与中国青少年发展基金会签署战略合作协议。根据协议，双方本着“长期共赢、优势互补、资源共享、相互促进、共同发展”基本原则，在美育教育、乡村振兴、思政教学等领域开展合作。学校依靠美术教育领域专业优势和科研机构研究优势，“以艺术教育赋能乡村振兴”为抓手，重点为乡村青少年美育教育提供方向指引和专业指导，提升广大青少年美学素养。

（王哲文）

《中国美术史稿》出版

11 月，中央美院教授王逊未刊稿《中国美术史稿》由他人整理完成并由上海书画出版社出版。1956 年，王逊将上课讲义整理成中国美术史讲义，由中央美院、故宫博物院各内部印行 1000 册，面世后被认为是当时水平最高一部美术史，被各地美术院校和文博机构不断翻印。1985 年，经他人整理，更名为《中国美术史》出版，成为很多高校沿用至今经典教材。此次整理以搜集到的 60 年代版讲义各种油印本、铅印本为基础，残缺章节或酌以 50 年代“讲义”补齐。由于不同时期版本纷繁复杂，为保存文献起见，在基本保持原书章节体例基础上，尽可能选用未删节初稿。《中国美术史稿》代表王逊美术史研究最高学术成就、被誉为中国美术史专业教材奠基石。

（王哲文）

中央戏剧学院

概况

2022 年，中央戏剧学院设置 13 个系，3 个教学部；开设 11 个本科专业，覆盖 2 个学科；具有一级学科 2 个，一级学科博士点 2 个，博士学位授权点 2 个，硕士学位授权点 2 个、专业学位授权点 1 个；博士后科研流动站 1 个，其中博士后研究人员出站 1 人、进站 1 人、在站 6 人。“双一流”建设学科 1 个。学校由教育部举办，为艺术院校。拥有教室 375 间，其中网络多媒体教室 75 间。纸质图书 59.79 万册、电子图书 360.20 万册、学位论文 246.39 万册、音视频 2.01 万小时。网址：www.zhongxi.cn。

2022 年，学院在党的建设、教育教学、学科建设等多方面取得突出成绩。

党的建设。加强政治巡察，制定巡察工作规划，开展巡察整改“回头看”工作，完善巡察工作领导小组发挥作用机制。健全基层党组织工作督察制度，加强党支部标准化规范化建设。

教育教学。增设曲艺专业；巩固传统优势，设置音乐剧专业。成立实践教学中心，依托国家级实验教学示范中心，完善教学实践一体化人才培养模式。面向国家需要和社会需求，举办高层次艺术专业人才研修班和培训班。加强课程思政建设，应用党史学习教育剧目创作经验。

学科建设。以构建中国特色哲学社会科学为学术导向，修订“双一流”建设整体建设方案和一流学科建设方案。

队伍建设。召开新时代人才工作会议，科学谋划、系统布局学院未来人才工作。制定教师思想政治和师德师风建设工作“十四五”规划，开展教师思想政治和师德师风教育，严格师德考核评价。

科研工作。重大科研项目取得新突破，“建党百年艺术生产运行机制与制度研究”获批国家社科基金艺术学重大项目立项。依托传统戏剧数字化高精尖研究中心开展智

12 月 11 日，戏剧学院和桂林市政府主办的 2022 桂林艺术节正式开幕（戏剧学院 供）

能戏剧艺术空间实验室建设，打造更多高水平科研创新平台。

社会服务。与广西桂林联合举办桂林艺术节，欧阳予倩研究与创作基地在桂林揭牌，深化产教融合、校地合作。制作《风云儿女》《万水朝东》等优秀舞台剧目。继续做好定点帮扶贵州省长顺县工作。选派两名帮扶干部到长顺县轮换挂职，加强资金、人力投入；发挥专业优势，以美育助力乡村文化振兴，组织“文化振兴，艺术赋能”暑期社会实践团开展实践活动，原创乡村振兴主题舞台剧《背篼里的春天》获评首都高校师生服务“乡村振兴”行动计划一等奖。

交流合作。发挥戏剧影视艺术教育“领头雁”作用，推动艺术院校之间交流与合作。与国家大剧院、中国曲艺家协会、中国东方演艺集团有限公司等签署合作协议。举办国际戏剧学院奖“理论奖”“导演奖”“编剧奖”评选，召开舞台美术行业发展与实践教学研讨会。加强戏剧影视艺术教育国际交流，承办第五届世界戏剧教育大会、世界戏剧教育联盟第五届校长大会。

冬奥会服务。多名学生投入冬奥会、冬残奥会开闭幕式演出与服务工作。9 名学生担任引导员，6 名学生服务开幕式演出工作，62 名学生单位闭幕式演出任务。

党委书记　徐翔（8 月免）
　　　　　徐永胜（8 月任）
校　　长　郝戎

（陈凌云）

与 3 家单位签约合作

4 月和 7 月，戏剧学院分别和中国东方演艺集团有限公司、中国曲艺家协会和国家大剧院签约合作。与东方演艺公司合作聚焦国家文化发展战略、拓展多元合作领域。与中国曲艺家协会合作是文艺界群团组织与艺术类高校合作发展的积极尝试，双方在探索曲艺高等教育学科体系建设、建立曲艺名家专兼职制度、搭建交流互鉴平台和渠道、合作开发曲艺教材、共建曲艺高等教育教学实践基地等方面开展交流合作。与国家大剧院在艺术创作、学生实践、学术研究、艺术普及等方面深化合作，实现优势互补。

（陈凌云）

2022 桂林艺术节

12 月 11 日，戏剧学院和桂林市政府联合主办的 2022 桂林艺术节开幕。艺术节以“山水有约　桂林有戏”为主题，艺术形式包括戏剧展演、高峰艺术对话，街区巡游、帐篷微剧场，音乐现场、沙龙讲座等 130 余场活动，在桂林各大剧场戏院、文化地标、山水之间举行。期间，桂林艺术节组委会和戏剧学院共同发起“全球华语青年戏剧导演英才计划”。

（陈凌云）

中国戏曲学院

概况

2022 年，中国戏曲学院设有主校区和附中校区，设置 7 个系，开设 15 个本科专业，覆盖 3 个学科门类；具有一级学科 3 个；一级学科硕士点 3 个、硕士专业学位授权类别 3 个。国家级一流本科专业建设点 5 个、北京市级一流本科专业建设点 6 个，北京高校重点建设一流专业 1 个。学校由北京市举办，为艺术院校。拥有教室 271 间，其中网络多媒体教室 31 间。拥有图书 33.91 万册，数字终端 2470 台。数字资源量中电子图书 132 万册、电子期刊 8510 册、学位论文 210 万册、音视频 9 万小时。博士生导师 4 人、硕士生导师 95 人；青年北京学者 1 人，北京市高等学校教学名师 6 人、青年教学名师 3 人，北京市高层次创新创业人才支持计划领军人才 3 人、教学名师 3 人，中央宣传部“四个一批”人才 9 人，长城学者 8 人。高考普通批次北京地区提档线 529 分。网址：www.nacta.edu.cn。

2022 年，学院修订并发布章程，以习近平总书记重要回信精神为根本遵循，落实学院第三次党代会部署，实施“十四五”发展规划，推动中国一流、世界知名戏曲艺术大学建设取得成果。

党建引领。组织专题网络培训，邀请中央党校专家作宣讲报告。组建师生宣讲团，成立“青马班”。

规划实施。制定重点任务分工方案，12 个方面、94 项任务、205 条具体措施。设立“四个中心”办公室，编制实施专项建设规划，发布科研课题指南，建立工作例会制度。印发《机构调整优化方案》，将 34 个机构调整为 28 个。

人才培养。召开人才工作会议，为29名荣誉教授、72名客座教授颁发聘书。聘请京剧名家担任学院艺术总监、京剧系主任、第七届中国京剧优秀青年演员研究生班班主任。多部作品入选市委教育工委主办"'行走京华大地 感悟思想伟力'习近平新时代中国特色社会主义思想在京华大地的生动实践"主题创作展。

学科建设。新一届学术委员会成立。5门课程获评北京市高校课程思政示范课程，授课教师和教学团队获评北京市课程思政教学名师和教学团队。作曲与作曲技术理论、戏剧影视导演2个本科专业被认定为国家级一流本科专业建设点，艺术管理、音乐表演、服装与服饰设计3个本科专业被确定为北京市级一流本科专业建设点。获北京市社会科学基金项目3个，其中重点项目2个、青年项目1个。

科研发展。国家社科基金艺术学重大项目"戏曲艺术当代发展路径研究"完成，经全国艺术科学规划领导小组办公室审批，通过结项验收。项目成果以18册专著，集合成550万字丛书呈现，是首部对于当代戏曲艺术发展的政策方针背景等进行18项分类研究和总体集成大型研究丛书。"1935年梅兰芳访苏相关文献整理与研究"获批重点项目立项资助。

交流合作。与文化和旅游部中外文化交流中心、国家大剧院、中国青年报社签署战略合作协议，与国家大剧院联合主办"大美舞台"教学成果展，与教育部中外语言交流合作中心签署备忘录，与美国宾汉顿大学召开工作会并成立《戏剧交流》电子期刊编辑部，与英国奥斯特大学召开工作会并举办庆祝中心成立线上联合演出。在基本实现省域覆盖基础上，突出特色提升，深化战略合作协议。与贵州省黔剧院、江西省赣剧院、云南省滇剧院等10家院团、院校签约合作。广西南宁市民族文化艺术研究院、云南省滇剧院分别为邕剧、滇剧专业学生提供排练场地、设备、服装、道具等；贵州省黔剧院、江西省赣剧院、湖南省花鼓戏剧院、湖南省湘剧院为相关专业学生配备剧院指导教师开展线上、线下教学指导，并为学生提供住宿和实践展示平台；广东潮剧院和汕头艺术学校帮助安装技术设备解决网络问题。

社会服务。58名师生参与北京2022年冬奥会和冬残奥会服务保障工作。参与录制首届全国校园戏曲春节晚会，参加2022年春节团拜会和2022年春节戏曲晚会。西山永定河文化带戏曲非遗传承人高级研修班开班。

党委书记 李必友
校　　长 尹晓东

（朱天）

学院机构调整优化

7月18日，戏曲学院调整优化内设机构。将34个机构调整为28个，其中管理机构由18个调整为14个，教学机构由12个调整为10个，设置教辅机构3个、附属单位1个。

（朱天）

北京电影学院

概况

2022年，北京电影学院设海淀校区和怀柔校区，设置18个直属院系及研究生院、人文学部、思政部3个教学单位，开设23个本科专业，覆盖3个学科门类；具有一级学科3个；一级学科博士点3个，博士学位授权点3个，硕士学位授权点3个；硕士专业学位授权类别1个；北京高校高精尖学科2个。博士后科研流动站1个，其中博士后研究人员出站2人、进站3人、在站5人。博士生导师40人、硕士生导师194人。国家级一流本科专业建设点10个、北京市级一流本科专业建设点8个，北京高校重点建设一流专业3个。学校由北京市举办，为艺术院校。拥有教室232间，其中网络多媒体教室119间。数字终端2877台，其中学生终端2162台、教师终端715台。数字资源量中电子图书142万册、电子期刊79万册、学位论文775万册、音视频11.62万小时。北京高精尖创新中心1个，北京市重点实验室2个。高考北京地区提档线不限选考专业组604分，物理必考专业组602分，网址：www.bfa.edu.cn。

2022年，学校召开第三次党员代表大会，以推动高质量发展为主题，以改革创新为动力，完成全年各项任务，学校人才培养和事业发展取得新进展。

人才培养。推动教育教学改革，不断提升教学质量，获北京市高等教育教学成果奖特等奖、一等奖1项。推进研究生教育改革，教育部2022年硕士、博士论文抽检全部合格。推出学院首部音乐剧《江姐》。

思想政治工作。深入落实课程思政实施方案，实施课程思政特色课建设项目，7门课程获评北京市高校课程思政示范课，获批北京高等教育本科教学改革创新项目1个。

师资队伍建设。探索推进校地高层次人才管理引进，聘用校外教授。拓宽职称评聘通道，为能力出众教学型、创作型教师开辟绿色通道，新增5名博士生导师、29名硕士生导师。举办国际先进影像大会（ICAI2022）。

服务北京冬奥会。科技创新团队依靠"基于人工智能技术的影像识别跟踪"和"基于交互引擎技术的实时渲染呈现"两个核心技术，实现近700名演员在超过1万平方米LED上无延时捕捉和"如影随形"雪花特效渲染呈现，完成《致敬人民》《雪花》《冰雪之约》等重要项目；未来影像高精尖创新中心牵头研发"场馆仿真系统（VSS）"，在冬奥会筹备及整体规划中起到重要支撑。学校获北京2022年冬奥会、冬残奥会北京市先进集体称号。

党委书记 钱军

（马晓梅）

第三次党代会

1月4日，中共北京电影学院第三次党员代表大会召开。会议审议并通过党委书记代表第二届委员会题为《坚守教

育初心 勇担时代使命 奋力谱写中国特色世界一流电影学院发展新篇章》工作报告，书面审议通过纪律检查委员会工作报告、第二届委员会关于党费收缴、使用和管理情况审查报告。会议选举产生第三届党委领导班子和纪委委员。市委教育工委领导、学校相关部门负责人和123名党代表参加会议。

（马晓梅）

首部原创音乐剧《江姐》首演

9月23日，电影学院首部原创音乐剧《江姐》首演。该剧是学院第一部音乐剧作品，立足“以人民为中心”创作理念，用生动实践教学拓展课程思政教育功能。音乐剧包含近20首紧贴剧情唱段，20名师生演员通过舞台讲述重庆解放前夕，地下党人江竹筠（江姐）在国民政府军统渣滓洞集中营中惨遭酷刑仍坚守信念的不朽事迹，聚焦江姐被捕入狱后512天，通过对饱受煎熬无辜百姓、惨遭迫害革命党人、陷入两难监狱长黄锐津等人物生动刻画，描绘出一幅有血有肉革命英雄群像，展露出至暗时刻之中人性明暗与理想无限力量。《江姐》在怀柔校区及中央歌剧院连续公开演出7场，观看人数万余人。

（马晓梅）

9月23日，电影学院首部原创音乐剧《江姐》首演

（电影学院 供）

国际先进影像大会

12月17日，电影学院举办国际先进影像大会（ICAI2022）。会议线上举办，以“影像科技筑梦新时代”为主题，10名国内外先进影像研究和应用领域资深专家学者、知名创作者、领军企业代表作大会交流。同步直播累积观众1.20万余人次。国际先进影像大会是中国电影电视技术学会先进影像专业委员会年度会议，始于2011年国际3D技术研讨会，2016年更名为国际先进影像大会。历届大会专注于未来影像技术与艺术前瞻性探讨，关注特种形式影像、高技术格式影像、沉浸式影像制作等多个主题，邀请国内外顶尖行业专家分享交流。

（马晓梅）

北京舞蹈学院

概况

2022年，北京舞蹈学院设置11个院（系、部），开设5个本科专业，覆盖3个学科门类；具有一级学科1个；一级学科硕士点2个、二级学科硕士点2个、硕士专业学位授权类别1个，国家级一流本科专业建设点2个、北京市级一流本科专业建设点3个。拥有教室121间，其中网络多媒体教室22间。拥有图书27.65万册，计算机1210台。数字资源量中电子图书2.50万册、电子期刊6000册、学位论文830册、音视频1.20万小时。学校由北京市举办，为艺术院校。有国家级特色专业3个、国家级校外人才培养基地1个、北京市实验教学示范中心3个。网址：www.bda.edu.cn。

2022年，学院以“为人民而舞”为导向，以推动高质量、内涵式发展为主题，以贯彻落实学院“十四五”发展规划为根本遵循，以人才强校战略为发展支撑，推进高水平特色型舞蹈艺术大学建设。

构建学、研、创、演教学新形态。坚持“为人民而舞”，实现党建和思政工作、专业教学、艺术演出深度结合。作为北京市最早开设“习近平新时代中国特色社会主义思想概论”课程高校之一，学院将“概论课”作为学院“第一课程”，匹配“第一流师资”，整合最优教育资源，创新“双线双师课堂”模式，精心打造“艺术名家领读经典”思政课品牌，助推学生学习成长。将习近平总书记亲口讲述革命故事、总结党的精神谱系转化为舞台实践，先后创排《那些故事》《杨家岭的春天》等舞蹈作品，将其转化为思政课案例、剧目教学内容、学术研究话题和艺术创作素材，展现“课程思政”新探索。将习近平总书记“以人民为中心”深厚情怀转化为“为人民而舞”办学理念和生动实践，以纪念延安文艺座谈会80周年为契机举办学术研讨会。编写出版《舞动百年——建党百年百部舞蹈作品思政案例》，与“百年百部”展播互为补充，引导师生将学习、研究、传承经典艺术作品转化为课堂教学和学术研究的鲜活案例。

开创学科专业建设新局。扩大办学优势，办学特色更加鲜明，获批北京高校高精尖学科建设单位，在办本科专业全部入选国家级和省级一流本科专业建设点，实现一流专业建设点全覆盖，入选新增博士点培养建设高校。

创新人才培养模式。持续深化人才培养模式改革，落地“十四五”规划，完善本科招生配套制度，制定舞蹈表演与舞蹈教育专业跨院系跨专业人才培养方案，建立舞蹈编导专业校内遴选转入机制。在芭蕾舞、音乐剧等专业开展中专和本科联合教研，统筹课程设置、教学内容、师资交流机制等，形成“中本贯通”改革方案。强化拔尖人才培养机制，统筹剧目、创作、写作等课程教学与实践环节，探索“分类施教、细分教学”实施形式，通过量身定制等方式形成差异化培养。落实《北京研究生教育质量提升行动计划（2022—2024 年）》，重点推进学术型、专业型研究生人才培养方案修订。搭建学术周、“研途有你”、《舞苑研究》等学术平台，总结“学研创演一体化”舞蹈研究生实践育人模式经验与成果。以舞蹈表演、舞蹈编创、舞蹈教育为试点，探索“校校合作”“校团合作”专业育人模式。

推进“人才强校”第一战略。通过“学科专业带头人工程”激发带头人发挥带动作用，通过“教学科研创作团队工程”鼓励合作、创新专业前沿团队不断出现，通过“柔性引进人才工程”聚天下英才而用之，通过“青蓝工程”提携后辈，通过“晚霞工程”赓续传统，通过“国际化师资工程”建构面向世界人才桥梁，通过“核心办学领域师资建设工程”扩大领先优势，以人才杠杆撬动事业可持续发展。聘请 8 名具有重要行业影响力和突出业绩舞蹈艺术家、舞蹈编导担任研究生合作导师，使学院人才培养视野和高度始终与行业顶尖水平并行。主动聚合外向型专业全球顶尖艺术大师为特聘教授，面向海外公招国标舞系主任，扎实推进中国特色世界一流艺术大学建设步伐。

参与北京冬奥会志愿服务。116 名学生承担开幕式 3 个项目，包括《冰雪五环》《构建一朵雪花》和引导员。《构建一朵雪花》96 名舞蹈演员全部来自一年级学生。

党委书记 巴图

院　　长 郭磊

（段晓萌）

纪念延安文艺座谈会 80 周年研讨会

4 月 28 日，北舞召开“‘为人民而舞’——纪念延安文艺座谈会 80 周年研讨会”。会议通过线上线下举行，围绕延安文艺座谈会历史意义和当代影响、党领导艺术教育办学经验研究、思政教育和艺术教育融合路径研究等议题展开研讨。中国文联、中国舞蹈家协会、中国戏曲学院等校内外专家学者、教师和学生代表 1500 余人线上参会。

（段晓萌）

原创舞蹈诗剧《杨家岭的春天》开演

11 月 5 日，北舞原创舞蹈诗剧《杨家岭的春天》在国家大剧院开演。该剧为在毛泽东《在延安文艺座谈会上的讲话》发表 80 周年、习近平《在文艺工作座谈会上讲话》发表 8 周年之际，为赓续延安精神，践行新时代文艺工作者初心使命，与国家大剧院联合出品。该剧是首届“大戏看北京”展演季开幕节目，以汉族民间舞样式、陕北风格音乐、木刻版画质感舞美呈现，将演员“定格”融入其中，近乎“一比一”还原版画，以动态舞姿让版画“流动”起来，以舞入画、以画代舞，带领观众穿越时空重返延安。“大戏看北京”展演季由市委宣传部主办，以“文艺展新姿 精品献人民”为主题，在全市集中展演舞台艺术精品 40 余部，演出 200 余场。

11 月 5 日，北舞原创舞蹈诗剧《杨家岭的春天》开演

（北舞　供）

（段晓萌）

中央民族大学

概况

2022 年，中央民族大学设有海淀校区和丰台校区，设置 1 个学部、23 个学院，开设 67 个本科专业，覆盖 11 个学科门类；一级学科博士点 6 个、二级学科博士点 3 个；一级学科硕士点 27 个、二级学科硕士点 6 个、硕士专业学位授权类别 19 个；博士后科研流动站 5 个，其中博士后研究人员出站 3 人、进站 18 人、在站 38 人。博士生导师 277 人、硕士生导师 761 人（其中学术型硕士生导师 606 人，专业型硕士生导师 663 人）。“双一流”建设学科 1 个，国家级一流本科专业建设点 32 个、北京市级一流本科专业建设点 11 个，北京高校重点建设一流专业 1 个，北京高校高精尖学科 3 个。光子系统工程软件教育部工程研究中心 1 个。学校由国家民委举办，为综合大学。拥有教室 330 间，其中网络多媒体教室 193 间。数字终端 425 台，其中学生终端 165 台、教师终端 260 台。数字资源量中电子图书 289.55 万册、电子期刊 66.42 万册、学位论文 979.94 万册、音视频 5.82 万小时。高考北京地区提档线不限选考专业组 621 分、历史必考专业组 627 分、物理必考专业组 616 分、物理 / 化学 / 生物专业组 617 分、中外合作办学 602 分。网址：www.muc.edu.cn。

2022 年，学校认真开展校内巡察工作，查找短板弱项，压实主体责任。丰台校区门诊部启用，科研水平和人才培养等各方面工作取得新进展、新突破。

启动校内巡察工作。选取学校新一轮“双一流”建设中承担学科建设和申博冲 A 任务 7 个单位，听取汇报和列席会议各 7 次、个别谈话 181 人次、调阅材料 1100 余份，通过了解情况、发现查找短板弱项，找出 6 个方面 16 类问题，完成问题底稿 129 份，形成巡察反馈报告 7 份。

理论学习和实践。成立宣讲团，组织党的二十大代表等专家学者宣讲。北京市习近平新时代中国特色社会主义思想研究中心民大基地发表理论文章 27 篇，位于北京市习中心 21 个基地前列，马克思主义学院获批第三批北京市重点建设马克思主义学院，博物馆入选北京市铸牢中华民族共同体意识教育实践基地。铸牢中华民族共同体意识研究基地中期评估第一，发表相关高水平论文 157 篇，其中光明日报 9 篇、人民日报 4 篇、新华文摘 2 篇；《中华民族共同体研究》期刊中文版出版三期；《从“中华民族”到铸牢中华民族共同体意识》入选中央宣传部 2022 年主题出版重点出版物；修订完成铸牢中华民族共同体意识教育专题校本讲义，将其纳入必修课程。“中华文化”通识课首讲开课。

学科建设。新增国家级一流本科专业建设点 10 个、北京市一流本科专业建设点 9 个。计算机科学与技术专业通过国家工程教育专业认证，成为学校首个国家认证工科专业；优化改革民族类学科设置，撤销民族生态学、中国少数民族传统医学、民族法学、藏学、工业社会与管理 5 个自设二级学科博士学位点；深化中国少数民族语言文学学院改革，统一设置学科专业基础课，减少单一民族语言、文学类课程。24 门课程上线教育部国家智慧教育平台。

科研和学术发展。获批国家级项目 98 个，国家社会科学基金项目 60 个，包括重大级别项目 8 个；艺术学重大项目 1 个，为艺术类学科首次获批此类项目；冷门绝学团队项目 2 个；获批年度项目 36 个；获批后期资助暨优秀博士论文出版项目 8 个，为学校该类别项目立项数历年最高。获批国家自然科学基金项目 25 个，包括重点项目 1 个、面上项目 19 个、青年项目 5 个，立项数创历史新高，在中央部委属高校中排名并列第一。国家艺术基金项目 10 个。国家重点研发计划项目 2 个，其中国家重点研发计划政府间合作重点项目 1 个，是学校首次获批重点研发计划中合作重点项目。开设“中华文化”公共必修课，成立中华民族共同体建设、中华文化虚拟教研室。3 个虚拟教研室入选教育部首批虚拟教研室建设试点。师生参加第二次青藏科考任务。

人才培养改革。全面修订人才培养方案。制定实施《奖励办法》及配套细则等文件，初步构建学校奖励工作体系。获批北京市双学士学位复合型人才培养项目，形成普通本科、双学士、第二学士、辅修专业学位等全日制本科教育。修订并实施《研究生指导教师工作条例》，完成研究生培养方案 82 个。2 人获评北京市优秀教师，1 人获评北京市优秀教育工作者，1 个团队入选教育部第二批全国高校黄大年式教师团队，学生团队作品《“屏幕扶贫”视角下远程直播教育技术的创新——扩散的现状调查》获第 17 届“挑战杯”全国大学生课外学术科技作品竞赛全国一等奖。两会期间，中国少数民族语言文学学院教师参与相关民族语文翻译工作。举办第 15 届“请党放心强国有我”“十佳大学生”评选活动。优化生源质量，本科招生计划增加 1225 人，实现学校“十四五”和 2035 年远景目标规划设定的本科生总量预期目标，学科专业结构实现优化调整目标。汉族学生比例提升至 67.12%，汉族、少数民族学生比例结构与其他高校趋同。

合作交流。与新疆、湖南等省份建立战略合作关系；与国家大剧院、市中医管理局、市文物局等单位签署合作协议 28 项；与澳门城市大学合作办学项目获批。

服务冬奥会。428 名师生参与冬奥各项活动。其中，56 名学生作为国旗传递代表，7 名学生作为代表团引导员，8 名学生参与“致敬人民”环节；志愿服务团队获评北京 2022 年冬奥会、冬残奥会北京市先进集体，2 名志愿者获评先进个人。志愿服务团队承担开闭幕式编演、北京（延庆）颁奖广场志愿者、火炬传递志愿者等任务。举办全校师生同上“冬奥大思政课”系列活动。率先在北京高校中录制冬奥微思政课。

党委书记　张京泽

校　　长　郭广生

（周翊兰）

《中华民族共同体研究》创刊

3 月 15 日，中央民大主办期刊《中华民族共同体研究》正式创刊。这是首个面向国内外公开发行，以中华民族共同体为研究对象期刊，由国家民委主管。该刊坚持以习近平关于加强和改进民族工作重要思想为指导，以引领中华民族共同体研究为使命，通过刊发中华民族共同体研究领域高质量学术研究成果，打造引领中华民族共同体研究重要载体，成为展示中华民族共同体研究成果重要平台。期刊为大 16 开，双月刊，设有习近平总书记关于加强和改进民族工作的重要思想研究、中国特色解决民族问题的正确道路研究、世界民族与人类命运共同体研究等栏目。每期根据稿件篇目和主题确定具体栏目。

（周翊兰）

11 月 6 日，中央民大举行第六届中国戏曲文化周专场演出
（中央民大　供）

“中华文化”通识课首讲开课

4 月 8 日，中央民大“中华文化”通识课首讲开课。首讲课程“共筑中华民族、共享复兴荣光”云端同步开课，从凝聚核心与旋涡模式、大一统政权与民族整合、小中国到大中国三个角度讲述中华民族共同体形成过程和要素，论证中华民族共同体形成历史必然。近千名学生选择该课程，2.60 万人在线听课。学校在“大学语文”公共必修课和 66 门中华文化相关公共选修课基础上，采用名师名家主讲、师生对话、实地参观教学等多样化教学方式，构建中华文化课程体系和建设开放式课程。

（周翊兰）

4 月 8 日，中央民大“中华文化”通识课首讲开课
（中央民大　供）

中国政法大学

概况

2022 年，中国政法大学设海淀区学院路校区和昌平区府学路校区，设置 21 个教学单位，开设 26 个本科专业，覆盖 9 个学科门类；具有一级学科 13 个；一级学科博士点 4 个、博士学位授权点 39 个；硕士学位授权点 77 个、硕士专业学位授权类别 11 个；博士后流动站 4 个，其中博士后研究人员出站 25 人、进站 28 人、在站 102 人。博士生导师 254 人（含特聘 25 名、兼职 20 名），硕士生导师 752 人（含特聘 6 名、兼职 22 名）。“双一流”建设学科 1 个，国家级一流本科专业建设点 15 个、北京市级一流本科专业建设点 10 个，北京高校重点建设一流专业 2 个，北京高校高精尖学科 1 个。学校由教育部举办，为政法院校。拥有教室 302 间，其中网络多媒体教室 269 间、智慧教室 33 间。数字资源量中电子图书 241 万册、电子期刊 125 万册、学位论文 677 万册、音视频 233.51 万小时。教育部人文社会科学重点研究基地 2 个、教育部重点实验室 1 个、教育部哲学社会科学实验室 1 个、北京市哲学社会科学研究基地 1 个。高考北京地区提档线不限选考专业组 630 分。网址：www.cupl.edu.cn。

1 月 15 日至 3 月 16 日，法大学生完成 2022 年北京冬奥会和冬残奥会服务保障任务　（法大　供）

2022 年，学校以“双一流”建设为主业，推进学校事业发展，在学科建设、人才培养等多方面取得进步。

庆祝建校 70 周年。举行建校 70 周年庆祝大会及系列庆祝活动。全面总结建校 70 年办学传统、办学使命、办学目标等，发布校歌《情怀法大》，系统梳理法大精神谱系，汇聚起全体法大人不忘初心、锐意前行的精神力量。

人才培养构建新机制。课程思政体系进一步完善，多门课程获评省部级课程思政示范课程，授课团队获评课程思政教学名师和教学团队。1 个团队入选第二批全国高校黄大年式教师团队。开展本硕博、硕博一体化人才培养改革。加快培养国家急需涉外法治人才，增设国际仲裁培养项目。系统修订研究生培养方案，强化过程管理。

学科建设取得新进展。建设纪检监察学、国家安全学、数据法学等新兴交叉重点学科，成立纪检监察学院和国家安全学院。学科发展延续优势，法学学科继续领跑全国，政治学学科位居前列。3 个专业入选国家级一流本科专业建设点，6 个专业入选北京市级一流本科专业建设点。3 个虚拟教研室入选教育部首批虚拟教研室试点名单。

科学研究实现新突破。首次作为项目牵头单位获批 2022 年国家重点研发计划项目。科研立项数再创新高，获国家社科基金年度项目 48 个，法学类国家级、省部级重要纵向项目持续保持全国领先。法学学术论文发表数在全国高校继续保持领先地位，6 项成果获第八届钱端升法学研究成果奖。智库建设全面推进，完成智库成果近 50 项。依托全国人大常委会立法联系点，参与《反电信网络诈骗法》《黄河保护法》《反垄断法》等多部法律制定和修改。

队伍建设迈出新步伐。1 人获评“2022 年度法治人物”；1 人入选北京市宣传思想文化系统“四个一批”人才；2 人获评北京市优秀教师，1人获评北京市优秀教育工作者；1人获评北京市高等学校教学名师，1人获评北京市高等学校青年教学名师；1个团队获评北京高校优秀本科育人团队；13项成果获评北京市高等教育教学成果奖，其中特等奖2项、一等奖3项，“新时代涉外法治人才协同培养体系的创新与实践”获评法学学科唯一特等奖，实现学校在该奖项上“零的突破”。

合作共建跃上新台阶。与中央政法委共建中央政法培训学院，打造全国政法干部培训基地。与最高人民法院、最高人民检察院、中国纪检监察学院等18家单位在人才培养、对策研究、学科建设等领域合作，共建重罪检察证据分析研究基地、企业合规检察研究基地、人民法院司法改革研究基地等4个高层次研究基地。完成对科左中旗定点帮扶任务，落实对新疆政法学院等院校对口支援工作。

7月10日，法大召开建校70周年大会

（法大　供）

国际交流展现新作为。与英国贝尔法斯特女王大学、澳大利亚悉尼大学等12个国家和地区高校和机构签署合作协议。以70周年校庆为契机，举办首届世界法学家高端论坛。组织师生参加亚洲法律学会、全球法学院联盟等主办各类学术活动并作主旨发言，传播中国声音。拓展各类赴境外长短期学生交流项目。

民生保障呈现新气象。聚焦师生急难愁盼问题，抓好年度“十件实事”。改善两校区学习生活条件，全面升级校园信息化基础设施，增强“智慧法大”服务保障能力；改造昌平校区图书馆，扩充自习室资源；母婴关爱室、海淀校区健身房建成并投入使用；解决教职工住房和子女入学问题。重点工程加快建设，昌平校区新建学生宿舍项目完成基坑支护和桩基施工等，海淀校区新建学生食堂项目完成室内装修及安装工程。以“作风建设年”为契机，狠抓机关作风建设，实施首问负责制，畅通师生员工诉求建议通道。

冬奥会服务作贡献。190名志愿者在国家体育场参与服务保障2022年北京冬奥会和冬残奥会开闭幕仪式，全员累计上岗2060人次，志愿服务总时长1.98万小时，完成国家体育馆志愿者、票务、交通、场馆通信、赛事服务5个业务领域服务保障工作。

党委书记　胡明
校　　长　马怀德

（陈泉廷）

3个研究基地成立

3月3日和4月15日，法大分别成立3个研究基地。3个基地分别为人民法院司法改革研究基地、重罪检察证据分析研究基地和企业合规检察研究基地。人民法院司法改革研究基地是在最高人民法院支持下，依托学校诉讼法学研究院建立，立足中国法治建设和司法改革实践需求，致力于开展司法改革重点、难点和前沿问题研究，打造司法改革理论研究与实践应用相结合高端法治智库。重罪检察证据分析研究基地依托学校证据科学研究院建立，重点开展重罪检察证据领域专业研究，努力建成国内权威、国际知名重罪检察证据分析智库，为中国重罪检察事业发展提供智力支持，提升检察官审查分析证据水平，提高重罪案件办理质量，减少重罪领域冤假错案。企业合规检察研究基地依托学校刑事司法学院建立，重点关注最高人民检察院开展企业合规改革实践经验和理论需求，充分发挥学校法学特色优势，整合刑法学、刑事诉讼法学、犯罪学等刑事法学科力量集中攻关，为企业合规改革提供智力支持。3个基地主任均由学校教授担任。

（陈泉廷）

建校70周年大会

7月10日，法大召开建校70周年大会。会议以直播方式举行，回顾学校与时俱进的办学历程，70年来学校在学科建设、人才培养、社会服务等方面取得长足发展。中央政法委、最高人民法院、最高人民检察院、教育部、北京市等部门领导，北京大学和耶鲁大学校长等173个单位代表通过贺信、贺电、视频等方式送上祝贺和祝愿。学校师生、海内外校友等各界人士20余万人次线上线下参会。学校前身是1952年由北大、清华大学、燕京大学、辅仁大学的法学、政治学、社会学等学科组合而成的北京政法学院。1954年，迁址至学院路；1960年成为国家确定全国重点高校；“文化大革命”期间学校停办，1978年复办；1983年，北京政法学院与中央政法干校合并，组建成立中国政法大学；1985年学校开辟昌平校区。

（陈泉廷）

华北电力大学

概况

2022年，华北电力大学设有北京校部和保定校区，北京校部设置14个学院、1个教学部，另设有国际教育学院、研究生院、继续教育学院、艺术教育中心和工程训练中心，开设50个本科专业，覆盖6个学科门类；具有博士学位一级学科授权点7个、硕士学位一级学科授权点23个、专业学位授权类别16个；博士后科研流动站6个，其中博士后研究人员出站19人、进站38人、在站118人。北京校部博士生导师254人、硕士生导师596人。中国工程院院士2人。“双一流”建设学科1个，国家级一流本科专业建设点21个、北京市级一流本科专业建设点23个，北京高校重点建设一流专业1个，北京高校高精尖学科1个。学校由教育部举办，为理工院校。拥有教室310间，其中网络多媒体教室7间。数字终端14585台，其中学生终端7328台、教师终端5413台。数字资源量中电子图书137万册、电子期刊44万册、学位论文322.32万册、音视频2.91万小时。国家重点实验室1个、国家工程技术研究中心1个、国家工程实验室1个；省、部级设置研究（院、所、中心）、实验室22个。高考北京地区提档线不限选考专业组612分、物理必考专业组614分、化学必考专业组608分。网址：www.ncepu.edu.cn。

2022年，学校以迎接教育部党组巡视和巡视整改为契机，完善“一融双高”体制机制，坚持以高水平党建引领高质量发展，基层党建“示范创建”成效彰显。

制度与党建发展。发布“十四五”规划目标任务清单。持续推进制度“立改废”，全年新建规章制度37项、修订50项、废止58项。入选教育部第三批“全国党建工作标杆院系”1个、样板支部3个，马克思主义学院入选北京市重点建设马克思主义学院。

学科建设。自主设置碳管理科学与工程、国家能源电力安全学2个交叉学科博士点，氢能科学与工程本科专业全国率先招生，碳中和学科专业体系加快建设。新增国家级一流专业建设点6个、北京市级一流专业建设点9个。

师资管理。成立党委教师工作委员会，接受教师思想政治与师德师风建设专项检查，构建教职工荣誉体系。全年引进国家级高层次人才4人，入选国家级高层次人才项目7人、省部级项目7人。制定或修订绩效奖励实施办法等系列文件，进行新一轮薪酬制度改革和完成社保制度配套，通过自筹资金全面落实保定校区离退休人员属地化生活补贴，将非事业编人员薪酬管理纳入学校统筹。

人才培养。开设“习近平新时代中国特色社会主义思想概论课”。获省部级优质本科课程5门、省级教学名师4人，获省部级教学成果一等奖6项，首次获批北京市教学创新改革重大项目。研究生教育创新发展，新增1个专业学位博士授权点、4个专项招生类型，首批研究生入驻沙河院区。获批教育部首批国家级创新创业教育实践基地，学生获中国国际“互联网+”大赛金奖2项、全国大学生节能减排社会实践与科技竞赛一等奖5项。

科研建设。新能源电力系统国家重点实验室重组和清洁高效燃煤发电关键技术与装备集成攻关大平台申报取得重要阶段性成果。获批6个省部级以上重点科研平台。全年科研合同总经费达到14.61亿元，较上年增长30%。国家重点研发计划专项项目创历史最好水平，获批国家自然科学基金项目136个，较上年增长32%。作为主持单位首次获评中国电力技术发明奖一等奖，牵头获教育部自然科学奖一等奖等科技奖励27项。1人获2022年电气与电子工程师协会（IEEE）工业应用学会青年杰出成就奖，成为该奖项设立以来第二名中国大陆获奖者。“煤的清洁转化与高效利用”创新引智基地验收完成，获批“氢能的安全高效利用”创新引智基地。

社会服务。推进“一企一策”差异化合作新范式，与南方电网共建智慧能源联合研究院，与华电集团、国家能源集团、哈尔滨电气集团等10余家行业重点企业开展深层次合作。与4家企业签署合作协议。国家级职业教育“双师型”教师培训基地获批。

国际合作。与新加坡南洋理工大学、瑞士洛桑联邦理工学院、美国得州大学阿灵顿分校等世界名校携手开展多领域高水平合作。新增绿色能源技术经济和能源环境2个领域创新型人才国际合作培养项目。同英国利物浦大学联合开展电气工程专业硕士培养。

校园建设。能源电力科研楼竣工验收。完成全校资产清查，通过北京市绿色学校创建验收，入选全国首批88所节水型高校建设典型案例。提速智慧校园建设，全覆盖开展校园安全专项整顿，开展校领导接待日活动，推进师生服务中心建设。开通校内接诉即办平台，完成学生综合洗浴系统、教工宿舍维修等一系列民生工程。

北京冬奥会。145名师生志愿者在158天接续奋斗中完成北京冬奥会、冬残奥会志愿服务任务，学校冬奥志愿服务团队获评北京2022年冬奥会、冬残奥会北京市先进集体。

党委书记 周坚
校　　长 杨勇平

（王振华）

与4家企业签署合作协议

7月至10月，华电与4家企业签署合作协议。与中国建设银行北京分行协议规定，双方在金融服务、人才培养、产学研协同创新和乡村振兴等领域全面合作。与国网北京市电力公司协议规定，巩固拓展双方既有合作成果，进一步深化合作领域，创新合作机制。双方开展新型电力系统技术攻关，探索新型电力系统技术、管理和运行模式，加快形成需求引领、协同创新、融合发展的生态圈、产业链，提升能源电力科技创新水平，进一步突出首都新型电力系统建设引领作用，打造具有示范作用的校企合作新模式，更好服务于新时代首都发展。与北京能源集团有限责任公司协议规定，双方共同构建碳中和发展新技术、新产品、新业态、新模式创新平台，努力打造能源低碳革命“北京样板”。与中国节能环保集团有限公司协议规定，校企双方发挥各自优势，面向国家清洁低碳安全高效能源体系构建和“碳达峰、碳中和”战略目标，加强在节能环保领域科研合作，着力破解“卡脖子”技术难题，走出一条立足特色、依托行业、贴近企业产教融合新路，共同打造具有示范作用校企合作新模式。

（王振华）

能源电力科研综合楼竣工

12月1日，华电能源电力科研综合楼竣工。大楼位于北京校部，北侧、西侧为校园道路，南侧为综合教学楼A座，东侧为行政办公楼。地上九层，地下二层，高36米，总建筑面积为2.34万平方米，地上建筑面积为1.65万平方米，地下建筑面积为6861平方米。2020年6月开工建设。该项目投入使用后，为优化教学环境，改善师生学习科研环境提供有力支撑，为提高学校整体教学质量、增强学校优势专业和核心专业竞争力奠定基础。

（王振华）

12月1日，华电能源电力科研综合楼竣工

（华电　供）

中华女子学院

概况

2022年，中华女子学院设有本部校区、地安门校区和北校区，设置15个院（系），开设25个本科专业，覆盖7个学科门类；具有一级学科12个；硕士专业学位授权类别3个；硕士生导师61人；国家级一流本科专业建设点5个、北京市级一流本科专业建设点3个。学校由中华全国妇女联合会举办，为语文院校。拥有教室114间，均为网络多媒体教室。数字终端2029台，其中学生终端1355台、教师终端389台。数字资源量中电子图书295.82万册、电子期刊148.01万册、学位论文846.61万册、音视频2.82万小时。高考北京地区提档线不限选考专业组508分、物理必考专业组501分。网址：www.cwu.edu.cn。

2022年，学校聚焦干部培训主责主业和立德树人根本任务，做好学习宣传贯彻党的二十大精神各项工作；召开第四次党代会；落实“三定”方案（定机构、定编制、定职能），完成加挂全国妇联干部培训学院牌子后首次中层干部选拔聘任工作；深化教育教学改革成果丰硕、育人亮点彰显。

以政治建设为统领，全面加强党的建设。举办学习报告会16次，出品“喜庆二十大，奋进新征程”系列微课7集。在网络新媒体平台开设习近平总书记重要讲话专栏、推出“二十大精神进思政课堂”8讲。通过主体责任约谈、举办警示教育展、全面从严治党主体责任约谈等强化重点领域和关键环节监督检查。

强化主责主业，推进干部培训工作。成立培训工作指导委员会并制定章程。开发完成“新时代的妇女发展”等5门培训课程。完成干部培训班15期，参训人数3056人，学员对2022年培训班总体满意度99.86%。承办青海省妇联、妇干校培训班8期，培训624人。

教学质量提升，深化新时代教育评价改革。新增3个国家级、2个省部级一流本科专业建设点，省级以上一流专业建设点占学校可参评专业总数近50%。开展新一轮硕士点培育工作，完成首次研究生考试组考工作。入选教育部深化新时代教育评价改革案例1个、入选北京市改革创新案例2个，获批教育部第二批虚拟教研室建设试点1个，获北京市本科高层次教育教学类成果项目12个。获北京市研究生课程思政示范课程1门、北京市课程思政教学名师和教学团队1个。

学生全面发展收获硕果，促进高质量就业。增设北京妇女儿童发展基金会“春蕾计划助学金”，社会类奖助学金14项。启动中国妇女发展基金会“女性HPV健康关爱活动”。师生99人承担北京冬奥会和冬残奥会志愿服务任务，71人投身全国妇联“树新风　促振兴”凉山州妇女儿童关爱提升行动。育慧书院25名学生毕业。获评北京市优秀毕业设计（论文）8篇。举办“国聘行动”女大学生就业专场。至年底，学生总体毕业去向落实率94.14%。针对困难群体和特殊群体开展精准帮扶，毕业去向落实率95.24%。

科研服务能力再提升，迈出智库建设新步伐。首次立项全国教育科学规划项目1个、国家社科基金艺术学项目1个，获批第六批国家社科基金哲学社会科学领军人才项目等科研项目1个。完成全国妇联2022年重点调研项目1个，出版《2022妇女蓝皮书：新时代中国妇女发展报告——妇女参与经济社会发展分析》《中国妇女百年发展报告（1921—2021）》等。举办第七届中国家庭学科研讨会暨全国妇联家庭建设专家智库高层论坛、第十届联合国教科文组织媒介与女性教席论坛等。

服务国家战略，稳步推进援外学历学位教育项目。举办第四届全球女性发展论坛和第六届中德性别平等与发展研讨会。商务部援外项目招收学校 2021 级和 2022 级来自 13 个国家留学生 28 人。承办巴基斯坦妇女能力建设研修班和发展中国家妇女能力建设研修班、南部非洲国家政党妇女干部研修班等短期援外培训班。

党委书记 李明舜
院　　长 刘利群

（杨莉锋）

培训工作指导委员会成立

2 月 22 日，女子学院成立培训工作指导委员会。委员会为妇联干部、妇女干部培训中重要事务、难点问题提供咨询指导服务，推动学校建设成为一流国家级干部培训学院。委员会主要成员来自全国妇联、中央党校（国家行政学院）、干部教育培训基地等，设主任 1 人、副主任 2 人、委员 6 人。

（杨莉锋）

首次中层干部选拔聘任工作完成

7 月至 12 月，女子学院完成加挂全国妇联干部培训学院牌子后首次中层干部选拔聘任工作。70 人报名中层正职岗位、81 人报名中层副职岗位。选拔工作采取民主推荐、组织考察、审核干部人事档案、个人有关事项报告查核、征求党风廉政情况意见和所在党组织意见等形式，44 人任职正职岗位、50 人任职副职岗位。

（杨莉锋）

第四次党代会

9 月 18 日，中共中华女子学院召开第四次党员代表大会。会议审议并通过第三届党委题为《为党育时代新人，为国育巾帼英才，奋力谱写建设一流女子大学和国家级干部培训学院的新篇章》工作报告和纪委题为《聚焦监督执纪 忠诚履职担当 为建设一流女子大学和国家级干部培训学院提供坚强纪律保障》工作报告，书面审议通过《关于党费收缴、使用和管理情况的报告》。会议选举产生第四届党委委员 23 人和纪委委员 7 人。学校领导、全体党员、相关部门负责人、列席人员代表 126 人参加会议。

（杨莉锋）

第四届全球女性发展论坛

12 月 17 日至 18 日，女子学院在线举办第四届全球女性发展论坛。论坛以“平等创新成就：新时代的性别平等与妇女发展”为主题，由主旨演讲和“乡村振兴与妇女发展”“科技强国与妇女发展”“新时代妇女发展的实践与创新”3 个板块构成。中国人民大学、尼日利亚联邦劳工和就业部、中国科学技术协会、巴基斯坦法蒂玛真纳女子大学、博茨瓦纳国际事务与合作部等 22 个国家百余名海内外学者，围绕妇女参与乡村振兴、妇女参与科技发展、媒介领域的女性工作者等主题交流分享。全国妇联副主席、联合国妇女署中国办公室代表、联合国教科文组织驻华代表处代表参加开幕式。该论坛自 2019 年起连续举办 4 届。

（杨莉锋）

北京信息科技大学

概况

2022 年，北京信息科技大学设有沙河校区、清河校区、小营校区、健翔桥校区、酒仙桥校区和金台路校区，设置 12 个院（系、部），开设 55 个本科专业，覆盖 6 个学科门类；具有一级学科 14 个；一级学科硕士点 13 个、硕士专业学位授权类别 6 个；博士后科研工作站 1 个。国家级一流本科专业建设点 14 个、北京市级一流本科专业建设点 17 个，北京高校重点建设一流专业 3 个，北京高校高精尖学科 2 个。学校由北京市举办，为理工院校。拥有教室 313 间，均为网络多媒体教室。数字资源量中电子图书 228.58 万册、图书 136.22 万册、电子期刊 131.39 万册、学位论文 1007.49 万册、音视频 9.47 万小时。拥有省部级与行业重点科研机构 32 个，其中教育部重点实验室 2 个、北京实验室 1 个、北京市重点实验室 6 个、北京市国际科技合作基地 3 个、北京市哲学社会科学研究基地 1 个。高考北京地区提档线 505 分。网址：www.bistu.edu.cn。

2022 年，学校按照第三次党代会精神和“十四五”发展规划战略框架，以办学 85 周年为契机，高质量发展为导向，全面深化改革，稳步推进“五个环境建设”，融入国家和首都战略，稳中求进、提质增效，各项工作取得新突破新进展。

新校区搬迁。制发新校区整体搬迁工作总体方案；实现新校区第一、二标段，三标段（部分）移交校内使用，新校区第二教学组团结构封顶、第三教学组团移交。至年底，新校区在校师生 4000 人。

人才培养。制定并发布《“十四五”本科教育发展规划》，召开第五次学生代表大会暨第二次研究生代表大会、年度本科教育教学工作会、质量提升云端课堂系列教学改革会议等。新增 3 个国家级一流专业、8 个市级一流专业；计算机科学与技术、信息安全通过工程教育认证；新增优质课程 25 门；4 部课程教材入选北京高校优质本科教材课件。成立数字产业学院，与百度、阿里云、腾讯云等信息类龙头企业签署协议，推进课程、实践、培训与产业深度融合。新增教育部产学合作协同育人项目 46 个。全国普通高校大学生机器人竞赛指数中，评级为 A+，获奖数量和排名均为第一，是自2019年该项指数发布以来连续四次排名第一。7个团队获首届京彩大赛北京大学生创新创业大赛“百强创业团队”称号。大学生创新实践获省部级(含)以上奖励612项，涉及学生近1800人次。在中国国际“互联网+”大学生创新创业大赛中，获市级一等奖2项、二等奖3项，三等奖33项。获2022年中国智能制造挑战赛全国总决赛二等奖，是首次获该奖项。获中国机器人大赛暨RoboCup机器人世界杯中国赛技术挑战赛冠军。

学科建设与科研。增加13个学科点，智能制造工程本科专业获批增设。年度科研项目经费总量维持2亿元规模；首次获批国家自然科学基金重大研究计划培育项目，在研重大重点科研任务28项。牵头成立沙河高校联盟军民科技创新工作委员会，入选北京市首批科技成果概念验证平台，入选北京市科技成果评价改革试点单位，获批建设集成电路和未来区块链与隐私计算2个北京市高精尖创新中心。3项成果获中国仪器仪表学会高等教育教学成果奖，其中作为第一完成单位1项，作为第二完成单位2项。2个项目获北京市科学技术进步奖二等奖。1人获中国仪器仪表学会科学技术奖青年科技人才奖。

师资建设。新增国家级人才2名，首次引进第二层次领军人才1人，1人入选国家高层次人才特殊支持计划青年拔尖人才项目，实现学校国家级人才新突破，自主培养首名国家级青年人才。新聘任1名院士、2名兼职教授、2名客座教授。1个团队获评北京高校优秀本科育人团队，1人获评北京高校优秀本科教学管理人员。1人获北京市高等学校教学名师奖，1人获第六届北京市高等学校青年教学名师奖。

交流合作。与中国文物信息咨询中心（国家文物局数据中心）共建协议签署暨文物智能与大数据联合实验室揭牌，加入中国—泰国大学联盟，召开中外合作办学工作专题会议。主办或联合举办2022智能决策与大数据应用国际会议等。人工智能勤信实验班国际化培养取得重大突破，与美国密苏里大学（堪萨斯市）落实“2+2”双学位项目并派出首批交流学生。

服务保障北京冬奥会、冬残奥会。建立学校冬奥和志愿服务“大思政课”工作体系，成立冬奥志愿服务宣讲团。派出440余名师生服务于国家体育馆、国家游泳中心、清河站以及颐和园火炬接力点等志愿服务一线。

9月21日，信息科大在新校区举行校园健康跑步启动仪式

（信息科大 供）

党委书记 王传亮

校　　长 王永生

（李萌）

智能决策与大数据应用国际会议

7月16日，信息科大线上召开2022智能决策与大数据应用国际会议。会议与北京科技人才研究会共同举办，聚焦智能决策与大数据应用，旨在促进该领域的学术交流和深度发展。会议设置文化大数据与文化科技融合、中小微企业综合质量智能服务、绿色发展的智能决策、媒体大数据与智能评价、商务数据分析及预测预警5个分论坛开展学术交流。来自中国、美国、英国等国家和地区200余名代表参加会议。

（李萌）

学校主体搬迁正式启动

7月26日，信息科大在新校区举行东大门剪彩和校名石揭牌暨主体搬迁启动仪式，正式启动学校主体搬迁。全体在校领导班子成员，各职能部门、教学单位负责人和教职员工代表参加仪式。2021年9月29日，首批3000余名师生入住新校区；2021年12月18日，新校区启用。新校区位于昌平区太行路55号，是北京市“疏解整治促提升”重点工程。

（李萌）

7月26日，信息科大在新校区举行主体搬迁仪式，正式启动学校主体搬迁工作

（信息科大 供）

中国矿业大学（北京）

概况

2022年，中国矿业大学（北京）设有学院路校区和沙河校区，设置12个院（系、部），开设73个本科专业，覆盖8个学科门类；具有一级学科51个；一级学科博士点18个、二级学科博士点21个、专业学位博士点1个；一级学科硕士点33个、二级学科硕士点29个、硕士专业学位授权类别19个；博士后科研流动站16个，其中博士后

研究人员出站17人、进站29人、在站126人。博士生导师55人、硕士生导师266人。中国科学院院士1人、中国工程院院士3人。“双一流”建设学科2个，国家级一流本科专业建设点19个、北京市级一流本科专业建设点10个，北京高校重点建设一流专业2个，北京高校高精尖学科2个。学校由教育部举办，为理工院校。拥有教室218间，其中网络多媒体教室196间。数字终端8077台，均为教师终端。数字资源量中电子图书193.18万册、电子期刊125.82万册、学位论文1066.84万册、音视频1.40万小时。国家重点实验室2个、国家工程研究中心1个、北京重点实验室2个、国家级实验教学示范中心1个、国家级工程实践教育中心1个、北京市级实验教学示范中心1个。高考北京地区提档线化学必考专业组584分、历史必考专业组591分。网址：www.cumtb.edu.cn。

2022年，学校持续聚焦第二轮“双一流”建设和教育评价改革，各项改革发展事业取得进步。

党建工作持续推进。举办党的二十大宣讲报告202场。召开第四次党员代表大会，选举产生新一届党委委员和纪委委员。

学科建设再创佳绩。入选第二轮“双一流”建设高校，矿业工程、安全科学与工程再次入选一流学科建设名单。

人才培养取得新突破。系统优化专业结构布局，增设碳储科学与工程、智能建造2个专业并开始招生。2个专业通过工程教育专业认证，83%专业入选国家和北京市一流专业。落实教育部“访企拓岗”专项行动部署安排，校领导班子走访单位80余家。2022届毕业生总体就业落实率93.93%，本科生升学率55.48%。

师资队伍展现新进展。1个团队入选第二批全国高校黄大年式教师团队，1人入选国家高层次人才特殊支持计划，2人获评国家高层次人才特殊支持计划青年拔尖人才，1人获中国青年科技奖，2人获评北京市优秀教师，2人获批国家杰出青年科学基金项目。

科学研究迸发新活力。全年到校科研经费总额超4亿元，同比增长9%，创历史新高。获批国家自然科学基金项目50个。3人主持“十四五”国家重点研发计划项目。获2022年度高等学校科学研究优秀成果奖6项。《矿业科学学报》学术影响力不断增强，获评2022年度中国高校优秀科技期刊。采矿虚拟仿真课程虚拟教研室和安全系统工程学课程虚拟教研室入选教育部首批教研室建设试点名单。

服务社会取得新进展。成立应急救援与安全防护研究院，内蒙古研究院揭牌成立。参与北京市高精尖创新中心建设工作，与昌平区政府、中铁十五局集团等多个政府部门、企事业单位签订战略合作协议。推动科技成果转化落地，科技园新引入科技成果转化企业18家，新增知识产权66项，获评北京市小型微型企业创业创新示范基地。精准开展定点帮扶工作，着力推进广西河池市都安县零碳综合智慧能源示范县和碳酸钙研究中心建设，实现“新能源+”产业发展。持续打造“矿学乡兴”品牌，建立立体化教育帮扶体系。

志愿服务助力冬奥会。80名师生志愿者服务于场馆、赛事、交通、票务和住宿5个业务领域，累计上岗65天，服务冬奥会和冬残奥会开闭幕式、100余场比赛，志愿服务时长超2.75万小时。

党委书记　徐孝民
校　　长　葛世荣

（杨颖璐）

第四次党代会

7月5日，中共中国矿业大学（北京）第四次党员代表大会召开。会议审议并通过第三届党委题为《坚守初心使命　彰显办学特色　为建设世界一流能源科技大学而努力奋斗》的工作报告，书面审议并通过题为《强化监督执纪问责　推进全面从严治党　为建设世界一流能源科技大学提供坚强政治保障》的纪委工作报告和《党费收缴、使用和管理情况的报告（草案）》，选举产生第四届党委委员会和第四届纪律检查委员会。教育部、市委教育工委相关负责人参会并讲话。会议应到党员153人，实际参会145人。非党代表处级干部、退休老领导、全国人大代表、全国政协委员、三级以上教授、民主党派代表66人应邀列席会议。

（杨颖璐）

内蒙古研究院揭牌

9月3日，中国矿大内蒙古研究院在内蒙古鄂尔多斯揭牌。研究院依托内蒙古及鄂尔多斯市区位、资源、产业、政策优势和学校学科、人才、科研优势，立足鄂尔多斯、服务内蒙古、面向全国，瞄准国家能源发展重大需求，围绕智慧矿山、绿色矿山、煤炭清洁高效开发利用、煤炭共伴生矿产开发等重点领域开展技术攻关和成果转化。研究院有研究员3人，专兼职教职工22人，其中高级职称5人、副高级3人。

（杨颖璐）

7月5日，中共中国矿业大学（北京）第四次党员代表大会召开
（中国矿大　供）

中国石油大学（北京）

概况

2022 年，中国石油大学（北京）设有校本部昌平校区和新疆克拉玛依校区，设置 17 个院（系、部），开设 37 个本科专业，覆盖 6 个学科门类；具有一级学科博士点 14 个、二级学科博士点 7 个、专业学位博士点 4 个；一级学科硕士点 33 个、硕士专业学位授权类别 15 个；博士后科研流动站 11 个，其中博士后研究人员出站 35 人、进站 38 人、在站 117 人。博士生导师 88 人，硕士生导师 346 人，博士、硕士导师 349 人；中国科学院院士 3 人、中国工程院院士 2 人。“双一流”建设学科 2 个，国家级一流本科专业建设点 21 个、北京市级一流本科专业建设点 5 个，北京高校重点建设一流专业 2 个，北京高校高精尖学科 2 个。学校由教育部举办，为理工院校。拥有教室 225 间，其中网络多媒体教室 213 间。数字终端 3326 台，其中学生终端 2393 台、教师终端 933 台。数字资源量中电子图书 448.24 万册、电子期刊 5.17 万册、学位论文 1298.97 万册、音视频 20.79 万小时。国家重点实验室 2 个，北京市重点实验室 9 个。网址：www.cup.edu.cn。

2022 年，学校推进固本培元、守正创新工作，开展一系列打基础、补短板、利长远大事，系统谋划实施一系列塑造新动能新优势要事，为学校长远发展赢得更为广阔空间和机遇。

党建引领发展有力有效。探索建立基层党建与中心任务融合机制，形成样板党支部“1+4”示范共建等一系列创新举措；2 个党支部入选“全国党建工作样板支部”培育创建单位。

强化优势、全面跃升。2 个学科入选第二轮“双一流”建设学科名单，近半数一级博士点学科迈上新台阶。入选国家工程硕博士培养改革专项首批试点单位。获北京市高等教育教学成果奖 11 项，其中特等奖 1 项、一等奖 2 项，首次获特等奖。在第八届中国国际“互联网+”大学生创新创业大赛总决赛中获 2 金 1 银 2 铜历史最好成绩。

科教融合发展活力彰显。马克思主义学院入选北京市重点建设马克思主义学院，学校软科学支撑不断强化。加强与国家、地方、科研院所、企业重大科研平台协同对接，形成覆盖油气行业全产业链平台布局。加大高层次人才引进力度，系统性完善青年教师引育体系，新增国家级人才学科分布为“十三五”以来最广。深入推进五育并举、“三全育人”人才培养综合改革，一批能源特色鲜明的体美劳育课程、项目和平台接续落地实施。

改革创新发展优势迸发。集中优势力量打造碳中和领域技术创新和人才培养示范性平台，获批在学校设立中国高等教育学会碳中和与清洁能源教育专业委员会，获批首批开设碳储科学与工程专业，首批入选储能技术国家急需高层次人才培养专项，牵头申报碳中和能源领域创新型人才国际合作培养项目获批立项，联合发起举办“创青春”中国青年碳中和创新创业大赛，清洁低碳能源教育部工程研究中心获批建设。举办首期青年人才“本熹班”。

服务国家发展主动自觉。坚持交流融合战略，与昌平区签订全面战略合作协议，助力昌平“四区”建设和学校“双一流”建设。与行业龙头企业落实系列千万级大项目。实施一校两区多点格局下“项目+人才”合作模式，促进学科链、创新链、产业链和人才链精准对接。发起并成立国际古地理学会，当选联合国教科文组织“碳中和与气候变化驱动绿色转型”教席，主办金砖国家青年能源峰会暨国际能源青年大会。

服务冬奥会争当先进。作为延庆冬奥村（冬残奥村）志愿者主责高校，组织 275 名师生直接参与冬奥服务工作，服务延庆冬奥村住宿、餐饮、场馆管理等 30 个业务领域和执裁工作，累计志愿服务时长 12.15 万小时。获评北京 2022 年冬奥会、冬残奥会北京市先进集体、冬奥会和冬残奥会志愿者青年突击队。

党委书记　陈峰
校　　长　吴小林

（朱甜）

首期青年人才“本熹班”开班

3 月 11 日，中石大首期青年人才“本熹班”开班。培训班从全校遴选出 24 名青年教师，利用 2 年时间，通过理论学习、学员论坛、专题报告、现场教学、挂职锻炼全方位培训活动，努力培养造就新时代教学名师、新时代“大先生”。学校聘请 19 名院士担任导师。“本熹班”以中国化学工程学家、核化工专家曹本熹院士命名。他于 1952 年参与筹建北京石油学院（中石大前身），任教务长、副院长，是中石大主要奠基者之一，中国石油科技和石油教育开拓者。

（朱甜）

3月11日，中石大首期青年人才“本熹班”开班

（中石大　供）

与昌平区政府战略合作

9 月 17 日，中石大与昌平区政府签订战略合作框架协议。根据协议，双方主要围绕加快科技创新融合，打造国际能源科技创新中心；推进国际交流融合，打造国际能源交流中心；强化人才培养融合，打造国际能源人才中心等

方面深入推进校城融合工作，并拟定长效合作机制，全面助力昌平“四区”建设和学校“双一流”建设。

（朱甜）

中国地质大学（北京）

概况

2022年，中国地质大学（北京）设置16个学院，开设47个本科专业，覆盖8个学科门类；具有一级学科34个；一级学科博士点16个、专业学位博士点1个；一级学科硕士点34个、硕士专业学位授权类别15个；博士后科研流动站15个，其中博士后研究人员出站55人、进站50人、在站144人（其中流动站104人，与工作站联合培养40人）。校内研究生导师706人，其中博士生导师422人、硕士生导师284人；校外兼职研究生导师140人，其中博士生导师109人、硕士生导师31人。中国科学院院士11人、中国工程院院士1人。“双一流”建设学科2个，国家级一流本科专业建设点25个、北京市级一流本科专业建设点10个，北京高校重点建设一流专业1个，北京高校高精尖学科1个。学校由教育部举办，为理工院校。拥有教室138间，其中网络多媒体教室111间。数字终端13504台，其中学生终端8567台、教师终端4937台。数字资源量中电子图书171.51万册、电子期刊299.12万册、学位论文1182.01万册、音视频3.17万小时。国家重点实验室2个、国家工程研究中心2个、国家科技资源共享服务平台1个、教育部前沿科学中心1个、国家国际科技合作基地1个。教育部重点实验室4个、教育部工程研究中心2个、教育部国际联合研究中心1个、自然资源部重点实验室8个、自然资源部工程技术创新中心6个、自然资源部野外科学观测研究站2个，水利部重点实验室1个、北京市重点实验室4个、北京市高精尖创新中心1个、山西省重点实验室1个。高考北京地区提档线不限选考专业组606分、物理必考专业组594分、物理化学必考专业组577分、物理地理必考专业组613分。网址：www.cugb.edu.cn。

2022年，学校扎实推进“十四五”规划，高品质举办70周年校庆活动，以坚定决心、奋进姿态推动学校高质量发展。

思政建设。强化理论学习，创新方式方法，修订《党委理论学习中心组学习规则》；马克思主义学院入选第三批北京市重点建设马克思主义学院；成立劳动教育中心；在首都高校秋季学生田径运动会上金牌总数居榜首，获“全国高校美育工作先进单位”等称号。

学科建设。全面提升学科建设水平。地质学、地质资源与地质工程2个学科进入新一轮“双一流”建设名单。9个专业入选国家级一流本科专业建设点，10个专业获批北京市一流本科专业建设点。土木工程、测绘工程2个专业通过工程教育专业认证。

人才培养。完善拔尖创新人才培养体系。燕山学院、基地班、求真班、创新班精准培养平稳推进。8项成果获北京市高等教育教学成果奖。首次招收专业学位博士，首次推行学科交叉博士专项计划和重大工程项目博士专项计划。学生在中国国际“互联网+”大学生创新创业大赛中获奖62项，在全国大学生地质技能竞赛中获团体特等奖和个人单项特等奖4项。学生登顶珠峰，开展高海拔地质勘查工作。

科学研究。推进深时数字地球国际大科学计划，在联合国教科文组织总部召开深时数字地球开放科学论坛。深时数字地球教育部前沿科学中心通过专家论证。院士团队成果入选教育部中国高等学校十大科技进展。羌塘盆地油气项目工作稳步推进，到校经费4500万元。组建地球深部钻探工程和深地四维观测2个专项任务研究团队。科研经费到账4.27余亿元，包括国家自然科学基金获直接经费资助1.16亿元，重点研发计划（项目）获资助8818万元，横向经费1.74亿元。获批省部级科创平台3个，获批国家自然基金项目125个，重点研发项目和课题20个，首次获批国家社科基金重点项目。发表高水平学术论文1551篇，其中标志性刊物学术成果147篇，较上年同期增长24%。《地学前沿》在国内地学期刊中排名第一。2个教研室入选教育部首批虚拟教研室建设试点建设名单。参与绘制世界首幅1∶250万月球全月地质图。1名教授获国际应用地球化学最高奖AAG金奖。

师资队伍建设。优化人员与职能配置，完成新一轮科级管理岗位聘任工作。1个团队入选第二批全国高校黄大年式教师团队，1人获批国家杰出青年基金，2人获批国家优秀青年基金，3人获批国家优秀青年基金（海外），社科类青年拔尖人才入选者1人、自然科学、工程技术领域青年拔尖人才入选者1人。1个团队获北京高校优秀本科育人团队，2名教师获评北京市高等学校教学名师，2人获评北京市优秀教师。引进第二层次人才2人，第三层次人才2人，特聘教授1人。博物馆入选中国科协2021—2025年第一批全国科普教育基地名单。

合作交流。与世界一流高校签署校际合作协议、备忘录10份，与政府部门、自然资源行业企事业单位、高

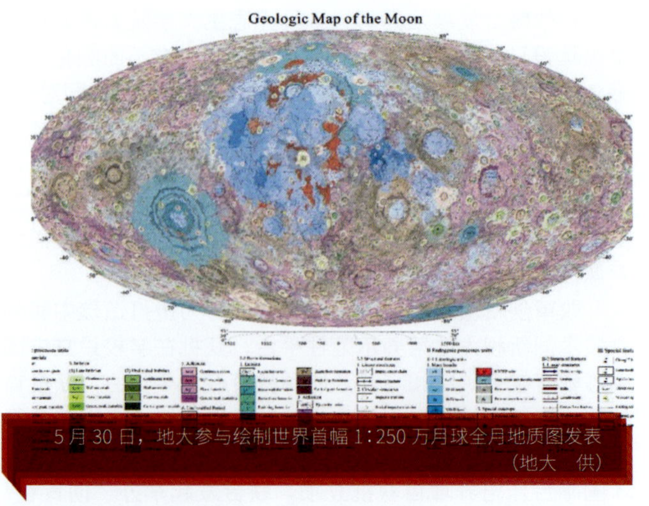

5月30日，地大参与绘制世界首幅1∶250万月球全月地质图发表（地大 供）

等院校新签、续签国内战略合作协议25份。1名院士获批联合国教科文组织“深时数字地球和矿产资源”教席计划。获批国家外国专家项目12个。开展西部高校援建工作，对口支援青海大学2个专业入选国家级一流本科专业建设点。

社会服务。召开帮扶工作专题会议8次，完成“6个200”（指直接投入、引进帮扶、直接购买、帮助销售、培训基层干部、培训技术人员）指标任务，有序推进“十农计划”，10个方面工作均取得成效。发挥学科特色优势，升级打造青海省阿河滩地质文化村。牵头做好高校“资源环境帮扶联盟”工作，在青海省化隆县举办联盟年会暨自然资源与生态文明主题论坛，携手打造高校组团式帮扶协作标杆典范。举办非常规油气地质国际学术会议等系列学术会议。召开首届自然资源战略发展高端论坛并发布《中国自然资源发展报告（2021年）》。

服务冬奥会。235名师生志愿者完成21个业务领域服务保障工作，累计上岗超过9000人次，服务时长超过6万小时。1名教授担任北京冬奥会火炬手，2名教师为国内技术官员。学校主责场馆奥林匹克大家庭酒店（残奥大家庭酒店）运行团队获评北京冬奥会、冬残奥会突出贡献集体。

党委书记 马俊杰
校　　长 孙友宏

（杨雪芫）

非常规油气地质国际学术会议

7月9日，地大召开2022年非常规油气地质国际学术会议。会议以“非常规油气地质：新进展与挑战”为主题，从技术创新角度探讨非常规油气地质领域关键科学问题，交流最新研究进展和关键科学问题，明确热点研究方向。会议由国家自然科学基金委重点项目资助，是建校70周年系列学术会议之一，相关领域国内外院士、专家学者103人参会，14名专家作报告，500余人线上线下参会。

（杨雪芫）

建校70周年系列活动

11月，地大举行庆祝建校70周年系列活动，包括发布庆祝建校70周年文丛、举办建校70周年文艺晚会、上演原创话剧《地苑赤子》、举办雄安校区建设指挥部和校史馆揭牌仪式等活动以及举办自然文化高端论坛、自然资源战略发展高端论坛等系列学术论坛。教育部、自然资源部、市委教育工委、市教委领导，北京大学等单位代表参加会议并讲话。学校还收到来自258个地方政府、企事业单位、高校等发来的242封贺信，以及24个祝福视频。中国地质大学（北京）1952年由北大、清华大学、天津大学和唐山铁道学院地质系（科）合并组建北京地质学院发展而成。1960年成为全国重点高校。1970年迁校，1978年在邓小平直接关怀下，在北京原校址恢复办学。1987年组建中国地质大学，在京汉两地相对独立办学，是中国首批试办研究生院的33所高校之一，并首批进入国家“211工程”、国家“985”优势学科创新平台建设行列。2000年2月，学校由国土资源部整体划转教育部管理。2005年3月，大学总部撤销，京汉两地独立办学。

（杨雪芫）

北京联合大学

概况

2022年，北京联合大学设有北四环校区、学院路校区、外馆斜街校区、红领巾桥校区、垡头校区、工体北路校区、蒲黄榆校区、北苑校区、什刹海校区、双清路校区、盆儿胡同校区和次渠校区，设置14个学院、4个直属教学单位，开设70个本科专业，18个专科（高职）专业，覆盖10个学科门类；具有一级学科硕士点10个、硕士专业学位类别14个。拥有兼职博士生导师26人、硕士生导师563人。国家级特色专业5个、北京市级特色专业7个，国家级一流本科专业建设点12个、北京市级一流本科专业建设点22个，北京高校重点建设一流专业3个，北京市重点建设学科6个、北京高校高精尖学科2个。学校由北京市举办，为综合大学。拥有教室481间，其中网络多媒体教室355间。数字终端15439台，其中学生终端15043台、教师终端396台。数字资源量中电子图书159.74万册、电子期刊92.10万册、学位论文1098.32万册、音视频14.88万小时。国家级人才培养模式创新实验区1个、国家级实验教学示范中心2个、国家级虚拟实验教学中心1个、国家重点实验室1个、北京实验室1个、北京重点实验室3个。高考北京地区提档线不限选考专业1组483分、不限选考专业2组476分、物理必考专业1组485分、物理必考专业2组471分、历史/地理专业组491分、物理/化学/生物专业组471分、物理/化学/地理专业组458分、不限选考专业组（中外合作办学）464分、物理必考专业组（中外合作办学）458分。网址：www.buu.edu.cn。

2022年，学校深化“大思政课”建设，开展理论研究和实践教学基地建设；完成章程修订；完善“十四五”规划各专项规划，围绕高水平应用型大学能力建设，分解落实人才培养、科学研究等核心指标；结合新一轮岗位聘任，优化校内机构设置，推进高水平师资队伍建设。

人才培养。召开“大思政课”建设推进会，推进学科思政、专业思政、课程思政一体化建设，举办校、院课程思政教学设计大赛，与首旅集团签订“大思政课”实践教学基地协议，与人民网共同开通全国高校首个“大思政课”建设专题网站。依托美育基地建设研究项目，探索“课程+活动”美育路径。发挥后勤育人功能，编写《新时代大学生劳动教育实践教程》。改善实践教学环境，完成实验室建设项目13个；开展多媒体教室智慧化建设，建成智慧教室8间。制定市级及以上学科竞赛奖励认定和管理系列文件，学生在5项全国学科类竞赛中获一等奖6项。90门课程入选国家高等教育智慧教育平台。2个项目获批国家留学基金委 2022 年促进与俄乌白国际合作培养项目，首批录取 43 名学生。

学科和专业建设。开展学科特色建设，遴选 7 个学科优势特色方向；实施新增学位授权学科（专业学位类别）培育建设计划；完成《学科建设与研究生教育教学文件汇编（2022 版）》。优化专业结构，制定《本科专业动态调整管理办法》；制定并在国家级一流专业中试点实施《2023 版专业人才培养方案制（修）订指导意见》。获批国家级一流本科专业建设点 4 个、北京市级一流本科专业建设点 8 个，学校一流本科专业建设点增至 34 个，其中国家级 12 个、省级 22 个，占本科专业总数近 50%。商务学院通过国际高等商学院协会（AACSB）商科认证。

2 月 10 日，北京联大学生担任北京冬奥会礼仪志愿者。图为志愿者在云顶滑雪公园合影 （北京联大　供）

师资建设。结合新一轮岗位聘任，推进师资队伍建设，整合校内教学资源，优化直属教学单位内设机构，统一学院管理机构设置；组建高水平教学队伍，制定《本科教学教授团队建设方案》，实施校级教学名师培育专项计划并首批列入培育教师 20 人，组建校级虚拟教研室 7 个、优秀本科育人团队 6 个。开展第 14 批双师素质教师资格认定工作，具有双师素质教师资格人数占专任教师数 63%。引进高层次人才 5 人，新聘特聘教授 5 人。获北京市高等教育教学成果奖 19 项、第二届全国高校教师教学创新大赛二等奖 1 项。获评北京市青年教学名师奖 2 人、北京市优秀教师 3 人、北京市优秀教学管理人员 1 人。

科学研究。制定《科研项目经费使用“包干制”管理办法（试行）》等制度文件，调动教师和科研人员积极性。全年科研到账经费 1.30 亿元，获批省部级以上科研项目 58 个，包括重大重点项目 11 个；作为牵头单位，获批国家科技部重点研发计划课题 3 项，为学校新突破；获批北京市社科基金项目 23 个。完善北京全国文化中心建设研究院内部管理制度和组织架构。考古团队专家在《文物》发表研究成果《江西南昌西汉海昏侯刘贺墓出土“孔子镜屏”复原研究》，“三个北京”重点项目结题验收。

服务社会。开展房山区马安村、门头沟区下清水村、密云区溪翁庄镇东智东村、平谷区山东庄镇鱼子山村帮扶工作，选派驻村干部进行引智和消费帮扶。承担“十四五”国家重点研发计划专项项目“京津冀分类生活垃圾精细利用与协同减碳技术及装备”。与市政府参事室、市文史馆签署战略合作框架协议，参与延庆区中草药种业创新孵化基地建设，深度参与国际服贸会。

冬奥会保障。537 名师生参与北京冬奥会、冬残奥会志愿服务和专业服务工作，其中酒店住宿、交通、颁奖礼仪志愿者 178 人，延庆冬奥村（冬残奥村）住宿、餐饮服务生 255 人，冬残奥会开闭幕式演出 54 人，冬奥城市志愿者 50 人；另有教职工 10 余人参与菜单设计、开闭幕式导演组、赛事裁判及奥组委各机构工作。

党委书记　楚国清
校　　长　郭福

（王岩）

商学教育获国际商科权威认证

7 月 19 日，北京联大商务学院通过国际高等商学院协会（AACSB）商科认证。商务学院 2013 年获批为 AACSB 会员，2014 年通过认证资格审查获独立认证许可，认证过程历时 8 年。商务学院始建于 1978 年，开设国际商务、国际经济与贸易、金融学、会计学（国际会计）、大数据管理与应用、市场营销 6 个专业。其中，金融学、国际经济与贸易、会计学（国际会计）专业为国家级一流本科专业建设点；会计学（国际会计）通过澳洲注册会计师公会国际认证；国际经济与贸易专业开设校级全英语教学实验班。国际高等商学院协会成立于 1916 年，由哥伦比亚大学、哈佛大学、耶鲁大学等 16 所知名大学商学院发起的联合机构。1919 年开始推行高等管理教育认证，分为商科和会计两项，是商学教育是否达到世界级水平重要标志，全球通过该认证的商学院不到 6%，中国内地 39 所。

（王岩）

中国青年政治学院

概况

2022 年，中国青年政治学院设置 5 个教学科研部门、3 个干部教育培训部门、7 个党政管理部门。具有一级学科硕士授权点 2 个，二级学科硕士点 9 个、硕士专业学位授权类别 1 个。博士生导师 4 人、硕士生导师 67 人。学校由共青团中央举办，为政法院校。拥有教室 110 间，均为网络多媒体教室。数字终端 1977 台，其中学生终端 614 台、教师终端 1363 台。数字资源量中电子图书 19.56 万册、期刊 2764 册、音视频 3.68TB。网址：www.zytx.org.cn。

2022年，学校开展团干部教育培训，改革举措落地生效、深化改革迈上新阶段，各项事业呈现稳中有进、进中向好局面。

建团百年系列活动。举办中国青年运动历史专题展览，全景展示党领导的中国青年运动百年历程，接待团干部学员以及各系统各单位团员青年参观100余场3000余人次。举办“文物史料中的百年团史”理论研讨会。录制《党的青运史小辞典》系列微课50门。推出“党的青年运动史”微信合集，发布学习阐释文章、视频。依托共青团中央中国特色社会主义研究中心研究基地举办“学习习近平总书记在庆祝中国共产主义青年团成立100周年大会上的重要讲话精神”学术研讨会。组织师生学员和广大团干部录制《论党的青年工作》音频，推出学习宣传贯彻《论党的青年工作》微信合集。

师资建设。师资队伍规模稳步扩大，引进2名高层次人才。举办教师咨政报告撰写技能专题培训班，开展3场讲座、1次沙龙。持续举办“名家讲堂”和“博士讲坛”。4个教研部组建教师团队分赴内蒙古呼和浩特、河北唐山、山西灵丘等地开展专题调研。组织学校中层干部参加团干部教育培训主体班培训，线上学习中国干部网络学院推出的《习近平谈治国理政》第四卷导读系列课程。

人才培养。加强马克思主义理论一级学科和社会工作学科建设，推进以青年学、党的青年运动史、少年儿童组织与思想意识教育为重点群团工作学科建设，中国哲学专业首次招生。成立研究生教育督查督导组，完善学位和研究生教育质量监控体系。召开研究生大会，制定《研究生教育质量提升行动计划（2022—2024年）》，修订专业点培养方案，开展研究生综合素质测评和中期考核。27名校内外教师取得硕士研究生导师资格。实施“强信仰·笃志行”研究生综合素质提升工程，举办“青春相承 接力争先”学员与学生分享交流会4场。开展“访企拓岗”促就业行动，走访企业106家，向各地团校系统推荐百余名学生简历。

科研建设。完善科研成果激励和经费管理制度，制定《科研项目资助及高水平科研成果激励办法（试行）》。学校教师以第一作者发表学术论文、理论文章和宣传文章151篇，其中人民日报、光明日报、经济日报和《求是》杂志理论文章10篇，重要学术期刊论文20篇；以第一署名单位出版著作类科研成果2部。《中国青年社会科学》办刊质量和影响力稳中有升。刊物文章被人大复印报刊资料全文转载15篇；被《新华文摘》全文转载2篇。策划专题专栏近20个，首次尝试以连载方式刊发专题。

合作交流。参与世界青年发展论坛筹备工作。承办中古青年工作研讨会，与古巴共产主义青年联盟组织部、古巴共产党中央党校签订合作协议。承办共青团青年外事工作培训班。多名教师参加中央对外联络部“全球共同发展与中欧青年的未来”研讨会、格鲁吉亚“格鲁吉亚梦想——民主格鲁吉亚”党干部网络研修班。开展国际青年领袖讲坛品牌活动，邀请俄罗斯国立师范大学、土耳其哈吉拜拉姆大学、巴西劳工党青年团教授和外交官为研究生授课，与俄罗斯国立师范大学联合主办青年运动学术研讨会，选派研究生参加英国伦敦大学学院和美国蒙大拿州政府线上培训项目。邀请拉丁美洲通讯社来校采访，并在古巴国家电视台播出。

冬奥会服务。4名教师、32名研究生参与北京冬奥会、冬残奥会赛会志愿服务活动，在通信中心（闭环内）、人员管理、赛事服务等不同业务领域参与服务。

院　　长　贺军科（兼）
党委书记　倪邦文

（王钰璋）

校园主题雕塑《理想》落成

4月22日，中青院校园主题雕塑《理想》落成揭幕。雕塑位于学校中心花园广场，由青铜花岗岩石材组成，整体高度9米，主体为7名不同职业、不同身份青少年人物群像，紧跟高高飘扬的党旗、团旗向前行进。雕塑由中央美术学院雕塑团队创作，是学校校园基础设施整体改造标志性成果之一。中央和国家机关、市政府等有关部门和部分高校、主要参建单位领导和学校负责人及师生代表参加揭幕活动。

（王钰璋）

4月22日，中青院校园主题雕塑《理想》落成
（中青院　供）

庆祝共青团成立100周年理论研讨会

5月13日，中青院（中央团校）及共青团广东省委、共青团广州市委联合召开“百年来中国共青团的历史责任与使命担当——庆祝中国共青团成立100周年理论研讨会”。会议以线上、线下相结合方式召开，听取团史青运史、青年工作研究领域6名专家作主题演讲。来自全国中共党史、团史青运史、青年工作研究专家学者和青年工作者，获奖论文作者、部分高校师生500余人参加会议。1922年5月5日，中国社会主义青年团（中国共青团的前身）在广州成立时，上海、北京、南京、天津、保定、唐山、塘沽、武昌、长沙、杭州、安庆、广州、潮州、梧州、佛山、新会、肇庆和太原18个地方建立早期地方团组织。会议向18个早期地方团组织地区的团委、团校发出邀请，聚齐18个地区代表以线上＋线下形式参会。

（王钰璋）

中国劳动关系学院

概况

2022 年，中国劳动关系学院设有北京校区和涿州校区，设置 14 个学院、2 个教学部，开设 24 个本科专业，涉及 6 个学科门类；拥有硕士专业学位授权点 3 个。硕士生导师 92 人。国家级一流本科专业建设点 7 个、北京市级一流本科专业建设点 6 个。学校由中华全国总工会举办，为政法院校。拥有网络多媒体教室 92 间。拥有图书 97.81 万册。数字资源量中电子图书 224.17 万册、电子期刊 86.89 万册、学位论文 853.47 万册。高考北京地区提档线不限选考专业组 502 分、物理必考专业组 492 分、历史必考专业组 514 分。网址：www.culr.edu.cn。

2022 年，学校接受全国总工会党组第六轮巡视第一巡视组向学校党委反馈巡视情况。《中华全国总工会关于支持中国劳动关系学院建设特色一流大学的意见》正式印发。

党的创新理论与工会干部培训协同发展。建立“首课”制度，将《习近平总书记关于工人阶级和工会工作的重要论述》列为各级各类工会干部培训首课，推出一批科研成果和教学成果。至年底，学校线上线下培训各级工会干部学员 1.20 万余人次，完成全国总工会年度计划培训班次 3 期，制作完成网络视频教学培训课程 3 期 17 门，完成“党的二十大精神进工会干部培训课堂”教学课程 15 门，学校干部特色培训“六门必修课”课程建设完成。

学科建设特色和专业结构进一步优化。教师获批国家级课题项目 4 个、省部级课题项目 4 个，省部级教学成果奖特等奖 1 项，北京市高等教育本科教学改革创新项目 3 个，北京高校优质本科课程 4 门、北京高校优质本科教材课件 3 个，获北京市高等学校教学名师奖 1 人、北京市高等学校青年教学名师奖 1 人；劳动教育、应用统计学和旅游管理 3 个专业获教育部新增专业备案，成为全国首个设置劳动教育本科专业高校；新闻学、财务管理、劳动与社会保障、法学 4 个专业获第二学位专业备案，社会工作、新闻学、安全工程、劳动与社会保障 4 个专业获批国家级一流本科专业建设点，经济学、工商管理、行政管理、酒店管理 4 个专业获批北京市级一流本科专业建设点。召开重温习近平总书记回信精神暨劳模本科教育 30 周年座谈会。获教育部批准招收国际学生备案资质，同意招收国际学生。

智库建设取得新突破。全国总工会印发《关于确认中国劳动关系学院劳动关系与工会研究院为全总工会理论和劳动关系智库研究中心的通知》，正式确认学校劳动关系与工会研究院为全国总工会理论和劳动关系智库成员单位，加挂全国总工会理论和劳动关系智库研究中心牌子。

党委书记　刘向兵

校　　长　傅德印

（周敏）

劳模本科教育 30 周年座谈会

4 月 29 日，劳关学院召开重温习近平总书记回信精神暨劳模本科教育 30 周年座谈会。会议恰逢习近平总书记给学校劳模本科班学生回信四周年之际。学校是国内唯一坚持举办劳模教育从未中断高校，已将 873 名劳模学生培养为优秀劳模、工匠人才，成为弘扬劳模精神、劳动精神、工匠精神先锋队，推进新时代劳动教育排头兵。劳模学员代表向与会领导、嘉宾赠送《中国劳动关系学院劳模本科教育 30 年编年史》一书。会议同时为劳模教育展览馆揭幕。

（周敏）

北京警察学院

概况

2022 年，北京警察学院设置 10 个院（系、部），开设 7 个本科专业，覆盖 2 个学科门类；具有一级学科 2 个；国家级一流本科专业建设点 1 个（网络安全与执法专业），北京市级一流本科专业建设点 4 个（涉外警务专业、网络安全与执法专业、侦查学和交通管理工程）。学校由市公安局举办，为政法院校。拥有教室 139 间，其中网络多媒体教室 109 间。数字终端 3088 台，其中教师终端 1010 台。数字资源量中电子图书 28.06 万册、电子期刊 27.17 万册、学位论文 320.46 万册、音视频 6.32 万小时。高考北京地区提档线思想政治必考专业组男生 459 分、女生 561 分，物理 / 化学 / 生物专业组男生 516 分、女生 569 分。网址：www.bjpc.edu.cn。

2022 年，学院履行“为党育人、为国育才、为警铸剑”职责使命，牢牢把握体制改革重要机遇期，立足服务首都公安发展需要，科学统筹教育教学工作，深化综合改革，在政治建校、人才培养、科学研究、服务实战等方面探索新模式、建立新机制、实现新突破。

体制改革落地落实。完成专业技术人员警衔转换工作，从局内外招录调入 85 名学历高、素质好教师干部，完成年度专业技术职务教师系列评聘申报和预评工作，初步建立事业单位管理制度。召开第一届教职工代表大会和第一届工会代表大会。

课程质量建设。推进“课程体系建设、课程质量建设、课程思政建设”，初步完成思政教育实践基地和课程思政实践教学基地建设。4 门课程和 3 个课件获评北京市高校优质本科课程和教材课件，“国内安全保卫”等 3 门课程获评北京市课程思政示范课程，“道路交通管理法规”课程上线新华思政平台，15 门课程获评新一批学院课程思政示范课程，3 个教学团队获评北京市课程思政教学名师和团队。

专业内涵建设。网络安全与执法和涉外警务 2 个一流专业建设完成中期验收。侦查学专业、交通管理工程专业获评北京市一流本科专业建设点，网络安全与执法专业虚拟教研室入选教育部首批建设试点单位。

学科平台建设。与市妇联共同建立北京市反家庭暴力研究基地，打造北京市反家庭暴力新型智库。与市公安局第一总队召开深化校局合作专题研讨会。承办第六届警察刑事执法论坛和主办第五届京津冀公安院校合作学术研讨会等地区级以上学术会议 8 场。成立科学技术协会，为科技工作者开展学术交流、进行科技创新、服务科学决策等提供平台和载体。

研究生培养合作。围绕警务硕士立项建设要求，制定和修订配套管理制度 20 余项。与中国人民公安大学开展警务硕士专业学位研究生立项建设合作。4 门课程纳入公安大学研究生课程体系，10 余名教师被公安大学、中国政法大学、北京工商大学等校聘为校外导师。

9 月 30 日，北京警院举行“致敬忠诚警魂 传承无悔担当”公安英烈纪念活动 （北京警院 供）

在职警察培训。完成市局督晋监培训班、全局教官（蓝军）能力提升培训班等 19 期 2734 人次在职民警训练任务。推进“网络＋”线上培训服务平台建设，打造网络培训与院校教育、实战训练相结合、线上线下同步运行新型教育培训模式。首次依托线上培训方式承办 2022 年金砖国家反恐研讨班。

科研成果突破。研究制定《高水平科研绩效认定办法》。教师发表学术论文 81 篇，其中高水平论文 25 篇。科研项目立项 83 个，其中国家级 2 个、省部级 3 个、局级项目 17 个、院级项目 61 个。“跨域多元公共安全视频图像可信采集与安全共享关键技术”等 2 个国家级项目获批，实现学院国家重点研发计划项目零突破。

文化活动建设。开展特色文体活动 275 次。举办以警察节、五四青年节、国家宪法日为主题系列活动，依托第二课堂开展理想信念、爱国主义、纪律作风等主题教育活动。

支援安保勤务。2380 人次师生支援北京冬奥会、冬残奥会和党的二十大等活动，1 人记个人一等功、4 人记个人二等功、30 人记个人三等功、62 人记嘉奖、2 个集体记集体二等功、89 人获“安保兵”称号。

党委书记 高岩（4 月免）
伍伟（7 月任）
校　　长 王立

（肖婧怡）

首届双代会

6 月 24 日和 10 月 21 日，北京警院分别召开第一届教职工代表大会和第一届工会会员代表大会。学院通过差额选举产生 60 名正式教代会代表。会议选举产生执行委员会，审议通过专业技术职务评聘和管理岗位职员等级晋升工作实施细则和决议。56 名教职工代表、4 名列席代表参加会议。工会代表大会通过无记名投票方式，差额选举产生第一届委员会，等额选举产生第一届经费审查委员会。会议听取工会筹备组所作筹备工作报告、代表资格审查报告，审议工会工作报告、财务工作报告以及经费审查工作报告，并举手表决通过 3 个报告决议。学院领导、各部门主要负责人等工会会员代表参会。

（肖婧怡）

中国科学院大学

概况

2022 年，中国科学院大学设有雁栖湖校区、玉泉路校区、中关村校区和奥运村校区，设置 62 个院（系、部），开设 15 个本科专业，覆盖 2 个学科门类；具有一级学科博士学位授权点 49 个，一级学科硕士学位授权点 57 个、硕士专业学位授权类别 16 个；博士后科研流动站 12 个，其中博士后研究人员出站 73 人、进站 121 人、在站 332 人。拥有研究生导师 12996 人，其中博士生导师 8103 人；中国科学院院士 239 人，中国工程院院士 39 人。“双一流”建设学科 2 个，国家级一流本科专业建设点 7 个、北京市级一流本科专业建设点 5 个，北京高校高精尖学科 3 个。学校由中国科学院举办，为综合大学。拥有教室 253 间，均为网络多媒体教室。数字终端 11875 台。数字资源量中电子图书 214.66 万册、电子期刊 6.02 万册、学位论文 671.33 万册、音视频 1.87 万小时。国家重点实验室 73 个、国家研究中心 2 个、国家工程研究中心 8 个、国家工程技术研究中心 17 个、国家工程实验室 14 个、中国科学院重点实验室 191 个。高考北京地区提档线物理必考专业组 684 分、物理 / 化学专业组 684 分、物理 / 化学 / 生物专业组 684 分。网址：www.ucas.edu.cn。

2022 年，学校推动巡视整改取得实效，党的建设和教育事业迈上新台阶。

思想政治教育。定期召开全校思想政治工作专题会议，研究师生思政和意识形态工作。成立学生思政工作领导小组，研究制定学生思政工作责任体系指导意见和学生思政工作评价体系。召开思政课教学研讨会和学生座谈会，调整班容量，加强课程督导，提升思政课实效。马克思主义学院入选北京市第三批重点建设马克思主义学院名单。成立课程思政建设领导小组，召开研讨会，指导培养单位制定课程思政实施方案，6门课程及相应教师团队获评北京市课程思政示范课程、课程思政教学名师和团队。

教育教学。对标世界一流大学建设完善课程体系结构、优化课程设置方案，分设独立专业学位研究生课程体系。出版系列教材5本，考核课程讲义140本。开展校级督导123人次，巡查研究生课程1488门班次。智慧教室一期完成施工并投入使用。推动教务大数据平台建设，整合教务管理系统，优化教学评价和教务管理形式。

学科建设。获批3个一级学科博士学位授权点和1个博士专业学位授权点。完成材料和化学2个一流学科和高精尖学科年度总结和评估、新农科项目中期评估。

科学研究。校部教师获国家自然科学基金项目资助76个。获批科技部国家重点计划项目7个，首次获批科技基础资源调查专项项目1个。获批国家社会科学基金重大招标项目1个，国家社会科学基金特别委托项目1个。7名博士生导师获科学探索奖，1名院士获影响世界华人盛典终身成就大奖。研究团队利用郭守敬望远镜发现宁静态中子星，相关研究成果发表于《自然·天文》(Nature Astronomy)。

交流与合作。深化科教创产融合人才培养，与4个国家实验室联合培养学生90人，与3家龙头企业签署研究生联合培养协议，与地方政府、企业合作建设3个学生实习实践基地，推进建设2个联合实验室。签署或续签3项对外科教交流合作协议，招收6大洲62个国家455名留学生，在校留学生1962人，其中博士生1290人。国家公派留学项目录取342人，国际合作培养计划资助120人。

冬奥服务。65名学生担任赛事志愿者，其中25名气象相关专业专业志愿者负责运用气象学知识配合完成赛场天气预测工作。学校冰冻圈科学国家重点实验室关注冬奥会雪务保障技术，实验室团队与相关单位在张家口赛区通过专业化场地观测试验、系统化积雪能量和物质变化模拟分析，建设赛场监测平台。同时，结合气象滚动预测，利用积雪物理模型，建立雪道质量监测与预报方法，为冬奥会赛事举办提供有力技术支撑和保障。

党委书记 李树深
校　　长 李树深

（顾盼）

研究团队利用郭守敬望远镜再获重要成果

9月23日，国科大师生研究团队参与项目相关研究成果发表在《自然·天文》(Nature Astronomy) 上，该项目利用郭守敬望远镜（LAMOST），发现一颗距离地球大约1037光年，处于双星系统中的宁静态中子星。此次发现是继2019年利用视向速度监测方法证认一颗宁静态恒星级黑洞之后，该团队借助LAMOST巡天优势在狩猎致密天体领域取得的又一项重要成果。LAMOST领先世界的光谱获取率和大规模巡天的绝对优势使得天文学家可以利用视向速度监测方法来发现宁静的黑洞、中子星等致密天体，打破依赖于探测脉冲信号、X射线等来搜寻致密天体的观测限制，这种方法为发现处于宁静态双星系统中的致密天体开创新的途径。

9月23日，国科大师生研究团队利用郭守敬望远镜发现静态中子星（国科大 供）

（顾盼）

中国社会科学院大学（中国社会科学院研究生院）

概况

2022年，中国社会科学院大学（中国社会科学院研究生院）设有良乡校区和望京校区，设置15个学院、2个教研部，开设34个本科专业（16个专业招生），覆盖文、史、哲、经、法、管理6个学科门类。有一级学科博士点16个、硕士点17个，二级学科博士学位授权点118个（含自主设置博士学位授权点27个）、硕士学位授权点124个（含自主设置硕士学位授权点28个），11个专业学位授权点；博士后科研流动站1个，其中博士后研究人员出站5人、在站8人。博士生导师773人，硕士生导师1038人。国家级一流本科专业建设点13个、北京市一流本科专业建设点3个。学校由中国社会科学院举办，为综合院校。拥有教室100间，其中网络多媒体教室89间。数字终端360台，其中学生终端254台、教师终端106台。数字资源量中电子图书108万册、电子期刊2.90万册、学位论文2.32万册、音视频4620小时。省、部级设置研究（院、所、中心）实验室6个。高考综合改革省份录取平均分637分，北京地区提档线最低分639分。网址：www.ucass.edu.cn。

2022年，学校持续建立健全各级党组织，督促各科教融合学院成立新党委，完善“三重一大”决策机制和事项清单。成立党校，制定党校 2022 年秋季学期培训计划并开展业务培训工作，有序组织各基层党支部开展增补委员和换届选举工作。

科教融合。按照学科属性、学科关联度，遵循科教融合总体方针和学科发展规律，将分散在不同学院、学系二级学科统一整合到相应学院，实现“一院一所（系）”到“一院多所（系）”深度科教融合改革，大学学科整合、学院重组工作取得阶段性成果，工作重心正式从学校层面转移到学院层面。召开科教融合学院工作汇报会、职能部门座谈会、科教融合学院院长座谈会，围绕制定科教融合学院组织规范体系制度和议事规则等。聘请 54 名学部委员、二级研究员担任特聘教授，701 名学术能力强、有一定教学经验研究人员担任岗位教师，加上专职教师 267 人、研究生导师 1941 人，组建由岗位教师、特聘教授、专任教师和研究生导师组成“四位一体”高水平师资队伍。生师比由 27∶1 提升至 4∶1，高级职称人数比例由 54.1% 上升至 96.9%，师资结构得到变革性提升。

学科建设。开展哲学等 16 个一级学科评价，重点遴选出 9 个一流学科作为首批一流学科建设点，哲学等 3 个专业入选国家级一流本科专业建设点，马克思主义理论等 2 个专业入选北京市级一流本科专业建设点，16 个本科专业实现国家“双万计划”全覆盖。

教育教学。持续推进“学部委员＋领导干部＋学术名家”系列思政金课，推进“三进”工作（进教材，进课堂，进头脑），实施好“马骨干”项目（马克思主义理论骨干人才计划）。开展本科教育教学规范性检查等工作，编制《2021—2022 学年本科教育教学质量监测报告》。5 门课程入选北京市课程思政示范课程，4 门课程获评北京高校优质本科课程；获北京市高等教育教学成果奖一等奖 1 项，北京高校优秀教学管理人员 1 人，北京高等学校优秀专业课（公共课）主讲教师 4 人，北京高校优质本科教材课件 3 个；相继出版中华人民共和国史系列教材、《现代消费经济学》等 10 本教材。建立健全非学历继续教育体制机制改革，制定《继续教育管理办法》等 11 份文件。举办短期、在职高级课程培训 32 项，53 个班次 2818 名学员申领结业证。

科学研究。落实科研经费“放管服”改革等要求，鼓励科研人员承担科研项目，扩大科研人员经费使用自主权，促进学校科研事业发展，召开全校科研工作会议。有校级非实体研究中心 52 个，新增习近平经济思想研究中心、中国古典社会学（群学）研究中心等 5 个非实体研究中心。举办、承办第九届政治传播与社会发展论坛暨第六届政治与传播研究生论坛、21 世纪马克思主义研究高端论坛、世界能源发展报告发布会等 43 场学术会议。承担省部级以上项目 23 个，第一单位署名论文 504 篇，核心及以上论文 251 篇；第一单位署名出版著作类科研成果 48 部，其中专著 22 部。学生以第一作者发表 34 篇论文类成果，核心及以上期刊发表 21 篇，占比 62%。《中国社会科学院大学学报》新刊发布。

交流合作。与日本早稻田大学等 6 所海外高校新签或续签合作协议 7 份。采取“申请—考核”方式招收国际研究生。实施学生海外学习交流支持计划等，安排学生参加耶鲁大学等境外合作院校学习交流项目 20 余个，60 名学生获奖学金资助，资助比例达 67.4%。举办、承办第五届中国社会科学院—昆士兰大学亚太论坛、AI2022 语言发展大会等各类讲座、论坛、国际会议 30 余场。首届汉语国际教育硕士就业率 91%，毕业生满意度 90% 以上。支持“一带一路”研修项目，承接葡萄牙科因布拉大学“中国研究”课程教学工作，与中国非洲研究院合作举办线上研修班 5 期，承办商务部援外线上培训项目 17 期，先后培养各国官员学者 500 余人次。与中国地方志指导小组办公室签署战略合作协议。

校园文化和基础建设。在学校成立 5 周年之际，改建校史馆。编纂《中国社会科学院大学 2021 年年鉴》。发布学校视觉形象识别系统和综合形象宣传片；完成扩建研究生宿舍项目和宿舍调整工作，体育场改造工程竣工。

党委书记　高培勇

校　　长　张政文

（李安）

《中国社会科学院大学学报》新刊发布

3 月 2 日，中国社科大召开《中国社会科学院大学学报》新刊发布会暨哲学社会科学创新与学术期刊繁荣发展研讨会。《中国社会科学院大学学报》是由中国社科院主管、学校主办的哲学社会科学综合性学术期刊，为月刊，从办刊风格、栏目设计、选题设计等方面，围绕人才培养、学科建设聚力，关注学科发展规律和趋势，关注新型学科、交叉学科领域重大学术问题，推动跨学科对话和融合。其前身为 1981 年创刊的《中国社会科学院研究生院学报》。2021 年 12 月 24 日，国家新闻出版署批复《中国社会科学院研究生院学报》正式更名为《中国社会科学院大学学报》。研讨会上，社会科学文献出版社社长，

3 月 2 日，中国社科大举行《中国社会科学院大学学报》新刊发布会暨哲学社会科学创新与学术期刊繁荣发展研讨会（中国社科大　供）

中国社会科学评价研究院党委书记、院长，《北京大学学报》（哲学社会科学版）常务副主编等与会专家围绕“三大体系”（学科体系、学术体系、话语体系）建设背景下，如何充分发挥学术期刊作用，构建中国特色哲学社会科学学术高地，推动《中国社会科学院大学学报》进一步发展开展研讨。会议与社会科学文献出版社联合主办。

（李安）

与中国地方志指导小组办公室签约合作

3月17日，中国社科大与中国地方志指导小组办公室签署战略合作框架协议。根据协议，双方在方志学学科硕士博士研究生培养、高水平科研合作与交流、打造科学完备全国方志系统专业培训体系等方面展开合作。学校以国家方志馆、方志出版社优势资源为依托，组建方志学研究中心以及教学实践基地，为多元育人路径探索提供支撑。

（李安）

院系大调整

6月15日，中国社科大召开国际政治经济学院、社会与民族学院、文学院、哲学院、历史学院、政府管理学院命名重组大会。会议宣布在现有国际关系学院、社会学院、哲学院、文学院、历史学院和政府管理学院基础上，按照学科归属或学科关联度，整合之前未进入科教融合学院14个学系及其所属学科，重新组建国际政治经济学院、社会与民族学院、文学院、哲学院、历史学院和政府管理学院6个学院。国际政治经济学院整合国际学部8个研究所院教学力量；社会与民族学院整合社会学所、社会发展战略研究院、民族学与人类学研究所、民族文学研究所相关学科教学力量；文学院整合文学研究所、语言研究所、少数民族文学研究所、民族学与人类学研究所、教育部语言文字应用研究所相关学科教学力量；哲学院整合哲学研究所和世界宗教研究所哲学一级学科下设8个二级学科马克思主义哲学、中国哲学、外国哲学、伦理学、美学、逻辑学、科学技术哲学、宗教学相关教学科研力量，学科门类更为完整；历史学院整合当代中国研究所中华人民共和国史学科教学力量；政府管理学院整合当代中国研究所中共党史学科、社会发展战略研究院公共管理学科相关学科教学科研力量。此次调整学校深化大学科教融合改革，整合学院、学系力量打造一流学科，完善具有社会科学院特色国民教育人才培养体系。新组建6个学院是在2月应用经济学院组建成立和经济学院、商学院学科调整基础上，重新调整学院。应用经济学院是学校第13个科教融合学院，依托经济学部8个研究所（院）组建，是学校加快建设中国特色社会主义一流文科大学进程重大决策。2020年9月，学校组建文学院、哲学院、国际关系学院、社会学院等12个科教融合学院。

（李安）

2022语言AI发展大会

12月28日，中国社科大与中国科学院自动化研究所联合主办2022第三届语言AI发展大会。会议围绕“语言AI，智造美好未来”主题，听取题为《技术为本、场景为王推动语言AI高质量发展》《用标准化促进语言AI产业高质量发展》主旨演讲，与会者结合NLP领域的技术根基，探寻语言AI在人类美好未来中应用场景。会议举办“NLP技术如何智造美好未来？”“智能时代，AI赛道发展的新机遇”两场圆桌论坛。来自北京大学、中国人民大学、中国传媒大学等高校和科研院所专家学者参与对话。中国科学院自动化所自然语言处理团队（中科凡语）和中国社科大数字文明实验室技术团队（法雨科技）签署战略合作协议，并联合成立混合智能实验室，共同发布“数云智脑”混合智能系统。“数云智脑”混合智能系统融合双方学科优势和技术优势，以社会计算和机器智能深度融合为目标，通过建立符号、模式、场景等相互连接通道，形成兼具人类智能体的感知、记忆、推理、学习能力和机器智能体的信息整合、搜索、计算能力新型智能系统。

（李安）

中国农业科学院研究生院

概况

2022年，中国农业科学院研究生院以其分布在全国18个省（市、自治区）39个院所为依托，围绕中国农业科学院11个大学科集群，构建涵盖理学、工学、农学、管理学四大学科门类学科体系，具有一级学科16个，其中一级学科博士点11个、二级学科博士点49个、博士专业学位授权类别1个；一级学科硕士点16个、二级学科硕士点57个、硕士专业学位授权类别4个。博士后科研流动站11个、博士后科研工作站10个，其中博士后研究人员出站151人、进站300人、在站817人。博士生导师1016人、硕士生导师1716人；中国科学院院士3人、中国工程院院士13人。学校由农业农村部举办，中国农业科学院主管，为农业院校。拥有教室115间，均为网络多媒体教室。数字终端8495台，其中学生终端5740台、教师终端2755台。国家农业图书馆收藏文献210万余册、国内外图书33万余种，建有数据量80G以上大型农业科学数据库，开通服务中文全文电子期刊1万余种，外文全文电子期刊1.20万余种。有2个国家重大科技基础设施、15个全国重点实验室、1个国家技术创新中心、5个国家工程技术研究中心、7个国家工程实验室和工程研究中心、6个国家科技资源共享服务平台、7个国家野外科学观测研究站。网址：gs.caas.cn。

2022年，研究生院加快推进新农科建设、推动研究生教育高质量发展。

人才培养。构建覆盖全院16个一级学科学术学位研究生核心课程目录和教学大纲，形成农科特色研究生课程体系。成立教材建设指导委员会，制定教材建设与管理办法，强化研究生教材建设。开展研究生英语教学改革，满足研究生个性化学习需求，提升研究生学术英语交流能力。发挥思政课育人主渠道作用，开展“书记、院长进课堂”系列思政讲座，激发学生知农爱农、强农兴农使命担当。打造研究生“树人讲堂”等系列品牌活动，完成25期讲座。

学科建设。深入推进新农科建设，设置农业生物智能设计、乡村振兴理论与政策2个新兴涉农交叉学科。有作物学、园艺学、植物保护、畜牧学、兽医学5个A+学科，生物学、农业资源与环境2个A学科，生态学、食品科学与工程2个A-学科。

师资队伍。举办2022年研究生导师岗前培训班，培训新任导师263人，强化师德师风教育，提升导师育人意识和指导能力。实施导师招生资格动态管理，审核通过1521名导师下年度招生资格。评选表彰65名优秀研究生导师。聚焦课程思政与教学方法，举办教师教学培训班，全院38个研究生培养单位授课教师、科研人员和研究生教育管理人员近400人参加培训。制定教师教学奖励办法，构建“优秀教师（团队）—教学名师—教学突出贡献奖”三级教学荣誉体系。69人次入选国家人才计划，入选首届“神农英才”领军人才数占全国总数31%。

科技创新。围绕种子、耕地、生物安全等“国之大者”，创新机制“举院抓大事”。新增国家科技计划629个，同比增长34%，其中国家重点研发计划51项，同比增长60%。新增国家自然科学基金项目346个、社会科学基金项目8个，直接经费1.79亿元。在《自然》（Nature）、《科学》（Science）主刊上发表论文4篇，在水稻高产基因挖掘、马铃薯遗传多样性、番茄遗传变异等领域取得重大原创性发现。关键核心技术攻关取得新成果，“中油杂501”刷新中国冬油菜单产和含油量记录，“华西牛”成为中国首个自主育成肉牛新品种。牵头第三次全国土壤普查相关工作，开发应用全国土壤数据库。联合大北农等100余家知名企业成立科企融合发展联合体。获发明专利1584件，知识产权转化率达25%。单价1000万元以上知识产权转让6项、200万元以上55项。

合作交流。农业基因资源阐析（G2P）列入国家有关方案重点领域和优先方向，与19个国际合作伙伴签署合作意向书。新增国际合作项目121个，获批国家重点研发计划政府间合作专项16个。成立FAO（联合国粮食及农业组织）—中国农科院创新平台，成为中国落实联合国全球发展倡议七大举措之一。新建11个国际联合实验室。在校“一带一路”沿线国家留学生占比达到56%。与比利时列日大学签订农学与生物工程博士学位教育项目第三期合作协议。获批国家留学基金委创新型人才国际合作培养项目和乡村振兴人才培养专项第二期项目。

社会服务。建立常态化体系化科技服务新机制，组建小麦、水稻等6个产业专家团，打造专家工作站和“田间课堂”；组织开展夺夏粮、秋粮丰收和油菜扩增等专项行动。在主产区开展油菜、蔬菜、人居环境等20个领域高产高效技术集成与示范，集成先进实用技术209项，建设示范基地167个，示范面积11.27万平方米。科技帮扶160个重点县，持续打造11个乡村振兴科技支撑示范县。组织实施专业技术人才知识更新工程2022年高级研修项目等12个部委及地方项目。完成21期培训任务和中央组织部、人力资源社会保障部、农业农村部“西部之光”访问学者、少数民族特培学员研修项目。累计完成线下培训570人次、线上培训5万余人次。与国务院国资委职业经理研究中心、中国教育发展战略学会、“人民学习”、中国职业经理研究中心等建立服务经济社会发展战略合作关系。

院　　长　唐华俊（3月免）
　　　　　　吴孔明（兼　3月任）
党委书记　贾广东
执行院长　方海洋

（叶天琦）

人工智能背景下的智慧农业发展与利用高级研修班

7月18日至23日，中国农科院研究生院举办人工智能背景下的智慧农业发展与利用高级研修班。研修班受农业农村部人事司委托，在重庆市举办。研修班邀请相关专家围绕智慧农业、智慧畜牧案例分析、人工智能发展趋势等内容，以线上+线下相结合模式进行授课。来自全国各地高等院校、科研机构和智慧农业专业技术人员及乡村振兴示范县四川省邛崃市、河南省兰考县、河北省阜平县等有关单位人员参加研修。培训课程在“中国青年网”官方账号和“乡村振兴大课堂”上同步直播，线上观看人数近2万人次。培训旨在培育能够熟练运用人工智能进行智慧农业生产的实用人才和专业人才，更好服务于中国乡村振兴战略实施和农业农村现代化发展。

（叶天琦）

科技小院建设推进会

11月25日，中国农科院研究生院以线上线下相结合方式召开首批科技小院建设推进会。会议邀请中国农业大学教授就科技小院人才培养模式创立与发展进行深度解读。饲料所研究员和作科所副研究员围绕科技小院运转情况、学生培养、科研进展等内容分享交流。48个首批科技小院首席专家，相关研究所领导，负责研究生管理、基地管理等工作人员100余人参会。

（叶天琦）

（本栏责任编校　仪修宪）

102 所

中等职业学校

26 所

高等职业院校

18 所

独立设置成人
高等学校

1102 所

培训机构

职业与继续教育

VOCATIONAL AND FURTHER EDUCATION

职业与继续教育

VOCATIONAL AND FURTHER EDUCATION

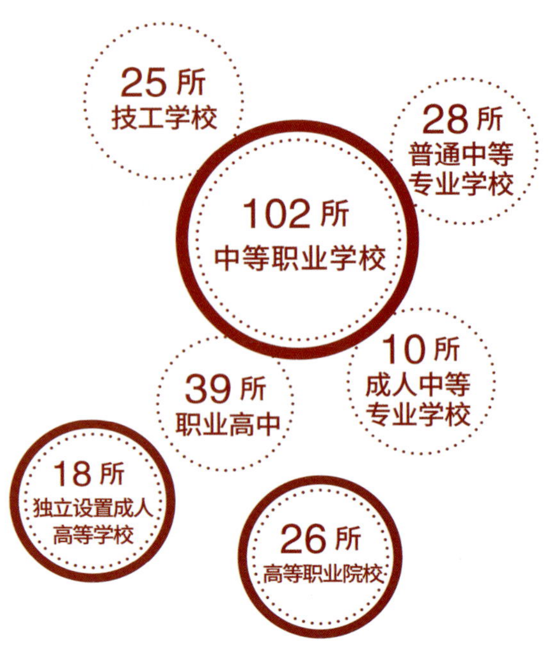

综述

概况

2022 年，北京市有中等职业学校 102 所，其中普通中等专业学校 28 所、成人中等专业学校 10 所、职业高中 39 所、技工学校 25 所。普通中等专业学校毕业生 8166 人，招生 11822 人，在校生 34471 人；教职工 3193 人，包括专任教师 1630 人；占地面积 143.82 万平方米，学校产权校舍建筑面积 87.06 万平方米；固定资产总值 35.41 亿元，其中教学、实习仪器设备资产 11.40 亿元。成人中等专业学校毕业生 1483 人，招生 1404 人，在校生 4152 人；教职工 357 人，包括专任教师 193 人；占地面积 4.11 万平方米，学校产权校舍建筑面积 4.06 万平方米；固定资产总值 0.54 亿元，其中教学、实习仪器设备资产 0.11 亿元。职业高中毕业生 2866 人，招生 6345 人，在校生 15973 人；教职工 4840 人，包括专任教师 3568 人；占地面积 196.14 万平方米，学校产权校舍建筑面积 123.44 万平方米；固定资产总值 57.47 亿元，其中教学、实习仪器设备资产 23.25 亿元。技工学校毕业生 8135 人，招生 11124 人，在校生 28240 人；教职工 3111 人，包括专任教师 1689 人。

高等职业院校 26 所，毕业生 26989 人，招生 26166 人，在校生 67399 人；教职工 8665 人，包括专任教师 4584 人。

独立设置成人高等学校 18 所，毕业生 3437 人，招生 1613 人，在校生 3652 人；教职工 3168 人，包括专任教师 1349 人；学校产权占地面积 72 万平方米，学校产权校舍建筑面积 63 万平方米；固定资产总值 37.83 亿元，其中教学、科研仪器设备资产 2.88 亿元。培训机构 1102 所，注册学生 150.34 万人。

（吕欣姗　胡雨）

职业教育特色学徒制实践深入推进

2022 年，市教委深入推进职业教育特色学徒制实践。11 所职业学校 29 个专业与 34 家企业（单位）深入推进国家职业教育现代学徒制工作。落实北京市《关于推动职业教育高质量发展的实施方案》，创新开展北京职业教育见习职工“入学即入职”试点。8 月，北京交通运输职业学院和北京劳动保障职业学院等职业院校开展首批“入学即入职”培养模式试点，重点推进北京特色学徒制工作，促进校企协同育人；学生入学签订工学结合学徒培养协议后，即拥有企业见习职工身份、缴纳相应社会保险。

（张兰）

职业高中综合高中班办学持续深化

2022 年，市教委持续深化职业高中综合高中班办学，推进首都教育职普融通。8 月，北京市西城职业学校、北京市劲松职业高中、北京市黄庄职业高中、北京市信息管理学校和北京市门头沟中等职业学校 5 所区属职业高中的综合高中班录取学生 691 人。综合高中班重点开设聚焦专业实践能力和素养的特色课程，把职业高中专业核心课程中的职业精神和关键技能与普通高中通用技术、信息技术、艺术等综合实践课程内容整合重构，培养兼具科学文化素质与专业实践素养的基础苗子，为培养高端应用型人才奠定良好基础。

（张兰）

统筹中高职衔接办学

2022 年，市教委统筹中高职衔接办学。1 月 21 日，市教委、市人力资源社会保障局公布 2022 年新增及调整“3+2”中高职衔接办学项目名单。“3+2”中高职衔接办学项目新增 75 个、撤销 34 个、微调 2 个。该项目自

2012 年实施，衔接办学专业覆盖率保持 75% 左右的较高水平，衔接办学成为中职办学主要形式和高职办学重要生源，形成中高职统筹发展重要路径。11 月，通过信息技术手段、开发职业教育专业申报评审系统暨中高职衔接质量监测管理平台，进一步强化对项目的动态管理和质量监测，衔接办学强调整体设计、系统培养、需求导向、突出特色，突出一体化培养方案实施及教学质量监控，要求合作学校加强衔接办学管理，强化全程校企合作，持续提升培养质量。此外，开展京冀职业院校跨省“3+2”联合培养试点，推进京冀高素质技术技能人才培养体系建立。

（张兰）

“1+X”证书制度试点工作持续推进

2022 年，市教委持续推进“1+X”证书制度试点工作。组织 57 所院校 226 个专业参与 203 个证书试点，参与学生 24372 人。分 2 批次核定与发布 110 个“X 证书”考核费用标准。全年 14154 名学生参与考评，10480 人通过，总通过率 74.04%。以 5 个证书为试点，组织 14 所职业院校 17 个专业开展书证融通试点探索，组织 42 名专家 7 次对试点成果以及另外 6 所院校 26 个专业前期自行开展的书证融通试点予以指导。面向全市试点院校和培训评价组织召开 7 期工作培训会，邀请职业教育领域专家分享专题报告，累计 1100 余人次参会。遴选 10 个具有北京特色的优秀案例报送教育部。

（张兰）

职业教育教材管理效能提升

2022 年，市教委加强职业教育教材管理科学性，提高教材管理效能。组织职业教育领域专家对北京市现有职业院校教材信息管理平台进行功能升级和开发，6 月完成全部建设工作，录入 82 所职业学校（包括 26 所高职院校、26 所中专学校和 30 所职业高中）2022 年秋季学期在用的 7899 本教材信息。开展职业院校秋季学期学校教材制度建设情况和校本教材使用情况督查，组织专家组对 23 所选用校本教材的职业学校开展专题督查，对发现问题的 4 所学校进行点对点交流，安排专家指导其限期完成整改工作。开展“十四五”首批职业教育国家规划教材市级遴选工作，推荐 48 本中职教材和 97 本高职（含职业本科）教材至教育部参加国家级遴选。

（张兰）

职业院校学生实习管理工作规范

2022 年，市教委严格规范职业院校实习管理工作。完善摸底排查报告制度，公布北京市、各区、各职业学校学生实习工作监督咨询电话；开展实习管理有关问题全面排查；组织实习管理规定等培训；开展实习管理案例征集。建立市级各类报告制度，完成教育部有关实习管理系统双周报、月报、日报工作。

（张兰）

支持通州职业教育发展

2022 年，市教委多举措促进通州区职业教育高质量发展。7 月至 10 月，重点推进《支持通州区基础教育质量提升行动计划（2021—2025 年）》措施落地实施，组建 11 个“手拉手”中高职衔接专业建设指导委员会支持北京新城职业学校专业建设；聚焦通州区台湖演艺小镇艺术专业化人才培养，召开支持通州职业教育发展专题会，支持新城职校与国家大剧院台湖舞美艺术中心、北京星海钢琴集团有限公司开展校企合作订单培养，与北京戏曲艺术职业学院等高职学校深化多元合作，建设艺术类新专业。

（张兰）

1 月，北京交院汽车学院学生进行七年贯通培养实践考核
（北京交院　供）

发挥职业院校优势服务首都乡村振兴

2022 年，市教委推动职业院校发挥优势服务首都乡村振兴。指导职业院校瞄准乡村振兴和现代农业新业态人才需求，创新“半农半读、农学结合”人才培养模式，率先实施“学历能力双提升”高素质农民一体化培育，实施“初、中、高全链条”分类分层培养。全年开展农民技能素养提升培训 12 万人次；765 名农民完成高职专科层次学历教育，其中 505 人获得中专学历、260 人获得专科学历。推进实施“成校＋党校”模式，助力乡村组织振兴，依托北京市农广校系统、乡镇成人学校工作站，培养农村基层组织治理带头人 2291 人，其中 1215 人进入“村两委”任职。全年培训北京市农口干部 1.80 万人次。完成中央组织部边疆民族地区和革命老区村党支部书记培训任务，培训 20 个省、市 47 个民族 2547 名党支部书记。

（余俊）

3 个单位整合组建北京市延庆区职业学院

7 月 2 日，经延庆区委机构编制委员会批复，延庆区教委整合北京市延庆区第一职业学校、北京开放大学延庆分校和北京市延庆区成人教育中心组建北京市延庆区职业学院。学院主要职责为开展全日制中等职业学历教育，开展成人中等学历教育、高等学历教育、社区教育、短期职业技能培训等，开展农村实用技术普及推广、社会主义新农村建设者培训，开展中小学生职业体验教育，负责职业教育科学研究和教师继续教育工作，以及学习型延庆建设工作。学院在编教职工 287 人，其中副校级以上干部 9 人；学生（学员）2416 人，其中全日制中等学历在籍生 423 人、成人非全日制中等学历在籍生 1076 人、成人非全日制高等学历在籍生 917 人。学院开设中西餐烹饪、幼儿保育、汽车运用与维修等 53 个专业。作为市级劳动教育基地，确定 4 类 8 个模块 58 个培训项目，为北京市中小学生提供劳动教育服务。学院分三址办学，其中主校区占地面积 6 万平方米、建筑面积 5.70 万平方米。延庆一职成立于 1988 年，时称延庆县职业高中，2000 年更名为延庆县第六中学，2001 年更名为延庆县第一职业学校，2016 年更名为延庆区第一职业学校。北开大延庆分校成立于 1979 年，原名北京广播电视大学延庆工作站，1999 年更名为北京广播电视大学延庆分校，2014 年更名为北京开放大学延庆分校。延庆成教中心成立于 2021 年，由北京市延庆区职业技术教育中心、北京市延庆区社区教育中心整合组建而成（1975 年延庆县五七大学成立，1979 年更名为延庆县农业技术学校，2016 年与延庆县职业技术教育中心合并为北京市延庆区职业技术教育中心；北京市延庆县社区教育中心成立于 2001 年，2016 年更名为北京市延庆区社区教育中心）。

（高寒）

3 家“首都工匠学院”揭牌

9 月 15 日、27 日和 10 月 21 日，3 家“首都工匠学院”分别在北京市总工会职工大学、首钢工学院（首钢技师学院）和北京城市学院揭牌成立。首家“首都工匠学院”揭牌仪式上，“大国工匠”张嘉、“北京大工匠”王月鹏分享奋斗故事、诠释工匠精神，全国劳动模范陶建伟代表职工匠师宣读倡议书。50 余名大国工匠代表、北京工匠代表参加活动。“首都工匠学院”是北京市总工会为加快推进产业工人队伍建设改革，选取地方、行业、企业和高校开展工匠学院试点，建成由劳模、工匠、创新工作室领军人为主体的职工匠师队伍，着力打造具有北京特色的“工匠名片”与“产改品牌”。

（周东妹　孙继伶　白梦然）

首期北京职业教育高质量发展专题研讨班

9 月 21 日至 23 日，市教委举办首期北京职业教育高质量发展专题研讨班。培训班以“提高政治站位，提升管理水平”为目标，为职业学校校长建立集中培养基地，打造职教人才队伍，探索职教发展“北京方案”。培训通过专家讲座、案例剖析、行动研究等方式开展。21 名中高职学校校级领导参加学习。这是“十四五”时期首个市级职业教育高端示范性培训项目。北京市教师发展中心协同北京教育学院提供全程组织服务。

（郭佳）

9 月 15 日，北京首家“首都工匠学院”在市总职大挂牌成立

（市总职大　供）

2 所高职试点建设“工匠学院”

11 月 24 日，北京市教育工会开展高职类院校建设“工匠学院”试点工作。确定由北京工业职业技术学院和北京电子科技职业学院承担高职类院校教职工职业发展助推试点项目——建设“工匠学院”试点，试点结项时间为 2023 年 9 月 30 日。学校制定“工匠学院”建设方案，探索“工匠学院”与企业联合开展应用型高技能人才培养机制，为培养技能型人才搭建优质平台。

（胡军伟　陈晓翔）

国家职业教育提质培优行动计划工作推进

至年底，市教委推进国家职业教育提质培优行动计划工作。组织承接国家职业教育提质培优任务的 23 所高职院校、26 所中职学校和 1 所成人本科学校先后开展整体中期评价和年度绩效评价，撰写自评报告，网络填报校级任务绩效情况；全面总结市级承接任务实施情况，完成市级任务情况网络填报；深入分析落实立德树人根本任务等 10 个方面情况，形成北京市承接该任务 2022 年度绩效总报告，完成 239 项市级任务和 1121 项校级任务绩效情况全面评价；对学校下一步建设工作提出建议，确保承接任务落地见效。评价结果显示，项目总体进度符合预期，自 2021 年进入提质培优建设期以来，各学校聚焦重点任务，创新人才培养模式，提升人才培养质量和办学水平，推动学校内涵发展，探索凝练出一批可复制可推广的新经验、好做法，首都职业教育“高质量、有特色、国际化”发展特色逐步彰显。

（张兰）

高等职业学校基本情况表

单位：人

学校（机构）名称	普通本专科学生			教职工数	专任教师			产权占地面积（平方米）	学校产权校舍建筑面积（平方米）	图书（万册）	固定资产总值（万元）	
	毕业生数	招生数	在校生数		计	正高级	副高级				计	其中：教学、科研仪器设备
北京工业职业技术学院	1460	1560	3795	514	349	34	137	240120	232797	79.21	124104.69	51247.36
北京信息职业技术学院	1967	1397	3692	753	371	14	138	174604	239410	68.34	134401.95	67118.48
北京电子科技职业学院	1878	2567	5982	839	509	34	140	456481	337031	123.41	246477.57	83375.88
北京京北职业技术学院	694	605	1643	214	144	7	31	124000	61259	59.97	24443.49	8643.23
北京交通职业技术学院	327	391	1017	185	72	2	24	54376	85662	13.4	25950.41	8582.77
北京青年政治学院	721	715	2061	271	182	10	72	25913	51782	55.73	45517.78	15114.41
首钢工学院	819	844	2435	249	176	6	63			34.17	8828.21	2875.8
北京农业职业学院	2194	1680	4655	826	396	46	181	812214	303429	58.87	87039.94	36191.04
北京政法职业学院	1050	972	2519	379	180	10	60	296380	138842	54.25	37642.34	14247.59
北京财贸职业学院	1906	1826	4443	650	353	16	114	299043	186575	94.38	99284.67	25037.89
北京戏曲艺术职业学院	146	165	466	368	169	4	25	27055	53994	16.18	26844.5	5568.28
北京经济管理职业学院	1074	1036	2937	523	287	20	110	858036	215119	54.6	57337.15	16224.25
北京劳动保障职业学院	1092	1092	2611	277	159	9	64	112306	107210	26.22	36433.78	19385.1
北京社会管理职业学院	1375	1407	3929	344	198	9	54	474748	201744	36.5	90194.14	8468.91
北京体育职业学院	113	197	484	148	68		25			10.48	49180	12670
北京交通运输职业学院	1541	1220	2929	417	227	2	98	178916	156035	49.17	74583.04	34302.16
北京卫生职业学院	1507	1591	3700	536	227	3	64	72026	44881	51.08	38264.24	19020.32

（数据来源：《2022—2023 学年度北京市教育事业统计资料》）

（胡雨）

部分独立设置成人高等学校基本情况表

单位：人

学校（机构）名称	成人本专科学生			教职工数	专任教师			产权占地面积（平方米）	学校产权校舍建筑面积（平方米）	图书（万册）	固定资产总值（万元）	
	毕业生数	招生数	在校生数		计	正高级	副高级				计	其中：教学、科研仪器设备
北京宣武红旗业余大学	101	80	155	67	35	2	12	6749	10525	5	1445.46	460.24
北京市总工会职工大学	64	54	142	117	37		4	12895		6.7	6197.8	2203.7
北京教育学院	568	210	779	467	266	26	109	38376	117990	74.1	36439.27	442.61
北京开放大学				322	103	9	37	24022	44949	4.8	15650.66	6238.16
国家开放大学				588	170	15	60	16573	64389	10.8	117947.78	4155.12
北京市西城经济科学大学	52	29	48	107	37	1	16			6.7	1738.41	784.24

（数据来源：《2022—2023 学年度北京市教育事业统计资料》）

（胡雨）

部分国家重点中等职业学校基本情况表

单位：人

学校（机构）名称	学生数			教职工数		产权占地面积（平方米）	学校产权校舍建筑面积（平方米）	图书（万册）	固定资产总值（万元）	
	毕业生数	招生数	在校生数	计	其中：专任教师				计	其中：教学、科研仪器设备
北京市昌平职业学校	584	1041	3536	344	327	405400	112000	101500	31353.4	28625
北京市延庆区第一职业学校	137	109	537	218	142	113700	57200	49200	26200.12	8106.24
北京市密云区职业学校	117	264	539	175	120	130502	60020	77743	37552.64	15963.54
北京市怀柔区职业学校	0	175	175	160	112	226833.44	226833.44	33623	18270	8284.5
北京金隅科技学校	132	456	1048	252	165	112921.21	100956.4	168590	31445.75	15681.66
北京市园林学校	74	279	573	106	54	66471.91	28319	45822	14481.86	3947.58
中央音乐学院附属中等音乐学校	148	164	1034	106	89	14602	29495	15611	4362.06	2273.83
北京市什刹海体育运动学校	32	43	98	458	85	33695	48594.18	63559	14937.77	451.85
北京市外事学校	79	106	291	124	104	11932	18874	34900	6354.44	3997.47
北京市西城区职业学校	66	499	1101	286	265	13600	25600	4620	11202.77	6192.18
北京市财会学校	31	29	82	74	45	9934	11836	35997	8677.55	749.3
北京市实验职业学校	38	72	209	123	92	10251.6	13477.17	108228	9089.95	1676.11
北京市黄庄职业高中	59	289	561	136	89	69300	66093.49	32890	35404.19	19452.28
北京市丰台区职业教育中心学校	500	761	2064	311	196	70012.04	26694	108250	28016.55	18017.86
北京市电气工程学校	100	303	677	168	130	101987.23	70557.85	112378	54271.62	14180.4
北京市求实职业学校	161	393	1021	358	300	53661.83	36295.56	125941	34541.33	13569.8
北京市平谷区职业学校	81	189	483	143	69	49949.67	50663.72	220	21718.67	4363.36
北京国际职业教育学校	132	170	512	253	205	26737.89	65314.24	181149	14502.74	7686.5
北京市大兴区第一职业学校	153	324	866	285	247	249500	110342	11.38	63530.51	24762.44
北京现代职业学校	0	0	0	126	108	11240.78	15274.91	146808	7480.33	2377.98

续表

学校（机构）名称	学生数			教职工数		产权占地面积（平方米）	学校产权校舍建筑面积（平方米）	图书（万册）	固定资产总值（万元）	
	毕业生数	招生数	在校生数	计	其中：专任教师				计	其中：教学、科研仪器设备
北京铁路电气化学校	279	581	1473	191	128	140582	77605.74	177718	16056	7225
北京市商业学校	821	1028	2766	338	201	209301	105341	130998	39529.6	17136.3
北京商贸学校	168	683	1508	195	78	55190.91	59166	79753	31416.38	16350.58
北京市供销学校	60	204	349	85	50	88102.62	46386.48	71325	12527.2	5335.72
北京水利水电学校	116	372	824	142	60	50000	44935.47	92172	16570.35	4722.73
北京市自动化工程学校	75	424	898	136	54	37568.92	33442	62082	23826.68	10703.54
北京市劲松职业高中	186	453	1089	210	175	81395.46		101800	59623.59	15262.75
中国音乐学院附属中等音乐专科学校	126	145	745	114	63			28190	5502.26	2194.32

（数据来源：《2022—2023 学年度北京市教育事业统计资料》及部分学校报送）

（胡雨）

职业教育

“双高计划”高绩效发展论坛

1 月 6 日至 7 日，星空书院联合北京农业职业学院等全国 15 家“双高”院校及相关机构共同举办“双高计划”高绩效发展论坛（2022）。论坛旨在促进全国高职院校之间共享建设经验、展示建设绩效、在线交流学习。15 家国家“双高”院校分享 3 年来建设经验，集中展现一批“高绩效”成果，提供职业教育可借鉴的建设模式，彰显近年来职业教育改革的贡献度和影响力。论坛形成“增量就是质量”共识。论坛参会高职院校 409 家、参会人员 1 万余人，累计在线 10.18 万人次。

（孙田田）

高职教育新增专业 44 个

2 月 11 日，市教委公布 2022 年新增高等职业教育专业名单。23 所高职院校新增无人机测绘技术、智能建造技术、数字化设计与制造技术等 44 个专业，3 所高职院校撤销数控技术、旅游管理等 4 个专业。市教委于 2021 年 12 月 28 日公布 2022 年中等职业学校新增专业备案名单，19 所中职学校新增现代家政服务与管理、服务机器人装配与维护、婴幼儿托育等 35 个专业，5 所中职学校撤销计算机应用、文秘、社会文化艺术等 20 个专业。2022 年新增职业教育专业 79 个。

（张兰）

职业教育质量年度报告（2022）编制

3 月，市教委编制完成《北京市中等职业教育质量年度报告（2022）》和《北京市高等职业教育质量年度报告（2022）》。报告采集分析 15 个区政府、51 所中等职业学校、25 所高等职业学院和 48 家企业（参与）职业教育人才培养的状态数据，全面展示北京市中高等职业教育办学成绩、社会贡献、面临问题及应对策略。报告报送教育部同时在北京职成教网“北京中高等职业教育质量年度报告”专栏向社会发布。8 月 20 日，《北京市高等职业教育质量年度报告（2022）》由开明出版社出版。

（张兰　赵新亮）

职业院校技能大赛

4 月 16 日至 30 日，市教委联合北京教育科学研究院、北京市职业技术教育学会举办 2022 年北京市职业院校技能大赛。70 所职业院校 1701 名选手和 889 名指导教师参加高职组 58 个项目、中职组 29 个项目比赛。在市级比赛选拔基础上，选派优秀学生参加 7 月 24 日至 11 月 14 日举行的 2022 年全国职业院校技能大赛。19 所高职院校、17 所中职学校的 155 支队伍代表北京市参加高职组 57 个

5 月，2022 年北京市职业院校技能大赛机电一体化项目比赛举行。图为裁判现场评分　（市教委相关处室　供）

项目、中职组 27 个项目比赛，获得高职组一等奖 5 个、二等奖 11 个、三等奖 27 个，中职组一等奖 1 个、二等奖 1 个、三等奖 13 个。来自全国 32 个地区 5591 支队伍、12427 名选手和 9624 名指导教师参加中、高职组 102 个项目比赛。

（武晔）

2022 年全国职业院校技能大赛一等奖（北京）

组别	获奖学生	所属学校	获奖项目
高职	刘汀钰、任博洋、张鑫泰、宋子庸	北京工业职业技术学院	工程测量
高职	尹凯、马东浩、张建祥	北京电子科技职业学院	风光互补发电系统安装与调试
高职	马璟天、张宇	北京工业职业技术学院	机电一体化项目
高职	孙占勃、饶玉如、黄岩松	北京电子科技职业学院	嵌入式技术应用开发
高职	王帅、许轩豪、赖众霖	北京信息职业技术学院	信息安全管理与评估
中职	李旭宸、张翘楚	北京市信息管理学校	虚拟现实（VR）制作与应用

（胡雨）

首批职业教育示范性虚拟仿真实训基地培育

4 月 25 日，市教委公布北京市首批职业教育示范性虚拟仿真实训基地培育项目名单。北京电子科技职业学院高端装备智能制造与维护虚拟仿真实训基地等 18 个已进入国家职业教育示范性虚拟仿真实训基地培育库的实训基地入选。市教委按照“先培育后认定”的工作程序对所有培育项目建设进行指导、监测和评估。至年底，完成教育部“职业教育示范性虚拟仿真实训基地监测平台”18 个入库培育项目的年度数据填报和典型案例项目申报；推荐 6 个课题入选教育部“虚拟仿真技术在职业教育教学中的创新应用”专项课题。

（张兰）

职业院校“技能成才·强国有我”主题教育活动

4 月至 10 月，北京职业院校举办“技能成才·强国有我”主题教育活动。活动以庆祝中国共青团成立 100 周年和迎接党的二十大为主线，重点开展“讲好党史故事”“榜样引领”“文明风采”等活动，建立“校校组织、班班活动、人人参与”活动机制，教育引导职业院校学生拥护中国共产党领导和社会主义制度，走技能成才、技能报国之路。

（高飞）

第二批“特高项目”阶段评估

4 月至 10 月，市教委会同市财政局、市人力资源社会保障局、市发展改革委对 2020 年立项的第二批北京市特色高水平骨干专业（群）和实训基地（工程师学院和技术技能大师工作室）建设项目（简称“特高项目”）开展阶段评估。经项目单位系统填报、专家网络评估审核、专家组线上考察复核指导、专家委员会研究，对 51 个“特高”专业（群）和 50 个“特高”实训基地（工程师学院和技术技能大师工作室）建设项目给出评估结论和下阶段工作要求。评估结果显示，“特高项目”总体进度符合预期，建设成效显著，为北京职业教育高质量发展发挥重要引领示范和辐射带动作用。

（张兰）

职业院校教学管理能力提升“五说”行动

4 月至 11 月，市教委组织北京市职业院校开展“校长说办学定位、教学副校长说管理落实、教务处长说教学运行、专业带头人说人才培养、分管副校长说师资团队”的教学管理能力提升“五说”行动。55 所学校 997 个专业 8205 名专任教师参与“五说”行动，通过讲座集训、研讨会议、分组实践、自主学习与反思等形式，组织教师、教学管理人员、中层干部、校级领导 6211 人开展平均 3 天以上培训。通过实施“五说”行动，学校系统完善相关教学管理制度 651 个，对教务管理、教师管理及专业设置等教学运行管理规范认识更加清晰，在梳理专业建设情况、修订人才培养方案和课程建设方案、完善教学管理制度、修订部门规章制度等方面取得重大进展，对完善教学管理、提升教学质量发挥促进作用。评选出“五说”行动推进实施整体成效显著的学校特等奖 7 个、一等奖 10 个、二等奖 17 个、三等奖 13 个，评选出总结凝练、交流展示表现突出的优秀校长、优秀教学副校长、优秀师资副校长、优秀教务处长、优秀专业带头人各 17 人。

（张兰）

职业院校“三全育人”典型学校培育建设

5 月，市教委组织开展北京职业院校“三全育人”典型学校培育建设。推动学校以教育部《职业院校“三全育人”典型学校建设指南》为指引，完善思想政治和德育管理体制机制，健全工作体系，创新工作方法，建强工作队伍；以学生为中心，把思想价值引领贯穿教育教学全过程和各环节，形成长效机制，打造“三全育人”特色品牌，切实提高人才培养质量。7 月，遴选出北京职业院校“三全育人”典型学校及典型案例 13 个，入选全国职业院校“三全育人”优秀案例 3 个。

（高飞）

“双高计划”中期绩效评价

5 月至 7 月，市教委联合市财政局开展北京市“双高计划”（中国特色高水平高职学校和专业建设计划）中期绩效评价。对北京市7所国家“双高校”及10个“双高”专业群的中期任务及绩效完成情况、资金到位和执行情况、承担改革发展任务和发挥引领作用的成果成效开展中期绩效评价，结果显示，“双高”专业人才培养与北京经济社会的匹配度增强；绩效目标均达成，进展超过预期，评估结果均为优秀；建设任务完成率115.32%，均超额完成；中期总投入100%完成，终期总投入比例超过60%。经过3年建设，在全国形成具有示范作用的系列成果，并在《北京日报》连续刊发10篇专题文章。

（张兰）

职业教育工作联席会议制度建立

6月23日，北京市职业教育工作联席会议制度经市政府批准建立。联席会议由市教委、市发展改革委、市人力资源社会保障局、市财政局、市国资委、市经济和信息化局、市交通委、市农业农村局、市文化和旅游局、市卫生健康委、市退役军人事务局、市政府外办、市体育局、市支援合作办、市税务局15个部门和单位组成，市教委为牵头单位。联席会议办公室设在市教委。联席会议主要职责为传达落实党中央、国务院和市委市政府关于职业教育工作的决策部署，统筹协调全市职业教育工作，研究解决职业教育重大问题，审议拟出台的职业教育相关文件和重大政策，部署实施职业教育改革创新重大事项，监督检查职业教育重要政策的落实情况。

（余俊）

职业院校“课程思政公开课”活动

6月，市教委组织开展2022年北京职业院校“课程思政公开课”活动。活动坚持“强化价值引领、突出职教特色、彰显北京味道、加强模式创新”原则，要求各职业院校全面推进课程思政建设，高质量推荐“课程思政公开课”。经学校推荐、专家评审等程序，在入选教育部和北京市课程思政示范课程的课程中，遴选10门课程为2022年北京职业院校“课程思政公开课”。12月，组织开展线上课程思政公开课教学展示，全市1600余名教师线上观摩学习。

（高飞）

市职业教育工作会议暨职业教育宣传月

7月5日，2022年北京市职业教育工作会议暨职业教育宣传月启动仪式在北京电子科技职业学院举行。会议解读《关于推动职业教育高质量发展的实施方案》（“新京十条”），部署北京市推动职业教育高质量发展的10项重点任务，启动北京职业教育宣传月活动。会议同期举办北京职业教育成果展，设置北京职业教育服务高精尖产业等8个板块，展示100余件展品，系统呈现北京职业教育改革发展成就，反映北京职业院校为首都经济社会发展所作贡献。宣传月主题为“技能：让生活更美好”，活动期间开展主题教育宣传活动，通过专题网站、线上展厅、慕课资源、在线答疑交流、网上专题研讨会等方式面向市民和中小学生展示和提供职业教育资源，为市民和中小学生了解职业教育创造条件。

（武晔）

中职学校班主任能力比赛

8月3日，市教委公布2022年北京市中等职业学校班主任能力比赛获奖名单。比赛面向北京市各中等职业学校（含中专学校、职业高中、技工院校、五年制高职的中职阶段）班主任个人。经组织申报、学校推荐、网络初评、现场评审、评审委员会审定，评选出一等奖8人、二等奖15人、三等奖22人、优秀奖24人。比赛于5月启动。

（胡雨　巫梅琳）

高职院校书记校长访企拓岗促就业专项行动

8月，市教委完成北京高职院校书记校长访企拓岗促就业专项行动。专项行动自2021年9月启动，市教委推进高职学校党委书记和校长带头走访企业工作，指导26所高职学校的书记、校长主动对接首都城市战略定位和北京经济社会发展需求，结合学校办学定位和发展优势，实地走访企业和用人单位，深化校企合作，强化供需对接。至年底，全市高职院校书记校长完成走访国家管网集团北京管道公司、沃尔玛百货有限公司、乐成老年事业投资有限公司等企业2711家，与北京职业教育服务高精尖产业、城市运行、高品质民生的人才需求高度契合。

（张兰）

7月5日，2022年北京市职业教育工作会议暨职业教育宣传月启动仪式举行　（市教委相关处室　供）

国际服贸会职业教育专题研讨

9月2日，2022年中国国际服务贸易交易会教育论坛职业教育专题研讨在北京园博园举行。专题研讨聚焦职业教育高质量发展，以“成就世界的职业教育——产业变革·数字赋能·技创未来”为主题，采取线下线上相结合方式开展。活动分主题报告、专题访谈、成果发布3个环节。主题报告环节，6名专家围绕“数字化转型时代的职业教育高质量发展”，从数字技术发展与产业变革、国家经济发展布局与技能型社会建设、数字转型视阈下高职“双高”建设、产教融合共同体北京模式的研究与实践等方面分享对职业教育高质量发展的前瞻性探索和创新性实践。专题访谈环节，高校学者、职教专家、产教融合专家和企业代表、职业学校校长围绕深化产教融合国际合作模式、国际化职业人才培养开展高端对话，深入探讨数字化转型时代如何促进职业教育国际化发展。成果发布环节，发布6项产教融合、国际合作等方面创新发展成果，彰显北京职教改革创新发展成效。国内外职业教育专家、学者和产教融合企业、知名校长等80人线下参加，北京职业院校5000余人线上观看。

（余俊　周秀艳　陶慧贤）

9月2日，国际服贸会教育论坛职业教育专题研讨举行
（北京丰职　供）

首批职业教育在线精品课程遴选建设

9月7日，市教委公布2022年北京市职业教育在线精品课程名单。经学校申报、课程建设资格审查、网络评审、综合评议，确定北京电子科技职业学院“自动化生产线安装与调试”等122门课程入选，为首批职业教育在线精品课程。推荐35门课程申报职业教育国家在线精品课程，25门课程入选。此次遴选范围为已纳入职业学校专业人才培养方案并实际开设的课程，包括公共基础课程和专业（技能）课程。

（张兰）

职业院校技能大赛教学能力比赛

9月8日，市教委公布2022年北京市职业院校技能大赛教学能力比赛获奖结果。比赛于6月至8月举行，经系统申报、资格审核、网络评审、评委会确定，评选出中等职业教育组一等奖37项、二等奖39项、三等奖38项，高等职业教育组一等奖37项、二等奖45项、三等奖50项。择优推荐23项获奖作品参加10月至12月举办的2022年全国职业院校技能大赛教学能力比赛，18项作品获奖，包括一等奖2项、二等奖10项、三等奖6项。

（张兰）

首批职业教育专业教学资源库遴选建设

10月28日，市教委公布2022年北京市职业教育专业教学资源库遴选结果。各职业学校选择专业建设基础好、布点多、学生数量多、行业企业需求迫切的专业领域，融入行业企业新技术、新工艺、新规范，开发建设涵盖教学设计、教学实施、教学评价的数字化专业教学资源库，实现专业教学资源库“能学”“辅教”功能。经学校申报、网络评审、综合评议，确定60个资源库入选，为首批职业教育专业教学资源库。12月，2019年入选国家级资源库的2个项目通过教育部验收。

（张兰）

职业教育新商科国际联盟成立

12月7日，职业教育新商科国际联盟成立大会线上举行。联盟由北京财贸职业学院牵头，联合中外高等职业院校、教育相关机构30家单位共同发起，成员包括英国、德国、芬兰、马来西亚、泰国、新加坡6个国家11家海外高校和教育机构以及国内20个省、市、自治区58家院校、企业和协会组织。北京财贸为联盟理事长单位。联盟以开放、合作、改革、创新、共赢为原则，服务于职业教育商科院校和商科专业高质量内涵式发展和国际化水平提升，建立新时代职业教育商科专业品牌，培养国际化商科专业技术技能人才。

（贺雪莹）

《中国高职院校治理现代化报告2022》发布

12月9日，《中国高职院校治理现代化报告2022》在2022高等职业院校治理体系建设交流研讨会暨高等职业教育治理体系建设发展联盟年会上发布。报告梳理中国高职院校治理体系建设背景，系统勾勒高职院校40余年发展的现实轮廓与改革进程，描述中国高职院校治理体系建设现状、治理体系框架及核心要素建设路径。该报告由北京财贸职业学院联合高等职业教育治理体系建设发展联盟近百个成员单位全面梳理与总结而成，是中国高职教育领域首个治理现代化报告。

（贺雪莹）

中职学校校风学风建设专项行动

12月，市教委开展中等职业学校校风学风建设专项行动。行动为期半年，坚持“以严格规范引领学风、严谨教风带动学风、优良作风促校风学风建设”工作思路，以问题为导向，进一步建立健全工作责任体系，加强行为规范养成教育，强化价值引领，创新学生管理模式，落实落细服务举措，有效提升学生综合素质，推动师生面貌焕然一新、学校治理水平显著提升，培养有理想信念、有优良品德、有过硬本领、有责任担当的中职学生。

（高飞）

继续教育

高等学历继续教育招生专业点 968 个

5 月 27 日，教育部公布 2022 年高等学历继续教育拟招生专业备案结果，64 所在京高校（不含国家开放大学）968 个专业点获得招生资格。其中，高起本专业点 204 个、专升本专业点 515 个、高起专专业点 249 个；成人高等教育专业点 931 个（含业余形式 617 个、函授形式 302 个、脱产形式 12 个），开放教育专业点 37 个。27 所央属高校拟招生专业点 570 个，18 所市属高校拟招生专业点 180 个，7 所高职高专院校拟招生专业点 50 个，1 所开放大学拟招生专业点 37 个，11 所独立设置成人高校拟招生专业点 131 个。2022 年，教育部停止网络教育招生。

（陈雷）

高校继续教育办学风险专项检查

6 月 25 日，市教委开展 2022 年度高等学校继续教育办学风险专项检查。检查以问题为导向，分为学校自查自纠和专家抽查 2 个阶段，覆盖 82 所京内高校和 12 所京外高校。82 所京内高校中，中央部委所属普通本科高校 35 所，涉及学历继续教育（含开放教育）教学点 2223 个、非合作办学项目 6987 个；市属普通本科高校 21 所，涉及学历继续教育（含开放教育）教学点 85 个、非合作办学项目 760 个；高职学院和独立设置成人高校 26 所，涉及学历继续教育（含开放教育）教学点 149 个、非合作办学项目 2287 个。12 所京外高校涉及学历继续教育（含开放教育）教学点 17 个。

（陈雷）

老年教育系统首届文化艺术节

10 月 13 日，北京老年开放大学举办“银龄荟萃襄盛世，艺心献党向未来”北京老年教育系统首届文化艺术节颁奖典礼。活动于 7 月 8 日启动，来自各区教委、区老教育工作者协会、老年开放大学分校、社区教育分中心、老年教育机构等单位选送文艺作品 628 件，涵盖歌舞、话剧、非遗文化、书法、绘画、摄影等多种艺术形式，展示各区老年教育成果，展现老年人乐观向上、积极有为的精神风貌。经过专家评委会评审，评选出一等奖 38 个、二等奖 55 个、三等奖 90 个、优秀奖 151 个。经云展播网络投票，48 件作品获“最佳人气奖”。文化艺术节由市教委指导，北京开放大学、北京老年开放大学、北京社区教育指导中心和北京市成人教育学会主办。

（余俊　李玥）

第五届网络教育年会

11 月 25 日，2022 北京第五届网络教育年会线上举办。会议以“数字时代下开放教育高质量发展”为主题，上千名相关领域专家、学者和教育工作者共商新时代开放教育高质量发展，共享数字时代下教育创新变革成果。市教委副主任、北京开放大学党委书记分别致辞，来自国家开放大学、上海终身教育研究院、华东师范大学专家分别作主题报告。“云端对话”环节，围绕“智能技术如何促进开放教育数字化转型”主题展开研讨。会议还举办“学分银行建设与终身教育高质量发展”和“数字时代老年教育的创新发展”2 个专题论坛。会议由北开大主办。

（李玥）

北京老年教育协作会成立

11 月 25 日，北京老年教育协作会成立仪式在北京开放大学举办。市教委职成处处长、北开大党委书记、北京老年开放大学校长等领导参加仪式，各级各类老年教育和为老服务组织近 200 人线上参会。北京老年教育协作会是由北京老年开放大学、北京军休老年大学、北京老年科技大学发起，各老年教育专门机构、为老服务机构、社会公共服务机构联合组成的协作组织，有公办老年大学、国有文化事业单位、职业院校、街道/乡镇老年大学（成人学校）、社区、社会组织、公益基金会、民办老年大学、养老服务机构和社会相关企业等 60 余家单位共同参与。协作会遵照“统筹引领、创新驱

7 月至 10 月，北京老年教育系统首届文化艺术节举办。图为北开大西城分校展演《高天上流云》　（北开大　供）

动、融通开放、聚力共赢”宗旨，在老年教育学科建设、科学研究、队伍建设、课程开发、项目推动等方面开展合作，打造首都老年教育品牌。

（李玥）

北京市老年学习示范校（点）认定

12月21日，市教委、市老龄办认定2022年北京市老年学习示范校（点）。经各单位申报、专家组评审、实地考察、综合评议和社会公示，通州区永顺成人学校等15个单位入选。

（陈敬文）

首批京韵特色社区教育示范项目认定

12月26日，市教委、市民政局认定首批京韵特色社区教育示范项目。经各单位申报、专家组评审、实地考察、综合评议和社会公示，北京市密云区社区教育中心“戏剧密云”等31个项目入选。

（陈敬文　李玥）

学分银行典型案例培育

12月26日，市教委公布2022年北京市学分银行典型案例培育项目验收结果。学分银行典型案例培育工作于3月10日启动，旨在及时总结学分银行建设成效和服务体系实践创新经验做法，培育和形成区域特色和典型案例。经专家组评审和综合评议，确定17个典型案例培育项目通过验收并予以结项，在此基础上评选出优秀典型案例5个、典型案例7个。

（陈敬文）

“百千万智慧助老”公益行动持续开展

至年底，市教委指导北京老年开放大学持续开展“百千万智慧助老”公益行动。活动在16个区新增近500个点位，通过多种方式线上线下开展活动2146场，服务老年学习者60余万人次，参与服务志愿者2000余人次，发放配套教材1720册，使老年人逐步能用、会用、敢用、想用智能技术和设备，同时普及推广防范网络电信诈骗知识，切实助力老年人跨越“数字鸿沟”。“百千万智慧助老”公益行动2021年7月启动，围绕老年人学习、出行、就医、消费、文娱、办事、防范网络电信诈骗等高频事项和服务场景，提升老年人信息技术应用能力，使老年人共享信息化社会发展成果。

（余俊　李玥）

学习型城市建设

北京市家庭学校成立

5月15日，北京市家庭学校挂牌成立。市家庭学校是由市妇联联合市教委、市关工委等相关部门，整合首都高校、科研院所、行业协会等资源力量，依托北京市妇女儿童服务中心和朝阳社区学院（职工大学）建立的家庭综合服务阵地，在相关部门指导下、朝阳区教委管理下开展工作，实行办学委员会领导下的校长负责制。学校设在朝阳社区学院（职工大学）双龙校区内，下设研究推广、队伍培训、家教指导、亲子教育、家庭学习5个中心，建有生活实践、家庭成长、亲子互动3个功能区，家庭讲堂、萌娃乐园、童悦书馆等18个活动空间，以科研课题为引领、科教培训为基础、科普指导为驱动、家庭服务为根本，探索全生命周期家庭服务模式，提升家庭发展能力，为家庭提供科学育儿辅导、家庭教育指导、家庭文化倡导等综合服务。学校有专职工作人员7人。

（张勇）

2所学校入选“职业院校服务全民终身学习”项目实验校

6月10日，中国成人教育协会确定“职业院校服务全民终身学习”项目第一批实验校，北京市2所职业学校入选。分别为北京经济管理职业学院和北京市外事学校。该项目由中国成教协会立项、管理和实施，旨在为全国职业院校搭建理念互鉴、资源共建共享、学术交流、经验成果展示与推广的合作交流平台，践行终身学习理念，推进社区教育、老年教育发展，形成服务全民终身学习的教育体系，促进和谐社会建设。全国199所院校经遴选成为第一批项目实验校。

（于平波）

5月15日，北京市家庭学校在朝阳社区学院（职工大学）双龙校区挂牌成立　（朝阳区教委　供）

第二届首都终身学习青年论坛

7月14日，第二届首都终身学习青年论坛在北京市门头沟区社区教育学院举办。论坛围绕“聚力汇智高质量推进学习之都建设”主题，采取线上线下同步直播形式，通过主题报告、青年报告、圆桌对话等环节，展示终身学习理念和实践路径，助力学习型城市建设。来自市教委、北京教育科学研究院、北京市成人教育学会、门头沟区社区教育学院（北京开放大学门头沟分校）负责人，各区教师代表，以及各区社区学院、成人教育中心、职业学校的教育工作者等600余人参加论坛。论坛由北京教科院与市成教学会主办。

（邢贞良）

7月14日，第二届首都终身学习青年论坛举办
（北京教科院　供）

国际服贸会家庭教育专题研讨会

9月2日，2022年中国国际服务贸易交易会教育板块“家校社协同携手育未来”家庭教育专题研讨会在北京市家庭学校召开。这是“家庭教育”主题首次亮相国际服贸会。研讨会分为“共享未来”“共商未来”“共育未来”3个环节，围绕“共享—共商—共育”主线，为构建家校社协同育人共同体提供智慧成果支撑，为推进家校社协同探索有效组织方式和运行模式，构建首都家庭教育发展平台，推动“十四五”时期首都家庭教育高质量发展。专家从不同层面、不同角度阐释和分析当前家庭教育热点、难点问题，举行现代教育报社与北京市家庭学校共建现代教育大讲堂——首都家庭教育公益讲座战略合作签约仪式，启动2022年“北京市家庭教育与家风建设项目”家庭教育志愿者培训工作。会议由市教委、中央广播电视总台央视网主办，朝阳区教委、朝阳社区学院承办。各区教委、区妇联的家庭教育工作负责人，有关专家、家庭教育志愿者代表、家长代表等现场参加会议。

（余俊）

第13批首都市民学习之星评选

11月16日，市教委公布第13批首都市民学习之星名单。在个人自荐、社会举荐、部门推荐基础上，353人申报首都市民学习之星，经专家组评审、评委会审议、社会公示，认定100人为第13批首都市民学习之星。

（陈敬文）

第18届全民终身学习活动周

12月29日，北京市第18届全民终身学习活动周开幕。活动周主题为“学习贯彻二十大，终身学习向未来”。开幕式线上举行，全程网络直播。开幕式上宣读2022年首都市民学习之星表彰决定，播放学习之星优秀代表专题片，听取顺义区教委和海淀区教委分享学习型城市建设经验，发布“市民云学堂”学习平台。北京市各有关委办局、各区教委，北京教育科学研究院，各高等学校、职业院校、北京开放大学及各区分校，市成人教育学会及会员单位1.6万余人参加开幕式。

（余俊）

“市民云学堂”学习平台发布

12月29日，“市民云学堂”学习平台在北京市第18届全民终身学习活动周开幕式上发布。该平台是由市教委牵头，联合北京市各职业院校、社区学院和众多教育机构共同打造的市民终身学习综合服务平台。平台汇聚优质课程资源和高水平专家队伍，通过“线下+云端”模式，发布“菜单式”学习课程，打造模块化课程超市，切实满足市民多样化、多元化、个性化学习需求。

（余俊　胡雨）

高等职业院校

北京工业职业技术学院

概况

2022年，北京工业职业技术学院设置7个院（系、部），开设27个专科专业。学校由市教委举办，为理工院校。拥有教室440间，包括网络多媒体教室435间。数字终端5767台，包括学生终端5675台、教师终端92台。数字资源量中电子图书160.45万册、电子期刊1.96万册、学位论文585.86万册、音视频21.31万小时。“双师型”教师191人。聘请校外教师38人、行业导师5人。毕业生中取得职业类证书475人。在校生中参与现代学徒制培养学生212人。网址：www.bgy.edu.cn。

2022年，学校统筹疫情防控与事业发展，基本形成“北京离不开、全国有影响、国际走出去”发展局面。

推进党建思政提质增效，落实“三全育人”教育理念。加强党对学校工作全面领导，召开第二次党代会，完成党委、纪委换届。1个项目入选教育部2022年高校思想政治工作精品项目；获评北京职业院校“三全育人”典型学校和典型案例；3门课程的授课教师和教学团队入选北京市课程思政教学名师和教学团队。

以“双高”建设为主线，推进事业高质量发展。全面推进“双高”“特高”建设和职业本科申办，落实学校“十四五”规划和提质培优行动计划。持续优化“双师”结构，强化教师“四种能力”培养，打造“三师型”教师。1名教授获黄炎培职业教育“杰出教师奖”。成为国家自然科学基金委员会依托单位，具备独立申报和承担国家自然科学基金项目资格。

立德树人善技创新，打造人才培养高地。加强教职工理论学习，强化师德师风建设，打造服务首都发展的“双主体四经历”人才培养模式（即深化校企双主体协同育人，实现学生跨专业课程学习经历、企业锻炼经历、创新创业实践经历、国际化学习经历），形成“突出一条主线、构建两个体系、强化三个逻辑、彰显四个素养、落实五育并举”为主要特色的“12345”现代职业教育人才培养方案。入选北京市高职类院校建设“工匠学院”第一批试点单位、工业和信息化部第一批产教融合专业合作建设试点单位。

以赛促学、学训结合，培养工匠精神。学生获得全国职业院校技能大赛一等奖2项、二等奖1项、三等奖4项；第17届“振兴杯”全国青年职业技能大赛（学生组）创新创效专项赛银奖；第二届“丝路工匠”国际技能大赛中国赛区编程技术赛项特等奖1项、一等奖5项；“一带一路”暨金砖国家技能发展与技术创新大赛二等奖和三等奖。参加第八届中国国际“互联网+”大学生创新创业大赛获一等奖3个、二等奖5个、三等奖7个。

开放融合共享标准，打响中国职教品牌。入选教育部“法国施耐德电气绿色低碳产教融合项目”首批建设单位。举办“中文+职业技能”教育发展论坛和管理人员线上培训。与阿根廷锂钾有限公司合办中国语言文化培训活动。

服务国家战略和新时代首都发展。持续实施“强军育才”接力工程，助推国家“双碳”战略，助力乡村振兴。96名赛会志愿者和238名冬奥城市志愿者参与北京冬奥会和冬残奥会服务保障工作，累计服务时长7万余小时。与定点帮扶村门头沟区清水镇西达摩村、小龙门村结对共建，在党建交流、文化产业赋能乡村振兴等方面深化合作。

党委书记　高喜军

院　　长　安江英

（胡军伟　陈晓翔）

校企合作成立科研成果研发与转化中心

5月17日，北工院与中青旅遨游科技发展有限公司签订协议，成立科研成果研发与转化中心。双方以该中心为平台，以智慧实验室为载体，建立智慧文旅专业群，开发建设特色课程，组建智慧文旅产教学研团队，促进科技成果转化，形成智慧文旅发展智库，实现产业振兴。

（胡军伟　陈晓翔）

第二次党代会

7月29日，北工院第二次党员代表大会召开。会议选举产生第二届党委和第二届纪委，表决通过第一届委员会工作报告和第一届纪委工作报告。6个代表团155名党员参加会议。

（胡军伟　陈晓翔）

校企合作联合培养基地揭牌

9月29日，北工院与北京西门子西伯乐斯电子有限公司校企合作联合培养基地揭牌。双方签署校企合作“订单式（学徒班）”人才培养协议，为校企合作联合培养基地揭牌。双方在制定培养方案、教育教学、实习和就业等领域开展合作。

（胡军伟　陈晓翔）

9月29日，北工院与西门子西伯乐斯公司校企合作联合培养基地揭牌　（北工院　供）

北京信息职业技术学院

概况

2022年，北京信息职业技术学院设有3个校区，设置8个院、1个部，开设46个专科专业。学校由北京电子控股有限责任公司举办，为理工院校。拥有教室158间，均为网络多媒体教室。数字终端8055台，包括学生终端7231台、教师终端824台。数字资源量中电子图书23.43万册、电子期刊7.20万册、学位论文56.24万册、音视频3130小时。“双师型”教师207人。聘请校外教师22人、行业导师45人。毕业生中取得职业类证书169人。在校生中参与现代学徒制培养学生316人。网址：www.bitc.edu.cn。

2022年，学校稳步推进“双高”建设、教育教学改革和事业单位改革各项工作。

教育质量稳步提升。深化思政课程教学改革，入选市级课程思政示范项目3个，入选北京职业院校“三全育人”典型学校及典型案例。持续优化学科专业战略布局，推进高水平专业群建设，“双高计划”项目产生国家级成果144

项、省市级成果260项。获2021年北京市职业教育教学成果奖一等奖4项，9门课程入选2022年北京市职业教育在线精品课程，2门课程入选2022年职业教育国家在线精品课程；主持建设国家级教学资源库2个、市级教学资源库6个，28门课程上线国家智慧教育公共服务平台，教学团队参加北京市职业院校技能大赛教学能力比赛（高职组）获一等奖1项。

产教融合持续深化。与3家企业签订校企合作人才培养协议，“1+X”证书制度试点全面覆盖各专业集群，现代学徒制试点项目通过教育部验收，第二项国家级专业教学资源库建设项目（联合主持单位）立项建设，集成电路技术虚拟仿真实训基地入选北京市首批职业教育示范性虚拟仿真实训基地培育项目。

师资结构不断完善。“双师型”专业课教师占比92.31%。开展第二届“师德标兵”和首届“育人示范岗”评选活动。建设高水平教学创新团队，2个教学名师、2个专业带头人、2个创新团队、2名优秀青年骨干教师、1名企业特聘专家入选北京市职业院校教师素质提高计划项目，1名教师被评为北京市优秀教师。

学生发展成绩优异。完善素质教育课程集群，开展丰富多彩的学生教育活动，3名志愿者完成北京冬奥会、冬残奥会志愿服务，1名学生志愿者获“北京2022年冬奥会、冬残奥会北京市先进个人”称号。学生获世界职业技能大赛优胜奖2项，全国大赛一等奖3项、二等奖2项、三等奖（含铜奖）7项，北京市比赛一等奖（含金奖）16项。

国际合作持续推进。海外分校埃中应用技术学院（ECCAT）首批73名学生毕业。与哈萨克斯坦欧亚创新大学举办“国际交流中心”揭牌仪式，借助“汉语桥”项目开展线上汉语和中国文化学习交流，入选中非职业教育合作联盟首批培养单位和中国—东盟职业教育联合会成员单位。学校受邀出席世界职业技术教育发展大会并发表主旨演讲。

科研服务全面加强。立项市级课题10项、全国重要学术机构课题1项；获批发明专利6项、实用新型专利16项。建设高水平行业党校，面向北京电子控股有限责任公司党员领导干部和行业企业人才分层分类开展培训17202人次。1个案例入选2022年中国高校远程继续教育优秀案例库。学校入选教育部国家级职业教育“双师型”教师培训基地。

服务地方发展。承办比赛和各类考试，举办北京市和国家级高研班3个，为街道、社区和国有企业开展培训4254人次。对口帮扶西部地区，对石河子工程职业技术学院、图木舒克职业技术学院等新疆职业院校开展课程教学支援，受益学生近万人次。

党委书记　洪伟

院　　长　卢小平

（李丹丹　黄超）

海外分校首届学生毕业

8月15日，北信学院海外分校埃中应用技术学院（ECCAT）在埃及苏伊士运河大学举办首届学生毕业典礼。中埃两国政府官员和ECCAT合作三方领导先后致辞，ECCAT毕业生代表和教师代表发言。首批毕业生73人获得北信学院毕业证书和埃及苏伊士运河大学学士学位证书。2016年，北信学院与埃及苏伊士运河大学和MEK慈善基金会联合创建ECCAT，是中埃两国首个高职教育合作项目，2018年开始招生，举办四年制职业技术教育。

（李丹丹　黄超）

北京电子科技职业学院

概况

2022年，北京电子科技职业学院设有3个校区，设置8个二级学院，开设49个专科专业。学校由市教委举

8月15日，北信学院海外分校埃中应用技术学院首届学生毕业
（北信学院　供）

办，为理工院校。拥有教室 240 间，均为网络多媒体教室。数字终端 12287 台，包括学生终端 11198 台、教师终端 1089 台。数字资源量中电子图书 120 万册、电子期刊 0.85 万册、学位论文 330 万册、音视频 0.99 万小时。“双师型”教师 324 人。聘请校外教师 15 人、行业导师 12 人。毕业生中取得职业类证书 1426 人。网址：www.bpi.edu.cn。

2022 年，学校落实立德树人根本任务，提升办学质量，推进学校治理体系和治理能力现代化。

党建引领事业发展。开展“大学习、大宣讲、大宣传、大调研、大落实”五大行动，学习宣传贯彻落实党的二十大精神。获批全国高校思想政治工作创新发展中心建设单位，获批第三批全国“标杆院系”“样板支部”建设单位。“汇集信息、精准研判、多方联动、实时互馈”意识形态闭环式工作模式被市委教育工委采纳为北京高校党建工作经验特色材料。

人才培养体系构建。组织全校师生参与“推进三全育人，改进教风学风”教育思想大讨论活动，构建“招生—培养—就业”联动教风学风建设常态化机制，学生获全国职业院校技能大赛一等奖 2 项、二等奖 3 项、三等奖 4 项。推进高水平专业群和课程建设，制订 11 个高职专业人才培养方案和首批 8 个职业本科专业人才培养方案，获批 11 门北京市职业教育精品在线课程，41 门课程、2 个专业教学资源库入选国家高等教育智慧教育平台。获评北京市“三全育人”典型学校及典型案例，获北京市职业教育教学成果特等奖 1 项、一等奖 4 项，获批北京市职业教育专业教学资源库 7 个，开发审核 76 部新形态教材。

“双高”“特高”建设和职业本科申报。推进“双高”“特高”和北京市提质培优行动计划等重大专项建设，2 个“特高”专业群、1 个工程师学院、2 个技能大师工作室通过北京市第二批“特高”项目中期阶段评估，以“第一名”成绩通过“提质培优行动计划”建设中期评价。成立职业本科教育申报工作专班，完成北京市本科层次职业学校申报工作。

教师队伍建设。成立党委教师工作委员会，开展定编、定岗、定责，深化人事制度改革，制定高层次人才引进管理办法、青年匠师塑造计划等制度，完善人才引进和培养机制。建设示范性教师企业实践流动站，组织“双师型”教师认定，双师比例稳定在 95% 左右。入选国家级职业教育“双师型”教师培训基地 6 个项目，包括 1 个牵头单位、4 个核心成员单位和 1 个一般成员单位。

产教融合与校企合作。完善产业学院建设指导意见和校企合作建设管理办法，加快校企合作进程，推进百度智能网联汽车产业学院、集成电路设计与测试中试基地、中国海关协同创新实验室等重要项目落地见效。“1+X”职业技能等级证书试点工作持续推进。食品质量检测实验室通过中国计量认证，取得检验检测机构资质认定证书（CMA）。

科研工作。入选北京市科学技术协会首批“高校创新联合体”建设单位。获纵向课题立项 17 项（国家级 1 项、省部级 9 项、司局级 7 项），横向课题立项 57 项；获得专利授权 220 件、软件著作权 36 项；完成技术秘密成果转让 3 项，专利转让 1 件，专利实施许可 5 件；发表论文 82 篇。

学校综合治理。确定校歌《匠心筑梦》，聚合学校精神文化。人工防汛蓄洪工程（匠心湖）竣工并开放使用。完成智慧校园运行中心等项目建设，健全校园网安全监控体系，确保重要时段校园网络安全。

社会服务。面向经开区公众开展各类公益培训 20 场次，培训 1721 人次；图书馆面向校内外读者开展文化活动 30 余场，惠及 1500 余人次。35 名师生参加北京冬奥会、冬残奥会志愿服务，1 名教师获“北京 2022 年冬奥会、冬残奥会北京市先进个人”称号。

党委书记　张启鸿

院　　长　姚光业

（姜磊　王琴）

首批飞机维修订单班学员获得执照证书

1 月 26 日，电科职院完成首届飞机维修专业 Ameco 订单班民航维修人员执照培训。培训自 2021 年 10 月 8 日开始，采用分班教学，历时 150 天，开设 6 门培训课程 3110 课时。订单班 44 名学生全部通过考试，获得民航维修人员执照证书。学校于 2021 年 3 月取得民航维修人员执照培训资质。Ameco 指北京飞机维修工程有限公司，是中国国际航空股份有限公司与德国汉莎航空公司合资建立的飞机维修企业。

（王琴）

校企签约合作

4 月至 12 月，电科职院与多家企业签约合作，合作内容包括订单班人才培养、中试基地建设、实验室共建等。

9 月 28 日，电科职院“彩虹无人机订单班”开班

（电科职院　供）

与彩虹无人机科技有限公司签署订单人才培养协议，依托无人机应用技术专业合作创办“彩虹无人机订单班”。学校是该公司唯一合作订单培养高职院校，2022级彩虹无人机订单班于9月开班。与北京竞业达数码科技股份有限公司、中国海关科学技术研究中心分别签订战略合作协议，共建的智慧教育协同育人创新中心和生物检验检测技术协同创新实验室分别揭牌启动。与北京集创北方科技股份有限公司举行战略合作协议签约暨集成电路设计与测试中试基地竣工试产仪式，公司向学校捐赠产业级测试机、编带机各3台，总价值300余万元。集成电路设计与测试中试基地正式竣工试产。

（王琴）

生物化工共同体成立

5月14日，电科职院牵头成立第二批国家级职业教育教师教学创新团队“生物化工共同体”，并举办生物化工领域教师教学创新团队能力一期提升班培训。生物化工共同体由学校与上海市医药学校、河北化工医药职业技术学院、南京科技职业学院等6所院校，以及华北制药金坦生物技术股份有限公司等19家协作企业共同组建，涵盖产业园区、生产型、研发型科研院所和行业企业协会，在模式创新、制度保障、资源共享、产教融合等方面达成共识，旨在打造适应职业教育体系的“双师型”师资队伍，提高人才培养质量。2022年共同体培训分2期举行，共20天，包括短期集中培训和长期伴随式成长，帮助每个团队完成“四个一”工程，即设计一个教研课题、开发一本高质量教材、发表一篇高水平论文、开发一门面向教学能力大赛的课程，形成生物化工团队培训特色。

（王琴）

与突尼斯自由大学共建海外技术技能培训基地

9月2日，电科职院与突尼斯自由大学线上签约，设立海外技术技能培训基地。根据协议，在突尼斯招收当地学生，录取后在中、突两国同时注册，学生前两年在突尼斯学习当地大学专业课程，其间电科职院提供1门对外汉语课程和1门专业必修课程，学生第三年可根据不同专业课程要求，自愿选择到电科职院学习专业课程和实习实训课程。至12月，基地招收来自突尼斯、加蓬、布基纳法索等国家的专业留学生180人、语言留学生46人，建设涵盖7个专业学院和基础教育学院的双语课程和双语教学团队，开发20余门双语课程。

（王琴）

北京京北职业技术学院

概况

2022年，北京京北职业技术学院设置4个系，开设15个专科专业。学校由怀柔区政府举办，为理工院校。拥有教室55间，包括网络多媒体教室46间。数字终端924台，包括学生终端824台、教师终端100台。数字资源量中电子图书1800册、电子期刊93.80万册、学位论文5600万册、音视频1400小时。“双师型”教师58人。聘请校外教师17人、行业导师2人。毕业生中取得职业类证书332人。网址：www.jbzy.com.cn。

2022年，学校围绕怀柔科学城建设，深化教学改革，加强信息化建设，做好疫情防控工作，为区域经济社会发展服务，培养高素质劳动者和技术技能人才。

教学改革。开展示范课展示、课程互听互学等活动，推荐教学形式活泼、教学效果好的教师分享经验，全面提升教学质量。推行“课证融通”人才培养模式，将职业资格证书考试内容融入专业课程教学体系，使知识、技能与岗位能力需求无缝对接。继续加强与行业企业合作，与怀柔科学城对接，增设智能安全检测技术专业。

竞赛科研。“以赛促学、以赛促教”，组织学生参加全国大学生广告艺术设计大赛、全国高校数字艺术设计大赛、北京市职业院校学生幼儿英语教学技能大赛等比赛。成立科学技术协会并选举产生第一届科协委员会。

学生资助。发放国家奖学金、励志奖学金、国家助学金、边远山区就业学费补偿、退役大学生学费资助金110.60万元，惠及学生2750人次。

社会服务。教师担任北京冬奥会技术官员，负责技术赛道制作、维护、抢修等工作，确保比赛按国际雪联标准进行。组织师生200余人次协助怀柔区核酸检测组多次支援桥梓镇、泉河街道社区卫生服务中心和区域大规模核酸检测工作。1206人次教师到社区、村镇11个卡口参加疫情防控值守6210.5小时，为属地疫情防控工作贡献力量。

党委书记　梁勇

院　　长　焦宝军（1月4日免）

（王长兴）

科学技术协会成立

10月26日，京北职院召开科学技术协会成立大会暨第一次会员代表大会。会议审议并通过协会章程，选举产生第一届委员会委员15人，其中主席1人、副主席3人、秘书长1人。学院领导班子、协会会员代表等48人参加会议。科学技术协会职责是推进学校科普工作、助推学术交流与合作、活跃学校学术氛围，组织开展院校、科研单位及兄弟科协之间合作交流，增强学校社会服务功能。

（王长兴）

北京交通职业技术学院

概况

2022年，北京交通职业技术学院设置5个院（系、部），开设26个专科专业。学校由昌平区政府举办，为理工院校。拥有教室 98 间，包括网络多媒体教室 69 间。数字终端 1385 台，包括学生终端 798 台、教师终端 262 台。数字资源量中电子图书 13.10 万册、电子期刊 2.26 万种、学位论文 62.98 万册。“双师型”教师 43 人。聘请校外教师 28 人。毕业生中取得职业类证书 124 人。网址：www.jtxy.com.cn。

2022 年，学校深化“大思政”教育格局，深挖课程思政元素，实现思政教育与知识体系教育有机统一；稳步实施校企协同育人，继续提升教育教学水平；持续加固校园防疫阵地，守护师生员工安全。

教育教学教研。制定 9 份文件细化教学工作管理办法，做好新冠肺炎疫情期间及常态化疫情防控状态下教育教学工作。持续深入开展“特高”专业群和实训基地（工程师学院）建设，“特高”项目广联达数字城市建设与管理工程师学院通过中期检查。数字城市建设虚拟仿真实训基地入选北京市首批职业教育示范性虚拟仿真实训基地培育项目。全年申报“1+X”证书 18 个获批，涵盖 15 个专业。获得北京市职业教育教学成果奖一等奖 1 个（合作）、二等奖 2 个，取得突破性成绩。

师生技能竞赛。学生获第八届全国高校 BIM 毕业设计创新大赛全国总决赛特等奖，“南方测绘杯”第二届全国测绘地理信息职业院校大学生虚拟仿真测图大赛团体二等奖，全国数字建筑创新应用大赛团队二等奖、学生个人入选全国百强。参加第二届“丝路工匠”国际技能大赛获国际轨道列车驾驶技术赛项三等奖 3 个。3 个教学团队参加北京市职业院校技能大赛教学能力比赛全部获奖。

校企协同育人。与北京博导前程信息技术股份有限公司合作开展跨境电商人才共育项目。与深信服科技股份有限公司对接的计算机专业“定向人才培养培训项目”和“就业实习基地项目”入选教育部第一期供需对接就业育人项目；深信服“1+X”网络安全证书申报持续推进。成为华为网络学院预备学院，10 名学生获得华为鸿蒙操作系统（HarmonyOS）免费 HCIA 认证考试机会，30 名学生获得欧拉操作系统免费 HCIA 认证，1 名教师获得华为 ICT 学院颁发的证书。

服务区域发展。承办“迎冬奥酒店英语小课堂”活动培训，通过线上线下多种授课方式提升昌平区酒店人员英语服务水平。与十三陵特区办事处合作编写《十三陵英语导游词讲解》教材，进一步提高当地英语导游服务水平。

党委书记 林海波
院　　长 林海波

（冯香春）

化妆品经营与管理专业获批设立并招生

2 月，交通学院化妆品经营与管理专业获市教委批准设立。学校成为北京市首个开设化妆品相关专业的高职院校。该专业与北京工商大学合作共建，采取“对接产业、依托行业、定位职业、服务社会”的人才培养模式，依托昌平区政府和落户昌平的化妆品企业，以及天通科技园 4000 余平方米美妆直播基地等资源，为该专业学生课程学习、实习就业提供保障。专业学制 3 年，完成学业并通过考核可获得专科学历证书。7 月，该专业首批招生 7 人。

（陈晓燕）

校企共育跨境电商卓越人才

5 月 13 日，交通学院与北京博导前程信息技术股份有限公司合作的“课程资源+师资培训+精准就业”跨境电商卓越人才共育项目启动。该项目以跨境电商企业全产业链工作任务为核心，提供跨境电商课程体系、教学资源包，邀请企业导师支撑专业教学；行业企业提供跨境电商平台/店铺账号，学生与企业运营人员使用同平台/店铺账号，学生协助企业运营人员完成相应工作任务，并逐步过渡到独立运营，达成实战训练。培训结束后，通过“阿里国际站操盘官”能力认证考核，按照学生实习就业安排，组织跨境专场招聘会，对接优质跨境企业资源，组织企业入校招聘，实现学生精准就业。

（陈晓燕）

北京青年政治学院

概况

2022 年，北京青年政治学院设置 7 个院（系、部），开设 19 个专业、24 个专业方向。学校由市教委举办，为语文院校。拥有教室 105 间，包括网络多媒体教室 35 间。数字终端 3226 台，包括学生终端 2911 台、教师终端 315 台。数字资源量中电子图书 122.60 万册、电子期刊 62.29 万册、学位论文 609.33 万册、音视频 32.15 万小时。“双师型”教师 122 人。聘请校外教师 14 人、行业导师 64 人。毕业生中取得职业类证书 317 人。网址：www.bjypc.edu.cn。

2022 年，学校统筹疫情防控和事业发展，全面解决改革各种问题，系统谋划改革发展蓝图，推进学校新发展征程。

改革落地。学校作为市教委管理的高校经市委编制委员会批准设立，市团校不再保留“北京青年政治学院”牌子，共青团改革正式落地。完成校内综合改革，完成校内机构设置、职称评聘、干部调整、人才招聘等工作。编制完成学校“十四五”时期发展规划（2021—2025 年），制定高质量发展“十大行动计划”，确立“十四五”时期学校高质量发展多个重大项目。

队伍建设。健全干部人才制度 10 余项。举办中层干部和优秀年轻干部专题培训班、研修班，培训各级党员领导干部 100 余人次。完成 23 人次干部调整，设置专项工作助理 19 人，启动 12 个处级领导岗位选任，优化二级领导班子配备。完成 24 人职称晋升和 15 人招聘工作。

1 名教师获评北京市优秀教师，2 个团队入选北京市职业院校教师素质提高计划教学创新团队培育项目，2 名教师入选北京市职业院校教师素质提高计划优秀青年骨干教师培育项目。

“三全育人”。持续优化“大思政”育人机制，制定“三全育人”综合改革实施方案，确定十大育人工作体系。以“燧石工程”爱国主义教育基地为平台，依托“三年一贯制”育人工作方案，广泛开展理想信念、爱国主义和社会责任感教育。共青团围绕“喜迎二十大、庆祝建团百年”主题开展 4 次理论专题学习和 13 次主题团日活动，举办“青马工程”暨团学骨干培训班；开展“青年之声、青春盛会、青年初心、青春奉献”系列主题教育实践活动；夯实基层团组织建设，深化学生会改革，召开第 20 届学生代表大会，配齐社团指导教师，29 个社团开展近 500 次社团活动。完成北京冬奥会、冬残奥会志愿服务保障；开展各类社会实践活动覆盖学生 2000 余人次。

职业教育。制定 2022 版人才培养方案和课程标准，突出职业教育和青年政治特色。开展“金课”建设，全校有 20 门课程思政示范课，包括 1 门国家级课程思政示范课、2 门市级课程思政示范课。加强北京学前教育职教集团建设，高质量建设“3+2”中高职衔接培养项目，探索职业教育“中高本”一体化培养。8 个教师团队参加北京市职业院校技能大赛教学能力比赛获一等奖 2 个。获北京市职业教育教学成果奖 9 个，其中一等奖 2 个、二等奖 7 个，为历史最好成绩。2 个项目获批北京市数字教育研究课题（包括重点课题 1 个）。获北京市职业院校技能大赛一等奖 3 个、全国职业院校技能大赛三等奖 2 个。

对外合作与交流。完成国际服贸会“北京青年政治学院—北京学前教育职业教育集团”主题展示和“丝路工匠”联盟展示任务，参与“丝路工匠”职业院校国际合作联盟展位展示活动，展示学前教育专业领域最新发展成果和学校职业教育国际化优秀成果。承办第二届“丝路工匠”国际技能大赛幼儿主题画、幼儿歌曲表演唱、“中文+职业技能”（国际学生）3 个项目比赛。

党委书记 程晓君
院　　长 乔东亮

（王玉江）

“大思政课”虚拟仿真体验教学中心揭牌

11 月 2 日，北青政“大思政课”虚拟仿真体验教学中心揭牌。教学中心由学校马克思主义学院（分中心）联合国际学院创设成立，是以校企合作方式，在北京高职院校中率先建成，将三维虚拟仿真技术引入思政理论课实践教学，通过思政课程交互式、沉浸式学习平台建设，让学生在“视听触”的虚拟仿真环境中体验思政课学习，增强思政课程吸引力和实效性。

（王玉江）

政校企合作项目“一院两基地”揭牌

12 月 19 日，北青政与北京市市民热线服务中心、中国联通网络通信有限公司北京分公司联合开展的接诉即办“政校企”合作项目“一院两基地”揭牌。“一院两基地”指政务服务与基层治理学院、北京市民服务热线 12345 职工再教育基地和北青政实习实训基地。三方共同探索政务热线工作者与高校人才培养衔接机制，建立信息、人才、技术、资源共享机制，培养符合接诉即办改革和创新需求的高素质高技能人才队伍。政务服务与基层治理学院实行“入学即入职、工学结合”的职业教育人才培养新模式，依托联通公司综合服务平台，量身定制培养方案，合作申报政务服务新专业、开展订单班招生、三方共同开展人才培养工作，为接诉即办人才专业化、职业化培养贡献“北京模式”。

（王玉江）

11 月 2 日，北青政“大思政课”虚拟仿真体验教学中心揭牌

（北青政　供）

首钢工学院

概况

2022年，首钢工学院设置8个院（系、部），开设28个专科专业。学校由首钢集团有限公司举办，为理工院校。拥有教室80间，均为网络多媒体教室。数字终端728台，包括学生终端478台、教师终端250台。数字资源量中电子图书30.73万册、电子期刊8000余种、学位论文500万册、音视频9750小时。“双师型”教师49人。聘请校外教师28人、行业导师2人。毕业生中取得职业类证书167人。网址：www.sgit.edu.cn。

2022年，学校持续推进职业教育改革，抓好学生教育管理，做好新冠肺炎疫情防控，完成年度各项任务。

重点建设任务有序推进。“特高”专业、实训基地（工程师学院）建设项目完成年度建设任务，“网龙创意工程师学院”通过中期评审。“首都工匠学院”在学校揭牌，成为全市第一家企业办工匠学院单位。

贯通培养新机制不断完善。旅游服务与管理—旅游管理“3+2”中高职衔接办学项目获批。以高级工培养为目标，全面修订中高职贯通培养专业人才培养方案，构建职业素养和专业能力相融合的课程体系，夯实长学制培养高素质技能人才基础，实现学历证书与技能证书相互融通。确定自动化技术与应用、数字媒体技术、生态环境工程技术作为学校首批拟申办职业教育本科层次建设专业群，制定三年建设任务方案。

胡格模式教学改革持续深化。持续以机电一体化技术、电气自动化技术、计算机网络技术、环境工程技术、旅游管理5个专业为引领，推进胡格模式教学改革专业学习领域课程开发和实施。在2020级课程开发基础上，完成进阶版《学习领域概览模板》《能力分解表》《学习工作页模板》和《教学大纲模板》文件，重新梳理课程设计逻辑，使课程设计更加高效合理并投入2022级新一轮学习领域课程开发中使用。2022年北京市课题“胡格（HUG）教育模式本土化的研究与实践”结项，梳理总结近5年胡格模式教学改革工作经验与成果，形成胡格教学模式特色的“三全育人”培养体系。

线上课堂教学效率逐步提高。制定线上教学指引，探索建立线上教学管理体系，加强学校、二级学院、教研室“三级”管理，聚焦“线上教学组织、教学过程与教学环节、教学诊断与自我改进、教学反思与提升”，促进规范管理。推进优质教学资源建设。建立线上线下教学有机转换机制，提升教学设计能力，线上教学学生满意率90%以上，课程目标达成率85%以上。

校企合作内涵更加丰富。推进京西产学研创服务平台建设，围绕京西产业行业需求开发培训项目和课程，开展技术服务、技术创新，创新服务平台管理运行机制。多个专业创新人才培养模式、发挥企业主体作用，订单培养班次10个，订单培养288人。校企联动提升学生“双创”能力，获第八届中国国际“互联网+”大学生创新创业大赛北京赛区一等奖4个。

学生教育管理卓有成效。主题教育常抓不辍，以“讲好冬奥故事 弘扬冬奥精神”为主题，上好“冬奥大思政”课；以“弘扬伟大抗疫精神，争做时代新人”为主题，上好“防疫大思政”课；与石景山区黄南苑社区携手探索思政育人新模式，组织170余名学生参与社区志愿活动，让思政课堂走进社区，打造“思政课+社区服务”实践教学路径。与石景山区法院、区检察院及华夏律师事务所合作，通过法制讲座、法律宣讲、案例教育、微信公众号发布普法文章等多种形式开展法制教育。

冬奥服务保障高质量完成。选派109名师生参与北京冬奥会、冬残奥会志愿服务保障工作，累计服务时长超过1.20万小时。1名教师获“北京2022年冬奥会、冬残奥会北京市先进个人”称号。

党委书记 石淳光
院　　长 段宏韬

（刘建华）

网龙数字创意工程师学院建设

至年底，首钢工学院数字媒体技术专业持续推进“特高”项目网龙数字创意工程师学院建设。开展胡格教学模式改革，引进岗位标准，以岗位标准定人才培养标准，引进商业项目，以行业要求检验人才培养质量，搭建教学平台、服务平台、孵化平台“三平台”，不断更新行业新技术、优化岗位新标准，同步完善工程师学院课程体系与教学内容，为复合型人才培养提供全程“常态化、精准化、目标化”支撑，以数字化手段确保人才质量与岗位需求精准匹配。至年底，工程师学院推出“首钢工学院虚拟现实技术公共服务项目”，包含动画制作、集群渲染、特技拍摄虚拟可视化等15个服务项目，服务中小微企业工艺改造、技术革新，促进企业技术升级、产品更新换代。完成“VR技术在煤矿安全生产培训中的应用系统研发”和“基于5G的融媒体VR直播应用研究”2个科技创新研发项目，共同服务中小微企业技术研发和产品升级8项。

（安宴辉）

京西产学研创服务平台建设

至年底，首钢工学院持续推进京西产学研创服务平台建设。以学生就业、“双创”教育、虚拟现实、学徒制招生为突破口，摸索服务平台运行机制，完成微信公众号在平台发布，覆盖园区企业2100余家，收到平台企业反馈信息580余条。平台企业接收毕业生95人；学校依托校外“双创”教育基地对接校外创业实践项目，惠及学生108人次；学校为5家企业开展职工培训，增加新型学徒制学员412人；马克思主义学院与中关村石景山园党群服务中心建立党建教学基地1个，开展党建培训活动10场；服务京西科幻产业和中小企业，开展技术开发、技术创新，提供技术支持，累计创收 75.50 万元。京西产学研创服务平台由首钢工学院与中关村门头沟园管委会、中关村石景山园管委会 2021 年 12 月 28 日共同创立。

（安宴辉）

北京农业职业学院

概况

2022 年，北京农业职业学院设有 4 个校区，设置 9 个院（系、部），开设 40 个专科专业。学校由市政府举办，为农业院校。拥有教室 175 间，均为网络多媒体教室。数字终端 5309 台，包括学生终端 4145 台、教师终端 1164 台。数字资源量中电子图书 20.20 万册、电子期刊 2.25 万册、学位论文 591.34 万册、音视频 3.74 万小时。“双师型”教师 274 人。聘请校外教师 1 人、行业导师 112 人。毕业生中取得职业类证书 355 人。在校生中参与现代学徒制培养学生 39 人。网址：www.bvca.edu.cn。

2022 年，学校完成章程修订，制定和完善规章制度 20 项，部署年度 6 大类 35 项重点任务，明确未来发展目标。8 项成果获北京市教育教学成果奖，省部级以上标志性成果 110 项，办学实力进一步彰显。

教育教学改革。新增 5 个五年制高职专业，撤销 4 个专业，开展 2 个职教本科专业论证。实施 34 个高职专业新版人才培养方案，建设 2 个国家级现代学徒制试点专业。智慧农业专业群、清河水利建设工程师学院入选北京市第三批“特高”建设单位，动物医学专业群、食品安全专业群 2 个教学资源库入选北京市职业教育专业教学资源库。18 种教材入选农业农村部“十三五”规划教材，9 门课程入选 2022 年北京市职业教育在线精品课程。获全国职业院校技能大赛二等奖 2 个、三等奖 3 个，学生首次获得“北京市技术能手”称号。9 个教学团队参加北京市职业院校技能大赛教学能力比赛全部获奖，包括一等奖 3 个。

国际教育合作。泰国分院首届学生毕业，项目入选 2021 年中国职业教育质量年报典型案例。面向非洲和“一带一路”沿线国家开展线上农业技术培训。与巴基斯坦高校签署合作协议并开展学术交流活动。举办第四届中荷都市农业学术论坛，品牌影响力初显。

教师培养。开展青年教师职业发展试点，筹建教师心理工作坊。9 人入选北京市职教名师、特聘专家、专业带头人、青年骨干教师培育项目，3 人入选首届涉农职业院校服务乡村振兴“名课名师”资助项目。牵头完成北京市职业院校专业创新团队评选建设，学校 2 个团队入选。

服务现代农业和农业中关村建设。打造“都市蔬菜创新团队”等 5 个都市型现代农业特色首席专家团队，首创现代农业产业技术体系北京市创新团队综合试验站，打造技术研发与成果转化平台。创建设施叶菜优质高产“博士”农场，服务“平谷中国农业中关村”设施农业产业发展。第 13 家科技小院平谷区东辛撞村科技小院挂牌，2 家科技小院入选 2022 年北京职业教育宣传月“服务乡村振兴”典型案例。首获北京市教育科学“十四五规划”重点项目，大学生“双创”项目数量较上年增长 60%，资助经费提高 86%，科研横向项目数量和合同金额创历史新高。

培训工作。完成北京市驻村第一书记履职培训班、村党组织书记抓党建促乡村振兴示范培训班等 7 期培训，培训 1087 人次。完成继续教育新课程标准制定和课程改革工作，21 名联合培养本科生毕业，505 名农民中职生毕业，新招收农民中职生 800 人。承接农业农村部“耕耘者振兴计划”培训，开展高素质农民示范培训，组织

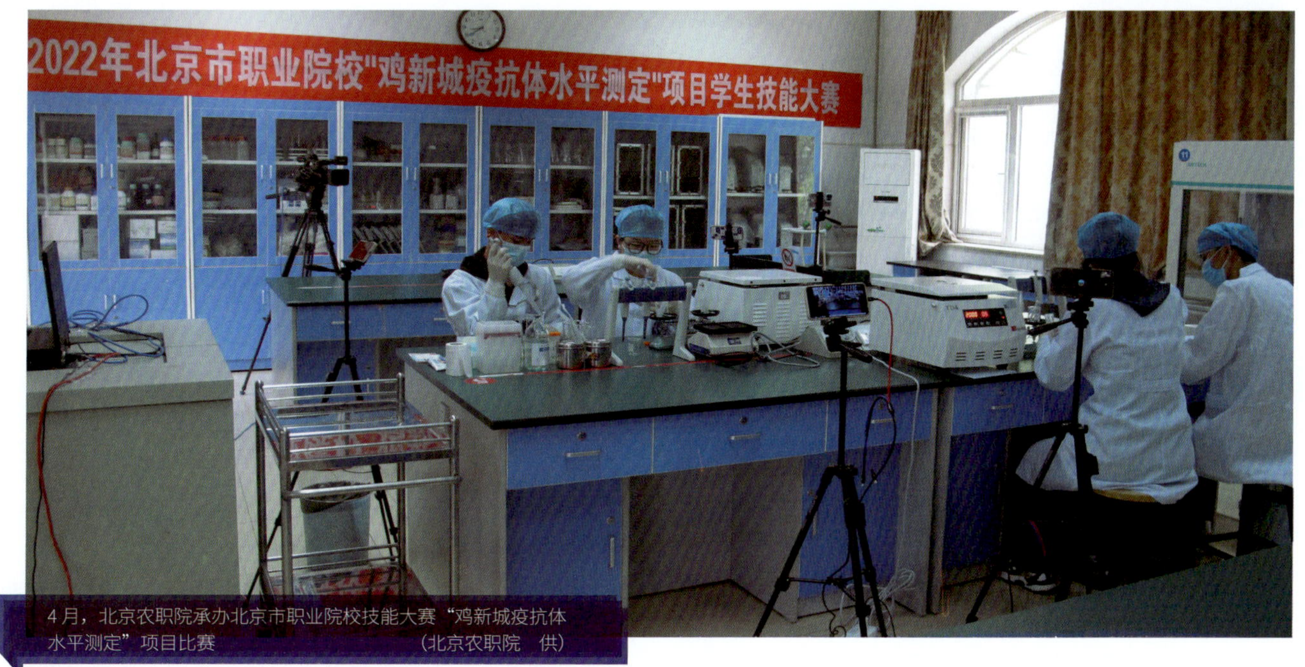

4 月，北京农职院承办北京市职业院校技能大赛“鸡新城疫抗体水平测定”项目比赛　（北京农职院　供）

农广校系统农民培训562个班次，培训10.16万人次。开展实训基地（田间学校）认定评选和农民培训质量效果评估，组建百名乡土专家师资队伍，并完成全国共享师资培养工作。服务京津冀教育协同发展，培训三地人员近2000人次。

帮扶支援。统筹推进北京高校“引智帮扶”联盟秘书处及北京市经济薄弱村帮扶工作，与22个集体经济薄弱村重新签订帮扶协议并制定个性化帮扶计划书。与大兴区小黑垡村签署帮扶合作协议。选派1名援藏干部任拉萨市乡村振兴局副局长、1名教授赴河北省张家口市赤城县开展科技挂职。

志愿服务。181名师生参与北京冬奥会、冬残奥会志愿服务，累计服务13794小时。1人获“北京2022年冬奥会、冬残奥会北京市先进个人”称号，15人入选北京优秀城市志愿者。

农专委及职教集团示范引领。举办“说专业说课程说专业群”研讨会、全国智慧农业赋能职业教育新发展高峰论坛及首届动物卫生安全服务都市公共卫生安全论坛。牵头12家单位完成教育部“乡村振兴背景下农民大学生培养模式探索与实践”研究项目，带领中国职教学会现代农业职业技术教育专业委员会会员单位编著行业发展报告1个、优质专业建设案例84个、农户“土特产”典型39个、校企合作典范20个。

学校综合治理。谋划校办企业发展，与中国石油化工股份有限公司北京石油分公司、人民教育出版社、北大燕园科技发展有限公司签订战略合作协议。

党委书记　李云伏

院　　长　范双喜

（孙田田）

帮扶合作协议签署

1月14日和7月21日，北京农职院分别与大兴区、房山区经济薄弱村签署帮扶合作协议。与大兴区长子营镇小黑垡村签署帮扶合作协议，约定探索创新乡村治理模式，开展产业帮扶合作，协助开展村容绿化设计和景观提升、养殖关键技术推广、民俗旅游项目开发等。在房山区农业农村局召开房山区集体经济薄弱村结对帮扶工作推进会，学校各中层帮扶单位与帮扶村签订帮扶协议，协议内容包括开展智力帮扶和技术服务工作，定期开展技术指导；为帮扶村提供人才教育培训支持，在中专班、全日制村务管理大专班学历提升项目招生以及农村基层干部、技术骨干培训等方面给予倾斜。

（孙田田　张洪伟）

泰国分院首届学生毕业

7月12日，北京农职院泰国分院2022届毕业典礼在中泰两地以线上线下相结合方式举行。首届11名学生来自泰国披集农业技术学院，完成3年项目学习，获得学校园艺技术专业（高职）毕业证书。泰国分院成立于2019年，

7月12日，北京农职院泰国分院举行首届毕业典礼

（北京农职院　供）

是学校首个海外分院，开展中泰园艺技术专业高职学历教育合作办学项目。

（孙田田）

动物科学院士专家工作室签约揭牌

7月19日，北京农职院与中国工程院院士李德发合作成立的动物科学院士专家工作室签约揭牌。根据协议，双方利用院士专家工作室平台，开展科研联合攻关、科技成果转化；联合开展高层次学术或技术交流活动；共建人才培养基地，联合培养创新人才；组织教师实践锻炼，提升专业教师科研能力和技术服务能力；共同开展“美丽乡村”建设等。

（张洁）

与巴基斯坦高校签约合作

10月20日，北京农职院与巴基斯坦赫瓦贾·法理德工程与信息技术大学合作协议签约仪式暨首次学术交流活动线上举行。两校签署合作协议，在水利、园林和园艺等领域开展教师和学生专业交流，共同为中巴经济走廊建设培养更多高素质人才，为中巴农业教育交流作出贡献。签约仪式后，双方开展首次线上学术交流活动，分别由两校水利专业博士开展学术讲座。近40人参加活动。

（孙田田）

北京政法职业学院

概况

2022年，北京政法职业学院设置6个二级学院，开设26个专业，包括中央和北京市重点支持建设专业5个。学校由市委政法委举办，为政法院校。拥有教室90间，均为网络多媒体教室。数字终端1951台，包括学生终端1817台、教师终端134台。数字资源量中电子图书140.06万册、电子期刊61.65万册、学位论文752.14万册、音视频27.76万小时。“双师型”教师101人。聘请校外教师44人、行业导师9人。毕业生中取得职业类证书202人。网址：

www.bcpl.edu.cn。

2022 年，学校推进“十四五”时期发展规划、专业建设发展规划和教师队伍建设发展规划落地落实，完成年度工作任务。

教育教学改革。成立教育教学改革专班，明确“强高冲本”战略目标，加快推进法律文秘、安全保卫管理、计算机网络技术、社区管理与服务 4 个拟设本科层次职业教育专业建设培育工作，提升办学规格水准，打造办学品牌特色，推进向本科职业院校转型升级。

教师队伍建设。制定《教师教学工作量核算办法》《教职工申诉处理办法》，修订《教师职务聘任管理实施办法》。成立新一届教师职务聘任委员会，开展 2022 年度教师职务评审聘任工作。开展校级教学质量奖评选，评出一等奖 6 人、二等奖 7 人。1 名教师获评北京市优秀教师。7 名教师（团队）入选北京市职业院校教师素质提高计划项目。3 项教学成果获北京市职业教育教学成果奖二等奖。教师获北京市职业院校技能大赛教学能力比赛一等奖 2 个。院外立项课题 2 项，其中北京市教育规划“十四五”课题 1 项、中国职业技术教育学会重点课题 1 项；院级科研课题 10 项；发表科研成果 140 项，其中著作类（含译著、工具书等）19 部、论文类 121 篇。

学生教育管理服务。推进落实学生工作六大类 23 项工作，广泛开展社会主义核心价值观教育、诚信教育、校史校情教育和适应性教育。面向 2022 级新生实施“第二课堂成绩单”制度，开启学生工作“三型双轨”育人新模式。15 名北京冬奥会学生志愿者完成闭环服务任务。组织学生参加“挑战杯”创新创业大赛主赛道首次获奖；参加“京彩大创”和“互联网＋”等创新创业比赛，2 支队伍进入北京市“20 强”，1 支队伍进入国赛。完善“奖、贷、助、补、减”和“绿色通道”等学生资助体系，精准发放各类奖助金 500 余万元。

社会服务。承办北京市第二批政法队伍教育整顿市级指导组培训班、教育转化工作培训班、互联网企业党建工作培训班、市监狱管理局 2022 年司晋督培训班等。完成 2022 年全国卫生专业技术资格考试大兴区考点、经济专业技术资格考试等组考工作任务。协办全市政法系统局级领导干部专题研讨班。首次承接公安部直属事业单位 2022 年度统一公开招录人民警察及工作人员考试。与市城市管理综合行政执法局签订培训合作协议书。

党委书记　朱光好
院　　长　许传玺

（高亚斌）

建校 40 周年校史馆开馆

10 月 13 日，北京政法职院举行“喜迎二十大，万众一心聚伟力；建校四十载，风华正茂谱新篇”建校 40 周年校史馆开馆暨书画摄影展开幕仪式。校史馆历经 5 个月建成，位于学校大兴校区图书馆二层，展厅面积 210 平方米，分为影壁墙、前言、发展历程等 17 个篇章，展出各类实物 80 余件，全方位、多角度回顾展示学校 40 年办学发展史。书画摄影展展出师生为庆贺建校 40 周年创作的书法、绘画、摄影、诗词作品 180 余幅。市委政法委和学校领导、离退休老同志代表、校企合作单位代表、毕业生代表以及全体中层干部、教职工和学生代表 100 余人参加活动。学校前身为 1982 年建校的北京市政法干部学校，1985 年更名为北京市政法管理干部学院，1993 年、2000 年原北京市法律业余大学、北京市司法学校先后并入；2003 年 8 月，与北京市第三人民警察学校合并组建北京政法职业学院，隶属于市委政法委，为北京市示范性高等职业院校。建校 40 年来，为政法系统培训干部 1.70 万人，为社会培养毕业生 3 万余人。

（高亚斌）

10 月 13 日，北京政法职院举行建校 40 周年校史馆开馆暨书画摄影展开幕仪式　（北京政法职院　供）

北京财贸职业学院

概况

2022年，北京财贸职业学院设有4个校区，设置11个院（系、部）和2个研究院，开设28个专科专业。学校由市教委举办，为财经院校。拥有教室268间，包括网络多媒体教室232间。数字终端3015台。数字资源量中电子图书5万册、电子期刊7148册、学位论文21.04万册、音视频945小时。“双师型”教师196人。聘请校外教师81人、行业导师83人。毕业生中取得执业类证书563人。在校生中参与现代学徒制培养学生275人。网址：www.bjczy.edu.cn。

2022年，学校做好“十四五”时期规划任务细化分解，将147项具体任务细分为1077个任务点，完成年度各项工作。

专业（群）与“双高”“特高”建设。围绕“高精尖+财贸、互联网+财贸、创新创业+财贸”，办好大数据与财务管理新专业，统筹布局财经、商贸等8大类29个高职专业，全部纳入现代学徒制、订单班、企业课堂等校企协同人才培养模式改革，打造新商科专业（群）品牌。完成“双高计划”中期绩效评价，形成自评报告1份、典型案例39个、经验做法25个、佐证材料67份。通过第二批“特高”专业群和“两师基地”中期检查。深度融入京津冀协同发展和城市副中心建设，与大厂县职业技术教育中心开展京冀跨省“3+2”招生合作。牵头发布《中国高职院校治理现代化报告（2022）》，全面总结中国高职院校推进治理能力现代化的实践路径和特色经验。

教育教学工作。疫情期间创新实施线下教学和线上直播同步课堂，完成282个教学班967门课程教学任务。开展54场学业指导活动，深度辅导4000余人次，学生认可度超过95%。用好“财贸在线”平台，推进25门课程线上开课和混合式教学改革，学校获全国高校混合式教学设计创新大赛“设计之星”奖2个。获北京市职业教育教学成果特等奖1个、一等奖3个。5个专业（群）教学资源库入选市级资源库，10门课程获评2022年北京市职业教育在线精品课程，2门课程获评职业教育国家在线精品课程。学生获全国职业院校技能大赛二等奖1个、三等奖4个。实训教学环境持续优化，建成智慧商业供应链、新媒体传播与运营等专业实训室13间。

“三全育人”综合改革。确立48个“三全育人”建设项目，开展首批示范岗建设。深化思想政治理论课改革创新，以“课程思政”为目标推进课堂教学改革，实现课程思政与思政课程同向同行。3门课程获评北京市课程思政示范课程。获第二届“智慧树杯”课程思政示范案例教学大赛特等奖2项、一等奖4项、二等奖16项。深化与名人故居纪念馆联盟合作，“我在‘名人故居’学党史”入选北京市教育系统青少年党史学习教育创新案例、北京高校党建和思想政治工作经验做法。坚持五育并举，升级财贸素养教育体系，开发“青春护照E平台”，做到学生学习过程可记录、可追踪。

人才队伍建设。学校入选国家级职业教育“双师型”教师培训基地，“双师型”教师比例提升至95.15%。深化新时代教师评价机制改革，为不同类型人员提供针对性的职业发展通道。获全国职业院校技能大赛教学能力比赛二等奖1个、三等奖1个，北京市一等奖4个。

产学研和智库建设。申报纵向课题35项，中标教育部思政课教师研究专项1个、北京市社科基金项目1个，引导承接横向课题8项。深化国家示范性职教集团建设，举办北京商贸职教集团第二届理事会议暨2022年产教融合活动，新增8家理事单位。提高校企合作水平，开展“引企入教”项目，完成115人次“学分互认”工作。完成工程师学院、大师工作室建设项目专家评审和验收，入选工业和信息化部人才交流中心首批产教融合专业合作建设试点单位，签约京东智慧供应链产业学院。北京商业智库品牌进一步擦亮，北京国际商贸中心研究基地入选中国智库索引（CTTI）来源智库。举办第17届京商论坛，推进京商研究成果转化。

国际化办学和社会服务。当选英国国家学历学位评估认证中心（UK NARIC）中方理事会国际专业认证整改专家委员会常务副主任单位，联合举办“双高校”国际专业标准与质量保障研修班。牵头成立职业教育新商科国际联盟，协办第六届国际职业教育大会，入选2022年职业教育国际合作与交流典型院校。“企业课堂项目”获世界职业教育卓越奖建筑类别金奖。深化引智帮扶，助力通州区和河北省廊坊市“北三县”协同发展与乡村振兴，2个项目入选北京市2022年首都高校师生服务“乡村振兴”行动计划。获批住房城乡建设部建设领域施工现场专业人员职业岗位培训考核基地，承办内蒙古自治区技工院校职业培训机构教师进京跟岗培训项目。13名志愿者参与北京冬奥会和冬残奥会志愿服务工作。

招生就业与创新创业。新增山西、辽宁、内蒙古三地普通高考招生。校领导带头开展“访企拓岗促就业”专项行动，对接企业206家，挖掘岗位101个。创新创业教育体系进一步完善，获“青创北京”2022年“挑战杯”首都大学生创业计划竞赛金奖4个，2名学生入选“北京市就业创业先进典型”，“启航”就业指导工作室入选“北京高校市级就业指导名师工作室”。

党委书记 王红兵

校　　长 杨宜

（贺雪莹）

“双高校”国际专业标准与质量保障研修班

6月13日，北京财贸与英国国家学历学位评估认证中心（UK NARIC）中方理事会联合举行国际专业认证整改专家委员会成立会暨第三期“双高校”国际专业标准与质量保障研修班开班仪式。学校4人当选UK NARIC中方理事会国际专业认证整改专家委员会委员。双方代表、专家以及45所高职院校130余人在线参会，近百所院校5000余人通过“职教联盟云学院”平台在线收听收看课程直播。

研修班为期 11 天，面向高职院校分管教学的校领导、有关处室负责人和主要管理人员、二级学院领导、系（部）或教研室主任、专业带头人、骨干教师等，由学校专业师资团队与 UK NARIC 总部专家分主题开展培训。学校会计专业与金融管理专业 2021 年 12 月通过 UK NARIC 国际专业评估认证，获得 UK NARIC 在中国颁发的第一个国际质量标准证书和专业国际可比性证书。

（贺雪莹）

获世界职业院校与技术大学联盟年度卓越奖

6 月 17 日，世界职业院校与技术大学联盟（WFCP）公布 2022 年度卓越奖获奖名单，北京财贸获“建筑工程”金奖，为北京市唯一获奖学校。WFCP 由 60 余个国家和地区的会员机构组成，是世界高等职业教育领域最大、最具影响力的多边非政府国际组织。WFCP 卓越奖 2014 年首次设立，每 2 年评选一次，2022 年度奖项分为组织奖项和个人奖项，全球 20 余个国家 100 余所职业院校参加评选，中国 7 所高职院校获得组织奖项，包括 2 个金奖、3 个银奖和 2 个铜奖。

（贺雪莹）

北京戏曲艺术职业学院

概况

2022 年，北京戏曲艺术职业学院设置 7 个系部，开设 8 个专科专业。学校由市政府举办，为艺术院校。拥有教室 164 间，包括网络多媒体教室 49 间。数字终端 355 台，包括学生终端 40 台、教师终端 39 台。数字资源量中电子图书 18.68 万册、音视频 9700 小时。“双师型”教师 97 人。聘请校外教师 41 人。网址：www.bjxx.com.cn。

2022 年，学校建校 70 周年，修订学校章程，制定“十四五”时期发展规划，推进“特高校”建设和学校内涵建设，维持教育教学秩序稳定和校园平安。

深化课程改革和教材建设。修订中职 13 个专业方向和高职 16 个专业方向的人才培养方案；推进专业群共享课、专业核心课及特色课程教学内容和教材的撰写、审核；完善 16 个专业方向 312 门课程标准，将课程思政内容全面融入课程教学；规范教材管理和使用，全面审定和清查全校教材，修订完善学校《教材选用管理办法》。

强化师生艺术实践。推进新剧目创作，完成“中华美德故事汇”新剧目小京剧《芦荡火种》、小评剧《鸡毛信》、小音乐组曲《生命之歌》创排。加强师生舞台实践锻炼，“以教促演、以演促学”，“中华美德故事汇”全年开展 12 场演出，京剧系演出“特高”大师工作室剧目《白蛇传》《雏凤凌空》；5 个专业系部 65 名学生参加第 13 届中国艺术节开幕式演出，71 名学生参加北京冬奥会开幕式演出。“以赛促学、以赛促教”，组织京剧系学生参加“国戏杯”戏曲大赛、“梨花杯”全国戏曲教育教学成果展演，曲艺系学生参加“鱼龙百戏杯”首届曲艺艺术国际邀请赛、第三届嘉定法宝杯“讲好中国法制故事”全国曲艺展演，音乐系学生参加 2022 年北京市职业院校技能大赛声乐比赛等。教师团队在北京市职业院校技能大赛教学能力比赛中获高职组一等奖 1 个、二等奖 2 个，中职组一等奖 2 个、二等奖 1 个。

丰富校园文化活动。开展“舞动青春，冬奥有我”征文活动、“致敬峥嵘岁月，献礼建团百年”读书节活动、“喜迎二十大·激扬正青春”主题系列活动、为青海省贫困学生爱心捐款活动等，弘扬冬奥精神、激发进取精神、培育爱国情怀、教会关爱他人。举办校园文化节活动和优秀社团评选活动，打造活泼生动校园文化氛围。

做好就业创业工作。开展书记院长访企拓岗行动，落实毕业生就业工作“一把手”工程；加强对毕业生积极就业观的教育，引导学生实现灵活就业；建立毕业生“一生一策”就业工作台账，对困难毕业生加强就业帮扶；推动学生创新创业，辅导学生创业团队参加“青创北京”2022 年“挑战杯”首都大学生创业计划竞赛、首届“京彩大创”北京大学生创新创业大赛、第八届中国国际“互联网+”大学生创新创业大赛等创业类比赛。

加快数字校园建设。全面提升数字化教学水平，加强硬件建设，推动信息技术与课堂教学深度融合；建立智慧教室，建设互动教学研讨协作系统；为所有教室更换触控一体智能黑板，实现教学设备改进升级。

党委书记　毕兆炜（7 月免）
院　　长　黄珊珊

（贺红梅）

10 月，北戏学生参加“梨花杯”全国戏曲教育教学成果展演
（北戏　供）

学生首次参加大学生创业计划竞赛获奖

4月，北戏学生创业团队首次参加“青创北京”2022年“挑战杯”首都大学生创业计划竞赛获奖。6个大学生创业项目参赛，2个项目分别获主赛道金奖和铜奖。这是学校学生首次参加此项赛事。“挑战杯”首都大学生创业计划竞赛由团市委、市教委、市科协等部门联合主办，以“团聚青智、共创未来”为主题，面向全市高校大学生开展，共有74所高校3466支创业团队参赛。

（贺红梅）

建校70周年系列活动

至年底，北戏举办系列活动庆祝建校70周年。在少儿戏剧场演出“北京市特色高水平职业院校建设·大师工作室”项目京剧《白蛇传》《雏凤凌空》和庆祝建校70周年教学成果展演剧目话剧《少年·少年》，在长安大戏院举办建校70周年师生京剧演唱会等。北戏前身为创建于1952年的北京市私立艺培戏曲学校，1953年由北京市政府接管，更名为北京市戏曲学校；2002年12月北京市文化艺术干部学校并入，组成北京戏曲艺术职业学院，正式举办全日制高等职业教育；2006年北京市艺术研究所并入学校。建校70年来，培养艺术人才1万余人。

（贺红梅）

北京经济管理职业学院

概况

2022年，北京经济管理职业学院设有2个校区，设置7个院（系、部），开设30个专科专业。学校由市教委举办，为财经院校。拥有教室103间，均为网络多媒体教室。数字终端4687台，包括学生终端4151台、教师终端536台。数字资源量中电子图书54.25万册、电子期刊0.86万册、学位论文34.72万册、音视频5.60万小时。“双师型”教师166人。聘请校外教师26人、行业导师2人。毕业生中取得职业类证书906人。在校生中参与现代学徒制培养学生260人。网址：www.biem.edu.cn。

2022年，学校坚持和加强党对学校工作全面领导，落实立德树人根本任务，统筹疫情防控等各项工作。

立德树人。获2021年度全国高校思想政治工作优秀案例三等奖，是学校首次获此评选奖项。3个课题立项2022年度北京市学校思想政治工作研究课题；“幸福学园”入选北京职业院校“三全育人”典型案例，学校入选北京职业院校“三全育人”典型学校；1名学生获评“北京市优秀共青团员”。

人才培养。重构专业布局，深化专业群建设，新增18个“3+2”中高职衔接办学项目获批，2个专业群资源库入选北京市职业教育专业教学资源库。参加北京市职业院校教学管理能力提升“五说”行动获北京市一等奖。持续深化教育教学改革，以提质培优行动计划建设任务为载体深化职业教育内涵建设，3门课程入选国家高等教育智慧教育平台，成为首批国家级优质课程；3门课程入选全国职业院校在线精品开放课程，10门课程入选市级在线精品课程；获评北京市职业教育教学成果奖10个，其中一等奖3个、二等奖7个，获奖数量创历史新高。坚持“以赛促学”“以赛促教”，鼓励师生参加各类技能比赛，获全国职业院校技能大赛教学能力比赛三等奖1个、全国职业院校技能大赛三等奖3个。

产教融合。成立北京市职业院校第一家科学技术协会。获批专利1项，立项省部级以上课题7项、横向课题24项，立项数量和到账金额实现新突破。实施优秀科技创新团队培育计划。制定推进中国特色学徒制建设实施方案，全面推行中国特色学徒制专业群试点。3个案例入选教育部产教融合校企合作典型案例。成立北京民宿产业学院，发布“中国民宿IP建设”成果。持续推动永定河文化研究院建设。

招生就业及创新创业。深入开展书记校长访企拓岗促就业专项行动，累计走访企业105家。构建“双创”人才培养、服务保障、文化激励、资源聚合“四位一体”工作体系，毕业生就业去向落实率99.26%，自主创业率9.09%，均创历史新高。在第八届中国国际“互联网+”大学生创新创业大赛中获国赛银奖1个、铜奖1个，在第13届“挑战杯”创业计划大赛中获北京市金奖4个。

社会培训及交流合作。组织安全生产、企业党建等各类培训147期，培训近5000人次。加强数字培训平台建设。获评北京市企业新型学徒制培训机构，入选中国成人教育协会“职业院校服务全民学习”首批实验校。多措并举推进国际交流与合作，获批教育部中外人文交流中心“人文交流经世项目”和教育部中外语言交流合作中心“中文+职业技能”教学资源建设项目；立项中非职业教育联盟第二批“坦桑尼亚国家职业标准开发项目”；入选亚洲教育论坛“2022职业教育国际合作典型院校”。参加第二届“丝

2月，北京经管院学生独创作品《起舞》登上北京冬残奥会闭幕式舞台

（北京经管院　供）

路工匠”国际技能大赛国际礼物文创产品设计技术技能竞赛 18 件作品获奖。

社会服务及支援协作。完成北京冬奥会志愿服务工作，学生独创作品《起舞》登上北京冬残奥会闭幕式舞台。持续开展“引智帮扶”和对口帮扶，助力平谷区将军关村、江米洞村以及新疆和田地区中等职业技术学校发展。1 个案例入选教育部职业教育发展中心“职业教育助力乡村振兴”课题案例。推动“春蕾计划——梦想未来”职业培训项目落地。

党委书记　张连城

院　　长　王粤

（于平波）

校企共建“北京民宿学院”揭牌

9 月 2 日，北京经管院与国奥控股集团股份有限公司、北京旅游行业协会民宿分会共同组建的现代产业学院“北京民宿学院”在国际服贸会上揭牌。同时发布“中国民宿 IP 建设”成果。北京民宿学院是国内首家集学历教育、“1+X”证书和社会培训为一体的民宿专业学院，也是国内首家民宿专业教学、科研和实践实习基地。北京经管院利用自身教学科研优势，开发民宿与民俗文化、民宿投融资、民宿营销与推广、民宿政策与法规、民宿财务核算与管理系列教材，国奥集团为学生提供实习、就业岗位，形成产教研协同的一体化运作机制。北京民宿学院设置财富管理（民宿经营管理）、旅游管理（民宿方向）专业，有学员近 200 人。

（于平波）

北京劳动保障职业学院

概况

2022 年，北京劳动保障职业学院设有 2 个校区，设置 5 个二级学院和 1 个继续教育学院，开设 19 个专科专业。学校由市人力资源社会保障局举办，为财经院校。拥有教室 215 间，包括网络多媒体教室 209 间。数字终端 541 台，包括学生终端 530 台、教师终端 11 台。数字资源量中电子图书 137.90 万册、电子期刊 14.35 万册、学位论文 46 万册、音视频 5.21 万小时。“双师型”教师 76 人。聘请校外教师 46 人、行业导师 54 人。毕业生中取得职业类证书 221 人。网址：www.bvclss.cn。

2022 年，学校章程修订完成，经市教委核准发布。坚持“三全育人”，推进教科研工作，创建绿色学校。完成教工食堂和通勤保障社会化改革，提升校园治理水平。

“三全育人”。创新劳动教育模式，根据各中小学校具体需求提供不同的劳动教育课程资源，获批成为北京职业院校首批中小学生职业体验中心（劳动教育基地）。加强思政建设，组建“学习贯彻党的二十大精神”思政教师宣讲团，形成 10 个宣讲主题；开展党的二十大精神专题培训、“职教生心中的二十大”演讲征文等主题活动；获 2022 年职业院校外语课程思政优秀教学案例征集与交流活动全国一等奖。首次参加“青创北京”2022 年“挑战杯”首都大学生创业计划竞赛获一等奖 1 个、二等奖 4 个、三等奖 7 个。学校获评北京职业院校“三全育人”典型学校及典型案例。

人才培养。完成“劳职在线”教学资源一体化管理平台建设，保障线上线下相结合的教学实施。开设学前教育专业。建立人力资源管理专业终身学习中心，通过教育部人力资源管理专业国家级职业教育专业教学资源库验收。探索中国特色学徒制，开展“入学即入职、工学结合”培养模式试点。成立全国首家养老专业国际标准化病人（SP）教学中心。

教学科研。3 本教材入选人力资源社会保障部国家级技工教育和职业培训教材。城市设施安全运行保障虚拟仿真实训基地入选北京市首批职业教育示范性虚拟仿真实训基地培育项目。修订科研项目管理办法、科研项目资金管理办法、市级以上科研项目资金配套办法。获批市级以上课题和论文 7 项，立项校级课题 57 项，2 门课程入选国家在线精品课程。

社会服务。全年为河北雄安一方职业技能培训学校新学员开展劳动关系协调员（48 学时）和智能楼宇管理员（16 学时）培训，培养技能人才 106 人次。完成企业新型学徒培养 1536 人。依托国家级专业技术人员继续教育基地、国家级高技能人才培训基地和学校专业优势开展康养护理、电子商务、企业新型学徒培养、对口支援等培训 17 期，参培人数 9633 人，培训规模 61433 人天。完成北京冬奥会和冬残奥会志愿服务，获“北京 2022 年冬奥会、冬残奥会北京市先进集体”称号，1 名学生获“北京 2022 年冬奥会、冬残奥会北京市先进个人”称号。

党委书记　张青山

院　　长　田宏忠

（朱珅跃）

全国首家养老专业国际标准化病人教学中心揭牌

8 月 12 日，京劳职院主办国际标准化病人（SP）教学中心揭牌仪式暨康养领域“岗课赛证融通”综合育人研讨会。这是全国首家规范的养老领域 SP 教学中心，已完成核心师资培养、教学体系建立、标准制定、教材引进、SP 案例库建立等内容，将有效帮助养老专业学生和养老护理工作人员群体提高实践技能与岗位综合素质。活动举行全国首届养老标准化病人（SP）师资班结业仪式，为首期 15 名学员颁发标准化病人训练师结业证书。论坛活动中，北京青年政治学院、首钢工学院等院校近 20 名专家学者围绕康养领域“岗课赛证融通”综合育人模式展开研讨，提出构建“岗课赛证”综合育人的融通机制，推进人才培养模式创新。学院为与会专家颁发“岗课赛证融通”综合育人项目专家聘书。

（朱珅跃）

北京社会管理职业学院

概况

2022 年，北京社会管理职业学院设有 2 个校区，设置 7 个院（系、部），开设 25 个专科专业。学校由民政部举办，为政法院校。拥有教室 109 间，均为网络多媒体教室。数字终端 3754 台，包括学生终端 2247 台、教师终端 487 台。数字资源量中电子图书 100 万册、电子期刊 28.05 万册、学位论文 671.75 万册、音视频 1.57 万小时。“双师型”教师 124 人。聘请校外教师 10 人、行业导师 39 人。毕业生中取得职业类证书 558 人。在校生中参与现代学徒制培养学生 96 人。网址：www.bcsa.edu.cn。

2022 年，学校践行“民政为民、民政爱民”工作理念，抓党建、抓育人、抓服务、抓治理，推动事业高质量发展。

专业建设。落实职业教育提质培优行动计划，以创建民政特色品牌为引领，带动各专业群向资源集成、管理集约方面融合发展。稳步开展特色试点，康复辅助技术专业群和生命服务工程师学院通过“特高”中期评估，康复辅具虚拟仿真实训基地入选北京市首批职业教育示范性虚拟仿真实训基地培育项目。促进“课证融通”，推动各专业对接“1+X”职业技能等级证书，900 余名学生通过考试获得相应证书。

“三教”改革。制定学校教材建设规划（2022—2025 年）。承办职业教育教师教材教法改革专题学术报告会，展示民政职业教育成果。推进信息化教学改革，完成 90 门校级在线课程的验收和 61 门校级在线课程立项。社会工作专业国家职业教育教学资源库项目通过教育部验收，建设素材 2 万余条。教育教学成果获北京市特等奖 1 个、一等奖 1 个；教师团队获北京市职业院校技能大赛教学能力比赛一等奖 2 个、北京市教学创新团队 1 个；教师获评北京市特聘专家 1 人、北京市职教名师 1 人、市级专业带头人 2 人、北京市优秀青年骨干教师 4 人。殡葬和康复 2 个校企合作案例入选教育部产教融合校企合作典型案例，3 门课程入选北京市职业教育在线精品课程，2 门课程、2 个专业教学资源库和 1 个虚拟仿真资源入选国家智慧教育平台。

学生工作。落实就业“一把手”工程，党委班子成员走访企业 100 家、拓展就业岗位 520 余个，助力学生高质量就业。完善德育评价体系，用好学生评价“大数据”，以立体化评价体系检验育人实效。学生获全国职业院校技能大赛三等奖 1 个、北京市职业院校技能大赛一等奖 1 个。176 名师生参加北京冬奥会、冬残奥会 205 个岗位志愿服务工作，服务总时长超过 1 万小时；54 名师生获评北京 2022 年冬奥会和冬残奥会优秀城市志愿者。

科研工作。学校成为国家自然科学基金依托单位，具备独立申报和承担国家自然科学基金项目资格。获批北京社科基金决策咨询重大项目、北京市教育科学“十四五”规划课题、北京市数字教育研究课题等课题立项 4 项，实现三类省部级课题立项“零”的突破。

培训与职业技能评价。获评国家级“双师型”教师培训基地，大兴校区培训基地通过验收。做强网络培训，满足地方培训需求，探索职业培训，年度累计培训 10 万余人次。参与编制社会工作者、康复辅助技术咨询师国家标准，参与制定、修订多项民政职业教育专业教学标准，有序推进民政职业技能标准化工作。

学校综合治理。修订学校章程，完善校内重要事项督查督办工作体系，强化依法治校能力。强化师生法治观念、防诈骗意识、信息安全防护意识。加大安全风险防控和隐患排查治理力度，做好常态化疫情防控，建设平安校园、和谐校园。

党委书记 邹文开
院　　长 王胜三

（张冼）

与西藏民政厅签约合作

6 月 28 日，社职院与西藏自治区民政厅签订西藏自治区民政人才培养战略合作协议。根据协议，学校在职业人才培养、干部培训、民政职业能力水平评价、民政政策理论研究和技术标准制定、实习实训和培训基地建设等领域与西藏自治区民政厅开展合作，共同培养高素质专业化民政人才队伍，支持西藏地区民政工作高质量发展。

（张冼）

民政职业技能培训和“1+X”证书试点

至年底，社职院开展民政职业技能培训、标准制定和“1+X”证书试点工作。依托民政部培训中心，满足地方培训需求，拓展培训渠道，探索职业培训，开发“民政大学堂”公益项目，举办西部农村社区治理培训等 17 期线上、线下培训，年度累计培训 10 万余人次。依托民政部职业技能鉴定指导中心，推进民政职业技能体系标准建设，参与编制社会工作者、康复辅助技术咨询师国家标准，制定、修订民政职业教育 5 个高职本科专业、11 个高职专科专业和 8 个中职专业的教学标准。依托北京中民福祉教育科技有限公司，组织 8 次“1+X”职业技能等级证书全国统一考试，24476 人获得相应证书。

（张冼）

北京体育职业学院

概况

2022 年，北京体育职业学院设有 3 个校区，设置 2 系 1 部，开设 5 个专科专业。学校由市体育局举办，为体育院校。拥有教室 38 间，包括网络多媒体教室 31 间。数字终端 449 台，包括学生终端 172 台、教师终端 277 台。数字资源量中电子图书 685 万册、电子期刊 21.26 万册、学位论文2100万册、音视频5.20万小时。“双师型”教师38人。聘请行业导师28人。毕业生中取得职业类证书65人。网址：www.bjtzhy.org。

2022年，学校坚持立德树人、德技并修，构建五育并举、“三全育人”思政教育体系。以职教升本为目标，以“特高”项目建设为引领，推进教学资源库建设，持续推进产教融合、训教结合、校企合作，提升学校核心竞争力。

推进专业群建设。成功申报运动与健康专业群，围绕人才培养方案修订、实习实训基地建设、课程建设、资源建设、社会服务等内容开展工作，构建专业群课程体系。完成专业群共享课程标准5个、专业群共享课程配套信息化教学资源建设5个、活页式教材4套。秋季学期施行新的人才培养方案，在专业运行中不断调整和推进课程建设。

提升师生信息素养。成立指导教师团队，组织学生参加9次信息素养讲座。组织师生参加“中文在线杯”全国高职高专院校信息素养大赛，学生以北京赛区第二名进入全国总决赛，实现零的突破。

提高教师教学能力。建设公共基础课教学资源库。鼓励教师开展教学研究、参加比赛提升技能，获北京市职业教育教学成果一等奖1个、北京市职业院校技能大赛教学能力比赛一等奖1个，取得历史性突破。

提升专业服务社会能力。运动训练专业（儿童体智能训练方向）继续通过推进标准项目工作，扩大社会服务影响力。承接市体育局产业处北京市地方标准一类项目“儿童青少年体育俱乐部服务规范”，从行业和社会发展角度开展多次培训交流，完成项目标准草案初稿撰写。20余名教职工和学生完成北京冬奥会、冬残奥会服务保障任务。

党委书记　王彦席

院　　长　王宁

（张引）

与华体文旅签约合作

9月，北京体职院与华体国际文旅（北京）有限公司在国际休闲体育旅游发展大会上签订战略合作协议。根据协议，公司为学校学生提供多岗位实习实训机会，为学生制定个性化培养成长晋升路径与帮扶计划；双方共同探讨体育旅游产业发展政策，深度挖掘产业发展创新点，释放体育消费潜力，促进产业人才培养规范化与可持续发展，致力于用人才提高体育服务品质，为后冬奥时代首都体育产业人才可持续发展作出贡献。

（王亮）

北京交通运输职业学院

概况

2022年，北京交通运输职业学院设有6个校区，设置9个院（系、部），开设5个专业群，27个高职专业、18个中职专业。学校由市交通委举办，为理工院校。拥有网络多媒体教室148间。数字终端3232台，包括学生终端2747台、教师终端485台。数字资源量中电子图书16.14万册。“双师型”教师136人。聘请校外教师44人、行业导师71人。毕业生中取得职业类证书高职学生409人、中职学生9人。在校生中参与现代学徒制培养学生97人。网址：www.bjjt.edu.cn。

2022年，学校坚持立足交通、服务北京，统筹疫情防控和高质量发展，推进育人方式、办学模式、管理体制、保障机制改革，特色高水平职业院校建设成效显著。

“双高”“特高”建设。学校章程和修正案获市教委批复。完成教育部“双高计划”、北京市“两师”基地、提质培优行动计划建设任务中期验收；3个“特高”专业（群）完成年度项目阶段评估；4个工程师学院、4个技术技能大师工作室开展“特高”实训基地建设。

特色育人工作。领导班子带头讲授形势与政策课，教师录制系列微课、微思政课，将党的二十大精神融入思政课、专业课。通过“线上+线下”“阵地教育+特色活动”联动，融合交通和职教特色，推进“三全育人”综合改革。组建志愿服务队承接北京冬奥会、冬残奥会服务保障工作，赛会志愿服务时长累计26600小时、冬奥城市志愿服务时长累计648小时。“活力橙”育人品牌入选“政务事业单位十佳文化品牌”，作为交通类院校首次获奖实现突破。3名学生参加第13届全国交通运输行业职业技能大赛获团体冠军，汽车专业学生参加全国职业院校技能大赛获二等奖。

2月，北京体职院师生服务北京冬奥会

（北京体职院　供）

教育教学改革。推进教学资源库建设、课程改革与新型教材建设。运用PDCA循环模式，将课程思政、劳动教育、创新创业教育等融入人才培养方案，6个案例入选全国交通运输职业院校课程思政优秀案例；学分银行项目进入书证融通深度实践阶段，分别入选职业教育北京市与国家级优秀典型案例；9门课程获评市级在线精品课，其中1门入选国家级在线精品课程；5个专业教学资源库入选北京市职业教育专业教学资源库。学校第一批重点校本教材建设完成。国家级教学资源库（道路养护与管理专业）建设项目完成并通过教育部验收。获北京市职业教育教学成果奖一等奖4个。

教师综合能力提升。以校企合作项目和国培项目为载体，培养结构化、“双师型”教师教学创新团队。入选北京市职业院校教师素质提高计划高水平教师队伍培育和支持计划职教名师1人、专业带头人1人、优秀青年骨干教师5人、教学创新团队2个；城市轨道交通专业群入选教育部国家级职业教育“双师型”教师培训基地。以赛促建带动教师能力提升，9个教学团队参加北京市职业院校技能大赛教学能力比赛获一等奖5个、二等奖4个。

产业学院建设。开展“入学即入职、工学结合”培养模式试点，创新形成“交通产教融合体”办学模式，以企业为主体，探索产业学院、职业本科建设，扩展职业学校办学空间。与行业头部企业签约共建智慧城市产业学院、东职国际融媒体产业学院、轨道交通通信信号产业学院等6家产业学院。与丰田汽车（中国）投资有限公司合作成立丰田工程师学院、丰田职教集团，任副理事长单位。汽车检测与维修技术专业获市教委批复开展书证融通试点；完成智能新能源汽车和汽车运用与维修2个职业技能等级证书（中级）的书证融通认证，累计认证194名学生。

交通职业鉴定、考核及培训。开展政府委托类培训、专业技术人员继续教育以及城市轨道、智能交通、新能源汽车等紧缺型、高层次人才培训15项，共计33期，培训53727人天；获批公路施工现场管理人员（施工员）、公路养护工程技术人员、公路工程测量员3项专业能力评价项目考点资质；所属二级单位“北京市交通职业技能培训学校”通过海事局船员培训质量管理体系资质评审，成为北京市第一家具备内河船员培训资质的机构。全年完成培训项目34个，培训72012人天。完成道路危险运输从业资格考试162人次。

党委书记 郭群
院　　长 马伯夷（11月免）

（赵蕊　胡畔）

校企共建“岗课赛证”综合育人校企合作基地

10月20日，北京交院与北京中车行高新技术有限公司签约共建比亚迪—中车行新能源汽车“岗课赛证”综合育人校企合作基地。根据协议，双方通过比亚迪新能源汽车先进技术及课程导入、“岗课赛证”综合育人人才培养体系构建、职业技能等级证书与企业证书双证互认等，打通学生到比亚迪4S店实习、就业通道，引导学生理性选岗、精准上岗、满意转岗。

（赵蕊　胡畔）

校地共建“乡村振兴”红色实践教育基地

11月1日，北京交院联合门头沟区斋堂镇马栏村党支部共建的“乡村振兴”红色实践教育基地在马栏村揭牌。双方在开展爱国主义教育、立体化教师研修、红色研学和实践调研等方面实施共建，打造理论研修、教学研修、实践研修并重的立体化教师研修基地建设体系。自2020年起，学校师生在马栏村开展红色研学、编写《走进马栏　薪火相传》等红色实践调研报告，获得“挑战杯”大学生课外学术科技作品竞赛多个奖项。马栏村党支部代表、学校师生约40余人参加揭牌仪式。

（赵蕊　胡畔）

与13家企业签约合作

至12月，北京交院与13家企业签约合作。其中，与北京首汽（集团）股份有限公司、北京氢沄新能源科技有限公司签约专业共建，拓宽人才培养渠道；与北京地铁运

2月，北京交院组织北京市首期内河船舶船员基本安全培训
（北京交院　供）

营技术咨询股份有限公司签约共推轨道交通领域教学、培训及各类技术在轨道交通职业教育中的应用；通过线上线下等形式开展书记校长访企拓岗行动，走访北京地铁公司、北京首汽（集团）股份有限公司旅游车分公司、大兴国际氢能示范区等企业 102 家，开拓岗位千余个。

（赵蕊　胡畔）

北京卫生职业学院

概况

2022 年，北京卫生职业学院设有 3 个校区，设置 4 个系、2 个部，开设 10 个专科专业。学校由市卫生健康委举办，为医药院校。拥有教室 141 间（其中学校产权 89 间），均为网络多媒体教室。数字终端 2831 台，包括学生终端 1276 台、教师终端 550 台。数字资源量中电子图书 249 册、电子期刊 7798 册、学位论文 351.40 万册。聘请校外教师 79 人。网址：www.bjhvc.edu.cn。

2022 年，学校统筹推进疫情防控和事业发展，稳步推进新校区建设，高质量完成各项任务。

现代大学制度体系建设。完成学院章程修订，开展以学院章程为统领的制度体系建设。对建校 10 年来制度进行“立、改、废”系统梳理，形成建校 10 周年电子制度汇编。

教育教学与学科平台搭建。推进“特高”专业建设，护理专业完成 3 年建设总结工作，药学专业通过中期验收，中药学专业建设按计划推进。学科平台初步搭建，发挥学术委员会的咨询指导作用，成立科学技术协会，创建科研实验室，制定科研管理相关政策。

科研工作。学校第九届学术年会征集到论文 63 篇，评选出一等奖论文 3 篇、二等奖论文 9 篇、三等奖论文 7 篇。20 项 2021 年立项的校级课题通过结题验收。全年教师发表《科学引文索引》（SCI）论文 4 篇。

干部人才队伍建设。推动干部选任与轮岗交流，严格干部监督管理。落实人才强校战略，制定实施《高层次人才引进管理办法》。加强“双师型”教师培养，双师比 89%。修订教师专业实践方案，教师专业实践完成率 106.6%。选拔推荐教师参加北京市职业院校教师素质提高计划人才项目，3 人分别入选职教名师培育项目和优秀青年骨干教师培育项目。

育人体系建设。制定学校“三全育人”体系建设组织方案及“三全育人”工作实施办法，着力提升育人针对性和实效性。制定《德育品牌创建工作实施办法》，统筹规范校、系两级德育品牌建设标准，发挥品牌育人引领作用。制定《兼职德育导师管理办法》，建立首批兼职德育导师队伍。学校办学质量得到社会认可，招生录取率 125%，就业率 98.54%。

党委书记　董维春
院　　长　付丽

（饶建军　张基莹）

建校 10 周年庆祝活动

10 月 26 日，卫职院建校 10 周年庆祝活动启动。学校以建校 10 周年为契机开展系列学术和文化活动，完成宣传片、校歌、宣传画册、发展成就展板、文创产品的创作制作，并通过官方网站、微信公众号和校园展板宣传学校发展史和重要历史人物。卫职院 2012 年 3 月由原北京卫生学校、北京护士学校和北京市中医学校合并升格而成，隶属于北京市卫生健康委员会，是北京市唯一培养医药卫生人才的公办全日制普通高等职业学校。

（饶建军　张基莹）

独立设置成人高等学校选介

北京宣武红旗业余大学

概况

2022 年，北京宣武红旗业余大学设置 5 个教学系，1 个教学站。开设 10 个专业，覆盖 6 个学科。拥有教室 47 间，包括网络多媒体教室 33 间。数字终端 539 台，包括学生终端 324 台、教师终端 215 台。专科毕业生 101 人，招生 80 人，在校生 155 人；北京理工大学远程教育学院红旗大学学习中心招生 6 人，在校生 36 人；北京交通大学继续教育学院红旗大学教学站毕业生 106 人。全年培训 20677 人次。网址：www.hqdx.com。

2022 年，学校秉承“立足地区、服务地区，为地区经济建设和社会发展服务”办学宗旨开展各项工作。

强化教学过程，提升教学质量。利用在线课程平台及在线课程教学资源，依托现代信息技术手段开展线上教学。组织中层干部、在职教师开展线上教育教学质量调研，覆盖全部学历教育、非学历教育培训项目，探索线上线下教育教学常态化监测，提升高等继续教育教学质量。

规范教育管理，落实管办分离。制定学校管办分离实施方案，明确学历、非学历继续教育的归口管理部门，健全招生宣传、学费收缴、校外合作、财务管理、证书发放等方面程序和要求，完善办学过程中的风险防范管控机制。

加强科学研究，深化课程思政。坚持以科研促教研、以学习促发展。组织教师参加“高质量建设首都学习型城市”第二届首都终身学习青年论坛，1 名教师论文获一等奖。全年在研北京市成人教育学会课题 6 个，结题北京市教育科学“十三五”规划一般课题 1 个。加强教师思想政治教育和推进课堂思政的实践探索，开展课程思政优秀教学案例评选活动，12 名教师获奖。

转换培训模式，服务区域发展。全年开展家长培训及街道社区培训 7 场，教师和家长 5840 人次参加学习。面向教育系统开展会计实务、现代办公软件应用、短视频制作等专项培训 43 场，累计服务中小学幼儿园教师 932 人次。开展教育系统专项讲座，其中心理学讲座 10 讲，服务 8516 人次；法律讲座 8 讲，服务 840 人次；传统文化讲座 11 讲，1049 人次参加学习。承接西城区教育考试中心和人力资源社会保障局考试 2 次 20 场次，服务考生 1200 人次。学校社区教育中心举办“新父母 心成长”家庭教育大讲堂，开展 5 场线上专题讲座，培训 1500 人次；与广外街道社会心理服务中心联合举办家庭教育暑期系列讲座 7 场，培训 2000 余人次；为西城区三义里第一幼儿园 30 余名教师开展“做一名幸福幼儿教师”主题培训。学校老年教育中心开展书法、绘画、文学、声乐、摄影等线上教学，全年开设 13 门课程，19 个教学班，培训学员 353 人次。选派 1 名教师赴内蒙古自治区喀喇沁旗锦山蒙古族中学开展为期 7 个月支教。

校　　长　钟淳（1 月 19 日免）
刘宏菲（1 月 19 日任）

（罗克东）

内设机构调整

7 月，红旗大学完成内设机构调整。将 13 个职能部门调整为 9 个，原联合办学部、招生办公室与教务处合并更名为教务处，原培训中心与新职业中心合并更名为培训中心，原社区教育办公室与广外社区教育办公室合并更名为社区教育中心，其余部门分别为党政办公室、科研室、总务处、财务处、老年教育中心、信息中心。

（罗克东）

北京市总工会职工大学

概况

2022 年，北京市总工会职工大学设有 2 个校区，设置 2 个教学系，开设 1 个本科专业、2 个专科专业。学校由市总工会举办。拥有教室 49 间，包括网络多媒体教室 34 间。数字终端 273 台，包括学生终端 236 台、教师终端 37 台。聘请校外教师 6 人。全年培训职工 5.6 万人次。

2022 年，学校完成内设机构与职能调整，统筹兼顾疫情防控与教育教学，各项工作按计划推进。

提升教学管理统筹能力。制定年度教育培训工作方案、课程建设工作方案和开新课、新开课管理办法等一系列文件，完善课程管理、规范工作流程、夯实教学管理体制机制。围绕教学质量提升，探索建立听评课工作制度，常态化开展课堂听评课工作。制定、修订工会系统干部培训班运行方案、主体班次建设方案等，提升教育培训规范化水平。全年统筹协调培训 148 个班次。实施专家库建设工作方案、师资库建设工作方案，实现资源在干部教育、职工教育、学历教育板块融通共享。全年评聘专家 28 人、职工匠师 30 人、职工讲师 7 人。

干部教育培训。源头参与全市工会干部教育培训计划顶层设计，根据疫情形势变化动态调整运用线上线下相结合培训方式，全年承办培训 219 期，其中市总计划内班次 39 期、送教到基层 180 期，累计培训 2.89 万人次。校内自有师资成为工会干部培训主力军，授课量 930 课时，占授课总量 84%。强化培训源头设计，首次明确重点班与专题班，分层分类组织实施。建成全国工会干部教育培训网北京分站，整合工会教育培训资源。开展“送教到基层”专项工作，市级示范公益送教 29 场，培训 1.90 万人次。研发“干教小课堂”、融合团建、沉浸体验、案例教学等新型教学形式和培训环节，引导学员参与教学互动和自我管理，增强培训互动性、吸引力和感染力。

职工教育培训。建立技术技能教研组，全年开展教研活动 30 次，研发形成智能制造专业等技术技能课 30 门，并择优转化生成视频、音频课程各 10 门；建立职工职业素养教研组，推进课程资源建设，全年开展 4 次专家指导和 8 次教研交流活动，形成 18 门职业素养课程。全年形成包括主题课程、职业素养课程和技术技能课程的菜单 78 份，形成职工教育培训课程菜单 111 份。开展首都职工素养指数研究，完成《首都职工素养指数研究报告（2022）》。加强首都职工教育培训示范点管理，从源头抓好示范点特色教育培训项目质量，打造职工教育培训示范班。全年收到 79 个示范点申报的特色教育培训项目材料，开展培训 116 场，累计培训 3.93 万人次。强化公益培训项目的课程思政建设和授课教师意识形态把关，全年开展 7 大类 298 个培训班次，直接培训职工 1.57 万人次。

特色专业体系建设。面向劳模工匠、技术技能职工、工会工作者和新业态新就业劳动者等重点职工群体开展学历提升需求调研。完成社会工作（工会方向）新专业以及工商管理和人力资源管理 3 个自主办学重点专科专业 19 门课程的教学大纲编写。制定自主办学行政管理本科劳模班专业建设及人才培养工作方案，以劳模班本科专业为教改推进试点；依托 2022 级工商管理专业，通过实施教改活动和创新授课方式，初步形成教学教研特色班。

职工匠师（讲师）队伍建设。坚持面向基层招募职工匠师，“来自基层、建在基层、用在基层”的职工匠师队伍初具规模。开展“匠心筑梦”匠师讲堂 120 场，服务职工

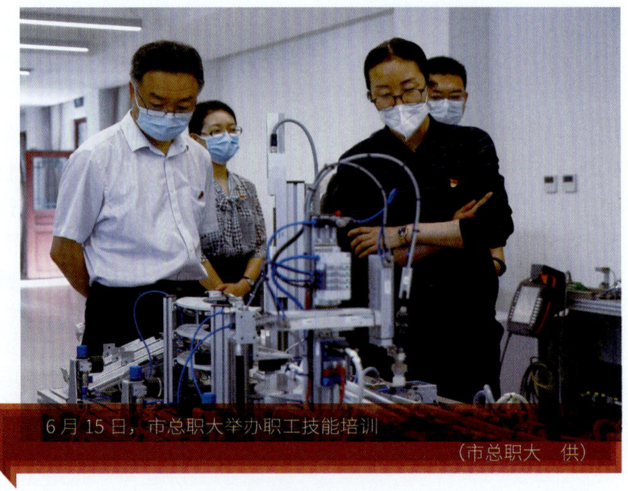

6 月 15 日，市总职大举办职工技能培训

（市总职大　供）

3600人次，助推职工匠师入校、入企、入社区。制定《职工讲师队伍建设与实施细则》，细化职工讲师培养流程。通过基本功大赛、职业培训课程开发培训等手段打造政治思想硬、教学能力强的职工讲师队伍。

工会研究工作。首次实现研究室统筹立项，首次推行“课题统一管理模式”，科研课题纳入工会研究课题范畴，实现对科研课题和专项课题同步开题、同期调度、统一结题。推进工会研究工作体系建设，强化调查研究与咨政研究同步安排、并行实施，统筹推动研究成果向咨政成果转化。全年承担15项课题研究任务，包括重点课题1项、专项课题8项、科研课题6项；教职工发表学术论文10余篇，形成政协提案2份。

党委书记　刘蓉

校　　长　王冬强

（周东妹）

“寻找职工好讲师”主题教学大赛

11月24日，市总职大“寻找职工好讲师”主题教学大赛总决赛落幕。来自北京汽车集团有限公司、中国联合航空有限公司等40余家企事业单位80名选手报名参赛，经过初赛、复赛选拔，11家单位14名选手进入总决赛开展教学演示，最终评选出一等奖2人、二等奖3人、三等奖4人，以及优秀课件奖6个、最具人气奖6个、优秀组织单位奖21个。

（周东妹）

北京教育学院

概况

2022年，北京教育学院设有4个校区，设置7个院（系、部），开设7个专业，覆盖6个学科。学校由市政府主办、市教委直管。拥有教室82间，均为网络多媒体教室。数字终端2069台，包括学生终端638台、教师终端1420台。数字资源量中电子图书16969册、音视频103小时。聘请校外教师43人。全年培训13004人次。网址：www.bjie.ac.cn。

2022年，学院加强党的政治建设和党对工作全面领导，提高办学治校水平，服务首都基础教育高质量发展。履行代管北京市教师发展中心职责，服务全市教育系统人才队伍建设。

全面加强党建。开展党委理论学习中心组专题集中学习24次。以“大思政课”建设为抓手，推进党支部作用发挥。贯彻落实党委领导下的校长负责制，全年召开党委常委会31次，研究议题157个。制定加强新时代中层干部队伍建设工作方案，完成两级党组织集中换届选举，教师党支部书记“双带头人”占比100%。党委常委会9次研究全面从严治党工作，明确28项年度重点任务，深入推进全面从严治党。

服务首都教育高质量发展。分级分类开展市级培训11908人次。举办“强师大讲堂”系列讲座，近6万人次干部教师参加学习。面向全市中小学干部教师开展“双减”全员培训，62万人次参加学习。统筹开展全市教育党校培训和业务指导，参与起草《北京市关于建立中小学校党组织领导的校长负责制的实施方案（试行）》及相关配套文件，举办“北京教育党校大讲堂”党的二十大精神专题培训。研制《北京市中小学体育与健康课程实施方案》及16本教师指导手册，推动五育并举落地落实。举办北京职业教育高质量发展专题研讨班和第六届“启航杯”新任教师教学风采展示活动。入选教育部新时代中小学名师名校长培养计划（2022—2025）名校长培养基地。

助力区域教育协同发展。完成全部教育支援合作项目，涉及内蒙古、河北、四川、甘肃、新疆5个省（自治区），培训学员1779人。举办京津冀小学校长论坛、京雄学校发展共同体论坛等，助力京津冀教育协同发展。

加强人才队伍建设。实施“优教优才”工程，助力青年教师成长。聚焦教育综合改革重点难点问题，召开学科建设推进会，组织高水平学术交流。坚持“研训一体”，全年教职工在各类期刊发表论文341篇（核心及以上期刊84篇），出版著作65部，参编著作26部。组织学院督学开展在线课程督导，切实加强课堂教学管理。

提高办学治校水平。以学院章程为依据开展规章制度“废改立释”和整合优化工作。研制学院“十四五”时期发展规划、学科建设三年行动计划、“十四五”时期信息化发展专项规划等，谋划学院未来发展。结合机构改革完成新一轮教职工全员聘任，人岗匹配度更加精准。推动实施人事分配制度改革。加强校园基础设施改造升级，优化校园基础网络环境。制定网络舆情突发事件应急预案和校园宣传设施及宣传品管理办法，做好校园突发事件应急处置工作。

党委书记　肖韵竹

（庄莎莎）

1月4日，教育学院教师展示自由式滑雪空中技巧
（教育学院　供）

“思政大家谈”系列学术活动

4月25日，教育学院举办“思政大家谈”首期活动。首期活动以“基础教育领域思想政治教育‘面面观’”为主题，由思想政治教育与德育学院5名教师作专题发言，探讨思政课程与课程思政、青少年兴趣发展引导、学校社会工作培训、班主任工作等问题。思政学院全体教职工、跟岗实习人员等30余人参加活动。“思政大家谈”系列学术活动是学院学术活动品牌，以“大家引领、大家参与、大家共享”为特色，围绕完善中小学思政课教师培训体系，探索搭建既有高水平学者专家学术引领，又有广大教师特别是思政课教师积极参与，同时实现优质中小学思政课资源共建共享的学术交流平台。全年举办活动4期。

（庄莎莎）

“强师大讲堂”系列讲座活动

5月23日，教育学院启动“强师大讲堂”系列讲座活动。活动面向北京市基础教育干部教师推出大型精品系列讲座，助力首都高质量专业化创新型教师队伍建设和基础教育高质量发展。首场活动由教育部教材局（国家教材委员会办公室）一级巡视员作题为《义务教育课程标准修订要点与意义》讲座。学院全体教师及参训学员、各区教师培训机构教师、中小学市级骨干校长、骨干教师等2.31万人次参加线上学习。至年底，“强师大讲堂”共举办2场讲座，累计参加学习近6万人次。

（庄莎莎）

基础教育“三进”研究中心成立

9月17日，教育学院成立习近平新时代中国特色社会主义思想“三进”研究中心，为北京基础教育领域首个“三进”研究中心。中心为综合研究平台，设在思想政治教育与德育学院，职责是落实国家教材委员会《习近平新时代中国特色社会主义思想进课程教材指南》，推进北京市《习近平新时代中国特色社会主义思想学生读本》教学实践研究，服务北京市基础教育思政教育与课程思政，在课题研究、教育教学、学科建设、决策咨询、培养科研骨干与新秀等方面发挥作用。中心设主任1人、副主任2人。

（庄莎莎）

北京开放大学

概况

2022年，北京开放大学设有3个校区，设置4个二级学院。国家开放大学业务上网课程1585门；国开专业设置34个系统教学单位，开设40个专业，其中本科（专科起点）专业16个、专科专业24个（包括“一村一名大学生计划”专业2个、“助力计划”专业1个）。自办业务上网课程438门；自主专业开设35个专业，其中专科专业18个、本科专业17个。非学历教育项目包括社会教育类项目16个、职业培训类项目68个。学校由市政府举办。拥有教室52间，包括网络多媒体教室7间。数字终端528台，包括学生终端476台、教师终端52台。数字资源量中电子图书52.32万册、电子期刊7836册、音视频5410小时。“双师型”教师103人。聘请校外教师305人。国家开放大学业务毕业生10377人，其中专科生6852人、本科生3525人；招生13332人，其中专科生7327人、本科生6005人；在校生60662人，其中专科生37342人、本科生23320人。自办业务毕业生6018人，其中专科生2221人、本科生3797人；招生10052人，其中专科生6715人、本科生3337人；在校生35486人，其中专科生22999人、本科生12487人。全年培训504075人次。网址：www.bjou.edu.cn。

2022年，学校聚焦质量提升，深化综合改革，在服务首都市民终身学习和学习型城市建设中发挥作用。

在统筹疫情防控与事业发展中发挥开放大学优势。通过网络课、直播课等形式实现“不停课、不停学”；通过居家远程人脸识别考试避免线下大规模考试聚集；通过绿色学习通道为身处防疫一线学生提供便利；通过“京学在线”平台面向市民开展居家抗疫云课堂。疫情期间，学校教育教学各项工作平稳有序运行。

打造非学历教育特色品牌。老年教育“百千万智慧助老”项目全年助力54.7万老年人跨越“数字鸿沟”。社区教育22个实践创新项目、35门课程、45个案例获教育部首批“能者为师”项目推介。31个项目入选首批京韵特色社区教育示范项目。非学历培训形成教师教育、留学培训等品牌特色项目群，“强师工程”项目入选全国和北京市终身学习品牌项目。全年实现非学历培训96.2万人次。

创新老年教育和社区教育服务模式。牵头成立北京老年教育协作会、老年志愿者协会专业委员会，认定15所老年学习示范校（点）。为丰台区南苑街道等开通线上学习平台。承接市教委“全程超前伴随式”家长培训项目，基于“京学网”开发家长培训平台。编写首部《北京市老年教育发展报告》，举办第二届北京老年教育创新发展论坛。推进老年荣誉学历教育建设，开展专业的适老化改造。入选北京市人口老龄化国情市情教育基地（第二批）。

推动教学综合改革方案全面落实。开启直播教学工作，打造“云端课堂”。完善教务管理制度流程，持续推进听评课活动，强化学业预警机制，促进教学质量和管理水平提升。实施创优提质战略，开展办学评估检查，完成17家系统外学习中心评估上报。开展合作办学清查和办学体系评估，规范合作办学管理。

推进专业与课程“双一流”建设。以专业群建设为抓手，优化整合专业设置。加强课程建设统筹管理和质量管理，制定精品课程建设方案和评价指标，探索4门卓越课程培育，打造高质量专业和课程体系。完成创优提质216门课程建设及题库建设。

统筹开展学分银行业务实践试点。新增用户28679人，存储学习成果42151条，入选国家开放大学学分银行典型案例 6 项。发挥“1+X”证书试点推进办公室作用，申报证书 203 个，申报学生 24372 人，开展 110 个证书考核费用标准核定，遴选 10 个特色优秀案例。

师资培养和教科研工作。建立“北开名师”“北开学者”等人才选育制度，培育高层次人才。深化人事制度改革，优化教职工队伍结构，做实各类考核评价。加强系统教师队伍建设和兼职教师管理。组织北开大讲堂及各类专题培训。聚焦校本研究，推进首都终身教育研究基地、老年教育研究中心、课程与教学研究中心建设，开展示范性研究。举办第五届网络教育年会、首届校内学术年会、科研能力提升工作坊，营造浓厚科研氛围。

3 月 24 日，北开大开展“一村一园助力河南灾后重建”项目浚县幼儿园教师培训。图为专家入园指导　　（北开大　供）

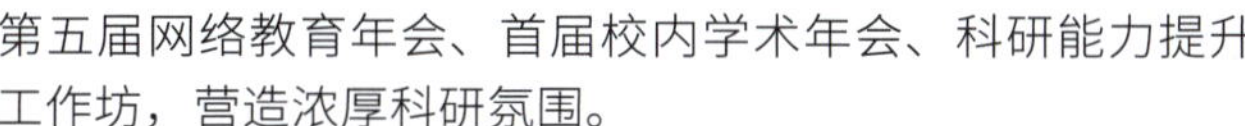

党委书记　杨公鼎
校　　长　褚宏启

（程继强）

“一村一园助力河南灾后重建”师资培训班

1 月 19 日，北开大培训学院举办的河南浚县“一村一园助力河南灾后重建”师资培训班开班。培训项目为期 1 年，采取线上同步和异步培训、线下骨干教师集中培训、送培入校等多种培训形式。浚县 320 名幼儿园教师参加培训。

（李玥）

自主业务远程人脸识别考试

3 月至 12 月，北开大组织开展 6 次自主业务远程人脸识别考试。学校开展机审、人工审核相结合的三轮次异常考次审核，严格考试诚信教育和管理，通过线上线下相结合的考试支持服务 143404 考次，保障考试工作安全有序开展。考后面向学生、教师及教学单位开展考试云服务满意度调查，结果显示学生对考试云服务满意率 93.6%，教师和教学单位对考试云服务满意率 90.6%。

（李玥）

国家开放大学

概况

2022 年，国家开放大学总部设有 4 个校区，设置 9 个院（系、部），开设 226 个专业，覆盖 10 个学科；全国设置学习中心 3590 个。学校由教育部举办。数字资源量中电子图书 20 万种、电子期刊 40 万册、融媒体教材 1206 种、学术文献 8000 万篇、音视频 96 万分钟。毕业生 123.40 万人，其中专科生 94.80 万人、本科生 28.60 万人。招生 140.98 万人，其中专科生 97.65 万人、本科生 43.33 万人，授予学位 5671 人。高等学历教育本专科在校生 509.20 万人，其中专科生 381.50 万人、本科生 127.70 万人。全年培训约 10 万人次。网址：www.ouchn.edu.cn。

2022 年，学校坚持稳字当头、稳中求进，提高质量、提升形象，取得一些标志性成果。

以“大思政课”建设为抓手，开展思想政治教育。组织“云学二十大”活动，60 万名师生参加。推出“学习党的二十大精神”系列直播课，录制“马克思主义理论新发展”系列名师好课，持续将党的创新理论融入人才培养全过程和学生碎片化时间。开展第二届思政课教学展示活动，上线课程思政专题网站，开设“四史”通识课，构建思政课程群。探索“导学测问拓”五位一体的在线思政教学模式，推动习近平新时代中国特色社会主义思想进教材、进课堂、进头脑。举办第二届当代中国马克思主义理论研究高层论坛，与北京交通大学联合培养马克思主义理论专业研究生，不断深化学科内涵建设。

坚持“两翼”驱动，学历教育与非学历教育并重发展。开放教育招生数与上年基本持平，本科招生数比上年提高 7%；实验学院招生近 4 万人，在籍生 11.4 万人，创历史新高；组建服务团队近 300 人，与职业院校、国有大型企业共建实践教学基地 9 个。入选教育部国家级职业教育“双师型”教师培训基地和人力资源社会保障部“数字技术工程师培育项目”首批培训机构。开展全国市县开放教育机构书记校长研修班、语言文字规范培训、卫生健康人才技能培养等特色项目，累计培训 5.5 万人，同比增长 72.9%；业务收入 4935.86 万元，同比增长 35.9%，实现经济效益与社会效益同步提升。形成社区教育特色。开展“能者为师”课程共享行动，启动实践创新项目 485 个，推介首批课程 913 门、典型案例 383 个，服务 500 万人次，为促进全民终身学习搭建新渠道。

打造终身教育数字化品牌，满足学习者多样化学习需求。累计建成各类音视频数字资源 88 万分钟和适合移动学习的五分钟课程 5 万门，新建和修订教材 120 种，更新 160

门课程资源，1.7 万门学历教育课程数字化率 85%，通过内联外合汇聚社会学习资源 100 万门，满足全民终身学习需求。建成数字化考试测评系统，应用人脸识别技术对 219.8 万名考生进行核验，无纸化考试服务 117.3 万名考生，居家考试等灵活考试服务 14.9 万人次，平稳推进疫情期间考试工作。支持办学体系 500 万名学生和 7.3 万名教职工在线教学，秋季学期学生学习行为 72 亿次，同比增长 20%；建成网上办事大厅，实现“一网通办”，全年服务学生 680 万人次。

推进学分银行建设，在落地应用上取得新进展。稳步推进职业教育国家学分银行建设，建立机构账户 6038 个，覆盖 72% 的本科院校、95% 的高职院校和 51% 的中职学校。建立学生账户 2200 万个，存储成果 180 万个。指导试点院校实现 9000 余门课程的学分转换。探索新技术赋能学分银行应用。启动区块链国家试点，全年上链存储个人数字身份 200 万个、证书 180 万张，保证数据真实可靠、存储过程可追溯。

推进国家老年大学筹建。累计投入建设资金 1296 万元，以“德学康乐为”为办学宗旨，汇聚 40.7 万门、397.3 万分钟课程资源，一期平台注册用户 25 万人；录制完成“开学第一课”，筹备“艺术名家课”书法、国画系列课程，加快推进国家老年大学挂牌开学准备工作。迭代升级中央国家机关老年大学资源共享平台，为 5 万余名离退休老干部提供在线教学服务，平台访问量 480 万次，课程观看量 513 万次。

党委书记　荆德刚
校　　长　荆德刚

（张文辉）

课程思政专题网建成上线

3 月 4 日，国开大课程思政专题网建成上线。专题网汇总国开大办学体系近年来课程思政建设成果，包含重要论述、政策文件、专家讲座、国家级示范课、建设成果、专家文献、分部专栏等模块，为办学体系提供便利的课程思政学习、宣传、交流和观摩空间。网址：cms.pt.ouchn.cn/publish/kcszzspt。

（张文辉）

与北京交大签署战略合作协议

3 月 9 日，国开大与北京交通大学战略合作签约。根据协议，双方按照“务实合作、协同创新、共同发展”原则，在学科建设、教学科研及研究生培养等方面开展全方位、多层次、宽领域交流与合作，推进优质资源共享和创新人才共育，实现共同发展。协议期 5 年。

3 月 9 日，国开大与北京交大签署战略合作协议
（国开大　供）

（张文辉）

终身教育平台开通上线

5 月 20 日，国开大终身教育平台开通上线，面向社会开放。该平台是学校为推进教育公平、减少“数字鸿沟”，在现有“一路一网一平台”基础上打造的全新学习平台，汇聚学校自建学习资源以及 338 所高校课程资源和 10 个头部平台的特色课程共计 50 万门，致力于满足社会大众多元化、个性化学习需求。平台网址：le.ouchn.cn。

（张文辉）

北京市西城经济科学大学

概况

2022 年，北京市西城经济科学大学（西城区社区学院）设置 3 个院（系、部），开设 5 个本科专业、3 个专科专业。学校由西城区政府举办。拥有教室 41 间，包括网络多媒体教室 39 间。数字终端 451 台，包括学生终端 397 台、教师终端 54 台。毕业生中本校专科毕业生 52 人、中国传媒大学西城教学站本科毕业生 245 人。招生中本校专科生 29 人、中国传媒大学西城教学站本科生 123 人。在校生中本校专科生 100 人、中国传媒大学西城教学站本科生 600 人。全年培训 4786 人次。网址：www.xcjkd.org.cn。

2022 年，学校坚持疫情防控和教育教学两不误，稳步推进各项工作。

教育教学。以学生党建为抓手，提升思政育人效果。提高学生党员队伍整体素质，发挥学生党员在学生群体中“头雁效应”。积极应对疫情变化，创新教学、管理方法与手段。制订应对疫情教学、答辩、考试、工作方案，线下、线上及时转换，有序衔接。建立疫情防控下教学管理新流程，使用多种新媒体手段提升工作效率。以参加市级学科竞赛和教学评比为抓手，提升学生专业技能和教师能力，推进教学改革。教师 1 人获第 18 届北京市高等学校教学名师奖、1 人被评为北京市高校优秀教学管理人员。

社区教育。举办“永远跟党走　舞赞新征程”西城区第 11 届市民艺术节舞蹈比赛、西城区第 20 届市民终身学习周系列活动、西城区市民学校第 21 届市民书画精品展等活动。各市民终身学习成果认证点全年认证课程 340 门，6114 课时，受益人数近 5000 人、5.96 万人次。9 个街道 37 个社区评选出精品课程 30 门、特色课程 54 门。开设市民进校大专班课程 16 门，411 课时，受益 53 人、2457 人次；市民进校单科班课程 9 门，396 课时，受益

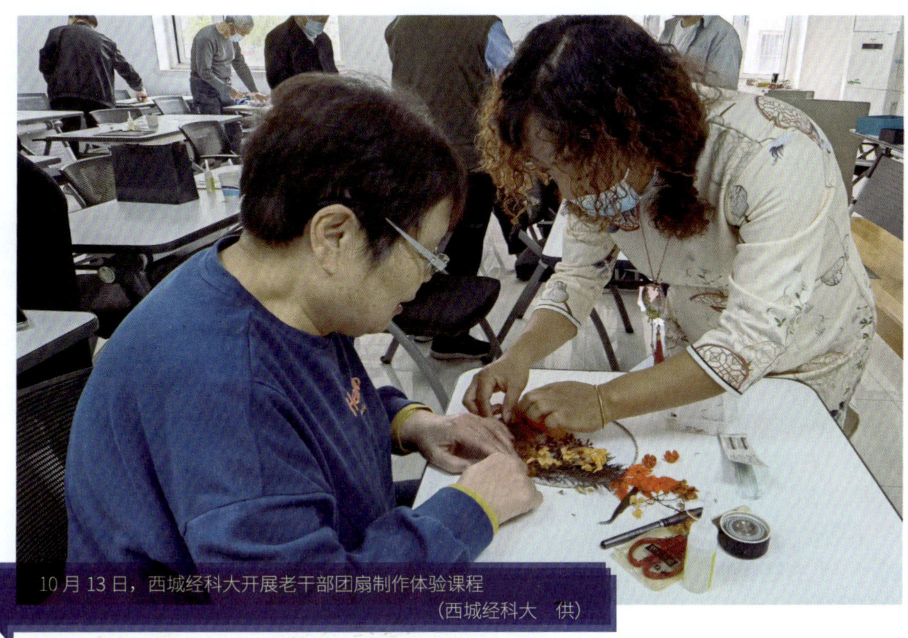
10月13日，西城经科大开展老干部团扇制作体验课程
（西城经科大 供）

144人、1309人次；送教进社区课程班课程4门，105课时，受益75人、675人次。开设体验课程10门，30课时，受益150人、1500人次。

培训项目。采用线上培训和直播课程方式为西城区行政事业单位财务人员和西城区组织部、人力资源社会保障局、退役军人服务中心开展培训项目5个，开设课程52门，聘请教师52人，培训2725人。

继续教育。组织开展专业技术人员和事业单位工作人员公共知识培训和其他专业技术培训21次，123学时。

教研科研。全年公开发表论文12篇，获奖11项，计17人次。5项课题获2022—2023年度成人继续教育科研立项，包括4项重点课题、1项一般课题。开发制作特色微课程30集，完成校内成品微课程39集。7个系列微课程被认定为北京市社区教育优秀课程，2个系列课程入选教育部首批推介的社区教育“能者为师”特色课程。

党委书记　张建国
校　　长　张建国

（陈怡）

市民线上教育课程开课

4月12日，西城经科大市民教育课程以线上教学形式开课。线上教学涉及2019—2022级市民进校的专科课程班、单科课程班以及教师进社区3个不同类别，17门课程近200名学员通过在线方式学习“串珠与编绳”“素描”“透视原理”等实践性技能以及“英语视听说”等应用类知识。学校以积分认定的方式履行在线课程教学和教师管理，强化学习过程监控，运用人工智能、大数据等新一代信息技术记录出勤报到、课程内容、讨论记录、学习数据等情况。

（陈怡）

西城区市民活动

6月至12月，西城区文明市民学校总校暨西城经科大（区社区学院）组织西城区市民活动。联合西城区文明办、区教委举办“永远跟党走 舞赞新征程”2022年西城区第11届市民艺术节舞蹈比赛，来自15个街道文明市民学校中心校、12所社区教育学校选送的36个舞蹈节目线上展示。联合西城区教委、区精神文明办面向15个街道、15所社区教育学校开展“学习涵育人生 智慧温暖西城”西城区社区教育优秀新闻信息稿征集评选活动。联合西城区教委、区精神文明办举办“喜庆二十大 翰墨润西城”2022年西城区第21届市民书画展。展览以线上展出、线下评选方式进行，评选出15幅参与奖，线上展出作品50余件。

（陈怡）

老干部职业技能体验课

10月13日和11月3日，西城区老干部（老年）大学在西城经科大分别开展“巧手绘团扇，喜迎二十大”团扇制作体验课程和“巾帼心向党，智慧享生活”服装搭配体验课程。团扇制作课堂上，教师向老同志介绍花材辨识方法和干花团扇制作方法，老同志跟随教师指导展开设计，DIY干花手作团扇。服饰搭配课堂上，教师带领老同志认识身材类型、脸型特征，讲解着装要点、着装风格，讲述着装的“四讲究”（整洁平整、色彩技巧、配套齐全、饰物点缀）知识点，并邀请学员做模特进行现场操作教学。2次课程各15名退休老同志参加。

（陈怡）

国家重点中等职业学校选介

北京市昌平职业学校

设有2个校区，9个系部，开设44个专业，128个教学班。学校由昌平区教委举办，为职业高中学校。拥有教室128间、专用教室95间，包括网络多媒体教室24间。数字终端1400台，包括学生终端1140台、教师终端260台。数字资源量中电子图书32.5万册。“双师型”教师141人。聘请校外教师56人、行业导师10人。毕业生中取得职业类证书311人。招收京籍学生976人。在校生中京籍学生2836人，参与现代学徒制培养学生379人。

3月16日，昌平职校成立公共基础课教学改革专家智库。图为专家入校指导公共基础课教研活动 （昌平职校 供）

2022年，学校坚持“科学经营学校”办学理念，扎根昌平大地，努力办高质量职业学校。

党建引领，提升学校治理水平。开展“党员在身边”“作风建设年”等主题教育活动；构建“职教优质服务”品牌，列出12个方面重点任务清单。成立意识形态管理与研究中心，开展风险隐患排查。

坚持立德树人、德技并修。构建“五育融合”育人体系。开展领导、干部深入班级讲思政课活动，形成大思政格局。23名学生在全国、北京市职业院校技能大赛获奖，3名学生参加世界中学生冬季运动会选拔赛获冠军2个、亚军1个，4名学生获中等职业教育国家奖学金。教师在全国、北京市职业院校技能大赛获奖15个，11个成果获2021年北京市教育教学成果奖。学校被评为北京职业院校“三全育人”典型学校。

多措并举，保障线上教学质量。制定线上教学实施方案，将思政教育、体育锻炼、美育活动、劳动教育纳入课表，做到“一系一策、一班一表”。形成学校党政班子带头、多元主体深入听评课与调研机制，多层级、多维度评课体系，“日日有评价、周周有分享、月月有总结”机制；各系形成“7S”等线上教学运行管理模式，学生满意度97.77%。编制线上教学指导手册，保障不同平台线上教学质量。6门课程、5个专业教学资源库分别入选2022年北京市职业教育在线精品课程、专业教学资源库。

形成保障机制，推进提质培优项目建设。形成“统筹—分责—培育—遴选—销账”机制，推进项目建设。

校企合作、协同育人。推进特色学徒制建设，7个特色学徒班授牌开班。学生在教师和企业工程师带领下开发完成线上考勤系统，校企合作研发助农益农产品。

坚持育训并举。面向中小学、社区、乡村等开展培训，年培训3.2万人天。4门课程、1个案例被评为教育部社区教育“能者为师”项目系列特色课程和典型案例。

劳动教育和职业体验。继续为昌平区中小学生提供职业体验服务，接待昌平区近400名中小学生到校体验16门实践课程。7门中小学劳动教育课程资源入选国家智慧教育平台。学校入选北京职业院校首批中小学生职业体验中心（劳动教育基地）。

加强国际交流。持续深化与新加坡工艺教育局（ITE）合作，2门课程获其学分认证。为ITE师生开展电商运营课程、电商创业项目设计、中国传统剪刻艺术等线上培训，培训300余人。与ITE及京东物流共同举办2022年中国—新加坡职业教育创新创业国际论坛暨“京东物流杯”创新创业项目路演邀请赛。

助力乡村振兴。校村镇合作成立昌平区首家乡村社区学院。推进“康陵春饼宴”菜品升级，共同打造区域乡村振兴建设IP。“爱心助农服务队打造电商新农人”志愿服务项目被评为全国“2022年中学生志愿服务示范项目”。完成全国“雨露计划”有关报告2篇，在国家乡村振兴局、教育部、人力资源社会保障部“雨露计划+”就业促进行动启动仪式上作经验发言。

承担社会责任。143人次党员干部教师、近100人次青年团员参与社区抗疫志愿服务；20名学生完成北京冬奥会、冬残奥会志愿服务工作；28名学生参与全国两会志愿服务，完成礼仪、礼宾、餐饮服务等各项任务。承担对口帮扶项目，招收河北唐山、河南栾川、青海玉树学生来校就读；为唐山市第一职业中专20名师生开展宝马技能培训。

（彭天夫）

北京市延庆区第一职业学校（北京市延庆区职业学院）

设有8个系部，开设16个专业，40个教学班。学校由延庆区教委举办，为职业高中学校。拥有教室40间，包括网络多媒体教室39间。数字终端712台，包括学生终端380台、教师终端198台。“双师型”教师53人。聘请校外教师7人。毕业生中取得职业类证书9人。招收京籍学生107人。在校生中京籍学生274人。

2022年7月2日，经延庆区委机构编制委员会批复，北京市延庆区第一职业学校与北京开放大学延庆分校、北京市延庆区成人教育中心整合组建北京市延庆区职业学院。延庆一职成立于1988年，时称延庆县职业高中，2000年更名为延庆县第六中学，2001年更名为延庆县第一职业学校，2016年更名为延庆区第一职业学校。

2022年，学校围绕深化职业教育改革、北京冬奥会服务保障、校园疫情防控等工作，持续强化内涵发展，培养高素质技能型人才，服务区域社会经济发展。

配合区职业教育改革。配合延庆区职业与成人教育整合工作，参与筹建北京市延庆区职业学院。完成新校区建设。聘任法治副校长，开展法制安全教育，完善工作机制。

参与中小学生课后服务。选派23名教师参与中小学生课后服务，以课后服务形式落实交流轮岗工作，涉及延庆区14所中小学校，服务内容包括足球、烹饪、化妆、手工制作等。入选北京职业院校首批中小学生职业体验中心（劳动教育基地）。

坚持培养高素质技能型人才。坚持学历教育和社会服务并举并重的职能定位，重视培养学生职业道德和职业技能。学生参加第二届“丝路工匠”国际技能大赛，5名学生（含2名留学生）获特等奖2个、一等奖2个、二等奖3个、三等奖2个。

服务北京冬奥会。选拔6名教师参与北京冬奥会延庆赛区服务保障工作。

（卫秀宗）

北京市密云区职业学校

设有3个校区，开设12个专业，12个教学班。学校由密云区教委举办，为职业高中学校。拥有教室138间，包括网络多媒体教室75间。数字终端1271台，包括学生终端1095台、教师终端176台。“双师型”教师36人。聘请校外教师12人。毕业生中取得职业类证书117人。招收京籍学生250人。在校生中京籍学生516人。

2022年，学校发挥党组织在办学治校过程中“把方向、管大局、做决策、抓班子、带队伍、保落实”作用，推动教育教学、师资建设、区域服务等各方面工作高质量发展。

加强教师业务培训，提升教师教育教学能力。围绕班主任能力提升开展德育案例撰写、学生心理健康教育等方面培训，围绕教学能力提升开展信息技术培训、课程思政优秀课例展示研讨、德育教师说课比赛等活动，提高教师政治意识、自律意识、教学能力。教师116人次在北京市教育教学等各类比赛中获奖，其中北京市职业院校技能大赛教学能力比赛2个团队8名教师获一等奖。

坚持五育并举、德育为先工作理念。围绕党的二十大，通过主题党日团日、主题班会、校园电视台等途径，组织开展革命传统教育、社会主义核心价值观教育、工匠精神教育、劳动教育、中华民族传统文化教育、习近平新时代中国特色社会主义思想教育。以创建文明城区为契机，加强学生思想道德建设和文明习惯培养，开展“创城有我 文明出行”“培养习惯 热爱劳动”等主题教育，各班围绕“创城”主题开展丰富多彩活动，学生思想素质和文明习惯明显提升。学生参加第二届“丝路工匠”国际技能大赛获一等奖2个、二等奖2个、三等奖2个。

发挥职教资源优势，服务区域发展。发挥心理健康促进中心工作室4名国家级心理咨询师的团队优势，每周为学生和家长推送新冠肺炎疫情下的心理自助手册，守护心理健康；走进社区和密云区残联等单位，为群众送上心理健康讲座。推进中小学职业体验课程工作，融入劳动教育元素，开发泡菜制作、果木嫁接、豆类收割等劳动项目式课程，涉及清洁与卫生、整理与收纳、烹饪与营养、农业生产劳动、传统工艺制作、新技术体验与应用、现代服务业劳动7个任务群，学段由一年级至九年级全覆盖，为密云区中小学劳动教育课程提供服务。

（赵明凤）

北京市怀柔区职业学校

设有2个校区，开设10个专业，11个教学班。学校由怀柔区教委举办，为职业高中学校。拥有教室40间，包括网络多媒体教室36间。数字终端1270台，包括学生终端500台、教师终端350台。“双师型”教师44人。招收京籍学生167人。在校生中京籍学生167人。

2022年，学校恢复招生（2019年因升级转型暂停招生）。学校成为怀柔区教育系统“党组织领导的校长负责制”试点工作单位，强化管理，产教融合，提升教育教学质量，维护学校安全稳定。

注重德育实效，提升育人水平。学校立足“全面育人、培养个性、和谐发展”培养目标，大力抓好德育工作，加强班主任队伍建设，着力培养学生自主管理能力，全面提高学生思想道德、文化科学、劳动技能和心理素质。

强化常规管理，提升教学质

9月5日，红色讲解员走进密云职校宣讲（密云职校 供）

量。坚持“就业+升学”培养路径，规范工作标准，深化职教课程改革，培养工匠精神。加强师德师风建设和课程思政，开展灵活多样的培训、比赛、教学经验分享等活动，为教师学习和提升提供机会。

发展成人教育，助力乡村振兴。扩大学校农广校中专学历班招生工作，农民中专学历教育招收168人。指导实训基地利用微信平台线上开展手工艺、种植、烹饪等课程教学交流。全年开展企业职工线上线下相结合培训3123人、特种作业培训713人、线下高素质农民培训165人。

（王荣梅）

北京金隅科技学校

设有2个校区和邯郸、保定2个分校，5个系部，开设28个专业，46个教学班。学校由市教委举办，为普通中等专业学校。拥有教室72间，包括网络多媒体教室56间。数字终端1616台，包括学生终端1367台、教师终端121台。数字资源量中电子图书10万册。“双师型”教师132人。聘请校外教师43人、行业导师1人。毕业生中取得职业类证书159人。招收京籍学生437人。在校生中京籍学生1018人。

2022年，学校以推动高质量发展为核心，推进提质培优各项任务落地见效，坚持改革抓机制、安全抓责任、整体抓质量、保证抓党建，实现可持续发展。

教学改革。探索德技并重的综合培养新路径，将价值塑造、知识传授和能力培养三者融为一体，落实思政教育。以家校情怀、北京标志、中国建造、历史印记、红色传承为主题，引导学生价值塑造。深化校企合作，建设“国创轻量化工程师学院”，推进骨干特色专业群建设，推动产教深度融合。依托工程师学院，建立“课内课外、学校企业、中职高职、线上线下、岗课赛证、课程思政与思政课程”6个对接，优化以企业需求为导向、以能力提升为目标的人才培养模式。开发5本新型工作手册式融媒体教材；建设13门精品课程，2门课程入选北京市职业教育在线精品课程，2门课程入选北京市优秀劳动教育课程资源。1名教师获“北京市优秀教师”称号。学生参加校外技能比赛13项，54人次获奖。

4月22日，金隅学校承办北京市职业院校技能大赛数控综合应用技术赛项 （金隅学校 供）

立德树人。制定学校推进“三全育人”工作实施方案、德育“一校一品”创建方案，明确党政群团、教育教学、服务保障等部门共同参与“三全育人”。组建思政课创新团队，推进思政课程“示范课”建设，完成“议题式”教学示范课教学案例，完善思政教学资源库，入选北京职业院校“三全育人”典型学校，1个案例获评北京职业院校“三全育人”典型案例。

京冀职教合作。举办2022年京雄地区教师教学能力提升系列线上培训，培训雄县职业技术教育中心、容城县职业技术教育中心、安新县职业技术教育中心及学校教师238人。完成新疆和田、内蒙古通辽职业教育教师70人跟岗实践与培训任务。

（李淑娟）

北京市园林学校

设有3个系部，开设21个专业，31个教学班。学校由市公园管理中心举办，为普通中等专业学校。拥有教室29间，均为网络多媒体教室。数字终端531台，包括学生终端272台、教师终端151台。数字资源量中电子图书5000册。“双师型”教师26人。聘请校外教师15人、行业导师14人。招收京籍学生279人。在校生中京籍学生573人。

2022年，学校以党的二十大召开为契机，以学校“十四五计划”为总纲，以特色高水平项目建设为主线，加强教师数字化教学能力，提升学生综合素养，夯实基础管理，实现教育教学事业平稳发展。

依托“特高”建设任务，推进专业内涵发展。第二批“特高”项目建设稳步推进并通过市教委阶段评估，第三批“特高”项目建设完成经费预算。引进行业专家开展课堂教学、指导专业建设。调研市公园管理中心文物古迹技术技能人才现状，发挥专业群建设服务行业的作用。

加强实践教学，提升学生岗位认知。师生协助企业专家共同完成“9·30天安门广场敬献花篮”制作任务。会展服务与管理专业师生赴新瑞鹏宠物医疗集团开展为期10天岗位认知实践教学，宠物养护与经营专业在北京动物园

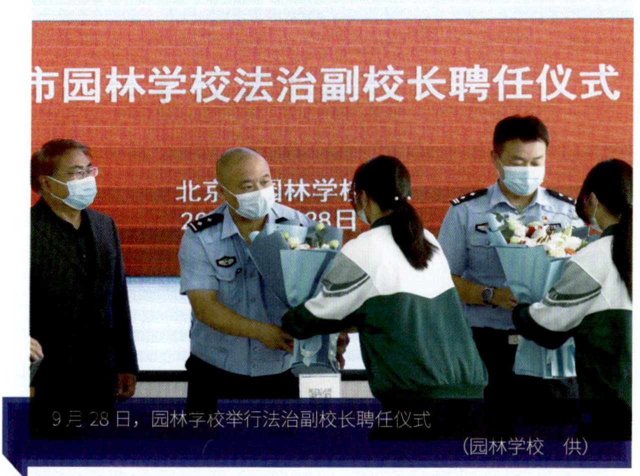

9月28日，园林学校举行法治副校长聘任仪式
（园林学校　供）

开展课程实践教学，花艺设计与制作专业到北京市花木有限公司开展课程实践。

坚持立德树人，紧抓思想政治教育。推进课程思政，将党的二十大精神与思政课教学紧密结合，将党的二十大报告中新理念、新提法、新论断融入课堂教学中，开展“学习二十大，奋进新征程”专题教学活动，结合专业和课程教学资源开展主题教育活动。

多样化发展，激发学校办学活力。中专学历教育方面，全面推进专业中高学段衔接，招生规模大幅提升。行业培训方面，开展市公园管理中心职工自主评价培训824人次；完成陶然亭公园等市属公园调研工作，了解职工培训需求，明确培训内容；完成系统内行业专家库构建，录制完成“园林植物”“草坪灌溉系统”等网络培训课程6门。社会服务方面，面向社区居民开展压花团扇制作、瓦当拓印等实用技术和传统文化培训7场；围绕“中小学课本中的植物”科普品牌，更新科普长廊11个展板；面向师生开展“何以中国”故宫特展系列讲座、“南海生态岛建设”等线上科普大讲堂活动3次，742人次参加；开展“校园花事”系列科普，撰写云科普文章2篇。

实干笃行，提升服务保障能力。修订内控制度，规范绩效工资管理。完成下属4家企事业单位注销。办理“接诉即办”工单3件，响应率、解决率和满意率均100%。做好常态化疫情防控，组织防汛演练，保障消防系统正常运行，持续深化校园安全文化建设，筑牢校园安全屏障。

（张旭）

中央音乐学院附属中等音乐学校

设有10个系部，开设39个专业，25个教学班。学校由教育部举办，为普通中等专业学校。拥有教室304间，包括网络多媒体教室34间。数字终端226台，包括学生终端141台、教师终端85台。数字资源量中电子图书2000册。聘请校外教师42人。招收京籍学生47人。在校生中京籍学生259人。

2022年，学校以立德树人为根本，以文化课教学改革为抓手，围绕教育教学核心开展各项工作。

高考成绩取得突破。全面推进文化课教学改革，高考成绩明显提高，学生通过率、高分率明显增加。

京港澳交流工作。筹备第二届京港澳青少年音乐艺术嘉年华活动。与中央电视台合作录制“童心筑梦向祖国　明珠香江耀中华”庆祝香港回归祖国25周年京港学生交流联谊音乐会，在香港多个社区播放，得到香港市民好评。

冬奥工作。学生参加北京冬奥会开闭幕式演出，学校校长作为北京市优秀少数民族代表完成火炬手传递任务。学校师生及“天才少年团”参加国家大剧院“走进唱片里的世界”艺术教育品牌特别策划“冬奥之声——童声合唱与室内乐音乐沙龙”活动。

民族团结工作。推进“北京民族团结日——铸牢中华民族共同体系列管弦乐作品《融合之光》蒙古篇”录制出版。组织少数民族学生参加2022年边疆民族地区各族青少年北京夏令营活动。入选第十批“中国华侨国际文化交流基地”“北京市华侨文化交流基地”。

（秦萌）

北京市什刹海体育运动学校

设有1个系部，拥有9个运动队，开设9个运动项目，9个教学班。学校由市体育局举办，为普通中等专业学校。拥有教室14间，均为网络多媒体教室。数字终端305台，包括学生终端14台、教师终端41台。学校专业队办理入队运动员140人，包括试训42人、聘用65人、局批33人。招收京籍学生20人。在校运动员350人，包括中职阶段学生87人。专业队运动员年龄15～34岁。

2022年，学校统筹协调疫情防控和事业发展，做好做实新周期规划，各项工作平稳有序推进。

提高教练员及运动员业务水平。加强运动队队伍建设，因队制宜推行领队和总教练负责制。举办专题讲座，加强科技助力推动训练工作。举办校内体能—能量循环赛及专项公开赛，检验训练成果，查摆问题，提升运动员竞技水平。北京队运动员获得4项国际比赛冠军、5项全国比赛冠军。推行技术下基层服务，提升各区业余体校训练质量，打通市级人才输送渠道。

提升运动员德育水平。开展反兴奋剂知识培训，组织优秀退役运动员到校进行主题教育。开展“讲好党史故事”“强国有我”“我眼中的冬奥”等德育教育活动，组织“运动队进校园、进社区”活动，鼓励优秀运动员回报祖国、关爱他人、奉献社会。

维护校园安全稳定。完成教学区内自动体外除颤器（AED）安装，开展AED设备使用培训，增强师生自救互救能力。多次开展校园安全专项行动，包括邀请西城消防救援支队松树街消防站为学校后勤保障部门员工讲解火灾基本常识，开展消防设施巡查；开展拉网式全面安全大检查；与分管副校长、分管部门、项目负责人代表签订安全生产责任书等。

加强制度建设。制定实施《优秀运动队运动员管理

1月6日，什刹海体校武术队开展专题培训
（什刹海体校　供）

办法和实施细则》《内部请示事项办理流程》《采购管理办法》等一系列规章制度，形成校长办公会、中层干部例会制度。

推动校园建设。完成训练场馆和医疗科研中心改建以及跆拳道馆、空手道馆改造维修，总改造面积2940平方米；修缮行政楼宇，改善校园环境，升级改造职工之家，增设母婴室、阅览室、职工活动室。

（路迪）

北京市外事学校

设有2个系部，开设2个专业，17个教学班。学校由西城区教委举办，为职业高中学校。拥有教室94间，包括网络多媒体教室71间。数字终端928台，包括学生终端524台、教师终端213台。数字资源量中电子图书1470册。“双师型”教师34人。聘请校外教师8人、行业导师8人。毕业生中取得职业类证书61人、129人次。招收京籍学生98人。在校生中京籍学生273人，参与现代学徒制培养学生18人。

2022年，学校统筹推进疫情防控和日常工作，依法治校，不断提升育人质量。

多措并举提高治理能力和水平。坚持党建引领，结合职业教育提质培优行动计划要求，绘制“十四五”规划实施路线图。修订绩效方案，完成职业学校评价工作研究课题，建立科学评价体系。搭建学校综合信息平台，加强智慧校园建设。

落实“三全育人”理念促进学生全面发展。发挥奥林匹克教育示范校作用，开发劳动教育课程，促进五育并举。坚持“为中央服务、为政治服务、为行业企业服务”办学定位，强化礼仪教育德育品牌。1名学生获评北京市优秀学生并获国家奖学金。

贯彻落实职教发展新理念取得成效。修订人才培养方案。现代服务专业资源库32门课程、579个素材实现资源共享。深化“岗课赛证”融通，首批学生取得“1+X”证书。构建语数英3门高考课程、史理政3门学业水平考试课程及多门酒店专业课程的“3+3+N”职普融通课程体系，第一批学生升入本科院校。与企业和高职院校合作“校企双元、产学合一、双线并行”培养模式，入选教育部产教融合校企合作典型案例。发挥培训功能，8门特色课程助力“双减”，5门数字化课程入选北京市社区教育优秀课程，其中2门为教育部推荐课程。

建设高水平教师队伍。在“新入职教师—青蓝计划重点培养中青年教师—市区级骨干教师—教学名师”4个阶段，从学校发展、专业发展、教师个体发展3个层面进行目标分解与对接，设计“师德师风、教育教学、教研科研、企业实践”4个维度的递进式标准，打造“434”教师队伍培养模式。成立2个紫禁杯名班主任工作室。2个团队入选北京职业院校课程思政示范课程、教学名师和教学团队。4项成果获北京市职业教育教学成果奖。

持续开展职业教育对口帮扶。学校入选国家乡村振兴重点帮扶县教育人才“组团式”帮扶团队首批项目单位，校长及2名高级教师赴内蒙古自治区开展为期3年教育帮扶。打造“标准输出、资源支撑、因地制宜”中等职业学校对口帮扶模式，吸纳被帮扶学校加入北京外事服务职业教育集团，构建校际协同发展机制，实现帮扶学校从接受“输血”向自身“造血”转变。

完成社会服务和冬奥任务。完成全国“两会”和党的二十大服务保障任务。1名教师完成北京冬奥会和冬残奥会颁奖工作。

（张朝辉）

11月，外事学校教育人才“组团式”帮扶团队成员在鄂伦春民族职高授课
（外事学校　供）

北京市西城职业学校

设有2个校区，3个系部，开设3个专业，44个教学班。学校由西城区教委举办，为职业高中学校。拥有教室78间，均为网络多媒体教室。数字终端1993台，包括学生终端180台、教师终端1813台。“双师型”教师70人。聘请校外教师9人。招收京籍学生490人。在校生中京籍学生1069人。

2022年，学校全面加强党建，进一步完善“一点五线”办学模式（“一点”是以学历教育为基点，“五线”是服务于建设学习型城区的学区管理、服务于社区居民终身学习的社区教育课程、面对中小学的“城宫计划”课程、面对初中生的开放性科学实践课程和服务于京津冀协同发展的校际合作），完成综合高中“登记入学”招生试点和职业高中“自主招生”工作，职普融通的人才培养立交桥逐步建立。

加强党建。创建“融心铸魂领航行”党建品牌，呈现学校办学特色，同时融入党建塑形铸魂理念，更好彰显品牌内涵。党委书记党课课例入选市教委“书记校长讲思政课”优秀课例展示作品。将巩固深化“党史教育”成果转化为“我为群众办实事”实际行动，全年为师生办实事56件，社区共建8次，研讨5次，志愿服务百余人次。做好教育支援协作与乡村振兴有效衔接，派出支教教师3批6人次。

教育教学。探索职业教育提质培优，完善“岗课赛证”融通的人才培养体系和课程体系建设。开展校企合作，深化产教融合，引进教育部“1+X”职业技能等级证书。开展“课证融通”实践研究。幼儿照护、实用英语、游戏美术设计、数字艺术创作4个证书落地学校，学校成为试点院校和考核站点，23名教师取得培训师资、考评员、考务督导员证书。学生综合取证率93%。“双师”比例不断提高，学前教育专业2门课程入选北京市课程思政示范课程，2个团队16名教师入选课程思政教学名师和教学团队。13人次教师在北京市职业院校技能大赛教学能力比赛获一等奖9个。服务首都核心区对技术技能人才需求，幼儿保育专业参与2022国际服贸会教育展。作为“丝路工匠”职业院校国际合作联盟成员单位，组织学生参加2022年“丝路工匠”国际技能大赛获一等奖2个、二等奖4个。

（刘慧）

北京市财会学校

设有1个系部，开设1个专业，6个教学班。学校由西城区教委举办，为职业高中学校。拥有教室47间，均为网络多媒体教室。数字终端507台，包括学生终端169台、教师终端122台。“双师型”教师15人。

2022年，学校以做“有温度”的职业教育为目标，深化教学改革，创新产教融合、校企合作模式，整体办学水平和核心竞争力稳步提高。

有序推进线上教育教学工作。依据各年级不同教学任务，细化职业高中和综合高中线上教学要求，保质保量完成教学任务和考核测评工作。做好教学巡视工作，了解线上教学状况和学生学习情况；建立健全班级群，发挥联络功能；召开线上家长会，帮助家长及时了解线上教学安排及具体要求；关注师生心理健康，帮助师生舒缓工作和学习压力。

持续推进育人方式改革。深入实施一体化德育体系建设工作方案和实施细则，提升德育工作实效性。按照“结合专业特点、融入思政教育、培养人格魅力”总体思路，持续抓好学生行为习惯教育，培养学生创新精神和实践能力，形成具有学校特点和职教特色的以“诚”字为核心的育人模式。

深化职业教育综合改革，激发学校发展活力。推进新一轮职业高中专业人才培养方案研究和实施，完善课程体系建设。深入推进职业高中、综合实践课程、综合高中整体课程建设的综合课程改革，推出不同学科、不同层次公开课、展示课。以教学能力比赛、专业技能大赛为抓手，提升教师教学能力和学生学科素养、专业素养、综合职业能力。3名学生获2022年全国中职会计技能“百强邀请赛”三等奖，北京市团体第一名。完成综合高中整体工作，录制综合实践精品课程。利用校企合作资源搭建综合学习平台，整合智慧银行互动实训平台、金融专业技能平台、“1+X”应用等级证书平台，实现线上线下混合式教学，提升学生学习效率。

继续开展对口帮扶工作。与对口帮扶地区建立团队帮扶和建设提升平台，学校所有学科带头人及骨干教师参与帮扶工作。2名教师完成新疆和田支教工作，1名教师完成内蒙古鄂伦春旗支教工作。接待贵阳市女子职业学校考察调研、内蒙古鄂伦春旗宜里学校校长到校开展1个月跟岗学习。

（马向燕　王营）

北京市实验职业学校

开设2个专业，11个教学班。学校由西城区教委举办，为职业高中学校。拥有教室24间，均为网络多媒体教室。数字终端690台，包括学生终端231台、教师终端309台。数字资源量中电子图书2.58万册。“双师型”教师58人。招收京籍学生68人。在校生中京籍学生200人。

2022年，学校以提高质量为主线、以专业建设和市民教育建设发展为重点、以教学改革为核心、以师生共同成长为导向，促进教师专业发展和学生专业技能提升。

把立德树人内化于教育教学和人才培养全过程。以“三个依托”（依托理想信念教育引领学生、依托基层组织建设凝聚学生、依托志愿服务活动带动学生）为抓手，团结带领广大青年行稳致远、奋进有为。推进“思政课程”和“课程思政”协同育人，挖掘、梳理各门课程蕴含的思政元素与育人功能，注重将党的理论创新成果贯穿融入教育教学全过程，为学生发展赋能。以党建促师德师风建设，服务于学生发展。

10 月，实验职校举办中药专业技能展示活动。图为中药调剂展示
（实验职校　供）

加强专业建设。完善优化专业人才培养方案；开展行业企业、高职院校、家长、毕业生等全方位专业调研；强化“双师”建设，推进课程改革，将行业新理念、新技术、新工艺、新规范融入教材、带入课堂。专业教师深入北京同仁堂（大栅栏店）、三教寺幼儿园等 9 家单位开展为期 20 天全职顶岗实践；与北京城市学院、北京汇佳职业学院探索“3+2”办学模式，加强教学资源一体化建设、校企合作资源共享，为人才培养和学生发展搭建更好平台。中药专业参与国家职业教育药剂、药品经营与管理专业教学资源库建设。幼儿保育专业学生参加第二届“丝路工匠”国际技能大赛获一等奖 1 个、二等奖 2 个、三等奖 3 个。

加强校本研修与实践。探索形成教研、科研一体化双循环校本研修管理模型，通过研修机制设计、人文引领和评价管理有机融合，从学校组织管理的角度为校本研修提供政策环境和运行保障机制，探索有效的校本研修实施策略。校本研修科研成果在中国教师研修网上展播。承办 2022 年西城区教育科研月职教专场活动。

继续探索建立符合首都核心区发展的职业教育培养模式。有序推进服务社区教育、服务中小学社会实践的课程实践，在形成队伍、构建课程、扩大规模、提高质量、动态管理方面取得突破。

推进京津冀协同发展和精准扶贫。派出骨干教师 3 人次赴河北阜平和内蒙古喀喇沁旗开展为期半年和一年支教工作，接待内蒙古鄂伦春自治旗教师来校跟岗学习。

（郝昕蕊）

北京市黄庄职业高中

设有 5 个校区，开设 10 个专业，30 个教学班。学校由石景山区教委举办，为职业高中学校。拥有普通教室 49 个、专用教室 81 个，均为网络多媒体教室。数字终端 797 台，包括学生终端 573 台、教师终端 135 台。数字资源量中电子图书 30 万册。“双师型”教师 89 人。聘请校外教师 16 人。毕业生中取得职业类证书 10 人。招收京籍学生 289 人。在校生中京籍学生 561 人，拉萨北京实验中学学生 96 人。

2022 年，学校坚持立德树人，推进产教融合、校企合作，推动专业内涵发展和“双师型”教师队伍建设，促进教育教学高质量发展。

构建“牢根基 实主体 促发展”德育体系，促进学生可持续发展。开展“品读经典，锤炼党性”党员读书交流活动、“悦读伴我成长”职教学生读党报活动、“职教生心中的二十大”主题教育活动等党史学习教育活动和党的二十大精神学习宣传系列活动，落实立德树人根本任务。

产教融合，引领专业特色化发展。依据区域产业升级及人才需求变化，新增舞台艺术设计与制作、中餐烹饪 2 个专业“3+2”贯通培养项目。围绕石景山区高精尖产业及城市功能定位，推进专业升级转型，形成数字媒体专业群为引领，文化艺术、旅游康养专业群为特色的发展格局，升级改造幼儿保育、信息技术专业群，推进幼儿保育专业“特级园长工作室”和烹饪专业“厨师长工作室”建设。

校企双栖，打造高水平“双师型”教师队伍。确定年度校级骨干教师培养对象 23 人。继续开展师徒结对及班主任工作室工作。借助中国数字文创工程师学院、马炳霞特级园长工作室、厨师长工作室、冬奥组委支援服务等校企合作项目，为专业教师提供企业一线实践岗位，人年均实践 20 天。组织专业教师参加北京市校企合作的“双师型”教师培养培训基地培训、考取职业技能等级证书，专业课教师“双师”比例 100%。

标准引领，促进教育教学高质量发展。实施区校两级课程思政示范课程建设项目，“盘发造型”课程入选北京市课程思政示范课程。组织开展覆盖全体学生、形式灵活多样的学科实践活动。探索形成疫情防控常态化背景下线上线下混合教学形态的“查+听+评”教学质量监控模式。美发与形象设计、计算机网络技术、幼儿保育、动漫与游戏制作 4 个专业申报“1+X”证书考点获批，53 名学生、6 名教师通过“1+X”考试获得职业技能等级证书。综合高中班 2022 届学生高考最高分 528 分，本科率 72.5%（含艺术、体育考生）；拉萨班 2022 届学生本科上线率 100%、重点本科上线率 85.7%，是学校举办综合高中班、两地合作以来最好成绩。

服务社会，助力终身学习教育体系建设。依据学校专

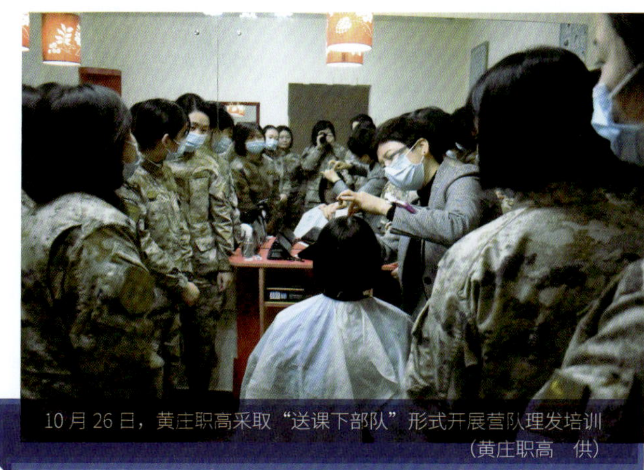

10月26日，黄庄职高采取“送课下部队”形式开展营队理发培训
（黄庄职高 供）

业和资源特点，发挥石景山区中小学劳动教育实践基地职能，编写石景山区劳动教育课程标准、课程方案15门，送课下校14次，培训280人次；发挥石景山区园艺驿站作用，向市民开展园艺知识培训等活动15次，培训450人次；发挥北京市非物质文化遗产传承培训基地作用，参加北京冬奥会倒计时30天“盛装剪雪花 激情迎冬奥”系列活动、北京职业教育改革成果展等活动13次，培训500人次；送课下社区、下部队开展培训活动7次，培训710人次。

（杨洋）

北京市丰台区职业教育中心学校

设有9个校区，开设22个专业，87个教学班。学校由丰台区教委举办，为职业高中学校。拥有教室162间，包括网络多媒体教室120间。数字终端2158台，包括学生终端1671台、教师终端487台。数字资源量中电子图书26万册。“双师型”教师88人。聘请校外教师32人、行业导师10人。毕业生中取得职业类证书211人。招收京籍学生694人。在校生中京籍学生1595人。

2022年，学校统筹疫情防控和教育教学工作，守护师生安全，确保线上线下教育教学质量；深入产教融合、校企合作，推进育人方式、办学模式等改革，推动学校高质量发展。

全面推进教学改革。探索“岗课赛证”融通育人模式，推进教学方法改革。通过开发、融通多类职业技能鉴定证书、资格证书和等级证书，将职业活动和个人职业生涯发展所需综合能力融入证书，拓展学生就业创业本领；依托教学一体化大数据平台，对接课程数字化转型，应用于疫情常态化防控环境下的混合式教学环境；依照提质培优项目建设标准，开展科学高效的信息化教学活动，在线精品课程、资源库建设等方面实现飞跃式发展。非遗专业“京绣工坊”师生共创冬奥文创产品《六合同春》京绣新品献礼北京冬奥会、绣制《江山千里绣》京绣长卷系列作品（包含1副长卷和34个礼盒）献礼党的二十大。

加快推进“特高”建设。新增1个市级工程师学院和1个“特高”专业群、1门北京市职业教育精品在线课程，3个专业团队入选教育部课程思政教学名师和教学团队；1个专业团队被评为北京市教学创新团队；3个专业教学资源库入选2022年北京市职业教育专业教学资源库。

教育教学成果取得突破。学校获北京市职业教育教学成果奖特等奖1项、一等奖8项；2022年北京市职业院校教学管理能力提升“五说”行动特等奖，5名干部教师被评为优秀校长、优秀教学副校长、优秀师资副校长、优秀教务处长、优秀专业带头人；入选北京职业院校“三全育人”典型学校，1个案例获评北京职业院校“三全育人”典型案例；1个团队和4名教师入选2022年度北京市职业院校教师素质提高计划。

完成教育帮扶工作。入选国家乡村振兴重点帮扶县教育人才“组团式”帮扶项目北京中职牵头校，聚教育行政部门、行业企业、职业院校、研究院合力，从教育、产业、科研各领域开展帮扶。组织承办国家乡村振兴重点帮扶县教育人才“组团式”帮扶内蒙古5所中等职业学校办学质量调研交流会5场次；启动国家乡村振兴重点帮扶县教育人才“组团式”帮扶项目——内蒙古、河北职业院校教师素养提升工程，两地职业院校280余人参加。承办2022年第二届“京雄”职业院校学生技能大赛和首届“京雄”职业院校教师教学能力大赛。

加强职业教育国际合作交流。发挥北京“一带一路”国家人才培养基地校资源优势，通过构建国际学生培养培训课程体系，搭建“丝路学堂”国际合作与交流平台，打造职业教育国际合作交流“金名片”。牵头组织第二届“丝路工匠”国际技能大赛国内赛区比赛，参加由俄罗斯教育部职业教育发展研究院组织的第16届培养职业青年经济发展国际展会论坛等国际交流交往活动9次。

（周秀艳）

3月14日，北京丰职中餐烹饪专业学生进行砧板实训练习
（北京丰职 供）

北京市电气工程学校

设有4个校区，5个专业集群，开设13个专业，34个教学班；举办3所职业技能培训学校。学校由朝阳区教委举办，为职业高中学校。拥有教室105间，均为网络多媒体教室。数字终端1442台，包括学生终端861台、教师终端529台。“双师型”教师56人。聘请校外教师1人、行业导师13人。毕业生中取得职业类证书120人。招收京籍学生256人。在校生中京籍学生578人，参与现代学徒制培养学生34人。

2022年，学校坚持党建引领，以全面建设“科技电气、绿色电气、人文电气、美丽电气”为目标，开展“达标、创优、争先进”实践活动。把常态化疫情防控与育人工作相结合，营造安全健康育人环境，育人质量不断提高、办学特色更加鲜明、职教影响力稳步提升。

落实立德树人根本任务，全面推进专业内涵建设。将弘扬工匠精神、提升职业素养融入人才培养全过程。稳步推进特色高水平骨干专业群和工程师学院建设，新增3个新专业；深化2个工程师学院建设，拓宽校企合作内容和形式；广播影视节目制作专业入选第三批特色高水平骨干专业建设项目。

以科研为先导、赛事为引领，创新领导体制和工作机制，强化教师梯队建设。2项教学成果获2021年北京市职业教育教学成果奖一等奖。教师团队获全国职业院校技能大赛教学能力比赛三等奖、北京市职业院校技能大赛教学能力比赛一等奖3个；北京市职业院校教学管理能力提升“五说”行动一等奖；教学副校长入选第13批“首都市民学习之星”。承办北京市职业院校技能大赛4个赛项，服务39支参赛队伍。学生获第二届“丝路工匠”国际技能大赛中国赛区二等奖3个，北京市职业院校技能大赛一等奖4个。

9月30日，电气工程学校学生为松堂关怀医院老人送祝福
（电气工程学校　供）

线上教学实施PDCA闭环教育教学管理模式。以学习通线上教学平台、企业微信平台、教学大数据监控平台为依托，构建线上教育教学闭环系统，保障线上教学活动“教风正、学风浓”。

发挥职业教育功能，履行服务社会职能。与朝阳区消防救援支队合作开展8期消防管理培训，培训2800余名安全责任主管人员。北京市朝阳区消防安全职业技术培训基地在学校揭牌。开展制冷空调系统安装维修工（楼堂馆所及科技园区制冷空调设备运行维护方向）高技能研修技术培训，企业生产一线技术骨干42人接受6天48学时线上培训。与北京松堂关怀医院签约建立“爱心基地”，开展敬老志愿服务活动。

（陈硕）

北京市求实职业学校

设有4个校区，5个系部，开设16个专业，69个教学班。学校由朝阳区教委举办，为职业高中学校。拥有教室172间，包括网络多媒体教室165间。数字终端2111台，包括学生终端1272台、教师终端728台。“双师型”教师123人。聘请校外教师2人。毕业生中取得职业类证书32人。招收京籍学生314人。在校生中京籍学生713人。

2022年，学校全面加强党建和干部队伍建设，完善制度机制，坚持科研立校、督导强校，各方面工作稳步推进。

加强党建引领，构建党组织全面领导体制。推进党组织领导的校长负责制建设，总支委员和校务会成员交叉任职，发挥党政统筹领导作用，共建学校管理共同体。建立健全议事决策机制，形成“三重一大”记录事项61项。落实校务会干部带学，发挥党员干部先锋模范作用。

夯实专业基础，提质培优赋能人才培养。完成“3+2”中高职一体化人才培养方案及标准修订。落实“特高”专业、工程师学院建设项目任务。学生参加2022全国中职财经类专业学生金融职业能力大赛获个人二等奖3个、三等奖4个，团体二等奖1个、三等奖1个。

德育技能并修，推进五育并举。坚持活动育人，推进“爱党爱国爱社会主义”主题教育，开展“师生喜迎二十大，歌颂祖国歌颂党”线上歌咏活动和丰富多彩校园文化活动。打造线上德育阵地，开展“最美书桌”“最美朗读者”“居家劳动小能手”“书法小达人”和“居家才艺”5项线上展示活动，增强学生思想教育时效性。

协同管理，督训结合，确保线上教学质量。做好顶层设计，落实部门协同；强化线上教学规范，严格线上监控，强化质量反馈；突出专业研训，重视激励引导。

加强师德师风建设，持续优化人才队伍。构建“3+2”中高职衔接一体化人才培养“双师”保障。以教学能力比赛等项目为抓手，提升教师教学能力，提升师资队伍水平。深化课程思政及思政课程实践探索，开展课程思政说课比赛，提升教学实效。加强培训，引领班主任提升素质和能力。教师参加 2022 年北京市中等职业学校班主任能力比赛获一等奖 1 个。

培育社会服务品牌，提升职教社会贡献度。推进国际交流与合作，培育“彩虹桥”国际化办学品牌。搭建教师转型发展平台，助力教师“一专多能”成长，强化对外服务师资和课程储备。开展社区教育服务调研，优化社区教育课程。坚持“人人学急救，急救为人人”救护理念，共筑公众生命救护防线。5 名教师参与北京冬奥会志愿服务。

办好求实幼儿园，服务民生需求。创新园校融合新机制，接手原西坝河第三幼儿园北园与和平街园 2 个园区，更名为北京市朝阳区求实幼儿园，经费由财政拨付。

（占福林）

北京市平谷区职业学校

设有 2 个校区，11 个系部，开设 12 个专业，24 个教学班。学校由平谷区教委举办，为职业高中学校。拥有教室 29 间，包括网络多媒体教室 25 间。数字终端 426 台，包括学生终端 209 台、教师终端 91 台。“双师型”教师 29 人。招收京籍学生 185 人。在校生中京籍学生 474 人。

2022 年，学校持续推进骨干专业建设和首都文明校园建设，服务区域经济发展。

齐抓共举，全方位落实立德树人。以党建带团建，开展“喜迎二十大，筑梦新征程”爱国主义教育。以“多级研讨、分层培训、课堂实践”三步走方式落实课程思政。开展各学科渗透思政教育研究课活动，3 名教师分获京郊职成教联盟课程思政主题研究课活动一、二等奖。组织“清明祭英烈”等主题教育、“党团携手助创城”等志愿服务、红色经典诵读比赛等各类活动，做到思政教育入课、入心、入行动。

提升班主任管理艺术，强化班级建设。制订“立足常规，案例育人”班主任素质培养和能力提升计划，建立“以案说理”“以评促教”长效机制和案由讨论分析机制，采用“案例培训法”提升班主任管理艺术。立足班级和专业特点，将班级按年级分为建设期、发展期、成熟期 3 个阶段，分别采取不同方式开展管理，强化班级建设。

个性定制，家校合力助成长。以特色作业形式开展劳动教育，学生以各专业技能服务家庭，让家长直观了解学生专业技能掌握情况。班主任根据学生不同情况，定期采用“一汇报、二宣传、三感谢”方式个性定制《致家长的一封信》，汇报学生在校情况、宣传职业教育和《家庭教育促进法》、推广“家校共育大讲堂”，提升家校共育合力，形成和谐共进的家校关系。

以训促技，助推乡村振兴。成立乡村振兴办公室，承接原平谷区农广校职能，原北京开放大学平谷分校成人中专班学员 74 人转入学校学习。承办平谷区基层农技推广骨干人员素质提升线上培训，为期 5 天，包括果树、蔬菜、电商 3 个方面内容，150 名学员及 1000 余名农业生产经营者观看直播，总浏览量 13952 人次，点赞 59494 次。

（刘海燕）

北京国际职业教育学校

开设 8 个专业，24 个教学班。学校由东城区教委举办，为职业高中学校。拥有教室 68 间，包括网络多媒体教室 55 间。数字终端 1573 台，包括学生终端 1060 台、教师终端 369 台。数字资源量中电子图书 26.10 万册。“双师型”教师 43 人。聘请校外教师 7 人。毕业生中取得职业类证书 26 人。招收京籍学生 161 人。在校生中京籍学生 480 人。

2022 年，学校坚持“抓党建、强队伍、保稳定，提质量、创特色、谋发展”指导思想，落实“双减”、推进“双升”，推动综合质量提升；围绕职教改革，落实东城区“一校一中心”发展目标；健全规章制度，提高科学治理水平，各项工作平稳有序开展。

加强党建引领，发挥核心骨干作用。加强政治理论学习，以学校“志愿星”党建品牌建设为抓手，在疫情防控、教育教学改革等工作中发挥党员先锋作用。

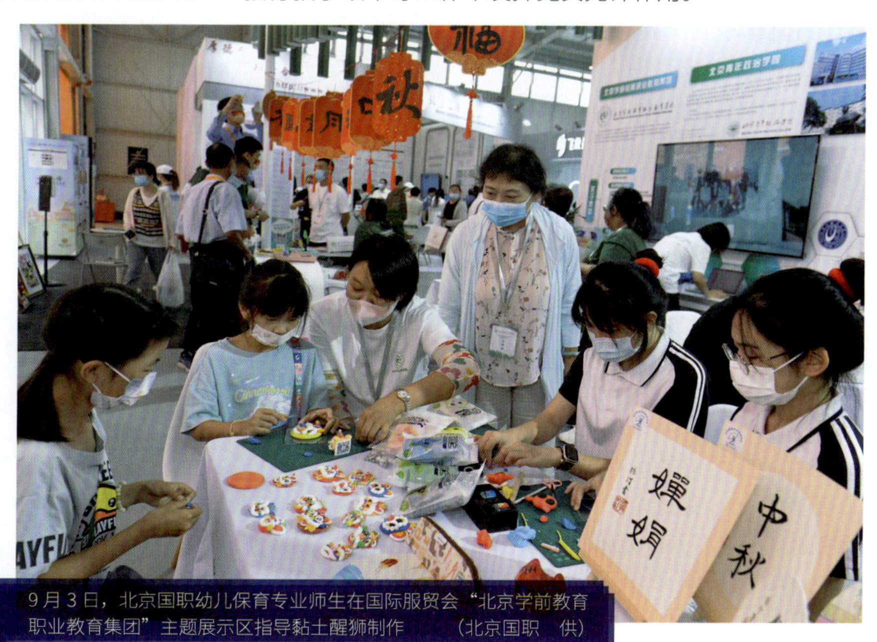

9 月 3 日，北京国职幼儿保育专业师生在国际服贸会“北京学前教育职业教育集团”主题展示区指导黏土醒狮制作　（北京国职　供）

落实立德树人，提升专业育人质量。以“好习惯成就好人生”为理念，以“培养德技兼修的高端技术技能人才”为目标，以开展养成教育培养良好习惯为方法，构建“好习惯教育”育人体系。将社会主义核心价值观教育融入学校育人体系，将育人目标“德技兼修”的“德”具化为“求真、向善、唯美、尚勇”良好品格，通过日常管理、课堂教学、实践活动、校园环境、家校社牵手合作等塑造学生良好品格。

加强德育队伍建设，强化课程思政。以教育科研为引领，推动班主任队伍建设。班主任工作室持续推进德育课程化建设，编写《传承红色基因 铸就爱国梦想》研学课程手册和《汲取精神力量 厚植爱国情怀》国旗下演讲2本德育校本课程手册。

提升教学质量，促进专业高水平发展。以“特高”专业和大师工作室建设项目为抓手，着力开展专业人才培养模式创新、课程教学资源建设、教材与教法改革、教师队伍建设与能力提升、实践教学基地建设等。通过课题引领、项目推进，提升教科研能力，将“师生共育”办学理念落到解决实际问题之中。师生获第二届“丝路工匠”国际技能大赛一等奖7个、全国青少年信息学奥林匹克竞赛北京赛区一等奖2个、全国职业院校技能大赛教学能力比赛中职专业技能课程二组三等奖。

推进职教改革，加快职业体验中心建设。为东城区4所小学、8所中学、2个社区开设近80门课程，授课教师64人，受益中小学生92510人次、市民2260人次。首次开展线上授课。围绕姜波工作室开展社会培训活动。完成“四时八气习礼俗”课程纲要和单元教学设计。

（戈萌）

北京市大兴区第一职业学校

设有3个校区，4个系部，开设17个专业，46个教学班。学校由大兴区教委举办，为职业高中学校。拥有教室108间，包括网络多媒体教室58间。数字终端1055台，包括学生终端875台、教师终端180台。数字资源量中电子图书31.01万册。“双师型”教师70人。聘请校外教师13人。招收京籍学生310人。在校生中京籍学生815人。

2022年，学校发挥党建引领作用，党委书记走进思政课堂、参与思政教研。坚持五育并举、立德树人，在培养学生良好思想品德基础上，使每个学生都有一技之长，实现“成人与成才同步”目标；组织丰富多彩文体活动，促进学生“德技并重”全面发展。

教育教学改革。学校以课堂教学诊断为抓手问诊教学过程，建构有效课堂；以技能竞赛为切入点，以技术岗位复合型人才需求为导向，以典型工作项目为载体，探索“岗课赛证”四位一体综合育人融通机制，构建“以赛促学、以赛促教、以赛促改、以赛促建”中职技能竞赛教育教学体系。学生参加职业院校技能大赛获北京市一等奖3个，全国二等奖1个、三等奖1个；获2022年全国行业职业技能竞赛——第四届全国电子信息服务业职业技能竞赛“北测数字杯”全媒体运营师（短视频制作与传播）竞赛学生组全国总决赛三等奖，2021—2022年度全国机械行业职业教育技能大赛“中望杯”工业软件应用与机械工程创新设计赛项二等奖1个、三等奖1个。

班主任培养。成立“班主任工作室”，走名师引领之路，采取学习交流、主题研讨、典型介绍等培训形式，建立班主任培训交流机制，加强班主任队伍建设。

专业（群）建设。科学设置、动态调整专业，更好的服务区域经济产业发展。新设融媒体技术应用专业，将17个专业进行专业集群管理，其中“智能技术服务专业群”获批北京市职业院校特色高水平骨干专业群。

校企交流合作。围绕供给侧做文章，服务区域经济发展。在原有校企合作基础上，与驻区生物医药、国际氢能、国家级融媒体等高精尖产业基地合作成立北京大兴生物医药产业学院、北京大兴经济开发区产业学院、北京大兴国际氢能产业学院3个产业学院，创新探索校企双元育人模式。

协作帮扶。选派4名中层管理人员和1名专任教师组成帮扶团队前往内蒙古兴安盟科尔沁右翼前旗中等职业学校和科尔沁右翼中旗中等职业学校开展为期2年对口帮扶工作。多次通过线上直播方式与内蒙古、新疆、河北等地帮扶合作校开展交流共研活动。

（李辉）

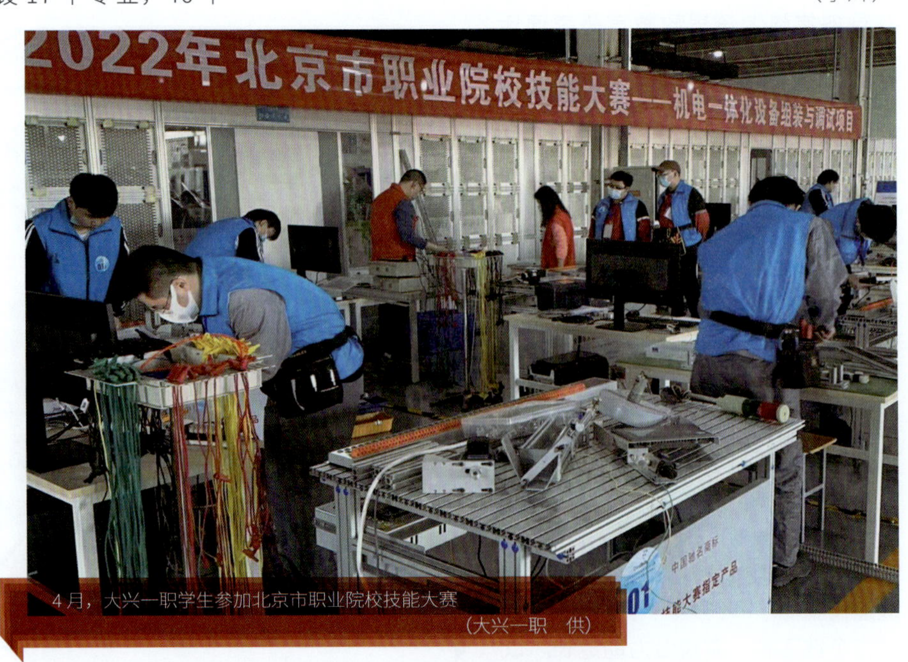

4月，大兴一职学生参加北京市职业院校技能大赛
（大兴一职 供）

3月，现代职校开展小学课后服务（现代职校 供）

2022年，学校成立70周年，以“新格局、新征程、新辉煌”为主题开展系列庆祝活动。学校以“一体两翼三化四驱五融”发展战略为主线（“一体”即一套现代化学校治理体系，“两翼”即学历教育与职业培训两翼并举，“三化”即优质化、特色化、国际化，“四驱”即政策驱动、文化驱动、创新驱动、科技驱动，“五融”即城教融合、产教融合、家校融合、职社融合、职普融通），稳步推进学校“十四五”时期发展规划落地，在党建创新、机构改革、校企合作、课程改革、招生和职业培训、基础建设等方面取得一系列成绩。

党建创新。坚持党组织领导的校长负责制，完善党委会、校长办公会、党政联席会议事规则，制定《全面从严治党主体责任清单》，推进学校民主制度建设，提升学校治理水平。

机构改革。实施系部制管理模式。新成立安全与应急管理科和学生发展中心。按照“依岗定薪、全员聘任、多劳多得”指导方针推进绩效工资改革和奖励制度改革。

校企合作与课程改革。与新道教育集团合作开发符合学校特色的“双创”教育体系和课程内容；与北京祥龙博瑞汽车服务（集团）有限公司合作制定标准化的新能源汽车实训基地规划方案；与北京地铁供电分公司开展接触网工储备人员项目。与北京市地铁运营有限公司、中国铁路北京局集团有限公司、招商局物业管理有限公司、中国铁路通信信号集团有限公司等企业共同探索人才培养模式，梳理就业渠道。

招生与职业培训。完成首次自主招生工作。与北京中科锐智科技有限公司共同开发《智能配电技术培训手册》；与北京志远迅杰技术有限公司合作开展计算机相关专业培训；与北京铁路局职培部开展提职司机考前线上培训和校内线下培训项目。

基础建设。完成天佑讲堂、天佑匠坊、拓展训练基地、双创教育中心、校史馆等项目建设，为学校推进“核心素养+技术技能”教育教学改革、丰富校园文化奠定基础。完成教学楼维修改造、篮球场改造和光伏发电一期工程等项目建设，改善学校环境。

（刘澈）

北京现代职业学校

由东城区教委举办，为职业高中学校。拥有教室9间，均为网络多媒体教室。数字终端432台，包括学生终端227台、教师终端28台。数字资源量中电子图书15万册。“双师型”教师22人。2017年停止招收学历教育学生，面向区域中小学生开展职业体验教育服务。

2022年，学校坚持“科研引领党建”理念，组织党员参与东城区教育系统党建研究成果征评活动。开展“在新时代劳动教育课程中传承红色基因”课题研究。指导教师在“中国结·结文化”“金丝珐琅装饰画——红船精神课程设计”等4门劳动体验课中渗透红色基因文化教育。

加强教师队伍建设，倡导有学校特色的师德师风建设。抓好教师教学能力提升，巩固学校提升课后服务质量和教育教学质量“双升”行动成果。搭建教师学习培训平台，结合教师转型发展意愿和学校教学需求，持续加大教师培养力度。

创新职业体验课程建设，积极提供落实“双减”政策的教育服务方案。平稳推进劳动教育课程研发与实施，做好课后三点半“330”课程服务。召开劳动教育课程建设成果系列分享会，推进课程设置与“双减”政策相结合的课题研究。

（胡博）

北京铁路电气化学校

开设23个专业，46个教学班。学校由市教委举办，为普通中等专业学校。拥有网络多媒体教室181间。数字终端788台，包括学生终端651台、教师终端137台。数字资源量中电子图书8万册。“双师型”教师40人。招收京籍学生581人。在校生中京籍学生1473人。

北京市商业学校

设有3个校区，4系1部，开设21个专业，83个教学班。学校由北京祥龙资产经营有限责任公司举办，为普通中等专业学校。拥有教室224间，均为网络多媒体教室。数字终端 7758 台，包括学生终端 7234 台、教师终端 343 台。数字资源量中电子图书 6.44 万册。“双师型”教师 123 人。聘请校外教师 47 人、行业导师 14 人。毕业生中取得职业类证书 187 人。招收京籍学生 966 人。在校生中京籍学生 2350 人，参与现代学徒制培养学生 90 人。

2022 年，学校坚持稳字当头、稳中求进，统筹推进疫情防控和事业发展。

建设“特高”院校。协同推进 19 个北京市特色高水平职业院校项目、4 个高水平骨干专业（群）、3 个工程师学院、2 个大师工作室建设。第一批“特高”建设任务完成，第二批“特高”专业群、实训基地通过阶段性评估，第三批“特高”建设启动。

优化专业布局。构建“四链融合”的“双核四高五特”专业矩阵，完善专业发展动态预警、评估、调整机制，新增直播电商服务、大数据技术应用、新能源汽车、航空物流等专业，提高人才培养与行业和首都经济产业结构的契合度。

开展定点帮扶。入选教育部国家乡村振兴重点帮扶县教育人才“组团式”帮扶工作专家顾问委员会特聘专家，重点帮扶青海、甘肃两地 5 所中职学校。协同开展 2022 年度技工学校职业培训机构教师赴京跟岗培训，辐射内蒙古自治区 5 个盟（市）45 所职业学校。组织云南保山、河北青龙两地 353 名联合培养学生在线学习，指导河北阜平职教中心开展眼视光专业生产性实训基地建设。投入帮扶经费 38.54 万元，实现消费帮扶 43.64 万元。

促进书证融通。推进“1+X”证书制度试点，申报 15 个“1+X”证书，培训学生 1107 人次。参与北京市学分银行试点业务实践项目，8 个专业申报市学分银行“1+X”书证融通成果认定，2 门课程申报北京市学分银行优质在线通识课程。

1 月至 2 月，商业学校教师参与北京冬奥会菜单设计、中央厨房食材加工与制作 （商业学校 供）

建设智慧校园。完善“1+3+N”Smart 数字商校体系，形成 1 个“学校治理数据大脑”+“移动大厅、学生成长、网络学习”3 个平台+N 项“校园管理服务、教育教学应用、共享开放资源”，实现服务智能（S）、管理协同（M）、素养提升（A）、资源共享（R）、技术领先（T）的校内外全域业务应用与新兴技术深度融合。创新“一核双轨三堂”混合教学模式，推进“课堂革命”。学校获教育部“2021 年度网络学习空间应用普及活动优秀学校”称号。智慧商业虚拟仿真实训基地入选北京市首批职业教育示范性虚拟仿真实训基地培育项目名单。

服务国资国企。开展主体培训班、“党的二十大精神”专题轮训班，企业财务、安全、数字化赋能等专题培训班 87 场，累计培训 3.30 万人次。

开展对外合作。深化“电商谷”北京总部基地建设，建成跨境电商商务综合实训中心。与马来西亚卡桑学院（Carsome Academy）、巴基斯坦穆斯林青年大学、奥地利维也纳总商会模都尔旅游学院签订合作协议。被授予中泰合作“中文+职业技能”项目示范校，并与泰国邦纳商学院签署合作谅解备忘录。

（杨利娟）

北京商贸学校

设有 4 个系部，开设 20 个专业，56 个教学班。学校由北京首农食品集团有限公司举办，为普通中等专业学校。拥有教室 119 间，包括网络多媒体教室 92 间。数字终端 2401 台，包括学生终端 2178 台、教师终端 223 台。“双师型”教师 46 人。聘请校外教师 8 人、行业导师 5 人。毕业生中取得职业类证书 15 人。招收京籍学生 641 人。在校生中京籍学生 1420 人。

2022 年，学校把握职业教育发展新形势、新要求，坚持特色化办学，聚焦转型发展，推进各项工作取得新进展。

教育教学。持续推进“特高”项目建设，财经事务、食品安全与流通 2 个特色高水平骨干专业群通过绩效评审和中期验收。与中联企业管理集团有限公司联合举办的“中联数字商贸学院”启动建设。课题研究稳步推进，1 个国家级子课题和 3 个市级课题结题。2 门课程获评 2022 年北京市职业教育在线精品课程。

师资建设。修订学校教师职称评审推荐工作实施办法。2 名专业带头人和 1 名骨干教师完成北京市职业院校教师素质提升计划（2017—2020 年）培养并通过考核。1 个专业群教学团队和 2 名教师入选“十四五”时期北京市职业院校教师素质提高计划高水平教师队伍培育和支持计划。教师团队参加北京市职业院校技能大赛教学能力比赛获一等奖 2 个（6 人）。

培训工作。学校获得市人力资源社会保障局指定的第三方评价机构资质。承办北京市“服务乡村振兴战略，促进食品产业高质量发展”高级研修班，培训北京首农食品集团有限公司、北京食品科学研究院、正大集团等单位学员63人。承接内蒙古自治区10所职业学校6个专业（学科）21名教师到校开展22天跟岗培训。

技能竞赛。组织学生参加各级各类技能比赛获得2022年第七届“科云杯”全国职业院校中职组财会职业能力大赛全国一等奖2个（6人），“2022一带一路暨金砖国家技能发展与技术创新大赛之首届智能财税赛项（中职组）”全国一等奖1个（4人）、二等奖2个（8人），第二届“丝路工匠”国际技能大赛中国赛区一等奖1人、三等奖7人。

（艾民）

北京市供销学校

设有5个系部，开设20个专业，33个教学班。学校由市供销合作总社举办，为普通中等专业学校。拥有教室57间，包括网络多媒体教室52间。数字终端714台，包括学生终端485台、教师终端50台。数字资源量中电子图书18.61万册。“双师型”教师22人。招收京籍学生190人。在校生中京籍学生320人。

2022年，学校深化课程改革，紧抓教学质量提升，坚持服务“三农”、助力乡村振兴，各项事业稳步发展。

教育教学。学校坚持质量提升总方向，严控教学质量，鼓励各专业教师在实践中提高技能，提升“双师型”教师队伍整体素质。加强青年教师培养，充分发挥骨干教师和老教师的传帮带作用，组织青年教师参加各类培训，促进教师师德水平和执教能力提升。深化校企合作、产教融合。举办校园技能文化节，组织网络布线、会计综合技能、职业礼仪等42项比赛，提升学生技能水平、竞争意识和团队精神。

教研科研。全年教师完成市级课题3个、校级课题4个，出版教材8本，发表论文24篇。在北京市技工教育和职业培训教科研成果评选活动中获奖20项，创造学校参加此项比赛历史最好成绩。

对口支援与社会服务。1名教师作为北京市第五批援青干部人才赴青海玉树开展为期1年的对口援青教学工作。选派教师参与北京冬奥会和冬残奥会服务保障工作。为密云区巨各庄镇内村民开展普法宣讲、家庭美德教育及提升生活品质相关培训，惠及村民370人。

（沈骏）

北京水利水电学校

设有4个系部，开设14个专业，25个教学班。学校由市水务局举办，为普通中等专业学校。拥有教室32间，均为网络多媒体教室。数字终端649台，包括学生终端476台、教师终端82台。数字资源量中电子图书3万册。“双师型”教师33人。毕业生中取得职业类证书79人。招收京籍学生358人。在校生中京籍学生794人。

2022年，学校深挖水务行业办学资源优势，提升学生管理效能与德育工作水平，强化继续教育等行业服务能力。

院校行业合作取得新突破。加强对市属高等院校走访调研，挂牌成立北京工业大学水务类专业实践教学基地。与水务行业单位签订测量实践教学基地共建协议，制定校外教育培训实践基地共建实施方案，拓展行业实践教学资源。

特色专业建设成果丰硕。做好水工“特高”骨干专业建设，与水务系统施工单位深度合作，完成智能水务工程施工技术综合实训基地建设；结合水务行业企业岗位要求，编写《水工建筑物监测》等4本教材。利用水文、给排水实训模型等实体设备，申请实用新型专利。邀请水务行业技术负责人参与研讨专业人才培养方案、专业课程标准，提高水务专业人才培养匹配度。

学生管理与德育工作体系进一步完善。实施学生教育管理法治化方案，组织学生完成宪法学习活动和教育系统“宪法宣传周”活动，师生参与率100%。组建心雨工作室，完善心理咨询室建设和师资培养培训，做好校园广播、家长微课堂、小刊等内容建设，开展新生心理普查测试摸底。组织红色观影、红色教育基地参观、水务系统先进事迹宣讲等活动，筑牢青年学生思想根基。组织开展水泵安装、机电CAD、书法等第二课堂活动，11名学生在北京市职业院校技能大赛获奖。

7月，供销学校开展助农培训

（供销学校　供）

6月，水电学校水利工程运行管理“启航计划”培训班在前柳林泵站现场教学 （水电学校 供）

师资水平进一步提升。组织研修会、集体备课会、教学分享会等活动，开展教学技能比赛，提升教师业务能力。实施教师实践教学能力提升行动，选派6名教师到水务系统单位脱产锻炼。1名教师获“北京市优秀教师”称号，市、部级教育教学成果评选等获奖26人次。

继续教育及培训服务有序发展。完成水务行业单位“启航计划”培训2期，为14个单位提供27场专题讲座及3次现场实践。组织水务系列职称申报人员资格初审、答辩评审等工作7000余人次。完成水务行业工种自主考核评定、工勤技能人员社会化工种资格审核和送培60人。完成水电工程施工企业考试、全市水工监测工职业技能大赛组考410余人。承办北京开放大学水务学院，招生78人，毕业86人。

（张一鸣）

北京市自动化工程学校

开设30个专业，32个教学班。学校由市教委举办，为普通中等专业学校。拥有教室65间，均为网络多媒体教室。数字终端752台，包括学生终端678台、教师终端74台。数字资源量中电子图书6万册。“双师型”教师27人。招收京籍学生424人。在校生中京籍学生844人。

2022年，学校坚持“服务人工智能产业和首都智慧城市发展，建设智能专业领域北京市领军、国内领先、国际知名的有特色、精品型职业学校”办学定位，深化产教融合、城教融合，与龙头企业、行业组织深度合作，推进信息技术类、智能制造类、轨道交通类专业转型升级。

落实五育并举“三全育人”。组织“喜迎二十大 永远跟党走 奋进新征程”“技能成才 强国有我”等主题教育活动和红色地标参观活动。学生参加北京市职业院校技能大赛8个市级赛项、第二届“丝路工匠”国际技能大赛列车驾驶等3个行业技能比赛获一等奖2个、二等奖4个、三等奖5个。建立线上家长学校，开启线上线下心理健康咨询2条通道，开展5次线上心理健康活动及讲座、6期家长课堂。

确保线上教学质量。坚持“只改变教学模式，不改变教学目标和要求”原则，统一备课、上课、作业、监督等方面标准。实施全覆盖线上巡课，实行学生到课率、视频开启率、作业完成率“三率”常态化管理，掌握教师线上教学情况及学生线上学习状态。加强对教师线上教学指导，提升教师线上教学能力。利用“自动化心理服务平台”公众号提供线上心理咨询服务，公布“未诉先办”联系方式，为学生及家长排忧解难。

推进师资队伍建设。举办教师教学能力比赛。轨道专业团队参加全国职业院校技能大赛教学能力比赛获二等奖，“城市轨道交通行车组织”课程入选2022年北京职业院校“课程思政公开课”。制定教科研项目管理办法，组建新一届学术委员会，组织教师申报北京市职业教育教学改革项目。开展职业院校课程思政设计与实施、人工智能与机器人教育等10余项专题培训。

创建学校服务品牌。线上线下相结合开展中小学生研学实践，完成线下研学活动1827人次、线上研学活动43950人次；线上云研学课程平台注册量2000余人，课程学习1万余人次；学校劳动教育成果收录入北京市大中小学劳动教育公益性资源目录并推荐至教育部资源平台。承办市总工会“无人机设计与制造”培训项目，为北京京港地铁有限公司培训地铁站务员500人。

治理效能不断提升。深化内部管理改革，建立项目管理机制，对学校15项重点工作任务施行项目化管理，深化考核制度改革，激发教师队伍活力。加强预算项目管理，制定项目申报与评审管理办法，建设2023—2025年三年项目库，储备项目22个。申报“特高”专业建设三年滚动预算项目、4栋建筑外墙砖脱落修缮项目获批，解决学校重大安全隐患。

（张晓旭 万承轩 刘娴）

北京市劲松职业高中

设有4个校区，开设17个专业，59个教学班。学校由朝阳区教委举办，为职业高中学校。拥有教室169间，包括网络多媒体教室101间。数字终端1367台，包括学生终端834台、教师终端523台。“双师型”教师44人。聘请行业导师3人。毕业生中取得职业类证书10人。招收京籍学生364人。在校生中京籍学生858人。

2022年，学校适应新时代职业教育改革发展新要求，围绕内涵建设与发展核心工作，推动办学水平和人才培养质量持续提升，取得良好办学效益。

加强党对学校工作全面领导。将思想政治和德育工作作为党建工作重要内容，形成“一线五统”“三全育人”工作机制。设计“松品讲堂”党史校史宣讲比赛、“强国有我、请党放心”主题教育等活动，推进党史学习教育。入选北京市“三全育人”典型学校。推动思政课改革创新，增强思政课亲和力和针对性。党总支委员与思政课教师同备一节思政课，整体规划思政课程建设；促进思政课堂与社会实践、校园文化建设相结合。全年开展习近平新时代中国特色社会主义思想讲座8次，3300人次参加；打造校级思政课示范课堂6节，5名教师在北京市大中小学思政课优秀教学课例征集展示活动中获奖。培养良好班风学风，形成以“静文化”“四美班级”为代表的特色班级文化建设理念。面向全体学生开办学科类、文化类、艺术类、体育类、社会实践类5大类47个学生社团，全方位培养人。1名学生获评“北京市优秀学生”；学生获北京市第16届中学生运动会金牌7块，2022—2023赛季全国高山滑雪青少年锦标赛青年组大回转（女）第一名。

动态调整，优化专业布局。主动适应国家和首都社会经济发展需求调整专业，5个专业群与北京市重点产业匹配度100%。以提质培优项目和6个“特高”项目建设为抓手，产出国家级教学标准、校企合作典型案例等标志性成果83个，学校“3+2”中高职衔接专业12个。立足高素质技术技能人才培养要求，创建专业“三级三跨”综合实训课程体系模型，构建以学习者为中心的“四三四”混合式教学模式，相关研究成果获北京市职业教育教学成果二等奖。数字化教学资源新增总量231GB，其中3门课程入选北京市职业教育在线精品课程。1个工作室获评首批北京市中等职业学校名班主任工作室，1人获全国职业院校技能大赛中等职业学校班主任能力比赛二等奖、1人获北京市中等职业学校班主任能力比赛一等奖。

交流协作，推动学校发展。推进校企深度合作，与82家企业在专业建设、教学资源开发、师资队伍培训、学生实习就业等方面共建共享。发挥北京市民终身学习示范基地、职工继续教育基地和朝阳区中小学生职业体验基地作用，培训服务8029人次，获评北京市优秀成人继续教育院校（培训机构）。1名副校长赴内蒙古赤峰市华夏职业学校承担为期3年“乡村振兴重点帮扶县教育人才‘组团式’帮扶工作”，担任该校校长负责教育教学及学校全面管理工作。教职工38人参与社区疫情防控志愿服务96次，服务总时长344小时；10人组成“重点区域支援”志愿者队伍支援小红门乡封（管）控区疫情防控工作，服务总时长1700个小时。完成北京冬奥会服务保障任务。

（王为民　李婷婷）

中国音乐学院附属中等音乐专科学校

开设5个专业，20个教学班。学校由中国音乐学院举办，为普通中等专业学校。拥有教室29间，均为网络多媒体教室。数字终端253台，包括学生终端207台、教师终端46台。“双师型”教师24人。聘请校外教师25人。招收京籍学生145人。在校生中京籍学生745人。

2022年，学校进一步落实立德树人根本任务，统筹抓好疫情防控和教育教学等各项工作。

党建工作。通过专题思政课、主题党课、主题党日、实地践学、诗歌朗诵、才艺展示等多种方式，推动党的二十大精神宣传学习全覆盖。推进党建带团建，组织开展“庆祝中国共产主义青年团成立100周年”学习讨论活动，录制献礼主题MV《心之所向》并得到“共青团中央”微博账号转发。

教学管理。根据疫情防控工作需要采用线上授课。持续落实学科教学例会制度，定期开展教学研讨，有效督导教学质量。做好教研项目申报与管理、教研成果宣传与展示、教研能力培训与提升工作。

师资培养。完成拔尖人才选拔，持续科学构建优秀音乐人才成长成才提升机制。3名教师在北京市职业院校教学设计与教学实施能力考核评比中获奖；1名教师入选2022年度北京市职业院校教师素质提高计划优秀青年骨干教师培育项目；2名教师获国家艺术基金项目资助。

学科建设与人才培养。对标“中国乐派8+1、思政+X”课程体系，加强附中与大学教学一体化建设，推进专业学科特色项目落地实施，为大学高精尖人才培养计划输送更多可塑性人才。顺应信息化教学发展需要，建设课程思政专业教学资源库、立项推进中国乐器音乐数据库建设，推进音乐艺术教育教学数字化教学资源开发与使用。

学生工作。统筹构建“三全育人”整体格局，推进全员德育导师制落地实施；发挥“家校共管”机制，发挥“学生成长中心”作用，加强学生心理健康课程建设。树立学生管理和德育工作优秀典型，带动班主任工作团队整体水平提升。开展青年班主任培训和学生工作团队岗位技能提升培训；2名班主任在北京市中等职业学校班主任能力比赛中获奖。以课程思政为校园文化赋能增效，持续开展“晓窗朗吟”读书堂吟诵活动。

艺术实践活动。开展校企合作与校地共建。与北京民族乐团签订“产教融合”合作协议；与北京民族乐团合作举办“自古英雄出少年”音乐会；举办“携手抗疫，欢庆‘七一’——国音附中慰问六里屯街道辖区线上专场音乐会”；与中国歌剧舞剧院民族乐团、交响乐团签订“产教融合”合作协议。

行政后勤。完成学生公寓和琴房楼外立面改造工程；推进综合楼整体抗震加固项目进程；提升后勤服务品质，严格监管食品安全，扎实推进“平安校园”建设。

（冯琦）

（本栏责任编校　胡雨）

1037 所
民办幼儿园

41 所
民办小学

25 所
民办普通初中

82 所
民办普通高中

17 所
民办中等职业教育学校

15 所
民办普通高校

民办教育

NON-GOVERNMENT EDUCATION

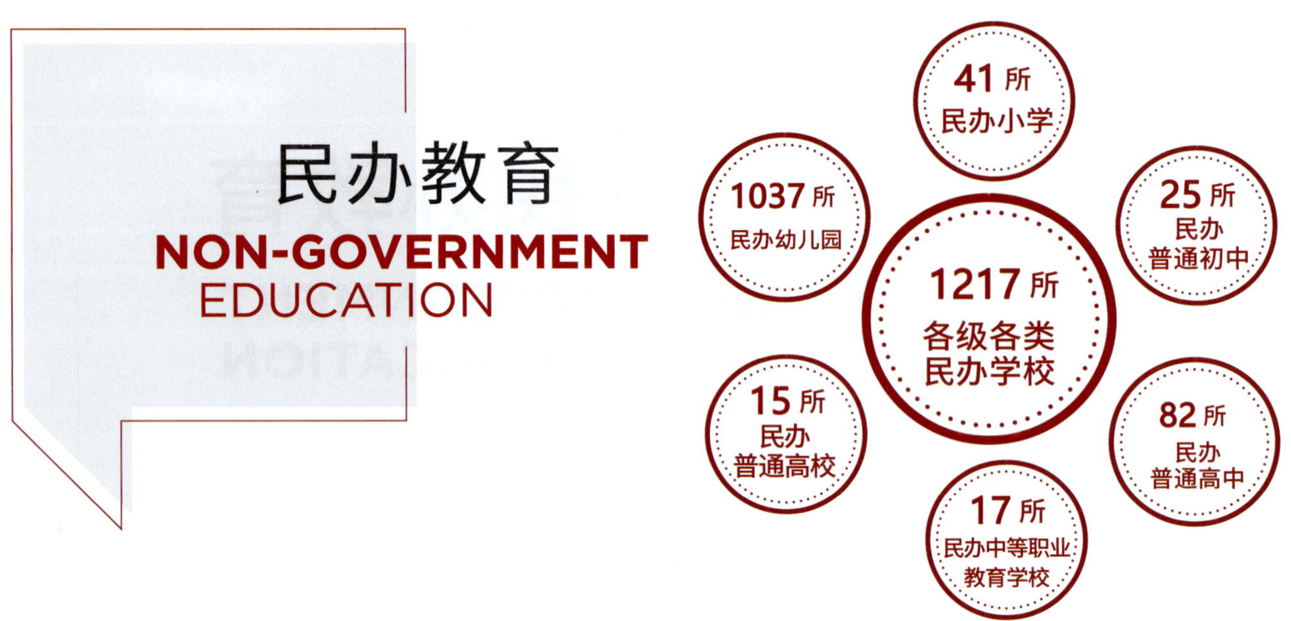

综述

概况

2022 年，北京市有各级各类民办学校 1217 所。其中，民办幼儿园 1037 所，毕业 68346 人，招生 74267 人，在园幼儿 244922 人；教职工 47037 人，包括专任教师 19345 人。民办小学 41 所，毕业 5136 人，招生 5399 人，在校生 37753 人；教职工 1275 人，包括专任教师 877 人。民办普通初中 25 所，毕业 5820 人，招生 6024 人，在校生 16415 人。民办普通高中 82 所，毕业 1218 人，招生 3843 人，在校生 8678 人；教职工 14101 人，包括专任教师 7949 人。民办中等职业教育学校 17 所，毕业 248 人，招生 433 人，在校生 1089 人；教职工 496 人，包括专任教师 240 人。民办普通高校 15 所（不含北京吉利学院），毕业 14786 人，招生 15537 人，在校生 53933 人；教职工 5477 人，包括专任教师 2968 人。另有在教育行政部门注册的民办职业技术培训机构 535 个，结业 494901 人次，注册学生 881621 人；教职工 7395 人，包括专任教师 3184 人。

（胡雨　付婉宁）

民办非学历高等教育机构有序退出

2022 年，市教委持续推进民办非学历高等教育机构有序退出。稳步压缩民办非学历高等教育机构规模，加强与市民政局等法人登记机关协同配合，加大违法违规惩戒力度。4 月 7 日和 12 月 13 日，依法公告北京黄埔大学、现代管理大学等 10 个机构办学许可证废止并注销，全市民办非学历高等教育机构总规模缩减 30.5%。至年底，2 所民办非学历高等教育机构主动申请退出；4 所机构被列入“黑名单”逐步退出；5 所机构被列入“灰名单”从严监管。

（徐姗）

规范民办义务教育发展

2022 年，市教委规范民办义务教育发展。4 月，印发《北京市规范民办义务教育发展工作方案》，聚焦民办义务教育发展重点难点问题，确定 33 项重点任务，细化落实。加强民办义务教育学校党建工作，全市民办义务教育学校均完成党建内容进章程，全部实现党组织成员和学校领导班子成员“双向进入、交叉任职”。8 所学校开展“公参民”转设（即公有主体举办或参与举办的民办义务教育学校转设为公办学校），包括海淀区 7 所、顺义区 1 所，另有丰台区 1 所民办学校由公办学校托管，共惠及学生 16206 人。规范 21 所民办学校名称，清理校名中含有公办学校名称、外国名称、“国际”字样名称的学校。规范 105 所民办学校招生行为，严禁民办义务教育学校以面试、评测、接收简历、校园开放日等形式提前招生，不得提前发布任何有关招生、宣传、咨询的信息，实现公办民办学校同步招生。

（付婉宁）

民办学校行政许可和备案工作规范

2022 年，市教委进一步规范民办学校行政许可和备案工作。完成 63 所民办学校“党建进章程”集中备案，推动民办学校加强党组织建设，理顺党组织隶属关系，促进党组织在民办学校发展中发挥作用。规范理事会产生方式及议事规则，明确理事长、校长、法定代表人等学校管理层人员相关职责，提升学校管理水平。完成 57 所民办学校决策机构成员集中备案，推动解决部分学校决策机构成员年龄偏大（超过 70 周岁）、相对缺乏具备高等教育教学经验的人员、一人兼任多职等问题，引导学校优化人员结构，提升决策机构组成人员质量。完成 6 所民办学校办学地址变更，特别审查学校租赁的房屋产权是否清晰、多次转租情况下租赁合同是否有瑕疵、权利义务关系是否明确等内容，确保学校办学条件合法合规，规避学校办学风险。

（付婉宁）

学科类校外培训机构规范管理

2022 年，市教委强化学科类校外培训机构规范管理。印发《北京市中小学生学科类校外培训材料管理实施细则》《北京市学科类校外培训指导手册》，指导校外培训机构规范办学。联合民政、市场监管、公安等有关单位，召开线上学科类校外培训机构工作视频会，明确线上学科类校外培训机构新冠肺炎疫情防控和规范管理具体要求。

（马健）

违规校外培训治理

2022 年，北京市进一步加强违规校外培训治理。4 月 27 日，市“双减”工作专班印发《关于进一步加强违规校外培训治理的通知》，提出要提升学科类校外培训执法工作能力和水平、加快建立完善非学科类校外培训执法工作机制、切实强化校外培训执法工作效能，建立健全覆盖学科和非学科类培训，权责明晰、管理规范、运转顺畅、保障有力、监管到位的校外培训监管行政执法体系。4 月 28 日至 5 月 4 日，开展“清理查处黑培训班”专项治理行动，接到社会举报线索 62 条，出动检查人员 4765 人次，锁定并及时清理查处“黑培训班”15 个，有力打击违规地下培训乱象，消除潜在风险隐患。

（马健）

校外培训常态监管机制建立

2022 年，北京市建立校外培训常态监管机制。按照“治乱、减负、防风险”“改革、转型、促提升”总要求，以学科类校外培训机构规范管理为主责，建立“五必巡”常态化检查机制，治理学科类隐形变异培训，制定《学科类校外培训典型问题处理指导手册》《学科类隐形变异培训现场检查工作指引》，构建协同有力的综合治理格局。全年协调指导出动检查人员 3.80 万人次，查处违规培训 100 余起，公开通报违规问题 60 余个。紧盯托管服务、违规组织竞赛和中高考志愿填报咨询等关联机构，加大提醒提示和检查巡查，形成监管高压态势。强化非学科类校外培训监管，全年排查出 72 家非学科类校外培训机构存在风险隐患。指导各区对 27 家文化艺术类培训机构恶意涨价行为进行整改。建立风险分级管理模式，市、区关注的风险机构从 200 余家降至 23 家。办理 12345 转办件超 10 万件，调解 3 万余名家长退费纠纷。

（马健）

治理违规学科培训工作指引印发

1 月 27 日，市“双减”工作专班面向各成员单位、各区专班印发《治理违规学科培训工作指引》。该工作指引在总结各区经验基础上结合北京市实际制定，旨在巩固“双减”校外治理成果，防范违规学科培训转入“地下”或向隐形变异发展。指引提出学科培训辨别方法，为每项违规培训找到适配的法律法规政策依据，明确部门监管和防范责任，并通过列举示例帮助基层准确辨别、有效处置。

（马健）

线上学科类校外培训机构倡议书发布

1 月 28 日，北京民办教育协会联合北京市通过“备改审”并取得办学许可的 10 家线上学科类校外培训机构发布倡议书，呼吁校外培训机构从业人员和教育工作者协力促进学生健康成长。倡议提出，坚决落实教育部和北京市寒假期间校外培训工作相关规定，共同营造良好教育生态；培训行为严格执行招生宣传、资金监管、课程报备、政府指导价等相关规定；坚持首善标准，加强行业自律，以实际行动赢得社会各界认可。

（马健）

规范民办义务教育发展工作方案印发

4 月 13 日，市委教育工作领导小组印发《北京市规范民办义务教育发展工作方案》。文件提出，要实施规范民办义务教育专项行动，全面加强民办中小学党的领导和党建工作，优化义务教育结构和布局，进一步规范民办义务教育学校办学行为，提高教育教学质量；各区要依法落实政府举办义务教育的主体责任，以首善标准落实落细各项具体工作，建立健全长效机制。

（高众）

民办高校招生简章和广告备案及监测

5 月至 9 月，市教委完成 15 所民办高等学校、43 所民办非学历高等教育机构招生简章和广告备案审查。委托第三方机构监测民办高校招生宣传和舆情预警，发现违规宣传线索 113 条、不良舆情 32 条，与市市场监管局建立线索移交和核查督办机制，完成 10 轮动态监测，督导问题学校完成整改。完成市政府督查室转国务院“互联网＋督查”问题线索的核查督办 2 件。

（侯照阳）

民办高校及民办非学历高等教育机构办学状况检查

6 月 20 日，市教委公布 2021 年度民办高等学校、民办非学历高等教育机构办学状况检查评估结果。67 所民办高校及民办非学历高等教育机构参加年检评估，包括16所民办普通高校（含独立学院）和51所民办非学历高等教育机构；1所学校未按要求提交年检材料。经过评定，42所学校年检结果为“通过”等次、20所学校为“暂缓通过”等次、6所学校为“不通过”等次。12月13日，市教委公布年检结果为“暂缓通过”学校的检查评估结论，17所学校完成整改并通过复检，其年检结论由“暂缓通过”调整至“通过”；3所学校“不通过”。年检工作委托北京民办教育协会开展。强化年检评估结果运用，建立“白灰黑”名单，支持“白名单”学校健康发展，加强“灰黑”名单学校监管。

（王敏　徐姗）

4月29日，2021年度民办高校办学状况检查评估专家组在北科院实地考察（北科院　供）

具有招生资格的民办高校及民办非学历高等教育机构名单公布

6月20日和10月21日，市教委分两批公布2022年北京市具有招生资格的民办高等学校及民办非学历高等教育机构名单。根据2021年度北京民办高等学校和民办非学历高等教育机构办学状况年度检查结果及相关学校整改情况，2022—2023学年度北京市具有招生资格的民办普通高校及独立学院16所、民办非学历高等教育机构43所（包括全日制民办非学历高等教育机构16所、非全日制民办非学历高等教育机构27所）。

（王敏）

2022—2023学年度北京市具有招生资格的民办普通高校及独立学院

北京城市学院	北京培黎职业学院
北京吉利学院	北京科技经营管理学院
首都师范大学科德学院	北京北大方正软件职业技术学院
北京工商大学嘉华学院	北京经贸职业学院
北京邮电大学世纪学院	北京科技职业学院
北京工业大学耿丹学院	北京经济技术职业学院
北京第二外国语学院中瑞酒店管理学院	北京艺术传媒职业学院
北京汇佳职业学院	北京网络职业学院

（王敏）

2022—2023学年度北京市具有招生资格的民办非学历高等教育机构

1. 全日制民办非学历高等教育机构（16所）	
北京工商管理专修学院	北京华夏管理研修学院
北京世华管理专修学院	北京现代音乐研修学院
北京文理研修学院	北京财经专修学院
北京国际标准舞研修学院	北京北大资源研修学院
北京航空旅游专修学院	北京影视研修学院
北京人文研修学院	北京华嘉专修学院
北京涉外经济专修学院	北京美国英语语言专修学院
北京新亚研修学院	北京瀚林职业研修学院
2. 非全日制民办非学历高等教育机构（27所）	
北京金融研修学院	北京长城研修学院
北京礼仪专修学院	北京翻译研修学院
北京商务研修学院	北京国际汉语研修学院
北京中农大创新研修学院	北京计算机专修学院
中国教育国际交流研修学院	北京高等秘书研修学院
北京光华博雅管理研修学院	北京国际青年研修学院
北京管理软件进修学院	北京机械工程师进修学院
北京华大研修学院	中国农民研修学院
中关村创新研修学院	北京东方老年研修学院
北京新瑞蒙代尔企业家研修学院	北京盛唐研修学院

续表

北京企业管理研修学院	北京摄影函授学院
北京职业资格专修学院	北京经济技术研修学院
中国现代教育研修中心	北京民生财富研修学院
北京经济研修学院	

（王敏）

学科类校外培训指导手册印发

6月25日，市教委印发《北京市学科类校外培训指导手册》。手册立足“双减”校外培训治理工作，系统梳理学科类校外培训相关法律、法规、规章和规范性文件，对培训安排、培训材料、从业人员、收费与财务管理、招生宣传等方面列出合规办学的基本标准和规范要求，是政府部门管理服务和机构规范办学的工作指南。

（马健）

学科类校外培训典型问题处理指导手册印发

7月15日，市“双减”工作专班印发《学科类校外培训典型问题处理指导手册》。手册针对“双减”工作以来12345接诉即办等渠道反映学科类校外培训较为集中的问题，以及基层在校外培训治理过程中遇到的常见难题，综合选取18个典型问题逐一分析，提出解决路径，指导帮助基层更加高效快速处置校外培训治理过程中遇到的问题。

（马健）

民办普通高等学校基本情况表

单位：人

学校（机构）名称	普通本专科学生			在学研究生		教职工数	专任教师			产权占地面积（平方米）	学校产权校舍建筑面积（平方米）	图书（万册）	固定资产总值（万元）	
	毕业生数	招生数	在校生数	硕士生	博士生		计	正高级	副高级				计	其中：教学、科研仪器设备
北京城市学院	6407	6800	23478	668		2534	1476	151	510	1214921	485031	249.19	146907.75	25038.50
北京北大方正软件职业技术学院	344	610	1292			144	75	2	19	287814	58927	33.40	20185.02	1266.47
北京经贸职业学院	456	389	1295			141	71	3	30	105693	50632	20.26	15457.60	1753.42
北京经济技术职业学院	542	459	1351			110	53	2	10			24.99	5738.33	1859.68
北京汇佳职业学院	461	610	1649			127	38		11	105323	122765	19.48	9086.15	1658.63
北京科技经营管理学院	78	120	333			80	15	1		79130	81592	10.09	26026.76	1093.02
首都师范大学科德学院	865	962	3884			306	188	25	52	258760	164773	48.86	84674.84	5978.37
北京工商大学嘉华学院	857	901	3671			328	183		32	363164	80944	52.45	49920.53	2805.39
北京科技职业学院	320	291	896			162	72	7	18	576372	695637	116.32	159311.50	8368.39
北京培黎职业学院	674	747	1974			195	67		20	110038	89160	35.97	6911.78	1768.53
北京邮电大学世纪学院	1220	889	4408			403	229	12	67			53.25	9976.21	4116.42
北京工业大学耿丹学院	1231	1274	4947			443	208	12	59	293586	214905	53.82	87734.70	5522.98
北京艺术传媒职业学院	68	268	493			122	80	13	11		44660	9.80	6600.80	1345.00
北京第二外国语学院中瑞酒店管理学院	757	759	2950			291	167	12	40	157570	89981	31.60	45025.26	3475.32
北京网络职业学院	304	193	644			91	46	2	4			13.00	3178.18	2111.41

（数据来源：《2022—2023学年度北京市教育事业统计资料》）

（胡雨）

民办教育管理

海淀 10 所“公参民”学校认定规范

5 月，海淀区教委按照教育部要求对 10 所“公参民”学校开展认定规范工作。确定 7 所学校为“公参民”第一类、第二类，需要调整办学性质；3 所学校为“公参民”第三类，规范后可以继续保持民办学校性质。9 月，完成 7 所学校“公参民”第一类、第二类办学性质调整。其中，中国人民大学附属中学分校、北京外国语大学附属外国语学校、北京市建华实验学校、北京理工大学附属中学分校 4 所学校转为区属公办校，校名不变，作为新设立公办学校开展新学年招生；清华大学附属实验学校转为高校举办公办校；中央民族大学附中实验学校、北大附中实验学校分别转入中央民族大学附属中学和北京大学附属中学 2 所公办校。7 所学校义务教育阶段在校生按照国家规定免收学杂费，高中阶段在校生按照公办高中标准收取相关费用。对继续保持民办校性质的 3 所学校，启动名称规范工作，北京市一零一实验学校更名为“北京市海淀区启慧未来学校”、人大附中北大附小联合实验学校更名为“北京市海淀区人北实验学校”、清华附中稻香湖学校更名为“北京市海淀区稻香湖学校”。

（宋亚甫）

西城民办学校分类登记及扶持

11 月，西城区完成民办学校分类登记及民办幼儿园扶持工作。区教委与区民政局、区市场监管局登记部门开展工作衔接，加强政策统筹、信息沟通、工作协调，通过政策宣讲与指导、工作流程指引、材料审核，完成 51 所民办学校营利与非营利分类登记工作。完成民办幼儿园（办园点）房租减免补贴工作，支出总金额 42.73 万元。

（王竞艳）

朝阳全部 5 所“公参民”学校治理完成

至年底，朝阳区教委完成全部 5 所“公参民”学校治理工作，均继续举办民办学校。北京市朝阳区人大附中朝阳分校、北京市朝阳区人大附中朝阳分校东坝校区、北京市朝阳区清华附中国际学校、北京八十学校、北京市朝阳区陈经纶中学分校实验学校 5 所公办学校与社会力量联合举办学校，采取公办学校退出方式，分别更名为北京市朝阳区人朝分实验学校、北京市朝阳区人朝分东坝学校、北京市朝阳区清森学校、北京市朝阳区未来实验学校、北京市朝阳区将府实验学校。

（任娜娜）

民办高等学校

北京城市学院

概况

2022 年，北京城市学院设有 3 个校区，设置 11 个院（系、部），开设 65 个本科专业、11 个专科专业、2 个七年制贯通培养专业。硕士专业学位授权类别 4 个；硕士生导师 180 人。北京市级一流本科专业建设点 12 个。学校由个人举办。拥有教室 495 间，包括网络多媒体教室 420 间。数字终端 8620 台，包括学生终端 4840 台、教师终端 1441 台。数字资源量中电子图书 133.77 万册、电子期刊 2.80 万册、学位论文 554.43 万册、音视频 127 小时。北京重点实验室 1 个。“双师型”教师 555 人。聘请行业导师 91 人。高考北京地区提档线不限选考专业组 430 分、物理必考专业组 431 分、物理 / 化学 / 生物专业组 443 分、物理 / 历史 / 地理专业组 438 分、历史 / 地理专业组 459 分。网址：www.bcu.edu.cn。

2022 年，学校推进“明师良匠”教育工程，做好教育改革，深化校企战略合作，推进创建高水平应用型大学。

全面加强党建。组织学习 12 次，举办主题理论宣讲 6 场。在学校章程中增加党建有关条款内容，审定制度文件 10 余项，建立健全制度机制 4 项，开展专题培训 6 次，深入 7 个基层党组织调研指导。推动党建质量提升，推动教育部“样板支部”、教师党支部书记“双带头人”工作室建设。全年发展

10 月，城市学院教师为圣马力诺民众讲授大山楂丸制作方法

（城市学院　供）

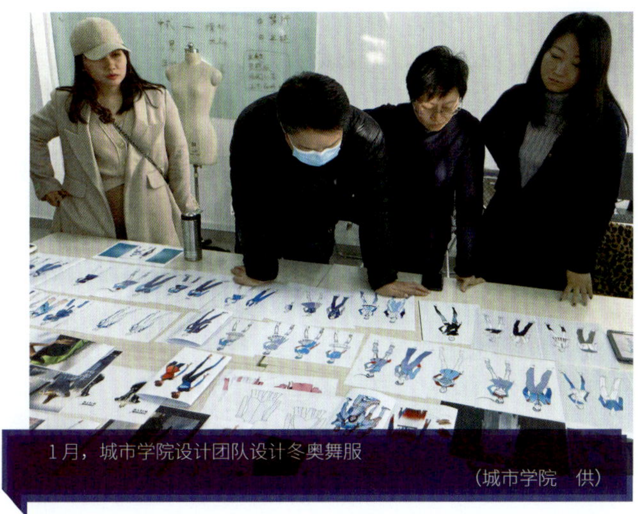

1月，城市学院设计团队设计冬奥舞服

（城市学院　供）

师生党员596人，预备党员转正1092人。相关成果获北京高校党的建设和思想政治工作优秀成果奖。

深化教育教学改革。推进课程思政建设，实施三位一体课程思政“雨润工程”，组织课程思政教学大赛，认定校级课程思政示范课程15门。深化思政课改革创新，推进“明师良匠”工程，打造思政精品项目，5门课程获评北京市课程思政示范课程，1个案例入选全国高校思想政治工作优秀案例。推进专业“四新”建设，加强课程培育，新增5个北京市级一流专业建设点，3门课程获评北京高校优质本科课程，3本教材获评北京高校优质本科教材，省部级以上课题立项近20项。

深化产教融合。加强实践教学基地建设，新建校外实习基地百余个。与北京科学技术研究院签订战略合作协议，共建科教创新平台；与顺义区法院签订合作共建协议；与中国工艺美术学会、黄成漆文化艺术馆三方共建漆文化艺术专业委员会；与中国文物交流中心合作共建“城市遗产与社区”多语种公众号；与北京京彩弘景园林工程有限公司、北京京诚集团有限责任公司分别签订战略合作协议并成立“北京城市学院产学研基地”。

完成冬奥服务保障任务。组织260余名师生参加北京冬奥会、冬残奥会服务保障工作，其中134名师生组成国标舞方阵参与开幕式演出。2名师生获“北京2022年冬奥会、冬残奥会北京市先进个人”称号。

提升国际影响力。在墨西哥瓜达拉哈拉大学孔子学院开展系列中医药文化传播活动；举办中墨汉语教师教学工作坊，3名志愿者教师入职；在圣马力诺孔子学院举办传统文化开放日活动，在慈善义卖活动中出售中国传统工艺品，组织中国书法工作坊活动，增强中国传统文化的国际影响力。

（白梦然）

与顺义区法院签约合作共建

3月，城市学院与顺义区人民法院召开合作共建座谈会。双方围绕顺义区法院党建队建示范基地、法庭情况及人才需求、学院学团建设及学生实习就业情况等内容交流沟通，签署合作共建协议书。根据协议，双方利用各自优势和独特资源，建立双向互动机制，促进顺义区多元矛盾治理背景下的各专业人才需求对接、人才共育、实习就业等工作高效闭环融合。

（白梦然）

面向海外学生开展中医药文化传播活动

3月至12月，城市学院以海外孔子学院为依托开展系列中医药文化传播活动。在北京举办5场中医药专题系列线上跨国讲座，包括生物医药学部教授为圣马力诺孔子学院及当地居民作“关爱颈椎”专题讲座、为墨西哥瓜达拉哈拉大学孔子学院开展中医药专题讲座等。暑假期间，圣马力诺孔子学院组织学生到城市学院在海外联合兴建的同仁堂博物馆参观，体验中国中医药传统文化。系列活动增进国外居民、学生群体对中国中医药文化的了解，推动文化沟通。

（白梦然）

北京北大方正软件职业技术学院

概况

2022年，北京北大方正软件职业技术学院设置4个二级学院，开设17个专科专业。学校由北大方正教育投资集团有限公司举办。拥有教室94间，包括网络多媒体教室26间。数字终端1756台，包括学生终端1680台、教师终端76台。数字资源量中电子图书8000册、电子期刊4890册。“双师型”教师41人。聘请行业导师3人。网址：www.pfc.edu.cn。

2022年，学校坚持和加强党对教育工作全面领导，依法办学、规范办学、诚信办学，扎实推进各项工作。

推进课程思政。党委书记主抓思政课，同时发挥教师课程育人主体作用，通过现场听课、教师说课、优秀课程思政案例评选、“党的二十大精神融入课程思政”案例评选等活动，加强非思政课教师的思政教育能力。将课程思政作为教学比赛重要评价标准，梳理各门课程蕴含的思政元素，将党的二十大精神融入课堂教学各个环节，构建思政理论课程、通识教育课程、专业教育课程等合力育人的大思政新格局。

培养学生能力。通过创新创业大赛、职业技能比赛等项目提高学生职业技能；推动产教融合、校企合作，让学生在实践岗位上提高专业技能、培养职业素养；通过形式多样主题党团日活动筑牢学生思想阵地；开展特色志愿活动，增强学生社会责任感。学生参加首届全国大学生大数据分析技术技能大赛获北京市一等奖2项。

推进“特高”建设。持续推进“特高”专业和工程师学院建设，推动“1+X”证书制度试点工作实施。护理专业入选2022年北京市职业院校教学创新团队培养项目。1个项目获北京市教育教学成果奖二等奖。

加强基础设施建设。完成学校高职宿舍区、五年一贯制宿舍区、智慧教室、操场、校园主路和网络安全实训室环境和设备升级改造，为师生提供优质环境。在教学楼楼道、操场等区域安装一键式应急报警装置，保障师生安全。

完成自学考试任务。承担北京教育考试院高等教育自学考试网络传媒设计（专科）、学前教育（专科）2 个专业主考校全部工作，以及人文素养及计算机应用等 9 门课程自学考试工作，全年 75 名学生毕业取得自考专科学历。承担河北省教育考试院高等教育自学考试传播与策划（专科）专业主考校全部工作，助力京津冀融媒体建设。

（张建红）

360 网络安全工程师学院建设

4 月至 12 月，北大方正软件学院推进 360 网络安全工程师学院建设。4 月 27 日，学校与 360 数字安全集团共同召开 360 网络安全工程师学院培养方案研讨会，完善以培养企业急需的渗透测试工程师和安全服务工程师为目标的人才培养方案，将企业“1+X”证书植入专业课程，构建“能力核心”职业课程体系。至年底，校企双方合作开展师资培训、专业研讨、企业专家进课堂等活动，推进特色高水平工程师学院建设。学校 2021 年与 360 数字安全集团共建北大方正软件学院—360 网络安全产业学院，同年 360 网络安全工程师学院入选北京市第三批特色高水平骨干专业（群）和实训基地（工程师学院和技术技能大师工作室）建设项目。

（张建红）

10 月 22 日，北大方正软件学院师生赴 360 数字安全集团参观学习
（北大方正软件学院 供）

北京经贸职业学院

概况

2022 年，北京经贸职业学院设置 5 个院（系、部），开设 10 个专科专业。拥有教室 98 间，包括网络多媒体教室 47 间。数字终端 849 台，包括学生终端 746 台、教师终端 103 台。数字资源量中电子图书 2000 册。“双师型”教师 40 人。聘请行业导师 2 人。毕业生中取得职业类证书 306 人。网址：www.csuedu.com。

2022 年，学校完成教育教学任务，各项工作有序推进。

党建工作。采取集中观看、网络培训、集中学习等形式开展党的二十大精神学习教育。开展疫情防控大思政教育活动，校领导带头作专题辅导，提升思政课教学实效性和亲和力。加强党支部规范化建设，高标准做好党员发展工作。全年新发展学生党员 3 人、教师党员 1 人。

教育教学工作。开展职业岗位、职业能力和技能调研、分析和论证，构建 1 个核心（以培养学生职业能力为核心）、3 个层次（基础实践、专业实践、综合实践）、5 个模块（课内实训、综合技能实训、认知实习、顶岗实习及社会实践）的实践教学课程体系。在大数据与会计等 3 个专业及方向试点“大类培养”人才培养模式改革，在职业基础课程教学中实行“四统一”工作（即统一课程、统一师资、统一教材、统一大纲）。与北京市房山区房山职业学校、北京市对外贸易学校对接“3+2”合作项目。深入推进校企合作，与 13 家企业建立合作关系。推进教学改革，实行“课证融通”“课赛融合”教学模式，推进“学分置换”等配套考试方式和制度改革。遴选 20 余门优秀课程融入选修课程体系，丰富选修课程。开展 10 项专业职业技能比赛，500 余名学生参加，以赛促教、以赛促学、以赛促改、以赛促建。选拔学生参加 2022 年北京市职业院校技能大赛、第八届中国国际“互联网+”大学生创新创业大赛及行业协会组织的各类技能比赛 12 项，27 个团队 / 个人获奖。

教师队伍建设。以做“四有”好老师为主题，开展师德师风建设，引导教育教师树立“底线意识”，组织教师参加“教师思想政治和师德师风常态化建设”专题网络培训。开展专业带头人（课程群负责人）测评，调动并激发专业带头人（课程群负责人）“带头”作用。修订、落实教师企业顶岗实践制度，将教师企业顶岗实践工作规范化、制度化，培育教师职业能力。推进“双师型”教师队伍建设，组织 300 余人次教职工参加校内外培训。加强兼职教师队伍管理，严把任职资格关，推进兼职教师聘任、管理和教学质量监控规范。

学团工作。围绕学生思想政治和教育管理工作，举办“喜迎二十大”系列活动，促进学生全面发展。加强学生心理健康管理，开展全校新生心理健康状况普查，建立心理健康台账。191 名学生获国家助学金，28 名学生获学校奖学金，9 个集体和 41 名学生获学校奖励；评出学校“创新争先奖”集体奖 11 项、个人奖 29 项（70 人获奖）。1 名学生获国家冬季两项中心志愿服务“每日之星”称号，5 名学生和 2 个集体获北京市市级奖励。

平安校园建设。严格校园出入管理，疫情期间落实各项防控政策。加强校园日常安全教育，主管校领导带头开展校园安全培训，做好消防、反恐、防诈骗、安全生产等宣传教育和隐患排查工作。逐级签订《安全责任书》和《反恐防暴工作责任书》。完成消防设施设备维保及安保人员培训工作。新组建学校义务消防队和校园防暴队，定期组织培训演练，提高预警、防控及应对突发事件处置能力。密切校地、校警合作，改善校园周边环境秩序。

基础设施建设。完成 1 号公寓、简易房消防改造、危墙修复、宿舍粉刷，完成教学楼、学生宿舍、食堂等 26 项改造、拆除、维修及更换工程，改善教学、办公和学生住宿条件，排除安全隐患。

（王亚娜）

党的二十大主题艺术作品展

11月17日，经贸职院举办“喜庆二十大，奋进新征程”主题艺术作品展。展览以党的二十大为主线，以书法绘画、原创海报、创意手工、多媒体视频等形式引导师生全面正确认识中国共产党光辉历程和伟大成就，展现学校青年忠诚为国、一心向党的赤子之心。展览选拔3名学生提供宣讲服务，是学校首次以学生宣讲员为主体引导参观展览，体现“展览慧民心，学生为中心”培养思路。

（尚林）

北京经济技术职业学院

概况

2022年，北京经济技术职业学院设置3个院（系、部），开设13个专科专业。学校由北京思华文化发展有限公司举办。拥有教室78间，包括网络多媒体教室25间。数字终端1106台，包括学生终端959台、教师终端147台。数字资源量中电子图书11.01万册、电子期刊200册、音视频230小时。“双师型”教师33人。毕业生中取得职业类证书260人。网址：www.bibtedu.cn。

2022年，学校服务和融入北京城市副中心与河北省廊坊市“北三县”协同发展战略，深化“三教”改革，“岗课赛证”综合育人，提升教育质量。

党建工作。扎实开展党史学习教育，组织党的二十大精神学习培训，创建学校“一三五”模式“爱党北经人”党建品牌，被评为通州区教育系统党建示范品牌。

思政工作。持续推动习近平新时代中国特色社会主义思想进教材、进课堂、进头脑，把社会主义核心价值观融入教育教学全过程。加强思想政治教育，巩固学校“青年点灯”工程。巩固学校“一校一品”德育品牌项目建设成果和内涵，动员各二级学院开展“一系一品”品牌建设，配合学校大思政工作格局，深入推进“三全育人”。

教育教学。进一步完善教育教学质量管理体系，加强教学诊断及反馈，改进教师队伍建设、教材建设、教学方法等，推进基于“1+X”职业技能等级证书试点项目的课程改革。完善课程考核评价机制。探索在“大智移云物”背景下培养学生基于数字时代的关键素质，提升课堂教与学的时代活力。

（庄恒辉）

课程标准修订完成

3月，经职院完成全部课程标准修订。总计12个专业294门课程，其中公共基础课13门、专业课281门，并分专业汇编成册。学校2021年底启动课程标准编制工作，并创新工作模式，把课程标准编写的学术研究工作与学期初教学检查工作相结合，又将教学检查工作与评优工作相结合，以“组合拳”形式推动人才培养方案落实落细。同时开展比赛评比，通过二级学院初评推荐、学校复评，评选出校内“十佳课程标准”，供全校教师观摩学习。

（庄恒辉）

北京汇佳职业学院

概况

2022年，北京汇佳职业学院设置5个二级学院、2个中心，开设21个专科专业。学校由北京汇佳科教发展有限责任公司举办。拥有教室84间，包括网络多媒体教室51间。数字终端822台，包括学生终端752台、教师终端70台。数字资源量中电子期刊1557册。“双师型”教师34人。毕业生中取得职业类证书190人，其中幼儿园教师资格证100人、保育员证90人。网址：www.hju.net.cn。

2022年，学校坚持“综合素质提升加职业素质养成”两手抓两手都要硬的教育思路，持之以恒深化各项改革，形成更加良好校风、教风和学风，确保校园安全与稳定。

推进课程体系改革。成立“1+X”证书试点工作领导小组和工作组，制定学校“1+X”证书试点工作具体实施方案和相关政策，持续推进4个“1+X”证书试点工作开展。坚持以赛促教、以赛促学，学生参加各级各类职业技能比赛获国家级奖项4项，包括特等奖1项、三等奖1项。

深化校企合作、产教融合。与企业合作方召开3次校企合作产教融合促进会，成立校企合作项目开发办公室，促进校企产教融合纵深发展、横向联系，实现校企资源共享、优势互补、互利双赢。

加强国际合作，提升学生学历。与泰国格乐大学合作开设“1+3”专本衔接及本硕博连读项目，为泰国格乐大学输送30余名高职毕业生进入该项目学习。新增与美国纽约电影学院开展国际合作项目及与韩国多所大学合作开设“2+1”专科项目、“2+2”本科项目、“2+2+1”本硕连读项目等。

完成招生就业工作。年度招生录取率99.48%，创历史新高。为毕业生组织1场线下中型校园双选会和20场中小型线上招聘会，邀请173家用人单位，提供5706个岗位；联合北京高校毕业生就业指导中心在“成功就业”微信公众号平台举办2场线上专场双选会，联合北京部分高校在“智联招聘”平台举办1场大型空中双选会，邀请538家企事业单位参加，提供46221个就业岗位。

（杨永琴）

学前教育专业校企合作“双师型”教师培养培训

10月23日至11月19日，汇佳职院承办2022年北京市职业院校学前教育专业校企合作“双师型”教师培养培训项目。培训面向已经或计划开设学前教育、早期教育、幼儿发展与健康管理、幼儿英语教育等专业的高职院校和中职学校的分管领导、专业负责人及专任教师，旨在提升职业院校学前教育专业教师的专业实践能力，使其具备“双师型”教师资格，同时使参训教师了解相关政策和行业发展现状趋势，提升其课程设计与实施能力以及幼儿园岗位实践与实习指导能力。培训邀请行业企业专家进行理论授课，实践课程基于保育员、配班教师、主班教师等不同岗位设置不同的实践目标及任务清单，提升学员理论知识运用能力和岗位技能，同时注重过程性评价，将学员跟岗实践的活动方案、计划、任务清单及总结反思汇集成学习档案袋，记录、评价学员学习过程。培训由市教委主办，汇佳幼儿园协办。

（杨永琴）

北京科技经营管理学院

概况

2022 年，北京科技经营管理学院设置 7 个学院，开设 12 个专科专业。学校由个人举办。拥有教室 123 间，包括网络多媒体教室 59 间。数字终端 265 台，包括学生终端 142 台、教师终端 123 台。“双师型”教师 7 人。聘请行业导师 22 人。在校生中参与现代学徒制培养学生 6 人。网址：www.jgy1985.cn。

2022 年，学校加强党建和思想政治工作，开展师德校风教育，加强师资队伍作风建设与学生学风教育；强化服务师生能力建设，提高总务后勤工作质量，推动学校各项工作有序开展。

学习贯彻党的二十大精神。通过线上线下等形式组织书记校长讲大思政课 4 次，将党的二十大精神融入思政课教学，分专题讲授 10 个学时。与昌平区沙河镇政府联合组织“勿忘国耻 努力前行”昌平抗战事迹线上主题宣讲活动，举办“礼赞党的二十大，青春唱响新征程”校园歌手大赛、“喜庆党的二十大，强国有我新征程”主题朗诵比赛、“职教生心中的二十大”“写给 2035 年的我”“未来工匠说”等系列主题教育活动，引导师生德技并修。

9 月，科技经营管理学院学生参加国家大剧院“我和祖国一起成长”演出 （科技经营管理学院 供）

以教育教学工作为中心，拓展职业教育深度和广度。以重实际、抓实事、求实效、多实践为教学工作基本原则，以培养学生创新精神和实践能力为重点，深化教学改革，提升人才培养质量。优化专业和课程设置，增设舞蹈表演专业，配备优质师资团队，组织学生参加国家大剧院“我和祖国一起成长”大型演出等活动。响应“一带一路”倡议，为工商企业管理专业开设西班牙语相关课程，打造“西班牙专升硕”学历直通车。音乐表演专业学生获第四届全国扬琴展演专业少年 C 组银奖。

落实高教职称改革要求，提高师资队伍水平。制定教师专业技术职务评审暂行办法，成立职称评审委员会，推荐优秀教师参加北京市民办高校教师统一职称评审，促进教师职业化、专业化发展。

构筑实践育人格局，提升志愿服务水平。全年 1300 余人次学生参加校内外志愿服务活动，共青团员平均志愿服务时长 26.5 小时。深入开展创先争优活动，每周开展“青年大学习”，平均学习率 110%。

（李金华）

党的二十大主题教育活动

10 月至 12 月，科技经营管理学院举办学习贯彻党的二十大精神主题教育系列活动。举办“喜迎二十大、永远跟党走”文艺晚会、“礼赞党的二十大、青春唱响新征程”校园歌手大赛、“喜庆党的二十大、强国有我新征程”主题朗诵比赛等。组织“职教生心中的二十大”活动，开展“写给 2035 年的我”“未来工匠说”等活动，评选出“写给 2035 年的我”优秀作品 6 篇、“未来工匠说”优秀作品 6 篇。

（李金华）

首都师范大学科德学院

概况

2022 年，首都师范大学科德学院设置 4 个学院，开设 32 个本科专业。北京市级一流本科专业建设点 4 个。学校由首都师范大学和北京国融远景投资有限公司举办。拥有教室 369 间，包括网络多媒体教室 92 间。数字终端 2091 台，其中学生终端 1608 台、教师终端 483 台。数字资源量中电子图书 318.50 万册、电子期刊 9.15 万册、学位论文 1103.45 万册、音视频 1.67 万小时。“双师型”教师 4 人。聘请行业导师 11 人。网址：www.kdcnu.com。

2022 年，学校做好校园安全、教学科研、学生管理等各方面工作。

做好党建工作，加强理论武装。线上线下相结合开展专题讲座和培训，组织主题学习教育活动。发挥党组织和党员作用，320 余名师生党员参与疫情防控志愿服务。

持续深化教学改革，促进学校内涵式发展。深化“示范性金课”建设，开展优质教案评选。广播电视编导专业和环境设计专业获批 2021 年度北京市一流本科专业建设点，2 门课程入选 2022 年北京高校优质本科课程，2 个课件入选 2022 年北京高校优质本科教材课件。加强本硕项目的系统化、规范化，探索适合学校特点的国际交流与合作运行机制。促进校企资源融合创新，新签校企合作企业 52 家，加强校政资源联动发展。

落实立德树人根本任务，提升人才培养质量。启动青年教师“薪火计划”，开展新员工培训，助力教职工发展。推进导师育人工作和团学组织建设。实施能力提升工程，通过学习培训、思政教育、精品项目、职业大赛、绩效考核 5 个平台，开展辅导员线上线下培训 30 余场次。

持续提升管理服务水平。开通校内服务热线，畅通师生申诉渠道；夯实美丽校园建设成果，以“提升学校发展品质、构建和谐文明校园”为目标，打造“三季有花、四季常青”校园美景。

利用专业优势，推进乡村振兴。“美丽乡村 振兴有我”项目入选团市委“团建百强”品牌项目。

（白静静）

“薪火相传 共育桃李”薪火计划

10 月 19 日，首师大科德学院启动“薪火相传 共育桃李”薪火计划。薪火计划聘请校内学术、教学、科研等方面经验丰富的优秀教师作为引路人，从教学方法、课堂管理、课件制作、师德师风、课程思政等多个方面对青年教师进行指导培训，通过传、帮、带的方式筑牢青年教师教学基本功，提升青年教师教学能力。首批 10 名青年教师与 10 名“薪火”导师配对成功。

（白静静）

北京工商大学嘉华学院

概况

2022 年，北京工商大学嘉华学院设置 5 个院（系、部），拥有 4 个教学实践中心、27 个实验室，校外实训基地 115 个。开设 35 个本科专业。北京市一流本科专业建设点 5 个。学校由北京立新源技术有限公司举办。拥有教室 115 间，包括网络多媒体教室 12 间。数字终端 1869 台，包括学生终端 1556 台、教师终端 313 台。数字资源量中电子图书 318.50 万册、电子期刊 55.96 万册、学位论文 1.52 万册、音视频 2.50 万小时。“双师型”教师 57 人。聘请校外教师 20 人、行业导师 9 人。网址：www.canvard.net.cn。

2022 年，学校以“融合、成长、生态”的年度主题为引领，聚焦高质量发展和内涵建设，强化统筹、持续改革，推动学校治理能力和治理水平提升。成立科学技术协会，为科技工作者提供组织支撑和活动平台。

3 月 1 日，北工商嘉华学院青年教师作品《明天会更美》入选国家艺术基金（一般项目）2022 年度青年艺术创作人才项目（北工商嘉华学院　供）

优化专业设置和课程建设。金融工程、视觉传达设计 2 个专业获批北京市一流本科专业，北京市一流本科专业建设点增至 5 个。2 门特色课程入选 2022 年北京高校优质本科课程、1 个课件入选 2022 年北京高校优质本科教材课件。

推进国际联合培养。成立国际合作联合办公室，与国际院校开展积极沟通，推进国际联合培养项目，助力学生申请海外院校。全年邀请 17 所合作院校，举办 23 场专场讲座及咨询会。

完成冬奥服务保障。3 名学生作为北京冬奥会城市志愿者，完成冬奥酒店语言翻译、食品安全检查、安检引导等各项服务保障任务；参加“鸟巢杯”全国青少年冰雪文化艺术创作系列活动，31 名学生的作品获高校组 32 个奖项，包括一等奖 3 个。

（彭士校）

第三届教代会暨工代会

7 月 18 日，北工商嘉华学院第三届教职工代表大会暨工会会员代表大会召开。会议听取并审议学校工作报告和第二届工会工作报告，讨论通过人事管理相关制度草案，选举产生新一届教代会执委会委员和工会委员会委员，完成各项议程。学校领导和中层干部、教师、职工等 70 余人参加会议。

（彭士校）

科学技术协会成立

11 月 29 日，北工商嘉华学院科学技术协会成立大会暨第一次会员代表大会召开。会议通过科技协会章程（草案），选举产生科技协会第一届委员会委员。科技协会设主席 1 人、常务副主席 2 人、副主席 2 人。协会职责是聚焦科技创新，服务首都经济发展；提升科普能力，推动全民科普教育；加强学术交流，充分发挥纽带作用；带领学校科技工作者投入科技创新、科学普及和人才培养等各项工作，建好学校“科技工作者之家”，为学校科学普及、学术进步、人才培养和科技繁荣提供组织支撑和活动平台。

（彭士校）

北京科技职业学院

概况

2022 年，北京科技职业学院设有 2 个校区，设置 5 个二级学院，开设 27 个专科专业。学校由北京北科昊月科技有限责任公司举办。拥有教室 904 间，包括网络多媒体教室 90 间。数字终端 1396 台，包括学生终端 1100 台、教师终端296台。数字资源量中电子图书40万册。“双师型”教师 42 人。聘请校外教师 14 人、行业导师 10 人。毕业生中取得职业类证书 211 人。网址：www.5aaa.com。

2022 年，学校坚持党建引领，做好疫情防控、教育教学、招生就业等各项工作；以专业特色为引导，以优质就业为导向，推动学校走向“精专”平稳健康发展。

专业与课程建设。结合社会需求改造升级老专业，扶持优势和特色专业。增设文化产业经营与管理、环境管理与评价 2 个专业获批；与北京市海淀区卫生学校签约护理专业“3+2”中高职衔接办学项目。开展校级在线精品课程遴选建设，1 门课程入选北京市职业教育在线精品课程。完成“1+X”幼儿照护职业技能等级证书考试，学前教育专业 36 名学生通过考试。

师资培养。建设高素质专业化创新型教师队伍，完善师德建设体系，推动师德建设常态化、长效化，加强教师职业理想、职业道德、法治和心理健康教育。完善绩效考评制度和教师培训百分制，建立有吸引力和竞争力的教师薪酬制度，完善绩效工资分配制度，优化绩效工资结构。进一步提高教师学历水平，鼓励教师在职进修。实施教师选聘思想政治素质和业务能力双重考察制度。1 个教学团队、2 名教师入选北京市职业院校教师素质提高计划。

教育教学科研。根据疫情形势调整教学安排，春季学期开设线上教学课程 107 门，55 名教师开展线上教学，832 名学生参与线上学习，保质保量完成教学计划。年度教科研突出职业教育科技研发特色，主编教材 4 本、参编教材 1 本、发表科研论文 15 篇；成功申报市级以上教科研课题 1 项、北京市教育教学成果奖 2 项。

冬奥服务保障。八达岭校区成为北京冬奥会保障基地校，承担 4228 名延庆赛区志愿者近 4 个月闭环生活，500 名师生利用寒假完成冬奥志愿服务保障任务。

（王霞　何兴安）

与海淀卫校签约“3+2”中高职衔接项目

1 月 21 日，北科院与北京市海淀区卫生学校签约护理专业“3+2”中高职衔接办学项目。双方共同制定五年一体化人才培养方案，共同打造中高职衔接特色课程，建立适应护理新技术和产业变革需求的课程教育，培养高质量护理人才。同时，双方将通过优化中高职衔接的顶层设计，探索建立高素质技术技能人才系统培养的制度体系和运行机制，确保中高职人才系统培养科学高效，为地方企业发展提供人才支撑，更好地助力区域经济发展。

（观茜文）

巩华驾驶员培训基地设立

11 月，北科院与政府、行业、企业四方联动设立巩华驾驶员培训基地。由昌平区沙河镇南一村提供 7.65 万平方米土地，依托北京东方时尚驾驶学校股份有限公司开展巩华驾驶员培训基地项目。基地实施“VR+AI+实际道路训练”三位一体的智慧驾驶培训模式，依托科技赋能，突破传统教学限制，实现学车全程智能化、场景化、标准化，打造考训一体的“绿色、科技、人文、智慧”新型驾驶员培训基地和安全教育基地，推动和引领驾驶培训由应考教学向素质教育转变。

（何兴安）

2022 年，北科院开设中华传统文化课程。图为书法兴趣班学生在书写室练习　（北科院　供）

北京培黎职业学院

概况

2022 年，北京培黎职业学院设置 9 个院（系、部），开设 29 个专科专业。学校由北京培黎教育发展中心举办。拥有教室 48 间，包括网络多媒体教室 47 间。数字终端 1396 台，包括学生终端 1203 台、教师终端 66 台。数字资源量中电子图书 56000 册、电子期刊 1228 册。“双师型”教师 45 人。聘请校外教师 20 人、行业导师 41 人。网址：www.bjpldx.edu.cn。

2022 年，学校以党的思想建设丰富和深化学校发展内涵，注重师生树立大局意识、增强组织观念、强化集体主义思想。从学生专业课程建设、学生网络安全和消防安全教育、教师教学队伍建设的维度出发，丰富学生学习生活，提高学校核心竞争力。

以党建带团建。强化“两新”党建，巩固“为黎明而培训”党建品牌。组织党的二十大精神学习培训和“学习党史，感恩祖国”主题教育、“七一颂党恩 喜迎二十大”主题党日等系列活动，以及“高举五四火炬，争当时代先锋”主题团日等团青活动。加强街校合作交流，配合 5 家社区青年汇组织青年团员开展“建党百年正青春、跟党奋进新时代”“青春同心，永远跟党走”等社区志愿服务活动，疫情期间组织学生参加 5 次线下志愿服务和 4 次线上志愿服务。

多形式开展课程改革。各专业根据行业特点、技术变革、市场需求、社会现实情况等因素开展课程改革，推进学生职业能力和素质的双向培养。通过指导学生参加各级各类比赛，促教、促学、促改、促建。

劳动教育形成机制保障。丰富劳动课程内容，鼓励学生主动参与宿舍劳动。继续落实劳动教育课程评优机制，采取月评制，通过劳动课评选小组评选、班级推荐的方式表彰劳动课表现优秀个人和集体，授予“劳动标兵”“卫生先进集体”称号。

（朱基荣）

专业课程改革

至年底，培黎职院各专业多形式开展课程改革。艺术传媒系选用设计大赛真题和开放性选题作为课堂实践练习题目，与海淀文创中心校企合作培育成果，带领学生参加相关专业设计比赛。数字媒体艺术工作室结合最新媒体技术和当代艺术发展趋势，通过服务社会的实践项目，使学生掌握设计和创作方法。学前教育专业开展“双师型”教学团队建设，定期安排教师到幼儿园实践锻炼，积累教学所需职业技能、专业知识和实践经验；聘请幼儿园教学和管理经验丰富教师为在校学生授课；院园合作开发专业课程，共同制定教学内容、课程标准以及考核形式，解决课程教学内容不适应行业岗位要求的问题，建立实岗育人的校企合作机制。财会金融系构建岗课赛证一体化人才培养课程体系，举办线上线下校内专业知识竞答赛 3 场，组织学生参加全国及北京市职业技能比赛 5 项，专任教师及校企合作单位一线专家通过开展比赛备赛辅导工作提炼专业技能教学核心内容，同步整合“X 证书”中大数据职业技能等级证书考评。国际英才班增加中国传统文化系列课程和体验活动，增强学生文化自信。

（朱基荣）

2022 年，培黎职院国际英才班增设中国传统文化课程。图为学生体验茶文化　（培黎职院　供）

北京邮电大学世纪学院

概况

2022 年，北京邮电大学世纪学院设有 7 个院（系、部），开设 14 个本科专业。北京市一流本科专业建设点 5 个。学校由北京邮电大学与北京学涵教育科技有限公司举办。拥有教室 82 间，包括网络多媒体教室 76 间。数字终端 2965 台，包括学生终端 2707 台、教师终端 258 台。数字资源量中电子图书 39.55 万册、电子期刊 5.35 万册、学位论文 6.25 万册、音视频 532 小时。北京重点实验室 1 个。“双师型”教师 54 人。聘请行业导师 14 人。毕业生中取得职业类证书 1252 人。网址：www.ccbupt.cn。

2022 年，学校做好常态化疫情防控工作，完善学校治理基础，全面推进教育教学改革。

党建引领。将学习贯彻党的二十大精神作为年度首要政治任务，邀请专家开展全校专题宣讲 2 次，组织各类主题学习教育活动 80 余次。

专业改革。制订教学质量三年行动计划，通过 2022 版本科教学人才培养方案，修订 6 个系（院）14 个专业（方向）培养方案。机械电子工程、电子商务、数字媒体艺术 3 个专业获批北京市一流本科专业建设点；入选北京高校课程思政示范课程、教学名师和团队 2 个，北京高等教育本科教学改革创新项目 2 个，北京高校优质本科课程和优质本科教材课件 4 个、优质本科教案 2 个、优秀本科毕业设计 8 个、优秀本科实验教学指导教师 1 人。

教师培养。完成高校教师资格认定 13 人、北京邮电大学中级职务评审 4 人、青年教师教学指导 4 人、导师制培养 4 人、优秀人才支持计划聘岗及考核 12 人、“光彩基金”教师专项培养 239 人次。

教研科研。科研团队牵头研究制定的“文化艺术 AR 呈现技术需求及应用框架”标准由国际电信联盟发布成为国际标准；“云游戏技术要求及参考架构”被国际电信联盟批准为国际标准，成为全球首个云游戏与 5G 移动边缘计算相结合的国际标准。新增横向课题 2 个，教师发表文章 50 余篇，获得专利 8 项。学生发表“工程引文”（EI）论文 3 篇，被国际 A 类刊物收录论文 1 篇。

学科竞赛。学生参加美国（国际）大学生数学建模竞赛、“学创杯”全国大学生创业综合模拟大赛等各类赛事获国家级奖项 32 项 96 人次，包括第十届“学创杯”全国大学生创业综合模拟演训活动总决赛创业营销专项赛全国一等奖、2022 年全国企业竞争模拟大赛一等奖。

冬奥保障。选派 10 余名师生完成北京冬奥会、冬残奥会志愿服务及后勤保障各项任务，累计提供服务时长 75 天、接待 11250 人次。

（高敏瑞）

5G 仿真平台实验室建设完成

9 月，北邮世纪学院 5G 仿真平台实验室建设完成。实验室投入资金 80 余万元，包括 5G 开通调测与车联网、5G 网络协议架构、5G 网络组网架构、5G 物理层过程、5G 信令流程、5G 网络架构演进、5G 物理资源、5G 移动性管理、5G 智能网络优化等主要功能模块。实验项目以实际工程为背景，结合仿真实训课程和企业实践，模拟解决运营商网络真实工程场景的实际工程问题，进行工程案例教学，处理解决 5G 系统中典型问题，培养学生解决复杂工程问题的能力。实验室建成投入使用为学院通信类人才培养提供支撑与保障。

（高敏瑞）

院长书记访企拓岗

至年底，北邮世纪学院落实教育部“高校书记校长访企拓岗促就业”专项行动，学院院长、书记带领二级学院领导走访企业 30 余家。寻求更多校企合作机会，也为毕业生开拓更多就业岗位和机会。其中，学院书记与北京亚鸿世纪科技发展有限公司签署战略合作框架协议，在科研交流、人才培养、“双师型”队伍建设、实训实习等领域开展深入合作；学院院长与北京移动延庆分公司洽谈校企

10 月 2 日，北邮世纪学院学生在八达岭长城开展志愿服务

（北邮世纪学院 供）

合作，双方约定在继续巩固平等互信合作关系基础上，进一步拓宽服务合作范围、拓展服务合作深度。全年新增实习就业合作单位 60 余家。

（高敏瑞）

北京工业大学耿丹学院

概况

2022 年，北京工业大学耿丹学院设置 5 个二级学院，开设 23 个本科专业。北京市一流本科专业建设点 5 个。学校由北京工业大学与北京耿丹教育发展中心共同举办。拥有教室 278 间，包括网络多媒体教室 163 间。数字终端 2204 台，包括学生终端 1582 台、教师终端 622 台。数字资源量中电子图书 140 万册、电子期刊 0.80 万册、学位论文 388.74 万册、音视频 3.25 万小时。“双师型”教师 56 人。聘请行业导师 94 人。毕业生中取得职业类证书 134 人。网址：www.gengdan.cn。

2022 年，学校围绕本科人才培养中心地位，以立德树人为根本，以学术发展为中心，构建“三全育人”大格局，扎实推进教育教学各项工作。

动态调整专业设置，交叉融合构建新型培养方式。围绕学科基础和行业需要动态调整专业设置，打造品牌专业。以 5 个北京市一流本科专业为引领，带动辐射其他专业不断提升专业培养能力。以多学科交叉为起点，每个教学单位为一年级和二年级学生开设一门跨学科公共选修课，打通专业壁垒，提高学生通识学科素养。

深度校企合作，探索协同育人机制。坚持走“政产学研”相结合的办学道路，通过建立校内外实习实训基地，把业界成熟、先进技术带入课堂，培养符合社会需求的学生。全年与国内外院校及战略新兴企业共享共建 13 个校内外实习实训基地。

开设工作室课程，培养学生综合能力。鼓励教师根据自身专业和学术特长开设工作室课程。工作室课程基于真实项目或比赛开展，以公开招募形式吸引不同学科专业学生报名。全年新增工作室课程 43 门，1489 名学生报名上课。邀请校外教授、行业专家和优秀校友对 741 门课程大纲内容进行论证，契合行业经济发展对人才的需求删减、整合和增设课程，提高课程体系对人才培养的目标达成度。

服务冬奥保障，参加公益志愿活动。562 名学生志愿者参与北京冬奥会、冬残奥会服务保障工作。耿丹“两山”宣讲团入选 2022 年全国“强国有我 ‘核’你一起”大学生志愿宣讲团，全年开展宣讲 32 次。

（郑艳兵）

助力“京蒙牵手计划”项目建设

5 月，北工大耿丹学院社会工作专业支持内蒙古自治区兴安盟科尔沁右翼中旗民政局开展“京蒙牵手计划”兴安盟科右中旗社会工作体系建设。计划在 2022 年至 2025 年期间，通过“牵手计划”助力旗县建设一批乡镇及社工服务站，培育一批社会工作机构，培养一支社会工作专业人才队伍，建立和完善社会工作服务制度，优化服务清单，重点做好社会救助对象、老年人和未成年人等特殊困难群体、群众基本生活保障，打造一批群众认可、特色鲜明，具有示范带动作用的社会工作服务品牌项目。

（郑艳兵）

向阳青年培养计划系列培训

12 月，北工大耿丹学院实施向阳青年培养计划。计划为家庭经济困难学生开展系列能力素养线上培训，促进家庭经济困难学生成长成才，使资助工作从经济资助向能力提升精准化、个性化推进。开展就业技能、办公

3月4日，北工大耿丹学院学生担任北京冬残奥会志愿者

（北工大耿丹学院　供）

软件技能和职场礼仪 3 次培训，提供就业政策、简历制作、就业心态调整、面试技巧等就业相关辅导，结合生活真实案例介绍 Excel 表“绝对引用”的高效用法、IF 函数和 Vlookup 函数使用方法以及相关知识点在日常生活中的应用场景，从仪容、仪表、仪态等方面讲述职场礼仪相关知识和注意事项以及在求职、面试、交流各环节应掌握的社交礼仪。培训贴合实际、实用易懂，帮助学生提升就业求职优势。

（郑艳兵）

北京艺术传媒职业学院

概况

2022 年，北京艺术传媒职业学院设置 12 个院（系、部），开设 25 个专科专业。学校由个人举办。拥有教室 60 间，包括网络多媒体教室 20 间。数字终端 256 台，包括学生终端 236 台、教师终端 20 台。数字资源量中电子图书 20 万册。“双师型”教师 10 人。毕业生中取得职业类证书 45 人。网址：www.bjamu.cn。

2022 年，学校学习贯彻党的二十大精神，加强大学生思想政治建设；做好疫情防控和教学工作，多措并举促学生成长成才。

组织党的二十大精神学习宣传专题活动。包括召开“请党放心、强国有我”主题班会、撰写党的二十大精神学习心得体会、组织设计党的二十大主题宣传海报等。

构建三位一体的养成教育工作体系，促进学校德育工作提质增效。围绕时政热点、重大时政活动开展学生思想政治教育，举办主题特色活动。注重思想引领，邀请思政专家为学生开展思政专题讲座，利用学校艺术专业特色定期举办“舞台上的党建”汇报演出和展览等。重视学生德智体美劳全面发展，举办“青春杯”篮球赛等活动。

注重实践教学，开展专家进校“推门听课”教学督导检查活动。活动涵盖美术、设计、表演、传媒 4 个学科群有关课程，3 名专家对学校教育教学、课堂效果、环境卫生等各方面给予评价、提出建议，帮助和指导教师总结教学经验、提高教育教学水平，推动学校从有效教学向高效课堂转变。

（曹誉仁　亢春梅）

“山河颂”大型书画义卖展

1 月 24 日，北艺传媒“山河颂”大型书画义卖展闭展。义卖展 2021 年 12 月 26 日在北京奥加美术馆开展，展出学校创办者私人收藏的 2 万幅书画作品，所得资金全部投入学校校园建设及资助贫困学生完成学业。为支持学校公益办学，许多画家捐赠画作，以益助学。

（曹誉仁、亢春梅）

党总支换届

7 月 20 日，北艺传媒召开党总支换届选举大会。会议听取上届党总支工作报告，听取学校办学理念、精准扶贫、党员管理、组织建设、作风建设等方面成绩和下一步工作计划。采取无记名、等额投票方式，选举产生新一届党总支委员会。

（曹誉仁　亢春梅）

北京第二外国语学院中瑞酒店管理学院

概况

2022 年，北京第二外国语学院中瑞酒店管理学院设置 1 个部，开设 5 个本科专业。具有一级学科 1 个，国家级一流本科专业建设点 1 个，北京市一流本科专业建设点 1 个。学校由北京第二外国语学院联合北京中瑞乐桑酒店管理有限公司共同举办。拥有教室 92 间，均为网络多媒体教室。数字终端 792 台，包括学生终端 318 台、教师终端 247 台。数字资源量中电子图书 2.17 万册、电子期刊 15.23 万册、学位论文 170.89 万册、音视频 105 小时。“双师型”教师 30 人。聘请行业导师 90 人。网址：www.bhi.edu.cn。

2022 年，学校把握立德树人根本任务，坚持“中瑞模式”道路自信、文化自信，探索创新，人才培养质量和教学管理水平稳步提升。

党建引领。继续加强支部建设、党员队伍建设和作风建设，发挥党建工作在推动学院各项工作高质量发展、落实立德树人根本任务中的引领作用。组织各种形式的党的二十大精神学习宣传活动。持续开展师德师风建设，加强学生理想信念教育，推动大思政课建设，提升思政课教学质量。

教育教学。深入探索应用型人才培养模式，教学质量和专业认可度进一步提升。酒店管理专业获批国家级一流本科建设专业，财务管理专业获批北京市一流本科建设专业。教育教学类成果量质齐升，获批北京高等教育本科教学改革创新项目 2 个、优质本科课程和优质本科教材课件 5 个。

校企合作。实施“行业＋中瑞深度合作计划”，创新校企合作新模式。在传统实习就业合作基础上，寻找新的双方利益契合点，促进多层次、多维度合作；让行业在教育教学、校内外实践基地建设、学生联合培养等方面发挥更多作用。与 9 个行业 20 家企业签署人才培养战略合作协议，共建产学研人才培养基地。

师资建设。外引内培，优化教师队伍结构，全面提升教师队伍素质水平。不断打磨“双师型”师资队伍，组织教师假期到业界“回炉”挂职锻炼，掌握行业先进理念和最新标准，为教学积累更多素材。

（王文琪）

党委换届

9月8日，二外中瑞学院召开全体党员大会。会议听取党委书记作第一届党委工作报告，投票选举产生第二届党委委员会。106名党员参加会议。

（王文琪）

中瑞产学研人才培养基地挂牌

11月3日，二外中瑞学院与9个行业20家企业签署人才培养战略合作协议，共建产学研人才培养基地并挂牌。该项目依托教育部与学校共建的酒店及泛服务行业中外人文交流研究院暨人才培养基地，挂牌的20家合作单位均为学校优质合作伙伴。建设产学研人才培养基地可创造更多更深入校企合作机会，为学校学生提供更好的学习实践平台及更多就业机会。

（王文琪）

北京网络职业学院

概况

2022年，北京网络职业学院设置3个院（系、部），开设9个专科专业。学校由北京国信大教育发展有限公司举办。拥有教室69间，包括网络多媒体教室68间。数字终端502台，包括教师终端424台。“双师型”教师17人。聘请行业导师6人。网址：www.bjwlxy.org.cn。

2022年，学校做好疫情常态化防控，推动教育教学、校企合作和社会服务等各项工作稳步开展。

党建工作。学习贯彻党的二十大精神，通过橱窗、班会、官微等平台加大宣传力度，通过讲座、培训等形式组织师生学习。深化党史学习教育，面向全校师生开展党史知识竞赛。加强支部建设和党员教育，初步建立起党建工作规范化流程和标准，完善《党组织参与学院重大决策制度》，制定《党员教育管理制度》，建成党员活动室。

专业与课程建设。调整优化现有专业，增设人工智能技术应用专业。校企共同优化专业人才培养体系，与行业龙头企业合作建立课程体系，结合企业岗位人才技能要求，优化完善人才培养方案。优化通识课程，根据属性划分通识必修课和通识选修课，以提高学生思想政治素质为教学目的调整优化通识必修课内容，丰富通识选修课类别。

校企合作。成立校企合作部。首次落实企业课程，校企合作部教师参与各个定向班授课过程。与3家信创龙头企业合作共建3个产业学院。以校企合作、产教融合为核心，组织开展以校企合作育人、信创人才培养、信创应用技术为重点的课题研究工作，并根据学生学习效果与反馈优化教学内容、创新校企合作教学方法。

学生工作。围绕学生“养成教育”开展系列工作，制定实施方案，提升学生素质。开展学生心理健康建设，将学生心理健康教育纳入学校思想政治教育重要议事日程；开设心理健康相关课程，开展心理健康教育活动，做好学生心理健康引导，加强心理健康干预的过程管理；全年开展大学生心理普查2次，及时跟踪辅导和更新重点学生心理问题台账。成立领导小组专项开展毕业生就业创业工作，组织职业规划等主题班会和面试技巧等专题培训，增加学生就业意识，提高就业竞争力。

社会服务。网络安全专业群学生多次参加首都地区网络安全重点保障工作和护网行动计划。完成北京冬奥会、冬残奥会网络服务保障任务，保障周期6个月，百余名学生参与赛场内外网络搭建、安全环境设置及赛场网络保障工作。

（李思晗）

校企共建产业学院

1月至8月，北网职院与3家信创龙头企业合作共建3个产业学院。分别是与北京东方通软件有限公司共建东方通产业学院、与北京天融信教育科技有限公司共建天融信产业学院、与北京中软国际教育科技股份有限公司共建中软国际产业学院。产业学院通过校企资源有机结合，提升学生创新实践等综合职业素质，提高实践教学效果和人才培养质量，为信息技术产业输送更多优秀技能型人才。

（李思晗）

以“养成教育”培养高质量技术技能型人才

至年底，北网职院开展学生“养成教育”。以培养高质量技术技能型人才为总体目标，以成立产业学院为契机，通过对学生日常行为规范的培养、考核、激励和对正确“三观”建立的引导等措施，实现学生德智体美劳全面发展，满足社会对技能型人才的综合需要。“养成教育”围绕培养目标，通过晨练、寝室文化建设、晚自习等重复性活动，养成学生良好作息习惯和学习习惯；通过多种校园活动丰富学生生活体验，提高学生人际交往能力、沟通协调能力、解决问题的能力等；通过不间断的多方面评优，表扬先进、鞭策落后；通过评选优秀班集体，发挥班内骨干成员先锋模范带头作用，增强学生集体意识和“一荣俱荣、一损俱损”集体责任感。

（李思晗）

民办高等教育机构选介

北京现代音乐研修学院

占地面积6.78万平方米，产权校舍建筑面积1.11万平方米、非产权校舍建筑面积2.13万平方米。固定资产总值39612.24万元，其中教学、科研仪器设备资产值

5829.28万元。拥有图书8.49万册，电子图书211.28万册，数字终端528台。拥有教室435间，包括网络多媒体教室256间。学校由北京歌德文化艺术发展有限公司举办，设置6个院（系、部），开设22个专业。教职工486人，包括专任教师239人、教辅人员64人。结业生1199人，招生899人，注册生3871人。

2022年，学校拓宽思路、主动转型、整合资源，不断提高人才培养质量、增强教学科研实力、服务地方社会经济发展，构建"学、研、产、创"融合发展的教育体系。

促进党建与艺术双向融合。提高党性教育实效，打造特色党建品牌。师生创作数十首北京冬奥会和冬残奥会主题音乐作品，6首作品入选北京冬奥组委《北京2022年冬奥会和冬残奥会冬奥优秀音乐作品》专辑。"北音现代之声合唱团"40名学生与中国爱乐乐团和爱乐男声合唱团在八达岭长城录制《江山如画》国庆交响音乐会北京场5首曲目，在CCTV-15、CCTV-3播出并在央视频、央视网平台同步上线。与国家大剧院台湖舞美艺术中心共同承办多项艺术演出。组建思政专职教师和艺术专业教师"融合教学团队"，打造"名师讲堂"，开设"辅导员思政微课"。以线下线上相结合形式组织党的二十大精神宣讲活动，创建学生公寓党员工作站、党员青年先锋示范岗，实现党建工作与学校事业发展无缝对接。

推进教学管理"大数据中心"建设。依托现有教务、财务、琴房管理、学生安全管理系统，构建学校大数据管理中心。依据疫情防控需求采用"线上超星考试平台"代替大部分卷面考试，成绩、学籍管理工作迈向科学化。规范教学管理制度，推动教学管理信息系统"排课""选课"模块建设使用。

激励科研团队创新。开展首届校级"一门好课"建设，建设课程10门，拉动学校整体教学质量提升。全年立项校级科研课题16项，结题14项，涉及学科研究、教学及管理研究、思政及心理建设研究等方向。

筑牢校园安全防线。首次采用主会场与分会场同步直播模式开展3天新生入学系列教育，包括疫情防控、禁毒防艾、职业规划、心理健康、消防安全5场讲座；开展"提升安全素养，共建平安校园"安全教育主题月活动；利用校园安全手册、广播电视、报刊、网络媒体，通过主题班会、安全检查、团日活动、应急演练、文艺演出、知识竞赛等多种形式，加强校园安全教育，提升学生安全意识，杜绝各类安全事故发生。

（管小娜）

北京工商管理专修学院

占地面积5.30万平方米，产权校舍建筑面积0.11万平方米、非产权校舍建筑面积7.58万平方米。固定资产总值19370.50万元，其中教学、科研仪器设备资产值786.76万元。拥有图书3万册，数字终端938台。拥有教室173间，包括网络多媒体教室153间。学校由英泰融通科技（北京）有限公司举办，设置7个二级学院，开设8个专业。教职工253人，包括专任教师91人、教辅人员162人。结业生852人，招生450人，注册生1810人。

2022年，学校加强党建引领，聚焦信息技术产业和文化创新产业领域，探索面向区域发展需求的多形式培训服务模式，服务区域社会经济文化建设。

调整教学模式。根据疫情形势变化及时调整教学模式，疫情期间开展线上教学，保证教学进度；线下复课后延长学制，复习在线教学内容，保证教育教学质量。

加强安全教育和管理。根据疫情形势及时修订完善疫情防控工作方案和应急预案。落实安全稳定工作主体

11月29日，现代音乐研修学院艺术节融合音乐会《悟空》专场演出　（现代音乐研修学院　供）

责任，建立风险防控机制，定期分析研判学校安全稳定形势；加强安全教育和宣传，定期举办安全教育讲座，效果良好。

（崔友芝）

北京华嘉专修学院

占地面积 5 万平方米，产权校舍建筑面积 3 万平方米。固定资产总值 789.16 万元，其中教学、科研仪器设备资产值 201.78 万元。拥有图书 2.85 万册，数字终端 200 台。拥有校内专业实训室 2 个、综合实训室 1 个。学校由北京华嘉教育发展有限公司举办，设置 3 个院系，开设 8 个专业。教职工 38 人，包括专任教师 21 人。结业生 916 人，招生 958 人，注册生 322 人。

2022 年，学校一手抓疫情防控等校园安全常态化管理，一手抓思想政治教育，党政携手、凝心聚力，完成年度教育教学任务。

加强思想政治教育，坚持党建引领育人。建立思政工作和心理健康工作队伍。邀请心理健康领域专家服务师生心理健康，并将思政和心理健康工作融入疫情防控、融入课堂、融入生活，引领师生坚定爱国主义理想信念，增强责任感和使命感。

打造特色专业方向，突出办学定位。以怀柔区国家科学城建设为契机，整合办学专业资源，通过与北京中航华联教育科技有限公司开展校企合作，增加航空服务、护理专业的学历助学和短期技能培训项目；7 月，针对社会对音乐等素质教育教师需求量增加的情况，舞蹈学院增设音乐表演专业，形成舞蹈学院、新语境幼师学院两大院系特色发展的办学格局。

加大短期培训力度，服务本地发展。坚持“服务社会、服务市场、服务发展、促进就业”办学方向，多批次开办线上线下舞蹈、航空服务、自媒体等专业培训班，累计培训 656 人次，其中与泉河街道、龙山街道等单位合作举办国标舞公益培训 150 人次，助力怀柔区物质文明和精神文明建设。

（靳雅敏）

北京航空旅游专修学院

占地面积 2.16 万平方米，非产权校舍建筑面积 3200 平方米。固定资产总值 1409.97 万元，其中教学、科研仪器设备资产值 1291.33 万元。拥有图书 2 万册。拥有教室 45 间，包括网络多媒体教室 2 间。学校由北京恒岩基业教育投资有限责任公司举办，设置 2 个系，开设 2 个专业。教职工 46 人，包括专任教师 27 人、教辅人员 19 人。结业生 297 人，招生 112 人，注册生 849 人。

2022 年，学校立足航空类人才培养方向，以航空服务、空中乘务为特色专业，注重发展优势学科以及与地方经济发展紧密相连的学科专业体系建设；统筹疫情防控和教育事业发展，落实立德树人根本任务，推进优良学风建设；改革创新教学模式，线上线下科学衔接，完成教育教学既定目标。

党建工作。以喜迎党的二十大、深入学习宣传贯彻党的二十大精神为契机开展“喜迎二十大、奋进新征程”手抄报黑板报主题板报评比大赛、红歌歌唱大赛等学习实践系列活动；以“争做四有好教师、争当四个引路人”为目标，加强教师师德师风建设，完善师德师风考核机制；以党建引领校园文化建设，加强大学生思想政治教育工作。

教学工作。根据疫情形势变化实现线上线下教学有序衔接与切换，保证教学进度和教育质量。线上教学期间，成立由主管教学副院长及教学部门负责人牵头的线上课程筹备工作领导小组，结合专业特色和人才培养方案科学设置理论课程和职业技能课程；任课教师结合课程内容和学生特点及时调整授课方法，通过线上研讨、提问、答疑等多种形式实时互动吸引学生融入课堂；班主任、辅导员抓好学生线上教学到课率，做好学生思想教育工作，定期开展线上教学听评课，保障线上教学纪律和教学效果。

学生管理。以培养学生良好学风为重点，建立健全校风学风长效机制，狠抓校风校纪，严格日常管理。将习近平新时代中国特色社会主义思想和党的理论创新成果纳入学生思政教育体系，围绕爱国主义教育、理想信念教育、感恩教育、法制安全教育等主题开展系列主题教育活动。加强班主任辅导员队伍建设，线上线下相结合组织开展德育教育研讨活动，建立学习型班主任辅导员队伍。

安全稳定。做好校园疫情防控，组织开展法制安全教育、防电信诈骗教育、防校园贷安全教育、消防安全演练等活动，加强矛盾纠纷排查、网络舆情监管、民族宗教问题防范。加大人防、物防、技防投入，多部门定期联动开展重点部位、重点场所安全检查，安全稳定工作做到全面覆盖、不留死角。

（刘隽隽）

民办中小学幼儿园选介

北京市昌平区幸福童年幼儿园

由个人举办，为普惠性日托制民办园。占地面积 5139 平方米，校舍建筑面积 3555 平方米。全年教育经费投入 778.63 万元。固定资产总值 152 万元，教学仪器设备资产值 56.10 万元。拥有图书 5200 册、数字终端 39 台。专用教室 9 间，普通教室 13 间。教职工 71 人，包括专任教师 26 人、保健医 5 人、保育员 17 人。开设教学班 13 个，其中小班 4 个、中班 5 个、大班 4 个。幼儿离园 105 人，入园 115 人，在园 425 人。

2022 年，幼儿园开展丰富多彩教学活动，实现幼儿全面发展。

开展丰富多彩教育教学活动。结合园所体育特色，开展体育活动集体教学研讨，增添平衡车、垂吊器械等，

8月9日至11日，昌平幸福童年幼儿园举办水上狂欢节
（昌平幸福童年幼儿园 供）

创设健康安全园所环境。开展劳动教育，落实立德树人、科学幼小衔接工作。疫情期间开展健康居家视频线上推送，向家长群推送体育活动视频19次、德育活动视频13次、科学实验视频4次，丰富幼儿居家生活。加强家园沟通，定期开展多形式家访工作、家长助教活动，达成合育共促。

重视师德建设。通过师德师风培训、师徒结对互帮互助、师德考核、师德标兵评选等活动，提升教师思想政治素质。

加强安全管理。新增安全制度15条，增改安全预案17条，增添和更换安全设备11套。定期开展防溺水、防煤气中毒、防诈骗、反恐防暴以及交通安全、消防、地震等安全教育和安全演练。编印安全宣传文章10篇、《致家长的一封信》14封，开展安全培训8次。

（欧阳芙红）

北京王府幼儿园

由法政国际教育投资有限公司举办，为日托制民办园。占地面积3.30万平方米，校舍建筑面积2.96万平方米。全年教育经费投入2168.12万元。固定资产总值519万元，教学仪器设备资产值82.10万元。拥有图书1.29万册、数字终端48台。专用教室15间，普通教室21间。教职工96人，包括专任教师64人、外籍教师8人，本科以上学历52人；保健医3人、保育员19人。开设教学班18个，其中托班2个、小班6个、中班4个、大班6个。幼儿离园135人，入园114人，在园370人。

2022年，幼儿园树立“健康第一、预防为主、安全至上”思想，坚持“上下齐心、依靠教师、发动家长、全员抗疫”原则，教育教学工作稳定开展。

教学活动。疫情期间组织多种线上活动，如涵盖生活篇、益智篇、运动篇、计划篇、艺术篇的“居家趣生活”活动等，丰富幼儿居家生活；教师与家长一对一沟通，及时了解幼儿居家情况，做好家长、幼儿心理疏导工作；制定线上活动教师规范，确保线上活动保质保量开展；开展“人类幼崽3岁前的3大养育法宝系列线上家长讲座”3场，幼儿及家长4664人次参与。线下组织迎冬奥绘画展、“小小演说家”主题演讲比赛、中班组独立日等活动，全方位促进幼儿成长。

师资建设。定期组织教师参加蒙氏、英语等专业培训，提升教学常规管理水平，促进教师专业成长。开展青年教师评优活动，激励青年教师成长。组织教师参加第20届“当代杯”全国幼儿教师职业技能大赛，30名教师获奖，其中7人获一等奖，幼儿园获先进单位奖。

安全管理。组织幼儿学习消防安全知识、森林防火知识、交通安全知识、预防煤气中毒知识等，开展防拐骗活动演练，提升幼儿安全意识，保障幼儿安全。

（潘凌燕）

北京市平谷区第五幼儿园

由个人举办，为日托制民办园。占地面积22000平方米，校舍建筑面积8282平方米，运动场地面积6260平方米。全年教育经费投入779万元。固定资产总值817万元，教学仪器设备资产值120万元。拥有图书8962册、数字终端23台。专用教室3间，普通教室18间。教职工91人，包括专任教师36人，本科学历13人，中级以上专业技术职务11人；保健医5人、保育员18人。开设教学班18个，其中小班5个、中班6个、大班7个。幼儿离园197人，入园107人，在园455人。

2022年，幼儿园持续以劳动教育为核心，将劳动教育融入幼儿一日生活，培养幼儿劳动意识，提高幼儿自理能力，帮助幼儿在劳动中实现健康、全面发展。一是开展国旗下的劳动教育，每周一升国旗活动中向幼儿普及劳动教育相关知识。二是将劳动教育融入幼儿一日生活。提供有利于幼儿生活自理的条件，指导幼儿学习和掌握生活自理的基本方法，鼓励幼儿做力所能及的事情，促使幼儿提升身体协调性和动作灵活性，逐步培养幼儿自理能力；通过值日生活动，培养幼儿责任意识。三是将劳动教育与节日活动相结合，如“学习雷锋好榜样”活动、结合植树节开展“我和种子共成长”活动等，引导幼儿在主动参与中感受劳动乐趣，增进亲子关系。四是持续开展“快乐劳动，传承美德”家庭劳动教育，引导幼儿在家庭活动中获得劳动体验，从自我服务转化为家庭服务。

（李丹）

北京市延庆区人文大学附属幼儿园

由个人举办，为日托制民办园。占地面积4500平方米，校舍建筑面积1900平方米，户外活动场地2600平方米。全年教育经费投入115万元。固定资产总值27万元，教学仪器设备资产值8万元。拥有图书1600册、数字终端6台。有标准幼儿活动室、室内游戏场和淘气堡拓展区、户外活动区，普通教室4间。教职工19人，包括专任教师8人、保健医1人。开设4个教学班，其中小班1个、中班1个、大班2个。幼儿离园38人，入园25人，在园100人。

2022年，幼儿园以“管理为本、改革为魂、人和为根”为办园思路，形成“依法治园、无私奉献、团结奋进、求实创新”园风，围绕“让每一个孩子都能拥有感知幸福、感恩生命的能力，成就幸福人生”办园目标开展各项工作。

师德师风建设。开展专项培训，提升教师专业素养，提高考核指标中师德师风所占比重。利用教师节、新教师入职宣誓、团建等活动，组织教师演讲、知识竞赛，推出师德榜样，感染、带动全体教师。

养成教育。针对幼儿常规习惯养成处于弱势的现状，教师利用教研时间研究学习，理论与实践相结合，逐步改进幼儿常规习惯培训的方式方法。

家园共育。利用线上多种形式与家长探讨互动，通过微信群、公众号、家委会、膳食委员会等形式，发布幼儿一周学习与生活动态，让家长了解幼儿在园情况，增进家园共育，提升亲子互动，教师工作得到家长肯定。

安全工作。落实“谁主管，谁负责”原则，与各岗位人员签订安全责任书。定期培训园所制度，开展管理规范职责讨论，明确“园长—后勤主任—年级组长—班长”分层管理路径。加大硬件设备投入，完善保健室各项设备设施，增加监控设备，取得《北京市托幼机构卫生保健工作综合评价报告》合格证，保证幼儿成长环境安全、卫生。

（方启艳）

北京市正泽学校

分三址办学，分别为丁章校区、青龙桥校区和平安里校区，总占地面积1.67万平方米，校舍建筑面积1.56万平方米，运动场地面积0.62万平方米。图书馆藏书8.42万册。固定资产总值2032.26万元，全年教育经费投入11046.33万元。学校有数字终端350台，其中学生终端215台、教师终端135台。教职工167人，其中高级职称29人、中级职称35人。专任教师135人，包括特级教师3人，北京市骨干教师1人，北京市学科教学带头人1人。本科以上学历166人。开设教学班50个。招生420人，在校生1533人。

2022年，学校平安里校区启用，初中部开启运营，初中阶段“黄埔第一期”七年级210名学生完成报到，学校步入新的发展阶段。

教育教学。坚持全人教育理念，持续实施“泽根课程”，丰富、完善“生本、对话、求真、累加”的教学理念和课堂文化，促进学生核心素养发展。

德育工作。开启“正泽奖章”争章活动，补充校训为“大气做人、灵动修身、睿智行事、仁爱相处”，将践行正泽校训、争获正泽奖章作为师生行为准则和努力方向。通过争章活动将师生习惯培养、行为准则与校训落地紧密结合，激励师生做大气、灵动、睿智、仁爱的正泽人。

校园文化建设与课程实施。依据学校环境具体情况，以不同形式设计校园文化内容，为学生搭建展示平台。开展学科融合育人，引导学生学以致用，形成课程内容与校园文化的闭环。

9月1日，正泽学校平安里校区正式启用，第一批五年级至七年级学生开学（正泽学校 供）

安全管理。坚持“以人为本、安全第一、预防为主”，优化育人环境，构建和谐校园。通过主题班会、专题讲座、国旗下讲话等形式，开展各类安全教育培训，提高师生安全意识和自我保护能力。

（赖玉洁　丁丽瑶　王辉）

北京第二实验小学怡海分校〈北京市丰台区怡海小学〉

由北京怡海花园房地产开发有限公司举办，占地面积7500平方米，校舍建筑面积12100平方米，运动场地面积3050平方米。图书馆（室）藏书5万册。固定资产总值1233.45万元，全年教育经费投入4666.18万元。学校有数字终端149台，其中学生终端37台、教师终端112台。教职工99人，其中高级职称4人、中级职称15人。专任教师81人。本科以上学历78人。开设教学班40个。毕业187人，招生204人，在校生1254人（包括寄宿生130人）。

2022年6月20日，北京第二实验小学怡海分校更名为北京市丰台区怡海小学。

2022年，学校全面加强党的政治、思想、组织、作风、纪律及制度建设。将党建工作相关要求纳入学校章程，建立党组织在学校课程体系建设、教育教学管理、评价体系建设、校园文化建设等教书育人环节中发挥政治把关作用的长效机制。

教学从“双减”的内涵式发展上下功夫，发挥好课堂教学主阵地作用。通过开展以“大观念”为统领的单元备课研究和“双师”课堂研究（聚焦课堂教学改革）、以“两高一优”为引领的教师队伍辐射性研究、以“怡海杯”等比赛为导向的教师发展性研究、以青年教师成长为目标的梯队性研究（探索教师队伍发展途径），不断提高教师队伍的专业发展能力和课堂教学质量。

（赵巍）

10月13日，丰台怡海小学二年级预备队员加入少先队
（丰台怡海小学　供）

北京市第八中学怡海分校〈北京市丰台区怡海中学〉

由北京怡海花园房地产开发有限公司举办，分南北两址办学，总占地面积4.69万平方米，校舍建筑面积1.90万平方米，运动场地面积1.91万平方米。图书馆（室）藏书3万册。固定资产总值1353.35万元，全年教育经费投入8991.52万元。学校有数字终端420台，其中学生终端208台、教师终端212台。教职工177人。本科以上学历146人。专任教师121人，包括高级职称26人、中级职称69人。开设教学班34个（初中班17个、高中班17个）。毕业195人（初中128人、高中67人）；招生339人（初中179人、高中160人）；在校生920人（初中489人、高中431人），包括寄宿生244人。

2022年4月24日，北京市第八中学怡海分校更名为北京市丰台区怡海中学。

2022年，学校规范办学，坚持五育并举，注重提升教师队伍素质和课堂教学质量，各项工作稳步推进。

以“立师德、强师能”为根本要求，提升教师队伍素质。召开“崇师德、正师风、铸师魂”师德师风建设专题大会，强化教师政治意识、责任意识、风险意识和底线意识，落实教师师德规范与职业行为准则，塑造“敬业、爱生、严谨、合作、创新”的教师形象。

以“平常即优质、优质即平常”为目标，提升课堂教学质量。通过建立“指向素养、以人为本”的课堂教学模式，践行尊重“生生、师生”合作的教学文化，树立过程意识、评价意识、合作意识、落实意识的课堂教学观，采用课题研究与行动研究的方式推进课堂教学创新，落实课堂教学提出的“建立新型课堂文化、强化学科育人价值、促进核心素养落地”3个要求。

研磨网课质量，打造活力课堂。疫情期间教育教学转为线上，学校自上而下采取一系列举措，将线上教学工作做实、做细，保证学生居家线上学习期间课堂不减质、不

4月22日，八中怡海分校举办人工智能AI嘉年华
（八中怡海分校　供）

减效。线上开展科技节、艺术节、“舞动绳弦 绳舞飞扬”家庭版体育节跳绳比赛等多种活动，坚持五育并举，全面提高学生素养。

（朱晓艳）

北京市牛栏山一中实验学校〈北京市顺义牛栏山第一中学实验学校〉

由顺义区教委举办，占地面积19万平方米，校舍建筑面积8.90万平方米，运动场地面积3.90万平方米。图书馆（室）藏书3.03万册。固定资产总值2.05亿元，全年教育经费投入12100万元。学校有数字终端690台，其中学生终端350台、教师终端340台。普通教室83间、专用教室18间、实验室14间。教职工298人，其中正高级职称2人、高级职称55人、中级职称92人；均为本科以上学历。专任教师236人，包括特级教师2人，北京市骨干教师5人，北京市学科教学带头人1人；均为本科以上学历。开设教学班81个（小学17个、初中64个）。毕业1100人（小学150人、初中950人）；招生1100人（初中）；在校生3395人（小学516人、初中2879人），包括寄宿生2900人。

2022年6月6日，北京市牛栏山一中实验学校更名为北京市顺义牛栏山第一中学实验学校，由民办学校转为公办学校。

2022年，学校持续落实“双减”，提高教学质量。改善教师、学生评价体系，不再单一根据学习成绩评价教师、学生，为师生减轻心理压力；减少作业量；教研组长带领教师深研新课标，改革课堂教学方式，提高课堂教学有效率；提供课后延时服务；做好家校沟通。

坚持“以德立校”治校原则。小学德育以开展丰富多彩活动为主；七年级将养成文明习惯作为第一要务，将养成良好学习习惯作为优秀学生标准之一；八年级开展爱国主义教育、法制教育、理想教育；九年级将“勤奋、朴实、上进、坚强”作为品质教育核心，开展以“爱”为主题的教育。

（李维春）

北京市新英才学校

由个人举办，占地面积12万平方米，建筑面积11.7万平方米，运动场地面积2.67万平方米。图书馆藏书7万册。固定资产总值71809万元，全年教育经费投入35619万元。学校有数字终端1061台，其中学生终端653台、教师终端408台。普通教室115间、专用教室81间。教职工676人，其中高级职称5人、中级职称26人；本科以上学历423人。专任教师308人，包括北京市骨干教师1人；本科以上学历271人。开设教学班117个。毕业500人，招生566人，在校生2340人（包括寄宿生1211人）。

2022年，学校坚持党的领导，健全治理体系，推动教学方式变革，促进学生成长成才。

优化教师结构。提升硕士以上学历教师、海外归国留学人员教师比例。挖掘更多社会资源，成立课程群校外合作研究基地，开展稳定长期交流和合作，为更好开展课程实践创造条件。聘请国内外专家对研究成果和教学成果进行评估。根据专家指导意见和学生、家长、教师体验反馈优化课程。邀请国内外学校举办论坛和工作坊。

推进信息化教学和管理水平。立足“学习方式变革”，推动教师教学方式变革。开发学校“云管理平台”，引进科大讯飞智学管理系统，实施学生学业档案电子化管理。通过大数据对学生实施个性化精准分析，实现个性化教学，帮助学生成才成长。升级人事、财务、招生管理平台，全面提升学校信息化管理水平，借助现代化技术和人工智能，推进智能化校园建设。入选教育部教育技术与资源发展中

10月13日，牛栏山一中实验学校小学部举行入队仪式
（牛栏山一中实验学校 供）

心（中央电化教育馆）首批“央馆人工智能课程”规模化应用试点校。

（马晓蒙）

北京王府外国语学校

由法政国际教育投资有限公司举办，为十二年一贯制民办学校。占地面积 10 万平方米，校舍建筑面积 5.60 万平方米。全年教育经费投入 17143.09 万元。固定资产总值 3511.27 万元，教学仪器设备资产值 1549.75 万元。图书馆藏书 4.40 万册、电子图书 11.35 万册。引进易阅通、Jstor 数据库和大英百科线上学院版（Britannica School）3 种数据库。学校有数字终端 555 台，其中学生终端 280 台、教师终端 261 台。普通教室 69 间、专用教室 74 间、实验室 10 间。教职工 333 人，其中专任教师 148 人，外籍教师 35 人。本科以上学历 147 人。开设教学班 60 个（小学 45 个、初中 15 个）。毕业 259 人（小学 92 人、初中 167 人）；招生 247 人（小学 92 人、初中 155 人）；在校生 1143 人（小学 771 人、初中 372 人）。

2022 年，学校小学部从“围绕新课标、新理念，聚焦核心素养，进一步促进学生良好价值观的形成以及关键能力的提升”目标出发开展教学活动。从安全教育、爱国教育、心理健康、劳动教育、特色大队建设、德育评价等方面全方位、立体化开展系列德育活动，培养学生爱国爱校、文明守纪品德。综合素质部围绕“学习积累月”“思维拓展月”“阅读分享月”“成果展示月”等不同月度教学主题及相关知识延伸课堂，继续落实“双减”精神，提高课堂效率，优化作业设计，做好培优补差，将教学重点任务分解到月度主题，有序推进。为四川省凉山彝族自治州西昌民族幼儿师范高等专科学校开展第三期培训课，呈现 16 节卫星直播课程。

学校初中部继续推进初高中课程融合，丰富特色课程建设，组建年级骨干教师培养队伍。设计与运行具有可操作性的课程，挖掘好教师，发挥好学校设施资源和人力资源优势。开展“五维”劳动技能教育课程，从生活区劳技课、班级日常劳动、校园劳动、家庭劳动和社区劳动 5 个维度展开，重过程、重参与、重实践、重体验，提高学生劳动意识和劳动能力，促进学生全面发展和健康成长。把立德树人融入思想道德教育、文化知识教育、社会实践教育各环节，引导学生树立正确的国家观、历史观、民族观、文化观，帮助学生养成良好个人品德和社会公德。

（潘凌燕）

10 月 20 日，王府外国语学校初中数独比赛决赛举行

（王府外国语学校　供）

北京金融街润泽学校

由北京金融街投资（集团）有限公司和北京市供销合作总社联合举办，占地面积 4 万平方米，校舍建筑面积 2.70 万平方米，运动场地面积 1.20 万平方米。图书馆藏书 2.81 万册。固定资产总值 1890 万元，全年教育经费投入 6271 万元。学校有数字终端 274 台，其中学生终端 104 台、教师终端 134 台。教职工 120 人，其中高级职称 8 人、中级职称 14 人。本科以上学历 112 人。专任教师 85 人。开设教学班 27 个（小学 19 个、初中 6 个、高中 2 个）。毕业 56 人（小学 13 人、初中 43 人）；招生 134 人（小学 79 人、初中 27 人、高中 28 人）；在校生 477 人（小学 354 人、初中 95 人、高中 28 人），包括寄宿生 92 人。

2022 年，学校根据疫情形势变化线下线上切换教学模式，教育教学、常规活动、心理健康教育等并重并举，各项工作平稳有序推进。

打造党、团、队一体化育人链条。党支部深入学习贯彻习近平新时代中国特色社会主义思想和党的二十大精神，将自我学、集中学、研讨学相结合。创建“金润先锋 润心泽本”党建品牌，将党建和教学一起谋划、一起部署、一起落实，用党建引领教学。通过“雷锋月”专题演讲及志愿活动、入队仪式、青年大学习、学习建团 100 周年大会精神、党的二十大精神专题学习等活动，做亮“党建带团建”“党建带队建”工作品牌，强化对青少年的思想引领、政治引领和价值引领。

不断完善课程建设。确保国家课程开足开齐，在国家课程标准基础上以 OPST 全人教育理念为指导，构建丰富的有学校特色的校本课程，创新课堂教学范式，落实“双减”“双新”精神。小学部为每个学生发展“一个项目、两种技能”特色成长提供平台（“一个项目”即全球技能发展课程“GSDP项目课”，提供30余个实践项目让学生打破班级、自主选择；“两种技能”即志趣选修课程，学校统筹校内校外专业教育资源，开发40余门专业发展水平级的选修课供学生选择）。中学部继续推进学校“国家课程国际化”基本课程结构，构建“分层分类学习—实践体验学习—主导主体学习”教学模式。关注学生个性需求，科学规划学业，做好多元培养。

3月16日，润泽学校开展“雷锋月”系列活动

（润泽学校 供）

全面推进五育并举。小学部在课后服务时间制定“菜单式”课程表，学生打破行政班级束缚，根据自身兴趣特长和实际情况选课走班，实现个性化教学、多元化发展。开展丰富多彩校园活动，通过趣味运动会、艺术嘉年华、读书节、故事会等活动激发学生兴趣。中学部进一步提高学生科学素养和综合能力，生物温室建设初具规模，开展化学试剂实验作画项目、物理火星车设计项目、学科大型融合类项目“小麦的一生”等。开设学生社团，推进年度大型融合性中文戏剧《荆轲》，融合解读文本、肢体表演、道具制作、舞台导演等均由学生主导完成。关注学生心理健康，建立学生心理健康档案，提供心理咨询服务，定期组织中学生心理沙龙。

持续加强家校联系。家长教师联合会开通家庭教育咨询热线，接待家长入校咨询，开展线上心理疏导和居家心理健康教育及线上心理讲座，为家长解决教育困惑、舒缓亲子焦虑。

（李珍珍）

北京大兴精华学校

占地面积0.32万平方米，校舍建筑面积1.17万平方米，运动场地面积1.53万平方米。图书馆（室）藏书4655册。固定资产总值397.54万元，全年教育经费投入2376.32万元。学校有数字终端215台，其中学生终端111台、教师终端104台。教职工150人，其中高级职称24人、中级职称2人。本科以上学历134人。专任教师57人，包括特级教师7人，北京市骨干教师8人，北京市学科教学带头人12人。开设教学班13个（高中）。招生128人，在校生249人（包括寄宿生168人）。

2022年，学校坚持“为党育人、为国育才”办学宗旨，秉持“优师办校、优师授课”办学理念，以“志存高远、奋勇登攀”为校训，做好教育教学工作，依法办学。

坚持党建引领。将党建工作延伸至教育教学一线，促进党建与业务深度融合。打造“名师志愿服务队”，创新“党建+名师”双优工作模式，录制“名师百优课”，创建“高质党建、优质精华”两新组织党建品牌。获大兴区教育系统“党建好品牌”称号。

教育教学方面，坚持“德育为先，教学为重”育人目标。以“重实际、抓实事、求实效”为原则，加强教育教学常规管理，落实各项课程规划。成立专家委员会，把关学科发展，规划课程体系，调整教学节奏，更新课堂内容，培训师资队伍。自主研发多维数据分析系统，从学生考试位次变化到知识点的掌握程度分布，帮助教师精准定位学生弱科、弱项，提升教师辅导针对性。

探索五育并举实施路径，营造良好育人氛围。注重学生身体素质提高和心理健康教育，加强劳动意识和能力培养，提升学生审美素养，促进学生全面发展。针对学生学习疲惫周期研发系列视频节目“成长驿站”，通过故事的形式帮助学生树立正确世界观、人生观、价值观，助力学生健康成长。

管理方面，强化制度建设，打造“共同进步”团队。加强理想信念和爱国主义教育，引导师生把社会主义核心价值观内化于心、外化于行。践行“文明校园六个好”，开展礼节礼仪教育，强化校园文明建设。开展不同形式的课后社团活动。组织开展各项主题教育活动，让大思政观引领师生成长。

（王翼）

（本栏责任编校　胡雨）

德育

体育卫生

艺术与校外教育

劳动教育

德育体育美育劳育

MORAL,PHYSICAL, AESTHETIC AND LABOR EDUCATION

- 中小学幼儿园常态化疫情防控
- 社会大课堂资源单位新管理模式首次实施
- 200 所冰雪运动特色校建设目标完成
- 120 余名学生参加国家烈士纪念日天安门广场活动
- 学生社团规范管理

德育体育美育劳育

MORAL，PHYSICAL，AESTHETIC AND LABOR EDUCATION

综述

中小学幼儿园常态化疫情防控

2022 年，市教委坚持做好中小学幼儿园常态化疫情防控工作。加强中小学幼儿园校门管理，建立动态核酸检测工作机制，完善师生晨午晚检制度，动态更新疫情防控基础信息台账，及时掌握中小学生住宿、离京、停课等情况，指导涉疫区、校做好线上教学和涉疫学生关心关爱工作。全年发布基础教育疫情防控工作简报 107 期，指导 38 所中小学做好疫情应急处置，稳妥处置悦河马家庭桌游剧本馆、国瑞城、环球影城、尚杰游泳馆 4 起关联学校聚集性疫情。至年底，全市 3～11 岁学生幼儿累计接种疫苗 163.53 万人、12～17 岁在校生累计接种疫苗 57.16 万人，接种率超过 97%；教职员工接种疫苗 29.10 万人，接种率 98.3%，加强免疫接种 28.44 万人，占完成全程免疫接种人数的 98.7%。

（林臻）

社会大课堂资源单位新管理模式首次实施

2022 年，北京市社会大课堂资源单位新管理模式首次实施，形成市级统筹、区级实施、全市共享工作模式。经第八批全市资源单位发展和重新登记，全市有社会大课堂资源单位 701 家，包括博物馆类 74 家、纪念馆类 12 家。按照主要教育资源类型划分，其中工业类 33 家、农业类 151 家、科技类 56 家、文化类 171 家、艺术类 69 家、自然类 80 家、安全健康类 32 家、体育类 30 家、红色教育类 13 家、社会管理类 17 家、实践体验类 14 家、劳动类 32 家、共享教育资源类 3 家。

（李然　张青琳）

9 月 13 日，槐柏幼儿园开展突发疫情应急演练

（槐柏幼儿园　供）

200 所冰雪运动特色校建设目标完成

1 月 5 日，市教委印发《关于公布 2021 年北京市冰雪运动特色学校及奥林匹克教育示范学校评估认定结果的通知》。相关评估认定工作于 2021 年 9 月至 12 月开展，面向 16 个区及燕山地区、经开区已命名的 200 所北京市冰雪运动特色学校及 200 所北京 2022 年冬奥会和冬残奥会奥林匹克教育示范学校。经过学校自评、区级评审、市级认定、终评 4 个环节，200 所冰雪运动特色校及 199 所奥林匹克教育示范校通过评估验收。冰雪运动特色校中，一类校 65 所、二类校 72 所、三类校 63 所。

（李铮）

2 名教师完成“天宫课堂”地面授课任务

3 月 23 日和 10 月 12 日，北京 2 名中学教师分别作为主持人完成“天宫课堂”第二课时、第三课时地面主课堂授课任务。第二课时授课采取天地互动方式，在中国科技馆（中国空间站科创体验基地）设置地面主课堂，北京师范大学第二附属中学教师张健配合神舟十三号乘组 3 名航天员完成授课，带领学生回顾人类航天历史以及中国航天事业发展历程，并结合实验讲解“完全失重”科学原理，以及生活中的万有引力现象。来自北师大二附中的 40 名学生和北京市第十三中学的 3 名教师、40 名学生在地面主课堂与太空教师现场连线互动。活动还在新疆乌鲁木齐市第七十中学和西藏自然科学博物馆分设 2 个地面分课堂，344 名中小学生代表现场参与学习。截至 3 月 23 日 18 时，央视新闻新媒体端总观看量超过 6434.50 万次。第三课时授课与前两次不同，首次将主课堂设在中国科学院空间应用工程与技术中心的空间站任务地面系统工作场地内，另在山东菏泽、河南郑州、云南大理设置 3 个地面分课堂，约有 400 名中小学生代表参加现场活动。北京大学附属中学生物教师柏叶配合神舟十四号乘组 3 名航天员完成前 15 分钟授课、分课堂互动，以及天地互动。

（沈璐萍　张蓉）

十一学校获国际标准奥林匹克竞赛白金奖

8 月 23 日至 25 日，北京市十一学校代表队获得第 17 届国际标准奥林匹克竞赛白金奖，为赛事最高奖项，创下中国参赛历史最好成绩。十一学校代表队围绕“太空探测车——性能及测试方法”主题，通过标准文本撰写、线上答辩获得高中组白金奖。比赛通过线上方式举办，来自俄罗斯、卢旺达、日本等 7 个国家的 40 支初、高中队伍 120 名选手参赛，最终决出白金奖 1 个、金奖 4 个、银奖 4 个、铜奖 4 个以及 ISO 特别奖、IEC 特别奖各 1 个。中国选送 4 支代表队参赛，其中 2 支队伍来自北京，分别为十一学校和北京中学，北京中学获铜奖。该竞赛是韩国技术标准署（KATS）和韩国标准协会（KSA）于 2006 年创办的国际赛事，旨在宣传推广标准化基础知识、增强青少年标准化意识。中国自 2018 年起参赛。

（李明海）

120 余名学生参加国家烈士纪念日天安门广场活动

9 月 30 日，市教委组织 4 所学校 120 余名学生参加 2022 年国家烈士纪念日天安门广场活动。4 所学校分别为北京市东城区东交民巷小学、北京市东城区史家胡同小学、北京第二实验小学、北京市第一七一中学。市教委继续做好常规性国家级活动服务保障工作。

（李铮）

学生社团规范管理

9 月，市教委印发《关于进一步做好学生思想道德教育和学生社团管理的通知》。通知要求各区、各中小学建

9 月 30 日，史家胡同小学金帆合唱团参加烈士纪念日向人民英雄纪念碑献花篮仪式　（史家胡同小学　供）

立新学年学生社团台账，加强社团管理，健全校领导分管的组织管理机制，完善社团审批制度，确保活动内容符合立德树人要求，积极传播正能量。10月，全市中小学社团台账显示，全市有中小学学生社团2.96万个，各学校均由校领导分管社团工作，社团成立审批制度、活动监管制度、外聘教师审查制度建设完善，能够落实本校教师社团监管责任。

（林臻）

德育

德育工作

中小学心理健康教育优秀成果征集评选

5月至10月，北京教育科学研究院举办第12届心理健康教育优秀成果征集评审活动。活动面向全市中小学，征集到各区推荐的心理健康教育优秀课例、心理辅导优秀案例、教师生涯故事523个。经专家评审，评选出一等奖96个、二等奖182个、三等奖219个。11月16日，召开总结表彰会，面向全市宣传推广优秀成果，促进学习交流，提高学校心理健康教育水平。

（林臻）

“一物一故事”活动

6月至10月，北京市少年宫举办讲个故事给党听——北京市中小学生社会大课堂“一物一故事”活动。活动建议学生通过参观红色场馆、考察革命遗迹，寻找心仪的历史文物，并辅以电子资料、相关书籍、专家访谈等延伸学习方式，以故事文稿、讲故事音频、围绕文物创作视频等形式完成故事创作，要求突出政治性、思想性、实践性、原创性和逻辑性，体现真情实感。活动收到文物故事稿件、讲故事音频、文物主题视频3类作品2306件，评选出文字类优秀作品335件、音视频类优秀作品98件，并通过千龙网、千龙学堂等平台展示。

（李然　张青琳）

社会大课堂师生成果展示交流活动

6月至12月，市教委举办2022年社会大课堂师生成果展示交流活动。活动收到参评师生成果222项，评选出优秀教师成果125项、优秀学生成果70项。12月，召开社会大课堂师生成果展示交流会，组织听取5项优秀成果汇报展示。全市中小学教师以及社会大课堂资源单位教育教学人员1100余人参会。活动由北京市少年宫承办。

（李然）

专门教育

概况

2022年，北京市有专门学校6所，开设教学班29个，离校人数227人、入校人数178人、在校生447人，教职工253人，其中专任教师204人。

（孙晓楠）

海淀寄读学校员工心理关怀项目第三季

3月至7月，海淀寄读学校开展员工心理关怀项目第三季活动。绘画疗愈、正念冥想、身心舞动3个项目小组分别开展团体体验活动：绘画疗愈组邀请“Keng's Design”品牌创始人、美国禅绕画认证教师授课；正念冥想组由心理中心教师带领开展“正念饮食，富足身心”主题体验活动；身心舞动组举办“舞出生命的音符”舞动与音乐主题体验活动。活动还邀请中国人民大学附属中学教师来校作《艺术点亮心灵：情绪与情趣》心理健康讲座。在日常个人练习及团体小组活动中，教师平均个人打卡次数超过90次。全体教师80人参加活动。

（高亚娟）

朝阳工读学校举办6场心理系列校本培训

7月11日至13日，朝阳工读学校举办6场心理系列校本培训。培训委托北京市青少年法律咨询与服务中心来校具体实施，旨在提升全体教师心理调控能力。6场培训涉及初级心理咨询师咨询技术与技能、校园突发事件应对技能提升、教师人身安全能力提升等内容，采取心理测验、实战式演练与讲解、团体辅导等形式。累计培训教师228人次。

（宋瑞）

30余名检察官走进海淀寄读学校

9月7日，海淀寄读学校接待市检察机关专门学校团队一行30余人参加“显龙山下　无悔的青春”庆祝教师节活动。活动表彰学校年度优秀班主任、优秀教师、优秀

9月7日，海淀寄读学校教师与检察官共度教师节
（海淀寄读学校　供）

教育工作者和优秀服务人员 13 人，为 8 名班主任颁发玉兰花金、银、铜奖，组织听取教师代表讲述初心故事和工作经历分享，组织观看 8 名教师的歌曲、诗朗诵表演和学生的舞蹈、大合唱表演。活动邀请市检察院检察长为全体师生讲授《依法能动履行检察职能，织密织牢未成年人网络保护法网》主题法治课，围绕未成年人网络保护问题，结合案例阐释“网络上到底有哪些黑手”“如何做到不沉迷网络”“如何不受到网络信息侵害”等问题。市检察院、海淀区检察院、市教委、海淀区委教育工委领导，海淀寄读学校师生等 300 余人参加活动。

（王常智）

东城工读学校成立思政理论教育宣讲团

9 月 30 日，东城工读学校举办“不忘初心担使命　进德修业育良才”主题教育活动。活动宣布成立思政理论教育宣讲团，公布成员名单并为宣讲团教师代表颁发聘书。宣讲团由党员教师、骨干教师、入党积极分子组成，有成员 25 人，计划利用每周周一第八节课，开展习近平新时代中国特色社会主义思想理论宣讲活动。宣讲团累计开展宣讲活动 1 次，惠及师生 100 余人。

（商彦芬）

体育卫生

体育

第六届中小学生冬季运动会

1 月 18 日，北京市第六届中小学生冬季运动会完赛。运动会由市教委、市体育局、北京冬奥组委新闻宣传部、北京奥运城市发展促进中心共同主办。来自 16 个区及燕山地区、经开区 239 所学校的 1700 余名中小学生参加冰上、雪上 2 个大项 9 个小项的比赛。最终，海淀、朝阳、东城 3 个区分获团体总分前三名，其中冰上项目团体总分前三名分别为海淀区、朝阳区、东城区；雪上项目团体总分前三名分别为西城区、海淀区、延庆区。

1 月 18 日，北京市第六届中小学生冬季运动会完赛

（市教委相关处室　供）

（李铮）

北京市中小学生体质提升现场会

7 月 14 日，北京教育科学研究院召开“无体育，不教育”——北京市中小学生体质提升现场会。会议采用线上线下相结合方式，分为政策与理念分享、学生引体向上展示和青少年体能提升讲座 3 个部分。北京汇文中学和东城区教委分别介绍男生引体向上“破零计划”实施情况。东城区通过为学校配备体育器材、组织专业力量研究引体向上的科学训练方法实施“破零计划”，培养阳光自信男生，充分体现体育育人功能。北京教科院、东城区教委相关负责人 20 余人参加线下会议，300 余人通过“北京教科院体育教研”小程序在线参会。

（时雁）

中小学生校园篮球联赛补赛

7 月 15 日，由市教委、市体育局联合主办的 2021 年北京市中小学生校园篮球联赛暨 2021—2022 中国初高中篮球联赛（北京赛区）选拔赛初中女子组补赛完赛。最终，清华大学附属中学、北京市东直门中学和北京市第八十中学分获前三名。联赛原计划于 2021 年 12 月 12 日至 2022 年 1 月 24 日举办，设置高中男子、女子组，初中男子、女子组和小学男子、女子组 6 个组别，除初中女子组最后一日比赛未能如期举行外，其他 5 个组别比赛于 1 月 23 日完赛。比赛由北京市少年宫、北京市篮球协会共同承办。

（刘梦龙　池飞龙）

7 月 15 日，2021 北京市中小学生校园篮球联赛初中女子组补赛完赛

（市教委相关处室　供）

“棋星杯”三项棋少儿大赛

7 月 15 日至 24 日，2022 年北京市少年宫“棋星杯”三项棋少儿大赛举办。比赛设围棋、象棋、国际象棋，分设男子少年组、女子少年组、男子甲组、女子甲组、男子乙组、女子乙组、男子丙组、女子丙组、学前组 9 个组别，

经过线上预赛角逐，240余名棋手参加线下三项棋决赛。全市2460余名学生参加，3个竞赛平台、5家自媒体直播吸引30余万人次关注。该项赛事是市少年宫品牌赛事，也是全市规模最大的少儿棋类赛事。

（郝兴杰　姚泽）

清华附中女篮获高中篮球联赛全国总冠军

8月14日，清华大学附属中学女篮获2021—2022年耐克中国高中篮球联赛全国总冠军。总决赛在广东佛山举行，清华附中女篮战胜河南省实验中学女篮获得冠军，3人入选“最佳阵容”，1人被评为“最有价值球员”，教练被评为“全国总决赛最佳教练”。此次比赛由中国中学生体育协会和中国篮球协会共同主办。来自22个省、自治区、直辖市及10个外卡城市的118支高中女子篮球队参加比赛。

（郭明）

获首届全国花样滑冰队列滑大奖赛校队组2个冠军

9月19日，2022—2023赛季全国花样滑冰队列滑大奖赛以线上形式举行，北京2支中小学队伍获校队组全部2项冠军。此次大奖赛由中国花样滑冰协会主办，为中国首次举办的国家级队列滑赛事。比赛设置精英组和校队组2个组别，其中专门设置校队组，旨在为学校代表队提供展示风采的舞台。精英组分设青年组、少年组、儿童组；校队组分设中学组和小学组。来自全国各地的25支参赛队410名运动员参赛。最终，北京市海淀区中关村第二小学儒梦花滑队获小学组冠军、中国人民大学附属中学丹潔虎队获中学组冠军。

（张苗　孙晓楠）

首都高校第60届学生田径运动会

10月26日至30日，市教委、市体育局联合主办首都高等学校第60届学生田径运动会。清华大学获男女甲组团体总分冠军，北京体育大学获男女甲B组、甲C组2个团体总分冠军，北方工业大学获男女乙组团体总分冠军，中国科学院大学获男女丙组团体总分冠军；30所院校获“体育道德风尚奖”；8人次破单项纪录，32人次成绩达到“运动健将”技术等级水平。来自全市72所高校（含北京队）的1506名运动员参赛。比赛首次被中国田径协会认定为“四级赛事”，由北京市大学生体育协会、北京科技大学共同承办。

（刘梦龙）

10月26日至30日，市教委、市体育局联合主办首都高等学校第60届学生田径运动会　（北科大　供）

首届首都高等学校体育运动大会

11月6日，首都高等学校第一届体育运动大会暨首都高等学校第12届拓展运动会在北京大学举行。来自34所北京高校的380余名选手参加比赛。比赛分设甲组、乙组和体育组3个组别，设置团队必选项目、团队任选项目、混双项目、男子单人项目、女子单人项目5个大项18个小项，包括有轨电车、巨虫盲行、同心鼓等团队项目和勇攀天梯、智勇闯关、旗语大赛等单、双人项目。北京大学、中央民族大学、中国石油大学（北京）分获甲组前三名，北京社会管理职业学院、北京石油化工学院、北京工业大学耿丹学院分获乙组前三名。比赛由北京市大学生体育协会主办，北大承办。

（张皇）

学校卫生

中小学生健康监测技术要求发布

3月21日，市市场监管局批准发布《中小学生健康监测技术要求》。中小学生健康监测将包括学生常规健康检查、学生常见病和健康影响因素监测、教学生活环境监测3类。健康检查和常见病监测除常规检查项目外，还要检查腰围、血压、血红蛋白等指标。脊柱弯曲异常情况、月经初潮或首次遗精年龄也被纳入监测项目。此外，初一、高一要额外进行色觉监测，高一增加牙周监测。教学生活环境监测频次为每2年1次，每所学校应选择不同楼层、不同朝向的2间普通教室开展监测，涉及教室人均面积、采光、噪声等项目，采暖季还将开展教室微小气候和教室换气检测。要求中还特别提出“隐私保护”内容，对于相关项目的检查室条件、检查人员等内容作出明确要求。要求自7月1日起施行。

（孙晓楠）

诺如病毒防控工作指导加强

4月，市教委、市卫生健康委联合编印《北京市学校、托幼机构诺如病毒防控工作指南》。指南结合学校工作实际，从预防措施、消毒措施、应急措施等方面详细介绍诺如病毒防控重点内容，旨在加强学校、托幼机构诺如病毒急性胃肠炎疫情规范管理，维护师生健康安全。至年底，市教委分层分级分类组织各类传染病防控工作专题培训会，要求各区、各校压实各方责任，将诺如病毒防控纳入整体“多病共防”体系。

（单聪）

中小学生视力保健自我管理能力提升活动

11月至12月，市教委举办北京市中小学生视力保健自我管理能力提升活动。活动面向16个区及燕山地区、经开区，组织专家团队拍摄视力知识讲座短视频5个，举办线上直播活动3场。5个短视频通过微赞平台播放；线上直播活动涉及儿童青少年近视防控核心知识及视力预防建议等内容，累计参与人数7万人次。活动由北京市少年宫承办。

（徐颖）

儿童青少年近视防控知识宣传

至年底，市教委加大儿童青少年近视防控知识宣传力度。通过邀请专家开展宣教活动的方式，普及近视防控知识，强化学生“我是健康第一责任人”意识，倡导家长增加陪伴学生户外活动的时间；制作“树远见，防近视，少视屏，多运动，不挑食，保睡眠，亲自然，护心窗”24字口诀动漫视频，督促学生更加深入学习领会近视防控知识；利用新媒体形式开展近视防控宣传教育工作，在“家校携手 共护学生视力健康”近视防控宣传教育月活动中，通过全市公交车内的移动电视循环播放系列动漫，扩大活动宣传覆盖面和影响力。

（单聪）

“防近视 控肥胖”健康教育系列活动

至年底，北京教育融媒体中心开展“防近视 控肥胖”健康教育系列活动。开展专家进校园健康知识讲座及专家示范课，邀请权威专家到50所中小学举办示范讲座50场，讲解防近视、控肥胖、体育锻炼等健康知识，3万名学生参加。组织三甲医院眼科专家拍摄防近视控肥胖短视频，制作近百期节目在网络平台发布。开展小学一年级新生家庭健康管理指导，编写并发布电子版《北京市中小学新生家庭健康管理系列材料》，开展“我和家长一起锻炼”作品征集活动、“防近视控肥胖手抄报”征集评选活动。利用寒暑假开展线上健康知识挑战赛，重点突出爱眼护眼、控制肥胖、新冠疫情和常见传染病防控等健康知识，100万人次参与，答题1000万次。制作《不要长时间看电子产品》等防控近视动漫作品10集并发布。开展900场健康饮水主题活动，采用学校网上预约形式，入校讲解健康饮水知识。开展“全社会行动起来，共同呵护好孩子的眼睛，让他们拥有一个光明的未来”主题宣传教育月活动。

（张雅）

艺术与校外教育

艺术教育

39支大中小合唱团获中国国际合唱节定级

7月22日，第16届中国国际合唱节评测结果公布，北京高校、中小学39支合唱团通过测评被确定为相应等级。中小学合唱团参评结果为，童声组（一级团）8支，童声组（二级团）13支，童声组（三级团）3支，少年组（一级团）6支，少年组（二级团）1支，流行、爵士、阿卡贝拉组（三级团）2支，表演合唱组（二级团）1支、民谣合唱组（一级团）1支，其中2支合唱团获2个组别定级；高校合唱团参评结果为，青年学生组（一级团）1支，青年学生组（二级团）4支，流行、爵士、阿卡贝拉组（一级团）2支，其中1支合唱团获2个组别定级。中国国际合唱节是经国务院和文化部批准举办的国际性合唱艺术活动，创办于1992年，是中国境内唯一国家级、国际性合唱类艺术活动，每2年举办1届。第16届合唱节由文化和旅游部国际交流与合作局、中国对外文化集团有限公司、中国宋庆龄青少年科技文化交流中心、国际合唱联盟、市教委、北京市西城区人民政府、中国合唱协会共同主办，来自全世界52个国家和地区的530余支合唱团3万余人参与。

（孙晓楠　吴琳）

7月22日，潞河中学附属学校彩虹童心合唱团获评第16届中国国际合唱节童声组（一级团）　（通州区教委　供）

学校美育科研论文征集评选

9月，市教委举办北京市学校美育科研论文征集评选活动。活动面向全市大中小学校、教育科学研究院（所），征集到56所高校报送的甲类论文（大学）209篇，中小学及校外教育机构报送的乙类论文881篇。经专家在线评审，评出甲类论文一等奖 22 篇、二等奖 30 篇、三等奖 52 篇；乙类论文一等奖 89 篇、二等奖 131 篇、三等奖 221 篇。

（李铮）

北京市民族艺术进校园活动

10 月至 11 月，市委宣传部、市教委、市文化和旅游局、市财政局联合主办 2022 年北京市民族艺术进校园活动。活动面向全市高等学校及中小学校在校生，设置进校园演出、剧场演出、农村观赏计划、艺术经典观赏计划 4 项内容，本着“注重均衡普及，关注农村地区，兼顾节目多元，鼓励传统艺术”分配原则，组织 17 个艺术表演团体进校园演出 28 场、剧场演出 4 场，惠及 1.30 万人。演出形式涉及歌剧戏剧（含戏曲）类、音乐类、曲艺杂技及其他类 3 个大类，京剧、评剧、儿童剧、民乐、曲艺、杂技、皮影戏、舞剧等 18 个小类。活动由北京市少年宫承办。

（王杨）

北京大学生音乐节

10 月至 12 月，市委教育工委、市教委主办 2022 年北京大学生音乐节及评选活动。活动收到来自 66 所高校的 322 件作品，其中“歌声献给党”主题歌曲网络展演作品 95 个、“强国有我”声乐类展演作品 107 个、“艺韵青春”器乐类展演作品 120 个。经专家评审，评选出优秀组织奖获奖高校 10 所；声乐组节目最佳表演奖 52 个、优秀表演奖 45 个、表演奖 10 个，最受师生喜爱节目奖 10 个；器乐组节目最佳表演奖 78 个、优秀表演奖 38 个、表演奖 4 个，最受师生喜爱节目奖 10 个；优秀指挥奖 27 个、优秀创作奖 10 个；优秀指导教师奖 264 个；主题歌曲网络展演活动最受师生喜爱奖 30 个、优秀展演奖 24 个、展演奖 41 个。活动由中国音乐学院、北京市少年宫共同承办。

（李铮　王峤峤）

北京阳光少年艺术节

11 月 30 日，市教委公布 2021 年北京阳光少年艺术节市级展演获奖名单。艺术节奖项评审认定工作于 9 月启动，收到各区、各单位推荐报送的艺术表演类节目 193 个、艺术作品 458 件。最终，认定表演类节目金奖 123 个、银奖 70 个，优秀指导教师奖 451 个；评选出艺术作品金奖 123 个、银奖 153 个、铜奖 182 个，优秀指导教师奖 458 个；优秀组织奖 18 个。活动由北京市少年宫承办。

（林清）

校外教育

中小学生环保主题演讲比赛

3 月 1 日至 6 月 4 日，北京校外教育协会与北京市环境保护宣传中心联合承办 2022 年度北京市中小学生生态环保主题演讲比赛。活动由市生态环境局主办，围绕“低碳行动向未来”主题，以现场播放参赛选手演讲视频、评委现场打分、现场汇总公布总成绩形式开展。决赛以“云端比拼”方式举行，经过专家现场打分，评出小学组一等奖 1 个、二等奖 3 个、三等奖 5 个、优秀奖 18 个，中学组一等奖 1 个、二等奖 2 个、三等奖 3 个、优秀奖 12 个。比赛全程在“京环之声”平台直播，超过 500 万人次在线观看。“京环之声”官方微博互动量 2.50 万人次，总话题阅读量 2800 万人次。

（王媛媛）

植物栽培大赛首次推广至京外 6 省市

3 月至 12 月，北京市少年宫举办 2022 年（第 22 届）北京市中小学生植物栽培大赛。比赛覆盖北京市全部辖区，并首次推广至京外 6 省市，分别为西藏、云南、四川、重庆、广东、湖北。1063 所学校 2988 名指导教师 222883 名中小学生参赛，为历届比赛规模最大。比赛要求参赛学生任选 1 种能够在 3 个月左右完整体现播种、开花、结果全过程的植物种植，并把植物生长和管理观察记录以文字、图片等形式上传至网站。4 月至 11 月，指导学校师生开展种植实践活动，推出优质公开课 19 节。经过评选，评出学生一等奖 5622 人、二等奖 9886 人、三等奖 15827 人，单项奖 669 人次；辅导教师一等奖 917 人、二等奖 968 人、优秀奖 474 人、突出贡献奖 60 人；学校优秀组织奖 384 个，各区优秀组织奖 11 个；认定第三批“北京市中小学生植物栽培实践活动示范校”2 所。

（马凯）

2022 北京国际模拟联合国大会

5 月 19 日至 22 日，外交学院举办 2022 北京国际模拟联合国大会。活动以“命运与共·奋楫前行”为主题线上举办，设置 11 个委员会，涵盖中、英、法、西 4 种工作语言，议题设置契合时代要求，关注国际局势，鼓励有志青年在会上提出中国方案，发出青年声音。140 所高校、中学 500 名学生参加大会。1995 年，外交学院首次将模拟联合国活动引入中国；2002 年起由其主办的北京模拟联合国大会（BMUN）正式更名为北京国际模拟联合国大会（BIMUN）。活动由外交部、教育部、团中央、中国联合国协会指导。

（袁媛）

全国大学生模拟政协提案大赛

5 月 29 日，团市委、市委教育工委、市政协、外交学院共同主办第九届提案中国·全国大学生模拟政协提案大赛决赛。比赛线上举办，清华大学、北京大学等 40 所在京高校组成 74 支高校代表队参赛，北京中学特别组建中学生代表队参与。决赛设置模拟协商座谈会、调研展示与答辩 2 个环节。选手通过合作协商，从选题背景、选题意义、调研结论等方面讲解说明模拟提案。最终评出一等奖 1 个、二等奖 2 个、三等奖 3 个，笃行奖 7 个。

（袁媛）

12 个方案在青少年环保创新活动中获评优秀

6 月 27 日，生态环境部宣传教育中心公布 2021 年青少年环保创新活动“美境行动”获奖结果，北京 12 个方案获奖。其中，优秀设计方案一等奖 1 个、二等奖 2 个、三等奖 8 个，优秀实施报告一等奖 1 个；4 家单位获优秀组织单位奖（包括 1 所中小学）。此次评选活动于 2021 年 6 月启动，面向全国中小学（包括中专、职校）在校学生个人或团体（包括小组、班级、年级、学校及各类校外教育单位等），设置优秀设计方案一、二、三等奖和优秀实施方案一、二、三等奖，各项一、二、三等奖分别为 5 个、8 个、30 个，各奖项均设证书奖励，其中一等奖、二等奖分别有 2000 元、1000 元奖金支持，并为各项获评一等奖、二等奖方案的指导教师颁发优秀指导教师奖，另评选出优秀组织单位奖 17 个。

（孙晓楠）

1153 个社会公共资源促进学生全面成长

8 月 31 日，北京市青少年学生校外教育联席会议办公室、市教委公布北京市社会公共资源促进学生全面成长工作资源清单。活动面向市校外教育联席会议成员单位、中央在京有关场所（馆）征集公益性社会资源 1153 个，其中专家资源 417 个、课程资源 364 个、活动资源 372 个，涵盖文化艺术、体育健康、科学普及等内容。各资源单位将秉承公益普惠、开放共享、双向选择、统筹兼顾原则，免费服务中小学，大力开展“双走进”活动，助推“双减”工作，实现义务教育阶段学校教育教学和课后服务水平“双提升”，促进学生全面成长。

（卢亭）

课外、校外教育理论研讨会论文评选

11 月 18 日，市教委举办北京市课外、校外教育理论研讨会论文评选。评选活动于 4 月启动，面向全市校外教育机构、乡村学校少年宫、乡镇校外活动站、中小学校开展，收到论文 988 篇。经评审委员会评选，评出一等奖 52 篇、二等奖 111 篇、三等奖 142 篇。活动由北京市少年宫承办。

（张兵）

创新推动青少年“模拟政协”活动

至年底，北京教育科学研究院创新推动青少年“模拟政协”活动。77 件学生模拟提案被采纳，组织 509 校次 14847 人次师生走进市政协观摩相关会议，58 名中学生观摩市政协十三届五次会议，直接带动 13875 名师生跟进，并自主跟进学习全国两会，被人民政协报整版报道。其中，研究报告《青少年“模拟政协提案”的创新实践》被纳入《理论与实践——新时代北京市政协提案工作》一书。

（李海英）

科技活动

第 14 届中小学生科学建议奖评选

1 月 17 日，市教委公布第 14 届北京市中小学生科学建议奖获奖名单。授予 14 名学生 2022 年度北京市中小学生科学建议奖，11 名学生科学建议提名奖。评选活动于 9 月启动，以“关注社会热点，科学表达主张”为主题，收到科学建议 2394 项、建言献策 7441 项，近万名学生参与活动。其中，郊区学生申报科学建议 519 项、申报建言献策 2532 项。建议范围涉及中轴线文化保护、京津冀区域协同发展、智慧北京建设等社会热点问题。经网上初评、复评合议、终评答辩，评选出科学建议奖 10 项（14 人）、科学建议提名奖 10 项（11 人）、二等奖 81 项、三等奖 100 项；建言献策一等奖 668 项、二等奖 951 项、三等奖 1347 项。活动由北京市少年宫承办。

（张兵　蒋小建　王驰）

第 14 届北京市中小学生科学建议奖
（10 项，14 人）

姓名	学校	项目名称
王睿启 孙　萌 宋伯雄	北京市朝阳区芳草地国际学校甘露园分校	关于优化早高峰时段北三县地区进京交通方式的建议
高海洋	北京市怀柔区九渡河学校	关于推广九渡河镇药食同源植物人工种植的建议
杨玥晨	北京理工大学附属小学	关于在西北三环交汇处增加道路隔声屏的建议
刘宣霆	北京市第八十中学小红门分校	关于北京市生态公园减少蚊虫的建议
林琰妮	北京第二实验小学广外分校	关于创建北京风车科普园的建议
冯煜旸 张宇杰 王敏馨	北京师范大学附属实验中学	关于从视障角度优化《无障碍设计规范》 打造和谐宜居文明之都的建议
陈墨琳	北京市东城区东四十四条小学	关于扶助老年人、残疾人跨越“数字鸿沟”的建议
张芃菲	北京市第二中学朝阳学校	关于社区公共健身器材低龄化的建议
王靖云	北京市海淀区翠微小学	关于推进首都全民义务植树尽责的建议
杨晗章	北京市陈经纶中学分校	关于在网络便民信息中增加自行车维修服务的建议

（张兵）

31 个高校基地入选首批全国科普教育基地

3 月 30 日和 11 月 29 日，中国科学技术协会分别公布 2021—2025 年第一批全国科普教育基地认定名单和补充认定名单，北京 31 个高校基地入选。第一批认定名单中，北京 18 个高校基地入选；补充认定名单中，北京 13 个高校基地入选。全国共有 800 个基地入选第一批认定名单，474 个基地入选补充认定名单。

（仪修宪）

延庆一中接收太空种子

4 月 11 日，北京市延庆区科学技术馆举行“生命科技 太空翱翔”——北京市延庆区第一中学太空种子搭载接收仪式。活动为延庆一中科技辅导员颁发太空种子种植试验基地负责人证书和太空搭载证明，并为该校授牌“延庆区青少年太空种子试验基地”。活动中，学校接收丝瓜、葱、牵牛花等植物种子 3 包 9.60 克，均于 2021 年报送并搭载神舟十二号载人飞船完成太空之旅。学校师生 2000 人参加接收仪式。太空种子于当月被种植到学校劳动试验基地，标志着延庆区青少年太空种子试验基地落户该校。

（李敬宁）

地大学子登顶珠峰开展地质勘查

4 月 30 日 10 时 30 分，中国地质大学（北京）土地科学技术学院测绘工程专业 2020 级本科生陈李昊成功登顶世界第一高峰珠穆朗玛峰。陈李昊所在团队此行来到珠峰开展高海拔地质勘查工作，探究珠峰地壳运动形变特征。在珠峰北坡，陈李昊等携带国产全球定位导航系统（GNSS）北斗设备开展高精度实时动态测量技术（RTK）快速定位测试，以及冰雪覆盖深度探测试验，这是中国首次在珠峰地区利用全球导航定位系统反射信号技术（GNSS-R）开展积雪反演研究。此外，团队还在登顶途中采集大量冰样、雪样及植物、岩石标本。各类样本和实测资料将为藏北乃至整个青藏高原气候、冰川等演化及生物多样性分布研究提供有力证据，为中国应对全球气候变化和建设生态安全屏障提供科学支撑。

（杨雪芫）

北京市中小学生金鹏科技论坛

5 月 14 日至 15 日，市教委举办第 22 届北京市中小学生金鹏科技论坛。16 个区及燕山地区、经开区 530 所学校 2 万余名师生参与，187 个科研项目 300 余名学生参加终评答辩，评选出一等奖 128 个、二等奖 199 个、三等奖 325 个。活动由北京市少年宫承办。

（张峥）

青少年高校科学营活动

7 月 20 日，由中国科学技术协会、教育部共同主办的 2022 年青少年高校科学营全国开营式暨开营第一课在北京化工大学举行。北京大学、清华大学等北京营 15 个分营代表和北化师生代表现场参加活动，来自全国 70 个分营的 1.30 万名中学生和领队教师等参加云上开营式。开营式暨开营第一课面向青少年和全国公众同步直播，400 万人次在线观看。北京营活动由市科协、市教委联合在京 11 所高校、4 个科研院所及科技企业共同举办，开展为期 1 周的云上活动。其中，市教委遴选组织北京各区 790 名高中生、79 名教师赴 7 所高校和航天科技集团参加相关活动。北京营自 2012 年起举办，接收营员人数居全国首位。

（张兵）

北航创扑翼式无人机单次充电飞行时间最长世界纪录

7 月 21 日，北京航空航天大学师生团队创下扑翼式无人机单次充电飞行时间最长世界纪录。认证过程所有源文件经过吉尼斯纪录中国代理与伦敦总部联合审查，给予挑战通过，最终飞行器续航时间被认定为 1 小时 31 分 04 秒 98（1:31'04"98）。研制团队包括 12 名学生，其中博士生 2 人、硕士生 5 人、本科生 5 人。

（朴悦嘉）

9 人获第 13 届中国青少年科技创新奖

8 月 15 日，共青团中央、全国青联、全国学联、全国少工委联合发布《关于颁发第 13 届中国青少年科技创新奖的决定》，北京 9 人获奖。其中，小学 1 人、中学 4 人、高校 4 人。此次评选依据《中国青少年科技创新奖评比表彰管理办法》规定，经各地选拔推荐、评审委员会审核评定，认定获奖学生 89 人。中国青少年科技创新奖是鼓励中国青少年科技创新活动的最高荣誉，奖励初始基金用邓小平同志生前全部稿费设立。

（孙晓楠）

第 13 届中国青少年科技创新奖（北京）

郭曦泽	北京小学长阳分校
郭骐畅	北京市昌平区第一中学
陈应涵	北京市第四中学
胡诚成	北京市第二中学
姚恩璐（女）	北京市第一七一中学
郭资政	北京大学
李西尧	清华大学
许毅	北京理工大学
汪明瑶（女）	北京协和医学院

（孙晓楠）

首家中学科协成立

9月16日，北京市八一学校科学技术协会揭牌成立。八一学校科协作为全国首家中学科协，将发挥科协组织桥梁纽带作用，让更多科学家、两院院士及科技人才走进学校，通过课堂、科学社团活动等工作载体，激发学生学科学、爱科学的热情，让学生真切感受到科学精神，营造热爱科学、崇尚科学、传承科学的良好氛围。科协设主席、副主席、秘书长及常务委员共10人，在八一学校工会领导下，作为以学校科技工作者为主要成员的群众协会（含数学、物理、化学、生物、地理、信息技术、通用技术学科教师和相关管理人员），是学校行政联系科技教育教师的桥梁和纽带，是学校科技教育工作的重要力量。科协将沟通行业协会及学会，组织开展学术交流活动，推广高新技术，活跃学术思想，促进科学技术水平提高；组织相关主题论坛，如青年科技教育论坛等。2017年初，八一学校牵头成立“中国航天科技教育联盟”，2021年3月9日，启动航天科技课程，同年10月22日，八一学校航天少年科学院成立，学校通过“必修＋选修＋实践活动＋研学＋社团”相结合方式，聚焦国防科技及航天科技领域，让学生感受科学探索过程，理解科学本质，提升科学素养。

（左秋洁）

怀柔五中成为全国首所安装大口径天文观测设备学校

10月4日，北京市怀柔区第五中学天文望远镜——“天眼”主体工程安装完成。中国科学院科研团队一行5人来校落实安装调试工作。此项工程由学校科技副校长、中国“天眼”总工程师姜鹏负责，望远镜占地面积50平方米，口径3米，焦径比0.36，频率L波段，1330～1430MHZ，带宽100Mbps，由6块面板组成，总投资30万元，完成安装后能够清晰观测太阳系内天体。学校作为全国第一所安装大口径天文观测设备的学校，将组织成立设备调试、信息记录等科技活动小组，在中国科学院技术团队指导下开展各类观测活动。

（赵录志）

北大获国际大学生程序设计竞赛全球总决赛金牌

11月10日，北京大学代表队获得第45届国际大学生程序设计竞赛全球总决赛金牌。代表队由该校信息科学技术学院3名本科生组成，以全球第二名，亚洲第一名的成绩获得金牌。此次总决赛在孟加拉国举行，来自世界六大洲3406所大学的58963名学生参加比赛。国际大学生程序设计竞赛（International Collegiate Programming Contest）是面向大学生的全球性编程竞赛，由美国计算机学会于1970年发起，是一项旨在展示大学生创新能力、团队精神和在压力下编写程序、分析和解决问题能力的年度国际竞赛，被称为“计算机软件领域的奥林匹克”。北大于2000年首次参赛，分别于2014年和2018年2次获得全球总决赛金牌。

（侯乐）

“丰台少年二号暨少年梦想二号”科普卫星发射

12月9日14点35分2秒，“丰台少年二号暨少年梦想二号”科普卫星（代号CAS-5A）搭载捷龙三号遥一运载火箭在位于黄海海域的海上发射平台发射升空，724秒后卫星顺利从运载火箭分离进入预定轨道。数分钟后，卫星信标信号和遥测信号被东南亚和澳大利亚业余无线电爱好者接收到，随后通过卫星无线电转发器进行双向无线电通信。该卫星预计在轨运行工作1年，可进行无线电信标发射、语音及图像信号传递、太空摄影等多项科普活动。二号卫星课题于2017年启动，来自丰台区10所中学的31名学生作为课题组成员参与研究。2016年11月10日，中国第一颗由中学生参与研制的科普卫星——“丰台少年一号暨少年梦想一号”卫星在酒泉卫星发射基地搭载长征11号运载火箭成功发射升空，丰台区

10月4日，怀柔五中天文望远镜——“天眼”主体工程安装完成

（怀柔五中　供）

12月9日，"丰台少年二号暨少年梦想二号"成功发射
（丰台区教委　供）

6 名学生参与。

（毛峰）

劳动教育

地大成立劳动教育中心

7 月 7 日，中国地质大学（北京）成立劳动教育中心。中心挂靠在党委学生工作部（处），设主任 1 人，由党委学生工作部部长担任。中心计划设立劳动教育教室 1 间，设置文化墙、展示区、研讨区、操作区 4 个区域，主要负责探索地大特色的劳动教育模式，开展理论和实践研究，推进劳动教育课程、教材、师资和校内外实践基地建设，创新体制机制，促进五育融合，全面培养学生。中心成立以来，挂牌建设校内劳动教育实践基地 1 个，协同后勤集团和各学院开展植树种草、清扫校园、宿舍美化等多项集体实践活动，组织学生参加劳动教育活动 1 万人次。中心开设本科生必修课程 1 门——"劳动素养与双创实践"，覆盖 2200 余名 2022 级本科生，人均 16 学时。

（杨雪芫）

顺义推进中小学劳动教育

9 月至 12 月，顺义区推进中小学劳动教育。完成首批小学劳动教育特色校评选，25 所学校申报，3 所学校入选。11 月 16 日，顺义区教育研究和教师研修中心召开"落实劳动教育，锻造时代新人"顺义区中小学劳动教育线上现场会，设置劳动教育实践成果展示、现场课观摩、论坛研讨等环节，听取教师代表讲述落实劳动教育的具体做法以及学生代表的课后感言，邀请北京教育科学研究院专家举办微讲座。顺义区教研员、相关学科教师等 240 余人参加活动。

（单畅　高仕蓉）

二外中瑞学院发布劳动教育方案

10 月 11 日，北京第二外国语学院中瑞酒店管理学院举行 2022 劳动教育活动启动仪式暨"瑞清"社团成立仪式。活动发布学校劳动育人实施方案，将劳动教育纳入学院实操课程及思政课实践学分认定中，并规定劳动教育的实践形式、保障措施，针对 4 个年级、不同对象、不同群体设立劳动日，组织全体在校学生开展宿舍卫生清扫、教室卫生清扫、无烟校园专项清理等劳动教育实践活动并组织评比，定期开展劳动知识竞赛、劳动教育成果展、主题党团日等活动，结果与学生综合测评成绩挂钩。方案中提出成立"瑞清"社团，为院团委志愿服务性组织，设总负责人 1 人，下设办公室、活动策划部、外宣部和志工部 4 个部门，所有在校学生均可自愿加入。学生可依托社团，自主开展面向校园内的公益性劳动、服务性劳动等实践活动，每学期集中开展不少于 10 次劳动实践活动，首批吸纳成员干部 22 人。

（王文琪）

职业院校劳动教育优秀课程和基地评选

11 月 1 日，市教委公布北京职业院校劳动教育优秀课程资源视频、典型案例和劳动基地评选结果。经学校实践、遴选推荐和专家评审等程序，确定北京职业院校劳动教育优秀课程资源视频课程 15 门，北京职业院校劳动教育典型案例 15 个，北京职业院校首批中小学生职业体验中心（劳动教育基地）5 所。市教委深入推动职业院校加强劳动教育，在北京职业院校中选树一批劳动教育精品课程，于 6 月启动评选工作。

（高飞）

北京职业院校首批中小学生职业体验中心
（劳动教育基地）

北京职业院校首批中小学生职业体验中心（劳动教育基地）
北京商业学校
北京市昌平职业学校
北京市延庆区第一职业学校
北京农业职业学院
北京劳动保障职业学院

（高飞）

9月至11月，景山学校远洋分校开设系列食育课实践活动
（景山学校远洋分校　供）

海淀农耕文化（苏家坨）实践营开营

11月4日，海淀团区委、区少工委、苏家坨镇人民政府联合举行“讲好丰收故事 体验农耕文化”2022海淀少先队农耕文化（苏家坨）实践营开营仪式。活动组织校外辅导员带领学生学习农学知识，体验京西稻手工收割操作。位于苏家坨镇柳林村的弗莱农庄被确定为海淀区少先队校外实践基地、海淀区关心下一代教育基地、海淀区农事劳动志愿服务实践基地、海淀区科普基地，并于当日举行揭牌仪式。团市委、区政协、团区委、区少工委、区关工委、区农业农村局、区科协等单位领导，首批海淀区农耕文化少先队校外辅导员及少先队员近100人参加活动。至年底，区少工委组织30余个中队采取线上、线下形式，开展参观学习、志愿讲解、实践体验等活动。

（宋亚甫）

昌平推进劳动教育实验区建设

至年底，昌平区教委推进“全国中小学劳动教育实验区”建设。8月29日，区教委牵头，联合区农业农村局、区商务局、区文化和旅游局、区园林绿化局、区科委、区总工会、团区委、区妇联8部门，以及中国劳动关系学院等科研院所、环球网校等企业，共同组建“昌平区劳动教育支持共同体”。共同体办公室设在昌平区中小学劳动教育课程服务中心，立足于推进全国中小学劳动教育实验区建设，以课程建设、队伍建设、基地建设、平台建设为抓手，统筹配置区域资源，为昌平区开展全国中小学劳动教育实验区建设提质增效提供可靠支持。12月5日，区教委印发《昌平区教育委员会关于认定昌平区中小学劳动教育实验校的通知》。区级评审组从劳动教育校本课程建设、劳动教育实践实施、劳动教育评价体系建设、学校特色亮点4个方面进行评审，最终遴选出15所“昌平区中小学劳动教育实验校”。2021年，昌平区被教育部评定为全国中小学劳动教育实验区。

（聂莹）

石景山创建8所劳动教育基地校

至年底，石景山区教委创建8所劳动教育基地校。8所基地校累计开发“日常生活劳动”“生产劳动”“服务性劳动”3类劳动课程34门，各校每周面向本校学生，开设课程1～2课时，惠及学生5000人。

（武艳平）

（本栏责任编校　孙晓楠）

党的工作

PARTY WORK

党的工作
PARTY WORK

综述

加强党对教育工作的全面领导

2022 年，北京教育系统坚持党对教育工作的全面领导，健全党对教育工作全面领导的体制机制。贯彻落实市委教育工作领导小组 2022 年第一次全体会议精神，形成重点任务清单。召开市委全面深化改革委员会教育体制改革专项小组全体会议 2 次、专题会 10 余次，研究推进重点改革任务。完成市委改革办明确的重点任务 7 项。针对疫情防控、安全稳定等形势变化，加强对各区、各高校的工作调度和具体指导，形成高效统筹、上下贯通、协调一致的工作格局。加强督查督办，建立“1＋2＋N”（其中，1 指市委深改第一督察组负责的 1 项重点督察任务、2 指市委深改委明确由教改小组负责的 2 项专项督察任务、N 指市教育两委每名领导牵头负责 1 项专项督察任务）的教育改革督察体系，以《督查快报》形式反馈阶段进展，办结市委市政府主要领导重要批示督查件 437 项。以“钉钉子”精神打好高校党的政治建设攻坚战，落实高校党委领导下的校长负责制，开展《北京高校党建和思想政治工作基本标准》检查，首次对 62 所高校党委书记开展全覆盖党建述职评议考核，推广先进经验 200 个。在全国率先制定并印发中小学校党组织领导的校长负责制的实施方案，探索完善党建工作纳入民办学校审批年检等机制，中央教育工作领导小组向全国推广北京经验。市委教育工委印发《市委教育工委市教委加强政治建设措施》，市委教育工委市教委机关党委印发《关于进一步加强市委教育工委市教委机关系统党组织规范化建设工作具体举措》，不断加强政治机关建设。

（付震）

全面从严治党纵深推进

2022 年，北京教育系统全面从严治党纵深推进。市委教育工委开展党风廉政建设实地检查，推动主体责任向高校和各区延伸传导。开展市属高校全面从严治党（党建）工作考核，约谈问题突出单位党组织主要负责人，健全督促整改 6 项机制，层层压实整改责任。举办第一期北京高校巡察工作坊，加强校内巡察工作交流，集中力量破解工作难题，加强巡察干部队伍建设，提升校内巡察工作水平。推动干部队伍结构不断优化，严格落实领导干部报告个人有关事项。持之以恒正风肃纪反腐，落实中央八项规定精神及市委贯彻落实办法，进一步精简会议文件。大兴调查研究之风，制定《关于深入教育教学一线开展学年调研工

10 月 1 日，清华开展“共溯峥嵘路，喜迎二十大”系列主题社会实践（清华 供）

作方案》，推进机关干部“在基层、转作风、解难题”。坚持全面从严治党永远在路上，坚决查处违纪违法问题，深化“以案为鉴、以案促改”警示教育机制，营造风清气正的育人环境。

（付震　王希）

落实习近平到北京高校考察和给北京高校师生回信精神

2022 年，市委教育工委、市教委深入落实习近平总书记到北京高校考察和给北京高校师生重要回信精神。4 月 21 日，习近平给北京科技大学的老教授回信，对培养更多高素质人才，促进钢铁产业创新发展、绿色低碳发展提出殷切期望。4 月 25 日，习近平调研考察中国人民大学并发表重要讲话。9 月 7 日，习近平给北京师范大学“优师计划”师范生回信，勉励他们到祖国和人民最需要的地方去，努力成为党和人民满意的“四有”好老师。至年底，市委教育工委、市教委通过多种方式深入落实习近平总书记到北京高校考察和给北京高校师生重要回信精神，组织召开高等教育、基础教育、职业教育工作会议，对全年各项工作总体安排部署，推动重要回信精神在培养高素质人才和“四有”好老师、推动大中小学思政课一体化建设等方面形成生动实践。市委教育工委、市教委另于 4 月 26 日召开高校系统学习贯彻习近平总书记在人民大学考察时的重要讲话精神会议，传达习近平总书记考察的相关情况，要求北京高校系统要着力培养堪当民族复兴重任的时代新人，深入推进习近平新时代中国特色社会主义思想“进教材、进课堂、进头脑”，高质量开好“习近平新时代中国特色社会主义思想概论”课，深入推进思政课教学改革创新，上好具有首都特色的“大思政课”，推动大中小学思政课一体化建设。

（付震）

新时代党建示范创建和质量创优工作

2022 年，市委教育工委推进北京高校开展新时代高校党建示范创建和质量创优工作。1 月至 3 月，组织对北京高校第二批新时代高校党建示范创建和质量创优工作入选党组织和首批高校“双带头人”教师党支部书记工作室总结验收，审批验收 115 个创建项目并上报教育部，其中通过验收 113 个。3 月 10 日，教育部办公厅关于公布第三批全国党建工作示范高校、标杆院系、样板支部名单，北京高校入选“全国党建工作示范高校”1 个、“全国党建工作标杆院系”13 个、“全国党建工作样板支部”73 个，数量位列全国首位。

（孟尧）

强化中小学校党组织领导的校长负责制改革

2022 年，北京市推进中小学校领导体制改革，建立中小学校党组织领导的校长负责制。市委教育工委统筹协调组织、编办、教委、财政、社保等部门和各区，成立市区两级改革工作专班，起草中小学校党组织领导的校长负责制的实施方案，经市委全面深化改革委员会审议通过，印发《北京市关于建立中小学校党组织领导的校长负责制的实施方案（试行）》及“1+5”配套文件。召开中小学校党组织领导的校长负责制改革工作部署会，明确以试点学校为基础，逐步扩大改革范围，推进中小学校建立党组织领导的校长负责制。改革过程中，市委教育工委对 16 个区及燕山地区、经开区逐一开展改革效度调研，观察党建引领教育教学改革的原始生态，推动改革落实落地。至年底，北京市 136 所学校按照新的领导体制运行，完成年度改革任务。北京市 2018 年在燕山地区先期开展中小学校党组织领导的校长负责制试点；2020 年 9 月，在燕山地区先期试点的基础上，扩大至东城、西城、通州、大兴、燕山 5 个试点区（地区）的 35 所学校。2022 年 1 月，中央办公厅印发《关于建立中小学校党组织领导的校长负责制的意见（试行）》，全面推进中小学校党组织领导的校长负责制改革工作。5 月 11 日，市委教育工委应邀在第六期全国中小学校党组织书记网络培训示范班启动仪式上代表北京作典型发言，相关经验做法列为全国培训骨干课程，并在《人民教育》刊发。11 月 15 日，中央教育工作领导小组刊发专题信息《北京市明确目标　突出重点　建立健全中小学校党组织领导的校长负责制》，肯定北京中小学校领导体制改革经验并向全国推广。

7 月 13 日，中小学校党组织领导的校长负责制改革工作部署会召开　（融媒体中心　供）

（付震　贾红梦　张晓兰）

北京高校学习宣传党的二十大精神师生宣讲活动

2022 年，市委教育工委开展北京高校学习宣传党的二十大精神师生宣讲活动。11 月 9 日，市委教育工委举办北京高校学习宣传党的二十大精神师生宣讲团宣讲会，邀请 7 名宣讲团成员从不同角度阐释党的二十大精神。各高校分管校领导、专兼职思政课教师、学生党员线上参加活动，累计收看近 10 万人次。北京高校学习宣传党的二十大精神师生宣讲团聘请各高校思政课教师、学生代表为宣讲团成员，活动为宣讲团成员 10 人颁发聘书。

（姜男）

“五老助双减”工作实施

2022 年，市委教育工委、市教委、北京教育系统关工委组织实施“五老助双减”工作。召开“五老助双减”工作座谈研讨会，谋划开展“五老助双减”工作的思路和举措。市委教育工委办公室、市教委办公室印发《“五老助双减”工作试点实施方案》，明确总体要求、工作内容、工作形式、工作阶段、预期效果及工作保障，提出要建立“五老助双减”工作机制，持续推进家校社共育咨询室建设，增强部门协同，形成“五老助双减”合力。9 月 8 日，北京教育系统关工委召开“五老助双减”工作部署会暨培训会，部署“五老助双减”工作。

（乔永）

市委教育工作领导小组会议

3 月 28 日，蔡奇、陈吉宁到北京市第一五九中学调研并召开市委教育工作领导小组会议。蔡奇、陈吉宁走进音乐课堂、学科教研组，与师生互动交流，查看学校“双减”、疫情防控、学生心理辅导等工作。蔡奇强调，“双减”工作要体现在提升教育教学质量上，要优化课堂教学环节、丰富课后服务内容，用心用情、因材施教，促进学生全面发展。要严格学校疫情防控，落实晨午检、核酸检测周覆盖、师生员工及同住者纳入健康监测等措施，通过小手拉大手，带动每个家庭做好防护。蔡奇随后主持召开市委教育工作领导小组会议。会议传达中央教育工作领导小组会议精神，听取市委教育工作领导小组 2021 年工作情况和 2022 年工作安排以及“双减”工作情况的汇报，审议《关于全面加强和改进新时代学校美育工作的行动方案》《关于推动职业教育高质量发展的实施方案》。会议强调，要坚定不移用习近平新时代中国特色社会主义思想铸魂育人，持续推进党的创新理论进教材、进课堂、进头脑，加快构建首都高质量教育体系，不断提升教育服务新时代首都发展的能力。市委教育工作领导小组成员参加会议。

（付震　高众）

北京教育系统全面从严治党工作会议

4 月 2 日，市委教育工委、市教委召开 2022 年北京教育系统全面从严治党工作会议。会议总结近年来北京教育系统全面从严治党工作取得的阶段性成效，分析当前存在的主要问题，并对 2022 年工作作出部署。会议要求，要永葆自我革命精神，压实管党治校政治责任，更加自觉从党的百年奋斗历程中汲取智慧和力量，持续推进党的政治建设攻坚战，一体推进不敢腐、不能腐、不想腐，纠树并举深化作风建设，从严从实加强年轻干部管理监督，推动“两个责任”落实同向发力，纵深推进北京教育系统全面从严治党。夏林茂参加会议并讲话。中央纪委国家监委驻教育部纪检监察组相关负责人，各高校党委书记、校长、纪委书记及相关部门负责人，各区委教育工委书记、区教委主任，市纪委市监委第七监督检查室相关负责人，市委教育工委、市教委领导班子成员及处室、直属单位相关负责人参加会议。

（付震　王希）

第三批重点建设马克思主义学院公布

5 月 27 日，市委宣传部、市委教育工委公布第三批北京市重点建设马克思主义学院名单。经自主申报、实地考察等程序，中央民族大学、中国人民公安大学、中国地质大学（北京）、中国石油大学（北京）、北京化工大学、华北电力大学、中国科学院大学、北方工业大学、北京工商大学、北京建筑大学 10 所高校的马克思主义学院入选。至此，三批累计评选北京市重点建设马克思主

4 月 2 日，2022 年北京教育系统全面从严治党工作会议召开
（市委教育工委相关处室　供）

义学院 26 所。

（姜男　舒文琼）

教育体制改革专项小组会议

6 月 9 日和 8 月 17 日，市委全面深化改革委员会教育体制改革专项小组召开第一次和第二次全体会议。第一次会议传达中央、市委全面深化改革委员会有关会议精神，审议《关于落实市委深改委 2022 年教育改革重点任务清单》《教育体制改革专项小组 2022 年督察计划》和《北京市关于建立中小学校党组织领导的校长负责制的实施方案（试行）》。第二次会议审议《关于加强新时代北京高校学生社会实践工作的指导意见》落实情况的督察报告，听取关于北京高校毕业生就业工作情况和全市教育评价改革推进情况的汇报。夏林茂、卢彦及专项小组成员，市委教育工委、市教委相关负责人参加会议。

（付震）

中小学校党组织领导的校长负责制“1+5”配套文件印发

6 月 26 日，市委组织部、市委教育工委、市委编办、市教委、市财政局、市人力资源社会保障局联合印发《北京市关于建立中小学校党组织领导的校长负责制的实施方案（试行）》及配套文件（“1＋5”配套文件）。配套文件包括《北京市中小学校党组织会议讨论决定事项清单示范文本（试行）》《北京市中小学校党组织书记和校长职责示范文本（试行）》《北京市中小学校党组织会议和校长办公会议议事规则示范文本（试行）》《北京市中小学校章程党组织建设内容示范文本（试行）》《北京市中小学校党建工作要点提示》。根据方案，北京市计划以试点学校为基础，逐步扩大改革范围，推进中小学校建立党组织领导的校长负责制。北京市“1＋5”配套文件旨在贯彻落实中央办公厅《关于建立中小学校党组织领导的校长负责制的意见（试行）》文件精神，是全国省级改革文件中最详细完备的，中央教育工作领导小组向全国推广北京经验。

（付震　贾红梦）

北京首个党团队工作一体化育人实践研究示范区落地

6 月 30 日，北京市学校德育研究会与大兴区教委共同举办北京市党团队工作一体化育人实践研究示范区签约仪式。双方签署合作协议，并为首个北京市党团队工作一体化育人实践研究示范区揭牌。示范区项目确定 8 所实验学校作为党团队工作一体化育人实践研究实验基地，将聚焦党团队工作一体化育人理念与思路、实践课程、阵地建设等专题开展培训与实践研究，聚焦党团队工作一体化育人实践案例、专业标准与行动指南等内容开展专题指导与能力培训，构建党建带团建、带队建的大兴模式，建立入队、入团、入党青年政治追求“三部曲”长效机制。

（杨志勇）

北京教育系统学习落实市第十三次党代会精神

7 月 8 日，市委教育工委、市教委召开北京教育系统学习宣传落实市第十三次党代会精神会议。清华大学、北京林业大学、北京财贸职业学院、海淀区委教育工委、北京市东城区史家胡同小学相关负责人作交流发言。会议要求，干部师生要准确把握新时代首都教育发展的新机遇、新要求，以更大作为融入和服务新时代首都发展，以高质量党建引领首都教育高质量发展，全力当好各项工作的“施工队长”。夏林茂、卢彦参加会议。市委教育工委、市教委主要负责人及各区分管教育工作的区领导、区委教育工委书记、区教委主任，各高校党委书记、分管领导及相关部门负责人参加会议。

（付震　赵国伟）

中小学校党组织领导的校长负责制改革工作部署会

7 月 13 日，市委组织部、市委教育工委、市教委召开北京中小学校党组织领导的校长负责制改革工作部署会。东城区委、大兴区委教育工委、北京市丰台区第二中学、北京市朝阳区垂杨柳中心小学金都分校相关负责人作交流发言。会议强调，中小学校领导体制改革是坚持和加强党对教育工作全面领导的重要举措，是以高质量党建引领教育高质量发展的必然要求，是推进学校治理体系和治理能力现代化的根本保障。在改革推进过程中，要全员思想发动，汇聚改革共识，加强精准指导，积极稳慎推进，压实各级责任，确保各项政策平稳落地。市委组织部、市委教育工委、市教

2022 年，首个北京市党团队工作一体化育人实践研究示范区揭牌。图为 5 月 10 日，八一学校少先队员参加庆祝共青团成立 100 周年活动后合影
（八一学校　供）

委相关部门负责人及有关高校主管领导、各区委教育工委书记、改革工作专班业务处室负责人等 100 余人在主会场参加会议。会议标志北京市从 2020 年 9 月推出的中小学校党组织领导的校长负责制改革进入全市推进阶段。会议同步启动 2022 年中小学校党组织书记校长示范培训班，170 余名学员在市委党校二分校分会场参会。

（付震　贾红梦）

党的二十大网络安全保障工作部署会

7 月 22 日，市教委召开党的二十大网络安全保障工作部署会。会议部署党的二十大重要时期网络安全保障工作任务和北京市教育行业首次网络安全攻防演习工作，要求各单位深刻认识做好党的二十大网络安全保障工作的极端重要性和紧迫性，围绕“坚决防止发生重大网络安全事件”总体目标，落实重保任务各项工作制度，全力以赴做好网络安全保障工作，守住教育系统网络安全底线；要充分认识网络安全攻防演习的重要意义和作用，思想高度重视，严密组织实施，实现深度排查安全隐患、全面提升应急处置能力、锻炼培育专业队伍的目的。各参演市属高校、民办高校、直属单位设分会场，各单位相关负责人及参演工作人员约 180 人参加会议。

（张如双）

5 个基地入选首批“大思政课”实践教学基地

7 月 29 日，教育部办公厅、科学技术部办公厅、工业和信息化部办公厅等八部门联合公布“大思政课”实践教学基地名单，北京 4 所高校 5 个基地入选。其中，北京协和医学院、北京大学第一医院和第三医院入选教育部办公厅与国家卫生健康委联合设立的抗击疫情专题实践教学基地，北京交通大学交通运输科学馆、北京体育大学“使命在肩 奋斗有我”高校思想政治理论课实践教学基地入选教育部办公厅与科学技术部办公厅联合设立的科学精神专题实践教学基地。“大思政课”实践教学基地由教育部办公厅分别联合有关部门以现有基地（场馆）为基础分专题设立，全国 453 个基地入选，其中联合科技部办公厅设立科学精神专题实践教学基地 92 个，联合工业和信息化部办公厅设立工业文化专题实践教学基地 59 个，联合生态环境部办公厅设立美丽中国专题实践教学基地 15 个，联合国家卫生健康委办公厅设立抗击疫情专题实践教学基地 65 个，联合国家文物局办公室设立中华优秀传统文化、革命文化、社会主义先进文化专题实践教学基地 100 个，联合国家乡村振兴局综合司设立脱贫攻坚、乡村振兴专题实践教学基地 41 个，联合中国关心下一代工作委员会办公室设立党史新中国史教育专题实践教学基地 81 个。

（仪修宪）

8 月，北体大“使命在肩 奋斗有我”高校思想政治理论课实践教学基地入选首批“大思政课”实践教学基地。图为北体大刻有习近平总书记重要回信全文的刻石　（北体大　供）

纪念建党 101 周年系列活动

7 月，市委教育工委组织各北京高校开展纪念中国共产党成立 101 周年系列活动。各高校分别开展“光荣在党 50 年”纪念章发放、“共产党员献爱心”、走访慰问、“讲党课和优秀党课展播”“宣传先进典型”等系列活动。累计 14.5 万人次参加活动。

（孟尧）

服务保障党的二十大安全稳定和疫情防控工作专题部署会

9 月 29 日，市委教育工委、市教委召开北京教育系统服务保障党的二十大安全稳定和疫情防控工作专题部署会。会议传达国务院联防联控机制会议、中央政法委有关会议和北京重要会议服务保障工作日调度会议精神，通报教育系统安全稳定形势，部署国庆宣传教育和安保维稳工作。夏林茂、卢彦参加会议并讲话。市委政法委、市委网信办、市公安局、市安全局主管负责人，市级学校安全工作联席会议成员单位负责人，各区学校安全工作联席会议召集人、主管教育工作的区领导、区委教育工委书记、区教委主任，各高校党委书记、主管安全稳定和疫情防控工作的校领导，一线班主任、辅导员代表，市级维护高校安全稳定工作专班成员、北京高校疫情防控 8 小时应急处置工作专班成员参加会议。

（付震）

喜迎二十大国庆系列示范性活动

10月1日，市委教育工委、市教委组织首都高校大学生在天安门广场观看升旗仪式。来自北京大学、清华大学、北京工业大学等高校的1300余名师生参加活动。此次活动是市委教育工委、市教委组织首都高校开展的“喜迎二十大　奋进新时代”主题系列活动，也是国庆节期间开展的4项示范性活动之一。市委教育工委、市教委另在中央美术学院举办“行走京华大地 感悟思想伟力”习近平新时代中国特色社会主义思想在京华大地的生动实践主题创作展；组织北京各高校200名学生代表到北京农学院试验田参观现代农业和首都高校师生服务“乡村振兴”行动计划成果展；组织约14000名师生参观“奋进新时代”主题成就展。

（丁贞栋）

传达学习党的二十大精神和全市领导干部会精神专题会

10月25日，市委教育工委、市教委召开传达学习党的二十大精神和全市领导干部会精神专题会。夏林茂主持会议并讲话。会议强调，首都教育系统各级党组织、每名党员干部要全面深入学习领会，切实用科学理论武装头脑、统一行动，把思想统一到党的二十大精神上来，把力量凝聚到实现党的二十大确定的目标任务上来。要提高政治站位，自觉做习近平新时代中国特色社会主义思想的坚定信仰者、忠实实践者；要强化责任担当，深入贯彻落实科教兴国战略；要精心组织谋划，迅速掀起北京教育系统学习宣传贯彻党的二十大精神的热潮。两委领导班子成员及各处室负责人参加会议。

（付震）

学习宣传贯彻党的二十大精神实施方案印发

11月4日，市委教育工委印发《北京教育系统认真学习宣传贯彻党的二十大精神的实施方案》。文件要求北京教育系统将学习宣传贯彻党的二十大精神作为当前和今后一个时期北京教育系统的首要政治任务，立即行动起来，精心组织，充分发挥自身优势，坚持机关、系统和基层贯通融合，坚持各级各类学校一体推进，坚持学思践悟有机统一，迅速形成全覆盖、多维度、大纵深、浸入式的学习宣传热潮。要求通过党委理论学习中心组学习、干部教师培训、党员学习等形式开展分层次、全覆盖的全员培训；集中开展宣讲活动，组建北京高校学习宣传党的二十大精神师生宣讲团、北京高校学习习近平新时代中国特色社会主义思想博士生宣讲团、北京教育系统老同志学习宣传党的二十大精神宣讲团，线上线下开展系列宣讲活动；有机融入教育教学，推进党的二十大精神和习近平新时代中国特色社会主义思想进教材、进课堂、进头脑；组织北京高校高端智库、市重点建设马克思主义学院、北京高校中国特色社会主义理论研究协同创新中心等开展研究阐释；开展贯穿2023年全年的北京教育系统“学习二十大 奋进新征程”师生主题教育，通过主题征文、精品微电影展播、优秀网络作品展示等形式加强学习宣传贯彻。

（丁贞栋　赵国伟）

专题调度部分涉疫高校应急处置工作

11月26日至28日，市委教育工委、市教委连续专题调度部分涉疫高校应急处置工作。市委教育工委、市教委主要领导主持召开专题调度会并分别前往北京大学、清华大学、北京体育大学、北京舞蹈学院、北京交通大学、

10月1日，地大师生参观“奋进新时代”主题成就展

（融媒体中心　供）

中央民族大学、中国政法大学、北京外国语大学、北京电影学院、中央美术学院等高校现场检查。11月27日，市委教育工委、市教委另召开北京高校安全稳定工作调度会，市委常委、政法委书记孙军民参加会议并讲话。

（付震　张晓兰）

学习贯彻党的二十大精神专题网络培训班

12月15日，市委教育工委依托中国教育干部网络学院平台举办北京中小学校、职业学校和民办学校党组织负责人学习贯彻党的二十大精神专题网络培训班。培训班采取必修课与选修课相结合的方式开展。必修课围绕“党的二十大报告和《中国共产党章程（修正案）》解读”设置课程；选修课围绕“落实立德树人根本任务 不断完善德智体美劳全面培养的育人体系”“坚持以人民为中心发展教育 推动实现教育高质量发展”“聚焦新课标赋能新课堂 全面提升课堂教学质量”“落实党组织领导的校长负责制 加强党对教育工作的全面领导”设置4个课程模块。参训学员须完成不少于15个学时的必修课和不少于15个学时的选修课学习任务，并结合自身工作实际，撰写一篇不少于1000字的心得体会，考核合格后可获得培训结业证书，并计入继续教育培训学时。培训班完课时间至2023年2月28日，全市各区教育行政部门党员干部代表以及全市中小学校、职业学校和民办学校党组织负责人、校长代表等1402人参加培训。市委教育工委另于12月15日至16日会同北京教育党校举办党的二十大精神专题培训。培训通过“北京教师学习网”在线直播，邀请北京师范大学、中共中央党校专家学者作专题辅导报告，分析解读党的二十大报告的精神内涵和核心要义，重点讲解习近平总书记关于教育的重要论述，就为什么要重视意识形态、怎样提高意识形态能力等内容深入阐释。各区委教育工委、区教育党校、中小学幼儿园干部教师，民办学校书记校长等2.7万人参加培训。

（贾红梦）

全国首家“习近平新时代中国特色社会主义思想概论”教学研究会成立

12月29日，市委教育工委、中国人民大学、北京高等教育学会联合成立的全国首家“习近平新时代中国特色社会主义思想概论”教学研究会揭牌。研究会挂靠人民大学，主要职责包括习近平新时代中国特色社会主义思想概论课程教师教学能力提升、学术前沿及重大理论问题研究、教育教学改革等。人民大学习近平新时代中国特色社会主义思想研究院院长获聘担任研究会首任会长。揭牌仪式后，研究会会长围绕“推动党的二十大精神融入‘习近平新时代中国特色社会主义思想概论’课程教学”为全体北京高校授课教师开展备课指导。2020年，北京市在全国率先全面开设“习近平新时代中国特色社会主义思想概论”课程，实现本专科新生全覆盖，为全国高校全面开课积累经验。57所高校相关负责人和教师代表100余人参加会议。

（姜男　王颖）

重要活动

蔡奇到和平里四小检查调度疫情处置工作

3月14日，蔡奇到北京市东城区和平里第四小学（东校区）检查调度新冠肺炎疫情处置工作。蔡奇了解疫情处置及防控措施落实情况，慰问值守一线的防疫工作人员。他强调，要把学校作为防疫的重点部位，各方面要立即行动，抓紧流调溯源，坚持人、物、环境同检，加强病例关联分析，迅速查清感染源头；照顾好集中医学观察学生的生活，组

4月11日，和平里四小师生返校复课

（东城区教委　供）

织好线上教学；街道干部下沉到社区一线，充实防控力量，做好封（管）控小区居民生活服务保障。夏林茂、卢彦参加检查调度。3 月 14 日，和平里四小（东校区）出现确诊病例，学校及民旺园 13 号楼被划定为封控区。

（付震）

卢彦到中国音乐学院调研

3 月 17 日，卢彦到中国音乐学院调研指导新冠肺炎疫情防控及中国乐派高精尖创新中心建设工作。通过检查门卫管控情况，实地考察学院餐厅，抽查学生宿舍、洗漱间以及与学生交流等方式，详细了解学校疫情防控期间校园进出管理流程、核酸检测、校园食品安全保障等情况。随后，卢彦一行参观中国乐派高精尖创新中心成果汇报展。中国音乐学院校长从中心定位、建设目标、对外交流等方面介绍中国乐派高精尖创新项目建设情况和学院“双一流”建设取得的成果。市教委、市疾控中心相关负责人及部分校领导陪同调研。

（江瑾尧）

怀进鹏调研北京教育系统疫情防控

3 月 30 日，怀进鹏调研北京教育系统新冠肺炎疫情防控工作。怀进鹏分别走进北京市陈经纶中学帝景分校和北京工业大学，实地考察学校入校防控登记、线上线下课堂教学、食堂管理以及后勤物资供给保障等工作情况，与校长、师生代表深入交流并通过视频连线冬奥闭环志愿者，了解冬奥志愿者移出期疫情防控与服务保障情况。怀进鹏强调，要深入贯彻习近平总书记在中央政治局常委会会议上的重要讲话精神，把确保师生生命健康、校园安全和教育系统大局稳定作为重大政治任务，进一步强化教育系统疫情防控重点任务。夏林茂及市委教育工委、市教委相关负责人陪同调研。

（付震　全阳芷　黄阳艳）

习近平在参加首都义务植树活动时叮嘱少先队员

3 月 30 日，习近平参加首都义务植树活动。习近平等党和国家领导人来到位于北京市大兴区黄村镇的植树点，同首都群众一起义务植树。他同北京市、国家林业和草原局相关负责人及首都干部群众、少先队员一起挥锹铲土、培土围堰、提水浇灌，一边劳动，一边询问孩子们学习生活情况，叮嘱他们要德智体美劳全面发展，不能忽视“劳”的作用，要从小培养劳动意识、环保意识、节约意识，勿以善小而不为，从一点一滴做起，努力成长为党和人民需要的有用之才。北京市大兴区第二小学少先队员 80 人参加植树活动。

（付震　张晓兰　王新）

怀进鹏到北大、清华调研基础学科拔尖人才培养工作

4 月 1 日和 2 日，怀进鹏分别到北京大学、清华大学调研基础学科拔尖人才培养工作。怀进鹏到清华调研交叉信息研究院、数学科学中心，分别看望杨振宁、姚期智、丘成桐并听取意见建议。到北大调研物理学院、数学研究中心和新结构经济学研究院，参观首届数字人文展，分别看望高原宁、田刚、林毅夫并听取意见建议。调研结束后，怀进鹏在两校分别召开座谈会，与学校负责人和教师代表围绕基础学科拔尖人才培养工作座谈交流。

（付震）

刘宇辉调研怀柔区中小学

4 月 18 日，刘宇辉到怀柔区调研并考察中小学。刘宇辉实地调研中国科学院大学与怀柔区共建附属学校、北京第三实验学校选址、北京市第一 0 一中学怀柔分校二期建设情况，走进北京市怀柔区怀北学校、北京市海淀区中关村第一小学怀柔分校、一 0 一中怀柔分校并听取怀柔区相关负责人关于新冠肺炎疫情防控、“双减”工作落实、重点项目建设等情况汇报。他强调要办好与怀柔区域功能定位相匹配的怀柔教育，要立足生态涵养区和首都功能重要承载区、立足“一城两都”（即怀柔科学城与怀柔区影都、会都）的建设定位，加快怀柔教育服务配套项目建设。市委教育工委、市教委及怀柔区相关负责人陪同调研。

（线金秋）

4 月 18 日，刘宇辉到中关村一小怀柔分校调研

（怀柔区教委　供）

习近平给北科大老教授回信

4月21日，习近平给北京科技大学的老教授回信。习近平对培养更多高素质人才，促进钢铁产业创新发展、绿色低碳发展提出殷切期望。他在回信中说，北京科技大学自成立以来，为我国钢铁工业发展作出了积极贡献，值此建校70周年之际，谨向你们并向全校师生员工、广大校友表示热烈的祝贺和诚挚的问候！习近平强调，民族复兴迫切需要培养造就一大批德才兼备的人才。希望你们继续发扬严谨治学、甘为人梯的精神，坚持特色、争创一流，培养更多听党话、跟党走、有理想、有本领、具有为国奉献钢筋铁骨的高素质人才，促进钢铁产业创新发展、绿色低碳发展，为铸就科技强国、制造强国的钢铁脊梁作出新的更大的贡献！北科大（原北京钢铁学院）成立于1952年，是新中国建立的第一所钢铁工业高校。北科大15名老教授之前给习近平总书记写信，汇报学校70年来的发展情况，表达为中国钢铁产业高质量发展培养更多高素质人才的坚定决心。

（付震　于点　张晓兰）

蔡奇、陈吉宁到朝阳区涉疫学校现场检查

4月23日，蔡奇、陈吉宁到朝阳区涉疫学校现场检查新冠肺炎疫情防控工作。他们检查疫情处置情况，详细询问核酸检测、人员转运、环境消杀等工作开展情况。蔡奇指出，属地和学校要在有序做好师生转运的同时，组织好停课期间的线上教学，特别是要做好毕业年级的课程辅导，加强学生心理疏导，缓解焦虑情绪，确保身心健康。涉疫学校是当前疫情处置的重要点位，要严密快速流调，对与病例同教室、同楼层、同食堂、同居住的高风险人员，要分类医学观察。朝阳区暂停校外培训机构线下培训，所有中小学加密核酸检测频次。社区卫生服务中心要与学校手拉手，加强医校合作，将健康监测范围延伸至师生同住人员。4月22日，北京汇文中学朝阳垂杨柳分校在有学生确诊后停课并临时封控。

（付震　全阳芷　黄阳艳）

习近平考察人民大学

4月25日，习近平到中国人民大学考察调研。在五四青年节即将到来之际，习近平代表党中央，向全国各族青年致以节日的祝贺，向人民大学全体师生员工、向全国广大教育工作者和青年工作者致以诚挚的问候。习近平先后到立德楼观摩思政课智慧教室现场教学、参观学校博物馆校史展、到图书馆考察馆藏红色文献等。他在同师生代表座谈后发表重要讲话。习近平强调，我国有独特的历史、独特的文化、独特的国情，建设中国特色、世界一流大学不能跟在别人后面依样画葫芦，简单以国外大学作为标准和模式，而是要扎根中国大地，走出一条建设中国特色、世界一流大学的新路。习近平指出，高校是我国哲学社会科学“五路大军”中的重要力量。当前，坚持和发展中国特色社会主义理论和实践提出了大量亟待解决的新问题，世界百年未有之大变局加速演进，世界进入新的动荡变革期，迫切需要回答好“世界怎么了”“人类向何处去”的时代之题。要坚持把马克思主义基本原理同中国具体实际相结合、同中华优秀传统文化相结合，立足中华民族伟大复兴战略全局和世界百年未有之大变局，不断推进马克思主义中国化时代化。加快构建中国特色哲学社会科学，归根结底是建构中国自主的知识体系。要以中国为观照、以时代为观照，立足中国实际，解决中国问题，不断推动中华优秀传统文化创造性转化、创新性发展，不断推进知识创新、理论创新、方法创新，使中国特色哲学社会科学真正屹立于世界学术之林。习近平强调，好的学校特色各不相同，但有一个共同特点，都有一支优秀教师队伍。对教师来说，想把学生培养成什么样的人，自己首先就应该成为什么样的人。培养社会主义建设者和接班人，迫切需要我们的教师既精通专业知识、做好“经师”，又涵养德行、成为“人师”，努力做精于“传道授业解惑”的“经师”和“人师”的统一者。教育是一门“仁而爱人”的事业，有爱才有责任。广大教师要严爱相济、润己泽人，以人格魅力呵护学生心灵，以学术造诣开启学生智慧，把自己的温暖和情感倾注到每一个学生身上，让每一个学生都健康成长，让每一个孩子都有人生出彩的机会。老师应该有言为士则、行为世范的自觉，不断提高自身道德修养，以模范行为影响和带动学生，做学生为学、为事、为人的大先生，成为被社会尊重的楷模，成为世人效法的榜样。习近平指出，立足新时代新征程，中国青年的奋斗目标和前行方向归结到一点，就是坚定不移听党话、跟党走，努力成长为堪当民族复兴重任的时代新人。希望广大青年用脚步丈量祖国大地，用眼睛发现中国精神，用耳朵倾听人民呼声，用内心感应时代脉搏，把对祖国血浓于水、与人民同呼吸共命运的情感贯穿学业全过程、融汇在事业追求中。王沪宁、丁薛祥及中央和国家机关有关部门负责人参加活动。

（付震　楚艳红　张晓兰）

蔡奇、陈吉宁到高校检查疫情防控工作

5月21日，蔡奇、陈吉宁分别到北京理工大学、北京中医药大学检查新冠肺炎疫情校园防控措施落实情况。蔡奇检查北理工校园防疫措施，他指出，高校是疫情防控的重点部位，不容有失。封闭管理要严格到位，防疫措施要落实到每一个点位、每一个人员；教师、辅导员要到学生中间去，做好学生工作；用好校医力量，做好核酸检测和健康监测。夏林茂、卢彦及市委教育工委、市教委相关人员陪同检查。陈吉宁到北中医西校区实地检查学生宿舍、教师家属区、餐饮服务中心等重点部位防控措施落实情况，以及物资配送、核酸检测、环境消杀等工作，要求学校坚决扛起防疫主体责任，严格规范重点部位和人员分区管理、闭环管理，落实好核酸检测、居家办公、“两点一线”等防疫规定，切实防范风险、堵塞漏洞。市有关部门和属地要加强对高校防疫的指导协助。市委、市政府及市委教育工委、市教委相关人员陪同检查。

（付震）

孙春兰到三十五中检查高考准备工作

5 月 30 日，孙春兰到北京市第三十五中学检查高考准备工作。孙春兰实地察看考生入场体温检测和身份识别、防疫物资和卫生应急准备、考场布置和备用考场设置情况。市委、市政府及市委教育工委、市教委相关人员陪同检查。

（付震　王继磊）

陈吉宁检查高考工作

6 月 7 日，陈吉宁检查全市高考工作。陈吉宁到北京市国家教育考试考务指挥中心召开现场调度会，听取市教委汇报 2022 年全市高考有关工作，视频连线部分设置在封控管控区、集中医学观察场所等点位的考点负责人，了解防疫措施落实、考务组织管理、考生服务保障等工作开展情况，检查调度有关区高考准备工作。他强调，做好今年高考疫情防控、考务组织和服务保障工作责任重大，各级各部门要密切配合、认真履责，细化应急预案，抓实抓细高考疫情防控和服务保障等各项组织工作，确保全市高考安全平稳顺利进行。会后，陈吉宁“四不两直”到北京工业大学附属中学富力城校区考点，察看考点秩序组织、防疫措施落实、考生服务保障等情况。夏林茂、卢彦陪同检查。

（付震　王继磊）

蔡奇参加中共北京大学第 14 次党代会开幕式

7 月 31 日，蔡奇参加中共北京大学第 14 次党员代表大会开幕式并讲话。蔡奇强调，要深入贯彻习近平总书记关于高等教育的重要论述，深入贯彻习近平总书记在北大考察时的重要讲话精神，立足“两个大局”，心怀“国之大者”，全面实施党的教育方针，持续推进“双一流”建设，努力在中国特色、世界一流大学建设上立标杆、作表率。蔡奇寄语北大青年师生，牢记初心使命，赓续红色血脉，在奋斗中释放青春激情、追逐青春理想，以青春之我、奋斗之我，在推进中华民族伟大复兴的历史进程中续写新篇章、再创新辉煌，以实际行动迎接党的二十大胜利召开。教育部、北京市相关部门负责人陪同参加开幕式。

（付震）

习近平给北师大“优师计划”师范生回信

9 月 7 日，习近平给北京师范大学“优师计划”师范生回信。习近平对他们寄予殷切期望，并在北师大建校 120 周年和第 38 个教师节来临之际，向该校师生员工、广大校友表示祝贺和问候，向全国广大教师致以节日的祝福。习近平在回信中说，入学一年来，你们通过课堂学习和支教实践，增长了学识，开阔了眼界，坚定了到基层教书育人的信念，我感到很欣慰。习近平指出，北京师范大学是我国最早的现代师范教育高等学府，为国家培养了一大批优秀教师。希望你们继续秉持“学为人师、行为世范”的校训，珍惜时光，刻苦学习，砥砺品格，增长传道授业解惑本领，毕业后到祖国和人民最需要的地方去，努力成为党和人民满意的“四有”好老师，为培养德智体美劳全面发展的社会主义建设者和接班人贡献力量。2021 年，中西部欠发达地区优秀教师定向培养计划（优师计划）启动，由教育部直属师范大学与地方师范院校采取定向方式，每年为 832 个脱贫县和中西部陆地边境县中小学校培养 1 万名左右师范生。北师大“优师计划”师范生代表之前给习近平总书记写信，汇报入学以来的学习收获，表达毕业后扎根基层教书育人的决心。

（付震　申政　张晓兰）

蔡奇、陈吉宁看望慰问教师并检查疫情防控工作

9 月 8 日，蔡奇、陈吉宁到学校看望慰问教师并检查新冠肺炎疫情防控工作。蔡奇走进首都经济贸易大学、北京市朝阳区垂杨柳中心小学，向全市广大教师及教育工作者致以节日问候。他强调，教师是立教之本、兴教之源。要认

6 月 7 日，广渠门中学考点教师为高考考生加油鼓劲

（东城区教委　供）

真学习习近平总书记给北京师范大学“优师计划”师范生回信精神，落实立德树人根本任务，增长传道授业解惑本领，不断提高教育教学质量，上好开学防疫“第一课”，做好学生健康成长引路人。蔡奇另检查校园防疫措施落实情况，强调要把师生安全健康放在第一位，防疫要细之又细，主动找问题堵漏洞，还要关心关爱师生，倾听他们的意见，及时解决生活学习中的实际困难。夏林茂、卢彦陪同参加活动。陈吉宁走进清华大学附属小学商务中心区实验小学，向教师们致以节日问候，感谢大家为首都基础教育发展付出的辛勤努力与默默奉献。他另通过操场旁的监测系统，察看学生们的实时心率、体温等指标，对学校有效利用大课间丰富学生体育活动表示肯定，参观综合楼校史馆，察看学生实践活动开展情况，检查学校疫情防控措施落实工作。市委、市政府及市委教育工委、市教委相关负责人陪同检查。蔡奇另于 9 月 10 日到北京化工大学、中国传媒大学现场检查，看望慰问师生及防疫一线工作人员。蔡奇先后来到两所高校，与教育、疾控等部门相关人员及属地负责人现场研究流调溯源、排查管控、转运隔离、核酸筛查、服务保障等工作。蔡奇向大家致以节日问候。教育部、北京市相关负责人陪同检查。9 月 6 日和 10 日，北化昌平校区、传媒大学分别出现聚集性疫情。

（付震　刘江霞　黄少卿）

殷勇检查高校疫情防控工作

11 月 17 日，殷勇到对外经济贸易大学检查高校新冠肺炎疫情防控工作。殷勇实地检查阳性感染者所在宿舍楼等风险点位疫情处置工作，向学校负责人了解各项处置工作进展，与教育、疾控等部门及属地负责人现场研究流调溯源、排查管控、服务保障等工作，指导下一步处置措施。夏林茂及相关部门负责人陪同检查。

（付震）

夏林茂为北工大师生作党的二十大精神宣讲报告

11 月 24 日，北京市学习贯彻党的二十大精神北京工业大学宣讲报告会举行，夏林茂线上宣讲党的二十大精神。夏林茂从深刻领会党的二十大精神、深刻理解科教兴国战略中教育的使命担当、以首善标准推动党的二十大精神在教育系统形成生动实践 3 个方面对党的二十大精神全面解读。北工大校领导、中层干部代表和师生代表参加宣讲报告会。

（付震）

尹力到清华调研检查

11 月 25 日，尹力到清华大学调研检查。他先后来到清华校门安全监测岗、学生食堂、核酸采样点、健康监测点等场所检查校园防疫工作。他指出，要统筹做好校园防疫管理和师生服务保障，强化技术手段支撑，提高常态化防控的科学性、精准性。夏林茂、卢彦陪同检查。

（付震）

组织干部工作

概况

2022 年，党的关系隶属北京市委、归口市委教育工委管理的高校及事业单位 62 个，其中中央部委所属高校 31 个（教育部 24 个、工业和信息化部 2 个、国家体育总局 1 个、国家民委 1 个、国家安全部 1 个、公安部 1 个、中国科学院 1 个），市属高校及事业单位 31 个（公办高校 25 个、事业单位 3 个、成人院校 2 个、民办高校 1 个）。高校基层党组织 18541 个（校级党委 62 个，院〈系〉党委 781 个、党总支 502 个、党支部 17196 个）；党员 37.07 万人，包括教师党员 4.58 万人、学生党员 20.8 万人。教师党员比例 63.03%，其中 35 岁以下青年教师党员比例 63.97%。在校学生 88.25 万人，党员比例 23.57%，其中研究生党员比例 50.1%、本科生党员比例 10.82%、专科生党员比例 2.26%。北京高校系统入党申请人 18.6 万人，入党积极分子 11.73 万人，发展党员 4.07 万人（学生党员 3.91 万人）。北京市基础教育、职业教育和民办教育系统（除北京城市学院外）共有各级各类学校（含幼儿园和民办校外培训机构）3222 所，其中公办学校 1716 所、民办学校 1506 所。各级各类党组织 5288 个，其中公办学校 4479 个、民办学校 809 个；党员 9.48 万人，其中公办学校 8.67 万人、民办学校 0.81 万人。发展党员 2639 人，其中公办学校 1988 人、民办学校 651 人。

普通高等学校组织工作。市委教育工委组织开展高等学校党的二十大代表候选人、市第十三次党代会代表推荐遴选工作。推进北京高校新时代高校党建示范创建和质量创优工作。召开北京高校党委书记抓基层党建述职评议会暨 2022 年北京高校领导干部会。组织北京高校开展贯彻落实《中国共产党普通高等学校基层组织工作条例》情况专项检查。开展“以高质量党建引领首都高校事业高质量发展”课题研究。指导高校加强新冠肺炎疫情防控，向高校划拨疫情防控专项党费 1900 万元。开展《北京普通高等学校党建和思想政治工作基本标准》集中检查准备工作，制定集中检查方案，并开展相关培训。组织 62 所北京高校完成中央组织部 2022 年党内统计工作并汇总形成北京高校党内统计报表，组织 92 所高校参加教育部 2022 年全国高校基层党组织和党员队伍状况统计工作。完成《北京高校临时党组织有关情况经验做法》《北京高校发展高层次人才党员工作情况分析》《关于北京高校 2022 年落实党员干部直接联系群众制度情况的报告》。组织北京高校教师党支部书记 700 人、学生党支部书记 700 人参加教育部基层党支部书记网络培训示范班。

中小学及民办学校组织工作。市委教育工委推进中小学校领导体制改革，建立中小学校党组织领导的校长负责制，印发《北京市关于建立中小学校党组织领导的校长负责制的实施方案（试行）》及“1+5”配套文件。面向各区教委、中小学、职业学校、民办学校举办相关党务培训，为16个区及燕山地区、经开区基层教育系统党政干部分别举办专题报告会；举办北京市职业教育系统2022年党务干部培训班、北京市民办学校党组织负责人示范培训班、2022年北京市中小学校党组织书记校长示范培训班；面向各区委教育工委、组织科科长、教育党校常务副校长组织组工干部培训班。深入学习贯彻党的二十大精神，面向各区委教育工委、教育党校、中小学幼儿园干部教师，民办学校书记校长举办党的二十大精神专题培训；举办民办学校和民办培训机构党的二十大精神宣讲会；组织北京中小学校、职业学校和民办学校党组织负责人开展学习贯彻党的二十大精神专题网络课程的学习。建立区委教育工委书记月度调度会机制，召开5次区委教育工委书记月度调度会。制定《民办学校党组织书记工作手册》《民办学校党建指导员工作手册》。相关党建经验在全国推广，中央教育工作领导小组刊发专题信息《北京市加快推进民办学校党组织和党的工作“两个100%”全覆盖》《北京市明确目标 突出重点 建立健全中小学校党组织领导的校长负责制》。

干部工作。市委教育工委、市教委干部工作坚持围绕中心、服务大局，以党的政治建设为统领，大力加强干部培养锻炼，激励干部担当作为，着力建设忠诚干净担当的高素质专业化干部队伍，全面做好干部调配、公务员管理、教育培训、管理监督及其他方面工作，不断提高工作质量和水平。完成北京高校校级领导干部任免81人次（不含中管高校干部任免，不含双管一般协管职务任免），包括双管高校17人次、市属高校64人次；正职29人次，包括双管高校17人次、市属高校12人次。两委机关和直属单位处级干部任免73人次，其中机关72人次、直属单位1人次；提拔任职2人次；交流任职4人次。63名公务员职级晋升，其中二级巡视员2人次、一级至四级调研员51人次、一级至四级主任科员10人次。调整两委优秀年轻干部库，调整后优秀年轻干部库有干部49人，其中副处级12人、正科级37人。面向社会考试录用和遴选公务员15人。接收安置军转干部1人。完成两委机关公务员271人、直属单位处级干部70人年度考核工作。做好领导干部出入境登记备案、社团及企业兼职审批、离京请假审批等工作；统筹组织各级各类干部培训班，培训各级干部600余人次。完成北京教育系统党的二十大代表和市第十三次党代会、北京市和全国人大代表、政协委员人选推荐考察等工作，推荐考察全国人大代表5人、市人大代表34人。开展在京高校“北京市有突出贡献的科学、技术、管理人才”提名人选推荐工作。

（霍绪艳）

党的二十大代表候选人遴选

1月29日，市委教育工委提名18名党的二十大代表候选人推荐人选并报市委组织部。经高校推荐、组织圈选等程序，北京62所高校推荐党的二十大代表候选人36人。经市委教育工委书面圈选，确定候选人推荐人选18人并报市委组织部。

（孟尧）

高校党委书记抓基层党建述职评议会

2月22日，市委教育工委召开2021年北京高校党委书记抓基层党建述职评议会暨2022年北京高校领导干部会。清华大学、北京理工大学、首都师范大学等38所高校党委书记现场述职。会议播放《2021年北京高校基层党建述职专题片》，梳理剖析2021年基层党建工作，通报6个方面131个具体问题。会议对57所高校党委书记和5所高校党委进行测评，是首次对62所高校开展全覆盖评议考核。夏林茂参加会议并讲话。会议同时部署2022年北京高校工作，编印《2021年北京高校党建和思想政治工作经验做法汇编》，推广优秀案例200个。会后，市委教育工委向各高校主管部门、各高校和本人反馈考评结果。中央组织部、教育部、公安部及市纪委市监委、市委组织部等国家和市级部门相关负责人，党的关系隶属市委、归口市委教育工委管理的62所高校党委书记，基层一线的市党代表、人大代表、政协委员和高校干部教师代表等140余人参加会议。

（付震 孟尧）

87个党组织入选第三批全国党建工作培育创建单位

3月10日，教育部办公厅公布第三批全国党建工作示范高校、标杆院系、样板支部培育创建单位名单，北京高校87个党组织入选。经省级党委教育工作部门推荐、资格

3月10日，首体院武术与表演学院武术套路教研室党支部入选第三批“全国党建工作样板支部”培育创建单位 （首体院 供）

审查，教育部集中审议等程序，遴选产生“全国党建工作示范高校”11 个、“全国党建工作标杆院系”100 个、“全国党建工作样板支部”1000 个，北京高校 87 个党组织入选。其中，北京航空航天大学党委入选“全国党建工作示范高校”、北京大学口腔医院党委等 13 个党组织入选“全国党建工作标杆院系”、北京大学物理学院现代光学所党支部等 73 个党支部入选“全国党建工作样板支部”。各单位建设周期 2 年。

（孟尧 张晓兰）

规范民办学校党组织工作

3 月 11 日，市委教育工委制定《民办学校党组织书记工作手册》《民办学校党建指导员工作手册》。手册包括七部分，梳理习近平总书记关于教育的重要论述及法律法规、文件政策等相关要求，明晰党组织书记、党建指导员基本条件和主要职责，明确工作要求。市委教育工委选取海淀、朝阳、通州等 7 个区开展实施试点，破解民办学校党组织书记、党建指导员“不会干、干不好”等问题。

（贾红梦）

选举产生市第十三次党代会代表 89 人

5 月，62 所北京高校选举产生市第十三次党代会代表 89 人。市委教育工委印发《关于做好中国共产党北京市第十三次代表大会代表选举工作的通知》并召开工作部署会，要求各高校精心组织，周密安排。62 所高校召开党员代表大会 59 次、党员大会 3 次，以无记名投票方式，选举产生北京高校系统市第十三次党代会代表 89 人。6 月 8 日，市委教育工委以视频会议形式召开北京高校出席市第十三次党代会代表培训会。

（付震 孟尧）

区委教育工委书记月度调度会机制建立

5 月至 11 月，市委教育工委召开 5 次区委教育工委书记月度调度会，建立区委教育工委书记月度调度会机制。会议分别部署学习宣传贯彻党的二十大精神和市第十三次党代会精神，抓好疫情防控、意识形态、安全稳定、舆情应对，深入推进中小学校党组织领导的校长负责制改革等重点工作。市委教育工委分管日常工作的副书记及两委相关处室负责人，各区委教育工委书记、副书记及相关科室负责人百余人参加会议。

（贾红梦）

两委机关公务员和直属单位处级干部年度考核

6 月，市委教育工委、市教委完成两委机关公务员和工勤人员、直属单位处级干部 2021 年度考核。机关 271 名非领导班子成员参加考核，67 人考核等次为“优秀”、197 人为“称职”、7 人不确定等次；15 人记三等功，65 人获嘉奖。直属单位考核中，6 个单位领导班子年度考核等次为“优秀”、15 个单位领导班子年度考核等次为“良好”；70 名处级干部中，17 人考核等次为“优秀”、52 人为“合格”、1 人暂不确定考核等次。市教委另有 1 名干部 9 月获评北京市“人民满意的公务员”称号。

（霍绪艳）

普通高等学校基层组织工作条例专项检查

6 月至 7 月，市委教育工委组织北京高校开展贯彻落实《中国共产党普通高等学校基层组织工作条例》情况专项检查。学校通过开展全面自查的方式，重点检查基层党组织设置、党员队伍建设，并形成报告。市委教育工委形成《北京市贯彻落实普通高等学校基层组织工作条例的专项报告》并上报中央组织部和教育部。

（孟尧）

中小学校党组织书记校长示范培训班

7 月 13 日至 15 日，市委组织部、市委教育工委举办 2022 年北京市中小学校党组织书记校长示范培训班。培训班围绕“贯彻落实北京市第十三次党代会精神，稳慎推进中小学校领导体制改革，以高质量党建引领教育事业高质量发展”主题，通过专题报告、分组讨论、自主学习等形式，从建设高素质专业化党组织书记队伍、推进中小学校党组织领导的校长负责制试点工作、构建高质量教育体系等方面开展专题培训。各区委教育工委副书记、组织科科长、中小学校党组织书记校长和市、区教育党校相关人员 170 余人参加培训。

（贾红梦）

中小学校领导体制改革效度调研

7 月至 10 月，市委教育工委开展北京市中小学校领导体制改革效度调研。市委教育工委组织相关处室及北京教育党校、北京教育督导评估院相关负责人组成调研组，对 16 个区及燕山地区、经开区开展改革效度调研。调研组走进课堂、图书馆等学校工作场景，深入年级组、备课组等学校工作细胞，观察党建引领教育教学改革的原始生态，推动改革落实落地。至年底，北京 136 所学校按照新的领导体制运行，完成年度改革任务。

（贾红梦）

巡察整改专项督导

7 月和 11 月，市委教育工委先后两轮开展巡察整改专项督导。市委教育工委领导带队，对北京西藏中学、北京市盲人学校、北京教育老干部活动中心、市委教育工委市教委综合事务中心 4 家单位专项督导。督导组通过听取汇报、座谈、测评等方式，评价整改成效，推进长效机制落实。

（王希）

以高质量党建引领高校事业高质量发展课题完成

7月至12月，市委教育工委开展“以高质量党建引领首都高校事业高质量发展”课题研究。课题面向北京62所高校开展书面调研、座谈走访，并通过暑期工作会等形式征求意见，形成《以高质量党建引领首都高校事业高质量发展课题研究》专项报告。报告2.5万字，提出以高质量党建引领高校事业高质量发展的关键环节和主要措施。

（孟尧）

各区教育系统党政干部专题报告会

8月至10月，市委教育工委为16个区及燕山地区、经开区基层教育系统党政干部分别举办专题报告会。会议邀请市委教育工委副书记、“两新”工委委员李奕，围绕学习宣传贯彻党的二十大精神及市第十三次党代会精神，加强党对教育的全面领导；坚持问题导向，守正创新，推动中小学校党组织领导的校长负责制改革；抓好“双减”深化、新课标落实、交流轮岗等重点工作；在新发展阶段以高质量党建融入、推动、引领事业高质量发展方面作专题报告。专题报告会共举办18场，各区教育两委班子成员，基础教育系统组工干部，中小学校党组织书记、校长等3000余人参加报告会。

（贾红梦）

职业教育系统党务干部培训班

9月14日至16日，市委教育工委举办北京市职业教育系统2022年党务干部培训班。培训班围绕“坚持和加强党对职业教育的全面领导，贯彻落实新时代党的组织路线和教育方针，以高质量党建引领职业教育事业高质量发展”主题，通过专题报告、分组讨论、自主学习等形式对参训人员的政策理论水平和党务工作能力开展培训。全市职业教育系统36所学校的50余名学校领导干部和党务工作者参加培训。

（贾红梦）

民办学校党组织负责人示范培训班

9月21日至23日，市委教育工委举办北京市民办学校党组织负责人示范培训班。培训班以“坚持和加强党对民办学校的领导，以高质量党建引领民办学校规范健康发展”为主题，线上线下相结合，通过专题报告、自主学习、分组研讨等形式，围绕习近平新时代中国特色社会主义思想、市第十三次党代会精神、新时代民办教育政策与理论、北京市“十四五”规划和二〇三五年远景目标等开展专题解读培训，并以“做好新时代首都民办学校党建工作，以实际行动迎接党的二十大胜利召开”为主题开展学习研讨和经验交流。全市民办普通高校及高等教育机构、民办中小学校（含幼儿园）、学科类校外培训机构的党组织负责人和决策层管理层人员、民办高校党建工作联络员兼督导专员290余人参加培训。

（贾红梦　王敏）

组工干部培训班

9月26日至28日，市委教育工委举办组工干部培训班。培训班以“坚持和加强党对基础教育的全面领导，深入推进北京市中小学校党组织领导的校长负责制改革”为主题，通过专题报告、分组讨论、自主学习等形式，围绕贯彻落实市第十三次党代会精神，坚持高质量党建引领教育事业高质量发展，深入推进中小学校党组织领导的校长负责制改革等内容展开培训。各区委教育工委、组织科科长、教育党校常务副校长等40余人参加培训。

（贾红梦）

北京高校巡察工作坊活动

9月，市委教育工委举办第一期北京高校巡察工作坊活动。活动邀请市委教育工委领导作开班动员暨北京市属高校巡察工作实践专题报告，市委巡视机构相关负责人和高校巡察实践工作专家作专题报告。工作坊以分论坛和主论坛相结合的方式开展。分论坛环节，各小组就如何加强巡察干部队伍建设展开研讨；主论坛环节，各组代表分享讨论成果，提出政策建议。工作坊同时安排清华大学等4所高校作巡视巡察工作的特色做法交流发言。北京高校巡察工作坊由市委教育工委巡察办牵头，邀请62所在京高校巡视巡察工作部门负责人参加，旨在加强校内巡视巡察工作交流，集中力量攻坚难题，计划每年举办一次。

（王希）

11月，石化学院组建学习宣传党的二十大精神学生宣讲团
（石化学院　供）

指导高校加强疫情防控

9月至12月，市委教育工委指导各高校加强新冠肺炎疫情防控。在疫情防控关键时刻，第一时间印发《疫情防控工作提示》《发挥组织优势 坚决打赢校园疫情防控攻坚战——致北京高校各级党组织和广大党员的一封信》，对重点高校加强疫情防控工作指导和督促。连续30余天在《八指专班日报》中刊登高校党组织和党员在疫情防控中的经验做法，并制作专报50期，介绍高校党组织和党员抗疫经验做法。

（孟尧）

加大党费对高校基层党组织活动的支持力度

10月，市委教育工委向62所高校部分党组织返还党费162万余元。向62所高校100%返还2021年度非公企业、社会组织党组织及离退休干部党组织党费，旨在加大党费对高校基层党组织活动的支持力度。

（孟尧）

全面从严治党考核和政治生态分析研判

11月至12月，市委教育工委开展全面从严治党考核和政治生态分析研判。在市反腐倡廉办指导下，联合市纪委市监委、市委组织部、市委宣传部等部门组成专项检查组，开展全面从严治党（党建）工作考核。连同日常监督、专项检查等工作，31所市属高校共发现问题143个。市委教育工委综合全年工作情况和各类监督检查发现的问题，对北京教育系统政治生态作分析研判。

（王希）

9所高校完成党委纪委换届

至年底，党的关系隶属北京市委、归口市委教育工委管理的9所北京高校完成党委纪委换届。分别是北京电影学院、中国矿业大学（北京）、北京工业职业技术学院、北京大学、北京石油化工学院、首都体育学院、清华大学、北京服装学院、中国人民大学。

（孟尧）

教育系统人才选派

至年底，市委教育工委完成年度教育系统人才选派工作。选派5名高校人员参加2022年度“博士服务团”工作；接收1名“西部之光”访问学者到市属高校访学；选派1名高校专家参加“京青专家服务行”活动；选派8名高校专业技术人才参加第14批“人才京郊行”工作。

（霍绪艳）

干部教育培训

至年底，市委教育工委组织开展干部教育培训工作。5月30日至6月6日，举办学习贯彻党的十九届六中全会精神专题研讨班，面向两委全体机关干部和直属单位处级干部，采取线上专题学习和视频会议集中交流研讨相结合的形式开展教育培训。7月25日至29日，举办两委机关和直属单位年轻干部能力提升专题培训班，以学习宣传落实市第十三次党代会精神、促进年轻干部能力素质提升为主线，邀请夏林茂以《坚持以新时代首都发展为统领 奋力谱写首都教育现代化新篇章》为题，为两委机关系统党员干部和培训班学员讲党课。10月24日至30日，举办北京高校年轻正处级干部培训班（第六期），北京42所高校以及两委51名处级干部参加培训。

（霍绪艳）

干部援派挂职工作

至年底，市委教育工委完成年度干部援派和挂职锻炼工作。选派1名干部到西藏拉萨挂职锻炼，选派1名两委机关干部担任驻村第一书记。

（霍绪艳）

干部日常管理监督

至年底，市委教育工委做好出国政审备案、离京请假审批、社团兼职审批等日常干部管理监督工作。接收两委机关和直属单位出国（境）人员备案信息36人次。批准离京外出请假508人次，其中高校正职318人次、两委机关和直属单位190人次。完成领导干部在社会团体、基金会、民办非企业单位等社会组织以及在企业兼职审批105人次，其中高校94人次、两委机关和直属单位11人次。协助完成两委局级领导干部个人有关事项报告的组织填报，完成217名机关和直属单位处级干部个人有关事项报告的组织填报和数据录入工作。

（霍绪艳）

宣传与思想政治教育

概况

2022年，北京教育系统认真贯彻落实习近平总书记关于教育重要论述，特别是关于思政工作和思政课建设的系列重要指示批示精神，精心抓好学习宣传贯彻党的二十大精神，充分发挥思政工作在学校各项工作的生命线作用，在服务党和国家重大活动、推动新时代首都发展中上好立德树人“大思政课”。

以奋发昂扬姿态迎接学习宣传党的二十大。开展贯穿全年的“请党放心，强国有我”主题教育活动，持续推动习近平新时代中国特色社会主义思想“三进”。第一时间传达学习党的二十大精神，印发《北京教育系统认真学习宣传贯彻党的二十大精神的实施方案》。组建北京高校学习宣传党的二十大精神师生宣讲团、北京高校学习习近平新时代中国特色社会主义思想博士生宣讲团，全方位开展沉浸式宣讲。联合有关媒体推出“学习贯彻二十大，首都师生在行动”“二十大精神进校园的北京实践”“中国故事听我说”系列宣传，迅速掀起学习宣传热潮。汇编《学习研究阐释党的二十大精神北京高校理论文章精选》。

3月17日，北京联大“大思政课”建设专题网站启动
（北京联大 供）

以大局意识服务保障北京冬奥会和冬残奥会。牵头组建北京赛区志愿者住宿服务保障市级工作专班，全力做好1.1万名志愿者服务保障工作。坚守新冠肺炎疫情防控和安全稳定底线，严格落实闭环管理各项措施，冬奥期间实现“零感染、零事故、零重大负面舆情”。全面上好冬奥“大思政课”，制订《北京教育系统弘扬北京冬奥精神行动计划》，推动北京冬奥精神入脑入心。

以首善标准上好新时代首都特色“大思政课”。在26所北京市重点建设马克思主义学院试点建设“习近平新时代中国特色社会主义思想在京华大地的生动实践”思政课程群。持续打造“同备一堂课”品牌活动，及时推动习近平总书记最新重要讲话精神融入思政课堂。围绕师生关切的新冠肺炎疫情防控问题在北京卫视打造2期“老师请回答”专题节目，组织92所高校党委书记校长、思政课教师讲授疫情防控“大思政课”。在全市大中小学遴选建设30个思想政治理论课“青年教学名师工作室”，创办“金课开讲啦”名家解读思政课教学重难点问题网络公开课。在北大红楼、首都博物馆等地建立一批实践教学基地。相关经验被中央教育工作领导小组简报刊登。北京入选全国首批5个“大思政课”综合改革试验区。

（王宇航）

与新浪微博签署战略合作协议

1月26日，市委教育工委与新浪微博签署战略合作协议。根据协议，双方依托“微博+新浪新闻双驱动”模式，推进校园新媒体传播矩阵发展，持续巩固壮大主流思想舆论，并共同发布高校官方微博矩阵影响力榜单等产品。协议有效期3年。

（王宇航）

高校和新闻单位从业人员互聘交流

3月9日，市委宣传部、市委教育工委举办高等学校和新闻单位从业人员互聘交流座谈会。会议总结第七批、第八批互聘交流工作经验，部署第九批互聘交流工作。光明日报、北京青年报、北京广播电视台等新闻单位及市属高校有关负责人，第七批、第八批互聘交流编辑记者和高校教师代表参加会议。2022年，经各高校和新闻单位双向选择，第九批确定北京工商大学、北京联合大学、北京印刷学院3名教师到新闻单位挂职，光明日报、北京广播电视台、新京报、北京青年报4名编辑、记者到高校挂职任教。高等学校与新闻单位从业人员互聘交流千人计划2013年启动，北京地区10所开设新闻专业的高校参与该计划。

（赵国伟）

落实意识形态工作责任制情况点评会

3月9日，市委教育工委、市教委召开机关处室落实意识形态工作责任制情况点评会。20个处室负责人现场汇报落实意识形态工作责任制情况，9个处室提交书面报告。张革作总体点评，市委宣传部相关负责人分别点评各处室工作。两委机关各处室相关负责人50余人参加会议。

（王宇航）

全国高校首家“大思政课”专题网站上线

3月17日，北京联合大学“大思政课”建设专题网站在“人民公开课”上线。网站与人民网文华在线合作，由北京联大承建，为全国高校首家“大思政课”专题网站，设置理论研究、制度文件、实践案例、新闻动态、云端资源5个版块，集中展示学校“大思政课”建设比赛、论坛等相关活动及“大思政课”优秀成果案例。上线观看13678人次。

（王岩）

高校思想政治理论课网络示范教学活动

3月24日，市委教育工委举办的“金课开讲啦”——北京高校思想政治理论课网络示范教学活动启动。中央财经大学、中国人民公安大学、北京化工大学、北京大学4所高校的思政课教师围绕“思想道德与法治”课程中的重难点问题现场示范教学。来自10所高校的50余名师生参加启动仪式。至年底，活动举办9期，北京高校37名青年思政课教师分别围绕思想道德与法治、中国近现代史纲要、马克思主义基本原理、毛泽东思想与中国特色社会主义理论体系概论、形势与政策课程及研究生思政课的重难点开展示范教学。直播总浏览量14万余次。活动由北京高校思想政治理论课高精尖创新中心承办。

（姜男　刘晖）

学校心理教师访学研修班开班

4月22日，市委教育工委、首都医科大学附属北京安定医院举办的北京市学校心理教师访学研修班（第一期）开班。5名高校专职心理教师到安定医院访学研修1个月，现场观摩精神疾病治疗过程。市委教育工委、中国心理卫生协会、安定医院相关负责人参加开班仪式。2021年11月，市委教育工委、市教委与中国心理卫生协会签署《北京市学校心理健康教育工作提升计划合作协议》。根据协议，在中国心理卫生协会建立北京市学校心理教师访学研修基地，并依托安定医院抑郁症治疗中心、临床心理中心开展培训人员临床访学观摩及见习，提高市属学校心理教师对精神疾病的识别筛查和危机应对能力。该班是协议签署后第一个培训项目。

（王星星）

疫情之下青年学生心理问题疏导干预专题报告会

4月28日，市委教育工委举办第30次“全市高校同上一堂课——阳光心理大课堂”《疫情之下青年学生群体常见心理问题及疏导干预策略》专题报告会。报告会邀请首都医科大学附属北京安定医院副院长向高校教师讲解疫情防控常态下如何更好开展大学生心理危机预防与干预工作。64所高校的2600余名学工部长、研工部长、专职心理教师和辅导员等线上参加活动。

（王星星）

高校思政课教师“同备一堂课”

5月27日，市委教育工委举办北京高校思政课教师“同备一堂课”活动。高校思政课教师围绕讲好校园疫情防控“大思政课”集体备课。活动邀请北京师范大学、北京理工大学、北京工商大学、北京航空航天大学的4名思政课教师作备课分享。全市高校思政课专兼职教师线上参与备课。视频浏览量8300次。

（姜男）

高校党的建设和思想政治工作优秀成果奖、创新成果奖名单公布

6月9日，市委教育工委公布2018—2020年北京高校党的建设和思想政治工作优秀成果奖、创新成果奖名单。北京53所高校提交成果申报材料144份，经专家组评审，43项成果获评优秀成果奖，其中一等奖5项、二等奖12项、三等奖26项；在优秀成果奖中另评选出创新成果奖8项。该评选由市委教育工委组织，每2～3年开展一次。

（王宇航）

思政课一体化研究基地和示范区建设

7月12日，北京市学校德育研究会举办北京市大中小学思政课一体化重大课题开题暨海淀区推进市思政课一体化研究基地和示范区建设现场会。会上，北京市学校德育研究会宣读立项通知，并为海淀区委教育工委颁发市级重大课题《大中小学一体化思政课教师研修共同体建设研究》开题立项证书；海淀区教育两委作工作汇报，中国人民大学介绍该校思政课程建设，以及带动附中、附小推进思政课一体化建设的举措和经验，北京市八一学校汇报在党委领导下一体化思考、一体化推进，向上主动联系高校、向下带领小学开展思政课一体化建设工作情况，清华大学附属小学介绍该校联合清华大学、清华大学附属中学开展思政课一体化工作情况，海淀区大中小学思政课一体化教研组、海淀区教师进修学校介绍海淀区教研一体化建设思考和实践。市委教育工委、海淀区教育两委、北京市学校德育研究会等单位负责人，海淀区相关学校主管人员及思政课教师代表参加会议。2021年11月，市委教育工委将海淀区确定为全市首个大中小学思政课一体化建设研究基地，同时北京市学校德育研究会与海淀区签署协议，合作建设“北京市大中小学思政课一体化建设实践研究示范区”。

（宋亚甫）

北京高校思政课教师暑期备课会

7月22日，市委教育工委举办北京高校思政课教师暑期备课会。备课会围绕“推动习近平新时代中国特色社会主义思想在京华大地的生动实践融入思政课教学”主题，设计专题报告、工作交流、事迹宣讲、分课程备课等环节。邀请华北电力大学马克思主义学院院长、中国人民公安大学马克思主义学院院长、12345市民服务热线“金牌话务员”和中国人民大学马克思主义学院教师作报告。北京各高校相关领导及全体专兼职思政课教师线上参会。

（姜男　连文哲）

“阳光心理大课堂”系列线上报告会

7月，市委教育工委举办第34次至第37次全市高校同上一堂课“阳光心理大课堂”系列线上报告会。报告会邀请清华大学学生心理发展指导中心、首都医科大学附属北京安定医院抑郁症治疗中心、北京师范大学心理健康教育与咨询中心的4名心理健康教育专家分别作《疫情下如何拥有阳光心态》《抑郁症的识别与干预》《中国文化视角下的情绪调节》《疫路艰辛，我们携手同行——压力下的心理调适》专题报告。各高校师生13万人参加活动。

（王星星）

讲述我（我们）的育人故事展示交流活动

9月3日，市委教育工委、市教委举办第四届北京市大中小幼教师讲述我（我们）的育人故事集中展示交流。12名大中小幼教师代表讲述、分享育人故事。来自各区中小学和部分高校的教师代表150余人参加现场活动。第四届北京市大中小幼教师讲述我（我们）的育人故事展示交流活动由市委教育工委、市教委主办，北京市学校德育研究会承办，以“为党育人 为国育才”为主题，围绕“沿着总书记的足迹”和“展现新时代首都育人成果”2个板块，展现红色基因在育人过程中的重要作用。活动收到案例300个，依据政治性、故事性、时代性3个标准，评选出特等奖30个、一等奖103个、二等奖81个。市委教育工委另于7月14日举办第四届北京市大中小幼教师讲述我和我们的育人故事工作推进会暨首都师范大学专场讲述活动。市委教育工委、首师大相关负责人及各区教育部门分管负责人、各高校党委教师工作部负责人、大中小幼一体化德育研究基地校（园）主管领导等30余人参加会议。

（丁贞栋）

北京教育系统国家网络安全宣传系列活动

9月5日至11日，市委教育工委、市教委开展北京教育系统国家网络安全宣传系列活动。活动围绕“网络安全为人民，网络安全靠人民”主题，组织全市各级各类学校参与第二届“长城杯”网络安全大赛、网络安全线上课堂、主题巡展、主题宣传等活动。全市各级各类学校学生累计20余万人参加活动。

（王宇航）

北京高校思政课导论课开播

9月13日，北京高校思政课导论课“你好，思政课！”在北京卫视开播。该课程是各高校全体新生的“第一堂思政课”，旨在引导新生群体深刻认识思政课的重要意义。课程邀请中国电磁兼容领域专家、中国工程院院士苏东林以及北京航空航天大学、中央财经大学等高校思政课教师授课。各高校本专科新生通过电视或网络平台参与课程学习。北京高校思政课导论课是2022年度北京高校“新生引航工程”的重要内容。

（姜男　舒文琼）

首都大中小学宣传工作培训会

9月19日至27日，市委教育工委举办3期首都大中小学宣传工作培训会。会议围绕《习近平谈治国理政》第四卷、习近平总书记在省部级主要领导干部专题研讨班上的重要讲话精神、市第十三次党代会精神等，以线上线下相结合的形式开展学习研讨。来自中共中央党校、北京师范大学、中华人民共和国国史学会、光明日报社的专家作专题辅导报告。北京各高校及中小学教师、各区教委相关负责人1600余人参加培训。

（赵国伟）

北京高校心理危机预防与干预实务技能培训

9月23日，市委教育工委举办北京高校心理危机预防与干预实务技能培训。培训邀请中国农业大学心理素质教育中心主任就用好《北京高校学生心理危机预防与干预“井”字型防护网工作手册（试行）》的主体内容授课。57所北京高校的近千名心理教师、辅导员等线上参加培训。

（王星星）

“大思政课”综合改革研讨会

9月26日，市委教育工委、北京科技大学举办以实践教学为主题的“大思政课”综合改革研讨会。研讨会包括开幕式、主题发言、示范教学和学术交流研讨4个环节。中国人民大学、中国农业大学、北京农学院及北科大的主要党政负责人介绍各自学校经验做法。北科大马克思主义学院教师、香山革命纪念馆讲解员共同作题为《赶考路上的“北京答卷”，解码“中国共产党为什么能”》的思政课。来自复旦大学、中央财经大学、西安交通大学等高校的8名特邀专家就建设“大思政课”在线作学术交流发言，南开大学、哈尔滨工业大学、北京体育大学等6所高校的“大思政课”负责人作典型高校经验介绍。教育部、市委教育工委相关负责人，北京市学校“大思政课”实践教

9月3日，第四届北京市大中小幼教师讲述我和我们的育人故事工作推进会暨首都师范大学专场讲述活动举办　（融媒体中心　供）

学基地负责人代表和来自各高校的专家学者及北科大马克思主义学院的相关师生通过线上线下相结合的方式参会。研讨会前，市委教育工委与首都博物馆、北京中轴线遗产保护中心、北京艺术博物馆、北京古代建筑博物馆4家单位签署协议，成立北京市学校“大思政课”实践教学基地。

（姜男）

高校师生服务“乡村振兴”行动计划总结表彰

9月28日，市委教育工委在北京农学院举办首都高校师生服务“乡村振兴”行动计划总结表彰活动。活动观看宣传总结片《青春绽放在希望的田野上》和首都高校师生服务“乡村振兴”行动计划主题成果展，表彰首都高校师生服务“乡村振兴”行动计划项目98个,其中一等奖10个、二等奖20个、三等奖30个、优秀奖38个。北农党委书记介绍学校通过“3+1”人才培养模式，邀请农业领域领导干部、企业家、专家学者、杰出校友、基层一线代表讲授乡村振兴“大思政课”，建设教授工作站、科技小院、博士农场、国家大学科技园和校级人才培养基地，打造行走的乡村振兴“大平台”的工作经验。清华大学、中国人民大学、中国农业大学、北京城市学院师生代表作交流分享。市委教育工委领导及首都高校师生服务“乡村振兴”行动计划团队代表百余人参会。6月，市委教育工委、市教委启动首都高校师生服务“乡村振兴”行动计划。该计划是2022年北京教育系统“请党放心 强国有我”主题教育活动之一，旨在发挥高校人才优势，深入乡村一线、助力乡村振兴、加快农业农村现代化步伐。北京各高校100支实践团队师生赴22个省、市、自治区的119个乡村开展实践。

（丁贞栋　黄小雨　王磊）

非凡十年主题文化作品展示

9月29日，市委教育工委、北京日报社启动“非凡十年——大学生眼中的家乡巨变”主题文化作品展示活动。活动面向首都大学生，要求以暑期返乡为契机，用镜头记录党的十八大以来家乡的变化和发展。活动征集作品1000余件，遴选20个优秀视频通过北京日报客户端展示。至10月，累计200万人次点击观看。

（姜男　舒文琼）

“这十年·青年讲”全国高校宣讲联赛

9月29日，“这十年·青年讲”全国高校宣讲联赛决赛及颁奖仪式在清华大学举行。来自全国8个赛区、49所高校的59名决赛选手结合自身见闻与感受，从理论阐释、实践感悟、生活体验等不同视角讲述十年来社会主义现代化建设过程中的动人故事以及青年一代的使命担当。决赛共评选出一等奖至三等奖24个，最佳主题奖、最佳创作奖、最具感染力奖和最佳互动奖等专项奖18个、优秀奖35个。“这十年·青年讲”全国高校宣讲联赛于5月6日由清华发起，与中国人民大学、吉林大学等8所高校共同主办，教育部思想政治工作司指导。旨在选拔出一批“理想信念坚定、理论功底扎实、表达能力突出”的青年，通过宣讲的形式全面回顾过去十年党带领全国各族人民取得的历史性成就。比赛设高校初赛、赛区复赛、全国决赛3个阶段，来自31个省、自治区、直辖市的133所高校4428名学生参加比赛。

（徐思羽）

习近平新时代中国特色社会主义思想在京华大地的生动实践主题创作展开幕

10月1日，市委教育工委、中央美术学院举办“行走京华大地　感悟思想伟力”习近平新时代中国特色社会主义思想在京华大地的生动实践主题创作展。展览集中展示160余件（组）优秀作品，涵盖“美丽中国”“魅力京华”“北京冬奥精神”“‘四个中心’功能建设”“战疫先锋”等主题。展览旨在创新理论宣传阐释形式，以优秀主题文化艺术作

5月6日，“这十年·青年讲”全国高校宣讲联赛启动启动（清华　供）

品，激励首都教育系统广大师生坚定不移听党话、跟党走，以实际行动迎接党的二十大胜利召开。活动6月启动，收到30余所高校绘画、书法、雕塑等作品500余件（组）。夏林茂及市委教育工委、市教委相关负责人，北京各高校思想政治工作相关负责人及师生代表、媒体代表100人参加开幕式。

（韩丹丹）

北京高校思政课新上岗教师规范化培训班

10月10日，市委教育工委举办的2022年北京高校思想政治理论课新上岗教师规范化培训班在国家教育行政学院开班。培训为期8周，内容包括思想政治理论素质、思想政治理论课建设和师德教育、科研基础能力训练等内容。30余所高校的42名新上岗教师参加培训。

（姜男）

《习近平新时代中国特色社会主义思想学生读本》优秀教学设计征集评选

10月，北京教育科学研究院开展《习近平新时代中国特色社会主义思想学生读本》优秀教学设计征集与评选展示活动。活动征集到各区推荐的小学、初中、高中3个学段优秀教学设计240篇。经专家评审，评选出市级优秀教学设计98篇，并面向全市分享交流，供中小学思政课教师学习借鉴，提升教学水平。

（林臻）

北京高校思想政治理论课教学基本功大赛

11月14日，市委教育工委举办第12届北京高校思想政治理论课教学基本功大赛。比赛以“推动党的二十大精神融入思政课教学”为主题，线上举办，分预赛、决赛2个环节，重点考察思政课教师学深悟透党的二十大精神，推动党的二十大精神融入课堂教学的能力水平。经过角逐，65名优秀思政课教师进入决赛并获奖，其中特等奖9人、一等奖12人、二等奖21人、三等奖23人。

（姜男）

以理想之光照亮复兴之路专题栏目上线

11月30日，市委教育工委、光明网开设的“以理想之光照亮复兴之路：二十大精神进校园的北京实践”专题栏目上线。专题设置“北京高校书记校长谈”“北京高校专家学者谈”“二十大精神进校园”3个子栏目，推送高校党委书记校长、知名专家学者撰写的理论文章120篇。

（赵国伟）

《青少年党史学习教育创新案例》出版

12月，市委教育工委组织编纂的《青少年党史学习教育创新案例》由中共党史出版社出版。该书为平装，16开本，20余万字。收录经各高校、各区申报，北京市教育系统党史学习教育领导小组综合评审选出的100个青少年学习党史教育获奖案例。该书面向社会公开发行。

（赵国伟）

3期意识形态工作专题培训班

至年底，市委教育工委举办3期“提高斗争本领”北京教育系统意识形态工作专题培训班。培训班面向北京大中小学思想政治教育工作骨干教师，围绕提高意识形态工作能力和素质，以理论讲解和案例教学方式开展培训。各大中小学思想政治教育工作骨干教师300余人参加培训。

（王宇航）

统一战线与群众工作

概况

2022年，北京教育系统组织开展北京高校党外人士“喜迎二十大 同心跟党走”主题教育活动，组织党外知识分子发挥专业优势建言献策，加强党外代表人士队伍建设，着力构建“大统战”工作格局。年内，党的关系隶属北京市委的62所高等教育机构（其中普通高校57所）有党外高级知识分子17300余人，其中正高级职称6300余人、副高级职称11000余人；有民主党派基层组织360个，民主党派成员9100余人；有党外代表人士2200余人，其中民主党派中央副主席6人、市级主委和副主委19人；高校系统推荐提名十四届全国政协委员69人、十四届北京市政协委员69人。46所高校有党外知识分子联谊会，23所高校有归国留学人员联谊会，32所高校有侨联组织。

（相京）

香港北京高校校友联盟成立

7月7日，庆祝香港回归祖国25周年暨香港北京高校校友联盟成立大会在香港、北京两地举办。香港特别行政区行政长官李家超，市委常委、统战部部长游钧参会并致辞。来自北京部分高校的相关人员及联盟会员100人参加成立大会。该联盟是由北京14所高校的香港校友会、在香港工作生活的北京高校校友及各领域专业人士自愿组成的，并在香港登记注册的社团，旨在密切两地青年交流合作。首届会员包括北京大学、清华大学、中国人民大学等高校校友200人。

（相京）

高校党外人士线上理论培训班

8月，市委教育工委举办北京高校党外人士线上理论培训班。培训班以解读党的十九届六中全会精神、中央统战工作会议精神、市第十三次党代会精神，讲解统战基础理论和知识等为主要内容，设 9 门课共 15.5 个学时，62 所高校的 700 余名党外人士参加培训。市委教育工委另统筹指导北京航空航天大学、中国政法大学、中央财经大学等高校自主举办各类党外知识分子培训班。

（相京）

组织党外人士学习贯彻党的二十大精神

至年底，市委教育工委组织党外人士学习贯彻党的二十大精神。开展北京高校党外人士“喜迎二十大 同心跟党走”主题教育活动，为党的二十大召开营造良好氛围。指导各高校党委组织党外知识分子按时收听收看党的二十大开幕会，第一时间组织一批以院士、长江学者、国务院参事等为代表的党外人士通过多种形式发声热议，形成良好示范效应。部署高校统战系统学习宣传贯彻党的二十大精神，采取专项培训、座谈会、实地调研等形式开展学习，市委统战部和北京日报、北京广播电视台、学习强国等媒体平台报道相关情况。

（相京）

纪检与监察

概况

2022 年，北京教育系统纪检监察工作把监督工作融入首都教育工作实际，发挥监督保障执行、促进完善发展作用，为首都教育事业高质量发展助力护航。北京高校有纪检监察机构 62 个，其中双管高校 31 个，纪检监察专职干部 240 人；市属高校 31 个，纪检监察专职干部 176 人。市纪委市监委驻市委教育工委纪检监察组在编干部 21 人。

聚焦“两个维护”、强化政治监督。纪检监察工作聚焦教育系统学习贯彻党的二十大精神，贯彻落实习近平总书记关于教育的重要讲话、指示批示精神和中央、市委重大决策部署情况持续强化监督。围绕服务保障北京冬奥会和冬残奥会、党的二十大安全维稳以及意识形态工作加强监督，派员进驻“服务保障党的二十大”维稳专班，跟进《高校二级单位落实意识形态工作责任制指导手册》编写、高校涉外合作项目监管和问题人员教育转化工作，督促完善敏感信息监测、预警、通报体系。围绕深化教育综合改革重点任务开展监督，重点对巩固深化“双减”、义务教育体育与健康考核评价改革等跟进监督。跟进接诉即办“每月一题”工作“中小学教学管理问题治理”，对提升校内教学质量、丰富课后服务供给、校长教师交流轮岗等工作开展监督。对高校“双一流”和高精尖学科建设、市属高校分类发展、职业教育“新京十条”实施等开展监督。对高校招生录取、毕业生就业创业、校园安全生产等工作开展专项监督。

不断压实管党治党政治责任。驻市委教育工委市教委纪检监察组主要负责人参加两委各类重要会议，对重要工作部署和决策过程加强政治把关。对“一把手”及班子成员落实全面从严治党主体责任、推进教育改革重点任务落实、执行政治纪律政治规矩及“三重一大”决策制度等情况加强近距离监督。纪检监察组会同两委研究 2021 年全面从严治党考核和政治生态分析研判结果、推动问题整改，协同做好教育系统全面从严治党及警示教育大会、市属高校全面从严治党动态抽查、首都基础教育高质量发展全员培训等工作，开展高校党风廉政建设和反腐败工作日常监督情况专项督导，推动形成“严”的氛围。监督压实教育系统基层党建工作责任，参与北京高校党委书记抓基层党建述职评议、《北京普通高等学校党建和思想政治工作基本标准》检查等，推动高校党的政治建设攻坚战持续扎实推进、中小学校党组织领导的校长负责制试点工作稳慎推进，不断强化党对教育工作的全面领导。加强纪检监察监督与巡视巡察、审计监督联动，健全信息沟通、线索移送、问题研判、成果共享机制，进一步形成监督合力。通过约谈高校“一把手”等方式压实整改责任，推动市属高校巡视整改挂账问题见底清零。

坚持以严的主基调正风肃纪反腐。纪检监察组依规依纪依法受理办理信访举报事项，发挥信访举报“晴雨表”作用，坚持月度、季度简析，紧盯重点领域、重点人群，强化对权力运行的监督制约。及时查找体制机制和制度薄弱环节，为日常监督提供靶向和抓手。深化检举举报平台应用，督促市属高校加强结果反馈，完成信访举报工作质效评估自查。纠“四风”树新风，坚持重要节点廉政提醒，加强节日期间“四风”监督检查，持续筑牢中央八项规定精神堤坝。加强选人用人监督，对选调生、公招面试工作现场监督；补充完善 222 名副处职以上干部廉政档案，出具党风廉政意见 34 份 131 人次；对新任职处级干部开展廉政谈话，强化纪律教育，严明纪律红线。

不断提高案件管理和审理工作质量。落实归口管理职责，加强两委机关系统和高校案件日常管理，提高案件管理数据报送的规范性、及时性、完整性。开展高校案件质量评查、办案安全专项监督检查，开展长期未结线索和案件专项督促办理工作，对市属高校、中央部委属高校案件抽查审核，推动工作质量提升。充分发挥案件管理综合分析功能，结合教育系统实际，加强重点案件专题调研分析，做好半年、年度案件分析，针对薄弱环节提出工作建议，推动教育系统党风廉政建设和反腐败工作走向深入。建立统一审理提前介入工作模式，探索试行“承办人负责制”，对市属高校疑难案件加强过程指导。

坚持系统思维抓好教育系统新冠肺炎疫情防控监督。纪检监察组贯彻落实市委、市纪委部署要求，以全域、全链条、全环节监督守好校园疫情防控阵地。“融入式”监督形成工作合力，会同两委坚持每日疫情防控和安全稳定“双调度”工作机制，压实各区各校防控主体责任。编制监督工作指引、细化各阶段疫情防控督查要点和具体要求；督促、协助学校防控组制定相关政策文件，提出发挥驻校联络员快速响应作用、加强重点涉疫高校现场指导等工作建议。“联动式”监督推动压实区、校、属地各方责任，落实市纪委市监委“外防输入 1+7 专项监督攻坚行动”部署，依托“室组地校”联动机制织密监督网络，编制监督工作指引，印发每日监督重点任务提示100余项，督促高校自查问题200余个。坚持问题导向形成督促整改对账销号的完整闭环，针对校园防疫重点任务以及中高考、研究生考试等各类组考工作开展6轮入校检查，联合区纪委对中小学幼儿园、校外培训机构实地检查，发现问题300余个，加强回看回查督促问题整改到位。“协同式”监督推动治理效能不断提升，紧盯诉求解决，协助推动隔离转运、餐食配送、内高班返京等重难点事项，持续关注接诉即办进校园，推动解决师生急难愁盼问题，做到日清日结。推动压实行业主管责任，摸清全市高职、中职和技工类院校隶属关系，提出推动归口部门落实防控职责、完善联防联控机制等建议；通过“民意直通车”解决学生紧急就医诉求。

注重调查研究，加强纪检监察队伍建设。围绕监督融入系统治理、推进高校党风廉政建设和反腐败工作等开展专题调研并形成报告。提高信息报送意识和报送质量，加强阶段性、专题性工作梳理。落实《纪检监察机关派驻机构工作规则》，优化内部分工、理顺工作机制。选派优秀干部参加市委巡视、机关借调、基层锻炼，队伍规范化、专业化水平不断提升。

两委机关纪律检查工作。市委教育工委市教委机关党的纪律检查工作围绕两委中心工作，精准监督、执纪问责，积极协助机关党委深化全面从严治党、加强党风廉政建设和组织协调反腐败工作，大力加强机关纪检队伍建设，推动模范机关创建。对15家直属单位党风廉政建设情况开展实地检查调研，督促直属单位党组织落实全面从严治党主体责任，推进落实中心工作或重点任务。发布《直属单位纪检工作片组会议制度》，根据单位性质相近、业务工作联系紧密、编制体量相当的原则分组并召开片组会议，开展理论业务学习、工作推进部署、经验交流研讨、问题调查研究。把疫情防控纳入政治监督重点内容，创新开展线上机关系统疫情防控专题警示教育，严格执行疫情信息“日报告”“零报告”制度，开展每日情况信息统计，实行台账动态管理；围绕重大活动服务保障开展疫情防控、意识形态和安全稳定专项监督检查；日常“四不两直”对食堂冷链、居家办公、佩戴口罩等情况开展多轮检查并通报提醒，发现问题及时督促整改。

（王雨　刘纪江）

两委机关疫情防控专题警示教育活动

5月15日，市委教育工委、市教委举办“打好新冠疫情防控攻坚战，以案为鉴”专题警示教育活动。活动面向两委机关各处室及直属单位，要求各部门、各单位依据北京第334场疫情防控新闻发布会内容，结合相关单位发生的聚集性疫情、被问责的案例，梳理防控措施落实情况，以案为鉴，开展自查自纠。自查自纠结果显示，各单位能够积极落实主体责任，强化措施落地落实，为全力做好两委机关系统疫情防控工作发挥积极作用。

（黄荟宇）

直属单位纪检工作片组会议

7月至11月，市委教育工委市教委机关纪委推动召开2轮6次市委教育工委市教委直属单位纪检工作片组会议。会议按照“打铁必须自身硬”的要求推进工作部署，同时开展直属单位纪检工作人员理论业务学习、经验交流研讨、问题调查研究。两委直属单位38人次参加会议。两委机关纪委于4月印发《直属单位纪检工作片组会议制度》，按照单位性质相近、业务工作联系紧密、编制体量相当的原则，把19家直属单位分为3个片组开展业务学习、经验交流等。此举旨在加强两委机关系统内部纪检工作沟通交流，推动纪检干部履职常态化、规范化、制度化。

（黄荟宇）

直属单位党风廉政建设情况实地抽查

7月至11月，市委教育工委市教委机关纪委开展直属单位党风廉政建设情况实地抽查。检查组根据《直属单位党风廉政建设情况实地抽查工作方案》，通过听取汇报、调取材料、座谈交流等方式，对15家直属单位实地抽查。抽查结果显示，各单位能够认真落实全面从严治党主体责任，稳妥推进落实中心工作或重点任务。机关纪委向各单位反馈抽查结果，并对存在的问题督促落实整改。

（黄荟宇）

疫情防控纳入政治监督重点内容

至年底，市委教育工委市教委机关纪委把新冠肺炎疫情防控纳入政治监督重点内容并落实政治监督责任。一是聚焦信息快准实，做好两委机关每日疫情信息报送，为领导决策提供参考。设计各类报送表格，根据不同阶段的疫情防控重点，调整统计内容；设立两委机关处室和直属单位信息员60余人，每日信息清单化、台账化，形成工作专报，提升机关工作组疫情防控科学精准水平。二是聚焦靠前跟进监督，统筹做好疫情防控和主责主业，加强监督检查促政策措施落实到位。坚持疫情防控到哪里，监督检查就跟进到哪里，对食堂冷链、居家办公、佩戴口罩等情况开展多轮检查并通报提醒；围绕重大活动服务保障开展安全稳定、意识形态、疫情防控专项监督，发挥机关纪委委员和基层党组织纪检委员前哨探头作用，强化与纪检组的贯通协作。三是聚焦主动适应疫情防控形势，加强对基层的指导和关心关爱。克服疫情带来的冲击，推出每月工作指导，讲明工作重点、工作步骤以及工作手段，起到手把手带一下的作用，确保日常工作不断线，工作标准不降低。

（黄荟宇）

完善副处职以上干部廉政档案

至年底，驻市委教育工委纪检监察组完善副处职以上干部廉政档案。完善干部廉政档案222人，进一步加强党员领导干部日常监督管理。

（王雨）

安全稳定

概况

2022 年，市委教育工委统筹推进疫情防控和安全稳定工作，完成党的二十大、全国“两会”、北京冬奥会和冬残奥会等重要活动安保任务。召开北京高校安全稳定工作会议，组织高校开展 2022 年“4·15”全民国家安全教育日宣传教育活动，完成部属高校平安校园建设评价指导和市属高校考核工作。

（杨硕）

高校安全稳定工作会议

3 月 3 日，市委教育工委召开 2022 年北京高校安全稳定工作会议。会议专题部署全国“两会”和北京冬残奥会期间校园安全和服务保障工作，强调各区、各高校要切实承担属地责任和主体责任，抓好防风险、保安全、护稳定各项任务，层层抓好落实，确保全国“两会”和北京冬残奥会等重要活动期间校园安全，以实际行动迎接党的二十大胜利召开。92 所北京高校，各区委教育工委、区教委，市委教育工委、市教委相关负责人 200 人通过视频方式参加会议。

（杨硕）

5 所高校在全市总体国家安全观知识竞赛中获奖

4 月 20 日，5 所高校在全市总体国家安全观知识竞赛中获奖。18 家党政机关、16 个区和 48 所高校 82 支代表队报名参赛，经初赛、复赛及市级决赛，决出一等奖 1 个、二等奖 2 个、三等奖 5 个，优秀组织奖 4 个。其中，华北电力大学获二等奖，北京大学、中国人民公安大学、中央民族大学获三等奖，北大、北京工业大学获优秀组织奖。比赛由市委国安办主办，市委教育工委、市国家安全局、北京广播电视台协办，面向全市党员干部、首都高校学生开展。

（杨硕）

全民国家安全教育日宣传教育活动

4 月，市委教育工委组织北京高校开展 2022 年“4·15”全民国家安全教育日宣传教育活动。活动以“树牢总体国家安全观，感悟新时代国家安全成就，为迎接党的二十大胜利召开营造良好氛围”为主题，北京高校通过线上为主、线下为补充的方式开展宣传教育，同时通过“两微一端”等平台积极转发权威部门、主流媒体相关宣传内容，组织师生通过中国大学生在线、腾讯平台“守护青春·感悟新时代国家安全成就”全民国家安全教育日线上视频号参与话题接力。市委教育工委另组织首都高校师生同上一堂国家安全教育课，通过高校思政网在线学习国家安全教育教学视频。

（杨硕）

高校秋季学期开学疫情防控与安全稳定工作调度

8 月 15 日至 9 月 20 日，市委教育工委、市教委通过视频方式逐一对全市 92 所高校秋季学期开学疫情防控与安全稳定工作进行调度。两委督促各高校深入贯彻中央和市委有关指示精神，推进开学各项任务落到实处，确保开学返校期间安全稳定。

（杨硕）

4 月，金顶街二小开展国家安全教育日活动

（金顶街二小　供）

市属高校平安校园建设考核

12月，市委教育工委、市教委组织开展社会治安综合治理（平安校园建设）考核工作。考核工作面向25所市属高校，通过日常工作评价与自查自评相结合的方式量化计分，对各单位全年的安全稳定工作整体评价。经考核，北京工业大学、北京物资学院、北京印刷学院等8所高校年度社会治安综合治理（平安校园建设）考核结果优秀。

（杨硕）

9月23日，首经贸师生志愿者在平安校园管理服务中心执勤

（首经贸 供）

离退休干部与关心下一代工作

概况

2022年，北京市属高校、两委机关及直属单位离休干部421人，比上年减少103人，平均年龄93岁；中共党员369人；第二次国内革命战争时期参加革命工作1人；抗战时期参加革命工作43人；解放战争时期参加革命工作377人。退休干部20599人，中共党员11682人。党的关系隶属北京市委、归口市委教育工委管理的普通高校、两委机关及直属单位离退休人员8.57万人，离退休干部分党委37个，离退休干部党总支43个，离退休干部党支部1422个；老干部活动中心、站（室）230个，面积6.08万平方米；专职老干部工作人员446人。通过走访、打电话、邮寄慰问品等形式慰问离退休老同志13.4万人次；为9075人次离退休老同志发放困难补助金、慰问金1872万元。

离退休干部工作。制定“喜迎二十大、共筑中国梦”主题活动方案，统筹开展主题党日、“建言二十大”调研、书画摄影展、健身项目展示、文艺节目展演、诗歌诵读6项实践活动，3万余人次老同志参与；摄影、书画、健身等活动成果在线上展示，1.5万人次线上浏览观看。党的二十大召开后，领导带头为老同志讲党课，宣讲党的二十大精神。各高校通过寄发学习材料、举办专题辅导报告、开展线上学习交流、撰写学习体会文章等形式，组织老同志深入学习党的二十大精神；举办线上线下离退休老同志各类学习活动393场，2.2万人次参加；举办各类情况通报会、报告会469场，35.4万人次参加；举办“初心讲堂”“微党课”活动700余场，听众3.6万人次。“北京教育老干部工作”微信公众号开设“见字如面、对话冬奥”“党建工作经验交流”“疫情防控”“喜迎二十大”“学习二十大精神——老教授这样说”等10余个专栏，推送各类内容816条，近40万人次阅读。争取市级资金为市属高校有特殊困难老同志28人、两委机关9人发放困难补助金17.4万元，为50余名高校老同志入住养老院提供优惠，完成市属27名抗战离休干部住宅适老化改造工作。

关心下一代工作。组织实施“五老助双减”工作，印发《“五老助双减”工作试点实施方案》。完成北京市大中小学思想政治理论课一体化建设《关于〈习近平新时代中国特色社会主义思想学生读本〉使用及课程建设的专题调研报告》。召开网络新媒体环境下关工委工作研究专项课题推进会。调研民办高校关工委组织建设工作，成立民办高

10月18日，教育系统老干部居家观看党的二十大开幕会

（市委教育工委相关处室 供）

校关心下一代工作协作会。印发《北京高职中专院校关心下一代工作协作会规则》《北京民办高校关心下一代工作协作会规则（试行）》《关于加强职业院校“劳模、工匠精神”宣传教育阵地建设的通知》。印发《“老少同声颂党恩、携手喜迎二十大”主题教育实践活动实施方案》，组织开展2022年“新时代好少年·强国有我”主题教育读书活动、2022年“读懂中国”活动，北京7名学生在2022年全国“中华魂”主题教育活动成果展示中获奖。组建“五老”百人二十大精神宣讲团，各级关工委组织老同志收听收看党的二十大。北京教育系统关工委领导班子会专题学习党的二十大报告精神；印发《关于认真学习宣传贯彻党的二十大精神的通知》。启动纪念北京教育系统关工委成立30周年系列活动。遴选32家单位入选北京市“传承红色基因”教育基地。北京大学校史馆、中国传媒大学传媒博物馆入选中国关工委“第五批全国关心下一代党史国史教育基地”。3个案例获评“全国教育系统关工委参与社区教育创新案例推荐活动”优秀案例，2节课程入选全国教育系统“家长学校优质课程”征集推介活动优秀课程。

加强离退休干部队伍建设。组织各高校分层分类开展党建业务专题培训共计390期，组织离退休干部支部书记、委员、骨干等9200余人次开展中央办公厅《关于加强新时代离退休干部党的建设工作的意见》和市委办公厅《关于加强新时代离退休干部党的建设工作的实施意见》精神学习。在离退休工作部门开展“喜迎二十大、建功新时代”主题活动，组织400余名老干部工作人员参加网上业务知识答题、每周一课、专题调研等活动，加强工作队伍的学习培训和岗位练兵。宣传全国老干部工作“双先”事迹，打造政治坚定、业务精通、作风优良的老干部工作队伍。

新冠肺炎疫情防控工作。疫情形势严峻时期，印发《致北京教育系统离退休老同志的一封信》，组织动员广大老同志助力疫情防控工作，2000余名老同志主动参与学校、社区抗疫志愿服务，1900余人创作书法、绘画、诗歌、手工艺作品，1800余人参与网络授课、教学督导、心理咨询、防疫知识宣传。老干部工作部门完成高校独居空巢老同志人数摸底，加强日常关注；开展老同志急难问题调研，建立去世离休干部遗体处理绿色通道；完成多轮老同志健康状况数据统计，为领导决策提供参考。各高校做好1600名离休干部“一对一”精准服务工作，为上万人次老同志接种疫苗、看病取药、日常就餐、蔬菜采买等提供便利服务。

（杨旭　乔永）

大中小学思政课一体化建设调研

1月，北京教育系统关工委完成北京市大中小学思想政治理论课一体化建设情况调研并形成《关于〈习近平新时代中国特色社会主义思想学生读本〉使用及课程建设的专题调研报告》。组织28所大中小学的43名教师，分成9个调研组深入大中小学思政课课堂，重点围绕读本使用情况，开展听课调研、工作分析、交流研讨，累计听课1660节，整理工作小结20余万字。报告认为，习近平新时代中国特色社会主义思想进课程工作扎实推进，《习近平新时代中国特色社会主义思想学生读本》使用反响良好，习近平新时代中国特色社会主义思想教育教学重点突出、适宜实效，要抓住契机探索推动大中小学思政课一体化建设新机制新途径。

（乔永）

“北京老校长”助力“马兰花儿童声合唱团”登上冬奥开幕式

2月14日，中国教育报发表《支教退休教师助山里娃登上冬奥开幕式》的报道。文章介绍2016年至今，北京市崇文小学音乐特级教师付宝环参加“北京老校长下乡”工作，到河北省阜平县义务支教，为当地学生带去专业的音乐教育并帮助学生登上北京冬奥会开闭幕式的事迹。人民日报、北京日报、中国教师报等媒体作相关报道。2月4日，在北京冬奥会开幕式上，河北省阜平县城南庄镇5所乡村小学44名学生（马兰花儿童声合唱团）演绎奥运会会歌《奥林匹克圣歌》。北京教育系统关工委另于1月18日收到中共阜平县委、县政府寄来的感谢信，感谢多年来对阜平教育的关心和帮助。

（乔永）

关心下一代工作视频会议

3月29日，北京教育系统关工委召开2022年关心下一代工作视频会议。会议听取北京教育系统关工委工作报告，通报2021年获教育部关工委表扬的先进集体、先进工作者和突出贡献者名单，表彰“读懂中国”活动优秀组织单位和获奖作品、“新时代好少年”主题教育读书活动先进集体和先进个人、党史学习教育主题微视频创新奖获奖单位、“大中小思政课一体化建设”调研工作突出贡献单位、信息宣传工作先进单位和先进个人、军训服装捐赠工作先进集体。北京大学、北京航空航天大学、对外经济贸易大学、北京联合大学、平谷区教育系统关工委、北京农业职业学院的代表作交流发言。教育部、北京市关工委主要领导及市委教育工委、市教委、各高校、各区相关负责人700余人参加会议。

（乔永）

老少同声颂党恩主题教育实践活动

4月28日，北京教育系统关工委印发《“老少同声颂党恩、携手喜迎二十大”主题教育实践活动实施方案》。方案制定10条具体举措，包括抓好学习宣讲、办好守正大讲堂、开展“新时代好少年·强国有我”活动、开展第29届全国“中华魂”主题教育活动、开展“读懂中国——共话百年奋斗，争做时代新人”活动、举办“青少年党史学习月”、开展“红色基因传承社会大课堂”项目、出版《老党员讲入党初心》、开展“我与关工委的故事”征文活动、推进网络新媒体环境下关工委工作课题研究与实践。活动旨在发挥“五老”的优势作用，采取线上线下联动、关工委与教育基地联动、“五老”与青少年联动的方式，把迎接宣传贯彻党的二十大精神的各项举措落细落实。

（乔永）

离退休党员主题党日活动

6月23日，市委教育工委、市教委举办庆祝中国共产党成立101周年暨“喜迎二十大 共筑中国梦”离退休党员主题党日活动。活动为5名“光荣在党50年”的老党员佩戴纪念章并献花，开启教育系统老同志线上摄影展数字3D展示平台，向获两委机关“优秀共产党员”“优秀党务工作者”称号的老党员颁发荣誉证书，向各离退休党支部书记赠送党的十九届六中全会精神学习书籍。市委教育工委、市教委领导，教育系统30余名老党员代表现场参加活动，两委机关全体离退休干部党员线上参加活动。

（杨旭）

6月23日，市委教育工委、市教委举办离退休党员主题党日活动
（市委教育工委相关处室 供）

32家单位入选“传承红色基因”教育基地

7月1日，北京教育系统关工委公布北京市“传承红色基因”教育基地名单。此举旨在发挥基地综合育人功能，通过提供菜单式服务，组织和引导广大青少年开展志愿服务、社会实践、夏令营、冬令营等主题教育实践活动，使红色纪念场馆成为大中小学开展党史国史教育的重要场所。经各高校、各区关工委推荐，北京教育系统关工委最终确定32家单位入选“传承红色基因”教育基地。

（乔永）

3个教育基地揭牌

7月4日，中国关工委、教育部关工委、市关工委、市委宣传部、市委教育工委、市教委举行中国共产党早期北京革命活动纪念馆（北大红楼）全国关心下一代党史国史教育基地、北京市大中小学思政课一体化教育基地、北京市学校“大思政课”实践教学基地揭牌仪式。此举旨在用好红色资源，把思政小课堂同社会大课堂有机结合，推动形成全党全社会努力办好思政课的良好氛围。活动中，“五老”代表、教师代表围绕大中小学思政课一体化建设、党史教育等作交流发言，大中小学师生通过演讲、朗诵等形式展示党史学习教育和思政教育成果。活动由北京教育系统关工委、北京大学、中国共产党早期北京革命活动纪念馆承办，中央电视台、中国新闻网、中国教育电视台等媒体对活动作专题报道。中国关工委6月8日公布第五批全国关心下一代党史国史教育基地名单，北京高校中北京大学校史馆、中国传媒大学传媒博物馆分别入选。经各地推荐、中国关工委终审，认定第五批全国关心下一代党史国史教育基地54个，北京另有中国共产党早期北京革命活动纪念馆、首钢园入选。

（乔永）

民办高校关心下一代工作协作会成立

7月15日，北京教育系统关工委成立民办高校关心下一代工作协作会。协作会是北京教育系统关工委指导成立的协作组织，主要职责是加强关工委组织建设，发挥民办高校自身优势，引领更多民办高校关工委共同发展。第一届协作会包括北京城市学院、首都师范大学科

7月4日，全国关心下一代党史国史教育基地、北京市大中小学思政课一体化教育基地、北京市学校“大思政课”实践教学基地揭牌
（市委教育工委相关处室 供）

德学院、北京工商大学嘉华学院、北京工业大学耿丹学院、北京经济技术职业学院、北京汇佳职业学院、北京科技职业学院、北京培黎职业学院8个成员单位，设立主任、副主任和秘书处。北京教育系统关工委另于8月28日分别印发《北京高职中专院校关心下一代工作协作会规则》和《北京民办高校关心下一代工作协作会规则（试行）》，明确协作会的组织设置及成员、主要任务和工作要求。

（乔永）

“五老助双减”工作部署会暨培训会

9月8日，北京教育系统关工委召开“五老助双减”工作部署会暨培训会。会议回顾7月以来“五老助双减”工作的进展及取得的初步成效，从“为什么”“做什么”“怎么做”3个方面部署下一阶段工作。提出“五老”要立足北京实际，参与教研、教学指导，做年轻教师发展的“摆渡人”；参与学校课后服务，做学生成长成才的“引路人”；参与家庭教育指导和家校社共育咨询室工作，做学生、家长的“知心人”；担任督学，做教学质量和学生成长的“守护人”。邀请教育部基础教育司副司长、北京教育科学研究院教研员作“双减”政策及课程改革辅导报告。各区教育关工委的主管领导、“五老助双减”试点校负责人及参与该项工作的教师260余人通过视频方式参会。8月29日，市委教育工委办公室、市教委办公室印发《“五老助双减”工作试点实施方案》。

（乔永）

教育系统老同志喜迎二十大风采展示活动

9月27日，市委教育工委、市教委在东城区少年宫举办“丹心永向党、建功新时代”北京教育系统老同志喜迎二十大风采展示活动。活动包括“回望——初心如磐”“喜迎——丹心向党”“旗帜——晚晴生辉”3个部分，展现一年来教育系统老同志“喜迎二十大、共筑中国梦”系列主题活动成果。活动宣布市委教育工委、市教委成立“北京教育系统老党员先锋队总队”和“特邀党建组织员分队”“高校思政课督导员分队”“高校教学督导员分队”“志愿服务者分队”和“文艺服务分队”5支老党员先锋队专业分队，同时命名北京大学博雅银龄领航团等42支先锋队为“北京教育系统老党员先锋队”。活动线上直播，累计1.5万余人次观看。夏林茂及市委教育工委、市教委、市委老干部局相关领导参加活动。

（杨旭）

《网络新媒体环境下高校关心下一代工作研究》出版

10月，北京教育系统关工委主编的《网络新媒体环境下高校关心下一代工作研究》出版。该书呈现北京教育系统关工委在体制建设、助力青少年思政工作、工作品牌应用、深度参与思政课程和课程思政建设、发挥课程督导和评价作用、发挥特邀党建组织员作用6个方面的理论研究和实践探索，共计213千字。该书4色印刷，16开本，由人民出版社出版，面向大中小学师生发行。

（乔永）

2节课程入选全国“家长学校优质课程”

12月30日，教育部关工委公布全国教育系统关工委“家长学校优质课程”征集推介活动最佳课程和优秀课程，北京2所学校2节课程入选优秀课程。分别是北京市财会学校“如何帮孩子过上经过审视的生活——家庭生涯教育

9月27日，北京教育系统老同志喜迎二十大风采展示活动举办
（市委教育工委相关处室　供）

启蒙”、北京市第十五中学的“家有考生——稳定自己助力孩子”。经各地关工委推荐、专家评审、教育部关工委审定，推介最佳课程 20 节、优秀课程 36 节。

（乔永）

疫情感染高峰期离退休干部服务保障

12 月，市委教育工委、市教委加强新冠肺炎疫情感染高峰期离退休干部服务保障工作。疫情形势严峻时期，教育系统老同志出现药品、试剂盒短缺，拨打 120 急救电话长时间等待，无法及时入院治疗，去世后遗体无处存放、无法及时火化，心理负担重、心情焦虑等突出问题。教育系统各单位及时开展多轮老同志身体状况摸排，加强与独居空巢老同志的日常联系，多方筹措药品和防护物资及时送到老同志家中，帮助老同志解决住院、去世后遗体火化等特殊时期的特殊困难。充分利用面向老同志的宣传平台，开展政策解读和防治科普宣传，帮助老同志及时了解疫情防控政策、调整措施、防治方法等，引导老同志坚定信心、理性应对。据不完全统计，北京高校新冠肺炎病毒感染呈阳性老同志超过 2 万人；至 12 月 31 日，离退休老同志去世 925 人。

（杨旭）

关工委 9 个协作组召开工作会议

12 月，北京教育系统关工委通过线上视频会议形式分别召开 9 个协作组工作会议。各校各区关工委负责人围绕“深入学习贯彻党的二十大精神，以北京教育系统关工委成立 30 周年为契机，推动关工委工作高质量发展”主题，总结交流 2022 年关工委工作。会议从强化思想理论武装、深化品牌活动、助力推进青少年思想政治教育工作、服务青少年健康成长、加强网络新媒体环境下关工委工作、推进关工委基层组织建设、加大宣传力度 7 个方面部署 2023 年工作。北京中医药大学、北京交通运输职业学院、北京市供销学校、中国音乐学院、北京城市学院、北京科技大学、中国地质大学（北京）、朝阳区教育关工委和丰台区教育关工委克服新冠肺炎疫情影响分别承办会议，各协作组共 200 余人参会。

（乔永）

主题教育活动推进

至年底，北京教育系统关工委推进“新时代好少年·强国有我”“读懂中国”“中华魂”主题教育活动。其中，“新时代好少年·强国有我”主题教育读书活动开展线下活动 590 余次，线上提交演讲、征文作品 3.8 万余个，参与“五老”600 余人次，受益学生 15 万余人，实现活动规模和质量的双突破。2022 年“读懂中国”活动以“共话百年奋斗，争做时代新人”为主题，北京 56 所高校收到征文 598 篇、微视频 214 个、舞台剧 5 部，受益大学生 20 余万人。推荐报送教育部关工委的作品中，入选最佳征文 5 篇、优秀征文 25 篇，入选最佳微视频 3 个、优秀微视频 14 个，获奖作品数和获优秀组织单位数为历次最高。2022 年全国“中华魂”主题教育活动线上演讲成果展示活动中，小学组北京 6 人获奖，中学组北京 1 人获奖。

（乔永）

机关党建

概况

2022 年，市委教育工委、市教委机关系统有党组织 132 个，其中党委 8 个、党总支 2 个、党支部 122 个；中共党员 1887 人，其中在职 1403 人、离退休 484 人。市委教育工委市教委机关党委突出政治引领，用习近平新时代中国特色社会主义思想凝心铸魂，加强机关党的建设，认真学习宣传贯彻党的二十大精神，发挥党建引领作用，服务中心大局，推动党建与业务工作深度融合，全力以赴做好机关系统疫情防控工作，抓好重大任务和重点工作推进，推动教育两委机关系统党的建设高质量发展。

推进全面从严治党年度工作任务落实。开展全面从严治党（党建）工作考核动态抽查和党建工作专项检查，编制 2022 年两委机关和直属单位全面从严治党（党建）工作考核动态抽查方案和动态抽查手册，细化 134 条检查指标，对机关党支部、直属单位党组织开展“过筛子”检查，对机关和直属单位党组织书记抓基层党建工作开展述职评议考核。

增强两委机关系统党组织政治功能和组织功能建设。加强政治机关建设，深化教育培训，强化政治引领，落实“看北京首先要从政治上看”要求。严格落实党员领导干部双重组织生活和带头讲党课制度，组织指导基层党组织开好专题组织生活会和民主生活会，开展党员民主评议，开展基层党组织书记述职评议考核，开展两委机关系统“两优一先”评选表彰活动。指导机关党支部和直属单位党组织按时组织换届选举；严格标准条件，做好新党员发展工作；加强党费收缴使用管理。组织开展“学年调研”，推动两委机关干部“在基层、转作风、解难题”，37 个机关党支部选派骨干力量深入教育教学一线蹲点调研。

两委机关系统疫情防控。市委教育工委、市教委根据疫情形势变化和有关防控政策，及时调整完善防控方案和应急预案。组织多次应急演练，制发防疫通知 40 余个，压实机关和直属单位党组织疫情防控政治责任。先后组织 4 批 66 名党员干部下沉社区协助抗疫。宣传下沉干部事迹，新华网等各级各类媒体先后刊播教育两委防疫做法 30 余次。编发机关疫情防控简报 60 期，传达两委工作要求，宣传基层经验做法，展现抗疫一线风采。

（吕晓春　任卫宁）

党史学习教育专题民主生活会

1月25日，市委教育工委市教委机关党委召开两委领导班子党史学习教育专题民主生活会。班子成员围绕“大力弘扬伟大建党精神，坚持和发展党的百年奋斗历史经验，坚定历史自信，践行时代使命，厚植为民情怀，勇于担当作为，团结带领人民群众走好新的赶考之路”主题，按照“学史明理、学史增信、学史崇德、学史力行”和“学党史、悟思想、办实事、开新局”的目标要求，联系首都教育工作实际，围绕“五个带头”作对照检查。两委领导班子成员、市委党史学习教育第六指导组、市纪委市监委第七监督检查室及市委组织部相关负责人17人参加会议。

（吕晓春）

党史学习教育总结会

1月25日，市委教育工委、市教委召开机关系统党史学习教育总结会。会议传达学习中央和北京市党史学习教育总结会精神，集体观看北京市党史学习教育专题片，听取两委机关系统党史学习教育总结报告。两委机关党员干部及直属单位党政主要负责人350余人参加会议。

（宋宇杰）

市委教育工委市教委机关党员代表大会

6月10日，中共北京市委教育工委市教委机关第五次党员代表大会召开。会议审议并通过第四届机关党委题为《忠诚尽职奋进新时代 为首都教育改革发展做贡献》的工作报告和机关纪委工作报告。采取无记名投票、差额选举方式，选举产生中共北京市委教育工委市教委机关第五届委员会委员和纪律检查委员会委员。会议肯定第四届机关党委和机关纪委的成绩和经验，明确未来五年市委教育工委市教委机关党建工作的主要任务。两委机关系统党员代表120余人参加会议。

（吕晓春）

主题党日活动

7月1日，市委教育工委、市教委开展“迎接二十大 奋进新征程”主题党日活动。活动表彰2022年度“两优一先”优秀共产党员、优秀党务工作者和先进党组织，为老党员代表颁发“光荣在党50年”纪念章，邀请“两优一先”代表作交流发言。两委领导班子成员、“两优一先”代表、离退休党员代表、党员发展对象、入党积极分子代表等60余人现场参加活动，直属单位党员代表线上参加活动。2022年度两委机关系统“两优一先”评选由机关党委组织开展，经基层党组织推荐、机关党委研究、市委教育工委审议，共评选表彰优秀共产党员90人、优秀党务工作者29人，先进党组织10个。

（宋宇杰　任卫宁）

两委机关基层党组织书记培训班

8月16日至18日，市委教育工委市教委机关党委举办基层党组织书记、副书记培训班。培训班以提升基层党组织书记履职能力为着眼点，内容包括学习贯彻习近平新时代中国特色社会主义思想，做好新时代党建工作，提升落实《中国共产党支部工作条例（试行）》等党内法规和化解风险的能力素质等。培训班由中国人民大学承办，120名基层党组织书记、副书记和纪委委员、党务工作者参加。

（宋宇杰）

机关处室党支部“学年调研”启动

10月27日，市委教育工委、市教委启动机关处室各党支部“学年调研”。此举旨在推动机关大兴调查研究之风，

6月10日，中共北京市委教育工委市教委机关第五次党员代表大会召开　（融媒体中心　供）

引领机关干部站在基层的角度发现问题、分析问题、提出解决问题的对策，切实做到“在基层、转作风、解难题”。37 个机关处室党支部根据工作特点，选择有在校生的学校基层一线党组织作为结对单位，选派机关干部到结对单位“驻校蹲点”。结对关系为期至少一年。

（任卫宁　付震）

深入学习宣传贯彻党的二十大精神

至年底，市委教育工委、市教委组织两委机关系统深入学习宣传贯彻党的二十大精神。两委机关党委突出教育机关特色，制定学习宣传贯彻方案，通过宣讲会、高校师生宣讲团，督促落实支部组织学习、领导干部讲党课等，掀起学习宣传贯彻党的二十大精神热潮。《擎旗奋进踏征程 踔厉奋发谱新篇——市委教育工委市教委机关系统学习宣传贯彻党的二十大精神综述》等经验材料在《北京机关党建》刊出；北京日报、人民网等媒体报道两委学习宣传党的二十大精神的相关内容 100 余条。

（宋宇杰　刘默）

中共北京市委教育工作委员会书记、副书记、委员

书记　夏林茂
分管日常工作的副书记　张革（2 月任）
常务副书记　郑吉春（2 月免）
副书记　刘宇辉　李军锋（3 月免）
　　　　李奕　沈千帆（7 月任）
委员　曹文军　张永凯　孙其军（2 月任）
　　　柳长安　丁大伟　刘晓明
正局级干部　张雪　郑吉春（2 月任）

中共北京市委教育工作委员会二级巡视员、处室负责人

二级巡视员
王泳（9 月免）　韩宝来　庞成立（8 月任）

处室负责人
办公室主任　王建辉（兼）
中共北京市委教育工作领导小组办公室秘书处（体制改革处）处长　（空缺）
研究室主任　庞成立
党建工作处（巡察办）处长（主任）　赵学智
组织一处处长　姚林修
组织二处处长　宋晓晖
干部处处长　王泳（9 月免）
　　　　　　王建辉（9 月任）
宣教处处长　寇红江
统一战线与群众工作处处长　卢向红（4 月免）
安全稳定工作处处长　庞谦
离退休干部处处长　杜建峰
机关党委专职副书记　马千里
机关纪委书记　邹美凤

中共北京市纪律检查委员会、北京市监察委员会驻中共北京市委教育工作委员会纪检监察组组长、副组长

组长　曹文军
副组长　刘刚　杨威　滕继辉

（本栏责任编校　张晓兰）

政策法规

发展规划

财务

审计

基本建设

后勤管理

信息化管理

校园安全

语言文字

综合管理

INTEGRATED MANAGEMENT

综合管理
INTEGRATED MANAGEMENT

综述

推进教育评价改革

2022年，市委教育工委、市教委统筹推进教育评价改革工作。抓好《北京市贯彻落实〈深化新时代教育评价改革总体方案〉的工作方案》及任务清单、负面清单的落实，重点推进"双减"、义务教育优质均衡发展、普通高中多样化特色发展创建、市属公办本科高校分类发展、职业教育"高质量、有特色、国际化"发展的评价改革。深化学校督导评价改革，构建"1+N"学校督导制度标准体系。制定《北京市中小学德育工作基本要求》《北京市深入推进体教融合实施方案》《关于全面加强和改进新时代学校美育工作的行动方案》等政策文件，推进德育、体育、美育、劳动教育建设。推进招生考试制度改革，试点高中登记入学、中职学校自主招生。开展基础教育评价改革研究。持续改进中小学生综合素质评价。

（张友伟）

义务教育薄弱环节改善与能力提升项目实施

2022年，市教委推进义务教育薄弱环节改善与能力提升项目实施。5月18日，市教委、市发展改革委、市财政局印发《北京市义务教育薄弱环节改善与能力提升项目规划（2021—2025）》。规划提出至2025年底，使北京市义务教育发展更加优质均衡，主要任务包括多渠道增加学位资源供给、加强学校体育和学生健康教育资源建设、推进数字教育基础设施建设、提高校园安全保障能力4个方面。文件明确规划资金及年度安排。市教委、市财政局另于7月21日印发《关于做好义务教育薄弱环节改善与能力提升项目市级补助资金管理工作的通知》，将中小学操场改造、中小学教室灯光照明设备改造、义务教育阶段乡村学校网络基础设施提升、"互联网+明厨亮灶"改造、校园安全视频监控系统升级改造项目纳入义务教育薄弱环节改善与能力提升项目工作范围，按照市区共担、引导推进、分档补助、突出绩效的原则，明确补助标准和对各区的工作要求。至年底，投入市级补助资金7.5亿元；改造中小学操场290余块、201.2万平方米；改造1万余间中小学教室灯光照明设备；更新改造各类中小学监控设备1.5万余路。

（陈彦旭）

市建共管学校建设

2022年，市教委推进市建共管学校建设。9月1日，北京第一实验学校、北京第五实验学校分别借址开学。其中，第一实验学校借址北京市第五中学（通州校区），招收小学一年级、初中一年级各2个班共86人，拥有教职员工98人。2019年5月，经市政府同意，市教委成立第一实验学校，位于北京城市副中心宋庄地区，为九年一贯制学校。至2022年，该校工程建设进入收尾阶段，计划2023年秋季启用。第五实验学校借址北京丽泽国际学校，招收初中一年级4个班149人。拥有教职员工19人。2021年1月，经市政府同意，市教委成立第五实验学校，学校位于丰台区丽泽金融商务区柳村路与万泉寺南路交汇处的东南角，规划一校两址占地7.54万平方米，为十二年一贯制学校，由北京市第十二中学联合总校承办，主要服务于丽泽金融商务区和丰台科技园区人才子女。市委编办另印发《关于设立北京第三实验学校和北京第五实验学校等有关机构编制事项的批复》，同意北京第三实验学校、第五实验学校为市教委所属公益一类事业单位，核定第三实验学校财政补助事业编制153名，其中校长1名、副校长4名，所需编制从北京联合大学调剂；第五实验学校财政补助事业编制221名，其中校长1名、副校长4名，所需编制从北京金隅科技学校调剂。2019年，市教委、市发展改革委、市财政局确定北京市级统筹建设一批优质学校，其中市建共管学校7所，分别为北京学校、第一实验学校、北京第一实验中学、北京第二实验学校、第三实验学校、北京第四实验学校、第五实验学校、北京第六实验学校。

（马辉　杨伟丽　董宁）

智慧教育平台建设推进

2022年，北京市推进智慧教育平台建设。4月19日，教育部办公厅印发《关于开展国家智慧教育平台地方和学校试点工作的通知》，北京成为首批整省试点。市教委制定《关于开展国家智慧教育平台试点工作方案》，印发《关于推荐使用国家智慧教育平台的通知》和《北京市数字教育资源内容审核实施办法（试行）》。完成北京智慧教育平台建设，集成基础教育、职业教育、高等教育、24365大学生就业创业等资源板块，联通国家智慧教育公共服务平台，实现各个学段优质数字资源的整合汇聚和统一供给，包括课程条目11573条，优秀案例、成果展示、资讯信息等素材条目45687条。国家智慧教育公共服务平台由教育部指导、教育部教育技术与资源发展中心（中央电化教育馆）主办，可提供课程资源和教育服务，3月28日，一期正式上线开通。

（张宪国）

良乡沙河高教园区建设发展推进

2022年，市教委推进良乡沙河高教园区建设发展。《北京房山区良乡大学城主园区、拓展东区街区控制性详细规划（街区层面）（2020年—2035年）》《北京昌平区沙河高教园区CP01-0301～0303街区控制性详细规划（街区层面）（2020年—2035年）》分别于6月和8月获市规划自然资源委批复。北京科技大学昌平创新园区纳入沙河高教园区管理。至年底，两个园区入驻高校校舍总建筑面积（含竣工及在建）393.08万平方米，入住学生8.04万人。两个园区2019年至2022年利用市级奖补资金实施项目42个，累计安排资金约23.5亿元，重点用于两个园区市政基础设施、公共服务配套、园区环境品质、科技成果转化、校城深度融合、公共安全服务等方面改善提升。

（黄莹莹）

全面推进绿色学校创建工作

2022年，北京市全面推进绿色学校创建工作。召开北京市绿色学校创建达标验收工作启动会暨专家聘任及培训会议，布置北京市绿色学校创建达标验收工作；召开全市中小学绿色学校创建调度会，全面铺开北京市绿色学校创建验收工作。印发《北京市教育系统“十四五”时期节能减排规划》和《北京市属高校“十四五”时期节能目标分解方案（2021年—2025年）（试行）》。《小学能源消耗定额》（DB11/T 1984-2022）、《幼儿园能源消耗定额》（DB11/T 1985-2022）、《中学能源消耗定额》（DB11/T 1986-2022）3个地方标准实施，修订《大中小幼生均用水定额》。推进教育系统垃圾分类工作，继续开展教育系统垃圾分类示范单位创建工作，加快教育系统生活垃圾分类从“立标杆、树典型”的“引领式”工作方式向普遍推行的“标准式”转变。

（邹翔）

市属高校新校区建设有序推进

2022年，市教委有序推进市属高校新校区建设。建立常态化“周调度”机制，针对重点项目，会同重点部门开展联控联督机制，建立“市、区、校，周、月、季三级调度”机制，全过程管控各类重点工程的实施进展。其中，北京信息科技大学、首都医科大学新校区项目采用“周调度”机制紧抓工期，每周以问题导向邀请相关委办局现场办公、现场调度，解决“卡脖子”难题。信息科大昌平校区科研楼、行政楼等项目竣工，启动学校主体搬迁昌平新校区工作；北京工商大学良乡校区（二期）教学科研楼完成结构封顶；北京城市学院顺义校区（三期）学生宿舍完成主体结构施工，教师宿舍取得施工登记函并于年底开工建设；首医大大兴新校区校本部完成校园规划设计和项目建议书（代可

9月25日，北航沙河校区校园实景

（北航　供）

行性研究报告）编制，首都医学科学创新中心和研究型医院建设方案通过市政府常务会审议，明确用地选址；首都体育学院延庆新校区建设方案通过市政府专题会审议，有序开展规划设计和前期工作；首都师范大学“攀登计划”7月通过市政府专题会审议，明确把教育学部整建制搬迁至良乡校区，良乡校区调整为主校区。

（徐焕喆　李冠宁　傅磊）

规范教育收费

2022年，市教委持续加强规范教育收费工作。2月，组织4184所学校（含幼儿园、相关机构等）开展教育收费自查，自查问题160个；至7月，全部完成整改并清退资金337.39万元。7月至9月，组织对1762家（所）学校、培训机构开展教育收费专项检查，发现并督促整改问题110个，推动退还违规费用2878.45万元。9月，市场监管总局、国家发展改革委、教育部对北京教育收费开展联合督导检查，重点抽查西城区、海淀区各8所学校，检查组充分肯定北京教育收费治理工作。市治理教育乱收费局际联席会议办公室全年接听举报电话2151个，其中直接沟通答复57件、受理举报事项39件、现场督查1件，清退资金2600余万元。

（李新影）

疫情期间加强后勤管理

2022年，市教委加强新冠肺炎疫情期间后勤管理工作。印发《关于全面加强学校厕所及校园环境卫生整治工作的通知》和《关于进一步加强学校厕所疫情防控工作的通知》，督促指导各区教委、各高校进一步做好学校厕所及校园环境卫生整治工作，加强学校厕所疫情防控。印发《关于切实加强2022年学生公寓（宿舍）工作的通知》和《关于进一步规范和加强2022年学校食堂工作的通知》，加强学生公寓和食堂工作的管理，严格落实常态化疫情防控要求。印发《关于做好常态化疫情防控形势下高校食堂保供稳价工作文件的通知》《高校生活物资保供稳价工作方案》《关于进一步抓实抓好学校生活物资储备和保供稳价工作的通知》，保障疫情期间学校生活物资储备的保供稳价工作。

（程增科　常勇）

部分直属事业单位职责明确

1月27日，市委编办印发《关于明确市教委部分所属事业单位职责等有关事项的批复》，明确6个单位职责。分别明确北京市教育档案馆（北京教育博物馆）、北京市少年宫、市委教育工委市教委综合事务中心、北京市教育考试命题阅卷服务中心和北京教育老干部活动中心的主要职责，为北京市教育资产与财务管理事务中心加挂北京市学生资助事务管理中心牌子，并增加“承担国家学生资助政策的落实以及本市学生资助管理的事务性工作”职责。4月27日，市教委发布《市委教育工委市教委所属处级事业单位2022年公开招聘工作人员公告》，招聘对象为列入国家统一招生计划、培养方式为非定向的2022年应届毕业生以及社会人员，招聘程序包括报名、资格审查、线上综合测试、公示等。17家单位计划招聘149人，实际招聘92人。

（杨伟丽　房卫青）

教育信息化“十四五”规划发布

2月28日，市教委发布《北京教育信息化“十四五”规划》。规划包括发展现状与形势分析、总体要求、主要任务、保障措施四部分。明确提出，到2025年，北京教育信息化要实现“七个全面”的发展目标，即教育新型基础设施全面建成、教育大数据应用全面深化、智能化教育管理服务全面普及、师生信息素养和能力全面提升、信息技术与教育教学全面融合、信息化育人环境全面升级、网络安全保障能力全面增强。

（张宪国）

北京教育系统安全生产电视电话会议

4月2日，市委教育工委、市教委召开2022年北京教育系统安全生产电视电话会议。会议传达学习习近平总书记在中央政治局常委会上的重要讲话和中央领导关于安全生产的重要指示批示精神，落实全国和北京市安全生产电视电话会议及市委常委会要求，部署教育系统安全生产工作。夏林茂参加会议并讲话。会议强调，要深刻认识当前做好教育系统安全生产工作的极端重要性，打好教育系统安全生产专项整治三年行动收官战，全面开展安全生产隐患排查整治，压紧压实安全生产责任，加强应急值班和问题处置，牢固树立教育系统“大安全观”理念。市委教育工委、市教委班子成员、各处处长，直属单位相关负责人及各高校党委书记、校长，各区委教育工委书记、区教委主任参加会议。

（付震）

沙河高教园区建设发展理事会第三次会议

4月2日，北京市召开沙河高教园区建设发展理事会第三次会议。会议听取沙河高教园区建设发展、各入驻高校工作进展情况以及有关科研机构、企业意见建议，研究部署下一阶段重点工作。陈吉宁主持会议并讲话。国家发展改革委、教育部等部门和北京市相关单位负责人现场办公，协同推进工作落实。会前，陈吉宁到北京航空航天大学沙河校区察看有关实验室科研进展情况，实地了解科研教学、人才培养和成果转化等工作。夏林茂、卢彦及北航、北京师范大学、北京邮电大学、中央财经大学、中国矿业大学（北京）、外交学院、北京信息科技大学校长或书记参加会议。

（付震）

疫情原因推迟中小学幼儿园五一后返校时间

5月3日，在北京市新型冠状病毒肺炎疫情防控工作第323场新闻发布会上，市教委新闻发言人介绍中小学、幼儿园、中等职业学校推迟返校时间情况。发布会要求各学校做好线上教学工作。6月1日和13日，北京各区非涉疫高三、初三年级学生分别返校；至6月27日，高一高二、初一初二和小学一至六年级全面返校复课。市委教育工委、市教委通过多种方式应对4月底新一轮新冠肺炎疫情。4月22日，北京教育系统安全稳定和疫情防控工作会召开。4月26日，北京教育系统新冠肺炎疫情防控工作领导小组专题会召开，分析疫情防控形势，研究部署“五一”假期校园疫情防控拉网式督导检查工作。同日，市委教育工委召开会议研究教育系统应急隔离点相关工作，主要领导到首都师范大学检查指导家属区疫情防控工作。4月29日，夏林茂以“四不两直”方式前往中央音乐学院检查学校疫情防控和安全生产工作。

（付震　张晓兰）

教材教辅和课外读物排查整改工作方案印发

7月8日，市委教育工作领导小组办公室印发《北京市大中小学教材、教辅和中小学校园课外读物排查整改工作方案》。文件指出，为确保教材建设正确政治方向和价值导向，根据中央教育工作领导小组秘书组统一部署，北京市组织开展大中小学教材、教辅和校园课外读物排查整改工作，切实排除教材领域风险隐患，建立健全教材监管长效机制，进一步压实部门工作责任，坚决守好教材工作的坚强阵地。

（高众）

首次开展教育行业网络安全攻防演习

7月25日至31日，市教委、市委网信办联合开展北京市教育行业首次网络安全攻防演习。演习邀请15支攻击队重点针对40家教育单位的门户网站、电子图书馆系统、教务管理系统、就业系统等5类80个系统展开攻击检验。累计发起725万余次攻击，收到有效攻击成果报告59份，17家单位不同程度地被攻击成功，发现重大安全隐患26个；25家防守单位严密组织防守，收到有效防守报告55份。演习深度排查安全隐患，检验安全防护和应急处置能力，锻炼工作人员队伍，增强网络安全意识。北京建筑大学、北京电子科技职业学院、首都体育学院、北京工业职业技术学院、北京服装学院、北方工业大学、北京联合大学、北京青年政治学院获评网络安全攻防演习防守优秀单位，北京联合大学、北京网络职业学院、北京工业大学获评网络安全攻防演习攻击优秀单位。

（张如双　徐晶）

北京高校暑期工作会

8月21日至22日，市委教育工委、市教委召开2022年北京高校暑期工作会。会议引导北京高校在推进新时代首都发展的进程中，适应发展需求，找准契合点和突破口，更好融入和服务构建首都新发展格局。会议邀请教育部副部长翁铁慧作题为《学习贯彻习近平总书记关于教育的重要论述 深入推进首都高等教育高质量发展》的主题报告，邀请市发展改革委主任穆鹏、市科委主任许强作专题报告。卢彦主持会议，夏林茂参加会议并讲话。夏林茂强调，首都高校要准确把握首都高等教育发展的新形势、新要求，紧密围绕新时代首都发展需要，转变观念，抢抓机遇，深化供给侧结构性改革；全面贯彻党的教育方针，落实立德树人根本任务，提高人才培养与经济社会需求的匹配度，推进有组织科研范式转变，提升高校科研创新和社会服务能力，优化资源结构，强化师资队伍建设，积极推动首都高等教育内涵发展、特色发展、差异化发展。会议采取线上线下相结合的方式。教育部及市委、市政府有关领导，市相关部门负责人，93所在京高校党委书记、校长在主会场参会；全体在京高校其他领导班子成员，两委和直属单位相关负责人在各分会场参会。

（付震）

教育部与北京市签署留学人才回国服务示范区合作框架协议

8月26日，教育部与北京市在HICOOL2022全球创业者峰会开幕式上签署《留学人才回国服务示范区合作框架

6月13日，北京市非涉疫初三年级学生返校。图为广渠门中学初三学生步入校园　　（东城区教委　供）

协议》并为留学人才回国服务示范区揭牌。根据协议，双方共同加大对海外留学人才的引进和服务力度，助力北京建成世界人才高地。HICOOL2022 全球创业者峰会在中国国际展览中心举行，蔡奇、怀进鹏、殷勇参加开幕式并致辞。开幕式前，与会领导共同调研峰会展览展示区，深入了解北京市吸引海外高层次人才工作情况以及教育部“春晖杯”中国留学人员创新创业大赛有关情况。

（付震　张晓兰）

北京市基础教育工作会

8 月 29 日，市委教育工委、市教委召开北京市基础教育工作会。会议强调，要牢牢把握基础教育高质量发展要求，全面落实立德树人根本任务，坚持“五育并举”，坚持优先发展教育事业，大力促进教育公平，深化涵盖幼小初高各学段的全链条综合改革，积极推动基础教育数字化转型，不断推进基础教育评价改革。要做好“双减”后半篇文章，推动学科类校外培训常态监管、精准治理，严厉打击隐形变异等违规培训，加快推进义务教育优质均衡发展，在区域资源统筹、课堂质量、教学规范、课业辅导、作业设计上下功夫，不断提高课后服务水平，持续完善家校社协同育人机制。要加强党对教育工作的全面领导，落实好中小学校党组织领导的校长负责制，加强高素质、专业化干部队伍建设，深入推进校长教师交流轮岗，牢牢树立干部教师规矩意识、服务意识、法治意识和接受监督意识，不断提升教育治理能力和水平。夏林茂参加会议并讲话。朝阳区、海淀区、通州区、密云区主管领导作会议交流发言。会议以线上线下相结合形式召开，市委教育工委、市教委班子成员，各区委区政府主管领导，相关直属单位负责人在主会场参会。

（付震　张晓兰）

疫情原因精准调整教学方式

11 月 21 日，因新冠肺炎疫情，多区精准调整教学方式。朝阳、经开区全部线上教学；西城、通州、房山、大兴、怀柔区和燕山地区除初三、高三年级外，其他年级线上教学；东城、海淀、丰台、石景山、门头沟、顺义区除高三年级外，其他年级线上教学；昌平区多数镇街学校转为线上教学，高中学校的高三年级继续线下教学；平谷、密云、延庆区继续保持正常线下教学。

（付震　张晓兰）

新增中小学学位 35895 个

至年底，市教委通过新建改扩建、接收居住区配套等方式扩增中小学学位。9 月 1 日，24 所学校投入使用；12 月，新增 6 所学校投入使用。累计新增学位 35895 个，其中小学学位 22160 个，超额完成年度民生实事任务。

（吴继光）

政府信息公开

至年底，市教委继续做好政府信息公开工作。市教委通过官网主动公开文件 339 件，其中规范性文件 13 件。通过官方微博、微信公众号“首都教育”发布北京市 2022 年义务教育入学政策、义务教育阶段学科类校外培训收费管理办法等规范性文件的解读文章 154 篇。及时开展政策性文件向社会公开征集意见工作，发布公开文件草案、具体情况说明。定期公布 2022 年决策事项目录，在市教委官网设立“征集调查”专栏，对《北京市教育评估监测管理暂行办法》《北京市民办义务教育学校收费管理办法（试行）》等涉及公众切身利益、需要社会广泛知晓的重大决策公开征求意见，增强决策的科学性。通过抖音、快手“首

9 月，景山学校通州分校建成投用
（市教委相关处室　供）

都教育”平台回应中小学幼儿园抗击疫情、中高考等热点问题，快手播放量达 510.7 万次。市教委新闻发言人回应解答 2022 年中高考、中小学幼儿园返校返园等相关问题，总阅读量超 2000 万次。受理依申请公开事项 133 件，全部依法按期答复；行政复议 1 件，维持原告知书。

（王利利）

社会组织管理

至年底，市委教育工委、市教委加强社会组织管理工作。审核完成市教委作为业务主管部门的 118 家社会组织 2021 年年检年报工作。组织市委教育工委、市教委作为业务主管部门的 46 家教育社会组织开展市级社会团体分支（代表）机构专项整治行动。完成 75 家教育社会组织换届、章程核准、法人变更等审核备案工作。

（杨馨珠）

教育系统接收非北京生源毕业生 1409 人

至年底，北京教育系统接收非北京生源毕业生 1409 人。根据市人力资源社会保障局 2022 年接收非北京生源毕业生工作要求，完成对市属高校、直属单位、城六区教委的非北京生源计划分配、网上材料审核申报以及进京落户手续办理等工作，全年接收非北京生源毕业生 1409 人。

（房卫青）

办结人大代表建议及政协提案 353 件

至年底，市教委协调办理人大代表建议、政协提案 353 件。其中，会上 328 件、会下 25 件；人大代表建议 97 件、政协提案 256 件；单（主）办 174 件、会办 176 件、参考 3 件。热点内容涉及“双减”提质增效、落实三胎配套支持政策的托幼及学前教育、加大校外教育培训管理协调力度、促进教育公平、科技转化为生产力更好服务社会、职业教育认可度、促进港澳台学生交流、推动教育质量提高和加强师资队伍建设、教师减负等。建议提案均按要求办结，代表委员对办理答复均为满意。市教委被评为北京市 2018—2022 年办理人大代表建议、政协提案工作先进单位。

（董景涛）

受理群众信访 2970 件

至年底，市教委信访部门受理群众信访事项 2702 件。其中，办理群众来信 893 件；办理市政风行风转办件 12 件；接待来访群众 966 人次。信访机构和责任单位信访事项及时受理率分别为 99.66% 和 99.30%，信访事项按时办结率 99.85%。市教委另受理办结“网上信访诉求”1099 件，受理复查（复核）信访事项 30 件。

（胡武燕　张宇）

机关档案管理工作

至年底，市教委完成年度机关档案管理工作。市教委接收各类机关档案 228 卷 2609 件（包括声像档案 69 个，光盘 19 张），修复历史文件 41 份。新构建的市教委档案管理系统通过项目终验，数字签名、预归档、在线接收、到期档案鉴定销毁、档案利用等功能运行安全稳定。配合市司法局行政规范性文件平台建设，提供 303 份文件电子版；完善市教委机关数字档案室建设相关制度，制定《数字档案资源备份与应急恢复管理制度》《数字档案室人员工作岗位职责应用系统维护和安全管理制度》《归档电子文件整理规则》《电子档案鉴定销毁制度》《电子档案管理系统“三员”管理制度》《档案在线利用制度》《档案工作应急处置预案》。

（王薇）

市教委获评年度教育信息工作先进

至年底，市教委分别被教育部、市委评为“2022 年度教育信息工作先进单位”“2022 年度信息工作成绩优异单位”。市教委全年向教育部及市委、市政府报送信息 883 条次，被采用 295 条次。其中，中央办公厅、国务院办公厅采用 4 条，教育部采用 32 条，采用量在各省级教育行政部门名列第二；市委、市政府采用 259 条，在全市各委办局排名第一。

（李师）

政策法规

概况

2022 年，北京教育政策研究和法治工作以迎接、学习、贯彻党的二十大精神为主线，围绕首都教育改革发展和新冠肺炎疫情常态化防控高标准推进。

做好政策研究和调研服务。落实中央和市委、市政府关于教育工作的新任务新要求，做好重要讲话文稿起草工作，主持起草文稿 50 余篇 30 余万字。提升调研服务支撑能力，加强前瞻性研究，编印《教育决策参考》5 期。开展教育法治研究，完成“家庭参与开展青少年法治教育”教育部课题和“法治教育评价研究及评价指标体系构建”“北京市中小学依法治校情况调研”等处级课题。与北京市第四十四中学党支部开展联建调研活动，以“教育评价为牵引，探索构建校园全要素育人体系”为主题，以基础教育评价改革研究项目和依法治校基本标准检查为抓手，助力学校高质量发展。制发《进一步加强首都教育标准体系建设的工作方案》，持续做好教育标准化工作。

全面推进依法行政。清理规范教育系统权力清单，全面实行行政许可清单制管理，明确市区两级教委 13 项教育行政许可事项；清理规范证明事项，在市教委原有 3 项事项证明的基础上再取消 2 项，仅保留 1 项。发挥法律顾问专业优势和决策咨询作用，审查民事合同、法律文书210件。持续优化营商环境。充分发挥专班作用，统筹协助完成北京市营商环境建设5.0版重点任务和试点改革任务10项。全年完成2项法规文件专项清理，印发行政规范性文件10个，完成30项有关法律法规及规范性文件意见征询工作。组织开展公平竞争政策宣传周活动，用教育官网、微博、微信公众号等政务新媒体转发专题页面和短视频，微博阅读量达6.2万次，“首都教育”快手播放量达90000次。持续开展《北京市实施〈中华人民共和国民办教育促进法〉办法》修订立项论证调研，向市司法局报送立项论证申请报告。开展2项政府规章立法后评估。落实行政执法制度3项，全面推行“双随机 一公开”执法检查，全系统年执法检查总量超2万件。办理教育行政案件65件，其中学生申诉案件5件、教师申诉案件12件、行政复议案件18件、被复议案件14件、诉讼案件16件。印发市委教育工委、市教委《公职律师制度实施方案》。持续开展“法治能力提升工程”，全面落实领导干部学法制度。

着力推进依法治校。加强学校章程建设，编制印发《市属高校章程修订与核准工作指引》，建立健全章程修订审核专班工作机制和专家组支撑机制，在全国率先完成市属高校新一轮章程修订。修订高校党建和思想政治工作法治测评内容，完善高校依法治校检查督导工作机制。举办全市高校依法治校网络培训班，200余人参加培训。组织开展中小学依法治校基本标准达标验收，抽检9个区，开展线上检索、集中汇报、实地检查、座谈和问卷调研，形成工作报告和逐校情况报告，推动中小学依法治校示范校创建。组建由市教委与公、检、法、司四部门共同协作的中小学法治副校长工作团队，牵头完成百名新任中小学幼儿园法治副校长（副园长）任前培训，完成全市法治副校长人员库基本数据收集。教育部推广北京市第二中学法治副校长工作经验。贯彻落实学生伤害事故处理办法，在全国率先设立并启用北京市学生伤害事故调解中心，经验做法被中央教育工作领导小组秘书组刊发推广。

深入开展法治宣传教育。落实教育系统“八五”普法规划要求，持续开展“学宪法 讲宪法”活动，北京代表队在第七届全国学生“学宪法 讲宪法”活动全国总决赛中名列前茅，137.4万余名大中小学生成为“宪法卫士”。开展“我与宪法”微视频、优秀法治作品征集、宪法演讲、宪法知识竞赛等系列活动。国家宪法日和宪法宣传周期间，全市各级各类学校百余万名师生参加宪法学习宣传441场次。常态化开展法治作品征集、法治开学第一课、干部教师三级培训和旁听庭审活动。

（李明海　朱迎）

习近平总书记关于教育重要论述专题学习活动

2月10日，市委教育工委、市教委举办“学习大讲堂”，专题学习习近平总书记关于教育重要论述。活动邀请教育部政策法规司司长作辅导报告。报告阐释习近平关于教育重要论述的核心要义和实践要求，强调要做到知其言更知其义，增强贯彻落实的思想自觉和行动自觉。两委领导、全体机关干部、直属单位党政负责人近百人参加学习。

（朱迎）

5次会前集体学法

4月8日、7月6日、8月23日、8月30日和10月27日，市教委组织5次主任办公会会前集体学法活动。活动分别邀请市统计局、北京师范大学、市审计局、市信访办相关人员就坚持依法统计、学习贯彻新职业教育法、新修订的《中华人民共和国审计法》《信访工作条例》作专题辅导报告。市教委班子成员及各处处长参加学习。

（朱迎）

8月26日，延庆区教委举办中小学幼儿园法治副校长聘任仪式
（延庆区教委　供）

第九届全市师生法治教育作品征集活动

5月，市教委启动第九届全市师生法治教育作品征集活动。活动通过“丘瑞斯”北京市学生在线活动平台开展，突出宪法教育主题，增设“我的宪法故事”征文，关注法治教育与艺术创作特色和民法典、依法科学防疫、青少年自护等法治宣传内容。收到各区及51所高校作品6081件，为历年最多。经单位个人自荐、专家评审、市级终审等程序，评出一等奖64件、二等奖95件、三等奖164件。

（朱迎　李英格）

中小学依法治校达标抽检

5月至12月，北京教育科学研究院完成中小学依法治校达标抽检。抽检工作参照《北京市中小学依法治校基本标准》72项三级指标，通过线上检查、入校检查、问卷调查方式，完成16个区28所推荐校、8所抽检校的线上检查和9个区16所学校的入校抽检。抽检结果显示，除结果判定为“完成”的,其余均为“未查询到相关信息”，没有“未完成”情况。线下抽检结果显示，16所学校全部通过达标验收，认定依法治校基本标准达标工作已基本实现。

（邹敏）

市属高校章程建设工作推进会

6月16日，市教委召开市属高校章程建设工作推进会。会议以视频形式召开，研究部署市属高校章程修订工作，通报前期高校章程建设中存在的问题，明确工作改进要求，并强调各校要处理好疫情防控与推进章程建设的关系，按照统一部署，明确时间节点，加快推进章程修订工作。市教委相关业务处室负责人及32所相关高校主管校领导和负责人参加会议。

（杨俊）

规范性文件库建设

7月，市教委启动教育行政规范性文件库建设。完成市教委313件文件的梳理、信息核对和文本上传至市级文件库的任务。在市教委官网公布260件现行有效规范性文件目录和41件宣布失效规范性文件目录。将合法性审核、公平竞争审查、性别平等评估纳入市教委公文办理OA系统，形成集中统一、共享共用、动态更新的数字化文件库，助力机关提升治理服务效能。

（李群伟）

中小学幼儿园新任法治副校长（副园长）持证上岗

9月，北京市所有新任市级中小学幼儿园法治副校长（副园长）全部持证上岗。根据要求，所有新任法治副校长任职前要完成不少于8学时培训。市教委联合北京师范大学举办全市中小学幼儿园新任法治副校长（副园长）网上培训，邀请北师大专家和来自公检法机关的优秀法治副校长代表，围绕新修订的《中华人民共和国家庭教育促进法》、教育心理学基础、如何上好法治课等内容授课。来自市公安局、北京高院、市检察院等单位的40名新任法治副校长参加本次培训并结合工作实际对《中小学法治副校长工作评价指标》研提意见建议。培训结束后，市教委为参训人员颁发《任前培训合格证》，实现市级派出机构新任中小学幼儿园法治副校长（副园长）全部持证上岗。

（朱迎）

学生校园伤害事故纠纷调解和研究中心运行

10月20日，市教委印发《关于开展学生校园伤害事故纠纷专业调解工作的通知》，标志全国首个省级学生校园伤害事故纠纷第三方调解组织北京市学生校园伤害事故纠纷调解与研究中心开始运行。文件明确中心主要职责、受理范围、受理方式等，同时印发委托调解函、委托调解申请书样式要求。市教委通过政府购买服务方式，经招标比选将调解中心设立在北京青少年法律援助与研究中心（北京市致诚律师事务所）。

（朱迎）

在全国学生“学宪法 讲宪法”活动中获奖

11月28日至12月1日，北京代表队在第七届全国学生“学宪法 讲宪法”活动全国总决赛中获奖。总决赛通过线上方式开展，经过主题演讲、命题演讲2个阶段，北京选手获宪法演讲各组别一等奖和知识竞赛团体二等奖，同时获个人赛冠军1个、季军2个、一等奖3个、三等奖1个，为历年参赛最好成绩。市教委获第七届全国学生“学宪法 讲宪法”活动优秀组织单位，并收到教育部表扬信。年内，北京市在争当“宪法卫士”活动中通过在线学习与测评产生“宪法小卫士”137.4万人，学生总体参与率61%；5月，依托“丘瑞斯”北京市学生在线活动平台开展宪法演讲比赛，累

11月15日，北京教科院开展中小学依法治校达标抽检工作

（北京教科院　供）

计收到学生主题演讲作品数千件，覆盖各级各类学校。

（朱迎　滑经纬）

市属公办高校新修订章程全部核准完成

至 11 月，市教委完成 32 所市属公办高校新修订章程的核准工作。此轮修订旨在将坚持和加强党的全面领导写入章程，推动党和国家对高等教育的新精神新要求进章程，同时要求学校结合建设发展实际开展修订工作。市教委编制印发《市属高校章程修订与核准工作指引》，建立健全章程修订审核专班工作机制和专家组支撑机制，梳理完善工作流程，保障章程审核网上通办有效实施。2021 年，市教委已完成 6 所市属高校章程修订的核准。至此，市属公办高校新修订章程核准工作全部完成。

（杨俊）

政府规章立法后评估

12 月，市教委开展两项政府规章立法后评估工作。市教委委托中国人民大学、首都师范大学，通过调研座谈会、专家论证会、实施情况调研等方式，对《北京市教师申诉办法》《北京市人民政府关于对违反师范毕业生服务期制度者追缴专业奖学金和培养费的规定》开展立法后评估。其中对追缴专业奖学金和培养费规定的调研评估面向有师范生培养职能的 9 所学校开展全样本问卷调查，发放问卷 5500 份，回收 5325 份。评估组认为应对该规章予以保留，并有必要在此基础上对规章进行较大幅度的修改。

（李群伟）

北京市实施民办教育促进法办法修订工作推进

至年底，市委教育工委、市教委开展《北京市实施〈中华人民共和国民办教育促进法〉办法》修订立项论证调研。两委成立修法专班，市人大、市司法局提前介入修法工作，委托北京教育科学研究院开展前期调研。制定修法工作方案，组织编印《民办教育法律法规文件汇编》，编写北京市民办教育发展基本情况、外省市民办教育地方立法梳理、实施办法条款修改理由与依据、北京市校外培训治理与立法问题分析等。开展修法调研，面向区教育行政部门和中小学开展问卷调查，赴北京经济技术开发区实地调研民办学校发展状况，召开民办学校校长座谈会。两委另组织召开修法推进会和委办局修法研讨会，协助市人大召开 20 所民办学校和校外培训机构参加的立项论证调研会。

（李群伟）

发展规划

概况

2022 年，北京教育发展规划工作坚持“一体规划、一体布局、一体推进”，在服务首都城市发展、增强学校办学实力、提升人民群众获得感上取得成效。

以首都发展为统领，统筹优化各类招生结构。引导高校招生向优势特色专业、新兴交叉专业和首都发展急需专业倾斜。调整市属高校本科招生计划 4105 个，调整比例 11.8%。围绕国际科创中心建设需求，制定各市属高校招生结构优化目标，扩大市属高校研究生培养规模，专业型博士占博士研究生招生总计划比例同比增长 9%。申请 173 个博士研究生招生计划，支持新型研发机构建设。

以学生为中心，做好考试招生服务。统筹疫情防控与考试组织工作，全年组织市级教育考试 20 余项，涉及考生约 133 万人，确保“应考尽考”。首次开展普通高中登记入学和中等职业教育自主招生试点。安排 450 个农村专项高招计划、150 个乡村教师计划，继续实施农村落榜考生专项计划。

以疏解非首都功能为“牛鼻子”，强化区域教育联动发展。推进北京电影学院、北京信息科技大学等高校新校区建设，提前超额完成年度“疏整促”任务，共向城六区外疏解学生 9000 余人。落实“十四五”时期京津冀教育协同发展总体框架协议，协调推进雄安新区和北京城市副中心教育全方位协同合作。

推进院校调整。落实市委编办批复，完成北京青年政治学院划转至市教委相关工作。提请市政府审议《北京市“十四五”时期高等学校设置规划（草案）》并向教育部正式报送，推荐北京电子科技职业学院整建制升格为本科层次职业学校。协调相关部门，推动相关独立学院转设工作。

（吴洁）

2 所高校被调整

1 月 7 日，市委编办印发《关于调整部分局级事业单位的通知》，涉及 2 所高校。其中，北京联合大学继续教育学院不再作为按厅局级管理的高校；设立北京青年政治学院，作为市教委管理的高校；北京市团校不再保留“北京青年政治学院”牌子。3 月 2 日，北青政经市委编办核定财政补助事业编制 269 名，局级领导职数 2 正 6 副。7 月 7 日，市委编办增加学校财政补助事业编制 86 名，所需编制从北京联大旅游学院调剂。调剂后，北青政编制增至 355 名，北京联大旅游学院编制从 346 名减至 260 名。北青政前身为 1956 年创建的中国共产主义青年团北京市团校；1985 年，市政府决定在市团校基础上筹建北京青年政治学院；1986 年，学校正式招生。北京联大继续教育学院是北京联大下属二级学院，主要开展成人高等学历继续教育和非学历继续教育。

（杨伟丽　李佳琦　崔晶）

深化招生专业“灰名单”制

至年底，北京市深化招生专业“灰名单”制。为推动市属高校分类发展，引导高校优化人才培养结构，市教委确定 2022 年“灰名单”招生专业 46 个，比上年增加 23 个。调整市属高校招生计划 4105 人，占招生总计划 11.8%，部分“灰名单”专业实现停招，20 所市属高校建立招生计划动态调整长效机制。部分高校以落实“灰名单”为契机，重组优化校内外资源，将经费划拨、人员编制、资源调配等与“灰名单”机制挂钩，加速内部管理机制、人事制度、考核模式等综合领域改革。

（王鑫）

疫情防控形势下各类考试招生组织

至年底，市教委坚持把考生利益放在首位，统筹做好新冠肺炎疫情防控形势下各类考试招生组织。一是中高考和研究生考试实现应考尽考。制定系统性防疫、安全和应急处置等方案，细化工作措施。中高考将考点延伸布局到部分集中医学观察场所和医疗救治场所，创新性设立22个封管控考点，考点数量、考务人员数量均比上年增加100%；考前40天起每天“一对一”对涉考人员进行摸排，排查600余万人次；针对极端场景提前制定应对措施，各项预案全部启用并发挥有效作用。研究生考试创新探索校地协同组考新模式，在同一考点“一类一策”分类设置考场，完成近8000名外省考生借考、1万余份自命题试卷流转。二是探索常态化疫情防控下线上考试组织新方式。在专升本考试和成人学位英语考试中，首次创新性通过线上组织2.8万人参加考试，考试秩序平稳、效果良好。全年完成全市范围重大教育考试24项，涉及考生133万人次。

（王鑫）

多措并举保障农村考生升学机会

至年底，市教委多措并举保障农村考生升学机会。扩大农村专项计划高招规模，450名农村考生通过专项计划录取到市属本科高校；继续面向农村户籍落榜考生实施专项招生，政策惠及166名考生；安排乡村医生招生计划150人、面向郊区医学人才招生计划140人、乡村教师定向培养招生计划55人。

（王鑫）

市属高校综合改革方案编制

至年底，首都医科大学、首都师范大学、北京工商大学综合改革方案编制完成并经市政府会议审定。3所高校通过编制实施综合改革方案，统一思想认识，明确学校办学定位，确定人事制度、人才培养、科学研究等重点领域改革方向和举措，带动市属高校分类发展、特色发展、优势发展的路径更加明晰。

（孙运科）

财务

概况

2022年，北京市级财政拨款教育经费预算352.75亿元，其中市本级预算单位216.33亿元、市对区转移支付资金136.42亿元。市教委机关事业及所属事业单位2021年决算显示，全年收入281.42亿元，包括财政拨款223.50亿元；支出289.54亿元。

市委教育工委、市教委财务工作围绕年度工作要点，牢牢把握保障和规范的原则，逐步提高管理水平，顺利完成各项工作任务。

完成决算编报、预决算公开、预算编制，全市高校、中小学及教育事业单位完成2021年教育经费统计数据汇总和审核等工作，形成2021年全市教育经费统计完整数据。印发《北京市义务教育薄弱环节改善与能力提升项目规划（2021—2025）》《关于进一步做好采购义务教育阶段校外优质教育资源有关工作的意见》《关于调整义务教育免费教科书补助经费部分管理政策的通知》《调整市教委所属高等院校国有资产处置权限实施细则》等制度性文件。

严管理，强监督。落实审计署学生资助审计等整改工作，完善学生资助系统和各项管理制度。完善“七有”“五性”

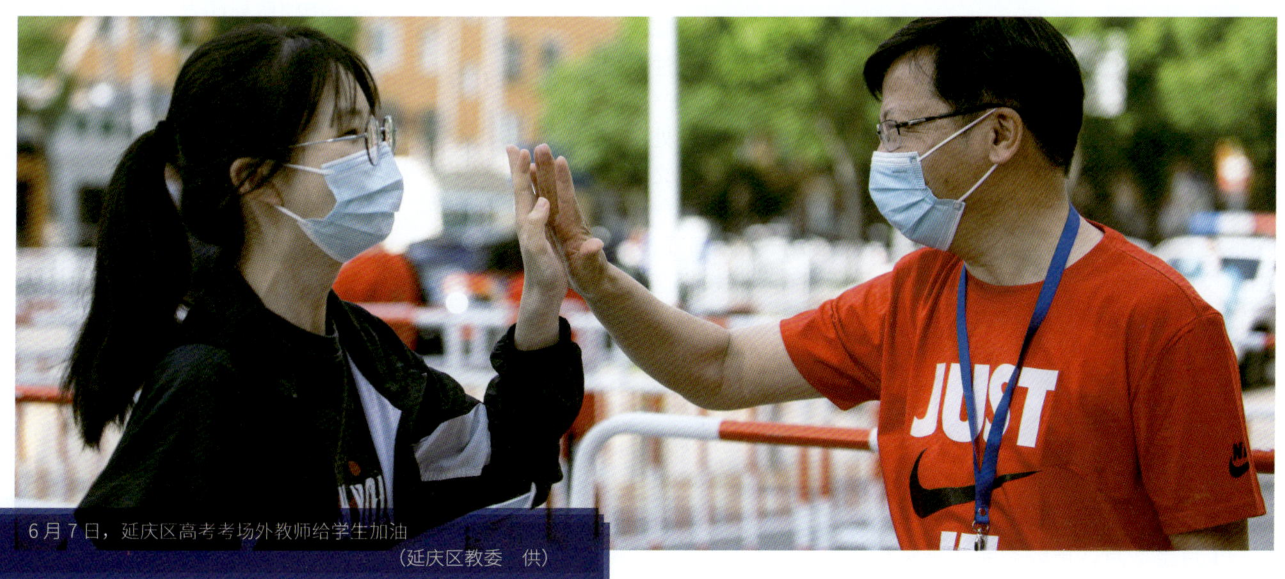

6月7日，延庆区高考考场外教师给学生加油

（延庆区教委　供）

评价指标，将“财政教育支出增长情况及占一般公共预算支出比例”加入考核，压实各区教育投入主体责任。完善内控建设，修订机关内控近 100 个流程图，完善 5 项制度；研究教育系统内控体系，指导各单位完善内控管理。开展市属高校财务管理考评。加强财务工作制度化建设，坚持把出发点和落脚点放在推动工作、落实工作上。严格落实各项规定，完善内部管理制度，严格会议培训、材料印刷、政府采购等支出项目管理，降低行政成本。统筹安排会议活动，控制规模、经费，优化议程，厉行勤俭节约，精简会议活动，压缩会议时间。

保重点，调结构。围绕 2022 年度工作重点，坚持“调结构、保重点、建制度、促规范、强管理、提绩效”总原则。一是统筹职能，整合教师培训类项目，整体规划，协同推进；整合基础教育信息化类项目，整合同类软件开发，实现共享。二是统筹学段政策，整合市属高校“双一流”、高精尖学科和一流专业项目，统一安排，打捆使用。三是统筹资金，统筹利用好市级资金、中央资金和单位自有资金，对于未明确具体支持单位和支出范围的，可统筹安排。通过调整结构保障新出台的岗位绩效工资政策、市属高校分类发展、首都医学科学创新中心以及参加课后服务教师绩效激励等。

建制度，促规范。收入上，放开高校自费来华留学生收费标准，由学校结合成本自行确定；进一步规范义务教育阶段艺术、体育等专业的学生学杂费管理，强化免学费属性。支出上，完善学前教育经费补助政策，分区分档精准补助；制定幼儿园开设 2～3 岁托班补助政策，鼓励试点；明确新建市建共管优质校开办费和人员公用经费运转经费保障标准；制定市属高校分类发展项目经费管理办法，引导高校在不同类型和不同领域办出特色、争创一流。

（李高远）

调整高校国有资产处置权限

1 月 12 日，市教委、市财政局印发《调整市教委所属高等院校国有资产处置权限实施细则》。细则明确，一次性处置账面原值合计在 800 万元以上（含 800 万元）的资产处置事项，经市教委审核后，报市财政局审批；一次性处置账面原值合计在 500 万元（含 500 万元）至 800 万元之间的资产处置事项，由市教委审批，报市财政局备案；一次性处置账面原值合计在 500 万元以下的资产处置事项，由高校自行审批。此举旨在提升市教委所属高等院校资产处置管理效率，解决学校资产处置的实际困难。文件自 1 月 1 日起施行。至 12 月，市教委备案所属预算单位报废资产 28772.27 万元。

（侯艳艳　孔凡娟）

决算编报

1 月至 2 月，市教委完成所属预决算单位 2021 年决算数据审核、汇总、上报工作。决算数据包括市教委机关事业及所属 56 个事业单位（含 25 所市属高等院校、5 所中等专业学校、26 个直属单位）。数据显示，2021 年决算全年收入 281.42 亿元，包括财政拨款 223.50 亿元，支出 289.54 亿元。市教委另于 8 月印发关于 2021 年度部门决算的批复，批复各预算单位 2021 年度部门决算。

（李奇）

预决算公开

3 月至 9 月，市教委完成相关财务预算决算公开。3 月，向社会公开 2022 年部门预算收入支出总体情况、“三公”经费、政府采购、政府购买服务、机关运行经费、项目支出绩效目标以及义务教育“双减”、高精尖创新中心项目预算情况；9 月，向社会公开 2021 年部门单位职责、机构设置、收支决算、“三公”经费、机关运行经费、国有资产占有使用、政府采购、政府购买服务、绩效评价等决算信息。市教委制定相关公开文件，严格把关，加强数据材料审核，确保公开数据真实可靠。

（齐婷　李奇）

支持采购义务教育阶段校外优质教育资源

5 月 20 日，市教委、市财政局、市经济和信息化局印发《关于进一步做好采购义务教育阶段校外优质教育资源有关工作的意见》。意见包括总体要求、采购内容和方式、组织保障三部分。意见同时印发《采购校外优质教育资源指导性目录》，明确采购内容包括课程资源类、管理服务类、其他资源类。文件支持各区教委、学校立足教育教学需要，按照集中集约原则，采购优质校外教育资源与校内资源形成优势互补。

（陈彦旭）

完善义务教育免费教科书补助经费管理政策

7 月 20 日，市教委、市财政局印发《关于调整义务教育免费教科书补助经费部分管理政策的通知》。文件明确，自 2021 年秋季学期起，调整小学《科学》、初中《信息技术》为非循环使用教科书；自 2022 年秋季学期起，国家规定课程循环教科书三年一循环变为两年一循环，补助政策更加完善。

（陈彦旭）

预算编制

10 月至 12 月，市教委完成所属预算单位及市对区教育补助 2023 年预算的审核、汇总、上报工作。市本级预算包括市教委机关事业及所属 55 个事业单位（含 25 所市属高等院校、5 所中等专业学校、25 个直属单位）。市教委 2023 年部门预算资金 369.4 亿元，其中市本级财政预算资金 230 亿元、市对区教育转移支付资金 139.4 亿元。

（齐婷　陈彦旭）

审计

概况

2022 年，北京市教育系统内部审计工作围绕全市教育改革发展中心工作，推进教育系统内部审计监督单位全覆盖。完成重大政策跟踪审计、财务收支审计、经济责任审计等审计项目 3005 个，发现问题 4182 个，健全完善制度和优化业务流程 1165 项。加强审计整改和结果运用，开展审计整改跟踪检查和“回头看”，持续完善审计提示警示机制，编制审计问题案例清单，加强教育系统审计工作指导和监督。开展内部审计工作评价，组织市教委机关和两委所属 26 家直属单位开展内部审计项目质量自查。继续开展市教委机关经济活动风险评估、内部控制评价。教育系统 75 个单位中设置独立内部审计机构的单位 40 个，专职审计人员 175 人。市教委“关于对 2018—2020 年北京市市对区促进基础教育事业发展（学前学段）专项转移支付资金政策绩效的审计”项目在全市内部审计质量检查中名列前茅，对委托中介机构审计质量控制纳入北京市内部审计机构负责人研修班课程计划，“研究型审计助力学前教育高质量发展”被中国内部审计协会评为“内部审计探索研究型审计实践案例”。

（张作勇）

市教委机关内部控制评价

1 月至 2 月，市教委完成机关 2021 年内部控制评价。内部评价工作由审计处牵头，联合机关党委、机关纪委组成内部评价工作小组，通过查阅资料、访谈、实地查看等方式开展。评价工作涵盖单位层面、业务层面、信息化层面内部控制的 147 项评分点，共发现问题 7 个、提出建议 7 条。

（张未）

新一届特约审计员选聘

3 月，市教委选聘 2022—2025 年特约审计员 35 人。经单位推荐、相关处室评审并报市教委主要领导批准，从各区教委、市属高校和直属单位遴选业务骨干 35 人为市教委 2022—2025 年特约审计员。市教委全年共抽调 9 名特约审计员参加 11 个审计项目，以审代训，加强教育系统审计人员队伍建设。

（荣中华）

审计问题案例清单印发

3 月，市教委印发《北京市教育系统 2021 年审计问题案例清单》。清单旨在完善审计提示警示机制，在综合分析 2021 年审计发现的问题基础上，筛选具有普遍性、代表性案例，指导各单位加强内部控制、防范经济风险。清单收集审计案例 108 个，内容涉及内部控制、财务管理、政府采购、资产管理等问题。

（荣中华）

内部审计统计调查

3 月和 9 月，市教委组织市属高校、市教委机关本级及市委教育工委市教委直属单位开展 2021 年度、2022 年上半年内部审计统计调查。调查主要涉及单位基本情况、单位组织结构情况、总审计师与内部审计机构基本情况等 12 个方面。

（张作勇）

市教育系统内部审计工作会

4 月 12 日，市教委召开 2022 年市教育系统内部审计工作会议。会议总结 2021 年审计工作，部署 2022 年重点工作。刘宇辉参加会议并讲话。会议强调要加强党对内部审计工作的领导，贯彻落实新《中华人民共和国审计法》，加快构建集中统一、全面覆盖、权威高效的教育系统内部审计监督体系。要围绕推动新时代首都教育改革发展加强审计监督；要围绕中心，服务大局，推动新时代首都教育高质量发展，着力促进重大政策措施落实、着力促进教育财政资金提质增效、着力促进完善内部风险防控、着力促进公共权力规范运行和反腐倡廉；要以加强自身建设为抓手，提高内部审计质量和效能，着力加强内审机构队伍建设，提升内审工作质量，加强审计整改，强化结果运用。朝阳区教委、北京工业大学、北京信息科技大学作经验交流发言。市纪委市监委驻市委教育工委纪检监察组组长、市审计局相关负责人，各区教委、市属高校、市教委直属单位主要负责人和内部审计负责人，市委教育工委相关处室、市教委各处室负责人等 200 余人参加会议。

（张作勇）

4 月 12 日，2022 年市教育系统内部审计工作会召开

（市教委相关处室　供）

内部控制审计

4 月至 9 月，市教委对首都师范大学、北京工业职业技术学院 2 所市属高校开展 2021 年度内部控制审计。审

计发现问题 21 个，涉及资金 8270.69 万元，提出审计意见和建议并被采纳 27 条。2 个单位按照边审边改、立整立改工作要求，制定整改措施 67 条，促进完善或建立的内部管理制度 13 个。

（张迎春）

经济责任审计

4 月至 9 月，市委教育工委、市教委完成对北京教育考试院 1 名主要领导人员经济责任审计。市教委出具审计报告、审计结果报告。审计总金额 70597.49 万元，发现问题 8 个，涉及资金 1671.91 万元，提出审计意见建议并被采纳 12 条。

（张未）

预算执行与决算审计

4 月至 9 月，市教委对首都师范大学、北京电影学院、北京联合大学、北京工业职业技术学院、北京青年政治学院 5 所市属高校开展 2021 年度预算执行与决算审计。发现问题 84 个，涉及资金 64206.46 万元，提出审计意见和建议并被采纳 98 条。市教委另组织 18 所市属高校和 27 个直属单位开展 2021 年度预算执行和其他财政收支内部审计自查工作。自查发现问题 298 个，涉及资金 45545 万元。45 个单位按照边审边改、立整立改工作要求，制定整改措施 317 条，促进完善或建立的内部管理制度 108 个，实现预算执行与决算审计全覆盖。

（张迎春）

市教委内部审计质量检查

6 月至 7 月，市教委开展 2022 年市属行政事业单位内部审计项目质量检查。市教委按照市审计局要求，将 2021 年实施的 13 个项目对照自查表 120 项指标自评，并报送“关于对 2018—2020 年北京市市对区促进基础教育事业发展（学前学段）专项转移支付资金政策绩效的审计”项目参加市审计局质量检查，项目在全市各委办局内部审计质量检查中名列前茅。市教委同时组织 26 家直属单位开展自查。

（张未）

审计结果公开

7 月至 8 月，市教委公开经济责任审计、预算执行与决算审计、政策绩效审计结果。市教委印发《关于公开 2021 年直属单位领导干部经济责任审计结果的通知》《关于公开 2021 年市属高校预算执行与决算审计结果的通知》，分别在市委教育工委市教委直属单位、市属高校范围内公开 6 个直属单位经济责任审计项目和 4 所市属高校 2021 年度预算执行与决算审计项目的审计结果及整改情况；印发《关于公开 2021 年北京市市对区促进基础教育事业发展（学前学段）专项转移支付资金政策绩效审计结果的通知》，在区教委范围内通报审计结果，发挥警示作用。

（张迎春　张未）

服贸会教育项目经费审计

8 月至 11 月，市教委对北京市国际教育交流中心 2022 年服贸会教育服务专题项目开展跟踪审计。审计促进节约资金 21.7 万元，披露问题 2 个，提出审计意见建议被采纳 4 条。

（李新影）

重大政策绩效审计

8 月至 12 月，市教委对 2019—2021 年“一街三园”北京高校大学生创业园场地租赁项目开展政策绩效审计。

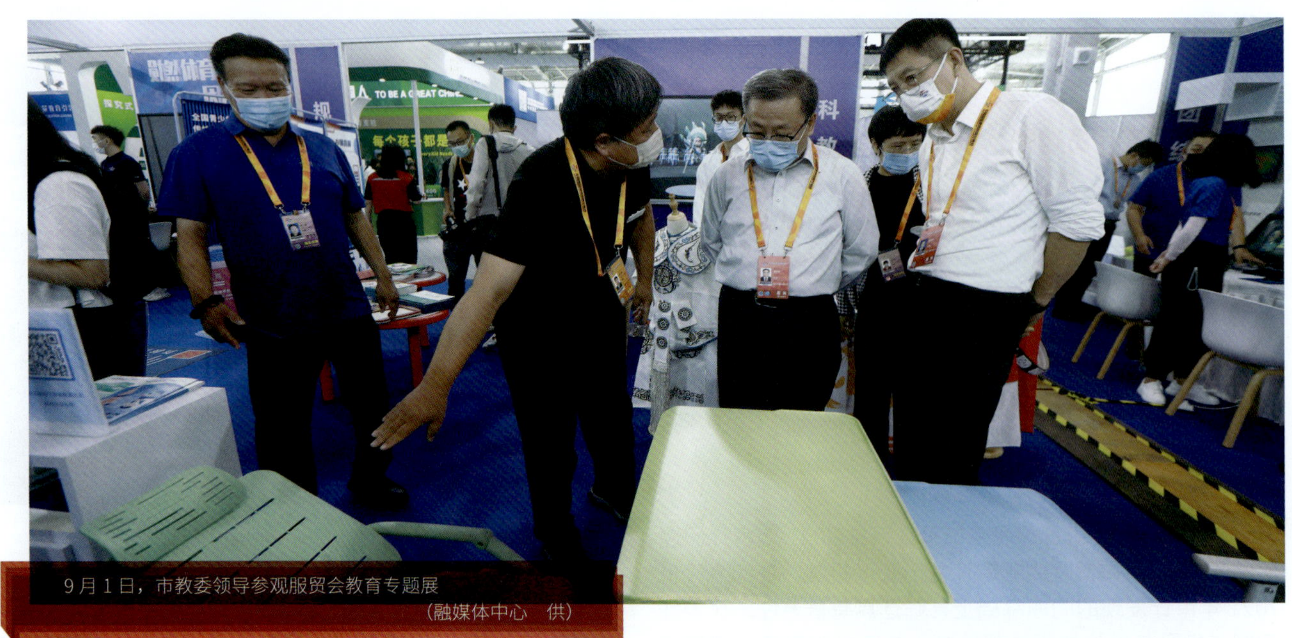

9 月 1 日，市教委领导参观服贸会教育专题展

（融媒体中心　供）

市教委先后对北京高校大学生就业创业指导中心及理工园、良乡园、软件园实施现场审计，重点关注政策执行、项目管理、资金管理使用及绩效等情况，提出审计意见建议 9 条，出具审计建议书 1 份。

（张未）

内部审计工作评价

10 月，市教委会同市审计局、北京市内部审计协会对北方工业大学开展内部审计工作评价。评价邀请外部专家成立工作组，通过听取汇报、查阅资料、召开座谈会等方式，根据《市属高校内部审计工作评价指标体系》从制度建设、队伍建设、审计业务、质量控制、审计实效、审计信息化建设、创新管理 7 个方面综合打分，促进学校内部审计工作质量提升。

（张迎春）

后续审计

10 月，市教委完成 2 项审计项目的后续审计。分别是北方工业大学 2020 年度预算执行与决算审计、北京教育科学研究院院长任职期间经济责任审计的后续审计。审计组重点检查审计发现问题的整改情况，以及有无类似问题重复发生。后续审计表明，2 个单位积极推进审计整改，调整会计账目 19943.22 万元，收回资金 138.39 万元，完善制度流程 7 个。截至 12 月，2 个单位整改完成率 95%。

（荣中华）

经济活动风险评估

11 月至 12 月，市教委完成机关 2022 年经济活动风险评估。各处室分别从岗位设置与人员、预算管理、收支管理、采购管理、资产管理、合同管理等方面开展自评。在自评基础上，评估组通过访谈、查阅资料、实地查看等方式，分别对单位层面、业务层面、信息化层面的经济活动开展风险评估并出具风险评估报告。报告发现 5 个方面的 5 个具体问题，提出意见建议 11 条。

（张未）

市教委机关内部控制评价与监督办法印发

12 月 30 日，市教委印发《机关内部控制评价与监督办法（试行）》。办法明确市教委机关内部控制评价与监督组织机构、评价内容、评价程序与方法以及日常监督等内容，为开展市教委机关内部控制评价与监督工作提供制度保障。办法自印发之日起施行。

（张未）

内部审计与其他监督贯通协调

至年底，市教委加强内部审计与其他监督贯通协调，形成监督合力。严格执行定期会商制度，加强与巡察、纪检监察等部门的贯通协调，召开协调小组和小组办公室会各 2 次，通报工作进展，共同研讨问题定性、整改确认等事项。突出审计结果运用导向，加强对审计问题、审计结果的提炼分析，为两委机关系统警示教育大会提供案例材料；在全市教育系统年度预算批复和预算编制会通报典型问题；连续 3 年编印问题案例清单手册，指导各单位举一反三、加强管理；审计结果按被审计单位类型分别在区教委、市属高校和直属单位范围内公开；将审计结果及整改情况纳入财务管理绩效考评，与绩效拨款挂钩。重要事项共同实施，配合干部处研究《市委教育工委市教委直属单位经济责任审计五年计划（2023—2027）》，配合市委教育工委党建工作处对 3 家直属单位开展巡察整改。开展审计约谈，审计工作协调小组副组长对 4 所市属高校、5 家直属单位的主要负责人开展审计整改约谈，加大督促整改、问责力度。

2022 年，市教委加强内部审计与其他监督贯通协调，形成监督合力。图为 7 月 29 日，协调小组举行第一次会议（市教委相关处室　供）

（杜菁汝）

审计整改跟踪检查

至年底，市教委持续开展审计整改跟踪检查。组织对 2021 年实施的 11 个项目审计整改情况跟踪检查。检查组严格按照审计查出问题清单、审计整改结果清单和对账销号清单机制开展检查工作。检查结果显示，项目平均整改率 97%。检查促进调整会计账目 19537.9 万元，收回资金 321.22 万元，其他方式纠正资金 833.36 万元；完善制度优化流程等 51 个；1 个单位将审计发现问题移交单位纪委。对 2 个单位开展审计整改“回头看”，实施后续审计；对 1 个单位开展联合检查和指导。

（杜菁汝）

基本建设

概况

2022 年，北京市各级各类学校基本建设完成投资 1342716.3 万元，其中国家投资 741002.3 万元（中央投资 331428 万元、北京市地方安排 184917.4 万元、区安排 224656.9 万元）、自筹资金 601714 万元。在施建筑面积 6693039.4 平方米，其中本年新开工面积 2031126.4 平方米。竣工建筑面积 2223406.1 平方米，其中教学及辅助用房 1107245.59 平方米、行政办公用房 109829 平方米、生活服务用房 498829.51 平方米、其他用房 317420 平方米、教职工住宅 190082 平方米。2022 年新增固定资产值 599378.8 万元。

北京各级各类学校基本建设项目积极推进。一是推进北京高校新校区规划建设，首都医科大学新校区完成规划设计，计划 2023 年实现开工，首都体育学院新校区建设方案获市政府批复；二是持续扩充学位供给，完成“新增 2 万个学位”的市政府实事，实际新增学位 3.59 万个；三是推进市级优质学校建设，2 所市级优质学校投入使用。

（黄莹莹　董宁）

良乡大学城控制性详细规划获批

6 月，《北京房山区良乡大学城主园区、拓展东区街区控制性详细规划（街区层面）（2020 年—2035 年）》获市规划自然资源委批复。良乡大学城主园区规划常住人口规模约 3 万人，城乡建设用地面积约 663.7 公顷，地上总建筑规模约 499.8 万平方米；拓展东区规划常住人口规模约 4.7 万人，城乡建设用地面积约 573.5 公顷。

（黄莹莹　张晓兰）

信息科大新校区疏解 2154 人

9 月，北京信息科技大学新校区主体搬迁启动后疏解 2154 人。其中，学生 1562 人、教职工 592 人。信息科大新校区位于昌平区太行路 55 号。7 月，科研楼、信息楼、体育馆暨学生发展中心竣工，学校同期启动主体搬迁工作。至 12 月底，新校区再入住学生 1100 人。

（黄莹莹）

沙河高教园区控制性详细规划获批

8 月，《北京昌平区沙河高教园区 CP01-0301～0303 街区控制性详细规划（街区层面）（2020 年—2035 年）》获市规划自然资源委批复。昌平区沙河高教园区规划学生规模约 7.1 万人，常住人口规模约 5.6 万人；城乡建设用地面积约 735.2 公顷；地上总建筑规模约 585.6 万平方米。

（黄莹莹　张晓兰）

2 所市级优质学校投入使用

9 月，2 所市级统筹建设优质学校投入使用。分别是北京市第一 0 一中学怀柔分校（二期改扩建项目）、清华大学附属中学昌平学校。至年底，17 所市级统筹建设优质学校中，北京学校等 5 所学校开学投用，北京师范大学附属实验中学顺义分校等 5 所学校正在施工，其余 7 所学校正在推进前期手续。

（董宁）

回天行动计划教育项目推进

至年底，市教委纵深推进“回天地区”教育设施供给。推进实施 2022 年“回天地区”重点项目 19 个，其中投入使用 1 个、完工 5 个。自 2018 年，北京市分别实施《优化提升回龙观天通苑地区公共服务和基础设施三年行动计划（2018—2020 年）》和《深入推进回龙观天通苑地区提升发展行动计划（2021—2025 年）》，至 2022 年，2 轮回天行动计划教育设施完工项目 23 个，新增学位 9360 个，引入清华大学附属中学、中国人民大学附属中学等中心城区优质办学资源。

（武卫霞）

后勤管理

概况

2022 年，北京教育系统后勤工作围绕首都教育改革发展大局，回应师生期待和社会关切，积极化解热点难点，

10 月 13 日，北理工良乡校区信创楼 A 项目开工仪式举行

（北理工　供）

圆满完成全年工作目标和各项任务，学校后勤服务质量和水平不断提升。

统筹疫情防控和后勤管理。全力做好新冠肺炎疫情防控和保供稳价工作，落实北京教育系统新冠肺炎疫情防控工作领导小组部署要求，制定实施《高校生活物资保供稳价工作方案》，建立局际保供稳价专班机制，全力保证广大师生员工的生活需要，在关键时期发挥后勤保障的“底盘”作用。

积极推进绿色学校建设。推进北京市绿色学校创建达标验收工作，印发《北京市教育系统“十四五”时期节能减排规划》，中小学幼儿园能源消耗地方标准实施，组织开展教育系统“十三五”时期节能目标责任考评，按期完成全市 70% 的绿色学校创建任务。

（鲜万标）

学校厕所及校园环境卫生整治

3 月 2 日，市教委印发《关于全面加强学校厕所及校园环境卫生整治工作的通知》。文件督促指导各区教委、各高校进一步做好学校厕所及校园环境卫生整治工作，通过全面落实主体责任、加快推进厕所设施条件改善、健全完善厕所管理长效机制、切实加强校园环境卫生整治、全面提升师生健康素养等措施，提高校园厕所管理服务水平，改善校园环境卫生状况，助力常态化疫情防控。市教委另于 5 月 18 日印发《关于进一步加强学校厕所疫情防控工作的通知》，要求各单位细化厕所日常管理，落实各项防控措施。

（程增科　常勇）

学校学生公寓和食堂管理

3 月 22 日，市教委分别印发《关于切实加强 2022 年学生公寓（宿舍）工作的通知》和《关于进一步规范和加强 2022 年学校食堂工作的通知》。学生公寓工作通知要求各区和学校把学生公寓（宿舍）管理纳入学校年度绩效考核评价体系，完善各项管理制度，在严格落实常态化疫情防控要求的同时，加强消防安全管理和危险物品管理，做好校外住宿学生管理和日常监督检查，严防各类安全事故和治安案件的发生。学校食堂工作的通知要求各学校从保障食堂饭菜价格质量稳定、加强学校食堂日常管理、依法规范学校食堂经营行为、抓好学校食堂重点环节管理、严格疫情防控等方面规范和加强学校食堂管理工作。

（程增科　常勇）

学校食堂燃气使用管理和安全隐患排查整治

3 月至 12 月，市教委指导各区、各高校、两委各直属单位开展学校食堂燃气使用管理和安全隐患排查整治工作。按照“零泄漏、零爆炸、零事故”的工作目标和“不漏学校、不漏场所、不漏部位、不漏隐患”的工作原则，要求各单位增强忧患意识、强化责任落实、强化宣传教育、健全完善制度。专项整治包括动员部署、排查摸底、整改治理、督导检查、巩固提升 5 个阶段，各单位形成书面报告并签字留存备查。经过整治，各区教委、各高校进一步压紧压实食堂燃气安全管理责任，有效防范化解重大安全风险，全面提升燃气安全保障水平。

（程增科　常勇）

“营”在校园平衡膳食校园健康促进行动

4 月至 12 月，市卫生健康委、市教委联合开展 2022 年“营”在校园平衡膳食校园健康促进行动。促进行动面向全市中小学校学生和营养健康管理相关人员，主要开展营养健康主题宣传活动、校园营养健康管理人员培训、北京市中小学生营养素养监测三大类活动。各学校围绕全民营养周和中国学生营养日，通过专家讲座、网络直播、《致家长的一封信》等线上线下形式开展宣传活动。市教委于 11 月 3 日至 4 日，以视频会议形式面向全市教育系统各单位主管食品安全工作负责人开展食品安全专项培训，提升业务技能和职业素养，2620 余人参加培训。

（于杰）

教育系统“十四五”时期节能减排规划印发

6 月 30 日，市教委印发《北京市教育系统“十四五”时期节能减排规划》。文件包括发展基础及形势要求，指导

9 月 19 日，四十三中举办“绿色在校园 光盘在行动”活动

（四十三中　供）

思想、主要目标和工作原则，“十四五”时期教育系统节能减排主要任务，保障措施4个章节。提出继续夯实能源管理体系建设、扎实推进能源供给绿色转型、持续提升能源利用效率水平、系统发挥节能示范引领效应、全面深化绿色低碳宣传教育、广泛形成绿色办公生活方式、加快提升绿色科技创新能力7项主要任务。文件同时印发《北京市属高校“十四五”时期节能目标分解方案（2021年—2025年）（试行）》。

（邹翔）

绿色学校创建达标验收

7月20日，市教委召开北京市绿色学校创建达标验收工作启动会暨专家聘任及培训会议。会议部署北京市绿色学校创建达标验收工作，讲解并培训绿色学校创建方案、创建验收标准和绿色学校创建信息平台的使用。国家机关事务管理局、市发展改革委相关负责人及中国教育后勤协会、北京市高等教育学会和部分高校的30余名专家参加会议。2020年，市教委、市发展改革委联合印发《北京市绿色学校创建行动方案》，启动北京市绿色学校创建工作；市教委又分别于2021年印发《北京市绿色学校创建标准（中小学）》《北京市绿色学校创建标准（高校）》，2022年印发《北京市绿色学校创建达标验收工作方案》，明确创建的路线图和施工图。市教委另于10月22日召开全市中小学绿色学校创建调度会，各区教委相关负责人参加会议并就绿色学校创建推进情况交流，会议标志北京市绿色学校创建验收工作全面铺开。

（邹翔）

学校后勤从业人员人文关怀和思想政治工作

8月16日，市教委印发《关于做好学校后勤从业人员人文关怀和思想政治工作的通知》。要求各校教育引导后勤从业人员凝聚思想共识、坚定抗疫必胜信心，用心做好从业人员管理、深入了解从业人员的思想动态、及时妥善做好矛盾纠纷排查和劳动争议调处，用情做好从业人员关怀服务、建立从业人员健康服务体系、注重从业人员精神需求和心理健康，深入做好学校后勤从业人员人文关怀和思想政治工作。确保人员关心帮扶到位、服务保障到位、教育引导到位，夯实疫情防控、后勤保障和安全稳定的思想基础。

（程增科　常勇）

高校疫情防控后勤应急保障方案印发

9月1日，北京教育系统新冠肺炎疫情防控工作领导小组印发《北京高校疫情防控后勤应急保障方案》。文件指导高校应对疫情防控可能发生的校园封闭管理等突发情况。要求学校做好保供稳价和后勤应急保障工作，加强物资储备、食堂供餐、学生公寓管理、校内超市服务、校园快递服务、后勤员工管理、应急能力建设等工作，完善与市有关部门、属地和供应企业的保供稳价联动机制建设，切实为师生学习生活和高校安全稳定提供有力保障。

（程增科　常勇）

中小学幼儿园能源消耗地方标准实施

10月1日，3份北京市中小学幼儿园能源消耗地方标准实施。分别是《小学能源消耗定额》（DB11/T 1984-2022）、《幼儿园能源消耗定额》（DB11/T 1985-2022）、《中学能源消耗定额》（DB11/T 1986-2022）。标准由市教委、市机关事务管理局组织制定，市市场监管局发布。市教委另于11月联合市水务局修订《大中小幼生均用水定额》，优化调整限额指标，提升学校用水管理水平。

（邹翔）

3月31日，北理工附中举办“低碳生活 绿建未来”线上交流活动
（北理工附中　供）

高校生活物资保供稳价工作方案印发

11月22日，市教委、市商务局、市粮食和物资储备局联合印发《高校生活物资保供稳价工作方案》。方案旨在在市场多种因素和新冠肺炎疫情叠加影响下，做好高校生活物资保供稳价工作。文件要求建立市级工作专班和高校主责的工作机制，要求全面落实主体责任、密切关注市场动态、加强协调联动，明确市教委、市商务局、市粮食和物资储备局及各高校职责。市教委另于8月18日与市发展改革委联合印发《关于做好常态化疫情防控形势下高校食堂保供稳价工作文件的通知》，要求各高校把做好食堂物资供应和稳控学生饭菜价格作为维护首都社会稳定的重大政治任务，通过纳入应急预案、加大政策支持和资金投入力度、发挥平抑资金使用效能等措施，做好食堂物资保障和学生饭菜质量价格稳定工作；11月3日印发《关于进一步抓实抓好学校生活物资储备和保供稳价工作的通知》，督促指导高校科学谋划生活物资储备的品类、规模和结构，畅通校内、校外供应渠道，对学生饮食需求关系密切的原材料，提早与供应商及大型连锁商超对接联系，加大货源组织力度，通过集中采购和提前储备等方式，构建应急物资储备体系，精准满足餐饮需求，提高应对市场价格上涨的能力。

（程增科　常勇）

校服管理工作加强

至年底，市教委加强校服管理工作。督促各区教委加强对校服选用采购工作的全流程指导和监督，指导学校加强宣传引导，加大监督公开力度，及时核查处置媒体和师生反映的校服管理方面问题。组织开展全市中小学生校服选用采购专项检查行动，坚持每日做“工作提示”，每日公布“进展情况”，完成全市16个区和燕山地区、经开区1394所中小学校校服自查工作，并通过北京市校园管理服务平台上报学校自查情况报告。至年底，全市2022年征订校服160.97万件（套），其中体育装133.1万件（套）、制式装15.04万件（套）、其他款12.83万件（套），减免1425件（套）。

（于杰　陈娜）

教育系统垃圾分类工作推进

至年底，北京教育系统推进垃圾分类工作。继续开展教育系统垃圾分类示范单位创建工作，加快教育系统生活垃圾分类从“立标杆、树典型”的“引领式”工作方式，向普遍推行的“标准式”转变。北京73所高校申报创建示范单位，占全市高校79.3%；学校自查平均得分99.26分（满分110分）。首都师范大学获评国家级公共机构生活垃圾分类示范点。9月8日，市教委通过北京交通广播电台FM103.9《运河之声》栏目专题介绍教育系统垃圾分类工作情况和典型经验。

（邹翔）

信息化管理

概况

2022年，北京教育系统信息化工作深入实施国家教育数字化战略行动和《北京市“十四五”时期智慧城市发展行动纲要》，加强信息化规划引领与顶层设计，积极运用新技术促进教育变革、加快教育数字化转型、支撑校园治理与疫情防控，努力构建业务与技术高度融合的数字教育应用场景，提升信息化支撑教育治理能力，全天候服务两委机关日常办公和会议活动，分类推进教育信用与正版化工作，多措并举筑牢教育系统网络安全屏障。印发《北京教育信息化“十四五”发展规划》，确立“十四五”时期北京市教育信息化发展的“七个全面”的发展目标和11项主要任务，为教育系统各单位结合教育发展需要推进教育信息化工作提供根本遵循；印发《2022年北京市教育信息化和网络安全工作要点》，提出20项具体措施，指导教育系统各单位推进年度教育信息化工作；对标北京市智慧城市发展要求，编制《北京市智慧教育总体行动方案（2022—2025）》（报

4月22日，花家地幼儿园大班幼儿利用自制玩具学习垃圾分类

（朝阳区教委　供）

审稿），提出构建“一基、六景、三空间”（数字教育新基座和6个数字教育新场景、3个数字教育新空间）的北京市智慧教育建设总体框架。以大数据支持教育决策模式创新，发布上线教育大数据平台，优化升级领导驾驶舱，完成47个信息系统的全量数据汇聚，建立常态化数据更新机制，开发学校、学生、教师3类全息档案，全景呈现学校办学、学生学业、教师发展等各类信息。优化调整北京市教育系统网络安全和信息化工作领导小组，采取“双组长制”，进一步强化网络安全管理；完成年度平安校园网络安全部分的考核评分，以评促建、着力提升网络安全工作水平；推进教育系统网络安全管理系统建设，实现网络安全漏洞通报整改和安全事件应急处置全要素全过程管理。

9月7日，首师大金泽小学举办网络安全主题活动

（朝阳区教委　供）

（田鹏）

北京冬奥会白名单系统网络安全工作会议

1月24日，市教委召开北京冬奥会重要时期白名单系统网络安全工作会议。会议传达北京市关于冬奥会网络安全的指示精神及“严防死守”的工作要求，通报市教委开展的冬奥会网络安全检查和应急演练有关情况，讲解冬奥会白名单系统安全保障措施。会议强调要切实认清冬奥会网络安全的政治敏感性和极端重要性，要求各单位加强组织领导，落实主体责任，做好应急处置万全准备，确保教育系统网络安全平稳有序。两委11个机关处室和7个直属单位相关负责人参加会议。

（张如双）

6个案例入选基础教育信息技术与教育教学融合示范案例

2月23日，教育部公布2021年度基础教育信息技术与教育教学深度融合示范案例名单，北京市4个区域案例，2个学校案例入选。其中，4个区域案例分别为北京市“利用信息技术大规模开展在线辅导答疑”、朝阳区“线上线下混合式教学资源应用”、东城区“东城教育数据大脑助力东城区智慧教育新未来”、丰台区“丰台区教师教研社区”；2个学校案例分别为北京市第一〇一中学“以人为本，打造未来学校智慧新生态”、北京大学附属中学“基于混合式学习的教学改革”。经过各地推荐、专家评审、综合评议、网络公示等环节，教育部确定66个区域案例和44个学校案例入选，其中区域案例覆盖省、市、县三级，主要集中在“加强优质资源建设与应用”“促进教师专业发展”“提高区域教育治理水平”等方面；学校示范案例内容主要涉及信息技术在校本课程建设、课堂教学、学习支持等方面的具体做法。

（康文中）

数字教育工作推进会

4月21日，市教委召开2022年北京市数字教育工作推进会暨北京一〇一中现场会。会议分现场观摩和推进会两个阶段。现场观摩阶段，与会人员参观学校课堂教学、教师教研、人才培养、教育教学管理4个主题19个场景的数字教育具体应用。推进会阶段，市教委部署全市人工智能与基础教育融合发展试点工作，要求按照统筹规划、集成创新，成熟先上、急用先行，应用为王、服务为先，政企合作、协同推进，鼓励试验、全面探索的原则，重点推进五方面任务。会议宣布“北京市教育大数据平台”和统一服务门户“京学通”正式开通上线。大数据平台构建汇聚市、区、学校三级4.3亿条数据的教育全息数据库，实现教育数据多源汇聚、动态更新、深度融合、智能分析和场景式应用。会议以线上线下结合形式召开，主会场设在北京市第一〇一中学，各区、相关基层单位设分会场。教育部基础教育司、市教委相关负责人参加会议并讲话。

（臧静）

首都中小学生诚信主题书画手绘作品征集活动

6月至11月，市教委、市经济和信息化局联合举办首都中小学生诚信主题书画手绘作品征集活动。活动面向各区中小学校（含中等职业学校）学生，要求以“绘诚信之美、做守信之人”为主题提交书画手绘作品。活动设高中、初中和小学3个组别，经学校推荐、区教委推选、市教委评选等程序，438幅作品分获一、二、三等奖和鼓励奖。活动作品征集平台收到区级推荐作品8200余幅。

（张军）

教育系统网络安全事件应急预案修订

7月14日，市教委印发《北京市教育系统网络安全事件应急预案（2022年修订）》。新修订的预案内容框架基本不变，在机构名称、部分内容的表述上作少量修改，增加附件内容。包括总则、组织结构与职责、监测与预警、应急处置、恢复与评估、预防工作、工作保障、附则8个部分及《网络安全事件分类》《名词术语》《网络和信息系统损失程度划分说明》《教育系统网络安全事件报告表》4个附件。预案自印发之日起开始施行，原预案同时废止。

（张如双）

北京市数字教育资源内容审核实施办法印发

7月14日，市教委印发《北京市数字教育资源内容审核实施办法（试行）》。办法旨在推进北京市教育数字化战略行动，构建首都数字化教育资源体系，保证北京市教育系统各单位为国家、市、区、校智慧教育平台提供的数字教育资源内容安全。办法包括总则、责任制度、审核要求、审核流程、监督评价、附则6章内容，明确数字教育资源应重点围绕政治性、科学性、适用性和规范性，由资源生产单位、主管部门、资源平台运营单位开展三级审核。办法自印发之日起施行。

（陈萌）

北京市数字教育研究课题立项197个

7月21日，市教委公布2022年度北京市数字教育研究课题立项结果。课题面向两委直属单位及各级各类学校，旨在开展以创新为导向的基础研究、基于实证的应用研究和以标准规范为主导的实践研究，推动信息技术赋能教育创新发展。经单位申报、区级遴选、专家评审，确定立项课题197个。

（陈萌）

健康宝数据共享支撑高校疫情防控

8月，北京教育系统新冠肺炎疫情防控工作领导小组开展高校人员基础信息与健康宝数据对接工作。市教委协调市经济和信息化局，开展健康宝数据共享工作。工作实现90所高校与北京健康宝数据全覆盖接入，可实时查询高校所有人员疫苗接种、核酸检测、健康码等信息。至年底，市教委发挥信息技术在疫情防控工作的重要支撑作用。面向学校防疫负责人和驻校联络员搭建高校防疫检查系统，实现防疫检查的标准化管理，做到检查全过程留痕；面向高校学生专门开发防疫数据交换系统，对接“京心相助”，解决学生返乡过程中出现的“黄码”“弹窗”等问题；试点开展“京办”核酸比对登记簿应用。

（田鹏）

3个区入选首批“央馆人工智能课程”规模化应用试点区

9月14日，教育部教育技术与资源发展中心（中央电化教育馆）公布第一批“央馆人工智能课程”规模化应用试点区（含试点校）名单，北京3个区入选。分别为东城区（7所试点校）、海淀区（6所试点校）、顺义区（5所试点校）。评选工作4月启动，全国27个地区入选，根据要求，各试点区需组织区内试点校用3年左右时间开展相关工作。

（李妍）

3月，丰台区教委开展教育信息化技能与应用评优活动

（丰台区教委　供）

2 个区和 13 所学校入选网络学习空间应用普及活动优秀名单

10 月 24 日，教育部办公厅公布 2021 年度网络学习空间应用普及活动优秀区域和优秀学校名单，北京 2 个区、3 所普通高校、2 所职业学校及 8 所中小学入选。海淀区、西城区入选优秀区域，清华大学、中国传媒大学、北京工业大学、北京财贸职业学院、北京市商业学校和北京市第一〇一中学、北京市第八十中学、北京市第二十中学、北京市怀柔区第三小学、北京市第十一中学、首都师范大学附属中学、北京市西城区西单小学、北京市第一七一中学入选优秀学校。在各地各校自主申报的基础上，经各级教育行政部门遴选推荐、材料评审、视频答辩等环节，确定 40 个区域和 196 所学校为 2021 年度网络学习空间应用普及活动优秀区域和优秀学校。

（陈萌　宋亚甫）

网络安全工作总结培训视频会

12 月 28 日，市教委召开北京市教育系统年度网络安全工作总结培训视频会。会议总结 2022 年教育系统网络安全工作，分析存在的问题，研判网络安全工作形势，部署 2023 年网络安全工作。会议强调，2023 年教育系统网络安全要注重打基础补短板、抓培训强队伍、提能力上水平，提出 7 个方面主要工作任务和要求。会议同时邀请相关专家作题为《我国数据安全的主要法律制度及未来发展》《个人信息保护的法律要求和合规实践要点》的培训讲座。会议设 69 个分会场，各区教委、市属公办高校、民办高校、直属单位相关负责人 300 余人参加会议。

（张如双）

“双百”示范行动项目完成验收评估

12 月，市教委完成第二批“双百”示范行动项目验收评估。验收工作面向 2021 年第二批“双百”示范行动入选的示范基地和创新课题单位，采用“校级、区级、市级”三级验收机制。经单位自评、区级验收、市级评估等程序，18 个智慧校园融合应用示范基地、21 个信息技术与课堂应用融合创新课题入选“双百”示范行动优秀建设项目。

（陈萌　刘霜）

6 月 21 日，天竺一小举办北京市教育信息化融合创新“双百”示范行动课题建设与应用研讨会　（天竺一小　供）

“京办”系统应用推进

至年底，市教委开展“京办”系统的推广使用工作。“京办”作为教育系统办公、联系等主要工具，市教委建立两委机关、直属单位、市属院校、部属院校、民办院校、其他学校 6 个下属群组，包括 131 个法人单位、360 余个部门，其中两委机关所属部门 28 个、直属单位 26 个。下属群组“京办”注册人员 3172 人、激活人数 2862 人，激活率 90%。其中，两委机关 286 人全部激活；直属单位注册 2584 人、激活 2328 人，激活率 90%。各区级教育部门均建立和导入市委教育工委、市教委以及各类学校“京办”组织架构。

（陈萌）

校园安全

概况

2022 年，北京市校园安全工作把党的二十大、北京冬奥会、全国两会校园安保作为压倒一切的重大政治任务和贯穿全年工作的主责主线，发挥市学校安全工作联席会议和市教委学校安全工作领导小组机制作用，加强统筹谋划和沟通协调，制定全年安全工作要点及任务分工，充分发挥校园安全“稳定器”的作用。市教委组织的学校安全生产专项整治三年行动收官，印发《关于推进“十四五”时期北京市中小学校幼儿园更高水平平安校园建设工作的意见》，积极推进更高水平平安校园建设。

中小学校周边交通综合治理。印发《2022 年北京市中小学校周边交通综合治理工作方案》《新学期开学交通安全提示》《关于进一步加强学校周边交通安全管理的通知》，持续强化学校周边交通综合治理工作要求。

中小学幼儿园安全工作大检查。落实教育部、公安部关于组织开展全国中小学幼儿园安全工作检查的部署要求，制定印发《2022 年全市中小学幼儿园校园安全风险排查治理工作方案的通知》《关于印发“防风险、保安全、迎二十大”全力推进中小学校幼儿园重点安全隐患排查治理“百日攻坚”工作方案的通知》等，由两委领导组成督查组，对全市中小学幼儿园开展全覆盖式校园安全大检查。

消防安全工作。落实《北京市学校消防安全标准化管理规定》，推进消防安全专项整治三年行动计划；印发《“喜迎二十大 全力保平安”消防安全攻坚行动方案的通知》《关于开展“119”消防宣传月活动的通知》《关于印发冬春火灾防控工作实施方案的通知》等系列文件，强化消防安全工作。开展“防风险、除隐患、保平安”消防安全隐患集中排查专项行动、学科类校外培训机构及寄宿制学校安全隐患排查和“回头看”专项行动；定期开展联合检查，重点开展实验室、图书馆、教学楼、高层建筑、食堂公寓、在建工地等重点场所集中整治，持续深化电动自行车综合整治；开展北京冬奥会和冬残奥会消防安保暨今冬明春火灾防控等工作；采用“一火情一通报”“一季度一分析”等形式开展消防安全形势分析，明确阶段性消防工作要求，督促指导各学校全面落实消防安全责任制。

安全宣传教育。推动《北京市落实大中小学国家安全教育指导纲要实施细则》贯彻落实，全面开展安全宣传进学校和安全生产月活动。印发《安全宣传进学校活动工作方案》，督促各单位立足疫情防控特点，灵活运用“空中课堂”“微课程”“网上班队会”等形式，积极开展“4·15国家安全教育日”“5·12全国防灾减灾日”，安全生产月等主题宣传教育活动。

（王建水　赵凤旗）

“十四五”时期更高水平平安校园建设工作意见印发

3月18日，市委教育工委、市教委、市委政法委、市公安局、市消防救援总队联合印发《关于推进“十四五”时期北京市中小学校幼儿园更高水平平安校园建设工作的意见》。意见旨在进一步提升校园安全治理体系和治理能力的现代化水平，建设更高质量更高水平的平安校园。意见包括指导思想和工作目标、工作原则、重点任务、保障措施4个部分，明确提出要加强安全组织领导能力建设、安全管理规范化建设、安全宣传教育、安全综合防控体系建设、安全隐患排查整治、安全突发事件应急处置能力建设6个方面30项内容。文件同时督促各区制订区级平安校园建设工作方案。

（战先政）

北京市学校安全工作联席会议

4月27日，北京市学校安全工作联席会议第五次会议召开。会议学习贯彻习近平总书记对安全生产特别是对学校安全工作的重要指示精神，传达国务院、教育部和市委、市政府相关工作要求；总结上年校园安全工作，强调2021年北京已全面完成全市中小学幼儿园平安校园基础达标建设。会议要求，2022年全市上下要关注风险，切实排查，深入开展校园安全大检查和隐患排查，积极稳妥做好教育领域的风险防范和处置；要深入开展校园周边治安综合治理、深化交通综合治理、加强校车安全管理、严守校园食品安全底线、严防校园意外伤亡事件；要在平安校园达标建设的基础上，建设更高水平的平安校园。卢彦参加并主持会议。

（房俊焱）

全市中小学幼儿园安全工作大检查

9月至11月，市委教育工委、市教委对全市中小学幼儿园开展全覆盖式校园安全大检查。检查结合党的二十大安保维稳工作安排、学前教育专项督查工作机制及市级校园安全联合检查机制，按照学校自行排查、各区全面排查、区级分片互查及第三方风险隐患勘查、市级联合检查、挂牌督学督查和重点时期领导带队检查等相结合的方式展开，重点对校园治安、内部人员管理、校园周边治安综合治理、校内交通安全及校园周边交通综合治理、学生欺凌、安全生产、消防安全、食品安全、防高坠设施、疫情防控开展全覆盖检查。检查结果显示，各中小学幼儿园始终把师生的生命安全和身体健康放在首位，以建设平安校园为抓手，统筹发展和安全，落实疫情防控、校园安全等各项工作，确保工作规范、平稳有序。

（赵凤旗）

9月19日，金顶街二小举办“拒绝校园欺凌 共建平安校园”教育活动　（金顶街二小　供）

校园安全管理服务平台管理办法印发

11 月 3 日，市教委印发《北京市校园安全管理服务平台管理办法（试行）》。办法包括总则、职责分工、数据维护、功能应用、安全保障、监督管理、附则 7 章 20 条内容，旨在规范平台使用，推进更高水平平安校园建设。办法自印发之日起施行。北京市校园安全管理服务平台 2021 年 11 月启用，由市教委统一建设，市、区、校三级应用。平台坚持“以用促建、以用促改”原则，覆盖电脑端和移动端 2 个应用场景。至年底，平台汇集 4404 个校址 5004 个用户；上传制度文件 70117 份、安全预案 48975 份、档案材料 11647 份。

（房俊焱）

校园食品安全专项检查

至年底，市教委、市市场监管局、市卫生健康委联合开展校园食品安全专项检查。结合疫情防控形势，重点在春秋季开学、国庆节和党的二十大召开前后，市教委、市市场监管局、市卫生健康委三部门相关人员组成联合检查组，采取“四不两直”方式，对全市学校食堂、校外供餐企业和校园周边食品经营单位开展专项检查和重点抽查。检查结果显示，各区各校能够按照要求做好食品安全管理工作，全年首都教育系统没有发生重大食品安全公共卫生事件。

（于杰）

完成 72 所学校周边交通综合治理任务

至年底，市教委持续推动中小学校周边交通综合治理。市教委会同市交通委、市公安局制定并组织实施《2022 年北京市中小学校周边交通综合治理工作方案》，落实市、区、校联动工作机制，采取“一区一案”“一校一策”治理模式开展治理工作。印发《新学期开学交通安全提示》《关于进一步加强学校周边交通安全管理的通知》，持续强化学校周边交通综合治理工作要求。在全面开展学校周边交通综合治理基础上，完成 72 所重点学校的治理任务。

（王建水）

安全生产专项整治三年行动收官

至年底，北京市学校安全生产专项整治三年行动收官。市教委加强隐患排查统计、挂账销账和督促整改，2022 年 17 项工作任务清单全部完成复核销账，并报送工作月报 12 篇，完成信息系统督导检查记录 120 条。北京市学校安全生产专项整治三年行动 2020 年启动，市教委成立工作专班，要求各学校重点围绕消防、危化品、交通等开展整治行动。通过专项整治，各区各校安全管理体制机制进一步完善，安全管理队伍建设进一步加强。

（王建水）

语言文字

概况

2022 年，北京市语言文字工作着力落实国务院办公厅《全面加强新时代语言文字工作的意见》和市政府办公厅《关于本市全面加强新时代语言文字工作的实施意见》，加强体制机制建设，提升社会语言服务水平，注重广大青少年学生语言文化素养培育，提高全社会语言规范意识，促进社会语言生活的和谐，工作取得新进展新成绩。

完善工作机制建设。开展全市语言文字工作情况年度调查，了解各区、高校语言文字工作机构、经费、人员及工作开展情况，督促有关高校完成语言文字机构设置工作。加强市语委委员单位联系，召开市语委全委会及 2022 年语言文字年度工作会议，制定《北京市语言文字工作委员会工作规则》《北京市语言文字工作委员会委员单位职责分工》《市语委委员单位、区级语委及高校语言文字工作机构语言文字工作报告制度》及《北京市语言文字事业“十四五”发展规划》4 个工作文件，完善语言文字工作网络。

9 月 30 日，王府井消防队赴东华门幼儿园开展“消防安全进校园”活动　（东华门幼儿园　供）

加大宣传教育力度。组织开展以“推广普通话，喜迎二十大”为主题的第 25 届全国推广普通话宣传周活动。通过学生在线活动平台开展2022年北京市推普作品在线征集活动，制作推普动画片及宣传片，1000万人次观看，扩大宣传覆盖面和影响力。做好干部教育培训工作，举办语言文字工作干部能力提升培训班、测试分中心管理人员教育研讨培训，促进各区语委办语言文字工作人员以及高校、中小学教师语言文字能力水平提升，选派人员参加国家语委举办的各类培训8期，持续提高专兼职工作人员的业务水平和依法行政能力。

9月13日，北京市第25届全国推广普通话宣传周活动启动
（京源学校 供）

提升语言服务水平。开展北京市民语言大讲堂活动，面向社会开展语言文化为主题的公益讲堂200场次，推出系列课程30种。与相关单位联合印发《北京市第二期国家手语和盲文规范化行动计划（2021—2025年）》，提高手语和盲文使用规范化水平；与团市委、市委宣传部、市文联等单位举办第11届“兰亭杯”北京中小学生书法大赛；组织完成对轨道交通新开通及更名车站名称拼音审定的工作；开展冬奥组委语言文字引导标识检查，对北京赛区、延庆赛区冬奥场馆内运动员途经主要路线和活动区域的引导标识逐个复查，规范文字书写和表达，维护国家良好形象。

推进重点工作开展。着力强化学校主阵地作用，推进中小学生语言能力提升工程，开展2022年北京市学生语言能力提升系列活动。开展中华经典诵读工程系列活动，面向广大师生开展“诵读中国”“诗教中国”“笔墨中国”“印记中国”系列文化讲座。加强语言文字推广基地建设，完成对北京大学、北京外国语大学、中国传媒大学、北京语言大学、北京语言文字工作协会首批5个国家语言文字推广基地的中期检查工作。组织《2023中国诗词大会》北京赛区选拔活动，21人入选“百人团”参与《2023中国诗词大会》中央广播电视总台节目录制，入选人数创历年之最，为全国各赛区之首。

强化工作交流合作。落实京津冀语言文字工作协同发展战略协议，加强京津冀语言文字工作交流，举办第八届京津冀中学生辩论赛，协同河北、天津共同举办京津冀书法作品展活动。开展“推普助力乡村振兴”对口帮扶，实施“经典润乡土”计划，推动“首师优字 墨香平谷”项目启动。推进东西结对推普工作，与甘肃省教育厅、语言文字工作委员会共同研究对口帮扶方案，积极稳妥推进“推普助力乡村振兴”工作实施。

加强测试工作建设。压实“测试+防控”双重责任，面向在校大学生、社会从业人员、残障人士、港澳台及外籍人士等参测群体，提供优质测试服务。持续完善多维咨询服务体系及信息平台，畅通社会咨询渠道，服务考生咨询5356人次。与中国香港地区及新加坡测试机构合作，开展远程网络实时测试，完成香港恒生大学1816人次和新加坡智源教育学院295人次测试工作任务。加强分中心管理，强化制度与规范，落实科学评测，提升测试服务质量。推进测试工作科学研究，承担国家语委重点项目“中小学普通话水平测试研究”，完成中小学普通话水平测试试卷编制及课程编制，发表学术论文3篇，独立承担省部级科研课题1项，获得国家科研发明专利2项。全年开展普通话水平测试133批次51261人次，按计划完成年度测试工作任务。

（邓鸿）

市语委全体委员会议和全市语言文字年度工作会议

4月27日，市语委召开2022年北京市语言文字委员会全体委员会议和全市语言文字年度工作会议。会议审议《北京市语言文字工作委员会工作规则》《北京市语言文字工作委员会委员单位职责分工》《市语委委员单位、区级语委及高校语言文字工作机构语言文字工作报告制度》《北京市语言文字事业“十四五”发展规划》4个文件。传达2022年全国语言文字工作会议精神，总结2021年语言文字工作，部署2022年语言文字重点任务。卢彦、刘宇辉参加会议。市规划自然资源委、延庆区语委、首都师范大学作交流发言。市语委各成员单位、各区语委、各高等学校分管领导和有关部门负责人及两委机关有关人员510余人参加会议。

（邓鸿）

市语言文字事业“十四五”发展规划印发

4月29日，市语委办印发《北京市语言文字事业“十四五”发展规划》。文件包括发展形势、总体要求、主要任务、保障措施4个部分，明确“十四五”时期要立足北京“四个中心”战略定位，以规范使用国家通用语言文字为重点，推进语言文字规范化、标准化、信息化建设，构建和谐健康语言生活，传承弘扬中华优秀语言文化，提升国家文化软实力，为铸牢中华民族共同体意识、建设社会主义现代化强国和国际一流的和谐宜居之都贡献力量。提出提升推广普及国家通用语言文字工作质量，提高语言文字服务水平，积极推进中华优秀语言文化传承发展，加强人才培养、科学研究和技术创新 4 个大项 17 个小项主要任务。文件是“十四五”时期全面加强北京市语言文字工作的指导性文件。

（邓鸿）

中华经典诵读工程系列活动

4 月至 8 月，市语委办举办 2022 年北京市中华经典诵读工程系列活动暨教育部、国家语委第四届中华经典诵写讲大赛北京市初赛。活动以“经典筑梦向未来”为主题，包括“诵读中国”经典诵读大赛、“诗教中国”诗词讲解大赛、“笔墨中国”汉字书写大赛、“印记中国”师生篆刻大赛 4 项赛事，每项赛事同时根据参赛人群和作品类型进行组别分类。16 个区及燕山地区、经开区的中小学和 92 所普通高校的在校学生及部分社会人员参加初赛。比赛收到参赛作品 47270 个，比上年增长 81.46%；评出一、二、三等奖及优秀奖 5089 个，优秀指导教师奖 418 个，优秀组织奖 84 个。市语委推荐 672 个作品参加全国复赛、决赛，北京市 241 个作品获奖，市语委获优秀组织奖。市语委办另面向师生组织“诵读中国”“诗教中国”“笔墨中国”“印记中国”系列文化讲座 9 场，师生 10398 人参加活动。市语委办指导首都师范大学线上开设吟诵特色课程，并提供公益教学资源，开发学生在诗词格律、楹联创作、经典吟诵和音乐创编等方面的能力，探索国家通用语言文字工作的新途径、新方法。4 月 22 日，市语委办举办普通话吟诵教学培训，3000 余名中小学语文、音乐教师参加线上培训。

（邓鸿）

10 月，《2023 中国诗词大会》北京赛区面试选拔活动举办

（市教委相关处室　供）

全国推广普通话宣传周

9 月 13 日至 20 日，市教委、市语委举办第 25 届全国推广普通话宣传周活动。活动以“推广普通话，喜迎二十大”为主题。线上方面，通过“丘瑞斯”北京市学生在线活动平台，面向全市各级各类学校师生及广大市民，举行 2022 年北京市推普作品在线征集活动，征集各类平面、手工、短视频作品万余件；线下方面，利用橱窗、宣传栏及主流媒体、新媒体开展宣传工作，制作推普动画片及宣传片，并通过公交、地铁传媒平台和学习强国滚动播放。各区语委、市语委各成员单位、各高校结合自身特色，开展特色推普宣传活动百余项，包括市民语言文化大讲堂、成语文化龙门阵、语言文字微课堂、经典诵读、普通话吟诵与诗歌赏析、普通话绕口令挑战赛活动，同时面向国际学生开展主题征文、书写及演讲比赛，举办国家通用语言文字相关法律法规学习培训和导游、解说员等行业从业人员普通话培训等。

（邓鸿　滑经纬）

北京市学生语言能力提升系列活动

9 月至 12 月，市语委办开展 2022 年北京市学生语言能力提升系列活动。活动包括 2022 年北京市中小学生演讲比赛、第八届北京市中小学生辩论赛、各区语言能力提升教师培训、学生语言能力基地校送示范课 4 项活动。其中，2022 年北京市中小学生演讲比赛收到各区推选的小学、初中、高中组作品 3749 个，经初评、复评、终评，最终评出小学组一等奖 133 个、二等奖 283 个、三等奖 372 个、优秀奖 554 个；初中组一等奖 44 个、二等奖 95 个、三等奖 117 个、优秀奖 172 个；高中组一等奖 17 个、二等奖 30 个、三等奖 42 个、优秀奖 58 个；优秀指导教师奖 129 个。第八届北京市中小学生辩论赛包括校际赛和个人赛 2 项赛事。参与校际赛代表队 120 支，其中小学 32 支、初中 45 支、高中 43 支，经过 4 轮线上辩论角逐，最终决出冠军、亚军、季军及八强队伍；评出优秀指导教师奖 45 个、优秀组织奖 8 个。全市 260 所中小学的 1155 名学生报名参加个人赛，经过报名考核筛选、辩题知识考查、一对一辩论、四人制组队辩论等环节，最终评出一等奖 80 个、二等奖 80 个、三等奖 82 个；冠军 20 个、亚军 20 个、季军 40 个；优秀指导教师奖 65 个；优秀组织奖 47 个。各区语委开展提升教师辩论、演讲指导能力的培训活动，以及学生语言能力基地校送示范课活动；为 13 所学校开设演讲辩论类选修课或社团课程，共 102 课时，服务学生

4500 人次；为参与赛事评审教师开展专业培训辅导，培训教师 2600 人次。

（邓鸿）

语言文字工作能力提升培训班

11 月 23 日至 12 月 16 日，市语委举办北京市语言文字工作能力提升培训班。培训班线上举行，包括集中授课和自学课程两部分。邀请语言文字相关专家学者授课，安排语言文字政策法规、学校语言文字工作实务、语言文字规范使用意识和能力提升、语言文字文化素养通识教育和语言文字教学应用能力提升 5 个方面的课程。市语委成员单位及各区语言文字相关工作部门负责人、各高等学校语言文字工作部门负责人及相关单位负责人 300 余人参加培训。

（邓鸿　李英格）

北京市教育委员会主任、副主任，一级巡视员、二级巡视员

主　　任　刘宇辉
副 主 任　张永凯　孙其军（2 月任）　柳长安　丁大伟　刘晓明　黄侃（1 月免）
一级巡视员　黄侃（1 月免）　王定东　冯义国（3 月免）
二级巡视员　葛巨众

北京市人民政府教育督导室主任

主　任　刘宇辉

北京市教育委员会二级巡视员、处室负责人

二级巡视员
杨江林　王东江　张凤华　龙梅（11 月免）　刘新军

处室负责人

处室	负责人
办公室（突发事件应急工作处）主任（处长）	刘新军
政策研究与法制工作处处长	王艳霞
发展规划处（功能疏解工作处）处长	吴洁
基本建设处处长	冷传才
学前教育处处长	郭春彦
基础教育一处处长	魏旭斌
基础教育二处处长	徐建姝
职业教育与成人教育处处长	张树刚
高等教育处处长	刘霄
民办教育处处长	王力志
校外培训工作处处长	聂荣
高校学生处处长	王栋
科学技术与研究生工作处（北京市学位委员会办公室）处长（主任）	李善廷
体育卫生与艺术教育处处长	刘忠心
督政处处长	张凤华
督学处处长	胡靖
评估与监测处处长	张晓玲
教育信息化处处长	张宪国
支援合作处处长	吴雅星
国际合作与交流处（港澳台事务及侨务工作办公室）处长（主任）	潘芳芳
学校后勤处处长	武怀海
语言文字工作处处长	杨志强
审计处处长	陶春梅
财务处处长	范忠伟
人事处（师资管理办公室）处长（主任）	杨江林
工会专职副主席	史晓河

（本栏责任编校　张晓兰）

督政
督学
评估与监测

教育督导

EDUCATION SUPERVISION

- 责任督学挂牌督导
- 建设完善教育评估监测体系
- 优化学校督导工作信息化运行管理模式
- 市属高校本科教育教学审核评估工作启动

教育督导

EDUCATION SUPERVISION

综述

责任督学挂牌督导

2022年，市教委、市政府教育督导室组织挂牌责任督学开展专项督导工作。先后围绕“双减”、校园安全、新冠肺炎疫情防控、春秋季开学等工作，组织1.8万余人次挂牌责任督学，对全市中小学、幼儿园实施10轮全覆盖专项督导。依托市教育督导信息管理系统和“企业微信”App，实现督导情况实时上报、实时汇总，形成10份专项督导报告报送主要领导和相关部门，为两委工作部署和领导决策提供一手信息参考。向存在问题的区印发整改通知42份，强化督导“回头看”，督促学校整改问题3700余项，保障疫情特殊时期的校园安全稳定，推动学校提升办学水平和育人质量。指导各区结合区域实际，组织挂牌责任督学深入学校开展经常性督导，帮助学校破除发展瓶颈、发掘办学亮点。

（蒋婧　贾姜媛）

10月12日，昌平区督学检查食堂工作，筑牢校园安全防线

（昌平区教委　供）

建设完善教育评估监测体系

2022年，市教委持续推进教育评估监测体系建设与完善。继续实施学前教育发展状况监测、国家义务教育质量监测、北京地区高等学校本科教育教学质量常态监测和硕士学位论文抽检。首次开展北京地区普通高校本科毕业论文（设计）抽检工作，启动新一轮市属高校本科教育教学审核评估工作。将“双减”工作落实情况、学校疫情防控下开展教育教学等年度重点工作纳入北京市教育工作满意度调查，形成市、区，学段及专题系列报告。开展中等职业学校和高等职业院校评估调研。形成《北京市教育评估与监测报告汇编（2022年）》，为改进教育教学和教育公共决策提供支撑。

（王德文）

优化学校督导工作信息化运行管理模式

2022年，市教委、市政府教育督导室优化学校督导工作信息管理系统、完善信息管理模式。持续完善“中小学幼儿园责任督学挂牌督导、幼儿园办园质量督导评估、中小学素质教育督导评估、督学队伍管理”四大信息管理系统，建设“幼儿园办园质量督导、北京市督学队伍管理、中小学幼儿园责任督学挂牌督导”三大信息化应用场景。强化责任督学挂牌督导信息系统功能建设，开发应用“问题台账管理”模块，优化问题整改工作流程，完善“掌上督导”工作模式，全面提升挂牌督导工作实效。加强督学队伍管理系统建设，组织完成市、区约2400名督学信息采集、更新与相关数据分析工作，开发“学习培训”模块，推送督学工作培训资料，满足市、区工作需求。选用“企业微信”App 替代“蓝信”App 支撑北京教育督导信息管理平台移动端应用，满足督学与学校挂牌关系维护、音视频文件上传及市、区督学和专家管理等学校督导工作实际需要。

（王俊杰　贾姜媛）

信息化赋能教育评估监测

2022 年，市教委利用信息技术为评估监测工作赋能提质。在学前教育发展状况监测、义务教育质量监测和教育工作满意度调查方面，有效融合多平台数据，切实减轻基层负担；充分运用大数据与逻辑校验技术，确保数据采集便捷高效。立足业务需求，进一步完善学前教育发展状况监测系统和硕士学位论文抽检系统功能，建设本科毕业论文（设计）抽检工作平台。梳理评估监测数据，推进相关驾驶舱建设，推进教育督导应用场景中硕士学位论文抽检模块建设，规划评估与监测大数据应用场景建设。

（王德文）

市属高校本科教育教学审核评估工作启动

2022 年，北京市启动市属高校本科教育教学审核评估工作。3 月，市教委、市政府教育督导室印发《北京市属普通高等学校本科教育教学工作审核评估实施方案（2021—2025 年）》。方案立足北京高校分类发展实际，将评估类型细化为两类五种，并针对不同评估类型高校增设共性及特色指标，通过实施分类评估、精准评估，引导和激励高校各展所长、特色发展。市教委、市政府教育督导室同步组织 22 所参评高校结合办学定位和发展目标研究确定评估类型与计划安排，并上报教育部。11 月，根据教育部批复，市教委、市政府教育督导室印发《关于做好“十四五”期间北京市属普通高等学校本科教育教学审核评估工作的通知》，完成市属高校审核评估总体计划下达。12 月，组织参评高校完成全国审核评估专家库建设；组织学校启动自评自建工作。

（杨旸）

幼儿园办园质量督导评估

2022 年，市教委、市政府教育督导室推进幼儿园办园质量督导评估。向各区印发首轮幼儿园办园质量督导评估整改通知，组织对 2300 余个安全、卫生条件不达标问题逐一回访，强化监督指导，督促问题落实整改；根据《北京市幼儿园办园质量督导评估办法（试行）》，组织全市近 500 所幼儿园（含社区办园点）完成网上自评，指导各区开展办园质量督导评估，组织专家对各区开展观察督导。根据教育部有关文件精神，结合《北京市“十四五”学前教育发展提升行动计划》要求，以及首轮办园质量督导评估工作开展情况，协同相关部门推进《北京市幼儿园办园质量督导评估办法（试行）》修订工作。

（赵旭山　贾姜媛）

中小学校发展素质教育综合督导

2022 年，市教委、市政府教育督导室开展中小学校发展素质教育综合督导。根据《北京市普通中小学校发展素质教育督导评估方案（试行）》，组织指导各区研制区级督导实施方案和督导工具，自 2022 年起开展四年一轮的对区域内普通中小学校全覆盖的素质教育督导评估。

11 月，海淀区试点开展校（园）长任期结束综合督导。图为专家进校实地督导观看学校体育活动情况　（市教委相关处室　供）

组建市级督导评估专家组，采取市区联合督导方式，对朝阳区、大兴区部分学校素质教育工作情况开展实地督导评估，并将督导评估意见反馈至相关区。全面梳理各区督导评估工作情况，总结形成督导评估工作报告。根据教育部有关要求，结合北京实际，以海淀区为试点，统筹开展校（园）长任期结束综合督导试评，完成部分学校实地督导工作，促进校（园）长履职尽责、发展素质教育。

（蒋婧 贾姜媛）

中小学校体育工作专项督导

2022 年，市教委、市政府教育督导室开展中小学校体育工作专项督导。根据《北京市普通中小学校体育工作督导评估方案（试行）》，组织指导各区结合区域实际和工作需要，开展区级体育工作督导评估。组建市级督导评估专家组，采取市、区联合督导试点方式，对昌平区回龙观第二小学、首都师范大学附属育新教育集团华电附中体育工作开展督导评估，探索学校体育工作督导检查和评价指导的经验做法，完善督导评价指标及标准，调整优化督导流程。

（蒋婧 贾姜媛）

市政府教育督导委员会全体会议

3 月 3 日，市政府教育督导委员会 2022 年全体会议召开。会议审议并通过 2021 年北京市教育督导报告、2022 年北京市政府教育督导委员会工作要点、《北京市教育评估监测管理暂行办法》。强调要深入贯彻落实新修订的《北京市教育督导规定》，完善督导职能，发挥好督政工作优势，建强督导队伍，在强化督导问责上下功夫，深化推进教育督导体制机制改革。要继续将“双减”作为教育督导“一号工程”，持续强化政府责任，推动政策措施落地落实。市政府教育督导委员会各成员单位要加强协同，完成省级政府履行教育职责评价相关工作。各区政府要加大保障支持力度，加快推进义务教育优质均衡发展先行区创建和督导评估，有序推进学前教育普及普惠发展督导评估。要共同加强教育监管和执法，奋力开启首都教育和教育督导事业高质量发展新局面，以实际行动迎接党的二十大召开。卢彦参加会议并讲话。市政府教育督导委员会委员、各成员单位督学及各区政府主管教育副区长、区教委主任、区政府教育督导室主任，市级督学代表等百余人参会。

（胥丹丹）

教育督导问责实施细则印发

6 月 23 日，市政府教育督导委员会印发《北京市教育督导问责实施细则》。文件首次具体规范教育督导问责实施工作，旨在发挥教育督导的监督、指导作用，强化教育督导结果应用。文件共 6 章 27 条，明确教育督导问责实施的指导思想、目的依据、适用范围，同时规定问责情形、问责方式、问责程序、组织实施等。文件自 8 月 1 日起施行。

（胥丹丹）

中小学校美育督导方案印发

7 月 12 日，市教委、市政府教育督导室印发《北京市普通中小学校美育工作督导评估方案（试行）》。方案旨在促进普通中小学校加强和改进美育工作，强化学校美育育人功能，包括指导思想、督导评估原则、督导评估内容、督导评估实施、工作要求五部分。督导评估内容涵盖组织领导、教育教学、师资队伍等 7 个方面，涉及 14 项二级指标、27 项三级指标。方案健全以发展素质教育为导向、涵盖德智体美劳全要素的“1＋N”学校督导制度标准体系，推动深化教育评价改革，构建与基础教育改革发展相适应的学校督导工作制度机制。

（赵旭山 贾姜媛）

241 人受聘北京市第 12 届督学

10 月 24 日，市政府教育督导委员会聘任北京市第 12 届督学 241 人。市政府教育督导委员会按照“坚持标准、

11 月，市教委对回龙观二小开展体育工作督导评估

（市教委相关处室 供）

保证质量、加强管理”的原则，经各成员单位、市教委有关处室和直属单位、各区教委推荐，市政府教育督导委员会办公室资格审查和遴选，市教委主任办公会研究等程序，聘任督学241人。新一届督学涵盖学前教育、中小学教育、职业教育、高等教育等学段以及教育教学、行政管理、教育科学研究等领域，聘期3年。相较上届，55周岁及以下、副高级及以上市督学占比均有提升，进一步实现督学队伍的年轻化、专业化。

（贾姜媛）

督政

区政府履行“双减”职责情况专项督导

7月7日至8日，市政府教育督导委员会办公室对海淀、丰台、通州、怀柔区开展区政府履行“双减”职责情况专项督导检查。市级“双减”专班、市教委相关处室人员组成督导组，通过听取区政府工作汇报，召开区级专班成员单位负责人座谈会、22家校外培训机构负责人座谈会、34所中小学校长座谈会，查阅档案资料等方式，深入了解各区在强化“双减”组织领导、加大“双减”执法检查、加强中小学教学管理、提高课后服务质量等方面的工作情况和实际成效。督导检查结束后，市政府教育督导委员会办公室综合各区自查自评、相关数据监测、实地督导检查情况，汇总形成问题清单和督导检查报告，发现问题12个，督导检查结果同时向各区反馈。

（王雨萌）

对省级政府履行教育职责情况自查自评

8月26日，市政府教育督导委员会办公室开展2022年对省级人民政府履行教育职责自评工作。市政府教育督导委员会办公室制定工作方案，优化工作流程，完善工作机制，协调20余个相关单位和部门，围绕加强党对教育工作全面领导、落实教育优先发展、落实五育并举、统筹落实教育改革发展重点任务、加强教师队伍建设、保障和促进教育公平、校园安全维稳、规范学校办学行为8个方面，完成自查汇总、平台自评、材料上传、满意度调查等工作。同时会同相关处室完成北京市自评报告撰写、公示、上报等工作。

（王雨萌）

县域义务教育优质均衡发展督导评估

至年底，市政府教育督导室持续推进县域义务教育优质均衡发展督导评估。牵头研制北京市推进义务教育优质均衡发展工作方案，制定完成推进县域义务教育优质均衡发展暨通过国家督导评估认定任务清单，协同印发《北京市推进义务教育优质均衡发展实施方案》。对顺义、怀柔、延庆等区开展实地督导调研，推进市级初核、省级督导评估相关工作。搭建智慧督政应用场景，指导全市各区在线完成2028个校址累计18万项次数据采集，编制形成东城、朝阳、密云3个区义务教育优质均衡发展监测评估分报告和先行创建区监测评估总报告。结合教育事业统计、国家义务教育质量监测、市教育工作满意度调查等数据，编制形成16个区义务教育优质均衡发展监测评估报告并印发各区。

（王雨萌）

督学

高校内部督导工作调研

11月，市教委、市政府教育督导室开展高校内部督导工作调研。调研组到北京工商大学、中国戏曲学院、北京

7月8日，怀柔区迎接市教育督导检查组履行“双减”职责情况专项督导检查 （怀柔区教委 供）

11月，市教委、市政府教育督导室以线上方式开展高校内部督导调研 （督学处 供）

建筑大学3所市属高校，通过听取汇报、调阅文件、座谈访谈方式，调研高校内部督导机制建设情况。调研结果显示，各学校结合实际建立完善内部督导制度机制，持续完善内部治理体系，为学校持续提升教育教学质量和办学水平提供有力保障。

（王俊杰　贾姜媛）

对2所学校开展职业院校督导评估试评

11月至12月，市教委、市政府教育督导室对北京市工业技师学院、北京市商业学校开展督导评估试评。专家组围绕修订完善职业院校人才培养质量督导评估标准和完善现代职业教育体系、深化办学模式改革、推进技术技能型人才培养等工作，通过听取学校汇报、查阅制度文件、召开座谈会、调研实习实训教学等方式开展人才培养质量督导评估。通过督导试评，市教委、市政府教育督导室听取职业院校对于督导评估工作的意见建议，完善符合职业教育特点、适应北京市经济社会发展和京津冀协同发展需要的职业院校人才培养质量督导评估模式方式。

（王俊杰　贾姜媛）

中小学幼儿园责任督学挂牌督导工作经验交流会

12月14日，市教委、市政府教育督导室召开北京市中小学幼儿园责任督学挂牌督导工作经验交流会。会议总结2022年北京市责任督学挂牌督导工作取得的新进展新成效，在全面分析责任督学挂牌督导工作面临的新形势新要求的基础上，对下阶段责任督学挂牌督导重点工作作出具体部署。会议同时总结北京教育督导第五届征文活动和“督学之星”宣传工作，宣读征文活动获奖人员和“督学之星”名单，集体观看“督学之星”宣传片。海淀区、延庆区督导科分别介绍创新推进责任督学挂牌督导工作典型经验，丰台区、昌平区两名督学代表分享督导履职有效做法。会议以视频形式召开，市教委相关处室和直属单位负责人、各区教委及督评中心相关人员、各督学责任区负责人、北京教育督导第五届征文活动获奖人员和“督学之星”等近500人线上参会。

（蒋婧　贾姜媛）

督学队伍培训

至年底，市教委、市政府教育督导室强化督学队伍培训。根据挂牌督导新任务新要求，聚焦课堂教学督导、体育督导等，面向1800余名挂牌责任督学开展专题培训。建立常态化培训机制，每月启动挂牌督导工作时同步开展督导标准解读等业务培训。丰富培训资源，组织开展4期督学大讲堂，举办责任督学“双减”督导、中小学校内部督导、义务教育优质均衡评估、中小学素质教育评估等专题培训，累计培训近4000人次；组织各区160名挂牌责任督学参加“全国责任督学挂牌督导工作专题网络示范班”，持续提升督学队伍综合素养与工作水平。

（贾姜媛）

督学工作总结宣传

至年底，市教委、市政府教育督导室强化督学工作总结宣传。开展北京市第五届教育督导征文活动，评选优秀论文、案例157篇并结集出版。组织各区推荐25名“督学之星”，制作“督学之星”宣传片，通过地铁电视、学习强国App、央视频等平台，宣传责任督学先进事迹，激发督学队伍履职新动力。通过教育部督导局官方微信公众号、“首都教育督导”微信公众号等平台宣传学校督导工作经验成果。

（蒋婧　王俊杰）

评估与监测

教育评估监测管理暂行办法印发

3月11日，市政府教育督导委员会办公室印发《北京市教育评估监测管理暂行办法》。办法包括总则、组织实施、结果运用、附则4个部分，建立健全各级各类教育评估监测制度机制，明确市、区教育评估监测机构、职责与权限，对教育评估监测事项、工作规程、方式方法以及结果运用等方面作出明确规定。办法提升首都教育评估监测工作制度化、规范化水平，自印发之日起施行。

（王德文）

11 月，市教委组织开展幼儿园办园质量督导评估

（市教委相关处室　供）

全市适龄儿童毛入园率 95.66%

3 月至 5 月，市教委在全市 16 个区及燕山地区、经开区开展学前教育发展状况监测。监测内容包括学前教育发展规模、幼儿园结构与布局、教师队伍、经费投入及幼儿园建设情况等 8 项指标。本次监测以网络在线方式采集数据、共享部门数据和系统生成数据方式获得学前教育发展有关情况数据。监测结果显示，全市有幼儿园（点）2896 所，其中各区新建、改扩建幼儿园 123 所，新增学位 3.22 万个；在园幼儿 62.38 万人，其中公办幼儿园在园幼儿 32.46 万人，占比 52.03%；3 ～ 5 岁学前三年毛入园率约 95.66%；普惠性幼儿园（含普惠性社区办园点）覆盖率 89.50%，群众对缓解“入园难”达到“比较满意”水平。

（沈柳莺）

首次组织本科毕业论文（设计）抽检

8 月，市教委首次组织本科毕业论文（设计）抽检工作。抽检对象为 2021—2022 学年内（2021 年 9 月 1 日至 2022 年 8 月 30 日）所有授予学士学位的本科毕业论文（设计）。抽检工作依托全国本科毕业论文（设计）抽检信息平台，市教委组织 68 所高校开展信息报送、名单抽取、学术不端行为检测等。本次共抽检论文 3499 篇，涉及 470 个专业，覆盖普通高等教育、成人高等教育、来华留学生和学士专业学位等全部学位授予类型。抽检结果显示，合格率 91.97%。市教委、市政府教育督导室于 7 月 27 日印发《北京市本科毕业论文（设计）抽检实施细则（试行）》，文件包括总则、抽检对象、评议要素和重点、工作程序、结果反馈与使用、监督与保障、附则 7 个部分，为加强和改进市高等教育评估监测，保证本科人才培养基本质量提供规范性依据。

（杨旸）

教育工作满意度综合得分 86 分

9 月 9 日至 30 日，市教委开展北京市 2022 年教育工作满意度调查。调查内容主要包括公众对政府统筹、学校办学、师资队伍、教育效果 4 个方面的满意度，同时专项调查“双减”、疫情期间教育工作状况等相关内容。通过网络调查方式，随机推送调查问卷填答邀请短信 819254 条，收到有效样本 47720 个（其中学生家长 35522 人，人大代表、政协委员 1408 人，校〈园〉长、教师 8785 人，督学 2005 人）。调查结果显示，北京市教育工作满意度综合得分 86 分，达到“比较满意”以上水平；16 个区及燕山地区、经开区教育工作满意度亦均达到“比较满意”水平。

（赵兴）

硕士论文抽检合格率 98.21%

12 月，市教委完成硕士学位论文抽检工作，抽检合格率 98.21%。抽检北京地区 131 家学位授予单位（军队系统除外）5709 篇硕士论文，涵盖学术学位的 13 个学科门类（100 个一级学科）和专业学位的五大类（39 个专业学位类别），实现抽检各类型全覆盖。抽检结果显示，2020—2021 学年北京地区抽检合格硕士学位论文 5607 篇，合格率 98.21%；存在问题学位论文 102 篇，不合格率 1.79%，不合格率较上年下降 0.13%。市教委同时向各相关学位授予单位反馈硕士学位论文抽检结果，压实培养单位主体责任，发挥督导“利剑”作用。

（杨旸）

（本栏责任编校　张晓兰）

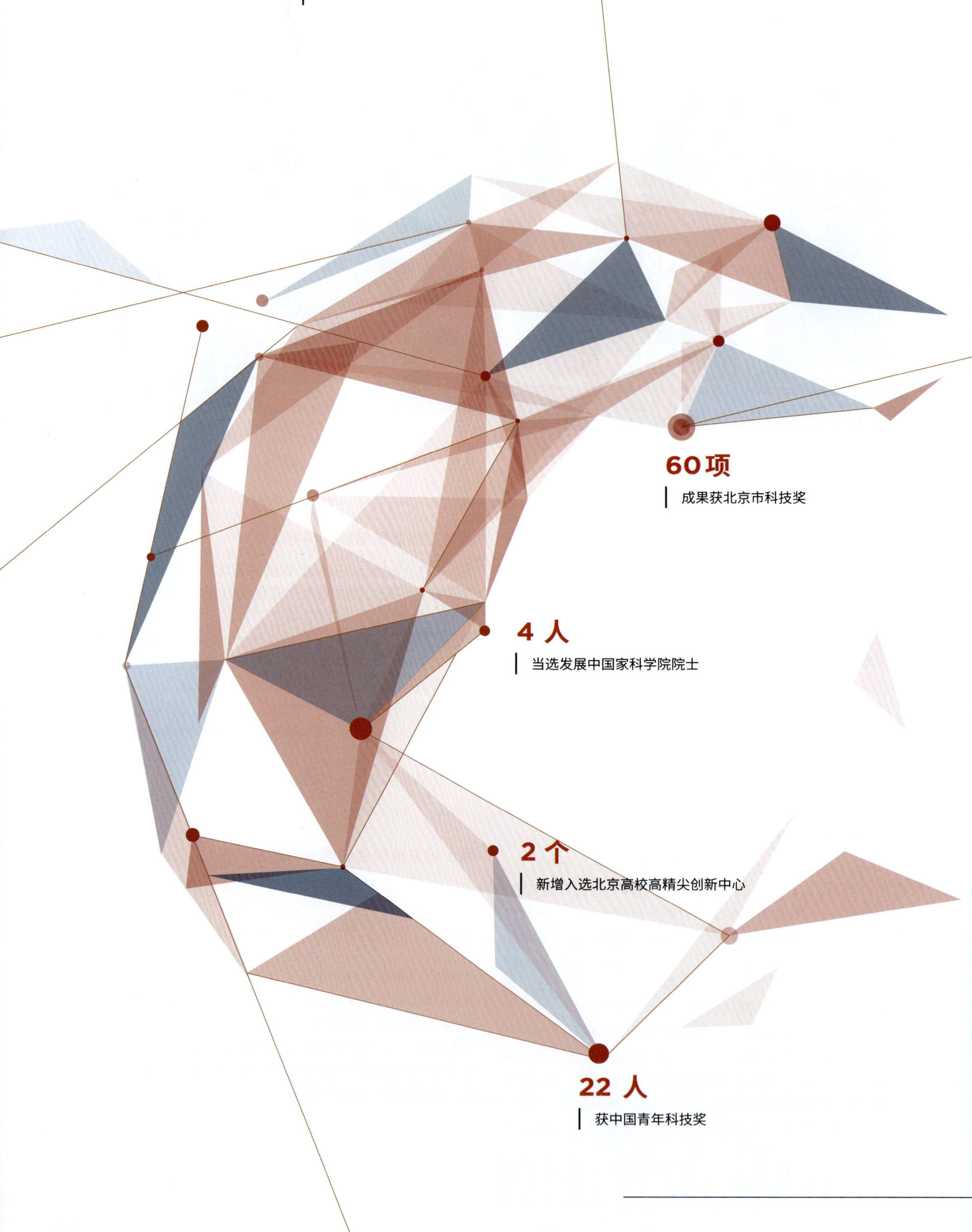
60项
成果获北京市科技奖
4 人
当选发展中国家科学院院士
2 个
新增入选北京高校高精尖创新中心
22 人
获中国青年科技奖

科学研究

SCIENTIFIC RESEARCH

79 所设有理工农医类高校
有研究与发展（R&D）人员 88745 人

40 所设有理工农医类市属高校
有研究与发展（R&D）人员 19895 人

92 所设有人文社科类普通本科高校
有人文社科研究与发展（R&D）人员 57618 人

53 所设有人文社科类市属高校
有人文社科研究与发展（R&D）人员 16601 人

北京地区高校出版科技专著 655 部
北京地区高校出版人文社科著作 3281 部

综述

概况

2022 年，北京地区高校及附属医院研究与发展（R&D）人员 146363 人，其中研究人员 127157 人；科研经费总投入 493.01 亿元；承担研究项目 148995 项；发表学术论文 160276 篇，出版学术专著 3936 部；获省部级及以上奖励 236 项；研究机构 1499 个，当年研究与发展（R&D）经费支出 325.25 亿元，年末科研仪器设备原值 339.02 亿元。

（王玢玢）

科技人员及投入

2022 年，北京地区 79 所设有理工农医类高校（含 30 所高校附属医院）有研究与发展（R&D）人员 88745 人，其中研究人员 80594 人。科技经费投入 459.53 亿元，包括政府资金投入 318.86 亿元，企事业单位委托投入 131.56 亿元。市属 40 所设有理工农医类高校（含 19 所高校附属医院）有研究与发展（R&D）人员 19895 人，其中研究人员 15300 人。科技经费投入 37.92 亿元，包括政府资金投入 26.98 亿元，占北京地区高校政府资金投入 8.46%；企事业单位委托投入 9.54 亿元，占北京地区高校企事业单位委托资金投入 7.25%。

（王玢玢）

科技活动

2022 年，北京地区 79 所设有理工农医类高校（含 30 所高校附属医院）有科研活动机构 1075 个；开展科技课题 91791 项，其中研究与发展（R&D）课题 80479 项，研究与发展（R&D）成果应用及科技服务课题 11312 项；派遣进修访问学者 488 人次，接受进修访问学者 1484 人次；出席国际学术会议 17389 人次，交流论文 7353 篇。市属 40 所设有理工农医类高校（含 19 所附属医院）有科研活动机构 234 个；开展科技课题 14297 项，其中研究与发展（R&D）课题 13531 项，研究与发展（R&D）成果应用及科技服务课题 766 项；派遣进修访问学者 152 人次，接受进修访问学者 213 人次；出席国际学术会议 5514 人次，交流论文 1437 篇。

（王玢玢）

科技产出

2022 年，北京地区高校出版科技专著 655 部，包括大专院校教科书 431 部、编著 277 部；发表学术论文 129349 篇，包括在国外学术刊物发表 85357 篇、科学引文索引扩展版（SCIE）收录论文 64095 篇、工程索引（EI）44335 篇、科技会议录索引（CPCI-S）4797 篇；获奖成果（第一单位）181 项，包括省部级 173 项。市属高校出版科技专著 193 部；发表学术论文 20779 篇，包括国外学术刊物发表 10783 篇；科学引文索引扩展版（SCIE）收录论文 9280 篇、工程索引（EI）3003 篇、科技会议录索引（CPCI-S）451 篇；获奖成果（第一单位）20 项，省部级 18 项。

（王玢玢）

科技推广

2022 年，北京地区高校签订技术转让合同 1342 项，合同总金额 15.72 亿元，当年实际收入 6.30 亿元。其中，专利出售合同 909 项，合同总金额 12.58 亿元，当年实际收入 4.48 亿元；北京地区高校申请专利 24096 项，其中发明专利 21218 项、实用新型 2535 项、外观设计 343 项。市属高校签订技术转让合同 511 项，合同总金额 2.07 亿元，实际收入 1.18 亿元。其中，专利出售合同 216 项，合同总金额 4437.2 万元，当年实际收入 2373.6 万元；市属高校申请专利 3895 项，占北京地区高校专利申请量 16.16%，其中发明专利 2820 项、实用新型 929 项、外观设计 146 项。

（王玢玢）

社科人员及投入

2022 年，北京地区 92 所设有人文社科全日制普通本科高校有人文社会科学研究与发展（R&D）人员 57618 人，其中研究人员 46563 人；市属 53 所高校人文社会科学研究与发展 (R&D) 人员 16601 人，其中研究人员 13138 人。北京地区高校人文社科研究经费投入 33.48 亿元，包括政府资金投入 18.45 亿元，企事业单位委托资金投入 13.76 亿元，其他资金投入 0.41 亿元；市属高校人文社科经费投入 6.19 亿元，包括政府资金投入 3.3 亿元，占北京地区高校政府资金投入 17.87%；企事业单位委托资金投入 2.61 亿元，占北京地区高校企事业单位委托资金投入 18.97%；其他资金投入 0.25 亿元，占北京地区高校其他资金投入 60.98%。

（王玢玢）

社科活动

2022 年，北京地区高校在研人文社科项目 57204 个，当年投入经费 21.39 亿元；举办学术会议 2041 次，其中独办 1304 次、合办 737 次，参加学术会议 34656 人次，提交论文 9676 篇；受聘讲学派出 3821 人次，来校受聘讲学 3589 人次；进修学习派出 1614 人次，来校进修学习 424 人次；合作研究课题 987 项。从在研项目的级别看，在研国家级项目 7290 个，占在研项目总数 12.74%；在研省部级项目 4704 个，占在研项目总数 8.22%；在研其他项目 45210 个，占在研项目总数 79.03%。市属高校在研人文社科项目 11850 个，占北京地区高校在研人文社科项目总数 20.72%，当年投入经费 3.27 亿元，占北京地区高校当年投入经费 15.29%。市属高校举办学术会议 184 次，其中独办 107 次、合办 77 次，参加学术会议 8347 人次，提交论文 3060 篇；受聘讲学派出 708 人次，来校受聘讲学 995 人次；进修学习派出 282 人次，来校进修学习 205 人次；合作研究课题 252 项。

（王玢玢）

人文社科研究成果

2022 年，北京地区高校出版人文社科著作 3281 部；发表人文社科学术论文 30927 篇；提交研究与咨询报告 2207 篇，研究与咨询报告被采纳 1156 篇。市属高校出版人文社科著作 843 部，占北京地区高校出版人文社科著作总数 25.69%；发表人文社科学术论文 7238 篇，占北京地区高校发表人文社科学术论文总数 23.4%；提交研究与咨询报告 393 篇，占北京地区高校提交有关部门研究报告总数 17.81%，研究报告被采纳 179 篇。

（王玢玢）

新增 2 个北京高校高精尖创新中心

1 月，市教委批准新增 2 个北京高校高精尖创新中心。分别是由北京航空航天大学、北京微芯区块链与边缘计算研究院牵头的未来区块链与隐私计算高精尖创新中心和清华大学、北京大学牵头的集成电路高精尖创新中心。新一期北京高校高精尖创新中心建设以服务国家重大战略需求为目标，按照“政府主导、高校支撑、多主体参与、实体运行”原则，抓住科学范式和创新范式调整变革的重要契机，回归科学和创新本质，加强从基础理论研究到技术产业化突破的创新全流程融合，强化基础研究、应用基础研究和关键共性、前沿引领、颠覆性技术研发的一体化创新，加快实现创新链上下游贯通发展，推动高校全面融入北京经济发展主战场，加速产出实质性科技成果和培养高层次创新人才。

（王玢玢）

982 项成果获市教育教学成果奖

9 月 19 日，2021 年北京市教育教学成果奖名单公布，982 项成果获奖。高等教育类获奖成果 597 项，其中特等奖 30 项、一等奖 227 项、二等奖 340 项；部属高校 436 项、市属高校 161 项。职业教育类获奖成果 225 项，其中特等奖 10 项、一等奖 59 项、二等奖 156 项。基础教育类获奖成果 160 项，其中特等奖 10 项、一等奖 50 项、二等奖 100 项。该奖项由市政府批准，市教委、市人力资源社会保障局、市财政局联合开展，每 4 年评审 1 次，旨在集中展示北京市各级各类学校教育教学改革与实践探索的重要成果。基础教育领域包括课程、教学、评价、资源建设等方面，高等教育领域包括推进教育教学改革、创新人才培养模式、提升人才培养质量等方面。

（邓永卫　张富宇　赵晓琳）

北京高校 22 人获中国青年科技奖

11 月 12 日，第 17 届中国青年科技奖在 2022 世界青年科学家峰会开幕式上颁发，北京高校 22 人获奖，其中 2 人获中国青年科技奖特别奖。获奖人员中，清华大学 5 人，北京大学、北京航空航天大学、北京理工大学各 4 人。全国 100 人获青年科技奖，其中 10 人获特别奖。该奖项于 1987 年设立，由中央组织部、人力资源社会保障部、中国科协、共青团中央共同组织实施，表彰奖励在国家经济发展、社会进步和科技创新中作出突出贡献的青年科技人才，旨在造就一批进入世界科技前沿的青年学术和技术带头人。

（曾婷）

北京高校 4 人当选发展中国家科学院院士

11 月 21 日，发展中国家科学院第 16 届学术大会暨第 30 届院士大会上，北京高校 4 人当选发展中国家科学院院士。50 名科学家当选，其中 10 名来自中国。发展中国家科学院原名第三世界科学院，由诺贝尔物理学奖获得者、巴基斯坦物理学家阿布杜斯·萨拉姆（Abdus Salam）

教授发起，是非政府、非政治和非营利性的国际科学组织，致力于支持和促进发展中国家的科学研究，成立于 1983 年 11 月，总部设在意大利北部海港城市的里雅斯特。

（曾婷）

第 30 届发展中国家科学院院士（北京高校）

北京大学城市与环境学院	朴世龙
北京大学医学部（北京大学第三医院）	乔杰
北京科技大学前沿交叉科学技术研究院	张跃
清华大学物理系	段文晖

（曾婷）

北京高校 60 项成果和 4 人获市科学技术奖

11 月 23 日，市政府公布 2021 年度北京市科学技术奖获奖名单，北京高校作为第一完成单位的 60 项成果及 4 名个人获奖。个人奖励 4 人为杰出青年中关村奖；60 项获奖成果包含自然科学奖一等奖 1 项、二等奖 14 项，技术发明奖一等奖 2 项、二等奖 2 项，科学技术进步奖一等奖 12 项、二等奖 29 项。该评选经市科学技术奖励评审委员会评审、市科学技术奖励委员会审定，市政府批准，评选出获奖个人 16 人，成果 191 项。

（王玢玢　曾婷）

北京市科学技术奖杰出青年中关村奖名单
（北京高校）

杰出青年中关村奖	
北京大学	肖云峰
北京航空航天大学	程群峰
清华大学	颉伟
北京理工大学	邓方

（王玢玢　曾婷）

2021 年度北京市科学技术奖获奖项目
（北京高校 第一完成单位 一等奖）

自然科学奖	
一等奖	
清华大学	柔性膜——基结构及异质界面的力学行为与调控
技术发明奖	
一等奖	
清华大学	非结构光场智能成像关键技术与装备
清华大学	极端工况下高端装备磁性液体动密封关键技术与应用
科学技术进步奖	
一等奖	
清华大学	多媒体计算通信技术与智能安防系统研发及应用
清华大学	声表面波材料与器件技术及产业化
清华大学	城市排水系统厂网联合运行与优化控制关键技术与应用
清华大学	保障新能源电力系统安全的继电保护技术研究及应用
清华大学	中重型燃气内燃机 / 汽车关键技术及应用
北京大学	大型二氧化碳制冷及其跨临界全热回收关键技术与应用
北京大学第三医院	卵成熟障碍性疾病发病机制及干预新策略研究
北京邮电大学	移动应用黑灰产溯源技术及应用
北京科技大学	钢铁行业重点工序烟气多功能耦合超低排放技术集成与应用
北京科技大学	工业承压管道环境敏感断裂理论创新及重大工程应用
北京科技大学	城市建筑与基础设施安全控制理论与关键技术
北京工业大学	大型复杂高层建筑组合结构高效抗震体系及关键技术

（王玢玢　曾婷）

科研管理

集成电路高精尖创新中心揭牌

2 月 19 日，北京大学和清华大学牵头成立的集成电路高精尖创新中心揭牌。该中心由市政府批准、市教委立项成立，两校联合高校、科研机构及北京集成电路产业相关单位，建立跨校际、产学研贯通的新型创新载体，聚焦相关前沿技术研究，突破一批关键核心技术，打造集成电路高层次人才培养特区，加快推动创新链、产业链与人才链的有机衔接与融合，为国家培养集成电路高层次领军人才。北大具有深厚研究基础和人才储备，取得一大批具有国际影响力的重要原创成果，学校设有集成电路学院，成为首批设立集成电路科学与工程一级学科高校、首批入选国家集成电路产教融合创新平台项目试点高校。清华是集成电路人才培养和科学研究重要基地之一，培养一大批产业领军人才，取得一系列代表国家水平、具有标志性的成果。

（曹冠英）

市级科技和社科计划项目公布

6 月 9 日，市教委公布 2022 年度科技和社科计划资助项目名单。经过项目申请、学校初选推荐、专家评审等项目立项程序，产生 2022 年度市教委科技和社科计划资助项目 426 个。科技计划资助项目 274 个，其中科技重点项目（市教委—市自然基金联合资助）49 个、科技一般项目 225 个；

社科计划资助项目 152 个，其中社科重点项目 30 个、社科一般项目 122 个。各项目的经费额度以财政最终下达的经费额度为准。

（王玢玢）

系列北京人文论坛

12 月，市教委指导的北京人文论坛系列活动举办。10 日，北京人文社会科学研究中心——清华大学人工智能治理研究中心主办“人工智能与未来教育”北京人文论坛，围绕人工智能赋能未来教育、人工智能科学与伦理教育、智能化教育场景下的治理挑战 3 个议题，通过主旨演讲、圆桌对话形式开展交流讨论，发布《人工智能赋能教育研究报告》，分享人工智能助力未来教育的创新实践。24 日，北京人文社会科学研究中心——中国社会科学院大学主办“马克思主义中国化时代化与中国式现代化”北京人文论坛，聚焦马克思主义中国化时代化、中国式现代化、治国理政的现代化实践，就马克思主义中国化时代化的世界观方法论、思想与利益关系，中国式现代化的理论特质、理论创新、主要特点、活水源头、科学内涵、历史逻辑、根本经验等方面展开研讨。来自高校、党校（行政学院）、科研院所和党政部门研究机构等单位马克思主义理论领域学者、业界专家和一线实践代表 30 余人参加论坛。26 日，北京人文社会科学研究中心——首都师范大学中外文明传承与交流研究中心主办“中外文明起源研究的理论与实际”北京人文论坛，围绕文明起源研究的理论、中外文明起源比较研究 2 个主题，以在线会议形式开展交流讨论，探索文明起源，研究当前现状和未来走向，以及中国学者如何发出中国声音、做出自己独特贡献。北京人文论坛是依托北京人文社会科学研究中心设立的高端学术交流平台，旨在集聚智慧，启迪思维，宣传阐释新时代新思想，研究应对新机遇新挑战，打造人文社科领域学术交流特色品牌。

（张 豫）

2023 年度市教委科研计划重点项目和一般项目立项

12 月，市教委公布 2023 年度市教委科研计划重点项目和一般项目名单。28 个项目获批重点项目，30 所高校 339 个项目入选一般项目。重点项目经资格审查、通讯评审、会议评审等程序产生，一般项目经项目申请、学校初选推荐、市教委评审等程序产生，其中科技类一般项目 205 个、社科类一般项目 134 个。

（张豫　王玢玢）

学术交流

首届世界法学家高端论坛

5 月 16 日，中国政法大学举办首届世界法学家高端论坛。论坛围绕“数字时代法学教育变革”主题，采取线上直播方式举行。论坛设置 5 个单元主旨报告，邀请 28 名来自亚洲、美洲、欧洲、大洋洲 18 个国家和地区知名高校、国际组织机构的专家发表在线视频演讲，就数字时代法学教育面临的挑战、未来发展趋势与变革举措、新时代创新法学人才培养模式等多个议题进行深入探讨和广泛交流，为东西方智慧深度融合和中国法治建设、法学教育变革提供新的理论支撑。国外近 300 个合作伙伴院校、机构以及中国 300 余名高校代表线上参会。

（陈泉廷）

数字经济全球治理规则论坛

7 月 29 日，北京理工大学举办“数字经济全球治理规则”论坛。论坛为 2022 全球数字经济大会分论坛之一，以“新规则，构建数字经济健康生态”为主题，邀请国内外嘉宾，通过线上线下相结合的方式，针对数字经济治理愿景，数据跨境流动，数字税收和货币、数字监管，数字争端解决 4 个专题开展讨论，最终形成《数字经济生态全球治理北京宣言 2023》。联合国贸易和发展会议、经济合作与发展组织（OECD）、国际商事争端预防与解决组织等国际组织，国家相关部委、北京市相关部门、高等院校、高校相关部门负责人等 100 余人参加论坛。全球数字经济大会设开幕式、主论坛、6 个主题峰会和近 50 场专题论坛活动，围绕“启航数字文明——新要素、新规则、新格局”大会主题，加强国际化合作，搭建交流活动纽带。

（岳鹏）

第 29 届国际地理信息学大会

8 月 16 日，中国地质大学（北京）举办第 29 届国际地理信息学大会暨国际华人地理信息科学协会（CPGIS）成立 30 周年纪念大会。会议以“地理信息科技赋能城乡协同发展”为主题，重点讨论地理信息科学和技术应对城乡协调发展、高质量发展的挑战和机遇。会议组织 11 场特邀主旨报告和 16 个专场 196 个学术报告，交流地理信息科技领域的新思想、新方法、新技术、新解决方案，分享在环境遥感、制图与地理可视化、大数据与减灾、城乡可持续发展、时空大数据与城乡治理等领域中的进展与应用。创会主席及相关领域国内外院士、专家学者等现场参会，来自 10 余个国家 100 余所高校和科研机构的 300 余名专家学者与学生注册参会，全球超过 1 万人次以线上方式收看和参加交流活动。

（杨雪芫）

第 21 届国际沉积学大会

8 月 20 日至 27 日，中国地质大学（北京）举办第 21 届国际沉积学大会（ISC）。会议议程包括会前短期课程、大会报告、分会场口头报告、海报展示和线上野外考察活动。会议聚焦“沉积学新征程：从太平洋到喜马拉雅”主题，以全线上形式举行，设置 11 个议题，66 个分论坛，旨在探讨沉积学前沿科学问题，促进沉积学理论和技术创新，展示中国沉积学家的科研贡献。这是国际沉积学大会（ISC）

自1946年首届大会召开以来首次在中国举办，47个国家近1400名学者参加会议。国际沉积学大会（ISC）由国际沉积学家协会发起，每4年举办1次，是全球沉积学家交流的最高平台，也是展示全球沉积学最新进展、人类社会发展需求和未来学科前进方向的重要窗口。

（杨雪芫）

“传统药物科技创新的监管科学与国际共享”国际研讨会

11月8日，北京中医药大学召开“传统药物科技创新的监管科学与国际共享”国际研讨会。会议与中国生物技术发展中心联合主办，设置传统药物监管科学、国际传统药物（外来中药）和青年学术论坛3个平行论坛。来自12个亚太经济合作组织（APEC）成员经济体106名代表、专家学者和嘉宾参会。

（齐佳兵）

科研成果

类牙釉质复合材料的制备及性能研究重要进展

2月4日，北京航空航天大学研究成果《多尺度构筑人工牙釉质》（Multiscale Engineered Artificial Tooth Enamel）在《科学》（Science）上在线发表。该项目设计基于“纳米结构单元的宏量合成及可控组装”的多尺度类牙釉质复合材料合成路线，实现迄今为止与牙釉质结构最为相近的类牙釉质复合材料可控制备。该材料多级次类牙釉质结构导致的强支撑、界面增强、结构限域和应力耗散等力学行为，是实现材料具有优异力学性能重要因素。该研究为下一代生物力学性能匹配的牙修复材料以及综合力学性能更为优异的工程材料的设计合成提供理论借鉴和设计基础。

（朴悦嘉）

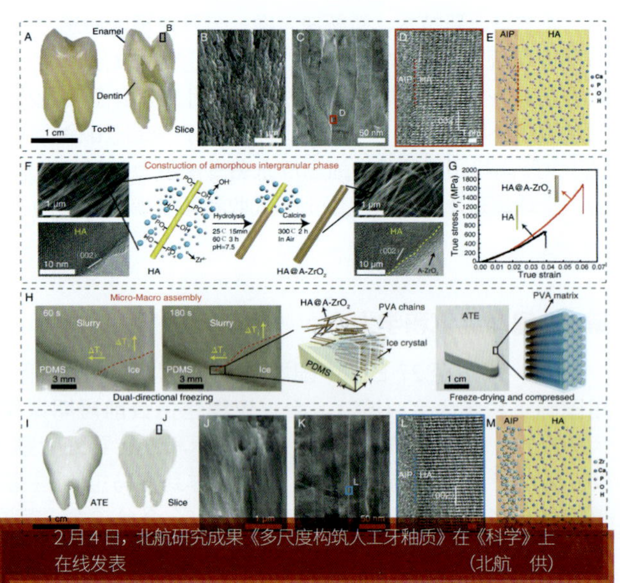

2月4日，北航研究成果《多尺度构筑人工牙釉质》在《科学》上在线发表 （北航 供）

揭示SARS-CoV-2逃逸抗病毒药物机制入选中国科学十大进展

2月28日，清华大学“揭示SARS-CoV-2逃逸抗病毒药物机制”医学成果入选2021年度中国科学十大进展。该成果揭示新冠病毒转录复制机器的完整组成形式，明确病毒mRNA加帽的分子机制，提出新冠病毒逃逸核苷类药物机制，发现新的抑制剂作用靶点，为发展和优化抗病毒药物提供关键结构基础。

（徐思羽）

亚1纳米栅长晶体管研究成果入选国内十大科技新闻

3月10日，清华大学研究成果以《具有亚1纳米栅极长度的垂直硫化钼晶体管》（Vertical-MoS-transistors with sub-1-nm gate lengths）为题在《自然》（Nature）在线发表。该项目利用石墨烯薄膜超薄的单原子层厚度和优异的导电性能作为栅极，通过石墨烯侧向电场来控制垂直的二硫化钼（MoS）沟道开关，实现等效物理栅长为0.34nm，通过在石墨烯表面沉积金属铝并自然氧化的方式，完成对石墨烯垂直方向电场的屏蔽，再使用原子层沉积的二氧化铪作为栅极介质、化学气相沉积的单层二维二硫化钼薄膜作为沟道。该晶体管具有良好电学性能。基于工艺计算机辅助设计的仿真结果，进一步表明石墨烯边缘电场对垂直二硫化钼沟道的有效调控，预测在同时缩短沟道长度条件下晶体管的电学性能情况。该成果推动摩尔定律进一步发展到亚1纳米级别，同时为二维薄膜在未来集成电路的应用提供参考依据。12月，该成果入选2022年国内十大科技新闻。

（徐思羽）

高档磨床亚微米级智能振动控制系统获国际发明展金奖

3月16日至20日，北京化工大学“高档磨床亚微米级智能振动控制系统”项目在2022年日内瓦国际发明展获金奖。该项目针对高档磨床运行过程中因砂轮不均匀磨损而导致机床“磨不精、磨不快”的问题，提出一种可实时补偿砂轮不平衡量的新型电磁式智能振动控制系统，发明径向励磁式一体化电磁平衡执行器结构，有效提升产品稳定性和驱动效率，并借鉴医学科学中分子靶向治疗原理，形成转子振动靶向抑制方法，实现砂轮——转子系统的亚微米级高精度振动抑制。该系统已在外圆磨床、轴承磨床等高档磨床上取得实际工程应用，广泛适用于轴承、齿轮、曲轴、蜗轮蜗杆等精密件加工领域。其核心技术曾获中国机械工程学会第六届上银优秀机械博士论文奖，在中国机械工程学会组织的科技成果鉴定中被评价为“达到国际领先水平”。

（肖勇）

百吨级高强高模聚酰亚胺纤维制备技术及应用通过科技成果鉴定

3月21日，北京化工大学作为第一完成单位承担的“百吨级高强高模聚酰亚胺纤维制备技术及应用”项目通过中国石油和化学工业联合会科技成果鉴定。高强高模聚酰亚胺纤维是完全由中国自主研发并实现产业化高性能有机纤维。研究团队历经 15 年，突破高强高模聚酰亚胺纤维结构设计与调控、一体化连续纺丝、产业化成套装备设计及稳定化控制等系列关键技术，自主建成国内外首条年产百吨级规模高强高模聚酰亚胺纤维生产线，形成系列化产品，实现在航空航天、电子、安全防护、型材制造等领域的应用突破。最高等级产品纤维拉伸强度和初始模量分别可达 4.5GPa 和 180GPa 以上，鉴定专家组认为该成果整体处于国际领先水平。

（肖勇）

热电材料领域新进展

3 月 25 日，北京航空航天大学研究成果《利用层状结构解耦调控电声输运实现高热电性能》(High Thermo Electric Performance Realized Through Manipulating Layered Phonon-electron Decoupling) 在《科学》(Science) 上发表。热电效应是一种利用温差来实现电传输的现象。高性能热电材料要求材料在大温差下，同时具备高电传输特性与低热传输性能。该研究成果利用层状材料在层外方向低热导特点，通过调节晶体结构对称性，在层外方向改善载流子在层间的迁移，从而促进层间方向电子遂穿，被证明可有效解决高导电和低导热矛盾。截至 2022 年，该项目课题组在《科学》期刊发表 6 篇文章。

（朴悦嘉）

城市地铁隧道安全隐患综合探测车投入使用

4 月 12 日，中国矿业大学（北京）研究成果“城市地铁隧道安全隐患综合探测车”用于北京地铁 9 号线六里桥——七里庄段隧道安全检测。该项目是北京市科技计划项目，属于城市运行安全保障领域，能够探明该区段地铁隧道衬砌内部脱空和富水病害、衬砌表观裂缝和渗漏水病害、隧道内轮廓形变病害情况，并能够获取其位置、尺寸等信息，为地铁隧道渗漏水治理、城市轨道交通基础设施智能运维提供技术支撑。该成果解决城市地铁隧道结构检测过程中多个“卡脖子”问题，应用在北京、西安等城市地铁隧道安全探测中，提高城市主动防控和应急救援能力。

（杨颖璐）

首个 ESG 团体标准发布

4 月 16 日，首都经济贸易大学发布全国首个 ESG 团体标准《企业 ESG 披露指南》。该标准明确企业 ESG（环境〈Environmental〉、社会〈Society〉、治理〈Governance〉）披露原则与指标体系，规范披露要求与应用，适用于不同类型、不同行业、不同规模企业，可指导企业开展 ESG 治理实践和信息披露，也可作为企业自我评价和第三方评价参考依据。同时发布《中国 ESG 发展报告 2021》《城市可持续发展能力评价研究》和《上市公司 ESG 评价研究》。

（刘江霞　黄少卿）

植入前胚胎遗传诊断（PGT）新方法入选中国 21 世纪重要医学成就

4 月 17 日，北京大学第三医院“植入前胚胎遗传诊断（PGT）新方法”入选中国 21 世纪重要医学成就。研究成果首次揭示人类生殖发育过程中基因表达与表观遗传学调控机制，完整绘制人类生殖细胞及早期胚胎高精度单细胞转录组及表观遗传动态变化图谱，通过“单细胞基因组扩增”技术，在国际上率先完成人类单个卵细胞高精度全基因组测序，成功诞生世界首例高通量测序同时单基因遗传病和染色体异常筛查试管婴儿。研究成果攻克“出生缺陷”重大生殖健康难题，使中国胚胎着床前遗传诊断技术达到世界领先水平，助力优生优育，改善女性生育力，防治遗传性出生缺陷，推动中国生殖健康科研事业发展。该评选由中国医学科学院发布，聚焦中国自 2000 年以来具有显著科学价值、技术价值、经济价值、社会价值、文化价值且获同行高度认可的重要医学与卫生成果，4 项重要医学成果入选。

（曹冠英）

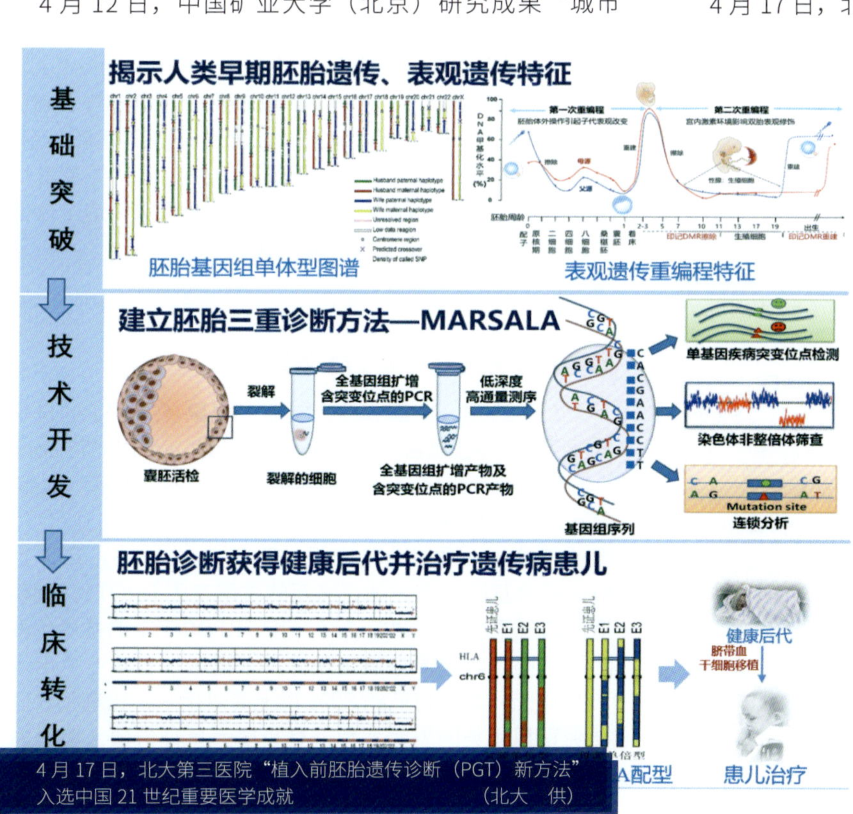

4 月 17 日，北大第三医院“植入前胚胎遗传诊断（PGT）新方法”入选中国 21 世纪重要医学成就　（北大　供）

跨介质吸附仿生机器人领域新进展

5 月 19 日，北京航空航天大学研究成果《可跨越水—空介质吸附搭便车的仿生机器人》（Aerial-aquatic Robots Capable of Crossing the Air-waterBoundary and Hitchhiking on Surfaces）在《科学·机器人》（Science Robotics）发表。该机器人可适应野外环境，在海洋和峡谷溪流中跨越介质，并且可以分别吸附在运动船底和湿滑岩石表面，完成稳定观测任务。该机器人在特定开放环境中具有潜在应用前景，包括长期水下和空中观测、跨介质抓取、水下结构检查等。跨介质仿生吸附机器人扩展飞行机器人作业范围和任务时间，并为未来高性能跨介质无人系统提供新思路。

（朴悦嘉）

金坛盐穴压缩空气储能国家试验示范项目投产

5 月 26 日，清华大学作为主要技术研发方的江苏金坛盐穴压缩空气储能国家试验示范项目正式投产。该项目为世界首个非补燃压缩空气储能电站，标志中国首个压缩空气储能国家示范项目按照商业电站标准建设完成。项目完成连续满负荷储能——发电试运行后正式投运，成为中国新型储能技术发展里程碑。该项目 2017 年获国家能源局批复，2020 年开工建设，申请专利百余项，建立具有完全自主知识产权技术体系，研发并验证高负荷离心压缩机、高参数换热器、大型空气透平等首（台）套核心设备，发布中国压缩空气储能领域首个编码标准和并网标准，立项首个国家标准和行业标准，逐渐形成中国压缩空气储能标准体系，培养出一批兼具科研创新能力和工程实践经验压缩空气储能专业人才，其中国际电工委员会（IEC）注册专家 4 人次，全国电力储能标准化技术委员会专家 3 人，中国首批压缩空气储能电站值长获资格认证上岗。

（徐思羽）

国际传播能力指数方阵发布

5 月 28 日，北京外国语大学召开“指数全球 2022——国际传播能力指数方阵发布会”。会议以线上方式举办，发布“国家语言能力指数”“国家翻译能力指数”“国家国际传播能力指数”“城市国际传播能力指数”“中国企业国际传播能力指数”“全球媒体网络传播指数”以及“世界中国学研究指数”7 个指数，从硬实力建设和软实力建设 2 个方面对全球 195 个国家和地区 2021 年的国际传播能力开展统计分析和指数排名。指数基于传播能力三级指标，采用主成分分析和主观赋值相结合方法，得出各国 2022 年度国际传播能力指数及排名。在综合排名中，发达国家、西方国家、G20 峰会成员国等经济发展水平较高的国家覆盖前列位置；软实力排名次序较综合排名有较大差别，且表明历史文化因素与软实力建设密切相关，说明在客观条件不占优势情况下，软实力建设是部分国家提升国际传播能力的发力点。对于中国国际传播能力建设显示，综合排名第四，硬实力建设排名第二，均达到世界顶尖水平，软实力建设排名第七，需要进一步加强顶层设计、系统谋划和精准施策，完善国际传播工作格局，尽快形成同综合国力和国际地位相匹配的国际话语权。

（吴天宇）

戏曲艺术当代发展路径研究结题

6 月 17 日，中国戏曲学院主持的国家社科基金艺术学重大项目“戏曲艺术当代发展路径研究”经全国艺术科学规划领导小组办公室审批，通过结题验收。该项目于 2014 年 10 月立项，主要对当代戏曲艺术发展的政策方针背景，戏曲艺术本体的编导音舞美，戏曲艺术变体的戏曲绘画、广播、音像制品、电视频道与栏目、电视剧、电影、网络传播，专业教学和戏曲进校园，海外传播和西戏中演的融汇等方面 18 项内容开展研究。成果以《党和国家戏曲政策与方针发展》《全国戏曲教育发展路径》《戏曲艺术进校园发展研究》《当代戏曲音乐发展路径研究》等 18 册专著丛书的形式呈现，550 万字，是首套分类研究和总体集成的大型研究丛书。该成果对于相关部门制定政策，业界认知当代戏曲发展全貌，学界正确把握中国戏曲艺术发展的过往、现状和趋势具有重要参考意义和启迪作用。该项目组成员包括戏曲学院、清华大学、北京大学、中国艺术研究院的团队及京外近 10 所高校科研人员，研究过程发表论文 120 余篇。

（朱天）

全能干细胞研究取得突破性成果

6 月 21 日，清华大学研究成果以《采用小分子鸡尾酒组合诱导小鼠全能干细胞》（Induction of mouse totipotent stem cells by a defined chemical cocktail）在《自然》（Nature）在线发表。该研究以哺乳动物小鼠为主要研究对象，经过 6 年攻关，首次发现一种全能干细胞体外定向诱导及其稳定培养的药物组合（TAW）。该研究成果为再次创造个体生命甚至加速不同物种的进化创造可能。

（徐思羽）

旱稻抗旱新基因 DROT1 发现

7 月 23 日，中国农业大学研究成果《DROT1 的自然变异赋予旱稻旱生适应性》（Natural variation of DROT1 confers drought adaptation in upland rice）在《自然—通讯》（Nature-Communications）在线发表。该研究利用稻种资源和水、旱稻遗传群体，通过全基因组关联研究（GWAS）和连锁分析等综合基因鉴定方法克隆新的抗旱基因 DROT1，阐明其抗旱的分子机理和调控通路，鉴定出 DROT1 的抗旱优异基因型并揭示其起源与演化规律。水稻用水占农业总用水量 70% 以上，旱稻可节约 80% 以上灌溉用水，该基因获国家发明专利和美国发明专利，具有重大育种价值，第三方专业机构评估其技术价值 108.01 亿元。

（孙桂凤）

半导体量子点新型 3D 纳米打印技术发布

9 月 2 日，清华大学研究成果以《光激发诱导化学键合实现半导体量子点 3D 纳米打印》（3D Nanoprinting of Semiconductor Quantum Dots by Photo-Excitation-Induced Chemical Bonding）为题在《科学》（Science）发表。该成果提出利用光生高能载流子调控纳米材料表面化学活性，实现纳米材料的三维激光装配。该研究开发一种不依赖于光聚合原理的激光直写技术——光激发诱导的化学键技术，在没有任何聚合物添加剂的情况下，半导体量子点内部激发的空穴被转移到纳米晶体表面并产生活性位点，从而导致量子点之间的化学成键，以超过衍射极限的分辨率打印任意的量子点 3D 架构。该技术展示多种不同纳米粒子的复杂三维结构和异质结构，为微纳功能器件的制造提供新思路。

（徐思羽）

国产电视剧片头统一标识启用

9 月 21 日，中国传媒大学设计的国产电视剧片头统一标识启用。该标识由传媒大学动画与数字艺术学院师生团队设计完成，以敦煌飞天形象为原型，四周辅以祥云点缀，配乐融合中国传统音乐元素，与视觉风格相符，实现传统文化和当代艺术融合。为让国产电视剧质量标准化、规范化，国家广播电影电视总局要求国产电视剧制作播出须使用片头统一标识，标注国产电视剧发行许可证号。

（刘书峰）

《中国自然资源发展报告（2021 年）》发布

11 月 3 日，中国地质大学（北京）召开首届自然资源战略发展高端论坛暨《中国自然资源发展报告（2021 年）》发布会。发展报告分为综合篇、专题篇和案例篇 3 个部分，系统梳理土地资源、矿产资源、水资源、生物资源和气候资源 5 个基本类型自然资源发展总体趋势以及自然资源法治发展趋势，探讨“双碳”目标下能源矿产资源发展路径，分析战略性矿产资源供给风险，探索 28 个典型资源型城市生态承载力，并提出分类可持续发展路径，为推动自然资源治理体系和治理能力现代化提供科学支撑。报告对分析自然资源发展规律、把握自然资源现实问题、探索机制体制和决策创新具有重要参考价值。中国工程院、中国科学院多名院士和相关领域专家学者 100 余人参加论坛。

（杨雪芫）

国产电视剧发行许可证
（苏）剧审字（2022）第001号
国家广播电视总局

9 月 21 日，传媒大学师生团队设计国产电视剧片头统一标识启用
（传媒大学 供）

清华藏战国竹简（拾贰）成果发布

11 月 25 日，清华大学召开《清华大学藏战国竹简（拾贰）》成果发布会。发布会由出土文献研究与保护中心、中西书局与“学堂在线”以线上方式向全球直播，海内外学者 50 余万人次线上参加。该成果整理收录一篇长篇战国竹书《参不韦》，主要内容是作为天帝使者的参不韦对夏代开国君主夏启的训诫，训诫核心内容是“五刑则”，即五则、五行、五音、五色、五味，从而指导夏启设官建邦、修明刑罚、祭祀祝祷、治国理政。竹书 124 支简，内容完整，总字数近 3000 字，这是继清华简《系年》《五纪》之后，整理公布的又一篇超百支简的长篇竹书，是前所未见的先秦佚籍，对于研究先秦时期的思想、官制等具有重要意义。该著作由中西书局出版。

（徐思羽）

获得世界首例体外成熟卵母细胞体外受精活产犬

12 月 4 日，中国农业大学研究成果《孕酮促进家犬卵母细胞体外成熟并成功获得活产幼犬》（Progesterone Promotes In Vitro Maturation of Domestic Dog Oocytes Leading to Successful Live Births）在《生命》（Life-Basel）在线发表。该研究首次利用体外成熟犬卵母细胞开展体外受精，移植并成功获得活产幼犬，这是继 2015 年美国康奈尔大学获体内成熟卵母细胞—体外受精活产犬之后在犬辅助生殖领域的又一重大进展。

（孙桂风）

功能聚乳酸纤维制备关键技术取得突破

12 月 11 日，北京服装学院牵头承担的“功能聚乳酸纤维制备关键技术”项目成果经中国纺织工业联合会鉴定委员会鉴定达到国际先进水平。该项目与 3 家相关纺织服装企业共同承担，于 2018 年被列为中国纺织工业联合会科技指导性项目。该项目在研究聚乳酸阻燃机理的基础上，构建新型阻燃剂中间体（DOPO）类和亚磷酸酯类复合阻燃体系，实现阻燃剂含量不低于 40% 的高阻燃聚乳酸母粒的制备，开发出高品质阻燃聚乳酸纤维制备关键技术；设计聚乳酸纤维生产专用纺丝箱，优化纺丝工艺，解决聚乳酸降解导致可纺性差的难题，开发出高品质抗菌纤维、三维卷曲纤维制备成套技术；

揭示辐照对左旋聚乳酸 / 右旋聚乳酸（PLLA/PDLA）共混物的立构晶调控机理，成功制备出高含量高取向立构晶体的左旋聚乳酸 / 右旋聚乳酸（PLLA/PDLA）高熔点耐热变形纤维。项目成果具有自主知识产权，申请中国发明专利 22 件，包含授权中国发明专利 8 件，发表相关论文 23 篇。

（刘修瑀）

教育科学研究

课程整体育人高峰论坛

1 月 7 日，北京教育科学研究院召开北京市课程整体育人高峰论坛。论坛以“聚焦‘双减’促双升 课程一体育全人”为主题，采用线上线下相结合的方式，分主论坛和分论团 2 个部分。邀请 5 名教师围绕“双减”背景下的区域课程实践、课内课外学校课程一体化建设、基于学校特色的课后服务课程整体设计 3 个主题开展研讨，重点对“双减”背景下学校课程重构、“双减”背景下教学方式变革、“双减”背景下作业改进详细交流，提出“双减”应通过减轻作业负担实现提质增效。各区课程负责人 40 余人参加现场会，线上观摩 9 万余人。

（江峰）

《全国“双减”成效调查报告》发布

3 月 2 日，北京师范大学发布《全国“双减”成效调查报告》。报告通过科学抽样，对全国不同地区、不同类型学校、不同评价主体开展“双减”改革实践抽样问卷调查和个别访谈，回收在线问卷调查有效样本总量 168.90 万份，并与 12 个省份 36 个区县的 105 名校长 316 名家长开展“一对一”访谈。报告显示校长、教师、家长和学生表示赞同“双减”政策比例分别是 96.8%、92.8%、90.5% 和 96.0%，指出“双减”改革所面临的困难挑战集中在教师高质量作业设计能力亟待提高、课后服务经费保障机制尚未健全、校外培训机构仍存在违规行为、教师工作压力和负担加重、家长教育期望值较高 5 个方面，提出 6 条深化改革建议。

（申政）

融合教育学校质量评价标准研究

3 月至 12 月，北京教育科学研究院开展“双减”背景下融合教育学校质量评价标准研究。该研究从残疾学生就读过程经验和就读结果经验两方面，按照循序循证的五步研究路径（实践分析、国际比较、理论构想、实证建构和应用建议）展开研究。通过面向相关利益群体收集数据，对融合教育质量评价标准的具体内容和结构开展实证探索和验证，形成由就读经验和学习收获 2 项一级指标、就读安置等 10 项二级指标和 38 项三级指标构成的融合教育质量评价标准，为“十四五”时期学校融合教育深入推进和质量提升奠定基础。

（王善峰）

义务教育校长教师交流轮岗跟踪评估研究

3 月至 12 月，北京教育科学研究院开展北京市义务教育校长教师交流轮岗跟踪评估课题研究。课题组采用访谈、调查等方式，对朝阳区、密云区进行第三轮、第四轮调研，分析全市各区交流轮岗工作情况。参加全市义务教育校长教师交流轮岗工作会议 7 次，完成调研评估报告，内容聚焦为交流轮岗工作推进情况、取得成效、困难问题等方面，提出进一步完善交流轮岗的政策建议。

（郝保伟）

全国大中小学思政课一体化实践研究高峰论坛

4 月 22 日，北京教育科学研究院举办第二届全国大中小学思政课一体化实践研究高峰论坛。论坛着力推动新时代“大思政课”建设内涵式发展，探索创新学校育人模式。论坛设“大中小学思政课一体化建设机制研究”和“大中小学思政课一体化建设实践探索”2 个分论坛，通过网络平台同步推出 17 节大中小学思政课一体化实践研究展示课程，包括思政课、学科课和班会课，涉及政治、语文、物理等多个学科。全国 100 余所大中小学校和教育机构以线上线下相结合方式参加活动。论坛由北京市东城区教育科学研究院、北京市第十一中学、全国大中小学思政课一体化实践研究共同体承办。

（李媛媛）

特色高水平院校和专业（群）建设研究

4 月至 9 月，北京教育科学研究院开展特色高水平院校和专业（群）建设研究。完成北京市 7 所院校中期绩效评价，采用基础性与水平性结合的绩效评价方式，总结北京市国家“双高计划”项目中期绩效、管理机制和特色经验。设计北京市第二批职业院校特色高水平专业（群）和实训基地项目阶段评估方案及指标体系，完成北京市 51 个高水平专业（群）和 50 个实训基地阶段评估，撰写项目阶段评估报告，指导第二批整改评估项目实施整改。

（王春燕）

北京市幼小衔接阶段性教育成果经验交流会

5 月 20 日，北京教育科学研究院召开北京市幼小衔接阶段性教育成果经验交流会。会议以“科学衔接 协同育人——构建首都幼小衔接教育新格局”为主题，发布《幼小科学衔接倡议书》。2 万余人观看直播。幼小衔接中关键问题及其解决方案研究于 2021 年立项，面向北京市各区开展幼小衔接优秀案例与典型经验征集，收到 254 篇幼小衔接优秀案例和121篇典型经验。

（李一凡）

北京教育发展研究报告（2021—2022）出版

5月，北京教育科学研究院主持编纂的《北京教育蓝皮书：北京教育发展研究报告（2021—2022）“十三五”回顾与“十四五”展望》发布。该书由社会科学文献出版社出版发行，16开本，收录28.3万字，全面回顾“十三五”时期北京市教育发展情况，展望“十四五”时期北京市教育发展情况。全书分为总报告、分报告、专题篇和借鉴篇4个部分，包含15篇研究报告，内容涵盖学前教育、基础教育、职业教育、高等教育、终身教育和特殊教育等各级各类教育，涉及教育发展规划文本比较、教育高质量发展的区县实践、校外线上培训规范、国际学校监管、教育满意度调查、基础教育集团化办学、中小学校课后服务供给、后疫情时代全球教育变革趋势等热点问题研究。

（曹浩文）

“双减”背景下普通高中多样化特色发展现状调查研究

5月，北京教育科学研究院开展“双减”背景下普通高中多样化特色发展现状调查研究。调研采取整群抽样方法，兼顾区域分布、学校类型和年级等要素，范围覆盖首都功能核心区、城市功能拓展区、城市发展新区、生态涵养发展区4个功能区，涵盖高级中学、完全中学、十二年一贯制学校等不同学校建制，包括高中三个年级。198所高中学校校长、60所高中学校的5141名高中任课教师、5768名家长参与问卷调查。完成校长类、教师类、家长类和总体性调研报告4份以及“北京市普通高中多样化特色发展现状报告（2022）”“北京市传统优质高中发展现状调研报告”“北京市郊区普通高中发展面临的问题及解决策略”“国外普通高中多样化特色发展研究述评及启示”4份专题研究报告，对指导区域和学校推进高中多样化特色发展，构建新发展格局具有重要参考价值。

（占德杰）

《陶西平学前教育思想研究》出版

5月，北京教育科学研究院组织编写的《陶西平学前教育思想研究》出版。该书由北京出版社出版，是“陶西平教育思想研究”子课题研究成果。全书分为总论、事业改革篇、内涵发展篇、缅怀追忆篇4个部分，从陶西平思想对当前学前教育改革与发展的指导意义、学前教育的理念和价值观、学前教育事业发展的思想、幼儿教师培养和发展的思想、学前教育课程、教学、家园共育及人格魅力等8个方面系统论述和总结。

（孙璐）

教育科学规划课题立项490项

7月12日，北京市教育科学规划课题立项490项。其中，重大课题2项、优先关注课题20项、重点课题43项、校本研究专项课题30项、延续课题4项、青年专项课题56项、一般课题335项。至年底，处理重要事项变更99项，完成中期检查课题420项、结题鉴定课题423项。

（曹剑）

幼小科学衔接专题研讨会

11月23日，北京教育科学研究院召开“立足核心素养，探索幼小衔接课程”北京市幼小科学衔接专题研讨会。会议分为专题发言、分论坛课程展示及各校典型经验交流两部分，专题发言题为《衔接课程：赋予儿童持续成长的力量》，主要回顾北京教科院“幼小科学衔接”项目组承担的研究任务和历程。活动设7个分论坛，内容覆盖幼小衔接全过程教育体系各个环节。会议设置多个课堂展示分论坛，通过各学科优秀一线教师具体实操展示，探索幼小衔接教学中的创新课程设计。来自各区相关学科教研员、项目实验区教学干部及一年级教师等2000余人参加会议。

（时雁）

大中小幼一体化德育发展研究蓝皮书发布

11月，北京教育科学研究院主持编写的《北京大中小幼一体化德育发展研究蓝皮书（2021）》发布。该书由中国社会科学出版社出版，33万余字，主体部分由一体化德育综合研究、理想信念教育研究、社会主义核心价值观教育研究、中华优秀传统文化教育、生态文明教育研究、心理健康教育研究、师德与教师育德能力研究、早期教育/高等教育/职业教育/特殊教育研究和附录（一体化德育研究大事记）8个部分组成，收录32篇一体化德育研究成果。该书是北京教科院重大课题项目“推进大中小幼德育一体化研究”的主要成果。

（冷雪玲）

“双减”政策舆情调查研究

11月，北京教育科学研究院开展“双减”政策舆情调查研究。研究项目针对课后服务、教师负担、校长教师轮岗、放学时间、零起点教学、延时服务、作业负担、体育锻炼、校外培训等方面开展问卷调查。收到家长问卷21820份、教师问卷8457份、学生问卷14882份，以及两次时间段的网络新闻、平面媒体、客户端、微信、微博、论坛、博客等平台的“双减”舆情信息，形成北京市“双减”政策舆情调查报告2份，家长问卷分报告、教师问卷分报告、学生问卷分报告及政策网络舆情分报告分时段各1份，呈现公众对北京市“双减”工作的评价、关注点以及意见建议等，为政策决策提供参考。

（李海波）

教育教学研究

北京市优质原创数字课程资源评选

3月至10月，北京教育科学研究院开展2022学年度北京市优质原创数字课程资源评选。评选采用专家评分、综合排序方式，覆盖中小学不同学段国家和地方课程28个学科，增加“双减”课后服务、教学案例、微课程等8类数字资源，评出优质资源1234个。新增首都特色优质课程资源800GB，资源总量9TB。

（乐进军）

作业优化成果展示交流研讨会

4月18日，北京教育科学研究院召开“优化作业、减负提质”系列专题研究的第三场成果展示交流研讨会。会议采取线上线下相结合的形式，分为集中交流和各学科分会场研讨分享2个部分。会议总结“北京市义务教育阶段优秀作业案例及作业设计征集与展示”活动情况，12个学科分会场开展现场研究课展示，分享教、学、作业的设计与思考，展示优秀作业设计与作业案例，发布与总结学科优秀作业设计征集成果。16个区及燕山地区、经开区教研部门、学校校长、教学管理干部、学科教师百余人参加会议。

（时雁）

加强中小学校本研修工作指导意见印发

6月2日，市教委印发《进一步加强中小学校本研修工作指导意见》。意见指出，“十四五”时期中小学校本研修工作以教育改革发展需求为导向，以解决教师专业发展和学校发展关键问题为重点，以提升教师教书育人能力为目标，着眼“双减”背景下中小学高质量教育体系构建，采取“示范校辐射带动、校际间合作联动、区域内项目推动”策略，完善“分级管理、专业指导、科学评价”机制，打造具有新时代特色的校本研修模式，提升校本研修工作科学性、规范性和实效性，构建校本研修与教师学习发展新生态，推进北京市基础教育高质量发展。

（李海燕　陈静）

北京市课程建设优秀成果评选

6月13日，北京教育科学研究院公布2021—2022学年度北京市课程建设优秀成果评选结果。各区中小学校申报226份课程建设成果，经过区级初评、市级复评和终评等程序，评出一等奖14个、二等奖100个、三等奖108个。来自北京师范大学、中国教育科学研究院、首都师范大学、人民教育出版社等单位的14名专家，依据《课程类优秀成果评选量化指标体系》《地方教材优秀成果评选量化指标体系》《校本教材优秀成果评选量化指标体系》开展评审，并就学校课程成果建设情况提出建议。

（李群）

幼儿园课程创新实践论坛

7月28日，北京教育科学研究院举办“幼儿为本 师幼同行”北京市自然化、生活化、游戏化幼儿园课程创新实践论坛。论坛通过线上方式举办，包括1个主论坛和4个分论坛，分别从幼儿园课程的理论变革、幼儿园课程的实践创新、支持幼儿学习的生态环境、支持幼儿发展的教师形象、课程的教研支持系统建设5个不同角度，立体化呈现北京幼儿园课程实践与创新的多种样态。论坛面向全国直播，27万人次参加会议。

（张霞）

“理解当代中国”系列教材首批出版

8月，北京外国语大学编著的北京地区高校外语类专业系列教材“理解当代中国”首批39本出版。该教材由外语教学与研究出版社出版，涵盖英语、俄语、德语、法语、西班牙语、阿拉伯语、日语、意大利语、葡萄牙语9个外语语种及国际中文，用世界听得懂的理论语言、学术语言、专业语言，阐述中国之路、中国之治、中国之理，是新时代高等外语教育创新之作。该教材于2022年秋季学期面向全国普通本科高校外国语言文学类专业本科生、研究生和语言类留学生推广使用。

（吴天宇）

区域联动课堂教学展示

9月23日，北京教育科学研究院举办“基于核心素养培育，探索教学方式转变”区域联动课堂教学展示活动。活动采取线上同课异构形式，观摩密云、朝阳两区教师展示小学12个学科优质课例43节；设置“准确把握学科本质，体现学科教与学规律，大力推进教与学方式变革”“以学习任务为载体，以学科实践活动为主线，在真实的情境中促进学生核心素养发展”“注重大单元结构化学习过程设计，体现课时教学与单元学习进程的紧密联系”等议题，组织线上研讨交流。北京教科院、朝阳区教育科学研究院教研员，密云区各小学干部、骨干教师等1000余人参加活动。

（张文华　李士新）

基础教育精品课遴选

9月26日，市教委启动2022年北京市基础教育精品课遴选。该活动旨在激发教师教学热情，汇集优质教学资源，服务学生教师使用，促进优质均衡发展。精品课以微课形式呈现，包括微课视频、教学设计、学习任务单、课件、作业练习和必要的实验演示。各区教师录课晒课1091节，经过学校推荐、区级初选、市级分学科组织专家评选，确定700节精品课并推荐参加教育部遴选，最终获评教育部精品课 237 节。部级精品课可作为教学成果评定、职称评聘和评优评先等方面重要参考依据。遴选活动由北京数字教育中心（北京电化教育馆）承办。

（车英子）

小学综合实践活动教学观摩研讨会

9 月 27 日，北京教育科学研究院主办的北京市小学综合实践活动教学观摩研讨会在北京市昌平第二实验小学召开。活动以“以‘习’化学，以行促‘知’——中小学跨学科实践课程的统筹与实施”为主题，采用线上线下结合的方式，设置教学观摩展示、集中交流与点评 2 个环节。教学观摩展示在 3 个会场同时举行，呈现 6 节综合实践活动课，引领教师融通学科知识逻辑，结合学生生活逻辑，带领学生开展综合实践活动。集中交流点评环节，昌平实验二小以“用鲜活的课程实践，践行立德树人的时代使命”为主题，聚焦学校润泽生命课程实践与探索，介绍学校综合课程之西游课程的发展历程，展示培养学生知识积累、能力形成、素养提升再到人的全面发展的创新实践，实现立德树人育人目标。专家、市区领导、区级教研员 8 人参加现场活动，全市小学综合实践活动学科教师近千人观看直播。

（刘大鹏　张士平）

《习近平总书记教育重要论述讲义》英文版出版

10 月，北京外国语大学翻译的《习近平总书记教育重要论述讲义》英文版出版。该著作翻译受教育部委托，由外语教学与研究出版社、高等教育出版社出版发行。英文版为更好地宣介习近平关于教育的重要论述，在国际社会传播中国教育发展的新思想新理念新观点，内容忠于原文原意，同时在表现形式上适应海外读者阅读习惯，表述准确，语言规范，有助于读者深入了解新时代中国教育改革发展的时代背景、重大意义、主要内容、实现途径。《习近平总书记教育重要论述讲义》中文版于 2020 年 7 月出版，全面系统深入地阐述习近平总书记关于教育的重要论述。

（吴天宇）

协同教育和家庭教育成果评选

11 月 18 日，北京教育科学研究院召开推进区域家校共育——北京市学校、家庭、社会第八届协同教育、第五届家庭教育成果评选总结交流会。会议设置“新时期家校共育的难题及其破解”“与儿童对话”2 个主题，现场交流内容包含“在区域层面以技术为载体构建家校社协同育人机制”“在学校和班级层面通过空中家长教师协会的建设和运行解决家校不和谐”等问题的解决经验，探索家校共育新路径。活动收到教师论文 181 篇，评出一等奖 6 篇、二等奖 15 篇、三等奖 45 篇；教师案例 272 篇，评出一等奖 4 篇、二等奖 9 篇、三等奖 54 篇；家长文章 362 篇，评出一等奖 21 篇、二等奖 30 篇、三等奖 83 篇。相关领导、专家以及教师家长代表 360 人参加活动。

（赵澜波）

28 所学校入选基础教育课程建设先进单位

11 月，北京教育科学研究院公布 2021—2022 年度北京市基础教育课程建设先进单位名单，28 所学校入选。该评选旨在衡量学校办学质量，支撑学校形成自身特色，设置各区初评、市级复评、专家终评 3 个环节，经区级初评，30 所学校申报进入复评，最终通过现场答辩、综合分析、实地考察等环节产生入选学校。

（李群）

“探秘中医药”创新实践

至年底，北京教育科学研究院启动“探秘中医药”创新实践。举办“探秘中医药”端午实践周、重阳文化周，组织研发中医药主题“科学探秘”奥林匹克动手实践项目和系列探究性实验课程，带动平谷、经开区等 11 个区及北京教育科学研究院大兴实验小学等 20 余所中小学校开展“探秘中医药”实践，5 个省市万余名师生线上跟进。

（徐健）

10 月，《习近平总书记教育重要论述讲义》英文版出版

（北外　供）

（本栏责任编校　曾婷）

师德建设

师资管理

师资培训

职称评定与资格认定

师资建设

TEACHING WORKFORCE CONSTRUCTION

- 30 个团队入选第二批全国高校黄大年式教师团队
- 新时代基础教育强师计划实施方案印发
- 中小学卓越校长培养项目和新时代中小学名校长发展工程启动
- 教师诚信档案建设推进
- 促进首都教育高质量发展全员培训
- 北京教师学习网开通运行
- 中小学教师信息技术应用能力提升工程 2.0 收官

师资建设

TEACHING WORKFORCE CONSTRUCTION

综述

中学教师开放型在线辅导计划继续实施

2022 年，市教委继续在全市初中实施中学教师开放型在线辅导计划。全年累计 2498 名辅导教师为 28283 名学生开展有效辅导。其中，“一对一”辅导 23.81 万次，累计时长 6.21 万小时；教师开设“一对多”在线辅导课程 4512 节，累计时长 0.19 万小时；上传微课 2840 节，累计观看量 8 万余次；“问答中心”解答问题 2.61 万个，提供答案 5.15 万个。

（崔亚超）

中小学教师开放型在线研修计划试行

2022 年，市教委在通州、密云、延庆、门头沟 4 个区试行中小学教师开放型在线研修计划。项目 3 月启动，全年累计 1420 名中小学市级骨干教师、市级学科教学带头人、特级教师、特级校长、正高级教师完成对 4 个区 1.49 万名学员教师的线上研修指导，开展“名师直播讲堂”1844 场、“一对一”实时研修 2083 次、开放式检课 3454 次。

（崔亚超）

30 个团队入选第二批全国高校黄大年式教师团队

1 月 27 日，教育部公布第二批全国高校黄大年式教师团队名单，北京高校 30 个团队入选。经各地各校择优推荐、

1 月，北航电磁兼容技术创新教师团队入选第二批全国高校黄大年式教师团队　（北航　供）

教育部审核，认定北京大学东方语言文化教师团队等 200 个团队为第二批全国高校黄大年式教师团队。

（胡雨）

第八届北京高校辅导员素质能力大赛

4 月 28 日至 29 日，市委教育工委举办第八届北京高校辅导员素质能力大赛。经过基础知识测试（笔试）和现场案例研讨、谈心谈话 2 个环节，决出一等奖 3 人、二等奖 7 人、三等奖 10 人。北京各高校 54 名专职辅导员参加比赛。

（王星星）

“紫禁杯”优秀班主任和“学生喜爱的班主任”评选

6 月至 12 月，市教委开展第 35 届“紫禁杯”优秀班主任和第 10 届“学生喜爱的班主任”评选表彰活动。经过广泛宣传、发动、推荐，评选出第 35 届北京市“紫禁杯”优秀班主任 210 人、第 10 届北京市“学生喜爱的班主任”200 人。

（王昱人　巫梅琳）

市优秀教师和教育工作者评选表彰

9 月 9 日，市委教育工委、市教委、市人力资源社会保障局、市财政局、市教育工会联合表彰北京市优秀教师和北京市优秀教育工作者。授予 629 人“北京市优秀教师”称号、70 人“北京市优秀教育工作者”称号。

（邓永卫）

149 人获市高校教学名师奖

9 月 16 日，市教委公布 2022 年度北京市高等学校教学名师奖获奖名单。经学校推荐、评审专家组评议、评审委员会投票、市教委审核并公示，149 名教师获奖，其中 81 人获第 18 届北京市高等学校教学名师奖、68 人获第 6 届北京市高等学校青年教学名师奖。

（赵晓琳）

48 个团队入选北京高校优秀本科育人团队

9 月 16 日，市教委公布 2022 年北京高校优秀本科育人团队评选结果。48 个团队入选。评选工作于 4 月 12 日启动，评选范围为北京地区普通本科高等学校负责本科人才培养的教研室、研究所、实验室、教学基地、实训基地等基层教学组织。

（赵晓琳）

31 人当选北京高校优秀本科实验教学指导教师

9 月 16 日，市教委公布 2022 年北京高校优秀本科实验教学指导教师评选结果。31 名教师入选。评选工作于 8 月 17 日启动，评选范围为北京地区普通本科高等学校负责本科实验教学指导工作的实验技术人员。

（赵晓琳）

68 人当选北京高校优秀教学管理人员

9 月 16 日，市教委公布 2022 年北京高校优秀教学管理人员评选结果。评选工作于 4 月 12 日启动，经专家评选，68 人入选，包括本科教学管理岗位工作人员 47 人、高校继续教育（含非学历继续教育）教学管理岗位工作人员 21 人。

（赵晓琳）

名校长领航工程李希贵校长工作室第二期启动

9 月，市委教育工委、市教委启动北京市名校长领航工程李希贵校长工作室第二期培养工作。经各区推荐、笔试、面试、进校考察等环节，确定培养人选 32 人。按照“整体规划、个性指导、研用结合、连续培养、协同创新”思路，为参训学员建立集中培养基地、搭建思想和实践示范推广平台。培养期 3 年。

（邓永卫）

义务教育学校教师交流轮岗工作推进会

10 月 12 日，市教委组织召开全市义务教育学校教师交流轮岗工作推进会。会上，东城、海淀、密云、延庆区政府分管领导分别介绍本区推进教师交流轮岗工作进展情况、有效举措和经验特色。会议就进一步深化教师交流轮岗工作进行再部署。市委编办、市人力资源社会保障局、市财政局分管领导，市委教育工委、市教委相关领导班子成员，各区委、区政府分管教育工作的领导，

8 月 29 日，实验二小永定分校举办“轮岗”教师迎送会
（实验二小永定分校　供）

市级交流轮岗实施评估课题组专家等现场参加会议，各区有关单位代表及全市中小学校党组织书记、校长和部分教师代表共计4000余人在各分会场通过视频形式参加会议。

（付震　杨伟丽）

市属高校教师队伍建设支持计划项目管理办法印发

11月3日，市教委、市财政局印发《"十四五"时期北京市属高校教师队伍建设支持计划项目管理办法》。办法详细规定市属高校教师队伍建设支持计划项目建设内容、组织实施、经费管理、项目管理等内容。市属高校教师队伍建设支持计划人才类项目指优秀青年人才培育计划、高水平科研创新团队建设支持计划、高水平教学创新团队建设支持计划3个项目，面向市属高校支持培育500名左右优秀青年人才、遴选50个左右科研创新团队和60个左右教学创新团队，造就一支师德高尚、业务精湛、结构合理、充满创新活力的高素质专业化创新型首都高校教师队伍和管理者队伍。

（高新民）

职业院校教师素质提高计划项目遴选

11月16日，市教委公布2022年度北京市职业院校教师素质提高计划高水平教师队伍培育和支持计划入选名单。在学校推荐和专家评议基础上，经北京市职业院校教师素质提高计划领导小组审定，遴选出特聘专家支持项目15个、职教名师培育项目25个、专业带头人培育项目26个、优秀青年骨干教师培育项目100个、教学创新团队培育项目50个。

（纪奇明　郭佳）

新时代基础教育强师计划实施方案印发

11月22日，市委教育工委、市教委等十部门印发《北京市新时代基础教育强师计划实施方案》。方案包括总体要求、落实措施、实施保障3个部分18条内容，进一步深化、细化基础教育教师队伍建设改革具体措施，保障强师计划政策落地见效。

（李海燕　陈静）

20所高校入选国家级职业教育"双师型"教师培训基地

12月7日，教育部办公厅公布国家级职业教育"双师型"教师培训基地（2023—2025年）名单，北京20所高校入选。经省级教育行政部门推荐、中央部门所属高校自主申报和专家综合评议，教育部确定国家级职业教育"双师型"教师培训基地（2023—2025年）170个。"职教国培基地"是职业教育师资培养培训体系的重要组成部分，是职业学校教师素质提高计划、"职教国培"示范项目、名师（名匠）名校长培养计划等国家级培训任务和各地各校教师培训的重要承训力量。

（纪奇明　胡雨）

13名个人和8家单位入选教育部"双名计划"

12月15日，教育部办公厅公布新时代中小学名师名校长培养计划（2022—2025，简称"双名计划"）培养基地及培养对象名单，北京13名个人和8家单位入选。其中，5名教师入选名师培养对象、3家单位入选名师培养基地，8名校长入选名校长培养对象、5家单位入选名校长培养基地。经自主申报、学校和省级教育行政部门遴选公示并推荐、资格复审等，全国150名教师入选名师培养对象、10

4月12日，昌平区名师工作室访谈活动举办

（昌平区教委　供）

家单位入选名师培养基地，150 名校长入选名校长培养对象、10 家单位入选名校长培养基地。新周期“双名计划”于 8 月启动，聚焦教育家型教师校长培养，按照选、育、管、用一体的思路，统筹基地培养、工作室建设、数字化支撑、教育帮扶，培养造就一批具有鲜明教育理念和成熟教学模式、能够引领基础教育改革发展的名师名校长。培养对象均为在区域内有较大影响力的教师校长，将依托培养基地进行为期 3 年的系统性培养，并完成课题研究、团队建设、数字资源建设等不少于 6 项任务。

（邓永卫　李海燕　陈静）

中小学卓越校长培养项目和新时代中小学名校长发展工程启动

12 月 27 日和 28 日，北京市中小学卓越校长培养项目、北京市新时代中小学名校长发展工程首都师范大学培养基地、北京教育学院培养基地分别开学。中小学卓越校长培养项目培养对象为经过评审认定、在职在岗的北京市中小学高级以上职级党组织书记、校（园）长，围绕教育改革与发展过程中的重大问题开展为期 3 年深度学习，首批招收学员 30 人，由首师大培养基地和教育学院培养基地分别承担 15 名学员的培训任务。新时代中小学名校长发展工程培养对象须在正职党组织书记、校（园）长岗位任职 3 年以上，项目为期 2 年，实行理论和实践“双导师制”，首批招收学员 40 人，由首师大培养基地和教育学院培养基地分别承担 20 名学员的培训任务。

（邓永卫）

6 所学校人员编制调整

至年底，北京 6 所学校的人员编制核定和调整完成。市委编办核定北京第三实验学校财政补助事业编制 153 名，其中校长 1 名、副校长 4 名；北京第五实验学校财政补助事业编制 221 名，其中校长 1 名、副校长 4 名。2 所学校为新增设，编制从市教委内部调剂解决，从北京联合大学继续教育学院调剂 74 名、应用文理学院调剂 79 名，从北京金隅科技学校调剂 221 名。调整后，北京联大继续教育学院财政补助事业编制从 110 名减至 36 名、应用文理学院财政补助事业编制从 390 名减至 311 名，金隅学校财政补助事业编制从 545 名减至 324 名。市教委为首都师范大学附属育新学校增加财政补助事业编制 30 名，所需编制从首都师范大学调剂。调整后，首师大育新学校财政补助事业编制由 275 名增至 305 名，首师大财政补助事业编制由 2825 名减至 2795 名。

（杨伟丽）

师德建设

教师诚信档案建设推进

1 月至 12 月，市委教育工委、市教委联合推进教师诚信档案建设。市教委根据《关于推进北京市教育系统信用建设工作的意见》，专题部署“推进个人诚信建设”相关工作，结合落实教师师德承诺机制，在招生、考试、绩效考核、岗位聘用、职称评定、评优评奖方面记录教师信用信息。12 月 30 日，市委教育工委、市教委与市经济和信息化局、市市场监督管理局、市人力资源社会保障局联合印发《北京市教师信用信息管理办法（试行）》及《北京市教师信用信息记录清单》《北京市教师信用信息记录表》，确保教师诚信档案建设有章可循、记录有度、

10 月 13 日，昌平区新时代卓越校长领导力诊断与提升项目开班
（昌平区教委　供）

实在管用。

（张军）

师德师风建设首届年会

12 月 17 日至 18 日，北京教育科学研究院与全国中小学幼儿园师德师风建设专家委员会共同举办全国中小学幼儿园师德师风建设专家委员会首届年会暨北京市学校德育研究会年会（2022）。会议以“探索基础教育师德涵养模式，构建中国特色师德师风体系”为主题，展示交流北京市师德师风优秀案例和西城区师德师风建设区域经验，汇编成果《用育人故事塑造良好师德——北京育人故事集》，发布《北京市大中小幼一体化德育体系建设规划课题指南（2023 年度）》和一体化德育规划课题申报办法。

（殷蕾）

朝阳推进师德师风建设

至年底，朝阳区教委推进师德师风建设。指导全区 432 个单位开展师德师风建设“四个一”工作（组织一次大学习、开展一次大讨论、进行一次大排查、上好一次专题课），建立和完善区教育系统师德师风建设“四个常态化”机制（常态化学习研究机制、常态化问题自查整改机制、常态化警示教育机制、常态化师德考核机制）。指导区教育系统所属 151 家单位开展中小学有偿补课和教师违规收受礼品礼金问题专项整治工作，杜绝有偿补课和教师违规收受礼品礼金等不良现象发生。北京市朝阳区教师发展学院面向区内中小学教师开展“践行十项准则 潜心立德树人”师德师风专题网络培训，开设“思政理论素养提升”“师德修养提升”“教师职业行为准则”“法治教育”“优秀师德案例”“心理调适与保健”6 个模块 25 门课程，共计 107.5 学时。学员自主报名，自选完成 40 学时学习，通过考核，可获公共选修 2 学分。1808 名教师报名，其中 1494 人获得学分。

（汪鑫　刘炳香）

2 月 16 日，日坛小学干部教师参加违反师德行为专项培训
（朝阳区教委　供）

师资管理

乡村教师特岗计划招聘 360 人

8 月，北京市乡村教师特岗计划完成招聘 360 人。招聘工作由市教委和市人力资源社会保障局共同组织实施，区教委、区人力资源社会保障局负责具体工作，为门头沟、房山（含燕山）、通州等 10 个远郊区乡村中小学校、幼儿园招聘音乐、思想品德、地理等紧缺学科教师，推进乡村教师队伍建设高质量发展。

（房卫青）

中职学校名班主任工作室培育建设

9 月 23 日，市教委组织开展中等职业学校班主任工作室培育建设工作。建设目标是探索适应中职学生特点和技术技能人才成长规律的班主任工作室建设机制、方法，培育建设一批班主任工作室，推动各中职学校进一步提高班主任队伍专业化水平，建设一支优秀的班主任工作队伍。经学校推荐申报、专家遴选等程序，11 月，确定北京市商业学校紫禁杯优秀班主任工作室等 5 个工作室为首批北京市中等职业学校名班主任工作室。

（高飞）

首批北京市中等职业学校名班主任工作室

学校	工作室名称
北京市商业学校	紫禁杯优秀班主任工作室
北京市昌平职业学校	李颖—紫禁杯班主任工作室
北京市劲松职业高中	王跃辉班主任工作室
北京市经济管理学校	成长阶梯班主任工作室
北京市供销学校	春芽班主任工作室

（高飞）

师范生公费教育协议书签订

9 月，市教委、相关培养院校与 2022 年北京市新招收的 2820 名师范生签订《北京市师范生公费教育协议书》。其中，中华女子学院 142 人、首都体育学院 327 人、北京服装学院 50 人、首都师范大学 1465 人、中央民族大学 49 人、北京联合大学 544 人、北京青年政治学院 150 人、北京舞蹈学院 43 人、中国音乐学院 50 人。根据协议，师范生在 4 年修读年限内免缴学费并领取生活补助，同时可享受其他非义务性奖学金；毕业时在需求岗位范围内双向选择，要求在北京市从事中小学校、幼儿园教育教学工作（含教育行政及相关部门审批注册的中等及中等以下学历教育机构）不少于 5 年。

（房卫青）

2021 年中小学教师专项绩效奖励考核

9 月至 10 月，市教委组织 2021 年市级中小学教师专项绩效奖励考核工作。考核内容包括市级统筹招生和市级主导跨区办学两大类。按照考核工作方案和实地考核工作程序要求，依照考核指标，对 16 个区及燕山地区 71 所学校 81 个项目开展绩效考核。考核工作委托北京教育督导评估院实施。

（张瑞海）

奖励优秀乡村教师

至年底，市教委继续施行优秀乡村教师奖励政策。利用乡村教师专项基金，奖励在乡村学校任教满 30 年优秀教师 100 人、在乡村学校任教满 20 年优秀教师 200 人，奖金分别为每人 10000 元和 5000 元。由北京银行提供经费保障。

（邓永卫）

师资培训

第五届北京市中小学班主任基本功培训

3 月 21 日，北京教育科学研究院召开第五届北京市中小学班主任基本功培训与展示活动启动会。会议采取线上直播形式，解读中小学班主任基本功培训与展示活动方案，

7 月 15 日，实验二小广外分校召开第三届“新育杯”班主任基本功培训与展示活动总结表彰会（实验二小广外分校 供）

解析说明主题班会方案、带班育人方略、情景问答、魅力展示等重要环节。各区教委、教育研究部门、教师培训部门相关负责人和部分学校德育干部 160 余人参加会议。活动贯穿全年，全市 40 岁以下、工作 3 年以上班主任全员参加，分校级、区级和市级培训展示 3 个阶段。

（杨丙涛）

校外教育管理者培训

4 月 22 日，北京市少年宫举办北京市校外教育管理者培训。培训以“新时期校外教育单位管理策略提升”为主题，包含调研报告解读、管理实践案例展示、专题讲座 3 个模块。全市校外教育单位 60 余人参加学习。

（胡盼盼）

中小学幼儿园新教师规范化培训指导意见印发

7 月 5 日，市教委印发《北京市中小学新教师规范化培训指导意见》《北京市幼儿园新入职教师规范化培训指

8 月 23 日，大兴区 2022 新任教师岗前培训举办（大兴区教委 供）

导意见》。意见对北京市中小学幼儿园新教师培训对象、目标任务、课程设置、培训流程、考核评价、职责分工等作出明确规定。通过规范化培训，提升教师思想政治素质、师德师风水平和教育教学能力。

（李海燕　陈静）

暑期教师研修

7月30日，市教委组织市属高校、职业院校、中小学和幼儿园教师参加教育部2022年暑期教师研修。教师通过国家智慧教育公共服务平台学习，基础教育学段教师还可通过“智慧中小学”App学习，完成10个学时学习任务后可折合1学分计入“十四五”时期北京市中小学干部教师培训学分。至8月31日，全市教师22.04万人参与研修，其中21.53万人开展学习（21.17万人完成10个学时学习任务）。

（李海燕　陈静）

促进首都教育高质量发展全员培训

7月至12月，北京市深入学习贯彻习近平总书记关于教育的重要论述、全面推进落实“双减”政策要求、促进首都教育高质量发展全员培训举办。培训面向全市中小学干部教师，采取线上和线下相结合的混合式培训方式，分级分类组织实施。培训内容包括习近平新时代中国特色社会主义思想引领下的教育政策与理论、“双减”背景下的教育变革、“双减”背景下的教学提质增效、数字化赋能教育教学、“双减”高峰论坛、案例征集与评比展示6个模块，旨在建设高素质专业化创新型教师队伍，促进首都教育高质量发展。

（李海燕　邓永卫　庄莎莎）

高校教师岗前培训基地单位遴选

8月，市教委确定首都师范大学北京市高等学校师资培训中心、北京师范大学教育部高等学校师资培训交流北京中心2家单位为北京地区高等学校教师岗前培训基地单位。遴选工作于2021年12月启动，经公告报名、资格审查、专家评审和市教委主任办公会议审议，确定入选名单。基地面向北京地区高校系统独立开展教师岗前培训工作，自主选择教材、设计课程、组织招生、实施培训、考试考核、发放证书。

（高新民）

市属高校首届青年教师教学技能提升培训班

9月15日至18日，2022年北京市属高校教师职业发展研修项目——首届青年教师教学技能提升培训班举办。培训班分为“职业领悟与师德践行”“高等教育与课程思政”“教研能力与自我发展”“教学技能与教学艺术”4个主题模块，每个模块由京内外知名专家学者作专题报告，同时采用分组研讨、线上沙龙等多元化形式引导参训教师围绕专题报告内容展开讨论，形成教师“学习共同体”密切交流与朋辈激励的良好局面。来自市属25所高校140余名青年教师以线上线下相结合方式全程参训。培训由北京市教师发展中心主办、北京第二外国语学院承办。

9月15日，市属高校首届青年教师教学技能提升培训班开班（二外　供）

（王薇）

首批市级幼儿园干部教师培训科研课题立项

9月，北京市教师发展中心完成首批北京市幼儿园干部教师培训科研课题立项评审。经专家评审，25项课题立项。课题研究为期1年，计划于2024年结题。这是首次面向幼儿园干部教师及培训机构开展专项课题研究，旨在推动市、区、园协同共研，促进市级幼儿园干部教师培训体系建设。

（梁文鑫）

北京教师学习网开通运行

12月26日，北京教育学院创办的北京教师学习网开通运行。网站面向北京市中小学幼儿园干部教师，是集课程资源、大数据管理和技术支持服务于一体的研修学习平台，将承担“十四五”时期全市中小学干部教师培训公共必修课全员培训以及市级培训、“国培计划”等各级各类干部教师培训。网站设置8个功能模块和3个栏目，具备同步异步教学和以大数据为支撑的过程管理功能，为干部教师提供优质课程资源，创设教育同行相互交流研讨环境，满足教师专业发展需要。网址：www.bjteachers.cn。

（庄莎莎）

职业院校教师素质提高计划国培项目实施

12月，北京市教师发展中心实施2022年度北京市职业院校教师素质提高计划国培项目。项目面向专业课和公共课教师，开展教学实施能力提升和信息化应用能力提升培训；面向专业带头人和名师、骨干教师，开展分类引领性培训；在清华大学、北京理工大学、北京联合

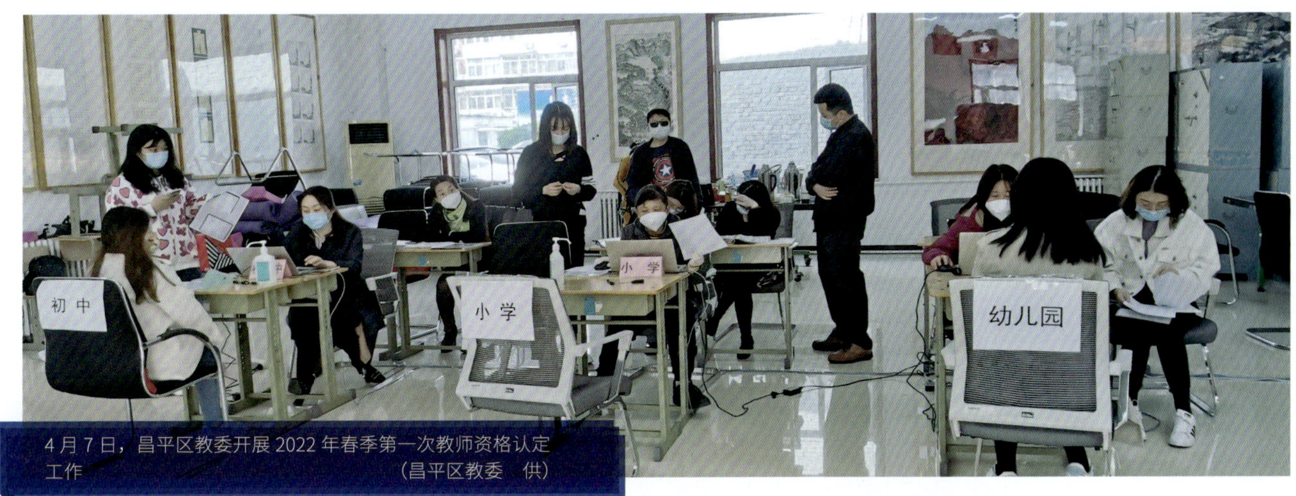

4月7日，昌平区教委开展2022年春季第一次教师资格认定工作 （昌平区教委 供）

大学3个全国重点建设职业教育师资培养培训基地以及7个北京市优质省级教师培训基地开展专业发展及业务实操等方面培训。全市职业院校教师1000余人参加学习。

（郭佳）

中小学教师信息技术应用能力提升工程2.0收官

至年底，北京市中小学教师信息技术应用能力提升工程2.0培训项目收官。总结北京工作经验，向教育部推选优秀培训案例10个，入选全国优秀案例7个。项目自2020年启动，按照“市级规划指导、区级统筹监督、培训机构助力、整校推进、示范引领”实施策略开展各项工作，3年共完成面向学校管理团队的信息化领导力提升培训7709人、面向区级培训团队的培训指导能力提升培训1710人、面向教师的信息化教学能力提升培训183065人，实现校长信息化领导力、培训团队信息化指导能力、教师信息化教学能力提升和全面促进信息技术与教育教学融合创新发展“三提升一全面”总体发展目标。

（李海燕　陈静）

职称评定与资格认定

2022年中小学教师资格考试笔试

3月和10月，2022年北京市中小学教师资格考试笔试举行。上半年笔试报名66988人，实际参加考试49432人，笔试合格17909人；下半年笔试报名71935人，实际参加考试54359人，笔试合格17244人。受新冠肺炎疫情形势影响，上半年中小学教师资格考试面试延期合并至下半年中小学教师资格考试面试一并实施。

（李海燕　陈静）

27042人通过教师资格认定

至年底，北京市27042人通过各类教师资格认定。其中，高校教师资格4388人、高中教师资格9204人、中职教师资格279人、中职实习指导教师资格4人、初中教师资格2311人、小学教师资格7767人、幼儿园教师资格3089人。

（李海燕　陈静）

高校教师99人通过专业技术职务学术评议

至年底，北京市高校教师99人通过专业技术职务学术评议。全年北京市高校教师职称学术评议委托评议申报114人，经北京市高校教师专业技术职务学术评议委员会评议，通过99人、未通过15人。

（杨伟丽　杨彦彤）

中小学教师368人晋升正高级教师

至年底，北京市中小学教师368人晋升正高级教师。经各区推荐，397人申报中小学正高级教师职称评审，经北京市中小学教师系列高级（正高级）专业技术评审委员会评审，368人晋升正高级教师。

（杨伟丽　杨彦彤）

中职学校教师190人通过职称评审

至年底，北京市中等职业学校教师190人通过职称评审。经推荐，205人申报中等职业学校教师职称评审，经北京市中等职业学校教师系列正高级职称评审委员会评审，通过190人、未通过15人。其中，正高级职称评审申报26人，通过23人；副高级职称评审申报113人，通过101人；中级职称评审申报66人，全部通过。

（杨伟丽　杨彦彤）

（本栏责任编校　胡雨）

2 门课程

获评全国高校
就业创业金课

10 人

当选北京市优秀学生

2 个工作室

入选全国高校职业
生涯特色工作室

学生管理

STUDENTS MANAGEMENT

- 学籍学历管理
- 高校毕业生就业管理
- 大学生创新创业训练
- 北京市优秀学生评选

学生管理
STUDENTS MANAGEMENT

综述

学籍学历管理

2022 年，市教委做好学籍学历管理工作。召开 2022 年北京地区高等教育学生学籍学历管理工作培训会，讲解政策，明确要求，部署工作。北京高校大学生就业创业指导中心开展学籍学历审核工作，注册新生数据 50 万条，注册在校生学年数据 198 万条，注册毕业生学历数据 53 万条；落实毕业生身份复核备案长效机制，备案数据 12462 条；日常行政审批事项 10055 件，完成 2022 届新生人像比对；整理汇总 22 名学生跨省转学材料，处理 2022 届新生落户数据 31.8 万条。

（沈聪伟）

高校毕业生就业管理

2022 年，市教委做好高校毕业生就业管理工作。6 月 21 日，市政府办公厅印发《北京市支持高校毕业生就业创业若干措施》，从拓宽就业渠道、促进创新创业、提升能力素质、实施重点帮扶、提高服务效能、强化组织保障 6 个方面，提出促进高校毕业生就业创业工作的 16 条具体措施；7 月 1 日，市教委成立毕业生就业工作专班；7 月 14 日，北京高校毕业生就业工作调度会召开；11 月 18 日，市教委、市人力资源社会保障局联合召开 2023 届北京高校毕业生就业创业工作视频会议，贯彻落实 2023 届全国普通高校毕业生就业创业工作网络视频会议要求，部署做好 2023 届北京高校毕业生就业工作。

（张海涛　吴静）

大学生创新创业训练

2022 年，市教委开展大学生创新创业训练项目。通过建立国家、市、校三级大学生创新创业计划项目体系，引导高校以学生为中心，深化人才培养模式改革，加强实践教学，专创融合，培养学生实践、创新、创业能力。组织 2022 年度国家、市级、校级大学生创新创业训练计划立项、结题、年度报告等工作，全市高校立项 16894 个，其中国家级 2484 个（包含重点支持领域项目 49 个）、市级 4506 个、校级 9904 个。通过结题验收的大学生创新创业项目 13928 个，其中国家级 2132 个、市级 4234 个、校级 7562 个，完成北京市年度报告。完成大学生创新创业 15 周年总结工作，形成回顾总结报告。

（荣燕宁）

退役大学生士兵就业升学

2022 年，市教委落实退役大学生士兵就业和升学工作。就业方面，为 1600 余名符合定向招聘条件退役大学生士兵提供专业匹配、对口率高的岗位 3400 余个；升学方面，为 1284 名符合条件的退役大学生士兵办理免试专升本。

（孙世光）

大学生征兵

2022 年，北京大学生征兵工作完成。征集大学学历新兵占征集任务 97%，其中本科及以上学历占大学生新兵总数 44%，大学毕业生占大学生新兵总数 45%。大学学历新兵比例保持稳定，大学毕业生占新兵比例创新高。

（孙世光）

北京市优秀学生评选

2 月至 6 月，市教委组织开展 2021—2022 学年度市级三好学生、先进班集体、优秀学生干部和北京市优秀学生评选活动。经过学校和区级推荐、市级评审，评选出北京市三好学生10938人，北京市先进班集体520个，北京市优秀学生干部471人，北京市优秀学生10人。

（王昱人）

2021—2022学年度北京市优秀学生名单

北京市第八中学	蒋子悦
北京市第一六六中学	李果
北京市第八十中学	李俊豪
北京市第一〇一中学	曹馨苑
北京市顺义区牛栏山第一中学	朱玺润
北京市大兴区第一中学	李知晗
北京市京源学校	战瑞
北京市劲松职业高中	王晨浩
北京市昌平职业学校	黄圆圆
北京铁路电气化学校	孙佳辉

（王昱人）

优秀退役大学生士兵评选

5月28日，市征兵办会同市教委、市退役军人事务局公布北京市第五届优秀退役大学生士兵名单。30名退役大学生士兵入选。该评选首次将已就业的退役大学生士兵纳入参评范围，全面挖掘和宣扬“学位”“战位”“工位”方面事迹突出的先进典型。受表彰的30名优秀退役大学生士兵中，22人为中共党员；1人荣立二等功、7人荣立三等功，25人曾获国家级、省级奖励及荣誉。主办方根据获评优秀退役大学生士兵事迹出版《我的青春穿军装》。评选自3月启动，经过广泛发动、逐级推荐、资格审核、政治考核、述优答辩等环节，1万余名退役大学生士兵参评。评选活动由北京高校国防教育协会承办，自2018年起连续举办。

（肖娜）

2个工作室入选全国高校职业生涯咨询特色工作室

7月5日，教育部公布2022年全国高校职业生涯特色工作室名单，北京高校2个工作室入选。入选工作室分别是首都师范大学的“C立方”就业工作室和北京交通大学的“职点工作室”。全国高校职业生涯咨询特色工作室由教育部学生服务与素质发展中心举办，经高校申报、各地推荐和遴选，全国21个工作室入选。北京市遴选申报工作由北京高校大学生就业创业指导中心组织完成，19所高校申报，经过专家网络评议，4个工作室推荐上报。

（简莹钰）

2门课程获评全国高校就业创业金课

7月5日，教育部公布2022年全国高校就业创业金课名单，北京2门课程获评。课程分别是北京科技大学的“大学生就业发展与职业指导”课和北京工业大学的“创新工程实践”课。全国高校就业创业金课评选由教育部学生服务与素质发展中心举办，全国20门课程入选。北京市遴选申报工作由北京高校大学生就业创业指导中心组织完成，19所高校申报金课17门，经过专家网络评议，4门金课推荐上报。

（简莹钰）

全国大学生创新创业大赛北京赛区比赛

8月29日，市教委公布第八届中国国际“互联网+”大学生创新创业大赛北京赛区获奖名单。比赛通过线上线下相结合方式举办，经过校级初赛、网络初审，48所高校544支团队进入复赛，以“云路演+云评审”的“云赛场”模式比赛。最终，评选出高教主赛道、“青年红色筑梦之旅”赛道、职教赛道、产业命题赛道一等奖项目282个、二等奖项目412个、三等奖项目1714个。清华大学的“弘润清源”项目获冠军，北京大学的“昆迈医疗——新一代量子脑磁图”项目获亚军，北京理工大学的“理工飞鹰——车载无人机动态起降技术革新引领者”获季军。推荐北京赛区111个项目参加全国总决赛，获全国总决赛金奖23个、银奖22个、铜奖66个。该比赛参赛项目1.5万余个，参赛学生8.8万人，赛事规模创历史新高，其中职教赛道有35所职业院校和国家开放大学的3986支队伍参赛，参赛队伍数量较上

7月24日，北中医学生参加第八届中国国际“互联网+”大学生创新创业大赛（北中医 供）

届增长超 60%。比赛期间组织师资培训、推进会、训练营、“青年红色筑梦之旅”等活动，12 万人次参加。

（荣燕宁 武晔）

学籍管理

毕业生学历证书电子注册

7 月，市教委完成毕业生学历证书电子注册工作。审核注册 93 所普通高等教育学校（按教育部国标代码计算）毕业生学历证书 156970 本，比上年增加 5750 本。其中，本科生 127782 本、专科（含高职）生 27747 本、第二学士学位生 1441 本。审核注册 143 个研究生培养单位毕业生学历证书 122447 本，比上年增加 11175 本。其中，博士生 24528 本、硕士生 97919 本。审核注册 76 所成人高等教育学校毕业生学历证书 38771 本，比上年减少 7899 本。其中，本科生 30024 本、专科生 8747 本。审核注册 17 所高校网络教育学院毕业生学历证书 206293 本，比上年减少 131886 本。其中，本科生 134004 本、专科生 72289 本。

（沈聪伟）

新生学籍电子注册

12 月，市教委完成新生学籍电子注册。审核注册 97 所普通高等教育学校（按教育部国标代码计算）新生 162489 人，比上年增加 7014 人。其中，本科生 135546 人、专科（高职）生 26942 人、第二学士学位生 1 人。审核注册 147 个研究生培养单位新生 155927 人，比上年增加 7613 人。其中，博士生 34323 人、硕士生 121604 人。审核注册 18 所高校网络教育学院新生 142717 人，比上年减少 77099 人。其中，本科生 93504 人、专科生 49213 人。4 月，审核注册 89 所成人高等教育学校新生 29174 人，比上年增加 2607 人。其中，本科生 24857 人、专科生 4317 人。

（沈聪伟）

创新创业

首届“京彩大创”北京大学生创新创业大赛

4 月 13 日至 9 月 16 日，市教委联合市人力资源社会保障局、市发展改革委在北京高校大学生创业园举办首届“京彩大创”北京大学生创新创业大赛。比赛包含 1 项主体赛事和 7 项同期活动，主体赛事设科技创新、社会服务、文化创意、乡村振兴 4 个赛道，7 项同期活动包括北京大学生创新创业成果展、北京大学生创新创业大讲堂、北京大学生创新创业训练营、优秀创业团队项目对接会、北京大学生创新创业白皮书发布、北京大学生创新创业“百粒‘金种子’项目”（2022）遴选、北京高校大学生就业创业工作 IP 形象设计。7475 人注册参与比赛，4574 支创业团队报名，覆盖北京地区 90 余所高校及科研院所。其中，406 支创业团队获“百强创业团队”称号并晋级网评复赛，4 个赛道的前 25 支创业团

4 月 13 日，市教委启动“京彩大创”北京大学生创新创业大赛 （就业创业指导中心 供）

队进入分赛道决赛，15 支创业团队进入总决赛。9 月 16 日，总决赛暨颁奖典礼在中关村国家自主创新示范区展示中心举办。北京大学的“面向跨尺度、大规模分子体系的 AI for Science 计算平台”团队获大赛总冠军，北大的“骨科内植物未来技术平台”和“火星人智能物联网及编程系统”2 支团队获亚军，北京工业大学的“北方超导——自主化高温超导合金基带拓荒者”、北京理工大学的“MARX——脑控双上肢机器人外骨骼开拓者”和北大的“多用途水空跨介质航行器”3 支团队获季军。比赛由北京高校大学生就业创业指导中心承办。比赛汇集奖金鼓励、免费场地支持、全流程创业孵化服务、宣传推广、投融资对接、人才引进等 10 项政策，深度赋能大学生创新创业。

（简莹钰　吴静）

第二批高校分园绩效考核

10 月 27 日，市教委公布第二批北京高校大学生创业园高校分园绩效考核结果。经高校总结、现场答辩、专家评审及网上公示等环节，8 个高校分园均通过绩效考核。其中，北京大学全球大学生创新创业中心、北京科技大学创业园（贝壳创空间）、中国农业大学大学生创业园、中央财经大学大学生创业园、中央民族大学创新创业中心（56 创）绩效考核优秀，北京联合大学大学生创业孵化基地、北京服装学院 BIFT WORKS 创新创业中心、北京信息职业技术学院（北信职业智慧众创空间）绩效考核良好。

（吴静）

首届“创青春”中国青年碳中和创新创业大赛

12 月 28 日，中国石油大学（北京）举办首届“创青春”中国青年碳中和创新创业大赛决赛。决赛通过“评委线下点评 + 选手线上路演”网络直播形式举行，每组 10 支团队依次路演与答辩，最终评选出 3 个组别（赛事创新组、创业组和学术组）全国特等奖各 1 个，金奖各 9 个。比赛于 8 月 29 日启动，来自全国 700 余所高校 3400 余支团队报名，经过初赛、复赛、半决赛 3 轮选拔，3 个组别分别有 10 支团队进入决赛。该比赛由中国青年创业就业基金会、中国石油天然气集团有限公司、中国高等教育学会等企业和单位共同发起，旨在贯彻落实“双碳”战略，深入实施新时代人才强国战略，发现培育“双碳”领域青年创新创业人才。全国决赛所有获奖项目均可获得对接投融机构、大型国企、上市公司的机会。

（朱甜）

8 月 29 日，首届“创青春”中国青年碳中和创新创业大赛启动
（中石大　供）

市级四园在园团队孵化成效显著

至年底，北京高校大学生创业园市级四园在园团队孵化成效显著。四园孵化面积 2.50 万平方米，孵化团队 311 支，带动就业 2733 人。160 支团队完成工商注册，注册资金 49955.83 万元；228 支团队自有资金投入 34322.27 万元；10 支团队完成社会融资 6386 万元；72 支团队获发明专利 284 项；46 支团队获实用新型专利 570 项；73 支团队获软件著作权 460 项；71 支团队注册商标 363 个；189 支团队年度营业额 4.3 亿元。1 家企业获瞪羚企业资质、北京专精特新企业资质；27 支团队获中关村高新技术企业认定；12 支团队获国家高新技术企业认定。

（简莹钰）

毕业就业

北京市稳就业工作会

5 月 7 日，市政府召开北京市稳就业工作会。会议要求力促高校毕业生就业，提出教育部门要抢抓离校前的关键期，落实好书记校长访企拓岗促就业专项行动，努力为毕业生挖掘更多岗位资源；各级人力资源社会保障部门要提前介入，依据毕业生信息，主动联系、主动摸排、主动服务、主动推荐就业岗位；其他部门要主动担当，引导本领域用人单位深入挖掘岗位资源，加大对毕业生的招聘力度；各区要压紧压实属地责任，主动对接辖区内各类企事业单位、社会组织、政府投资项目和科研项目，重点挖掘本区特色产业、现代服务业、高端制造业等领域用人单位需求，匹配高校毕业生求职就业意愿，强化人岗精准对接。北京普通高校主要校领导（或主管校领导）、就业部门负责人，各相关委办局负责人，各区人力资源社会保障部门负责人等 260 余人通过视频参会。

（张海涛）

市级高校毕业生就业工作专班成立

6 月 23 日，市委教育工作领导小组成立北京市 2022 届高校毕业生就业工作专班。专班为确保 2022 届北京高校毕业生就业局势稳定而成立，主要成员单位包括市委教育工委、市委组织部、市发展改革委、市教委、市财政局、市人力资源社会保障局、市卫生健康委、市农业农村局、市民政局、市征兵办、市国资委、团市委等。7 月 1 日，市教委成立毕业生就业工作专班，成员单位包括发展规划处、高等教育处、职业教育与成人教育处、高校学生处、科学技术与研究生工作处、人事处和北京高校大学生就业创业指导中心，专班办公室设在高校学生处。

（张海涛）

高校毕业生就业工作调度会

7 月 14 日，2022 年北京高校毕业生就业工作调度会召开。会议要求一要进一步提高政治站位，挖掘岗位资源，做实做细就业指导服务，千方百计确保毕业生充分就业；二要用足用好政策措施，做好第二学士学位招生，加强科研助理、教学助理等招录，动员毕业生参加基层就业项目，办好“京彩大创”北京大学生创新创业大赛，完善创业园孵化服务体系，支持一批优秀创业团队入驻市级创业园孵化；三要逐一摸清未就业高校毕业生就业意向，重点聚焦脱贫家庭、低保家庭、零就业家庭以及有残疾的 2022 届高校毕业生情况，“一生一策”动态管理，针对性提供指导帮助，确保困难学生在合理预期下都能就业；四要落实“四不准”“三不得”要求，确保就业统计数据真实准确，杜绝学生“被就业”。北京地区部分就业进展缓慢高校的主管校领导、就业部门负责人，市教委、市人力资源社会保障局相关负责人等 100 余人通过视频参会。

（张海涛）

就业指导课程、名师工作室、创业金课评选

11 月 12 日，市教委公布北京高校就业指导课程教学大赛、市级就业指导名师工作室和就业创业金课评选结果。26 所高校参加北京高校就业指导课程教学大赛、29 所高校提交北京高校就业指导名师工作室申报书、27 所高校推荐就业创业金课，通过自主报名、市级材料审阅、现场答辩环节，最终，15 名教师在北京高校就业指导课程教学大赛获奖，评选市级就业指导名师工作室 17 家、北京高校就业创业金课 15 门。

（张海涛）

第二批北京高校毕业生职场体验基地

11 月 12 日，市教委公布第二批北京高校毕业生职场体验基地遴选结果。41 所北京高校、16 个区人力资源社会保障部门推荐的 154 家用人单位参评，通过对申报材料进行审议，确定 145 家用人单位为第二批北京高校毕业生职场体验基地。

（张海涛）

征兵工作

北京高校征兵工作获表彰

2 月 9 日，北京市政府召开 2022 年征兵工作电视电话会议，北京高校征兵工作获表彰通报。北京 20 所高校被评

9 月，北戏欢送新兵入伍

（北戏　供）

为“2021 年度高校征兵工作先进单位”，20 名个人被评为“2021 年度高校征兵工作先进个人”。

（孙世光）

退役大学生士兵优惠政策落实

至年底，退役大学生士兵优惠政策落实。北京高校大学生就业创业指导中心规范完成 1284 名 2022 年退役专科学生士兵升本资格审核，协助完成 2023 年定向招录报名学历核查 1775 人次，高校适龄应征入伍情况统计 2 次。

（简莹钰）

奖贷助学

完善奖学金评审要求

至年底，北京市教育资产与财务管理事务中心完善奖学金评审要求。中职教育国家奖学金和政府奖学金评审在名额分配、评审条件上向职业技能表现倾斜，凸显对发展职业教育、培养紧缺专业人才的支持，国家奖学金通过校级、市级、国家级三级评审进行优中选优，评审材料经过系统自动校验、线上交叉互审、现场受理审核做到层层把关。在国家奖学金评审环节对“小少”专业概念进行深入探讨，更加关注中职教育国家奖学金评审标准的普适性和公平性、评审机构对评审要求的准确理解和把握、基层学校专业设置和人才培养等问题。9 月至 12 月，北京市 86 名中职学生获国家奖学金，2651 名中职学生和 1517 名普高学生分别通过市级线上备案获政府奖学金和宏志奖学金。

（宋慧宇）

学生资助工作实施检查考评双监管机制

至年底，北京市教育资产与财务管理事务中心实施检查考评并行的双监管机制开展学生资助工作。以问题为导向，重点围绕审计发现的问题，通过区校自查、主管部门抽查、专业机构核查多组合形式，督促区校立查立改。7 月，开展审计整改“回头看”活动。组织 15 所民办高校和 30 所中职学校自行排查并提交报告，有重点问题的区校委托专业机构开展实地核查，实现规范监管。资金检查对标资金管理要求，检查内容从资助资金的保障、拨付、使用、发放延伸到受助主体资格的匹配；绩效考评项目注重指标多元维度，增加第三方评价，对学生和家长开展问卷调研并将评价结果计入考核。以实效为目标，转化重结果的监管理念，夯实基础加强预防。提高系统数据填报质量，自上而下梳理系统填报中的堵点问题，对区校在线填报相关问题实时对接，重点督查数据填报质量和进度。

（宋慧宇）

市属高校家庭经济困难学生应助尽助

至年底，北京市教育资产与财务管理事务中心保证市属高校家庭经济困难学生应助尽助。组织市属高校开展家庭经济困难学生普查登记、认定工作，及时将符合条件的学生纳入资助范围。以数据管理为抓手，通过横向和纵向比对核查，统计分析各学段资助项目基础信息和异常信息，推动资助政策精准落实。妥善做好服兵役高校学生国家教育资助政策调整阶段的标准衔接、政策培训解答、督促系统申报、资金预算及拨付和清算等工作。边远山区基层就业学费补偿助学贷款代偿资助标准提高后，组织政策咨询解答和申报、审核工作。

（宋慧宇）

（本栏责任编校　曾婷）

49022 人

高考招生录取

70116 人

普通高中录取

2286 人

高职生升入本科学习

122270 人

北京 145 家招生单位招收硕士生

34829 人

北京 83 家招生单位（不含解放军在京单位）招收博士生

招生与考试

ENROLLING AND TESTING

- 中考中招平稳有序
- 新版教材实施后首次高考命题平稳实施
- 市属高校研究生招生规模适度增长
- 疫情防控形势下各类考试招生平稳实施
- 普通高中登记入学和中职自主招生试点工作

招生与考试

ENROLLING AND TESTING

综述

中考中招平稳有序

2022年，北京市中考中招平稳有序，实现“平安中考”目标。坚持“稳中求进”的工作总基调，增加高中招生计划1.2万余个，增加优质高中计划4000余个，普通高中升学率79%。在全国首次开展普通高中登记入学和中等职业教育自主招生试点，有效减轻考生焦虑，满足考生多样化升学需求。

（李佳琦　崔晶）

新版教材实施后首次高考命题平稳实施

2022年，北京教育考试院组织新版教材实施后首次高考命题工作。高中新版教材，特别是语文、思想政治、历史科目使用国家统编教材后的首次高考命题工作坚持“以稳为主、稳中求进”的总基调，持续完善德智体美劳考试内容体系，严格依据课程标准命制试题，加强学科关键能力和学科素养考查，实现“四新”（新高考、新课程方案、新课程标准、新教材）背景下考试命题平稳实施。通过新高考与新课程方案、新课标和新教材的整体对接，高考内容与形式改革进一步深化。

（赵海燕）

各项高考改革措施有序推动

2022年，北京市有序推动各项高考改革措施。开发考生信息采集系统，增加艺术类录取审核系统，拓展考试综合管理平台应用；完善防炒作“高考状元”工作机制；开展推进艺术类省级统考改革调研。为应对新冠肺炎疫情复杂严峻形势，市教委会同市卫健疾控相关部门制定高考工作方案，细化170项工作措施，针对考前和考试期间受疫情影响可能出现的7种极端情况，制定详细工作流程和应对措施。启动针对考生情况“一对一”摸排机制，连续排查40天200余万人次，组建市区两级高考工作专班，考前7天至考试结束开展联合办公，各成员单位24小时值守，及时协调处置各类突发情况。考试期间，针对封管控区考生，在餐饮、住宿、考场布置、心理疏导等各方面提供“吃住行考”全方位一体化考试保障，确保375名涉疫考生顺利参加考试，实现“如期高考、应考尽考、平安高考”工作目标。

（姜华）

市属高校研究生招生规模适度增长

2022年，北京市属高校研究生招生规模继续保持适度增长。按照教育部安排，市属高校研究生计划招生22530人，比上年增长6.5%。其中，博士生计划招生2482人，比上年增长33.5%；硕士生计划招生20048人，比上年增长3.9%。实际招生22222人，其中博士生2416人、硕士生19806人。

（姚转珍）

疫情防控形势下各类考试招生平稳实施

2022年，北京市统筹疫情防控和考试招生，平稳实施各项考试招生工作。坚持“一五三”考试运行管理模式（“一”是按照一个科学规范考试招生工作流程；“五”是坚持疫情防控、安全保密、公平公正、舆情应对和人文关怀五项要求；“三”是充分发挥北京教育考试院、全市教育系统和市级各政府部门三级统筹协调作用），完善考试资源配置、考务流程、应急处突、组织指挥4个体系。多项考试涉疫考点整体迁移，高考考点首次延伸到集中医学观察场所和医疗救治场所；教师资格考试对在校生和社会考生分开编排考场，实现高校“内外双闭环管理”；研究生招生考试在疫情快速发展期间“如期考试”“应考尽考”。全年组织考试26次，涉及考生194.8万人次，录取新生32万人，实现平安考试、公平招生工作目标。

（张诗若）

普通高中登记入学和中职自主招生试点工作

4月16日至25日，北京市开展普通高中登记入学和中等职业教育自主招生试点工作。其中，普通高中登记入学试点学校5所，招生计划数420人，录取420人；中等职业教育自主招生试点学校69所，招生计划数17037人，录取13513人。

（李佳琦　崔晶　王小东）

义务教育阶段入学

4月19日，市教委印发《关于2022年义务教育阶段入学工作的意见》。该意见明确坚持政府统筹，将义务教育阶段入学工作作为政府行为予以保障；坚持区级为主，各区教委负责组织实施本区义务教育阶段入学工作；坚持免试就近，确保每一名适龄儿童少年平等接受义务教育；坚持有序规范，严格规范程序，严肃执纪问责，确保平稳有序4项原则。全市公办小学、初中就近入学率保持在99%以上。

（刘碧原）

首次线上远程开展成人本科学士学位英语统一考试

9月18日，上半年北京地区成人本科学士学位英语统一考试首次采取线上远程方式举行。考试采用集中监考方式，设置集中监考点3个，分别在中央民族大学、中国农业大学、首都师范大学，配备监考员360人。实考考生24769人，缺考考生8111人，与以往线下考试持平。违规考生4380人，违规率17.68%。60分及以上“合格”6155人，合格率24.85%。考试成绩于11月6日发布。

（詹晓庄）

高级中等学校招生

概况

2022年，北京市基于初中学业水平考试成绩，结合综合素质评价的高中阶段学校考试招生录取模式基本形成。全市参加北京市高级中等学校招生报名95680人，比上年增加17605人。招生学校373所，招生计划109060人，比上年增加18400人，其中普通高中招生计划76108人，中专、技校、职业高中和五年高职等职技类学校招生计划32952人。录取考生92214人，其中普通高中录取70116人，中等职业教育录取22098人。完成招生计划84.55%，录取率96.38%，录取普职比7.6∶2.4。获加分和优先照顾录取资格考生1951人。学籍与户籍不在同一区考生申请回户籍报考1081人。高级中等学校招生考试继续将实践活动成绩纳入初中学业水平考试成绩，综合社会实践满分考生10.19万人，开放性科学实践活动满分考生10.2万人，两项均满分考生10.19万人，占具有升学资格考生98.1%。初中综合素质评价继续纳入校额到校招生，录取总分570分且综合

6月，初中学考有序开展

（北京考试院　供）

素质评价达 B 等的考生方可填报市级统筹和校额到校相关志愿。综合素质评价 B 等的考生 8.87 万人，占具有校额到校批次录取资格考生的 99.5%。

（王小东）

疫情防控背景下的初中学业水平考试

7 月 17 日，疫情防控背景下的 2022 年北京市初中学业水平考试完成。组织 3 类 5 项考试，48.52 万人次考生参加，其中英语听说机考第一次考生 10.36 万人，第二次考生 6.88 万人；体育现场考试 9.77 万人；初三文化课考试 10.09 万人，初二文化课考试 11.42 万人。各项考试严格落实“应考尽考”要求，优化完善组考防疫工作方案，细化极端情况下涉疫考场应急处置措施，科学设置常规考点、封管控考点和集中医学观察考点，初三文化课考试为 924 名涉疫考生提供“吃住行考”一体化服务保障。

（王小东）

志愿征集补录考生

7 月 30 日，北京教育考试院采用志愿征集方式组织未被录取考生开展网上填报志愿和补录工作。参加志愿征集学校 107 所，计划招生 12712 人，按考生分数和志愿录取。填报征集志愿考生 495 人，补录 428 人。

（王小东）

未录取考生去向调查

8 月 1 日，北京教育考试院开展对未被录取考生去向的摸底调查。未被录取考生 2520 人，其中未填报志愿考生 2139 人，主要去向为回原籍就读、到外地就读、到国际学校就读、到民办学校就读、出国、复读和休学等。

（王小东）

普通高中学业水平合格性考试

概况

2022 年，北京市普通高中学业水平合格性考试报考 151716 人，602007 科次。其中，第一次报考 70345 人，308206 科次，普通高中类 67730 人、职技类 2267 人、社会类 348 人；第二次报考 81371 人，293801 科次，普通高中类 78531 人、职技类 2529 人、社会类 311 人。颁发《北京市高中学业水平合格证》49570 份，其中普通高中类合格证 49426 份、职技类合格证 144 份。全市参加高中学考应届普通高中毕业生 52798 人，取得合格证 49103 人，占应届普通高中毕业生总人数 93.00%。

（肖军）

151716 人参加高中学考合格考

1 月 5 日至 7 日和 9 月 21 日至 23 日，2022 年北京市第一次、第二次普通高中学业水平合格性考试举行。第一次考试 70345 人报考语文、数学、外语、思想政治、物理、化学、生物、历史和地理 9 个学科，308206 科次。全市 18 个考区设置 106 个考点 10780 个考试场次。第二次考试 81371 人报名参加语文、数学、外语、思想政治、历史、地理、物理、化学、生物 9 个学科，293801 科次。

9 月 21 日，高中学考合格考举行

（门头沟教委　供）

全市 18 个考区设置 286 个考点 11353 个考试场次。

（肖军）

普通高等学校招生

概况

2022 年，全市 54728 人报名参加普通高等学校招生考试，录取 49022 人。全国 726 所高等学校在京招生，统招计划招生 47235 人（含统考艺术类分省招生计划）。统招计划中按学历层次分：本科计划 37737 人、专科计划 9498 人。按学校所在地域分：在京院校计划招生 39775 人，其中部委院校招生计划 5480 人、市属市管院校招生计划 34295 人；外埠院校招生计划 7460 人。另高职班、师资班单独招生计划 330 人。统招报名 52468 人，录取 47165 人。高职单独招生报名 2260 人，录取 1857 人，其中高职自主招生录取 1835 人、单独考试招生录取 10 人、其他（运动训练、残障考生）单独录取 12 人。

（姜华）

139 人在京参加港澳台侨学生联招考试

3 月 1 日至 31 日，2022 年普通高校联合招收华侨、港澳、台湾省学生入学考试报名。139 人在京报名，其中文史类 88 人、理工类 51 人；香港 44 人、澳门 1 人、台湾 61 人、华侨 33 人。5 月 21 日至 22 日，入学考试举行，考点设在北京科技大学附属中学。

（姜华）

高考英语第二次听说机考

3 月 19 日，2022 年北京市高考英语第二次听说机考完成。报名考生 49491 人，设立 18 个考区、179 个考点、438 个考场，举行 4 个场次考试。

（姜华）

1113 人参加高校体育专业测试

4 月 9 日，北京市 2022 年普通高等学校体育专业测试在首都体育学院举行。测试专业包括体育教育、社会体育指导与管理、休闲体育、体能训练、冰雪运动、体育旅游，测试项目为田径、篮球、排球、足球、体操、艺术体操（女）、武术、游泳和乒乓球等。1484 人报名，1113 人参加测试，录取 472 人。

（姜华）

686 人参加体育单招文化课统一考试

4 月 16 日至 17 日，北京市 2022 年普通高等学校运动训练、武术与民族传统体育专业招生文化课统一考试举行。考试科目为语文、数学、政治和英语 4 科，各科试卷满分 150 分，总分 600 分。考试在朝阳区陈经纶中学举行，686 人参加考试。

（姜华）

京津冀 35 所高职院校自主招生 5525 人

5 月 12 日至 21 日，京津冀 35 所高职院校完成自主招生考试。计划招生 9848 人，5822 人次报名参加考试，录取 5525 人。其中，北京 29 所学校录取 5518 人，天津 3 所学校录取 3 人，河北 3 所学校录取 4 人。

（姜华）

48693 人参加高考

6 月 7 日至 10 日，北京市 2022 年普通高等学校招生全国统一考试及高中学业水平等级性考试举行。48693 人参加考试，其中统考 48625 人、单考单招 68 人。设 17 个考区，正式考点 99 个、正式考场 1714 个，备用考点 53 个、备用考场 321 个。根据疫情防控需要，首次设置封管控考点 22 个，集中医学观察考点 6 个，医疗救治场所考点 1 个。考试启用特殊考点 29 个，其中医疗救治场所考点 1 个、集中医学观察考点 6 个、封管控考点 19 个、备用考点 3 个，375 名涉疫考生完成高考。6 月 9 日至 25 日，高考评卷工作分别在北京大学、清华大学、北京师范大学、首都师范大学、北京第二外国语学院举行，高职单考单招评卷工作在北京工业大学举行，扫描考生答题卡 33.9 万张，评阅试卷 29.1 万份，全市参加评卷教师 1300 人。

（姜华）

2286 名高职生升入本科学习

6 月 10 日至 19 日，2022 年北京市高等职业教育专科层次升本科公共课考试举行。高职升本科推荐学校 37 所，推荐考生 3377 人，实际报名参加考试 3258 人，本科接收院校 14 所。受疫情影响，考试调整为由各本科接收院校线上实施考试，市教委和北京教育考试院开展指导监督的形式举行。录取高职升本科新生 2286 人。此外，经市教委审核批准，录取符合免试专升本优秀退役士兵考生 1284 人。

（姜华）

高考录取最低控制分数线公布

6 月 25 日，北京市 2022 年普通高等学校招生录取最低控制分数线公布。普通本科录取控制分数线 425 分、特殊类型录取控制分数线 518 分、艺术类本科录取控制分数线 319 分、体育类本科录取控制分数线（体育成绩 60 分）348 分；普通专科、高职单考单招录取控制分数线 120 分。

（姜华）

42437 人参加本科志愿填报

6 月 27 日至 7 月 1 日，北京市组织高考考生参加志愿填报。统考考生填报本科志愿，单考考生填报单招志愿。本科普通批志愿设置为院校专业组方式，可填报 30 个平行志愿。本科提前批分艺术类和普通类，考生只能选报其中一类，不能兼报。艺术类和普通类均设置 A、B 两段，分别按顺序依次录取。42437 名统考考生完成本科志愿填报，14 名单考考生完成志愿填报。

（姜华）

高考统一招生录取 49022 人

7 月 2 日至 30 日，北京市完成 2022 年普通高等学校招生录取工作。除内地新疆班、内地西藏班、中央民族大学附属中学非京籍考生外，实际在京参加考试 52037 人，录取 49022 人，其中本科录取 40198 人、高职（专科）录取 6967 人（含自主招生 3690 人、统考 3277 人）、单考单招录取 1857 人（含高职自主招生录取单考考生 1835 人、单考单招录取 20 人、师资班录取 2 人）。

（姜华）

137 人被香港院校录取

7 月，11 所香港院校在京录取新生 137 人。其中，香港大学、香港科技大学等 9 所高校自主招生录取 100 人；香港中文大学和香港城市大学继续参加本科提前批次，录取 37 人。

（姜华）

6.5 万余人报名参加 2023 年高考

11 月 30 日，北京市完成 2023 年普通高等学校招生考试报名工作，6.5 万人报名。其中，全国统考报名 6.3 万人，比上年增加 1 万余人；高职单考单招报名 2400 余人，比上年增加 200 余人。应届生 6.2 万余人，占报名人数 95.13%；往届生 3200 人，占报名人数 4.87%；男生 3.3 万余人，占报名人数 50.50%，女生 3.2 万余人，占报名人数 49.50%；城镇考生近 5.5 万人，占报名人数 83.06%，农村考生 1.1 万人，占报名人数 16.94%。继续实施进城务工人员随迁子女在京参加高职招生考试政策，370 余名考生提出申请，经审核符合条件 211 人。

（姜华）

研究生招生

概况

2022 年，北京 145 家招生单位招收硕士生 122270 人，较上年增加 4023 人。其中，全日制学生 105471 人，占录取总数 86.26%；非全日制学生 16799 人，占录取总数 13.74%。高校录取 116172 人，占录取总数 95.01%；其他在京科研机构录取 5490 人，占录取总数 4.49%；党校系统录取 144 人，占录取总数 0.12%；在京军队院校（地方研究生）录取 464 人，占录取总数 0.38%。按录取考试方式统计，全国统考 92699 人，占录取总数 75.81%（包括管理类专业录取 17521 人、法律硕士专业录取 3602 人），单独考试 484 人，占录取总数 0.40%；本科毕业推荐免试 29087 人，占录取总数 23.79%。按录取类别统计，非定向就业生 103825 人、定向就业生 18445 人。继续实施专项计划招生，强军计划录取 65 人、援藏计划录取 28 人、少数民族高层次骨干人才计划录取 1142 人、退役大学生士兵

8 月 31 日，北航研究生新生报到

（北航　供）

专项计划录取 692 人。北京市 83 家招生单位招收博士生 34829 人，较上年增加 3268 人，招生专业覆盖全部 13 个学科门类和专业学位领域。32 家招生单位面向港澳台地区招收研究生 798 人，其中博士 80 人、硕士 718 人。

（郝娜）

同等学力申硕全国统考

8 月 14 日，北京市 2022 年同等学力人员申请硕士学位全国统一考试举行。设 11 个高校考点、1013 个考场。报名考生 19848 人，报考 29557 科次。经审核，报考外国语水平考试考生 14211 人，比上年减少 4052 人；报考新增的医古文水平考试考生 23 人；报考学科综合水平考试考生 15323 人，比上年减少 2351 人。

（郝娜）

35308 名优秀毕业生获推免

9 月 19 日，北京市 87 个招生单位接收推免生 35308 人。推免生较上年增加 2570 人。推免生中硕士研究生 29087 人、直博生 6221 人。

（郝娜）

两次跨省借考

11 月 19 日和 12 月 12 日，北京教育考试院完成两次研考跨省借考报名工作。第一次跨省借考，出京借考考生 847 人，来京借考考生 857 人；第二次跨省借考，出京借考考生 5076 人，来京借考考生 7677 人。

（郝娜）

疫情背景下全国硕士研究生招生考试

12 月 24 日至 26 日，北京市 2023 年全国硕士研究生招生考试举行。152766 人报名在京参加考试，实考 125268 人，24 个全国统考科目和 10644 个自命题科目。设 62 个高校考点、7386 个考场，其中普通考场 5713 个、隔离考场 763 个、备用考场 910 个。为精准落实疫情防控要求，北京市优化调整组考工作方案，实行“一类一策”分类施考，实现考生试卷一一对应、精准匹配。为解决受疫情影响导致的考场资源不足问题，海淀、朝阳、西城、丰台、昌平 5 个区为北京体育大学、北京师范大学、北京航空航天大学等 6 所高校的 6999 名考生安排 8 个中学考点举行考试。按常规考务人员 1:1 比例配备备用考务人员，全市考务工作人员近 4 万人，规模创历史纪录。12 月 26 日至 30 日，中国人民公安大学 44 名学员协助完成 24 个全国统考科目 47.6 万张考生答题卡扫描工作。

（郝娜）

研考考点建设改革

至年底，北京市开展研究生招生考试考点建设改革工作。为应对研考人数不断增长的组考压力，进一步统筹挖掘考点资源，考点建设改革“以高校招生单位为主增设考点、调整联合考点功能”的考点布局调整思路，确定新增北京城市学院、中华女子学院、中国劳动关系学院和北京电子科技学院 4 个考点，调整北京林业大学、中央民族大学、中国科学院大学等近 10 所高校的考点功能。

（郝娜）

12 月，疫情防控形势下的北京市 2023 年全国硕士研究生招生考试举行　（北京考试院　供）

成人高等学校招生

概况

2022年，63所成人高等学校在京招生，比上年减少1所。招生专业727个，比上年增加12个。其中，市属高校招生专业410个，减少10个；部属高校招生专业317个，增加22个。5所高校有单考单招专业11个，比上年减少1个。按学习形式分，脱产专业11个，减少2个；业余专业687个，增加43个；函授专业29个，减少29个。按专业层次分，高起专专业242个，减少3个；高起本专业138个，减少14个；专升本专业347个，增加29个。报名考生33101人，通过资格审核29248人，成功缴费28385人，比上年增加3069人。其中，考试生27079人、免试生1306人。在京招生院校招生计划24784人，比上年增加4772人。其中，部属院校计划14454人、市属院校计划8784人、外埠院校计划1546人。按学历层次分，高起专计划3370人、高起本计划1835人、专升本计划19579人。脱产计划121人、业余计划21188人、函授计划3475人。单考单招计划1616人，比上年增加238人。录取新生21429人，完成调整计划87.2%，录取率99.3%。

（詹晓庄　张诗若）

成人高校招生全国统考

11月5日至6日，2022年北京市成人高校招生全国统一考试举行。设17个考区、54个考点、1004个标准化考场，比上年增加4个考点、85个考场。实考考生22518人，其中高起专3692人、高起本1947人、专升本16879人。缺考4561人，违规46人。考试成绩于11月25日发布。

（詹晓庄　张诗若）

成人高校招生录取最低控制分数线划定

11月30日，北京市2022年成人高校招生录取最低控制分数线划定。高起专：文史外语类113分、艺术类80分、理工类127分；高起本：文史外语类125分、艺术类157分、理工类134分；专升本：文史中医类127分、艺术类141分、理工类105分、经济管理类102分、法学类168分，教育学类120分、农学类130分、医学类138分。

（詹晓庄　张诗若）

成人高校招生录取21429人

12月5日至30日，63所成人高校录取新生21429人。录取分两个批次，第一批为本科批次，录取新生18124人，其中高起本录取1712人、专升本录取16412人。第二批为专科批次，录取新生3305人。7所院校参加“校企合作”项目试点，报名444人，录取362人；3所院校参加“专升本推优免试入学”项目试点，报名542人，录取533人。5所学校参加单考单招，11个专业录取1364人。

（詹晓庄　张诗若）

高等教育自学考试

概况

2022年，北京高等教育自学考试15所主考学校开考48个专业，其中专科19个、本科29个。开考470门课程（不含实习、实践、论文）。组织上半年笔试课程考试1次（下半年考试受疫情影响延期至次年举行），42028名考生报考111059科次，注册新生6447人。设置17个考区、64个考点、5764个考场，参与监考员2300人，处理违规考生77人次；完成网上评卷65615份，发布成绩124890科次。毕业生4513人，获学士学位2191人。组织2期毕业申报和2期学位申报，审核办理毕业生3567人次，较上年减少37.40%；推荐授予学士学位2191人次，较上年减少9.35%。开展自学考试改革创新探索，两次开展机考试点测试演练，初步完成机考“全要素、全周期、全流程”实践探索。升级毕业系统，引进AI技术对考生身份和人脸比对验证，提高准确率和安全性，同时与学信网完成接口，自动同步验证考生前置学历和学籍信息，提高毕业和考籍办理工作的可靠性和工作效率。以专业修订推动专业规范工作。完成26个专业修订，吸纳若干高校加入自考队伍，夯实主考队伍基础，均衡专业布局，促进专业规范。根据专业发展实际，依规停考3个专业。开发历史考生证明信在线开具系统，无法登录个人中心的考生可在线获取证明信。

（蒋来）

注册新生6447人

2月28日至3月10日，北京市高等教育自学考试笔试课程报考（注册）工作进行，注册新生6447人。上半年实践、非笔试课程报考4512人8476科次。10月，自学考试笔试课程考试因疫情延期至2023年4月举行。下半年实践、非笔试课程报考2971人5620科次。

（蒋来）

2190人成功申请学位

3月17日至23日和10月17日至20日，北京市高等教育自学考试办公室组织自考本科毕业生网上申报学位。经审核，将符合学位申请条件的毕业生推荐给主考学校，由学校学位委员会审核后授予学位。2190人申请成功。

（蒋来）

上半年自学笔试课程考试

4月16日至17日，2022年北京市高等教育上半年自学考试举行。设考区17个、考点校64个、考场5764个。

42028 名考生报考笔试课程 111059 科次，开考 48 个专业、285 门课程。有 2300 名监考员，处理违规考生 77 人。6 月 6 日发布 375 门课程 116132 科次（含笔试、非笔试、实践和论文）考试成绩；12 月 5 日发布 80 门课程 8758 科次（其中非笔试〈含非笔试、实践和论文〉课程 7360 科次，笔试加实践课程 1398 科次）考试成绩。

（蒋来）

3572 人经自学考试毕业

6 月 13 日至 15 日和 12 月 6 日至 8 日，北京市高等教育自学考试办公室组织网上申报毕业。6 月，1949 名考生办理毕业手续，其中本科 1193 人、专科 756 人；12 月，1623 名考生办理毕业手续，其中本科 1354 人、专科 269 人。

（蒋来）

3569 人申报本科毕业论文（设计）

6 月 14 日至 18 日和 12 月 9 日至 15 日，北京市高等教育自学考试本科毕业论文（设计）分两次进行申报。6 月，1740 名考生申报；12 月，1829 名考生申报。

（蒋来）

社会考试

概况

2022 年，北京教育考试院举办 4 个社会考试项目，组织 6 次考试，报考 861823 人次。北京地区全国大学外语四、六级考试笔试报考 616665 人次、口试报考 44365 人次。全国计算机等级考试报考 23827 人次，取得合格证书 5861 人次。中小学教师资格考试（笔试）报考 138923 人，报考科次 276767 个，包括 148 名港澳台居民、152 名驻京现役军人和武警。

（伍亚娜）

中小学教师资格考试

3 月 12 日和 10 月 29 日，北京教育考试院组织中小学教师资格考试，138923 人报名参加考试。上半年考试报名考生 66988 人，报考科次 129457 个，包括 64 名港澳台居民、51 名驻京现役军人和武警。其中，师范生 9282 人、非师范生 57706 人；在校生 33348 人、非在校生 33640 人；男生 15395 人、女生 51593 人。实际缺考科次 54708 个，缺考率 28.75%。全市设考点 48 个、考场 1883 个，备用考场 204 个。下半年考试报名考生 71935 人，报考 147310 个。包括 84 名港澳台居民、101 名驻京现役军人和武警。其中，师范生 11709 人、非师范生 60226 人；在校生 37935 人、非在校生 34000 人；男生 16362 人、女生 55573 人。考试缺考 23126 人，缺考率 32.15%。设考点 109 个、常规考场 2102 个，备用考点 16 个、考场 185 个。考试期间启用备用考场 31 个，安排 261 人次参加考试。

（宋戍）

全国大学外语四、六级考试

9 月 17 日，北京地区 2022 年上半年全国大学英语四、六级考试（笔试）举行。报考考生 310237 人次。其中，英语四级 113275 人、六级 194118 人，日语四级 989 人、六级 312 人，德语四级 308 人、六级 82 人，俄语四级 389 人、六级 75 人，法语四级 689 人。设考点 98 个、考场 10747 个，其中四级考场 4061 个、六级考场 6686 个。缺考 24842 人，其中四级（含小语种）缺考 6742 人，六级（含小语种）缺考 18100 人。查处违纪考生 11 人。112 名残疾考生申请合理便利，其中视力残疾考生 34 人、听力残疾考生 75 人、肢体残疾考生 3 人。受疫情影响，原定于 6 月 11 日举行的北京地区 2022 年上半年全国大学英语四、六级考试（笔试）延期至 9 月 17 日举行，原定于 12 月 10 日举行的北京地区 2022 年下半年全国大学英语四、六级考试（笔试）延期至次年 3 月举行，全市报名考生 308285 人次。

（金辉）

全国计算机等级考试

9 月 24 日至 26 日，2022 年全国计算机等级考试举行。考试采取全科目无纸化上机考试形式，设置考点 32 个、上机考场 100 个、考试场次 452 个。报考 23827 人次，其中一级 7036 人、二级 14232 人、三级 2430 人、四级 129 人。5861 人取得合格证书。受疫情影响，考试原定于 3 月 26 日至 28 日举行的上半年考试延期至下半年同期进行。

（周德松）

视障考生计算机考试机考试点

9 月，北京市开展视障考生计算机考试机考试点工作。试点利用读屏软件辅助考生获取题目信息，首次为 5 名视障考生参加计算机考试提供合理便利。考试全程录音录像，为进一步推广视障考生机考工作提供基础数据和实践参考。

（周德松）

（本栏责任编校　曾婷）

国际交流与合作

京港澳台侨交流与合作

支援合作

交流与合作

COMMUNICATION AND COOPERATION

- 国内首个体育类中外合作办学机构获批
- 16 所学校入选中美“千校携手”项目学校
- 首个面向全球中文学习者的智慧教学平台发布
- “十三五”期间京港澳姊妹学校项目实施效果调研
- 和田对口高中班办学任务完成
- 北京空中课堂网络教育资源向藏蒙地区开放

交流与合作
COMMUNICATION AND COOPERATION

综述

国际交往中心功能建设教育专项工作

2022 年，市教委牵头的北京推进国际交往中心功能建设领导小组国际教育专项工作组加强统筹协调，稳步推进国际教育高水平发展。一是推进国际学校建设，增强国际教育供给能力。做好国际人才和引进人才子女就学服务保障，助力吸引跨国公司、国际组织来京发展。定期召开国际学校工作调度会，督促区教委加快推动国际学校建设，新布局的 20 所国际学校投入使用。指导各区谋划符合自身特色优势的国际学校发展路径，打造国际教育特色品牌。全面系统开展国际学校调研，推动解决国际学校发展面临的困难和问题，协调市民政局将外籍人员子女学校法人登记管理权限下放至区民政部门，解决困扰基层的问题。二是克服新冠肺炎疫情不利影响，促进来华留学提质增效。落实《北京市来华留学生高等教育质量发展指标体系》，研究制定来华留学生高等教育质量评估实施方案，稳步推进评估工作。三是服务国家总体外交，加快推进教育对外开放。推动各级各类教育人文交流，举办第二届“丝路工匠”国际技能大赛，推动“丝路学堂”泰国吉拉达技术学院项目开班授课，有效输出专业标准和课程标准。指导有关区教委维持好承担机场接机献花、人民大会堂欢迎仪式等礼仪任务的青少年选拔机制，强化对入选学校和学生的日常培训和梯队建设。组织海淀区、丰台区、通州区中学与日本福山、北海道和韩国济州道开展线上交流。推荐 17 所学校申报第七批中美“千校携手”项目学校，促进中美人文交流。

（刘皓）

国际教育供给提升工作

2022 年，市教委牵头的北京培育建设国际消费中心城市领导小组国际教育供给提升工作组持续推动工作开展。一是抓好任务推进。优化留学教育环境，推进实施国际学生勤工助学管理办法；指导高校做好本科以上中外合作办学机构和项目新申请和延期变更工作；推进“特高”项目及产教融合实训基地建设，推动校企合作；指导相关区持续推进新布局国际学校建设，督促区教委做好国际人才和

6 月 23 日，第二届“丝路工匠”国际技能大赛（中国赛区）开幕。图为北京丰职学生参加咖啡技艺项目比赛 （北京丰职 供）

引进人才子女就学服务保障；举办第二届“丝路工匠”国际技能大赛，进一步扩大品牌影响力。二是抓好项目落地。清华大学通州金融发展与人才培养基地项目完成年度建设目标。北京十二中联合总校丽泽国际学校项目完成全部建设任务，履行民办非企业登记手续，更名为北京十二中丽泽国际学校，实现秋季学期开学。三是加强政策研究。完善“引人、育人、留人”全链条政策环境，培育“留学北京”品牌，有效运用专项工作组机制推动政策落地落实。四是服务重点企业。主动对接企业发展需求，加大优质数字教育资源统筹力度。市教委组织调研北京竞业达数码科技股份有限公司、科大讯飞股份有限公司、百度在线网络技术（北京）有限公司等教育科技企业，推动人工智能技术更多参与教育应用场景。召开国际教育供给提升工作组重点企业座谈会，组织海淀区教委和10家重点纳统企业围绕企业发展现状、存在困难及发展建议等交流讨论，促进教育消费能级提升。搭建校企合作平台，充分发挥国际服贸会对教育消费的促进作用，为参展企业提供展示新技术、新产品、新理念的机会，积极推介北京市国际教育服务贸易发展成就。

（刘皓）

“两区”建设教育领域工作

2022年，市教委以高质量发展为主线推进北京市国家服务业扩大开放综合示范区、中国（北京）自由贸易试验区“两区”建设教育领域重点工作。完成“一个创新案例、一项落地政策、六项重点任务、十个入库项目”。“一个创新案例”是搭建“丝路学堂”国际合作与交流平台，以学促产、产学结合，该品牌项目被列入北京市第二批复制推广改革创新实践案例并在全市复制推广。“一项落地政策”是制定支持高校留学生勤工助学相关政策，并在2022国际服贸会上首次落地实践。“六项重点任务”指市教委纳入“两区”督办的任务6项（1项主责任务、5项协办任务）全部完成，包括允许外籍人员子女学校适当招收在境外依法定居的引进人才子女；加强国际人才子女入学保障力度；吸引知识产权高层次人才来京，落实子女入学等优惠政策；推动市属高校开展多途径、多模式的知识产权专业人才培养；吸引顶尖科学家和创新团队开展研发合作；鼓励高等院校、行业协会与国外知名技术转移机构开展技术经理人联合培养。“十个入库项目”即10个教育领域项目进入“两区”建设项目库，落地率超过全市平均落地率，投资额79.9亿元。

（刘斯）

中外合作办学

2022年，市教委继续支持北京市学校与国外学校通过多种方式合作办学。北京市有中外合作办学机构21个、项目120个。报教育部审批本科及以上中外合作办学机构和项目43个（含延期）。受理本科以下中外合作办学机构和项目14个（含延期）。配合教育部做好本科及以上层次中

11月3日，中外合作办学机构项目延期材料现场审核
（国际教育交流中心　供）

外合作办学机构和项目评估，通报并公示2022年本科及以上层次中外合作办学评估结果；开展本科以下中外合作办学机构和项目抽查，发现问题及时要求整改。

（郭奇琦　刘月）

国家公派出国留学

2022年，市教委完成国家留学基金资助出国留学选拔工作。包含国家留学基金公派高级研究学者及访问学者（含博士后）、建设高水平大学公派研究生项目等8个项目21个子项目，受理179人，录取91人。

（郭奇琦）

保持对外交往良好势头

2022年，市教委继续保持对外交往良好势头，落实各项交流任务。继续与日本北海道、福山和韩国首尔等地开展中学生线上交流，与德国科隆共同举办北京—科隆国际职业教育研讨会。举办2022国际产学研用合作会议（北京），会议覆盖面广、专业性强、影响力大，效果良好。

（蒋小婷）

港澳台师生管理加强

2022年，市教委做好在京港澳台学生培养，加强在京港澳台师生管理。指导高校落实、落细高校港澳台学生管理办法，在港澳台学生招生、入学、管理和服务等各环节按照政策要求制定学校实施细则。指导北京建筑大学完成港澳台学生备案有关程序。落实港澳及华侨学生奖学金、台湾学生奖学金评审工作。深化国情教育，组织高校参加教育部2022—2023年港澳台学生国情教育网络培训，3个国情教育项目获教育部港澳台办项目资助（包括2个重点资助项目、1个一般资助项目）。统筹各方资源，全方位、多领域组织涉港澳学生活动，包括与市青年联合会共同组织“诗歌里的中国”京粤港澳青少年儿童诗歌节活动；与市委统战部等单位共同组织“文化中国·水立方杯”中文歌曲大赛北京赛区比赛，为在京高校港澳学生开辟专属参

赛通道；组织“以青春之志 筑强国之路”港澳台学生主题征文活动等，提升港澳台学生爱国情怀。

（蒋小婷）

清华授予阿根廷总统名誉教授学衔

2月4日，清华大学授予阿根廷共和国总统阿尔韦托·费尔南德斯（Alberto Fernández）名誉教授学衔。聘任仪式以线上线下相结合方式举行，清华校长向费尔南德斯总统颁发清华名誉教授聘书。

（徐思羽）

国内首个体育类中外合作办学机构获批

6月1日，北京体育大学与加拿大阿尔伯塔大学联合申报的北体大阿尔伯塔国际休闲体育与旅游学院获教育部批准设立。该学院是中国首个体育类非独立法人中外合作办学机构，位于海南省陵水黎安国际教育创新试验区，开设休闲体育、旅游管理2个本科专业和体育教育训练学、体育人文社会学、社会体育指导3个硕士研究生专业，办学总规模900人，均纳入国家普通高等学校招生计划和全国硕士研究生招生计划。本科生每年招收200人（每专业每年招收100人），硕士研究生每年招收40人（体育教育训练学10人、体育人文社会学10人、社会体育指导20人），其中本科学历教育4年，体育教育训练学、体育人文社会学硕士研究生学历教育3年，社会体育指导硕士研究生学历教育2年。学生完成全部课程且达到毕业、学位要求，可获北体大毕业证书、学位证书及阿尔伯塔大学学位证书。合作办学许可有效期至2032年12月31日。

（马嘉悦）

第十届世界和平论坛

7月3日，清华大学举办第十届世界和平论坛。论坛以“维护国际战略稳定：共同、综合、合作”为主题，设4场大会、16场小组讨论。联合国前秘书长以及101个国家的前政要、驻华使节、智库学者等300余人线上线下就如何推动当下被中断的全球化继续向前发展和国际局势问题展开讨论、提出建议。世界和平论坛创办于2012年，由清华主办、中国人民外交学会协办，是中国首个高级别非官方国际安全论坛，2013年实现机制化，每年夏季定期举行，至今举办9届线下会议及2020年特别视频会议。

（徐思羽）

2022国际服贸会教育服务专题

9月1日至5日，市教委承办2022年中国国际服务贸易交易会教育服务专题。包括教育服务专题展和教育高峰论坛两部分。展览主题为“以高质量教育引领未来”，设置“交流合作共赢”“科技赋能教育”和“公益助力教育”3个主题展区，吸引137家单位线上线下参展，其中线下展商67家，国际化率25.4%，首次实现世界500强企业参展，首次邀请政府间国际组织参展。展览期间发布成果33项，实现交易额1325.58万美元。蔡奇、夏林茂等领导到展巡馆。教育高峰论坛由市教委与央视网于9月2日联合主办，主题为“共筑高质量发展新篇 让教育的未来更出彩”，邀请高等学校、职业院校、国际学校、教育研究机构等不同领域专家，围绕智慧教育、国际比较教育、职业教育和家庭教育开展4场专题研讨，发布“北京市中学教师开放型在线辅导”等12项最新教育成果。教育服务专题呈现“层次高、成果实、影响大”3个特点，专题展吸引4.20万人次观展，论坛活动5500余人线上线下参加，人民日报、新华社、中央广播电视总台等媒体平台刊播相关报道300余条，观看、阅读总量超1000万次。

（刘皓　史玉婷）

第19届北京论坛

11月18日，由北京大学、市教委和韩国崔钟贤学术院联合主办的第19届北京论坛——“北京论坛（2022）”在钓鱼台国宾馆开幕。论坛以“文明的和谐与共同繁荣——共创人类文明的未来：信任、对话与合作”为主题，探讨多元文明如何在互信互利基础上展开对话与合作。教育部、科技部、市委教育工委等单位负责人，新西兰、埃及等10个国家的驻华使节和非洲联盟驻华代表参加开幕式。怀进鹏、夏林茂参会并致辞。论坛下设12个分论坛和1个海外分论坛。其中，12个分论坛围绕全球视野下的安全治理、人口格局、文明互鉴等议题展开学术探讨。

7月3日，第十届世界和平论坛举办

（清华　供）

海外分论坛“北京大学—芝加哥大学联合论坛”于10月至11月举办，标志北京论坛国际论坛设立。

（徐聪颖）

2022国际产学研用合作会议（北京）

12月15日至16日，2022国际产学研用合作会议（北京）线上召开。会议主题为“产学研用融合 创新驱动发展”，包括开幕式暨主场报告和5个平行合作会。其中，北京航空航天大学承办开幕式暨主场报告，北京大学、清华大学、北航、首都经济贸易大学分别承办跨学科数智化、集成电路科学与工程、量子计算与量子信息技术、工程与技术、企业ESG产教融合与产学研用5个合作会。来自中国、俄罗斯、英国等近20个国家1000余名院士、校长、专家学者、企业家参会。同时，北京会同天津、河北、山西、河南四省（市）围绕经济、海洋工程、生物医药、机械工程、光学工程等专业领域先后举办18场产学研用合作会，参会总人数3700余人，搭建起中外高校、科研院所、企业合作对接的高端平台，促进教育链、人才链与创新链、产业链有机衔接，助力构建全球高质量合作伙伴关系。会议由教育部学校规划建设发展中心主办，市教委牵头天津、河北、山西、河南省（市）教育厅（教委）共同承办。

（蒋小婷）

外籍人员子女学校开学稳妥有序

12月，市教委推进外籍人员子女学校稳妥有序开学。为解除各行业复工复产背景下驻华使馆外交官、跨国公司管理人员、国外商会和国际组织负责人等外籍人员家庭看护子女的后顾之忧，稳定外国人在京工作预期，维护外籍人员子女学校办学稳定，充分释放国际教育服务首都经济社会发展的活力，市教委研究制定外籍人员子女学校开学方案，召开专题部署会，指导区教委有序做好相关工作。北京市外籍人员子女学校在强化新冠肺炎疫情防控前提下，根据校历安排有序恢复线下教学，为普通中小学开学积累试点经验。

（刁文淇）

11月18日，第19届北京论坛开幕

（北大 供）

国际交流与合作

友好往来

金砖国家网络大学年会

4月20日至21日，北京师范大学与华北水利水电大学联合举办2022年金砖国家网络大学年会。会议以线上线下相结合方式召开，以“构建一流大学间伙伴关系，助力金砖国家可持续发展”为主题，围绕能源、计算机科学和信息安全、金砖国家研究、生态和气候变化、水资源和污染治理等6个优先合作领域设置主论坛和平行分论坛。6所中方院校的学术单位围绕金砖国家研究等领域举办10余场国际学术研讨会。金砖国家网络大学成员高校代表及全球13个国家专家学者300余人参加会议。金砖国家网络大学（BRICS Network University）于2015年7月金砖国家领导人第七次会晤期间成立，旨在通过灵活教育形式提供高质量终身学习机遇，通过创造和传播知识与技能，促进金砖国家可持续发展，培养高资质专业人员，截至2022年4月，金砖国家55所高校被吸纳为成员单位。

（申政）

组织参加“中外人文交流小使者”展示活动

4月，市教委委托北京市国际教育交流中心组织北京中小学校和教育机构参加第三届“中外人文交流小使者”展示活动。活动以“为中国孩子带来世界，为世界孩子带来中国，让世界更加相知相融”为主旨，包括集体展示项目、个人展示项目、运动会主题人文交流活动三部分内容。北京各级各类中小学校及有关教育机构举办中外青少年合唱、器乐、舞蹈、戏剧、戏曲、美术、科技、摄影和展览等多种形式的交流展示活动，组织体育运动项目、国别知识测试，促进中外青少年人文交流。“中外人文交流小使者”展示活动由教育部中外人文交流中心主办。

（史玉婷）

中国—中东欧国家高校联合会经济学学科建设共同体成立

5月25日，中国—中东欧国家高校联合会经济学学科建设共同体成立。共同体由中国人民大学与匈牙利罗兰大学牵头，包括北京大学、复旦大学等7所中国高校和匈牙利卡尔文纽什大学、塞尔维亚贝尔格莱德大学等5所外国高校。成立仪式上，签署并发布《“中国—中东欧国家高校联合会经济学学科建设共同体”成立宣言》，指出共同体旨在通过搭建中国与中东欧国家经济学学科院校间合作平台，发挥成员高校积极性与创造性，整合与共享优势资源，助力学科建设、科学研究、人才培养、合作办学，促进和深化人文交流，培养和凝聚友好交流民间力量。联合会成员高校代表近百人参会。

（王颖）

气候变化和绿色发展主题论坛

7月22日，清华大学与中华全国青年联合会共同主办气候变化和绿色发展主题论坛。论坛是首届世界青年发展论坛4个主题论坛之一，旨在从青年视角出发，深入探索应对气候变化和可持续发展问题解决方案，鼓励和支持世界青年共同应对气候变化和实现绿色发展带来的挑战，用智慧、能量与创造力构建人类命运共同体。世界各地政府官员、国际组织负责人、专家学者、青年领袖和青年代表、清华师生300余人线下线上参加论坛。论坛面向全球双语直播，60余万人次观看。9月5日，世界大学气候变化联盟启动“气候变化协同”系列行动。该联盟由清华2019年倡议发起成立。

（徐思羽）

2022全球美育大会

8月27日，北京师范大学召开2022全球美育大会。会议采取线上线下方式召开，美国、加拿大、澳大利亚等11个国家和中国香港、台湾地区90余名专家学者发表主题演讲。会议设“全球美育十人谈”等9个专题研讨论坛，主要议题包括“舞育未来·舞蹈美育论坛”“数字艺术的创新与未来”“国际视域下的当代音乐美育”等，提出“以美为媒，跨越分界”主题，以“尚美、求真、向善”为原点，从全球视野探索和思考美育观念、价值与创新实践，倡导人类命运共同体意识，理解、建构新时代美育意义与范式。开幕式暨十人谈活动直播平台同步观看8000余人次。

（申政）

2022和合文明论坛

9月9日，清华大学与国际儒学联合会联合主办2022和合文明论坛。论坛以“和合共生·迈向数字文明新时代”为主题。来自中国、美国、印度等国家和地区学者130人现场参会，并通过线上方式同步开放。论坛设立“数字时代的文字、文献与文明”“数字时代的文明交流互鉴”“数字时代的国际儒学研究”3个主题论坛。刘延东线上参加开幕式并发表主旨演讲。和合文明论坛于2020年首次举办，前两届论坛主题分别为“中日文化交流、文明互鉴”和“增强亚洲文明互鉴、促进亚洲共同发展”。

（徐思羽）

金砖国家青年能源峰会

9月18日，金砖国家青年能源峰会暨国际能源青年大会举办。会议是2022全球能源转型高层论坛分论坛之一，围绕“青年团结创新，拥抱能源绿色未来”主题，包括开幕式、《金砖国家能源报告2022》内容汇报、能源与气候变化大赛颁奖、未来能源绿色领袖对话、金砖国家青年演讲等环节。会议为能源与气候变化大赛获奖者颁奖，86个团队通过学术赛道、实践赛道和声音赛道获奖，22个单位获“最佳组织奖”，1个单位获“丝路明珠最佳组织特别奖”，全球68所高校1600余名青年参赛。未来能源绿色领袖对话环节，围绕“如何成为未来能源领袖”“传统能源转型升级”“在中资企业求职就业”等话题展开讨论，展现能源青年的关切主张以及中国能源企业开放融合的发展理念。金砖国家青年演讲环节，巴西、俄罗斯、印度、中国和南非的青年团队通过线上线下方式为气候行动发声，表达当代青年对人类共同命运及绿色转型的关注。来自有关国家部委、能源企业、联合国教科文组织相关机构、有关国家驻华大使馆和能源矿产部门20余名嘉宾及各国能源青年等2.65万人线上线下参加会议。会议由国家能源局支持，

7月22日，清华举办气候变化和绿色发展主题论坛 （清华 供）

中国石油大学（北京）与昌平区政府、世界能源大学联盟联合主办。

（朱甜）

首届中国—中东欧国家体育文化交流与智库合作发展论坛

9月23日，北京体育大学举办首届中国—中东欧国家体育文化交流与智库合作发展论坛。论坛以“合作共赢、共谋发展：构建中国—中东欧国家体育教育合作的新格局”为主题，围绕中国与中东欧国家体育教育、体育政策、文化交流等议题展开讨论。2022年是中国与中东欧国家合作机制建立十周年。

（马嘉悦）

16所学校入选中美“千校携手”项目学校

9月，中国教育国际交流协会公布第七批中美“千校携手”项目学校名单，北京16所学校入选。全国179所学校入选。中美“千校携手”项目为第五轮中美人文交流高层磋商成果之一，2014年7月在京启动，项目鼓励中美两国具有一定交流基础的中小学以环境教育为主题，共同参与中美人文交流活动。

（史玉婷）

世界戏剧教育联盟第五届校长大会

10月21日，中央戏剧学院举办世界戏剧教育联盟第五届校长大会。会议采用线上方式举行，中国、德国、美国等戏剧院校校长及代表参加会议。会议听取2020—2022联盟活动报告，决定由戏剧学院院长连任联盟秘书长，同时将联盟秘书长任期由2年延至5年，新任期至2027年10月。联盟决定，未来将进行更广泛的信息共享，不断扩展戏剧教育资源数据库，实现加盟院校深入合作、学界师生携手共赢。世界戏剧教育联盟2015年9月由戏剧学院联合格鲁吉亚国立戏剧电影大学、德国恩斯特·布施表演艺术大学、日本桐朋学园艺术短期大学、韩国中央大学和乌克兰基辅国立戏剧影视大学5所世界知名戏剧院校发起倡议组成，2016年10月18日召开首届校长大会，现有成员院校14所。

10月21日，世界戏剧教育联盟第五届校长大会线上举办

（戏剧学院 供）

（陈凌云）

中荷青少年主题艺术交流活动作品征集

10月至11月，市教委协助市委宣传部征集“花样年华”中荷青少年主题艺术交流活动作品。面向各区小学高年级学生征集艺术作品，作品以中国与荷兰的文化、艺术、城市、景观、友好交往等为主题内容，涵盖剪纸、版画、水墨、油画多种艺术形式。征集到朝阳、丰台、顺义、东城、延庆5个区16所学校50幅电子版作品和100余幅实物作品，其中7幅作品经中荷艺术家评选获奖。2022年是中国与荷兰建交50周年，市委宣传部在荷兰举办“魅力北京”文化外宣活动，“花样年华”中荷青少年主题艺术交流活动是系列活动之一，助推两国民众尤其青少年间文化交流与深入了解。

（史玉婷）

北中医牵头成立上海合作组织医学大学联盟

11月10日，北京中医药大学牵头成立上海合作组织医学大学联盟。联盟核心任务是推动成员国高校在人才培养、科学研究、临床服务等领域交流合作，提高成员国高校医学人才培养质量，提升医学科学研究水平，提高临床医疗服务能力，标志上海合作组织各成员国在医学教育领域建立高水平合作平台。首批联盟成员包括北京协和医学院、北京大学医学部、俄罗斯圣彼得堡州儿科大学等上海合作组织成员国20余所高校。首批联盟院校负责人线上线下参会并致辞。教育部相关负责人参加会议。

（沈琦）

北京—科隆职业教育国际研讨会

12月7日，市教委召开“中德携手谱新篇·产教协同育人才”北京—科隆职业教育国际研讨会。会议设嘉宾致辞、主题报告、互动讨论3个环节，中外20余个单位线上线下参会，研讨中德职业教育现状、职业教育专业建设与专业改革、职业教育人才培养、校企合作等话题，为中德职业教育合作提供新思路，共谋产教协同育人新模式。会议召开时值中德建交50周年、北京和科隆缔结友好城市关系35周年，由北京工业职业技术学院承办。

（胡军伟　陈晓翔）

首届中俄同类大学联盟校长论坛

12月8日，首届中俄同类大学联盟校长论坛线上举办。各联盟成员就中俄高校教育合作、学术交流和学生国际交流等议题开展探讨。各联盟校长签署谅解备忘录，并举行中俄体育类大学联盟成立仪式。论坛由教育部国际合作与交流司、俄罗斯科学和高等教育部国际合作司主办，对外经济贸易大学与莫斯科大学、俄罗斯圣彼得堡国立经济大学、教育部中外人文交流中心联合承办。中俄同类大学联盟由13个以学科或地域分类的大学联盟组成，700余所院校参与，是目前世界最大的高等教育交流合作网络。

（苏隆中）

学生作品入选新西兰惠灵顿市友城青少年艺术展

12月，新西兰惠灵顿市友城青少年艺术展在新西兰惠灵顿市举办，北京学生2幅作品入选纪念邮册、30余幅作品展出、多幅作品获奖。市教委面向全市13～17岁中学生征集艺术作品，征集到17所学校85幅电子作品以及21所学校和机构40余幅实物作品。2022年是中国与新西兰建交50周年，北京市与惠灵顿市于2006年5月缔结友城关系，多年来围绕教育、文化等领域开展丰富务实合作。

（史玉婷）

一带一路

首届“一带一路”与欧亚发展论坛

1月25日，中国人民大学举行欧亚研究院成立仪式暨首届“一带一路”与欧亚发展论坛。论坛听取中国社会科学院、中国国际文化交流中心、北京大学、清华大学、国际关系学院等机构6名学界代表发表演讲，与会代表围绕“一带一路”建设和加强亚欧之间交流合作、地区共同富裕、欧亚地区治理、“一带一路”和欧亚地区战略关系、上海合作组织在欧亚地区治理中的重要地位等方面展开研讨，对共建“一带一路”高质量发展提出建议。人民大学课题组发布《欧亚地区发展报告》，聚焦百年变局下欧亚大陆与区域国别研究，得出两个结论：2022年影响全球发展重大风险之一是欧亚地区的地缘政治形势；随着新一代高铁、新能源、5G通信、特高压输变电等关键技术成熟，出现“新欧亚大陆时代”，旧欧亚大陆概念中的大博弈也被新博弈所替代。

（楚艳红）

第二届“丝路工匠”国际技能大赛

5月30日至6月28日，市教委与俄罗斯、白俄罗斯、哈萨克斯坦三国教育部的职业教育机构联合举办第二届“丝路工匠”国际技能大赛。比赛设置西餐西式面点、国际轨道列车驾驶技术、国际礼物文创设计等9个赛项，分国外赛区比赛（5月30日至6月1日）和国内赛区比赛（6月23日至28日）2个阶段，以线上线下相结合方式举行。21个“一带一路”沿线国家84所院校818名选手（包括22所国外院校158名选手）参赛。比赛特别邀请河北省、天津市的5所学校参加，参赛国家、院校、人数、赛项数量均超过首届。

（武晔）

“丝路一家亲”番茄种植技术培训

6月30日，北京农业职业学院与北京农学会、毛里求斯福尔肯公民联盟共同举办“丝路一家亲”番茄种植技术

12月，北京学生作品入选新西兰惠灵顿市友城青少年艺术展纪念邮册（国际教育交流中心 供）

培训。北京农职院教授从番茄品种类型、生物学特性、栽培季节与茬次、番茄育苗、露地番茄生产技术和连栋温室番茄长季节生产技术6个方面详细讲解番茄生产各环节注意事项。毛里求斯福尔肯公民联盟20余名番茄种植户参加线上培训。

（孙田田）

二外教授担任“丝绸之路”国际旅游和文化遗产大学副校长

9月5日，北京第二外国语学院教授邹统钎被任命为“丝绸之路”国际旅游与文化遗产大学（以下简称“丝路大学”）副校长，任期3年。乌兹别克斯坦共和国副总理、旅游与文化遗产部部长兼“丝路大学”校长签署任命书。这是中国高校学者首次担任境外大学校级职务。“丝路大学”位于乌兹别克斯坦撒马尔罕，是“一带一路”中乌国家合作项目，由二外全程参与共建，本科、硕士与博士齐全，2018年开始招生。邹统钎于2019年7月受聘“丝路大学”校长特别顾问，直接参与创建工作并推动中乌合作交流，2020年10月获乌兹别克斯坦共和国“旅游奉献者”徽章奖。

（王薇）

“一带一路”建筑类大学国际联盟成立五周年

11月11日，北京建筑大学举行“一带一路”建筑类大学国际联盟成立五周年纪念大会暨建筑类高等教育论坛。论坛以线上形式举办，以“筑撷硕果·筑联五年·筑启未来”为主题，探讨全球疫情常态化背景下如何应对世界形势变化带来的新机遇与新挑战。会上，为2022“一带一路”国际大学生数字建筑设计竞赛获奖者颁奖。建筑类高等教育论坛上，来自武汉大学、印度尼西亚泗水理工学院、意大利米兰理工大学、英国东伦敦大学等国内外高校6名专家作主旨报告，围绕联盟在促进建筑类教育发展中的作用、全球疫情下建筑类高等教育新趋势、建筑类大学治理体系建设经验、建筑类高校服务“一带一路”建设的实践探索等话题交流研讨。来自英国、法国、波兰等14个国家40余所高校与机构200余名代表参加活动。联盟2017年10月10日由北建大发起成立，至今有28个国家74所院校加盟成为会员。

（何其锋）

“一带一路”中欧科技发展国际学术论坛

11月28日，北京工商大学举办“一带一路”中欧科技发展国际学术论坛暨第二届国际食品营养健康与风味创新论坛。论坛以“慧聚现代食品营养谷，共话人民生命健康”为主题，设置食品营养与健康分论坛、食品风味与感官分论坛、研究生分论坛，围绕食品营养健康和风味领域最新研究成果开展交流和探讨，分享41个学术报告。论坛通过食品伙伴网线上平台全程直播，来自国内外政府部门、高校、科研院所及企业60名专家学者线上参加论坛，超过2.8万人次观看直播。

（杨蓉　张凯伟）

“一带一路”中巴科技与经济合作论坛

12月14日，北京工商大学联合经济合作组织科学基金会、巴基斯坦科技与经济研究中心等单位举办第七届“一带一路”中巴科技与经济合作论坛。论坛围绕“中巴工程组织交流合作”主题，听取中巴工程师互认、教育与培训等方面主旨发言，为中巴工程师在教育、培训和互认等领域深入合作建言献策。联合国教科文组织驻华代表处、巴基斯坦经济合作组织科学基金会、巴基斯坦科技部国际合作司和科技信息中心，以及中国科协国际合作部、北京市科协负责人参加论坛。论坛发布北工商与国家纳米科学中心及巴基斯坦科技信息中心共同出版的新书《In Quest of Knowledge》，记录20名巴基斯坦留学生在中国学习、工作的故事，表达他们对中国教育的感恩之心。“一带一路”青年论坛环节，10名国内外学生就“一带一路”国际合作主题展示研究成果。专家委员会对论文点评打分，最终评选出一等奖1个、二等奖2个、三等奖7个。

（杨蓉　张凯伟）

中国—阿根廷矿产资源有效开发联合研究中心成立

12月15日，中国矿业大学（北京）线上举行中国—阿根廷矿产资源有效开发联合研究中心成立仪式。该中心由中国矿大煤炭资源与安全开采国家重点实验室、阿根廷萨尔塔天主教大学和欣旺达电子股份有限公司三方共建，围绕矿产资源地质勘探、资源开发、安全开采等矿产资源制备先进材料等领域，依托学校资源与勘察领域技术发展、新能源、新材料等专业优势，以及学校氢能与燃料电池、锂离子固态电池等领域研究团队，共同开展资源联合、人才联合、科研论文发表等合作。中心是学校响应“一带一路”倡议，与“一带一路”沿线国家高校交流合作重要实践。

（杨颖璐）

外国学生教育与管理

概况

2022年，在北京高校和科研机构学习的国际学生4.37万人次（含学历教育学生3.12万人次、非学历教育学生1.25万人次），来自186个国家和地区。推进《北京市幼儿园、中小学招收和培养国际学生管理办法》《北京市来华留学生高等教育质量发展指标体系》落地实施，完善来华留学管理服务。拓展国际学生国情教育平台，组织北京高校参加第二届“爱上北京的100个理由”短视频征集大赛和“我眼中的中国十年”主题宣传策划，引导国际学生讲述“留学北京”故事。精准实施北京市外国留学生奖学金和“一带一路”奖学金，资助4000余名国际学生在北京高校学习。按照一体化推进原则，统筹做好国际学生新冠肺炎疫情防控工作，坚持线上线下两套教学机制并行，保障学生学业进展。

（刘亮）

国际学生首次勤工助学活动

9月，北京市国际学生首次开展勤工助学活动。北方工业大学4名国际学生通过勤工助学方式在2022年中国国际服务贸易交易会教育服务专题展提供语言和会场服务，这是国际服贸会首次引入国际学生参与服务保障工作，也是北京市国际学生勤工助学首个落地实践案例。

（刘亮）

公办高校自费来华留学生收费管理规范

12月5日，市教委、市发展改革委、市财政局联合印发《关于公办高校自费来华留学生收费管理有关工作的通知》。通知指出，北京地区公办高校自费来华留学生学费、住宿费、报名费收费标准由学校根据北京市经济发展水平和培养成本等因素合理确定，避免恶性竞争；收费收入全额上缴财政，实行收支两条线管理；收费应向社会公示，接受市场监管、审计等部门和社会监督。通知自发文之日起执行。

（胡雨　刘亮）

国际中文教育

首届南部非洲国家孔子学院院长联席会议

4月29日，中国人民大学召开首届南部非洲国家孔子学院院长联席会议。会议与津巴布韦大学孔子学院共同主办，听取“汉语教材本土化及去掉异化：以津巴布韦情况为例”等主题发言，围绕后疫情时代南部非洲国家孔子学院发展面临挑战和应对机制、如何在新机制下推动南部非洲国家孔子学院信息资源共享和协调发展、筹建南部非洲国家中文教学研究中心即南部非洲国家中文联盟必要性和可行性等开展交流。南部非洲12个国家18所孔子学院近50名中外代表参加会议。

（王颖）

首个面向全球中文学习者的智慧教学平台发布

6月18日，北京语言大学发布中国首个面向全球中文学习者的智慧教学平台——国际中文智慧教学平台1.0版。平台可构建学习者画像，智能定制个性化学习方案和教学资源，为教师开展教学活动提供智能化支撑，科学有效评价学习效果。平台针对汉语国际教育特点开发一系列智慧化功能，如大规模优质资源积累与分享、实时评测、自动诊断、智能反馈、多模态练习、自动出题、学情全程记录、生成统计报告，实现对教育教学多维度资源支撑和技术赋能。校内来自60余个国家近600名国际学生利用智慧教育平台学习。平台有助于推动国际中文教育数字化转型，向世界分享中国教育数字化经验。

（费凡）

国际中文教育领域首个教师教育学院揭牌

7月2日，北京语言大学教师教育学院揭牌。这是国际中文教育领域首个教师教育学院，在学校汉语教育学院基础上组建，于2020年12月成立，为学校二级学院，是独立设置实体教学科研机构，以国际中文教育为核心，以中国语言文学一级学科为依托，以教育学、心理学等学科为支撑，打造中文教育学特色学科。学院拥有“中文国际传播”中国语言文学拔尖学生培养基地和汉语国际教育专业虚拟教研室2个国家级人才培养平台，有中外本硕博学生529人，教职工25人，聘任语言科学院和国际中文教育研究院17名教授为双聘教授，形成以国际中文教育为核心、中国语言文学与教育学学科会通的教学特色。

（费凡）

7月2日，北语教师教育学院揭牌

（北语　供）

世界汉学家理事会成立

7月20日，北京语言大学成立世界汉学家理事会。理事会旨在发挥汉学家沟通中西交流的桥梁纽带作用，讲好中国故事，传播好中国声音。北语校长任理事长，成员覆盖61个国家105名专家，涵盖“一带一路”沿线阿拉伯语、西班牙语、波斯语等十大语言文化区域。来自60余个国家100余名汉学家及国内学者参会。会议同期举办“世界文明与中国道路”全球论坛，非洲、亚洲、欧洲、拉丁美洲以及北美洲和大洋洲5个区域分论坛在7月20日至9月9日期间依次举行，来自50余个国家的专家与外交使节围绕汉学历史与发展、中国经验与全球治理、中华文化海外传播等议题展开交流，以学术对话形式推进全球汉学融通互鉴话语体系和美美与共的跨文明交流机制建立。

（费凡）

首届中海语言文化论坛

12月10日，北京语言大学与教育部中外语言交流合作中心联合举办首届中海语言文化论坛。论坛是2022年国际中文教育大会平行论坛之一，下设“语言搭建中海沟通桥梁”“文化增进中海民心相通”“促进中海文明交流互鉴”3个平行论坛，探讨新时期中国与海湾阿拉伯国家语言文化合作交流新趋势、新路径、新模态，搭建中国与海湾阿拉伯国家合作委员会成员国高层、政府、高校及学术界交流新平台，加强语言互学、文化交流与文明互鉴。教育部相关领导、海外国家大使、专家学者和中外师生300余人参加论坛。

（费凡）

国际中文教师志愿者选派

至年底，市教委指导北京市国际教育交流中心组织实施2022年度国际中文教师志愿者选派工作。向教育部中外语言交流合作中心报送国家公派教师和志愿者96人。

（蒋小婷）

京港澳台侨交流与合作

概况

2022年，在北京市高校和中小学就读的港澳台学生10995人，其中高校5040人（包括香港学生2171人、澳门学生1131人、台湾学生1738人），中小学5955人（包括香港学生5190人、澳门学生71人、台湾学生694人）。北京11所市属高校68名学生获得教育部全国学生资助管理中心2022年度港澳及华侨学生奖学金41个（含1个本科特等奖学金）、台湾学生奖学金27个（含1个本科特等奖学金、1个硕士特等奖学金）。2022年，市教委持续推动京港澳教育合作交流，组织开展“十三五”时期京港、京澳姊妹学校项目实施情况调研，督促京港澳三地姊妹校继续加强合作交流；借助京港大学联盟整合成员高校优质资源，举办系列活动；遴选中小学教师赴港澳开展交流协作，进一步推动北京与港澳教师教研水平共同提升；继续发挥京港、京澳青少年交流专项机制作用，持续开展京港澳青少年交流。

（蒋小婷　史玉婷）

“十三五”期间京港澳姊妹学校项目实施效果调研

1月至5月，北京市港澳台教育交流中心承担教育部“十三五”期间内地与港澳姊妹学校项目实施效果调研。组织北京市342对京港、京澳姊妹学校完善项目信息、提交调研资料、填写调查问卷，完成学校数据审核、汇总，上传总结报告。教育部根据填报信息开展分析，调研结果作为品牌项目推广的素材来源。

（史玉婷）

京港大学联盟2022年理事会

6月30日，京港大学联盟2022年理事会线上举办。香港科技大学代表第一届联盟联席理事长单位作工作总结报告，中国人民大学与香港城市大学代表联盟第二届联席理事长单位作工作计划报告。会议围绕“迎庆香港回归25周年之际，如何发挥各校自身优势，加强京港高校合作”开展交流讨论。会议由人民大学主办，联盟支持单位及20所成员高校60余名代表参加会议。京港大学联盟于2018年4月13日在香港科技大学成立，是京港两地大学自愿组成的非营利性大学合作联盟，由北京大学、清华大学等12所北京高校和香港大学、香港科技

7月20日，世界汉学家理事会成立

（北语　供）

大学等 8 所香港公立高校组成。自 4 月起，人民大学和香港城市大学共同担任联盟第二届联席理事长单位，任期各 1 年。

（王颖）

两岸高等教育（北京）高峰论坛

8 月 31 日，两岸青年峰会系列活动之“2022·两岸高等教育（北京）高峰论坛”在北京理工大学举办。论坛以“两岸携手、共谱英才”为主题，采取线上和线下相结合方式召开，包括开幕式、主论坛和 6 个平行论坛。北理工校长、大连理工大学校长、北京交通大学副校长、北京工业职业技术学院院长等结合各校人才培养实践、科学研究与学科建设等两岸高等教育领域热点问题作报告。论坛还举办 2022 年“芯创未来”海峡两岸大学生集成电路与电子设计邀请赛颁奖仪式。国台办交流局、教育部港澳台办、工信部港澳台办、市台办、市教委等单位领导以及来自海峡两岸 40 余所高校 120 余名校长、专家和学者参加论坛。平行论坛期间，来自两岸高校 53 名专家学者围绕能源转型与低碳发展、科技创新与数字经济、产学合作与协同育人、创新驱动与实践育人、专业转型与职教育人等领域深入研讨。

（蒋小婷）

京台基础教育校长峰会

9 月 24 日，2022·京台基础教育校长峰会开幕式及主论坛在北京市十一学校举办。会议在北京、高雄设置会场，以“创新育人模式 建设面向未来的基础教育”为主题，围绕两岸基础教育热点问题和先进理念，通过线上线下相结合方式，开展多种形式交流研讨。会议由市台办、市教委指导，海淀区教育学会主办，来自京台两地 120 余名校长、教师参加。开幕式后，京台中小学校开展“视频连线”“同课异构”等多种形式活动，深化校际交流合作，促进两岸基础教育融合发展。

（蒋小婷）

8 月 31 日，两岸高等教育（北京）高峰论坛举办

（北理工　供）

首期香港特别行政区政府高级公务员公共管理硕士班开学

9 月 28 日，北京大学举办首期香港特别行政区政府高级公务员公共管理硕士班开学典礼。典礼在北京、香港分别设立会场，以网络视频会议方式同步进行。硕士班学制 2 年，在国务院港澳事务办公室指导下，由香港特别行政区政府公务员事务局委托北大举办，专门为香港特别行政区政府高级公务员开设，旨在增强学员国家意识和战略眼光，提升公共管理理论水平，增强对“一国两制”方针及宪法和基本法确立的特区宪制秩序的理解。

（曹冠英）

港澳台侨新生“开学第一课”

10 月 10 日，北京市高等教育学会举办 2022 年北京市港澳台侨新生“开学第一课”活动。活动由港澳台侨学生教育管理研究分会主办，采取线上直播形式，听取中国人民大学专家以《中国式现代化与中华民族伟大复兴》为题作“开学第一课”讲座。来自 42 所在京高校港澳台侨学生线上参加学习。

（刘晖）

澳门青年女性国际事务培训

12 月 11 日至 18 日，外交学院受澳门妇联青年协会委托举办“2022 青年女性国际事务培训计划”进阶培训。培训开设 6 场专题讲座，累计 21 小时，涉及习近平外交思想、国际传播、联合国与多边外交、人权保护等内容。培训采用网络直播方式，学员集中在澳门当地会场参训，教师通过线上平台远程授课。来自澳门各界 21 名青年女性参加学习。

（袁媛）

海峡两岸无线科学与技术会议

12 月 17 日，北京邮电大学召开 2022 海峡两岸无线科学与技术会议。会议与清华大学、中国科学院空天信息创新研究院、中国科学院国家空间科学中心等单位共同主办，设 28 个专题会场，100 名专家就新时代高速率大容量通信、高分辨成像、生物医学等领域最新发展开展交流。会议收到论文 300 余篇。该会议始于 1998 年，轮流在中国大陆、台湾和香港及澳门举办。作为年度会议，为促进无线电技术发展赋能前沿科技、服务国民经济主战场和国家重大需求、保障人民生命健康等领域提供学术交流平台。

（刘家杰）

京港澳姊妹学校交流平台建设

至年底，市教委继续搭建北京与港澳姊妹学校交流平台。指导各区教委推进姊妹校相关工作，为京港澳学校建立后疫情时期的长期校际合作机制搭建平台。全年推动2对京港学校签订姊妹校协议、开展线上交流活动，协助3对京港学校搭建友好交流渠道、1对京港姊妹校重新建立有效联系。有关工作由北京市港澳台教育交流中心承办。

（史玉婷）

支援合作

概况

2022年，市委教育工委、市教委主动与教育支援合作地区沟通，推进教育支援合作布局优化和高质量发展。拓展深化一批以名校（园）长工作室、首都教育远程互助工程、“培训+跟岗”为代表的线上线下相结合优质项目。教育支援合作形式更加灵活、内涵更加丰富，确保在受新冠肺炎疫情影响、人员流动严重受限情况下项目有效实施。贯彻落实北京市农村集体经济薄弱村增收工作动员部署会精神，26所市属高校与34个集体经济薄弱村结对帮扶。持续开展消费帮扶工作，采购脱贫地区帮扶农副产品价值3551余万元。分层分类分批实施北京教育系统支援合作干部能力提升项目。加强教育支援合作数据信息管理，市教委组织建设的北京市教育支援合作工作平台和数据统计分析系统完成设计开发与网络部署。

（吴雅星　李鹏）

国家乡村振兴重点帮扶县“组团式”帮扶教育人才选派

4月至6月，市教委完成国家乡村振兴重点帮扶县“组团式”帮扶教育人才选派。面向内蒙古自治区和青海省11个县（州）20所学校（普通高中11所、职业高中9所）选派“组团式”教育人才帮扶团队79人，其中校长20人（普通高中11人、职业高中9人）、中层干部及专任教师59人。

（李鹏）

1月7日，健翔学校与香港姊妹校匡智元朗晨曦学校举办线上学生教育交流活动（健翔学校　供）

首师大教育援疆十周年系列活动

5月至9月，首都师范大学举办教育援疆十周年系列活动。在学校举办“京疆学院十周年”展览并召开教育援疆服务乡村振兴专题座谈会，全方位展示京疆学院成立十年来教育援疆工作经验、特色及成绩；在《首都师范大学学报（社会科学版）》开设教育援疆和乡村振兴专栏；在中国教育电视台（CETV1）播出专题纪录片《京疆学院这十年》，全面展示学校为新疆培养高质量、专业化师资，服务教育扶贫与乡村振兴的全过程。京疆学院2012年成立，专职开展教育援疆工作。10年来，培养中小学、幼儿园骨干教师和管理干部3000余人。2021年，京疆学院获“全国脱贫攻坚先进集体”称号。

（贺捷　程诗惠）

和田对口高中班办学任务完成

6月，北京2022年高考后，北京市新疆和田对口高中班办学任务结束。北京市于2011年开始举办和田对口高中班，由北京市顺义区杨镇第一中学、北京市密云区第二中学承办。因和田地区教育事业长足进步等原因，两校和田对口高中班2020年起停止招生，9年培养和田学生近900人。

（贺捷）

北京教育支援合作培训者能力提升项目

7月7日和14日，市教委实施2022年北京教育支援合作培训者能力提升项目。来自北京教育学院、中央民族大学的专家分别讲授“做新时代专业的培训者”“如何在对口支援工作中铸牢中华民族共同体意识”课程；参训单位代表就“培训课程如何量体裁衣”“送教讲学项目优化设计”等内容分享经验；参训人员围绕“如何为受援地打造本土化、特色化、专业化的培训”“如何构建线上线下一体化援助机制”等主题交流研讨，并参观北京国际汉语研修学院中华汉字文化体验园。北京师范大学、首都师范大学等7家承办支援合作项目的单位代表20人参加培训。

（贺捷）

北外成立天山研究院

7月9日，北京外国语大学与新疆维吾尔自治区克拉玛依市委宣传部、中国石油大学（北京）联合建设天山研究院框架协议签署暨天山研究院揭牌仪式举行。研究院设在克拉玛依，是集学术研究、决策咨询、国际传播、人才培养为一体的新型综合智库，是高层次、跨学科研究平台，以“中央关切、新疆所需、全球影响、高校所长”为目标，聚合高校优质学科力量、高水平科研团队和国际传播平台，通过发挥交叉学科和协同创新优势，重点围绕文化润疆及新疆社会经济发展重大理论与实践问题展开综合性、前瞻性、战略性研究，为“治边稳疆”和“建设美丽新疆”提供决策建议，在与“一带一路”沿线国家开展深入交流与合作方面发挥作用。

（崔文馨）

11个单位获批北京援疆民族团结进步实践中心

7月17日，北京10所新疆内地民族班办班学校及首都师范大学京疆学院获批北京援疆民族团结进步实践中心。实践中心由北京市援疆和田指挥部认定，职责是发挥资源优势、健全工作机制、完善规章制度，创新开展民族团结进步宣传、教育、实践活动等。

（贺捷）

北京援疆民族团结进步实践中心
（北京教育系统）

北京市和平街第一中学	北京市通州区潞河中学
中国农业大学附属中学	北京市顺义区杨镇第一中学
北京市第十中学	北京市昌平区第二中学
北京市第九中学	首都师范大学附属红螺寺中学
北京市大峪中学	首都师范大学京疆学院
北京师范大学良乡附属中学	

（贺捷）

北京援疆教育人才能力提升项目

8月16日至17日，市教委、新疆和田指挥部联合举办2022年援疆教育人才能力提升项目。2名北京市第十批援疆干部、2名援疆校长分专题授课。来自北京部分高校、职业院校、中小学和幼儿园干部教师近180人参加培训。

（李鹏）

3个项目入选教育部第五届省属高校精准帮扶典型项目

9月26日，教育部公布第五届省属高校精准帮扶典型项目，北京市属高校3个项目入选。分别为首都师范大学“打造‘沉浸式云跟岗’模式 实现精准低耗高效教育帮扶”、北京农学院“科技特派员驻点 数字平台发力 提升精准帮扶成效”和北京建筑大学“践行‘设计下乡’助力乡村振兴”。活动旨在推动教育脱贫攻坚成果同乡村振兴有效衔接，统筹推动乡村教育振兴和教育振兴乡村，31个省级教育行政部门和10所部省合建高校推荐154个项目，经32个省级教育行政部门和75所教育部直属高校投票，推选出40所高校40个典型项目。

（吴雅星）

北京拉萨青少年云合唱系列活动

9月，西藏拉萨指挥部、市教委主办的“童心向党 歌唱祖国”北京拉萨青少年云合唱系列活动启动。首发歌曲《坚信爱会赢》，由北京学校、拉萨北京实验中学、拉萨市

8月16日，市教委举办第十批援疆教育人才行前培训
（市教委相关处室　供）

9月20日，教育学院与内蒙古兴安盟教育局共同举办兴安盟名校长工作室项目线上开班仪式 （市教委相关处室 供）

北京中学、拉萨市实验小学 40 名各族学生在线上共同演唱。至年底，两地中小学生云合唱歌曲 3 首。

（贺捷）

第二届京豫小学校长办学实践研讨会

12 月 24 日，北京教育党校、北京教育学院线上举办第二届京豫小学校长办学实践研讨会。会议以“学校高质量发展：京豫校长书记同向同行”为主题，邀请北京小学校长、清华大学附属小学校长、北京市朝阳区垂杨柳中心小学党总支书记、河南省郑州师范学院附属小学校长、河南省许昌实验小学党委书记在主论坛进行专题发言，北京教育学院附属丰台学校校长、河南省安阳市殷都区水冶镇第一初级中学校长等京豫两地学校书记、校长 16 人分别在两个分论坛进行专题发言，围绕“学校高质量发展”畅谈个人思考与学校经验。京豫两地 300 名小学校长、书记参加研讨会。

（庄莎莎）

北京空中课堂网络教育资源向藏蒙地区开放

至年底，北京空中课堂网络教育资源向西藏拉萨市、内蒙古乌兰察布市开放。市教委向两地相关区县免费援助北京空中课堂账号 11.1 万个，为当地中小学师生提供优质网络教育资源，助力当地线上教学质量提升。

（贺捷）

送教讲学项目持续实施

至年底，北京教育科学研究院、北京教育学院面向支援合作地区持续实施送教讲学项目。项目采取线上线下相结合方式，全年实地送教 3 次，选派专家 13 人，在受援地培训教师 1250 余人次；线上送教 4 次，选派专家 120 余人，培训受援地教师 5890 余人次。北京教科院在线上送教过程中首次运用“5G+ 互动教研与情境性”跨区域实验项目最新成果，高清的授课画面、清晰的授课音质为参训教师提供更好的参训体验。

（贺捷）

北京丰职助力国家乡村振兴重点帮扶县职业教育发展

至年底，北京市丰台区职业教育中心学校助力国家乡村振兴重点帮扶县职业教育发展。学校作为中组部、教育部遴选的国家乡村振兴重点帮扶县教育人才“组团式”帮扶工作牵头校，面向内蒙古库伦旗、鄂伦春自治旗、科尔沁右翼前旗、科尔沁右翼中旗、扎赉特旗的职业教育发展需求，组建专家顾问委员会，创建“4＋5＋N”帮扶模式（“4”指北京丰职、北京市密云区职业学校、北京市外事学校、北京市信息管理学校 4 所北京职业学校，“5”指库伦旗民族职业中等专业学校、鄂伦春自治旗民族职业高级中学、科尔沁右翼前旗民族中等职业学校、科尔沁右翼中旗中等职业学校、扎赉特旗中等职业学校 5 所内蒙古职业学校，“N”指若干校企合作企业、行业协会、科研院所等单位），建立政策引领、学术引领、实战引领“三维”联动工作机制，制订三年帮扶项目计划。全年召开 5 场办学质量调研会，组织 5 个旗的职业学校干部教师线上参加教师素养提升工程、校企合作等系列活动，受益干部教师 680 余人次、家长及学生 300 余人次。

（贺捷）

（本栏责任编校　胡雨）

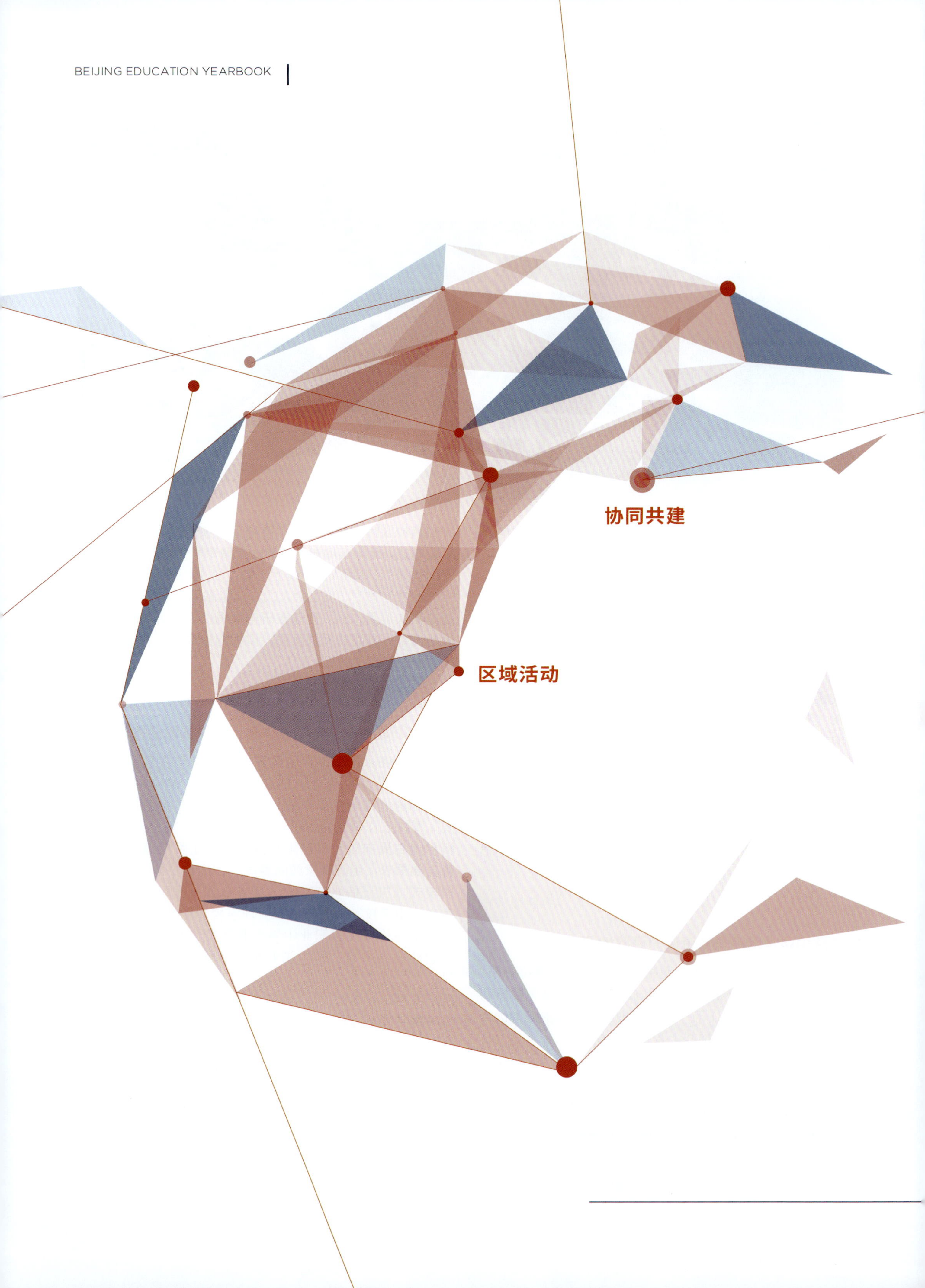
协同共建
区域活动

京津冀教育协同发展

BEIJING-TIANJIN-HEBEI EDUCATION COORDINATED DEVELOPMENT

- 京津冀教育协同发展持续推进
- 援助雄安新区廊坊北三县办学项目管理办法印发
- 京津冀就业市场服务体系协同发展

京津冀教育协同发展

BEIJING-TIANJIN-HEBEI EDUCATION COORDINATED DEVELOPMENT

综述

京津冀教育协同发展持续推进

2022 年，市委教育工委、市教委持续推进京津冀教育协同发展。印发《2022 年北京市京津冀教育协同发展工作要点》，明确首都教育疏解和京津冀教育协同工作重点任务、职责分工、保障措施，促进区域基础教育优质发展、职业教育融合发展、高等教育创新发展。推进京雄教育帮扶合作，召开北京市援建雄安新区交钥匙项目 3 所学校委托办学专题会议，启动实施新一轮“援四”办学（即北京市第八十中学、北京市海淀区中关村第三小学、北京市朝阳区实验小学、北京市六一幼儿院组派团队，协助雄安新区再举办 4 所优质学校），继续推进职业教育合作。加强与河北省廊坊市三河、大厂、香河“北三县”教育交流合作，北京实验学校三河分校办学效果初显，北京财贸职业学院与大厂县合作开展跨省市“3+2”联合培养试点。

（徐焕喆 吴雅星 李鹏）

援助雄安新区廊坊北三县办学项目管理办法印发

11 月 21 日，市教委、市财政局联合印发《北京市援助雄安新区廊坊北三县办学项目管理办法》。文件明确和规范援助雄安新区以及河北省廊坊市三河、大厂、香河“北三县”的市级统筹跨区域援助办学项目内容、经费管理、职责分工、绩效管理与监督检查等，有效期至 2025 年底。

（李鹏）

京津冀就业市场服务体系协同发展

至年底，北京市高校就业创业指导中心推进京津冀就业市场服务体系协同发展。举办 24 场不同行业和主题的毕业生线上线下双选会，京津冀地区 2125 家 / 次用人单位参会，提供就业岗位 119925 个 / 次，岗位覆盖信息传输、医药、体育、交通运输、文化、金融、教育、建筑、房地产等行业，吸引三地近万名毕业生参会。

（简莹钰）

京冀职业院校跨省“3+2”联合培养

至年底，市教委与河北省教育厅开展京冀职业院校跨省“3+2”联合培养。大厂县职业技术教育中心、张家口市职业技术教育中心、雄县职业技术教育中心分别对接北京财贸职业学院、北京汇佳职业学院、北京工业职业技术学院开展京冀跨省“3+2”招生培养，中职阶段（3 年）在河北省试点学校培养，高职阶段（2 年）在北京市试点学校培养，共同完成京冀高素质人才培养。

（余俊）

协同共建

北化固安低碳技术及人工智能产学研基地启动

6 月 25 日，北京化工大学固安低碳技术及人工智能

6 月 25 日，北化固安低碳技术及人工智能产学研基地启动

（北化 供）

产学研基地启动。基地位于河北省廊坊市固安县大清河园区，使用面积 2.45 万平方米，由 15 栋独立中试车间组成，用于新材料、人工智能、节能环保等项目的中试孵化和产业化。

（肖勇）

京津共建天津能源化工防爆安全院士专家协同创新中心

7 月 8 日，北京化工大学与中海油天津化工研究设计院有限公司共建的天津市能源化工防爆安全院士专家协同创新中心揭牌成立。该中心是企业、科研机构与国内外院士等顶尖人才开展项目合作、共同推动国家重点产业或科技领域创新发展的产学研协作平台，围绕保障能源化工行业安全生产、推进防爆产业链和安全工程技术创新发展开展产学研用协同创新和技术服务工作，推动京津冀能源化工领域实现绿色、安全高质量发展。

（肖勇）

北科大雄安校区总体规划方案确定

9 月 15 日，北京科技大学雄安校区总体规划方案确定。方案征集工作历时 5 个月，7 个国内外一流建筑设计团队提交方案成果。经过专家评审、打磨优化、公开展示、师生投票、党委常委会审议，确定清华大学建筑设计研究院提交设计方案成为最终中选方案。雄安校区位于雄安新区起步区第五组团北部，占地面积 163.33 万平方米。

（于点）

北京交大雄安校区总体规划方案确定

10 月 4 日，北京交通大学公布雄安校区总体规划方案。方案征集工作 4 月启动，经公开报名、资格审查、集中设计、评审委员会评选、师生投票、修改完善等环节，并经学校新校区建设工作领导小组、校园规划建设领导小组审议，学校党委常委会决定，确定最终方案。雄安校区位于河北省雄安新区启动区和起步区第五组团北部，占地面积 173.33 万平方米，建设用地面积 113.33 万平方米，规划地上建筑面积约 141 万平方米。

（万宇泽　皇甫天行）

地大推进雄安校区规划建设

至年底，中国地质大学（北京）推进雄安校区规划建设。先后成立雄安校区建设领导小组、雄安校区建设办公室和雄安校区建设指挥部，有序推进各项工作。校领导先后带队赴中国人民大学、北京航空航天大学、北京化工大学等高校调研新校区规划建设经验。开展雄安校区总体规划方案征集，经 2 轮评审、展览及师生投票，确定总体规划方案设计团队，开展深化设计工作。雄安校区位于雄安新区起步区第五组团北部，占地面积 106.67 万平方米，建设用地面积 80 万平方米。

（陈刚）

北林大推进雄安校区规划建设

至年底，北京林业大学推进雄安校区规划建设。组建雄安校区规划建设指挥部，成立监督领导小组，保障雄安校区建设成为“阳光工程”。开展雄安校区总体规划方案编制，谋划学校发展总体目标和两校区办学定位，启动校区功能布局和科研平台规划等研究论证。开展实施首批雄安科技专项，围绕雄安产业发展、绿色智能城市建设、白洋淀生态保护等重点领域开展联合科技攻关。

（任照祝）

4 月 26 日，北林大驻雄安新区联络办公室挂牌成立
（北林大　供）

区域活动

第四届京津冀小学校长论坛

5 月 26 日，第四届京津冀小学校长论坛线上举办。300 余名京津冀小学校长围绕“‘双减’政策背景下的学校减负提质”话题交流研讨。论坛由北京教育学院与河北省中小学教师继续教育中心联合主办，致力于提升一线校长的政策转化能力、学校治理能力和课程领导力。

（庄莎莎）

第二届“京雄”职业院校学生技能大赛

6 月 13 日，2022 年第二届“京雄”职业院校学生技能大赛以线上线下相结合方式举行。比赛以“技能成才·强国有我·京冀携手·筑梦职教”为主题，在北京市丰台区职业教育中心学校设置主赛场，北京金隅科技学校、河北省容城县职业技术教育中心、河北省雄县职业技术教育中心和河北省安新县职业技术教育中心 4 个分赛场进行赛事直播。比赛设置计算机平面设计、中职生礼仪、直播电商 3 个赛项，计算机平面设计和中职生礼仪 2 个赛项采用作品征集和线上评审形式，直播电商赛项在各学校现场比赛。上述 5 所学校 199 名选手参赛，评选出个人和团体奖项一

6月13日，第二届"京雄"职业院校学生技能大赛举办。图为直播电商线上比赛现场（北京丰职　供）

等奖19个、二等奖33个、三等奖49个。比赛由市教委和河北雄安新区管委会指导，丰台区教委和雄安新区管委会公共服务局主办，北京丰职承办。

（余俊）

京津冀新课标培训暨适应型装备展示公益活动

6月29日，北京教育装备协会联合天津市教育装备行业协会和河北省教育装备行业协会举办新课标培训暨适应型装备展示公益活动。活动通过线上方式举办，围绕音体学科、物理学科、小学科学学科举办3期活动，近10万人次在线观看。

（何新潮）

京津冀中小学班主任共同体研讨交流活动

7月8日，北京、天津、河北三地教育行政部门和教育研究部门联合举办京津冀中小学班主任共同体第七届研讨交流活动。活动以线上直播形式开展，三地学校德育管理者代表和班主任代表分别介绍"双减"背景下开展班主任队伍建设和班主任工作变革与创新的典型经验。活动由北京教育科学研究院承办，三地教育行政部门、教育研究部门相关人员，中小学德育干部、班主任3000余人通过直播观看。

（杨丙涛）

第二届京津冀安全生产法治论坛

7月16日，第二届京津冀安全生产法治论坛暨"平安北京的应急安全法治保障及安全生产地方立法"学术研讨会举行。论坛围绕安全与发展、平安北京建设和安全生产地方立法展开讨论，包括主题学术报告、学术研讨、安全生产立法与实务分论坛等环节，33名专家学者和安全生产实务界人士发言，形成理论共识和有针对性的政策建议。230余人线上线下参会。论坛由北京安全生产法治研究会主办，北京化工大学、中国矿业大学（北京）、北京宣言律师事务所和河北农业大学协办，北京汇祥律师事务所承办。

（肖勇）

省际学生体育邀请赛（排球）

8月6日至12日，市教委、市体育局、昌平区政府联合主办2022年省际学生体育邀请赛（排球）。比赛面向中小学生，采取单循环赛制，设男、女乙组和男、女丙组4个组别。经过59场比赛，首都师范大学育新学校、天津市滨海新区塘沽二中心小学、北京师范大学附属实验中学、石家庄市第十五中学分别获得排球比赛男子乙组、男子丙组、女子乙组和女子丙组冠军。来自北京、天津、河北23支球队350余名排球运动员、教练员参赛。比赛是北京冬奥会后举办的第一项省际体育赛事，由昌平区教委和北京市少年宫承办。

（刘梦龙　任兴宝）

第八届京津冀中学生辩论邀请赛

8月23日至26日，第八届京津冀中学生辩论邀请赛线上举办。来自北京、天津、河北6支初中生代表队和18支高中生代表队的190余人围绕"社交媒体让世界变得更好/更糟""新时代青年应投身城市建设/乡村振兴""当代社会更需要'冷头脑'/'热心肠'"等话题展开辩论。经过小组赛、复赛、半决赛、决赛，北京市第十二中学钱学森学校、天津市第四十七中学分获高中组冠、亚军，北京市育英人朝联队、首都师范大学附属中学获高中组季军；河北省沧州市第八中学、河北省雄安新区代表队分获初中组冠、亚军，天津市天津中学、天津市耀华中学获初中组季军。此届比赛首次增设初中组。京津冀中学生辩论

8月6日至12日，2022年省际学生体育邀请赛（排球）举办（昌平区教委　供）

邀请赛2015年首次举办，由市教委、市语委，天津市教委、市语委，河北省教育厅、省语委共同主办，北京语言文化建设促进会承办。

（邓鸿）

京津冀教育联盟名校观摩

10月18日至20日，大兴区教委联合天津市北辰区教育局、河北省廊坊市教育局组织三区市校级干部参与京津冀教育联盟名校观摩活动。线上观摩、考察扬州市机关第三幼儿园、北京十一晋元幼儿园、北京市第一〇一中学、北京市东城区革新里小学、北京市徐悲鸿中学、杭州市崇文实验学校6所京内外名校，旨在助力教育资源共享和学校融合共建，开创三地目标同向、优势互补、合作共赢新格局。900余人参加活动。

（郭小帅）

首届“京雄”职业院校教师教学能力大赛

11月4日至5日，2022首届“京雄”职业院校教师教学能力大赛在北京市丰台区职业教育中心学校举办。比赛以“聚焦课堂革命 培育未来工匠”为主题，分为公共基础课程组和专业（技能）课程组，以北京丰职为主赛场，并设6个分赛场。比赛采取“线下材料评审＋线上现场决赛”方式，北京4所职业学校和雄安3所职业学校参赛。经前期评审，84名教师的21个参赛作品进入决赛，最终评选出公共基础课程组一等奖1项、二等奖2项、三等奖4项，专业（技能）课程组一等奖3项、二等奖4项、三等奖7项。比赛由市教委、河北雄安新区管委会指导，丰台区教委、雄安新区管委会公共服务局主办，北京丰职承办。

（余俊　胡雨）

京津冀公安院校合作第五届学术研讨会

11月16日，北京警察学院与天津公安警官职业学院、河北公安警察职业学院联合主办京津冀公安院校合作第五届学术研讨会。会议通过线上线下相结合方式举行，在天津公安警官职业学院设主会场，北京警院、河北公安警察职业学院设分会场，包括开幕式、主旨报告、大会交流和闭幕式4个部分。研讨会征集论文230篇，82篇论文获奖，其中北京警院教师论文获一等奖1个、二等奖3个。三地公安院校主要领导及实战部门专家学者、获奖作者100余人参加研讨会。

（肖婧怡）

京津冀一体化“双减”专题网络论坛

12月17日，京津冀10所中学联合举办京津冀一体化“双减”专题网络论坛。10所学校分别为北京市延庆区第四中学、北京市延庆区第八中学、天津市宁河区芦台第一中学、天津市宁河区芦台第二中学、天津市宁河区芦台第三中学、天津市宁河区芦台第五中学、天津市宁河区实验学校、天津市宁河区芦台镇赵庄中学、唐山市汉沽管理区第一中学、唐山芦台经济开发区第一中学。论坛组织各校干部教师围绕如何提升作业管理能力开展深入研讨，听取教师代表“以‘趣’为先，让作业动起来”等典型发言。干部教师160人参加活动。

（梁秀平）

京津冀“三全育人”工作论坛

12月20日，京津冀三地教育部门联合举办“汲取党的二十大精神伟力 启航教育事业新征程——京津冀‘三全育人’工作论坛”。首都经济贸易大学原党委书记作题为《用习近平新时代中国特色社会主义思想的世界观和方法论，推进三全育人工作高质量发展》主旨报告，北京航空航天大学、天津大学、河北大学等高校介绍工作经验。京津冀教育部门相关负责人、思想政治教育和宣传思想领域专家学者及相关人员600人线上参会。

（王星星）

（本栏责任编校　胡雨）

各区教育

EDUCATION IN DISTRICTS

- 东城区
- 西城区
- 朝阳区
- 丰台区
- 石景山区
- 海淀区

各区教育

EDUCATION IN DISTRICTS

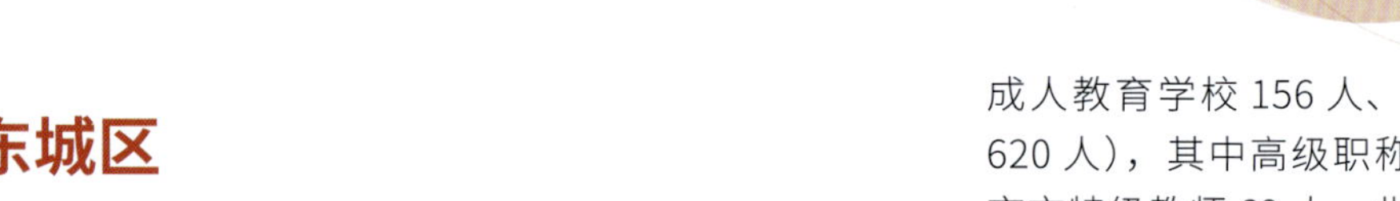

东城区

概况

2022年，东城区教委辖属教育单位179个。其中，幼儿园67所（教育部门办园30所、其他部门办园7所、地方企业办园1所、部队办园3所、集体办园2所、民办园23所、中外合作办园1所），小学47所（全部为教育部门办校），初级中学7所（全部为教育部门办校），完全中学25所（教育部门办校24所、民办校1所），高级中学2所（全部为教育部门办校），九年一贯制学校2所（全部为教育部门办校），十二年一贯制学校2所（全部为教育部门办校），特殊教育学校2所，专门学校1所，中等职业学校4所，成人教育学校2所，其他法人单位18个。招生33804人（幼儿园6041人、小学12829人、初中9039人、普通高中5699人、中等职业学校196人）；毕业25526人（幼儿园5345人、小学9379人、初中6316人、普通高中4308人、中等职业学校178人）；在校生132400人（幼儿园19790人、小学69354人、初中26096人、普通高中16278人、中等职业学校693人、特殊教育学校189人）。教职工总数17908人（幼儿园3742人、小学5921人、中学6477人、中等职业学校473人、特殊教育129人、专门学校51人、成人教育学校156人、校外教育339人、其他法人单位620人），其中高级职称3629人、中级职称6056人。北京市特级教师69人、北京市学科教学带头人34人、北京市骨干教师171人。全年教育总投入74.98亿元。中小学固定资产总值45.94亿元。

2022年，东城区教育系统科学统筹疫情防控和教育事业改革发展，教育高质量发展呈现新局面。

坚持党的全面领导。制定《东城区教育系统认真学习宣传贯彻党的二十大精神的实施方案》，打造“五个一”学习任务体系（一次理论学习中心组集体学习、一次全体教职工专题学习、一次党员学习交流、一次青年教师学习交流、一次班队会学习宣传）；举办优秀党员师德报告团巡讲4场，征集“我讲微党课”“我是宣讲员”微视频630个。推进中小学校党组织领导的校长负责制改革，做好党员发

4月22日，2022年东城区小学“世界读书日”主题活动举行（东城区教委　供）

展及培训，完成 62 名校级干部提拔任用、交流轮岗。强化师德教育，评选表彰“杰出校长”“杰出教师”等 837 人。

巩固“双减”阶段成果。学科类校外培训机构压减至 12 家 16 址，压减率 80%。相关经验做法作为“双减”北京治理模式及经验上报教育部。开展“双减”专项调研，制定线上线下教学管理细则，落实“常态课优质化”工程，举办小学课改培训月活动。举办作业设计与评价论坛，编辑《东城区小学作业设计案例指导手册》。义务教育学校全部开设课后服务，为 728 名学生提供暑期托管。优化交流轮岗，新增 27 对交流轮岗结对校，参与交流轮岗干部教师 1080 人，区级以上骨干教师占比 20%。对 95 所民办学校和培训机构开展检查 1301 次，引导不符合办学标准、不适应社会需求的培训学校有序退出，向社会公示不再发放办学许可的学校。

推动各类教育有序发展。承办全国大中小学思政课一体化实践研究高峰论坛，举办清华大学与东城区教育系统“同备一堂课”冬奥精神专题备课会。家校协同增合力，推出名校长、名园长“全程超前伴随式”家长课堂，研发东城区家庭教育指导服务平台，完成第四期 400 名家庭教育指导服务师线上培训工作。编写北京市一体化德育丛书《家校社协同育人实践创新研究》东城分册。新增 3 所民办幼儿园，扩充学前学位 720 个；新增义务教育学位 3696 个。北京市东城区中小学职业体验中心提供近 170 门课程，服务学生 6 万余人次。制定《东城区普通高中多样化特色发展创建工作方案》，坚持“一校一案”。开展中职学校自主招生试点工作。修订《东城区青少年“文化·传承 2030”工程实施方案》。研发 20 类百余门长链条劳动教育课程。

提升教育服务保障能力。北京市东城老年大学服务居民 6000 余人次。完成北京 2022 年冬奥会和冬残奥会开闭幕式参演人员及观众组织工作。创新“接诉即办”工作机制，受理市民热线诉求 9193 件。深化交流合作，组织干部教师参与国际交流、京台交流等活动，向新疆、内蒙古等地选派干部教师 29 人，远程培训 7 个地区干部教师近 6000 人。

（高佳　崔蕾　李媛媛）

12 所青少年民族民间文化艺术教育基地校认定

4 月 25 日，东城区教委举办第四届中小学民族民间传统文化节开幕式。文化节通过云平台回顾东城区民族民间文化艺术教育基地校建设情况，以非遗项目传承人进校园指导学校开展优秀民族民间传统文化教育活动为主线，展示各校民族民间传统文化项目建设成果。文化节根据各校项目实施现状与项目建设成果，评选出 12 所北京市东城区青少年民族民间文化艺术教育基地校。2016 年，东城区在中小学和校外教育单位启动“青少年民族民间文化艺术教育基地”建设，先后建立基地 49 个，涉及书法、京剧、剪纸等 20 余个传统文化项目。

（李媛媛）

智慧教育成果展示

7 月 11 日至 13 日，东城区教委举办智慧教育成果展示系列活动。活动全方位展示东城教育教学与信息技术融合成果，组织 13 名一线教师、教研员作案例展示和经验分享，并通过线上圆桌微论坛环节与其他参与者开展交流讨论。来自全国的数千名教师通过 ClassIn 平台线上参会，累计参与 8000 人次。

（李媛媛）

家校社共育工作总结

7 月 27 日，北京市学校德育研究会“十四五”一体化德育重大课题“构建学校家庭社会一体化育人策略与途径研究”东城开题会在北京市广渠门中学举行，总结东城区家校社共育工作。东城区“家校社·共育 2035”工程于 2020 年启动，依托北京市家校社协同育人示范性实践研究区建设，由“心手·相连”升级为“家校社·共育 2035”工程，依托市教委、北京市学校德育研究会、高校等单位专家资源，培养专、兼职家庭教育指导服务师千余人；系统设计区域家校社共育家长课程体系，包括以“东教印象”公众号上“家庭教育大讲堂”为主的 200 余节区域品牌课程，以“好家长必修课”“全程超前伴随式家长课程”为主的家长必修课程和 4 个模块 12 类公共选修课程；依托东城区数字德育网及心理咨询室，开通“一网四线”心理咨询平台，切实解决家长及学生实际需求与困惑。

（李媛媛）

第三届东城区青少年戏剧节

7 月至 12 月，东城区委教育工委、区教委举办“戏润心灵”第三届东城区青少年戏剧节。活动邀请中国儿童艺术剧院、北京儿童艺术剧院等单位专家举办 3 场“云课堂”，讲解剧本朗读、亲子剧排演、剧本创编专业知识和实操方法。全区 12 所中小学推荐 86 个优秀作品参加活动；新增英语戏剧展演板块，收到 42 所中小学报送的 65 个英语戏剧作品。活动评出金奖 105 个、银奖 122 个、铜奖 62 个。作为此次戏剧节的重要组成部分，东城区第 25 届学生艺术节戏剧展演活动中，56 所中小学 2600 余名学生表演朗诵 36 个、班级朗诵 56 个、话剧 29 个、音乐剧 5 个、戏曲 13 个。

（李媛媛）

首届青少年“模拟政协”汇报交流活动

12 月 18 日，东城区教委举办第一届东城区青少年“模拟政协”汇报交流活动。活动以视频形式介绍“模拟政协”活动发展历程，分 3 组线上同步进行。2022 年，青少年“模拟政协”活动首次以区域为主体在东城推进，征集到 30 所学校申报的 69 件提案。经区级初评，22 所中小学选送的 33 件模拟提案进入汇报交流阶段。

（李媛媛）

西城区

概况

2022年，西城区教委辖属教育单位222个。其中，幼儿园84所（教育部门办园30所、其他部门办园13所、地方企业办园1所、部队办园3所、集体办园10所、民办园27所），小学58所（全部为教育部门办校），初级中学4所（全部为教育部门办校），完全中学31所（全部为教育部门办校），教育部门办高级中学1所，九年一贯制学校2所（教育部门办校1所、民办校1所），十二年一贯制学校4所（教育部门办校3所、民办校1所），特殊教育学校2所，中等职业学校4所，专门学校1所，校外教育单位12个，其他法人单位19个（含成人学校2所）。招生53894人（幼儿园8506人、小学20420人、初中14353人、普通高中10250人、特殊教育学校73人、专门学校12人、中等职业学校280人）；毕业38363人（幼儿园7315人、小学13427人、初中11539人、普通高中5870人、特殊教育学校87人、专门学校8人、中等职业学校117人）；在校生208481人（幼儿园25168人、小学115516人、初中40415人、普通高中26142人、特殊教育学校323人、专门学校10人、中等职业学校907人）。教职工总数21772人（幼儿园4635人、小学7549人、中学8698人、中等职业学校610人、特殊教育247人、专门学校33人），其中高级职称3557人、中级职称5828人。北京市特级教师73人、北京市学科教学带头人35人、北京市骨干教师174人、北京市骨干班主任47人。全年教育总投入108.06亿元。固定资产原值64.96亿元，净值26.56亿元。设立学区11个。

2022年，西城区教育系统坚持党建引领，持续深化教育综合改革。推进党组织领导的校长负责制，选优配强校级领导班子，推进“红墙先锋”工程落地实施。加强对新调整班子、新任职干部，特别是新选拔任用的年轻校级干部的跟踪分析和指导培训。扩大优质资源覆盖面，全年实现干部教师交流轮岗1904人。推进“双减”工作，加强“一址一案”管理，校外培训机构从173址压减至34址，压减率80.35%；从业人员从735人压减至358人，压减率51.2%；在读学生数从21740人压减至5200人，压减率76%。促进校内提质增效，全区义务教育阶段学校课后服务实现100%全覆盖。丰富活动形式，拓宽资源渠道，推进“亲子嘉年华”“文化百脑汇”“跳动校园”等改革创新项目。作为全国唯一区县代表在教育部第一场2022年“教育新春”系列发布会上介绍“双减”工作经验。

11月11日，复外一小学生学习播种浇水

（复外一小 供）

坚持科学统筹，优质均衡水平创新高。启动19所“小而美”“小而精”特色校建设工程，打造特色课程、特色景观、特色文化和特色办学模式。推进学位保障工程，新增义务教育学位1万个。优化学区布局，每个学区增加2所派位入学初中校，各学区均达10所。多渠道增加普惠性学前教育资源，幼儿园普惠率83.94%。推进中招校额到校工作，开展普通高中登记入学和中等职业教育自主招生试点工作，促进教育公平。推进学校德育工作创新，获批“北京市大中小幼教师育德能力一体化建设研究基地、示范区”。以科研赋能教育，举办第22届教育科研月，开展论坛活动34场，21万人次参加。加大干部教师队伍建设力度，全年调整干部176人，为13个单位配备班子成员。发挥书记、校长工作室和工作站作用，吸纳71名书记、校长互助学习。启动“教师成长关爱工程”，提出4个方面16项举措。承办全国中小幼师德师风建设首届年会西城区分会场活动，全国25个省市2万人次在线观看。

提升教育治理能力，加强意识形态工作。深化未诉先办改革，积极回应群众诉求，全年受理热线14195件，同比下降8.98%，实现响应率99.98%、解决率90%、满意率95%，收到表扬件85件。招生季受理义务教育入学和入园问题热线较上年同期下降56%。落实意识形态工作责任制，规范宣传报道管理，全年在各级各类媒体发布涉及教育新闻报道700余篇。坚持服务大局，高标准完成北京2022年冬奥会和冬残奥会等重大活动服务保障任务，1所学校、2名个人分获北京市先进集体、先进个人。

坚持家校协同，终身教育体系日趋完善。持续推送“全程超前伴随式”课程，推出课程近100节，10万人次观看。

学生居家学习期间，推送家长培训课程和《家校合作“小锦囊”》，缓解家长焦虑。新认定3个市民终身学习服务基地，2个基地学习项目获“北京市终身学习品牌项目”称号。

（杨海蓉）

西城推进“双减”政策从落地走向纵深

2022年，西城区教委推进“双减”政策从落地走向纵深。制定《西城区中小学教育教学基本规范》《西城区义务教育课程实施办法》，实施作业质量提升工程、智学服务平台建设工程，深化“课堂+作业+评价”三加联动研究。开展多轮教材、教辅、读物审核排查，成立西城区中小学教辅材料审核工作委员会。引进校外教育资源，实施“文化百脑汇学生赋能计划”，统筹首都师范大学等高校资源和西城区老字号等社会资源对接学校，丰富学校课后服务供给，审核通过首批校外教育资源为区域学校提供课后服务课程菜单，利用线上服务平台，搭建“课后服务”功能板块，向各小学公布首批名单及4家供方资源47节课程信息。暑假期间，面向小学生提供2期每期15天托管服务，涉及11个学区22所小学，第一期637名学生参加、第二期678名学生参加。2月15日，西城区教委作为全国唯一区县代表在教育部召开的第一场2022年“教育新春”系列发布会上，介绍西城区2021年秋季学期落实“双减”工作成效和教学质量保障情况。

（谢歆　沈璐萍　詹婧）

西城干部教师交流轮岗工作推进

2022年，西城区教育两委推进干部教师交流轮岗工作。制定《西城区深化推进教育系统干部教师交流轮岗工作方案（试行）》，组织教育系统各单位以聚焦“双减”工作落地见效和学生学业水平提升为主要目标，通过干部教师交流轮岗进一步深化教育综合改革成果，促进优质教育资源共建共享。全年完成干部教师交流轮岗1904人，占符合交流轮岗干部教师总人数的36.6%。

（张捷莹）

“双新”示范区建设

2022年，西城区教委推进国家级“双新”示范区建设。完成区级“双新”第二年度调研工作，上报教育部6项经验成果；制定《西城区普通高中多样化特色发展创建工作方案（草案）》，指导各校结合实际，申报多样化特色创建材料；受教育部课程教材研究所委托，完成普通高中新课程新教材实施通识研修课程开发、录制，介绍西城区“双新”示范区建设推进过程中的经验与思考以及用项目研究推进“双新”示范区建设的具体做法。

（陈甜甜）

校外培训机构治理

2022年，西城区教委继续加强校外培训机构治理工作。建立《西城区非学科校外培训机构主体台账》，制定《西城区文化艺术培训机构管理规范》《西城区科技类培训机构管理措施》等管理文件，规范办学行为，严格日常管理，加强执法检查。至6月，根据教育部、北京市义务教育阶段学科类校外培训治理“回头看”工作要求，排查校外机构173次，排查材料920份，排查存在问题机构3个。“监管护苗”校外培训暑假专项治理工作中，出动465人次开展执法检查180余次，涉及机构262个，处置违规机构4个，公开通报3个。10月，区教育两委全体处级领导带队组成10个检查组，采取“四不两直”方式，开展针对学科、非学科类机构，无证机构和重点大厦楼宇检查，累计出动

9月22日，炭儿胡同小学花式跳绳队集训
（炭儿胡同小学　供）

180 人次，检查楼宇 8 个，涉及各类机构 240 余个。11 月，集中开展艺考培训机构专项治理行动，全面摸排区域内具有艺术招生资格高校和中专周边的艺考培训机构，涉及相关培训机构 8 个，教师 120 余人，学生 3000 余人。

（汪洋　王竞艳）

书信交流活动增设“对话冬奥”主题

1 月至 2 月，西城区教委“拿起纸笔·见字如面”书信交流活动增设“对话冬奥”主题。活动组织学生通过书信形式对话北京冬奥会开闭幕式总导演、鸟巢总建筑师、冬奥运动员。除特殊教育学校、民办校外，区内近 60 所学校 55055 名学生参加活动，寄出书信 3800 封（占比 7%）、收到回信 1274 封（占比 34%）。

（罗芳　沈璐萍）

“2～3 岁幼儿普惠托育班”小学试点

5 月，西城区教委启动“2～3 岁幼儿普惠托育班”小学试点工作。试点工作根据市教委统一部署，面向西城区各小学有托育困难女教师家中 2～3 岁幼儿，采取小学和幼儿园对口支持的方式在小学开设托育班。各小学负责提供托育场地，组织托育工作；各结对幼儿园为小学提供互换人员代培上岗、退休教师返聘两种形式服务，助力各小学落实师资人员配备。首批涉及 5 所小学和 6 所对口支持幼儿园。

（詹婧）

19 所“小而美”“小而精”特色学校建设

9 月，西城区教委启动 19 所“小而美”“小而精”特色学校建设工作，通过区领导联系学校、校园文化凝练、“大师工作坊”等系列举措，推进规模较小的 6 所中学和 13 所小学特色发展、高质量提升。19 所特色校均为办学基础良好，办学特色彰显，内部管理良好，具有发展意愿，但群众认可度还不够高的学校。建设工作将通过梳理整合校内资源、发掘文化底蕴，利用专业设计师团队，在优化校园空间布局、补充完善功能、提升环境品质和凸显办学特色等方面实施校园基础设施改造和信息化项目建设，形成具有高辨识度、广认可度的特色校。11 月 4 日，“小而美”“小而精”学校规划设计大师营开营，组建由中国工程院院士、中国建筑设计研究院有限公司总建筑师、清华大学建筑学院教授等 9 名著名建筑设计师组成的大师营团队，每人领衔 1 个专家团队结对 2 所学校，通过现场踏勘、座谈等方式，发现问题、提出特色校园设计改造建议。

（符宁　赵建锴　洪文渊）

9 月 9 日，华嘉小学举办“‘小而美’绘蓝图 积自强厚蕴 谱树人新篇”教师节庆祝活动　（华嘉小学　供）

防“四小”工作领导小组成立

9 月，西城区教委成立西城区教育系统防“四小”（“小胖墩、小豆芽、小眼镜、小焦虑”）工作领导小组。制定促进学生健康工作方案，明确 2022 年至 2025 年西城区防“四小”工作要点，通过“专家进校园”、线上线下健康知识宣传等多种形式，为师生和家长普及健康知识，提高其爱护眼睛、控制肥胖健康意识，开展学生视力检测和电脑验光视力筛查工作，完善学生视力健康管理，遴选 7 所区级儿童青少年近视防控试点校；线上教育教学期间，开展心理教育宣教，通过教学研讨、送教下校、微课录制等形式，举办心理专题研讨和主题讲座；通过《“双减”简报》《西教信息》《疫情下家校合作工作建议》《居家学习家校合作“小锦囊”》和“西城区中小学家长学校网上课堂”定期向家长推送心理健康教育相关课程与方法，促进家校协同育人。

（毕正勇　麻涛　沈璐萍）

多举措促干部教师队伍素质提升

至年底，西城区教育两委多举措促进干部教师队伍素质提升。新成立 12 个西城区教育系统“名师工作室”，工作室数量增至 47 个，涉及 29 个学科，282 名成员来自 89 所学校。以获批教育部“人工智能助推教师队伍建设”第二批试点区为契机，结合西城教育研修网 2.0 升级，与中国教师研修网合作研发“教师 AI 学伴”系统，通过数据采集、教师画像、参照比较和智能推送 4 个维度，帮助教师主动研修，以教师队伍结构、研修行为分析等大数据赋能区、校教师队伍治理。印发《西城区教育系统关于实施“教师成长关爱工程”的指导意见》，启动“教师成长关爱工程”，从师德培育、专业成长、工作激励、身心发展 4 个方面提出 16 条举措，强化在工作和生活中对教师的人文关怀和组织关爱，做“有温度”的西城教育。启动中层干部“千人工程”培训，全区 1700 余名学员参加培训。

（杨海蓉）

大中小幼一体化德育体系建设

至年底，西城区教委开展大中小幼一体化德育体系建设。先后组织讲述教师育人故事、班主任研讨会、班主任工作坊、德育协作组交流等活动，指导各校根据《西城区一体化德育体系建设工作方案》《西城区一体化德育体系建设实施细则》等文件，制定本校工作方案和实施细则，联合北京市西城区教育科学研究院开展培训和成果梳理，汇编形成《西城区中小幼一体化德育体系建设案例集》。西城区获批“北京市教师育德能力一体化建设研究示范区”。12 月，作为全国唯一区县代表承办全国中小学幼儿园师德师风建设专家委员会首届年会暨北京市学校德育研究会年会（2022）西城分会场，面向全国分享师德师风建设经验成果，全国 25 个省市 2 万人次在线观看分会场直播。

（沈璐萍）

朝阳区

概况

2022 年，朝阳区教委辖属教育单位 494 个。其中，幼儿园 310 所（教育部门办园 33 所、其他部门办园 6 所、地方企业办园 15 所、事业单位办园 14 所、部队办园 6 所、集体办园 36 所、民办园 200 所），小学 70 所（教育部门办校 64 所、民办校 6 所），初级中学 9 所（全部为教育部门办校），完全中学 13 所（教育部门办校 11 所、民办校 2 所），高级中学 4 所，九年一贯制学校 38 所（教育部门办校 31 所、民办校 7 所），十二年一贯制学校 34 所（教育部门办校 17 所、民办校 17 所），特殊教育学校 1 所，专门学校 1 所，中等职业学校 3 所，其他法人单位 11 个。招生 84605 人（幼儿园 29796 人、小学 27795 人、初中 17724 人、普通高中 7921 人、中等职业学校 1003 人、特殊教育学校 366 人）；毕业 65674 人（幼儿园 27839 人、小学 20281 人、初中 12827 人、普通高中 4332 人、中等职业学校 320 人、特殊教育学校 75 人）；在校生 338271 人（幼儿园 96096 人、小学 168798 人、初中 51251 人、普通高中 19378 人、中等职业学校 2382 人、特殊教育学校 366 人）。教职工总数 43030 人（幼儿园 18251 人、小学 6853 人、中学 16280 人、职业学校 735 人、特殊教育 82 人、专门学校 38 人、其他法人单位 791 人），其中高级职称 4365 人、中级职称 7835 人。北京市特级教师 240 人、北京市学科教学带头人 67 人、北京市骨干教师 330 人。全年教育总投入 113.59 亿元。中小学固定资产总值 160.15 亿元。设立学区 18 个。

11 月，中科附分校每周三利用大课间时间开展趣味体育活动
（朝阳区教委 供）

2022 年，朝阳区教育系统继续落实“十四五”教育发展规划年度工作任务，聚焦“疫情要防住、经济要稳住、发展要安全”工作要求，“双减”工作成果巩固不反弹，完成北京冬奥会和冬残奥会各项服务保障任务。

提升教育治理现代化能力和水平。组织学校对照《北京市中小学依法治校基本标准》开展达标实践，持续做好涉法事项事前防范与事中控制。增强国际教育支撑作用，服务扩大开放综合示范区和北京自由贸易试验区建设。优化教育政务服务，推进中小学校党组织领导的校长负责制改革；出台接诉即办办件流程及考评办法等文件，压实基层办件主体责任，办结诉求 4 万余件，区级考核成绩比上一年度提升 8 个百分点。统筹发放防疫口罩 196 万余只，消毒液 1300 余升，为核酸检测提供 630 余万元经费保障，为应急过冬物资储备提供 50 万元资金保障。

加强干部教师队伍建设。启动第五轮“双名工程”建设，制定人才引进、骨干人才管理、干部听评课等 8 个配套文件；开展 2 轮干部教师交流轮岗，166 名校长和 3395 名教师参与，区级以上骨干教师占比 53.87%。建立交流轮岗全过程考核机制，加快建设朝阳教育发展专家库，建立师德师风建设4个常态化机制，强化师德警示教育，推进中小学有偿补课和违规收受礼品礼金问题专项整治工作。建设干训课程体系，优化干部培训课程教学及基地资源供给。组织144名特级教师及教育专家完成特级教师进校园工作，走进45所中学、18所小学、10所幼儿园、3所职高，完成听评课、研讨交流等活动2231次。

学前教育普及普惠安全优质发展。新增学前学位2780个，其中普惠性学位1110个，公办园占比47%，普惠性幼儿园覆盖率85%。加强德育工作，形成44节幼儿园德育精品课；将德育工作纳入考核评价。提升保教质量，推送4个模块51个教学指导资源，以9个教研组673名骨干教师为核心，开展9个专题60余次研训，召开15场保教工作会。提升教师队伍专业素养，开设幼儿园环境创设等选修课23门，举办131个培训班培训教师1.60万人。

基础教育优质特色发展。实施普通高中“课堂教学质量年”，推进高中多样化特色发展，11门课程被认定为“北京市普通高中特色课程”。开展“学习新思想，做好接班人”等多项主题教育活动，建设中小幼一体化德育体系。推进体育教育改革，制订《“双奥”朝阳校园体育专项行动方案》。开展“阳光体育运动”系列和冰雪系列活动，覆盖全区中小学校667校次14100人次，参与率100%；通过云资源库、云教研平台、青少年居家体育锻炼线上服务平台等，提升学生体育锻炼效能。健全艺术特色校、科技示范校三级评价管理机制，举办朝阳区第25届学生艺术节、学生科技节。完善“小小科学家研究院”管理机制，以少科院建设为载体建立首批模型、生命科学、电子技术3个领域5所基地校和9所共建校；录制21节“遇见科技馆”青少年科技讲座，丰富线上教育资源。组织实施劳动周，形成区级中小学生假期劳动实践建议清单，推进“光盘行动”和“垃圾分类”，将落实劳动教育课时、劳动实践等情况纳入学生综合素质档案。首批认定朝阳区教育文化示范校23所、创建校7所。

坚持本土化策略推进特殊教育发展。加强特殊教育研训、指导和服务，全面提升教师特殊教育专业化水平。落实特殊需要学生教育“一生一案”策略，以区域特殊教育管理云平台为依托，采用电子化、信息化诊断评价方式，实现实时评价、阶段性评价和综合性评价。以评价为导向，帮助教师正确评估特殊学生能力现状，制定合理教育目标，为特殊学生提供针对性融合支持。自闭症教育基地、各学区资源中心组织开展专项培训6次，重点跟踪、服务支持个案112人。

支持职业学校以合作促发展。推进职业学校对外合作交流“彩虹桥”项目、“心手相连”项目、“施耐德工程师学院”项目。指导区内3所职高与北京青年政治学院等4所朝阳属地高职学校马克思主义学院组建“朝阳区中高职思政教师研修共同体”。修订《朝阳区职业高中校企合作管理办法》，规范职业高中校企合作。

（张明　李文荣　苏纪玲）

义务教育优质均衡先行示范区创建

2022年，朝阳区教委制定《朝阳区义务教育优质均衡先行示范区创建工作方案》，推进义务教育优质均衡创建工作。构建领导小组、工作专班和主管科室“1+1+6”工作体系，加强创建指导和沟通协调。3月，召开全区义务教育优质均衡创建工作部署会，宣传动员部署，明确创建目标和任务。4月至7月，组织中小学按校址填报数据，开展模拟测评并作数据分析，查找存在问题。创建工作专班和主管科室，建立工作台账，制定“一类一校一策”，实施整改创建。9月至11月，针对各校址存在的问题，采取教育系统内部资源调整、校区统筹等措施；针对个别地区学校存在生均体育运动场馆面积不达标等情况，协调相关委办局、街乡人民政府等单位，通过租借社会资源等方式，解决部分学校办学资源不达标和部分指标均衡差异系数不达标问题。

（张清军）

新型教与学模式实验区建设推进

2022年，朝阳区继续推进“基于教学改革、融合信息技术的新型教与学模式”实验区建设。召开“科研引领减负提质，科技赋能优质均衡”线上研讨会和实验区建设中期推进会，实验学校交流借助信息技术手段推进“双师课堂”教学模式实验研究的相关经验以及案例分享。至年底，全区17所学校被中央电化教育馆、北京市数字教育中心批准为“人工智能实验校”。2020年，朝阳区获批教育部“基于教学改革、融合信息技术新型教与学模式”实验区。区教委统筹60所实验校围绕深度学习和个性化学习，开展空中课堂、“双师课堂”、融合课堂建设研究。

（楚娜　何爱英）

朝阳中小学校领导体制改革推进

2022年，朝阳区委教育工委推进中小学校党组织领导的校长负责制改革。完善实施方案及配套制度，指导第一批5所改革校在组织设置优化、党建制度完善、决策机制调整等方面如期完成改革任务，审议通过23个单位升建党委申请，发挥基层党组织在教育教学、思政、意识形态等重点工作中的引领作用，履行党组织把方向、管大局、作决策、抓班子、带队伍、保落实领导职责，确保党的教育方针和中央、市、区决策部署精神在全区教书育人全过程各领域贯彻落实。

（吴丹萍　冉师建）

朝阳干部教师交流轮岗工作推进

2022年，朝阳区作为北京市第二批试点区启动教师交流轮岗工作。区教委制定《朝阳区推进义务教育学校教师交流轮岗工作实施方案》和《朝阳区义务教育学校教师交流轮岗工作管理办法（试行）》，将义务教育优质均衡先行创建、骨干教师资源均衡分布、一般校办学质量转型升级、学校师资缺口补充和“双减”课后优质资源供给等制约区域教育高质量发展问题，作为教师交流轮岗工作重点，明确学区、集团、学校、教师工作职责，建立全过程考核机制。全区符合交流轮岗条件教师8065人，其中3473人参与交流轮岗，占比43%。参与交流轮岗教师中，全职交流1852人，区级以上骨干教师1879人。383名义务教育阶段市级以上骨干教师通过组团方式参加交流轮岗，累计指导学校7660余次，218名非义务教育阶段市级以上骨干教师通过学科组形式为38所学校提供支教指导服务。

（陈玉洁　靳国立）

干部教师培训质量提升

2022年，朝阳区教委创新培训模式，促进干部教师培训质量提升。干部培训工作以第五轮“名校长工程”为核心载体，围绕“四航计划”精准规划培训项目，建构“1+3+N”培训课程体系，即“1”个干部培训体系、“3”大核心课程（政治素质课程、教师队伍建设课程、课程与教学领导力课程）、“N”个课程模块和课程方向；优化《干部培训工作要求（试行版）》制度汇编，形成《干部培训线上教学管理制度》，明确课堂安全管理、教学常规管理和教学行为3项基本规范。全年开展专题业务研修20余次，开设干训班8个，举办青年干部论坛4场，累计培训450余人次，完成760余学时。北京市朝阳区教师发展学院举办创新干部教师国际化素养提升培训，以选修课形式，为中小学教师提供“以学生为中心的教与学”“心理健康教育”“学生创造性思维培养”“学生发展性评价的构建与实践”4门线上国际化培训课程，完成32个班1600人次培训任务。

（陈露　庄璐　靳国立）

家校社共育咨询室试点建设收官

2022年，朝阳区家校社共育咨询室试点建设工作收官。朝阳区教育关工委组织北京市朝阳区职工大学、对外经济贸易大学附属中学、北京市金盏学校、北京市朝阳外国语学校来广营小学部、朝阳区教育关工委家校社共育咨询室5个试点单位探索关工委在家庭教育指导和服务工作上的有效途径和可行方式。全年举办讲座60余场，惠及家长、学生5.70万人次；组织电话咨询、一对一面对面咨询、线上答疑，服务家长、学生4500余人次；现场指导家校社共育活动30余场，惠及家长、学生7000余人次。220余名家长、学生有效改变行为，形成典型案例85个；解决家长个体需求，为家长推送文章294篇、音频128条、视频466条；编发《家校社共育我知道》宣传册。2019年10月，北京教育系统关工委选定8个试点区，挂牌40个家校社共育咨询室，试点3年。朝阳区首批选定5个单位启动试点建设工作。

（霍蕊）

幼小衔接工作推进

2022年，朝阳区教委推进幼儿园和小学科学衔接工作。建立幼儿园与小学点对点拉手机制，全区399址幼儿园与130所小学按学区建立点对点拉手关系。北京市朝阳区教师发展学院面向区内492址各类型幼儿园（含90个社区办园点）开展线上幼小衔接专项培训，围绕“幼小衔接文件解读”“幼小衔接‘四准备’能力培养”“幼小衔接家园共育”3个方面内容，开设“幼儿园入学准备教育的意义和价值”“向往入学情感培养”“入学准备教育中如何实现家园合力”等18个专题60学时的培训课程，7244人通过培训并获3个学分。4月20日至5月10日，以协作片区为单位，召开15场“有效落实‘四准备’，科学推进幼小衔接”主题研讨会，落实“四准备”到幼儿一日生活中，2000余人参与交流研讨。

（邢凯　员春蕊）

“双减”政策从落地走向纵深

2022年，朝阳区教委推进“双减”政策从落地走向纵深。完成162所学校课后服务课程方案审核与备案，指

3月1日，日坛小学65名干部教师在四惠校区参加交流轮岗启动仪式　（日坛小学　供）

导28所有问题学校完成改进。举办首届朝阳区课后服务课程资源成果推荐会，推进职业高中劳动教育课程开发、校外课程资源进校园等措施落地，新增课后服务课程资源130余个，开发劳动教育课程70余门，与近60所学校签订专业指导备忘录，覆盖14个学区，70余名教师定期入校指导，服务学生1.50万人次。形成校内外协同育人新网络，建成15个学区学生活动站点工作群。校外教育管理型指导员入校283人次，为162校址义务教育阶段中小学提供课后服务指导。96个承办服务点为2100余名学生提供2期暑期托管服务。推进科技赋能促“双减”行动，与区域科技企业联手，探索建设课后“双师素质课堂”。企业负责提供课程和随堂教具，打造培训教师线上录播学习课程、学校教师线下组织课堂教学的课堂模式，覆盖15个学区32所实验学校，完成70万课时授课，惠及学生43207人。发挥“五老”（老干部、老战士、老专家、老教师、老模范）在教育专业指导和青少年成长方面优势，选取4所试点校，助力“双减”政策落地见效。印发《关于进一步加强朝阳区教育培训机构常态化监管工作的实施方案》，推动监管工作形成长效机制。全年派出检查人员2.59万人次，累计检查1.10万校次。义务教育阶段学科类校外培训治理“回头看”检查中，排查机构131个，杜绝变相培训现象发生；无证违规培训专项治理行动中，向市场监管部门移送线索63件，立案34件；“监管护苗”2022年暑期专项行动中，对“九得学堂”涉嫌隐形变异培训开展联合执法，予以现场关停。以标准化合约为抓手，集中开展合约推广，推动校外培训机构纳入预付费监管。探索数字货币应用，厚海英语机构成为数字人民币智能合约赋能家教育培训领域预付资金管理首个成功案例。

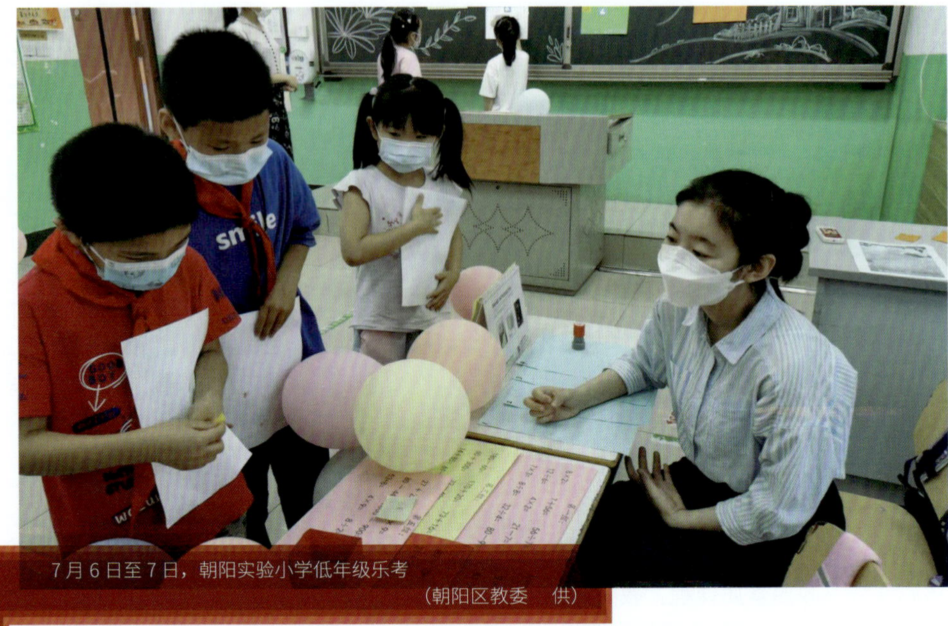

7月6日至7日，朝阳实验小学低年级乐考

（朝阳区教委　供）

（楚娜　张丽娟　韩静）

高中多样化特色发展

2022年，朝阳区教委积极探索多样化人才培养模式和普通高中多样化发展途径。制定高中多样化特色发展工作方案，明确创建工作组织管理机制、资源平台、进度安排等具体要求，为学校多样化特色发展提供支持。按照“创特色优质新品牌、建改革发展新平台”总体设计，引导学校确定特色发展路径，自主规划、自主申报、自主创建，指导学校制订多样化发展建设方案；指导各普通高中学校凝练特色，加强课程整体建设，突出特色课程群建设，探索设立课程建设基地；指导各学校优化课程建设与实施，支持有条件、有基础、有优势的一批学校建成领域课程建设高地。至年底，27所学校完成校级创建材料及方案提交。

（聂昱）

朝阳区中高职思政一体化研修共同体成立

3月23日，朝阳区教委举办“朝阳区中高职思政一体化研修共同体”启动仪式。活动解读研修共同体课程实施方案，讲解运行机制、课程安排、考核评价等。研修共同体由北京青年政治学院、北京劳动保障职业学院、北京信息职业技术学院、北京经济管理职业学院4所高职院校马克思主义学院与北京市电气工程学校、北京市求实职业学校、北京市劲松职业高中3所朝阳区教委所属职业高中组成。4所高职院校为研修课程提供专业咨询和专家资源，选派13名思政课专职教师作为指导教师，与3所职高28名思政课教师结对编组，通过共同备课、互相观课、深度交流等形式开展研训。

（何爱英）

幼儿园托班试点工作启动

3月，朝阳区教委启动幼儿园托班试点工作。经过资源布局、开办条件、家庭及社区托育需求等方面调研，重点研究托班管理机制、服务保障机制、师资培训机制等，制定《朝阳区推进幼儿园托班试点工作方案》和《关于幼儿园开设托班的指导意见（试行）》。4月15日，召开托班试点工作部署会，指导试点园完成托班申请、材料核验、场地核查及备案等工作。8所托班试点园计划提供托育学位144个，面向2～3岁幼儿提供托位144个。至年底，其中4个托班开班，招收幼儿49人。

（邢凯）

国际教育“三一四七”共同体发展模式

5月，朝阳区教委落实《朝阳区部分公办学校与国际学校发展共同体建设三年计划》(2022—2024年)，构建公办学校与外籍人员子女学校“三一四七”共同体发展模式。该模式以拓展干部管理国际视野、提高教师教育教学能力、促进学生全面发展3项任务为核心，由共同体学校承办1次高水平学术交流论坛，聚焦教学改革、课堂生态、学校治理和教学特色打造4个维度，实施团队项目式学习、中华传统文化体验、夏令营或冬令营、教师工作坊培训、教育教学观摩、创新思维专题研讨和学生体育、艺术、科技交流7项教育教学活动，提升共同体学校办学质量，实现区内各类学校共同发展。

(白建立　李毅)

“两区”建设三年行动

7月，朝阳区教委发布《朝阳区教育系统服务“两区”建设三年行动计划》(2022—2024年)。行动计划确定增强全区国际教育特色总体目标，营造“类海外”(解释为“宜业、宜居、宜学、宜医、宜乐、宜融”生活、生产、生态环境，是营商环境扩展版、升级版)国际教育环境，进一步增强国际教育对区域经济社会发展支撑作用，服务国家服务业扩大开放综合示范区和北京自由贸易试验区建设，借助服务“两区”建设契机，形成教育服务“两区”建设品牌，提升教育与区域经济社会发展匹配度。行动计划明确“三大行动、十二个项目”：国际人才子女就学服务保障行动，下设新建国际学校、国际学校质量提升、国际人才子女就学服务、国际人才聚集区优质国际教育半小时服务圈4个项目；国际化职业技能人才培养行动，下设施耐德工程师学院、求实职业学校“彩虹桥”、劲松职业高中“心手相连”、国际化职业技能人才就业4个项目；构建国际教育发展联盟行动，下设北京中学“构建未来理想学校”国际学术论坛、外籍人员子女学校合作优质创新发展、“一带一路”共同体发展、部分区内公办学校与国际学校协同发展4个项目。

(白建立　李毅　杨飞)

大中小学思政课一体化建设协同创新中心成立

7月，北京市朝阳区思想政治教育指导评价中心与北京联合大学马克思主义学院联合成立“朝阳区大中小学思政课一体化建设协同创新中心”。中心设在区思政中心思政教育部，首批选定5所中小学为基地校，聘任来自中央党校、中国人民大学、北京教育学院等单位的11名专家组成专家指导委员会。中心将发挥区位优势，推进大中小学思政课一体化建设要求本土化落实，服务基地校从“大思政课”课程资源建设发力，尝试“请进来”(引入典型模范人物进课堂授课)和“走出去”(组织师生在现场教学基地上课)相结合的“大思政课”资源模式，探索“大思政课”资源建设和课程实践协同育人朝阳特色工作新机制。

(张爱玲)

中小学拔尖创新人才培养

11月2日，朝阳区委教育工委、区教委印发《朝阳区中小学创新人才培养实施方案》。方案明确基础教育要构建小学、初中、高中三段贯通培养体系任务，以高中校为龙头，牵引初中、小学，集团内外结合开展“十二年一体化”创新人才培养实验，根据核心素养培养目标整体设计小初高贯通培养课程体系，开展十二年贯通培养。8月16日至19日，召开拔尖创新人才培养汇报交流会，听取24所高中校汇报交流学校拔尖创新人才培养目标定位及“十四五”末提升具体目标、构建创新人才培养“小初高一体化”措施、2023年在拔尖创新人才培养方面的具体措施及培养目标等内容。

(聂昱)

高中新课程方案实施

至年底，朝阳区教委扎实推进高中新课程方案实施。1月和7月，分别举办普通高中新课程培训和“学习新课标，落实新教材，适应新考改”主题培训，通过深化高考综合改革背景下学科核心素养教学、选课走班形式下学科教学改进、新课程实施策略等内容学习，带动教师深入学习研究、转变教育观念，助力全区高中教师专业发展。高中教师4100余人次参加培训。9月14日，召开普通高中新课程改革研讨会，北京市朝阳区教育科学研究院作《普通高中新课程改革区域战略及实践模型》主题报告，介绍高中课程改革实践建构、进展与反思。来自北京师范大学等6个单位的专家教授、区内7所课改校负责人等50余人参加会议。

(聂昱　何爱英)

丰台区

概况

2022年，丰台区教委辖属教育单位288个。其中，幼儿园147所(教育部门办园27所、其他部门办园5所、地方企业办园4所、事业单位办园1所、部队办园13所、集体办园25所、民办园72所)，小学70所(教育部门办校65所、民办校5所)，初级中学11所(教育部门办校10所、民办校1所)，完全中学12所(教育部门办校11所、民办校1所)，高级中学4所(全部为民办校)，九年一贯制学校15所(教育部门办校12所、其他部门办校1所、民办校2所)，十二年一贯制学校7所(教育部门办校5所、民办校2所)，特殊教育学校1所，中等职业学校5所，其他法人单位16个。招生37679人(幼儿园14085人、小学12067人、初中6856人、普通高中3955人、中等职业学校716人)；毕业30062人(幼儿园12688人、小学

8569人、初中5849人、普通高中2463人、中等职业学校493人）；在校生148230人（幼儿园45939人、小学68750人、初中20992人、普通高中10415人、中等职业学校1932人、特殊教育学校202人）。教职工总数19087人（幼儿园8210人、小学4698人、中学5797人、中等职业学校339人、特殊教育43人），其中高级职称1704人、中级职称4662人。北京市特级教师83人、北京市学科教学带头人28人、北京市骨干教师148人。全年教育总投入61.32亿元。中小学固定资产总值39.63亿元。新建集体办幼儿园1所、十二年一贯制学校1所。

2022年，丰台区教育系统持续推动区域教育优质均衡高质量发展，教育现代化水平进一步提升。

提升学前普及普惠水平。推动丰台区第一所由高校举办的公办幼儿园——首都经济贸易大学附属幼儿园开园，完成3所民办幼儿园和6处社区办园点实施普惠性收费，增加普惠性学前学位1560个，区域学前教育普惠率始终保持在90%以上。科学推进幼小衔接、托班试点研究，全面开展基础薄弱园、社区办园点帮扶工作。

优化教育资源布局。北京第五实验学校、北京丽泽国际学校、北京市丰台区建华学校等一批优质校开学。其中，丽泽国际学校、丰台建华学校、北京市赵登禹学校附属嘉园小学（星河城配套小学）3所学校增加优质学位2560个。优化调整教育集团办学布局，扩大5个以高中示范校为龙头的教育集团规模，发挥集团化办学的辐射带动作用。

持续完善育人模式。推进“全要素、贯通式、实践性”思政课程建设，构建大思政工作格局。开展艺术教师教学素质提升项目，推动戏曲、武术进校园，完成冬奥会开闭幕式演出任务。确定76所区级家校共育课程实验校，面向8000余名家长开展家庭教育讲座，推出28期线上大讲堂。

深化中小学教育教学改革。研究起草《丰台区基础教育“强基工程”实施方案》及专项工作方案，整体谋划基础教育改革。深入实施项目化学习区级教改实验项目，13个领航实验学校参加首批研究与实践，组织开展“项目学习展示月”活动，总结阶段性成果。组织2批69所项目校稳步实施义务教育学校品质提升工程，开展第三批24所项目校申报工作。制定高中多样化发展改革方案，并通过市级论证，实施年度普通高中高品质示范学校、品牌特色学校建设项目，促进高中内涵式发展。

推进职成教育高水平发展。支持北京市丰台区职业教育中心学校专业群建设与教育教学改革，13个项目被纳入“特高”项目名单，在北京市职业教育教学成果奖评选中获特等奖1项、一等奖8项、二等奖2项。继续开展丽泽大讲堂线上线下相结合的教育讲座活动，惠及39万人次。评选出第13批区级首都市民学习之星13人。承办2022年中国国际服务贸易交易会教育论坛职业教育分论坛，推进“丝路学堂”“丝路工匠”双品牌建设和中德国际职业课程教育项目，“丝路学堂”工作入选北京“两区”建设改革创新案例。

推进“双减”政策落实。巩固校外培训机构治理成果，做好学科类校外培训机构检查与日常管理工作，统筹协调非学科培训治理。统筹各街镇出动检查人员7200余人次，检查培训机构4000余址次，公开通报违规机构10个。全区面向义务教育学科类培训机构压减至8个，全部登记为非营利性质，纳入资金监管，总额260万元。举办“双减”背景下的班主任工作创新线上论坛交流会、“落实‘双减’增实效　激发活力提品质”2022年丰台教育系统党政领导干部培训等干部教师交流培训活动。

（陈雅宁　武卫华）

丰台干部教师交流轮岗工作推进

2022年，丰台区教委推进干部教师交流轮岗工作。制定《丰台区推进义务教育学段教师交流轮岗工作实施方案（试行）》，明确工作目标、交流主体、交流形式、保障措施、工作要求5个方面内容，采取全职交流、非全职交流、骨干教师全员带教3种方式开展相关工作。其中，全职跨校交流教师867人，占符合条件总人数18%；通过跨校兼课、课后服务、在线辅导等形式完成非全职交流1129人，占符合条件总人数23.5%；建立全体正高级教师、特级教师、学科带头人等骨干教师全员带教机制，区级以上骨干教师1485人全员参与带教工作，带动引领普通教师1600余人。

（任玥）

7月13日，丰台区教委举办“新课程、新理念、新要求”义务教育课程标准下艺术教师素养提升研讨　（丰台区教委　供）

深化新时代思政课改革交流研讨

3月17日，丰台区教委召开深化新时代思政课改革交流研讨会。会议通过专题片播放、师生和家长访谈、学校案例分享等环节，展示丰台区思政课建设情况和工作成效，提出思政课建设“三项策略”，分别为持续开展“砥砺杯”微党课活动、全面开展大中小思政课一体化课例征集以及评选和资源库建设、不断打造“行走的思政课”品牌特色，以及强化党对思政课建设的领导机制、强化思政课教师队伍建设机制、强化思政课实效性研究机制、强化思政课家校社协同机制“四项机制”。丰台区教委各科室负责人，各中小学领导、班主任代表、思政课教师、学生干部等近200人参加活动。

（张容静）

幼儿园教师能力提升工程2.0培训

7月至12月，北京教育学院丰台分院开展北京市中小学（幼儿园）教师信息技术应用能力提升工程2.0培训。具体形式包括面向279名区级培训团队学员和幼儿园信息化管理团队学员组织40学时专项培训，开展区域活动437个，组织观看课程4164节，收集到成果627项；组织3677名幼儿教师完成50学时全员培训，组织观看课程102052节，收集到成果7376项。最终，评选出“一划两案”优秀案例10个、较好案例24个，优秀融合创新应用教学案例77个，优秀组织实施典型案例7个，教师信息技术与教育教学深度融合优秀创新实践案例22个。

（刘勇霞）

“新时代好少年”先进典型发布

10月26日，“争做丰台新时代好少年”——2022年丰台区“新时代好少年”先进典型发布活动在北京教育学院丰台分院举行。活动为获得“丰台区新时代好少年”称号的20名学生颁发证书，组织听取首都“新时代好少年”代表、中学团委书记代表交流发言，宣布启动2022年“丰台区新时代好少年”先进典型巡展活动。此次评选活动全区推选100名候选人，最终20人当选、20人提名。

（李晓季）

航天科普课程项目启动

11月2日，北京市丰台区云岗青少年科技站与中国航天科工三院310所北京航科文化传媒有限公司合作启动航天科普课程项目。项目面向河西地区中小学生，开设“火星，我们来了”“你好，天宫站”2门太空秘语系列课程，每门课程120分钟，由科技部全体教师担任授课教师，利用学校大队会时间进学校或暑期开放周将学生请进来，通过线下直接授课或班队会上播放微课视频等方式，讲授太阳系概况、天体特性、火星探测器“天问一号”探测过程等。至年底，项目累计授课85节次，惠及学生2900人。

（李量）

心理健康教育及服务

至年底，丰台区多举措关注师生及学生家长心理健康。寒假期间，丰台区心理健康教育云平台依托“携手抗疫、相约冬奥，我们一起过大年”主题活动，面向全区中小学在校学生、教师和家长，提供心理咨询网络一对一服务。一支由28名心理教研员和市、区级心理骨干教师组成的网络心理辅导团队，定于每天18:00—21:00，3人在线值守。团队累计为143人次学生、教师和家长提供支持服务，其中第一时间处置心理危机个案5个。5月23日，北京教育学院丰台分院举办丰台区首届“5·25”心理板报征集与评

5月23日，教育学院丰台分院举办“丰台区首届5·25心理板报展示”活动 （丰台区教委 供）

选活动，面向全区小学四年级、初一年级、高一年级学生，评选出获奖作品 154 幅。

（卢元娟　康菁菁）

石景山区

概况

2022 年，石景山区教委辖属教育单位 106 个。其中，幼儿园 46 所（教育部门办园 10 所、部队办园 2 所、集体办园 1 所、地方企业办园 5 所、民办园 28 所），小学 24 所（全部为教育部门办校），初级中学 5 所（全部为教育部门办校），完全中学 3 所（全部为教育部门办校），高级中学 2 所（全部为教育部门办校），九年一贯制学校 6 所（教育部门办校 5 所、民办校 1 所），十二年一贯制学校 5 所（教育部门办校 3 所、地方企业办校 1 所、民办校 1 所），特殊教育学校 1 所，中等职业学校 2 所，其他法人单位 12 个。招生 14406 人（幼儿园 5018 人、小学 4556 人、初中 2921 人、普通高中 1708 人、职业高中 203 人）；毕业 11748 人（幼儿园 4660 人、小学 3270 人、初中 2543 人、普通高中 1216 人、职业高中 59 人）；在校生 56338 人（幼儿园 16523 人、小学 25839 人、初中 8932 人、普通高中 4590 人、职业高中 367 人、特殊教育学校 87 人）。教职工总数 7463 人（幼儿园 2856 人、小学 1326 人、中学 3107 人、职业高中 139 人、特殊教育 35 人），其中高级职称 1202 人、中级职称 1802 人。北京市特级教师 18 人、北京市学科教学带头人 12 人、北京市骨干教师 55 人、北京市骨干班主任 9 人。全年教育总投入 27.62 亿元。中小学固定资产总值 30.93 亿元。设立学区 4 个。

2022 年，石景山区教委坚持高质量发展，持续提升人民群众的教育获得感。

优化教育资源结构布局。推进 2 所配套中学、1 所配套小学建设，引进优质教育资源开展合作办学。投入 1980 万元，完成 49 个校址、1220 间教室照明改造项目；投入 8000 万元，完成 9 所学校操场和 46 所学校校舍改造及综合维修。推进学前教育普及普惠优质发展，新开办 2 所普惠性幼儿园，扩增学位 510 个，普惠率 87%。推进 4 所幼儿园开办托班试点。开展幼小衔接研究，制定《石景山区幼儿入学准备评价指标》。

推进教育优质均衡发展。创建国家义务教育优质均衡发展区，制定《石景山区义务教育课程落实办法》，推动新课标、新课程方案落地落实。实施“互联网+教育”项目，推进“双师课堂”二期、三期项目建设。制定《石景山区普通高中多样化特色发展创建工作方案》，“一校一案”分类支持普通高中多样化特色发展。落实特殊教育提升计划，将幼儿教师纳入特殊教育培训和激励体系，开展多动症评估与干预实践系列培训。推进职高专业升级转型，深度开展校企合作，成立“马炳霞工作室”“厨师长工作室”，建设“影音文献数字化修复产学研实践基地”。加强民办学校规范管理，严格开展年检工作及行政许可、备案、变更等行政事项，完成 2 所民办学校决策机构成员备案和党建内容进章程工作。加强教育交流合作，选派援藏援疆教师 7 人、对口地区支教教师 19 人，安排 119 名教师来京跟岗研修，完成网络培训 4298 人次。27 所学校参与两地手拉手活动，组织 52 名学生来京研学，为 260 名贫困学生捐赠学习用品 1578 套，组织学生捐赠图书 4.80 万册。

深化德智体美劳全面培养的育人体系建设。推进一体化德育建设，举办北京市首届一体化德育学术论坛石景山区分论坛，北京市大中小幼一体化德育研究重大课题“一体化德育体系建设背景下学校（幼儿园）德育实践研究”开题。完成“当代好课堂”第三期项目，持续推进“石景山区拔尖创新人才培养育苗工程”和高三学习力提升工程。召开首届全区教研大会，教研员联系学校开展活动 512 次。以“共享冬奥成果，共助冰雪发展”为主题持续开展奥林匹克教育。深入推进“点石启智”项目，举办科技节系列

3 月 28 日，石景山幼儿园举办排球特色活动

（石景山幼儿园　供）

活动，在第41届北京青少年科技创新大赛中获各类奖项42个。加强中小学生爱乐交响乐团建设，举办艺术节、合唱戏剧展演、大师课等系列活动，在北京市第24届学生艺术节中取得3金4银1铜。发挥中小学劳动教育基地职能，开发劳动教育课50余门。

打造高素质干部教师队伍。全面加强师德师风建设，开展做新时代“四有”好老师和“四个引路人”学习实践和宣传评选活动，评选出“四有”好老师年度人物5人。引进优秀人才6人，入选年度“景贤人才”计划2人。加强13个特级教师工作室建设，发挥北京市特级校长示范引领作用，设立12个“书记、校长工作室”，创新实施“双导师”“双助教”制，建立校长培训实践基地。提升干部教师综合素质，夯实“高端引领、中端覆盖、专题提升”干部培训体系，全年开展培训项目18个，培训5834人次。举办第5期名师班，开展思政、法治、统战与师德培训，培训教师4500余人。

加强监督管理工作。严格落实课外读物进校园管理要求，全面启动课外读物进校园情况自查工作。组织全区各类型幼儿园对园所内绘本等读物进行全面排查，清理整治问题读物。开展6轮针对全区各类型幼儿园的督查工作，2名专职督查员通过实地走访、线上督查、查阅档案等形式开展督查工作。做好2019—2021年幼儿园办园质量督导评估问题整改工作，组织专家对存在问题的24所幼儿园整改情况开展回访，形成整改报告并上报市教委。

（彭悦　段秀娜　祁矛）

一体化德育实践研究示范区建设推进

2022年，石景山区教委推进“北京市幼小初高一体化德育实践研究示范区”建设。召开2021年石景山区建设北京市一体化德育示范区总结表彰会，表彰2021年度优秀成果42项。会同北京市学校德育研究会举办北京市大中小幼一体化德育研究重大课题“一体化德育体系建设背景下学校（幼儿园）德育实践研究”开题暨首届一体化德育学术论坛石景山区分论坛。推出石景山区“新冠肺炎”疫情心理防护学生版、教师版、家长版3个版本指南等。制定《石景山区中小学生社会大课堂实践活动管理工作方案》，完成区内11家社会大课堂资源单位的重新登记和1家资源单位新申报审核工作。印发《石景山区中小学区级三好学生、优秀学生干部和先进班集体评选办法》，完成2轮学生管理校规校纪修订工作。组织开展《家庭教育促进法》宣传培训，评选出9所优秀家长学校。开展“学规范、正行为、养习惯”主题教育月活动；以冬奥观赛为契机，评选出290名中小学文明礼仪使者；举办中小学生“我爱地球妈妈”生态环保演讲比赛；增配第二批国家安全副校长11人。实施落实《中小学德育工作指南》建设“一校一案”项目，评选出10个典型案例。

（郭珂珂）

9月19日至30日，京源学校举办学生科技节活动

（京源学校　供）

石景山干部教师交流轮岗工作推进

2022年，石景山区教委推进“区管校聘”管理改革，有序开展义务教育学校干部教师交流轮岗工作。全面调研各学校符合交流条件人员，统计包括教师学科、学段、教学特长与优势等项目信息，建立符合交流条件的干部台账、教师台账，通过座谈会、访谈、书面征求意见等方式，面向教育集团、各校校长、骨干教师等群体征求意见20余条。交流轮岗教师在人事关系调转后，交流期间确保工资不降，并按每年人均3000元为全职交流教师发放交流工作津贴。6月15日，印发《石景山区推进义务教育学校干部教师交流轮岗工作实施方案》，通过集团内部交流、学区之间交流、全区统筹选派等方式，安排交流轮岗教师516人，其中全职交流139人、兼职交流377人；依据党组织领导的校长负责制改革要求，完成6名校级干部交流轮岗。制定相关工作实施细则与交流轮岗任务指标一并印发至各教育集团和学校，要求区内8个教育集团将本集团（学校）交流轮岗工作实施方案上报区教委备案，并按照任务指标对接匹配交流轮岗教师。

（陈曦）

“双减”政策落实工作深入推进

2022年，石景山区教委推进“双减”政策从落地走向纵深。推动校内提质增效，以接诉即办“每月一题”为工作主线，每周随机抽取2所学校，开展专项教育教学调研检查。对11所义务教育学校进行教育教学情况、五项管理专项检查。持续完善区、校两级考试命题机制，促进作业减负和命题规范。举办“双减”专题高级研修班，开展“双减”优秀案例和课后服务案例征集活动。坚持做好课后服务，深入开展足球、冰雪、武术、诵读和劳动教育特色活动；组织开展《石景山区学校课后服务工作情况调研》，为课后服务激励发放提供数据支撑，促进各学校进一步完善课后服务工作。组织14所学校为小学生提供暑期托管服务，分2期开展暑期小学生托管，惠及学生403人，投入教师612人。学科类校外培训机构总量由88址压减至18址，压减率80%，其中31址无证机构动态清零、有证机构减少39址，继续举办的18址有证学科类培训机构全部纳入区预付费信用监管服务平台进行资金监管，平台存管资金1300余万元。

（荆林　王贤鑫　李志远）

融合教育向学前教育延伸

9月15日，石景山区教委召开学前阶段融合教育工作部署会暨2022年学前融合教育系列活动启动会，推进融合教育向学前教育延伸。会议强调，学前教育阶段幼儿发育存在差异，未来存在无限可能，在学前阶段开展融合教育目的是给有特殊教育需求的幼儿提供更加包容、人文、科学、专业的教育服务，通过早期干预帮助其顺利融入集体生活、学校生活，为其融入社会打基础。会议要求全区幼儿园以高度责任心和使命感开展融合教育，努力创造条件，接受适龄儿童入园就读，要求幼儿园加强家园沟通，做好家园共育，为特需幼儿创造和谐宽松的生活氛围；同时鼓励幼儿教师积极参加融合教育培训展示活动，提升专业素养。会议邀请海淀区特教研究与指导中心主任作《学前融合教育开展策略》主题讲座，从幼儿园融合教育环境营造、教师融合教育能力提升、特需幼儿成长档案建立等方面介绍典型案例和成功经验。全区各级各类幼儿园园长和教学主管领导等70余人参加会议。

（荆林）

“双师课堂”三期新建“双师教室”43间

9月至12月，石景山区教委实施“双师课堂”三期建设项目，新建“双师教室”43间。全区“双师教室”数增至198间。项目完成7所项目校硬件设施建设，投入资金792.77万元。同时，持续组织开展“融合课堂”下希沃白板的使用和教学功能开发交流，以学科组为单位举办区域信息技术推进课堂变革的教学探索活动，探索学校“融合课堂”教学可实施策略，加强冰雪运动与学科教学环节模式打造，形成学科教学应用策略手册。

（王贤鑫）

义务教育课程实施办法印发

10月18日，石景山区教委印发《2022年石景山区义务教育课程实施办法》。办法重点从课程设置、教学安排、课程落实与教材使用等方面对新课程实施作出阐述和说明。明确指导思想、培养目标、基本原则、课程设置、教学安排、课标落实与教材使用、课程实施、组织保障8项41条实施细则。办法自2022年11月起施行。

（王贤鑫）

4所幼儿园开办托班试点

至年底，石景山区教委推进4所幼儿园开办托班试点。4所幼儿园分别为北京军区机关幼儿园、北京军区联勤部机关幼儿园、首钢幼儿保教中心金苹果幼儿园和首钢幼儿保教中心老山东里幼儿园，可提供托位360个，为2～3岁幼儿提供全日制托育服务，每班至少配备2名教师和1名保育员，班额每班不超过20人，通过健康和科学的育儿服务加强家庭科学育儿指导，推进以“托幼一体化”为主、多元模式并举的托育服务供给体系建设，不断满足社会家庭托育需求。全年累计接纳幼儿280人。

（祁矛）

海淀区

概况

2022年，海淀区教委辖属教育单位445个。其中，幼儿园225所（教育部门办园26所、其他部门办园17所、地方企业办园6所、事业单位办园26所、部队办园37所、集体办园24所、民办园88所、具有法人资格中外合作办学1所），小学90所，初级中学3所（全部为教育部门办校），完全中学39所（教育部门办校31所、其他部门办5所、民办校3所），高级中学2所（全部为民办校），九年一贯制学校13所（教育部门办校11所、民办校2所），十二年一贯制学校29所（教育部门办校16所、其他部门办校3所、民办校10所），特殊教育学校2所，工读学校1所，中等职业学校1所，其他法人单位40个。招生102138人（幼儿园24992人、小学33202人、初中25466人、普通高中17700人、中等职业学校778人）；毕业84499人（幼儿园22165人、小学26276人、初中22578人、普通高中12868人、中等职业学校612人）；在校生400335人（幼儿园80528人、小学193778人、初中74689人、普通高中48421人、中等职业学校2418人、特殊教育学校501人）。教职工总数45145人（幼儿园14518人、小学10652人、中学19147人、中等职业学校425人、特殊教育403人），其中高级职称5520人、中级职称8865人。北京市特级教师174人、北京市学科教学带头人63人、北京市骨干教师305人。全年教育总投入162.29亿元。中小学固定资产总值174.43亿元。全区有培训机构360个。新建小学2所、中学1所。设立学区17个。

2022年，海淀区教育系统全面贯彻新发展理念，主动融入新发展格局，深耕教育改革试验田，努力提高教育质量和服务保障水平。

提升教育管理能力。加强学前教育规范管理，建立“区政府—区教委—幼儿园”三级管理机制，推进幼儿园托班试点，指导全区13所幼儿园开设托班。推动义务教育新课程、新课标高水平落地实施，制定《海淀区义务教育课程实施办法》。推进高中多样化特色发展，19门普通高中课程被认定为北京市普通高中特色课程，认定31门课程为海淀区普通高中特色课程。普职融通发展，增强职业教育适应性，高质量建设北京市特色高水平专业（群）和工程师学院、大师工作室共11个北京市特色高水平建设项目。优化国际教育供给，制定国际交往中心、“两区”建设国际教育工作组方案和国际人才社区建设重点任务；新增1所外籍人员子女学校，指导北部新建国际学校品质提升；成立“港澳教育交流办公室”。

打造高端人才梯队。成立“海淀教育智库”，聘请9名退休优秀书记、校长担任教育智库专家。实施“成长中的教育家”工程，先后召开3场实践研讨会。结合需求推进干部教师精准交流轮岗，制定干部教师交流轮岗工作方案和实施细则，采取8种形式开展交流。依托科技赋能，建立“干部教师交流数据分析平台”。运用互联网技术，以“双师课堂”“融合课堂”等形式开展教师柔性交流，扩大优秀师资覆盖面。深度发掘和培养优秀教育人才，1人入选2022年乡村优秀青年教师培养奖励计划；1人入选2022年“万人计划”教学名师（思想政治优秀人才）；70人获评2022年北京市优秀教师，8人获评北京市优秀教育工作者；1名校长入选教育部新时代中小学名师名校长培养计划。

加大优质教育资源供给。巩固三期学前教育三年计划成果，新增幼儿园13所，扩增学前学位4000余个。提速中小学校新建改扩建进度，12个新建改扩建项目完工，新增优质学位10040个。探索结构更加灵活的联盟式教育集团，完成12所学校布局调整任务。推动首都师范大学附属中学第一分校、清华大学附属中学上地学校、北京市海淀区青苗学校3所学校增设高中部，新增北京市海淀区仁北高级中学，累计增加高中招生计划3000余个。规范公办学校举办、参与举办民办义务教育学校情况，按政策将7所民办学校转为或转入公办学校，增加公办学位1万个。

彰显五育并举新成效。推进大中小学思政课一体化建设，建立内部贯通、市区联动、基础教育与高等教育协同推进的工作机制，持续在一批中小学建立大中小学思政课一体化基地。统筹区域内高校马克思主义学院及中小学思政课资源，筹备建立“海淀区大中小思政课一体化共同体”。召开北京市大中小学思政课一体化重大课题开题暨海淀区推进市思政课一体化研究基地和示范区建设现场会。深化落实美育改革，完成北京2022年冬奥会开幕式表演任务，推出“海淀区中小学生艺术成果线上展”。劳动教育彰显海淀特色，研发《海淀区中小学劳动教育基地课程》和《海淀区劳动教育课程建设与实施指导手册》《海淀区3～18岁学生家庭劳动教育任务清单》，建立20个区级劳动教育实践基地，评选出97所区级劳动教育特色学校、实验学校和研究学校，评选区级劳动教育学科带头人25人。挖掘整合社会劳动教育资源，为全区学生提供现代工农业、新型服务业的劳动实践机会。

4月8日，海淀区教委举办海淀区小学“未来名师成长计划（与健康学科）”活动（海淀区教委　供）

保障线上教学质量。海淀区中小学资源平台为全区30万名中小学师生提供资源点播服务，建设七大专题资源库。海淀区云课堂直播平台创建线上课堂教学场景，为学生还原线下课堂，开启虚拟教室1296间。

（尹涛　宋亚甫）

海淀义务教育教师交流轮岗工作推进

2022年，海淀区教委推进义务教育教师交流轮岗工作。1月，启动团组式交流轮岗项目，组织32所学校结成16对项目结对校，签订工作协议，建立工作机制，制订交流计划。作为教师交流轮岗工作的主要形式之一，16对团组式交流试点学校间采用跨校兼课、“双师课堂”、学科校际联研等形式开展深入交流。5月，全面启动干部、教师交流轮岗，并根据实际情况，确定8种交流形式。2021年8月至2022年1月，海淀区参加交流轮岗教师人数917人；2022年2月至7月，参加交流轮岗教师人数1980人；2022年9月，到岗开展交流教师人数1866人（占符合交流条件教师34.1%），其中全职交流教师1327人、兼职交流教师539人，全体交流教师中区级以上骨干教师853人（占比45.7%）。

（宋亚甫）

专班统筹“双减”政策落地落实

2022年，海淀区教委推进“双减”政策从落地走向纵深。发挥专班统筹推进、行业归口管理、部门协同联动、街镇属地“网格化”管理工作机制优势，累计召开区级“双减”专班调度会56次，有证学科类培训机构由296址压减至63址，完成17个培训机构“营转非”重新登记，公告废止110个“僵尸型”培训机构，47个学科类培训机构全部落实复合模式资金监管，监管资金近3.20亿元。加强“地下”学科类培训机构治理，着力防范风险，完善执法机制，制定《海淀区地下学科培训执法工作方案》，累计检查校外培训机构1.10万址次。做好稳企帮扶化解矛盾，制定《海淀区支持学科类培训机构转型发展的若干措施》，搭建“海淀区校外培训机构兑换课公益超市”，为家长兑课4600余班次，减少损失488万余元。制定《海淀区义务教育学校教学基本规范》和学生作业、睡眠、手机、读物、体质“五项管理办法”等文件。成立“学校作业管理和督查组”，组织开展作业研究，加强作业设计指导，形成“海淀优秀学科作业案例库”，建立作业总量审核监管和质量定期评价制度。加大优质资源供给，提高课后服务质量，制定《海淀区小学学科类校外资源进校园管理指导意见》，130所小学先后引进40余个学科类优质校外培训机构参与校内课后服务。建立课后服务专项绩效工资区、校两级奖励激励机制，推进落实教师弹性上下班制度。全区超过98%的中小学生参加课后服务，义务教育阶段教师参与率99%。组织71所学校（校区）4000余名教职工为2638名学生提供暑期托管服务。

（尹涛　宋亚甫）

集团化办学推进

2022年，海淀区教委继续推进集团化办学。启动“优化教育布局工程”，完成一系列中小学集团化布局调整，新增集团化办学成员校8所。开展集团化办学质量评估工作，与首都师范大学课题组、海淀区教师进修学校、海淀区教育科学研究院共同研制评价指标体系，设置健全集团管理架构、深化集团课程改革、创新人才培养方式、加强集团教师队伍建设、加强集团文化建设、集团化效果6个维度19项细化指标。评估面向全部36个教育集团，涉及140余个校址，涵盖100余所成员校，19万余名在读中小学生。评估结果为：一档8个、二档21个、三档7个。

（宋亚甫）

智慧教育基础环境建设推进

2022年，海淀区教委推进智慧教育基础环境建设。完成互联网统一出口建设及“智慧教室”二期2477间教室改造工作；启动海淀教育“一网两平台”扩容、教育大数据支撑平台升级建设；完成海淀区中小学资源平台、海淀区教研平台和云直播课程平台升级工作。出台《海淀区教育系统新时期常态化开展线上线下混合式教学工作指导意见》。海淀“空中课堂”资源覆盖小学一年级至高三年级各学科，总计19677节；另有其他拓展类资源7324个，其中人文资源1657个、科学资源1349个、信息资源606个、学科资源1153个、主题资源2559个。建设优质作业资源库，收录优秀基础作业资源18万个。优化迭代初三、高三9个学科资源445个，面向初三年级推出“海淀·名师讲堂”，开发58个微专题资源。完成教师线上培训、学生直播授课、家校大讲堂等直播教育活动，形成能够长期延续的线上直播教育教学业务体系。其中，学生直播授课4241场，学生在线学习3781666人次；面向教师和家长开展直播培训271场，在线观看2721130人次。

（宋亚甫）

人工智能助推教师队伍建设试点工作启动

1月19日，海淀区政府举办海淀区人工智能助推教师队伍高质量一体化发展试点工作启动暨培训会。会议宣布启动人工智能助推教师队伍建设试点工作，为一期4个试点教育集团和6所试点学校颁牌，并为专家颁发聘书。海淀区试点工作坚持创新驱动、系统规划、问题导向、项目互补、一体化发展原则，以人工智能、大数据、5G技术等支撑“六大行动”的持续开展，实现一支优秀教师队伍的打造、两个新模式的构建以及一批优秀成果的积累，最终服务于人工智能助推教师队伍高质量一体化发展的目标达成，建设周期5年，分4个阶段推进。其中，“六大行动”分别为智

11月15日，红英教育集团·翠湖小学教育联盟教师开展联合研讨
（海淀区教委　供）

能教育新型基础设施建设提升行动、人工智能促进课堂教学提质行动、人工智能助力作业提质行动、人工智能促进联合教研提质行动、人工智能助力“精准培训”行动、人工智能助推教师队伍建设创新研究与成果推广行动；4个阶段分别为研制方案、整体启动阶段，先行先试、系统推进阶段，总结反思、全面推进阶段，模式提炼、成果推广阶段。其间，海淀区政府将提供政策保障、组织保障、机制保障和经费保障。2021年9月，教育部启动第二批人工智能助推教师队伍建设行动试点工作，涉及55所高校、20个地市、25个区县。其中，北京市西城、海淀、大兴三区入选。

（宋亚甫）

“十四五”时期教师培训工作启动会

5月17日，海淀区委教育工委、区教委举办“十四五”时期教师培训工作启动会。会议部署“十四五”时期相关工作，总结“十三五”时期海淀区教师培训工作，并表彰“十三五”时期教师培训工作中表现突出的单位和个人。海淀区委教育工委、区教委领导及区教委相关科室、直属单位和学校代表20余人现场参加会议，全区中小学、幼儿园及学区管理中心相关负责人线上参加会议。“十三五”期间，培训教师29000人，人均培训近500学时，项目培训满意度90%以上。海淀区委教育工委、区教委被评为北京市“十三五”时期教师培训工作成绩突出集体，全区19名干部教师被评为北京市教师培训工作优秀个人。海淀区形成拥有特级教师221人、市级学科带头人和市级骨干教师461人、区级学科带头人和区级骨干教师5324人的雁阵式人才梯队。

（宋亚甫）

“线上+线下”心理服务格局构建

5月20日至12月31日，海淀区教委构建“线上+线下”心理服务格局。海淀区教育科学研究院开展心理疏导、宣传、排查等工作，指导学校开展各类线上心理健康教育活动。开通心理热线电话持续为师生、家长提供服务辅导；录制专题心理课程14节，累计访问量4.80万次。利用海淀区中小学心理健康教育网络平台，更新上传心理防护资源；聘请专家为全区师生举办2场中高考专题心理培训，惠及师生6500余人；利用海淀家长学校举办2场家长考前心理培训，点击量近万次。按照学区分片，拉网式与因需式结合给予学校专业辅导支持，为近200名师生提供针对性指导。利用危机管理系统，实现学生心理状态动态关注，及时为部分学生提供专业诊疗建议。研发小学一年级至高三年级心理课后服务课程资源50节，形成“活动+游戏”特色服务项目。居家学习期间，制作情绪调控、自我管理等专题线上微课；举办线上班主任家庭教育指导能力提升培训活动，点击量1.90万次。5月25日至6月10日，区教委开设高三学生心理专线（83428600），面向海淀区高三考生及家长，针对考前减压、复习备考、亲子沟通等问题提供心理支持服务，可供4人同时咨询。

（宋亚甫）

作业资源库建设

5月，海淀区教育科学研究院联合技术研发团队在海淀区中小学资源平台学科资源栏目中建设“作业资源库”。资源库面向海淀区中小学教师，采用实名制登录，提供三年级至九年级语文、数学、英语3科优质作业资源，总题量超过10万道。全部资源符合海淀区中小学所使用教材版本，题目采用多维度标签标记，包含单选、填空、主观等题型，为教师布置作业提供内容参考。

（宋亚甫）

教育智库成立

9月27日，海淀区委教育工委、区教委举办海淀教育智库专家工作室人才培育工程启动仪式暨第三届“智汇·海

11月，人大附中举行心理健康文化月活动 （人大附中 供）

淀”人才主题周教育专场活动。会议宣布成立海淀区教育智库（简称海淀教育智库），教育智库专家委员会主任由区委教育工委书记担任，聘任智库专家 9 人，确定智库专家工作室学员 40 余人。智库专家将与学员组建学习共同体、协作共同体、发展共同体，利用专家工作室平台开展为期 3 年的互学、互鉴、共通、共享。

（宋亚甫）

生态文明与可持续发展创新工作室成立

10 月 26 日，海淀区教委成立“生态文明与可持续发展创新工作室”。工作室聘任指导专家 21 人，确定资源单位 7 家，组织 38 所学校构建研究团队。作为全市首个区级指导开展生态文明教育专业研究机构，该创新工作室将组织课题校研究团队，利用海淀区优质地域资源，系统开展生态文明教育研究，建立多层级生态文明教育研究共同体。

（宋亚甫）

职业教育“综合高中”品牌打造

至年底，海淀区教委打造职业教育“综合高中”品牌。北京市信息管理学校“人大附中班”继续按照国家《普通高中课程方案》开展文化课教学及音乐、美术专业课教学。2020 年，海淀区教委决定，北京市信息管理学校与中国人民大学附属中学发挥各自办学优势，合办艺术类综合高中——“人大附中班”。该班学生为普通高中学籍，培养方向为美术绘画、音乐，参加艺术类普通高考。在职普融通合作中，信息学校选派教师团队负责美术、音乐专业课程教学；人大附中联合总校选派教师团队，负责文化课教学，共享人大附中优质资源。首届美术绘画班、音乐班各招收 35 人。

（宋亚甫）

门头沟区

概况

2022 年，门头沟区教委辖属教育单位 76 个。其中，幼儿园 24 所、小学 21 所、初中 9 所、完全中学 4 所、九年一贯制学校 2 所、十二年一贯制学校 2 所、中等职业学校 1 所、特殊教育学校 1 所、工读学校 1 所、直属单位 11 个。招生 8849 人（幼儿园 3483 人、小学 2655 人、初中 1517 人、高中 1146 人、中等职业学校 42 人、特殊教育学校 6 人）；毕业 6204 人（幼儿园 2055 人、小学 1753 人、初中 1508 人、高中 865 人、中等职业学校 17 人、特殊教育学校 6 人）；在校生 34041 人（幼儿园 10962 人、小学 14895 人、初中 4830 人、高中 3099 人、中等职业学校 73 人、特殊教育学校 182 人）。教职工 4847 人（幼儿园 1678 人、小学 1370 人、初中 779 人、高中 439 人、中等职业学校 113 人、特殊教育 31 人、其他直属单位 437 人）。北京市特级校长 2 人、北京市特级教师（在职）17 人、北京市学科教学带头人 6 人、北京市骨干教师 45 人、北京市骨干班主任 8 人。

2022 年，门头沟区教育系统立足“生态立区、文化兴区、科技强区”区域发展战略，努力建设“人人出彩、校校生辉”的精品教育区。

推动教育高质量发展。推进中小学校党组织领导的校长负责制，对于 6 所公办学校“一把手”实现区委提级管理。统筹提升基层党建工作质量，《党建微刊》专栏创刊。建立党建共建“2+1”工作机制，推动“两新”组织强党建促

至年底，海淀区教委继续打造职业教育“综合高中”品牌

（海淀区教委 供）

发展。发挥党组织战斗堡垒作用，分7批次抽调342名干部、教师参与疫情防控工作。

促进学生全面发展。探索中小学德育一体化路径，以区域“红色”“绿色”资源为主线，以“讲京西、游京西、建京西、爱京西”为主题，开展一体化德育特色课程和综合实践活动。结合“创城创未”工作重点，统筹落实“十个一”项目及青少年主题教育活动，引导师生共同上好“大思政课”。依托生态教育、素质教育、革命传统、劳动艺术4个教育基地，打造京西“五育并举实践体验圈”。利用高校、委办局、镇街等资源，开发跨学科、跨学段的综合实践研学课程，培养有理想、有本领、有担当的“绿水青山新居民”。凝聚家校社协同育人合力，开发“微课程”指引家庭教育，利用微信公众号推广2个家教专栏，举办“好家长训练营”专题培训81期，惠及2万余个家庭。加强未成年人心理健康辅导站建设，开展中小学生阳光成长心理测评调研，完善学生心理危机干预三级联动机制。

推进教育优质均衡发展。推进义务教育学校校长教师交流轮岗工作，组织37所中小学400余名干部教师通过8种形式开展交流。通过“员额制”招聘幼儿教师75人，返聘优秀退休教师23人。面向14所山区学校开展名师送教活动100余次，成立14个名师工作室。坚持资源引进与内涵发展双轮驱动，打造“山谷”“京西”“京师”系列教育品牌。北京景山学校京西实验学校借址开学，招收小学一年级学生85人。制定《门头沟区城乡教育发展联盟实施方案（试行）》，以校际联盟共建协作为基本形式，建立“1+N”工作机制。持续巩固校外培训治理成果，压实6址有证学科类培训机构合规行为，建立116家非学科培训机构基础台账，联合相关行业部门实现归口监管。推动校内减负提质，以“每月一题”工作机制为抓手，制定场景化治理工作方案。发挥大数据平台赋能作用，实现“一生一策”定制个性化课后服务，“一班一课表”落实规范化排课选课。开展新课程方案校级培训88次、专题培训397次、课例研讨与展示794次。探索期末探究性开卷考试评价方式，深挖“绿水青山”教育资源，命制“试题菜单”，提供100余道试题供学生选择。

（李嘉耕）

幼儿园保教质量提升工作

2022年，门头沟区教委推进幼儿园保教质量提升工作。制定“2+5”系列文件，分别为学前教育、学前研修2项工作计划和协同发展、入学准备、课程领导力、保教质量提升、家园共育5个项目实施方案。实施课程领导力项目，更新干部教师课程理念，完善幼儿园课程体系；建立保教质量评价工作坊，指导幼儿园通过教研，完善质量规范，建立自评体系。开展区域学前教育保教质量评估，形成《区域学前教育质量评估报告》。评估结果显示全区幼儿园师幼互动情感支持质量较高，教育支持策略需进一步加强。

（李乾）

义务教育入学推进

2022年，门头沟区教委稳妥推进义务教育入学。制定《门头沟区2022年义务教育阶段入学工作实施细则》《门头沟区2022年非本市户籍适龄儿童少年接受义务教育材料审核实施细则》。小学入学采取“就近登记+多校派位”方式，各小学按照基本顺位规则招生，接收有困难学生通过多校派位方式入学，非京籍学生首次采取全区派位方式入学；小升初入学采取“就近登记+对口直升+多校派位”方式，稳妥推进多校派位入学方式。规范《2022年门头沟

10月13日，龙泉小学开展文明出行志愿服务活动

（龙泉小学 供）

区协调入学方案》《2022年门头沟区多校划片专项工作方案》等文件，完善义务教育招生制度。全区通过北京市义务教育平台登记新一年级学生2481人（含非京籍545人）。接待“12345”信访件300余件，来访60余人次，咨询电话4000余个。

（马荧）

艺术教育成果显现

1月至2月，门头沟区艺术教育成果初步显现，多名学生受邀参与大型晚会演出。1月31日，北京市门头沟区大峪第一小学2名学生参演的戏曲节目《生生不息梨园情》登上中央广播电视总台春节联欢晚会。2月，首届《全国校园戏曲春节晚会》在中国教育电视台一套等多平台同步播出，门头沟区原创京剧《青核桃》受邀参演，7所学校的9名学生参与演出。门头沟区教委以培养学生综合素养、促进学生健康成长为目标，推进全区艺术教育均衡优质发展，通过鼓励学校开发特色艺术课程，拓展美育实践活动，广泛开展课外艺术社团和艺术实践活动，形成每名学生至少培养1个艺术爱好，每所学校建设1个品牌的艺术教育格局。

（殷冉冉）

安全整治百日行动

6月至10月，门头沟区教委开展安全整治百日行动。行动围绕“防风险、保安全、迎二十大”主线，面向全区中小学、幼儿园开展全覆盖安全大检查，涵盖校舍建筑、消防、燃气、实验室安全及校园周边治理等10个大项75个小项，检查并消除隐患100处。同时，聚焦重点领域，加强危化品专业管理，为全部11所有危化品的学校改造存储场所，并聘请专业评估公司进行安全评估。加强燃气安全管理，为16所学校更换到期的燃气报警器等设备。

（王冬冬）

健全法治副校长工作机制

9月14日，门头沟区教委联合团区委、区公安分局、区司法局等单位共同召开学校法治副校长工作商谈会。会议决定为全区81所中小学、幼儿园配备61名法治副校长，组织统一岗前培训，并由学校颁发聘书。至年底，法治副校长为各校举办法治讲座80余场，并为各校提供法律咨询服务。

（王玉琳）

义务教育新课程实施

9月19日，门头沟区教委印发《门头沟区义务教育课程实施办法（试行）》。面向全区中小学、教育基地、研修部门和教育行政部门，组织干部教师参加义务教育新课程国家级线上培训，同步启动门头沟区义务教育新课程系列培训，邀请市级专家和一线教育工作者，围绕新课程理念与精神、跨学科主题学习设计、劳动艺术课程资源开发等6个主题进行专题系列讲授。召开全区义务教育课程实施办法落实部署会，启动“义务教育新课程主题研修月”活动，组织各中小学开展校本培训、学科组研修、教师课例展示与研讨等活动。

（张博文）

考试评价实施新方式探索

12月，门头沟区教委在四年级、七年级探索学生居家期间考试评价实施新方式。“探究型开卷考试”以落实新课程标准为指引，以区域生态山水和历史人文资源为素材，

1月31日，大峪一小2名学生登上央视春晚

（门头沟区教委 供）

12月，门头沟区教委在四年级、七年级探索学生居家期间考试评价实施新方式 （门头沟区教委 供）

鼓励学生走进绿水青山间，开展跨学科实践探究。区教委、北京市门头沟区教育研修学院组建以研修员为核心，骨干教师为主体的60余人组成的命题小组，编制50余道探究型试题。试题内容涉及科学、人文、艺术等领域，突出跨学科主题实践活动，引导学生开展小课题研究。学生需在“试题菜单”中根据个人兴趣选择其中一道，利用一周时间完成。

（裴军）

房山区

概况

2022年，房山区教委辖属教育单位239个。其中，幼儿园130所（教育部门办园38所、民办园89所、其他部门办园3所），小学46所（教育部门办校41所、民办校5所），初级中学34所（教育部门办校33所、民办校1所），高级中学13所（教育部门办校11所、民办校2所），特殊教育学校1所，职业高中3所，其他教育单位12个。招生30529人（幼儿园10741人、小学10316人、初中5738人、普通高中3092人、职业高中629人、特殊教育学校13人）；毕业25257人（幼儿园10218人、小学6931人、初中5352人、普通高中2306人、职业高中439人、特殊教育学校11人）；在校生120558人（幼儿园33791人、小学58498人、初中17162人、普通高中8721人、职业高中2266人、特殊教育学校120人）。教职工总数14131人（幼儿园5612人、小学3561人、中学4179人、职业高中216人、特殊教育39人、其他教育单位524人），其中高级职称1882人、中级职称4201人。北京市特级教师32人、北京市学科教学带头人19人、北京市骨干教师128人。全年教育总投入54.26亿元。中小学固定资产总值37.46亿元。

2022年，房山区委教育工委、区教委落实“双减”政策，全面深化教育领域综合改革，推动教育高质量发展。

加强党对教育工作的全面领导。完成45个基层党组织换届，14个党组织委员增补工作；建立“季调审”机制，调审61个基层党组织《党支部工作手册》和党建活动经费使用情况；完成民办学校《章程》复审备案工作；接收预备党员75人，预备党员转正153人。培育孵化19个基层党建品牌，发布2部党建理论专著。贯彻落实《北京市中小学校幼儿园安全管理规定（试行）》，完成学校安全生产专项整治三年行动任务。强化物防、技防建设，完成70所学校校园监控和15所学校校园消防水池建设改造。联合公安分局等多部门开展检查，出动人员3415人次，检查基层单位1492家次，发现问题隐患387项，均如期整改。

建设高质量育人体系。制定《房山区大中小幼一体化德育建设实施方案》，推进区域德育一体化建设。完善家校协同育人机制，评选“育子有方”好家长，召开房山区首届家校协同育人论坛。开设46期“家庭教育微课堂”和44期“心理微课堂”线上课程，组织52次师生心理健康线上讲座，累计培训27万人次。修订完善《房山区中小学课堂教学改进指导意见》，启动“文靖杯”“龙源杯”中小学教师教学基本功大赛，推动课堂改革。优化作业评价，深入开展“房山区义务教育标准化作业设计与实施培训项目”研究。优化劳动教育课程，结合生活实际指导学校系统设计实施劳动教育。开展6次主题科普活动，惠及学生1.30万人次。千名学生创新人才项目完成，1092项成果获得国家实用新型发明专利。争取1400万元市级资金，优化4个创新人才培养基地建设配置。

推进教育优质均衡发展。巩固第三期学前教育行动计划实施成果，适龄儿童入园率保持在98%，学前普惠性覆盖率96%。将6所非普惠性民办园列入北京市托班白名单，提供托位210个，为2～3岁幼儿提供托育服务。制定《社区办园点转型提升工作方案》，分批分层推动社区办园点转型提升。启动义务教育优质均衡发展国家级验收准备工作。推进“全国基础教育优秀教学成果推广应用示范区”建设，探索基于学生发展数据的“教、学、研、评、管”五位一体现代教学管理模式。创新“基于教学改革，融合信息技术的新型教与学模式实验区”建设，促进信息技术与教育教学深度融合。举办首届“房山区中小学、幼儿园教育科研研究展示月”，1.50 万人次参与。义务教育招生入学和控辍保学工作累计保障 1.60 万名适龄儿童少年就近接受良好义务教育。启动高中校多样化特色发展创建区级评估认定，对首批 4 所创建校开展培训和评估。职业教育办学条件持续改善，多个校内实训室建成投用。乡村振兴服务能力不断提高，开展各类涉农培训近百场次，推动“香椿”“金银花”等 7 个农业特色品牌建设，开发 11 门农技微课程，在 6 个乡镇开办农民中高等学历教育班。检查各类培训机构 4327 址次，开展联合约谈 32 址次，关停非法机构 11 址，压减机构 1 址。

增强人民群众获得感。按照京西棚改项目任务分工，坚持区校共同发力，率先完成 449 名学生安置工作。践行“人人都是营商环境”理念，优化入学工作，全程“零接触”线上办理，累计接听区级咨询电话 8000 余人次。扩增优质教育资源，与清华大学附属中学合作办学的房山区长阳学校完成建设并开学，拓展与首都师范大学附属中学等优质校高中学段合作，新增中小学优质学位 1975 个。加大教育投入，完成固定资产投资 4.21 亿元。完成 102 项校舍工程，推进 47 块中小学塑胶操场施工改造。优化 32 所学校网络环境，完成 90 所学校校园安全视频监控改造，购置电子屏 2595 块，更新师生计算机 1 万余台，补充各类图书 36 万余册。

推进教育督导工作。中小学（幼儿园）综合督导采取线上督导、聘请首席专家、增加答辩环节、过程开放共享、查阅电子档案、加大听课力度 6 项创新举措。创新工作形式，11 个教育服务单位综合督导采取分组集中时间汇报和查阅档案资料方式开展工作。

（石金生）

学前教育普及普惠优质发展

2022 年，房山区教委推进学前教育普及普惠优质发展。2 所小区配套幼儿园投入使用，新增学位 420 个。巩固第三期学前教育行动计划实施成果，学前三年适龄儿童入园率达到 98%，普惠性幼儿园覆盖率 96%。以房山区家长大讲堂专家讲座为平台，推进家园共育工作。区教委邀请专家举办相关培训 27 场，各幼儿园举办相关培训 100 余场，涉及家庭教养模式、家教家风、幼儿能力培养等内容。落实“学前教师培养工作坊”研修项目，与北京教育学院合作开展“教育改革特色专题培训”项目，依托“京教杯”青年教师教学基本功展示交流活动，开展区内及区际联合培训，辐射全区 208 所幼儿园 2000 余名教师。

（石金生）

基础教育国家级优秀教学成果推广应用项目总结推进会

4 月 22 日，房山区教委承办“运行·转化·赋能”房山示范区基础教育国家级优秀教学成果推广应用项目年度总结暨推进会。会议由中国教育学会主办，为基础教育国家级优秀教学成果推广应用第七次线上交流研讨，组织听取房山示范区“基础教育国家级优秀教学成果推广应用”整体工作汇报，以房山示范区“三 tong”运行为线索，依次聚焦“管理运行—研修运行—实践运行”，分享实践探索、经验成效与反思展望。房山示范区项目专家、项目顾问，中国教育学会专家，房山区教委领导及各中小学中层以上干部、项目核心教师等 300 余人参会。

（石金生）

南沟乡村教育联盟品牌建设项目成果展示

7 月 13 日，房山区教委与北京教育科学研究院联合举办房山区南沟乡村教育联盟品牌建设项目成果展示活动。活动聚焦“可持续发展的乡村教育”，展示乡村教育联盟 6 年研究和探索成果，听取项目总结报告。市教委相关处室负责人，北京教科院、房山区教委领导，乡村教育联盟项目组专家等 200 余人参加活动。2016 年，房山区教委针对教育发展不平衡不充分问题，构建“一环两带三区”教育布局，借助北京教科院资源，成立“房山区乡村教育可持续发展研究中心”，组织 8 所学校成立“房山区南沟乡村教育联盟”，实现乡村教育发展方式转变、

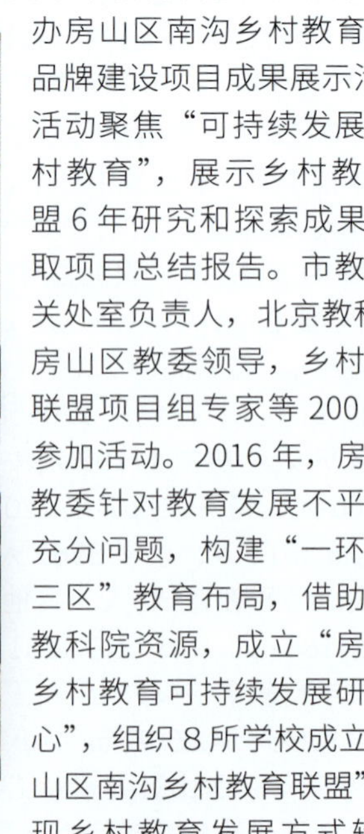

7 月 13 日，南沟乡村教育联盟品牌建设项目成果展示活动举行
（房山区教委 供）

乡村教育资源结构优化、乡村教育质量提升。

（石金生）

中小学“生命健康教育”创新工程启动

9月26日，房山区教育系统启动中小学“生命健康教育”创新工程项目。项目与北京市创新与发展战略研究会合作开展，面向全区中小学校，通过开展“生命健康素养”基线调查、专题教师培训、家校共育等重点工作，实现落实“生命至上，健康第一”理念，提升学生、教师、校长、家长生命健康素养，优化区域教育生态，初步形成房山区“生命健康教育”特色，为房山教育高质量发展夯实基础。

（石金生）

首届“中小学、幼儿园教育科研展示月”

12月，房山区教委、房山区教师进修学校举办房山区首届“中小学、幼儿园教育科研展示月”活动。教科研月以“研究赋能房山教育高质量发展”为主题，以全面提升教育教学质量为落脚点，以“整体化设计、模块化实施、共同体众筹、立体化协同”为行动策略，聚焦“从线上教学走向线上教育”“信息技术与教育教学融合”“教科研赋能教育质量提升”3个主题，分3个篇章开展。举办线上论坛6场。

（石金生）

强化学前教育教师培训实效

至年底，房山区教委强化学前教育教师培训实效。以“研训一体、分层培养”为工作思路，落实“学前教师培养工作坊”研修项目；组织开展北京教育学院“教育改革特色专题培训”项目，以幼儿园课程前言理论为指导，总结实践经验，增强课程研究意识与能力；依托“京教杯”青年教师教学基本功展示交流活动，开展区内及区际联合培训。全年开展培训27次，跨区联合培训1次，辐射全区208所幼儿园2000余名教师。

（石金生）

通州区

概况

2022年，通州区教委辖属教育单位368个。其中，幼儿园245所（教育部门办园45所、其他部门办园1所、部队办园1所、集体办园34所、民办园164所），小学44所（教育部门办校40所、民办校4所），初级中学14所（全部为教育部门办校），完全中学9所（教育部门办校8所、民办校1所），高级中学3所（教育部门办校1所、民办校1所、中外合作办学1所），九年一贯制学校16所（教育部门办校12所、民办校4所），十二年一贯制学校6所（教育部门办校5所、民办校1所），特殊教育学校1所，中等职业学校2所，其他法人单位28个。招生45148人（幼儿园17513人、小学14743人、初中7912人、普通高中4487人、特殊教育37人、中等职业学校456人）；毕业35266人（幼儿园16721人、小学9204人、初中6627人、普通高中2560人、特殊教育24人、中等职业学校130人）；在校生176142人（幼儿园58926人、小学81793人、初中22581人、普通高中11660人、特殊教育194人、中等职业学校988人）。教职工总数20900人（幼儿园10146人、小学4814人、中学5730人、特殊教育63人、中等职业学校147人），其中高级职称2060人、中级职称3686人。北京市特级教师36人、北京市学科教学带头人19人、北京市骨干教师166人。全年教育总投入63.41亿元。中小学固定资产总值41.48亿元。

4月12日，如意中心幼儿园开展“悦读阅成长”主题活动之春日故事会　（如意中心幼儿园　供）

2022年，通州区教委努力构建教育发展新格局，推进副中心教育高质量发展。

提高教育质量，提升家长教育满意度。成立北京市通州区教师研修中心分中心，打造“研修部门—学科教研组—学校”层级化网格教研体系；制定《通州区义务教育课程实施办法》，开展三位一体的“‘双减’落实质量提升”校园行活动，累计听评课60节，对全区125所中小学开展全覆盖检查、全学科视导。完善《通州区中小学线上教学管理基本规范》，印发《北京市通州区小学线上教学质量评价指南（试行）》，建立区、校两级线上巡课制度，累计听课巡课2197节。始终坚持五育并举，培育副中心新时代学子，打造北京城市副中心“大运河少年行”育人工程德育品牌。北京市首个“竺可桢班”揭牌成立。与故宫学校签订美育教育提升协议；举办第25届学生艺术节。创作推出副中心原创红色话剧《我们·恰同学》。推进多类型教育齐发展，制定《通州区教委委托办园指导意见》，12所“手拉手”被帮扶民办园顺利完成评估验收。成立2个心理行为教学基地，为特殊儿童提供融合教育。

严管校外机构治理，纵深推进“双减”工作。发挥“双减”专班办公室作用，印发《通州区“双减”工作简报》36期；推进非学科类培训机构治理工作。利用“云网监控”对20址有证学科类培训机构开展动态监管，对重点商务楼宇开展多轮次、重点时段全面检查，出动1542人次，现场处置无证机构41址，向社会通报违规机构情况7次。

推动教育优质均衡发展。推进集团化办学，新成立潞河中学教育集团、后南仓小学教育集团、中山街小学教育集团3个教育集团，覆盖32所学校。将北京市通州区台湖镇次渠家园小学纳入潞河中学教育集团，挂牌成立“潞河中学附属学校次渠家园校区”，同时指导该校与区域内北京市通州区台湖镇中心小学、北京市通州区银河湾小学共同组建“台次银”教育联盟。推进一体化办学试点工作，新组建4所九年一贯制学校。将北京市通州区乔庄小学纳入北京市通州区玉桥小学一体化管理，更名为玉桥小学东校区。

完善教师队伍配备，提高教师全面育人水平。招聘应届毕业生275人，硕士学历占比超过50%，招聘社会化人员392人。组织984名教师参加交流轮岗，其中区级以上骨干教师208人；组织42名校级干部参加交流轮岗，发挥名校长作用，提升区域办学治校水平。开展4期干部培训，制定《通州区新教师规范化培训方案》，围绕新课程标准开展培训165次。

稳住教育发展基本盘，提高教育服务能力。全力保障学位供给，新增幼儿学位640个、小学学位11880个、中学学位4330个。持续加大教育投入，着力改善办学条件，完成10项领导干部离任经济责任审计，提出审计建议89条，压减低效无效支出。推进副中心教育信息化进程，依托“基于教学改革、融合信息技术的新型教与学模式”实验区建设，开通通州区教育云平台，推送“通州区名师课堂网络课程”689节。推进智能“双师课堂”建设和“网络学习空间建设”行动，支持线上教学、教研。教育督导促进规范办园、依法办学，组织中小学、幼儿园挂牌责任督学完成10次专项督导，深入中小学开展督导活动5000余人次，提交督导报告单4200余份。推进健康校园、平安校园建设，联合9部门制定《通州区推进健康校园行动实施方案》。开展“护校安园”专项行动，为中小学配备1305名专职保安；发挥法治副校长作用，开展法治安全宣传教育120场次、应急演练200场次，参训师生12万人，覆盖率100%。

（巩增芳　曹海英）

“双减”政策落地落实工作深化

2022年，通州区教委推进“双减”政策从落地走向纵深。联合北京教育科学研究院举办“聚焦‘双减’内核点　构建副中心教育新生态——成长导向完整供给　提质增效”课后服务课程交流研讨活动，分设学校论坛、教师论坛、共同体论坛、课后服务课程展示等环节，组织交流研讨，展示成果经验。自“双减”政策实施以来，全区学校实现课后答疑百分百，开设综合素质拓展类课程2000余门。通过微信公众号通报1家违规开展学科类培训的机构——北京博仕堂教育咨询有限公司，面向小学生和学龄前儿童开展英语培训。对于该机构的处罚措施为责令当事人改正违法行为，并处罚金1919.70元。召开非学科类培训机构治理工作会商会，凝聚各行业主管部门工作合力；提出将全面检查与重点抽查相结合、联动检查与属地检查相结合，确保区内各类校外培训活动平稳有序开展。

（白文会　巩增芳　纪锋）

“双新”市级示范区建设项目阶段总结

1月11日，通州区教委召开“双新”市级示范区建设项目阶段总结会。会议听取9所高中阶段总结发言，介绍各校承担的“双新”示范区项目研究进展与成果，并分享各校进入中心组的2门课程的特色与问题。课程研修部研修员及负责人基于通州区高中特色课程发展现状，解读中心组成立背景，目标任务与具体研修思路、安排，布置“双新”市级示范区建设中期工作。9所项目校课程干部，课程研修部研修员等12人参加会议。

（闫德胜）

健康专项行动启动

1月13日，通州区教委与首都儿科研究所举行“落户通州，健康先行”专项行动启动仪式。活动现场，双方签订“落户通州，健康先行”专项行动合作协议，首都儿研所解读实施方案。专项行动首批确定6所试点校（园），其中幼儿园、小学、中学各2所，聚焦“小胖墩”“小眼镜”和儿童语言、心理、行为等重大儿童健康问题，开展饮食、运动和睡眠等多维度发育健康管理服务，为区域内中小学、幼儿园提供健康保障；探索建立医教研融合模式下的“以健康为中心”的区域性儿童健康管理服务体系，依托现有的幼儿园与中小学校群体卫生保健管理，利用互联网医疗技术平台实现区域内儿童健康分级管理，提供精准化个体干预措施，构建儿童健康与疾病统筹兼顾的区域性儿童健康管理服务新模式。

（白文会）

体育、艺术课堂教学改革研究组成立

1月18日，通州区教委成立2022通州区体育、艺术课堂教学改革研究组，涉及中小学体育、音乐、美术、书法等学科。研究组是通州区体育、艺术教育教学课堂研究的专业团队，有成员103人，其中通州区体育课堂教学改革研究组46人（课程改革组23人、体质健康测试组21人、业务指导组2人）、艺术课堂教学改革研究组57人（中学音乐课程改革组7人、小学音乐课程改革组14人、中学美术课程改革组8人、小学美术课程改革组11人、书法课程改革组6人、舞蹈课程改革组6人、业务指导组5人）。研究组将通过多样化专业培训、展示、课堂研究等形式开展相关工作，提高通州区体育、艺术教师课堂教育教学能力。

（白文会）

北京首个“竺可桢班”在通州揭牌

2月20日，北京市首个“竺可桢班”在北京理工大学附属中学通州校区揭牌。中国毛细管电泳研究创始人、中国科学院化学所科学家、竺可桢先生之子——竺安签署授权书，授权该校建立“竺可桢班”，并为该班揭牌。“竺可桢班”聘请竺安任首席顾问，组成由32名科学家组成的顾问专家组，为对地理、气象和人工智能等专业具有浓厚兴趣的优秀学生提供特色化教育资源。该班通过学生自荐、学校推荐面向招生区县范围入校选拔，首届招收47人，培养周期4年。

（巩增芳）

2个妇幼儿童心理行为教学基地挂牌

3月3日，通州区教委与通州区妇幼保健院联合在2所幼儿园建立通州妇幼儿童心理行为教学基地。基地分别设在北京市通州区幼师实验幼儿园和北京市通州区语然生态幼儿园，每月接待区妇幼保健院专业教师、特殊儿童来园开展一日生活体验活动，为特殊儿童提供融合机会。

（陈康康）

与故宫学校签订教育合作框架协议

4月20日，通州区教委与故宫学校签订《“故宫学校教育资源助力北京城市副中心美育教育提升”教育合作框架协议书》。根据协议，双方基于全面提升师生美育素养的战略高度开展教育合作，通过师资培训、入校指导、课程研发等方式，在美育课程建设、美育实践活动开展、美育教育体系构建等方面全面合作，构建通州区美育工作新格局。故宫学校是由故宫博物院举办，由教育部及北京市东城区教育委员会认证资质的培训学校，是面向社会公众传播传统文化、发挥社会教育职能的窗口示范型教育基地。

（巩增芳）

北京市通州区潞河中学教育集团成立

4月26日，北京市通州区潞河中学教育集团成立。集团包括北京市通州区潞河中学、北京潞河中学三河校区、北京市通州区潞河中学附属学校3所成员校，将在集团总校——潞河中学引领下，在凝聚集团文化共识基础上，实现有机融合，探索党组织领导下的体制机制改革。各成员学校制度规范、资源共享、课程同构、教育同质、教师专业发展同标、教育过程和结果同诊，共同发力。5月16日，将北京市通州区台湖镇次渠家园小学纳入集团化管理，成立北京市通州区潞河中学附属学校次渠家园校区。

（张娜）

科普基地认定与管理办法印发

5月6日，通州区科委、区教委、区科协联合印发《通州区科普基地认定与管理办法》。办法适用于场馆类、自然资源类、科技企业类、研发与传播类4类区级科普基地的

4月20日，通州区教委与故宫学校签订教育合作框架协议

（通州区教委　供）

申报、命名、运行、管理和服务；明确可能被“取消基地命名”的 8 种情形。办法自 2022 年 6 月 1 日起施行。

（郑美丹）

全国首个“李四光班”揭牌

7 月 6 日，北京市通州区永乐店中学举办“李四光班”授权揭牌仪式。该班经李四光纪念馆高级顾问、馆长特别助理、李四光先生外孙女邹宗平女士授权建立，为全国首个“李四光班”，首届面向 2022 届中考生，计划招生 40 人。揭牌仪式上，邹宗平女士签署授权书，并受聘为该班首席顾问。该班还聘请中国工程院院士、中国地质调查局专家等 20 余名专家学者组建顾问专家组，由永乐店中学市级名师承担高考学科课程授课，与高水平大学合作培养，深度参与清华大学、北京航空航天大学等高校的创新人才培养项目，探索开设高中和大学衔接的创新培养课程。

（巩增芳　孙晓楠）

顺义区

概况

2022 年，顺义区教委辖属教育单位 227 个。其中，幼儿园 115 所（教育部门办园 58 所、集体办园 25 所、部队办园 1 所、民办园 31 所），小学 51 所（教育部门办校 48 所、民办校 3 所），九年一贯制学校 7 所（教育部门办校 6 所、民办校 1 所），十二年一贯制学校 8 所（全部为民办校），初级中学 17 所（全部为教育部门办校），高级中学 4 所（全部为教育部门办校），完全中学 4 所（全部为教育部门办校），中等职业学校 2 所（民办校 1 所、其他部门办校 1 所），特殊教育学校 2 所（教育部门办校 1 所、其他部门办校 1 所），其他法人单位 17 个。招生 30901 人（幼儿园 10645 人、小学 10528 人、初中 6057 人、普通高中 3583 人、特殊教育学校 52 人、中等职业学校 36 人）；毕业 26364 人（幼儿园 10366 人、小学 7051 人、初中 5807 人、普通高中 3056 人、特殊教育学校 38 人、中等职业学校 46 人）；在校生 121189 人（幼儿园 34875 人、小学 58372 人、初中 17606 人、普通高中 9867 人、特殊教育学校 340 人、中等职业学校 129 人）。教职工总数 15861 人（幼儿园 5964 人、小学 3934 人、初中 1708 人、九年一贯制学校 584 人、完全中学 553 人、高级中学 1161 人、十二年一贯制学校 1866 人、特殊教育 91 人），其中高级职称 2572 人、中级职称 4048 人。北京市特级教师 34 人、北京市学科教学带头人 21 人、北京市骨干教师 99 人。全年教育总投入 79.55 亿元。中小学固定资产总值 51.11 亿元。新建幼儿园 3 所、中小学 7 所。

2022 年，顺义区教委聚焦顺义教育“基础建设年”，推动教育高质量发展。

各级各类教育统筹发展。优质教育资源扩容增量，新增 9 所幼儿园，增加普惠性学前学位 3660 个，普惠性幼儿园覆盖率提升至 91.6%。北师大附属实验中学顺义学校挂牌招生，增加中小学学位 7880 个。组织区内 2 所小学与海淀区 2 所优质小学建立合作办学关系。1 所国际化学校（北京市顺义区诺德安达学校）投入使用，国际教育布局更加完善。完成北京市牛栏山一中实验学校转制工作，专项编制列入事业编制 175 人，113 人通过公招程序及人才引进方式进入事业编制。将民办普惠性幼儿园收费纳入资金监管；持续巩固“双减”工作成果，建立学科类校外培训机构规范、治理、监督、检查长效机制。

9 月 12 日至 18 日，顺义区第 25 届推广普通话宣传周活动举行

（顺义区教委　供）

完善干部教师管理机制。启动“十百千”教育人才引育计划，加大优秀教育人才招聘引进力度。全面推进义务教育阶段校长教师交流轮岗，56名正、副职校长和891名教师参与交流轮岗，呈现出全职交流比例高、区级及以上骨干教师交流多的态势。常态化开展干部考察，完成教育系统58家基层单位领导班子和领导干部考察工作。完成中小学校长职级评审和认定工作。制定教育单位领导班子和领导干部考察方案，完成54个基层单位考察，下校考察测评84次，组织谈话1600余人次，召开干部调整宣布会、交接会43场，选拔任用校级干部48人、中层干部58人。制定《顺义区教育系统中层领导干部选拔、任用、管理办法（征求意见稿）》，规范中层领导干部选拔任用。

推进信息化建设工作。完成10余个区级统筹信息化项目，完成10所新建校（园）信息化环境建设，为10所学校更换校园广播设备，为16所学校更换无线网络设备，为13所学校增加视频融合设备。完成全区238个教育单位22306名教职工、126080名学生基础信息导入。全年监测并拦截境内外攻击463530次，封禁互联网攻击IP地址223个。针对各级各类网络业务，开展4次网络安全检查，发现安全隐患漏洞327个，全部按期完成隐患整改。利用大数据技术赋能教育教学与管理，在全市首先实现校级分布式扫描、分散式阅卷的区级新型质量评测模式，生成244份年级报告、3592份班级报告、11920份任课教师报告和140854份学生个体报告；依托英语E听说系统助力高中学生英语听说水平提升。

推进中小学基础设施改造。整体改造破损严重、使用时间较长的操场，涉及12所学校，落实资金4627.47万元，改造面积13.26万平方米。对4所学校开展扩学位工程，落实资金87.91万元，改造面积2831平方米。保开学改造工程涉及8所学校，落实资金2431.97万元，改造厨房面积4054平方米、教室面积882平方米，加装监控探头2417个，安装升降桩134根。学校房屋修缮工作完成95所学校改造，投入资金9106.45万元，改造面积26.29万平方米，更换及增补监控3301路，改造管道13904米，更换电力线路4982米，新建箱式变电站2座。教育装备总投入1.47亿元，购置教育装备142095件（套），涉及110余个单位。

（王乐欣　郭丹青）

“双减”政策从落地走向纵深工作推进

2022年，顺义区教委推进“双减”政策从落地走向纵深。开展学科类校外培训机构规范管理系列行动，召开全区学科类校外培训机构规范管理工作视频会，传达市、区两级“双减”工作专班调度会精神，解读教育部2022年工作要点“双减”工作内容，通报寒假期间学科类培训机构检查情况，总结全区“双减”工作开展情况，明确2022年“双减”校外治理工作方向。区教委派出12个科室50余人次，对全区24址学科类培训机构开展夜查。举办“聚智云讲坛”——“科研助力学校发展”系列讲座之顺义专场、“‘双减’背景下落实学科核心素养，推进教学方式改革”教育教学主题线上论坛等活动，介绍和展示区内学校落实“双减”政策的实践探索。暑假期间，选取15所学校作为集中托管服务点，分2期为32所学校455名学生提供托管服务。10月1日至7日，开展培训机构专项检查，出动350余人次，检查机构380余个。发现无证违规开展学科类培训机构1个，并将相关线索移交区市场监管局。

（张琪悦　刘帅航）

青少年法治教育覆盖率100%

2022年，顺义区教委加大校园普法力度，实现青少年法治教育覆盖率100%。组织暑期线上法治培训6场，师生累计观看量1.30万人次；组织3万余名师生线上聆听最高人民检察院党组书记、检察长张军“争做少年好网民 共筑网络强国梦”法治课；将法治教育纳入“开学第一课”，全区10万余名学生参与；与区司法局联合开展“法治点亮青春”青少年法治宣传教育工程——“绿伞”舞台剧演出活动，组织区教育系统10名法治教师代表现场观演，3000余名师生线上观看，刻录并发送光盘100张；开展线上冬奥法律知识科普活动，阅读量7691次；开展“第九届师生法治教育作品征集活动”，师生参与编创法治作品328件；开展“4·15”国家安全教育日活动，推出安全教育日系列宣传，各学校通过主题班会、宣传展板、手抄报等方式开展活动，“顺义教育普法”微信公众号活动专题推送阅读量1.30万次；开展“12·4”国家宪法日和宪法宣传周活动，组织6万余名中小学生参加教育部全国青少年普法网“宪法卫士”2022年行动计划活动。

（岳绪娥）

校长教师交流轮岗工作推进

2022年，顺义区教委推进校长教师交流轮岗工作。制定《北京市顺义区义务教育学校校长教师交流轮岗实施方案（试行）》，开发教育系统人员管理办公平台并投入使用，建设教师交流轮岗管理系统。管理办公平台服务170余所学校9000余名教师，通过教委端、学校端、教师端3个应用服务端，实现教师信息维护、轮岗岗位设置、学校与教师交流“双选”等工作。全年完成校长、副校长交流轮岗56人（跨区合作办学交流8人、区内交流48人）；教师交流轮岗891人（全职790人、兼职78人、多元补充23人，占符合交流轮岗条件教师总人数30%），其中区级以上骨干教师交流轮岗234人（全职140人、兼职78人、多元补充16人，占交流轮岗总人数26%）。

（张智力）

冰雪运动欢乐季活动

1月8日至9日，顺义区教委、区体育局共同主办“仁和杯”第七届舞彩顺义冰雪运动欢乐季启动仪式暨顺义区第五届中小学生冰雪嘉年华活动。市体育局、顺义区政府、顺义区委教育工委、顺义区教委、顺义区体育局负责人，顺义区中小学师生等400余人参加启动仪式。随后举行的嘉年华活动分为冰上和雪上2个大类，分别设置双板坡道直滑、双板平地滑行接力、雪地拔河及冰球传球射门、冰上滑行接力、冰蹴球等项目。全区70余所中小学3400余名师生参加活动。此次冰雪运动欢乐季活动为期5个月，设置冰雪知识进校园系列活动、冰雪社会体育指导员培训、残疾人冰雪运动会等冰雪体育活动和“全民健身迎冬奥 快乐冰雪圆梦想”线上系列活动。

（高成）

健康教育工作推进

8月22日，顺义区教委、区妇联共同举办“儿童心向党，健康伴成长”暑期主题教育活动。活动以学校为健康守护主阵地，家庭共同参与的工作模式，减少“小胖墩”“小眼镜”数量。活动分设篮球组、羽毛球组、轮滑组3个组别，由家长和学生组队参赛，在运动地图上首先获得全部印章的家庭获胜。最终，产生一等奖27个、参与奖45个。活动邀请北京儿童医院顺义妇儿医院专家，设置健康咨询台提供儿童近视、营养方面的健康问题咨询服务。9月27日，召开2022年顺义区近视防控试点校启动会，启动第二批4所试点校建设工作。至此，全区近视防控试点校数增至5所。

（刘斌）

“十百千”教育人才引育计划启动

9月23日，顺义区政府印发《顺义区“十百千”教育人才引育实施办法（试行）》。计划至2025年，新引进名校长不少于3人，教育领军人才不少于30人，硕博研究生不少于300人，通过引进教育人才，培养区级以上骨干教师不少于1000人，即“十百千”教育人才引育计划。办法明确由区教委统筹协调教育人才引进工作；区委组织部负责落实教育人才引进政策和办理手续；区委编办负责保障引进教育人才编制及落实相关引进政策；区财政局负责为教育人才引进提供相关资金保障；区人力资源社会保障局负责落实引进教育人才薪酬待遇、职称评定、岗位管理及聘用等工作。办法明确规定引进方式和条件、待遇保障、人才引进程序、管理与培育4个方面内容。至年底，全区引进名校长1人、教育领军人才7人、硕博研究生159人。

（杨刘晨月）

心理健康教育云平台启用

9月，顺义区教委心理健康教育云平台启用。该平台为区域心理健康工作综合管理平台，设置机构管理、测评统揽、综合报告、对比分析、数据筛查、预警统计6个模块，提供师生心理测评大数据统计、心理预警情况统计、科研调研等服务。10月至11月，平台为3个学段52所学校21658名学生提供心理健康测评服务。全区学生的测评结果表明：中小学生心理健康问题总分检出率19.6%，8个维度指标由高到低排序分别为身体症状、冲动倾向、自责倾向、恐怖倾向、对人焦虑、学习焦虑、过敏倾向、孤独倾向；女生的心理健康水平低于男生，8个维度检出率女生均高于男生；小学生冲动倾向检出率最高，高中生总分及其他7个维度检出率均最高。德育与心理研究室在春季工作会上反馈区域结果，建议各校要及时关注预警学生，进一步结合学生日常表现进行综合评估及追踪辅导。

（刘爱萍）

1月8日至9日，顺义区“仁和杯”第七届舞彩顺义冰雪运动欢乐季暨顺义区第五届中小学生冰雪嘉年华活动举行　（顺义区教委　供）

家校社共育咨询室试点运行

10 月，顺义区社区教育中心家校社共育咨询室试点运行。该咨询室由北京教育系统关心下一代工作委员会备案，顺义区教育系统关心下一代工作委员会提供专家支持。区社区教育中心从已取证的家庭教育指导师中，首批招募有服务意愿、有专业知识、有实践经验的志愿者 39 人，入驻家校社共育咨询室。至 12 月，咨询室举办线上“二对一咨询”（1 名专家、1 名指导师对 1 个家庭）活动，每个工作日接待 2 个家庭，累计为 2 所幼儿园和 2 所中小学的 42 个家庭解答学段衔接、二胎对待、习惯养成等问题。自 2020 年起，区社区教育中心多次组织家庭教育指导师志愿者开展咨询活动。其中，发布文字答疑 621 期，累计阅读量 20 万次；开展团体咨询 36 场，覆盖 40 所学校；举办“二对一咨询”160 场，家长满意度 92%；指导师深入社区讲家长课，46 个村居 6200 余人受益。

（廖蕊）

对口支援工作

至年底，顺义区教育系统多举措落实教育对口支援工作。顺义区教育研究与教师研修中心为内蒙古通辽市科左中旗保康第一中学作高中新课程通识培训。分 2 批次承接内蒙古干部教师来顺跟岗研修，第一批承接 52 名跟岗干部教师深入 21 所学校跟岗研修，第二批承接 38 名干部教师。结合受援地教育需求，选派 39 名一线教师赴内蒙古巴林左旗、科左中旗开展为期 1 个月的短期支教活动，选派 1 名教师赴西藏拉萨市开展为期 1 年的长期支教活动。

（高仕蓉　刘会苹）

中小学校长职级制工作推进

至年底，顺义区教委推进中小学校长职级评审和认定工作。完成校长职级内晋升 17 人、职级晋升 21 人；聘请北京教育科学研究院专家开展“顺义区中小学校长职级制任期目标管理与考核办法研制”课题研究，形成《顺义区中小学校长职级制任期目标管理文件》《顺义区中小学校长职级制考核办法文件》研究成果；进一步完善校长职级考核工作，以考评促进校长专业发展。

（张智力）

昌平区

概况

2022 年，昌平区教委辖属教育单位 295 个。其中，幼儿园 165 所（教育部门办园 32 所、地方企业办园 3 所、事业单位办园 5 所、部队办园 7 所、集体办园 29 所、民办园 89 所），小学 53 所（教育部门办校 41 所、民办校 12 所），初级中学 10 所，完全中学 7 所，高级中学 1 所，九年一贯制学校 20 所，十二年一贯制学校 20 所，特殊教育学校 1 所，中等职业学校 6 所，其他法人单位 12 个。招生 39900 人（幼儿园 15370 人、小学 12388 人、初中 5968 人、普通高中 3043 人、中等职业学校 3092 人、特殊教育学校 39 人）；毕业 30424 人（幼儿园 13324 人、小学 7947 人、初中 5149 人、普通高中 2012 人、中等职业学校 1963 人、特殊教育学校 29 人）；在校生 148602 人（幼儿园 47016 人、小学 67325 人、初中 17804 人、高中 7588 人、中等职业学校 8716 人、特殊教育学校 153 人）。教职工总数 19409 人（幼儿园 7459 人、小学 4086 人、中学 6725 人、中等职业学校 1089 人、特殊教育 50 人），其中高级职称 2533 人、中级职称 3578 人。北京市特级教师 34 人、北京市学科教学带头人 19 人、北京市骨干教师 162 人、北京市骨干班主任 29 人。全年教育总投入 56.50 亿元。中小学固定资产总值 34.75 亿元。新建小学 1 所、中学 1 所。设立学区 11 个。

8 月 29 日，顺义区召开第一批内蒙古干部教师来顺跟岗研修对接会　（顺义区教委　供）

2022 年，昌平区委教育工委、区教委坚持党对教育工作的全面领导，推进重点、攻克难点、应对热点，各项工作稳中有进、稳中提质、稳中增效。

以“作风建设年”树品牌。推进党组织领导的校长负责制改革，民办学校和校外培训机构党组织覆盖率 93.4%。围绕“迎接党的二十大”开展“请党放心　强国有我”主题教育活动。昌平教育公众号全年推送微信 800 条，阅读量 200 万次，与中央广播电视总台、北京卫视等媒体联动，开展开学季、中高考、名优资源等主题宣传。

深化各级教育综合改革。推进中小学学区制管理集团化办学改革，学区制管理实现全覆盖，增设学区办主任、副主任，新增城北小学教育集团，教育集团数量增至 5 个。调整 5 所学校办学体制。推进中小学教师管理制度改革，68 名校长、1552 名教师参与交流轮岗，占符合条件人数的 36.4%，其中骨干教师占比 26.5%。完成首轮中小学校长办学绩效考核评价。保障幼有所育、学有所教，6 所幼儿园和 3 所中小学竣工并投入使用，新增学位 1 万余个，学前教育普惠率 92%，就近入学率 99%。清华大学附属中学昌平学校、北京市昌平区育新科星路小学 2 所引进名校开学。回天“手拉手”项目合作范围扩大至昌平城区、“回天地区”和未来科学城，受益师生 6000 人，“回天地区” 8 所公办园与市级优质园所建立新的拉手合作关系。建立昌平区教育系统接诉即办大群平台，健全工作机制、完善工作流程，全年接办诉求 1 万余件。开展“城乡市民教育大讲堂”培训活动，以学习型城区建设项目为背景，以社区教育为主体，搭建主题党课、手工制作、生活保健等 10 个类别 20 个模块的课程体系。全区 22 个镇（街）36 个社区累计培训社区居民 1.78 万人次。

强化两支队伍内驱建设。优化干部教师培训，启动第三期“新时代卓越校长（书记）领导力诊断与提升项目”。开展“教师思想政治与师德师风”线上大讲堂，面向特级、骨干、新任教师开展分层分类研修培训，覆盖 1.60 万人次。33 名教师被评为北京市优秀教师和优秀教育工作者，1 名教师入选全国乡村优秀青年教师培养奖励计划，1 名教师获“首都劳动奖章”。优化教师学历结构，招聘教师 366 人，硕士以上学历占比 63.4%。

五育并举促学生全面发展。制定大中小幼一体化德育体系建设实施方案，建立德育骨干教师、思政课教师研修共同体。加强中高考改革研究，举办中高考考前线上直播，在线指导考生和家长科学备考。深化全国劳动教育实验区建设，6 个区级课程资源被推荐至“国家智慧教育平台”，成立劳动教育支持共同体。北京市昌平职业学校获评北京职业院校“三全育人”典型学校，育人案例被中国教育电视台报道。开展非遗、戏曲等项目进校园工作，师生在北京市科技创新大赛中获奖 59 个。推进每名中小学生掌握 1～2 项体育、艺术特长工作实践。

“双减”持续优化教育供给。无证机构治理工作被北京市、教育部选为典型。“双师课堂”项目形成常态运行机制，直播授课 800 节，开发课后服务资源管理平台，开设课程 2800 余门，学生参与率 98.5%，骨干教师参与率 99%。参与教育部“双减”问卷调查，全区学生、家长满意率 97.4%。以学区为单位，开展 2 期暑期托管，1184 名学生参加。

（王丽梅　耿佳　朱君兰）

干部教师交流轮岗工作推进

2022 年，昌平区教委推进义务教育学校校级干部、教师交流轮岗工作。区教委全年组织 70 名校级干部轮岗交流；2021—2022 学年度，完成义务教育学校教师交流轮岗 1552 人，占符合交流轮岗条件总人数的 36.4%，其中全职交流轮岗 1354 人（占比 87.2%），骨干教师交流 412 人（占比 26.5%），办理人事调动手续 685 人（占比 44.1%）。进一步促进义务教育基本公共服务供给由单体学校供给向更加包容、多元学区（教育集团）供给、区域供给转变，让更多学生获得更为充裕优质的学习机会，推进教育高质量发展。

（白俊英　李晶晶）

“回天地区”教育质量提升

2022 年，昌平区教委继续推进回龙观天通苑地区教育质量提升。学区制改革实现中小学全覆盖，重点推进中国人民大学附属中学昌平学校二期等 9 所中小学建设，扩大基础教育供给。引进名校，举办回龙观东融合学区线上教学经验交流研讨会等活动，扩大优质教育资源供给。召开“回天地区”与未来科学城地区学校“手拉手”行动计划落实部署会，解读《昌平区回天地区学校“手拉手”项目管理办法》和《昌平区回天地区学校 2021 年“手拉手”工作实施方案》，从组织机构、工作职责、实施内容 3 个方面部署相关工作。“回天地区” 8 所公办园与市级优质园所建立“手拉手”关系，全年开展拉手活动 48 次，594 人次参与。

（辛颖　安翠翠）

2月21日，昌平实验二小开学第一课

（昌平区教委　供）

33 所中小学完成绿色学校创建

2022 年，昌平区第二批 33 所中小学完成绿色学校创建。至此，全区有 78 所学校完成绿色学校创建工作。7 月，昌平区教委要求 2021 年完成区级验收的 45 所学校对照《北京市绿色学校创建标准》，进一步深化提升优势，补齐短板，完善 2022 年相关电子档案并进行分类归档，将绿色学校创建相关指标纳入学校常态化规范工作；对 2022 年第二批次开展绿色学校创建的学校，新增补充更新至 2022 年相应档案材料和自评表分数重新上报。10 月至 11 月，区教委完成专项督导检查和综合打分工作，对尚未达到基本要求的学校提出整改要求，并督促整改，对完成整改的学校随机抽查复审。

（杨光）

农民田间学校成立

3 月 2 日，北京市农业广播电视学校、昌平区成人教育中心、北京市农业广播电视学校昌平分校举行“居庸关村农民田间学校”揭牌仪式。该校由昌平区成人教育中心（农广校）按照北京市农广校建立要求推荐，经北京市农广校认定后举办，利用学校师资优势，面向居庸关村农民开展政策宣传、理念引领、项目研发、产业助推、农民中等学历教育，以及农业技术指导等方面的教育培训。学校隶属于居庸关村委会，采取村办、村管，农民受益的管理模式。

（郑丽媛）

“满天星”足球训练营集训

7 月 8 日至 8 月 27 日，昌平区教委举办 2022 年全国青少年校园足球“满天星”训练营第一期集训。集训活动坚持“教会、勤练、常赛”教学模式，聘请专业教练团队采取假期集训、日常训练、对抗比赛等形式开展训练。昌平区初中男队、高中男队和高中女队 3 支区级代表队 70 名队员参训。

（吕芃）

10 月 26 日，昌盛园小学教师参加“双师课堂”活动
（昌盛园小学 供）

首轮中小学校长办学绩效考评

7 月至 8 月，昌平区教委开展首轮发展素质教育中小学校长办学绩效考核评价工作。相关评价工作基于《昌平区中小学校长办学绩效管理评价指标》，组织部分中小学校长、责任督学研讨、制定评价指标及满意度调查问卷，并委托第三方公司研发评价系统。经过学校自评和区级评价，形成满意度调查得分、学校自评得分、区级评价得分以及综合评价结果。昌平区教委、昌平区教师进修学校、昌平区综合事务中心 3 家单位组织 80 名评估员，依据指标体系及评估标准中 5 个一级指标、20 个二级指标、50 个三级指标、70 个评价要点，对全区 110 个考评对象（小学 65 所、初中 37 所、高中 8 所）进行评价。考评对象全部合格。

（苏凤兰）

昌平区未成年人心理辅导站成立

8 月 28 日，昌平区未成年人心理辅导站成立。辅导站以免费为未成年人提供心理健康辅导，促进未成年人健康成长为服务目标，以完善的心理健康教育组织机构和工作机制为保障，以公益性、科学性、持久性、公开性和保密性为服务原则，通过开展未成年人心理健康知识的普及和推广，促进未成年人心理健康与人格成长，推进未成年人思想道德建设。辅导站有专职人员 2 人、兼职人员 15 人、志愿者 10 人。辅导站主要职能为推进心理健康辅导工作体系建设，为未成年人心理健康辅导工作提供交流平台；为有心理困扰的未成年人团体或个体提供心理咨询与辅导，帮助未成年人解决心理困扰；为家长教育子女及为社区营造良好的心理环境、人际环境提供建议、咨询和帮助；定期检测和分析未成年人心理健康状况，及时发现需要给予特别帮助的未成年人等。

（邱立君）

第三期“双师课堂”推进

10 月 24 日，昌平区教委启动第三期“双师课堂”项目。与北京捷成睿新科技发展有限公司签署《2022 昌平区教委农村校双师教室及精品双师录课室建设项目》合同，投入建设资金 900 余万元，涉及 57 所中小学，主要为农村校和部分城镇校。28 日，区教委召开 2022 年“双师课堂”项目工作推进会，总结反思一、二期“双师课堂”项目建设中的问题，部署第三期工作，从智慧教育、智慧昌平的视角阐释“双师课堂”的重要性，提出“双研双上、优势互补、对外开放”原则。全区各学区办主任、各学校主管教学副校长和主管信息化工作领导 370 人参会。至年底，“双师教室”面向全区完成授课 329 节，其中小学道德与法治、语文、数学、英语 4 个学科授课 246 节，中学语文、数学、英语、生物、政治、物理、地理 7 个学科授课 83 节。

（朱向彤　张颖）

幼小衔接实践探索

至年底，昌平区教委继续推进幼小衔接实践探索。1 月 12 日，召开幼小衔接工作座谈会，总结全区幼小衔接工作，听取 8 所试点幼儿园、学校幼小衔接阶段性成果介绍。5 月至 6 月，举办昌平区学前教育宣传月活动。其间，召开“昌平区 2022 年学前教育宣传月暨幼小衔接培训会”，邀请北京师范大学专家举办专题讲座。活动收集到幼儿园典型案例 30 余个，向市教委推送优秀案例 2 个，遴选 7 所幼儿园的 7 个视频案例在“昌平教育”微信公众号平台和“昌平教育”视频号推送。

（钮亚磊　石林子　孟迪）

教育支援工作推进

至年底，昌平区教育系统继续推进教育支援工作。3 月至 4 月，昌平区教师进修学校组织教研员团队指导新疆和田地区洛浦县青年教师备课，与受援地区 21 名青年教师建立互动联系，定期开展网上听评课、教材分析活动。5 月至 10 月，昌平区教委完成赴新疆、内蒙古、青海三地援教教师选派工作。选派 11 名教师赴新疆援教 2 年、选派 26 名教师赴内蒙古支教 1 年、选派 2 名教师赴青海支教 1 年。

（王京生　高秀云）

11 月 9 日，昌平区幼小衔接联合教研

（昌平区教委　供）

大兴区

概况

2022 年，大兴区教委辖属教育单位 219 个。其中，幼儿园 106 所（教育部门办园 51 所、民办园 52 所、地方企业办园 2 所、部队办园 1 所），小学 44 所（教育部门办校 41 所、民办校 3 所），九年一贯制学校 13 所（教育部门办校 12 所、县级其他部门办校 1 所），十二年一贯制学校 5 所（教育部门办校 4 所、民办校 1 所），初级中学 11 所（教育部门办校 10 所、民办校 1 所），完全中学 11 所（教育部门办校 9 所、民办校 2 所），民办高级中学 1 所，特殊教育学校 1 所，中等职业学校 3 所（教育部门办校 1 所、民办校 2 所），其他法人单位 24 个（无学生单位 10 个、成人学校 14 所）。招生 34724 人（幼儿园 13552 人、小学 11414 人、初中 6471 人、普通高中 2921 人、中等职业学校 366 人）；毕业 25259 人（幼儿园 10741 人、小学 7401 人、初中 5078 人、普通高中 1856 人、中等职业学校 183 人）；在校生 135252 人（幼儿园 42580 人、小学 62918 人、初中 17463 人、普通高中 8043 人、中等职业学校 4081 人、特殊教育学校 167 人）。教职工总数 16680 人（幼儿园 6706 人、小学 3682 人、中学 5347 人、中等职业学校 349 人、特殊教育 32 人、无学生单位 564 人），其中高级职称 2434 人、中级职称 4432 人。北京市特级教师 34 人、北京市学科教学带头人 16 人、北京市骨干教师 123 人。大兴区教育系统可分配预算资金 63.85 亿元。中小学固定资产总值 60.49 亿元。乡镇成人学校 14 所、培训机构 54 个。新增幼儿园 7 所、小学 1 所、高级中学 1 所。设立学区（协作区）7 个。

2022 年，大兴区教委守正创新、稳步前行，统筹抓好疫情防控和教育改革发展各项工作。

发挥思想引领新效能。创办《兴教月刊》，组建“立德树人”宣讲团，“兴教时讯”关注人数突破 10 万人。强化基层实践，116 个基层党组织完成换届。强化从严治党，开展“廉洁文化进校园”活动，推出 12 所学校典型经验。对 121 所学校、幼儿园开展专项资金审计，完成 34 所学校领导干部经济责任审计。

应对急难险重新挑战。高质量实施线上教学，推送各类学习资源 1167 个，线上巡课 757 节；成立大兴区开放辅导核心教师团队，服务师生

23704人次。推进单校划片和多校划片相结合的免试就近入学，划拨专项改造资金，增加学位1000余个，小学接收新生11414人，公办校接收率98.41%；初中接收新生6471人，公办校接收率97.23%。就近入学率和控辍保学率均达到100%。为群众提供普惠优质的学前教育，将新接收的7所幼儿园全部划转为公办园，新增学位2580个。

释放深化改革新活力。对标“双减”政策要求，将2022学年定为“质量提升年”，建立月点评、班子“包干”等工作机制。制定质量提升三年行动计划、提高教育教学质量工作方案等29个文件，推动全区教育教学质量提升。实施市级名校留学工程，委托北京市第八中学、清华大学附属中学、北京市第一〇一中学、北京师范大学附属实验中学4所学校，重点培养区内24名优秀学生；制定《委托培养管理办法》，建立“一生一案”。打造高品质本土名校，在北京市大兴区第一中学成立钱学森实验班，突破学段开设“1＋3”项目。开展争创“优化管理先进校”等活动，构建良好教育生态。建立科技、艺术、体育类社团3073个，学生参与率96%。开展暑期托管服务，参与教师678人次，服务学生266人次。开展校外培训机构专项整治，完成教育部义务教育阶段学科类校外培训机构治理“回头看”工作。派出检查人员16695人次，检查各类培训机构7879址次。将学科类培训机构综合治理纳入区级年度绩效管理考评体系，牵头协调各归口部门开展非学科类培训机构治理，治理做法入选全国优秀案例。打造干部队伍“蓄水池”，完成2批51名“85后”校级干部选拔任用；启动首批“薪火计划”，选拔50名青年教师充实优秀年轻干部人才库；在116个学校党组织中配备“85后”优秀党员进班子锻炼。实现干部交流轮岗121人，启动“揭榜挂帅”工程，面向全市教育系统遴选校长。完成459名教师兼职交流轮岗、775名教师全职交流轮岗。首推公办幼儿园员额制管理，首批招聘58人，缓解学前教育编制不足问题。建立教育人才服务中心，招募首批28名拟入库人员，专业涵盖14个学科。依托“学习共同体”“双师课堂”等教师研修项目，培训教师2700余人。针对农村薄弱地区，打造农村十校联盟和25个学科基地，开展活动708次。

迈出教育公平新步伐。优化总体布局，制定《大兴区基础教育设施专项规划》。加大配套教育设施建设力度，新建6所学校，新增学位2070个。深化内培外引，引进6所优质资源校开展合作办学，将优质资源向资源紧缺地区、向重点功能地区、向农村偏远薄弱地区引进，全区51所优质资源校中，近3年引进量占33%。新组建2个教育集团，教育集团总数增至7个；科学统筹集团化办学资源，推动大兴一中教育集团新增2所成员校。建立76人责任督学队伍，每月开展1次实地专项督导，实现公办、民办全覆盖督导，挂牌校区增至360址。

展现和谐稳定新气象。建立校园安全五级督查检查机制，发挥校园联席会议研商机制作用，派出1500余人次开展各类专项行动8次，检查单位近400家次。制定月度宣传教育计划，每月一主题，针对性开展宣教活动；持续开展“小月卡·大能量”系列宣传13期，点击量突破8万次。制定《大兴区学校食堂及送餐企业行业标准》，实地调研90个学生食堂及10家送餐企业，落实学校陪餐制度，开展专业培训2000余人次。完善应急响应、多维联动、考核量化等工作机制，编印《大兴区教委“接诉即办”工作指导手册》，深化主动治理、未诉先办，实施全面数据分析，开展各类培训50期584人次。召开教育系统创城创卫各类培训会23次，实地检查中小学、幼儿园460校（园）次，整改问题点位1018处。

（王海艳）

“双减”政策落地落实工作推进

2022年，大兴区教委推进“双减”政策从落地走向纵深。制定“双减”提质增效10项举措，推进一堂好课大讨论，落实“以学为主，为学服务”目标；组建区级骨干教师核心团队，为有需求的学校及学生提供定向直播课；开设各类别社团和课业辅导班，义务教育阶段学生参与率96%。全区课后服务覆盖率100%，与区文化和旅游局联合推进戏曲进校园，与区文联合作丰富课后服务供给，启动科技

3月23日，庞各庄镇第一中心小学开设生态实践课程（大兴区教委 供）

艺术优势校与普通校教师兼职交流轮岗工作，提高课后服务水平。举办“深化作业设计研究联动课堂提质增效”教学展示交流等活动。3 月 22 日至 12 月 6 日，与北京教育学院合作举办“双减”背景下以教育戏剧为路径的文科融合课程培训活动，开设教育戏剧概论、教育戏剧案例体验及实践等课程，举办 8 场专题讲座。31 名中小学教师参加培训，均完成 120 学时培训任务，其中 9 人被评为优秀学员、4 人获优秀成果奖。

（万蒙蒙　王静　李许贞）

教师交流轮岗推进

2022 年，大兴区教委继续推进教师交流轮岗工作。制定《大兴区关于进一步推进义务教育学校教师交流轮岗的实施方案》，印发兼职交流轮岗工作管理办法、教师评价方案和工作手册整套指导性文件；通过召开学校、协作区或集团校、区教委三级供需双选会，形成学校自主、协作区或集团校协调、区教委统筹资源再分配机制。完成 9 个团组 459 名教师兼职交流轮岗、775 名教师全职交流轮岗。

（王大楠）

中小学校领导体制改革推进

2022 年，大兴区委教育工委推进建立中小学校党组织领导的校长负责制。制定大兴区中小学校领导体制改革落实方案，召开部署会和培训会，发挥教育党校科研引领作用，以月为单位制定 20 项责任清单，定期组织召开推进交流会，邀请专家作具体指导，重新规范和完善改革先行校组织设置、班子配备、校章、职责分工、议事规则、重要机制，健全学校领导体制框架，形成“‘1＋5＋N’大兴经验”，其中“1＋5”指落实方案及配套文本，“N”指做大做强教育党校干部培训、党员培训和党建研究指导三大中心等大兴特色。

（王蕊）

关注学生身心健康

2022 年，大兴区教委多举措关注学生身心健康。联合区疾控中心，开展学生常见病和健康影响因素监测与干预工作，为全区一年级至三年级学生配备视力保护架。监测结果显示：大兴区儿童青少年近视率 52.91%，较上年下降 2.38 个百分点。开展肥胖中小学生“三精准”方法健康控制体重实践活动，通过精准的测量、精准的分析、精准的干预，对 10 所试点校 480 余名肥胖或超重学生开展营养知识学习、营养专家的膳食干预、运动专家运动指导，历时 3 个月，举办线上专家讲座 14 场，身体质量指数（BMI）下降人数占比 91%，体重下降占比 65%，体脂率下降占比 48%，腰围下降占比 56%，健康知识知晓率平均增长 10.43%。启动中小学生营养与健康食谱库实施方案项目，邀请市、区级专家制定大兴区中小学营养午餐食谱 504 套，涉及 3 个学段（小学 2 个、中学 1 个）。开展“五个一——心理关爱”行动，即推动 1 项活动（心理健康日活动）、持续开展 1 个讲座（家庭教育讲堂）、重点关注 1 个群体（初高三学生）、发放 1 份心理健康教育资源（“心晴菜单”）、建立 1 种心育模式（“1＋1＋N”心育模式）。为各校推送心理健康教育微课、家长心理健康讲座、心理美文等资源，开通校级心理咨询热线或网上在线咨询平台。统筹社会资源，为各校配备校外心理健康辅导教师，与校内心理教师、学科导师构成“1＋1＋N”心理健康指导团队。

（马红雨　陈新伟）

区域教育优质均衡发展

2022 年，大兴区教委坚持“无课程，不特色”原则，推进区域教育优质均衡发展。新组建 2 个教育集团，扩大优质校影响力。引进北京市第八中学、清华大学附属中学、北京市海淀区五一小学等优质资源校，实现捆绑式、导师制、一体化培养模式。印发《大兴区普通高中多样化特色发展创建工作实施方案》《大兴区普通高中学科／课程基地建设工作实施方案》及准入细则，指导第一批 5 所特色校申报校创建“一校一案”；推荐 5 门高中特色课程参加市级评选认定，3 门课程通过认定。北京市私立君谊中学与中央美术学院、对外经济贸易大学等高校合作，开设美术、语言、篮球等系统课程，满足学生升学路径多元化需求。

（万蒙蒙　陈新伟）

3 月，安定镇中心园开展幼儿心理健康日活动

（安定镇中心园　供）

精准帮扶农村学校

2022年，大兴区教委精准帮扶农村学校。发挥25个学科基地辐射带动作用，选派49名骨干教师到农村中学交流轮岗，点对点帮助农村学校提升学科教学质量。优化农村学校调研机制，针对14所农村学校开展不同形式的调研，巡课指导210余节；建立教研员与农村中学对口支持机制，重点帮扶5所学校，教研员参与学科听评课15次，集体备课、研讨12次，考试分析1次。围绕单元教学和差异化教学，为5所农村学校开设专题讲座；为14所农村学校编写《中考冲刺100》，助力农村学生复习备考；依托北京市“双师服务”在线辅导平台，根据农村中学生需求，定向推送直播课126节，惠及学生3700余人次。

（陈新伟）

深度学习教学改进项目研究基地建设

4月15日，大兴区委教育工委、区教委联合课程教材研究所共同召开“深度学习教学改进项目研究基地（北京市大兴区）启动暨培训会”。会议介绍课程教材研究所职能及其在推进基础教育课程改革中的经验和优势，重点介绍深度学习教学改进项目的探索与实效；解读深度学习教学改进项目背景、目标、内容、进度设计、机制建设以及预期成果。各中小学校长、教学干部、骨干教师、教研员等5000余人参会。项目研究基地由课程教材研究所、大兴区教委、大兴区教师进修学校合作共建，首批选取13所实验学校，通过开展全员培训、搭建深度学习理论框架、明确单元教学设计的基本流程等方式，引导教师研究课标，从常态课入手进行教学系统改进，落实课时目标。15日至16日，项目组分别举办通识培训及研修活动，全区高中各学科骨干教师、一线教师1240余人参加培训。

（陈新伟　逯秀滨）

“薪火计划”中层后备干部培训项目启动

7月16日，大兴区委教育工委举行“薪火计划”中层后备干部培训项目启动仪式。该项目为大兴区教育两委年轻干部培养新举措，旨在进一步优化教育系统干部队伍结构，加大年轻干部选拔培养力度，推进教育干部梯队建设，目标“在2022年至2024年期间，每年面向全区教育系统公开选拔培养50名中层后备干部，每批次培养期2年”。

（郭小帅）

区级科技、艺术总团创建

9月，大兴区教委创建科技——金鹰总团和艺术——金凤总团。金鹰总团设立人工智能和金鹏创新2个科技项目，邀请北京师范大学人工智能学院教授王胜灵担任人工智能专家、北京市第八中学科技教育办公室主任高颖担任金鹏创新专家，选拔9所学校37名学生参与人工智能项目、12所学校35名学生参与金鹏创新项目。金凤总团设立合唱、舞蹈2个项目，邀请北京市戏曲艺术职业学院青年教师赵浩廷担任合唱专家、北京市特级教师孟艳担任舞蹈专家，选拔6所学校110名学生参与合唱项目、7所学校43名学生参与舞蹈项目。

（郑亮）

首届中小学生戏曲大赛

11月15日，大兴区教委举办首届“兴戏杯”中小学生戏曲大赛。比赛围绕“品中华文化精髓，育国粹传承新人，展大兴戏韵风华”主旨，从“赏戏曲、鉴戏曲、品戏曲、演戏曲”4个维度，设置戏曲表演、戏曲少年说、戏曲绘画、戏曲征文4项赛事。各项赛事均采用线上报送、线下评审方式。全区40余所试点校及戏曲社团报送800余个作品参赛。其中，戏曲表演赛收到参赛作品40个，评出一等奖

11月15日，大兴区教委举办首届“兴戏杯”中小学生戏曲大赛
（大兴区教委　供）

8个、二等奖12个、三等奖20个，优秀创作奖6个、优秀组织奖25个；戏曲少年说收到参赛作品163个，评选出获奖作品146个；戏曲绘画赛收到参赛作品400余个，评选出获奖作品266个；戏曲征文赛收到参赛作品226个，评选出获奖作品131个。

（郑亮）

公办园员额制管理首推

至年底，大兴区教委首推公办幼儿园员额制管理。以优化公办幼儿园教职工配备方式为突破口，联合区委编办等部门制定《北京市大兴区关于开展公办幼儿园人员额度管理的实施方案（试行）》《“员额制”人员工资发放及五险二金缴纳暂行办法》等制度文件，建立员额制管理制度体系。完成首批58人招聘工作，全部上岗。

（王大楠）

怀柔区

概况

2022年，怀柔区教委辖属教育单位138个。其中，幼儿园84所（教育部门办园18所、事业单位办园2所、部队办园1所、集体办园11所、民办园52所），小学19所（全部为教育部门办校），初级中学10所（全部为教育部门办校），完全中学4所（全部为教育部门办校），民办高级中学1所，九年一贯制学校3所（全部为教育部门办校），十二年一贯制学校3所（教育部门办校1所、民办校2所），特殊教育学校1所，中等职业学校2所（教育部门办校1所、民办校1所），其他法人单位11个。招生11060人（幼儿园3508人、小学3185人、初中2252人、普通高中1538人、特殊教育学校8人、中等职业学校569人）；毕业9319人（幼儿园3623人、小学2487人、初中2029人、普通高中1085人、特殊教育学校2人、中等职业学校93人）；在校生42370人（幼儿园11712人、小学18114人、初中7102人、普通高中4326人、特殊教育学校99人、中等职业学校1017人）。教职工总数6948人（幼儿园2303人、小学1708人、中学2301人、特殊教育35人、中等职业学校241人、其他法人单位360人），其中高级职称1371人、中级职称2188人。北京市特级教师15人、北京市学科教学带头人7人、北京市骨干教师49人、北京市骨干班主任12人。全年教育总投入28.88亿元。中小学固定资产总值29.26亿元。新建中学2所。设立学区11个（小学6个、中学5个）。

2022年，怀柔区教委落实立德树人根本任务，有序推进“双减”工作，持续完善德智体美劳全面培养体系。

推动教育优质均衡发展。完善“十四五”期间布局调整计划，通过建、扩、收、调等措施优化调整资源布局，形成中学成“点”、小学成“群”、幼儿园成“网”的高质量教育发展新格局。新建第五幼儿园，完成第三小学北校区（三期）改造，新增幼儿园学位360个、小学学位210个。推进教育重点项目建设，北京市第一0一中学怀柔分校扩建项目完工并投入使用，新增学位1620个。冰上运动中心建设项目完工投用，移交北京怀柔雁栖湖旅游开发公司运行。完成北部山区5所学校空气能供暖改造。推进“双师课堂”建设，完成34所学校36间教室建设。

教育服务保障能力持续增强。制定2022年怀柔区幼儿园小班入园工作方案和义务教育阶段入学工作意见，全区适龄儿童少年就近入学率和中小学完成率均达100%。组织开展“小幼衔接”专题活动，全面推进幼儿园和小学实施入学准备和入学适应教育。做好“亲清管家”服务工作，为企业、科研院所等单位270余名人才解决子女入园、入学问题。三类残疾儿童少年入学率100%。为重度残疾儿童少年送教上门2500课时。

推进教育“双减”，形成区域特色。会同行业部门和属地政府通过“双随机、一公开”“综合执法”“专项整治”等检查方式，保持无证机构“动态清零”。印发《关于推进“双减”工作提升教育教学质量的工作意见》，建立线上教学监督机制，开展假期作业专项工作抽查等。强化五育并举，“一校多品、一生一长”，创建新时代学校体

4月19日，怀柔职业学校农广校举办“怀柔高素质新农人技能培训”活动 （怀柔区教委 供）

育快速发展新模式；建立中小学校“科技教育专家资源库”；聘请10名艺术副校长领航学校艺术特色发展，携手国家画院打造书法教育品牌。发挥科学城资源优势助力课后服务，打造怀柔区课后服务“品牌+特色”，区内优秀教师参与率93.21%。整合社区教育中心、山区成人教育中心2个新时代文明实践基地教育资源，组织“助梦帮扶”志愿服务队联系16个镇乡、街道，开展《家庭教育促进法》宣讲。每月开展1次“家长大课堂”活动，举办“同心 同力 同行——怀柔区家校协同”主题教育论坛活动等。

深化一体化办学。巩固与海淀、西城一体化办学成果，强化一0一中怀柔分校、北京十一学校九渡河小学等一体化学校与总校及其他校区交流合作，累计开展一体化办学总校与分校交流活动280余次，近2万人次师生参与。与中国科学院大学签署框架协议，合作举办中国科学院大学附属学校。以十一学校九渡河小学为牵头校，成立山区小学教育集团，探索山区学校育人模式转型之路。

加强人才队伍建设。持续优化教师队伍结构，招聘教师147人，其中硕士研究生以上学历57人；面向全国引进名师9人、名校长1人。完善干部教师交流轮岗工作机制，456名干部教师参与交流轮岗。选派30名干部教师到东城、西城、海淀等区优质学校跟岗锻炼。建立分类分层分岗教师培训体系和教师培训综合评价机制，全年培训干部2126人次、教师45871人次。新建10个名师工作室，引领教师专业发展。

关注校园安全和教育资金管理。开展校园安全整治“百日攻坚”专项行动，推进学校食堂燃气报警装置改造建设，对12所中学危险化学品库、实验室安全设施进行升级改造。实现学生资助全覆盖，全年资助学生1400余人。对54所普惠性幼儿园开展市级学前教育专项资金补助审计，保障教育资金使用效益。“每月一题”中小学教学管理类诉求同比下降73.37%。接诉即办考核平均成绩99.77分，其中7个月“三率”实现100%。

（绿金秋）

高素质新农人培训

2022年，怀柔区教委推进培训工作，带动农村学员增收。指导相关单位发挥课程资源教育培训优势，开展精准扶贫、增收培训、学历提升等项目。怀柔镇卧龙岗村先后投资100余万元，建成“龙盛源学生社会实践基地”；针对民俗户开展“民俗民宿经营理念提升”“旅游民宿经营”“特色菜制作技巧”等品质提升培训14场，惠及795人次；开展农村创业致富带头人培训，采用“送课进村”方式，将村委会、田间地头、厨房开发成课堂，惠及1050人次，2人被中央农业广播电视学校评为“全国共享乡村振兴实践指导名师”；利用市民终身学习示范基地，开展“线上”增收技能培训，注册学员3216人，累计点击量10余万人次；开展高素质农民学历提升，举办3个农民中专班，惠及77人，完成768学时7400人次线上教学培训任务。其中，北京市怀柔区职业学校怀柔农广校推进“送教上门”培训，举办3期“怀柔高素质新农人技能培训”，每期培训为期7天、学员50人，设置特色美食烹饪制作、民宿管理、葫芦文化培训等内容。

（绿金秋 杜艳丽 王文涛）

“双减”政策从落地走向纵深工作推进

2022年，怀柔区教委推进“双减”政策从落地走向纵深。召开校外培训机构“双减”工作部署会，解读《北京市义务教育阶段学科类校外培训收费管理办法（试行）》，组织15址培训机构逐一针对政府指导价进行交流探讨。区教育两委举办“聚焦‘双减’背景下高质量教育体系发展——指向核心素养的学科育人能力提升”全员培训，邀请北京教育科学研究院、北京市海淀区教师进修学校、北京师范大学等单位专家、教师，面向全区教育系统5000名干部、教师宣讲“双减”政策，分享针对实施高质量教育转型的相关思考。举办中小学单元作业设计评比总结表彰活动，表彰小学组获奖个人一等奖59人、二等奖81人、三等奖141人，中学组获奖个人一等奖46人、

9月8日，怀柔一小开展暑期特色作业展示活动
（怀柔一小 供）

二等奖 58 人、三等奖 81 人，组织奖获奖学校 12 所。

（缐金秋　任淑芸　王金菊）

“双师课堂”深入推进

2022 年，怀柔区教委深入推进“双师课堂”建设，初步形成集教学、教研为一体的“互联网+教育”新型教学模式。区教委按照“整体规划、先行试点、分步实施”原则，通过城区、平原、山区布局结合，建设完成“双师课堂”项目学校 34 所（小学 24 所、中学 8 所、幼儿园 1 所、教科研单位 1 个），设置教室 36 间，形成区内名校带弱校、优质教育资源向薄弱地区辐射的山区、平原、区直三级互联互动模式，实现城区优质学校与乡村学校备课同步实施、课堂同步互动、教师同步研修、资源同步共享。另外，选取区内 6 所优质学校与河南、河北、内蒙古、青海 4 地 9 校建立远程课堂互动、远程教研。怀柔区电化教育管理中心分别于 3 月 9 日和 4 月 13 日，组织开展全区“双师课堂”设备使用培训和融合管理平台使用培训。全区 26 所学校 200 余名教师参加设备使用培训，25 所一期建设校和远程课堂建设校的 1200 余名教师线上观摩学习设备使用；25 所建设校的教学主管领导及相关教师 130 余人参加融合管理平台使用培训。

（缐金秋　王小双）

幼小科学衔接工作推进

2022 年，怀柔区教委推进全区幼小科学衔接工作。面向全区幼儿园、小学教师及幼儿家长发放调查问卷，回收幼儿园教师有效问卷 934 份、小学教师有效问卷 1102 份、幼儿家长问卷 5832 份。依据反馈制定“怀柔区幼儿园与小学科学衔接专项行动”实施方案和培训方案，开展“怀柔区幼儿园与小学科学衔接专项行动”，通过幼小衔接理论培训、双向教研、现场会等形式，组织 6 所幼儿园与 6 所小学结成 6 对实验园校，实现幼小科学衔接。依据各类人员需求，开展幼儿园与小学科学衔接专项行动培训，设置 4 个模块 8 个主题的培训方案，举办专家培训讲座 6 次，组织面向全区的联合教研、现场会等活动。

（缐金秋　杨彩红　刘晓杰）

冰雪嘉年华系列活动

1 月 5 日，怀柔区委教育工委、区教委共同启动怀柔区中小学生冰雪嘉年华系列活动。此次活动分设 7 个分会场，设置火炬传递、冬奥项目体验、创意手工等活动。活动持续至北京冬残奥会结束，开展“相约冬奥”原创美术作品征集、“冬奥唱起来　一起向未来”传唱活动、中小学生冬奥知识竞赛、“助力科技冬奥”创意编程大赛等系列活动，覆盖全区中小学，累计参与师生人数超过 2 万人次。

（缐金秋　杨雪）

首届“科学城杯”中小学生创意编程赛

1 月 18 日，怀柔区教委举办第一届“科学城杯”中小学生创意编程大赛决赛。比赛围绕“创意编程助力科技冬奥”主题，设置小学低年级组、小学高年级组和初中组 3 个组别，历时 7 个月，开展 2 轮线上、线下培训。全区 2000 余名学生参加初赛、复赛，其中 17 所中小学 30 支队伍 60 名选手进入决赛。决赛评选出一等奖 5 个、二等奖 10 个、三等奖 14 个，优秀辅导教师奖 13 人和优秀组织奖 10 个。2020 年起，怀柔区教委依托怀柔科学城、华中师范大学、北京教育学院等资源优势，开发各学段编程课程，以聘请第三方社会服务教师及学校自有教师相结合方式，分阶段在全区中小学普及 STEAM +编程教育，打造怀柔科学城中小学科技教育特色体系。

（缐金秋　杨雪）

1 月 5 日，怀柔区中小学生冰雪嘉年华系列活动启动

（怀柔实验小学　供）

山区小学教育集团成立

3月21日，怀柔区教委举办“怀柔区山区小学教育集团”成立仪式。该教育集团以北京十一学校九渡河小学为牵头单位，另有7所山区小学为成员单位，成立集团管理委员会，建设课程研究、学生发展、教师发展、管理服务、专题研究5个项目组，每个项目组在各集团校单位设工作室，重点关注课程建设、教师成长、管理服务3个领域，力争通过3个阶段，全面实现愿景目标，探索形成一条山村育人模式转型之路。

（缐金秋　马志强）

10个名师工作室启动

7月1日，怀柔区教委举行“第三期名师工作室启动仪式”。区教委宣布兰杰校长工作室、郭玉香园长工作室，赵兰香专职名师工作室，陶军、高久海、孙林晖、刘朝生特级教师工作室，高昌涛、李从林、王金菊名师工作室10个名师工作室成立的决定；为10个名师工作室授牌，并为各工作室主持人颁发聘书。经个人申请、学校推荐、区教委综合考评，遴选产生86名成员教师。各工作室主持人将根据每名学员特点，进行针对性课程设置。至此，全区累计成立名师工作室17个。

（缐金秋　任淑芸）

首届京蒙艺术教师书画交流展

9月10日至30日，怀柔区教科研中心与北京市怀柔区第二中学共同举办首届“同心共筑京蒙情——京蒙艺术教师作品展”。展览征集到怀柔区24所中小学63名教师参与创作的150余幅作品，以及怀柔区中学教师与内蒙古四子王旗美术家协会画家共同创作的18幅作品。经筛选，分设国画、书法和油画2个展厅，展出两地55名教师参与创作的书画作品104幅。此次展览为两地“同心共筑京蒙情”活动第二阶段内容，第一阶段展览活动于7月5日在内蒙古大红山美术馆进行。2018年起，怀柔区教委先后派出8名艺术教师赴内蒙古地区开展支援工作，创新打造“零起点美术高考班”模式，系统培养艺术新生。

（缐金秋　于国菊）

9月10日至30日，首届“同心共筑京蒙情——京蒙艺术教师作品展”在怀柔区北宅书画苑举行　　（怀柔区教委　供）

法治副校长全覆盖

12月14日，怀柔区教委召开法治副校长工作会。会议表彰2021年度优秀法治副校长，调整补充聘任72名法治副校长。此次聘任的法治副校长由区公安分局、区检察院、区法院和区司法局选派，服务覆盖全区116所中小学、幼儿园。会议旨在推进《中小学法治副校长聘任与管理办法》落地实施，进一步提升全区法治副校长业务能力水平，强化青少年法治宣传教育，确保全区依法治校工作取得实效。相关单位主管领导，全体法治副校长及各中小学、幼儿园主管领导、主任等300人参加会议。

（缐金秋）

平谷区

概况

2022年，平谷区教委辖属教育单位156个。其中，幼儿园97所（教育部门办园5所、集体办园41所、民办园51所），小学29所（教育部门办校28所、民办校1所），初级中学11所（全部为教育部门办校），完全中学5所（全部为教育部门办校），民办高级中学1所，九年一贯制学校2所（全部为教育部门办校），民办十二年一贯制学校1所，特殊教育学校1所，中等职业学校1所，其他法人单位8个。招生13142人（幼儿园4736人、小学3998人、初中2481人、普通高中1723人、特殊教育15人、中等职业学校189人）；毕业11012人（幼儿园4398人、小学2776人、初中2389人、普通高中1313人、特殊教育9人、中等职业学校127人）；在校生50941人（幼儿园16323人、小学21680人、初中7427人、普通高中4895人、中等职业学校483人、特殊教育学校133人）。教职工总数7919人（幼儿园3026人、小学2284人、中学2402人、中等职业学校143人、特殊教育64人）。专任教师5095人，其中高级职称379人、中级职称1215人。北京市特级教师10人、北京市学科教学带头人 10 人、北京市骨干教师 55 人。全年教育总投入 28.09 亿元。中小学固定资产总值 24.12 亿元。新建民办高级中学 1 所。设立学前教育学区 5 个，教育集团 14 个（小学 4 个、中学 10 个）。

2022 年，平谷区教育系统全面贯彻落实党的教育方针，纵深推进“双减”工作。

建强两支队伍，提升干部教师能力素养。优化干部队伍结构，开展干部考核，召开青年干部座谈会，提拔校级干部 40 人。首次面向全国招聘优秀校长，引进北京大学附属中学原校长担任北京市平谷区农业中关村学校校长、引进 1 名博士研究生担任学校书记，引进 1 名江浙地区名校长担任北京市平谷区第四中学校长。面向全国师范院校招聘优秀毕业生，鼓励平谷籍优秀毕业生回乡任教，招聘优秀毕业生 84 人。组织干部交流 49 人、教师全职交流 461 人（包括区级骨干教师 19 人、市级骨干教师 1 人）；在 14 个教育集团内部组织兼职骨干教师交流 107 人，实现师资均衡配置。加强干部教师培训，制定干部教育培训工作方案，开展“十四五”领导干部任职资格培训、党组织书记轮训等。依托市级培训项目，与北京教育学院、首都师范大学合作，开展校级干部培训 300 余人次。实施“平谷区百名中青年教师培养工程”“中小学幼儿园新教师培训项目”“班主任培训项目”，对新入职教师开展为期 1 年的系统培训。

落实“双减”政策，促进学生全面发展。开展“双减”校内工作检查，与首师大签约实施“首师优字·墨香平谷”项目，引入飞象星球优质课后服务资源。启动“平谷教育在线课堂”专属 APP、智慧作业、资源库及备课系统建设。家长“校内双减”工作满意率 98.2%，课后服务资源提供满意率 98%。深化白名单机构全流程监管，向平谷区市场监管局移送案件线索 28 件，对无证办学违法行为立案 16 件，实现全部办结。加强思政德育工作，开展落实《北京市中小学养成教育三年行动计划》总结研讨活动及“学规范 正行为 养习惯”主题教育宣传月活动。开展区、校两级劳动种植成果展示活动。开展爱国主义教育和时政教育，推动中学生“模拟政协”实践，征集“模拟提案”59 件。推进《家庭教育促进法》，完善家长学校家委会建设，家访覆盖率 100%。加强道德与法治（思想政治）的育人作用，推进党的二十大精神和习近平新时代中国特色社会主义思想进教材、进课堂、进头脑。树好“绿谷红娃”工作品牌，录制“绿谷红娃说创城”宣传片。开展“绿谷红娃祭英烈”活动，2.75 万名师生参与，累计服务时长 8475 小时。推广“绿谷红娃 花样过端午”线上活动，2 万余人参与。举办 5 期“绿谷教育论坛”，围绕中小学教育教学质量提升、高中多样化特色发展、优化作业管理等议题组织交流研讨。开展“新时代好少年 强国有我”主题教育读书活动和评优创先活动等。

办好教育民生实事，持续提高教育满意度。优化办学资源，撤并 3 所“小而散”学校，批准设立 1 所高质量非普惠民办幼儿园和 1 所国际化特色民办高中，填补平谷国际化特色教育空白。推进平谷农业中关村学校建设，完成学校更名设立、校长招聘、校园环境改造提升等工作。将“北京实验学校附属小学”更名为“北京市平谷区第四小学”，“北京实验学校附属幼儿园”更名为“北京市平谷区第七幼儿园”。推进重点项目建设，1 所幼儿园开工建设，18 个操场完成改造升级。做好接诉即办工作，稳步推进接诉环节前移，全年工单量 1967 件，同比减少 12%。

（吴玉仙 赵义泉 高宁）

“双减”政策从落地走向纵深

2022 年，平谷区教育系统推进“双减”政策从落地走向纵深。“四立足”实现校内外“双减”减负不减质：

4 月至 5 月，刘家店中心小学开展系列劳动实践活动

（刘家店中心小学 供）

立足于“管治”，对标“中小学教学管理存在的 15 条主要问题”，规范学校办学行为，以部门联查、突击检查等方式，查处校外违规办学线索 21 件，立案 11 件，校外学科类培训机构从 51 址压减至 17 址，同时实施“先培训后收费”和“一课一消”收费模式；立足于“迎变”，各校建立作业联审机制和公示制度，全区 67 所中小学全部开展课后答疑和课业辅导服务，惠及学生 2.70 万人，学生参与率 99.71%，引入校外优质机构 133 个教师 344 人，提供农业科普、书法、剪纸等课后服务课程 250 余门，建成校内、外劳动种植基地 66 个；立足于“根本”，以“质效双增”为原则，落实各校教学基本规程，以“绿谷教育论坛”为载体，引领教师共同探索平谷特色教育发展之路，以“教研员入校视导”“名师工作室带动”“教师教学基本功大赛”等方式，引领学校和教师专注于提高教育教学能力；立足于“共育”，宣传《家庭教育促进法》，联系家长推进落实家庭教育责任，实施干部、教师每学期全员家访。

（吴玉仙）

平谷农业中关村学校签约

6 月 1 日，北京市平谷区农业中关村学校签约仪式举行。平谷区教委与平谷农业中关村学校签署《平谷区农业中关村学校校长聘用合同书》，授予校长住房钥匙。平谷农业中关村学校分别与中华思源工程扶贫基金会、北京联想公益基金会签署合作协议，约定由 2 个基金会开展特定于该校的公益资助项目，共同致力于把该校办成一所现代化开放的具有国际化特色的优质乡村学校，共同探索在教育领域开展合作的新机制，双方优先为对方人才的实习、锻炼或挂职提供岗位资源。3 月 10 日，经平谷区教委主任办公会讨论通过，将“北京市平谷区峪口中学”注册更名为“北京市平谷区农业中关村学校”，办学类型由初级中学调整为完全中学，将“北京市平谷区峪口镇中心小学”注册更名为“北京市平谷区农业中关村学校附属小学”，将“北京市平谷区峪口中心幼儿园”注册更名为“北京市平谷区农业中关村学校附属幼儿园”。4 月，面向全国招聘校长；5 月，聘用北京大学附属中学原校长王铮任学校校长，并成立“北京市平谷区农业中关村学校教育集团”；7 月，完成干部、教师配备与培训；9 月，学校开学。

（沈旭林　吴玉仙）

党组织领导的校长负责制区级试点校启动

10 月 13 日，平谷区委教育工委、区教委召开平谷区党组织领导的校长负责制区级试点校启动会。会议传达市委教育工委在北京市基础教育大会上关于加强党对教育的全面领导，落实好中小学校党组织领导的校长负责制讲话精神，解读《北京市平谷区关于建立中小学校党组织领导的校长负责制的实施方案（试行）》的重点任务和主要创新点，并对下一步试点工作提出具体要求。10 所试点校党政正职 17 人参加会议。

（吴玉仙）

与北师大合办“沉浸式”互动备课高研班

10 月 19 日和 20 日，平谷区教委分别启动“中学语数英学科起始年级沉浸式备课项目”和“高中物化生沉浸式互动备课高级研修班项目”。2 个项目均由北京师范大学教育家成长研究中心承办，旨在引领初一和高一年级语数英教师深化教材、学生和学习方式研究，提升备课整体水平，提高中高考教学质量；引领高中物化生教师深入解读新教材，提升备课整体水平，提高高中教学质量。系列研训活动为期 1 年，邀请北京市第四中学等名校教研组长、备课组长组成专家团队，采用沉浸陪伴式开展备课诊断及指导。全体相关学科任课教师参加，通过上交核心素养导向下大单元整体教学设计完成评价。

（吴玉仙）

科技赋能教育项目试点

11 月 20 日，平谷区教委召开科技赋能教育各类项目试点工作推进会。首师优字项目、飞象星球课后服务项目、科大讯飞英语口语项目的各试点校依次汇报项目进展、经验成效、需求建议、工作计划等内容。3 个项目的引入分别针对学生汉字书写能力不强、区域教育资源不足、中小学生英语听说能力水平不高等问题，启动平谷区专属直播在线教室平台 App、智慧作业、资源库及备课系统建设，通过优质教育资源引入，以科技赋能教育。12 月 12 日，首都师范大学与平谷区战略合作签约仪式暨“首师优字·墨香平谷”项目启动会举行。双方将在“中国书法之乡”建设方面深化研究，推进全区精神文明建设；在教师教育、基础教育等领域，推进技术与教育交叉融合，创新中小学和高校间特色化协同育人机制，深度打造资源共享和协同发展平台，创新未来人才和未来教师培养新模式，推动平谷区教育教学质量整体提升。

（吴玉仙）

关注学生心理健康

至年底，平谷区教育系统多措并举关注学生心理健康。区教委与北京大学第六医院儿童心理卫生中心、北京市小雨滴社区青少年成长促进中心签约，合作举办“中小学心理健康促进计划项目”。根据协议，北医六院将为平谷区开发校园心理健康预防和干预体系，全面提高儿童、青少年及家庭的心理健康素养提供专业指导和技术支持。举办平谷区中小学心理健康促进计划心理教师队伍培训班，邀请北医六院儿童心理卫生中心主任讲授开班第一课。106 名德育干部、心理教师和 355 名班主任参加培训。平谷区教育研修中心组织部分心理学科骨干

至年底，平谷区青少年活动中心组织中小学生开展 5 项系列实践活动 （平谷区教委 供）

教师录制 4 期心理微视频课程，通过“平谷教育”微信公众号播出。

（寇春晖 吴玉仙）

5 项“桃文化”系列实践活动

至年底，平谷区青少年活动中心围绕“基于‘桃文化’的学生综合实践活动项目建设策略研究”课题，组织中小学生开展 5 项系列实践活动。1 月，以 2 所小学为基地校，举办“探秘绿谷话桃源——桃乡寻美之青龙飞雪探究体验活动”；4 月，以 1 所小学为基地校，开展“探秘绿谷话桃源”——科学种植认识桃花活动；4 月至 6 月，组织全区中小学生开展“探秘绿谷话桃源——我心中的家乡美”摄影作品征集评选活动，征集到 20 所学校报送的 140 件作品；7 月，组织全区中小学生开展“乐享生活，疫中成长——寿桃馍巧手制作线上活动”，22 所学校报送 175 件作品参与活动；7 月至 9 月，选取 1 所小学，利用课后服务时间分 3 次开展“探秘绿谷话桃源——文润童心之文创桃制作活动”。

（吴玉仙 陈红燕）

密云区

概况

2022 年，密云区教委辖属教育单位 139 个。其中，幼儿园 78 所（教育部门办园 52 所、地方企业办园 4 所、集体办园 2 所、民办园 20 所），小学 26 所（全部为教育部门办校），初级中学 17 所（全部为教育部门办校），教育部门办完全中学 1 所，高级中学 3 所（全部为教育部门办校），九年一贯制学校 3 所（全部为教育部门办校），特殊教育学校 1 所，中等职业学校 1 所，其他法人单位 9 个。招生 14348 人（幼儿园 4576 人、小学 4209 人、初中 3070 人、普通高中 2243 人、中等职业学校 250 人）；毕业 12880 人（幼儿园 4401 人、小学 3270 人、初中 3302 人、普通高中 1796 人、中等职业学校 111 人）；在校生 56256 人（幼儿园 15532 人、小学 23785 人、初中 9669 人、普通高中 6611 人、中等职业学校 512 人、特殊教育学校 147 人）。教职工总数 7417 人（幼儿园 2643 人、小学 2055 人、中学 2493 人、中等职业学校 175 人、特殊教育 51 人），其中高级职称 1510 人、中级职称 2502 人。北京市特级教师 23 人、北京市学科教学带头人 12 人、北京市骨干教师 78 人。全年教育总投入 30.36 亿元。中小学固定资产总值 23.45 亿元。新建小学分址 1 所。设立教育集团 2 个、初中学区 4 个、小学城乡教育共同体 7 个、幼儿园学习与发展共同体 5 个。

2022 年，密云区教委统筹疫情防控和教育改革发展，迎难而上、砥砺奋进。

五育并举，探索远郊区教育特色发展之路。推进德育课程体系建设，构建主题教育活动体系，“荷美”“爱·美”等一批学校德育课程特色突显；坚持全员家访、重点回访，家校协同水平提升；推进“大思政课”建设，将课堂搬到红色基地、烈士陵园，“行走的思政课堂”入脑入心；开展“红领巾学堂”，打造“王亢中队”“邓玉芬大队”等育人品牌。推进校园篮球、足球、游泳等运动普及。深化学校美育，举办第 25 届学生艺术节，建成市级艺术教育特色学校 13 所。加强科技教育，制定《全面加强和改进学校科技教育工作的实施方案》，10 所学校入选北京市科技教育示范校，2 个项目在科技活动评比中获国家级一等奖。推进劳动教育实践基地建设，“一校一案”开发个性化劳动清单，探索多学科融合劳动课程。

提质增效，各类教育高质量发展。做好学前教育“双普”验收准备工作，编制学前教育发展提升行动计划；深化资源共享机制，发挥学前教育共同体优势，组织开展线上线下研训 26 次，推动各类型幼儿园协同发展；启动家园共育系统提升项目，构建全程超前伴随式家长培训体系。推进“双减”工作，制定《密云区义务教育阶段课程实施方案》，围绕教研活动规范、常态课堂质量、课堂教学改革、作业设计研究、学业质量监控、课后服务实效六方面内容，赋能教学质量提升；开展教材教法培训 300 余场次、课例观摩研讨 120 余场次，围绕单元整体教学，举办课堂教学展示活动，全市 1000 余名教师在线观摩；推进义务教育优质均衡先行区创建工作，46 所中小学（26 所小学、17 所中学、3 所九年一贯制学校）全部与市区优质学校建立结对合作关系；推进实验区建设“六大行动”，启动中小学课堂大数据诊断服务项目，探索新技术环境下教与学方式变革，4 所学校获批市教委“双百”示范行动优秀基地，2 个创新课题获评优秀课题。深化育人方式改革，推进普通高中多样化特色发展，选送 3 门课程参加北京市普通高中特色课程认定，均获得通过。面向高三年级教师开展全员常态课覆盖式线上听课，组织学科质量分析、备考研讨、命题研讨 160 余次，增强备考实效性。推动职业教育高质量发展，加快数字电商、无人机等新兴信息技术专业建设；推进市场化职业技能培训，全年面向社会组织开展各类短期技能培训 480 人次、特种作业线上培训 600 人次。

研训赋能，干部教师综合素质不断提升。制定《师德师风建设工作部署实施方案》，构建师德师风建设长效机制；组织全区 6100 余名教职工开展“喜迎二十大　我（我们）的育人故事”宣讲活动，140 人获评“优秀教师”“优秀教育工作者”。优化城乡师资结构，完善干部教师轮岗交流机制，选派 307 人参加交流轮岗。制定《密云区“十四五”时期干部教师培训工作实施方案》，面向各级各类教师实施“四进阶”“两提升”课程。开展信息技术应用能力提升工程 2.0 培训，4714 名教师参加学习，助力“基于教学改革、融合信息技术的新型教与学模式”实验区建设。推进“百名教师拜师”项目，开展 3 次通识培训、15 次学科培训，培训教师 700 余人次。与海淀区教师进修学校联合开展“密·海”合作一体化教研，组建 12 个名师工作室，促进学科骨干教师成长。构建“一站多坊”研训机制，推进班主任研训方式转型。成立张鲁静特级教师工作室，制定菜单式培养计划，指导英语学科薄弱教师 100 余人次。年内，有 1 人获首都劳动奖章。

压实督学责任，保障各项政策落地落实。组织 59 名责任督学对全区 65 所中小学（含完全小学）、78 所幼儿园、1 所职业学校，开展规范办学、课后服务、“双减”等内容专项督导 5 次。督学下校、下园督导 1413 人次，听课 137 节，接听电话来访 45 个，参加学校活动 31 次，要求学校、幼儿园整改 18 项。

（王云阶　孙芳莹　李士新）

干部教师交流轮岗制深入推行

2022 年，密云区教委推进干部教师交流轮岗工作。加强制度建设，制定《关于所属事业单位干部教师交流轮岗工作的实施办法》，将干部教师轮岗交流分为城乡间交流、同区域调整、中小衔接交流、兼职交流、研修交流、指导交流、跨省交流、“以干带训”交流 8 种形式。全年安排轮岗交流 307 人，占符合交流人数的 18.6%。其中，城乡间交流 147 人、同区域调整 100 人、兼职交流 4 人、指导交流 32 人、跨省交流 19 人、“以干带训”交流 5 人。

（李士新）

新型教与学模式实验区建设推进

2022 年，密云区教委推进“基于教学改革、融合信息技术的新型教与学模式”实验区建设。迭代优化智慧教育环境，印发《密云区关于推进“双师课堂”工作的指导意见》，为 14 所学校改造“双师课堂”教室 14 间，开展 11 所“双师课堂”试点校工作，探索市区一体化学校、城区强校与乡村薄弱校及寄宿制学校、乡村地区“一带多”校际之间实施“双师课堂”新样态。自主创建数字资源，建成“空中课堂”录制基地，录制优秀课 30 节、精品微课 2000 节、《家长学校》学习资源 600 节，为线上线下教学、家校合作提供优质数字教育资源。持续提升教师信息素养与能力，组织中小学校长在线观摩学习外省实验区经验做法，参加“教

1 月 20 日，密云区青少年宫组织学生参加春节群众主题文化实践活动　（密云区教委　供）

育数字化转型、深化教学改革”暑期专题培训；面向120名干部开展“校园数字化转型助力教学改革”专题培训；启动“中小学课堂诊断服务项目”，开展2022年密云区中小学信息技术应用融合成果展示活动。

（张学虎　李士新）

北京市特级教师张鲁静密云工作站成立

3月2日，密云区教委举行北京市特级教师张鲁静密云工作站启动仪式。活动为工作站指导教师张鲁静、领衔教师刘连红颁发聘书，为4所基地校授牌。该工作站期限3年（2022年1月至2025年1月），通过建立以区级“工作站”为统领的区、校两级研修体系，以及区、校两级人才培养体系，促进区内英语骨干教师快速成长；以市级规划课题“英语分级绘本与教材融合的研究”为抓手，建立分级绘本与教材融合的课程体系，整合各种优质教学资源，培育学生核心素养，促进学生的综合语言水平全面提高；解决教育教学发展中的热点、难点问题，发挥基地校辐射引领作用，带动区域英语教学整体发展，进而推动全区英语教育教学质量提升。区教委遴选确定4所基地校16名核心成员以及17名培养对象为工作站成员，计划每学期邀请张鲁静及专家团队成员举办2～3次专题讲座、课例研究活动。

（张文华　李士新）

5500余名青少年同上一堂航天思政课

4月22日，密云区教委举办中小学生航天科普讲座。活动邀请全国航天科学普及首席科学传播专家田如森作《太空家园——空间站》主题讲座，通过视频、图片展示，讲解中国载人航天三步走战略以及航天员在太空家园的衣食住行，通过互动解答学生问题并鼓励学生为祖国航天事业贡献力量。活动通过信息技术手段面向全区中小学开放。全区34所学校5500余名学生通过175个观看点位参与活动。

（彭秀伶　李士新）

双法治副校长工作机制启动

6月，密云区教委印发《密云区中小学法治副校长聘任与管理办法实施意见》，启动双法治副校长工作机制。意见明确由区委教育工委、区教委牵头，联合区法院、区检察院、区公安分局、区司法局，建立双法治副校长机制，即每所学校（幼儿园）配备2名法治副校长，1人侧重法治宣传教育工作，另1人侧重安全管理工作。区法院选派30名法官、区检察院选派30名检察官、区司法局选派30名律师、区公安分局选派90名干警，形成180人法治副校长队伍，覆盖全区90所中小学、幼儿园。

（马飞　李士新）

第25届推普周活动

9月12日至18日，密云区开展第25届全国推广普通话宣传周活动。活动围绕“推广普通话，喜迎二十大”主题，向各镇街、学校、幼儿园下发宣传材料、宣传海报2000份。各级各类学校发挥语言文字工作基础阵地作用，通过升旗仪式、校会、班会等途径开展推普教育和宣传；举办教师板书设计、师生朗读，学生演讲和辩论，错别字“啄木鸟”，小蜜蜂进社区推普宣传等活动。15日，区教委在穆家峪镇文化活动中心举办推普宣传进乡村活动，宣传国家通用语言文字法律法规、方针政策和语言文字规范标准知识，300余人参与活动。

（佟志新　李士新）

3月9日，太师屯镇中心小学区级语文骨干教师利用“双师课堂”与三校师生同上一堂课　　（太师屯镇中心小学　供）

3月9日，朝阳实验小学密云学校课后管理——学生读书
（密云区教委　供）

教育满意度提升

9月，密云区教委开展2022年中小学、幼儿园教育满意度调查。调查工作委托北京教育科学研究院开展，围绕教育重点工作设置内容，增设课后服务、作业布置与批改、线上教学等指标，侧重“双减”政策落实情况调查。经统计，2022年密云区学校工作满意度总体得分97.1分，较上年度提高1.5分，其中幼儿园得分98.7分、小学得分96.3分、普通中学得分97分、职业学校得分99.6分、特殊教育学校得分99.2分，分别较上年度提高0.6分、1.5分、2.8分、1.3分、1.8分。在市教委对区教育工作满意度调查中，密云区综合得分92.4分，较上年度提高1.8分，高出全市平均分6.4分，居全市首位。

（孙芳莹　李士新）

延庆区

概况

2022年，延庆区教委辖属教育单位82个。其中，幼儿园30所（教育部门办园15所、民办园15所），小学21所，初级中学9所，完全中学2所，高级中学2所，九年一贯制学校6所，特殊教育学校1所，中等职业学校1所，其他法人单位10个。招生8259人（幼儿园2783人、小学2322人、初中1703人、普通高中1264人、中等职业学校178人、特殊教育学校9人）；毕业6837人（幼儿园2381人、小学1611人、初中1715人、普通高中993人、中等职业学校133人、特殊教育学校4人）；在校生33486人（幼儿园9539人、小学13837人、初中5597人、高中4079人、中等职业学校349人、特殊教育学校85人）。教职工总数5148人（幼儿园1413人、小学1469人、中学2024人、中等职业学校202人、特殊教育学校40人）。专任教师中，高级职称452人、中级职称1132人。北京市特级教师17人、北京市学科教学带头人9人、北京市骨干教师59人。全年教育总投入20.93亿元。中小学固定资产总值19.24亿元。设立学区12个(幼儿园4个、小学4个、初中3个、高中1个)。

2022年，延庆区教委稳步推进教育综合改革，群众对教育满意度保持高位。

推进教育改革。出台《北京市延庆区“十四五”时期教育改革和发展规划》和《北京市延庆区“十四五”时期学前教育发展提升行动计划》。推进教育评价改革，制定并落实延庆区深化新时代教育评价改革工作方案和任务清单。推进集团化办学，组建延庆四中教育集团。整合3所职业、成人学校，组建北京市延庆区职业学院，开设无人机操作与维护等53个专业，面向全区开展各类培训8687人次，累计服务1649学时，同时作为市级劳动教育基地，确定58个培训项目，为北京市中小学生提供劳动教育服务。

推进教育重点工程建设。制定《北京市延庆区基础教育设施专项规划（2021年—2035年）》，完成5址中小学、幼儿园新建、改扩建项目并投入使用，增加学位1500个。5个学校风雨操场建设项目完工，1所幼儿园完成主体结构施工，4个学校基础设施建设改造项目开工。

加强干部教师队伍建设。出台《北京市延庆区“十四五”时期教育人才队伍建设规划（2021—2025年）》，开展师德专题教育，评选区级优秀教师、优秀教育工作者171人，10人获评北京市优秀教师、优秀教育工作者。调整校级干部121人，引进优秀干部教师24人，精准补充紧缺师资153人，教师全职交流轮岗345人，编外用工由上年563人压减至418人。深化与北京教育学院、北京第二外国语学院等高校合作，培训干部教师8000人次。1人入选教育部乡村优秀青年教师培养奖励计划，1人入选国家“万人计划”教学名师。

提高教育综合治理水平。将接诉即办作为一把手工程，纳入“比学赶帮超”评比体系。区教委接工单1006件，解决率94.02%、满意率96.24%。完善校园安全体系，联合区公安分局、区交通局、区城管委等部门开展校园周边交通安全设施排查整改工作，支持56所中小学、幼儿园聘任法治副校长109人；针对消防、燃气等重点部位开展安全隐患排查，逐一建立隐患台账。

打造冰雪特色。落实后奥运时期“3＋X”发展模式，即深化奥林匹克教育、冰雪运动普及、区冰雪队竞技水平提升，举办冰雪进校园活动，复核、验收冰雪特色学校。完成全区小学二年级、四年级学生冰雪技能普及全覆盖。指导各中小学、幼儿园开展冰雪旱地化项目。

（张美丽　吕少明　韩刚）

9月，延庆二幼幼儿用玉米芯制作冬奥“高山滑雪”项目模型

（延庆区教委　供）

平安校园建设

2022年，延庆区教委继续加强平安校园建设。开展校园安全隐患排查整治工作，指导各中小学幼儿园排查、整改各种安全隐患、漏洞，全面做好疫情防控、防汛安全、消防安全等工作。各校结合实际开展防溺水、交通安全、防欺凌等方面安全教育，强化师生安全意识。6月至8月，开展暑期安全教育工作，通过微信公众号、校园安全工作会、家长会等形式，压实安全责任。区教委出动11个督查组以“四不两直”方式，走访询问师生和家长，了解学校防溺水安全工作落实情况。根据区教委统一要求，各单位完成校内大型广告牌、大型设施设备和水电气专项安全检查，利用班队会对班级管制刀具等危险物品进行全面排查；开展应急安全疏散、防震演练活动，“我眼中的火焰蓝”消防安全系列活动。

（张美丽）

2609人参与冬奥会服务保障工作

2022年，延庆区教育系统组织教职工2609人参与冬奥会服务保障工作。其中，选派优秀干部教师34人，直接参与为期半年的冬奥会志愿服务；牵头全区语言文字工作，全面落实《北京市“迎冬奥 促提升”国际语言环境建设专项行动方案》，实施延庆区冬奥语言环境百日攻坚行动；组织全系统在职党员2575人服务社区、各村疫情防控及卫生扫除等活动。

（吕少明）

“双减”政策落地落实工作深化

2022年，延庆区教委多举措推进“双减”政策从落地走向纵深。全区学科类培训机构由56址压减至11址，非学科类培训机构由137址规范至117址；各校分别与教师、学生、家长签订“双减”承诺书，通过会议、调研、致家长一封信等途径实现“双减”政策宣传100%全覆盖；出台课堂教学、作业、手机、睡眠和读物“五项管理”办法，建立考试评价等8个长效机制；开展课后活动200余项，学生参与率接近100%，保证学生每天1小时体育锻炼和不少于1课时答疑辅导；义务教育学校均设置“作业公示栏”，学生、家长作业管理满意度98.72%；4所城区小学为全区有需求小学生提供暑期托管服务。区人大对延庆区贯彻落实“双减”政策工作开展专项评议，学生、家长、教师等问卷调查整体满意度98.8%。

（张美丽）

首个教育集团成立

7月18日，延庆区首个教育集团——延庆四中教育集团成立。区教育两委整合北京市延庆区第三中学、北京市延庆区第四中学，组建延庆四中教育集团，并纳入北京市延庆区第八中学、北京市延庆区刘斌堡中学2个成员单位。集团成立后，延庆三中在校生学籍保留在原学校，日常教育教学由延庆四中负责集中统一管理；到2024年8月，延庆三中现有在校生毕业后，完成机构撤销、整合。延庆四中教育集团为党组织领导的多法人紧密型教育集团，建立党委集中统一领导，3所成员校独立法人校长分别负责的集团化办学管理机制。

（刘长旺）

中小学生暑期实践活动

7月至8月，延庆区教委开展中小学生暑期实践活动。组织351名区级足球队、冰雪队队员开展暑期集训；选拔375名小学生开展游泳试点培训；3所高中组织1300余名高一新生开展军训活动；针对民航班学生，举办中国交响乐团合唱音乐会、国防教育讲座等实践活动10余次，累计参与学生2400余人次；举办暑期培训班202个，实践活动4次，合唱团夏令营、暑期生命体验营、野鸭湖湿地科技体验营3批夏令营惠及学生4422人次。

（吕少明）

109名中小幼法治副校长聘任

8月26日，延庆区教委指导全区56所中小学、幼儿园聘任法治副校长109人。法治副校长由区法院、区检察院、区公安分局、区司法局推荐或委派，由学校聘任，在学校兼任副校长，负责协助学校开展法治教育、法治实践、学生保护等工作；每年在任职学校承担或者组织不少于4课时法治实践教育活动；聘期3年，期满可续聘。

（张美丽）

学生综合素质提升

至年底，延庆区教委多举措促进学生综合素质提升。持续开展生态文明教育，推进中小学奥林匹克教育和冰雪运动普及，实现3.20万名学生掌握滑冰滑雪基本技能，打造国家级、市级冰雪运动特色校9所，奥林匹克教育示范校14所。评选认定社会大课堂实践基地42个、劳动教育基地10个，开发红色教育、天文观测、农业技术等特色课程。

（张美丽）

燕山地区

概况

2022年，燕山教委辖属教育单位24个。其中，幼儿园7所、小学5所、初级中学4所、高级中学1所、中等职业学校1所、其他法人单位6个。招生1982人（幼儿园444人、小学642人、初中531人、普通高中365人）；毕业1815人（幼儿园426人、小学539人、初中515人、普通高中334人、特殊教育1人）；在校生7909人（幼儿园1430人、小学3248人、初中2102人、普通高中1121人、特殊教育8人）。教职工总数1091人（幼儿园214人、小学307人、初中276人、高中153人、中等职业学校38人、特殊教育11人、直属单位92人），其中高级职称249人、中级职称408人。北京市特级教师1人、北京市学科教学带头人1人、北京市骨干教师10人。中小学固定资产总值3.56亿元。

2022年，燕山教育系统坚持党建引领，立德树人，稳中求进，深耕教育改革试验田，统筹疫情防控和教育发展，推动教育改革和教学研究向快向好发展。科学谋划中小学校党组织领导的校长负责制试点工作，列出18个区级试点课题，制定试点评价指标体系2.0版，率先在全市完成试点学校首轮评估验收，出版试点经验成果集《探索之路》。

坚持统筹规划，促进教育优质协同发展。推进学前教育质量提升行动计划，做好幼小衔接，初步形成燕山学前教育幼小衔接整体框架，作为代表在北京市幼小衔接阶段性教育成果经验交流会上作交流发言。以推进“双减”“双新”政策落地为目标，开展“双减”专题教学研究项目，通过教学工作计划会、教学视导、新课程标准深入学习和

9月29日，延庆二小学生在世园公园开展综合实践活动

（延庆区教委　供）

培训等活动，提升地区教学质量。落实国家、北京市课程方案和课程标准，制定《燕山地区义务教育课程实施办法（试行）》。选取东风片区四大学科作为课程一体化建设项目试点学科，组织区内骨干教师参与研究、编写学生手册，召开工作推进会。制定《北京市普通高中多样化特色发展区域创建工作方案》，开展“1＋3”人才培养试验工作。

3月11日，向阳小学举办寒假作业展

（向阳小学 供）

抓好队伍建设，夯实教育人才基础。依托北京教育学院完成燕山地区中小学道德与法治班合班培训工作；依托中国教师研修网继续开展近两年新任教师全年规范化培训。开展 2022 中小学教师信息技术创新与实践活动和第 23 届北京市师生信息素养提升实践活动，提升教师信息化水平。组织教师参与北京市中小学新任教师第六届“启航杯”新任教师风采展示活动，提升新任教师课堂教学能力。举办第八届“燕翔杯”青年教师优课展示活动，通过录播形式完成教师说课展示。

紧扣民生需求，增强教育服务保障能力。推进学校食堂气源改造项目建设，排除食堂环境潜在安全隐患。推进义务教育薄改项目，完成 3 所学校教室灯光改造、3 所学校操场改造。落实督导监督责任，开展义务教育优质均衡发展督导、安全专项督导、“双减”工作专项督导等。贯彻落实“双减”工作要求，完成 17 个校外培训机构规范治理（压减、转型 11 个，完成“营转非”6 个）。

（韩巍）

“双减”政策从落地走向纵深工作推进

2022 年，燕山教委推进“双减”政策从落地走向纵深。结合教育部“监管护苗”暑期专项行动和无证违规培训专项治理行动，开展“强化培训监管 守护快乐假期”暑期校外培训专项检查。燕山教育两委主要领导带队、行政科室人员协同，分 7 个检查组开展每日全覆盖检查。检查范围涵盖地区现有学科类校外培训机构、已注销转型机构和燕山教委所属各中小学、幼儿园；检查内容涉及学科类校外培训机构严禁暑期培训情况、已注销转型机构隐形变异违规培训情况、校内严禁违规补课情况等。以“深化‘双减’成效 关注课标落实 推进质量提升”为主题开展教学综合视导，走进全地区中小学校，通过听课反馈、教学常规检查、党建课题推进，了解各校在落实“双减”过程中的学校教学管理机制制订、学科组建设特色经验；重点关注学校落实新课标、新课程举措，教师教学基本功，课堂教学基本流程，学生课堂学习状态，课后作业设计质量及批阅情况；特别推出《习近平新时代中国特色社会主义思想》进教材、进课堂、进头脑优秀课例展示。中小学研修员及各校教学领导深入课堂，听课 410 余节次，查阅教案 560 余本，翻看学生作业 2 万本。研修员与教师反馈实现本年段、本学科反馈率 100%。

（王亚兰 周文明 刘宁）

燕山文联助力课后服务

3 月 8 日，燕山工委宣传部、燕山教委、燕山文联召开“燕山地区课外活动计划暨传统文化进校园”座谈会。会议介绍文联机构设置及 2022 年工作要点、燕山文联传统文化进校园项目安排、燕山地区校外教育活动“十三五”开展及“十四五”展望等情况，旨在通过整合优质资源，借力燕山文联，助推课后服务。会议组织观摩北京市燕山向阳小学师生书法作品展。中小学校长 9 人参加会议。9 月起，燕山文联走进 5 所小学和 4 所初中提供课后服务，以“书法进校园”为突破口，采用“整体统筹、系列设计、联动实施”方式开展活动。

（刘海霞）

东风片区课程一体化推进会

4 月 20 日，燕山教委召开东风片区课程一体化推进会。会议分为课例展示和交流研讨两部分，总结梳理东风片区课程一体化推进情况。燕山教委、燕山教研中心领导，东风片区 3 所学校领导、教研员和教师等 30 余人参加会议。东风片区初小衔接课程实施围绕“衔接”“贯通”2 个关键词，丰富六年级课程，实现六、七年级课程滚动式发展。

（刘宁）

燕山中小学校领导体制改革推进

9 月 21 日，燕山教委召开燕山地区中小学校党组织领导的校长负责制工作深入推进会。会议总结试点工作 4 年实践成效，发布燕山地区中小学校党组织领导的校长负责

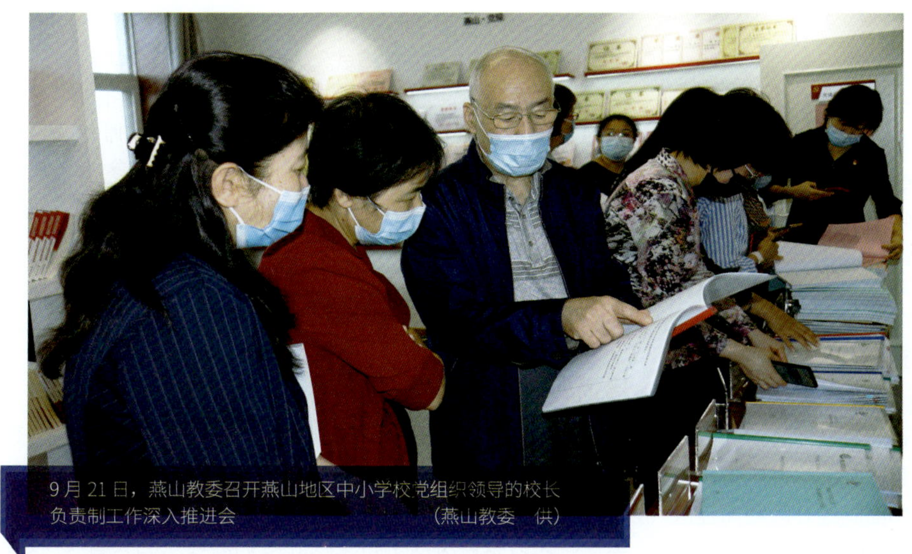
9月21日，燕山教委召开燕山地区中小学校党组织领导的校长负责制工作深入推进会 （燕山教委 供）

制工作成果集《探索之路》，研究部署深入推进党组织领导的校长负责制工作新举措。《探索之路》全书分为试点实践、试点课题、试点案例、试点文本和试点成效5个篇章，23万字，由燕山工委副书记、组织部部长担任编委会主任，燕山教委党委相关领导及基层试点单位党组织书记等23人组成编委会完成编写，由北京出版社出版发行。9月至10月，燕山地区率先在全市完成首轮试点校验收工作，走进2所学校，通过现场走访、查阅资料、座谈交流等完成验收。验收结果显示：学校领导体制执行有力；干部队伍建设既有梯次培养，又能双强驱动；党建引领发展方向把得准，制度保障有衔接配套。

（程健）

干部教师培训

至年底，燕山教委加强干部教师队伍建设，组织多种形式培训活动。分别举办寒、暑假干部培训班，面向燕山教委领导班子、机关及各基层单位副科级以上干部，围绕习近平总书记"七一"重要讲话精神、教育管理和教育评价、提升文化自信等内容开展专题培训。暑假培训班还组织学员前往平西抗日抗日战争纪念馆实地参观学习。组织教研员和一线教师通过参加市级培训学习、线上学习、自主学习相结合方式，学习新课标，研究新形势下的学科教学。燕山地区16个学科中小学教研员和一线教师600余人次参加培训。举办2022年新任教师岗前培训，面向新入职的41名中小学教师，开展团队破冰、专家讲座、红色教育等培训。

（韩巍　杜蓉　刘宁）

经开区

概况

2022年，北京经济技术开发区社会事业局辖属教育单位30个。其中，幼儿园20所（教育部门办园7所、民办园13所），小学3所（全部为教育部门办校），教育部门办完全中学1所，民办九年一贯制学校1所，十二年一贯制学校5所（教育部门办校4所、民办校1所）。招生8288人（幼儿园2745人、小学3320人、初中1448人、普通高中775人）；毕业4355人（幼儿园2058人、小学1185人、初中774人、普通高中338人）；在校生28291人（幼儿园7901人、小学14832人、初中3789人、普通高中1769人）。教职工3577人（幼儿园1396人、中小学2181人），其中高级职称304人、中级职称590人。北京市特级教师11人、北京市学科教学带头人2人、北京市骨干教师5人。全年教育总投入15亿元。新建幼儿园2所。

2022年，北京经济技术开发区社会事业局进一步优化教育资源布局、加大优质教育资源供给。

压实党建责任，筑牢党建根基。印发《社会事业党委工作规则》《社会事业党委党务公开办法》《基层党组织党建活动经费管理使用办法》等8项规章制度，切实保障党组织领导作用发挥。指导6所民办幼儿园成立党支部，15个基层党支部完成换届选举。新发展党员31人。完成各基层党组织书记、委员、党员干部培训500余人次。4个党建研究课题入选北京市普教系统2022年度党建课题项目。开展"学在亦城 榜样选树"活动，评选优秀共产党员16人、优秀党务工作者6人、先进基层党组织3个、"亦城先锋"113人。

聚焦立德树人，各级各类教育优质均衡发展。开展红领巾奖章争章活动，评选89名三星章少先队员，6个三星章中队、2个三星章大队。开展2022年度"全国三优秀"评选申报工作，1人获评全国优秀少先队员，1所学校获评全国优秀少先队中队。落实免试就近入学全覆盖和"公民同招"，首次采用随机派位方式，完成北京小学大兴分校亦庄学校和北京市大兴区亦庄镇第二中心小学毕业生升学录取。全年接收小学一年级新生3320人、初一年级新生1495人、转入学生700余人。举办经开区第二届中小学生艺术节、科技节。推进健康中国中小学健康促进专项行动，全区儿童青少年总体近视率较上年下降3.7个百分点、肥胖率下降5.6个百分点。规范教材、教辅及课外读物进校园，全年开展7次专项排查整改工作。提升国家通用语言文字普及水平和质量，举办经开区首届中小学生辩论赛、演讲比赛。加快公办幼儿园配套建设，新设立2所公办幼儿园，增加学前学位720个。开展园长、教师工作室阶梯式培训和信息技术应用能力提升工程2.0系列培训，提升园所保教质量及教师信息技术应用能力。3所高中初步形成多样化发展格局。推进特殊教育发展，为241名特殊儿童制定"一人一案"康复训练服务，提供一对一康复训练课程1696节。

（李哲晖　王婷婷）

首次作为独立考区完成高考组考工作

6月，经开区首次作为独立考区完成高考组考工作。北京经济技术开发区社会事业局组织5所学校承担组考工作，组建300人的组考队伍，统筹落实软硬件保障，备足备齐各类考试资源，发挥经开区招考委考试保障局际联席会议机制，加强协同配合，保障424名考生完成高考，另有4名涉疫考生在封管控考点完成高考。

（李凌飞　汪再再）

建华实验亦庄学校高中部完成首批招生

8月，北京市建华实验亦庄学校高中部完成首批招生90人。该校是由经开区投资建设，并邀请北京市建华实验学校参与筹办的十二年一贯制公办学校，是经开区引进北京优质名校合作的办学成果之一。学校高中部面向经开区和海淀区招生，均为统招方式，录取分数线为经开区601分、海淀区629分。该校小学部、初中部分别于2019年、2020年开学。

（李凌飞　汪再再）

区校协同“亦庄新模式”探索

12月4日，北京经济技术开发区社会事业局印发《北京经济技术开发区学科教研基地建设与管理办法（试行）》，探索区校协同“亦庄新模式”。首批认定15个学科教研基地，加快建立区—校—基地三级教科研机制，召开经开区基础教育首届教育教学年会，面向区内全体教师开展“聚焦新课标　落实核心素养”主题培训。首次参加北京市中小学新任教师“启航杯”教学风采展示活动，33名新教师获奖。首次完成经开区中高考数据分析以及质量评价报告。

（陈沫）

培训机构治理

至年底，经开区“双减”专班统筹开展培训机构治理工作。完善多部门协同共治长效监管机制，加大力度查处培训机构隐形变异违规行为，开展商务楼宇违规培训排查工作、义务教育阶段学科类校外培训治理“回头看”、校外培训“监管护苗”2022年暑期专项行动等系列治理工作。全年完成联合检查21次，日常检查巡查98次，发现违规线索12件，全部移送综合执法局，并公开向社会通报5个违规开展学科培训的机构。

（周杨　后胜龙）

各区委教育工委、区教委领导名单

中共北京市东城区委教育工作委员会

书　记　刘　藻

北京市东城区教育委员会

主　任　高　伟

中共北京市西城区委教育工作委员会

书　记　赵蓬欣

北京市西城区教育委员会

主　任　王　攀

中共北京市朝阳区委教育工作委员会

书　记　周　炜（1月6日免）
董　健（1月6日任）

北京市朝阳区教育委员会

主　任　肖　汶

中共北京市丰台区委教育工作委员会

书　记　房书勇

北京市丰台区教育委员会

主　任　杨晓辉

中共北京市石景山区委教育工作委员会

书　记　石显富

北京市石景山区教育委员会

主　任　李秀兰

中共北京市海淀区委教育工作委员会

书　记　尹丽君（2月20日免）
王　方（2月20日任）

北京市海淀区教育委员会

主　任　王　方（2月20日免）
杜荣贞（2月20日任）

中共北京市门头沟区委教育工作委员会

书　记　韩兴无

北京市门头沟区教育委员会

主　任　陈江锋（6月25日免）

中共北京市房山区委教育工作委员会

书　记　杜成喜（12月19日免）

北京市房山区教育委员会

主　任　顾成强（8月3日免）
郭冬红（8月3日任）

中共北京市通州区委教育工作委员会

书　记　刘青松

北京市通州区教育委员会

主　任　申　键（2月18日免）
曾祥正（2月18日任）

中共北京市顺义区委教育工作委员会

书　　记　冯江全

北京市顺义区教育委员会

主　　任　冯江全（3 月 15 日免）
　　　　　孟朝晖（3 月 15 日任）

中共北京市昌平区委教育工作委员会

书　　记　王　建

北京市昌平区教育委员会

主　　任　王　建

中共北京市大兴区委教育工作委员会

书　　记　周爱彬

北京市大兴区教育委员会

主　　任　赵建国

中共北京市怀柔区委教育工作委员会

书　　记　肖正凯

北京市怀柔区教育委员会

主　　任　徐志芳

中共北京市平谷区委教育工作委员会

书　　记　刘万岭

北京市平谷区教育委员会

主　　任　路宝银

中共北京市密云区委教育工作委员会

书　　记　张文亮

北京市密云区教育委员会

主　　任　杨福军

中共北京市延庆区委教育工作委员会

书　　记　常迎六

北京市延庆区教育委员会

主　　任　王建军（5 月 10 日免）
　　　　　张树清（5 月 10 日任）

北京市房山区燕山教育委员会

党委书记　王　迪
主　　任　张荣波

北京经济技术开发区社会事业局

局　　长　张建荣

各区政府教育督导室领导名单

北京市东城区人民政府教育督导室

主　　任　高　伟

北京市朝阳区人民政府教育督导室

主　　任　肖　汶

北京市丰台区人民政府教育督导室

主　　任　杨晓辉

北京市石景山区人民政府教育督导室

主　　任　李秀兰

北京市海淀区人民政府教育督导室

主　　任　王　方（兼，2 月 20 日免）
　　　　　杜荣贞（兼，2 月 20 日任）

北京市房山区人民政府教育督导室

主　　任　顾成强（7 月 25 日免）
　　　　　郭冬红（7 月 25 日任）

北京市通州区人民政府教育督导室

主　　任　申　键（2 月 18 日免）
　　　　　曾祥正（2 月 18 日任）

北京市顺义区人民政府教育督导室

主　　任　冯江全（3 月 15 日免）
　　　　　孟朝晖（3 月 15 日任）

北京市昌平区人民政府教育督导室

主　　任　王　建

北京市大兴区人民政府教育督导室

主　　任　赵建国

北京市怀柔区人民政府教育督导室

主　　任　徐志芳

北京市延庆区人民政府教育督导室

主　　任　王建军（4 月 27 日免）
　　　　　张树清（4 月 27 日任）

北京经济技术开发区教育督导室

主　　任　张建荣

（本栏责任编校　孙晓楠）

北京市教育档案馆

北京市国际教育交流中心

北京市教育政务服务中心

市委教育工委市教委综合事务中心

北京市教育资产与财务管理事务中心

北京高校房地产开发总公司

北京市学校基建后勤管理事务中心

北京教育老干部活动中心

北京高校大学生就业创业指导中心

北京市教育考试命题阅卷服务中心

市委教育工委 市教委直属单位

DIRECTLY AFFILIATED INSTITUTIONS TO THE EDUCATION COMMISSION OF CPC BEIJING MUNICIPAL COMMITTEE AND BEIJING MUNICIPAL EDUCATION COMMISSION

市委教育工委市教委直属单位

DIRECTLY AFFILIATED INSTITUTIONS TO THE EDUCATION COMMISSION OF CPC BEIJING MUNICIPAL COMMITTEE AND BEIJING MUNICIPAL EDUCATION COMMISSION

北京教育科学研究院

概况

2022 年，北京教育科学研究院内设机构 20 个，其中教育科学、教学研究及辅助机构 12 个，机关行政处室 8 个。在职职工 370 人，具有专业技术职务 335 人，包括高级专业技术职务 194 人、中级专业技术职务 106 人；具有本科以上学历 359 人，包括博士 88 人、硕士 159 人；享受政府特殊津贴专家 1 人，北京市有突出贡献的科学、技术、管理人才 1 人，全国模范教师（市劳模待遇）1 人，北京市先进工作者（市劳模待遇）1 人，全国优秀教师 2 人，首届全国教材建设奖全国教材建设先进个人 1 人，首都劳动奖章获得者 3 人，北京市“五四”奖章获得者 1 人，北京市“三八”红旗奖章获得者 1 人，北京市妇女儿童工作先进个人 1 人，首都精神文明建设奖获得者 1 人，北京市特级教师 19 人，北京市优秀教师 6 人，北京市优秀教育工作者 1 人，北京市优秀青年知识分子 2 人，北京市“长城学者”培养计划 1 人，北京市幼儿园中小学中等职业学校学科教学带头人 9 人、骨干教师 7 人。获北京市教学成果奖基础教育类 20 项、职业教育类 8 项，获国家级教学成果奖 6 项，其中基础教育类 4 项、职业教育类 2 项。主要开展教育宏观决策研究、教育教学研究、教育理论研究；加强对教育科学、教学研究的领导和管理；为政府教育行政部门宏观决策、提高学校管理和教育教学质量提供服务。

持续开展首都教育新发展格局宏观战略研究。承担市委办公厅委托研究任务“体育类培训规范管理”，开展“国际学校发展”专题研究。完成《北京市“十四五”教育规划实施进展情况报告》（2021 年度）、《教师队伍建设改革 致力培养“大先生”》专题报告、《北京市“十四五”特殊教育发展提升行动计划研究报告》及相关政策建议，修订《北京市实施〈中华人民共和国民办教育促进法〉办法》立项论证报告，完成课题“信息化时代未来学校制度重构与创新实践研究”总报告，开展首都教育战略谋划工作研究。开展“近五年来全球重要教育理念及重大教育改革研究”“我国中小学校因材施教落实机制及制度体系建设实验研究”“全球教育展态势感知及其数据库建设项目研究”等课题研究。《教育快报》“教育决策参考”出刊 10 期、“国际教育动态”出刊 24 期。“教育决策参考”第 2 期、“国际教育动态”第 3 期得到市长批示。教育科学规划课题 490 项。

为北京实现“双减”工作阶段性核心目标提供科研支持。持续推进支持“双减”工作行动计划，关注多部门综合研究，续集出版教研发展、高中多样化和幼小衔接成果。研制专业标准，起草并指导区校运用《北京市义务教育阶段学校课后服务课程实施指南》《北京市课后服务课程评价标准》《学科作业指南》《北京市课堂教学评价方案》等，为稳妥推进课程、教学工作提供支撑。建立北京市教科规划课题协同研究推进机制，完成 59 项“双减”专项课题成果征集评审，84 项课题成果入编《新问题、新探索、新实践——北京市教育科学规划“双减”研究专项成果集》。以“优化作业 减负提质”为主题召开 4 次现场会。

开展德育一体化体系建设研究。推动大中小幼德育一体化研究，出版《北京大中小幼一体化德育发展研究蓝皮书（2021）》。开展全国中小学班主任基本功和思政课教师教学基本功典型经验总结宣传活动，完成第 41 批向全国中小学生推荐优秀影片片目遴选评审，举办北京市第四届中小学立德树人研究成果征集评优活动，主办第二届全国大中小学思政课一体化实践研究高峰论坛。落实中小学各学段《习近平新时代中国特色社会主义思想读本》教学设计，完成《“十四五”时期首都落实立德树人根本任务的年度监测评估研究报告》等。

开展课程、教材、评价与学校发展综合研究。完成《北京市义务教育课程实施办法（2022 年版）》起草及培训工作，协助完成国务院教育督导组对北京市教材、教辅、读物督导检查。举办义务教育阶段各学科教学指导意见培训及课例研讨活动，完成高中新课程教学改进情况调研及各学科新教材培训。研究落实国家新修订的义务教育课程方案和课程标准，召开教材修订工作会，完成各科修订方案。召开市级特殊教育教研员 102 学时专题培训，开展融合教育学校质量评价标准研究和孤独症儿童课堂参与及作业设计路径研究，研制《北京市义务教育体育与健康考核评价现场考试场地器材设置规范及项目考试规则》。多种形式开展北京教科院实验校联盟活动，稳步提升实验校办学水平。开展研究型学校综合质量提升和学科教学质量评价研究，持续召开“聚智云讲坛”系列活动，举办 2022 年研究型学校建设经验交流会。开展终身教育与学习型城市建设创新研究，推进学习型城市建设行动计划“十大工程”，完成《北京高等教育发展研究报告 2022》。承办首次全国特殊教育教师教学基本功展示和融合教育优秀教育教学案例遴选活动。参与中国教育装备行业协会《幼儿园户外游戏场地玩教具配备规范》编制。

开展“互联网+教育”研究。实施“5G+智慧教育”应用试点项目，推进“大数据背景下首都基础教育质量提升”项目孵化，开展以数字技术应用与创新为导向，面向全市教师“教”与学生“学”的优秀案例征集活动，组织实施 2022 年首都终身教育教师数字化教学能力展示活动，形成《融合式教学的设计与实践》报告。

开展创新人才培养研究。开展超常儿童早期培养机制构建研究，承担教育部委托“超常儿童教育制度构建”“拔尖创新人才培养的立法预研”等课题，提交《超常儿童教育制度构建研究报告》。研究义务教育学生创新素养评价、大学生创新能力培养问题，完成《大学生创新创业能力增值评价研究报告》。完成 2022 年度“雏鹰建言行动”及“翱翔学员”培养工作。

持续开展教育支援合作。落实京津冀协同对接机制，继续与津冀地区共同推进基础教育、职业教育等领域交流合作。通过线上线下相结合方式，持续开展对内蒙古、河北、河南等地教育对口帮扶，以互动教研平台开展中小学直播送教 24 场。

网址：www.bjesr.cn

院　长　方中雄

副院长　冯洪荣　刘占军　张熙　钟祖荣

（倪永娟）

“紫禁杯”优秀班主任工作室工作开展

4 月 15 日和 7 月 14 日，北京教科院开展“紫禁杯”优秀班主任工作室相关工作。4 月 15 日，举办第五届“紫禁杯”优秀班主任工作室启动仪式暨第一次主题研修活动，解读工作室 2022 年研修活动方案，围绕如何进行小课题研究开展专题培训。会议以线上直播方式召开，第五届工作室全体成员参加活动。7 月 14 日，召开第四届北京市“紫禁杯”优秀班主任工作室、区工作站、校工作坊总结交流会，会议以线上方式召开，发布第二批学校工作坊名单，北京市项目负责人作工作总结报告，第四届工作室学员代表介绍工作经验，东城区工作站和部分学校工作坊相关负责人介绍队伍建设经验。工作室各区工作站负责人、工作坊主持人、班主任代表 500 余人参加。

（杨丙涛）

习近平生态文明思想系列宣讲行动

4 月至 6 月，北京教科院举办 5 场宣传贯彻习近平生态文明思想宣讲活动。宣讲活动以主题报告形式开展，分别以“深入贯彻习近平生态文明思想，建设人与自然和谐共生的美丽中国”“可持续发展目标视角下绿色技能开发”“生态文明教育与义务教育课程标准”“碳达峰与碳中和 100 问”等为主题，阐述习近平生态文明思想的核心要义、绿色技能的整体框架和生态文明教育融入课程教学的方式方法，10000 余人参加宣讲会。编辑《习近平生态文明思想重要讲话汇编》。

（王巧玲）

北京历史文化名城保护的教育模式创新与实践推广

4 月至 8 月，北京教科院开展北京历史文化名城保护的教育模式创新与实践推广工作。开展“名城保护进课堂”活动，与首都历史文化名城保护办公室及首都规划研究院联合对北京市百余名教师开展系列培训；开展特级教师走中轴线活动，了解中轴线背后文化底蕴；开展中轴线文化遗产保护活动，探索历史名城保护教育模式创新；开展中轴线、三山五园、京西永定河文化带、大运河文化带等主题教育优秀案例展示交流会，用古都文化、红色文化、京味文化、创新文化浸润学生思想，培养综合素质和能力，使学生成为北京名城保护生力军。

（王巧玲）

研究型学校建设经验交流会

11 月 10 日，北京教科院召开 2022 年研究型学校建设经验交流会。会议以“追求高质量，构建新格局”为主题，采用线上形式举办，听取题为《坚持科研引领 加快建设高质量教育体系》工作报告，28 所项目学校校长发言，包含科研引领学校高质量发展、加快建设高质量教育体系等内容。16 个区及经开区和燕山地区教科所负责人、学校科研干部 1000 余人通过微信端、电脑端观看会议直播。

（汪志广）

特殊教育教研员队伍建设

至年底，北京教科院加强特殊教育教研员队伍建设。研制《市级特殊教育教研员遴选条件和遴选办法》，经各区推荐、市级培训和考核，选聘208名优秀教师为市级特殊教育兼职教研员，组建北京市“十四五”时期特殊教育教研员团队。统筹规划8个专题教研组，指向特教教研员素养培养的教研质量提升与发展创新，组织500余人次参加18次主题研修活动，覆盖各区特教中心和全部特教学校。借助北京市特殊教育教师研修系统，创新教研管理方式，提升管理效率，为教研员专业成长开辟新路径。

（朱振云）

职业院校课程思政建设研究与实践

至年底，北京教科院持续开展职业院校课程思政建设研究与实践。组织8所中高等职业院校成立北京职业院校课程思政互动教研共同体，启动全市课程思政互动教研。发布《2022年北京职业院校课程思政试点研究和标杆课程选树》通知，分专业（课程）类开展课程思政试点研究与实践。引领互动教研，开展大小规模互动教研58次，教师3700余人次参加活动。

（梁燕）

北京教育考试院

概况

2022年，北京教育考试院占地面积1.43万平方米、建筑面积3.25万平方米。设16个部门，其中综合处室5个、综合业务处室5个、业务处室6个。全额拨款在职人员162人，包括专业技术人员74人（含双肩挑1人）、高级职称32人、中级职称35人。全年坚持“为国选才，为民服务，努力办人民满意的考试招生”办院宗旨，组织命制各类试题426套，组织各类考试26次，涉及考生194.8万人，录取新生32万人。

坚持“三抓三保证”，即抓运行，优化协调保障机制，为平安招考提供保证；抓改革，提升招考管理服务水平，为高质量发展提供保证；抓全面从严治党，为锻造一支忠诚干净担当的高素质招考队伍提供保证。

健全考试管理模式，实现平安招考工作目标。坚持“一五三”考试管理模式，即一个流程、五项要求、三级统筹模式，确保制度建设、主体责任、组织架构、人员培训、物资保障、督促检查6个到位。协调组织召开北京市招生考试委员会2次，召开教育考试局际联席会议8次。充分发挥“大考务”齐抓共管、协调联动作用，切实保障26项考试平稳顺利实施。不断规范考务管理，完善制度规定，健全“平安招考领导小组会”制度，组织召开平安招考领导小组会议17次。开展北京教育考试管理文献选编修订工作。印发《关于转发国家教育考试考生进入考点（考场）安全检查工作规范（暂行）》，明确考生进入考点（考场）安检工作细节，为考点制定“安检工作须知”提供依据。

提升科研对考试招生实践的支撑力，激发队伍科研活力。发布《关于组织专业技术岗位人员开展专题研究工作方案》，首次编写《评价研究总报告》，重点关注考试评价对相关政策的落实及导向作用发挥，突出学科共性问题，提升时效性。为部分区提供个性化评价服务，组织专家为16个区开展分学科的高考及高中学业水平等级考试讲座142场，开展分学科的初中学业水平考试讲座153场。

多措并举开展政策解读，打通政策落地“最后一公里”。实时更新咨询电话AI问答数据，提升考生咨询体验，全年接听电话14万次。全年网站点击数4.99亿次，发布信息2400余条；综合查询平台发布成绩123万科次、招生计划0.87万条，向“政务便民服务”提供31项数据查询，为4800余名高考考生进行成绩复核；完成4次网上咨询活动，回答1.6万余个考生提问；报名系统承载报名报考业务8次，报考48万人次。

网址：www.bjeea.cn、www.bjeea.edu.cn

书记、院长 李石柱

副　院　长 李鸿江　许晓革　袁槐莲

纪委书记 周剑梁

（夏君生　杨天燕　张诗若）

在京高校本专科招生网上咨询活动

6月20日和28日，北京考试院分别组织北京市本专科层次在京高校开展招生网上咨询活动。咨询活动主要围绕高考志愿填报、院校录取政策、政审体检等热点问题进行解答，110余所招生院校和市区高招办、市体检中心在线解答，咨询网站点击数56余万次，回答提问5272个。

（姜华）

移动视频监考护航中高考

6月，北京考试院启动移动视频监考护航中高考。为应对疫情形势变化，实施“一类一策”，首次在中、高考大规模使用移动视频装备，设置装备4000余台，高考和中考分别使用3200台，布置特殊考场巡查设备，调通巡查系统，保障考试平稳顺利。

（覃华　宗毅　李欣）

查询服务对接国家政务服务平台及“京学通”

6月，北京考试院综合查询平台与国家政务服务平台及市教委“京学通”完成接口对接。该工作是落实北京市“指尖行动计划”及北京教育信息化发展，首次通过以上两个渠道向考生提供高考成绩查询服务。其中，通过国家政务服务平台调用接口23323次，查询11503人次；通过“京学通”调用接口6693次，查询5601人次。

（孙利君　接铭远）

全国大学英语四、六级口语考试系统管理员培训

8月24日，北京考试院举办2022年北京地区全国大学英语四、六级口语考试系统管理员培训。培训采用线上

方式，邀请科大讯飞股份有限公司工程师讲解系统操作流程，由考点技术人员现场直播真实机房环境下系统安装测试操作流程。培训 92 人次，新增 13 名系统管理员，所有新增系统管理员均通过线上培训和考核获得系统管理员资格，持证上岗。

（金辉）

教育教学数据分析评价

至年底，北京考试院开展教育教学数据分析和评价工作。组织专家对北京市初中学业水平考试、高考及学考等级考 18 个学科开展全样本数据统计分析，结合北京市教育教学实际开展定性研究，形成市级初中学业水平考试评价研究报告及简缩版报告 19 篇、高考及学考等级考研究报告及简缩版报告 19 篇，50 余万字。提供市级高考数据分析报告 3 份、高中学业水平考试等级考数据分析报告 6 份、初中学业水平数据统计分析报告 9 份。通过对全市初中学业水平考试、高考及学考等级考数据分析，形成面向各区的初中学业水平考试、高考及学考等级考数据分析报告和数据统计分析报告 324 份，为各区教育教学改进和提高提供服务。

（王翊）

北京教育融媒体中心

概况

2022 年，北京教育融媒体中心内设 10 个管理部门，8 个业务部门，业务部门包括《现代教育报》报社、《北京考试报》报社、《健康咨询报》报社、《学前教育》编辑部、《北京教育》编辑部、《中小学管理》编辑部、《中小学信息技术教育》编辑部、《教育科学研究》编辑部。在职职工 213 人，包括高级职称 34 人、中级职称 76 人。完成单位改革过渡期间周转准备工作。推进白广路 18 号院抗震加固改造工程，妥善安排周转期间用房。完成《中小学管理》编辑部、《教育科学研究》编辑部迁址办公。做好盲人学校、安华桥西里周转办公地址修缮搬迁和安置工作。做好疫情防控常态化工作。全年各报刊获奖 30 个，其中 2021 年度北京专业报刊好新闻奖 18 个、北京新闻奖 3 个、2022 年中国教育期刊优秀作品遴选活动获奖作品 9 个，融媒体中心获 2022 年度《人民教育》品牌提升力一等奖，《中小学管理》入选 2022 年“国内数字阅读影响力期刊 TOP100”。

统筹报刊与新媒体宣传资源，营造良好舆论环境。宣传报道北京教育系统学习党的二十大精神特色亮点和显著成效，策划“喜迎（庆）二十大 奋进新征程”“学习宣传贯彻党的二十大”等专题、专栏。就“开学季”主题，《现代教育报》持续推出“北京 16 区教育掌门出现新面孔”“北京中小学迎来新校长”“京城一批新校迎新生”等报道；就“中高考”主题，《现代教育报》《北京考试报》推出“招办主任面对面——志愿填报要关注特色培养”“中招有了新变化 考生选择更多了”等原创文章，以及“北京招生通讯”“中招特刊”“高考志愿填报一本通”特刊等；就“中小学校党组织领导的校长负责制的全面推进实施”主题，《北京教育》推出“以高质量党建引领基础教育高质量发展”重点策划；就“双减”主题，《学前教育》推出“做会高质量陪伴的爸爸妈妈”每月话题等。

加大纸媒与新媒体联动，推进新媒体建设。加强“首都教育”微信公众号、“北京市教委”微博、“北京教育融媒体中心”微信微博、各报刊和各部门所办专业新媒体建设，入驻学习强国、人民号、北京号、头条号、抖音号等平台，辐射从幼教到高教领域教育从业者，从学校到家长各类人群。各新媒体平台粉丝增速远超上年同期，带动传播力影响力提升。“首都教育”微信公众号粉丝数增长 10 万人，全年阅读量 1959 万次。“北京教育融媒体中心”微信微博号、强国号、北京号等平台紧扣首都教育改革与百姓关注的教育热点策划多个选题，各平台阅读量超 2000 万次，获北京号“2022 年度最具传播力奖”。“现代教育报”微信公众号粉丝数增长 2 万人，全年阅读量 680 多万次。“北京考试报”微信公众号粉丝数增长 5 万人，全年阅读量 458 万次。报刊和各新媒体平台在选题策划、联合报道方面同向发力，发挥全媒体矩阵效应。

创新公共服务供给方式，发挥融媒体育人功能。利用“丘瑞斯”北京市学生在线活动平台，面向师生及市民推出“推广普通话，喜迎二十大”2022 年北京市推普作品在线征集活动，以线上线下相结合方式举行北京市第 25 届全国推广普通话宣传周启动仪式；开展 2022 年寒假“爱眼口诀我牢记”短视频征集、“健身战疫情 舞动我青春”2022 年北京市师生健身操短视频征集、宪法演讲比赛及知识竞赛、中小学生健康知识挑战赛、“2023 中国诗词大会”北京赛区面试预约等 10 余项活动，超千万人次参与。举办学前教育第六届“我来讲故事”音频作品征集活动。依托北京市青少年法治教育中心、北京学生健康教育宣传活动中心等平台，策划并制作《我与宪法》系列动画片，开展全方位学生健康教育宣传。

创新视频、直播、专题片等宣传方式，发挥融媒体传播力量。围绕首都教育服务北京冬奥会、教育系统党史教育、高校思政、“花式祝福送老师”等主题，“首都教育”抖音、快手号发布短视频 500 余条，总播放量 1.66 亿次。“首都教育”系列政务新媒体平台直播市教委参加的北京市新冠肺炎疫情防控工作新闻发布会、北京大学生创新创业大赛、“你好新学期”、戏曲进校园等活动，观看量 1734 万次。继续做好招办主任高招直播，首次启动高职自主招生直播、中考及录取通知书发放现场直播。《中小学信息技术教育》编辑部依托栏目内容，开展“云聚未来 重构生态”创新教育实践研训线上直播活动，5 万余名专家、教师参与互动。围绕首都教育均衡发展、家校社协同以及市教育两委重点工作，制作完成“现代教育大讲堂”“身边好学校”“周末来看服贸会”“光荣在党五十年”等视频专题片。

做好教育舆情监测，做好研判和应对工作。坚持 7×24 小时全天候、全景式监测，“早发现、早报告、早处置”，每日“定时报”与“随时报”相结合，把网络舆情作为应急处理、改进工作、科学决策、服务民生的重要依据。围绕校园疫情防控、高考中考、“双减”等首都教育热点话题，报送专题报告，为领导科学决策提供有价值参考，全年汇总教育类舆情产品 1000 余条。

党委书记 李开发

主　　任 张淑芳

（刘雯）

北京号和强国号上线

5 月 12 日和 7 月 8 日，“北京教育融媒体中心”北京号和强国号分别上线。融媒体中心在北京日报社重点打造的新媒体聚合平台“北京号”上线，多篇内容被北京日报客户端首页、热点推送和高位固定展示；融媒体中心在学习强国平台“强国号”上线，开设政策资讯、教育视点、喜迎二十大、主题活动、融媒共享、中心文化 6 个栏目，开设“喜迎（庆）二十大”“学习宣传贯彻二十大精神”“新时代首都教育”等专栏。至年底，发布文章 400 余篇，涵盖图文、音频、视频等形式，阅读量 350 万次。

（唐莉莉）

党的二十大系列主题报道

7 月至 11 月，融媒体中心策划推出“喜迎二十大”系列主题报道。在报纸和新媒体平台推出“喜迎二十大 奋进新征程·高端访谈”12 期，制作 5 期视频专访；完成 96 版“喜迎二十大 奋进新征程”特刊。“喜迎二十大 奋进新征程·身边好老师”系列报道完成 26 个人物专访，在学习强国号设立“学习贯彻二十大 首都教育在行动”专栏，发布文章 98 篇，并被学习强国首页转载，阅读量 150 万次。推出“喜迎（庆）二十大 奋进新征程——对话我和首都教育的十年”重大主题策划。分 5 期报道各区的 35 名教师，以老中青不同年代教育工作者独特视角，通过文字、人物长图海报、短视频等多种载体，讲述教育事业 10 年变迁，配以评论《办好人民满意的教育，每代人都要在征程中奋力奔跑》提炼升华。“北京教育融媒体中心”微信公众号阅读量 5 万人次，各平台阅读量 10 万人次。

（唐莉莉　李继君　郝彬）

开学第一课线上直播活动

9 月 1 日，融媒体中心策划推出开学第一课线上直播活动。首都教育抖音号、快手号同步直播 2022 年北京市中小学生“公共安全开学第一课”节目，首都教育抖音号 9.3 万人次观看，首都教育快手号 1345.66 万人次观看，点赞数 59 万个。同步直播“你好，新学期！”节目，首都教育抖音号 5.54 万人次观看，首都教育快手号 70.24 万人次观看，点赞数 2.8 万个。

（孙逊）

庆祝教师节系列宣传活动

9 月 10 日，融媒体中心推出庆祝教师节系列宣传活动。开展短视频创作专题宣传，“以成长向老师致敬献礼”为主题，引导师生家长创作“花式祝福送老师”短视频，播放量 3187.7 万次，获赞数 41.7 万个，参与话题投稿 403 个，将表达师生情与展示立德树人、五育并举教育理念和成果相结合，营造尊师重教社会风尚。策划推出“为教师节亮灯”海报宣传片展播活动，制作宣传片《等待》，以绘画、实景拍摄、动画等形式，展现教师日常工作，表达感念师恩、礼敬教师的师生情。海报和宣传片在歌华有线数字交互平台开机首页、城市电视以及世贸天阶等地标建筑户外大屏和北广传媒楼宇电视循环播出，覆盖 10 个中心城区 3400 栋楼宇，播出终端不低于 6000 台，有效覆盖人次不低于 500 万人次，同时在抖音、快手平台播出，单期点赞量超过 7 万个，总播放量 65 万次。

（孙逊　黄怿　郭璇）

《中小学管理》《教育科学研究》主办单位和出版单位变更

11 月，融媒体中心完成《中小学管理》《教育科学研究》主办单位和出版单位变更。《中小学管理》主办单位

9 月 10 日，融媒体中心推出庆祝教师节系列宣传活动

（融媒体中心　供）

由北京教育学院变更为融媒体中心，出版单位由中小学管理杂志社（事业单位）变更为《中小学管理》编辑部（融媒体中心内设机构）;《教育科学研究》主办单位由北京教育科学研究院、北京开放大学变更为融媒体中心，出版单位由教育科学研究杂志社（事业单位）变更为《教育科学研究》编辑部（融媒体中心内设机构）。

（唐莉莉）

“双减”系列策划报道

至年底，融媒体中心持续推进“双减进行时”系列报道。在《现代教育报》“教育讲堂”“教师论道”“研修天地”等版面推出专家校长系列“双减”文章，如《落实“双减”更高的自主才有更高的效能》《坚持四个提升，推进“双减”落地》《“双减”背后是学生实际获得的累加》《区域教研如何让提质由点扩面》等，为全市中小学校探索“双减”背景下教育改革提供参考和借鉴。

（李继君　常悦）

北京教育督导评估院

概况

2022 年，北京教育督导评估院有人员 36 人，其中专业技术人员 27 人、管理人员 9 人；包括正高级职称 3 人、副高级职称 11 人；博士 8 人、硕士 18 人。全年承担 13 个项目，其中 9 个为市教委和市政府教育督导室委托项目、4 个为自主研究项目，涉及从学前教育到高等教育各学段，包括北京地区硕士学位论文抽检、本科毕业论文（设计）抽检、北京市学前教育督查及幼儿园督导评估、北京市学前教育普及普惠督导评估、义务教育评价指南区域落实的试验研究、北京市推进义务教育优质均衡发展监测与督导、义务教育阶段学生综合素质评价实践研究、国家义务教育质量监测组织实施、北京市教育督导评估体系建设现状调查研究、北京市督学队伍建设、北京市双减实施效果追踪调查、北京市参加 PISA 测试、北京市教育满意度调查及热点难点舆情研究等项目。参与起草政府文件 26 份，完成调研报告及文件材料 121 份 270 余万字；全年承担国家社会科学基金项目 1 个、北京市社会科学基金项目 1 个、北京市教育科学规划课题 8 个，各类学术期刊发表教育类学术论文 28 篇，包括核心期刊 7 篇。出版专著 1 部；获北京市基础教育教学成果奖 2 项。开展督学培训，围绕责任督学挂牌督导、学校内部督导、义务教育优质均衡发展等重点工作开展，完成 1769 人次督学培训任务。完成汇编 6 本，其中政策文本、论坛成果、学校内部督导主题培训班成果和骨干责任督学培训班成果各 2 本。

（钱多多）

幼儿发展评价调研完成

3 月至 11 月，教育督导评估院完成北京市幼儿园幼儿发展评价工作现状调研。通过 20 余人次专家咨询、50 余人次教师访谈与观察，开展 1830 所幼儿园的 8166 名教师问卷调查，结果显示需加强幼儿评价政策支持与评价工具研制工作，加强幼儿评价专业研究与评价人员培训，同时加强专业指导与监管。完成《北京市幼儿评价工作现状调研报告》，征集并遴选优秀案例 30 篇编辑成册。

（傅坤昆）

职业院校需求调研会

7 月 21 日，教育督导评估院召开北京市职业院校发展与督导评估工作调研会。会议通过线上方式举办，围绕职业院校面临的问题及需求展开讨论，为专项选题、未来合作主题和研究开展等提供信息参考。北京市西城区教育研修学院职成校外部、北京电子科技职业学院、北京市劲松职业高中等 6 所中高职院校和机构校长及相关负责人参会。

（高山艳）

首届内外督导助力“双减”落位主题论坛

11 月 8 日，教育督导评估院举办首届内外督导助力“双减”落位主题论坛。论坛通过线上形式举办，12 名内外督导围绕课堂教学督导、作业管理督导、课后服务督导等内容分别发言，达成内外督导相互融合、互相配合、协力共进，更好服务“双减”，促进教育高质量发展的共识。专题培训班学员和督导评估院代表 62 人参会。

（秦予菁）

京渝两地学前教育质量监测研讨会

11 月 17 日，教育督导评估院召开京渝两地学前教育质量监测研讨会。会议围绕学前教育质量监测中指标的整体架构、监测工具的研发、数据采集过程中多平台共享等内容展开交流与研讨，达成学前教育质量监测宜加强过程质量监测、加强结果运用等共识。重庆市教育评估院、教育督导评估院 10 人参加会议。

（曾婉）

义务教育阶段学生综合素质评价实践研究

至年底，教育督导评估院开展义务教育阶段学生综合素质评价实践研究。完成《北京市义务教育阶段学生综合素质评价实施意见》（建议稿）研制。完成小学、初中和普通高中 3 个学段北京市中小学生综合素质评价实施现状问卷调查，指导各区撰写学生综合素质评价实施现状调研报告 54 篇。征集、评审出学校、教师和学生 3 个层面综合素质评价优秀案例 654 篇。分 3 个学段召开全市中小学生综合素质评价论坛 5 场，1500 余人次参会，宣传推广典型案例 34 篇。

（王海芳）

教育督导评估体系建设现状调查研究

至年底，教育督导评估院完成北京市教育督导评估体系建设现状调查研究。该研究围绕教育督导体制机制改革中的重点问题，分3个专题开展，完成《北京市区级教育督导机构建设现状调查报告》《北京市区级督学队伍建设现状调查报告》和《北京市区级教育评估监测工作现状调研报告》。受市教委委托完成《北京市督学队伍建设分析研究》，被采纳为2022年两委机关立项调研课题成果，编辑完成5期《教育督导评估参考》，撰写国内外教育督导前沿与动态分析报告。

（王海芳）

PISA测试组织实施与专题研究

至年底，教育督导评估院开展PISA测试组织实施与专题研究。完成北京市PISA 2022正式测试准备工作；开展专题研究，形成学术论文3篇，依据项目总结提炼出的研究成果《国际视野下基础教育质量监测的北京方案》，获2021年北京市教育教学成果奖（基础教育类）特等奖。

（王玥）

北京市教师发展中心

概况

2022年，北京市教师发展中心内设教师资格认定指导部、基础教育教师（含干部）发展部、职业教育教师发展部（国培办）、高校教师发展部、人事管理服务部、教育人才评审服务部、信息化建设部和办公室8个部门。在编38人。

以“为全市教师职业发展提供全生命周期的支持与服务”为目标，初步形成“一体两翼一支撑”工作格局。“一体”是注重协同发展，构建全市大中小幼教师教育共同体，发挥组织协调、业务指导、质量监控、资源建设和平台搭建等作用；“两翼”是注重挖潜升级，提升全市教师资格认定和人事人才评审两类教师专业发展服务保障支撑能力；“一支撑”是注重创新驱动，夯实信息化建设在教师队伍高质量发展中的支撑作用。

以制度研究助推教师队伍建设。协助研制《“十四五”时期中小学教师培训公共必修课课程开发及推进方案》《2022年度北京市中小学幼儿园信息技术能力提升工程2.0推进计划》等7个文件；修订《北京市新时代中小学名师名校长发展工程实施意见》《关于北京市推行中小学书记校长职级制度的实施意见（修订）》等8个文件；起草《北京市中小学幼儿园师德师风问题分析报告》《北京市落实职业教育教师队伍能力提升工作方案》等12个报告；梳理《2021北京市教师资格政策汇编》《“十四五”各类人才项目经费支持管理办法》，策划《北京市基础教育干部教师培训发展报告（2021—2022）》，形成《坚持“一本三建”加快推进北京市职教教师队伍高质量建设》工作案例。

以职教、高教培训拓展新领域。首次举办职业教育市级高端示范性培训项目北京职业教育高质量发展专题研讨班；推动2022年度北京市职业院校教师素质提高计划国培项目实施开展；遴选推荐国家级“双师型”教师培训基地和企业实践优质培训基地；联合开展高校青年教师教学技能提升培训、高校课程思政建设与教师思政教学能力培训，培训效果、学员满意度99%以上。

以调研交流打造协同工作机制。依托现场座谈、工作会交流、数据分析等方式开展调研交流，组织6个校本研修典型区交流分享，赴6个区开展干部教师培训及队伍现状调研，赴相关国家级基地和高校开展调研。

以重点任务推进中心全局工作。完成北京市中小学教师公共必修课培训、信息技术应用能力提升工程2.0、开放型在线研修工作等市级重点项目的推进与落实，开展2021年115项市级中小学干部教师培训课题中期指导交流，完成25项市级学前教育培训课题立项。

以信息技术助力业务增效转型。完成中心信息化顶层设计规划，形成“1+1+N”发展模型（北京市教师发展管理服务平台+全国教师管理信息系统北京端+各类应用系统）。推动教师资格认定“全程网办”向“一网通办”迈进，实现与国家垂直管理系统数据双向互通。完成教师管理信息系统北京端迁移建设工作。探索各类教师职称线上评审实施方式。

教师资格认定和教育人才评审。认定各级各类教师资格27042人，中小学教师资格考试面试21182人，首次实现报名材料100%全程线上审核。中小学教师资格定期注册扩大到5个试点区，教师资格业务咨询形成“早部署、早预判、早改进、早干预、早预警、早反馈”的“六早法则”。组织实施2022年度中小学正高级教师职称、中等职业学校教师职称以及高等学校教师学术评议3项教师系列职称评审，完成2022年度教育系统政工系列职称评审申报、市教委直属单位2020年及2021年度专业技术职务职称备案；完成中小学正高级教师及中等职业学校教师职称评审480名专家库换届。

人事管理服务工作。协助完成市教委所属57家事业单位编外人员信息数据统计审核及津补贴统计核查、2022年两委直属事业单位公开招聘、北京市中小学及幼儿园教师招聘毕业生、非京生源进京审批、毕业生落户、军转干部接收、人才引进系列工作，做好公费师范生管理及政策咨询指导，协助推进全市中小学校长职级制改革。

（马甜甜）

3项教育系统评选表彰工作完成

12月，教师发展中心协助市教委组织完成2022年3项教育系统评选表彰工作。113所院校、18个区761人申报北京市优秀教师和优秀教育工作者，经评审委员会评审，

629 人获评北京市优秀教师、70 人获评北京市优秀教育工作者称号。43 个单位 43 人申报全国教书育人楷模，1 人获评全国教书育人楷模称号。11 个区 300 人获北京市从教 30 年和从教 20 年乡村教师表彰奖励，其中从教 30 年 100 人、从教 20 年 200 人。

（杨彦彤）

教师资格认定率先从“全程网办”向“一网通办”迈进

至年底，教师发展中心实现北京市教师资格认定工作从“全程网办”向“一网通办”迈进。率先成为应用第三批国家垂直管理系统数据对接工作唯一典型案例，向全国推广经验。该工作将国家垂直管理系统回流数据应用于教师资格认定领域，实现教师资格认定申请人注册报名、学历与学籍等信息与国家垂直管理系统数据双向互通。认定各级各类教师资格 27042 人，包括直接认定高校教师资格 4388 人、高级中学教师资格 9204 人、中等职业学校教师资格 279 人、中等职业学校实习指导教师 4 人；指导各区完成初级中学教师资格 2311 人、小学教师资格 7767 人、幼儿园教师资格 3089 人。

（曲静）

北京市数字教育中心（北京电化教育馆）

概况

2022 年，北京市数字教育中心（北京电化教育馆）内设党政办公室、数字教育研究推广部、资源建设与服务部等 13 个部门。在编 79 人，包括高级职称 13 人、中级职称 20 人、初级职称 24 人。

完成教育网络安全保障。围绕北京冬奥会、党的二十大召开等重点时期和重大会议，开展隐患排查，制订专项应急预案，实行全天候值守，确保北京市教育系统网络安全无事故。全年发现网络漏洞 4388 个、封禁 IP 地址 4 万余个，应对攻击事件 60 起。开展网络安全等级保护定级评审，评审通过 12 家单位 43 个系统。牵头组织参加教育部、北京市教育系统网络安全攻防演习。修订《北京市教育系统网络安全事件应急预案（2022 年）》，注重增强科学性、针对性和可操作性，指导全市教育系统正确高效开展网络安全应急处置。落实教育系统网络安全季度通报制度。

做好疫情防控专题保障。联通北京健康宝数据，建立 90 所高校数据共享通道，保障各级各类视频会议 1800 余次；提高文件内容传输安全可靠度，保障教育系统日常办公需要；定制开发北京市基础教育“京办”防疫登记簿，导入 3741 个学校 250 余万师生数据，面向各区教委和中小学校推广使用，提升学校疫情防控常态化精准化管理能力。

提供信息技术支持服务。做好政务云、市教委门户网站、综合办公平台及档案管理系统服务保障。完成市教委 11 个处室网站专题调整优化，上线党的二十大、教育信用建设等 4 个专题专栏，更新信息 1972 条。完成义务教育入学服务平台、北京市教师管理信息系统、全市体质健康抽测以及国际服贸会等信息化保障任务。打造北京智慧教育平台，发布北京中小学“24365”就业服务平台，搭建高教、职教平台，北京教育公共服务平台“京学通”如期上线并推广应用。做好学生卡管理工作，完成小学一年级新生学生卡 213869 张，中小学生补卡 36732 张，学生卡配送 21363 单。北京市信息化客户服务中心为市教委 20 余个业务系统提供人工电话坐席服务，受理咨询电话 125401 个，总时长 343599 分钟。向其他委办局共享教育数据 51947008 条。参与推进“京办”使用，28 个机关所属部门、26 个直属单位全覆盖，使用人数 2940 人，激活率 85%。

持续推进数字教育研究。发布《2022 年度北京市数字教育研究课题申报指南》《北京市数字教育中心课题管理办法(试行)》,立项课题 197 项。开展“信息技术支撑教育教学”科研课题研究，在怀柔区试点校形成“信息技术与教育教学深度融合”教学模式。研究形成《北京市教育信息化建设现状及推进建议》《北京市数字教育发展趋势及模式》等成果，出版《优秀教育技术应用论文集》和《2022 年度北京市数字教育业务成果汇编》。

建构教育数字化服务体系。加强优质数字课程资源储备，新增数字实验课程 150 节，下架问题教材关联课程 670 节，上线人民教育出版社版小学数学课程 336 节。开展北京市空中课堂课程服务，优化线上教学栏目结构和内容，以“网站+有线”提供线上教学服务，参与学习 3770 万人次，时长 7.8 亿分钟。着力构建北京智慧教育体系，支援全国停课不停学工作，开通对口支援账号 11.3 万个。报送教学实验精品课 65 节参加全国中小学实验教学精品课遴选。完成平台页面改版、采集流程变更、户籍房产社保接口联调等技术服务，平台无故障率 99.99%。参与完成 2021—2022 学年下学期中小学生学籍异动备案。承办第 23 届北京市师生信息素养提升实践活动。协助组织北京市 2800 余所幼儿园完成办园质量督导评估网上自评，完成 2022 年入学幼升小学生 19.2 万人、小升初学生 12.8 万人信息采集和入学登记。

深化教育大数据管理及应用。建设领导驾驶舱 2.0 版本，优化数据质检、数据汇聚、指标服务等功能。制定教育大数据定级与加密、脱敏规范、数据加密存储及安全共享技术要求，系统梳理 44 个业务系统、1.6 万个字段、7 亿条记录，形成数据专题分析报告，提高数据使用效益。市教委“核心数据元完整率”等 4 项数据指标 100%，“领导决策数据支持率”指标从 4% 提升至 60%，数据开放指标全市排名第二。协助完成北京市教育大数据平台建设。

开展教育装备数字化转型工作。开展中小学智慧校园建设标准、中小学办学条件装备配置标准研究，组织

《北京市中小学校办学条件管理系统》升级改造需求调研，实施仪器设备数字化工作。组织线上培训图书馆员 3386 人次，建立学生阅读指导活动应用平台、中小学图书馆藏书目汇聚、查询与应用平台。加强软件正版化工作，研究建立《使用正版软件管理办法》《软件正版化考核评议制度》。

（聂冯接）

北京市中小学数字实验资源建设

3 月至 12 月，数字教育中心开展北京市中小学数字实验资源建设。该项目以创新课堂教学形式、提供分层分类个性化资源为目标，整合北京市名校、名师和专家资源，建设完成物理、化学、科学和生物学数字实验资源 250 个，并通过北京市中小学智慧教育平台（北京市空中课堂）供全市中小学师生使用，推进信息技术与教育教学融合应用，助力北京市基础教育高质量发展。

（曾姣）

技术支持教师在线研修培训

4 月至 11 月，数字教育中心组织开展北京市各区三类技术支持教师开放型在线研修培训。培训为中小学技术支持教师提供个性化研修活动，指导各区开展线下应用研修交流活动 18 次，组织集中考试 19 场，建设考试题库 2 套，收集应用研修案例 1458 份。全市 1554 名教师参加研修培训。

（王华辉）

中小学师生互联网思维素养能力提升实践项目开展

9 月至 12 月，数字教育中心开展中小学师生互联网思维素养能力提升实践项目。该项目遴选 25 所中小学为项目校，对项目校师生开展互联网思维素养调查研究，形成《中小学互联网思维素养能力——互联网课程效果对比研究前测研究报告》等 4 项研究成果。结果显示，参与项目的中小学生和教师互联网思维素养得到显著提升，为北京市中小学创新型人才培养奠定理论和实践基础。该项目开展送课到校超 1000 人次，培训教师超 1000 人次。

（高思思）

北京市中小学智慧教育平台建成

11 月，数字教育中心建设完成北京市中小学智慧教育平台。该平台与国家智慧教育平台对接，分为课程教学、主题班会、防疫健康、垃圾分类 4 个栏目，与智慧职教、智慧高教、北京“24365”大学生就业服务平台合力构建北京智慧教育体系，实现与国家智慧教育平台互联互通，形成国家、市、区、校纵向贯通的智慧教育体系。

（张晓旭　赵娜）

细化调整档案管理系统

至年底，数字教育中心细化调整新建市教委档案管理系统功能，确保系统安全稳定可靠。完善应用细节、提升用户体验，完成文书档案、声像档案、照片档案、会计档案、实物档案、毕业生名册、建议提案、大事记、委发文 9 类系统功能建设，完成文件归档及 2005 年至 2006 年 277 卷短期文书档案销毁工作。开通账号 237 个，使用档案系统业务 173 人，使用率 73%，登录次数 6084 人次，使用功能 27445 次。

（王娟）

北京市学校思想政治工作中心

概况

2022 年，北京市学校思想政治工作中心设综合科、宣传科、研究科、活动科、培训科 5 个科室。编制 30 名，在编 13 人。坚持培育和践行社会主义核心价值观，组织开展学校党的建设和思想政治工作，特别是思想政治理论课建设、意识形态工作等方面的理论研究、业务培训、实践探索，完成市委教育工委、市教委交办的其他任务。全面聚焦人才和体制机制等基础建设，推进业务工作和内部建设起步开局。

系统构建制度体系。建设初期制定《考勤管理办法》《财务工作管理办法》《固定资产管理办法》等近 40 项管理制度，明确“人、财、物”管理规范要求，构建科学、规范、系统、有效的制度体系，为事业发展奠定基础。加强干部队伍建设。通过公开招聘等途径，初步构建起工作队伍。制定实施《新入职干部培养方案》，建立“一人一策”“一人一档”干部培养模式，启动内部培训，加强人才培养。创新开展思想政治工作。创建“北京市学校思想政治工作中心”百度百科词条，开通官方微信公众号和视频号。组织开展 2022 年北京市学校思政课题研究，立项 177 项。举办 3 期思想政治工作骨干示范性培训班，350 人参加学习。协助市委教育工委组织开展 2022 年首都高校师生服务“乡村振兴”行动计划，组织 100 支团队赴全国 22 个省、市、自治区的 119 个乡村开展实践。

（赵希传）

思政骨干示范性培训

9 月，学校思政中心举办 3 期思想政治工作骨干示范性培训班。培训围绕思想政治工作的形势与任务、经验与教训、路径与方法等工作难点，采用理论学习和实践剖析相结合、专家讲授和案例分析相结合等形式，全程开展引领式、嵌入式党建，制订落实“开展一次微党课、向党说句心里话”等“八个一”学员行动计划，实现学员自主管理，充分发挥党组织的政治优势和战斗堡垒作用。57 所高校 18 个区 138 所中小学思想政治工作骨干 350 人参加培训。

（杨硕）

创新思想宣传方式

至年底，学校思政中心创新开展思想宣传。创建“北京市学校思想政治工作中心”百度百科词条，开通官方微信公众号和视频号，围绕学习党的二十大、党史教育、工作业务动态、思政教育一体化开设 4 个阅读专栏，策划制作围绕元旦等重大节日的专题推文，强化干部队伍和青年学生思想引领。发布推文 44 篇，其中图文推送 39 篇、视频推送 5 篇，阅读量 8365 次。

（张娓嘉）

学校思政课题研究

至年底，学校思政中心开展 2022 年北京市学校思政课题研究工作。制定《2022 年度北京市学校思政课题研究指南》，面向北京 57 所高校、16 个区及燕山地区、经开区印发课题招标通知，申报课题 519 项，立项 177 项。其中，战略课题 4 项、重点课题 16 项、一般课题 78 项、支持课题 79 项，覆盖北京 49 所高校 13 个区的 30 所中小学、幼儿园及部分教学科研机构，为学校思政工作提供创新成果，助力破解首都大中小学思政难题。

（黄小雨）

北京市少年宫（北京市青少年科技馆、北京教学植物园）

概况

2022 年，北京市少年宫（北京市青少年科技馆、北京教学植物园）占地面积 14.42 万平方米、建筑面积 4.92 万平方米。内设部门 20 个，在编在职教职工 195 人，教师 140 人，包括正高级教师 4 人、特级教师 1 人、高级教师 47 人、市级学科教学带头人和骨干教师各 1 人。

以党建为统领落实新职能定位。制定实施“十四五”时期改革和发展规划，完成年度“五大工程”47 项具体任务。举办“巩固拓展党史学习教育成果，以实干实绩迎接党的二十大”系列活动；分别组织集中学习、专题研讨、座谈交流、邀请党代表解读阐述党的二十大精神，采取主题党日、“三会一课”、开辟公众号专栏等形式学习宣传贯彻党的二十大精神。

强化学生活动组织管理。高质量开展北京市学生艺术、体育、科技类实践活动，研制高水平学生社团建设管理办法和工作细则，评审认定艺术特色校、科技示范校 600 余所。提升教学质量和活动品牌，提供艺术、体育、科技、美术、自然与健康 5 个类别 54 个项目 7600 余个学位，新增优质学位 1300 余个；推出线上教学项目 14 个，举办特色夏（冬）令营 10 期，正式启动通州 2 个分部建设；启动蓓蕾计划第二期活动，指导 180 余名学生开展研究性学习；举办植物栽培大赛、“棋星杯”线上竞技、“三爱”主题教育等品牌赛事活动。

提升校外教育质量。研制《北京市校外教育质量提升三年行动计划》，开展市级课外校外课题立项评选，培训校外教师 1400 人次；组编优秀科研课题案例集，出版《北京市课外、校外教育优秀科研课题案例集》《北京市校外教育“三个一”优质项目案例集》《新时代校外教育的实践与创新——北京市校外教育机构优秀活动案例集》《北京市少年宫优秀活动案例集》。

创新社会大课堂教学形式。推进“七个一”活动，创新开展“讲个故事给党听——北京市中小学生一物一故事”活动。开展“生态环境教育进课堂”系列科普教学活动，合作推出《云课堂：植物王国的发现之旅——走进北京教学植物园》上下两集、《云课堂：植物变形记之多样花“球”》，在线观看量超过 455 万人次。

优化内部服务管理。注重队伍建设，实施“轮岗走岗”“交叉兼职”，先后选派 32 人次干部教师参与北京冬（残）奥会、疫情防控、“双减”、驻高校联络等服务保障任务。狠抓战疫保学，成立“一办七组”专班，制定 4 类人员 42 种不同场景下应急处置措施，开展实战演练，保证 4 轮返岗复课平稳有序。完成 1500 平方米综合馆升级改造，铺设园区万米地下综合管线。建设（棋类、模型、绘画）专业线上直（录）播教室 3 间。强化宣传工作，发布新闻资讯 110 条，推送公众号信息 118 期，通过中央广播电视总台、新华社、学习强国等主流媒体宣传报道百余次。

（张艳飞）

举办 10 期夏（冬）令营

1 月至 8 月，市少年宫举办 10 期系列夏（冬）令营实践活动。第七届公益科普冬令营以“年宵花卉迎新春 蓝色

1 月 16 日，市少年宫举办第七届公益科普冬令营

（市少年宫 供）

星球筑未来”为主题，100 名学生参加；2022 年暑期体育研学实践夏令营活动 2 期，分为体育综合实践和武术 2 个主题，每营各 60 名学员参加；“奇妙自然”主题探索夏令营 2 期，60 名学生参加；9 所市少年宫联盟校举办“乐动 益智 品鉴”暑期体验营 3 期，近百名学生参加；北京市学生金帆书画院（市少年宫分院）京郊采风写生活动，80 名学生 17 名教师参加；自然探索研学实践活动包含“动物”“植物”“地质”3 个主题，60 余名学生及家长参加。

（马凯　郝兴杰　姚泽）

植物主题科普活动

1 月至 12 月，市少年宫举办 8 次植物主题科普活动。以“新春佳节爱传承，我为长辈献菜肴”为主题，开展综合实践作品线上征集活动，征集作品 100 余个。评选出十佳作品 10 个、优秀作品 64 个，部分优秀作品在微信公众号平台展示，活动阅读量 6000 余次；开展“中华小农人之冬藏”“腊八的故事”“机智的报春花”“穿毛衣的芽芽”“遇见清明”线下活动 5 项，学生家长 150 人参加；开展“云端农艺小课堂”线上直播活动，主讲教师采用演绎方式介绍农艺小知识，4.4 万人次在线观看；在微信公众号平台播出微课“冬至吃饺子 蒜黄馅最佳”，阅读量 1600 余次。

（马凯）

“三爱”主题教育活动

3 月至 11 月，市少年宫举办 6 次“爱学习、爱劳动、爱祖国”主题教育活动，全市中小学生 4 万人次参加。“爱学习”系列环保科普专题教育活动 1 次。开展“与自然同行”环保方案征集展示活动，600 名学生报送作品 200 篇，评选出学生金奖 13 个、银奖 27 个、铜奖 38 个、优秀奖 43 个，优秀辅导教师 65 人，优秀组织工作者 12 人，优秀组织单位 12 个。“爱劳动”系列传统文化教育活动 2 次。其中，开展“有故事的端午节”连环画作品征集活动，全市 23 所校外教育单位征集作品 197 幅，评选出学生最佳作品奖 40 个、优秀作品奖 86 个、最佳辅导教师 35 人、优秀辅导教师 36 人；开展“创意美食 乐享劳动”小厨师大赛活动，辐射 8 个区及燕山地区 2 万余名学生，推选出近 400 名学生参加实践活动。“爱祖国”系列少先队主题教育系列活动 3 次。其中，开展“童心向党 快乐成长”展示活动，16 个区及燕山地区 130 所学校万余名学生参加，征集原创新童谣作品 1522 篇、原创校园剧作品 66 个、集体舞作品 90 个，评选出最佳作品奖 486 个、优秀作品奖 671 个、优秀辅导教师 1136 人、优秀组织工作者 138 人、优秀组织单位 17 个；开展“做党的好孩子”雷锋纪念日主题教育活动少先队教育活动，学生 400 人参加；开展“童心看北京”北京市中小学线上社会实践活动，26 所学校学生 300 人参加。

（李鹤群　侯利伟）

未来公民教育系列活动

6 月至 8 月，市少年宫举办未来公民教育系列活动。开展普法原创作品征集活动，9 个区 32 所学校学生 1500 人次报送作品 465 个。经过学校推荐、区级评选和市级复核等程序，评选出金奖 47 个、银奖 96 个、铜奖 141 个，优秀辅导教师 157 人、优秀组织工作者 42 人，优秀组织单位 32 个。联合中国海关博物馆开展“国门安全进校园”和线上展览“云游关博”2 场活动，15 所学校 2000 余名学生参加线上直播课。

（李鹤群　侯利伟）

“大手拉小手”科普讲座

10 月 29 日至 30 日，市少年宫举办“大手拉小手”线上科普讲座活动。活动邀请北京大学、国家动物博物馆、新华社签约摄影师以及市少年宫天文项目高级教师，分别开设“植物与人类文明”“保护中国野生动物”“自然摄影”“红月亮之约”4 个专题讲座。活动旨在为广大学员及自然爱好者搭建增长知识、开阔视野、与专家学者交流的平台，同时也是在疫情期间践行“停课不停学”政策，以线上形式开展教育教学活动的有益尝试。来自市少年宫、西城区青少年科技馆、朝阳区 3 所学校生物社团的学员、爱好者以及山东省东营市胜利第四中学“环境教育小记者团”的学生及家长 1600 余人参加活动。

（马洪梅　朱小羽）

8 月 1 日，市少年宫举办“奇妙自然”野外探索夏令营

（市少年宫　供）

北京市教育档案馆（北京教育博物馆）

概况

2022年，北京市教育档案馆（北京教育博物馆）内设志鉴编研室、档案管理科、博物馆科、综合办公室4个科室。编制20名，在编14人。主要工作职责为志鉴编研、档案管理及编研、教育博物馆建设。

党建工作。全年组织理论中心组学习、党课和主题党日活动24次。召开支委会15次、党员大会6次，支部书记和班子成员讲党课2次。书记和纪检委员带头报名进驻高校、下沉社区，报名参加驻高校联络员、下沉社区和所在社区党员志愿者12人次。全年未接到接诉即办转办件和其他投诉及意见反馈。

“两馆”建设。制定史料著录规则，规定属性、标注要求和标准。清点确认历史清单史料。以教科书类史料为试点，完成馆藏教科书1415册、扫描10051页馆藏史料，完成史料电子数据采集。接收北京冬奥运会和冬残奥运会火炬等专用物资23件。开展教育博物馆数字展厅研究等前置性工作，为博物馆筹建工作提供支撑。

资政工作。完成北京市委党史研究室、北京市地方志办公室交办的《中共北京市委执政纪事》（2020卷）等6部文献的征求意见审读工作，172.2万字，提出修改意见100余处，提供图片18幅。为市教委查找历史数据资料提供决策依据。利用北京教育年鉴数据资源库优势，在“现代教育报”微信公众号上发布专题报道。完成2021卷《北京市教育委员会文件选编》出版任务，收录文件200余个，全书134万字；完成年度《北京市教育委员会政报》6期编印工作，收录文件80余个30万字。

志鉴编研。完成《北京教育年鉴（2022）》编纂，以网络版、正本纸质图书和简本形式呈现，同时在“掌上北京教育年鉴”微信小程序中发布网络版和正本纸质年鉴版本。继续推进“北京教育年鉴在线资源平台”网站（njzypt.jyzh.cn）、北京教育年鉴数据资源库、北京教育年鉴在线编纂系统更新改造。为《北京年鉴》《中国教育年鉴》《北京农村年鉴》提供北京部分和教育部分的内容。

（张楠）

编制史料著录规则

4月，教育档案馆编制新史料著录规则。该规则改善史料登记教育属性不突出、分类标准模糊、分类体系缺乏拓展性、资料编号繁复等问题，突出教育属性，突出馆藏品类特点，将原有5个基本类重新划分为13个基本类，并具体规定属性标注要求和标准。新规则改革名称标注方式，规定史料名称由丛书名（系列名）+主题名+副题名+辅助说明4部分组成，完整体现题名特征。同时，将原有单一件（套）统计，改为品种、套数、件数3个数量统计项，引入历史分期二次分类，分别统计清朝及清朝以前、民国、新中国3个时期史料的品种、套数、件数，完整反映馆藏史料体量和史料价值。

（林业）

文物史料清点移交

5月，教育档案馆完成文物史料清点移交。移交工作由原文物管理员与档案科共同实施，双方采取实地盘存制，根据史料实物登记账册，对馆藏史料逐件核对，确认数量、存放地点和著录信息。经清点，确认原史料清单登记的史料7105件（套）无一缺失，著录信息清楚，存放地点准确。对清点工作中发现的个别来源不清的未登记史料保持现状，待下一步重新著录时考证登记。清点后所有史料（馆

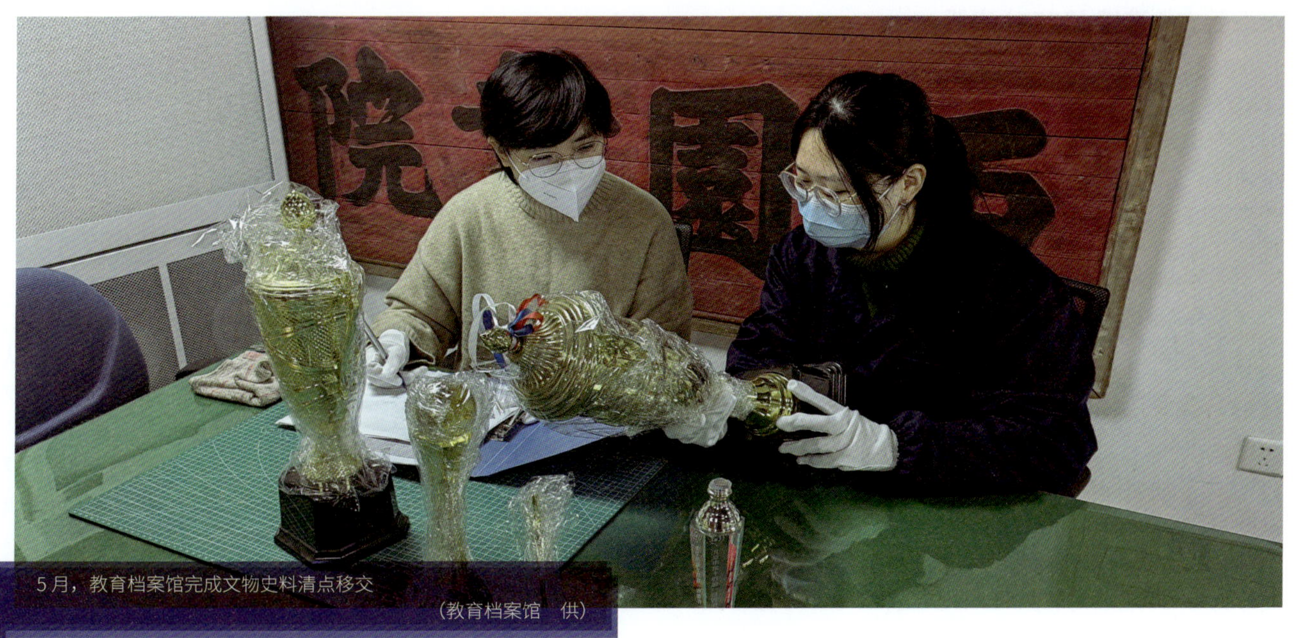

5月，教育档案馆完成文物史料清点移交

（教育档案馆　供）

藏文物）由原文物管理员交档案科（博物馆科）管理。

（林业）

北京教育系统年鉴编纂情况调研

5月至8月，教育档案馆开展北京教育系统年鉴编纂情况调研。调研面向各高等学校、各区教委及中小学校、市教委直属单位，内容涉及编纂年鉴情况、编辑队伍建设、年鉴信息化建设等54个问题。调研采取线上问卷调查形式，收回有效问卷935份，包括93所高等学校，16个区教委和燕山地区及经开区，14个直属单位和810所中小学、幼儿园。调查显示，北京教育系统有194家单位编纂年鉴，其中高校年鉴48种、区教育年鉴11种、中小学幼儿园年鉴133种、其他单位年鉴2种。公开出版的年鉴31种，其中高校年鉴24种、区教育年鉴3种、中小学幼儿园年鉴4种，公开出版率16%。形成调研报告5篇，2.5万余字。

（仪修宪）

教科书类史料电子数据采集

6月至12月，教育档案馆以教科书类史料为试点，完成馆藏史料电子数据采集。该工作由第三方公司携带非接触式扫描设备进驻教育档案馆实施。电子数据采集内容包括书刊页面电子扫描、书刊规格测量、正文页码测量。其中，书刊页面电子扫描涉及书刊面封、底封、版权页、目录页、编写说明页，以及有代表的正文页。最终，该项目处理馆藏教科书1415册，扫描页面10051页，提交完整版和压缩版2套成果。完整版分辨率600DPI，压缩版分辨率120DPI并添加水印。扫描数据清晰、完整、端正、无变形，图像文件与原页码顺序一致。

（林业）

市教委文件选编(2021)出版

8月，教育档案馆负责编纂的《北京市教育委员会文件选编2021》出版。该书由北京出版集团（北京出版社）出版发行，精装32开本，收录134万字。文件选编遵循重要性、指导性和实用性原则，是面向市各级教育管理结构、各级各类学校及教育事业单位的资料性工具书。全书设置行政规范、综合、法治建设等27个类目，收录市教委2021年年度文件百余份。

（张晓兰）

接收冬奥专用物资23件

8月，教育档案馆接收北京冬奥会和冬残奥会专用物资23件。分别为火炬专用物资7件，获奖奖牌12件，获奖运动员纪念品4件。冬奥会和冬残奥会结束后，组委会将奖牌和运动员纪念品调拨给相关单位用于开展公益展览及宣传教育活动。专用物资由北京奥运城市发展中心移交。

（林业）

教科书史料专题研究

至年底，教育档案馆完成教科书史料课题研究。研究以馆藏教材史料为对象，基于整理、分类、登记、编号、排架、鉴析、鉴定等手段，论证馆藏教育类图书分类体系，鉴别筛选馆藏教科书，考证馆藏教科书信息，编写图书提要，廓清北京教育博物馆的馆藏教材特征。研究提出，现有教育博物馆狭义教材，即教科书藏品1400余件，应单独立目、单独研究。该课题完成教科书提要795篇，内容涉及出版背景、编撰人员、出版机构和内容特征等。该研究依托首都师范大学教育学部相关专业团队实施。

（林业）

教育年鉴编纂

至年底，教育档案馆完成《北京教育年鉴（2022)》编纂工作。收到来稿270万字，包括条目7493个、图片5342幅、视频153条，自查资料100余万字。年鉴以网络版、正本纸质图书和简本形式呈现，同时在“掌上北京教育年鉴”微信小程序中发布网络版和正本纸质年鉴版本。网络版年鉴发布在“北京教育年鉴在线资源平台”网站，收录文字159万字、图片1777幅、视频80条，上传文献资料99份；简本年鉴收录文字20万字、图片136幅；正本年鉴由北京出版集团（北京出版社）出版发行，收录文字180万字、图片541幅。“年度关注”栏目收录年度重点、焦点、热点事件16个。年度专题性栏目收录“首都教育系统庆祝中国共产党成立100周年”内容，图文并茂展示北京教育系统庆祝建党百年情况。此外，按照《北京教育年鉴》每5年开展一次勘误的工作要求，对2017卷至2021卷年鉴已知错误进行勘误更正。

（胡雨）

北京市国际教育交流中心（北京市港澳台教育交流中心、北京市汉语国际推广中心）

概况

2022年，北京市国际教育交流中心（北京市港澳台教育交流中心、北京市汉语国际推广中心）内设办公室、出访部、交流部、项目部、综合部5个部门。在职职工32人，在编29人。主要工作职责为承担北京市教育对外交流服务，承担公派出国（境）、干部教师国（境）外培训事务性工作，组织承办展会活动和教育外事接待。协助开展中外合作办学、外籍教师、来华留学等事务性工作。组织、协调北京市国际中文教育相关工作。承办港澳台教育交流与合作等工作。

坚持党建领航、立足主业、服务为先，为市委教育工委市教委各类涉外工作提供支持。承担重大国际交往活动服务保障工作，筹办2022年中国国际服务贸易交易会教育服务专题展和国际教育服务贸易论坛，组织2022国际产学研用合作会议（北京）。

履行教育外事工作职能。做好高校科研机构外国留学生奖学金验收评审、高校外籍教师聘任管理自查、来华留学生高等教育质量评估；完成中外合作办学评估评审项目，形成《北京市高中中外合作办学评估指标体系（三稿）》，组织本科以下中外合作办学项目延期（新申请）专家评审会，审核2022年度高中中外合作办学项目新申报境外教材，形成北京市高中中外合作办学机构/项目选用境外教材“白名单”，做好中外合作办学领域有关统计工作；组织推荐北京市国际中文教育志愿者、国家公派出国教师，审核教育系统公派学者出国学习进修申请；承接教育部2022“春晖计划”合作科研项目，做好平安留学相关工作。

服务北京市各级各类教育对外交流。组织中小学国际化能力建设培训、中美青少年教育交流月、“中外人文交流小使者”展示、荷兰“魅力北京”文化外宣、新西兰惠灵顿市友城青少年艺术展、第七批中美“千校携手”项目校推荐等活动。发起成立北京市教育国际交流协会。

加强对港澳台教育交流合作。做好市属高校港澳台侨学生奖学金有关工作，组织做好“十三五”期间内地与港澳“姊妹学校”项目实施效果调研、“以青春之志 筑强国之路”港澳台学生主题征文、2022年内地高等教育展、第19届台胞青年千人夏令营等工作，开展内地（大陆）高校港澳台学生国情教育工作调查；推进内地与港澳姊妹学校平台建设。

支援北京教育系统疫情防控。安排3名高校联络员、1名下沉社区干部支持一线防疫，安排3名信息报送工作人员，做好中心各类信息汇总上报，持续做好60所高校外籍学生疫情防控日报周报，完成874所学校港澳台侨师生疫情防控日报周报。

网址：www.biee.bjedu.cn

（史玉婷）

中外合作办学机构项目数据统计

9月至10月，国际教育交流中心完成2022年北京市各级各类中外合作办学机构项目招生入学情况统计。涉及中外合作办学机构和项目132个，其中本科以上机构12个，本科以上项目72个；高职机构1个，高职项目9个；高中机构4个，高中项目30个；中职项目3个；非学历机构1个。11月，完成北京市本科以上中外合作办学机构项目党建情况统计，涉及本科以上中外合作办学机构和项目85个，包含12个机构和73个项目（含未招生项目）的教师、管理人员、学生党员人数以及基层党组织情况等。

（史玉婷）

本科以下中外合作办学评审和延期申报

至年底，国际教育交流中心完成2022年北京市本科以下中外合作办学机构项目专家评审和延期申报。评审邀请来自中国教育国际交流协会、高校、中学的专业评估机构专家31人次，通过线上线下相结合方式，对7个区9所学校开展评审。9月，启动2023年北京市本科以下中外合作办学机构项目延期申报工作，完成材料初审和专家评审环节，审核7个区12所学校材料100余份，组织专家线上评审会4场，专家评审意见提交至市教委。

（史玉婷）

国家公派留学

至年底，国际教育交流中心完成所管教育系统高校和科研院所公派留学项目。项目内容包含为出国留学人员提供咨询，完成相关材料审核、受理工作，分别为高级研究学者及访问学者（含博士后）项目、国家建设高水平大学项目、艺术人才特别培养项目、国外合作项目、与有关国家互换奖学金项目、国际组织实习项目、国别和区域研究人才支持计划（国际区域问题研究及外语高层次人才培养项目）及国际组织后备人才培养项目（与IE大学全球治理与可持续发展奖学金）。全年完成8个大项目21个子项目，初审179人，通过76人。

（史玉婷）

市政府外国留学生奖学金验收及评审

至年底，国际教育交流中心开展市政府外国留学生奖学金2021年项目执行情况验收和2023年额度批复评审工作。60所高校及科研机构报送奖学金申请，其中部属高校及科研机构33所、市属高校27所。通过执行率、配套资金情况、刑事案件、国情教育等6个要素评审，完成外国留学生奖学金的经费拨付统筹工作。首次创新采用离差分析方法开展验收工作，发掘数据规律，分析高校外国留学生奖学金使用中的共性和突出问题，形成分析报告。该方法作为一个考核观测点纳入对该项奖学金评审，确保奖学金使用科学规范。

（史玉婷）

北京市教育政务服务中心

概况

2022年，北京市教育政务服务中心内设办公室、热线服务科、政务信息科、行政审批服务科4个科室。编制26名，在编22人。坚持党建引领，推进“一把手”工程，优化工作流程，规范工作标准，编印《北京市教育系统接诉即办工作手册》，完善数据共享、舆情预警、行业例会、未诉先办等工作机制，加大教育系统“接诉即办”工作点评、通报、督办工作力度，坚持“有一办一”，认真办理群众诉求。完成市教委行政审批窗口服务工作，4人参与市教委在北京市政务服务中心设置的窗口服务，承担市教委行政审批服务事项的咨询、受理等工作。受理行政审批事项233713件，大厅受理4359件。完成北京市市民热线服务中心教育委员会分中心解答咨询78058件，包含本级热线电话接听 22303 件、一体化领导信箱平台回复 7500 件、受理市民热线（12345）网络派单 45627 件、受理教育部高校疫情防控投诉平台反映诉求 2628 件。完成市教委政府信息公开工作，整理、收集市教委已发文件 4179 件，市教委网上主动公开文件 337 件，包括行政规范性文件移送 13 件、依申请公开文件 129 件、机关交换机要文件 6496 件。完成高等院校及科研院所学位授予信息管理。

（罗芳）

解答市民热线咨询 132620 件

至年底，政务服务中心解答市民热线咨询 132620 件。北京市市民热线教育委员会分中心受理教育类诉求 15.43 万件，同上年基本持平。其中，各区教育部门办理 10.86 万件，占 70.43%；市教委本级（包括高校、机关处室、直属单位）办理 4.57 万件，占 29.57%。根据市中心行业考评机制，全年审核“12345”热线教育行业清单 15.87 万条，一体化领导信箱平台答复网民咨询 7.50 万条，市教委网站智能知识库建设信息上传 140 条。

（罗芳）

受理行政审批事项 233713 件

至年底，政务服务中心受理行政审批事项 233713 件。其中，大厅线下受理 4359 件，网上办理 229354 件，网办率 98%；接待群众各类咨询近 3000 人次。政务窗口服务满意度 100%，获办事群众感谢信 7 封。实施政务服务改革措施，完善首席代表制度，搭建窗口、审批和政策制定人员三方沟通渠道，建立发现、传导、解决问题的快速响应机制，着力破解政策落地难、执行不到位的瓶颈问题；市教委 4 项告知承诺事项在窗口落地；普通话水平测试等级证书和教师资格证书实现电子化应用；完成“民办学校办学许可证书”“中外合作办学许可证”“中外合作项目批准书”等电子证照；编制市教委政务服务事项审核要点清单，构建统一咨询问答口径，确保执行标准统一规范。

（罗芳　唐勇明）

学位授予信息管理

至年底，政务服务中心完成学位授予信息管理工作。2021—2022 学年度上报电子数据 310721 条（含光盘报送数据），其中博士学位 24406 条、硕士学位 107198 条、学士学位 179117 条。受理 64 个学位授予单位修改信息申请，涉及 296 条数据；受理 10 个学位授予单位信息补报申请，涉及 683 条数据；受理 22 个学位授予单位撤销申请，撤销 63 名学生学位；受理 6 个学位授予单位补报照片申请，补报照片 94 张；受理 34 个学位授予单位添加专业申请，添加 147 个专业；受理 1 个学位授予单位的删除重复报送数据申请，删除 2 条数据。

（罗芳）

市委教育工委市教委综合事务中心

概况

2022 年，市委教育工委市教委综合事务中心内设综合办公室、财务科、物资管理科、综合服务科、公车管理科 5 个科室。编制 42 名，正式职工 29 人，其中管理人员 14 人、工勤人员 15 人。以制度建设为抓手、以精细化管理为目标，全面加强人才队伍建设、单位文化建设，围绕保障两委机关高效运转、贴心服务干部职工、推动机关节能减排等主责主业，认真做好安全管理、公车管理、公文印制、会议保障、环境保洁、固定资产管理、办公用品采

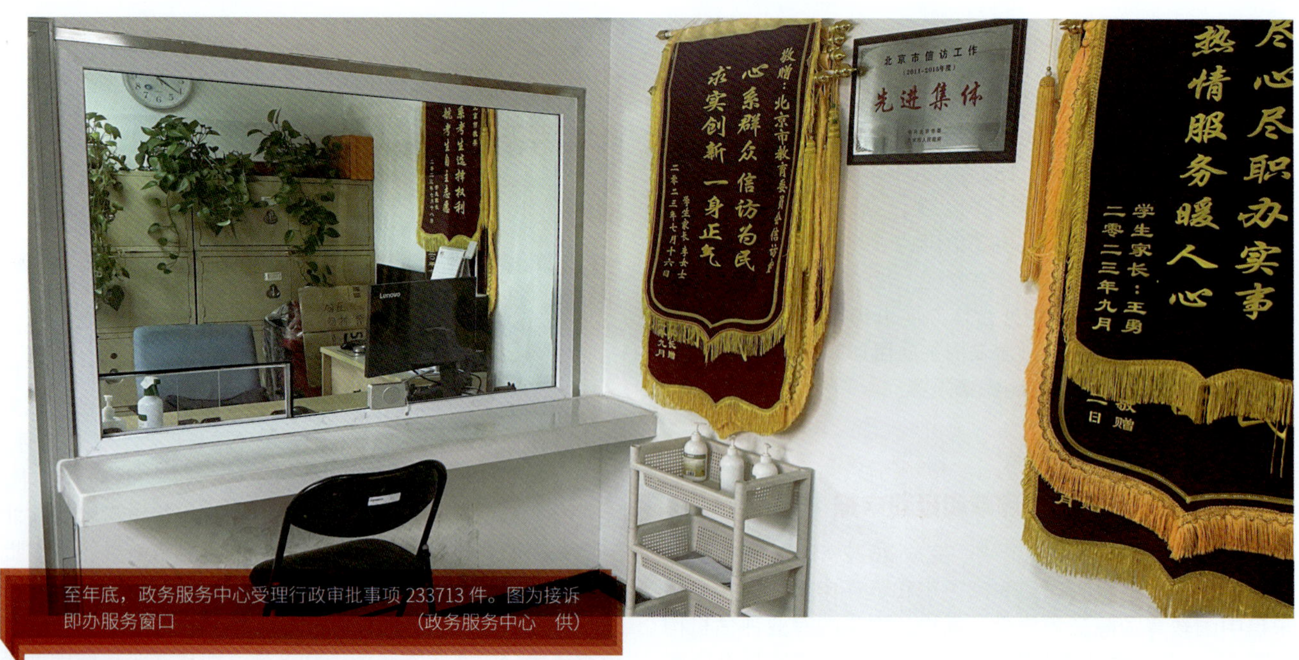

至年底，政务服务中心受理行政审批事项 233713 件。图为接诉即办服务窗口　（政务服务中心　供）

购发放管理、办公楼宇维修维护管理、机关食堂管理、职工医疗保健管理、住房补贴管理、集体户口管理等综合后勤保障工作。全年提供公车出行929次，行驶里程25712千米；排版、出文1130件，制发文1500份，印刷文件纸张180万张；会议服务3600余场，参会4.5万余人，接待访客10699人；清查盘点固定资产8272件、调配处置资产700余件；采购办公用品、耗材、防疫物资等62万余元；完成机关办公楼重点维修维护33次，地砖专项维修500平方米，防水工程专项修缮1000平方米；提供一日三餐13.6万人次、外卖5924人次；收发快递、信件1万余件，监销内部文件25吨；医疗服务1501人次，组织体检226人；办理出入证89张；审核办理住房补贴19人。开展机关疫情防控工作。

（刘新红）

机关停车专项治理

4月至5月，综合事务中心开展市教委机关办公区域停车专项治理。合理利用现有空间，最大限度规划停车位，地面地下增加车位30个；用明显标识划分公车车位和私车车位，保证公车随时顺畅出行；升级地库停车管理系统，运用人防技防相结合，避免地下车库超量无序停车；将地库消防通道喷涂为红色并禁止停车，解决地下消防隐患；召开关于规范市教委办公区域停车专题说明会，提示各处室加强宣传教育，提高消防安全意识，自觉遵守机关办公区域停车规定。

（刘新红）

公务用车管理改革

5月，综合事务中心改革公务用车管理。正式使用“北京市公务用车管理平台”，将市教委公务用车管理纳入“全市一张网”，全面实现管理平台化、平台信息化、车辆标识化，实现用车申请、审批、派车、交车全流程线上操作，做到实时监督、综合调度、线上运行管理，改变传统的公务用车管理模式。

（刘新红）

反食品浪费

至年底，综合事务中心开展机关反食品浪费工作。制定市教委《反食品浪费工作实施方案》《机关食堂反食品浪费管理办法》《机关食堂就餐细则》等文件；加大机关食堂“反食品浪费”宣传力度，在职工餐厅摆放反食品浪费提示牌、张贴“世界粮食日”等主题海报，宣传《反食品浪费法》、日常节约小技巧等，在机关营造勤俭节约良好氛围；通过“光盘助手”软件，分析及监测食品浪费系数。通过将食品浪费系数、厨余垃圾总重量等数据按周、月、季度汇总，形成动态数据链，用于追踪机关食堂食品浪费情况，并对阶段性反食品浪费成果及问题开展回头看，及时整改调整。

（刘新红）

北京市教育资产与财务管理事务中心

概况

2022年，北京市教育资产与财务管理事务中心内设党政办公室、资产管理科、企业管理科、资助一科、资助二科、财务督导科、财务统计与信息化科7个部门。在职职工29人，全部在编。

协助做好北京教育系统国有资产管理工作。完成两委涉改事业单位资产清查，开展资产补充清查、账务调整及资产划转等工作。完成教育系统2021年资产处置未批复单位的资产处置工作，2022年市教育系统资产处置及车辆报废工作；召开2022年北京市教育系统资产管理培训会，教育系统资产管理公务舱和大型仪器科研设备共享调研、座谈和信息化建设；指导具体单位资产划拨、处置和对接工作。推进校办企业深层次改革，疏理市教委存续企业情况，拟定105户企业纳入委托监管范围，其中34户企业为机关事业单位直接出资的一级企业，国有资本权益额361878.6万元，按要求签订委托监管协议。

重点推进内控工作。编制《内部控制管理手册》《制度文件汇编》，梳理预算业务、收支业务、采购业务、资产业务、合同业务、资助业务、内部控制评价与监督7个控制流程，收录工作规则、党务制度、人力资源、综合管理、财务管理、资产管理、采购管理7个方面56个制度和13个学生资助文件，并以此为抓手，推进企业管理、学生资助管理、资产管理、财务管理等业务工作。

推动资助政策精准落实。学前教育方面，核实确认幼儿资助的政府资助、学校资助和社会资助数据，梳理报送2018年至2021年幼儿资助人数及管理情况；义务教育方面，从受助学生类型分析数据，结合普查结果统计义务教育阶段未享受资助类型人数，核查各区2021年秋季学期寄宿生生活补助、非寄宿生生活补助和助学补助数据，纠正数据偏差；普通高中教育方面，确认报送普通高中免学杂费数据，比对核查2021年秋季学期普高国家助学金、免学费和免教科书资助数据，填报2019年至2021年普高学生资助情况表，确认国家助学金实际资助面，协助完成普高资助政策落实情况调研报告，核实普高7类特殊困难群体占比、家庭经济困难学生人数占比和实际资助面数据；中职教育方面，确认2022年中职国家免学费和国家助学金预算参考人数，比对不同学段间资助数据、资助学籍数据，梳理纠正重复学籍、重复资助、非学龄段学生等异常信息，逐校逐人核实其全日制、在籍、在校等状态，要求各区资助管理部门抽查复核。承办北京市学生资助规范化管理暨中央直达资金审计整改工作会，全市2900余人参会。

完善国家助学贷款政策。落实2022年国家助学贷款免息及本金延期偿还政策，修订北京市生源地信用助学贷款风险补偿金管理办法，修订国家助学贷款中央奖补资金使用细则。组织市属高校开展家庭经济困难学生普查、登记、认定工作，确保应助尽助。开展服兵役高校学生国家教育资助政策调整阶段的标准衔接、政策培训解答、督促系统申报、资金预算及拨付和清算等工作。组织关于边远山区基层就业学费补偿助学贷款代偿资助标准提高的政策咨询解答和申报审核工作。完成本专科生和中职国家奖学金名额分配、市级评审并通过全国评审，完成政府奖学金和宏志奖学金线上备案，组织市属高校做好研究生国家奖学金、学业奖学金评审。

保障资金规范发放和使用效率。开展实地检查，重点围绕审计问题，通过查账目、查档案、访谈师生等方式，实现重点资助项目从政策申请到资金发放全过程检查。举办北京市学生资助规范化管理暨中央直达资金审计整改工作会，实施研究生国家助学金承诺制。以规范和加强学生资助直达资金管理，提高资金使用效益为工作重点，深化直达资金预拨机制，完成 2022 年中央资金拨付与清算。

（宋慧宇）

企业财务会计决算和国有资产统计

1 月，教育资产与财务中心在线开展 2021 年度企业财务会计决算报表和国有资产统计报表工作。至 2021 年底，市教委监管的企业财务会计决算、国资统计上报企业单户 93 户，监管上报企业均开展审计。其中，11 户企业开展合并报表编制，较上年增加 2 户。资产总额 53.45 亿元，负债总额 14.40 亿元，所有者权益总额 39.05 亿元，资产负债率 26.94%，营业收入 18.18 亿元，营业成本 17.26 亿元。上报企业 64 户处于盈利状态，占总户数 68.82%，31.18% 的企业处于亏损，主要原因为受疫情影响，企业开展经营活动受限，收入大幅减少。

（宋慧宇）

北京地区普通高校校办企业统计

5 月，教育资产与财务中心开展 2021 年全国普通高校校办企业统计，北京地区 54 所高校参加。至 2021 年底，54 所高校投资企业 862 户，其中一级企业 83 户、二级企业 202 户、三级及以下企业 213 户，参股企业 364 户。年末资产 600.03 亿元，比上年减少 15.31%；负债 391.09 亿元，比上年减少 26.14%；所有者权益 210.58 亿元，比上年减少 21.95%，其中归属于学校方股东的所有者权益 207.09 亿元，比上年减少 22.10%；营业收入 270.33 亿元，比上年增长 17.45%。企业实际缴纳税金总额 9.05 亿元，比上年增长 8.56%。获授权专利 175 项，登记计算机软件及集成电路版权 688 项，获国家和省市部委奖项 474 项，研发费用支出 6.75 亿元。接纳学生实习 8280 人次，学生实习 65.78 亿小时。在培硕士研究生 881 人，在培博士研究生 191 人。年末职工总人数 21710 人，研究开发人员 3156 人，专职管理人员 1877 人，具有学校事业编制员工 882 人。北京大学和清华大学办有企业 519 户，资产 403.07 亿元，占全市资产总额 67.17%；所有者权益 93.57 亿元，占全市所有者权益 44.43%；营业收入 165.27 亿元，占全市营业收入 61.14%。市教委所属 21 所高校办有企业 99 户，资产 26.20 亿元，比上年减少 2.36%；所有者权益 15.75 亿元，比上年增加 1.4%；归属于学校方股东的所有者权益 15.49 亿元，比上年增加 1.38%；营业收入 16.66 亿元，比上年增加 17.49%；营业成本 13.05 亿元，比上年增加 19.71%；净利润 0.78 亿元，比上年增加 28.49%。

（宋慧宇）

教育系统资产使用管理调研

7 月至 8 月，教育资产与财务中心开展北京教育系统资产使用管理调研。采取座谈、走访和调查问卷等方式，专项调研北京工业大学、首都师范大学、北京建筑大学、北方工业大学等单位的资产管理工作，形成《提高资产使用效率 加强资产精细化管理》调研报告。调研报告剖析市教委所属预算单位固定资产管理的政策依据、管理体制、重点工作开展情况和主要存在的问题，提出意见和建议。提出建立以绩效导向为目标的资产管理体制机制；使用单位要切实履行第一责任人责任，重视资产管理工作；行政管理单位增强服务意识，提高服务本领，加强宣传引导，善用绩效考核；加强人才培养，打通行业专业人员成长通道等工作方向与政策建议。

（宋慧宇）

经营性国有资产集中统一监管

至年底，教育资产与财务中心协助市教委完成经营性国有资产集中统一监管工作。疏理市教委存续企业情况，按照要求拟定 105 户企业纳入委托监管范围，其中 34 户企业为机关事业单位直接出资的一级企业，国有资本权益额 361878.6 万元。存续企业全部签署委托监管协议，标志着校办企业改革进入更深层次。12 月 26 日，市国资委、市财政局印发《关于签署国有资产委托监管（过渡期）协议书的通知》。

（宋慧宇）

高校所属企业体制改革完成 98.25%

至年底，教育资产与财务中心协助北京高校所属企业开展体制改革，完成率 98.25%。23 所市属高校所属 515 户企业，完成体制改革工作企业 506 户。7 月，启动企业体制改革专项检查，各校自查自纠形成工作报告，经过汇总分析各单位工作报告，确认北京建筑大学、北京工业大学、北京印刷学院、北京财贸职业学院、北京电影学院为重点核查单位。至 12 月，核查 5 所高校材料，律师团队出具审核法律意见书。该项改革由教育部督导实施，市教委、市财政局牵头开展。

（宋慧宇）

“僵尸企业”处置基本完成

至年底，教育资产与财务中心基本完成“僵尸企业”处置工作。市属高校和市教委直属单位 17 家单位报送“僵尸企业”208 户，占全市“僵尸企业”总数 38%。完成处置 207 户，剩余 1 户立案。

（宋慧宇）

学生资助宣传获新进展

至年底，教育资产与财务中心扩大学生资助宣传获新进展。首次系统梳理北京市高校学生资助服务事项统一问答咨询和审核要点，纳入政务服务事项管理系统统筹管理；制作学生资助政策网页，链接至北京市政务服务网“办好一件事”服务专区。转发全国学生资助管理中心《致初中毕业生的一封信》《致高中毕业生的一封信》，做好资助政策简介，开通北京市以及各市属高校暑期资助热线电话、“绿色通道”等，开展新生入学资助工作。妥善处理“12345”热线咨询。与北京日报社、北京青年报社、现代教育报社等媒体合作，“报、网、端、微、刊”持续发力，在北京晚报及北京日报微博、客户端刊登和推送“首都学生资助高质量起新程”10 年成就总结、学生资助政策图文解读等 10 次，在《北京考试报》和《招生通讯》整版刊登学生资助政策 8 次，在北京青年报微信公众号刊登和推送 2021—2022 学年度本专科国家奖学风采录等 5 次。编印 3 期 24 版《北京学生资助专刊》，每周推送 4～5 篇北京学生资助微信公众号文章。举办北京市第三届“助学圆梦育新人”评选宣传活动。

（宋慧宇）

北京高校房地产开发总公司

概况

2022 年，北京高校房地产开发总公司设有办公室、党群办、财务部、工程部、经营开发部、房改办、审计部 7 个部室。正式员工 29 人，包含高级职称 3 人、中级职称 9 人、初级职称 6 人。公司下属全资子公司包括北京育新物业管理公司、北京育新实验幼儿园及北京市黄山教育研究中心，下属北京育新物业管理公司为国家一级资质物业服务企业，下属北京育新实验幼儿园为北京市示范幼儿园。

全年协助高校教师办理央产房上市手续，为 200 余名住户开具《住宅专项维修资金交存情况说明》，为 2 名住户完成标准价改成本价补差手续。完成 2021 年度国有资产统计报表及企业财务会计决算报表填报工作。育新花园商业楼 2 号楼、3 号楼、15 号楼、16 号楼整体改造项目通过海淀区城乡和住房建设委员会组织的竣工和消防验收，并移交物业启动招商工作。落实国家疫情期间租金减免政策，为承租商户减免租金 1710 万元，有序完成望京花园西区 116 号楼、207 号楼 101 房间、118 号楼及 128 号楼北门东侧及育新大厦招商工作。受理“12345”接诉即办案件 10 件，及时完成转办及处理工作，“三率”结果均为 100%。严格落实新冠肺炎疫情防控常态化工作机制，修订《北京高校房地产开发总公司疫情防控应急处置预案》等相关制度，健全职工及同住人信息台账，严格执行每日疫情防控信息“零报告”制度，参与社区疫情防控志愿服务 96 人次。

（李婷婷）

下属单位清理规范

至年底，高校房地产总公司推进下属公司清理规范工作。怡恒伟业房地产开发有限公司完成注销清算。9 家下属子公司清理完成 6 家，分别是北京高校首创信息科技发展有限公司、北京高校首创资产管理有限公司、北京高房资产管理有限公司、吉林市怡恒伟业房地产开发有限公司、北京众利恒管线维修有限责任公司、北京首育科技交流中心。

（杨文宾　李婷婷）

北京市学校基建后勤管理事务中心

概况

2022 年，北京市学校基建后勤管理事务中心内设办公室、基建一科、基建二科、安全科、后勤科和综合科 6 个科室。编制 40 名，在编职工 36 人。全年统筹疫情防控和单位建设，强化党建引领，创新开展政治理论学习，严格落实意识形态工作责任制，抓好党风廉政建设。完成单位“十四五”规划、中层干部选拔任用、内控制度建设等内部管理工作，做好首都教育系统学校基建、安全和后勤各项工作。

基建管理。北四环东路 95 号院办公楼装修改造工程项目竣工验收，完成新址搬迁和院内管理工作；参与市教委教育基建管理信息系统建设；推进首都医科大学、首都体育大学等一批市级重点工程建设；参与建设教育系统基础设施改造项目库，完成项目筛选核查，审核入库 42 个项目；协助推进新增 2 万个学位市政府“为民办实事”项目，专项检查目标学校，建立月报和专报督导机制，至年底超额增加 3.6 万个学位；参与全市 16 个区教委、85 所高校、26 家直属单位的校舍安全排查，建立动态管理台账并印发方案，完成北京市教育系统自建房安全专项整治工作；参与 14 个项目资产入账和 5 个自筹项目竣工决算，完成 2022 年教育系统基建项目历史遗留问题专项治理工作，逐步拓展基建领域业务工作。

安全管理。完成 2022—2023 学年度校方责任保险及附加无过失责任保险投保工作；完成 21 万套小黄帽厂家样品抽检及采购配送工作；组建北京市校园安全管理专家库，其中各区教委推荐专家 67 人，学校安全工作联席会成员单位推荐专家 27 人；同相关部门定期会商并共享信息，完成中小学幼儿园安全形势分析、风险研判和工作提醒，全年印发工作要求提示 4 篇，编制《北京市中小学校幼儿园安全情况月报》4 篇；完成“安全生产隐患排查治理三年行动”信息系统日常管理和信息报送，全年报送工作月报 9 篇，上传工作任务清单 18 项，完成信息系统监督检查记录 120 条，登记隐患信息台账 12 条并对全部隐患问题完成整改、复核和销账；实时更新北京市校园安全管理服务平台基础数据、政策文件和资讯管理等版块数据，巩固平台一期建设成果；开展平台二期建设，开发校方责任保险业务版块，创建校园安全物联网管理模式；依托平台对各区各校开展校园安全培训，完成校园治安、消防安全、欺凌防治、安全风险及处置、平台操作 5 个方面 6 课时视频制作，增强安全责任意识和管理水平。

后勤保障管理。开展北京高校学生食堂价格平抑资金使用管理情况调查和专项审计工作，完成 2022 年北京高校平抑资金拨付事宜；为 162 个食品安全监测终端采购配发试剂和耗材，收集监测数据 71090 个，在 168 所学校食堂完成 5811 个样品抽检，组织开展全市教育系统食品安全工作视频培训会，完成全市学校校外供餐自查、食品安全监测抽查和全市中小学生在校就餐基础数据统计等工作；全面开展教育系统节能减排和绿色学校创建工作；开展学生公交卡常规办理，为学生办理公交卡 69484 张；办理五环内新能源货车通行证 1000 余张，全额完成教育系统新能源物流配送车辆优先通行工作；开展全市中小学生校服选用采购及相关专项检查，充分保障学校工作有序开展。

（张棣滢）

平抑资金督导调研和专项审计

4 月至 12 月，学校基建后勤中心开展平抑资金督导调研和专项审计工作。对全市 93 所高校开展该学年度北京高校学生食堂价格平抑资金使用管理情况调查统计，排查存在问题，抽取 31 所高校分别对 3 个学年度的使用管理情况组织入校专项审计和指导培训，对使用效果开展评估。2022 年度对 93 所高校拨付平抑资金 8612.91 万元，保障疫情期间各校食堂价格平稳，充分发挥其稳价的使用效益。

（崔莲莲）

节能减排系列工作

7 月至 12 月，学校基建后勤中心组织开展节能减排系列工作。组织做好教育系统“十三五”时期节能目标责任考评，评选北京市 41 所节水型高校并征集全国节水型高校案例，其中北京工业大学、首都师范大学、北京农业职业学院、北京交通大学和华北电力大学获评为典型案例；面向大中小学幼儿园开展垃圾分类主题宣传教育和创意设计征集活动，指导首师大获评国家级公共机构垃圾分类示范点单位；开展北京市绿色学校创建达标验收，制定工作方案、完善验收信息平台，召开高校验收工作启动会暨专家聘任及培训会议和各区中小学绿色学校创建调度会，督导各区有序开展入校评估验收工作。

（张炀）

校园安全风险隐患排查

至年底，学校基建后勤中心持续开展中小学幼儿园校园安全风险隐患排查。采用现场考察、翻阅资料、问卷访谈等形式了解校园安全工作进展和校园安全风险隐患情况，全年梳理入校隐患排查指标 240 个，对 536 所学校开展校园安全风险隐患排查，包括东城区 109 所中小学幼儿园、6 所校外机构，丰台区 414 所中小学幼儿园、7 所校外机构。

（纪心光　康静）

校方责任保险及附加无过失责任保险投保

至年底，学校基建后勤中心完成 2022—2023 学年校方责任保险及附加无过失保险投保。其中，校方责任保险主险投保人数 212.19 万人，保费 1061.02 万元；附加无过失保险投保人数 168.24 万人，保费 1682.41 万元。为保障学校教育系统稳定和教育教学秩序，深入房山区、大兴区、门头沟区等地做好幼儿、学生重大保险案件协调处置工作，校方责任保险主险报案 1242 起，完成理赔 1272 起，赔付金额 578.31 万元；附加无过失责任险报案 1894 起，完成理赔 2074 起，赔付金额 647.81 万元。

（陈鼎琪　纪心光）

95 号院装修改造迁址和后勤保障

至年底，学校基建后勤中心完成北四环东路 95 号院装修改造迁址和后勤保障工作。克服疫情影响和资产盘点接转等困难，全力推动 95 号院装修改造工程如期竣工验收，保障院内单位搬迁入驻，并逐步建立健全综合管理制度，做好院内值班值守、应急处置和基础设施设备维保等方面后勤保障工作。

（李岩　武卫霞）

北京教育老干部活动中心（北京教育老干部大学、北京教育老干部党校）

概况

2022 年，北京教育老干部活动中心（北京教育老干部大学、北京教育老干部党校）内设办公室、两校（北京教育老干部大学、北京教育老干部党校）办公室、文体活动部、党建宣传部、综合保障部 5 个部门。正式职工 21 人。全年为老同志开展文体活动、学习培训等 10 余场次，服务保证大小视频会议 40 余次。

牢牢把握组织、凝聚、服务老同志的职责职能，聚焦党建引领，厚植思想根基，旗帜鲜明讲政治。以分层分类政治学习为抓手，召开机关离退休干部情况通报会，举办庆祝中国共产党建党百年暨“喜迎二十大 共筑中国梦”离退休党员主题党日活动和两委机关离退休党员读书班；以庆祝党的二十大召开为主题，举办摄影作品展、书画作品展、健身风采展、文艺展演、辅导报告、讲座等活动，强化老同志思想政治引领。

4月，老干部活动中心举办北京冬奥会专题讲座
（老干部活动中心 供）

聚焦主责主业，创新活动方式。采用3D展厅开展线上摄影、书法展览等，通过虚拟空间技术，跨越时空限制，随时随地欣赏参展作品，给老同志带来更有科技感的观展体验。提升老同志安全感、幸福感、获得感，录制疫情防控健康讲座和消防安全讲座，推出运动抗衰老增肌操，助力老同志身心健康，丰富老同志居家生活。老干部大学完成38个教学班1100余名学员一键升班，加强基础设施改造升级，信息化新建和改造升级、室外地面修缮以及智能道闸安装等多项工程。

（王黎黎）

北京冬奥会专题讲座

4月18日，老干部活动中心举办思政大讲堂——北京冬奥会专题讲座。讲座邀请北京联合大学应用文理学院原党委书记、奥林匹克文化研究中心原主任作《“双奥之城”的丰厚遗产及冰雪运动的发展》专题讲座，主要从北京荣登“双奥之城”、“双奥之城”的丰厚遗产、中国冰雪运动的发展3个方面讲述北京作为世界首个“双奥之城”，在新冠肺炎疫情全球蔓延背景下，如期举办全球综合性体育盛会的伟大成就和“双奥”对中国及世界的深远影响。讲座以线上形式开展，300余名老同志在线收看。

（钱堃）

北京教育系统老同志线上摄影作品展

6月23日，老干部活动中心举办“喜迎二十大 共筑中国梦”北京教育系统老同志线上摄影作品展。展览采用线上3D展厅技术，精选教育系统60个单位近700幅摄影作品参展，其中年龄最大作者87岁。作品内容从重大工程建设到重大装备制造，从生态环境改善到人文情怀展现，由点及面展现国家各行各业辉煌成就，用教育工作者的视角绘就时代画卷。

（钱堃）

北京高校大学生就业创业指导中心

概况

2022年，北京高校大学生就业创业指导中心内设办公室、学籍就业事务与研究部、市场发展部、创业服务部、宣传与信息化部、培训指导部和学历认证部7个部门。在职职工61人，编制40名，在编34人。主要工作职责为承担北京高校大学生就业创业指导、服务等工作。

实施就业优先战略。举办415场毕业生专场双选会，提供就业岗位280.2万个，12.9万人次毕业生参会求职。抢抓就业窗口期，举办“百日冲刺行动”“就业向未来 建功新时代”等线上线下双选会。向全国邮寄毕业生就业服务联系函996封，发布27个省市招聘宣传信息，举办网络双选会，组织33所高校赴山西省、浙江省和京内企业开展访企拓岗，支持各行业用人单位复工复产，为毕业生拓展就业渠道。

推进落实创新驱动发展战略。全力构建“一街四园多点”北京高校大学生创业园孵化体系，提供12类创业孵化服务，提供创业资讯服务982项，开展专题培训241期，5.4万人次参与；组织团队参加创业大赛、项目申报21次，获奖团队148支。全面升级优秀创新创业团队评选，承办首届“京彩大创”北京大学生创新创业大赛，4574支创业团队报名参赛。

做好服务保障工作。核查毕业生就业数据3次，完成专题报告4份、各类统计分析报告160余份。做好窗口服务，首次采用报到证异地办理方式办理毕业生就业报到证22万张，积分落户学历背景审核通过3388人，处理学历认证申请37073份。提升服务水平，完成“青年生涯指导”等11个主题培训43场次，参训师生8102人次。开展就业名师指导工作室和就业创业金课创建评选。全方位开展就业创业服务宣传保障工作，着力打造北京高校大学生就业创业品牌，以“一网多号”新媒体矩阵为阵地，发布就业创业信息2974条、短视频120条次、直播5场，重点业务和先进典型宣传工作受到媒体报道102次。

北京高校大学生就业创业信息网：www.bjbys.net.cn

（简莹钰）

首次青年生涯指导线上公益培训

4月至9月，就业创业指导中心首次开展青年生涯指导线上公益培训。开通直播课“小鹅通”平台、就业信息网云微课直播平台，开展线上培训，实现京津冀三地高校同上一堂培训课。完成 11 个主题培训 43 场次，参训高校师生 8102 人次，线上公益性培训 20 场次。

（简莹钰）

就业创业典型人物宣传

4 月至 12 月，就业创业指导中心开展就业创业典型人物宣传活动。以“永远跟党走，到祖国需要的地方建功立业”就业创业典型人物宣讲活动为主线，引导毕业生把个人理想追求融入党和国家事业中，先后组织系列活动 3 次 800 余场，参与毕业生 21 万人次。“成功就业”微信公众号开通“就业典型”“大创榜 Young”“筑梦军营”等专栏，对就业创业典型人物开展专题报道。

（简莹钰）

大学生就业状况调查中心成立

11 月，就业创业指导中心成立北京高校大学生就业状况调查中心。该中心主要承担市属高校和教育部委派的毕业生就业状况跟踪调查任务。面向 27 所市属高校 13.7 万名 2019—2021 届本科毕业生和 7.1 万名“双一流”高校毕业生及所在单位开展调查，为教育行政主管部门和高校在优化学科专业布局、深化体制机制改革等方面提供数据支撑。

（简莹钰）

毕业生和用人单位调研

至年底，就业创业指导中心完成毕业生和用人单位调研。回收毕业生问卷 137743 份、用人单位问卷 5423 份，经清洗抽样，计入样本数量分别为 67264 份和 4151 份。完成《高校毕业生到基层就业的机遇与对策》《从高校毕业生就业视角看人才培养服务首都经济社会发展》等专题报告 4 份，各类统计分析报告 160 余份。调研结果显示：2022 届普通本科、高职院校毕业生对首份工作“很满意”和“满意”比例分别为 82.96% 和 74.22%；受访用人单位对 2022 届毕业生满意度为 93.02%。

（简莹钰）

“一网多号”新媒体矩阵

至年底，就业创业指导中心建设“一网多号”新媒体矩阵，为毕业生提供全面的政策指南和精准的就业信息。“一网多号”新媒体矩阵涵盖微信公众号、微信视频号、抖音、今日头条等 9 个平台，协同放大品牌宣传效果。其中，北京高校大学生就业创业信息网全年总访问量 1207.54 万次，“成功就业”微信公众号关注人数突破 25 万人，“成功就业”澎湃号全年总访问量 3747.35 万人次，居澎湃客户端政府窗口榜单第二。“京彩大创”北京大学生创新创业大赛、北京地区高校 2023 届毕业生就业服务季系列活动等工作受到电视、平面及网络等媒体报道 102 次，其中中央媒体报道 45 次、地方媒体报道 57 次，为北京高校大学生就业创业营造良好舆论环境。

（简莹钰）

学历认证服务

至年底，就业创业指导中心开展学历认证服务。处理学历认证申请 37073 份，学历协查 2535 份，成绩单协查 5757 份，办理报到证遗失证明业务 1965 份。启用报到证遗失证明线上办理系统，方便申请人足不出户办理业务。

（简莹钰）

10 月 10 日，就业创业指导中心举行北京高校 2023 届毕业生就业服务季启动仪式（就业创业指导中心 供）

北京市教育考试命题阅卷服务中心

概况

2022年，北京市教育考试命题阅卷服务中心占地面积13.36万平方米，建筑面积4.52万平方米，水域面积1.12万平方米，绿地面积7.72万平方米，树种200余种。设客房221间，大中小餐厅15个，康体项目18种，各类型大小会议室23个。内设综合办公室、党总支办公室、审计部、财务部、人力资源部、工程部、专项部、安全保卫部、资料研究室、物资部、督导室、后勤部、物业部13个部室。下属北京育新苑宾馆有限责任公司，员工217人，其中事业编制78人，实有在岗员工68人。

全年围绕重大考试命题完成接待任务。承接中高考命题、中高考英语听力机考命题、中高学业水平合格考命题等任务，年度入闱10余场次，所占时长超过100天，接待教师2550余人次。统筹好疫情防控与事业发展。明确“建设全国领先，专业、安全、便利的，以命题为核心的招考服务基地”发展愿景，确定“1+N模式”（“1”为命题核心功能，“N”为若干辅助功能）长远发展规划，稳步推进“一核心四基地”（一核心为命题基地，四基地为高招录取基地、评价服务基地、阅卷服务基地、招考人才培训基地）建设方案落实，转型发展工作初见成效。启动岗位选聘工作，完成13个部室正、副职管理岗位竞聘和部室员工岗位匹配，探索建立中层管理干部岗位和各部室员工岗位动态调整、晋升晋级制度。构建档案服务查询平台，购置密集架、扫描仪、存储器等设备，整理扫描12370份文书档案，提高档案信息的查询、开发和利用水平。启动大物流全品类集中供货改革，按照“保障安全、提高质量、提升效率、降低成本、减少库存”工作思路，从标准制定、需求审核、采购实施、履约监管、服务跟踪等环节强化采购全流程管控，逐步打造集中采购智慧管理体系。

（赵佳佳）

评价服务基地建立

9月至11月，命题阅卷服务中心建立评价服务基地。该基地旨在充分利用信息技术和专业化平台，助力教育评价科学性、专业性、客观性提升。与北京教育考试院签订《北京教育考试评价服务项目合作备忘录》，启动教育考试评价服务项目合作；协助开展《评价研究报告》出版、征订、发行等相关工作，完成北京市各区考试中心及96校预定数额4600本。与北京教育学院石景山分院、朝阳区教育科学研究院分别签订《2022年高中学业水平质量分析项目协议书》《高中质量检测数据分析服务合同》，提供专项高中质量评价与数据分析服务，开启对各区校考试评价的“专、精、深”型服务工作业态。

（赵佳佳）

命题基地软件正版化

12月22日，命题阅卷服务中心开展命题基地软件正版化工作。启动命题核心基地第三期建设工程，即命题基地核心区148台终端安装14种正版工作软件，提升基地信息化、专业化服务水平。投入资金191.90万元。

（赵佳佳）

6月，命题阅卷服务中心开展高招基地基础设施改造工程
（命题阅卷服务中心 供）

（本栏责任编校 曾婷）

北京老教育工作者总会

北京校外教育协会

北京教育装备行业协会

北京市红十字会

社会组织

SOCIAL ORGANIZATIONS

- 北京市教育学会
- 北京市高等教育学会
- 北京市职业技术教育学会
- 北京民办教育协会
- 北京市学前儿童保教工作者协会

社会组织

SOCIAL ORGANIZATIONS

北京市教育学会

概况

2022年，北京市教育学会有区教育学会13个，专业委员会（分支机构）68个。团体会员1574家，个人会员9365人。学会坚持党建引领社科类社会组织治理专项工作要求，扎实推进党建工作，举办优秀中小学党建品牌的经验征集活动。接受申报课题1236项，立项课题1099项。举办青年教师“作业设计”“人工智能与智慧社会”“小学教学干部”大讲堂等教研活动。组织各学段优秀教师，为全市在校中小学生提供课标同步在线阅读指导微课。选聘高端专家，为骨干教师作一对一重点培养。参与乡村振兴项目，培训乡村教师3000余人。设立分支机构工作群、区学会工作群、各区会员校工作群，学会各项活动和工作动态及时通过“北京市教育学会微信公众平台”发布。各区学会和专委会采取线上线下相结合等形式开展学术活动547次，参与282.88万人次；开展各类科普活动390次，参与456.16万人次；开展各类培训611次，参与18.53万人次；对外交流94次，参与304.84万人次；撰写学术文章、编辑论文集1593项，参与4977人次。组织筹集价值10万元抗疫物资，无偿捐赠给55所会员学校。

（马亚莉）

“双减”背景下社会实践教育和班主任工作研讨

1月17日和11月15日，市教育学会分别举办“‘双减’背景下社会实践教育探索”主题论坛和“‘双减’背景下的班主任工作创新”典型案例经验交流会。论坛由社会大课堂教育专业委员会以线上形式举办，围绕“深化改革 实现北京基础教育高质量发展”主题，听取首都师范大学专家作题为《“双减”背景下中小学生社会大课堂面临的挑战与回应》主旨报告；通州区教师研修中心、中国铁道博物馆、北京理工大学附属实验学校代表作交流发言。论坛收到征稿99篇。社会大课堂实践教育领域教师、教育专员150余人参加活动。经验交流会由班主任专业委员会以线上形式举办，听取北京教育学院石景山分院、海淀区中关村第三小学、东城区府学胡同小学、中关村第二小学昌平学校等8名代表作经验分享。中小学校长、德育干部、班主任代表1200余人通过直播收看会议。

（马亚莉）

美育学术论坛

9月17日，市教育学会举办“向美而行——实现新时代学校美育高质量发展”美育学术论坛。论坛由美育专业委员会主办、海淀区教育科学研究院承办，聚焦学校美育建设的热点问题，听取中央美术学院教授题为《新时代学校美育高质量发展的未来》主旨报告，海淀区教科院、北京大学附属小学、海淀区恩济里幼儿园等10

9月17日，市教育学会举办“向美而行——实现新时代学校美育高质量发展”美育学术论坛　（市教育学会　供）

家教育研究机构和学校代表作交流发言，北京教育学院、清华大学、北京航空航天大学、中央美术学院有关专家作专家沙龙论坛。论坛围绕中小学美育理念、课程建设、师资培养、资源建设等方面开展多角度交流讨论。论坛采用线上线下相结合的方式，线下 50 人、线上 600 人参加活动。

（马亚莉）

第二届基础教育发展分论坛

12 月 17 日，市教育学会举办第二届北京市基础教育发展分论坛暨微格教学专业委员会 2022 年学术年会。年会以线上方式举行，围绕“微格促校本研修优质深耕 强师助‘双减’政策落实落地”主题，分为主论坛和 6 个分论坛。主论坛听取题为《精准教研 教师成长路径看得见》讲座，强调校本研修要从课堂教学中发现、研究和解决问题，教师要有效解决课堂中面临的问题，就要从提高自己的课堂教学技能入手。分论坛举办“精准教研 教师成长路径看得见”等 5 个微讲座，通报 2022 年优秀微格教育教学成果展示评选结果，并围绕“微格教学促优质深耕 强师提质助‘双减’落地”等 6 个主题交流研讨。来自中小学的 41 名教师代表围绕各学科、学段微格教学课和说课两种形式交流分享教学的实践心得和思考。

（马亚莉）

北京市高等教育学会

概况

2022 年，北京市高等教育学会有团体会员单位 93 个，其中普通本科院校 59 个、高职院校 18 个、独立院校 5 个、教育管理科研院所 1 个，其他单位 10 个。所属研究分会 43 个，其中新增习近平新时代中国特色社会主义思想概论教学研究分会。举办各类学术年会、研讨会、学术报告会、学术论坛 132 场次，126877 人次参与；培训活动 351 次，283031 人次参与；各类教师、学生比赛评比 55 场次，8761 人次参与；展览展演活动 14 场次；课题研究调研考察 170 项。开展专项整治行动，针对分支机构设立不规范、名称使用不规范、财务管理不规范、活动开展不合规四个方面组织自查自纠，确保各分会规范运行、有序发展。

（刘晖）

北京高校实践教学交流活动

4 月至 7 月，市高教学会举办实践教学交流活动。活动由工程训练研究分会联合清华大学、北京航空航天大学、北京理工大学、中国农业大学、北京石油化工学院、北京化工大学联合举办，以“精彩一课，‘工’创未来”为主题，组织 6 场培训。活动以“锤炼教学基本功，加强师德师风建设”为宗旨，旨在弘扬劳模精神和工匠精神，展示优秀教学课程，践行“价值塑造、能力培养、知识传授”三位一体教学理念。北京高校 6000 余名教师参加活动。

（刘晖）

第八届全国研究生英语教学与发展论坛

5 月 14 日，市高教学会线上举办 2022 年（第八届）全国研究生英语教学与发展论坛。论坛由研究生英语教学研究分会主办，听取来自中国科学院大学、北京外国语大学、上海交通大学、北京林业大学、大连理工大学、首都师范大学 6 名专家作主旨报告。论坛主要议题包括语言（政策）文字学研究、新时代研究生公共英语的教学大纲和词汇大纲研究、新时代研究生公共英语教学的人才培养探讨、研究生公共英语课程思政建设、研究生公共英语课程设置、教材建设讨论与分享、教学新形态与外语新发展、“双一流”建设背景下研究生公共英语教学发展路径。来自全国 200 余所院校的专家学者和骨干教师 330 余人参加论坛。

（刘晖）

理事会换届

8 月 21 日，市高教学会召开第十届第十一次会员代表大会。会议审议通过第十届理事会各项工作报告和有关管理制度，选举产生第十一届理事会、监事会、常务理事会、副会长、会长和监事长。来自北京高校、企事业单位、学会分支机构等 200 余名会员代表参加会议。

（刘晖）

499 项教育教学研究课题立项

9 月 28 日，市高教学会启动 2022 年课题申报工作。学会发布课题指南，经申请人申报、单位审核、专家函评、线上会评、网上公示等环节，历时 3 个月完成课题评审工作。最终，批准 499 项教育教学研究课题立项，其中重点课题 51 项、面上课题 436 项、专项攻关课题 12 项。

（刘晖）

首届“外教社杯”北京高校青年人才国际胜任力大赛

10 月 22 日，市高教学会举办首届“外教社杯”北京高校青年人才国际胜任力大赛决赛。决赛分提案展示、团队问答、评委提问三个环节。中国传媒大学代表队获得特等奖，中国人民大学、北京邮电大学和北京科技大学代表队获得一等奖。外交学院代表队获得最佳提案奖，首都医科大学代表队获得最佳海报奖。比赛分为初赛、复赛、决赛三个阶段，历时 7 个月。参赛团队通过撰写提案、设计海报，对具体分议题进行分析并提供解决方案。经过选拔，11 个团队获取决赛资格。比赛由中国人民大学承办，以“后疫情时代的创新战略”为主题，旨在培养熟悉党和国家方针政策、了解中国国情、具有全球视野、通晓国际规则、熟练运用外语、具有国际胜任力、能有效参与全球治理的高水平青年人才。

（王颖）

北京市职业技术教育学会

概况

2022 年，北京市职业技术教育学会设有秘书处和 29 个分支机构（专业委员会、工作委员会），单位会员 70 个，其中高职院校 14 个，中专学校 13 个，职业高中 20 个，技工学校 2 个，成人教育机构 3 个，特殊教育机构 2 个，市、区科研与服务机构 4 个，企业 12 个。有常务理事 17 人、理事 36 人、会员 107 人。根据职教改革发展需要，撤销物流管理专业委员会、技工教育研究会 2 个分支机构，吸纳相关职业院校及企业参与学会工作。完成理事会、监事会换届，通过修改后的学会章程。推进 2021—2023 年度科研课题评审，收集科研课题中期报告 89 项。

（薛凤彩）

理事会换届

9 月 25 日，市职教学会召开第五届理事会换届大会。会议审议通过第四届理事会工作报告，选举产生第五届理事会、监事会。理事会选举产生新一届会长、副会长、常务理事、秘书长；监事会选举产生新一届监事长。会议通过学会章程修订方案，修订后的章程由 8 章增至 11 章，条款数量由 48 条增至 76 条。70 个会员单位代表参加会议。

（薛凤彩）

9 月 25 日，市职教学会召开第五届第一次会员大会

（市职教学会 供）

现代农业新型技术技能培训

10 月，市职教学会与北京星书教育科技发展有限公司联合举办“面向现代农业的新型技术技能”主题培训。培训采取线上形式，内容包括食品安全与公共营养新标准及新发展、食品绿色低碳发展新趋势、新技术与新应用等。培训旨在促进各农业类院校和专业深化教育教学改革，帮助构建“1+X”育训结合人才培养模式，完善书证融通的育人机制，使学历教育与职业培训有机结合，提高人才培养的灵活性、适应性和针对性。来自北京市涉农职业院校、专业、行业、企业的 800 余人参加培训。

（薛凤彩）

北京民办教育协会

概况

2022 年，北京民办教育协会有团体会员单位 245 个，基础教育分会 1 个分支机构。以无记名投票方式选举产生第四届理事会、监事会成员，并召开第四届第一次会员大会。发布《关于本市民办中小学退费问题的行业指导意见》。组织专家完成 67 所民办高等学校及民办非学历高等教育机构办学状况检查工作，组织各类线上、线下活动 30 余次。开展“民办教育政策法规宣传与业务能力提升”系列培训 8 期。

（王敏）

“民办教育政策法规宣传与业务能力提升”系列培训

6 月至 8 月，民教协会举办“民办教育政策法规宣传与业务能力提升”系列培训 8 期。培训围绕“做好新时代党建工作，引领民办教育高质量发展”“教育高质量发展：政策与任务”“全方位解读卫生监督在学校传染病防控工作中发挥的作用”“民办教育高质量发展的任务和路径”“民办学校财务制度建设”等主题开展。旨在夯实行业监督管理和指导服务，防范市场风险，保障民办教育行业健康、可持续发展。培训以线上、线下相结合方式开展，面向全市民办高校、中小学、幼儿园及民办教育机构的党建负责人、举办者、管理者和中层干部，以及民办高校督导联络员、各区教委民办教育管理人员及其他关注民办教育发展的教育工作者，累计培训 4000 人次，参训单位 430 余家。

（王敏）

理事会换届

10月26日，民教协会召开第三届理事会换届大会。会议审议通过第三届理事会工作报告等各项工作报告、协会章程（修订稿）、会员大会选举办法、会费收取管理办法等，以无记名投票方式选举产生第四届理事会、监事会成员。随后召开第四届理事会、监事会第一次会议，选举产生会长、副会长、监事长、秘书长、常务理事成员以及协会名誉职务及分支机构负责人，表决通过协会各项内部管理制度。214家会员单位参会。

（王敏）

10月26日，民教协会召开第四届第一次会员大会
（民教协会　供）

民办中小学退费问题行业指导意见发布

12月，民教协会发布《关于本市民办中小学退费问题的行业指导意见》。意见从退费原则、退费办法、退费时间3个方面提出指导意见，希望各民办学校按照市、区教委统一安排，保质保量完成疫情期间居家线上教育教学任务，保证学生学习效果，主动担当、主动沟通、主动服务，主动争取学生和社会各方支持。

（王敏）

北京市学前儿童保教工作者协会

概况

2022年，北京市学前儿童保教工作者协会有单位会员208个，个人会员69个，覆盖从业保教工作者5000人。召开第十届理事会和会员大会第二次会议，分别审议通过协会修订章程和重大事项。临时党支部积极开展党建工作，以线上、线下相结合方式组织“学习二十大、奋斗新征程”专题讲座等各类活动。走访北京教育学院与国际蒙特梭利协会北京中心开展调研学习。开展迎冬奥系列交流展示活动，组织会员单位线上分享，举办培训和小论文展示。举办系列公益线上讲座14次，35000人次参加学习；举办线下培训2次，46人次参加学习。举办张雪门思想研究专委会论文征集交流展示活动、健康体育专委会与民盟联合健步行活动、健康体育专委会与北京幼儿体育协会高层论坛。

（孙一淞　胡彩云）

迎冬奥系列交流展示活动

1月至4月，保教协会举办迎冬奥系列活动。与北京教育学院联合推出“童心迎冬奥，同心向未来”系列活动，北京冬奥组委运动员委员会委员叶乔波参与启动会，会员单位幼儿园教师代表开展自创冰雪操展示及迎冬奥活动汇报、作品展示。通过线上直播方式开展6次系列展示活动，16个区的25名园长和教师代表交流分享。面向会员单位幼儿教师及家长开展小论文征集活动，利用网站和公众号展示5期25篇小论文。组织冬奥主题“家园共育”微培训，观看直播8300人次。

（孙一淞）

1月20日，保教协会举办迎冬奥系列展示活动启动会
（保教协会　供）

线上公益讲座

6月至12月，保教协会举办线上公益讲座系列活动。举办“共筑保教家园”系列公益线上讲座5次，内容涵盖学前儿童保教工作中卫生保健、教育教学、政策解读、教师队伍建设等，80余个会员单位参加，3万人次观看直播。联合北京教育学院举办线上“连接未来”系列公益讲座6期，包括“幼小衔接，我们在行动”主题公益讲座3期，1万人次参与观看，点赞3万次；针对家长群体的主题公益讲座3期，聚焦家庭教育中若干热点问题，面向社会开放。举办“优质幼儿园建设系列讲座之文化与历史的传承”系列活动3期和“快乐音符，幸福律动——京沪幼儿音乐教育的智慧”幼儿音乐教育系列活动。

（孙一淞）

北京老教育工作者总会

概况

2022年，北京老教育工作者总会有团体会员单位42个，个人会员10.42万人，新增会员7986人；基层分会2248个；

文化体育社团2043个。全年开展活动5000余次。全年发行会刊《京华烛心》4期，每期4万册。完成换届工作。

（刘爱枫）

理事会换届

8月10日，老教总会召开第六届会员代表大会暨换届选举会议。会议审议通过老教总会第五届理事会工作报告、总会章程（草案）等，选举产生老教总会第六届领导机构。市委教育工委领导及有关部门负责人，各区老教协会、各高校分会的代表90余人参加会议。

（刘爱枫）

北京校外教育协会

概况

2022年，北京校外教育协会有会员单位135家。承办2022年度北京市中小学生生态环保主题演讲比赛，评选出一等奖、二等奖、三等奖和优秀奖共45个，比赛全程视频直播，超500万人次在线观看。承办2022年环球自然日北京赛区活动，组织11个线下分赛场和1个线上征集活动（表演），178个展览作品、77幅科普绘画、122项故事播讲和12个表演作品参与。举办第八届北京校外教育理论与实践研究活动专题培训。

（王媛媛）

校外教育理论与实践研究培训班

9月15日，校外教育协会举办第八届北京校外教育理论与实践研究活动专题培训。培训形式包括主题讲座与案例分享，邀请专家对征集的活动案例和教育论文开展指导和讲评。会员单位的70人参加学习。

（王媛媛）

北京教育装备行业协会

概况

2022年，北京教育装备行业协会有单位会员283个，其中新入会37个。会员中企业会员246个、事业会员37个。企业会员中生产研发163家、经销83家，上市12家。7家会员单位获得2022年教育装备行业企业信用等级评价3A。党建方面，在党的二十大召开期间，教育装备行业协会转发关于相关报道21篇，宣传党的方针政策。业务方面，首次组团参加2022中国国际服务贸易交易会，搭建协会教育装备展区展台，并牵头组织“助力首都教育高质量发展——戏曲数字教育资源与服务合作备忘录”在教育服务展区举行；联合天津和河北教育

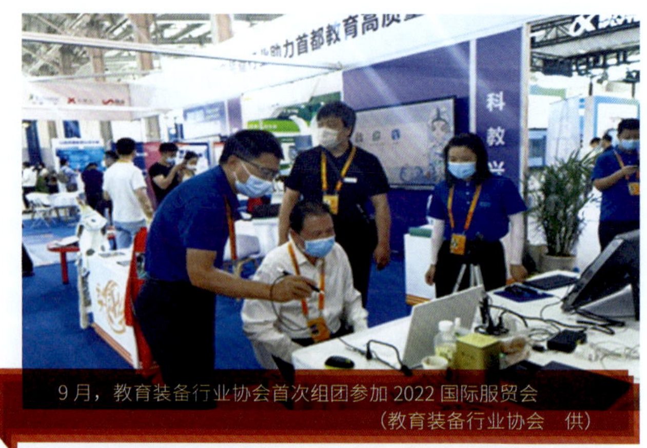

9月，教育装备行业协会首次组团参加2022国际服贸会
（教育装备行业协会　供）

装备行业协会举办新课标培训暨适应型装备展示公益活动，10万人次在线观看；利用协会网站、微信公众号开展宣传，发布信息58条。

（何新潮）

教室声环境改善试点项目

3月31日，教育装备行业协会举行学校会员单位教室声环境改善试点项目签约仪式。会员单位赛诺禧乐（北京）教育科技有限公司开展教室声环境改善试点项目，免费为学校会员单位安装教室声环境改善设备。举办线上交流培训，中国科学院声学研究所研究员科普学校教室环境声学知识。

（何新潮）

北京市红十字会

概况

2022年，北京市红十字会学校工作委员会下设学校红十字会1636个，其中高校红十字会89个、中小学校红十字会1547个。红十字青少年会员77.40万人、教职工会员3.50万人。在“志愿北京”网站实名注册的学校红十字志愿服务队60余支，高校红十字志愿者1.60万人。印发《北

10月5日，延庆区红十字会举办第四届青少年夏令营活动
（市红十字会　供）

京市红十字会生命教育工作实施方案》，开展“救在身边+生命教育”“爱心相髓+生命教育”“生命接力+生命教育”“人道救助+生命教育”“防救结合+生命教育”“养老服务+生命教育”六个行动。在朝阳区、海淀区、大兴区、怀柔区和延庆区建成博爱校医室8所。组织大学生开展生命教育为主题的同伴教育活动，包括应急救护与防灾避险、青春善言行、预防艾滋病等。实施红十字生命教育志愿服务项目，支持青少年品牌志愿服务项目3个。指导学校开展丰富多彩的“五八博爱周”和“红十字青少年活动月”活动，百余所学校的数千名师生参加活动。

（杨一）

5名教师在全国“探索人道法”微课大赛中获奖

8月4日，北京市5名教师作品在中国红十字会总会和红十字国际委员会东亚代表处联合主办的“探索人道法”项目师资微课大赛中获奖。5名教师分别来自北京市第十中学、北京市顺义区第八中学、北京市文汇中学、北京市东直门中学、北京交通大学，其中1人获得一等奖。比赛通过短视频方式举行，录制课程讲座，在青少年中传播红十字运动基本知识和国际人道法，倡导保护人的生命和尊严的理念，促进红十字生命教育和探索人道法项目的开展。

（杨一）

第十届首都高校手语歌大赛

9月至11月，市红十字会学校工作委员会主办第十届“以手传爱 用心迎秋”首都高校手语歌大赛。比赛通过录制手语歌、手语情景剧表演视频等形式举行。中央财经大学、中国石油大学（北京）、对外经济贸易大学等15支学校红十字会手语代表队参赛。最终，首都医科大学获得一等奖，中国地质大学（北京）、北京中医药大学获得二等奖，首都师范大学、中央财经大学、中国人民公安大学、对外经济贸易大学、中国石油大学（北京）获得三等奖。在参赛作品的展现上，学生发挥创意能力，采用运动镜头等多种拍摄形式，使视频富有代入感；在主题的选取上，参赛队结合自身特色，展现出新时代青年对祖国的热爱之情。比赛历时40余天，由北京林业大学红十字会承办。

（杨一）

11名师生获评中国红十字会“会员之星”

11月14日，中国红十字会总会公布2022年度中国红十字会“会员之星”名单，北京市33人入选，教育系统11人入选。其中，中小学生3人、大学生4人、教职工4人。获奖会员热爱红十字事业，履行会员义务，大力弘扬“人道、博爱、奉献”红十字精神，在志愿服务、红十字青少年工作等方面表现突出，发挥模范带头作用。全国501名会员入选。

（杨一）

5个单位获评“全国红十字模范单位”

11月15日，北京市教育系统5个单位获评中国红十字会总会评选的“全国红十字模范单位”称号。获奖单位为北京市东城区西中街小学、北京市第八中学、北京拔萃双语学校、北京大学医院和清华大学团委。获奖学校积极开展人道教育，充分发挥红十字工作育人作用，在校园培植博爱文化，开展敬老助残等志愿服务，推动文明校园建设，为保护青少年生命健康，维护青少年尊严发挥模范带头作用。全国97个学校获奖。

（杨一）

教育系统集体和个人获北京市“人道奖”

12月，市红十字会、市人力资源社会保障局联合公布第二届北京市“人道奖”先进集体和先进个人评选结果。教育系统22个单位获先进集体称号，14人获先进个人称号。该奖项旨在表彰激励社会各界为首都人道事业作出贡献的先进个人和集体。

（杨一）

8所博爱校医室建成

至年底，市红十字会建成博爱校医室8个。经过推荐、评选、实地考察等评估程序，确定朝阳区、海淀区、大兴区、怀柔区和延庆区的8所学校建设博爱校医室。博爱校医室项目改善原有校医室条件，将校医室改造成集健康教育、急救培训、预防保健多功能为一体的场所，并配备自动体外除颤器（AED）应急救护一体机和健康挂图。建设过程中注重青少年视力筛查、体重检测和急救培训等重点内容，鼓励学校扩大医务室面积，将博爱校医室建成健康宣教、学生练习急救技能、传播红十字文化的阵地。

（杨一）

（本栏责任编校　张楠）

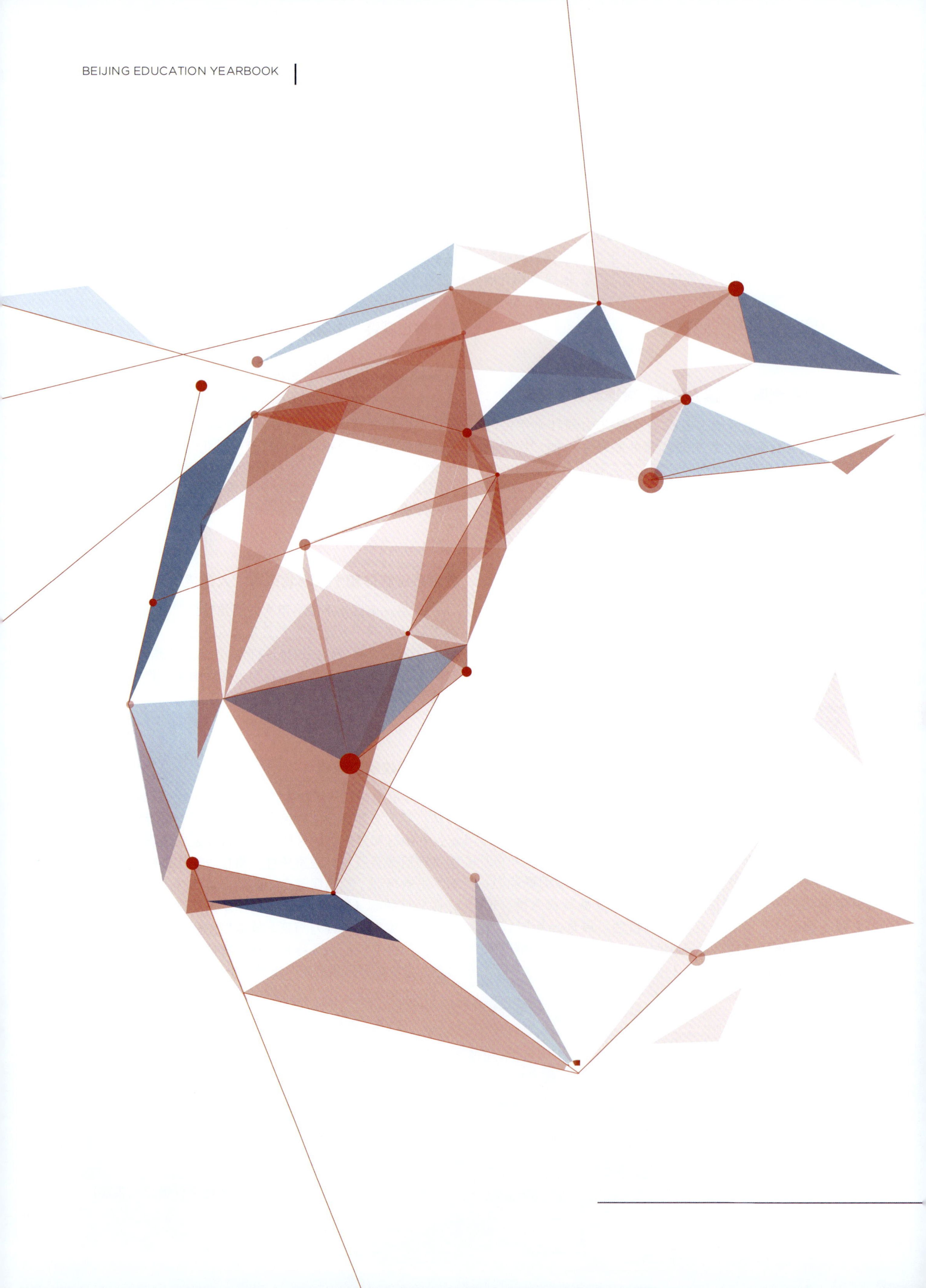

人物

PERSONAGE

人 物
PERSONAGE

先进人物

张礼

1月4日获“2021北京榜样”称号。清华大学教授。1925年1月出生于天津。1946年毕业于辅仁大学，1956年获苏联列宁格勒大学数理科学副博士。1957年起任教清华，历任清华工程物理系实验核物理教研组主任、系副主任、主任，1982年物理系复系后担任首位系主任及近代物理研究所所长。1990年退休，1997年起返聘清华高等研究院，参与基础科学班、清华学堂物理班等各种人才培养计划工作，96岁仍在教学科研一线工作，是清华年龄最长的授课教师。致力于高校物理学的科学研究和人才培养，在宏观量子现象、玻色爱因斯坦凝聚理论，以及微扰量子色动力学等方面取得研究成果。主编《近代物理学进展》被评为“九五”国家教委重点教材，曾获国家教委“杰出服务”证书、北京市教学改革奖一等奖、中国物理学会周培源物理奖。

（徐思羽）

童朝晖

1月4日获“2021北京榜样”称号。首都医科大学附属北京朝阳医院副院长。1965年4月出生，湖北蕲春人。1988年获武汉大学医学院学士学位，毕业后入首医大附属北京朝阳医院呼吸科工作；1995年获中国协和医科大学医学硕士学位；1999年至2002年赴德国埃森大学医学院留学，获医学博士学位。从事呼吸与危重症医学工作30余年，主要从事呼吸系统感染性疾病、呼吸危重症、呼吸内镜及介入诊治技术、间质性肺疾病、哮喘等方面的临床、教学、科研工作，率领团队建立国内最完备的呼吸支持体系。在2020年新冠疫情暴发之初奔赴武汉一线，指导20家医院救治危重症患者2000余人次，参与国家诊疗方案制定；后转战哈尔滨、吉林、青岛、石家庄等地参与抗疫工作；北京新发地疫情期间，在地坛医院指导危重症患者抢救工作，连续抗疫226天。作为负责人承担科技部专项、国家自然基金等课题30余项；在国内外发表文章260余篇，其中以第一作者和通讯作者发表被科学引文索引（SCI）收录100余篇。曾被授予“全国优秀共产党员”“全国抗击新冠肺炎疫情先进个人”“最美医生”“全国卫生系统先进工作者”“中国医师奖”“首都十大健康卫士”等称号，获北京市科技进步奖一等奖、全国五一劳动奖章，享受国务院政府特殊津贴。

（陈飞飞）

杨倩

1月4日获“2021北京榜样”称号。清华大学经济管理学院2018级本科生。女，2000年7月出生于浙江宁波。2010年进入宁波体育运动学校射击队，2016年进入清华射击队并在清华附中就读，2019年入选中国国家射击队。始终秉持爱国奉献、追求卓越精神，完成学业之外刻苦训练，努力实现在奥运赛场为国争光的梦想。曾获2019年全国第二届青年运动会射击比赛女子气步枪60发个人冠军，第14届亚洲射击锦标赛女子气步枪60发个人冠军，2020年全国射击冠军赛女子10米气步枪冠军。2021年7月24日获东京奥运会首金，并成为中国射击队在同届奥运夺得2金的第一人。曾被授予“国际级运动健将”“全国三八红旗手”称号，获中国青年五四奖章。

（徐思羽）

李永乐

1月4日获“2021北京榜样”称号。中国人民大学附属中学教师。1983年出生于吉林省吉林市。2006年获北京大学物理和经济双学士，2009年清华大学电子工程系硕士研究生毕业，2009年进入人民大学附属中学，任物理教师、物理竞赛教练。2014年起在网络平台上传视频课程，包括各种难题解析，全部免费向学生开放。2018年起入驻西瓜视频，借热点科普录制视频400余条，涵盖初高中多学科。授课方式幽默且发人深省，受学生广泛欢迎，被评价为“精通物理与数学的天才教师”，粉丝量2000余万，累计播放数10亿次。联合其他教师录制公益精品课程，让偏远山区学生享受优质教育资源，多次赴江西上饶、四川凉山、福建龙岩等地考察，帮助贫困地区改变教育面貌。

（李桦　曾婷）

杨振宁

3月3日获“感动中国”2021年度人物称号。清华大学教授，中国科学院院士、著名物理学家。1922年9月出生于安徽合肥。1942年毕业于国立西南联合大学，1944年获清华硕士学位，1948年获芝加哥大学哲学博士学位。曾任芝加哥大学讲师、普林斯顿高等研究院研究员、教授，1966年任纽约州立大学石溪分校爱因斯坦讲座教授兼理论物理研究所所长，1986年任香港中文大学博文讲座教授，1993年任香港中文大学数学科学研究所所长。1998年任清华教授，2004年任香港中文大学理论物理研究所所长。在粒子物理学、统计力学和凝聚态物理等领域作出里程碑式贡献，1954年同米尔斯博士创立“杨—米尔斯规范场”论；1956年和李政道合作提出弱相互作用中宇称不守恒定律，获1957年诺贝尔物理学奖；1967年提出解决一维量子多体问题中的关键方程式，后称“杨—巴克斯特方程”。推动清华高等研究中心成立。美国国家科学院、巴西科学院、委内瑞拉科学院、西班牙皇家科学院、中国台北中央研究院院士，英国皇家学会外籍会员、俄罗斯国家科学院外籍院士、日本科学院荣誉院士。曾获美国国家科学奖章、美国费城富兰克林研究所鲍威尔科学成就奖、费萨尔国王国际科学奖。著有《杨振宁论文选集》《杨振宁文集》《曙光集》《晨曦集》等，发表论文约300篇。

（徐思羽）

3月3日，清华高等研究院名誉院长杨振宁、清华生命科学学院2018级博士生江梦南获“感动中国”2021年度人物称号　（清华　供）

江梦南

3月3日获“感动中国”2021年度人物称号。清华大学生命科学学院2018级博士研究生。女，瑶族，1992年出生于湖南郴州。半岁时，因药物导致双耳极重度神经性耳聋，自幼通过读唇语学会“听”和“说”。2011年以615分成绩考入吉林大学，后在吉林大学攻读硕士学位。2018年考入清华生命科学学院攻读博士学位。学习期间多次获奖学金，曾获第19届湖南青年五四奖章。

（徐思羽）

吴大鸣

4月21日当选俄罗斯工程院外籍院士。北京化工大学教授。1957年10月出生于山东。1982年和1988年分别获北京化工学院学士学位、硕士学位，1992年获俄罗斯莫斯科化工机械学院博士学位，同年任教于北京化工学院，1997年获评教授。兼任中国塑料机械行业专家委员会常务副主任等。长期从事塑料精密成型原理与装备、塑料微纳成型原理与装备、高性能导电/导热复合材料制备新方法等领域基础研究、技术创新以及工程应用，主持国家自然科学基金面上项目3个、“973”项目1个、国家科技支撑计划项目2个、企业科技合作项目80余个，发表论文260余篇，获专利16项。研究成果在国内塑料装备龙头企业实现产业化和规模化应用，先后获国家科技进步奖二等奖1项、省部级科技进步奖一等奖3项。指导培养博士和硕士生100余名。俄罗斯工程院成立于1990年，其前身是苏联工程院，俄罗斯三大跨行业科学机构之一，有院士1500余人，其中外籍院士100余人。

（肖勇）

秦大河

7月16日获2021—2022影响世界华人盛典终身成就奖。中国科学院大学教授。1947年1月出生于甘肃兰州。1970年毕业于兰州大学地质地理系，1978年进入中国科学院兰州冰川冻土研究所工作，1980年和1992年分别获兰州大学硕士和博士学位。2003年当选中国科学院院士，2004年当选第三世界科学院院士。1995年任中国科学院资源环境科学与技术局局长，2000年任中国气象局局长、党组书记，2002年任联合国政府间气候变化专门委员会（IPCC）第四次评估报告第一工作组联合主席，2008年任第11届全国政协人口资源环境委员会副主任，2011年任中国科学技术协会副主席，2013年任中国科学院学术委员会主任。长期从事冰冻圈与全球变化研究，多次参加和主持南极、北极、青藏高原、中国西部地区科学考察研究，是“中国徒步横穿南极大陆第一人”，主持《中国气候与环境演变》《中国西部环境演变评估》《中国气象事业发展战略研究》，凝练出“公共气象，安全气象，资源气象”发展理念，为中国气象事业发展开创新思路。在国科大授课20余年，先后开设冰冻圈科学概论、气候变化科学概论等课程，并受邀在国内10余所知名高校开课。主编《冰冻圈科学辞典》《冰冻圈科学词汇》《冰冻圈科学概论》《气候变化科学概论》《冰冻圈与气候变化科学》《冰冻圈地缘政治学》及30余本冰冻圈科学系列丛书和气候变化科学系列丛书。2022北京冬奥会赛事用雪保障关键技术研究团队带头人，带领“雪务攻关团队”用时5年，实现中国人的用雪自由。曾获2021年度首届全国优秀教材（高等教育类）特等奖，诺贝尔和平奖、沃尔沃（Volvo）环境奖、国际气象组织（IMO）奖、2022年国际地理联合会最高荣誉奖等。

（顾盼）

康绍忠

9月6日当选2022年全国教书育人楷模。中国农业大学教授。1962年11月出生于湖南桃源。1982年获武汉水利电力大学学士学位；1985年和1990年分别获西北农业大学农学硕士和工学博士学位。2003年至今在中国农大担任中国农业水问题研究中心主任，农业水土工程学科教授、博士生导师；2011年当选中国工程院院士。长期从事教学一线工作，先后开设“中国水问题与科学应对”“水文学及水资源专论”“农业水土工程专论”等11门课程，培养硕士生、博士生160人。长期从事农业高效用水与水资源研究，在中国农业水土工程领域作出开创性贡献，在国内外期刊发表学术论文500余篇。曾被授予全国教育系统劳动模范、全国模范教师称号，获国家科学技术进步奖二等奖、国家自然科学奖二等奖、高等教育（研究生）国家级教学成果特等奖和高等教育（本科）教学成果二等奖、第14届北京市优秀思想政治工作者。全国教书育人楷模由中宣部、教育部评选，全国12人当选。

（邓永卫）

张跃

11月21日当选第30届发展中国家科学院院士。北京科技大学教授。1958年11月出生于湖南长沙。1982年获武汉水利电力学院学士学位，1993年获北科大博士学位。1995年起在北科大工作，曾任北科大副校长。任新金属材料国家重点实验室主任、北科大前沿交叉科学技术研究院院长，担任国家重大科学研究计划和重点研发计划项目首席科学家，兼任教育部科技委国防学部常务副主任和材料学部副主任、中国体视学会理事长。2019年当选中国科学院院士。主要从事低维半导体材料及其服役行为研究，致力于将材料研究和国防重大需求相结合，在基础理论、制备技术和工程应用方面作出系统性、创新性贡献。发表科学引文索引（SCI）论文450余篇，论文他引1.50万余次。撰写出版中英文专著12部，授权专利80余项。主讲5门本科生和研究生课程，培养研究生200余人，2名博士生获评全国优秀博士论文。获国家自然科学奖二等奖1项、省部级科技和教学成果奖16项，获“十三五”钢铁工业科技成就奖。发展中国家科学院，也称“世界科学院”，原名第三世界科学院，成立于1983年，总部在意大利里雅斯特，是非政府、非政治和非营利性的国际科学组织，由巴基斯坦物理学家、诺贝尔物理学奖获得者阿卜杜勒·萨拉姆（Abdus Salam）教授倡议创建，致力于支持和促进发展中国家科学研究，拥有来自70余个国家和地区近1400名院士，是具有广泛影响力的国际科技组织。

（于点）

段文晖

11月21日当选第30届发展中国家科学院院士。清华大学教授。1967年1月出生于湖南冷水江。分别于1986年、1988年和1992年获清华物理系学士、硕士与博士学位；1992年至1994年在钢铁研究总院从事博士后研究。1994年至今在清华任教，其间于1996年至1999年在美国明尼苏达大学、2002年至2003年在美国加州大学伯克利分校从事访问研究。2017年当选为中国科学院院士。主要从事计算凝聚态物理和计算材料科学领域的基础研究，研究方向包括凝聚态物质和功能材料的理论和计算设计、固体的电子结构、第一性原理计算、低维物理、量子材料及其新奇物性等。先后发表学术论文300余篇，被科学引文索引（SCI）引用超1.50万余次。曾2次获国家自然科学奖二等奖、叶企孙物理奖。2019年入选美国物理学会会士。

（徐思羽）

乔杰

11月21日当选第30届发展中国家科学院院士。北京大学医学部（北京大学第三医院）教授。女，1964年1月出生于黑龙江安达。1987年、1996年分别获北京医科大学学士学位、临床医学博士学位，2001年任北大第三医院妇产科主任医师，2002年赴斯坦福大学进行博士后研究。

2003 年至 2018 年历任北大第三医院妇产科及生殖医学中心主任、北大第三医院党委副书记、工会主席（兼）、院长；2020 年至 2021 年任北大医学部常务副主任、主任、北大党委常委、常务副校长。多年来承担妇产科学、生殖医学、不孕症等专业教育教学，主要从事妇产及生殖健康相关临床与基础研究，从遗传学、表观遗传学角度对人类早期胚胎发育机制开展深入研究，将基础研究成果成功应用于临床上胚胎植入前遗传学诊断；揭示疑难不孕症发病机制，优化辅助生殖技术方法，提高疑难不孕患者治疗成功率。以生殖调控相关的基础研究和不孕症相关疾病发病机制及诊疗新技术的研发为核心，在揭示人类配子、胚胎、原始生殖细胞发育过程的遗传和表观遗传调控规律、创建新型卵母细胞体外成熟体系和提高疑难不孕患者治疗成功率等方面作出突出贡献。作为第一或责任作者在国际核心期刊杂志发表文章 200 余篇。主编中国首部生殖医学专业高等教育国家级规划教材《生殖工程学》《妇产科学》《生殖内分泌疾病诊断与治疗》等 19 部。主持重大代表性课题，研究成果连续入选 2014、2015 年度中国科学十大进展，曾获国家科技进步奖二等奖 2 项、省部级一等奖 3 项。

（徐聪颖）

逝世人物

赵中孚

3 月 2 日逝世，享年 92 岁。中国人民大学荣誉一级教授，新中国民（商）法学学科奠基人之一，民商法学家、教育家。1929 年出生于北京。1947 年考入朝阳大学法律系，1949 年 9 月转入中国政法大学三部学习，1950 年 3 月进入人民大学法律系学习。1950 年 11 月任教于人民大学民法教研室（现民商法教研室），1986 年至 1998 年担任民商法教研室主任。曾赴美国杜克大学等多所大学担任访问学者，宣传中国法学教育和法治建设成就，对中美、中德、中日早期法律交流起到重要推动作用。从事民商法学教学研究 70 年，先后培养 40 余名硕士、38 名博士。主编或参与主编《民法概论》《商法总论》《民法原理》等专著、教材。投入新中国民商法理论和立法实践活动，毕生奉献给新中国的法治建设事业，参加《中华人民共和国民法典(草案)》第二次和第三次起草工作和《中华人民共和国民法通则》起草工作，参加《中华人民共和国企业破产法》《中华人民共和国妇女权益保障法》《中华人民共和国收养法》等多项法律起草工作和立法研究活动。享受国务院政府特殊津贴。

（李沐聪）

周广仁

3 月 7 日逝世，享年 94 岁。中央音乐学院终身教授，中国钢琴音乐事业领军人物。女，1928 年 12 月出生于德国汉诺威市，祖籍浙江宁波。1933 年随父回国，定居上海。1942 年至 1946 年分别在私立上海音乐专科学校和国立音乐专科学校跟随中外名师学习钢琴和音乐理论。1949 年执教于中央音乐学院华东分院（上海音乐学院前身）。1952 年至 1959 年任中央歌舞团、中央乐团钢琴独奏演员。1956 年 11 月加入中国共产党。1959 年正式调入中央音乐学院钢琴系，历任副教授、教授、钢琴主科教研室副主任、钢琴系主任。1998 年起为中央音乐学院终身教授。1951 年和 1956 年分别参加第三届世界青年联欢节和第一届舒曼国际钢琴比赛并获奖；1980 年赴美国 29 所大学访问讲学，演出 33 场独奏音乐会，推广介绍中国钢琴作品。曾在范·克莱本、利兹、阿图尔·鲁宾斯坦、柴可夫斯基等重大国际钢琴比赛中担任评委；参与创办具有国际性和权威性的中国国际钢琴比赛，连续 3 届担任评委主席。曾获评全国优秀教育工作者、全国文化系统先进工作者称号，获第 7 届中国音乐“金钟奖”终身成就奖和全国五一劳动奖章。享受国务院政府特殊津贴。

（王小夕）

吴祖强

3 月 14 日逝世，享年 95 岁。中央音乐学院原院长。1927 年 7 月出生于北京，祖籍江苏武进。1947 年入南京国立音乐院理论作曲系学习，1950 年随国立音乐院合并入中央音乐学院，1952 年毕业留校任教；1953 年至 1958 年赴苏联莫斯科柴可夫斯基音乐学院理论作曲系学习获硕士学位。回国后，在中央音乐学院作曲系任教，历任讲师、副教授、教授及硕士、博士研究生导师。1978 年至 1988 年任中央音乐学院副院长、院长，1998 年任名誉院长。主导开展具有历史开创性的诸多音乐事项，为中国音乐发展奠定坚实基础。创作涉及多种音乐体裁和形式，包括留苏期间创作的交响音画《在祖国的大地上》，清唱剧《与洪水搏斗》；合作创作舞剧《鱼美人》《红色娘子军》音乐，其高度的民族性和交响性成为中国舞剧音乐经典；将传统乐曲《二泉映月》《听松》改编为弦乐合奏曲,《江河水》《春江花月夜》改编为器乐协奏曲，使中华民族音乐文化在海外得到更广泛传播。1962 年编著出版作曲技术理论教材《曲式与作品分析》被广泛使用，1987 年获全国高等院校优秀教材奖；组织编写并翻译《歌剧经典》部分剧目等译著。曾任中国音乐家协会副主席兼音乐创作委员会主任，中国共产党第 12 届中央委员会候补委员，全国政协第 7 届至第 11 届委员会常务委员，中国文联原党组书记。曾获第 6 届中国音乐“金钟奖”终身成就奖，享受国务院政府特殊津贴。

（王小夕）

沙莲香

4 月 8 日逝世，享年 86 岁。中国人民大学教授，中国著名社会心理学家、教育家，改革开放新时期中国社会心理学学科重要奠基人、中国民族性研究重要开拓者、人民大学社会学学科重要奠基人。女，1936 年出生于辽宁大连。1956 年考入人民大学哲学系，1960 年留校任教哲学系，1970 年调入清华大学基础课教研室任教，1978 年人民大学复校后重回哲学系任教。1984 年调入社会学系工作，1993 年创建人民大学社会心理学研究所，1994 年创建人民大学女性研究中心。曾赴日本东京大学文学部社会科留学，从事社会心理学及传播学研究。曾任中国社会心理学会副会长，主持承担国家社科基金重点项目“中国传统文化与中国人民族性格研究”“我国城镇社会失业承受能力研究”“对北京奥运会的社会期待及社会心理研究”等。对中国民族性开展 30 余年研究，著有《社会心理学》（四次再版）、《中国民族性》（三卷本）、《传播学：以人为主体的图像世界之谜》及终结之作《沿着中庸的美与丑》等。

（王颖）

杜厚文

8 月 24 日逝世，享年 85 岁。中国人民大学教授、原副校长，人民大学国际经济系重要开创者和奠基人。1938 年出生于四川乐山。1956 年考入人民大学经济系，1960 年毕业留校，任政治经济学系世界经济教研室教员。1968 年调北京大学经济系任教，1978 年人民大学复校后回校任教，任政治经济学系讲师。1981 年至 1983 年赴联邦德国汉堡大学经济系访问进修。1983 年至 1992 年任人民大学国际经济系主任、教授、博士生导师，1992 年至 2000 年任人民大学副校长。毕生从事教学和科研工作近 50 年，培养硕士、博士研究生及博士后 60 余人，主编、撰写教材及其他学术著作 10 余部，其中《世界经济概论》（1980 年版）、《世界经济概论》（1985 年版）、《世界经济学——理论、机制、格局》（1992 年版）成为全国各高校世界经济专业首选教材。2007 年，主持撰写《世界经济学》（第一版）教材，为中国马克思主义世界经济学学科建设发展作出重大理论贡献。曾任中国世界经济学会副会长、中国国际贸易学会常务理事。曾获国家级教学成果奖二等奖、北京市普通高等教育教学成果一等奖，享受国务院政府特殊津贴。

（王颖）

金铁霖

11 月 15 日逝世，享年 83 岁。中国音乐学院原院长，中国著名歌唱家，声乐教育家。1940 年 6 月出生于黑龙江哈尔滨。1960 年至 1964 年就读于中央音乐学院声乐系，1965 年到中央乐团任歌唱演员，1981 年到中国音乐学院声乐系任教，1985 年至 1990 年任声乐系副主任、主任，1996 年至 2009 年担任中国音乐学院院长。毕业致力于中国声乐教育事业，培养一大批杰出歌唱家与中国声乐教育家。率先提出中国民族声乐应具有“科学性、民族性、艺术性、时代性”，倡导将其作为中国声乐发展方向；创建民族声乐“七字标准——声、情、字、味、表、养、象”，为民族声乐人才选拔、培养及赛事评判确立科学依据；提出声乐学习“三个阶段”、启发式感觉教学法等系列教学理论，编著《中国民族声乐学习与训练》《金铁霖声乐教学》《金铁霖声乐教学文集》等 10 余部专著与教材。曾任全国政协委员、北京市文联主席、中国音乐家协会副主席、中国音乐家协会第六届教育委员会主任、中国民族声乐艺术研究会会长等职。1989 年“民族声乐教学”项目获国家教委颁发的国家级优秀奖，1998 年获“全国模范教师”称号，2006 年获“国家级教学名师奖”，2012 年获国家高层次人才特殊支持计划教学名师称号，2009 年获国家级教学成果奖一等奖、北京市教学成果奖一等奖。享受国务院政府特殊津贴。

（江瑾尧）

任扶善

12 月 13 日逝世，享年 107 岁。首都经济贸易大学教授，新中国劳动经济学专业创始人和奠基人之一。1915 年 5 月出生于辽宁营口。1934 年考入清华大学社会学系，1938 年从西南联合大学毕业后，在重庆从事社会统计工作。1944 年至 1949 年在国际劳工局中国分局从事研究工作。1956 年到北京劳动干部学校（首经贸前身）工作，先后任讲师、副教授、教授和硕士研究生导师，曾先后担任劳动经济系副主任、主任。长期从事劳动经济和劳动法研究，创建中国第一个劳动经济系，主持编写和出版中国第一部《劳动经济学》《劳动法学》《劳动法简史》《世界劳动立法》，翻译出版《越南劳动法典》，公开发表劳动经济和劳动法学论文数十篇，汇集成《劳动经济与劳动法文集》和续集出版。曾任北京市第 8 届人大代表，中国劳动学会常务理事、高级顾问，中华全国总工会法律顾问委员会顾问、特邀顾问，中国劳动法研究会名誉会长，中国劳动经济学会荣誉理事。2004 年获中国劳动法学研究杰出贡献奖。享受国务院政府特殊津贴。

（刘江霞　黄少卿）

5 月 4 日，首经贸召开教育基金会名师基金项目——任扶善教育基金成立大会　　（首经贸　供）

王作富

12 月 15 日逝世，享年 94 岁。中国人民大学荣誉一级教授，中国著名法学家、法学教育家，新中国刑法学主要开拓者和奠基人之一。1928 年出生于河北省唐山市。1949

年考入中国政法大学三部，1950年成为人民大学法律系本科第一期学员，同年转入法律系研究生班学习，专攻刑法学。1952年，因教学工作需要，未及毕业即被提前调入刑法学教研室任助教，历任讲师、副教授、教授。1973年至1978年在北京大学法律系任教。1978年人民大学复校后重返法律系任教，长期担任刑法学教研室主任，人民大学刑法学科奠基人之一。1986年任刑法专业博士研究生导师。毕生从事刑法学教学科研70年，发表学术论文100余篇，出版独著、主编、参编的专业著作60余部，著有《中华人民共和国刑法概论》《中国刑法研究》《新中国刑法的理论与实践》等著作。参与编写《中华人民共和国刑法总则讲义》，是新中国刑法发展史上重要里程碑。曾任最高人民检察院专家咨询委员。1978年起曾参与中国刑法典起草工作，1988年任刑法总则修改组组长。

（王颖）

胡钧

12月20日逝世，享年94岁。中国人民大学荣誉一级教授，中国马克思主义经济学家、教育家，新中国马克思主义政治经济学主要开拓者和奠基人之一。1928年出生于山东烟台。1947年考入北京大学经济系，1948年赴解放区入华北大学政策研究室工作，1950年进入人民大学政治经济学教研室，在研究生班学习马克思主义政治经济学。1952年留校任教，历任讲师、副教授、教授。1973年到北京师范大学工作，1978年人民大学复校后回校任职，1990年为博士生导师。毕生从事教学研究70余年，重视《资本论》方法论研究，挖掘《资本论》方法论的现代意义，同中国经济建设和改革实际紧密结合，并用以解决现实经济改革和发展问题，在社会主义与商品经济关系、公有制内部商品经济关系、社会主义与市场经济结合等问题上作出重大理论创新。个人专著或主编著作10余部，代表性著作有《中国社会主义市场经济研究》《社会主义经济的结构、运行与管理》，在相关杂志发表学术论文百余篇。曾任教育部社会科学研究中心研究员、中国社会科学院马克思主义研究院特聘研究员等。曾获第5届、第12届“中国图书奖”。享受国务院政府特殊津贴。

（王颖）

张厚粲

12月24日逝世，享年95岁。北京师范大学教授，国际著名心理学家，中国现代心理测量、考试研究、汉字认知与阅读研究奠基者和开拓者。女，1927年4月出生于北京。1948年于北平辅仁大学心理系毕业留校任教，1952年进入北师大教育系工作；1981年至1982年美国匹兹堡大学和宾夕法尼亚大学访问学者；1984年至1996年任北师大心理系主任；1986年至1987年美国密歇根大学访问学者。从事心理学教学与科研工作50余年，培养硕士60人、博士40人，主要研究领域为实验心理学、人类认知、心理和教育测量，践行心理学服务国家发展宗旨，引进认知心理学，推动中国与国际心理学融合。1987年被列入美国传记学会国际杰出领袖人名录；1990年被列入英国剑桥世界妇女名人录；2001年获中国心理学会终身成就奖；2016年获国际心理科学联合会“艰苦卓越”奖。曾获国家科学技术进步奖二等奖、全国教育科学研究终身成就奖、教育部全国首届教育科学优秀成果一等奖、全国优秀教材奖。

（申政）

张金哲

12月24日逝世，享年102岁。首都医科大学附属北京儿童医院教授，中国小儿外科主要创始人、著名儿科医学教育家。1920年9月出生于天津。1946年毕业于上海医学院，1947年进入北京大学医学院附属医院外科工作，1950年在北大医院建立小儿外科。1955年调入北京儿童医院，历任小儿外科主任、副院长、博士生导师。1997年当选中国工程院院士。从医70余年，为上万名儿童实施手术，带领北京儿童医院创造小儿阑尾炎30年1.50万例无死亡、急性绞窄性肠梗阻包括坏死休克患儿连续100例无死亡记录；首先发现当时死亡率最高的新生儿皮下感染，并命名为“婴儿皮下坏疽”，通过手术治疗将婴儿皮下坏疽死亡率从几近100%下降到5%；在以创伤、感染、急腹症为主的小儿外科急症诊断治疗，及肛肠外科与胆道外科手术设计方面作出突出贡献。创造发明50余项，尤其是“张氏钳”“张氏膜”“张氏瓣”，提高相关疾病治愈率。先后培养数百名小儿外科医生和硕士、博士研究生和博士后。发表论文300余篇，主编及参与著书50余部，获省部级以上科技进步奖10余项。

（陈飞飞）

许征帆

12月28日逝世，享年95岁。中国人民大学荣誉一级教授，中国马克思主义理论家和理论教育家，马克思主义理论学科主要奠基人之一。1927年10月出生于福建金门。1949年进入华北大学马列主义基础研究生班学习。1950年入人民大学马列主义基础教研室任教，1978年人民大学复校后回校工作，曾任马克思主义理论教育研究所所长、马克思主义理论教师进修学院院长。曾任国务院学位委员会政治学学科评议组召集人，中央马克思主义理论研究和建设工程首席专家。先后发表阐述社会主义革命和建设理论的文章及论文百余篇；个人专著10余部，代表著作有《马克思主义学说史》（三卷本）、《马克思主义与当代》《马克思主义辞典》等。曾获国家级优秀教学奖二等奖、中国图书奖荣誉奖。

（李沐聪）

（本栏责任编校　曾婷）

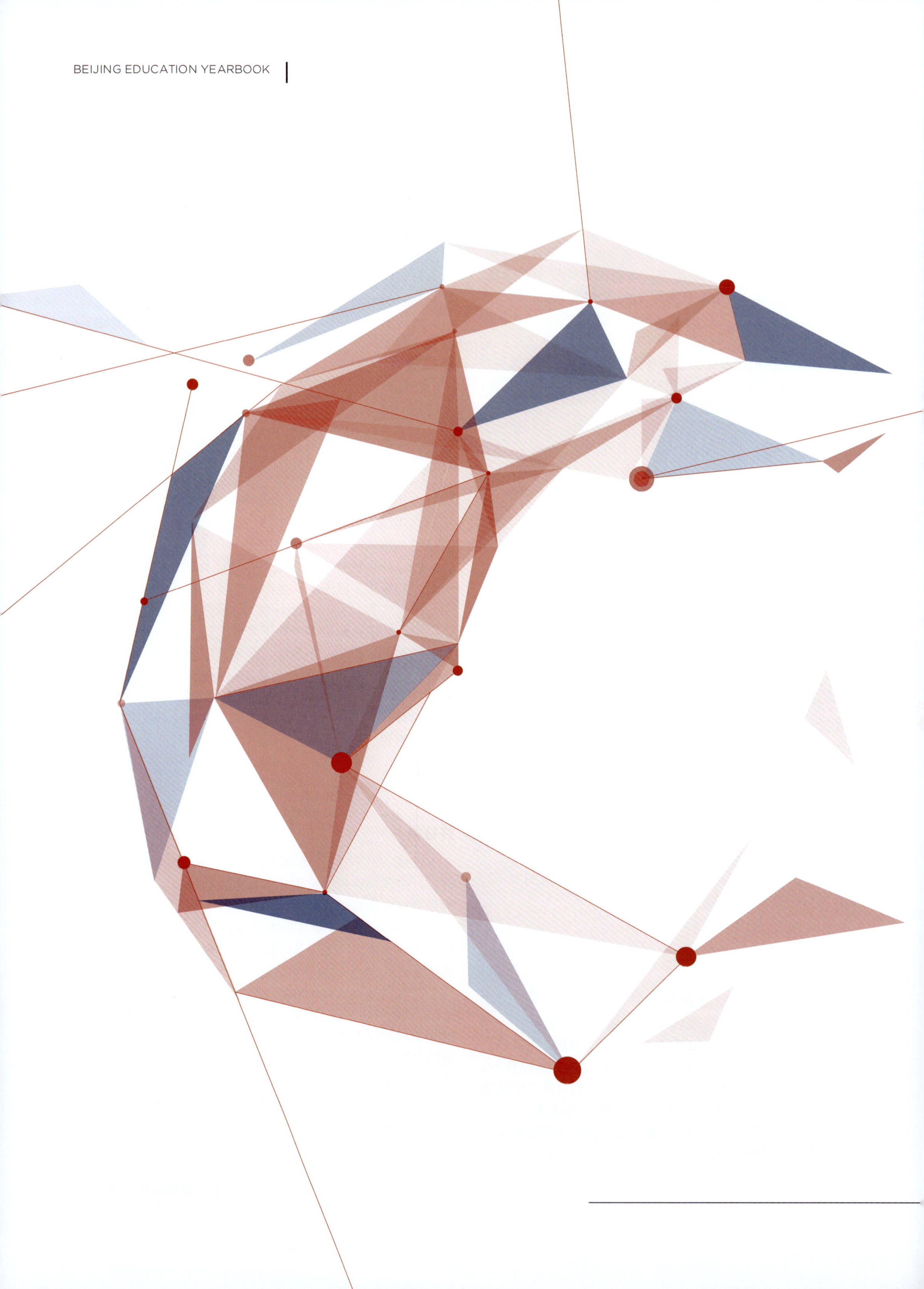

专　文

SPECIAL ARTICLES

专文
SPECIAL ARTICLES

推进“双减”行动 回归育人本位

■ 刘宇辉

坚定不移推进“双减”行动，是贯彻落实新时期党的教育方针、建设高质量教育体系的必然要求。习近平总书记在 2018 年 9 月召开的全国教育大会上指出，一些校外培训机构违背教育规律和学生成长发展规律，开展以“应试”为导向的培训，增加学生课外负担，增加家庭经济负担，甚至扰乱学校正常教育教学秩序，社会反响强烈。良心的行业不能变成逐利的产业。对校外培训机构要依法管起来，让校外教育培训回归育人正常轨道。总书记对“双减”工作的一系列重要指示批示，指明“双减”工作和教育综合改革的正确方向，让我们清醒地认识校外培训机构在资本裹挟下无序扩张的乱象本质，校正当下义务教育发展存在的偏差。

北京坚决贯彻习近平总书记关于“双减”工作的重要指示批示精神，坚决落实中央“双减”工作要求，率先在全国开展“双减”行动。按照“治乱、减负、防风险”和“改革、转型、促提升”的思路，取得积极成效，达到阶段性工作目标。经第三方机构调查，2021 年教育领域社会总体满意度比上一年度提升 4.3 个百分点。

1月，清华附中举办第 11 届新年春联创作与书写大赛 （清华附中 供）

在推进“双减”过程中，北京始终坚持正确方向，毫不动摇地将抓好“双减”作为贯彻落实习近平总书记关于教育的重要论述的生动实践；始终坚持高位推动，市委主要领导直接推动，将“双减”作为“一把手工程”，市委市政府领导和各区主要领导狠抓落实；始终坚持为民情怀，以促进学生全面发展为根本，着力提升校内教育教学质量，全覆盖开展课后服务，开展暑期托管，组织全体机关干部，利用周末时间，逐一回应家长退费、消课等诉求万余件；始终坚持协同联动，建立包括 22 个成员部门的市区两级工作专班，集中办公、每日调度，强化统筹协调、分工协作、联合执法，实施全覆盖大检查，通报问责、促进整改，合力推进“双减”行动；始终坚持首创精神，深入开展调查研究，以首善标准创制“双减”系列文件，依法依规开展资金监管、营转非、备改审等各项工作，为“双减”的深入推进探索有益经验；始终坚持精准施策，召开万人校长大会，一贯到底、凝聚共识，坚持新闻发布机制，舆论先行、统一思想，立足北京实际，采取一企一策、一址一案，清单化项目制推进，确保中央政策精准实施；始终坚持稳妥落地，将防风险放在首要位置，建立每日分析、联合约谈、随时预警、快速处置等工作机制，确保“双减”工作总体平稳可控。

“双减”事关国计民生，是小康社会建设所需，是教育立德树人所需，是学生健康成长所需，是新时代教育发展理念的回归、教育生态的重塑和教育治理的创新。我们深刻体会到，积极推进“双减”行动，大力推动基础教育领域的深刻变革，就是要回归教育初心，回归育人本位。

一、去资本化，使培训机构回归教育的公益属性

一段时间以来，由于资本过度涌入和市场化运作，学科类校外培训野蛮生长、大肆扩张、良莠不齐、乱象丛生、舆情纷扰，对学生健康成长和全面发展造成负面影响。资本主导下的校外培训快速扩张追求规模与回报，有的通过炮制假分校假名师、虚假宣传、贩卖焦虑等方式吸引家长报班；有的通过低价营销等不正当竞争手段留住学生；部分培训机构因过快扩张，资金链断裂，机构法人“卷钱跑路”，造成“退费难”，严重损害家长利益。为获取更大的利润，部分校外培训机构进行上市融资，获取资本投入，再扩大市场。如此反复，形成恶性循环，完全背离教育宗旨。

“双减”治理前，北京有经批准的线下学科类校外培训机构 1400 多址、无证学科类培训机构 1000 多址，总量超过中小学学校数。在“剧场效应”之下，很多家长不得不报班，校外培训已经成无数家庭资源投放的无底洞，不仅加重家庭教育支出负担，又因校外资源获得不均形成新的不平等，实质上干扰教育公平的实现。

推进“双减”，就是要使校外培训机构回归公益属性。民办教育事业属于公益性事业。义务教育更是具有强公共产品属性，无论是公办学校还是民办学校，包括校外培训机构，目的都是培养人，提升人的综合素质，都必须坚持教育公益属性。教育的本质是育人，要求校外培训机构必须把公益属性放到第一位，不能把良心的事业变成逐利的产业，否则就失去立足的根本，就会彻底走样变形。

学科类校外培训机构由营利性转为非营利性的要求和对于收费价格的指导，就是要去资本化、去逐利化、去泡沫化，解除资本对教育的绑架，降低百姓教育消费负担，使改革成果切实惠及人民。北京作为在全国率先开展“双减”工作的城市，又是校外培训头部企业、上市公司聚集地区，理应走在前面。当下仍有个别机构心存高额谋利的幻想，这是不能允许和容忍的。

目前，北京所有合规机构已全部完成营利性转非营利性的工作，实现对资本的剥离，回归到育人的正常轨道。希望这些机构能够切实发挥学校教育的有益补充作用，开发适合学生特点的课程，满足学生个性化、多样化的学习需求。当然，对于地下隐形、变异培训，北京教育系统坚决打击查处，是持续治理的重点所在。

二、去功利化，使学生成长回归五育并举全面发展

一些培训机构以分数至上、升学至上为导向，抓住部分家长急于求成、望子成龙的心理，甚至打出“多拿一分，干掉千人”的口号，通过超前超纲教学、题海战术练习、投机取巧搜题等应试套路与手段，让学生在短期时间内获得揠苗助长式的“伪成功”，却让学生失去全面成长的机会。

一些学校与校外培训机构勾连“掐尖”建立生源优势，通过抢跑学习、刻意提高教学难度、反复刷题、不停考试等建立领先优势，却让孩子身陷题海之中，苦苦挣扎，形成一味拼难度、拼考试的急功近利的不良风气。考试之前，特别是初三、高三复习阶段，挤占体育课、音乐课的问题时有发生，也是典型的应试导向行为。

一些家长跟风攀比，不顾孩子的实际情况，盲目报各种课外辅导班，造成孩子不是在上辅导班，就是在去辅导班的路上，辛苦奔波，耗费大量的时间精力，苦不堪言。

这种以升学率、“名校”率为目标大搞应试教育的不正常现象的存在，归根结底，都是教育功利化的思想在作祟。这种功利化的教育方式，忽视学生之间的差异，忽视学生主动学习、思考探究、自主创新的能力培养和兴趣培养，抑制学生的想象力和创造力发展，偏离教育教学规律和学生成长规律，加重学生课业负担，阻碍学生的全面成长。这与北京教育系统多年来大力倡导的素质教育背道而驰，损失的是学生的个性成长和未来长远发展。

推进“双减”行动，就是要去功利化，坚定不移发展素质教育，努力构建德智体美劳全面培养的教育体系。一方面，持续大力治理校外学科类培训机构急功近利、助推惰化思维和投机取巧的学习方法等问题；另一方面，坚决纠正校内教育“重智育、轻德育、弱体育美育和劳动教育”的应试导向，摒弃唯分数论、唯升学论，充分发挥学校育人主阵地的作用，着力构建高质量基础教育体系，尊重和促进每一名学生个性而全面的发展。

三、去薄弱化，使学校教育回归优质均衡

当前基础教育发展不平衡不充分的问题依然存在，区域间、校际间还没有实现优质均衡。有些学校教育质量还相对薄弱，学生在校内学足学好的需求无法满足，这是“双减”的问题之源。比如，有的学校课堂教学缺乏对于创新思维的培养，教学过程中对信息技术应用不足，教学资源单调贫乏，教学效率还不高，教育管理、队伍建设还跟不上形势发展和学生成长的需要等等。全面提高校内教育质量，是推动“双减”工作实现减负提质增效的关键所在。唯有让学生在校内学足学会学好，才能抵消家长送孩子参加校外培训的冲动。

要树立正确的教育政绩观、质量观。一所学校之所以好，靠的不是掐尖掐出来的优势积累，而是调动学校方方面面的教育资源，扎扎实实提高教育质量，提升对学生的“加工”

能力，有教无类，向校内要质量、要效率。要持续推进教学方式变革，引导课堂教学注重学科特点、知识结构、思想方法，着力改变目前教学工作重训练轻内容、重教法轻学法的问题。鼓励同学科的各班级任课教师之间创设互助式、合作式的教学新模式，提高课堂教学效率和学生学习效率。针对课后服务的薄弱环节，全面加强校内课业辅导，持续提高课后服务质量。选择优秀教师参加课业辅导，重点做好有针对性的课业答疑、辅导，满足学困生的刚需，帮助学有余力的学生巩固提高。

4月21日，景山学校举办“攀峰课堂促‘双减’ 提升素养向未来”小学艺术、科技学科教学展示研讨会。图为学校艺术学科展示课
（东城区教委 供）

要持续推进干部教师精准化交流轮岗。干部教师大范围交流轮岗是教育资源配置的一次深刻变革，打破以往扶贫式、输血式的线性流动思维定势，是多元的、多维度的精准轮岗，是实现优质均衡发展的重要推动力量。试点区借助教育信息平台，聚焦学生发展的分类分层特点，聚焦交流轮岗岗位特点和预期效益，聚焦学年总体特点和学校需求，实现大范围、大比例精准按需交流。干部交流带动管理水平的升级，教师交流带动教学质量的升级，推动区域、学校教育高质量发展。

要积极推动基础教育数字化转型，这是推进优质均衡的关键一招。现代信息技术是增加优质资源供给、提高教育教学质量的重要变量。北京教育系统大力推进互联网+基础教育，建成覆盖全市中小学的空中课堂，正在积极推动线上线下融合的双师课堂，加强高质量课程资源建设，面向各区各校开放共享，通过适配的高质量课程持续带动教育质量全面提升。在资源硬件、机会均等等要素基础上，着力向科技要效益、要水平、要公平。着力推进人工智能与基础教育深度融合，应用“AI助教”，推广“AI导师”，搭建“AI大教研平台”等，加强人工智能辅助教与学，努力实现优质教学资源精准到校、智慧课堂精准到班、教师备课精准辅助、分层作业精准到人、学生综合素质精准评价，打造人工智能与基础教育融合新样态。

此外，要抓好教研员队伍建设，更好地发挥教研工作在推进课程改革、指导教学实践、促进教师发展、提高教育质量等方面的重要作用。

四、去焦虑化，使家长心态回归平静理性

“双减”行动开展之前，相当一部分家长被培训机构裹挟，陷入“不能让孩子输在起跑线上”的教育焦虑之中，落入盲目培训的恶性循环，一场“拼娃”的家庭教育军备竞赛愈演愈烈，教育内卷日益加剧，减损人民群众的获得感和幸福感，社会反响非常强烈。“双减”行动以来，北京通过对校外学科类培训机构的大力压减、严格监管，校内课堂教学提质增效、课后服务答疑辅导、小学一年级零起点教学、考试试卷全覆盖检查等措施，逐步净化教育焦虑生成的环境。经过一年多的努力，根据第三方调查显示，超七成受访家长表示教育焦虑有一定程度的缓解。与去年同期相比，学科类机构招生规模大幅减少，线上机构招生规模下降53%，线下机构招生规模下降75%。招生规模的大幅减少，也说明家长对校外培训的选择逐渐趋于理性。

教育焦虑是被社会焦虑裹挟的，要努力率先走出来。教育焦虑的本质，首先是社会观念的影响。据有关资料分析，韩国等国家校外培训屡禁不止的根源在于，社会阶层分化加剧，教育成为阶层固化或向上流动的工具，校外培训加剧教育的竞争与内卷。中国要引以为戒，避免蹈其旧辙。要改变校外培训需求，需要社会各方共同努力，扭转社会观念和人才评价标准，营造公平就业环境，促进各方面人才各得其所，尽展其才。

其次，要改变中考指挥棒。让众多义务教育阶段家长最感焦虑的考试，就是中考。当前的中考要求，还不能把学生的学业负担完全减下来。中考改革的大方向，还是要逐步淡化中考的竞争性，增加升学的选择性，减少应试焦虑，使学生学习更好地学在课堂、回归校园。在考试命题方面，可以考虑减少科目，丰富考试形式，完善成绩呈现方式，总体降低中考压力。必须坚持以学定考，提升命题质量，减少重复记忆性试题，增加探究性、开放性、综合性试题，坚决防止偏题怪题、超过课程标准的难题。在招生录取方面，探索增加高中阶段教育的多元招生录取模式，逐步增加中考前录取比例，减少一次性考试的不确定性给学生造成的压力和负担。在今年中考前，北京开展普通高中登记入学试点，就是在录取上的有益尝试。北京教育系统还努力扩大校额到校比例，让更多普通学校的学生有机会升入优质高中。

再次，要树立科学育儿观。要着力构建家校社协同育人共同体，充分发挥家庭在教育中的重要作用，帮助家长树立科学的教育理念和方法，去除教育焦虑，以平静理性的心态守望孩子的成长。加强家校沟通，推动学校通过家访、家长学校、家长会、家校委员会等形式深化家校合作，深入开展家庭教育指导，帮助家长树立正确教育观念，掌握科学的育人理念和方法。做好对家长的宣传引导工作，引

导家长克服非理性的教育需求。社会各界积极引导家长准确把握新时代对人才的需求，把握国家推进素质教育和“双减”的决心，引导家长树立正确的教育理念，自觉更新育儿观念，了解孩子的身心成长规律，尊重孩子的差异和兴趣爱好，合理定位自己的教育期望，帮助孩子更好地管理学习、自主学习、科学学习，理性规划孩子未来发展的方向。

推进“双减”行动，“减”只是手段，把功利的、无序的校外培训减下去，把重复的、无效的作业减下去。“增”才是目的，转变校内教学与学习的方式，用高质量的教与学提高学生面向未来的竞争力。就“双减”的根本而言，就是体现学校教育主体性，促进学生全面而有个性地发展。减轻学生过重作业负担，就是释放学生主体活力，为学生个性化发展创造更多的机会；减轻校外培训负担，就是突出学校、家庭的育人主体地位，在学生个性化发展中发挥更大的作用。开展“双减”工作，就是要不断优化学生成长成才环境，把时间还给孩子，激发学生学习的自主性、创造性，着力培养学生的社会责任感、创新精神和实践能力，促进学生全面发展，更好地应对未来社会的变化，成长为能够担当民族复兴大任的时代新人。

（刘宇辉　市委教育工委副书记、市教委主任、市政府教育督导室主任）

积极推动党组织领导与校长负责两个优势深度融合

——中小学校党组织领导的校长负责制“北京经验”

■ 李奕

2022年1月，中共中央办公厅印发《关于建立中小学校党组织领导的校长负责制的意见（试行）》（以下简称中央《意见》）。在中小学校建立党组织领导的校长负责制，是习近平总书记亲自提出并主持研究确定的根本性制度改革，是基础教育领域的一项纲领性工作，其根本出发点和落脚点在于坚持和加强党对中小学校的全面领导，保证党的教育方针和党中央决策部署在中小学校得到贯彻落实。全面贯彻党的教育方针，坚持首善标准深化改革，是北京市基础教育的优良传统。2018年9月，北京市率先启动中小学校党组织领导的校长负责制试点工作，历经燕山地区先行探索、首批4区深化试点、各区全覆盖试点、全市推行改革“四年四步走”，试点范围覆盖到全市16个区和燕山地区、经开区，107所中小学校（含高校附属学校和幼儿园）坚持试点与研究“双轮驱动”的推进策略，探索建立党组织发挥领导作用的组织体系、制度体系和工作机制，着力实现党组织领导与校长负责两个优势的深度融合，有效凝练中小学校党组织领导的校长负责制的“北京经验”。

9月28日，李奕带队到广渠门中学开展中小学校领导体制改革效度调研　　（市委教育工委相关处室　供）

一、以领导方式转换深化治理结构转型

中小学校党组织领导的校长负责制，是对学校工作实行全面领导，履行管党治党、办学治校的主体责任和校长在学校党组织领导下依法依规行使职权的有机统一，是推动党组织决策决议有效执行的新时代中小学校领导体制机制。作为学校领导体制的核心要素，中小学校领导主体的变化和领导方式的转换，推动学校治理结构的转型，推进学校治理体系和治理能力现代化。在4年来的试点探索和贯彻落实中，北京着力持续深化市区校三级四个维度的认识与实践。

（一）坚持把牢“一条主线”

中小学校党组织领导的校长负责制的建立，始终贯穿着一条主线，那就是坚持和加强党对中小学校的全面领导。无论是前期的试点工作方案和工作指南，还是贯彻落实中央《意见》的北京实施方案和“1+5”配套文件，都牢牢抓住这条主线，聚焦建立学校党组织发挥领导作用的体制机制，健全党组织全面领导学校工作的组织体系、制度体系和工作机制。其主要体现在：从制度上确立起党组织领导地位，明确学校党组织领导职责；重新界定校长主要职权，强调党组织集体领导、集体决策要求；调整学校党政正职配备方式，促进管党治党与办学治校深度融合；健全议事决策制度，完善协调运行机制，配套相关工作制度；注重人岗相适，选好配强学校党组织书记和校长，加强领导班子和干部队伍建设；健全学校党务工作机构，落实党务工作队伍激励保障措施，为推动改革提供重要支撑等。

（二）坚持把好“两组关系”

建立党组织领导的校长负责制，从制度设计来看，既突出党组织领导的根本性，又强调校长负责的重要性；既要把握好学校党组织集体领导与校长负责之间的辩证统一关系，也要理清党组织会议讨论决定事项与校长办公会议研究拟订事项和执行落实之间的权责边界。中央《意见》对此进行明确：一方面，强调“学校党组织会议讨论决定学校重大问题”“凡属重大问题都要按照集体领导、民主集中、个别酝酿、会议决定的原则，由党组织会议集体讨论作出决定”；另一方面，提出“学校党组织实行集体领导和个人分工负责相结合的制度”“校长办公会是学校行政议事决策机构”“保证校长依法依规行使职权，建立健全党组织统一领导、党政分工合作、协调运行的工作机制”。为准确理解把握“两组关系”，积极回应基层需求，北京在认真落实中央《意见》的基础上，制定《中小学校党组织会议讨论决定事项清单》（含学校党组织会议直接讨论决定事项清单和校长办公会议提交学校党组织会议讨论决定事项清单两方面）、《学校党组织会议和校长办公会议议事规则》2 个示范文本，以便各区各校统一标准、参照执行。

（三）坚持把准“三个定位”

建立党组织领导的校长负责制，要把“学校党组织领导什么、书记和校长负责什么”这些基本问题搞清楚。根据中央《意见》有关要求：一要明确学校党组织的作用定位，即全面领导学校工作，履行“把方向、管大局、作决策、抓班子、带队伍、保落实”的领导职责，担负领导“三重一大”、干部人才、意识形态、德育和思想政治工作等具体职责；二要明确党组织书记的角色定位，即主持党组织全面工作，负责组织党组织重要活动，督促检查党组织决议贯彻落实，督促党组织班子成员履行职责、发挥作用；三要明确校长的职责定位，即在学校党组织领导下，依法依规行使职权，按照学校党组织有关决议，全面负责学校的教育教学和行政管理等工作，履行校长的具体职权。为更好地把握中央《意见》要求，增强北京实施方案的实用性，市教育两委对“三个定位”进行细化，制定《学校党组织书记和校长职责》《学校章程党组织建设内容》2 个示范文本，对党组织发挥领导作用、党组织班子构成、工作原则、党组织书记和校长职责权限等进行规定。

（四）坚持把握“四项重点”

建立党组织领导的校长负责制，研究起草北京实施方案，市教育两委坚持“三个比对、三个吸纳”，做好中央《意见》与高校党委领导下的校长负责制、北京试点方案以及此次制定实施方案等文件的全面比对分析；充分吸纳试点工作成果、各方面意见建议（先后征求 4 轮、整理 300 余条意见）、各地各领域改革经验，找准相同点、不同点与结合点，提出在 4 个方面着力创新突破：第一，健全发挥学校党组织领导作用的体制机制，明确有关职责、健全议事决策制度和协调运行机制，提出建立党组织领导改革发展、“三重一大”等重要工作机制；第二，选好配强学校党组织书记和校长，提出调整优化配备方式，严格选配标准，完善拟任人选任职经历，做好后备人才培养工作等；第三，着力加强学校党组织班子建设，推动班子整体优化，健全班子成员报告工作和联系业务制度，加强对班子成员考核监督等；第四，落实领导职数和相关待遇保障措施，包括核定学校党组织书记、副书记的领导职数，配齐配强党务工作者队伍，拓宽中小学校党务工作者职业发展通道，发挥考核奖励和绩效工资激励作用等，为改革提供坚实保障。

二、以形成党政合力激发办学活力

4 年来，市委教育工委积极引导试点区域和试点学校建立健全符合新时代要求的现代学校管理制度，打造学校党政协调运行共同体，推动党组织领导与校长负责形成相互依存、不可分割的有机整体，形成党政合力，进而激发办学活力。

（一）坚持以学校党组织书记、校长的领导合力激发办学活力

党组织领导的校长负责制在中小学校的贯彻执行，需要全体教育工作者的共同努力，其中，最首要的关键群体就是学校党组织书记和校长。试点过程中，市委组织部、市委教育工委和市教委制定印发《试点工作方案》及工作指南、《扩大试点工作通知》和相关重点任务清单，统筹领导班子建设和书记、校长选拔配备基本标准；市教育党校统筹全市校级干部培训，组织举办各类以党组织书记、校长为对象的培训，做好校级干部队伍基于新领导体制的素质培养和能力储备。市区两级教育工委不断健全党组织书记和校长定期沟通、领导班子成员相互配合工作机制，推动校长跨学区交流轮岗，优化党组织书记、校长配备，保证党组织书记支持校长工作以及在日常工作中和校长保持经常性的思想和工作情况交流，带头维护班子团结，积极推动新领导体制优势由应然状态转化为实然状态。

（二）坚持以学校基层党组织与内设部门的组织合力激发办学活力

中央《意见》强调，学校基层党组织要以提升组织力为重点，突出政治功能，优化基层党组织设置、创新活动方式，推动党建工作与教育教学、德育和思想政治工作的深度融合。北京试点探索也很好地体现这一要求，市级层面坚持打铁必须自身硬的原则，引导指导试点学校健全党务工作机构，充实党务工作力量，落实党务工作队伍激励保障措施，加强“五个基本”建设，提升学校党组织组织力，强化政治功能，积极运用互联网技术和信息化手段推动基层党建工作的创新发展。东城区、西城区等区的试点学校坚持“支部建在连上”，积极探索“把党组织建在教书育人一线”的模式，推动“学校校区、职能机构、教育教学单位（年级组、

学科组、教研组、备课组）等设置与党组织建设同步优化”，并选拔“双强型”党员干部担任学校基层党组织负责人，确保学校党办（党政办）以及人事、德育、团少等内设部门的负责人为中共党员，在学校基层组织体系和人员构成上保证党组织与学校内设部门的深度融合。

（三）坚持以优秀党员和优秀教师的人才合力激发办学活力

党员是党组织的“肌体细胞”，是党在基层学校的代言人，也是党的教育方针的直接践行者。教师是教育工作的中坚力量。有高质量的教师，才会有高质量的教育。如何让优秀党员成长为优秀教师、优秀教师加入党组织，亦是新领导体制激发学校办学活力的重要环节。北京试点中，在加强党员队伍建设方面，严格党员教育管理监督，认真执行“三会一课”等组织生活制度，保证党内组织生活的政治性、时代性、原则性、战斗性，确保党员先锋模范作用的有效发挥。在加强教师队伍方面，通过推进师德师风建设和学校精神文明建设，加强优秀教师的跨区轮岗交流工作，促进师德师风与教学科研能力的双提升，从而确保让有信仰的人讲信仰、讲好信仰。与此同时，积极促进两支队伍融合，持续深化“双培养”，不断强化对思政课教师、班主任等关键群体的政治引领和政治吸纳，持续加强党员教师的业务能力培训指导，为学校党组织发挥领导作用夯实人才基础，从而很好地实现将党员培养成教学名师、将教学名师发展成为党员，形成优秀党员和优秀教师合力，共同推进学校内部治理，激活学校办学活力的重要预期。

三、以高质量党建引领教育高质量发展

习近平总书记强调，坚持和加强党对中小学校的全面领导，要在深入总结试点工作基础上，健全发挥中小学校党组织领导作用的体制机制，确保党组织履行好“把方向、管大局、作决策、抓班子、带队伍、保落实”的领导职责。要把党建工作作为办学治校的重要任务，发挥基层党组织作用，加强党员队伍建设，使基层党组织成为学校教书育人的坚强战斗堡垒。试点以来，市委教育工委积极推动基层学校党组织全面进步、全面过硬，发挥基层党组织战斗堡垒作用和党员先锋模范作用，有序推进“双减”工作等教育改革落地落实，以高质量党建推动党的全面领导的制度优势转化为高质量发展的实践效能。

（一）坚持发挥党支部战斗堡垒作用

紧紧围绕党组织领导与校长负责，在统筹安排学校教育教学、“双减”和疫情防控等重点工作任务时，积极推动党组织领导与校长负责两个优势深度融合。坚持“支部建在连上”，充分发挥基层党支部（党小组）的积极性、主动性、创造性，强化党建引领，抓住学校年级组、学科组等育人关键环节，推动教育教学创新。强化年级组建设和学科组管理，结合基础教育综合改革，推动党建工作与教育教学、德育和思想政治工作深度融合，探索符合学科特点、时代要求和学生成长规律的教育管理模式，不断提升育人能力和水平。史家教育集团探索建设家校社党支部、北京市第十一中学探索家委会党员家长进入班级导师组等做法都取得良好效果，在线上教学中，创新探索党员家长协同育人、示范带动的机制，共同营造线上居家学习的良好氛围。

（二）坚持发挥党员先锋模范作用

以高质量党建为引领，号召广大党员讲政治、顾大局，结合党员“双报到”下沉到防疫一线，积极行动，第一时间落实志愿任务，听从社区安排，细心指导群众，用实际行动诠释教育工作者的担当和奉献精神。对师生中的密接、次密接、居家隔离者，加强关心关爱，有问题有困难及时帮助解决，充分体现学校和组织的温暖。发动党员干部教师发扬奉献精神，主动承诺践诺，立足岗位建功，以身边事感染和教育身边人。尤其是涉疫情学校，安排党员教师一对一与隔离学生及家长建立联系，每天沟通联络，及时了解情况，指导学生安排好生活和学习，关心关爱学生成长。在疫情肆虐期间，全市有数万名党员教职员工下沉抗疫一线开展工作，体现高度的政治自觉和坚强务实的工作作风。

（三）坚持创新运用个性化策略，凸显党建融入学校治理的实践价值

结合区域教育特征和改革实际，针对多样化办学和干部设置特点，充分激发调动各区、各试点学校的积极性，尊重基层党组织的主体地位和首创精神，围绕学校干部选任管理、内设党支部管理和党组织领导德育和思想政治工作等重要任务，形成确保各类型学校党组织发挥领导作用的个性化策略。例如，东城区率先在史家教育集团和北京五中教育集团两个改革试点集团成立党委，制定《教育集团管理办法》，着力推动教育集团内涵式发展和可持续发展，致力于提升教育集团治理体系和治理能力现代化；西城区选取北京育才学校、北京小学等作为试点校，把学校党支部建在年级组上，落实“最后一公里”，保证党支部在教育教学工作中切实发挥战斗堡垒作用；朝阳区探索打造试点学校多元改革特色，指导朝阳区教研中心附属学校、东北师大附中朝阳学校等形成“八有工作推进法”提升学校治理水平，推进五个“深度融合”激发学校办学活力；海淀区坚持以“小切口”推动“大改革”，选取交大附中、育英学校、双榆树一小等试点校以“党建带团建、团建带队建”的一体化建设推动融合发展，以红色教育资源推动思政课改革创新，以培育党建品牌服务师生发展等。

中小学校领导体制改革涉及根本、事关全局，既是基础教育系统重要改革，也是今后一个时期中小学校党的建设重点任务，意义重大、影响深远。北京市将始终坚持“看北京首先要从政治上看”的要求，认真贯彻落实中央精神，积极稳慎推进，确保全市改革工作落地见效。

（李奕　市委教育工委副书记）

（本栏责任编校　张晓兰）

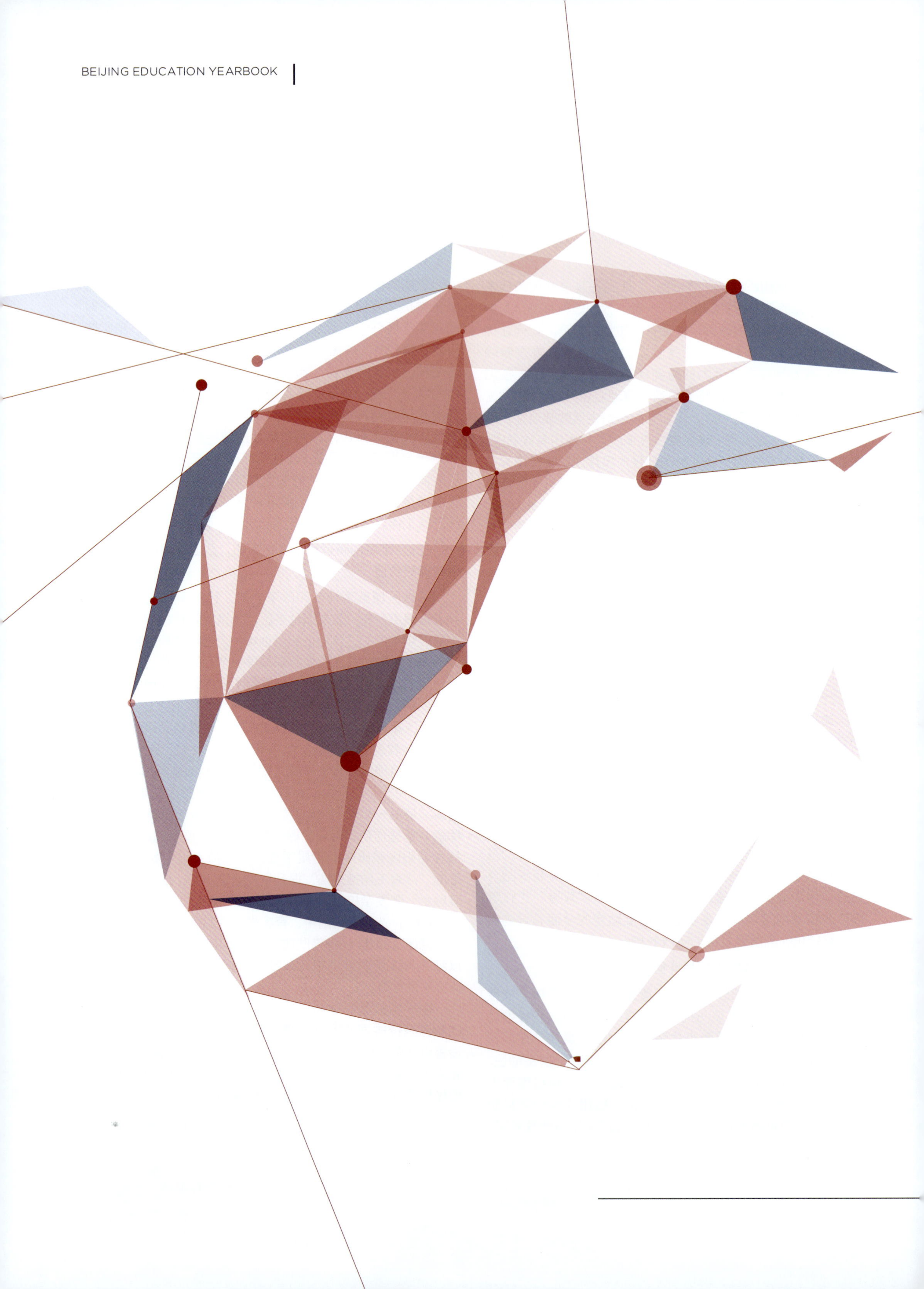

重要文件和公报公告

IMPORTANT DOCUMENTS AND BULLETINS

- 北京市教育督导规定
- 关于全面加强和改进新时代学校美育工作的行动方案
- 关于推动职业教育高质量发展的实施方案
- 北京市支持高校毕业生就业创业若干措施
- 北京市 2021 年教育经费执行情况的公告
- 北京市 2022 年教育经费执行情况的公告

重要文件和公报公告
IMPORTANT DOCUMENTS
AND BULLETINS

北京市教育督导规定

北京市人民政府令

第 303 号

《北京市教育督导规定》已经 2021 年 12 月 28 日市人民政府第 141 次常务会议修订通过，现予公布，自 2022 年 3 月 1 日起施行。

市长　陈吉宁

2022 年 1 月 24 日

（1999 年 1 月 14 日由市政府第 21 号令发布　根据 2022 年 1 月 24 日市政府第 303 号令修改）

第一章　总则

第一条　为了保证教育法律、法规、规章和国家教育方针、政策的贯彻执行，落实立德树人根本任务，推动教育事业科学发展，根据《教育督导条例》以及相关法律、法规，结合本市实际，制定本规定。

第二条　市、区人民政府对本级人民政府有关部门、下级人民政府贯彻执行教育法律、法规、规章和国家教育方针、政策的督导，对本行政区域内的学校和其他教育机构（以下统称学校）教育教学工作的督导，适用本规定。

第三条　市、区人民政府教育督导委员会负责统筹指导本行政区域内的教育督导工作，研究制定教育督导重大政策，审议教育督导发展规划和重大事项。

市、区人民政府教育督导室负责组织实施本行政区域内教育督导工作，并承担本级人民政府教育督导委员会办公室日常工作。

第四条　市、区人民政府应当根据本行政区域教育规模和教育督导工作需求，安排教育督导经费并纳入财政预算，保障开展教育督导所需工作条件。

第五条　市、区人民政府应当构建智能化教育督导体系，完善督导信息管理应用平台和数据库建设，提高教育督导效率、质量和信息化、科学化水平。

第六条　本市鼓励和支持高等院校、科研机构以及有关社会组织开展教育督导研究以及国内外业务交流与合作。

市、区人民政府可以引导和组织学生及其家长、教师、企业事业单位、社会组织、社会公众有序参与教育督导活动。

第二章　督学

第七条　市、区人民政府任命专职督学，市、区人民政府教育督导委员会聘任兼职督学。督学应当符合国家和本市规定的条件，受市、区人民政府教育督导委员会或者教育督导室的指派开展督导工作。

兼职督学每届任期 3 年，连续任职不得超过 3 个任期；兼职督学的聘任应当履行推荐、审核、公示、公布等程序。

第八条　督学履行以下职责：

（一）对政府及其有关部门履行法律、法规、规章规定的教育职责和国家教育方针、政策贯彻执行情况实施督导；

（二）对各级各类学校教育教学工作情况实施督导；

（三）对师生或者群众反映的教育热点、难点等重大问题实施督导；

（四）对严重影响或者损害师生安全、合法权益以及教育教学秩序等突发事件，及时督促处理并报告本级人民政府教育督导室；

（五）参加其他相关督导工作。

第九条　市、区人民政府教育督导室负责组织本级督学的岗前培训和在岗培训，并建立督学培训档案。督学应当按照规定学时和方式完成培训。

市、区人民政府教育督导室根据授权对督学履职情况进行考核，并将考核结果通报本人及其所在单位；督学参加培训情况纳入履职考核范围。

第十条　符合职称申报条件的督学参加相应专业技术职称评审，其从事教育督导的工作量及业绩可以作为参加专业技术职称评审的重要依据。

第十一条　市、区人民政府教育督导委员会应当会同本级财政等相关部门制定兼职督学的劳务补助标准，并动态调整。

4月，市政府教育督导室对朝阳区开展中小学发展素质教育督导评估　（市教委相关处室　供）

第十二条　督学在任期或者聘期内因故不能履职或者不适合继续履职的，应当主动请辞；无正当理由不参加教育督导工作、考核不合格、不再符合国家和本市规定的督学条件的，由任命或者聘任机关按照程序对其撤销任命或者予以解聘。

第三章　督导的实施

第十三条　市、区人民政府对本级人民政府有关部门和下级人民政府履行教育职责所涉下列事项实施教育督导：

（一）贯彻落实教育法律、法规、规章和国家教育方针、政策，以及国家和本市有关教育决策部署情况；

（二）制定和实施教育发展规划情况；

（三）统筹推进各级各类教育协调发展，提高教育质量和教育发展水平情况；

（四）教育经费的投入、管理与使用情况，办学标准执行情况；

（五）教师队伍建设及教师待遇落实情况；

（六）本市教育改革和发展中热点、难点和重点问题的解决情况。

第十四条　市、区人民政府对学校教育教学工作所涉下列事项实施教育督导：

（一）贯彻落实国家教育方针、政策，依法办学情况；

（二）坚持立德树人，促进学生德智体美劳全面发展情况；

（三）课程建设、教学、科研等工作情况；

（四）师德师风建设等教师队伍建设情况；

（五）教育经费、教育资源、校园安全等学校管理情况；

（六）推进学校完善内部督导，提升学校治理能力情况。

第十五条　实施督导一般应当按照下列程序进行，本规定另有规定的除外：

（一）确定督导事项，成立 3 名以上督学组成的督导小组。

（二）提前 30 日向被督导单位发出书面督导通知。

（三）组织实施督导检查。

（四）督导检查工作完成之日起 30 日内形成初步督导意见，书面反馈被督导单位；被督导单位有异议的，可以自收到意见之日起 10 日内提交书面申辩意见。

（五）根据初步督导意见，综合分析被督导单位的申辩意见，经督导小组集体评议并三分之二以上成员同意，形成督导意见书。督导意见书应当在督导检查工作完成之日起 90 日内反馈被督导单位。

（六）提交督导报告，并按规定备案、向社会公布。

实施督导检查，主要采取与师生面谈的方式，随机列席或者参加教育教学活动；根据需要，可以听取被督导单位的情况汇报和就督导事项的说明，查阅有关资料，组织召开座谈会，开展问卷调查等。

第十六条 区人民政府教育督导室应当根据本行政区域内的学校布局和在校学生规模等情况设立教育督导责任区，指派足够数量的责任督学对责任区内的学校实施经常性督导。

责任督学的数量与学校的配比以及专兼职督学的比例由市人民政府教育督导委员会制定。

责任督学的姓名、联系方式和督导事项应当在学校门口显著位置向社会公布。

第十七条 责任督学实施经常性督导应当遵守国家和本市有关工作规程；可以视情况随时对学校进行督导。

责任督学应当及时向区人民政府教育督导室报告督导情况；发现违法违规办学行为或者危及师生生命安全隐患的，应当及时督促学校和相关部门处理，并向区人民政府教育督导室提出书面建议，由区人民政府教育督导室下达整改通知书。

第十八条 本市建立对各级各类教育发展状况和教育教学质量评估监测制度机制。具体办法由市人民政府教育督导委员会制定。

第四章　督导结果的运用

第十九条 被督导单位应当按照督导意见书的限期整改要求和建议对问题进行整改，将整改情况书面报告市、区人民政府教育督导室，并按规定向社会公布。

市、区人民政府教育督导室应当对被督导单位的整改情况进行核查；发现被督导单位未在规定时限内按照整改要求和建议对问题进行整改的，应当将督导结果、工作表现和整改情况通报其所在地政府以及上级相关部门。

第二十条 被督导单位有下列情形之一的，市、区人民政府教育督导委员会或者教育督导室应当约谈其主要负责人或者其他相关负责人：

（一）贯彻落实国家教育方针、政策以及国家、本市教育决策部署不坚决不彻底的；

（二）履行教育职责不到位的；

（三）教育攻坚任务完成进度严重滞后的；

（四）办学行为不规范的；

（五）教育教学质量下降的；

（六）安全问题较多的；

（七）拒不接受教育督导的；

（八）国家规定的其他应当约谈的情形。

市、区人民政府教育督导委员会或者教育督导室应当对约谈情况作出书面记录，并报送被督导单位所在地政府以及上级相关部门备案。

第二十一条 市、区人民政府教育督导委员会或者教育督导室在督导过程中发现被督导单位存在违法行为的，应当及时将违法线索、相关证据移送有关部门进行处理。

第二十二条 按照国家和本市有关规定，对教育督导结果优秀的被督导单位及有关人员进行表彰，在政策支持、资源配置等方面予以优先考虑。

第二十三条 市、区人民政府教育督导委员会应当在每年第一季度就上一年度督导工作情况向市、区人民政府作专题报告。

第五章　附则

第二十四条 本市按照国家有关规定设立总督学、副总督学。

第二十五条 本规定自 2022 年 3 月 1 日起施行。

关于全面加强和改进新时代学校美育工作的行动方案

为贯彻落实中共中央办公厅、国务院办公厅《关于全面加强和改进新时代学校美育工作的意见》精神，进一步强化学校美育育人功能，结合本市实际，制定本方案。

一、总体要求

（一）指导思想

以习近平新时代中国特色社会主义思想为指导，贯彻落实习近平总书记关于教育的重要论述和全国教育大会精神，全面贯彻党的教育方针，坚持社会主义办学方向，以立德树人为根本，以社会主义核心价值观为引领，以提高学生审美和人文素养为目标，弘扬中华美育精神，突出北京特点，以美育人、以美化人、以美培元，把美育融入各级各类学校人才培养全过程，贯穿学校教育各学段，培养德智体美劳全面发展的社会主义建设者和接班人。

（二）主要目标

到 2025 年，美育课程全面开足开好，教学改革成效显著，师资队伍配齐配强，资源配置更加优化，评价体系逐步健全，场馆设施基本满足，管理机制日益完善，育人效果显著增强，学生审美和人文素养得到明显提升，基本形成大中小幼相互衔接、与其他教育相互融通、课堂教学和课外实践相互结合、与家庭和社会美育相互促进的学校美育体系。到 2035 年，全面形成体现北京特点的全覆盖、多样化、高质量的现代化学校美育体系。

二、重点任务

（一）积极探索“五育”并举的学校美育模式。遵循培根筑魂的大美育观，积极探索美育与德育、智育、体育、劳动教育融通互育的模式与途径。有机融合相关领域的美育内容，充分挖掘和运用各领域及重大活动中蕴含的体现中华美育精神与民族审美特质的美育资源，大力开展以美育为主题的跨学科教育教学和课外校外实践活动，使学生在各学科中感受到学科之美。努力推进课程教学、实践活动、校园文化和艺术展演“四位一体”深度融合的学校美育工作体系，形成“一校多品”的学校美育发展新局面，提升学生审美和人文素养。（责任单位：市委教育工委、市教委）

（二）构建具有北京特点的学校美育课程体系。明确各学段美育课程目标，开发具有北京特点、地域特色的地方课程。构建以音乐、美术、书法、舞蹈、戏曲、戏剧、影视等艺术课程为主体，以艺术史的发展脉络为贯穿的大中小幼相互衔接的美育课程体系。学前教育阶段开展适合幼儿身心特点的艺术游戏活动，培养幼儿拥有美好、善良心灵和懂得珍惜美好事物。义务教育阶段要进一步丰富美育课程资源，充分发挥不同学科领域承载的美育熏陶作用，通过学校组织的课内外美育教育教学活动，激发学生艺术兴趣和创新意识，培养学生健康向上的审美趣味、审美格调，帮助学生掌握1至2项艺术特长。高中阶段开设多样化美育课程，增加美育课程的可选择性，丰富学生的审美体验，开阔人文视野，提升文化理解、审美感知、艺术表现、创意实践等核心素养，引导学生树立正确的审美观、文化观。职业教育强化美育实践，开设体现职业教育特点的拓展性美育课程，引导学生健全人格，增强创新意识，培养具有审美素养的高素质技术技能人才。高等教育阶段构建以审美和人文素养培养为核心、以创新能力培育为重点、以中华优秀传统文化传承发展和艺术经典教育为主要内容的公共艺术课程体系，强化学生文化主体意识与文化担当，塑造审美追求高雅、人格修养高尚的高素质人才。（责任单位：市教委、市文化和旅游局）

（三）强化学校美育教材体系建设。编写美育教材要坚持马克思主义指导地位，根据学生年龄特点和身心成长规律，围绕课程目标，精选教学素材，扎根中国、融通中外，体现国家和民族基本价值观。加强大中小学美育教材一体化建设，注重循序渐进、纵向衔接。中小学美育教材按规定审定后使用。高校落实美育教材建设主体责任，探索形成高校公共艺术课程教材体系。（责任单位：市委教育工委、市教委）

（四）全面深化学校美育教育教学改革。探索完善“艺术基础知识基本技能+艺术审美体验+艺术专项特长”的教学模式，开发美育课程优质数字教育资源。各级各类学校严格按国家课程方案和课程标准开足开好美育课程，义务教育阶段按照不低于总课时数的11%开设美育课程，高中美育必修课程不少于108学时。不断巩固提高美育课程质量，充分利用课后服务等时间开展课外校外美育实践。高等教育阶段将公共艺术课程与艺术实践纳入学校人才培养方案及教学计划，学生修满公共艺术课程2个学分方能毕业。鼓励高校和科研院所将美育课程纳入研究生教育公共课程体系。（责任单位：市教委、市文化和旅游局）

（五）丰富美育实践活动。不断拓宽美育实践新的渠道，打造新的品牌。完善“看、进、演、赛”相结合、学生全员参与的美育实践机制，建立班级、年级（院系）、校级、区级、市级群体性展示交流机制。创造条件，支持各级各类学校学生到剧院（场）、音乐厅等场所，观看形式多样、内容丰富的专业演出，在鉴赏戏剧、戏曲、歌剧、舞剧、民乐、交响乐等经典中，强化国家认同、增进国际理解，弘扬中华优秀传统文化、革命文化、社会主义先进文化。鼓励学校将美育课堂搬到公共图书馆、文化馆、美术馆、博物馆、展览馆等社会场馆，挖掘社会大课堂的美育资源。每年开展中小学生艺术节、大学生艺术节等品牌实践活动。加强优秀学生艺术团建设，发挥高水平学生艺术社团的示范引领与辐射作用。支持学生艺术社团服务国家和本市组织的重大演出、对外交流等活动。促进特殊教育学生的美育实践活动。（责任单位：市委宣传部、市委教育工委、市教委、市财政局、市文化和旅游局、市文物局、市残联）

（六）深化美育教学研究和科学研究。在各级教育科学规划课题和相关研究项目中设置美育专题。建立和实行市、区级美育教研员准入与退出机制。鼓励和支持美育教师参与市、区级学科带头人和骨干教师评审认定及教学成果奖、优秀教师等评选活动。成立北京学校美育教学指导专业委员会，充分发挥政府、学校、科研院所、社会团体等管理、研究及实践单位的作用，建设政府主导、学术支撑、民间参与的北京学校美育智库，加强美育基础理论研究，为学校美育工作发展提供智力支撑。（责任单位：市教委）

（七）加快艺术学科创新发展。优化学科专业布局，构建中国特色艺术学科专业体系，加强国家级一流艺术类专业点建设，创新艺术人才培养机制。改进艺术师范教育，坚定办学方向、坚守师范特质、坚持服务需求、强化实践环节，支持在京高校办好音乐、美术教育等相关专业，不断优化课程体系、更新教学内容、改进教学方法、整合学科资源。加强高校艺术专业跨校学分互认，鼓励艺术教师互聘和双向交流。（责任单位：市教委）

3月，朝阳实验小学密云学校学生京剧表演《大登殿》获“国戏杯”金奖 （密云区教委 供）

（八）加强美育教师队伍建设。关心美育教师的成长成才，建设一支师德高尚、业务精湛、结构合理、充满活力的高素质美育教师队伍。落实北京市教师教育振兴行动计划，培养造就教育情怀深厚、专业基础扎实、勇于创新教学和具有终身学习发展能力的中小学美育教师。在编制内，按照在校学生总数及班级总数配比美育教师人数，继续加大对中小学美育教师队伍的补充力度。充分发挥市、区少年宫（活动中心）等校外教育机构在课外校外的美育功能。调整缩小美育教师在区际、校际及项目之间的不平衡问题，开展素养提升工程。探索通过购买服务等方式，引导校外艺术培训类机构、艺术团体等社会力量向中小学提供美育服务，缓解美育师资结构性短缺问题。将美育教师承担学校安排的艺术社团指导、课外活动、课后服务等第二课堂指导和走教任务计入工作量。建立兼职美育教师管理制度，采用区管校聘、建立兼职美育教师人才库等模式，鼓励社会各界优秀文艺工作者到学校兼任美育教师。推动实施艺术类或艺术教育类专业大学生支教计划。（责任单位：市委编办、市教委、市文化和旅游局、团市委）

（九）改善场地器材设施配备。根据教育部及本市普通中小学校基本办学条件标准，建好满足美育课程教学和实践活动需求的场地、专用教室和设施设备，新建中小学要配备充足的艺术展示展演场馆和设施设备。把学校美育设施建设纳入义务教育均衡发展规划，建立美育器材补充机制。加强高校美育场馆建设，鼓励高校与所在地政府部门、企业等单位共建共享美育场馆并有序推进向中小学生免费或优惠开放。（责任单位：市发展改革委、市教委、市规划自然资源委）

（十）推进美育评价改革。建立中小学生美育学业成长档案，记录学生美育学习经历与效果，把学生学习美育类课程以及参与学校组织的美育实践活动等情况纳入学业要求，用多样化的评价方式促进学生全面成长。研究制定北京市中小学生艺术素质测评标准，将测评结果纳入学生综合素质评价。按照国家要求，研究、探索将艺术类科目纳入考核范围。研究探索大中小学艺术专业及特长人才一体化衔接培养机制。大中小学每年总结本校美育工作情况，市、区教育行政部门编制学校美育年度报告。（责任单位：市教委）

（十一）充分发挥北京美育资源优势。结合全国文化中心建设，推动基本公共文化服务项目为学校美育服务，加强学校美育的社会资源供给，推动京津冀等地区学校美育协同发展。加强中华优秀传统文化传承学校和传承基地建设，用好北京非物质文化遗产等优质资源，丰富民族艺术进校园、戏曲进校园等活动的形式和内容。推广建设校园原创文化精品，支持优秀文艺作品走进校园，鼓励社会力量参与校园文艺作品创作。鼓励学校与驻区部队、爱国主义教育基地、烈士纪念设施保护单位等联合开展革命文化教育，与社会公共文化艺术场馆、文艺院团等合作开设美育课程，尝试结合学生特点量身定制美育课程菜单。鼓励艺术家进校园，并在中小学生课后服务时段开展美育实践活动。整合艺术家、艺术团体、场馆等社会美育资源，统筹学生艺术实践需要，优先在校内或学校周边新建文化艺术项目。（责任单位：市委宣传部、市教委、市财政局、市文化和旅游局、市退役军人局）

（十二）重视农村学校美育。尊重学校美育的多样性，统筹乡镇中心学校和小规模学校美育课程设置、教学安排、教研活动和教师管理等工作，采取同步课堂、优质资源在线共享等方式，缓解师资队伍和教学资源不足问题。加强农村学校美育教师培养，将农村美育教师纳入“北京市乡村教师特岗计划”重点招聘对象。鼓励对农村学校在职教师开展美育培训，培养能够承担美育教学与活动指导的兼职美育教师。建立美育教师校际共享机制。引导艺术教育特色学校、高水平学生艺术社团承办学校与农村学校开展“一对一”结对帮扶。引导高校师生强化服务社会意识，继续开展高等学校、社会力量参与小学尤其是农村小学美育发展项目。增加农村地区学生美育实践机会。（责任单位：市教委、市人力资源社会保障局、市文化和旅游局）

三、切实加强组织保障

（一）加强组织领导。各级党委和政府要把学校美育工作纳入重要议事日程，纳入区域经济社会发展规划，加强学校美育改革发展的整体谋划；调整优化教育支出结构，完善投入机制，统筹安排专项资金，强化学校美育工作保障；建立加强学校美育工作部门联席会议制度，健全由教育行政部门牵头负责、有关部门协同配合、学校积极落实、全社会广泛参与的统筹协调机制，协同推进学校美育改革发展。各区政府要研究落实加强和改进新时代学校美育工作的具体措施，制定学校美育教师配备和场地器材建设行动计划，有步骤地解决区域内学校美育发展的重点难点问题。区教育行政部门要细化学校美育工作管理部门职责。各级各类学校要明确分管学校美育工作的校级负责人和职能部门。

（二）强化美育制度保障。市、区教育行政部门要研究完善学校美育工作管理规章，把学校美育理论培训纳入教育行政部门、各级各类学校领导干部培训计划。健全教育督导评价制度，把政策措施落实情况、学生艺术素质测评情况和支持学校开展美育工作情况等纳入教育督导评估范围。探索将美育工作及其效果纳入高校本科教学工作评估指标体系和“双一流”建设成效评价过程。强化国家义务教育美育质量监测结果的分析和运用，利用现代化手段定期对学校美育教学质量进行监测，并公布监测结果。对政策落实不到位、学生艺术素质测评合格率持续下降的区政府、区教育行政部门和学校负责人要挂牌督导，限期整改。

（三）规范美育活动管理。市、区教育行政部门和各中小学校要规范学生校外美育实践活动管理。任何学校、校外教育机构和教师不得组织学生参加以社会考级活动或营利为目的的艺术培训和竞赛活动，严禁任何部门和中小学校组织学生参与商业性活动。面向市、区中小学校和幼儿园组织的美育实践活动需经同级教育行政部门批准。

（四）营造良好社会氛围。凝聚各方共识，创新家校合作方式，努力打造家庭、学校、政府、社会四方共同关心、相互促进、协同发展的学校美育良好氛围，拓展美育空间。宣传部门要加强对社会美育的引导，强化社会文化环境治理，营造有利于儿童、青少年健康成长的社会文化环境。文化和旅游部门要充分发挥文化资源优势，结合全国文化中心建设，引导优质资源支持学校美育改革发展。民政部门、妇联组织要积极倡导家庭美育建设，引导家长以身作则向真向美向善，为儿童、青少年健康成长营造和谐美好的家庭文化环境。共青团组织要将学校美育与青少年精神文明建设、青少年思想理论教育和宣传文化活动等工作密切融合，在人才培养过程中进一步发挥党的助手作用。文艺团体、社会文化机构及其他社会组织和个人要强化社会责任与担当，积极参与学校美育实践。

（文件由市委办公厅、市政府办公厅于 2022 年 4 月 24 日印发）

关于推动职业教育高质量发展的实施方案

为全面贯彻落实中共中央办公厅、国务院办公厅《关于推动现代职业教育高质量发展的意见》和全国职业教育大会精神，深化本市职业教育体制机制改革，不断提升职业教育服务经济社会发展和产业转型升级的能力，切实提高职业教育的社会重视程度，结合本市实际，制定如下实施方案。

一、贯彻职业教育高质量发展理念

以习近平新时代中国特色社会主义思想为指导，深入贯彻习近平总书记对职业教育工作的重要指示精神，加强党对职业教育的全面领导，坚持社会主义办学方向，落实立德树人根本任务，推动思想政治教育与技术技能培养融合统一。各级党委和政府要进一步提高认识、统一思想，加强统筹协调，把职业教育摆在教育改革创新和经济社会发展更加突出的位置。职业学校举办单位要加强管理，加大对职业教育的保障力度。进一步优化职业教育类型定位，深入推进育人方式、办学模式、管理体制、保障机制改革，为职业教育高质量发展营造良好氛围，为更好服务“四个中心”功能建设提供人才支撑。

二、优化技术技能人才供给结构

紧密围绕首都高精尖产业发展、超大城市运行管理、高品质民生需求对应用型人才的需要，持续优化职业学校的专业布局，不断提升职业教育人才培养与经济社会发展需求的匹配度。优先发展智能制造、新一代信息技术、生物医药、人工智能等产业需要的新兴专业，加快建设养老服务、学前教育、护理和托育等人才紧缺专业，撤并淘汰供给过剩、就业率低、不符合首都产业发展方向的相关专业。人才紧缺专业可面向京外地区，特别是津冀地区适当扩大招生计划，切实增强技术技能人才供给能力。

三、推动中等职业学校教育综合改革

夯实中等职业学校教育的基础地位，稳定中考招生职普比，推动中等职业学校教育综合改革，提升中等职业学校教育的吸引力。结合本市经济社会发展对高层次技术技能人才的需求，优化中等职业学校布局结构，支持有条件的中等职业学校实施长学制培养高端技术技能人才。打通技工教育与学历教育的人才培养渠道，鼓励符合条件的技师学院纳入高等职业学校序列，支持技工院校与高等职业学校开展“3＋2”中高职衔接培养。深化职普融通，支持普通高中与中等职业学校课程互选，依法依规推动普通高中与中等职业学校的学籍双向互转。

四、提升高等职业学校教育发展水平

充分发挥国家“双高”学校的示范引领作用，支持高等职业学校教育特色化办学、高质量发展。优化高等职业学校教育类型定位，保持办学方向不变、培养模式不变、特色发展不变，稳步推动本科层次职业教育发展，支持符合条件的专科层次高等职业学校整建制升格为本科层次高等职业学校，支持在若干专科层次高等职业学校、技师学院高水平骨干专业群开展职业教育本科专业试点。加大高等职业学校面向中等职业学校、技工院校的招生比例，本科层次高等职业学校的招生规模不低于高等职业学校招生规模的 10%。

五、推进应用型本科高校分类发展

按照市属公办本科高校分类发展工作部署，完善分类考核和分类支持机制，推动具备条件的普通本科高校向应用型转变，鼓励有条件的普通高校开办应用技术型专业或课程。支持高水平应用型大学、高等职业学校开展先就业再进修、边工作边进修的学历贯通方式，更加注重学生工作经验积累和实践能力培养，重点培养知行合一、学以致用、具有创新精神的应用型人才。研究高水平应用型大学面向中等职业学校、专科层次高等职业学校毕业生的招生政策，完善“文化素质＋职业技能”考试招生办法，为学生学习提供多样化选择，搭建多路径成才渠道。

六、优化产教融合校企合作政策环境

对纳入产教融合型企业建设培育范围的试点企业，研究制定鼓励支持政策，对符合规定的职业教育投资，可按投资额的 30%抵免当年应缴教育费附加和地方教育附加。探索中国特色学徒制，开展“入学即入职、工学结合”培养模式试点，试点项目学生在入学并签订工学结合学徒培养相关协议后，可拥有企业见习职工身份，探索建立见习职工缴纳社保由财政经费进行合理负担的工作机制。积极探索职业学校实习生参加工伤保险办法。推动职业学校在企业设立实习实训基地，企业在职业学校设立培养培训基地，探索校企共建企业学院、产业学院，扩展职业学校办学空间。

七、打通高技能人才职称评价通道

支持在一线岗位从事技术技能工作、取得相应级别职业资格或职业技能等级的高技能人才，参评相关专业领域职称评价，不将学历、论文、外语、计算机等要求作为高技能人才参加职称评价的限制性条件，中等职业学校、技工院校毕业生可申报职称评价。在世界技能大赛、全国技能大赛上获得奖牌的本市职业学校学生，毕业后在京工作，可破格申报高级职称，并享受相关待遇。完善对首席技师、技能竞赛获奖选手等优秀技能人才的奖励机制，探索建立“金蓝领”技术技能人才荣誉体系。

八、完善对职业学校教师的激励制度

加大对职业学校技术创新与服务的激励力度，对职务科技成果转化作出重要贡献的人员，职业学校可按照国家及本市相关规定，给予现金奖励。鼓励职业学校开展补贴性培训和市场化社会培训，职业学校通过校企合作、技术服务、社会培训、自办企业等方式所得收入扣除必要成本外的净收入，可按最高70%比例提取作为绩效工资来源，对相关考核合格的职业学校可每年调整绩效工资总量，调整部分不计入绩效工资总量基数，重点用于激励参与上述工作的人员。保障职业学校兼职教师待遇，允许职业学校依法依规自主聘请兼职教师，确定兼职报酬。

九、拓宽职业学校毕业生就业渠道

推动职业学校毕业生在就业、落户方面与普通学校毕业生享有平等机会。将本市高等职业学校毕业生纳入公务员招考范围，在公务员招考和企事业单位招聘中，坚持因岗设职，鼓励公平竞争，促进人岗相适，支持事业单位面向高水平技能人才开展定向招聘。在公开招聘中，技工院校预备技师（技师）班、高级工班、中级工班毕业生分别按照本科、大专、中专学历对待，并享受相关就业创业政策。本市职业学校中，被本市重点发展领域用人单位聘用的优秀应届毕业生，可按照一定比例择优申请办理非北京生源毕业生引进；获得世界技能大赛、全国技能大赛或国家级一类技能大赛奖牌的应届毕业生及获得全国职业院校技能大赛一等奖的应届毕业生，可申请办理非北京生源毕业生引进。

十、助力打造职业教育示范项目

立足“四个中心”功能建设，聚焦“两区”建设、京津冀协同发展和国际消费中心城市建设，推动本市职业教育做优做精，实现“高质量、有特色、国际化”发展。结合职业教育规划布局和发展需求，支持京津冀三地职业学校在学生培养、师资培训、资源共享、社会服务、交流研讨等方面开展合作，推动京津冀职业教育协同发展。加强与国际高水平职业教育机构和组织合作，支持“丝路工匠”“丝路学堂”等职业教育国际合作交流平台建设，打造一批具有北京特色的教育交流、技能交流和人文交流的职业教育品牌。支持本市职业学校在“一带一路”沿线国家或地区开展境外办学、设立职业教育培训中心，在国际交流合作中发挥示范作用。

（文件由市委办公厅、市政府办公厅于 2022 年 5 月 10 日印发）

北京市支持高校毕业生就业创业若干措施

为贯彻党中央、国务院关于做好高校毕业生就业创业决策部署，落实《国务院办公厅关于进一步支持大学生创新创业的指导意见》（国办发〔2021〕35 号）《国务院办公厅关于进一步做好高校毕业生等青年就业创业工作的通知》（国办发〔2022〕13 号）要求，做好当前和今后一段时期高校毕业生等青年就业创业工作，助力首都高质量发展，制定如下措施。

一、拓宽就业渠道

（一）加大岗位供给。今明两年本市所属机关事业单位、国有企业继续稳定高校毕业生招（录）聘规模。鼓励头部科技型民营企业扩大招聘规模，在毕业生引进、就业服务等方面给予重点支持。用人单位招用毕业年度内本市高校毕业生，符合条件的给予社会保险补贴。对吸纳高校毕业生就业达到一定数量且符合相关条件的中小微企业，在安排纾困资金、提供技术改造贷款贴息时予以倾斜；畅通中小微企业专业技术人员职称评价渠道，落实科研经费申请、科研成果等申报与国有企事业单位同类人员同等待遇。提高高校毕业生入伍比例，做好退役大学生士兵升学、就业保障。对担任科研助理（含教学、行政）的高校毕业生，首次服务协议期满且考核合格的，参照应届毕业生身份参加本市企事业单位招聘。受本市 2022 年上半年中小学（含幼儿园、中等职业学校）教师资格考试面试延期影响的考生，在 2022 年 12 月 31 日前可实施“先上岗、再考证”阶段性措施。（市委组织部、市教委、市科委中关村管委会、市经济和信息化局、市财政局、市人力资源社会保障局、市卫生健康委、市退役军人事务局、市国资委、市征兵办，各区政府等按职责分工负责）（本通知责任单位中的各区政府，均包括北京经济技术开发区管委会，不再单独列出）

（二）引导基层就业。服务乡村振兴战略和基层治理，继续做好乡村教师特岗计划、乡村振兴协理员等专项招聘工作，挖掘基层就业社保、医疗卫生、养老服务、社会工作、检察院法院司法辅助等就业机会。社区工作者、生态涵养区乡村振兴协理员、社区卫生服务中心护技岗位，大专（含高职）学历即可报考。社区工作者空缺岗位优先招用高校毕业生。进入本市养老服务机构专职从事养老服务工作的高校毕业生，符合条件的享受一次性入职奖励。对到本市边远山区基层单位就业的高校应届毕业生，按规定给予学费补偿或国家助学贷款代偿。（市检察院、市高级法院、市教委、市民政局、市财政局、市人力资源社会保障局、市卫生健康委，各区政府等按职责分工负责）

（三）支持灵活就业。鼓励高校毕业生到数字经济、平台经济等领域灵活就业。2020 年及以后毕业离校 2 年内初次就业为灵活就业的本市高校毕业生，可申请最长不超过 3 年的灵活就业社会保险补贴。（市财政局、市人力资源社会保障局，各区政府等按职责分工负责）

二、促进创新创业

（四）扩大融资渠道。北京市科技创新基金组织子基金加强与高校大学生创新创业项目对接，引导社会资本参与大学生创业项目的早期投资与投智。符合条件的高校毕业生，可申请最高不超过 50 万元的个人创业担保贷款，或最高不超过 300 万元的小微企业创业担保贷款；50 万元以下贷款，原则上免除反担保措施，LPR-150BP（贷款市场报价利率减去 1.5 个百分点）以下产生的利息由借款人和借款企业承担，剩余部分财政给予贴息。毕业年度及毕业 2 年内高校毕业生在本市首次创办的企业或个体工商户，符合条件的可申领一次性创业补贴。依托大学生创业板对接创投基金、银行、担保公司等机构，解决创业融资难题。（人民银行营业管理部、市教委、市科委中关村管委会、市财政局、市人力资源社会保障局、市金融监管局、各区政府等按职责分工负责）

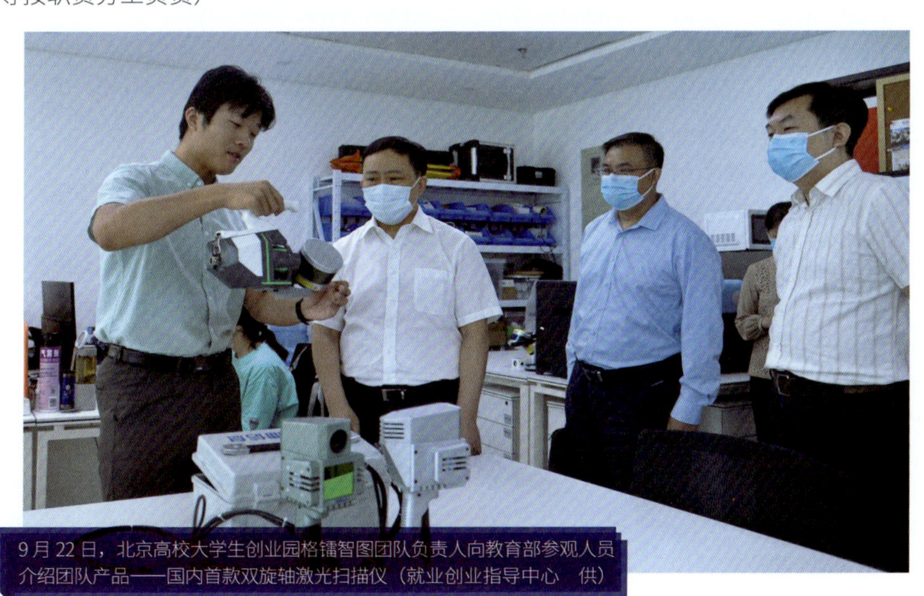
9 月 22 日，北京高校大学生创业园格镭智图团队负责人向教育部参观人员介绍团队产品——国内首款双旋轴激光扫描仪（就业创业指导中心　供）

（五）提供场地支持。加强“一街四园多点”大学生创业园孵化体系建设，为毕业 2 年内的北京地区高校毕业生免费提供不超过 3 年的场地支持。政府投资开发的孵化基地等创业载体安排 30%左右的场地，免费提供给高校毕业生。各区对高校毕业生初次租用创业场地的，可给予场地租金补贴。（市教委、市科委中关村管委会、市财政局、市人力资源社会保障局、市国资委，各区政府等按职责分工负责）

（六）完善激励机制。推动高校健全弹性学制管理及创业成果认定办法，允许大学生休学创业，创业经历、创业成果符合条件的免修创新创业实践、实习实训等教学课程并按规定计入学分。鼓励将国家和市级创新创业赛事获奖情况作为推优、推免的参考依据。鼓励高校允许创业组织发起人或主要创始人将与其本人所学专业相关的创业成果作为毕业论文（设计）申请毕业或学位。市级大学生创业园、市级创业孵化示范基地、大学生创业板推荐的优质高校毕业生创业企业核心成员，符合条件的可申请办理工作居住证；创业企业成效突出或带动就业效果显著，发起人或主要创始人符合毕业生引进条件的，可申请办理引进。启动面向毕业年度内北京地区高校毕业生保障性租赁住房试点工作。（市人才局、市教委、市人力资源社会保障局、市住房城乡建设委、市市场监管局、团市委，各区政府等按职责分工负责）

三、提升能力素质

（七）加强就业指导。完善高校就业指导课程体系，遴选一批市级就业指导“金课”、就业指导名师工作室。组织人力资源服务机构、企业人力资源经理等，深入校园进行政策宣讲、经验分享、实践指导。（市教委、市人力资源社会保障局、各区政府等按职责分工负责）

（八）组织职业培训。引导职业院校和应用型本科高校与企业、职业培训机构合作，开展订单式培训、定向培训、定岗培训。鼓励北京地区高校毕业生参加免费职业技能培训和创业培训。对需要学历学位证书作为报考条件的职业资格考试或职业技能等级考试，允许考生先参加考试评定，通过考试评定的，待取得相关学历学位证书后再发放职业资格证书或职业技能等级证书。企业新录用的毕业年度内本市高校毕业生，参加由企业组织的企业新型学徒制培训，按规定给予培训补贴。（市教委、市财政局、市人力资源社会保障局、市国资委、各区政府等按职责分工负责）

（九）强化实践锻炼。建设一批高校毕业生职场体验基地，实现实习见习资源共享。推进就业见习岗位募集计划，支持企事业单位、社会组织、政府投资项目、科研项目等设立见习岗位，符合条件的可申请就业见习补贴。对见习期未满与见习人员签订劳动合同的见习单位，给予其剩余期限见习补贴，该政策延续至 2022 年 12 月 31 日。离校未就业高校毕业生到基层实习见习基地参加见习或者到企事业单位参加项目研究的，视同基层工作经历，自报到之日起算。搭建校企实训共享平台，推动高校与国企、头部科技型民营企业开展技能提升实训实践。（市委组织部、市教委、市科委中关村管委会、市财政局、市民政局、市人力资源社会保障局、市国资委、各区政府等按职责分工负责）

四、实施重点帮扶

（十）开展就业帮扶。将本市有劳动能力和就业意愿的最低生活保障及低收入家庭、零就业家庭、享受定期抚恤补助优抚对象家庭高校毕业生，以及残疾高校毕业生作为重点就业帮扶对象，建立校地联动帮扶机制，实施“一人一档”“一生一策”精准帮扶，为每人至少提供 3～5 个就业机会，优先组织参加职业培训和就业见习，对于通过市场渠道确实难以就业的，根据个人意愿可依托公益性岗位兜底安置，确保有就业意愿毕业生在合理预期下充分就业。对符合条件的北京地区高校毕业生，给予每人 1000 元一次性求职创业补贴。落实“中央专项彩票公益金宏志助航计划”，开展就业能力培训。按照国家有关规定，实施国家助学贷款延期还款、减免利息等支持举措，延期期间不计复利、不收罚息、不作为逾期记录报送。实施共青团促进大学生就业行动，面向重点群体毕业生开展就业结对帮扶。加强青年就业帮扶，允许到本市就业创业的往届高校毕业生、留学回国毕业生及失业青年进行求职登记、失业登记，提供均等化基本公共就业服务，按规定落实就业创业扶持政策。深入实施青年就业启航计划，开展精准帮扶，引导其及早就业创业。（人民银行营业管理部、北京银保监局、市教委、市民政局、市财政局、市人力资源社会保障局、市退役军人事务局、团市委、市残联、各区政府等按职责分工负责）

（十一）推动创业救助。对创业失败的高校毕业生提供就业帮扶；对创业失败有就业意愿的，积极推荐就业岗位。各区结合本区实际，对具备二次创业条件的，给予创业补贴支持；对符合社会救助条件的，应给予社会救助。（市教委、市人力资源社会保障局、各区政府等按职责分工负责）

五、提高服务效能

（十二）简化就业手续。落实高校毕业生就业报到证制度改革，从 2023 年起，不再发放《全国普通高等学校本专科毕业生就业报到证》和《全国毕业生研究生就业报到证》（以下统称就业报到证），取消就业报到证补办、改派手续，不再将就业报到证作为办理高校毕业生招聘录用、落户、档案接收转递等手续的必需材料。高校要及时将毕业生登记表、成绩单等材料归入学生档案，按照有关规定有序转递。积极开展档案政策宣传，动态更新发布各区公共就业服务机构名录，方便高校和毕业生查询。推动线上签约，落实入职体检结果互认。集成实名服务、求职招聘、就业见习等事项“打包办”，推行高校毕业生创业开办市场主体“一网通办”。（市委组织部、北京市税务局、市邮政管理局、市教委、市经济和信息化局、市公安局、市人力资源社会保障局、市卫生健康委、市市场监管局、市政务服务局、市住房公积金管理中心、各区政府等按职责分工负责）

（十三）健全服务体系。推动教育、人力资源社会保障、国资等公共就业招聘平台和高校校园网招聘信息共享。深入开展“公共就业服务进校园”活动，综合运用线上线下渠道，确保毕业生就业服务不断线。本市企事业单位可根据疫情影响和高校毕业生就业需要，合理安排招聘时间，鼓励线上笔试、面试。持续推进离校未就业高校毕业生实名服务，通过数据共享、电话询问、基层摸排等手段，与有就业意愿的毕业生建立联系，为每人免费提供 1 次职业指导、3 次岗位推荐、1 次职业培训或就业见习机会。打造“政府＋高校＋园区＋市场”全链条创业服务模式，发挥中关村国家自主创新示范区资源优势，为优秀高校毕业生创业项目提供加速孵化服务。支持经营性人力资源服务机构、社会组织等专业化力量，参与高校毕业生就业服务。（市教委、市科委中关村管委会、市人力资源社会保障局、市国资委、各区政府等按职责分工负责）

六、强化组织保障

（十四）狠抓队伍建设。坚持就业育人，高校按一定比例配齐配强就业指导教师，符合条件的就业指导教师可参加相关职称评审。各区就业部门安排一定比例工作人员专职负责高校毕业生就业创业工作。定期开展业务学习、培训交流，提升就业创业工作队伍专业化水平。在本市就业创业工作先进集体和先进个人表彰中，加大高校毕业生就业创业工作表彰力度，发挥先进典型引领作用。（市教委、市人力资源社会保障局、各区政府等按职责分工负责）

（十五）维护合法权益。加强对用人单位和人力资源服务机构的综合执法和监管，依法查处非法职业介绍、虚假招聘、售卖简历、就业歧视和以求职、培训、就业、创业为名义的非法信贷等违法犯罪活动，依法保护高校毕业生就业权益。（市教委、市公安局、市人力资源社会保障局、市金融监管局、市市场监管局、各区政府等按职责分工负责）

（十六）广泛宣传引导。大力宣传就业创业政策，推动高校毕业生用足用好各项措施。讲好高校毕业生到基层社区、生产一线就业创业典型故事，开展“最美基层高校毕业生”“毕业生就业创业典型人物”“优秀退役大学生士兵”“学校就业创业典型案例”等学习宣传活动，引导高校毕业生树立正确的择业观、就业观、成才观，营造全社会支持高校毕业生就业创业的良好氛围。（市委宣传部、市教委、市人力资源社会保障局、市退役军人事务局、市征兵办、团市委、各区政府等按职责分工负责）

（文件由市政府办公厅于 2022 年 6 月 21 日印发）

北京市 2021 年教育经费执行情况的公告

《中华人民共和国教育法》第五十五条规定:“全国各级财政支出总额中教育经费所占比例应当随着国民经济的发展逐步提高”,第五十六条规定:“各级人民政府教育财政拨款的增长应当高于财政经常性收入的增长,并使按在校学生人数平均的教育费用逐步增长,保证教师工资和学生人均公用经费逐步增长”。现将 2021 年北京市教育经费执行情况公告如下:

一、教育经费执行总体情况

本市地方各级政府一般公共预算教育经费(包括教育事业费、基建经费、教育费附加)1135.16 亿元,比上年增长 0.64%。财政部于 2004 年 1 月印发了《关于统一界定地方经常性收入口径的意见》(财预〔2004〕20 号),对财政经常性收入口径做出了界定,按此口径调整 2021 年财政经常性收入 5143.86 亿元,比上年增长 7.41%,一般公共预算教育经费增长比例低于财政经常性收入增长比例 6.77 个百分点。

2021 年本市一般公共预算支出 7205.12 亿元,一般公共预算教育经费占一般公共预算支出的比例为 15.75%,比上年减少 0.1 个百分点。

二、各级教育生均一般公共预算教育事业费支出增长情况

2021 年全市幼儿园、普通小学、普通初中、普通高中、中等职业学校、普通高等学校生均一般公共预算教育事业费支出情况分别是:

(一)全市幼儿园为 38540.98 元,比上年的 39094.01 元减少 1.41%。

(二)全市普通小学为 33633.65 元,比上年的 33546.46 元增长 0.26%。

(三)全市普通初中为 57156.75 元,比上年的 58686.11 元减少 2.61%。

(四)全市普通高中为 66433.98 元,比上年的 70295.87 元减少 5.49%。

(五)全市中等职业学校为 70514.69 元,比上年的 68451.66 元增长 3.01%。

(六)全市普通高等学校为 65957.02 元,比上年的 56861.41 元增长 16.00%。

三、各级教育生均一般公共预算公用经费支出增长情况

2021 年全市幼儿园、普通小学、普通初中、普通高中、中等职业学校、普通高等学校生均一般公共预算公用经费支出情况分别是:

(一)全市幼儿园为 14642.97 元,比上年的 12966.63 元增长 12.93%。

(二)全市普通小学为 9791.18 元,比上年的 8472.08 元增长 15.57%。

(三)全市普通初中为 17717.04 元,比上年的 15479.42 元增长 14.46%。

(四)全市普通高中为 19545.35 元,比上年的 18998.99 元增长 2.88%。

(五)全市中等职业学校为 24652.56 元,比上年的 22601.06 元增长 9.08%。

(六)全市普通高等学校为 29133.45 元,比上年的 21588.60 元增长 34.95%。

特此公告。

附件:2021 年北京市教育经费执行情况统计表

北京市教育委员会
北京市财政局
北京市统计局
北京市发展和改革委员会
北京市科学技术委员会、中关村科技园区管理委员会
2023 年 1 月 16 日

注:公告中的 2021 年本市一般公共预算支出 7205.12 亿元来源于《北京市 2021 年决算报告》。

附件　2021 年北京市教育经费执行情况统计表

表一　一般公共预算教育经费增长情况

地区	一般公共预算教育经费(亿元)	一般公共预算教育经费占一般公共预算支出比例(%)	一般公共预算教育经费本年比上年增长(%)	财政经常性收入本年比上年增长(%)	一般公共预算教育经费与财政经常性收入增长幅度比较(百分点)
东城区	70.40	24.90	0.29	0.20	0.09
西城区	73.32	17.69	1.03	0.94	0.09

续表

地区	一般公共预算教育经费（亿元）	一般公共预算教育经费占一般公共预算支出比例（%）	一般公共预算教育经费本年比上年增长（%）	财政经常性收入本年比上年增长（%）	一般公共预算教育经费与财政经常性收入增长幅度比较（百分点）
朝阳区	106.54	19.12	8.73	6.00	2.73
丰台区	47.35	18.02	13.92	6.53	7.39
石景山区	22.11	17.62	8.22	12.60	-4.38
海淀区	135.51	21.27	4.14	3.89	0.25
门头沟区	18.87	18.74	0.83	64.01	-63.18
房山区	55.29	22.70	2.52	-16.23	18.75
通州区	49.74	15.06	5.44	7.21	-1.77
顺义区	52.51	16.98	0.85	11.77	-10.92
昌平区	54.00	22.04	1.56	0.12	1.44
大兴区	65.05	22.68	20.60	28.51	-7.91
怀柔区	24.54	16.66	0.62	0.65	-0.03
平谷区	23.49	18.50	6.34	3.34	3.00
密云区	25.42	16.50	2.04	2.00	0.04
延庆区	20.88	16.57	0.74	0.54	0.20

注： 一般公共预算支出来源于《北京市 2021 年决算报告》。

表二 各级教育生均一般公共预算教育事业费支出增长情况

单位：元

地区	幼儿园			普通小学			普通初中			普通高中		
	上年	本年	增长率（%）	上年	本年	增长率（%）	上年	本年	增长率（%）	上年	本年	增长率（%）
东城区	59050.35	63415.34	7.39	35884.44	38235.50	6.55	61444.79	64930.97	5.67	74478.89	78362.27	5.21
西城区	46330.50	48083.87	3.78	26479.25	25001.71	-5.58	51978.78	45956.71	-11.59	84096.46	60992.65	-27.47
朝阳区	34261.61	29894.33	-12.75	31029.29	30772.81	-0.83	53239.86	48131.08	-9.60	76885.03	62364.03	-18.89
丰台区	27912.05	24663.51	-11.64	30569.50	28557.17	-6.58	55520.45	49963.26	-10.01	59820.29	56115.38	-6.19
石景山区	39477.43	38311.92	-2.95	34488.75	32391.15	-6.08	67438.24	60462.58	-10.34	70024.65	65786.26	-6.05
海淀区	35768.18	41704.73	16.60	31689.26	31692.97	0.01	49871.06	49884.09	0.03	60790.53	60792.55	0.00
门头沟区	59288.25	61931.43	4.46	47306.10	47023.36	-0.60	77651.61	70841.07	-8.77	82193.54	73932.95	-10.05
房山区	44407.64	37745.56	-15.00	32002.67	28707.37	-10.30	68245.81	59288.01	-13.13	58927.35	55422.90	-5.95
通州区	39685.65	38819.08	-2.18	32552.82	26703.32	-17.97	51464.83	50099.69	-2.65	62457.19	55470.21	-11.19
顺义区	33496.49	38029.87	13.53	33619.48	33750.95	0.39	66827.96	67196.68	0.55	83411.58	78456.93	-5.94
昌平区	37115.10	34233.39	-7.76	36603.85	37770.21	3.19	56066.72	56489.03	0.75	59483.14	59592.59	0.18
大兴区	38017.98	35268.40	-7.23	33597.00	38930.83	15.88	60119.85	67298.91	11.94	67505.32	79482.73	17.74
怀柔区	48477.41	54828.82	13.10	42225.28	45932.31	8.78	83254.46	82250.59	-1.21	70767.96	71105.86	0.48
平谷区	18556.49	20413.53	10.01	46293.39	53005.46	14.50	84718.93	89552.78	5.71	58086.97	63163.36	8.74
密云区	44171.51	44767.49	1.35	38642.22	37875.16	-1.99	64297.48	66960.82	4.14	53967.19	54150.31	0.34
延庆区	64827.64	51682.28	-20.28	56949.36	51237.01	-10.03	90462.69	90816.97	0.39	76918.26	67296.81	-12.51

表三 各级教育生均一般公共预算公用经费支出增长情况

单位：元

地区	幼儿园			普通小学			普通初中			普通高中		
	上年	本年	增长率(%)	上年	本年	增长率(%)	上年	本年	增长率(%)	上年	本年	增长率(%)
东城区	14453.07	15934.40	10.25	5764.44	8165.34	41.65	10481.71	15003.67	43.14	11027.99	15989.12	44.99
西城区	13887.94	19692.73	41.80	7111.36	7692.43	8.17	17781.59	16667.10	-6.27	32664.95	17689.11	-45.85
朝阳区	20342.66	16670.46	-18.05	5543.79	5446.50	-1.75	14361.25	11941.46	-16.85	25543.52	15376.09	-39.80
丰台区	6807.19	7284.36	7.01	5463.29	6825.44	24.93	10244.08	12469.75	21.73	11585.21	14489.98	25.07
石景山区	7317.77	8209.46	12.19	6510.51	7299.40	12.12	15883.27	17494.68	10.15	15175.16	16260.10	7.15
海淀区	10874.42	17657.45	62.38	11517.20	11523.05	0.05	16793.40	18021.85	7.32	18669.39	21694.00	16.20
门头沟区	12145.72	21171.67	74.31	11651.68	14417.17	23.73	17703.05	15405.03	-12.98	25370.50	20452.76	-19.38
房山区	5462.39	6865.47	25.69	4847.15	5681.37	17.21	16526.84	18502.51	11.95	11034.17	11490.81	4.14
通州区	18544.41	23030.38	24.19	12494.93	10211.61	-18.27	14131.75	21752.84	53.93	18044.79	20927.24	15.97
顺义区	8767.60	13541.60	54.45	7900.00	10859.96	37.47	15539.80	20713.48	33.29	21118.16	22433.91	6.23
昌平区	10444.26	7256.69	-30.52	10077.50	10151.31	0.73	14129.90	14173.69	0.31	18037.15	18794.32	4.20
大兴区	16610.81	16632.32	0.13	7704.78	12646.52	64.14	14357.76	23373.63	62.79	16501.03	29275.71	77.42
怀柔区	10357.31	17689.93	70.80	8638.56	12846.18	48.71	18551.17	21510.14	15.95	15421.81	22477.54	45.75
平谷区	9697.45	10820.12	11.58	7743.66	8531.83	10.18	17726.09	14385.36	-18.85	8813.50	5795.75	-34.24
密云区	7022.07	12388.62	76.42	11686.63	14811.75	26.74	19927.59	29514.40	48.11	13903.63	21523.24	54.80
延庆区	19355.02	10932.40	-43.52	11995.35	10251.16	-14.54	21303.67	23661.14	11.07	22365.80	14784.07	-33.90

北京市 2022 年教育经费执行情况的公告

《中华人民共和国教育法》第五十五条规定：“全国各级财政支出总额中教育经费所占比例应当随着国民经济的发展逐步提高”，第五十六条规定：“各级人民政府教育财政拨款的增长应当高于财政经常性收入的增长，并使按在校学生人数平均的教育费用逐步增长，保证教师工资和学生人均公用经费逐步增长”。现将 2022 年北京市教育经费执行情况公告如下：

一、教育经费执行总体情况

2022 年本市地方各级政府一般公共预算教育经费（包括教育事业费、基建经费、教育费附加）1161.00 亿元，比上年增长 2.28%。财政部于 2004 年 1 月印发了《关于统一界定地方经常性收入口径的意见》（财预〔2004〕20 号），对财政经常性收入口径做出了界定，按此口径调整 2022 年财政经常性收入 5027.64 亿元，比上年降低 2.26%，一般公共预算教育经费增长比例高于财政经常性收入增长比例 4.54 个百分点。

2022 年本市一般公共预算支出 7469.15 亿元，一般公共预算教育经费占一般公共预算支出的比例为 15.54%，比上年减少 0.21 个百分点。

二、各级教育生均一般公共预算教育事业费支出增长情况

2022 年全市幼儿园、普通小学、普通初中、普通高中、中等职业学校、普通高等学校生均一般公共预算教育事业费支出情况分别是：

（一）全市幼儿园为 37880.85 元，比上年减少 1.71%。

（二）全市普通小学为 35265.13 元，比上年增长 4.85%。

（三）全市普通初中为 58564.07 元，比上年增长 2.46%。

（四）全市普通高中为 63467.48 元，比上年减少 4.47%。

（五）全市中等职业学校为 70456.50 元，比上年减少 0.08%。

（六）全市普通高等学校为 60731.14 元，比上年减少 7.92%。

三、各级教育生均一般公共预算公用经费支出增长情况

2022 年全市幼儿园、普通小学、普通初中、普通高中、

中等职业学校、普通高等学校生均一般公共预算公用经费支出情况分别是：

(一) 全市幼儿园为 13451.46 元，比上年减少 8.14%。

(二) 全市普通小学为 10055.04 元，比上年增长 2.69%。

(三) 全市普通初中为 18312.17 元，比上年增长 3.36%。

(四) 全市普通高中为 17484.75 元，比上年减少 10.54%。

(五) 全市中等职业学校为 24353.64 元，比上年减少 1.21%。

(六) 全市普通高等学校为 21684.64 元，比上年减少 25.57%。

特此公告。

附件：2022 年北京市教育经费执行情况统计表

北京市教育委员会
北京市财政局
北京市统计局
北京市发展和改革委员会
北京市科学技术委员会、中关村科技园管理委员会
2023 年 12 月 25 日

注：公告中的 2022 年本市一般公共预算支出 7469.15 亿元来源于《北京市 2022 年决算报告》。

附件　2022 年北京市教育经费执行情况统计表

表一　一般公共预算教育经费增长情况

地区	一般公共预算教育经费（亿元）	一般公共预算教育经费占一般公共预算支出比例（%）	一般公共预算教育经费本年比上年增长（%）	财政经常性收入本年比上年增长（%）	一般公共预算教育经费与财政经常性收入增长幅度比较（百分点）
东城区	54.03	21.62	-23.25	0.28	-23.53
西城区	81.18	18.66	10.71	-9.14	19.85
朝阳区	108.75	19.34	2.07	-9.00	11.07
丰台区	50.51	18.12	6.67	2.55	4.12
石景山区	23.45	19.33	6.06	0.31	5.75
海淀区	144.81	21.81	6.87	5.91	0.96
门头沟区	20.52	21.52	8.75	-7.98	16.73
房山区	55.76	23.04	0.84	0.95	-0.11
通州区	49.89	16.29	0.31	-1.97	2.28
顺义区	55.80	17.14	6.27	-5.67	11.94
昌平区	54.52	20.14	0.98	-1.71	2.69
大兴区	67.65	23.16	3.99	-13.1	17.09
怀柔区	24.80	20.55	1.05	-4.47	5.52
平谷区	23.87	19.23	1.60	3.39	-1.79
密云区	25.68	18.59	1.01	1.00	0.01
延庆区	21.42	17.53	2.62	0.38	2.24

注：一般公共预算支出来源于《北京市 2022 年决算报告》。

表二　各级教育生均一般公共预算教育事业费支出增长情况

单位：元

地区	幼儿园		普通小学		普通初中		普通高中	
	2022 年（元）	增长率（%）	2022 年（元）	增长率（%）	2022 年（元）	增长率（%）	2022 年（元）	增长率（%）
东城区	45107.73	-28.87	29597.99	-22.59	46369.65	-28.59	57044.75	-27.2
西城区	55513.43	15.45	27810.76	11.24	50155.42	9.14	60535.75	-0.75
朝阳区	25623.20	-14.29	33899.72	10.16	54715.83	13.68	66738.63	7.01

续表

地区	幼儿园		普通小学		普通初中		普通高中	
	2022 年（元）	增长率（%）	2022 年（元）	增长率（%）	2022 年（元）	增长率（%）	2022 年（元）	增长率（%）
丰台区	26452.97	7.26	31340.03	9.74	51707.67	3.49	60534.69	7.88
石景山区	40734.01	6.32	36800.30	13.61	61007.04	0.90	67801.74	3.06
海淀区	44448.18	6.58	34437.72	8.66	51885.48	4.01	60794.59	0.00
门头沟区	61200.89	-1.18	49765.77	5.83	77919.02	9.99	76931.05	4.06
房山区	41609.89	10.24	34721.36	20.95	70349.17	18.66	57337.04	3.45
通州区	32708.45	-15.74	26353.96	-1.31	48475.11	-3.24	52917.15	-4.60
顺义区	39514.34	3.90	37991.66	12.56	73228.56	8.98	76476.99	-2.52
昌平区	28728.25	-16.08	37477.35	-0.78	54412.00	-3.68	58320.67	-2.13
大兴区	39332.87	11.52	40943.24	5.17	66027.36	-1.89	74225.29	-6.61
怀柔区	54183.58	-1.18	48893.87	6.45	97338.24	18.34	76516.67	7.61
平谷区	20068.39	-1.69	53393.54	0.73	92484.13	3.27	61153.88	-3.18
密云区	43952.82	-1.82	41184.25	8.74	72955.29	8.95	52474.08	-3.10
延庆区	57155.79	10.59	52683.18	2.82	82176.37	-9.51	51566.05	-23.38

表三　各级教育生均一般公共预算公用经费支出增长情况

单位：元

地区	幼儿园		普通小学		普通初中		普通高中	
	2022 年（元）	增长率（%）	2022 年（元）	增长率（%）	2022 年（元）	增长率（%）	2022 年（元）	增长率（%）
东城区	12823.49	-19.52	7775.47	-4.77	11688.18	-22.10	13764.37	-13.91
西城区	24605.57	24.95	8498.33	10.48	20375.49	22.25	14849.72	-16.05
朝阳区	7511.26	-54.94	5678.78	4.26	15322.05	28.31	16628.75	8.15
丰台区	6501.42	-10.75	6646.14	-2.63	12265.79	-1.64	14162.06	-2.26
石景山区	7657.17	-6.73	7536.59	3.25	18035.77	3.09	17488.43	7.55
海淀区	17741.66	0.48	13047.60	13.23	18320.90	1.66	21750.66	0.26
门头沟区	14746.41	-30.35	12926.74	-10.34	16266.50	5.59	20720.25	1.31
房山区	7904.27	15.13	10029.11	76.53	21775.98	17.69	11043.79	-3.89
通州区	17011.48	-26.13	7933.39	-22.31	17927.98	-17.58	18374.26	-12.20
顺义区	15316.50	13.11	12428.33	14.44	20890.20	0.85	16315.86	-27.27
昌平区	5563.39	-23.33	9053.11	-10.82	15411.85	8.74	17858.45	-4.98
大兴区	21944.06	31.94	12081.97	-4.46	19749.93	-15.50	21666.75	-25.99
怀柔区	15317.58	-13.41	12049.35	-6.20	30725.65	42.84	26250.87	16.79
平谷区	10037.95	-7.23	9886.95	15.88	18179.82	26.38	7761.92	33.92
密云区	8186.82	-33.92	14746.91	-0.44	28972.64	-1.84	15320.53	-28.82
延庆区	15796.47	44.49	11079.00	8.08	14736.74	-37.72	9459.46	-36.02

（本栏责任编校　张晓兰）

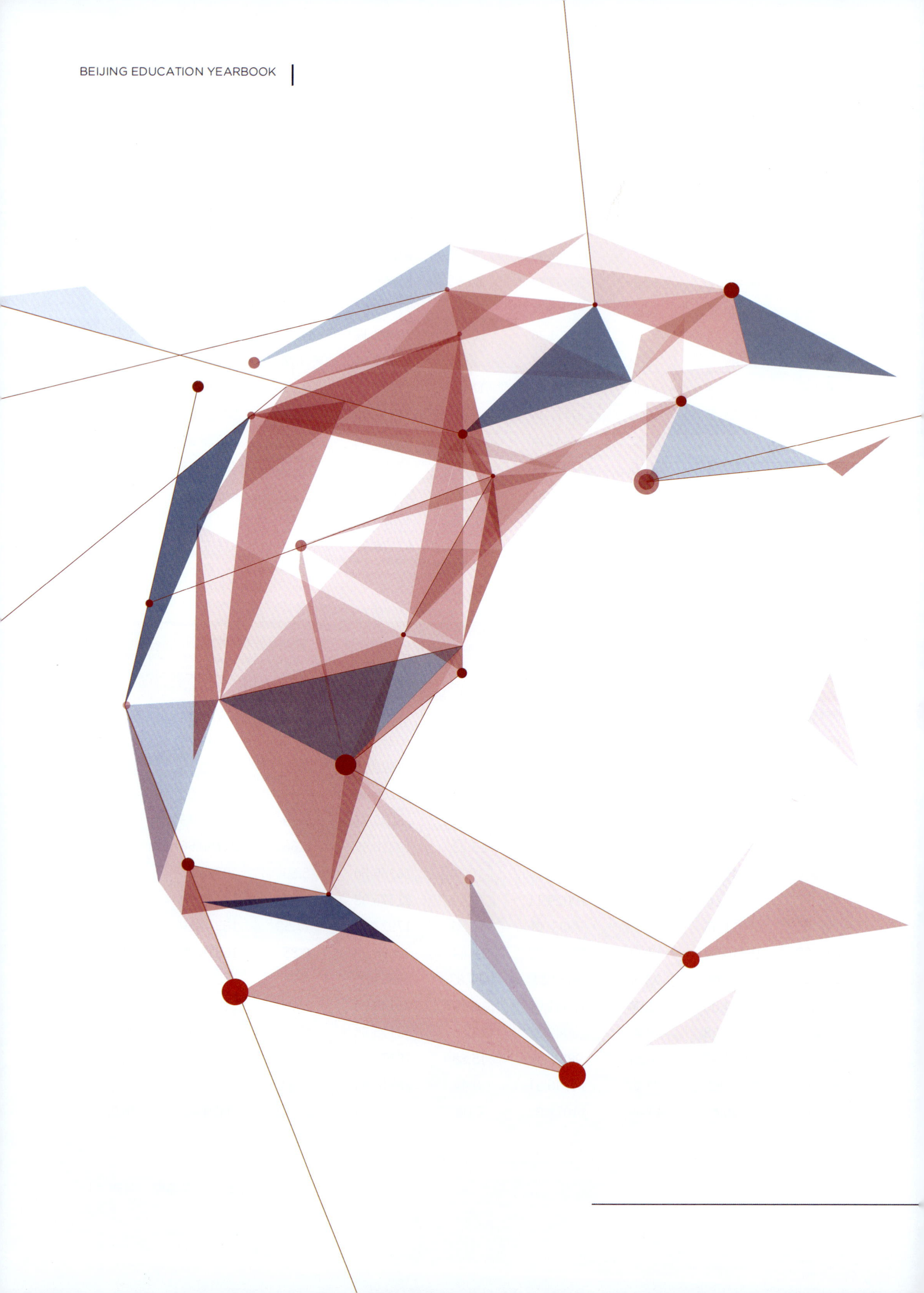
BEIJING EDUCATION YEARBOOK

调研报告

RESEARCH REPORTS

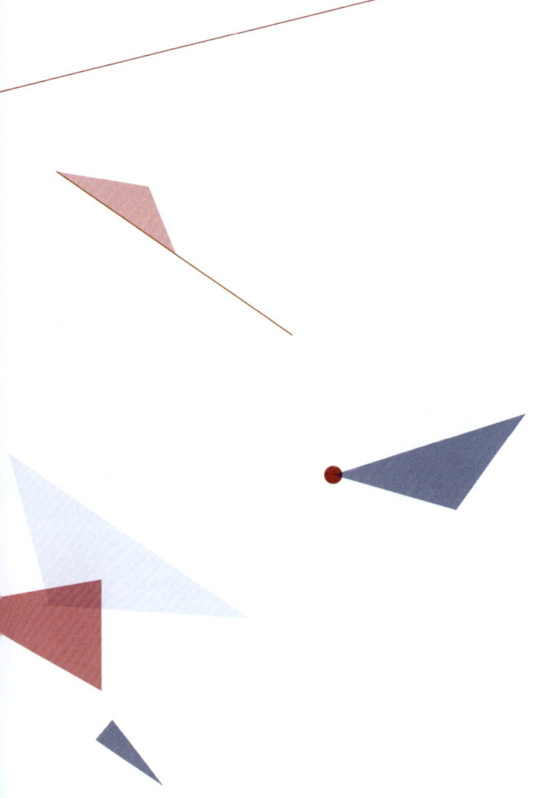

- 北京市大中小学思政课一体化建设研究报告
- 以高质量党建引领首都高校事业高质量发展
- 新时代数字教育发展研究
- 区政府履行“双减”职责情况专项督导检查报告

北京市大中小学思政课一体化建设研究报告

教育是国之大计、党之大计。培养什么人、怎样培养人、为谁培养人是教育的根本问题。党的二十大报告旗帜鲜明地指出:“完善思想政治工作体系，推进大中小学思想政治教育一体化建设。”思想政治理论课（以下简称思政课）是思想政治教育的主渠道、主阵地，是落实立德树人根本任务的关键课程。党的十八大以来，以习近平同志为核心的党中央高度重视大中小学思政课一体化建设，多次就思政课建设作出重要指示、批示。2019 年 3 月 18 日，习近平总书记主持召开学校思想政治理论课教师座谈会并发表重要讲话，提出“要把统筹推进大中小学思政课一体化建设作为一项重要工程”“推动思政课建设内涵式发展”。2022 年 4 月 25 日，习近平总书记在中国人民大学考察调研时指出，“青少年思想政治教育是一个接续的过程，要针对青少年成长的不同阶段，有针对性地开展思想政治教育。”“鼓励各地高校积极开展与中小学思政课共建，共同推动大中小学思政课一体化建设。”2019 年以来，中共中央、国务院及教育部分别制定《关于深化新时代学校思想政治理论课改革创新的若干意见》《新时代学校思想政治理论课改革创新实施方案》《关于开展大中小学思政课一体化共同体建设的通知》等系列政策文件，部署思政课一体化建设。

近年来，北京市高度重视统筹推进大中小学思政课一体化建设，将大中小学思政课一体化建设作为深化思政课改革创新的关键环节摆上重要议程，将“北京市大中小学思政课一体化建设研究”列入 2022 年北京市重点调研课题开展研究。

为高质量完成课题研究，市委教育工委、市教委、中国人民大学等单位组成调研课题组，联合有关专家学者、一线思政课教师、市区两级教研员以及高校思想政治教育专业的博士和硕士研究生，联合开展课题研究。课题组召开专家研讨会，实施问卷调查，以网络方式随机抽样选取 42 所北京市大中小学开展问卷调查，发放调查问卷 10800 余份，收到 10778 份，回收率、有效率近 100%。通过深入调查，分析研究，课题组丰富理论成果、凝练六条“北京经验”、发现五个问题、提出五条政策建议。

一、大中小学思政课一体化建设的丰富内涵

在理论和实践层面进一步明晰大中小学思政课一体化的丰富内涵，是推进大中小学思政课一体化建设的基本前提。

大中小学思政课一体化主要是指，在全面贯彻党的教育方针，落实立德树人根本任务，培养德智体美劳全面发展的社会主义建设者和接班人的指引下，以思想政治工作规律、教书育人规律、学生成长规律为基本遵循，整合思政育人资源，构建大中小各学段课程、教材、教学、体制机制纵向衔接、横向贯通的大中小学思政课一体化体系。具体来说，其丰富内涵可以从“双向协同”“三维展开”和“四位一体系统建构”三个方面理解和把握。

（一）双向协同

一是纵向衔接。纵向衔接是指大中小学思政课在课程、教材、教学、体制机制等方面的层层递进、有效衔接。不同学段也具有不同的学习重点，研究生阶段重在开展探究性学习，本、专科阶段重在开展理论性学习，高中阶段重在开展常识性学习，初中阶段重在开展体验性学习，小学阶段重在开展启蒙性学习。二是横向贯通。横向贯通是指课程思政与思政课程同向同行、贯通发展。课程思政与思政课程有着共同的政治属性和要求，相互参照、相互配合，前者以隐性教育为主，是分散的思想政治教育；后者以显性教育为主，是集中的思想政治教育。

（二）三维展开

大中小学思政课一体化建设，强调不同学段思政课全员全程全方位共建。“大中小”是全员的“大中小”。办好思政课，党和政府、学校、家庭、社会都有责任，思政课不仅要在课堂中讲，还要在生活中讲、在社会中讲。“大中小”是全过程的“大中小”。思政课大中小学课堂，前端延伸至幼儿园的学前教育、家庭教育，后续延伸至社会教育。比如，很多学生产生思想问题和心理问题的原因，往往可以追溯到家庭教育。任何学段都不是孤立的一环，而是紧密衔接、有序推进的整体，要把办好思政课放置于全过程教学的整体链条中看待。“大中小”是全方位的“大中小”。充分利用好各种资源、平台、素材，整合多维度多方面力量，共同为学生上好“大思政课”，用好红色资源、爱国主义教育示范基地、“大思政课”实践教学基地、劳动实践平台等，用鲜活的事例、生动的故事讲好思政课，引导大中小学各学段学生牢固树立正确的世界观、人生观、价值观。

（三）“四位一体”系统建构

大中小学思政课一体化建设，强调不同学段思政课在课程、教材、教学和体制机制方面的一体化。课程一体化，构建大中小学一体化思政课课程体系，在小学及初中阶段“道德与法治”、高中阶段“思想政治”、大学阶段“思想政治理论课”中落实课程目标要求，重点推进习近平新时代中国特色社会主义思想融入课程。教材一体化，小学教材注重趣味性内容设置、中学教材注重体验性和常识性内容设置、大学教材注重理论性内容设置、研究生教材注重探究性内容设置，要对具有相似主题和内容的部分进行科学整合与合理筛选。教学一体化，将教材体系有机转化为教学体系，讲出不同的层次、意境和水平，既要利用好课堂教学主渠道，也要充分利用校园环境、社会课堂、网络媒体、实践调研等增强思政课的吸引力。体制机制一体化，首先应聚焦思政课教师队伍建设，构建大中小学思政课教师的协同教学展示机制、资源共享机制、科研协作机制、交流研修机制、学科培育机制、教学改革机制等。

二、北京市大中小学思政课一体化建设的六条北京经验

北京市深入开展大中小学思政课一体化的建设探索实践，积累一定的成功经验。

（一）高领谋篇，打造课程建设“中央厨房”

第一，建立工作推进体制机制，强化制度保障，统筹大中小学思政课一体化建设，实现思政课内涵式、一体化发展。成立机构，建立运行机制，成立北京市大中小学思政课一体化建设指导委员会，组建北京市大中小学思政课一体化建设领导小组，成立北京市学校思想政治工作中心、全国首个大中小学思政课一体化教研组、首个一体化建设实践研究示范区（西城），统筹整合大中小学思政课一体化建设工作。强化制度保障，先后印发《北京市深化新时代学校思想政治理论课改革创新行动计划》《关于推进北京高校思政课质量保障工程的若干措施》等系列政策文件，有力指导和推动大中小学思政课一体化建设。

第二，以高精尖创新中心为抓手，服务大中小思政课一体化建设，推进大中小学思政课一体化的数字化建设。2015 年高精尖创新中心启动建设以来，充分发挥其在思政课教育教学上的人才优势、资源优势、技术优势，建成“六大平台”，即建设思想政治理论课资讯平台、马克思主义理论研究和文献支撑平台、思想政治理论课教学资源共享平台、思想政治理论课数字化教学平台、思想政治理论课实践育人平台和思想政治理论课教育质量评估平台。高精尖创新中心运用数字技术推动大中小学思政课的教师培训、备课以及大中小学集体上课等工作，为思政课教育教学提供全方位、立体化服务，使得思政课一体化建设取得重要进展和重大突破，高精尖创新中心已成为思政课数字化建设的重要标杆性成果。

7月4日，全国关心下一代党史国史教育基地、北京市大中小学思政课一体化教育基地、北京市学校“大思政课”实践教学基地在中国共产党早期北京革命活动纪念馆（北大红楼）揭牌　（市委教育工委相关处室　供）

第三，创建全国高校思政课教师网络集体备课平台，打造备课“中央厨房”，以数字化手段实现大中小学思政课一体化建设的整体提升。在上述“六大平台”的基础上，高精尖创新中心打造全国高校思想政治理论课教师网络集体备课平台，截至11月，平台覆盖2700余所高校思政课专兼职教师，为全国思政课教师提供全方位、多层次、立体化服务，被誉为思政课教师的能量枢纽。同时，备课平台还包括文献资源300万条、电子图书4万余册、教学视频5000余个，还有经典文献库、教学内容库、教学素材库、教学课件库、重难点解析库、教学成果库6大数据库。如果将备课平台比作一个“大超市”，思政课教师正是在这里根据学生的“口味”，挑选“食材”、烹饪“大餐”。备课平台汇聚讲好思政课的最大合力，惠及全国思政课建设，覆盖面极广，取得突出的工作成效。

（二）精深探究，夯实课程建设学理支撑

第一，成立北京市学校德育研究会，开展政策宣传、学术研究、信息咨询、经验交流、专业培训、承办委托等工作，实现大中小学思政课一体化建设功能整体优化。成立全国首家覆盖大中小幼全学段德育研究的一级学会——北京市学校德育研究会，印发全国首份关于大中小幼一体化德育体系建设的文件——《北京市大中小幼学校一体化德育体系建设指导纲要》，在全市101所大学、中学、小学和幼儿园建立德育研究基地，研究解决大中小幼一体化德育工作纵向衔接和学校、家庭、社会横向协同育人问题。突出协同攻关，以会员单位的方式，协同市文明办、团市委、市妇联等相关部门研究力量，协同学校、家庭、社会、网络四位一体的育人横向沟通，协同大中小幼一体化研究力量的纵向衔接。立足实践应用，为上级决策提供基础依据，同时服务学校开展鲜活生动的教育实践，并搭建平台，积极推进京津冀、京沪津渝、京江浙跨区域大中小学一体化建设理论与实践的交流，着力破解大中小学一体化中的难题。

第二，发布专门课题，研究大中小学思政课一体化建设的课程目标、体系等重点内容，为大中小学思政课一体化建设提供理论支撑，发挥学理研究的前瞻性和引领性作用。大力推动思政课一体化建设的学理研究，比如，2021至2022年度，北京市学校德育研究会立项课题74个，聚焦大中小学思政课一体化建设，涌现出“大中小学一体化思政课教师研修共同体建设研究”“基于文明行为习惯的北京市中小幼一体化养成教育研究”等项目，为全市学校思政课一体化建设工作决策“出主意”“想点子”“造样板”，突破思政课一体化建设的现有瓶颈，解决既有问题，并发掘、总结、凝练一大批具有复制推广意义的思政课一体化项目，使各校打造的“盆景”在全市形成靓丽的“风景”，推动北京市大中小学思政课一体化建设的长久发展。

第三，聘请专家学者担任咨询专家，吸纳优秀思政课教师担任大中小学思政课一体化教研员，为大中小学思政课一体化建设建言献策。北京市学校德育研究会成立学术委员会，聘请国家教育咨询委员会、清华大学教授和北京大学、北京师范大学、中国人民大学、首都师范大学、中国教育科学研究院、北京教育科学研究院等专家学者，为研究会提供理论指导和咨询服务。海淀区联合北京师范大学、中国地质大学（北京）、清华大学、中央财经大学的马克思主义学院和区域内中小学成立“海淀区大中小学思政课一体化教研组”，吸收包括4名大学教师、7名中学教师、5名小学教师在内的16名一线思政课教师担任教研员，开展集体教研，共同推进大中小学思政课一体化建设，推动思政课改革创新。

（三）多维联动，探寻多样化合作共建模式

第一，市、区、校纵向联动。2021年，北京市大中小学思政课一体化建设实践研究示范区、北京市大中小学思政课一体化建设研究基地落户海淀，标志着思政课一体化建设有一块先行先试的“试验田”。海淀区通过市区课题研究、建设学科教研基地等形式，实现基础教育与高等教育协同创新，构建不同学段“协同作战”的思政课教育体系，市、区、校垂直联动成效显著。2021年，海淀区“推进思政课一体化建设凝聚培育时代新人合力”成功入选首都文明办“首都未成年人思想道德建设创新案例”征集评选活动创新案例奖。海淀区与首都师范大学共同设立思政课教师培训基地，与清华大学马克思主义学院联合举办海淀区中小学思政课骨干教师清华大学浸润式研修班，为区域教师量身定制研修课程。2022年，中国人民大学附属中学王莹莹、中国人民大学附属小学潘龙龙两名教师的教学案例成功入选教育部“2021中小学思政课

7月12日，北京市大中小学思政课一体化重大课题开题暨海淀区推进市思政课一体化研究基地和示范区建设现场会举办（海淀区教委 供）

教师教学基本功展示交流活动典型经验”，教学研究成效显著。

第二，跨校跨学段横向联动。建立校际合作机制，形成跨学段的外部“大循环”，高精尖创新中心开设大中小学思政课一体化建设专题活动，汇聚北京、上海、江苏三地大中小学的12名优秀青年教师开展“大中小思政课一体化建设”教学展示交流。中国政法大学联合北京市东城区史家胡同小学开展“宪法宣传周”双师课堂活动，形成班级备课小组，共同开展备课与磨课工作。形成同一学段的内部“小循环”，北京市朝阳区芳草地国际学校远洋小学选取学校中的特级教师、市级骨干教师、区级骨干教师作为专业引领，带领全体教师开展思政课教学；将“道德与法治”教师、语文学科教师、班主任均纳入“大思政”课堂，共同开展思政内容教育。

第三，系统内部联动。整合系统内部资源，推动系统联动建设，中国人民大学专门在其附属中学设立“大中小学思政课一体化建设教育基地”，通过邀请大学教师到附中上课，组织大学、中学教师集体备课等方式，不断创新思政课教与学的方式，循序渐进、螺旋上升地开展思政课建设。推进教师队伍联动，实现初高中教师循环流动，中国人民大学附属中学日常开展的思政教师培训、教研活动，既有分学段的，也有全学段的，通过与人民大学及其附属小学深度合作，既“引进来”，邀请大学教师到中学示范、指导、交流；也“走出去”，组织教师到大学、小学参加现场观摩、集体备课活动。

（四）知行结合，推出三大实践品牌项目

第一，课程资源共享平台项目。充分利用国家中小学网络云平台和空中课堂等教学资源，组织市区教研员和骨干教师深入研究开发市级思政课教学资源，在北京智慧教育平台网站上发布。各区立足区域实际，相应建立区级教学资源库，包括教学实践指导资源库、教学研究培训资源库、教学质量评估资源库，为教师课堂教学提供有力支持。发挥高精尖创新中心，在思政课教育教学上的人才优势、资源优势、技术优势，向全国思政课教师提供包括教案、课件、讲义、案例等在内的优质教学资源，打造思政课资讯平台、马克思主义理论研究和文献支撑平台、思政课教学资源共享平台等一系列重要平台。

第二，集体备课实践品牌项目。打造网络大课堂开展备课指导，依托高精尖创新中心等网络平台，邀请理论名家、教学名师，为全市大中小学思政课教师开展备课指导，为全市思政课教师打造贯穿全年、覆盖全员的网络大课堂。组织开展“首都师生服务保障国庆活动专场宣讲会”“大力弘扬北京冬奥精神”等同备一堂课活动，实现全市大中小学万名思政课教师同时在线集体备课。自主探索集体备课模式，以高校教师下沉到中小学、中学教师下沉到小学授课、小学教师上行至中学或大学的“上中下”并行方式，学习、观摩并参与集体备课活动。首都师范大学组织安排大学生到中小学进行教育、实习、见习和研习，参与中小学思政课集体备课会，以“手拉手”方式积极探索培育思政课后备师资力量模式。北京航空航天大学思政课教师和中关村中学思政课教师主动联合开展教研活动。

第三，教学实践品牌项目。打造北京高校思想政治理论课网络示范教学活动，思政课网络示范教学活动每个月举办一期，举办“我和我的祖国——大中小幼同台讲述育人故事活动”促进大中小学思政课教师交流互鉴；联合北京卫视录制《老师请回答》——大中小学生同上一堂课，为不同学段学生成长、教育、健康作出权威有效的指导。开展教学课例征集活动，在全市范围内组织开展“永远跟党走”大中小学思政课优秀教学课例征集展示活动，以课例编写为纽带促进大中小学思政课纵向联动、交流互鉴。

（五）注重统筹，构建五项课程推进机制

第一，创新大中小学思政课一体化组织领导机制。建立完善组织领导体系，发挥北京市大中小学思政课一体化建设指导委员会等一体化组织领导机制，每年至少召开一次专题会议，研究全市大中小学思政课一体化建设中的重难点问题。按照《北京市深化新时代学校思想政治理论课改革创新行动计划》《北京市大中小幼一体化德育体系建设指导纲要》等政策文件，为思政课一体化的纵向衔接和横向贯通提供支撑。

第二，强化大中小学思政课一体化协同联动机制。积极推动大中小学思政课一体化建设的协同联动机制，组建一体化研究智库，设立一体化建设研究基地，建立“家校协同基地”，促进大中小学思政课协同发展。中国农业大学

9月1日，人民大学大中小学思政课一体化建设教育基地揭牌仪式举行 （人民大学 供）

用好“科技小院”，打造浸润三农情怀的社会大课堂；北京农学院推进乡村振兴“大平台”与社会实践“大课堂”紧密融合、协同育人。积极开展一体化理论和实践探索，海淀区与全区中小学协同推动工作、研究理论，聚合中国人民大学、北京市八一学校和清华大学附属小学思政课教师，共研《大中小学一体化思政课教师研修共同体建设研究》市级重大课题。昌平区组建“昌平区中小学思政课一体化教研共同体”，召开展示交流研讨会。

第三，深化大中小学思政课一体化奖励激励机制。出台《加强和改进新形势下高校思想政治工作实施意见》《北京高校一线专职思想政治理论课教师岗位补贴发放管理办法（试行）》等政策文件，在全国率先为高校思政课专职教师发放岗位补贴。通盘考虑中小学思政课教师奖励激励机制建设，在中小学（幼儿园）新设正高级教师职称，打通思政课教师职业发展通道，在绩效工资方面，不断完善义务教育学校绩效工资分配制度，提高中小学教师工资收入水平。坚持推进多样化的激励办法，设置思政课特级教师、市级学科带头人、市级骨干教师评选系列，加大对思政课教师参评各类荣誉称号的支持力度，在“北京市优秀教师”“北京市优秀教育工作者”等的评选条件中，强调政治理论水平、师德修养和育人成效。

第四，健全大中小学思政课教师集体备课机制。创建北京市学校思政课教师“同备一堂课”制度。2019 年 10 月，北京市组织开展“首都师生服务保障国庆活动专场宣讲会暨北京市学校思政课教师同备一堂课”活动，首次实现全市大中小学万名思政课教师同时在线集体备课。此次调查显示，86.16% 的受访教师认为“集体协同备课对于增进大中小学思政课一体化教学实效”是“比较有帮助”或“非常有帮助”的。围绕大力弘扬北京冬奥精神等主题，北京市先后组织开展 14 期集体备课活动。

第五，统筹构建大中小学思政课一体化合力共建共享机制。依托全市资源优势合力共建大中小学思政课，市教委联合国家大剧院、中国电影博物馆等，打造“剧院里的思政课”“电影中的党史课”等特色课程，将首都“四个中心”资源优势转化为育人动能，汇聚起“三全育人”的强大合力。深化新时代北京市学校思政课改革创新的“十大工程”，打造北京市学校思政课案例库，服务支撑首都 90 余所高校思政课堂，实现案例共享。聚焦前沿问题开发课程助力全市思政课教学，中国人民大学在全国高校中率先全面开设“习近平新时代中国特色社会主义思想概论”课程，使全国高校共享成果。

（六）一体多维，强调一体化目标与效果导向

第一，立足核心素养，开展教师教学研究指导培训推进课程建设。2022 年，市教委出台《北京市义务教育课程实施办法》《北京市中小学地方课程教材开发指南》等多个文件，以政策制度形式推进核心素养培育的长效机制。近年来，北京市组织开展多项研讨交流与专题培训会，着力实现核心素养的研究指导与教育教学一体化。这次调查显示，通过思政课的学习，中小学学生基本达到《义务教育道德与法治课程标准（2022 年版）》对学生核心素养的要求。

第二，合理开发素材，合理运用多样教学方法提升课程整体效果。搭建课程资源平台汇集优质教学方法，高精尖创新中心搭建大中小学思政课课程资源共享平台，加大对优秀教学方法的宣介推广力度。不断推进教学方式方法改进创新，调查显示，七成以上的受访教师注重学情特点、注重教学方法并能够灵活使用教学方法，表示“能有效整合不同学段的教学方法”“能充分融合传统与现代教学方法”“能合理设置教学情境”。通过教学方法开发使用与改革创新，思政课课堂的活力、质量与效果稳步提升。

第三，强化总体设计，以实践活动调动学生积极性主动性创造性。近年来，北京市积极构筑“大思政课”育人

10 月 12 日，星河实验小学二年级学生参加“庆祝二十大 争做好队员”入队仪式 （朝阳区教委 供）

新格局，思政课教师走进市国资委、冬奥组委、市人大、市政协等单位现场备课和观摩学习；市教委联合国家大剧院、中国电影博物馆打造大剧院里的思政课、电影里的党史课等特色课程，让思政课教师“看北京、看变化、看成就”。依托北京市红色教育基地，从学生看得见、摸得着、有感受的身边案例入手，让京华大地的生动实践成为最鲜活的思政课教材，推动学生走入社会大课堂，思政课实现从“烦闷说教”到“香饽饽”的转化，思政课实践教学实效有效增强。

三、北京市大中小学思政课一体化建设存在的五个问题

近年来，北京市大中小学思政课一体化建设形成一系列行之有效的经验做法。同时，也必须清醒地认识到当前一体化建设，在纵向衔接、横向贯通、理论研究、教材转化等方面呈现出亟待改进的问题与不足。

（一）纵向统筹一体化建设的推进机制亟待加强

第一，存在纵向衔接不到位与各管一段现象，缺乏一体化的交流沟通机制。调查显示，79.73% 的教师因为“不具备协同备课的条件与机制”而没有参加过协同备课，41.89% 的教师因为“没有时间进行集体协同备课”而缺乏协同备课经历。这表明交流沟通机制缺乏常态化的组织保障，没有统一的协调管理部门组织联络相关工作，大中小学思政课一体化建设处于分段、分散管辖的状态，不利于课程协同建设。不同学段教师对其他学段思政课教学的逻辑起点、教学深度和基本学情缺乏了解，各自为战、各管一段的现象仍然存在。受访小学教师表示，小学对本学段的教学难度定位较高，而中学则认为小学思政课学习的内容较浅，思政课教学的纵向衔接不到位、不连贯。

第二，一体化建设的现有评价体系与激励机制不完善，缺少常态化的督导机制。调查显示，54.4% 的教师认为评价工作存在“教学评估指标比较模糊、固化”，53.15% 的教师认为“教学评估标准缺乏统一性”，52.2% 的教师认为“教学评估方法简单机械”以及 56.29% 的教师认为“教学评估方案针对性不足”。因缺少稳定的评价指标和系统的评价体系，大中小学思政课一体化建设在不同学段教育评估体系中缺乏明确的对应指标，导致部分中小学和高校对于大中小学思政课一体化建设的基本要求把握不够精准，存在“任务认领不明确”“落实要求不清晰”等问题，为纵向统筹思政课建设增加了一定难度。此次调查显示，思政课教师教学工作量较大，在大中小学一体化建设方面的压力较大，部分学校缺乏相应的激励政策，影响教师开展工作的积极性、主动性和创造性。针对当前存在的“超课时”情况，27.67% 的教师表示“没有任何奖励”。部分中小学教师希望在职称评审、课题申报和评优评先等方面给予倾斜。

第三，一体化提升教师专业化水平与能力有待加强。调研反映，大中小学思政课教师队伍的素养与能力存在差异。相较于中学和大学思政课教师，小学教师具有专业学科背景的教师较少，专业素养和学术水平亟待提升，增加纵向推进思政课一体化建设的难度。此次调查反映，因时间、人力、物力等客观条件的限制，各学段思政课教师的研修培训、备课以及交流机制的推进和落实难度较大，针对提升思政课教学能力和方法的专业培训不足。跨学段的合作交流多是“一次性”的，难以建立普遍的、长效的跨学段联系，各学段纵向间的相互了解亟待提升。

（二）横向统筹“大思政课”资源建设的合力不足

第一，缺乏横向跨学科联动的教学教研资源、重难点问题资源以及示范课程资源建设。调查显示，大中小学思政课一体化建设对大思政课的善用还不足，同一学段内部缺乏教学的资源支撑，部分示范课和研究项目尚未形成由“经验点”到“示范面”的推广辐射作用。大中小学思政课一体化横向跨学科联动不足，单个学段内教学教研资源建设的横向融通不充分，统一性和差异性要求体现得不明显，缺乏跨学科的思政课教学教研资源库、重难点问题资源库以及示范课程资源库，大中小学思政课一体化建设的横向统筹有待进一步提升。

第二，跨学科横向研究的示范研究中心建设不足，课程思政存在“硬融入”“表面化”现象。此次调研反映，协同推进课程思政建设的体制机制有待健全，跨学科横向研究的示范研究中心建设不足，课程思政的理念尚未形成较为一致的共识，教师对课程在横向维度一体化的整体性认知不足。在课程思政建设内容方面，对“融入什么”“如何融入”“融入到何种程度”把握不清晰的问题制约横向贯通成效，存在“硬融入”“表面化”的现象。在课程思政教学体系建设方面，校内对课程思政建设的统筹不足，适用于本校课程思政评价标准尚未研究制定，科学合理的课程思政教学体系尚未形成。尽管已形成一批具有学科专业特色的课程思政，但仿照已有示范课“僵化”融入的现象依然存在，导致公共基础课、专业课、实践类课程的课程思政建设重点尚不明确。在课程思政建设方面，对于能够体现首都优势的课程思政元素挖掘不足，亟待形成一批突出北京特色的课程思政范例。

第三，统筹运用社会大课堂和“四个一”活动教育资源能力不足。社会大课堂和“四个一”活动（“四个一”是指，各参观一次中国人民抗日战争博物馆、中国国家博物馆、首都博物馆、中国人民革命军事博物馆），是北京市深入开展中小学生思想政治教育、是横向统筹“大思政课”建设资源的重要载体与举措，具有良好教育实效。当前，“开门办思政课、调动各种社会资源的意识和能力还不够强”。对于四大场馆蕴含着的丰富思想政治教育资源挖掘深度有待提升，尚未深入挖掘已有大资源平台的育人效能，如中国人民抗日战争纪念馆的抗战小剧场演出、抗战精神宣讲会、参观专题展览、完成自主性探究学习等。同时，结合重要时间节点，聚焦学生的实际获得和实践活动的引领作用、对社会大课堂和“四个一”活动的合理运用有待提升。

（三）一体化建设的理论研究尚不能满足现实需求

第一，大中小学思政课一体化的科学内涵研究不到位，对一体化的整体性认知不足。调查显示，有 12.89% 的教师对“课程目标、课程设置、课程教材内容有效贯通”不大了解。12.89% 的教师对“纵向各学段层层递进”不大了

解。15.41% 的教师对“横向各课程密切配合”不大了解。18.55% 的教师对“校际间协同推进思政课建设”不大了解。现有研究中对大中小学思政课一体化的内涵阐释，更多体现在对“一体化”的解读上，主要从横向、纵向两个纬度理解。通过对相关研究进行词频统计，“衔接”“连接”“贯通”“稳定”“递进”“渐次”“统一”等成为大中小学思政课一体化研究的高频词，也是其内在的关键要素。对其科学内涵的阐释和研究还不够到位，导致各学段对一体化建设的目标认识不清晰，对于大中小学思政课一体化建设“需要做什么、做成什么样子、怎么做”等问题的认识不清晰。

第二，大中小学思政课一体化的价值意义研究不充分，对一体化定位的认知有偏差。主要表现为三个归结，一是仅仅把大中小学思政课一体化建设归结为政治任务，这是精神懈怠的表现。二是仅仅把大中小学思政课一体化归结于教育系统，这是视野狭隘的表现。三是仅仅把大中小学思政课一体化归结于思政课体系，这是推卸责任的表现。正确把握大中小学思政课一体化的战略定位，需要从为党育人、为国育才的角度，从培养社会主义建设者和接班人的角度进行理解和把握。

第三，大中小学思政课一体化的方式方法研究不够深入，缺乏循序渐进、螺旋上升的方法论自觉。调查显示，有 11.95% 的教师对“课程循序渐进、螺旋上升”的感受是不大符合。14.15% 的教师对“课程内容衔接过渡合理”的感受是不大符合。10.69% 的教师对“内容体现了由低到高、由具象到思辨的趋势”的感受不大符合。从学生的情况来看，有三成左右的研究生认为“老师未能将说理教学与启发引导有效结合”，约三成的研究生认为“老师未能有效整合不同学段的教学方法”，约两成的研究生认为“老师未能充分融合传统与现代教学方法”。

（四）教材阶段目标与内容相互衔接的精准化程度不够

第一，教材编写目标一体化衔接不够紧密。调查显示，有 11.95% 的教师不认同教师能够“既将教材作为教学依据，也对其他学段教材有了解”的选项。10.06% 的教师不认同教师“注重不同年级课程和教材的纵向衔接”的选项；11.95% 的教师不认同教师“注重不同学科课程和教材的横向贯通”选项。当前，各学段对大中小学思政课一体化建设的基本要求把握不够精准，“任务认领不明确”“落实要求不清晰”等问题仍比较突出。在日常思政课教学实践中，各个学段的教学目标差异性不明显、递进性不突出，常混淆总体目标与局部目标，淡化思政课教学的阶段性目标，弱化思政课教学的层次性。

第二，大中小学思政课教材内容存在部分重复、衔接不够顺畅等现象。调查显示，有 14.15% 的教师对“课程内容衔接过渡合理”的感受是持“不大符合”观点；10.69% 的教师对“内容体现了由低到高、由具象到思辨的趋势”的感受持“不大符合”观点。此外，在“您是否了解其他学段思政课的教材内容与课程设置”问题上，36.48% 的教师表示不太了解。同样地，学生也有类似的认识，13.13% 的初中生认为，与小学相比，现在的“道德与法治”课，“教材内容明显不同”不大符合实际，7.73% 的初中生则认为很不符合实际；6.36% 的博士研究生认为，与硕士阶段相比，博士阶段所讲的思政课“内容重复，讲授深度无明显差异”。大中小学思政课教材内容要遵循螺旋式上升的基本规律，适当重复是必要的，但是教师对重复内容的讲解深度要随学段升高而增强，避免“小学讲、中学讲、到大学又讲”简单机械重复情况的发生。从教材内容的呈现来看，如初中“道德与法治”中的“根本政治制度、基本政治制度”、高中“政治与生活”中的“我国的根本政治制度”“我国政党制度的基本内容”“我国实行民族区域自治制度的坚实基础和优越性”与大学“毛泽东思想和中国特色社会主义理论体系概论”中的“建设社会主义政治文明”内容重复较多，而且难度区分度不明显。

第三，部分教材在呈现形式上较为单调，语言和形式的枯燥导致学生对思政课产生偏见和误解。调查显示，一线管理者和教师反映：思政课教材中存在一些条条框框，使教师在教学过程中难以把握教材知识落实和实践活动之间的平衡关系，以致于一些教师在讲课过程中，照本宣科，从课本到课本，甚至出现只讲空洞理论，不结合社会发展实际和教育对象生活实际的行为倾向。这样的思政课没有“泥土味”和“烟火气”，离社会发展实际和学生现实生活太远，容易引起学生排斥，可能会弱化甚至消解学生对主流意识形态的认同。整体看，部分思政课教材在内容编排和形式设计上单调、语言枯燥的问题不容忽视。

（五）各学段在教学对教材内容的转化效果方面均待提升

第一，大中小学各学段的教学目标、教学内容及教学设计不清晰。调研反映，一是小学思政课教材少部分内容比较脱离学生生活。小学思政课教师普遍反映，小学道德与法治课中涉及多种“精神”（如“中国精神”“民族精神”“时代精神”“爱国精神”“革命精神”“井冈山精神”“长征精神”等）和政治制度（如人大常委会组织制度等）的内容，教师对于讲清楚“精神”和政治制度这些相对抽象的概念有一定困难，小学生也不太容易理解。二是初中思政课的体验性不佳。调查显示，17.31% 初中生反馈，在“道德与法治”课上大多数同学认真听讲，但较少发言。74.12% 初中生表示思政课教师常采用讲理论的方式开展教育教学，与初中思政课“以体验为基础”的要求相偏离。三是高中思政课内容多、理解难，致使部分学生出现畏难情绪。调查显示，65.25% 的普通高中学生反映“思政课内容多且学习困难，成绩不够好”，这提示高中思政课教学改革需围绕学生的认知能力、认知水平和现有知识结构开展教育教学，以突破思政课理论教学重难点。四是大学思政课的教学效果依赖于思政课教师的教学水平。调查显示，超过六成学生反馈，大学的思政课教师使用的教学话语明显不同。相对于中小学思政课堂良好的教学效果，包括本科、硕士和博士学段在内的大学思政课教学还有不小差距。超过 70% 的学生表示，在思政课课堂上教师基本依照教材授课，同时，也有 70% 以上的学生表示教师可以“把教材内容转化为贴近你生活实际的知识”。

但值得注意的是，仍有超过 20% 大学生表示思政课教师“很少”或“从不把”教材内容转化为贴近生活实际的知识。

第二，大中小学思政课建设要实现教材体系向教学转化，面临内容、语言、活动板块三项考验。一是教学内容转化。思政课教材内容体例庞大，思政课教师如果只是读教材、念课件，孤立地讲述教材中的每个章节、每个问题，必然陷入“只见树木、不见森林”的境地，教学必无章法可言，既费时费力，也难以避免前后内容的重复。另外，有的教师能够有意识地对教材涉及的知识和逻辑线进行分析、归纳，结合学生实际进行讲解，但因其对教材的理论、知识和活动板块等的内在逻辑未吃透，教材内容仍无法与学生的现实需求进行有机对接，进而无法激发学生的学习兴趣，教学效果仍然不理想。二是教学语言转化。通俗而风趣的教学语言能够使思政课教学富有启发性和感染力，当前，少部分思政课教师在讲课时未能做好教材书面语向教学口头语的转换，导致课堂气氛沉闷，学生容易出现倦怠情绪，是思政课教学中值得关注的问题。三是活动板块转化。编写思政课教材时会设计一些活动板块，引导教学活动设计，辅助教师教学和学生理解理论知识。但是，在思政课实际教学中，教材所设置的活动板块有时会干扰教师的教学设计，甚至替代思政课的教学内容传递，出现活动板块喧宾夺主现象，反而影响思政课的理论教学。

第三，实际教学过程中的针对性不强。此次调研反映，小部分思政课教师对学生的个体差异和需求缺少调查，仅仅通过简单填鸭式方法开展教学，致使学生上课“抬头率”不高。思政课不是单纯说教，而是立德树人的长期工程。“思政课的本质是讲道理，要注重方式方法，把道理讲深、讲透、讲活”，面对“思政课教学缺乏针对性”的现实之问，思政课教学要加强针对性，必须从教学对象的实际出发，做到根据学生的现实情况因材施教，在教学内容上作出更加理性、合适的设计。

四、推进北京市大中小学思政课一体化建设的五条对策建议

（一）打通三个堵点，努力完善思政课建设管理一体化机制

第一，找准队伍建设堵点，完善思政课教师专业能力培训机制。聚焦队伍建设中存在的专业化水平欠佳、培训力度不足等问题，以“三二一”教师专业能力培训机制，全面加强大中小学思政课教师专业能力培训。“三级体系”：完善国家、地方、学校三级培训体系，贯通市、区、校一体化的培训渠道，建立健全常态化的大中小学思政课教师培训机制。在市、区级层面，建立健全思政课教师轮训制度。依托各级各类研讨班、进修班等，保证“每三年对中小学思政课教师至少进行一次不少于 5 日的集中脱产培训”。“两个重点”：从课程建设与教材建设方面抓好培训机制建设。讲好思政课不容易，要深化大中小学思政课课程基本理论与教学能力培训，深化大中小学思政课统编教材教法培训，结合不同学段教师队伍的基本特点，重点加大对兼职思政课教师的理论与专业培训力度，加大对全体思政课教师的综合素质培训力度。“一个工程”：依托北京思政课十大工程中的思政课教师培优工程，发挥以工程推动培训的优势，在选优配齐思政课教师队伍的基础上，遴选优秀学生参与思政课教学并试点推广，加大对思政课教学领军人物的培育力度，吸纳一批政治素质过硬、理论水平高的离退休干部到高校担任思政课教师，鼓励具备坚实理论功底、丰富实践经验的在职干部到高校兼职讲思政课。

第二，找准评价机制堵点，完善教师评价标准体系与激励机制。聚焦评价机制中存在的常态化推进不足、标准导向不突出等问题，构建以立德树人为核心，以教学质量和实际贡献为导向的全方位、多角度的评价和激励机制。突出立德树人的评价导向，以学生成长发展作为评价一体化建设的重要标准，制定与大中小学各学段思政课教师实际相匹配的评价标准，突出课堂教学质量和育人实效导向。建立健全“市—区—校”三级联动的听课全覆盖制度，组织专业教学督导队伍督导听课，深入掌握教学实际情况，跟踪反馈督导成果。组建全方位、多层次的评价队伍，加大教学研究和教学成果在评价体系中的权重，对教学方法及教学活动等进行多维评价。同时，着力形成包含物质奖励、表彰荣誉、休息休假等多样化激励方式，将评价结果作为思政课教师绩效考核、职称晋升、评奖评优等的基本依据。

第三，找准实践转化堵点，推进分课程、跨课程、跨学段的集体备课机制。聚焦实践转化中存在整体认识不足、分散现象突出等问题，推进“向上看”“向下探”“左右看”相结合的分课程、跨课程、跨学段集体备课机制。“向上看”与“向下探”相结合，不同学段实行“下沉”与“上升”相统一的集体备课机制。选派经验丰富的大学教师下沉到中小学、中学教师下沉到小学，指导、参与教学与集体备课；选派硕博学生到中小学实习以提高研究生培养质量；小学教师到中学、大学学习进修教学经验方法，实现“大中小”与“老中青”的协同传帮带。“左右看”，同一学段内部实行轮岗制教师培训机制。中学内部将“大循环”（初一到高三年级）和“小循环”（初中三个年级或高中三个年级）相结合；开展同一学段不同科目之间的横向交流，在大学思政课教师之间、中小学思政课教师与其他科目教师之间开展座谈，强化教学的跨学科体验。在每学期（开学前）组织集体备课的基础上，不定期组织开展分课程、跨课程、跨学段备课，建立纵向跨学段、横向跨学科的交流研修机制。

（二）以研促教，着力夯实思政课一体化建设的理论基础

第一，设立“大中小学思政课一体化建设”专项课题，强化基础理论研究。大中小学思政课一体化建设研究是理论性与实践性兼具的时代课题，突出理论研究与实践调查。建议将北京市大中小学思政课一体化建设作为北京市哲学社会科学基金项目的重点内容之一，考虑设立“北京市大中小学思政课一体化建设”研究专项，并设立重点项目和一般项目，加大对思政课目标内容一体化研究的支持力度。邀请专家学者、一线思政课教研员和教师等，以问题为导向设立若干研究专题，推动思政课教材、课程、教学、课程思政以及保障思政课建设的体制机制等方面的理论与实

践的高水平研究。

第二，依托理论研究中心，聚合专家力量合力攻关一体化建设前沿问题。用好研究平台，依托高精尖创新中心、北京高校中国特色社会主义理论研究协同创新中心等研究平台，组织开展跨中心、跨平台的理论研究。定期组织专家学者深入研究大中小学思政课一体化建设的理论与实践问题，重点突出对北京问题的研究、对北京特色的凝练，打造具有标志性、针对性、实效性的决策参考建议。抓好创新中心，基于与北京师范大学共建的北京市学校思政课教学创新中心，依托单设思政课教育教学研究专项课题，聚合专家力量，联合其他高校开展理论研究，共研思政课一体化建设前沿问题。形成“北京市大中小学思政课一体化建设研究创新成果一览表”，推广创新成果和理论突破。

第三，依托已有实践研究基地，推动已有理论成果向实践转化并推广试点，形成可复制经验。立足北京市习近平新时代中国特色社会主义思想研究中心研究基地和中小学思政课示范基地以及一体化研究基地等，将课题项目和理论研究中心的阶段性成果应用于研究基地实践，检验理论研究成效及理论与实践的适配性。遴选部分高水平高校和中小学作为示范学校，结成大中小思政课一体化教学改革创新联合体，进行试点。立足自身的办学特色以及教育、教学、课程、师资等优势基础，推广实行大中小学思政课一体化建设的经验，按照校、区、市的层次逐步推广，助力提升全市及全国大中小学思政课一体化建设的质量和水平。

（三）立足大课堂，打造一批横向贯通的思政课课程群

第一，教育部门牵头统筹推进横向贯通的思政课课程群建设。建设好思政课课程群，针对大中小学思政课各学段所出现的教学内容重复等现象，解决各学段讲什么等难点问题，突出学段特点，做到思政课教育教学的横向贯通、螺旋上升与全方位加强。一是定期组织同学段的集体备课，每学期（开学前）至少要求组织一次集体备课，常备常新，发挥思政课教师群策群力，探索更加多样的教学方式和方法，建设丰富多元的横向教学体系。二是发挥领导干部和学术带头人的示范带动作用。定期邀请经验丰富、教学效果好的优秀思政课教师讲示范课，增设教育教学经验的交流分享环节，消除教师不熟悉、不适应思政课一体化的“教育焦虑”。三是打造大中小学优质思政课教学资源云平台，不断完善覆盖大中小学思政课的课外视频教学、教研资料库，探索建设融媒体思政公开课，实现课程群教学数据和网络资源的共享，最大程度保障思政课课程群的横向贯通。

第二，构建类型丰富、层次递进、相互支撑的思政课课程群。在保持思政课必修课程设置相对稳定基础上，结合大中小学各学段特点构建形成必修课加选修课的课程体系，结合思政课建设的既往经验，构建较为多样思政课课程群，如“必修课程＋选修课程”“主干课程＋分支课程”“通识课程＋专业课程”等板块组合方式，各个板块相互协调合作，形成互补关系，构建较为完整的课程知识结构，循序渐进实现思政课各学段的整体目标。做好各板块的合理设置，原则上做到主干课程与相应的分支课程相搭配，学校保证学生都要修习必修课程，并结合教学实际，开设种类丰富的选修课以供学生选择，保证学生先学习基础课，再学习拔高课程，做好横向学段之内的衔接。建议分阶段、有重点地推进思政课课程群建设的试点工作，条件成熟的学校先进行试点，保证课程群建设能够落到实处。

第三，强化同一学段思政课教师的沟通联系，提高一线教师的协同程度。一是建议开设思政课教师研修基地或研修班，在推动思政小课堂同社会大课堂相结合的基础上，利用学校假期开设思政课教师研修基地或研修班，汇聚大中小学思政课教师共同参与实践教学，让同学段一线思政课教师有接触交流的机会。二是加强校际合作，打破单兵作战模式，各大中小学学校积极与同学段其他学校开展合作，选派本校教师到兄弟学校进行观摩，合作开发线上教学资源。三是加强横向贯通的课程群教学设计，在一线教师的沟通中，找出课程间类似或有关联的内容，寻求分头推进教学和知识合并同类的方法，提升思政课课程群的教学效率，打造相互独立又有共同内在联系的课程群。四是增强思政课教师的交流沟通意识，搭建常态化、规范化的学术沙龙、研讨会议和经验交流平台，组建学术社团，保证相关信息高效流动，畅通同学段思政课教师间的访问教育、挂职考察等交流渠道，以项目驱动的形式，强化思政课教师联系，更好推进一体化建设。

（四）示范引领，增强北京市思政课一体化建设品牌辐射力

第一，依托北京育人资源优势，建设思政课一体化培训基地，构建一体化课程平台，推动思政课优质教育教学资源共享。一是发挥北京的红色资源优势，用活全市红色资源版图，打造校、馆全方位实践育人共同体，进一步挖掘北京市育人资源的思政元素，建设“红色场馆特色思政课堂”，形成师生参与红色场馆文化传播和志愿服务的常态化机制。二是依托首都文化打造系列可视化教材，加强与博物馆、展览馆、图书馆、剧院的联动，建设“线上思政课”“光影思政课”“艺术思政课”等品牌，培育师生精神家园。三是建设思政课一体化培训基地，制订培训方案，分阶段、分层次开展教师培训，并使培训制度化、常态化。探索建设一批体现大中小学思政课一体化效果的示范学校、形成一批优质示范课程，以此带动相邻学校、相近课程、相关教师共同发展。四是不断加大培训和研究的频次与力度，市区教育行政部门、教研部门可为学校间进一步联系搭建平台，提供一体化研究的伙伴关系渠道，学校也要主动出击，挖掘内容、形式、管理等方面的资源，持续地将思政教育一体化向纵深推进。

第二，依靠北京高校集聚优势，开发示范课程，打造思政课教育教学优势。一是建议在国家、教育部以及北京市社科基金中立项，申报设立“大中小学思政课一体化建设”研究专项，以问题为导向设立若干研究专题，推动理论与实践有机结合。二是北京市可充分发挥高水平高等教育、基础教育资源集聚的优势，在全国率先建立大中小思政课一

体化教学改革创新联合体，进行试点，以点带面，形成更多可复制、可推广的案例和经验。三是依托高校在理论研究、课程设计与师资力量等方面的优势，开发示范课程，充分利用高精尖创新中心、国家教材建设重点研究基地等已有资源平台，打造思政课示范课。四是发挥高校作用，邀请高校专家教授为大中小学教师做专门培训，开阔教师的视野，补充思政课教学的必要知识，增长思政课教师的学识和本领。

第三，打造具有鲜明北京特色的思政课一体化品牌，总结一批具有高水平、可复制性高的新时代深化学校思政课改革创新“北京经验”，力争辐射带动全国思政课一体化建设。一是以“大思政课”综合改革为牵引推进思政课创新发展，通过建设一批特色课程群、一批大中小学思政课改革创新联合体、一批“沉浸式”大思政课堂、一批虚拟现实教学实验室、一批首都文化体验课堂和聘请一批市级思政课实践教学“大师资”等硬实举措，构建“大中小贯通、课内外融通、家校社协同”的育人机制，打造具有鲜明特色的“北京课堂”。二是做强做优北京大中小学思想政治教育一体化品牌，将北京市学校思想政治工作中心、北京市学校德育研究会打造为重要支撑力量，不断探索新路径、创出新模式，通过建设思政课教师教研共同体、打造思政课一体化建设示范校、优化一体化教学全市资源库、固化相邻学段德育工作研讨机制、推出一体化思政“精品课”、开展大中小幼教师同台交流展示等六项重要举措，全面推进大中小学思想政治教育一体化建设。三是在全国率先成立北京高校“习近平新时代中国特色社会主义思想概论”教学研究会，加快建设“习近平新时代中国特色社会主义思想在京华大地的生动实践”的思政课课程群。

（五）强基固本，对高精尖创新中心建设扩容提质增效

第一，打造大中小学思政网络示范“金课”体系，共享教学思路、教学内容和教学课件等资源。建议高精尖创新中心依托“全国高校思想政治理论课网络集体备课平台”，在“金课开讲啦”——北京高校思想政治理论课网络示范教学活动基础上，打造大中小学思政课网络示范“金课”，在横向上贯通课程思政与思政课程，在纵向上衔接大中小学思政课，以此推动大中小学思政课集体备课从“散兵作战模式”转向“集团军作战模式”。建议将大中小学思政网络示范“金课”活动设置成为高精尖创新中心品牌项目“青椒论坛”的常设活动、重点活动，搭建起全市、全国大中小学思政课教师的沟通桥梁。

第二，搭建大中小学思政课教学案例库和资源库，整合典型教学案例，提供教学参考。集中精力打造思想政治理论课资源“六大平台”，建议在高精尖创新中心的“思想政治理论课资讯平台”增设“大中小学思政课一体化建设”专栏，在“思想政治理论课教学资源共享平台”增设“大中小学思政课教学案例库和资源库”专栏。具体来说，以大中小学思想政治理论课程为基础，进行学科资源组织，逐渐形成大中小学思想政治理论课资源平台数据库群，形成汇集文献、资料、图片、案例、课件、难点解析、示范教学、实践案例、专家、师资、研究成果、音频、视频等资料的教学资源库。

第三，以大数据驱动大中小学思想政治教育一体化“新引擎”，为“生命线”加载“数据链”。2017 年，高精尖创新中心受教育部委托，为新中国高校思想政治理论课建设史上首次“地毯式”大调研设计开发“全国高校思想政治理论课听课记录系统”，为思政课建设发展提供重要的数据参照和决策参考。建议高精尖创新中心积极运用大数据驱动大中小学思想政治教育一体化发展，发挥大数据海量信息的“聚能环”作用，利用大数据、云计算技术对全国大中小学思想政治理论课及相关活动进行数据收集与分析。发挥大数据分析研判的“显微镜”作用，运用量化分析和感性描述的评估方式全面了解和掌握全国大中小学思想政治理论课教学情况。发挥大数据全维监测的“摄像头”作用，清晰准确真实地描绘大中小学思想政治教育的“全景图”，为国家相关决策部门部署工作、找准问题、科学研判、精准发力提供重要支撑。

（市委常委、市委教育工委书记　夏林茂）

以高质量党建引领首都高校事业高质量发展

习近平总书记在党的二十大报告中指出，“高质量发展是全面建设社会主义现代化国家的首要任务”“教育、科技、人才是全面建设社会主义现代化国家的基础性、战略性支撑。必须坚持科技是第一生产力、人才是第一资源、创新是第一动力，深入实施科教兴国战略、人才强国战略、创新驱动发展战略，开辟发展新领域新赛道，不断塑造发展新动能新优势”。站在新的历史起点上，党和国家事业发展开启新征程，高等教育进入新时代高质量发展的新阶段，对党的坚强领导和党建引领的需要，比以往任何时候都更加迫切，这是中央、市委的明确要求，是高校事业高质量发展的现实需要。

一、高校百年来党的工作发展历程

在党的百年奋斗历程中，始终高度重视在高校开展党的工作，党对高等教育的领导贯穿党的百年奋斗历程。从革命时期的艰苦卓绝、建国时期的百废待兴、社会主义改造时期的轰轰烈烈、改革开放时期的鼎新革故、到中国特色社会主义新时代的民族复兴，党根据不同历史时期肩负的使命重任，始终引领着高等教育发展方向。

（一）发展历程

在新中国成立前，党深入高校开展工作，领导青年为民族解放而奋斗。主要经历 4 个阶段：党创建和大革命时期（1921 年—1927 年），党的组织在高校孕育、发展；土地革命时期（1927 年—1937 年），党在高校的工作在曲折中艰难前进；抗战时期（1937 年—1945 年），党在高校的基础巩固壮大；解放战争时期（1945 年—1949 年），党领导高校培养自己的高级知识分子。

新中国成立后，党确立对高等教育的领导权，开启党对高校领导体制的新探索。可以分为 8 个阶段：第一阶段（1949 年—1956 年），实行校长负责制为主；第二阶段（1956 年—1961 年），党委领导下的校务委员会负责制；第三阶段（1961 年—1966 年），党委领导下的以校长为首的校务委员会负责制；第四阶段（1966 年—1978 年），党的一元化领导；第五阶段（1978 年—1985 年），党委领导下的校长分工负责制；第六阶段（1985 年—1989 年），试行校长负责制；第七阶段（1989 年—2012 年），党委领导下的校长负责制；第八阶段（2012 年以后），新时代坚持和加强党对高校全面领导。

（二）基本特征和启示

一是始终坚持党对教育的领导权和主导权，以鲜明的使命意识和担当意识，把握高等教育的正确发展方向，引领高等教育事业的发展始终与时代同发展，为革命、建设、改革各个历史时期的国家中心工作服务，这是高等教育工作最宝贵经验和最为强大的发展动力，也是办好中国特色、世界水平的现代教育的最大政治优势。带来的启示是，新时代新征程推动高校高质量发展，必须坚持党的领导，牢牢掌握党对高校工作的领导权，使高校成为坚持党的领导的坚强阵地。

二是始终坚持后继有人这个根本大计，把培养接班人作为党的一项极为重要的工作，争取高校、创办高校、引领高校，培养造就一批又一批具有理想信念、勇于担当、奋发有为的革命者、建设者、改革者、奋斗者，他们是实现民族复兴的中流砥柱，是党和人民事业永续发展的根本保证。带来的启示是，新时代新征程推动高校高质量发展，必须坚持把立德树人作为根本任务，把服务国家作为最高追求，坚守为党育人、为国育才，努力培养担当民族复兴大任的强国一代，完成党在新时代的历史任务。

三是始终坚持加强高校党的基层组织建设，有效发挥基层党组织战斗堡垒作用和共产党员先锋模范作用，用党的组织优势政治优势凝聚引领广大师生共同奋斗。带来的启示是，新时代新征程推动高校高质量发展，必须要立足中华民族伟大复兴的战略全局和百年未有之大变局，构建上下贯通、执行有力的高质量组织体系，充分发挥各级党组织的政治功能，为高等教育汇聚“请党放心、强国有我”的磅礴伟力，不断夯实党在高校的执政基础。

四是始终坚持推进高校管理体制改革创新，不断提升治理能力。新中国成立后，高等学校内部领导体制变化共经历了 8 个阶段，每次领导体制的调整都发挥了相应作用，推动着中国特色社会主义高等学校领导体制的不断完善和改进，为中国高等教育跨越式发展提供充满活力的体制保证。带来的启示是，新时代新征程推动高校高质量发展，必须坚持改革创新，完善中国特色现代大学治理体系，为建设中国特色世界一流的大学提供更为完善的制度保证、更为坚实的组织基础。

二、新时代首都高校面临的新形势新要求

习近平总书记高度重视教育事业，多次到学校考察并同师生座谈，给学校师生回信，形成习近平关于教育的重要论述。2018 年 9 月 10 日，中共中央召开新时代第一次全国教育大会，习近平总书记亲自出席，为教育工作指明方向，提供根本遵循。在以习近平同志为核心的党中央坚强领导下，中国高等教育与时代同行，建成世界规模最大的高等教育体系，人才培养、科学研究、社会服务、文化传承创新、国际交流合作能力显著增强，在民族振兴、经济建设、社会发展、科技进步等方面发挥极端重要作用。

党的二十大报告为党和国家事业发展指明前进方向、确立行动指南，对新时代新征程教育事业作出战略谋划，展现习近平总书记和党中央对教育的高度重视和殷切期望。

7 月 6 日，中共北京大学召开第四次党员代表大会

（北大　供）

党的二十大报告强调“教育、科技、人才是全面建设社会主义现代化国家的基础性、战略性支撑”,首次将教育、科技、人才进行“三位一体”统筹安排、一体部署,并摆放在论述“全面建设社会主义现代化国家的首要任务”即“高质量发展”之后的突出位置,教育的战略地位得到空前提高,这是党中央对当今世界发展大势和全球竞争实质的精准把握。

（一）抓好后继有人这个根本大计是新时代高等教育的使命担当

习近平总书记指出:“高校立身之本在于立德树人。只有培养出一流人才的高校,才能够成为世界一流大学。”党的二十大报告强调“教育是国之大计、党之大计。培养什么人、怎样培养人、为谁培养人是教育的根本问题。”中国特色社会主义高等教育是为了培养德智体美劳全面发展的社会主义建设者和接班人,一所大学办得好不好,不是看它的条件何等优越、规模如何庞大,而是要以长远的眼光、历史的视野看它培养出什么样的人才,看它对国家对民族所作的贡献。只有牢牢把握培养社会主义建设者和接班人这个根本任务,才能办出中国特色世界一流大学。思想政治工作是中国共产党的优良传统、鲜明特色和政治优势,是学校各项工作的生命线,要以高度的政治自觉推动习近平新时代中国特色社会主义思想进教材进课堂进头脑,要加强课程思政建设,用自身理论学习,坚定政治立场,坚持理论知识和业务知识相结合,善于挖掘专业课程中蕴含的思想政治教育元素。

（二）深刻理解教育、科技、人才是全面建设社会主义现代化国家基础性、战略性支撑的根本定位

习近平总书记在党的二十大报告统筹教育、科技、人才三方面工作,将“实施科教兴国战略,强化现代化建设人才支撑”列为专章进行整体论述、作出整体部署,是报告的一大亮点。报告强调“教育、科技、人才是全面建设社会主义现代化国家的基础性、战略性支撑”,强调“深入实施科教兴国战略、人才强国战略、创新驱动发展战略,开辟发展新领域新赛道,不断塑造发展新动能新优势”,反映出在新一轮科技革命和人才竞争的时代背景下,中国教育战略部署将发生如下变化:一是以国家重大战略需求为导向,优化科技创新教育战略布局;二是重视创新型人才培养体系建设,优化人才战略布局,助力建设世界重要人才中心和创新高地;三是践行开放包容的理念,推进科技创新教育交流互鉴。

（三）深刻理解办好人民满意的教育的重大意义、核心要义和实践要求

习近平总书记在党的二十大报告中把“办好人民满意的教育”作为“实施科教兴国战略,强化现代化建设人才支撑”部分重要段落的首句,列为教育部分的一个标题,在这方面对教育领域提出新的更高要求。要加快推进教育现代化、建设教育强国,办好人民满意的教育,培养一代又一代德智体美劳全面发展的社会主义建设者和接班人。中国特色社会主义制度具有鲜明的人民性、创新性和先进性,自觉服务于巩固和发展中国特色社会主义制度的伟大实践,是办好人民满意的教育的题中之义和不懈追求。办好人民满意的教育就是通过充分发挥其提高人民思想道德素质和科学文化素质、发展科学技术、培养造就人才中的基础性作用,从而更好地推进改革开放和社会主义现代化建设。教育公平是社会公平的重要基础,要遵循教育规律和人才成长规律,着力造就拔尖创新人才,以各得其所促进教育结果公平,不断满足广大群众日益增长的多层次、多样化教育需求。

（四）加强科技攻关创新,服务高水平科技自立自强

高校是国家战略科技力量的重要组成部分,在突破“卡脖子”问题的基础理论和核心技术方面作出突出贡献。加快实现高水平科技自立自强,着力在实现重大原始创新突破上下功夫、在攻克“卡脖子”问题的基础理论和关键技术上下功夫、在服务国家区域创新发展战略上下功夫。要完善科技创新体系,优化配置创新资源,优化科研机构、高水平研究型大学、科技领军企业定位和布局,形成国家实验室体系。要深化科技体制改革,加大多元化科技投入,培育创新文化,弘扬科学家精神,营造创新氛围。要扩大国际科技交流合作,加强国际化科研环境建设,以国家战略需求为导向,集聚力量进行原创性引领性科技攻关,坚决打赢关键核心技术攻坚战。

（五）以人才驱动创新发展激活全方位高质量发展强大动力

党的二十大报告指出“深入实施人才强国战略,培养造就大批德才兼备的高素质人才,是国家和民族长远发展大计。”习近平总书记在多个场合科学回答新时代人才工作的一系列重大理论和实践问题,明确指导思想、战略目标、重点任务、政策措施,特别是“双一流”高校、高水平研究型大学,提出明确要求,为当前高校人才工作指明前进方向。要牢牢把握人才工作的战略意义,始终把人才作为兴校强校之本,紧紧围绕建设世界重要人才中心和创新高地、深化人才发展体制机制改革、加快建设国家战略人才力量、全方位培养引进用好人才等重大部署,让新时代人才强国战略在高校落地生根。要坚持党管人才原则,坚持尊重劳动、尊重知识、尊重人才、尊重创造,实施更加积极、更加开放、更加有效的人才政策,引导广大人才爱党报国、敬业奉献、服务人民。要完善人才战略布局,坚持各方面人才一起抓,建设规模宏大、结构合理、素质优良的人才队伍。

三、首都高校在党建引领发展方面存在的主要问题

（一）队伍工作能力水平还不适应高质量发展需求

一是高校对党建引领学校事业发展的认识不够,主动性创造性存在欠缺。二是高校党务工作者统筹高质量发展能力仍有不足,尤其是教师党支部书记,距离“既要政治强,又要业务精”的“双带头人”标准要求有一定差距。三是高校科技人才队伍评价体系尚不健全,激励奖励机制、成长晋升路径还不完善。四是各级党组织实现党建引领发展的能力还存在不足,二级党组织和基层党支部在推动事业

发展、服务师生成长成才中的作用还不够。五是党员领导统筹事业发展能力不足。党员领导干部不能从更高远的历史站位、更宽广的国际视野、更高的工作要求方面深刻领悟习近平新时代中国特色社会主义思想的丰富内涵和实践要求，在深入思考学习和联系实际学习方面有差距，在运用习近平新时代中国特色社会主义思想指导实践、开展工作方面还存在差距。

（二）对党建引领发展的决定性认识不足

一是高校对高质量党建与高质量发展之间的认识存在不足，高质量党建如何引领高质量发展、如何将高质量发展作为高质量党建评价考核标准还需持续探索。二是党建与业务工作“两张皮”现象依然存在，党建与业务工作“同谋划、同部署、同推进、同考核”的“四同”工作机制还不健全。三是高校党建“上热中温下凉”问题仍不同程度存在，高校基层党组织发挥政治功能和组织功能仍存在欠缺。四是高校事业发展评价考核“指挥棒”作用发挥不够，破除“五唯”从根本上还未有效解决。

（三）高校党的组织体系在引领事业发展方面还不顺畅、方式不灵活

一是高质量党建工作体系还缺少量化、科学系统的工作指标，高质量党建如何引领高质量发展体制机制还不健全。二是高校基层党组织党建与业务有效融合路径还不健全。三是高校基层党组织以强大组织优势更好把准方向、整合资源、推进改革还不够。四是部分高校党组织以党建引领基层治理效能还不够，推进学校治理体系现代化还不明显。五是高校服务国家战略和新时代首都发展的能力还需增强。

（四）改革创新、破解发展难点问题的魄力不足、方法不多

一是部分高校在破除制约学校事业发展的体制机制方面魄力不足。二是部分高校党委、行政领导班子高质量党建引领高质量发展的方法不多。三是部分高校院（系）党组织书记引领事业发展能力不强，仍存在“大院长小书记”问题。四是部分高校创新人才培养质量存在不均衡的问题，科技创新评价“指挥棒”不够精准。

四、高质量党建引领高质量发展的关键环节和工作措施

高质量党建引领高质量发展的总体目标是发挥高校教育、科技、人才一体化优势，对中国式现代化建设的基础性和战略性支撑作用；根本特征是坚持和加强党对高校的全面领导；根本要求是坚持首善标准，建设中国特色、世界一流大学；实现路径是坚持内涵式、分类发展。明确北京高校以高质量党建引领事业高质量发展的关键环节，提出主要工作任务，加快推动首都高校以高质量党建引领首都高校事业高质量发展。

（一）坚持和加强党对高校的全面领导，探索走出一条建设中国特色、世界一流大学的新路

一是坚定社会主义办学方向。牢记“看北京首先要从政治上看”的要求，把学习贯彻习近平新时代中国特色社会主义思想作为党组织会议“第一议题”，把学习研究习近平总书记关于教育的重要论述作为“第一要事”，完善习近平总书记重要讲话精神和重要指示批示贯彻落实的督查问责机制，确保党的教育方针和党中央决策部署得到贯彻落实，以实际行动坚定捍卫“两个确立”、坚决做到“两个维护”。

二是探索中国特色社会主义大学评价体系。全面贯彻党的教育方针，深刻认识新时代加快建设教育强国、科技强国、人才强国历史使命，强化中国特色社会主义大学政治属性，加快构建“中国特色、世界一流”社会主义大学办学标准、评价机制。以评价改革牵引办学模式、管理体制改革，扎根中国大地办好中国特色社会主义大学。

三是坚持和加强党的全面领导。以钉钉子精神打好高

3月，石化学院安全工程学院教工第一党支部入选第三批全国党建样板党支部 （石化学院 供）

校党的政治建设攻坚战，建立健全坚持和加强党的领导的组织体系、制度体系、工作机制。建立党委领导改革发展工作体系，健全党委统一领导、各方协调运行的工作机制，加强前瞻性思考、全局性谋划、整体性推进。牢固树立系统观念，完善党建与业务工作同谋划、同部署、同推进、同考核的“四同”工作机制，通过高质量党建工作更好把准方向、整合资源、推进改革，引领和支撑事业高质量发展。

四是充分发挥基层党组织政治功能和组织功能。坚持大抓基层的鲜明导向，按照有利于充分发挥党组织作用的要求优化党组织设置，健全基层党组织政治把关机制，推动教学、科研、管理、学生党支部围绕中心工作分类发挥作用，把基层党组织建设成为有效实现党的领导的坚强战斗堡垒。完善党组织抓大事、攻坚克难的工作机制，从力量组织、制度安排、激励措施、条件保障、考核评价等各方面，为培养高层次人才、布局急需学科专业、攻克“卡脖子”关键核心技术等提供有力组织保障。

五是加强高素质干部队伍建设。坚持党管干部原则，把政治标准放在首位，树立选人用人正确导向，打造忠诚干净担当的高素质专业化干部队伍。健全培养选拔优秀年轻干部常态化工作机制。加强实践锻炼、专业训练，注重在重大斗争中磨砺干部，增强干部推动高质量发展本领、服务群众本领、防范化解风险本领，激励干部敢于担当、积极作为。加强干部斗争精神和斗争本领养成，着力增强防风险、迎挑战、抗打压能力。

（二）坚持高质量发展，以强大科技人才优势服务国家战略和新时代首都发展

一是守正创新做好思想政治工作。坚持把立德树人成效作为检验一切工作的根本标准，完善思想政治工作体系，着力培养担当民族复兴大任的时代新人。坚持不懈用新时代中国特色社会主义思想凝心铸魂，组织实施党的创新理论学习教育计划，坚持开展主题教育活动，持续加强理想信念教育，筑牢师生团结奋斗的思想基础。深化思政课改革创新，上好新时代首都特色“大思政课”，以新时代伟大实践铸魂育人，凝聚推动高质量发展的强大力量。

二是提高人才自主培养质量。适应科技发展趋势，推进教育理念、内容、方法、组织、治理变革，完善人才的全链条全周期全环节培养体系。强化科教协同培养人才，利用首都科技资源丰富优势，加强高校与科研院所协同，完善教学、科研协作机制，增加学生科研实践，提高学生创新能力，加快培养高层次创新型人才。面向国家和首都重大需求，实施专项急需紧缺人才培养。

10月25日，北航举办建校70周年校庆晚会

（北航　供）

三是推动科技自立自强。瞄准国家重大战略、首都建设需求、学科前沿发展方向，优化战略新兴需求学科专业布局。促进学科交叉融合创新，加强基础学科、新兴学科、交叉学科建设与科技攻关。主动适应科研创新范式，以新的科研组织形式推进高精尖创新中心建设，探索企业主导的产学研深度融合新路径，推动新型研发机构联合培养高层次科研人才，加强从基础理论研究到重大原创性技术突破的一体化创新，推动实现创新链上下游贯通发展，加速产出解决重大科学难题、突破“卡脖子”核心关键技术的实质性科技成果。

四是服务国家战略和首都发展。发挥科技和人才资源优势，增强关键核心技术供给能力。面向现代产业体系发展需求，深化产学研体制机制创新，促进源头创新、技术研发、产业化应用的紧密结合，汇聚创新资源，培育创新力量。加强科技创新基地建设，推进沙河、良乡高教园区向大学城转化。助力“四个中心”建设，服务北京“五子”联动，深度参与国际科技创新中心和“三城一区”建设。

五是改革创新破解高质量发展难题。构建一流大学分类发展评价体系，完善市属高等学校分类发展政策，鼓励高校在各自领域办出特色、争创一流。加强党委战略谋划，健全完善学校发展规划、综合改革方案和重点建设计划，坚持项目制、清单化抓落实，一张蓝图绘到底。发扬斗争精神，解决高质量发展存在的深层次问题、实践遇到的新问题、师生急难愁盼问题、改革发展稳定面临的突出问题，破解深层次体制机制障碍，增强发展的动力和活力。

（三）推动校园管理向校园治理转变，加快实现高校治理体系和治理能力现代化

一是全面推进依法治校建设。在法治轨道上全面建设中国特色社会主义大学。加快构建以章程为核心，规范统一、分类科学、层次清晰、运行高效的学校规章制度体系。坚持和完善以党委领导下的校长负责制为核心的学校领导体制和治理体系，坚持科学决策、民主决策、依法决策，全面落实重大决策程序制度。

二是大力推进校园共同体建设。强化系统治理，坚持共建共治共享，推进学校治理体系和治理能力现代化，建设人人有责、人人尽责、人人享有的校园治理共同体。完善大统战工作格局，积极发挥工会、共青团等桥梁纽带作用，团结凝聚高质量发展的强大合力。支持教代会等正确行使职权，发挥在学校治理中的重要作用。

三是构建更高水平的平安和谐校园。完善学校安全稳定管理制度和工作体系，推进校园安全稳定工作规范化、制度化、法治化。健全各类突发事件应急预案和应急演练机制，构建校园安全隐患排查和安全预防控制体系。建立完善重大决策社会稳定风险评估机制。推进“接诉即办”进校园，健全矛盾纠纷排查化解机制，畅通师生诉求表达、利益协调、权益保障通道。

四是守好校园意识形态主阵地。牢牢掌握党对意识形态工作的领导权，巩固马克思主义在意识形态领域的指导地位。建立健全意识形态工作责任制，加强意识形态阵地管理。加强意识形态舆情监测，及时稳妥处置突发事件。有针对性地做好深层次思想理论问题辨析引导，旗帜鲜明地批驳错误观点和思潮。

五是加强校园文化建设。注重以文化人，培育和弘扬大学精神，挖掘传承红色传统，凝练具有学校特色的精神谱系，发展积极向上的校园文化。加强对学校历史保护和传承，注重保留学校传统建筑特色，把校园建设成为有历史厚度的知识殿堂。提升校园绿色低碳发展水平，加强校园绿化美化，优化景观设施，努力实现使用功能、审美功能和教育功能的和谐统一。

（四）将人才作为第一资源，为高等教育高质量发展提供强大动力

一是做到真心爱才。深入实施人才强国战略，加强对人才工作的政治引领，健全完善党管人才的领导体制机制，建立健全识才、爱才、用才、容才、聚才的全方位全流程全环节一体化机制。深化人才发展体制机制改革，建立科学规范、系统完备的校内人才分级分类培养支持体系，以党建引领、集聚、服务人才队伍建设，优化联系服务人才工作机制，打造有温度的人才服务体系。

二是做到悉心育才。健全人才培养过程规范体系，全面优化创新人才早期培养生态，探索建立结合重大科研任务进行拔尖创新人才培养的机制，开辟拔尖创新人才脱颖而出的“绿色通道”。实施高校重大人才工程，深化基础学科人才和卓越工程师评价改革，培养造就更多战略科学家、一流科技领军人才和创新团队、青年科技人才、卓越工程师、大国工匠、高技能人才等，加快建立以创新价值、能力、贡献为导向的人才评价体系，打造优秀人才脱颖而出的制度环境，推动高校建设成为世界重要人才中心和创新高地。

三是做到倾心引才。加大“筑巢引凤”力度，健全高校人才引进与管理办法，创造人才心无旁骛投入教学科研工作的条件，聚焦“大平台、大团队、大项目、大成果”。以国家重大人才计划为牵引，聚焦“高精尖缺”，积极引进海外优秀人才。依托国家、市级人才管理改革试验区，实施更加积极、更加开放、更加有效的政策，吸引聚集全球拔尖人才。

四是做到精心用才。引导高校聚焦服务国家重大战略和新时代首都发展，健全人才作用发挥工作机制，支持人才开展技术创新、商业模式创新和管理创新，培育新兴业态，支持高层次人才开展跨界融合创新。提高人才培养与学校发展、经济社会需求的匹配度，推进有组织科研范式转变。加强内部人事评价改革，转换人事管理的运行机制，激活用人制度和分配制度，健全内部竞争机制和激励机制，着力解决制约人才发展的体制机制难题。

（五）建立高校自我约束机制，营造良好的政治生态

一是压实全面从严治党主体责任。健全高校全面从严治党体系，一体推进全面从严治党（党建）工作考核和政治生态分析研判工作，不断压实管党治党政治责任。健全学校党委统一领导、全面覆盖、权威高效的监督体系，完善权力监督制约机制，形成以党组织监督为主导，各类监督贯通协调的监督格局。紧盯高质量发展中的重点领域，将监督工作充分融入教育部门权力运行的关键环节，融入新时期首都教育事业发展的各领域各方面。健全对“一把手”和领导班子监督的长效机制。

二是加强校园反腐倡廉建设。健全廉政风险防控制度体系，督促高校加强权力、资金、项目等重点部位和关键环节制度建设。紧盯高质量发展中的招生考试、基建后勤、科研经费、招标采购、附属医院等重点领域和择校转学、评优评先等敏感问题开展专项督查检查。坚持以案促改、以案促治，扎紧“不能腐”的笼子，以“全周期管理”一体推进“三不腐”。

三是加强校园内控体系建设。推动高校内控体系建设，通过嵌入制衡机制，实现内部控制标准化、程序化、信息化，加强流程控制，科学有效防控风险，确保校园管理和服务活动合法合规、资产安全、财务报告及相关信息真实完整。完善校内巡察、经济审计、警示教育、政治生态分析研判等内控制度，从工作任务、责任分工、工作职责、评估监督等方面明确工作措施，全面建立运行有效、管理科学、执行有力的现代化精细化内控管理体系，形成权责一致、制衡有效、运行顺畅、管理科学的内部控制工作格局。

四是加强风险防范体系建设。围绕解决影响校园稳定和师生安全的突出问题，强化源头治理和基础性防范，建立健全学校安全稳定综合治理制度体系，研究制定高校安全稳定系列标准。构筑全面统筹、多方联动、动态调节的应急管理体系，构建从危机识别到诊断、治疗、跟踪、反馈等应急管理闭环，建立基于大数据、人工智能、云计算等信息技术的“互联网+应急管理”平台，加强防范化解高校重大风险的体系建设和能力建设。

（市委教育工委分管日常工作的副书记　张革）

新时代数字教育发展研究

——以人工智能与基础教育融合发展为切入

近年来，互联网、大数据、区块链、人工智能等技术发展迅速，日益融入经济社会发展各领域，世界主要国家和地区纷纷加快数字化转型战略布局。党的十九大提出，推动互联网、大数据、人工智能和实体经济深度融合，建设数字中国、智慧社会。党的十九届五中全会提出发展数字经济，推进数字产业化和产业数字化。《中华人民共和国国民经济和社会发展第十四个五年规划和2035年远景目标纲要》将“加快数字化发展 建设数字中国”单列成篇，提出“以数字化转型整体驱动生产方式、生活方式和治理方式变革”。党的二十大报告提出要建设“数字中国”“推进教育数字化，建设全民终身学习的学习型社会、学习型大国”，这为教育数字化转型指明方向。

在此基础上，国家出台一系列加速教育信息化进程的政策，部署推进教育数字化转型。2021年，国家印发《关于推动“互联网+教育”发展的意见》，教育部等六部门发布《关于推进教育新型基础设施建设构建高质量教育支撑体系的指导意见》，提出要以教育新基建促进线上线下教育融合发展，推动教育数字转型、智能升级、融合创新，支撑教育高质量发展。2022年全国教育工作会议明确提出，实施教育数字化战略行动。教育各界对数字化的探索也在不断推进，人工智能等技术向教育垂直领域渗透的意识逐渐增强，理论与实践探索正在全面铺开。

市教委把教育数字化转型作为支撑教育改革发展的基础性、先导性、战略性举措，深入落实国家教育数字化战略行动和北京市智慧城市发展行动纲要。一是发布改革规划，部署重点工作任务。《北京市中长期教育改革和发展规划纲要（2010—2020年）》提出逐步完善与城市信息化发展相协调、与教育发展规律相适应、满足学习型城市建设需求的数字化教育服务体系。政府、学校和社会共同建设，形成以学习者为中心，融合校内学习与校外学习、学历教育与非学历教育，沟通学校、家庭、社会，支持个性化与开放式的数字化学习服务平台。《北京市“十四五”时期教育改革和发展规划（2021—2025年）》提出大力发展数字教育，以人工智能、大数据、区块链、5G等技术集成应用为引擎，加速形成数字教育创新发展的技术体系，加快数字教育势能释放，探索数字教育治理方式，积极面向未来抢占数字教育变革和发展先机。构建覆盖全学科全链条课程资源的“空中课堂”，建设以专业化、智能化线上核心教学平台为承载的“双师课堂”，打造智能化、数据化、浸润式、虚拟化的“融合课堂”。促进线上线下教育融合发展，利用优质数字资源和网络构建不同形态、灵活、高效的学习共同体，实现自主学习、探究学习、协作学习等多种形式的智能化学习。二是深入开展教育实践。实施教育信息化三年行动计划，制定中小学校信息化建设规范，信息化基础环境不断优化。统筹整合教育管理、服务、资源三大平台面向全市共享，初步建成教育大数据平台提供决策支撑，开展“双百”示范建设，实施“互联网+基础教育”，推动信息技术与教育教学深度融合，实现义教入学、教育督导、考务管理、校园安全等多场景信息化应用。三是在2020年初突发的新冠肺炎疫情中利用互联网开展线上教学，近13万名教师、150万名学生实现线上教学，做到“学校不停课、教师不停教、学生不停学”，促进“互联网+教育”的创新发展和应用落地。为探索推进“互联网+教育”新模式，在深入总结疫情防控期间在线教育经验基础上，市教委于2021年4月印发《关于推进“互联网+基础教育”的工作方案》，各区校深入实践并取得一定成果。

数字教育与数字中国、数字经济同脉，从数字社会角度重塑教育生态、优化数字学习环境、重构教育教学模式、创新人才培养模式、深化教育评价改革、推动体制和机制创新，主动适应新时代科技发展，建立适应智能时代的智慧教育体系。为深入贯彻中央精神和市委要求，加快推进数字教育发展，市教委相关处室以人工智能与基础教育融合发展为切入点，通过开展文献研究、文本调研、座谈交流、

7月20日，第23届北京市师生信息素养提升实践活动机器人比赛现场（数字教育中心 供）

案例分析等方法，全面认真总结实践成果，深入分析现状和存在的问题，提出发展建议和对策。

一、国际发展与启示

以数字化、网络化、智能化为主要特征的新一轮科技革命和产业变革正重塑全球竞争格局，各国相继推出教育信息化政策，促进本国教育升级迭代，从国家战略的高度全方位推进教育数字化转型。

美国通过信息化重塑教育的基础设施、课程与教学，并不断深化核心素养研究，将教育变革引向深入。基础设施方面，自 1996 年起，美国联邦政府每隔四、五年发布一期“国家教育技术计划”，系统推进教育基础设施建设。最新一期的“国家教育技术计划”从技术充分融合教育的角度，对开展个性化学习、推进技术支持的教学、提升教育信息化领导力和实施个性化评价做了全面规划。课程与教学方面，深度开展数字化背景下课程与教学改革。美国课程设计中心相继推出“四维教育”和“教育中的人工智能：潜力与前景”等课改报告，其中“四维教育”之“四维”分别是知识维度、技能维度、角色维度和元学习维度，四种维度皆被赋予新的内容。

英国教育部 2019 年 4 月发布《充分释放教育技术的潜能》政策，明确当下和未来的教育技术发展愿景，提出如下目标：支持教育部门开发和嵌入技术，以提高效率、消除教育障碍并最终推动教育成果的改善，并支持在英国发展充满活力的教育科技业务部门。为此，英国推出“教育技术变革框架”，分如下三步：明确中小学校的教学、管理、评价和教师在职发展等领域的信息技术愿景；接下来，通过加强教育信息设施建设，提升师生数字技能，确保数据安全，完善政府购买服务等措施，以破除技术和制度障碍，长足发挥技术效用；在此基础上，深入推进教育数字技术，促进教育信息化的有序迭代，加快教育创新。

日本 2016 年提出“社会 5.0”的概念，2021 年以《科学技术创新基本法》为据，推出新一期“科学技术创新基本计划”，细化“社会 5.0”的愿景，着力强调教育的数字化转型。当前日本的教育改革，旨在通过信息教育培养学生的学习力以及面向社会 5.0 时代的生存力，在改革中，重新定义信息素养，将其与语言能力、问题发现与解决能力一起作为学生应具备的三大基础能力。配合当前改革，日本政府推出以改善学校信息化基础设施环境为目的的“五年计划”（2018—2022）。该计划强调运用人工智能等先进技术，建设社会 5.0 时代的学校信息化环境，从而提高学生的信息素养，促进个性化学习，培养学生形成能动学习与合作意识，以及发现与解决问题等能力。

印度早在 2015 年就推出“数字印度”战略，旨在从数字基础设施建设、数字化政府服务和公民数字教育三个方面，推动印度成为数字赋能的社会和知识经济体。在基础教育领域，印度中小学校深度实施“智慧教室”计划，平板电脑、笔记本电脑、虚拟现实、互联网、交互式投影仪进入教室，“智慧教室”显著改变着教师的教学方式和学习者的学习方式，逐渐将数字学习变成现实。当前，受疫情影响，印度国家教育研究与培训委员会开发出用于展示和传播的所有教育电子资源，包括教科书、音频、视频、期刊等，并放在印度中央教育技术研究所官网首页，为全印度提供在线教育服务。

韩国教育信息化 20 余年来经历建立信息化基础设施，适应知识经济开展远程教学，强化研发能力，开发应用数字教材以及建立个性化学习支持体系等不同阶段。当前正在实施的第六次教育信息化规划（2019—2023），旨在通过打造未来智慧教育环境、推进可持续教育信息化创新、通过 ICT 实现定制化教育服务以及建立共享教育信息的数字基础设施的四项施政领域，打造“以人为本的智能教育环境”。韩国教育部公示的新一轮的教育课程改革方案《2022 修订教育课程》中，更加强调信息素养和信息教育的重要性，教育课程规划更加侧重于学生自主选择和融合学科教育。

从各国数字化转型形势来看，教育正在发生全方位、多层次的变革，数字教育发展脉络逐步清晰，集中体现在数字技术重塑的教学、课程与评价不断迭代，突出强调学生的个性化学习，教师教学的专业性不断增强，终身学习由理念到实践并不断深化等等。在其中，未来教育如何培养个体技能，未来教育如何满足社会发展需求，如何利用学习科学更好促进教学，如何借助认知科学、脑科学研究促进教育等热点话题的出现，意味着未来教育不仅仅是技术驱动教育设施与应用的升级换代，教育的目的、内容、手段、教学方式、评价方式等，均在发生着深刻变革，教育在社会发展中的引擎作用更加突出，战略地位更加重要。

二、实践探索与成效

在全球数字化转型持续推进背景下，北京市出台一系列保障政策，通过市级引领推进、区级统筹实施、学校试点探索的机制来支持教育教学实践，不断创新教与学模式，初步积累了可借鉴的经验与案例，为今后进一步扩大应用奠定基础。

（一）区校实践角度的人工智能与基础教育融合发展实践路径

北京市多个区校已经陆续开展教育数字化改革试点工作。北京市东城区和海淀区作为国家“智慧教育示范区”，北京市朝阳区、海淀区、房山区、通州区、密云区作为“国家级信息化教学实验区”，在各自教育信息化基础上进行了基于人工智能等技术的生态及场景搭建、数字资源建设、差异化教学和个性化指导、教学数据收集和分析等数字教育范畴内的有益尝试。

1. 落实“双减”和新课标要求，助力区域教育体系重塑。东城区 2019 年获评教育部首批“智慧教育示范区”，同年提出“1+7+N”（即建立 1 个“数据大脑”、建成 7 项示范工程、打造 N 所未来学校）智慧教育建设总体框架。2021 年获评中央网信办、教育部等八部委联合评选的“国家智能社会治理实验基地”教育特色基地，提出打造东城教育“1314”（建立 1 个“汇管用评”大数据新平台；打造“智能”服务新管理、统筹共治“双减”新机制、“数据”

驱动新评价 3 个创新应用场景；构建 1 批“未来学校”示范基地；探索“理论指导、教师素养、评价改革、安全规范”4 个保障体系创新）智能质量体系，进一步推动人工智能技术在区域教育领域的超前探索与实践。教学体系重构，双师课堂打破教育时空边界。推广在线教学平台，在集团校、结对校之间有计划地开展双师教室改造和双师课堂探索。育人体系升级，融合课堂提升教育教学质量。通过线上线下融合为学生们提供体验式深度学习的新场景，激发学生的学习兴趣和积极性。基于在线互动工具形成的教师行为数据、学生行为数据将留存于智慧教育“数据大脑”，辅助进行课堂教学质量分析监测和师生互动行为分析，充分协助教师进行教学反思、教研反馈。作业体系优化，AI 助教实现作业质量提升与师生负担减轻。利用智慧教育云服务平台中“作业精准管理”“英语听说教学”模块，教师可实现自由出题、灵活组卷、套题模考、学情采集、精准讲评、个性化作业推送等工作。基于 AI 的作业分析系统，实现学生线上作答结果自动生成分析报告、线下作业自动化收集，根据知识图谱和学习情况智能推送，减轻教师批改和分析的负担，满足学生分层辅导、个性化反馈需求，在作业层面实现师生的减负增效。教研体系重塑，技术支持下的区域精准性“大教研”。基于全区教育数据环境，东城以精准性“大教研”为抓手，开展面向素养导向的教师专业发展新生态建构，助力教研实效提升和教育质量提高。教育体系变革，科研引领下的教学研一体化。东城通过承担“智能技术融合教学”国家课题，持续发力开展科研引领的教学研一体化进程。以英语学科为试点，区教委以课题研究的方式，开展各类听说教学与练习活动并推出 AI 听说研究课近 20 节。

2. 区域智慧教育统筹，智能教育常态化应用。海淀区以中关村科学城科技应用教育教学场景——北京市第一〇一中学教育集团未来学校项目为试点，从智慧环境、智慧教学、智慧考试、智慧评价、智慧管理角度，探索泛在、灵活、智能的教育教学新环境。智能备课，基于大数据技术，采集学生预习数据、作业结果等数据，生成可视化学情报告，帮助教师精准掌握学情。为教师提供教材解析、教学设计、知识探究、知识讲解、测试训练、拓展素材、示范课例等多类型备授课资源。基于资源的精细化标签，以学情数据为依据给教师推送备授课资源。通过教学资源精准标注、智能推荐和搜索，帮助教师提高备课效率。精准教学，基于新技术课堂，通过课堂教学多屏协同无缝互动、大小屏混合教学，实现互动教学、及时学情反馈；依托多样的互动教学工具、虚拟实验等情景化学科资源，帮助教师精准判断学情，关注到每位学生。课堂教学将学生测验、课堂练习、作业、自主学习等学情数据汇聚生成学生数字画像，助力教师精准教学。个性学习，以知识图谱和教学大数据为支撑建设个性化学习平台，通过采集学生学情数据，建立精准的学生学业画像，为学生推送个性化学习资源进行针对性学习。借助多智能终端助力学生泛在学习，包括进行泛在阅读，进行基于智能错题本的纠错和拓展练习、基于知识图谱智能规划学习路径开展 AI 自学、英语作文拍照智能批改、英语听说读写全场景智能训练测评等。

3. 实现线上线下混合教学，助力优质均衡。通过“双师课堂”，创新 OMO 教学模式，支持建立集团校、城乡校等协作式教学共同体，支持课内课外一体化全场景教学应用，做到备课、教学、学情、资源、作业“五同步”，实现跨校跨区优质资源共建共享。北京市第十二中学实现基于智慧课堂的常态化应用，探索“四问七步”讲评课模式，将个性化教学植入课前、课中、课后，从试卷分析到课堂讲评，从拓展训练到课后作业，均实现“一生一策”，大幅度提升课堂效率。

4. 落实五育并举，助力学生全面发展。人工智能可在艺术、体育、科技等多方面发挥作用，促进学生全面发展。在体育方面，基于人体运动检测分析技术、物体（如球类）检测追踪技术等优势，聚焦体育运动大数据、体育教学、体质评测、课后运动、家校共育和学生体质健康五大场景，构建 AI+ 智慧体育解决方案，实现学生体育运动数据采集和实时评测。北京市第十八中学通过人工智能与体育融合，实现效率与趣味的“双增”，提升体育教学质量，解决体育课程中存在的“课堂测试指导效率低、课后运动自主开展难、缺乏针对性指导”等问题。

5. 助力学科学习，提升学习质量。将人工智能与 VR/AR、融媒体等技术结合，实现资源的可视化、泛在化、集约化呈现，构建新型认知工具，降低学习者的认知负荷，实现育人模式升级。利用语言识别和英语听说系统，促进学生语言能力提升，密云区等 14 个区建设英语听说教考平台，有近 800 所中学开展 28000 次模拟训练，激发学生自主学习兴趣，英语听说水平明显提升。

6. 探索个性化评价，提高评价水平。各区教委、学校和技术企业积极探索人工智能技术在促进教育评价改革创新方面的应用。北京市第八中学通过构建学习诊断系统、多维度评价分析系统、个性化资源推荐系统、智能校本题库系统等，形成学生、班级、年级的学情记录，为教师、学生、教育管理者提供不同多维度分析评价报告，实现每个学生的学习过程和效果的数据化、可视化，绘制学生个性化知识图谱，促进学生全面发展。

（二）研究机构或企业角度的人工智能与基础教育融合发展产品特性

1. 贯穿教学全过程，助力教师精准教学。通过人工智能技术，教师可精准掌握学生上课反馈、完成作业、测验测试等学习过程数据，了解每一名学生的个性化特征和差异，并据此实施精准教学。如飞象星球可以为教师课堂教学提供全流程辅助。课前，教师基于学生学习的历史数据分析和课前预习测评反馈，进行教学预设、以学定教；课中，教师通过实时评测和互动交流，准确了解学生的实时学习状态，随时调整教学策略，实现精准教学；课后，教师利用智能化作业推送、在线批改作业等功能，及时掌握学生的作业完成情况，开展个性化辅导，帮助巩固学生学习效果。

2. 实现分层个性化作业，助力减负提质。通过智能作业管理系统，对海量校本题库进行分层匹配，动态生成题目难度、知识点标签，根据学生学习情况，匹配不同难度的题目，实现一键生成个性化作业，提高教师工作效率和质量。同时，支持智能批改作业，通过对作业数据的分析，教师可快速掌握学生的兴趣和不足，对重点和难点内容进行有针对性讲解，实现精准教学。科大讯飞、百度、网易有道、云思智学等科技公司经过多年研发与完善，建立较为成熟的作业管理系统，能够为学校提供高水平的智能作业服务，在中小学校得到广泛应用。

3. 推进智慧教研，创新教师专业发展方式。通过采集教师备课、听课、评课，以及班级知识图谱、学生成绩等数据，帮助教师了解自己在知识结构、教学方法、学科知识、技术应用等方面的不足，并提供针对性的培训课程及参考案例，实现教学问题诊断与辅助改进，服务教师专业发展。北京师范大学未来教育高精尖创新中心围绕教师群体的精准备课、精准听评课、精准反思、精准研修等核心业务，利用“互联网＋教育”构建网络教研全过程一体化环境。利用学生过程性和总结性的学习数据，发现共性问题，开展主题教研；通过汇聚教师个体和群体创建的过程性资源，整合各级各类优质教师资源和课例资源，构建特色教学和教研资源库；基于问题驱动的教研数据分析，持续向教师精准推荐研习资源，帮助教师科学地、有针对性地选择教研主题和内容；通过北师大教研专家的指导，发掘教师教研的不竭动力，切实提高教师教研能力和整体教学水平。

从近年来教育实践可以看出，教育数字化转型日趋深入，转型基础不断夯实，特别是疫情期间“停课不停学”的大规模在线教育实践挖掘了教育智能化潜力，启发教育界乃至全社会对教育智能化发展的期待。教育从业者、科技研发者等人群，都得以了解教育一线的实际需求，从而涌现新思路新创意，形成教育实践推动科技创新、科技成果反哺教育变革的良性循环。未来一段时间，教育也将进入智能化和数字化快车道，线上经验催发线下变革，为构建基于智能技术的新型教育教学模式，提供深度变革的内生力量，创新发展体系也将更加健全，教育数字化转型持续深化，转型探索实践将迈向新台阶。

三、存在问题与挑战

（一）教育需求与技术应用的辩证关系不够明晰

从国际近几十年的经验看，很多国家对于教育与技术的融合应用都相对审慎，尤其强调教育智能化首先要保持教育的基本属性，其次才是工具的应用，这成为各国尤其是发达国家发展教育智能化的基本观念。中国在这一层面上的理性反思有待加强，很多人习惯于将教育智能化视为一个实践性甚至是技术性的命题，而搁置许多前提性甚至是根本性的问题。因而教育者难以对人工智能等应用技术提出准确需求，而技术人员难以深度理解教育，难以设计出符合教育实践场景需求的产品，这是影响二者融合应用的关键问题。

（二）产品同质化高，数据共享困难，缺少通用模型

一是集中在“精准化监测与个性化评价”等几个方向上重复建设，探索过于集中，用力过于聚焦，甚至少有过度监控、过度反馈、过度迎合的辩证性反思。二是区校实践呈点状散发，尽管各类学习支持系统已经生成了大量数据，但这些数据往往分散沉积于众多类型不同、缺乏统一规范的学习平台中，甚至掌握在企业手中，质与量均难以胜任人工智能模型训练的需要，无法互通共享，更无法形成全局的分析与决策。三是除了面部识别、手势分析等在计算机学科内较为成熟的技术外，真正隶属于教育范畴的人工智能模型仍极为匮乏。诸如学习内容生成与汇聚、学习障碍自动诊断与反馈、问题解决能力测评与改进、学生成长发展的画像等，均缺乏可用的数据模型，难以应用在实际场景中并帮助学习者作出决策。即使一些企业和学校已经在探索并构造模型，但仍较为粗糙，缺乏普适性，多数模型都尚未形成标准化的常模，不具有普遍性和大范围推广的价值。

（三）教育复杂度大，应用场景挖掘不够

教育具有复杂性。随着技术发展，学生的学习活动越来越接近真实的情景和现实的问题，学习由解决单一简单问题逐步转向融合性强、复杂度高的真实问题，学习方式也越来越倾向于体验式学习、沉浸式学习，课堂交互和协作的要求越来越高，这些都将导致智能学习实践的复杂性增加。学习过程数据丰富、繁杂、零碎，这要求技术的落地更加精准并满足个性化需求，智能教育的建设重点是放大人工智能技术优点，提高人工智能技术落地于教学环节的精细度。

（四）教学方式转变，教师适应性不足

目前不少教师尚不具备利用信息技术开展常态教学的能力，仍习惯使用传统教学方式。此外，技术创新飞速发展，工具软件的迭代升级速度较快，教师缺乏学习新技术的途径和时间，逐渐导致信息化教学能力不足。

对于教师来说，未来重复性工作将由智能化工具完成，教师应将时间和精力投入到提升自我和满足学生学习需求上。这就需要及时改变教师的培训方式，帮助教师与人工智能系统配合、分析智能系统的数据报告、找到适合学生的学习路径的。对于学生来说，人工智能能帮助学生实现个性化学习，但无法提供情感上的帮助，教师在学生关怀、尊重、引导方面的重要性更加明显。在人工智能教育系统的配合下，教师需要具备将数据转换为教学方法和教学环节的能力。

（五）隐私保护制度滞后，与技术发展不匹配

科学技术是一把双刃剑，不仅能够促进社会的发展进步，同时也可能存在一定的负面影响。数据是人工智能的基础，人工智能与教育融合的越好，就越需要获取、存储、分析更多的师生信息数据。借助获取的数据信息，基于日益强大的数据整合、处理能力，人工智能技术可以为师生精准“画像”，而其中就潜藏着不容忽视的隐私泄露风险。当前，国家隐私保护法律体系还不能完全适应人工智能发展需求，如何在人工智能与教育教学融合应用中兼顾隐私保护，确保安全、可靠、可控，是一项

亟须关注的伦理课题。

四、对策与建议

（一）明确政策导向，明晰教育与技术的关系

党的二十大报告指出，深入实施科教兴国战略，推进教育数字化，办好人民满意的教育。教育是中国现代化建设的重要战略支撑，教育数字化是建设教育强国的必由之路。数字化时代，面对人类社会的技术加速度，我们有必要首先对数字化之于教育的价值与可能作出理论上的回应，在思想中把握教育的未来，从而更好地服务于教育数字化建设，在迈向教育强国的征程中不断前行。

（二）加强引导和统筹，规范数据标准，构建通用模型

在赋能教师发展、赋能学生个性化学习、赋能教学质量提升等方面提炼共性产品应用案例。一是推进人工智能试点示范，开展人工智能教育示范区建设，推进典型产品应用，探索人工智能解决教育问题的思路，寻求提高教育质量的有效途径。二是规范数据标准，明确数据归属权，促进数据的共通共享，构建全市智能化学习过程数据基座。三是构建通用优质模型。基于深度学习的知识库和规则库的优化与完善，以及推理算法的优化是人工智能发展的重要内容，面向教育的人工智能也必须遵循这一规律。因此，面向教育信息的数据采集、基于教育大数据的深度学习及模型训练至关重要。

（三）把握教育智能化发展规律，拓展应用新场景

国际经验与中国发展实践都显示，相比于智能化技术在金融、营销、医疗、安防等诸多领域的率先落地与渗透，教育智能化领域由于数据储备、数据感知、数据标准化受限，跨介质互联困难，情感计算与认知计算难以突破等约束条件，自然呈现的发展规律确实是慢一拍。同时，教育领域是“人”的密集程度最大的领域，其复杂性与牵涉面超乎寻常，教育智能化在理念更新、模式变革、体系重构上不能激进。

因此，要尊重其独特节奏，政企进一步合作，突破难点，建立场景。健全工作推进机制，建立主责部门统筹组织、业务部门应用推动、技术部门支撑保障、社会机构参与服务的工作体系。畅通优质社会机构进校服务渠道，激发政企合作、校企合作的活力，解决人工智能技术在教育领域应用还停留在某些学校、某个工具、某个点上，不深入、不协同、不长效的问题，拓展系统性、典型性的应用新场景。

（四）强化培训提升素养，提升教师能力

将人工智能纳入全市教师继续教育、校长培训内容，计入必修学分，推动教师主动适应人工智能等新技术变革。持续开展北京市中小学教师信息技术应用能力培训，加强人工智能等现代信息技术应用能力训练，指导教师灵活应用人工智能技术和工具开展智能教学，全面提高教师对人工智能的整体认知和应用水平，树立数字化意识和思维，培养数字化能力和方法。

（五）注重个人隐私，探索完善伦理安全规则、技术与管理方式

坚持以人为本，充分尊重和保护个人隐私，充分保障个人的知情权和选择权。加快探索完善人工智能技术在教育应用中的伦理安全规则、技术与管理方式，保护教师和学生数据隐私。夯实智能时代教育技术变革的安全基础，制定全面的人工智能监管框架，防止有害应用，使智能技术真正促进教育发展。

（市委教育工委副书记、市教委主任、
市政府教育督导室主任　刘宇辉）

区政府履行“双减”职责情况专项督导检查报告

为贯彻落实中央及教育部“双减”精神和市委市政府决策部署，持续推动区政府和各级各类教育机构履行“双减”职责，2022 年 7 月 7 日、8 日，北京市人民政府教育督导委员会办公室组织两个督导检查组，对海淀区、丰台区、通州区、怀柔区政府履行“双减”职责情况开展实地专项督导检查。现将有关情况报告如下。

一、专项督导检查工作情况

“双减”专项督导坚持以“治乱、减负、防风险，改革、转型、促提升”为工作主线，坚持“持续用力、巩固成果、消除盲点、提高水平”工作思路，充分发挥市级“双减”专班部门协同作用、教育行政部门政策保障作用、教育督导部门工作统筹作用、教育督导评估院专业支撑作用，由市级“双减”专班、市教委相关处室等部门的骨干力量组成的督导组分别深入各区，通过听取区政府工作汇报、查阅档案资料、召开座谈会等形式对各区政府持续强化“双减”组织领导、加大“双减”执法检查、加强中小学教学管理、提高课后服务质量等情况开展督导检查，召开座谈会 16 场次，与近百名区级专班、中小学及校外培训机构负责同志座谈、访谈。在综合区级自查自评、市级相关监测、实地督导检查情况基础上，形成对各区督导检查反馈意见和整体情况督导报告并下发各区督促整改。至 12 月 2 日，各区已提交整改报告。

二、区政府履行“双减”职责情况

四区政府坚持党对“双减”工作的全面领导，持续加大执法检查力度，多措并举促进校内提质增效，提升课后服务质量，促进学生全面发展，深入推动“双减”任务有

效落实。

（一）加强组织领导，区级专班统筹协调有力

各区政府持续强化组织领导，将“双减”工作列入区委教育工作领导小组重点任务，完善工作机制，发挥专班优势，印发政策文件，持续推动“双减”工作落实。海淀、怀柔等区坚持高位统筹，区委区政府主要领导任专班双组长，根据工作需要动态增补专班成员单位，多次专题研究部署、统筹调度“双减”工作。丰台区积极构建完善专班协同机制，充分发挥“双减”专班、“一企一策”专班、风险防范化解处置专班作用，通过统筹调度、会商研判、联合执法，对校外培训机构分类施策，形成各部门齐抓共管的工作格局。海淀区加强校外培训机构治理队伍建设，成立校外培训工作科，统筹下属事业单位力量，设立专干助力校外培训机构治理。

（二）完善工作机制，校外培训机构治理成效明显

各区不断完善工作机制，开展校外培训机构治理“回头看”和清理查处无证违规培训机构专项行动，推进非学科类校外培训机构归口管理，强化对头部校外培训机构的规范引导，学科类校外培训机构有效压减，无证机构持续动态清零。海淀区强化资金监管，加强稳企服务。率先启动学科类校外培训机构预付费资金监管，探索非学科类校外培训机构预收费资金监管模式，搭建“校外培训机构兑换课公益超市”，有效保障资金安全和学员合法权益。丰台区坚持综合施策，健全无证校外培训机构“区专班+街镇+楼宇，集中执法+科技监管+帮扶纾困”治理机制，完善有证学科类校外培训机构“五员”（业务管理员、党建指导员、教育督导员、教研员、安全指导员）管理机制和开班报备监管机制，建立潜在违规培训商务楼宇辨识机制，形成校外培训机构综合治理模式。怀柔区加强源头治理，建立校外培训机构“卡口+网格”双融合工作机制，形成“发现问题+处置问题”闭环式治理模式。

（三）加强执法检查，风险隐患排查化解平稳有序

各区加强部门联动，发挥网格优势和“吹哨报道”机制作用，将校外培训机构治理纳入属地街镇网格化综合治理体系，通过日常巡查、联合检查、专项督导、综合执法等形式全面加强执法检查。海淀区制定“地下”学科培训执法工作方案，完善查处阻断、严惩重罚、警示震慑流程，坚持警示教育与执法处罚相结合。区市场监管局综合执法大队成立专门执法队伍负责教育领域行政执法，严厉打击违规培训行为。丰台区、通州区开展“五查”等多项联合执法检查行动，通过违规查处、线索移交、立案处置，通报批评等手段规范校外培训机构行为。

9月19日，三帆中学举办课后服务选修课文科跨学科教学课程
（三帆中学　供）

（四）注重提质增效，校内教育教学质量不断提升

各区严格规范教学秩序，压实学校主体责任，提升课堂教学质量，加强课后服务供给，落实五育并举要求，促进校内教育教学质量全面提升和学生全面发展。海淀区、怀柔区以“每月一题”为抓手完善教育教学管理制度，“一方案三清单”（问题解决措施方案、任务清单、责任清单、政策清单）完备全面。海淀区发挥教研科研优势，形成行政主导、科研引领、教研支撑的“一体两翼”工作模式，指导教师提高课堂教育教学质量。丰台区实施学校品质提升工程，建立基地校联盟，推动课程改革，发挥辐射引领作用。通州区加强资金保障，多渠道筹措美育等专项保障经费，制定中小学课后服务绩效专项资金实施方案，激发教师参与课后服务的积极性。

三、专项督导检查中发现的主要问题

（一）区级专班统筹力度有待进一步加强

通州区部分专班成员单位对“双减”重要性的认识有待进一步提高，区科委、体育局、文旅局等非学科类校外培训机构主管部门的工作协同有待进一步增强，对校外培训机构“隐形变异”违规培训的发现、处置等工作还需进一步健全工作机制，加大统筹力度。怀柔区专班成员单位的沟通协调还需进一步加强，对各部门执行情况的评价机制有待完善。

（二）针对“隐形变异”违规培训的治理仍需加大力度

2021年全市“双减”工作落实情况、市满意度调查中部分家长反映，海淀区少数校外培训机构“地下”违规培训、以“家政服务”“家庭教育指导”“众酬私教”“假期伴学”“学业规划”等名义开展的“隐形变异”培训、家长私下攒班组织培训等现象还在一定范围内存在，查处及治理难度大，存在潜在风险隐患。怀柔区市场监管部门的作用有待进一步发挥，有关部门尚未充分形成工作合力，“地下”违规培训发现难、进门难、取证难、处置难等问题尚未有效解决，需要进一步加大治理力度。

（三）非学科类校外培训机构监管统筹力度不够

丰台区、怀柔区非学科类校外培训机构治理的统筹力

度有待加强，监管合力尚未完全形成，综合监管工作机制尚不健全，在压实部门责任、制定监管措施、防控资金风险等方面的工作有待细化完善。怀柔区部分非学科类校外培训机构的移交监管进度较慢，督导检查工作中发现全区26家非学科类校外培训机构中，有12家机构需要进一步加快移交速度。非学科类校外培训机构超范围开展学科类培训等问题尚缺乏系统性、有效性监管举措。

（四）中小学教学管理工作机制有待健全

丰台区以“每月一题”为抓手提升中小学教学管理的工作机制尚未形成，“一方案三清单”不完善，针对问题、制定方案、紧抓落实、督查督办等工作环节缺失，未形成闭环管理体系，集中抓、持续抓的工作力度有待进一步加强。海淀区、通州区家校社协同育人工作仍需进一步加强。针对家长在升学、考试等方面的焦虑情绪，以及对学生校外补习存在的盲目跟风现象，需要进一步加大协同育人机制建设、舆论宣传引导等方面的工作力度。

（五）优质课后服务资源供给不足

部分区的优质课后服务资源供给总量与学生多样化、个性化成长需求存在较大差距，存在校际间供给不均衡问题。通州区近年生源增速较快，城镇部分学校活动场地、专业教室数量不足，课后服务资源总体不足。农村学校距离远，优质校外资源参与课后服务意愿低，课后服务质量需进一步提升。怀柔区优质课后服务资源集中于城镇学校，部分学校课程资源供给不够丰富，在打破班级界限、分层分类开展课业辅导上，不能完全满足学生与家长的多样化需求。

（六）教育资源配置和教育教学质量与优质均衡发展要求仍存在一定差距

对照国家义务教育优质均衡发展督导评估标准要求，各区城乡间、校际间优质教育资源和办学条件保障均衡程度有待提升。2021年全市义务教育优质均衡发展监测结果显示，海淀区、通州区义务教育资源配置7项指标与国家标准要求差距较大，学校综合达标率偏低。通州区小学、初中阶段不均衡程度增大趋势较为明显，“生均教学及辅助用房”“生均体育运动场馆”“每百名学生拥有体育艺术专任教师数”等指标的校际差异系数均比上一年增大。实地督导检查发现，各区专用教室配备数量不足，海淀区、丰台区、通州区将学校专用教室改为普通教室的现象比较普遍。按照600∶1的配备标准，海淀区、通州区校医存在缺口，卫生专业技术人员数量较少。2019年国家义务教育语文学科质量监测数据显示，海淀区中小学和怀柔区小学语文学业水平校级差异系数未达到国家要求，2020年国家义务教育科学学科质量监测数据显示，海淀区、丰台区、通州区3区初中科学学业水平的校际差异系数未达到国家要求。

四、意见建议

（一）进一步加强领导，压实各方责任

区级工作专班要进一步提高思想认识，强化统筹领导，完善工作机制，细化责任分工，加强部门协同，健全党委和政府统一领导、部门齐抓共管的工作格局。要有效发挥专班综合治理效能，加强工作会商研判，完善联合执法机制，加大督导检查力度，强化执法结果运用，推动成员单位主动作为、履职尽责。

（二）进一步完善机制，提升治理效能

各区要充分发挥制度机制优势，发挥头部校外培训机构示范作用，持续深化校外培训机构治理。进一步加强对“隐形变异”违规培训的治理力度，注重防范化解各类风险隐患，围绕机构资质审查、预收费资金监管等关键环节，形成常态化监管机制。进一步构建非学科类校外培训机构综合监管体系，加快非学科类校外培训机构归口监管移交进度，完善监管策略、资金风险防控等制度措施，加强对非学科类培训机构异地经营等问题的研究与处置。

（三）进一步强化监管，规范教学管理

各区要严格落实北京市义务教育教学基本要求，制定完善教学基本规程，指导学校结合新课标修订教学基本规范。进一步建立完善“每月一题”长效工作机制，细化“一方案三清单”，理顺部门责任，形成工作闭环，推动涉校问题诉求解决和矛盾化解。进一步加大调研督查力度，形成领导干部调研督导、责任督学挂牌督导、行政教研联合视导的督导体系，加强对校指导，规范教学管理，提升治理能力和治理水平。

（四）进一步加强保障，提升发展水平

各区要加强学位变化趋势及资源配置需求的前瞻性研究，有针对性做好提前谋划。进一步加大区级统筹和保障力度，增加优质教育资源供给，多渠道解决专用教室、体育运动场馆不足及校际差异等问题。深入推进干部教师交流轮岗和“互联网+基础教育”，提升薄弱学校教师教学水平，促使优质资源向更大范围辐射。挖掘区域特色优势，将课后服务纳入教育教学整体规划，加强课后服务问题研究及条件保障，缩小区域、学校间差距。积极推进集团化办学及学区化治理，扩大优质资源覆盖面，让更多学生享受优质教育资源，全面提升区域教育质量和学生发展水平，促进义务教育优质均衡发展。

（市教委督政处 执笔人　张凤华）

（本栏责任编校　张晓兰　仪修宪）

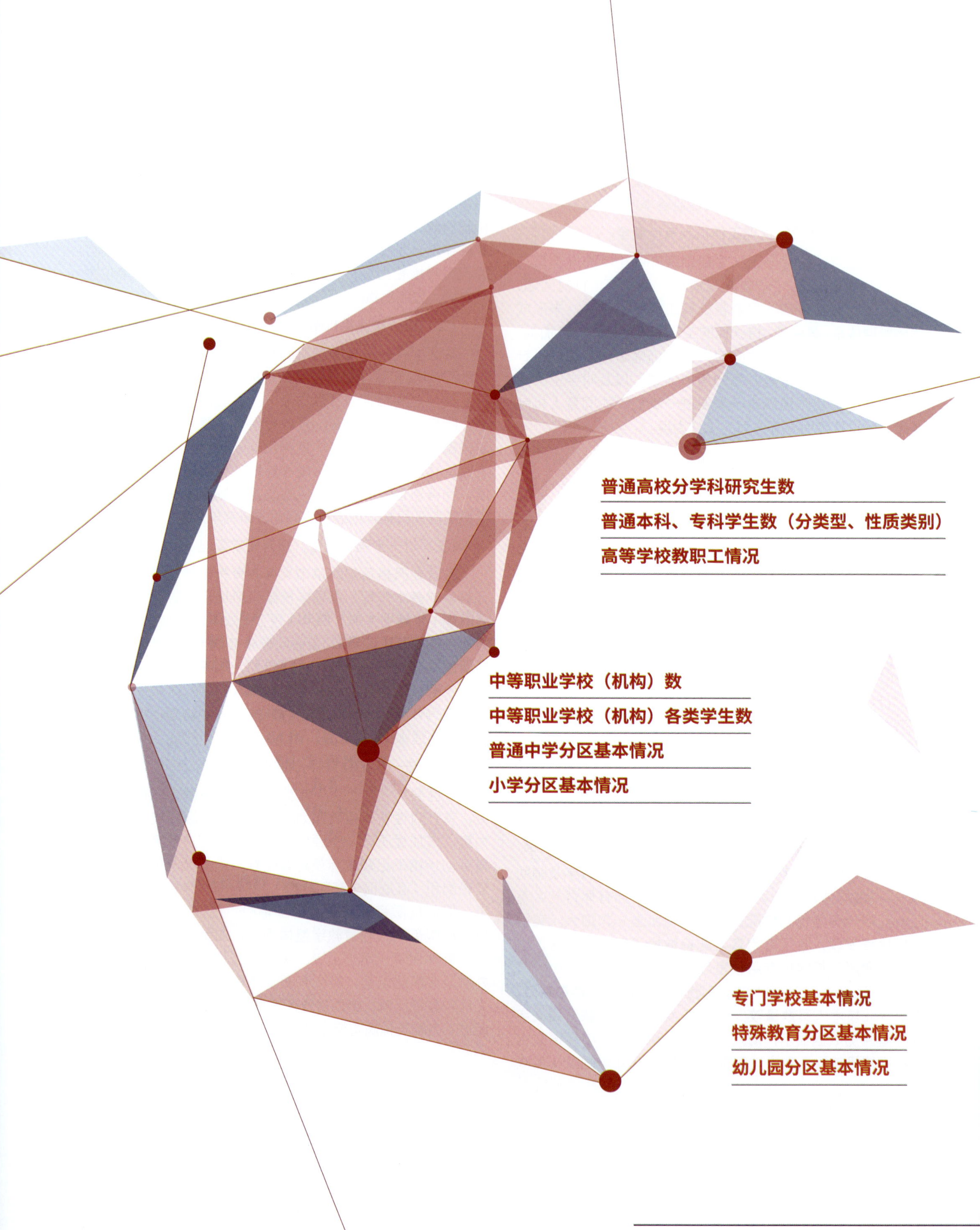

普通高校分学科研究生数

普通本科、专科学生数（分类型、性质类别）

高等学校教职工情况

中等职业学校（机构）数

中等职业学校（机构）各类学生数

普通中学分区基本情况

小学分区基本情况

专门学校基本情况

特殊教育分区基本情况

幼儿园分区基本情况

统计表

STATISTICS

STATISTICS

统计表

2022—2023 学年度北京市教育事业统计资料

一、综合

1-1 各级各类学校校数、教职工、专任教师情况

单位：人

	校数（所）	教职工数	
		计	其中：专任教师
总　计	3630	440927	274232
一、高等教育	110	161304	76730
（一）研究生培养机构	(146)		(75067)
1. 高等学校	(59)		(61309)
2. 科研机构	(87)		(13758)
（二）普通高等学校	92	158136	75381
1. 中央部委属高校	39	118315	51726
2. 市属高校	53	39821	23655
其中：公办高校	38	34344	20687
民办高校	15	5477	2968
（三）成人高等学校	18	3168	1349
二、中等教育	786	111280	86919
（一）高中阶段教育	453	111280	86919
1. 普通高中	351	99779	79839
2. 中等职业教育	102	11501	7080
普通中专	28	3193	1630
成人中专	10	357	193
职业高中	39	4840	3568
技工学校	25	3111	1689
（二）初中阶段教育	333	—	—
三、小学教育	719	66748	60484
四、专门学校	6	253	204
五、特殊教育	20	1355	1121
六、学前教育	1989	99987	48774

注：1. “（）”内数据为不计校数。
2. 普通高中教职工数、专任教师数包括普通初中教职工数、专任教师数。
3. 中国舰船研究院从本年度起纳入统计。

1-2 各级各类学历教育学生情况

单位：人

	毕业生数	招生数	在校生数	预计毕业生数
总 计	1041177	1186444	4052189	703679
一、高等教育	569297	589955	1748388	355818
（一）研究生	114422	145894	435035	160801
1. 高等学校	108694	138245	412030	151998
2. 科研机构	5728	7649	23005	8803
（二）普通本专科	154382	165860	602512	159801
1. 中央部委属高校	78131	87348	338754	83176
2. 市属高校	76251	78512	263758	76625
其中：公办高校	61667	63240	210493	61137
民办高校	14584	15272	53265	15488
（三）成人本专科	39448	29620	78225	35216
1. 成人高等学校	3437	1613	3652	1955
2. 普通高等学校	36011	28007	74573	33261
（四）网络本专科生	261045	248581	632616	
二、中等教育	173939	226646	637584	199994
（一）高中阶段教育	70425	105376	281764	86273
1. 普通高中	49775	74681	198928	61359
其中：本市户籍	45894	70827	188726	58376
2. 中等职业教育	20650	30695	82836	24914
普通中专	8166	11822	34471	9876
成人中专	1483	1404	4152	1358
职业高中	2866	6345	15973	4496
技工学校	8135	11124	28240	9184
（二）初中阶段教育	103514	121270	355820	113721
其中：本市户籍	92579	103550	310473	101723
三、小学教育	133331	189935	1083813	147867
其中：本市户籍	101997	150648	841050	115150
四、专门学校	227	178	447	—
五、特殊教育	1666	1110	7722	—
六、学前教育	162717	178620	574235	—
其中：本市户籍	118712	129081	427023	—

注：1. 特殊教育学生数中包括特殊教育学校、学前教育、普通中小学附设特教班、随班就读、送教上门等各类形式学生数。
2. 成人中专学生数不包括国家开放大学附设中职班北京校区毕业生 134086 人，招生 69810 人，在校生 113831 人。

1-3 各级民办教育基本情况

单位：人

	校数（所）	毕业生数	招生数	在校生数	教职工数	
					计	其中：专任教师
总 计	1217	95554	105503	362790	68386	31379
一、民办高等教育	15	14786	15537	53933	5477	2968
（一）民办高校	15	14786	15537	53933	5477	2968
1. 专科学生		4440	4764	12034		
2. 本科学生		10144	10508	41231		
3. 研究生		202	265	668		
二、民办中等教育	124	7286	10300	26182	14597	8189
（一）高中阶段教育	99	1466	4276	9767	14597	8189
1. 民办普通高中	82	1218	3843	8678	14101	7949
2. 民办中等职业教育	17	248	433	1089	496	240
（二）初中阶段教育	25	5820	6024	16415	—	—
三、民办小学	41	5136	5399	37753	1275	877
四、民办幼儿园	1037	68346	74267	244922	47037	19345
另有：民办职业技术培训机构	535	494901	—	881621	7395	3184

注：1. 民办各项数据均含在普通教育系列中。
2. 民办普通高中的教职工数、专任教师数中包括民办初中阶段教育的教职工数、专任教师数。
3. 民办培训机构毕业生数为结业人次数，在校生数为注册学生数。

1-4 各级中外合作办教育基本情况

单位：人

	校数（所）	毕业生数	招生数	在校生数	教职工数	
					计	其中：专任教师
总计	6	351	329	984	386	121
一、中外合作办高等教育	1	116	150	411		（44）
1. 普通高校						
2. 科研机构	1	116	150	411		（44）
二、中外合作办中等教育	4	35	85	267	334	139
（一）高中阶段教育	4	35	85	267	334	139
1. 中外合作办普通高中	4	35	85	267	334	139
2. 中外合作办中等职业教育						
（二）初中阶段教育	—	—	—	—	—	—
三、中外合作办小学	—	—	—	—	—	—
四、中外合作办幼儿园	1	200	94	306	52	26
另有：职业技术培训机构			—			

注：1. 中外合作办各项数据均含在普通教育系列中。
2. 中外合作办普通高中的教职工数、专任教师数中包括中外合作办初中阶段教育的教职工数、专任教师数。
3. 中外合作办培训机构毕业生数为结业人次数，在校生数为注册学生数。

二、高等教育

2-1 普通高校分学科研究生数

		毕业生数			招生数		
		合计	硕士	博士	合计	硕士	博士
总　计		108694	89569	19125	138245	109213	29032
其中：女		57562	49266	8296	70755	58596	12159
学术型学位	小计	53616	35634	17982	68708	43629	25079
	哲　学	578	387	191	750	466	284
	经济学	2987	2199	788	3401	2304	1097
	法　学	5278	4121	1157	6394	4713	1681
	教育学	1848	1466	382	2101	1514	587
	文　学	3621	2933	688	4040	3072	968
	历史学	615	402	213	813	521	292
	理　学	8222	3955	4267	11693	6093	5600
	工　学	20440	13472	6968	26495	16612	9883
	农　学	1138	634	504	1793	1105	688
	医　学	2852	1496	1356	3975	2041	1934
	军事学	3		3			
	管理学	4508	3404	1104	5209	3837	1372
	艺术学	1509	1148	361	1818	1247	571
	交叉学科	17	17		226	104	122
专业学位	小计	55078	53935	1143	69537	65584	3953
	哲　学						
	经济学	5126	5126		5671	5671	
	法　学	4267	4267		4660	4660	
	教育学	3659	3601	58	4190	3997	193
	文　学	2493	2493		2897	2897	
	历史学	150	150		223	223	
	理　学						
	工　学	17407	17358	49	25262	23180	2082
	农　学	1799	1778	21	2176	2141	35
	医　学	3147	2132	1015	4726	3083	1643
	军事学						
	管理学	14433	14433		16649	16649	
	艺术学	2597	2597		3083	3083	
	交叉学科						

单位：人

	在校生数			预计毕业生数		
	合计	硕士	博士	合计	硕士	博士
	412030	**294614**	**117416**	**151998**	**111473**	**40525**
	203387	154641	48746	76429	59397	17032
	229454	**122458**	**106996**	**78922**	**40756**	**38166**
	2572	1358	1214	908	436	472
	11088	6065	5023	4388	2288	2100
	19741	12488	7253	7384	4560	2824
	7316	4775	2541	2919	1824	1095
	13234	8952	4282	5060	3156	1904
	2723	1436	1287	985	465	520
	40133	16853	23280	12902	5099	7803
	91941	47579	44362	30229	14985	15244
	5746	3029	2717	1912	967	945
	11978	5609	6369	3552	1813	1739
	16738	10293	6445	6553	3800	2753
	6000	3899	2101	2112	1345	767
	244	122	122	18	18	
	182576	**172156**	**10420**	**73076**	**70717**	**2359**
	11618	11618		5178	5178	
	12677	12677		5061	5061	
	11689	10828	861	5707	5452	255
	6230	6230		2867	2867	
	653	653		222	222	
	68362	63285	5077	21947	21169	778
	5174	5058	116	2190	2161	29
	12903	8537	4366	3958	2661	1297
	44351	44351		22630	22630	
	8919	8919		3316	3316	

2-2 普通本科、专科学生数（分类型、性质类别）

		学校数（所）		毕业生数		
		计	其中：中央	合计	专科	本科
总计		92	39	154382	26989	127393
按类型分	本科院校	67	39	131598	4205	127393
	其中：独立学院	5		4930		4930
	专科院校	25		22292	22292	
	其中：高等职业学校	24		21571	21571	
	其他机构（不计校数）	4	1	492	492	
按性质类型分	综合大学	5	3	18688	1653	17035
	理工院校	30	13	60511	10001	50510
	农业院校	3	1	7304	2194	5110
	林业院校	1	1	3374		3374
	医药院校	4	2	5402	1833	3569
	师范院校	2	1	5623	142	5481
	语文院校	10	6	11072	1758	9314
	财经院校	16	2	21464	6382	15082
	政法院校	8	5	9625	2726	6899
	体育院校	3	1	3233	113	3120
	艺术院校	9	3	5230	187	5043
	民族院校	1	1	2856		2856
按举办者分	1. 中央部门	39		78131	720	77411
	教育部	25		58750	399	58351
	其他部门	14		19381	321	19060
	2. 地方公办	38		61667	21829	39838
	教育部门	25		47799	8434	39365
	其他部门	13		13868	13395	473
	3. 民办	15	—	14584	4440	10144

单位：人

	招生数			在校生数			预计毕业生数		
	合计	专科	本科	合计	专科	本科	合计	专科	本科
	165860	26166	139694	602512	67399	535113	159801	23660	136141
	143462	3768	139694	544749	9636	535113	140149	4008	136141
	4785		4785	19860		19860	5208		5208
	22108	22108		56790	56790		19186	19186	
	21393	21393		54729	54729		18515	18515	
	290	290		973	973		466	466	
	19859	1576	18283	71312	3035	68277	20057	1308	18749
	65358	10017	55341	239622	25219	214403	63614	8846	54768
	7591	1680	5911	26360	4656	21704	6674	1335	5339
	3498		3498	13730		13730	3363		3363
	5612	1676	3936	21443	4586	16857	5266	1734	3532
	5669	109	5560	22042	224	21818	5691	115	5576
	12175	1797	10378	44964	5039	39925	12102	1721	10381
	22032	6227	15805	76626	16410	60216	21463	5670	15793
	10576	2633	7943	36642	7117	29525	9298	2548	6750
	3450	197	3253	13801	484	13317	3590	167	3423
	5432	254	5178	22241	629	21612	5586	216	5370
	4608		4608	13729		13729	3097		3097
	87348	698	86650	338754	1931	336823	83176	683	82493
	63681	437	63244	250739	1233	249506	61396	384	61012
	23667	261	23406	88015	698	87317	21780	299	21481
	63240	20704	42536	210493	53434	157059	61137	18895	42242
	50772	8767	42005	177201	22132	155069	49464	7714	41750
	12468	11937	531	33292	31302	1990	11673	11181	492
	15272	4764	10508	53265	12034	41231	15488	4082	11406

2–3 高等学校教职工情况

		教职工数				
		计	专任教师	行政人员	教辅人员	工勤人员
总计		161304	76730	30138	19938	11544
其中：女		84509	35927	18840	13055	4298
一、普通高校		158136	75381	29257	19276	11354
按类型分	本科院校	149511	70888	26848	18136	10825
	其中：独立学院	1771	975	392	127	277
	专科院校	8416	4408	2366	1064	524
	其中：高等职业学校	8145	4226	2325	1028	522
	其他机构（不计校数）	209	85	43	76	5
按举办者分	综合大学	25662	11865	3629	3651	3029
	理工院校	61432	29924	12173	5972	4712
	农业院校	4634	2928	1035	463	99
	林业院校	2011	1412	361	212	26
	医药院校	19036	3597	1832	4083	478
	师范院校	8982	3870	2161	1376	1006
	语文院校	10144	6215	1961	732	858
	财经院校	11550	6753	2822	957	878
	政法院校	5347	3112	1343	699	126
	体育院校	1888	1282	405	144	39
	艺术院校	5529	3305	1134	729	58
	民族院校	1921	1118	401	258	45
按举办者分	中央部门办	118315	51726	21075	14713	8542
	教育部	78518	35289	15510	9380	7580
	其他部门	39797	16437	5565	5333	962
	地方公办	34344	20687	7141	4200	1708
	教育部门	29158	18093	5555	3465	1475
	其他部门	5186	2594	1586	735	233
	民办	5477	2968	1041	363	1104
二、成人高校		3168	1349	881	662	190

单位：人

	教职工数		校外教师	行业导师	外籍教师	离退休人员	附属中小学幼儿园教职工
	专职科研人员	其他附设机构人员					
	11936	**11018**	**13243**	**13180**	**1890**	**83782**	**3498**
	5249	7140	6342	4422	480	46381	2400
	11903	**10965**	**12705**	**13175**	**1890**	**81079**	**3498**
	11878	10936	12008	12546	1881	75953	3498
			277	117	45		
	25	29	697	629	9	5017	
	16	28	683	565	4	4848	
						109	
	2818	670	1193	953	512	13610	1155
	6857	1794	2747	3587	756	29928	799
		109	557	223	35	3492	6
			165			583	33
	1262	7784	4996	3387	29	8704	
	475	94	554	465	53	4746	943
	248	130	551	326	259	3889	10
	82	58	689	3122	112	6476	
	12	55	310	236	18	3402	
	2	16	174	142	6	1292	
	112	191	710	665	94	3298	411
	35	64	59	69	16	1659	141
	11556	10703	6279	7687	1539	55107	3140
	8324	2435	4941	6435	1071	41330	2631
	3232	8268	1338	1252	468	13777	509
	346	262	5506	5180	299	25972	358
	326	244	5128	4797	298	23445	358
	20	18	378	383	1	2527	
	1		920	308	52		
	33	**53**	**538**	**5**		**2703**	

三、中等职业教育

3–1 中等职业学校（机构）数

	合计	中央部门
总计	77	8
普通中等专业学校	28	7
成人中等专业学校	10	1
职业高中学校	39	
附设中职班（不计校数）	30	2

3–2 中等职业学校（机构）各类学生数

	毕业生数			招生数
	计	其中：职业类证书		
		计	其中：职业技能等级证书	
总计	12515	1999	1156	19571
其中：女	5926	1098	550	9502
五年制高职中职段	5111	751	511	9092
全日制学生	11422	1999	1156	18307
非全日制学生	1093			1264
另有：国家开放大学附设中职班	463423			229755

单位：所

	地方				民办	中外合作办
	计	教育部门	其他部门	地方企业		
	52	32	16	4	17	
	20	6	13	1	1	
	8	2	3	3	1	
	24	24			15	
	26	17	9		2	

注：中等职业学校中不包含技工学校数。

单位：人

	在校生数						预计毕业生数
	计	其中：现代学徒制	一年级	二年级	三年级	四年级以上	
	54596	127	19618	16469	15731	2778	15730
	26429	72	9512	7672	7586	1659	7508
	24004	24	9127	7415	7462		7423
	51226	127	18354	15347	14747	2778	14746
	3370		1264	1122	984		984
	359478		359478				288539

3-3 中等职业学校分办学类型及举办者的中等职业教育学生情况

	合计		
	毕业生数	招生数	在校生数
总计	12515	19571	54596
其中：女	5926	9502	26429
按办学类型分			
普通中专学校	4092	7004	20055
成人中专学校	779	1075	1891
职业高中学校	3409	6480	17689
附设中职班	4235	5012	14961
另有：国家开放大学附设中职班	463423	229755	359478
按举办者分			
中央部门（机构）	424	394	2047
地方	11843	18744	51460
教育部门	5877	9826	27687
其他部门	5820	8787	23069
地方企业	146	131	704
民办	248	433	1089
中外合作办			
另有：国家开放大学附设中职班	463423	229755	359478

3-4 中等职业学校教职工情况

	教职工数			
	计	专任教师	行政人员	教辅人员
总计	8390	5391	1395	1086
其中：女	5185	3803	701	573
在编人员	7444	5035	1173	958
普通中专	3193	1630	769	561
其中：女	1785	1081	380	276
在编人员	2794	1549	683	473
成人中专	357	193	112	40
其中：女	204	125	57	21
在编人员	305	161	103	35
职业高中	4840	3568	514	485
其中：女	3196	2597	264	276
在编人员	4345	3325	387	450

单位：人

	中职全日制学生			中职非全日制学生		
	毕业生数	招生数	在校生数	毕业生数	招生数	在校生数
	11422	**18307**	**51226**	**1093**	**1264**	**3370**
	5272	8654	24143	654	848	2286
	4092	7004	20055			
	38		75	741	1075	1816
	3057	6291	16135	352	189	1554
	4235	5012	14961			
				463423	229755	359478
	424	394	2047			
	10750	17480	48090	1093	1264	3370
	5525	9637	26133	352	189	1554
	5079	7712	21253	741	1075	1816
	146	131	704			
	248	433	1089			
				463423	229755	359478

单位：人

	教职工数		校外教师	行业导师	外籍教师
	工勤人员	其他附设机构人员			
	518		**388**	**202**	**5**
	108		229	101	1
	278				
	233		172	98	1
	48		115	58	
	89				
	12		131	7	
	1		48	6	
	6				
	273		85	97	4
	59		66	37	1
	183				

3-5 职业高中分区基本情况

单位：人

	校数（所）	毕业生数	招生数	在校生数	教职工数	
					计	其中：专任教师
总计	39	2866	6345	15973	4840	3568
东城区	3	182	253	753	405	319
西城区	4	117	280	907	610	500
朝阳区	4	320	1003	2382	735	605
丰台区	5	284	677	1567	339	210
石景山区	3	59	203	367	139	89
海淀区	1	612	778	2418	425	348
门头沟区	1	16	41	71	113	77
房山区	4	144	440	876	256	198
其中：房山	3	144	440	876	216	165
燕山	1				40	33
通州区	2	123	454	972	147	125
顺义区	1	8	36	54	138	60
昌平区	3	589	1057	3122	464	345
大兴区	3	153	337	952	308	224
其中：大兴	3	153	337	952	308	224
经开						
怀柔区	2	2	181	188	241	146
平谷区	1	81	189	483	143	69
密云区	1	111	250	512	175	120
延庆区	1	65	166	349	202	133

四、普通中学

4-1 普通中学校数

单位：所

	合计	完全中学	高级中学	十二年一贯制学校	初级中学	九年一贯制学校	合计中：独立设置少数民族学校
总计	684	175	39	137	176	157	8
教育部门	568	163	21	78	174	132	7
其他部门	4	1		1		2	1
地方企业	1			1			
民办	107	11	14	57	2	23	
中外合作办	4		4				
城　区	519	161	33	117	100	108	5
教育部门	427	149	19	72	98	89	4
其他部门	4	1		1		2	1
地方企业	1			1			
民办	85	11	12	43	2	17	
中外合作办	2		2				
镇　区	84	6	4	10	39	25	2
教育部门	73	6	2	3	39	23	2
其他部门							
地方企业							
民办	9			7		2	
中外合作办	2		2				
乡　村	81	8	2	10	37	24	1
教育部门	68	8		3	37	20	1
其他部门							
地方企业							
民办	13		2	7		4	
中外合作办							

4-2 普通中学教职工数

	教职工数		
	计	专任教师	行政人员
总计	**99779**	**79839**	**6945**
其中：女	73434	61613	3887
少数民族	6081	5076	409
在编人员	81191	68846	4287
教育部门	84401	70982	4458
其他部门	595	474	56
地方企业	348	295	53
民办	14101	7949	2313
中外合作办	334	139	65
城　区	85734	69345	5729
教育部门	72896	61897	3677
其他部门	595	474	56
地方企业	348	295	53
民办	11870	6665	1936
中外合作办	25	14	7
镇　区	8041	6027	653
教育部门	6571	5249	386
其他部门			
地方企业			
民办	1161	653	209
中外合作办	309	125	58
乡　村	6004	4467	563
教育部门	4934	3836	395
其他部门			
地方企业			
民办	1070	631	168
中外合作办			

单位：人

	教职工数			校外教师	外籍教师
	教辅人员	工勤人员	其他		
	9749	**3139**	**107**	**827**	**1674**
	6765	1110	59	601	628
	511	76	9	25	
	7064	936	58		
	7601	1278	82	770	255
	47	18		5	
	1988	1826	25	52	1389
	113	17			30
	7909	2673	78	807	1491
	6185	1084	53	752	253
	47	18		5	
	1676	1568	25	50	1234
	1	3			4
	1099	248	14	2	96
	809	113	14	2	2
	178	121			68
	112	14			26
	741	218	15	18	87
	607	81	15	16	
	134	137		2	87

4–3 普通中学分区基本情况

	校数（所）		班数（个）			毕业生数		招生数	
	合计	其中：高中及完中	计	初中	高中	初中	高中	初中	高中
总计	684	351	16834	11003	5831	103514	49775	121270	74681
东城区	38	30	1372	809	563	7926	4619	9067	6904
西城区	42	36	1825	1078	747	11539	5870	14353	10250
朝阳区	98	51	2386	1779	607	12765	4184	17662	7910
丰台区	49	23	988	666	322	5849	2463	6856	3955
石景山区	22	11	439	290	149	2543	1216	2921	1708
海淀区	87	71	3651	2180	1471	22578	12868	25466	17700
门头沟区	17	6	263	174	89	1508	865	1517	1146
房山区	52	14	855	589	266	5867	2640	6269	3457
其中：房山	47	13	758	526	232	5352	2306	5738	3092
燕山	5	1	97	63	34	515	334	531	365
通州区	48	18	951	659	292	6627	2560	7912	4487
顺义区	40	16	800	528	272	5807	3056	6057	3583
昌平区	58	28	827	600	227	5149	2012	5968	3043
大兴区	49	24	961	659	302	5852	2194	7624	3696
其中：大兴	41	17	735	520	215	5078	1856	6176	2921
经开	8	7	226	139	87	774	338	1448	775
怀柔区	21	8	387	266	121	2029	1085	2252	1538
平谷区	20	7	346	219	127	2389	1313	2481	1723
密云区	24	4	471	306	165	3302	1796	3070	2243
延庆区	19	4	312	201	111	1784	1034	1795	1338

单位：人

	在校生数												教职工数	
	合计	初中						高中					计	其中：专任教师
		计	其中：女	一年级	二年级	三年级	四年级	计	其中：女	一年级	二年级	三年级		
	554748	355820	170892	121324	119444	113888	1164	198928	99190	75141	62428	61359	99779	79839
	44833	26579	12877	9074	8996	8263	246	18254	9114	6924	5657	5673	6753	5967
	66557	40415	19268	14377	13599	12439		26142	12917	10333	8046	7763	8698	7110
	70408	51081	24734	17679	17328	16061	13	19327	9821	7933	5890	5504	16280	13836
	31407	20992	10005	6867	7021	7104		10415	5205	3965	3338	3112	5797	4966
	13522	8932	4251	2927	2918	2886	201	4590	2325	1714	1459	1417	3107	2388
	123110	74689	35257	25481	25309	23899		48421	23260	17872	14932	15617	19147	14735
	7929	4830	2419	1522	1682	1626		3099	1539	1149	996	954	1372	1063
	29106	19264	9367	6271	6121	6307	565	9842	5109	3474	3213	3155	4614	3857
	25883	17162	8341	5740	5613	5809		8721	4505	3109	2850	2762	4179	3457
	3223	2102	1026	531	508	498	565	1121	604	365	363	393	435	400
	34241	22581	10992	7918	7512	7151		11660	5935	4492	3705	3463	5730	4673
	27473	17606	8400	6061	5928	5617		9867	4998	3588	3245	3034	5872	4092
	25392	17804	8602	5981	6027	5796		7588	3883	3051	2343	2194	6689	5076
	31064	21252	10147	7626	6922	6565	139	9812	4930	3701	3029	3082	6500	5380
	25506	17463	8323	6177	5716	5431	139	8043	4054	2922	2537	2584	5347	4429
	5558	3789	1824	1449	1206	1134		1769	876	779	492	498	1153	951
	11428	7102	3411	2253	2449	2400		4326	2155	1547	1442	1337	2301	1742
	12322	7427	3630	2485	2447	2495		4895	2505	1733	1559	1603	2402	1585
	16280	9669	4720	3071	3255	3343		6611	3366	2247	2204	2160	2493	2014
	9676	5597	2812	1731	1930	1936		4079	2128	1418	1370	1291	2024	1355

五、小学

5-1 小学校数

单位：所

	合计	合计中：独立设置少数民族学校
总计	719	14
教育部门	677	14
其他部门	1	
地方企业		
民办	41	
城区	546	7
教育部门	523	7
其他部门	1	
地方企业		
民办	22	
镇区	80	2
教育部门	72	2
其他部门		
地方企业		
民办	8	
乡村	93	5
教育部门	82	5
其他部门		
地方企业		
民办	11	

5-2 小学教职工数

单位：人

	教职工数						校外教师	外籍教师
	计	专任教师	行政人员	教辅人员	工勤人员	其他		
总计	66748	60484	2673	2707	830	54	438	9
其中：女	52990	49203	1535	1959	263	30	334	5
少数民族	4093	3755	150	154	32	2	8	
在编人员	62789	57493	2509	2324	420	43		
教育部门	65392	59532	2524	2660	622	54	430	5
其他部门	81	75	5	1				
地方企业								
民办	1275	877	144	46	208		8	4
城区	55774	51109	1934	2100	596	35	426	9
教育部门	54819	50451	1824	2066	443	35	418	5
其他部门	81	75	5	1				
地方企业								
民办	874	583	105	33	153		8	4
镇区	5740	5005	352	269	104	10	3	
教育部门	5550	4858	336	264	82	10	3	
其他部门								
地方企业								
民办	190	147	16	5	22			
乡村	5234	4370	387	338	130	9	9	
教育部门	5023	4223	364	330	97	9	9	
其他部门								
地方企业								
民办	211	147	23	8	33			

5-3 小学分区基本情况

	校数(所)	班数(个)								毕业生数	招生数
		计	一年级	二年级	三年级	四年级	五年级	六年级	复式班		
总计	719	30949	5327	5286	5564	5180	5122	4470		133331	189935
东城区	45	1856	310	324	334	309	304	275		9266	12165
西城区	58	3055	552	563	557	492	485	406		13427	20420
朝阳区	70	5295	860	909	932	914	889	791		20173	27675
丰台区	70	2019	339	325	376	340	342	297		8569	12067
石景山区	24	791	135	134	145	135	134	108		3270	4556
海淀区	90	5141	883	897	894	842	853	772		26276	33202
门头沟区	21	447	78	74	79	76	76	64		1753	2655
房山区	51	1820	312	292	338	313	315	250		7470	10958
其中：房山	46	1722	293	274	318	293	294	250		6931	10316
燕山	5	98	19	18	20	20	21			539	642
通州区	44	2139	381	356	389	358	351	304		9204	14743
顺义区	51	1641	288	274	303	273	263	240		7051	10528
昌平区	53	2051	356	351	371	346	336	291		7947	12388
大兴区	47	2265	407	379	415	381	371	312		8586	14649
其中：大兴	44	1838	315	299	337	314	311	262		7401	11329
经开	3	427	92	80	78	67	60	50		1185	3320
怀柔区	19	545	96	92	96	87	92	82		2487	3185
平谷区	29	705	128	121	130	116	115	95		2776	3998
密云区	26	694	120	115	120	115	116	108		3270	4209
延庆区	21	485	82	80	85	83	80	75		1806	2537

六、专门学校

6-1 专门学校基本情况

	校数（所）	班数（个）	离校人数
总计	6	29	227
其中：女			35
少数民族			18

单位：人

	在校生数								教职工数	
	计	其中：女	一年级	二年级	三年级	四年级	五年级	六年级	计	其中：专任教师
	1083813	522446	189971	186553	201770	180698	178807	146014	66748	60484
	72695	34808	12151	12890	13357	12205	12261	9831	5789	5422
	115516	54879	20428	21247	21182	18850	18606	15203	7549	7023
	167938	81395	27680	29096	31659	28442	28124	22937	6853	6492
	68750	33306	12077	11093	13250	11546	11414	9370	4698	4424
	25839	12472	4558	4530	4802	4382	4336	3231	1326	1191
	193778	92907	33206	34164	34439	31856	32306	27807	10652	9680
	14895	7356	2657	2452	2729	2481	2539	2037	1650	1367
	61746	29715	10963	10149	11845	10639	10358	7792	3869	3550
	58498	28098	10321	9532	11179	9987	9687	7792	3561	3262
	3248	1617	642	617	666	652	671		308	288
	81793	39448	14744	13708	15334	13701	13422	10884	4814	4493
	58372	28157	10532	9640	11082	9571	9484	8063	3934	3305
	67325	32638	12385	11805	12999	11351	10552	8233	4086	3717
	77750	37434	14654	13226	14820	12906	12379	9765	4012	3601
	62918	30296	11334	10262	12036	10730	10376	8180	3682	3297
	14832	7138	3320	2964	2784	2176	2003	1585	330	304
	18114	8969	3186	2938	3218	3009	3144	2619	1708	1440
	21680	10592	4002	3537	4111	3547	3568	2915	2284	1947
	23785	11605	4210	3948	4360	3871	4037	3359	2055	1715
	13837	6765	2538	2130	2583	2341	2277	1968	1469	1117

单位：人

	入校人数	在校生数	教职工数	
			计	其中：专任教师
	178	447	253	204
	26	75	111	93
	13	26	21	19

七、特殊教育

7-1 特殊教育学校数

单位：所

	合计	盲人学校	聋人学校	培智学校	其他学校
总计	20	1	1	11	7
教育部门	19	1	1	11	6
其他部门	1				1
地方企业					
民办					
中外合作办					
城区	17	1	1	10	5
教育部门	17	1	1	10	5
其他部门					
地方企业					
民办					
中外合作办					
镇区	1				1
教育部门					
其他部门	1				1
地方企业					
民办					
中外合作办					
乡村	2			1	1
教育部门	2			1	1
其他部门					
地方企业					
民办					
中外合作办					

7–2 特殊教育学校教职工数

单位：人

	教职工数					校外教师	外籍教师
	计	专任教师	行政人员	教辅人员	工勤人员		
总计	1355	1121	88	115	31	11	
其中：女	1041	901	45	84	11	8	
少数民族	97	84	3	7	3		
在编人员	1298	1083	88	107	20		
接受过专业教育	1260	1055	78	102	25	9	

7–3 特殊教育分区基本情况

单位：人

	校数（所）	班数（个）	毕业生数	招生数	在校生数	教职工数	
						计	其中：专任教师
总计	20	362	1666	1110	7722	1355	1121
东城区	2	20	64	47	420	124	102
西城区	2	53	132	102	589	247	221
朝阳区	1	42	452	161	1292	82	73
丰台区	1	13	110	79	603	43	41
石景山区	1	10	24	13	154	35	31
海淀区	2	59	317	263	1420	328	253
门头沟区	1	9	22	23	151	31	23
房山区	1	21	79	49	359	39	36
其中：房山	1	19	77	47	335	39	36
燕山		2	2	2	24		
通州区	1	20	89	69	428	63	58
顺义区	2	34	87	80	537	91	66
昌平区	1	18	138	79	489	50	41
大兴区	1	14	62	63	544	32	26
其中：大兴	1	14	60	56	502	32	26
经开			2	7	42		
怀柔区	1	11	16	31	193	35	34
平谷区	1	17	46	27	255	64	45
密云区	1	12	13	9	147	51	38
延庆区	1	9	15	15	141	40	33

八、幼儿教育

8-1 幼儿园园数、班数

单位：个

	园数（所）		班数					
	计	其中：独立设置少数民族幼儿园	计	托班	小班	中班	大班	混合班
总计	1989	8	20662	84	6880	6409	6820	469
教育部门	494	6	6669		2313	2139	2169	48
其他部门	50		713	4	269	215	220	5
地方企业	42		545		192	169	180	4
事业单位	48		1057	7	372	329	319	30
部队	76		810	11	276	247	274	2
集体	241	1	1608		553	504	540	11
民办	1037	1	9251	62	2902	2803	3115	369
其中：普惠性民办幼儿园	697	1	6767	4	2210	2138	2290	125
中外合作办	1		9		3	3	3	
城　区	1578	8	17379	76	5805	5388	5718	392
教育部门	339	6	5035		1781	1627	1622	5
其他部门	50		713	4	269	215	220	5
地方企业	40		527		184	164	176	3
事业单位	48		1057	7	372	329	319	30
部队	73		788	11	269	240	266	2
集体	118	1	1005		360	317	327	1
民办	909	1	8245	54	2567	2493	2785	346
其中：普惠性民办幼儿园	590	1	5929	4	1924	1872	2014	115
中外合作办	1		9		3	3	3	

单位：个

	园数（所）		班数					
	计	其中：独立设置少数民族幼儿园	计	托班	小班	中班	大班	混合班
镇　区	182		1776	6	588	547	601	34
教育部门	77		924		305	288	313	18
其他部门								
地方企业	2		18		8	5	4	1
事业单位								
部队	2		17		6	5	6	
集体	28		191		60	59	72	
民办	73		626	6	209	190	206	15
其中：普惠性民办幼儿园	60		520		180	166	172	2
中外合作办								
乡　村	229		1507	2	487	474	501	43
教育部门	78		710		227	224	234	25
其他部门								
地方企业								
事业单位								
部队	1		5		1	2	2	
集体	95		412		133	128	141	10
民办	55		380	2	126	120	124	8
其中：普惠性民办幼儿园	47		318		106	100	104	8
中外合作办								

8-2 幼儿园教职工数

单位：人

	教职工数								校外教师	外籍教师
	计	园长	专任教师	保育员	卫生保健人员	行政人员	教辅人员	工勤人员		
合计	99987	3288	48774	17486	5192	5598	4627	15022	1107	452
其中：女	89958	3092	47798	17386	5125	4807	3792	7958	1046	192
少数民族	5109	200	3114	665	255	277	220	378	46	
在编人员	22949	1145	15993	602	1302	1333	1724	850		
接受过专业教育	78972	2992	47123	12720	3203	3910	3034	5990	1030	279
教育部门	28166	838	18522	2583	1458	1028	1958	1779	988	
其他部门	3859	122	1855	674	226	222	178	582	2	
地方企业	2795	98	1175	588	154	190	77	513	6	
事业单位	5466	140	2492	1148	349	313	166	858	22	
部队	4527	134	2114	842	246	251	196	744	13	
集体	8085	296	3245	1732	431	457	417	1507	46	
民办	47037	1658	19345	9909	2325	3135	1635	9030	30	452
其中：普惠性民办幼儿园	33741	1184	13867	7322	1760	1976	1070	6562	17	2
中外合作办	52	2	26	10	3	2		9		
城　区	85876	2705	41797	15033	4529	4921	3819	13072	802	429
教育部门	22110	593	14781	1860	1180	795	1447	1454	683	
其他部门	3859	122	1855	674	226	222	178	582	2	
地方企业	2702	92	1135	569	148	186	77	495	6	
事业单位	5466	140	2492	1148	349	313	166	858	22	
部队	4424	131	2060	827	241	246	193	726	13	
集体	5249	174	2092	1119	292	320	277	975	46	
民办	42014	1451	17356	8826	2090	2837	1481	7973	30	429
其中：普惠性民办幼儿园	29506	1006	12220	6386	1559	1750	952	5633	17	2
中外合作办	52	2	26	10	3	2		9		

单位：人

	教职工数								校外教师	外籍教师
	计	园长	专任教师	保育员	卫生保健人员	行政人员	教辅人员	工勤人员		
镇　区	7817	295	3950	1383	378	371	469	971	213	8
教育部门	3622	139	2240	480	174	129	283	177	213	
其他部门										
地方企业	93	6	40	19	6	4		18		
事业单位										
部队	81	2	40	15	4	5	2	13		
集体	916	26	388	193	50	46	90	123		
民办	3105	122	1242	676	144	187	94	640		8
其中：普惠性民办幼儿园	2592	106	1012	577	121	145	73	558		
中外合作办										
乡　村	6294	288	3027	1070	285	306	339	979	92	15
教育部门	2434	106	1501	243	104	104	228	148	92	
其他部门										
地方企业										
事业单位										
部队	22	1	14		1		1	5		
集体	1920	96	765	420	89	91	50	409		
民办	1918	85	747	407	91	111	60	417		15
其中：普惠性民办幼儿园	1643	72	635	359	80	81	45	371		
中外合作办										

8–3 幼儿园分区基本情况

	园数（所）	班数（个）	离园（班）人数
总计	1989	20662	162717
东城区	71	716	6047
西城区	84	975	7315
朝阳区	310	3561	27839
丰台区	147	1675	12688
石景山区	50	627	4660
海淀区	225	2722	22165
门头沟区	24	390	3126
房山区	137	1255	10644
其中：房山	130	1197	10218
燕山	7	58	426
通州区	245	2152	16721
顺义区	115	1152	10366
昌平区	165	1701	13324
大兴区	125	1718	12799
其中：大兴	105	1449	10741
经开	20	269	2058
怀柔区	84	442	3623
平谷区	97	647	4398
密云区	80	570	4401
延庆区	30	359	2601

单位：人

	入园（班）人数	在园（班）人数	教职工数	
			计	其中：专任教师
	178620	574235	99987	48774
	5846	19455	3757	2382
	8506	25168	4635	2881
	29796	96096	18251	8441
	14085	45939	8210	3765
	5018	16523	2856	1378
	24992	80528	14518	6608
	3483	10962	1253	650
	11187	35221	5832	3029
	10741	33791	5612	2890
	446	1430	220	139
	17513	58926	10146	4889
	10645	34875	5964	2449
	15370	47016	7459	3404
	16254	50420	7721	3735
	13509	42519	6678	3216
	2745	7901	1043	519
	3508	11712	2303	1407
	4736	16323	3026	1404
	4576	15532	2643	1481
	3105	9539	1413	871

2021—2025 年全国科普教育基名单（北京高校）

第 17 届中国青年科技奖获奖名单（北京高校）

第二批全国高校黄大年式教师团队（北京）

附 录

APPENDIX

- 第三批“全国党建工作样板支部”培育创建单位名单（北京）
- 2021 年度市属普通本科高等学校本科专业备案名单
- 2021 年北京市教育教学成果奖特等奖名单
- 首批京韵特色社区教育示范项目
- 部分单位全称简称对照表

第三批“全国党建工作样板支部”培育创建单位名单（北京）

北京大学物理学院现代光学所党支部
北京大学元培学院第三学生党支部
北京大学第三医院呼吸内科党支部
中国人民大学文学院文艺影视比较文学党支部
中国人民大学历史学院本科联合党支部
中国人民大学后勤集团公寓管理部党支部
北京师范大学经济与资源管理研究院教工党支部
北京师范大学外国语言文学学院本科生第二党支部
中国农业大学资源与环境学院植物营养系教职工党支部
中国农业大学动物医学院临床兽医学系博士与教工联合党支部
北京外国语大学亚洲学院非洲学院第二教师党支部
北京语言大学外国语学部中东学院教工党支部
北京科技大学数理学院应用数学党支部
北京科技大学机械工程学院零件轧制技术与装备梯队党支部
北京科技大学经济管理学院本科低年级党支部
北京化工大学材料科学与工程学院先进弹性体材料研究中心党支部
北京化工大学化学工程学院北区本科生第三党支部
北京交通大学机械与电子控制工程学院机械系教师党支部
北京交通大学法学院本科生第一党支部
北京邮电大学理学院教工数学第二党支部
中国地质大学（北京）材料科学与工程学院硕士生第一党支部
中国地质大学（北京）能源学院能源与环境教工党支部
中国矿业大学（北京）马克思主义学院教工党支部
中国矿业大学（北京）化学与环境工程学院本科生第三党支部
中国石油大学（北京）地球科学学院油气勘探与开发地质系教工党支部
中国石油大学（北京）理学院本科第一党支部
北京林业大学林学院森林保护学科党支部
北京林业大学水土保持学院水土保持专业研究生第一党支部
中国传媒大学音乐与录音艺术学院艺术教育中心党支部
中国传媒大学播音主持艺术学院团学办党支部
中国传媒大学动画与数字艺术学院本科生党支部
中央财经大学保险学院保险系教工党支部
中央财经大学机关党委学生工作部、学生处、武装部党支部
中央财经大学政府管理学院本科生党支部
北京中医药大学中医学院中医临床基础系党支部
北京中医药大学东方医院内二党支部
对外经济贸易大学外语学院阿朝越波党支部
华北电力大学电气与电子工程学院输配电系统研究所党支部
北京航空航天大学前沿科学技术创新研究院增材制造国家工程实验室党支部
北京航空航天大学自动化科学与电气工程学院博士 2018 级党支部
北京理工大学机械与车辆学院特种车辆研究所教师党支部
北京理工大学机电学院研究生机器人第二党支部
中央民族大学舞蹈学院教职工第二党支部
中央民族大学美术学院学生第二党支部
中国劳动关系学院劳模学院劳模学员党支部

北京体育大学国家队服务保障中心党支部
北京体育大学运动医学与康复学院运动康复教研室党支部
北京工业大学城市建设学部防灾所与结构实验室教师党支部
北京工业大学经济与管理学院本科生工商第一党支部
北京工业大学机关党委团委就业创业指导中心党支部
首都师范大学历史学院考古与文化遗产党支部
首都师范大学马克思主义学院 2020 级硕士研究生 2 班党支部
北京建筑大学电气与信息工程学院建电系本科生党支部
北京联合大学生物化学工程学院资源管理系教工党支部
北京联合大学机关党委教务处党支部
北京联合大学特殊教育学院医学与音乐系学生党支部
北京工商大学经济学院金融本科生党支部
北京第二外国语学院旅游科学学院教工第一党支部
北京信息科技大学仪器科学与光电工程学院测控技术与仪器系教师第二党支部
首都医科大学基础医学院本科学生党支部
首都医科大学中医药学院中药药剂学学系党支部
首都经济贸易大学统计学院本科生党支部
首都体育学院武术与表演学院武术套路教研室党支部
北京服装学院思想政治理论课教学部直属党支部
北京石油化工学院安全工程学院、继续教育学院教工第一党支部
北京物资学院马克思主义学院直属党支部
北京舞蹈学院中国民族民间舞系教师党支部
北京警察学院网络安全保卫系党支部
北京卫生职业学院药学党支部
北京电子科技职业学院汽车工程学院汽车技术服务系党支部
北京信息职业技术学院（北京市电子工业党校）马克思主义学院党支部
北京经济管理职业学院数字财金学院税务教研室党支部
北京城市学院国际文化与传播学部党支部

（孟尧　张晓兰）

2021 年度市属普通本科高等学校本科专业备案名单

序号	学校名称	专业名称	专业代码	学位授予门类	修业年限	备注
1	北京工业大学	社会学	030301	法学	二年	二学位
2	北京工业大学	环境工程	082502	工学	二年	二学位
3	北京工业大学	信息管理与信息系统	120102	管理学	二年	二学位
4	北京工业大学	焊接技术与工程	080411T	工学	四年	
5	北京工业大学	大数据管理与应用	120108T	管理学	四年	
6	北方工业大学	智慧交通	081811T	工学	四年	
7	北京工商大学	数学与应用数学	070101	理学	四年	
8	北京工商大学	数字经济	020109T	经济学	四年	
9	北京印刷学院	智能制造工程	080213T	工学	四年	
10	北京印刷学院	新媒体艺术	130511T	艺术学	四年	
11	北京建筑大学	社会工作	030302	法学	二年	二学位
12	北京建筑大学	信息与计算科学	070102	理学	二年	二学位
13	北京建筑大学	地理信息科学	070504	理学	二年	二学位
14	北京建筑大学	车辆工程	080207	工学	二年	二学位
15	北京建筑大学	交通工程	081802	工学	二年	二学位
16	北京建筑大学	环境工程	082502	工学	二年	二学位
17	北京建筑大学	机器人工程	080803T	工学	二年	二学位
18	北京建筑大学	智能建造	081008T	工学	二年	二学位
19	北京建筑大学	导航工程	081203T	工学	四年	
20	北京农学院	设施农业科学与工程	090106	工学	四年	
21	首都师范大学	大数据管理与应用	120108T	管理学	四年	
22	首都体育学院	冰雪运动	040209T	教育学	四年	
23	北京第二外国语学院	印度尼西亚语	050212	文学	四年	
24	北京第二外国语学院	泰语	050220	文学	四年	

序号	学校名称	专业名称	专业代码	学位授予门类	修业年限	备注
25	北京第二外国语学院	越南语	050223	文学	四年	
26	北京物资学院	人工智能	080717T	工学	四年	
27	首都经济贸易大学	劳动经济学	020107T	经济学	四年	
28	中国音乐学院	艺术管理	130102T	艺术学	四年	
29	北京信息科技大学	智能制造工程	080213T	工学	四年	
30	北京城市学院	戏剧影视美术设计	130307	艺术学	四年	
31	北京城市学院	跨境电子商务	120803T	管理学	四年	
32	北京城市学院	音乐教育	130212T	艺术学	四年	
33	首都师范大学科德学院	人工智能	080717T	工学	四年	
34	北京工商大学嘉华学院	汉语言文学	050101	文学	四年	
35	北京工商大学嘉华学院	时尚传播	050308T	文学	四年	
36	北京工商大学嘉华学院	人工智能	080717T	工学	四年	

（仪修宪）

2021 年度市属普通本科高等学校审批本科专业名单

序号	学校名称	专业名称	专业代码	学位授予门类	修业年限	备注
1	首都师范大学科德学院	航空服务艺术与管理	130208TK	艺术学	四年	

（仪修宪）

2021 年度市属普通本科高等学校撤销本科专业名单

序号	学校名称	专业名称	专业代码	学位授予门类	修业年限	备注
1	北京工商大学	广播电视学	050302	文学	四年	
2	北京工商大学	统计学	071201	理学	四年	
3	北京工商大学	物联网工程	080905	工学	四年	
4	北京工商大学	公共事业管理	120401	管理学	四年	
5	北京工商大学	环境设计	130503	艺术学	四年	
6	首都师范大学	政治学与行政学	030201	法学	四年	
7	首都经济贸易大学	应用统计学	071202	理学	四年	
8	北京舞蹈学院	公共事业管理	120401	管理学	四年	
9	北京舞蹈学院	表演	130301	艺术学	四年	
10	北京邮电大学世纪学院	机械工程	080201	工学	四年	
11	北京邮电大学世纪学院	电子科学与技术	080702	工学	四年	
12	北京邮电大学世纪学院	信息管理与信息系统	120102	管理学	四年	
13	北京邮电大学世纪学院	公共事业管理	120401	管理学	四年	

（仪修宪）

2021 年北京市教育教学成果奖特等奖名单

高等教育类

序号	成果名称	第一完成单位
1	建设世界一流数学人才培养高地——北京大学基础数学拔尖人才培养创新与实践	北京大学
2	经典、语言与跨学科相融合的新人文拔尖人才培养北大模式	北京大学
3	医心师道——新医科高素质师资培养体系的探索与实践	北京大学
4	扎根中国，独树一帜：交叉融合导向的新文科人才培养模式探索与实践	中国人民大学
5	孵化和打造“高精尖”水平“思政金课”——思想政治理论课课程资源平台建设	中国人民大学
6	践行“三位一体”教育理念，培养肩负使命、追求卓越的创新人才	清华大学
7	建设全球创新设计研究生培养项目，培养国际化创新设计领导者	清华大学

序号	成果名称	第一完成单位
8	服务交通强国，构建“四通”人才培养新模式的研究与实践	北京交通大学
9	育人为本、双核驱动——落实教师立德树人根本任务的探索与实践	北京科技大学
10	全面提升大化工卓越工程人才培养质量的创新与实践	北京化工大学
11	“四融合”工程教育新体系改革与实践	北京邮电大学
12	价值引领，知行合一：知农爱农新型人才培养的“中农方案”	中国农业大学
13	“三阶递进、四位一体”教学能力提升体系的研建与实践	北京林业大学
14	守正创新 联考引擎 创建中医经典教育新模式	北京中医药大学
15	高质量应用心理专业硕士培养模式创新与实践	北京师范大学
16	多语种人才全球胜任力培养的北外模式	北京外国语大学
17	中国特色《金融学》课程建设与开放共享教学实践	中央财经大学
18	新时代涉外法治人才协同培养体系的创新与实践	中国政法大学
19	培养可堪大用、能担重任的西部建设者——新时代西部高质量高等教育办学实践	中国石油大学（北京）
20	生态文明视域下自然文化育人体系创建与实践	中国地质大学（北京）
21	厚植情怀、科教融通，把科研势能转化为人才培养动能的北航探索与实践	北京航空航天大学
22	植根国家级多学科交叉科研基地的高层次创新人才培养生态的构建与实践	北京航空航天大学
23	报国担当、融合创新、智慧赋能的双领人才培养探索与实践	北京理工大学
24	多学科交叉融合的国防拔尖人才培养模式改革与实践	北京理工大学
25	数字化绿色化协同的材料生命周期工程人才培养	北京工业大学
26	构建教师教育“双链循环”机制，培养高素质专业化创新型教师	首都师范大学
27	服务冬奥，强化内涵，融合发展，创新冰雪人才培养体系的实践探索	首都体育学院
28	应用型本科“产业专业职业”三业融通的物流专业群建设及培养模式创新与实践	北京物资学院
29	中国乐派“8+1、思政+X”课程体系探索与实践	中国音乐学院
30	文导表摄录美管动图技全流程、全职能、全方位影视创作“仿真”设计	北京电影学院

（曾婷）

职业教育类

序号	成果名称	第一完成单位
1	面向医药健康高精尖产业“研创双驱—育训并举”人才培养模式的探索与实践	北京电子科技职业学院
2	四方联动、标准引领、语技融合——职业院校“一带一路”人才培养探索与实践	北京工业职业技术学院
3	服务首都高质量发展，高职机电专业群智能化转型升级探索与实践	北京工业职业技术学院
4	区办中职学校职教综合体的构建与育人实践	北京市昌平职业学校
5	守护尊严、启迪生命：殡葬专业“五位一体”的文化育人模式创新与实践	北京社会管理职业学院
6	北京财经商贸高端技术技能人才贯通培养体系构建与实践	北京财贸职业学院
7	多元协同 平台创新 标准引领：产教融合共同体建设北京模式的研究与实践	北京教育科学研究院
8	“五位一体”服务首都乡村振兴的研究与实践	北京农业职业学院
9	构建中职学校党建引领下“双循环”互促共育大思政格局的研究与实践	北京市商业学校
10	构建职成教育体系，服务区域终身学习——职成教育一体化改革模式研究与实践	北京市丰台区职业教育中心学校

（曾婷）

基础教育类

序号	成果名称	第一完成单位
1	创新人才早期培养的小学实践	北京大学附属小学
2	行为规范 60 条：小学生社会主义核心价值观校本化培育的实践探索	北京市朝阳区实验小学
3	立德树人目标导向下促进学生社会情感能力发展的理论与实践十年探索	北京师范大学
4	全学科视域下的读写课程模型建构与应用	北京教育科学研究院
5	走向真实世界的项目群育人体系的构建与实施	北京市朝阳区呼家楼中心小学
6	自闭症儿童“可进入、能参与、强支持”优质融合教育模式的北京创新	北京教育科学研究院
7	服务“北京双奥”，开拓创建中小学奥林匹克教育的“中国模式”	首都体育学院
8	基于互联网的教育公共服务模式创新——北京市中学教师开放型在线辅导计划	北京师范大学
9	宏志育人：办人人出彩的高质量教育	北京市广渠门中学
10	国际视野下基础教育质量监测的北京方案	北京教育督导评估院

（曾婷）

第 17 届中国青年科技奖特别奖获奖名单（北京高校）

王志鹏	北京航空航天大学
黄佳琦	北京理工大学

（曾婷）

第 17 届中国青年科技奖获奖名单（北京高校）

王琦	中国矿业大学（北京）
王志鹏	北京航空航天大学
方璐（女）	清华大学
方博汉	北京大学
尹升华	北京科技大学
邓方	北京理工大学
龙笛	清华大学
田晖	北京大学
田怀玉	北京师范大学
田贵华（女）	北京中医药大学东直门医院
冯旭	北京大学
刘明	北京农学院
刘奕群	清华大学
肖振宇	北京航空航天大学
余碧莹（女）	北京理工大学
张冀聪	北京航空航天大学
陈浩森	北京理工大学
周欢萍（女）	北京大学
胡殿印（女）	北京航空航天大学
胥蕊娜（女）	清华大学
耿华	清华大学
黄佳琦	北京理工大学

（曾婷）

第二批全国高校黄大年式教师团队（北京）

所在高校	团队名称	团队负责人
北京大学	东方语言文化教师团队	段晴
清华大学	成像与智能技术实验室教师团队	戴琼海
中国人民大学	中国特色社会主义政治经济学教师团队	刘伟
北京师范大学	区域地理理论与实践教师团队	刘宝元
中国农业大学	果蔬加工教师团队	廖小军
北京外国语大学	全球治理与国际组织人才培养教师团队	贾文键

所在高校	团队名称	团队负责人
北京科技大学	材料科学与工程教师团队	曲选辉
北京化工大学	弹性体科学与工程教师团队	张立群
北京交通大学	高速铁路线路工程安全服役创新教师团队	高亮
北京邮电大学	通信网技术教研中心教师团队	纪越峰
中国地质大学（北京）	地球物理与信息技术教师团队	邹长春
中国矿业大学（北京）	采矿工程教师团队	周宏伟 王家臣
中国石油大学（北京）	油气井工程教师团队	李根生
北京林业大学	森林保护教师团队	骆有庆
中国传媒大学	国际新闻与传播教师团队	高晓虹
中央财经大学	金融安全工程教师团队	李建军
中国政法大学	国际法与涉外法治教师团队	霍政欣
中央美术学院	雕塑学科教师团队	张伟
北京中医药大学	临床中药学教师团队	张冰
对外经济贸易大学	会计与财务管理教师团队	张新民
北京航空航天大学	电磁兼容技术创新教师团队	苏东林
北京理工大学	新体制雷达与实时处理教师团队	毛二可
中央民族大学	铸牢中华民族共同体意识创新教师团队	麻国庆
北京协和医学院	临床学院内科学系教师团队	张抒扬
北京体育大学	研究生冠军班教师团队	高峰
中国科学院大学	物理学本科授课教师团队	高鸿钧
北京工业大学	环保自动化教师团队	乔俊飞
北京建筑大学	土木工程防灾教师团队	李爱群
首都医科大学	第一临床学院临床医学教师团队	赵国光
首都师范大学	数学及信息交叉教师团队	李海梁

（胡雨）

首批京韵特色社区教育示范项目

序号	项目主题	项目名称	申报单位
1	古都文化	国子监大讲堂之京味文化品学	北京市东城区职工大学（北京东城社区学院）
2	京味文化	京韵传戏	北京市东城区职工大学（北京东城社区学院）
3	红色文化	戏剧密云	北京市密云区社区教育中心
4	创新文化	也丹文学沙龙	北京市密云区社区教育中心
5	红色文化	党史故事我来讲	北京市密云区社区教育中心
6	古都文化	匠心传承京韵非遗景泰蓝	北京市良山珐琅厂
7	红色文化	鲁迅与版画系列教育项目	北京鲁迅博物馆（北京新文化运动纪念馆）
8	创新文化	天文小讲堂	北京天文馆
9	古都文化	“纸趣乐翻天”西城区白纸坊街道纸文化博物馆青少年教育实践活动	西城区白纸坊街道办事处
10	红色文化	探寻红色足迹——传承革命精神	西长安街社区教育学校
11	京味文化	史家营回门宴	北京开放大学房山分校（房山区成人教育中心）
12	京味文化	南窖乡大鼓	北京开放大学房山分校（房山区成人教育中心）
13	红色文化	红色霸王鞭	北京开放大学房山分校（房山区成人教育中心）
14	红色文化	传承红色基因 奋进乡村振兴	怀柔区宝山镇道德坑村党支部
15	创新文化	全国首家农村老年教育基地	北京市怀柔区敬老志愿者协会
16	红色文化	讲好红色故事，让红色薪火代代相传	北京桃山月亮湖种养殖专业合作社
17	红色文化	长城红馆	北京响水湖长城旅游有限公司
18	京味文化	天桥百戏	北京正光房地产开发有限公司
19	红色文化	中轴的红飘带	北京正光房地产开发有限公司

序号	项目主题	项目名称	申报单位
20	红色文化	生存岛传承使命 学会生存 永远跟党走	北京生存岛文化传播有限公司
21	京味文化	智慧社区教育 传承京味文化	北京市外事学校
22	红色文化	传承红色基因 赓续红色血脉弘扬爱国精神	北京绿神鹿业有限责任公司
23	京味文化	毛猴制作	北京市财会学校
24	红色文化	“剪说党史”系列文明实践活动	北京市朝阳区职工大学
25	京味文化	京味美食课堂	北京市劲松职业高中
26	古都文化	“我来啦 大运河”线上公益打卡营	北京郭守敬纪念馆
27	京味文化	燕京八绝宫廷艺术展	北京燕京八绝博物馆
28	京味文化	京式旗袍传统制作技艺	石景山区非物质文化遗产保护中心
29	创新文化	京郊“乡融”创新文化	北京开放大学房山分校（房山区成人教育中心）
30	古都文化	以古院为载体创办传统文化教育书院	北京市海淀区教育科学研究院
31	创新文化	“爱心共育”融合系列课程	北京市东城区明城青少年活动中心

（胡雨）

2021—2025年全国科普教育基地名单（北京高校）

中国地质大学（北京）博物馆
中国传媒大学传媒博物馆
化工资源有效利用国家重点实验室（北京化工大学）
北京科技大学自然科学基础实验中心
北京航空航天大学陆士嘉实验室
中国石油大学（北京）石油之光科技馆
北京大学工学院
中国农业大学中国饲料博物馆
北京交通大学物理演示与探索实验室
北京理工大学物理学院
北京邮电大学信息通信动态新技术科普基地
北京中医药大学中医药博物馆
爆炸科学与技术国家重点实验室（北京理工大学）
北京航空航天博物馆
北京大学地球与空间科学学院
北京外国语大学世界语言博物馆
中央美术学院美术馆
清华大学艺术博物馆
北京科技大学高等工程师学院
中国矿业大学（北京）煤炭安全开采与地质保障实验教学中心
中国农业大学园艺学院
北京大学口腔医学院（北京大学口腔医院）
首都医科大学附属北京口腔医院口腔健康促进科普基地
北京工业大学科技与艺术博物馆
北京科技大学计算机与通信工程学院
首都医科大学附属北京安贞医院
北京大学第三医院
首都体育学院奥林匹克教育科普基地
中国医学科学院北京协和医院协和学术会堂
北京交通大学交通运输科学馆
中国农业大学石羊河实验站

（仪修宪）

第14届北京市中小学生科学建议提名奖

姓名	学校	项目名称
赵熙钰	北京市陈经纶中学分校	关于中轴线文化遗产全线贯通的建议
火宥然	北京市第二中学分校	关于开展“魅力中轴线”诗词歌谣创作及传诵活动的建议

姓名	学校	项目名称
徐嘉佑	北京市海淀区育鹰小学	关于建设环北京中轴线休闲徒步绿道的建议
陈栩	北京市东城区回民小学	关于进一步优化弱势群体出行环境、解决及时互助需求的建议
王可佳 王悦祺	中国人民大学附属中学实验小学	关于对小区电梯广告实行政府主管部门审批制的建议
刘星彤	北京市陈经纶中学团结湖分校	关于加强社区内直饮水机投放监督管理的建议
李一诺	北京航空航天大学实验学校	关于三环路主辅路上同一站区内公交站的命名加上区别标志的建议
赵一琳	北京市育英学校	关于完善公园植物身份标识的建议
李天翼	北京市广渠门中学	关于道路隔离带护栏在原有基础上增加吸音功能的建议
梁嘉言	北京市第一七一中学	关于加强北京地铁文化建设的建议

（孙晓楠）

部分单位全称简称对照表

由于篇幅有限，年鉴中出现的党中央机构、国务院和北京市部分机构名称原则上使用规范简称。学校、市委教育工委市教委直属单位和社会组织等单位名称在本单位栏目内或在同一条目中第二次出现时使用简称。以下为部分单位全称简称对照表。

部分党中央机构、职能部门、派出机关、国务院机构全称简称对照表

全称	简称
中共中央办公厅	中央办公厅
中共中央组织部	中央组织部
中共中央宣传部	中央宣传部
中共中央统一战线工作部	中央统战部
中共中央政法委员会	中央政法委
中央网络安全和信息化委员会办公室（国家互联网信息办公室）	中央网信办（国家网信办）
中华人民共和国外交部	外交部
中华人民共和国国防部	国防部
中华人民共和国国家发展和改革委员会	国家发展改革委
中华人民共和国教育部	教育部
中华人民共和国科学技术部	科技部
中华人民共和国工业和信息化部	工业和信息化部
中华人民共和国国家民族事务委员会	国家民委
中华人民共和国公安部	公安部
中华人民共和国国家安全部	安全部
中华人民共和国民政部	民政部
中华人民共和国司法部	司法部
中华人民共和国财政部	财政部
中华人民共和国人力资源和社会保障部	人力资源社会保障部
中华人民共和国自然资源部	自然资源部
中华人民共和国生态环境部	生态环境部
中华人民共和国住房和城乡建设部	住房城乡建设部
中华人民共和国交通运输部	交通运输部
中华人民共和国水利部	水利部
中华人民共和国农业农村部	农业农村部
中华人民共和国商务部	商务部
中华人民共和国文化和旅游部	文化和旅游部
中华人民共和国国家卫生健康委员会	国家卫生健康委
中华人民共和国退役军人事务部	退役军人部
中华人民共和国应急管理部	应急部
国务院国有资产监督管理委员会	国资委
中华人民共和国海关总署	海关总署
国家税务总局	税务总局
国家市场监督管理总局	市场监管总局
国家广播电视总局	广电总局
国家体育总局	体育总局
国家统计局	国家统计局

全称	简称
国家医疗保障局	国家医保局
国家林业和草原局	国家林草局
国家中医药管理局	国家中医药局
国家知识产权局	国家知识产权局
中国科学院	中国科学院

（孙晓楠）

北京市部分机构全称简称对照表

全称	简称
中国共产党北京市委员会	市委
北京市人民政府	市政府
北京市高级人民法院	北京高院
北京市人民检察院	市检察院
中共北京市委教育工作委员会	市委教育工委
北京市教育委员会	市教委
北京市人民政府教育督导室	市政府教育督导室
中共北京市委教育工作委员会、北京市教育委员会	两委
北京市发展和改革委员会	市发展改革委
北京市科学技术委员会	市科委
北京市经济和信息化局	市经济和信息化局
北京市民族宗教事务委员会	市民族宗教委
北京市公安局	市公安局
北京市民政局	市民政局
北京市司法局	市司法局
北京市财政局	市财政局
北京市人力资源和社会保障局	市人力资源社会保障局
北京市规划和自然资源委员会	市规划自然资源委
北京市生态环境局	市生态环境局
北京市住房和城乡建设委员会	市住房城乡建设委
北京市城市管理委员会	市城市管理委
北京市交通委员会	市交通委
北京市农业农村局	市农业农村局
北京市水务局	市水务局
北京市商务局	市商务局
北京市文化和旅游局	市文化和旅游局
北京市卫生健康委员会	市卫生健康委
北京市审计局	市审计局
北京市人民政府外事办公室	市政府外办
北京市人民政府国有资产监督管理委员会	市国资委
北京市市场监督管理局	市市场监管局
北京市应急管理局	市应急局
北京市广播电视局	市广电局
北京市文物局	市文物局
北京市体育局	市体育局
北京市统计局	市统计局
北京市园林绿化局	市园林绿化局
北京市地方金融监督管理局	市金融监管局
北京市知识产权局	市知识产权局
北京市人民防空办公室	市人防办
中共北京市委党史研究室、北京市地方志编纂委员会办公室	市地方志办公室

（孙晓楠）

部分学校全称简称对照表

全称	简称
普通高等学校	
北京大学	北大
中国人民大学	人民大学
清华大学	清华
北京交通大学	北京交大
北京工业大学	北工大
北京航空航天大学	北航

全称	简称
北京理工大学	北理工
北京科技大学	北科大
北方工业大学	北方工大
北京化工大学	北化
北京工商大学	北工商
北京服装学院	北服
北京邮电大学	北邮
北京印刷学院	北印
北京建筑大学	北建大
北京石油化工学院	石化学院
北京电子科技学院	电科院
中国农业大学	中国农大
北京农学院	北农
北京林业大学	北林大
北京协和医学院	协和医学院
首都医科大学	首医大
北京中医药大学	北中医
北京师范大学	北师大
首都师范大学	首师大
首都体育学院	首体院
北京外国语大学	北外
北京第二外国语学院	二外
北京语言大学	北语
中国传媒大学	传媒大学
中央财经大学	中央财大
对外经济贸易大学	对外经贸大学
北京物资学院	物院
首都经济贸易大学	首经贸
中国消防救援学院	消防救援学院
外交学院	外交学院

全称	简称
中国人民公安大学	公安大学
国际关系学院	国关
北京体育大学	北体大
中央音乐学院	中央音乐学院
中国音乐学院	中国音乐学院
中央美术学院	中央美院
中央戏剧学院	戏剧学院
中国戏曲学院	戏曲学院
北京电影学院	电影学院
北京舞蹈学院	北舞
中央民族大学	中央民大
中国政法大学	法大
华北电力大学	华电
中华女子学院	女子学院
北京信息科技大学	信息科大
中国矿业大学（北京）	中国矿大
中国石油大学（北京）	中石大
中国地质大学（北京）	地大
北京联合大学	北京联大
中国青年政治学院	中青院
中国劳动关系学院	劳关学院
北京警察学院	北京警院
中国科学院大学	国科大
中国社会科学院大学	中国社科大
中国农业科学院研究生院	中国农科院研究生院
北京工业职业技术学院	北工院
北京信息职业技术学院	北信学院
北京电子科技职业学院	电科职院
北京京北职业技术学院	京北职院
北京交通职业技术学院	交通学院

全称	简称
北京青年政治学院	北青政
首钢工学院	首钢工学院
北京农业职业学院	北京农职院
北京政法职业学院	北京政法职院
北京财贸职业学院	北京财贸
北京戏曲艺术职业学院	北戏
北京经济管理职业学院	北京经管院
北京劳动保障职业学院	京劳职院
北京社会管理职业学院	社职院
北京体育职业学院	北京体职院
北京交通运输职业学院	北京交院
北京卫生职业学院	卫职院
民办高等学校及高等教育机构	
北京城市学院	城市学院
北京北大方正软件职业技术学院	北大方正软件学院
北京经贸职业学院	经贸职院
北京经济技术职业学院	经职院
北京汇佳职业学院	汇佳职院
首都师范大学科德学院	首师大科德学院
北京工商大学嘉华学院	北工商嘉华学院
北京科技职业学院	北科院
北京培黎职业学院	培黎职院
北京邮电大学世纪学院	北邮世纪学院
北京工业大学耿丹学院	北工大耿丹学院
北京艺术传媒职业学院	北艺传媒
北京第二外国语学院中瑞酒店管理学院	二外中瑞学院
北京网络职业学院	北网职院
北京现代音乐研修学院	现代音乐研修学院
北京工商管理专修学院	工商管理专修学院
北京华嘉专修学院	华嘉专修学院

全称	简称
成人高等学校	
国家开放大学	国开大
北京教育学院	教育学院
北京开放大学	北开大
北京宣武红旗业余大学	红旗大学
北京市总工会职工大学	市总职大
北京市西城经济科学大学	西城经科大
国家重点中等职业学校	
北京市昌平职业学校	昌平职校
北京市延庆区第一职业学校	延庆一职
北京市密云区职业学校	密云职校
北京市怀柔区职业学校	怀柔职校
北京金隅科技学校	金隅学校
北京市园林学校	园林学校
中央音乐学院附属中等音乐学校	中央音乐学院附中
北京市什刹海体育运动学校	什刹海体校
北京市外事学校	外事学校
北京市西城职业学校	西城职校
北京市财会学校	财会学校
北京市实验职业学校	实验职校
北京市黄庄职业高中	黄庄职高
北京市丰台区职业教育中心学校	北京丰职
北京市电气工程学校	电气工程学校
北京市求实职业学校	求实学校
北京市平谷区职业学校	平谷职校
北京国际职业教育学校	北京国职
北京市大兴区第一职业学校	大兴一职
北京现代职业学校	现代职校
北京铁路电气化学校	京铁电校

全称	简称
北京市商业学校	商业学校
北京商贸学校	商贸学校
北京市供销学校	供销学校
北京水利水电学校	水电学校
北京市自动化工程学校	自动化学校
北京市劲松职业高中	劲松职高
中国音乐学院附属中等音乐专科学校	中国音乐学院附中

（仪修宪）

市委教育工委市教委直属单位全称简称对照表

全称	简称
北京教育科学研究院	北京教科院
北京教育考试院	北京考试院
北京教育融媒体中心	融媒体中心
北京市国际教育交流中心	国际教育交流中心
北京教育老干部活动中心	老干部活动中心
北京高校房地产开发总公司	高校房地产总公司
北京市教育考试命题阅卷服务中心	命题阅卷服务中心
北京市教育资产与财务管理事务中心	教育资产与财务中心
北京市数字教育中心	数字教育中心
北京市教育政务服务中心	政务服务中心
北京高校大学生就业创业指导中心	就业创业指导中心

全称	简称
北京市少年宫	市少年宫
北京市学校基建后勤管理事务中心	学校基建后勤中心
中共北京市委教育工委市教委综合事务中心	综合事务中心
北京市教师发展中心	教师发展中心
北京教育督导评估院	教育督导评估院
北京市教育档案馆（北京教育博物馆）	教育档案馆
北京市学校思政中心	学校思政中心

（曾婷）

社会组织全称简称对照表

全称	简称
北京市教育学会	市教育学会
北京市高等教育学会	市高教学会
北京市职业技术教育学会	市职教学会
北京民办教育协会	民教协会
北京市学前儿童保教工作者协会	保教协会
北京老教育工作者总会	老教总会
北京校外教育协会	校外教育协会
北京高校国防教育协会	国防教育协会
北京教育装备行业协会	教育装备行业协会
北京市红十字会	市红十字会

（张楠）

（本栏责任编校　华蕾）

INDEX
索 引

说 明：

一、本索引由条目主题词、随文图片、表格、单位名和人名五部分组成。

二、本索引词条均以汉语拼音顺序排列，第一个字相同的，按第二个字汉语拼音顺序排列，余类推。其中，表格按照页码顺序排列。

三、本索引数码标记依次为：页码、栏序、本栏自上而下条目所处位置，三部分均用“/”隔开。如：“网络安全工作总结培训视频会 394/ 左 /2”，则表示 394 页左栏第 2 个条目内容涉及“网络安全工作总结培训视频会”。

四、本索引中的条目主题词索引不包括类目、分目、次分目标题，总述、年度关注、大事记、专文、重要文件和公报公告、调研报告等内容也不做主题分析索引。

五、条目主题词索引选取出现频次较高、社会关注度较高，以及体现新事物、新情况、新发展的词语，检索内容涉及该主题词表述主旨。部分主题词包含二级主题词。例如：“冰雪运动”主题词下设“冰雪嘉年华系列活动”“冰雪运动欢乐季活动”等二级主题词。

六、随文图片和表格索引只标注表格所在页码，不标注栏别。

七、单位名称索引检索到单位名称标题栏，以及除本栏以外的具有检索意义的内容。

八、人名索引不含外国人（华侨华人除外）。

条目主题词索引

C

D

冬奥会

E

F

G

H

J

机构

K

L

M

N

P

Q

T

W

X

Y

Z

随文图片索引

C

D

E

F

G

J

K

L

M

N

P

Q

R

S

表格索引

B

D

E

G

单位名索引

人名索引

版 权 声 明

通讯地址：北京市东城区夕照寺街东玖大厦 B 座 802 室

邮政编码：100061

电　　话：87194371

传　　真：87194370